MATH ACTIVITIES FOR EVERY MONTH OF THE SCHOOL YEAR

Sonia M. Helton, Ph.D.
University of South Florida
St. Petersburg, Florida

**THE CENTER FOR APPLIED
RESEARCH IN EDUCATION**
West Nyack, New York 10995

10 9 8 7 6 5 4 3 2 1

Library of Congress Cataloging-in-Publication Data

Helton, Sonia M.
    Math activities for every month of the school year /
Sonia M. Helton.
      p.   cm.
    ISBN 0-87628-567-1
    1. Mathematics—Study and teaching (Elementary)
I. Title.
QA135.5.H44 1991
    372.7—dc20   90-47908
                                                CIP

C5671-7
ISBN 0-87628-567-1

**THE CENTER FOR APPLIED
RESEARCH IN EDUCATION**
BUSINESS & PROFESSIONAL DIVISION
A division of Simon & Schuster
West Nyack, New York 10995

Printed in the United States of America

About the Author

SONIA M. HELTON, PH.D., is professor of Childhood Education at the University of South Florida at St. Petersburg. She currently teaches methods courses in language arts and elementary mathematics and did her doctoral work at the University of Minnesota on the use of the visual arts and the natural creative ability of teachers and children to enhance the mathematics curriculum.

In addition to writing articles for many professional journals in elementary mathematics and language arts, Dr. Helton is the co-author of units in the MINNEMAST project (University of Minnesota, 1964–1970), *Classroom Bulletin Board Activities Kit* (Prentice-Hall) 1987, the author of *Creative Math/Art Activities for the Primary Grades* (Prentice-Hall), and co-author of the *E-Z Microcomputer Handbook for Elementary and Middle School Teachers* (Prentice-Hall, 1986). She is also a contributing author to *The Primary Teacher's Ready-to-Use Activities Program,* published monthly by The Center for Applied Research in Education.

ACKNOWLEDGEMENTS

**A Special Thank You to Tom Dula
for Proofreading.**

How to Use This Book

For all teachers in grades 3–6, *Math Activities for Every Month of the School Year* provides high-interest math problems and activities designed to reinforce these 12 basic concepts: numeration, basic operations, fractions, decimals, money, measurement, geometry, symmetry, statistics, ratios, graphing, and problem solving. A unique feature of the book is its focus on the *processes* and *strategies* involved in solving math problems, in addition to finding the correct answers.

The book is divided into nine monthly sections, September through May, to follow the school year. Each section is based on seasonal themes and holidays, and one of the 12 featured mathematics concepts. Included for each month are: a bulletin board suggestion with step-by-step instructions, ready-to-use activities and games, word problems, calculator problems, and 20 reproducible worksheets. The bulletin boards, activities, games, word problems, and calculator problems are all related to the monthly themes. The worksheets, however, cover all of the 12 featured math concepts included in the book. Answers are provided for all problems and worksheets.

BULLETIN BOARDS

A bulletin board suggestion tied to an appropriate holiday or seasonal image *and* a basic math concept is provided for every month of the school year. You will find a detailed bulletin board pattern at the beginning of each monthly section. Each bulletin board features a display of student papers so that the work of your students is highlighted in the classroom at all times. This ongoing display is invaluable as it promotes a positive attitude toward learning math and serves as an important motivational factor for many children.

On each bulletin board, there is a place designated for word problems. Select one word problem, either from those in this book or from your regular class text, print the problem out on a sheet of paper or index card using a black Magic Marker, and place it in the correct spot on the bulletin board. This problem can be called the "Problem of the Day" or the "Problem of the Week," and changed accordingly. Encourage students to find creative solutions to these problems. You might want to offer several choices from which students can select their own "Problem of the Day" or "Problem of the Week."

ACTIVITIES THAT REINFORCE THE MONTHLY THEMES

A set of suggested activities follows each monthly bulletin board idea. These activities extend the math concept introduced in the bulletin board, challenging students to create various objects and learning aids that offer them the opportunity to explore their own solutions to problems and interact with one another.

WORD PROBLEMS AND CALCULATOR PROBLEMS

Following the suggested activities each month are word and calculator problems. To promote the development of problem solving skills, these word and calculator problems are designed to be solved in *student journals,* where the focus is on the *processes and strategies* through which problems are worked out. By emphasizing process, these problem solving skills are developed: identifying a problem, organizing data, visually representing a problem, making analogies, identifying formulas, doing computations, and verifying solutions. Encourage children to choose their own problems to solve and to find creative solutions to these problems. Promote drawing (visual representation) as an aid to problem solving. Also encourage students to create their own problems to solve on a regular basis. You might want to use student-generated problems as your "Problem of the Day/Week" as an alternative to using teacher-selected problems.

Creating a Math Journal

1. Ask each student to bring in a spiral bound notebook or a three-ring binder to use as a mathematics journal.

 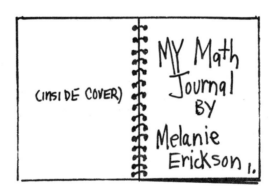

2. Show students how to design a *title page.* Ask them to provide the book title, their name, and any other information they might want to include.
3. Ask students to set aside a double-page spread for the *Table of Contents.* Each problem and its page number should be listed as it is entered in the journal.

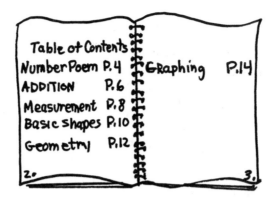

4. The body of the book begins with the first problem entered. Ask students to use a double-page spread to solve each problem to give them enough room to record the processes and planning strategies used, including drawings. Assign a problem every day, if possible, including problems created by the children themselves.

WORKSHEETS FOR EVERY MONTH

Twenty reproducible worksheets are provided in each monthly section. The worksheets are designed to become more difficult as the months progress, but, depending on the needs of your students, you can use them in any order. The September worksheets for example, can be used in January.

For easy use, each worksheet is coded to identify the month in which it appears and the mathematics concept being covered. The codes, found in the upper right corner of each worksheet, are as follows:

Months	SE	September
	OC	October
	NO	November
	DE	December
	JA	January
	FE	February
	MA	March

AP	April	
MAY	May	
Math Concepts:	NUM	Numeration
	BOP	Basic Operations
	FRA	Fractions
	DEC	Decimals
	MON	Money
	MEA	Measurement
	GEO	Geometry
	SYM	Symmetry
	STA	Statistics
	RAT	Ratios
	GRA	Graphing
	PBS	Problem Solving

For each code, the month is given first, then the math concept; i.e., SE NUM, DE BOP, MAY FRA. When more than one worksheet is provided for a concept area within the same month, numbers are added to the end of the code. For example, SE NUM1 and SE NUM2 indicates that in September there are two worksheets on numeration.

SOME FINAL THOUGHTS . . .

Creative thinking must be nurtured in all students. Since the ability to think creatively is essential to problem solving, it should be a major focus in elementary mathematics. I have attempted to provide this focus in *Math Activities for Every Month of the Year.*

It is important to encourage creative responses at all levels of the problem solving process. Motivate your students to try various strategies, visualize possible solutions, and decide on appropriate answers to the problems they will encounter in this book. Encourage students to *share* their worksheets and journals with others, and to talk about their visualizations, their ideas, and the problems they have entered in their journals. By sharing their work with fellow students, they have an opportunity to clarify their ideas and stimulate new thinking strategies with others seeking similar solutions. Conferencing, sharing, discussing, and showing journal entries are all important parts of learning to become a problem-solver.

Use this book in creative and imaginative ways. Keep a journal yourself, along with the children. Do the worksheets along with your students. Share your ideas and ways of solving problems. Make your mathematics classroom an exciting and challenging experience for your students and for yourself.

Sonia M. Helton

Table of Contents

NOVEMBER: Giving Thanks 61

Theme: Fractions (61)

September

BACK TO SCHOOL

Theme: NUMERATION

BULLETIN BOARD IDEA

1. Cover the background with light green paper for the trees and light blue paper for the sky. Cut numbers from very bright colors such as red, yellow, blue, and green.
2. Draw in faces with black Magic Marker.

3. Make feet from strips of 12″ × 1″ black construction paper folded into an accordion-pleated shape. Glue cotton balls to the ends of the strips and attach to two of the middle numbers so they look like feet.
4. Reproduce the school on red paper and place the "Problem of the Day" in the doorway.
5. Attach accordion-pleated feet to shape.
6. Cut letters from black construction paper or print on large pieces of white construction paper. Make musical notes in black.

ACTIVITY

1. Explain to students that numbers play an important part in their daily lives. For example, each child has his or her own telephone number. Ask the children to cut the numbers of their telephone number out of multi-colored construction paper and glue them side-by-side as shown on the bulletin board quartet of numbers. A pattern is given for numbers 0–9 in the GAME portion of this section.
2. Have students make a set of accordion-pleated feet for their telephone numbers as shown. Then have them glue a cotton ball to the end of each strip and glue the strips to their telephone numbers so they look like feet. Cut two round circles from white paper, draw in black eyes, and glue them to the top of the number to complete the number man. Play games to see if students can guess who belongs to each telephone number. Have each student write the number words for his or her set of seven numbers.

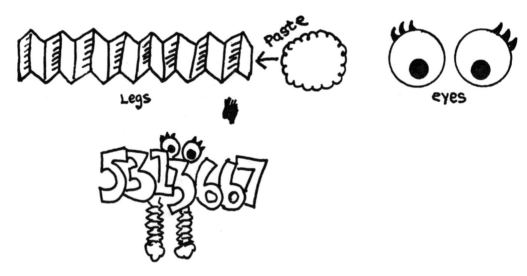

3. For the month of September, have the children search the newspapers and other places for printed numbers. Then have students choose a num-

ber, cut it out of its original source, paste it on an index card with a summary of what it means, and write the number word and any other information you deem necessary to the grade and learning level of the class. Place this information on the bulletin board. (For example, $24,565 in income tax due; twenty four thousand, five hundred sixty five dollars.)

4. Display all of your students' work on the board around an illustration.

PROBLEM SOLVING IDEAS FOR JOURNALS

September Word Problems

1. CLASSROOM ADDITION/SUBTRACTION FACTS. Miss Marone has 8 boys and 9 girls in her class. Can you write two addition sentences about Miss Marone's class? (You may wish to use your own name in this problem and the number of boys and girls in your class as the addends.) Make up other problems for your journal. **Answer: 8 + 9 = 17; 9 + 8 = 17; 17 − 9 = 8; 17 − 8 = 9**

2. HOW BIG IS YOUR SCHOOL? Estimate how high your school building is in feet and in meters. Make a drawing of the building showing the estimations, and then make up a word problem based on your drawing for your teacher to solve. **Answer: varies**

3. FACTORING. The classroom aide wants to know how many factors the product 48 has. She also wants to know the prime factors for 48. Help her find the answers. Then make up factor trees for some of your favorite numbers, and write them in your journal. **Answer: Factors 1, 2, 3, 4, 6, 8, 12, 16, 24, 48 (1 × 48, 2 × 24, 3 × 16, 4 × 12, 6 × 8); Prime Factors 2 × 2 × 2 × 2 × 3 or 2^4 × 3**

4. SCHOOL LUNCH MENUS. Make up a menu for school lunches. Establish how much each item would cost. Work out the following problems and then make up some problems from your menu for a friend to solve. Check their work.

   A school lunch costs $.65. The cashier in the lunchroom sold 78 lunches by noon and 39 lunches by 1:00 p.m. How much did she collect by noon? By 1:00 p.m.?

   Answer: 78 × .65 = $50.70; 39 × .65 = $25.35; $50.70 + 25.35 = $76.05

5. WEIGHT IN THE OFFICE. Make a drawing of the following problem and record the solution in your journal.

   The office secretary loves chocolates. Three youngsters brought her boxes of chocolates each weighing 14 oz., 10 oz., and 8 oz. How many pounds of chocolate did she receive?

   Answer: 14 oz. + 10 oz. + 8 oz. = 32 oz.; 32 oz./16 oz. = 2 lbs.

6. TIME CARD FOR THE SCHOOL CUSTODIAN. Design a time card for the school custodian and then work the problem in your journal. Record how you solve this problem using drawings.

   The school custodian left for work at 7:30 a.m. He took one hour off for lunch and two fifteen minute coffee breaks. He left for home at 5:30 p.m. How many hours did he work?

   Answer: 7:30 to 5:30 = 10 hours − 1 hour for lunch and 30 minutes for break = 8½ hours

7. DAILY READING ROSTER. Design a reading roster in your journal and keep track of the pages you read every day. If you solve the following problem, you should be able to find the average number of pages you read per day after a week of entering your reading data.

   A student reads 25 pages on Monday, 13 pages on Tuesday, 19 pages on Wednesday, 31 pages on Thursday, and 17 pages on Friday. What was the average number of pages read per day?

   Answer: 25 + 13 + 19 + 31 + 17 = 105 pages; 105/5 = 21 pages on the average per day

8. BEST BUY ON SCHOOL SUPPLIES. Check the prices of school supplies at a local store and decide on the best buy by comparing prices of pencils, ball-point pens, and paper. Record the amounts in your journal. Solve the following problem and make up five new problems from the data you collected on the prices of school supplies. Record how much you spent on school supplies for the new year.

   Twala went to the school bookstore with a $5 bill. She bought a pencil for $.12, notebook for .69, an erasr for .10, and a box of crayons for .79. How much change did she receive?

   Answer: .12 + .69 + .10 + .79 = $1.70; $5.00 − $1.70 = $3.30 in change

9. SCHOOL BUS MILEAGE. Make a drawing of your school bus. Figure out how many miles the bus travels in one week. The following problem will help you find the solution.

   The school bus driver drives 18 miles in the morning from his first pickup to his last stop at school. How many miles does he drive in one week picking children up and taking them home?

   Answer: 18 × 2 = 36; 36 × 5 = 180 miles

10. SETTING UP THE AUDITORIUM. Interview your school custodian and find out how he sets up chairs in the auditorium. Show him this problem and ask his opinion on it. Record the interview in your journal and then the problem.

    The principal asks the school custodian to set up chairs in the auditorium. There are 300 children in the school. How many rows of chairs will the custodian set up if he places 15 chairs in each row?

    Answer: 300/15 = 20 rows

11. TRICKY NUMBERS AND BIG BUCKS. Write the number for six hundred fifty eight trillion, nine hundred thirty four billion, seven hundred nine million, eight hundred fifty two thousand, three hundred eight. Write out the largest number you know and ask your teacher to decode the answer in your journal. Check his or her work. **Answer: 658,934,709,852,308.** How can you change all of the numbers to dollars? **Answer: add a $ sign**

12. BEST BUY AT THE GROCERY STORE. Look through the food section of the newspaper and find the best buys on bananas, lettuce, and oranges. Make a graph in your journal showing the best buys and the stores where they can be found. **Answer: varies**

13. TV TIMES. Add up the number of hours cartoons are shown on television for one week. Record the data in your journal and make a drawing of your favorite cartoon character. **Answer: varies**

14. CLASSROOM ARCHITECT. Create the classroom of your dreams and draw a bird's-eye view of it. Describe what you would be studying in the classroom and where you would find the materials for your work. Identify all of the basic shapes you would find and record the number. Put in all of the measurements associated with your new classroom, such as size of the room, size of the desks, and, perhaps, the size of a special work area designed for studying your favorite topic. **Answers: vary**

15. PATTERNS IN NATURE. Find examples of bilateral (reflecting) symmetry in autumn leaves. Press between wax paper and two thick books. Mount on construction paper for displaying. **Answer: varies**

16. OLD-FASHIONED PROBLEM. In 1932, John had 35¢ to spend for his lunch. He bought a bottle of milk for 5¢, a baked apple for 8¢, a dish of rice pudding for 9¢, and a sandwich for 7¢. Did he have enough money left to buy a 5¢ candy bar? **Answer: 5 + 8 + 9 + 7 = 29¢; 35 − 29 = 6¢ left over**

CALCULATOR PROBLEMS FOR JOURNALS

1. What happens when you multiply 111 × 111? Study the pattern. Try 1,111 × 1,111. Try other numbers like 22 × 22 or 222 × 222. Record your observations in the journal. **Answer: 12,321; 1,234,321**

2. What happens when you multiply 2 × 2 over and over again or 2 × 1, 2 × 2, 2 × 3, 2 × 4 and so on? Write each answer down and study the pattern of the numbers. Make up a story about your observations. **Answer: the numbers double**

3. Using multiplication, division, and subtraction, make up your own set of problems. Use the answer to each problem as the first number in the next problem as shown below. Record each step in your journal.

   2 × 16 = 32

$$32 \times 9 = 288$$
$$288/5 = 57.6$$
$$57.6 - 9 = 48.6$$

Answer: Answers will vary depending on choices.

4. Enter any number in the calculator. Round it off to the nearest thousand. Record your entries in your journal. **Answers: vary**

5. Count the number of students who enter the lunchroom during the first lunchtimes. Use the calculator to keep track of the count. Make a graph showing the peak times and slow times in the lunch room. Enter the information in your journal. **Answers: vary**

GAMES

1. Retrace on tag board the set of numbers to be used as a template for the bulletin board activity, and later to be used for the numbers game (below). Print large 4″ numbers using a black Magic Marker on construction paper of five different colors. Cut out a set of five different numbers for each of the five different colors of construction paper; i.e., five each of red, blue, green, yellow, orange, and purple for number 1. Laminate.

2. *Numbers Game:* This game, designed for groups of two or three, allows children to teach one another place value and how to read numbers. The rules of the game are as follows:

   a. One child randomly selects two numbers from 0–9 and makes a two-digit number. Then, the class writes the number in expanded notation, followed by the number name. For example, if a student selects a 6 and an 8, the two-digit number is 68. The class then writes $60 + 8 = 68$, and the words sixty-eight on a sheet of paper.

   b. The child who selected the two-digit number now checks for accuracy. If all students are in agreement that the number is written correctly in expanded notation and as a number word, then the class continues.

   c. The next child takes a turn and selects a three-digit number. The other students repeat the above procedure for recording the number.

   d. The class can decide how many place values to use for making the numbers.

   e. The group of students who can write out the expanded notation and number word for the largest number can be the winners of the month in this game. Place their number word on the bulletin board.

1 2 3
4 5 6
7 8 9 0

WORKSHEETS FOR SEPTEMBER

WORKSHEET	CODE	CONCEPT	OBJECTIVE
CLASSROOM COUNTERS	SE NUM1	Numeration	Counting
SEPTEMBER STAR STINKERS	SE NUM2	Numeration	Naming place values to billions
MEMORIES OF LAST SUMMER	SE BOP1	Basic Operations	Addition/subtraction with regrouping
BACK-TO-SCHOOL MIND-JIGGLERS	SE BOP2	Basic Operations	Multiplication with 2 and 3 digits
WELCOME BACK DIVISION	SE BOP3	Basic Operations	Simple division
LABOR DAY WORK	SE BOP4	Basic Operations	Division
HOW MUCH GAS?	SE FRA	Fractions	Addition, same denominator
MEMORIES FROM THE PAST	SE DEC1	Decimals	Rounding off to nearest tenth
ROUND OFF A BUNCH!	SE DEC2	Decimals	Rounding off to nearest tenth, hundreth
COMBINATION LUNCHES	SE MON	Money	Addition to $1.00
MEASURING THE SCHOOL	SE MEA	Measurement	Perimeters and area of quadrilaterals
SCHOOL YARD SHAPES	SE GEO	Geometry	Identification of triangle, square, rectangle
AUTUMN MATH PATTERNS	SE SYM	Symmetry	Mirror image (reflection)
RATIOS	SE RAT	Ratios	Enlarging 2:1
BIG NUMBERS IN OUR SCHOOL	SE PBS1	Estimation	Estimating large numbers
REGROUP THE CLASSES	SE PBS2	Problem Solving	Simple logic; chart interpretations
FOOTBALL MATH	SE STA	Logic	Finding averages; simple logic

WORSHEET #1 CLASSROOM COUNTERS
SE NUM1 Counting exercise

Procedure: Use during the first week of school. Have the children count the items asked for on the worksheet. Then have a group of students gather the school data and report it to the class. Students can write the numbers in the blanks for school totals.

Answers: vary

WORKSHEET #2 SEPTEMBER STAR STINKERS
SE NUM2 Write and name place values up to one billion

Procedure: This worksheet can be used with the September game and following the bulletin board activity.

Answers: two hundred seven
five thousand sixty
thirty four thousand, eight hundred ninety-five
seven hundred ten thousand, fifty-eight
one million six thousand, seven hundred
452,021
7,816
900,300
5,001
6,300,010
Circle last star.

WORKSHEET #3 MEMORIES OF LAST SUMMER
SE BOP1 Addition and subtraction, 4 digits with regrouping

Procedure: Distribute worksheet. Display correct worksheets with artwork on bulletin board.

Answers:	1,801	4,822	2,135	7,862	9,181	10,476	3,636
	5,646	5,065	7,256	2,656	406	6,980	7,506

WORKSHEET #4 BACK-TO-SCHOOL MIND-JIGGLERS
SE BOP2 Multiplication

Procedure: Distribute worksheet.

Answers:	63	125	392
	30	300	540
	608	2,400	1,440
	1,088	6,622	7,800

WORKSHEET   #5   WELCOME BACK DIVISION
         SE BOP3   Division, 1- and 2-digit divisors

Procedure: Distribute worksheets.

Answers: 142   190   94 R8
         122 R2   60 R4   17 R5
         20 R2   10 R9   8;   Word problem 34

WORKSHEET   #6   LABOR DAY WORK (MINI-WORKSHEETS)
         SE BOP4   Multiplication/division

Procedure:
   1. Motivate the children by telling them that we all have our favorite problems to work. Then demonstrate some of your favorite multiplication problems, such as multiplying by 100s or 1,000s. Distribute mini-worksheets and review each section with the class. Ask students to write their favorite number in the first section and multiply it by 5,982. Share answers.
   2. Encourage children to follow the above procedure for the second, third, and fourth sections of the worksheet. Share answers with the class or within small groups.
   3. You may wish to have students cut out a section of the worksheet and display it together with the work of their classmates on the bulletin board.

WORKSHEET   #7   HOW MUCH GAS?
         SE FRA   Addition, simple fractions

Procedure: Distribute worksheet and have the students color the correct amount on the gas gauge using a red crayon.

Answers: $\frac{2}{4}$ or $\frac{1}{2}$; $\frac{3}{4}$; $\frac{4}{4}$ or 1 (full); $\frac{2}{3}$; $\frac{3}{3}$ or 1 (full); $\frac{4}{4}$ or 1 (full)

WORKSHEET   #8   MEMORIES FROM THE PAST
         SE DEC1   Rounding off to the nearest 10th

Procedure: Distribute worksheet. Students can color the buffalo when they are finished with the worksheet.

Answers: .1   .1   .6
         .9   .4   .3
         .3   .7   .6
         .5   .2   .8

WORKSHEET   #9   ROUND OFF A BUNCH!
         SE DEC2   Rounding off to the nearest 10th and 100th

Procedure: Instruct the children to draw a line from the balloon to the hand of the clown that is closest to the rounded-off number. This worksheet is tricky because 50 and 500 are included in the rounding off. Review with the children and decide if 25 is closer to 10 or 50, and if 250 is closer to 100 or 500. The rule for this worksheet is to round up for 5 and above, and round down for 4 and below. When the worksheet is completed, ask which clown has the most balloons.

Answers: 10 lines to 2, 5, 17
50 lines to 30, 36, 64
100 lines to 89, 178, 200
500 lines to 413, 501, 539, 675
1,000 line to 960

WORKSHEET #10   COMBINATION LUNCHES
SE MON   Adding up to $5

Procedure: Ask the students to select an entree from each section, write it out on the bill, and add up the amount to be paid to the cashier. Explain to the class that their selection is just one of a number of possibilities. Ask them to figure out how many combinations there are in all.

Answers: Vary for individual bills
Total number of combinations: $3 \times 3 \times 3 \times 3 = 81$ or $3^4 = 81$

WORKSHEET #11   MEASURING THE SCHOOL
SE MEA   Applying formulas of area and perimeter

Procedure:
1. Review the formulas for finding the perimeter of a quadrilaterally shaped object and the area of a rectangle and a square. Teach volume if appropriate. Have the students bring in boxes such as shoe boxes or cereal boxes.
2. Decorate each box to look like a school. Make a roof from a sheet of paper folded in half to create the pitch of the roof.
3. Use the worksheet to figure out the perimeter and area of the small school.
4. Display all "box schools" with data sheets.
5. If students cannot find the volume of their box, use one model and teach them how to figure out the volume of a quadrilateral ($L \times W \times H$).

Answers: Vary

WORKSHEET #12   SCHOOL YARD SHAPES
SE GEO   Recognition of basic shapes

Procedure: Distribute worksheets.

Answers: 48 triangles; 6 squares; 19 rectangles

WORKSHEET #13   AUTUMN MATH PATTERNS
SE SYM   Mirror images: reflection

Procedure: Explain the concept of reflective symmetry by folding the worksheet in half and asking students to trace the patterns onto the blank grid. This type of symmetry is appropriately called Bilateral Symmetry. Have the children bring in leaves that exhibit this kind of symmetry. Distribute worksheet and color when finished.

WORKSHEET #14   RATIOS
                      SE RAT   Enlarging 2:1, estimating a new enlargement

Procedure: Self-explanatory

Answer: 18″ × 18″ = 36 sq. in.

WORKSHEET #15   BIG NUMBERS IN OUR SCHOOL
                      SE PBS1   Estimating large numbers

Procedure: Distribute the worksheet and have the students use the objects listed for a scavenger hunt. Ask them to estimate the number of objects on the list that might be found in the school.

Answers: Vary

WORKSHEET #16   REGROUP THE CLASSES
                      SE PBS2   Problem solving requiring logic, application of
                                  basic skills, ability to read a chart and estimate

Procedure:
   1. Each child will need either scratch paper or a calculator to solve the problems in this worksheet. First, have the children add up the boy and girl columns on the graph.

       Answers: Boys = 124; Girls = 121
   2. Instruct the class to answer the questions in the cloud.

       Answers: Largest class is Grade 2 (45)
       Smallest class is kindergarten (34)
       Most boys is Grade 2
       Least girls is kindergarten
       Total population: 124 + 121 = 245
   3. Ask the class to complete third section.

       Answers: 124
       121
       19 + 23 + 23 + 18 + 18 + 22 = 123
       16 + 24 + 18 = 58
       27 + 19 + 23 = 69
       124 − 3 = 121
       23 + 18 + 18 + 22 = 81; 81 − 5 = 76
       245 − (13 + 11) = 221

WORKSHEET #17   FOOTBALL MATH
                      SE STA   Finding averages, reading graphs, simple logic

Procedure: This worksheet provides an excellent opportunity for students to use their calculators. Instruct the class to add the four scores and divide by 4 to find the average for each team.

Answers: Averages = 20; 10; 24.5; 8; 18; 17; 9
       Bulls; Snappers; Jays; Knights
       Rankings: 1. Bulls; 2. Jays; 3. Hawks; 4. Knights;
       5. Greens; 6. Blues; 7. Snappers

Name _____ Date _____

Hi, We're back!

• CLASSROOM COUNTERS •

SCHOOL BUS #954

FACTS

How many boys? _____   Girls? _____

How many with glasses? _____   Brown Hair? _____

Wearing sneakers?   Wearing red?

_____   _____

How many with the letter "M" in their last name? _____

Total class enrollment? _____

• Totals •

Boys _____   School Girls _____   School enrollment _____

School Name _____   Room # _____

Teacher _____   Grade _____

Name _____ Date _____

SEPTEMBER STAR STINKERS

Write the number word.

☆ 207 _____

☆ 5,060 _____

☆ 34,895 _____

☆ 710,058 _____

☆ 1,006,700 _____

Write the number.

Four hundred fifty-two thousand twenty-one. _____

Seven thousand eight hundred sixteen. _____

Nine hundred thousand three hundred. _____

Five thousand one _____

Six million, three hundred thousand, ten. _____

★ Which Star is this number? draw a circle around it

Eight billion, Five million, one hundred ten thousand

8,050,110,000   8,500,010,010   8,005,110,000

Name _____   Date _____

MEMORIES OF LAST SUMMER

$$1627 + 174$$

$$4039 + 783$$

$$1964 + 171$$

$$7387 + 475$$

$$8496 + 685$$

$$9869 + 607$$

$$3075 + 561$$

$$6029 - 383$$

$$5253 - 188$$

$$8216 - 960$$

$$3212 - 556$$

$$1326 - 920$$

$$7977 - 997$$

$$7661 - 155$$

After you finish these problems, draw a picture using me in the scene.

Name _____ Date _____

• BACK • TO • SCHOOL • MIND • JIGGLERS •

Match the set of facts with the correct product.
Use the space in the middle of the worksheet for
calculating the problems. Good Luck!

These are the factors

$7 \times 9 = $ ____ $5 \times 25 = $ ____ $7 \times 56 = $ ____

$10 \times 3 = $ ____ $2 \times 150 = $ ____ $9 \times 60 = $ ____

$8 \times 76 = $ ____ $40 \times 60 = $ ____ $48 \times 30 = $ ____

$17 \times 64 = $ ____ $77 \times 86 = $ ____ $100 \times 78 = $ ____

you can do it!

These are the products

540 , 1440 , 7800

608 , 125 , 2400 , 63 , 392 , 300 , 30 , 1088 , 6622

Name _____ Date _____

WELCOME BACK DIVISION

CLASS
Work the problems.
Remember what you
learned last year.

There are remainders

$3\overline{)426}$ $5\overline{)950}$ $8\overline{)759}$

A principal has 952 students in her school. She wants to divide them into groups of 28. How many groups will she have?

$7\overline{)856}$ $9\overline{)544}$ $16\overline{)280}$

$25\overline{)505}$ $39\overline{)427}$ $43\overline{)344}$

Name _____ Date _____

LABOR DAY WORK

My favorite number times 5982.

My favorite addition problem
Divided by 39.

My favorite subtraction
problem divided by ¾.

My favorite biggest number I
know how to write.

SE FRA

Name _____   Date _____

HOW MUCH GAS?

How much gas does Joey's car have?

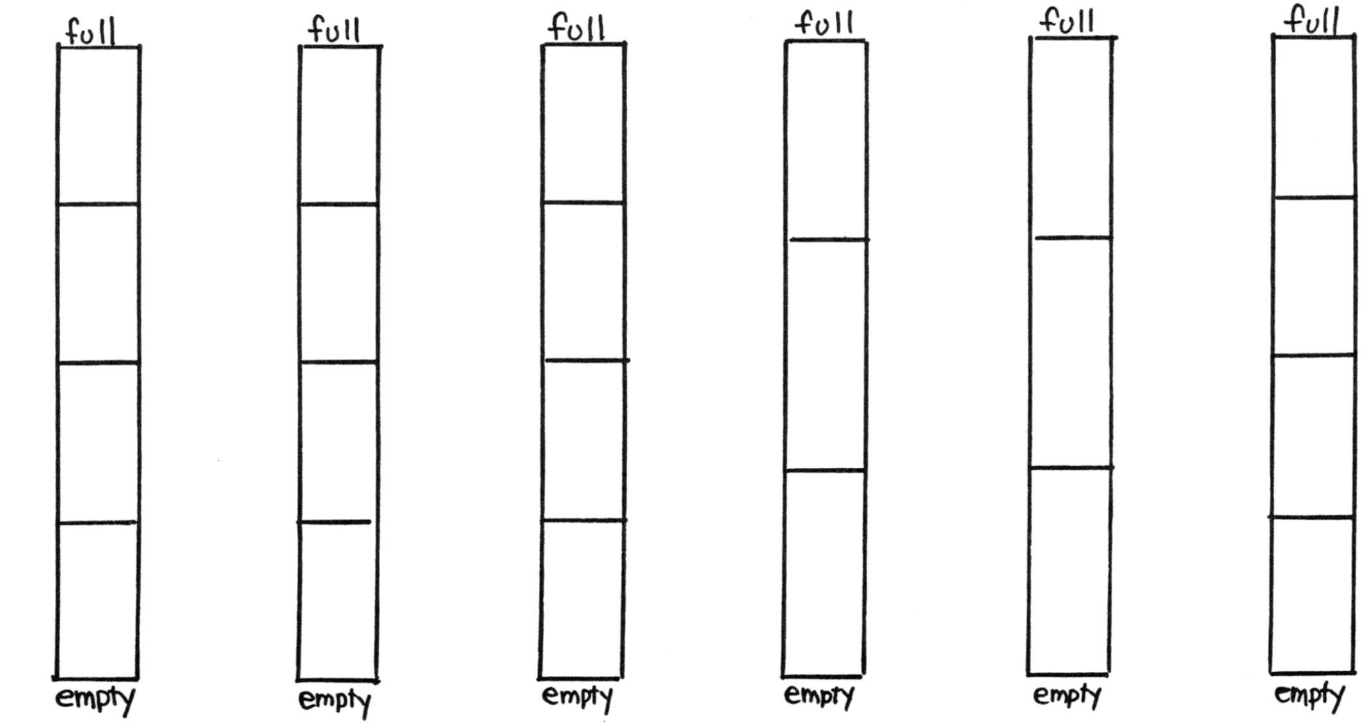

Just color this answer on the gauge

$$\frac{3}{4}$$
$$+\frac{1}{4}$$

$$\frac{2}{3}$$
$$+\frac{1}{3}$$

$$\frac{1}{3}$$
$$+\frac{1}{3}$$

$$\frac{1}{4}$$
$$+\frac{3}{4}$$

$$\frac{2}{4}$$
$$+\frac{1}{4}$$

$$\frac{1}{4}$$
$$+\frac{1}{4}$$

Work the problem and color the amount on the gas gauge.

Name _____   Date _____

MEMORIES FROM THE PAST

Connect the dots from the largest to the smallest.

Round off to the nearest tenth.

.09	_____	.12	_____	.55	_____
.89	_____	.36	_____	.29	_____
.32	_____	.74	_____	.62	_____
.46	_____	.19	_____	.84	_____

Name _____ Date _____

ROUND OFF A BUNCH!

Round off the number in each balloon and draw a line
to the hand of the clown that is closest to the number.

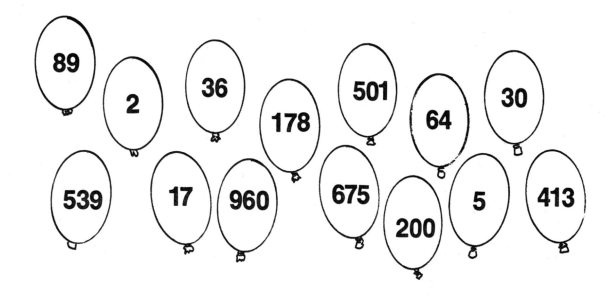

SE MON

Name _____ Date _____

• BACK TO SCHOOL •
COMBINATION LUNCHES

Select one from each food group and add up the bill for each student.

SCHOOL LUNCHES

SANDWICHES		VEGGIES	
Grilled Chicken Sandwich	$1.00	Peas and Carrots	.50
Hamburger with cheese	.98	Lettuce Salad	.29
Plain Hamburger	.75	Cut tomatoes	.15

DESSERTS		DRINKS	
Peach Pie	.79	Milk	.10
ICE CREAM	.49	Juice	.15
Strawberries	.59	Hot chocolate	.15

Bill

Bill

BILL

BILL

★ How many combinations are there in all? _____

Name _____   Date _____

MEASURING THE SCHOOL

1. Find a small box. Decorate it to look like your school.

2. Make a roof.

3. Use a ruler to find the measurements.

•School Measurements•

Height _____

Length _____

Width _____

Perimeter _____

Area of one wall _____

Area of all four walls _____

Area of roof _____

★ Volume of inside of school _____

SE GEO

Name _____ Date _____

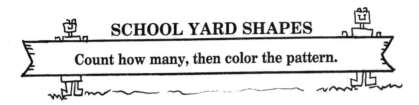

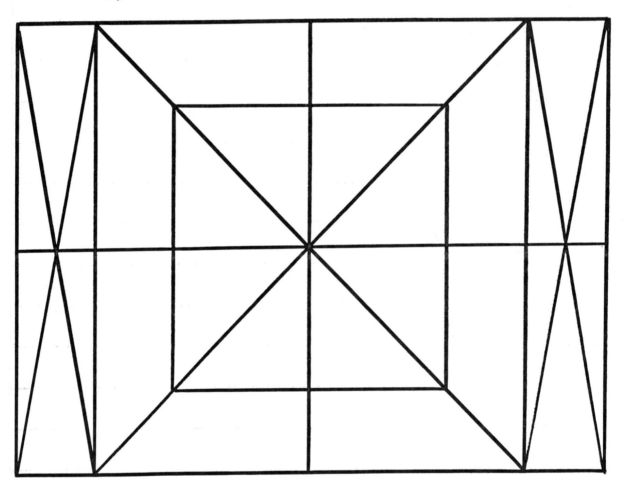

Triangles? _____ Squares? _____ Rectangles? _____

Name _____   Date _____

AUTUMN MATH PATTERNS

Reflect the leaf drawing along the line of symmetry by drawing
the reverse pattern. Color it using fall colors.

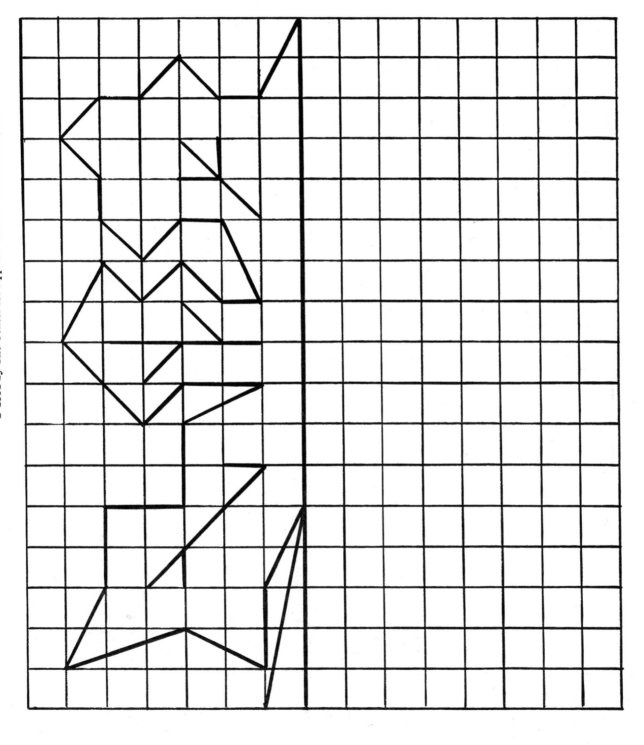

SE RAT

Name _____ **Date** _____

1"

RATIOS

½"

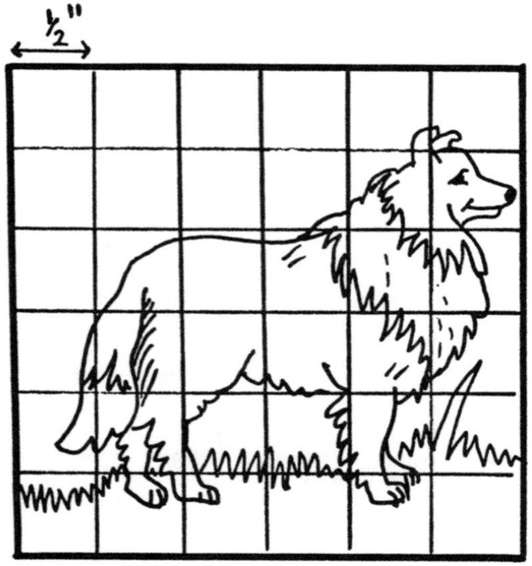

Enlarge the dog 2:1

Try enlarging the dog 6:1

How large will the new drawing be? _____ X _____

Name _____ Date _____

BIG NUMBERS IN OUR SCHOOL

Count these items in your classroom. Estimate how many of them are in the entire school.

	Number in 1 room	X	Number of Classrooms	=	Estimation
Wastebaskets	_____		_____		_____
Flags	_____		_____		_____
Teacher Desks	_____		_____		_____
Windows	_____		_____		_____
Doors	_____		_____		_____
Boys	_____		_____		_____
Girls	_____		_____		_____
Adults	_____		_____		_____

Brain Teasers!

Gerbils	_____		_____		_____
Books	_____		_____		_____
Pencils	_____		_____		_____

Name _____   Date _____

REGROUP THE CLASSES

USE A SCRATCH SHEET TO DO THESE!

OFFICE

SCHOOL ENROLLMENT

CLASS	BOYS	GIRLS
Kindergarten	18	16
Grade 1	19	24
Grade 2	27	18
Grade 3	19	23
Grade 4	23	18
Grade 5	18	22
Totals		

Principal McGuffie announces:

                                    Grade   Total
The largest class _____   _____

The smallest class _____   _____

                                                Grade
The class with the most boys _____

The class with the least girls _____

The total population of the
School is _____.

FIND THE TOTALS FOR THE FOLLOWING SITUATIONS.

TOTALS

All the boys go to the auditorium to hear Principal McGuffie. _____

All the girls go to the gym and do dance exercises. _____

Grades 3, 4 and 5 boys and girls go to chorus. _____

Grades K, 1 and 2 girls dance for P.T.A. _____

Grades 2, 3 and 4 boys play soccer. _____

3 boys are absent in Grade 4 when all the boys go to gym. _____

5 girls are absent in Grade 5 when Grades 4 and 5 go to lunch. _____

13 boys and 11 girls are absent on Monday from the total
population. _____

PRINCIPAL McGUFFIE SAID YOU COULD USE A SCRATCH SHEET TO FIND YOUR ANSWERS.

Name _____ Date _____

FOOTBALL MATH

The scores are given for each team.
Each team played four games.
Find the average score for each team after
they played the four games.

TEAM	GAME				AVERAGE
	1	2	3	4	
JAYS	21	17	14	28	
GREENS	3	10	14	13	
BULLS	28	17	20	33	
SNAPPERS	7	3	0	22	
HAWKS	32	14	24	2	
KNIGHTS	0	10	21	37	
BLUES	7	9	13	7	

Who Won? write the scores in the blank.
circle the winning team.

Game 2 Bulls vs Hawks _____   Game 4 Greens vs Snappers _____

Game 1 Jays vs Blues _____   Game 3 knights vs Bulls _____

Team Rankings Rank the teams for the four games.

① _____

② _____ ③ _____ ④ _____ ⑤ _____ ⑥ _____ ⑦ _____

October

AUTUMN ANTICS

Theme: BASIC OPERATIONS

BULLETIN BOARD IDEA

1. Cover the background with yellow construction paper. Cut brown and red flames from construction paper to place at the bottom of the pot.
2. Use an enlarging method to enlarge the drawing of the witch, pumpkin, and cat. The pot could be cut from black construction paper and superimposed over the enlarged drawing.

3. Color witch, cat, and pumpkin with Magic Markers.
4. Cut BREW UP A POT OF PROBLEMS from black paper. Other legends might be: BEST BREWED PROBLEMS or STIR UP A BREW IN YOUR HEAD.
5. Place the best drill and practice worksheets using basic operations on the pot. An option is to print up the problems for the journals on a white sheet of paper and place it on the pot for the day or week. Place the students' work around the witch drawing.

ACTIVITY

1. Have the children draw arrays using cats, goblins, or bats as the motifs for every multiplication sentence associated with each product from 2 to 20. Help the class discover that certain numbers have only one array. We call these numbers prime numbers. A third grade teacher may wish to alter this activity by giving the children a digit such as 8 and asking them to draw all of the arrays for 1-digit multiplication sentences that use 8 as the multiplier.
2. Divide children into groups of 4 and provide them with a deck of playing cards. Instruct the children to sort all the cards into two piles: one set of red and one set of black. Then take out all of the face cards, but retain the ace. The ace will equal 1. Shuffle the cards in each pile. Each player draws one card from the red pile and writes the number of the card on a sheet of paper. Then each player draws a black card and multiplies this numeral by the numeral on the red card. Have each student write down their answers and compare with their classmates. The child with the largest product wins a point. The first player to reach 10 points is the winner.
3. Variation of above game: Have the children select 3 cards instead of 2. Multiply all 3 cards and the largest product again scores a point; i.e., 2 × 7 × 3 = 42. Children may wish to use a calculator for this game. Students may wish to have a round where they select 4 cards, then 5 cards, multiplying all the cards together and using their calculator to find the products.
4. Display score sheets on bulletin board.

3   1 × 3 = 3   🐱🐱🐱

2 × 2 = 4   🦇🦇   🦇🦇🦇🦇
4   1 × 4 = 4   🦇🦇

5   1 × 5 = 5   🐱🐱🐱🐱🐱

2 × 3 = 6   🎃🎃🎃   🎃🎃🎃🎃🎃🎃
6   1 × 6 = 6   🎃🎃🎃

PROBLEM SOLVING IDEAS FOR JOURNALS

October Word Problems

1. GHOSTLY DIVISIONS. Who Doo the ghost had 252 ghost friends he had to send to 9 cemeteries on Halloween night. How many of his friends were sent to each cemetery? Show how Who Doo solved this problem and draw the troop of ghosts that went to *your* favorite cemetery. **Answer: 252 / 9 = 28**

2. COLUMBUS DISCOVERS AMERICA. Christopher Columbus had 51 men who made up the crew for his 3 ships. If each ship had a captain, how many sailors were there on each ship? Draw a map of Columbus crossing the ocean in your journal, along with the solution to this problem. **Answer: 51 − 3 = 48; 48 / 3 = 16. There were 16 sailors on each ship.**

3. UNITED WE STAND. On United Nations Day, each one of us is proud of our ethnic background and nationality. Interview various classmates, teachers, and school persons and find out what their nationalities might be. Make a graph in your journal showing the nationality of the people you interviewed. What country was represented the most? least? Whose nationality represented a country located farthest from the United States? Write up the procedure you used to gather your information.

4. HOW LONG HAS IT BEEN? Design a Time Line and show how many years have passed since Columbus discovered America. Add important events that have happened between then and now.

5. TIME PASSES IN OCTOBER. How many hours are there in the month of October? **Answer: 24 × 31 = 744**

6. PLANS FOR HALLOWEEN NIGHT. Design your halloween costume and make a grid map of your Trick or Treat route. How many blocks will you cover in all?

7. AUTUMN LEAVES LEAVING. If a maple tree drops an average of 1,346 leaves and an elm tree drops an average of 2,179 leaves in one day, how many leaves are dropped all together in 16 days? **Answer: 1,346 × 16 = 21,536; 2,179 × 16 = 34,864; 21,536 + 34,864 = 56,400**

8. A WITCH'S DILEMMA. Brunhilda Witch cut up her Halloween pumpkin into 9 equal pieces. She gave her friend Grenilda $\frac{2}{3}$ of the pieces. How many pieces did Grenilda receive? **Answer: 9 × $\frac{2}{3}$ = $\frac{18}{3}$ = 6 pieces**

9. OCTOBER TEMPERATURES. 12 days out of 30 days in the month of October were below freezing at night. What fraction of the month had nights below freezing? Design a picture that will show this information. **Answer: $\frac{12}{30}$ = $\frac{2}{5}$**

10. A FOOTBALL GAME. Some football players ran 8 yards each in a game. The total number of yards covered was 96. How many football

players ran 8 yards each? Make a drawing of the football field showing the runs. **Answer: 96 / 8 = 12**

11. OCTOBER'S BEST TEACHER. Make up the most difficult addition problem you can think of and write it in your journal. Give it to your parents to solve. Check their work and give them a grade.

12. CATS AND SPIDERS. Putsi, the Halloween kitty, can catch 6 spiders every time she pounces. If she pounces 7 times, how many spiders can she catch? Make a number line showing Putsi's pounces. **Answer: 6 × 7 = 42**

13. COUNTING: How many eyes are there in your classroom?

14. SUPER-STAR PROBLEM. Explain how you solve this problem $2\frac{1}{4} - 1 + \frac{3}{5} = ?$

15. ANOTHER SUPER-STAR PROBLEM. Explain how you solve this problem: $1093 - 987 = ?$

16. RINGO ON THE RUN. Ringo the K-9 dog chased a burglary suspect on Monday night 2.9 miles. On Tuesday night he tracked a lost little girl .08 miles. On Wednesday night he tracked another burglary suspect 1.25 miles, on Thursday night he sniffed for a tossed weapon in the woods .6 miles, and on Friday night he walked .18 miles from his dog house to the police station. How many miles did Ringo travel the whole week? Make a map of his travels. **Answer: 2.9 + .08 + 1.25 + .6 + .18 = 5.01 miles**

17. OCTOBER SCIENTIST. Find a bug. Put it in a jar. Observe it carefully for a few hours. Draw it exactly as you see it. In your journal draw every little hair, eye, foot, toe, or wing. Use a decimeter to measure the parts of the bug. Write the measurement statistics in your journal. Make up two-word problems using your data and show how you solve them. Write a story about the bug's personality as you observed it.

18. FINDING THE PERSONALITY OF A NUMBER. Every number has its own personality and you can find it by prime-factoring the number. No two numbers have the same set of prime factors or same personality. Every number is defined by its own set of prime factors. For example, 38 set of prime factors are 2 × 19; 24 set of prime factors are 2 × 2 × 2 × 3. Prime-factor 132, 96, and 85 in your journal. Make a drawing of their personalities. **Answer: 132 (2 × 2 × 3 × 11); 96 (2 × 2 × 2 × 2 × 2 × 3); 85 (5 × 17)**

19. TRICKY STATEMENTS. What is wrong with these statements?
    a. His half is larger than mine.
    b. Joan got the smallest third.
    c. The quarters of the apple are not equal.
    d. Can you divide an orange into 2 pieces so that the orange will not be divided into halves?

CALCULATOR PROBLEMS FOR JOURNALS

Use your calculators to solve each of the following problems. Each problem has unnecessary information in it. Sort out what is NOT needed, then solve the problem.

1. Ms. Marple has 38 students in grade two. She has .48 cents in her purse. If 13 of the students are boys, how many are girls? **Answer: 38 − 13 = 25**

2. Mr. Bridges has 209 books in his office. He has 312 papers in his files and 179 papers on the floor. How many papers are in his office? **Answer: 312 + 179 = 491**

3. It takes 4 days for a trucker to drive from Tampa, Florida to Los Angeles, California. He also gets 2 weeks vacation each year. If it is approximately 3,000 miles from Tampa, Florida to Los Angeles, California, how many miles does the trucker cover in one day? **Answer: 3,000 / 4 = 750 miles per day**

4. A squirrel collects 798 nuts every 2 days. He stores them neatly in a hole in an oak tree that is 3 feet × 2 feet × 1 foot. How many nuts can he store in the hole in 2 weeks? **Answer: 14 / 2 = 7; 7 × 798 = 5,586**

5. THINK, TRICKY QUESTION. The first frost of the season came one night. It dipped down to 28 degrees. Then it dipped down to 17 degrees. During the day it was 45 degrees. What was the total number of degrees below freezing for the two nights? **Answer: 32 − 28 = 4; 32 − 17 = 15; 15 + 4 = 19 degrees total for the two nights**

CLASSIFICATION GAME

2 players needed.
Materials needed: 1 Tic-Tac-Toe worksheet (for each pair of students)
50–75 buttons in 2 plastic bags, 1 bag for each set of players, or a variety of objects to classify such as leaves, stamps, or attribute blocks

Rules: Place a variety of buttons in two plastic bags. Mix size, shape, color, and texture. Play Tic-Tac-Toe by placing one object in each cell. First player places a button in a cell, then a second player places a second button in a cell. The player who gets three buttons in a row, column, or diagonal first with the same attribute wins the game. The player must name the attribute all three objects have in common in order to win the point.

Players using objects other than buttons may think of as many categories as they please when playing the games. A player may recognize a relationship between objects such as same color, shape, size, thickness, or utility. As long as the player can name a legitimate category for the three objects, a point is earned. Sets of objects that can be used to play the game are stamps, coins, pictures, buttons, small items found in purses, leaves, rocks, pasta, etc.

Ask students to identify the attribute the objects from the established sets have in common.

Examples:

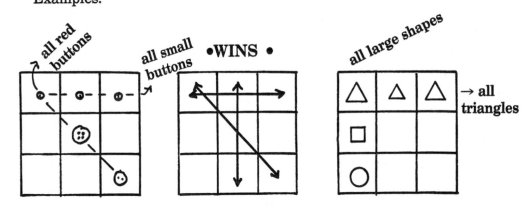

Attribute Tic-Tac-Toe Grid

WORKSHEETS FOR OCTOBER

WORKSHEET	CODE	CONCEPT	OBJECTIVE
GRAVESTONE FACTS	OC BOP1	Factors	Finding missing factors
AUTUMN LEAF COUNT	OC BOP2	Multiplication	Multiplying large numbers with zeros
GHOSTLY PRODUCTS	OC BOP3	Estimation	Estimating products
MENTAL PLAYS	OC BOP4	Basic Operations	Review of basic facts
BAT BITS	OC DEC1	Decimals	Identifying decimals: tenths
WITCHES' BROOMHANDLES	OC DEC2	Decimals	Identifying decimals: tenths/hundredths on number lines
TINY THINGS SCAVENGER HUNT	OC MEA1	Measurement	Using centimeters and inches
HALLOWED AREAS	OC GEO1	Area	Calculating area
COLUMBUS' MAGIC SAILS	OC GEO2	Shape	Identifying shapes
SPIDER SEARCH	OC GEO3	Angles	Identifying degrees of angle
K-9 TRACKING	OC MEA	Measurement	Map reading and calculating miles to the decimal
FRACTION GOBLINS	OC FRA1	Fractions	Identifying fractions on number line
FRACTION TRAIN	OC FRA2	Fractions	Identifying simple fractions
CREATIVE DRAWING AND RATIOS	OC RAT	Ratios	Interpreting ratios
JACK FROST AND TEMPERATURES	OC GRA1	Graphs	Making line graphs
FOOTBALL PROBLEMS	OC MON	Money	Problem solving/ multiplication
PROBABILITIES	OC PBS	Probability	Predicting probabilities

WORKSHEET #18   GRAVESTONE FACTS
               OC BOP1   Finding missing factors

Procedure: Provide children with group practice on the board by having them identify the missing factors in sample problems of your choosing. Distribute worksheet.

Answers: Here lies 30   Here   Lies   48
               6   8
               5   6
               6   8
               5   8

          Here lies 72   Here lies 54
             9   72   6   54
             8   6

          Here lies 36
             12
              6
              3
              6

WORKSHEET #19   AUTUMN LEAF COUNT
               OC BOP2   Multiplication: large numbers with zeros

Procedure: Some instruction before worksheet is distributed is needed. Instruct the children on how to multiply large numbers by multiplying the two whole numbers and counting the number of zeros. Add the total number of zeros to the product of the two whole numbers. (Example: $20 \times 50{,}000 = $ ____, multiply $2 \times 5 = 10$. Count the zeros. There are 5 all together. Add zeros to 10. $10 + 00000 = 1{,}000{,}000$. $20 \times 50{,}000 = 1{,}000{,}000$.)

Answers: 240,000   180
            2,400,000,000   180,000
            240,000,000,000   1,800,000,000
                                  18,000,000,000

            640,000
            640,000,000,000
            6,400,000,000,000

WORKSHEET #20   GHOSTLY PRODUCTS
               OC BOP3   Estimating products

Answers:
$10 \times 30 = 300$ $40 \times 50 = 2{,}000$ $30 \times 60 = 1{,}800$ $20 \times 20 = 400$
     $60 \times 60 = 3{,}600$ $70 \times 60 = 4{,}200$ $80 \times 80 = 6{,}400$
     $90 \times 90 = 8{,}100$ $50 \times 50 = 2{,}500$ $100 \times 100 = 10{,}000$

WORKSHEET #21   MENTAL PLAYS
                       OC BOP4   Review of simple basic facts

Answers: 18   5
          24   0
           2   6
          10   3
           3   0
          10   9
           7   21
          18   9
           3   0

          3139
           308

WORKSHEET #22   BAT BITS
                       OC DEC1   Identifying decimals: tenths

Answers: a. 2.6   b.   .3
          c. .7   d. 1.5
          e. .9   f. 13.2

Color sections: 8 out of ten, 5 out of ten, 2 out of ten

Five dimes is the same as .50

22.7   11.5

WORKSHEET #23   WITCHES' BROOMHANDLES
                       OC DEC2   Identifying decimals, tenths/hundredths

Procedure: Explain to the class that the top broomhandle is broken down into tenths.
The starting point is .1. The second broom handle is broken down into hundredths. The
starting point is .10. Have the children locate the decimal in the column by finding the
approximate point on the correct broom handle and placing a dot in the approximate
position. Label the decimal. Draw a line through the decimal once its position is located.

WORKSHEET #24   TINY THINGS SCAVENGER HUNT
                       OC MEA1   Using centimeters and inches

Self-explanatory.

WORKSHEET #25   HALLOWED AREAS
                       OC GEO1   Calculating area

Procedure: Instruct the children to lightly color the pumpkin orange, the witch in purples
and greens, the cat in gray and the tree in brown. Have them approximate the square
area of each of the objects.

Answers:
Pumpkin 49 sq. units   Cat 22 sq. units

Witch 48–49 sq. units   Total drawing 150 sq. units

Total grid is 15 × 13 = 195. Approximately 45 cells are not colored. 195 − 45 = 150.

WORKSHEET #26   COLUMBUS' MAGIC SAILS
                    OC GEO2   Identifying shapes

Answers:	Santa Maria	**5 squares, 2 rectangles**
	Nina	**1 square, 2 rectangles**
	Pinta	**2 squares, 9 rectangles**
	Total	**8 squares, 13 rectangles**

WORKSHEET #27   SPIDER SEARCH
                    OC GEO3   Identifying angles and measuring degree of angle

Procedure: Instruct the students to measure each angle as carefully as they can. Do one angle at a time by finding the angles, using the protractor to measure the angle, then coloring it with the designated color.

Answers: ∠DGI, etc.

WORKSHEET #28   K-9 TRACKING
                    OC MEA   Map reading and addition of decimals

Answers:	**Mall to elementary school**	**5.65 miles**
	Elementary school to house	**3.6 miles**
	Gas station to creek	**5.45 miles**
	Mall to shed	**13.3 miles**
	House to gas station	**6.75 miles**

WORKSHEET #29   FRACTION GOBLINS
                    OC FRA1   Identifying fractions on number line

Procedure: Ask the children to examine each number line. Notice that the first one is divided into fourths, the second one is divided into fifths, and the last one is divided into eighths. Have them cut the goblin from the bottom and paste it on the correct point on the appropriate number line. Label the fraction beneath the goblin.

WORKSHEET #30   FRACTION TRAIN
                    OC FRA2   Identifying simple fractions

Answers: You should check your accuracy to make sure each child understands the concept.

WORKSHEET #31   CREATIVE DRAWING AND RATIOS
                    OC RAT   Demonstrating understanding of ratios

Procedure: Instruct the children to examine the four categories on the worksheet: Leaves, Birds, Animals, and Flowers. In each category a set of ratios is given. For instance, under Leaves, 4 of the 15 leaves should be drawn in red. Have the children draw the ratio for each set. 15 gives the total number of leaves that should be drawn. 4:15 is the ratio of red leaves to the total number. You may suggest that the children draw all 15 leaves first, then color in the appropriate ratio. Note that the animals and flowers categories show the ratio as a fraction and a total ratio. In the animals category, the child will draw 1 owl, 3 squirrels, and 1 dog. However, allow the child to think this out for himself. In the flowers category the child will need to decide how to assign the ratio to the flower. Will the ratio be 3 dandelions, 4 roses, and 1 daisy or some other combination?

Answers: Drawings will vary.

WORKSHEET #32   JACK FROST TEMPERATURES
**   OC GRA1   Making and reading line graphs**

Procedure: Provide children with a copy of the temperature section of your daily newspaper. Sections from different dates will make this activity more interesting. Have the children record the high and low temperature for each of the cities designated at the bottom of the graph. Connect all the high temperatures with a red line and all the low temperatures with a blue line. Fill in the questions. Have the children compare their findings.

WORKSHEET #33   FOOTBALL PROBLEMS
**   OC MON   Multiplying money amounts by whole numbers**

Procedure: You may have the children use their calculators to complete this worksheet.

Answers:	*Your Team*			*Opponents*		
	Admission	*Tax*	*Total*	*Admission*	*Tax*	*Total*
Game 1	$ 743.60	$114.40	$ 858.00	$ 401.70	$ 61.80	$ 463.50
Game 2	1129.70	173.80	1303.50	1131.00	174.00	1305.00
Game 3	1361.10	209.40	1570.50	1502.80	231.20	1734.00
Totals	3234.40	497.60	3732.00	3035.50	467.00	3502.50

WORKSHEET #34   PROBABILITIES
**   OC PBS   Figuring simple probabilities**

Procedure: Make the spinner. Lightly color the sections of the circle according to the color code. The spinner is colored black. A straight pin pushed through the center and into the top of an eraser of a pencil will work very efficiently.

Answers: red $\frac{2}{6}$ bat $\frac{1}{6}$
witch $\frac{2}{6}$ orange $\frac{1}{6}$
yellow witch $\frac{1}{6}$
goblin $\frac{1}{6}$
owl after 6 spins $\frac{1}{6} \times 6 = \frac{6}{36}$
witch after 8 spins $\frac{2}{6} \times 8 = \frac{16}{48}$
yellow after 4 spins $\frac{2}{6} \times 4 = \frac{8}{24}$
cat after 13 spins $\frac{1}{6} \times 13 = \frac{13}{78}$

Name _____ Date _____

GRAVESTONE FACTS

Here Lies **30**

$5 \times \boxed{} = 30$

$\boxed{} \times 6 = 30$

$30 \div \boxed{} = 5$

$30 \div 6 = \boxed{}$

Here Lies **48**

$\boxed{} \times 6 = 48$

$8 \times \boxed{} = 48$

$48 \div \boxed{} = 6$

$48 \div 6 = \boxed{}$

Find the missing facts. Finish and color the drawing.

Here Lies **72**

$\boxed{} \times 8 = \boxed{}$

$72 \div \boxed{} = 9$

Here Lies **54**

$\boxed{} \times 9 = \boxed{}$

$54 \div 9 = \boxed{}$

THINK

Tricky

Here Lies **36**

$3 \times \boxed{} = 36$

$36 \div \boxed{} = 6$

$36 \div \boxed{} = 12$

$360 \div \boxed{} = 60$

Name _____   Date _____

AUTUMN LEAF COUNT

Multiply the numeral and count the zeros to find out how many
leaves are on each tree.

4 X 600 = <u>2400</u>

40 X 6,000 = _____

400 X 6,000,000 =
_____

4,000 X 60,000,000 =
_____

2 X 90 = _____

20 X 9000 = _____

200 X 9,000,000 =
_____

20,000 X 900,000 =
_____

80 X 8000 =
_____

8,000 X 80,000,000 =
_____

800,000 X 8,000,000 =
_____

Make up your own problem in my tree.

Name _____   Date _____

Round up

Round down

Draw a face in each ghost after you work the problem.

$17 \times 34 =$

$20 \times 30 = \underline{600}$

GHOSTLY PRODUCTS

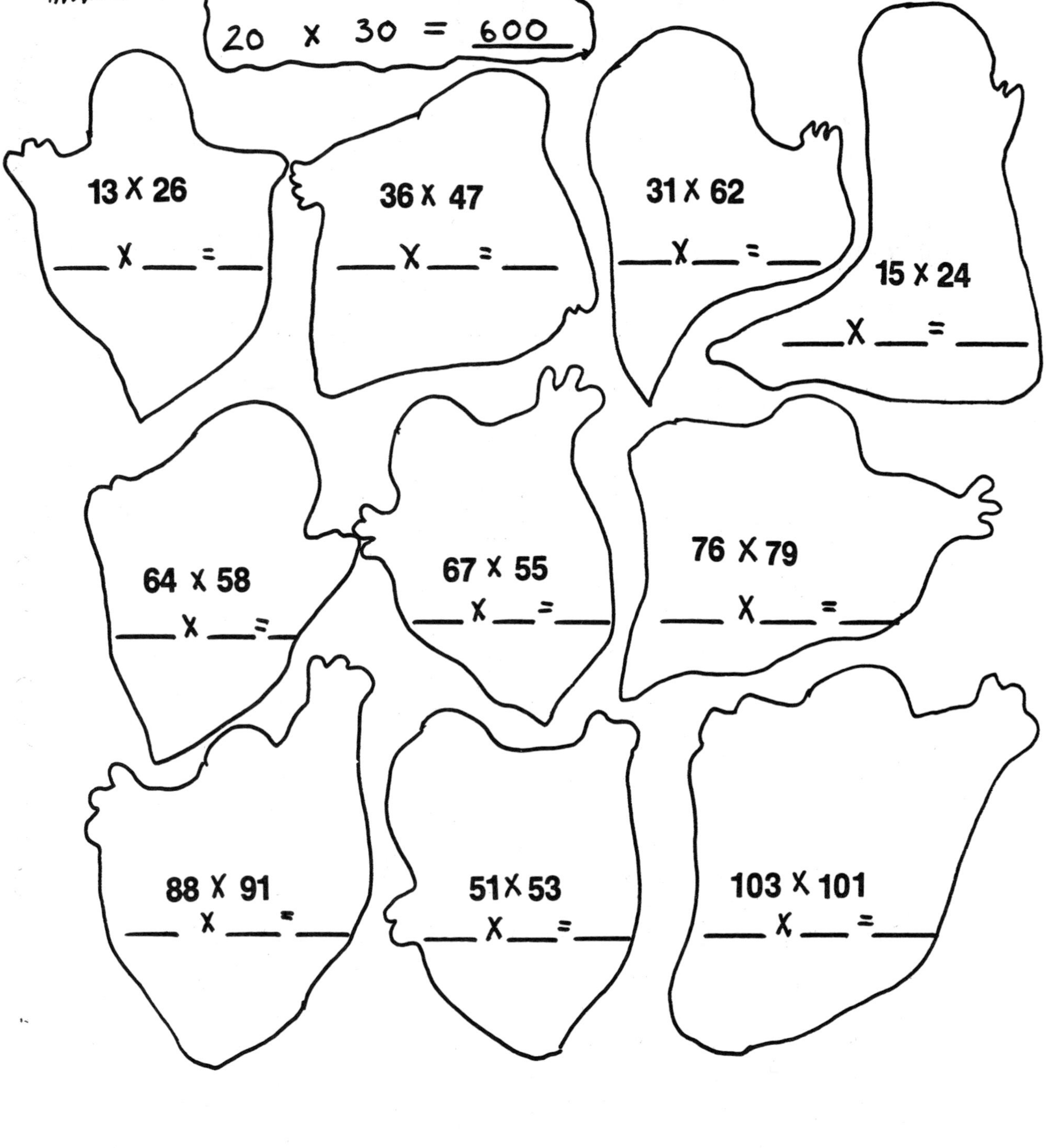

13×26

___ X ___ = ___

36×47

___ X ___ = ___

31×62

___ X ___ = ___

15×24

___ X ___ = ___

64×58

___ X ___ = ___

67×55

___ X ___ = ___

76×79

___ X ___ = ___

88×91

___ X ___ = ___

51×53

___ X ___ = ___

103×101

___ X ___ = ___

Name _____ Date _____

MENTAL PLAYS

TOUCHDOWNS	PENALTIES

For every correct answer place a tally mark under touchdowns. Give yourself a penalty tally for every incorrect answer.

3 X 3 ÷ 9 = _____   13 + 2 ÷ 3 = _____

2 X 6 + 12 = _____   24 ÷ 4 − 6 = _____

16 + 2 ÷ 9 = _____   36 − 6 ÷ 5 = _____

35 ÷ 7 X 2 = _____   18 + 3 ÷ 7 = _____

23 + 1 ÷ 8 = _____   28 ÷ 7 − 4 = _____

42 ÷ 6 + 3 = _____   54 + 9 ÷ 7 = _____

79 − 9 ÷ 10 = _____   63 ÷ 9 X 3 = _____

14 ÷ 7 X 9 = _____   90 − 9 ÷ 9 = _____

36 ÷ 6 ÷ 2 = _____   98 X 0 ÷ 1   _____

Use your calculator on these! Make up some problems and record.

86 X 73 ÷ 2 = _____   _____

52 ÷ 13 X 77 = _____   _____

Name _____ **Date** _____

BAT BITS

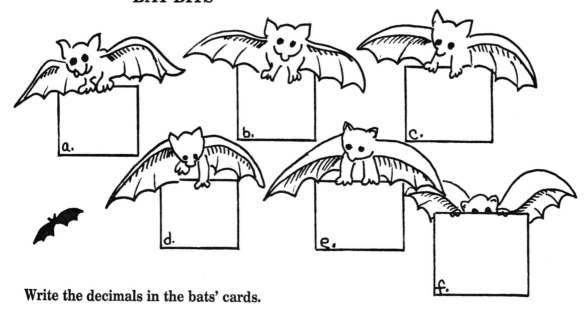

Write the decimals in the bats' cards.

a. Two and six tenths

b. three tenths

c. Seven tenths

d. One and five tenths

e. Nine tenths

f. Thirteen and two tenths

Color in the section indicated by the decimal.

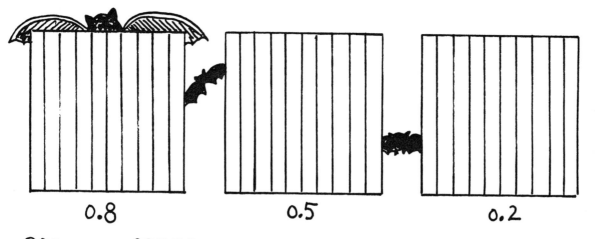

0.8   0.5   0.2

Five dimes is the same as how many tenths to the dollar? _____

$20.3 + 1.5 + .9 =$ _____ $6.3 + .2 + 5 =$ _____

These are tricky.

Name _____ Date _____

WITCHES' BROOMHANDLES

TENTHS LINE

0 →|————|————|————|————|—•—|————|————|————|————|————|→ 1
.1   .5

Find the point on the number line for each decimal. Draw in the point and label.

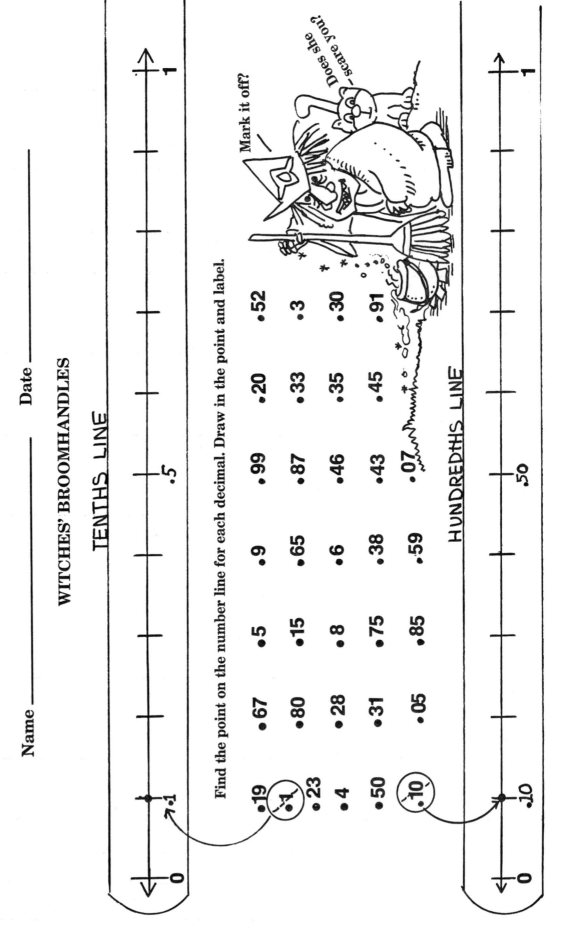

•19	•67	•5	•9	•99	•20	•52
•1	•80	•15	•65	•87	•33	•3
•23						
•4	•28	•8	•6	•46	•35	•30
•50	•31	•75	•38	•43	•45	•91
•10	•05	•85	•59	•07		

Mark it off! — Does she sccccare you?

HUNDREDTHS LINE

0 →|————|————|————|————|—•—|————|————|————|————|————|→ 1
.10   .50

Name _____ Date _____

TINY THINGS SCAVENGER HUNT

Find six very small objects in your desk or school bag.
Measure them using both units of measure. Add up all your recorded
data. The student with the smallest total for both units is the
class winner.

OBJECTS	CENTIMETERS	INCHES
TOTALS	_____ cm.	_____ in.

We are still looking for treasures!

CUT OUT RULERS

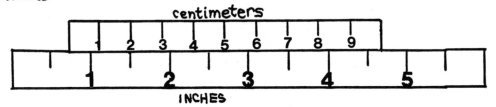

Name ——————————————— **Date** ———————————————

HALLOWED AREAS

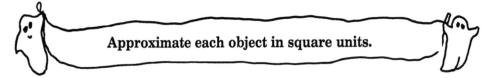

Approximate each object in square units.

Approximate Area of

Pumpkin ————sq. units   Cat ————— sq. units

Witch ————— sq units   Total drawing ————— sq.units

Hint: Color over the objects lightly with a crayon.

Name _____   Date _____

K9   TRACKING

Ringo is a K-9 dog. This is Ringo's record chase for one night's work. X marks the spot where Ringo caught up with the burglar.

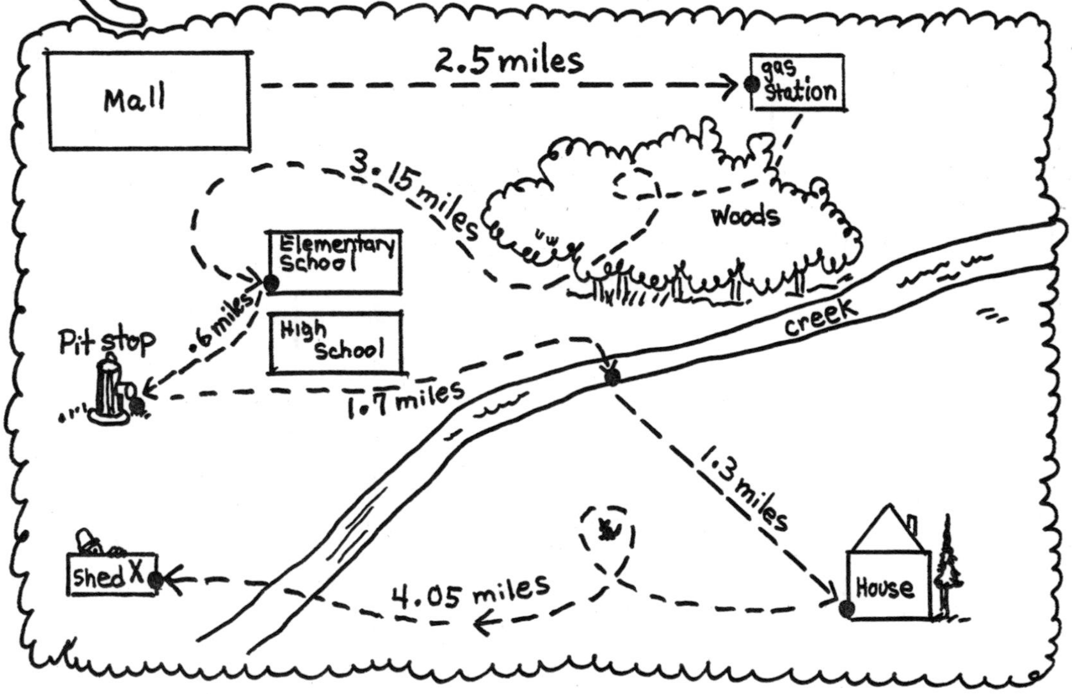

Mall — 2.5 miles → gas Station

3.15 miles

Woods

Elementary School

.6 miles

High School

Pit stop

1.7 miles

creek

1.3 miles

House

Shed X

4.05 miles

Add up the miles Ringo tracked the burglar from:

the mall to the elementary school   _____

the elementary school to the house   _____

the gas station to the creek   _____

the mall to the shed   _____

How far is it from the house to the gas station? _____

Name _____   Date _____

FRACTION GOBLINS

Write the fraction under each point. Cut out the goblins and paste them on the correct fraction points.

$\frac{1}{5}$ $\frac{4}{8}$ $\frac{1}{2}$ $\frac{1}{4}$ $\frac{3}{4}$ $\frac{5}{5}$ $\frac{7}{8}$ $\frac{3}{5}$ $\frac{4}{8}$ $\frac{2}{8}$

OC FRA2

Name _____ Date _____

FRACTION TRAIN

COLOR THE WHEELS ON THE TRAIN TO MATCH THE FRACTIONS?

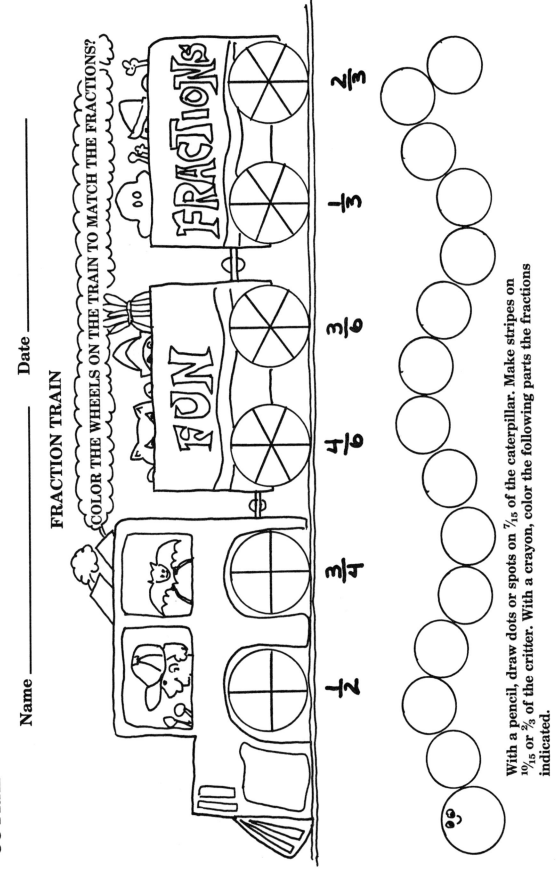

$\frac{1}{2}$ $\frac{3}{4}$ $\frac{4}{6}$ $\frac{3}{6}$ $\frac{1}{3}$ $\frac{2}{3}$

With a pencil, draw dots or spots on $\frac{7}{15}$ of the caterpillar. Make stripes on $\frac{10}{15}$ or $\frac{2}{3}$ of the critter. With a crayon, color the following parts the fractions indicated.

$\frac{1}{5}$ or $\frac{3}{15}$ RED $\frac{7}{15}$ GREEN $\frac{5}{15}$ or $\frac{1}{3}$ ORANGE

Draw feet on $\frac{2}{3}$ of the caterpillar. Color the worksheet.

CREATIVE DRAWING AND RATIOS

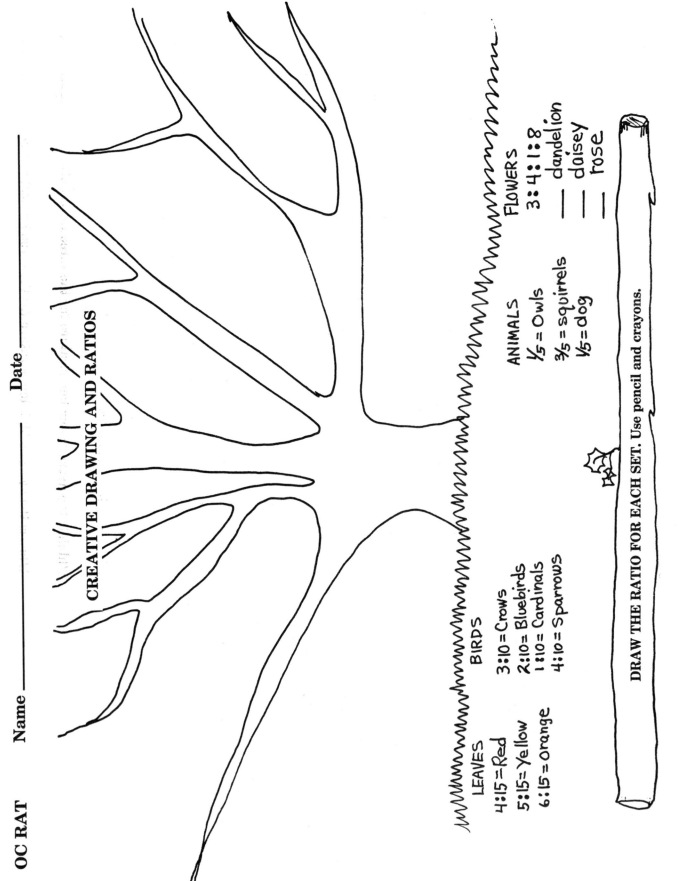

LEAVES

4:15 = Red

5:15 = Yellow

6:15 = Orange

BIRDS

3:10 = Crows

2:10 = Bluebirds

1:10 = Cardinals

4:10 = Sparrows

ANIMALS

$1/5$ = Owls

$3/5$ = squirrels

$1/5$ = dog

FLOWERS

3:4:1:8

___ dandelion

___ daisy

___ rose

DRAW THE RATIO FOR EACH SET. Use pencil and crayons.

OC GRA1   Name _____

Date _____

October Hi/Lo Temperatures

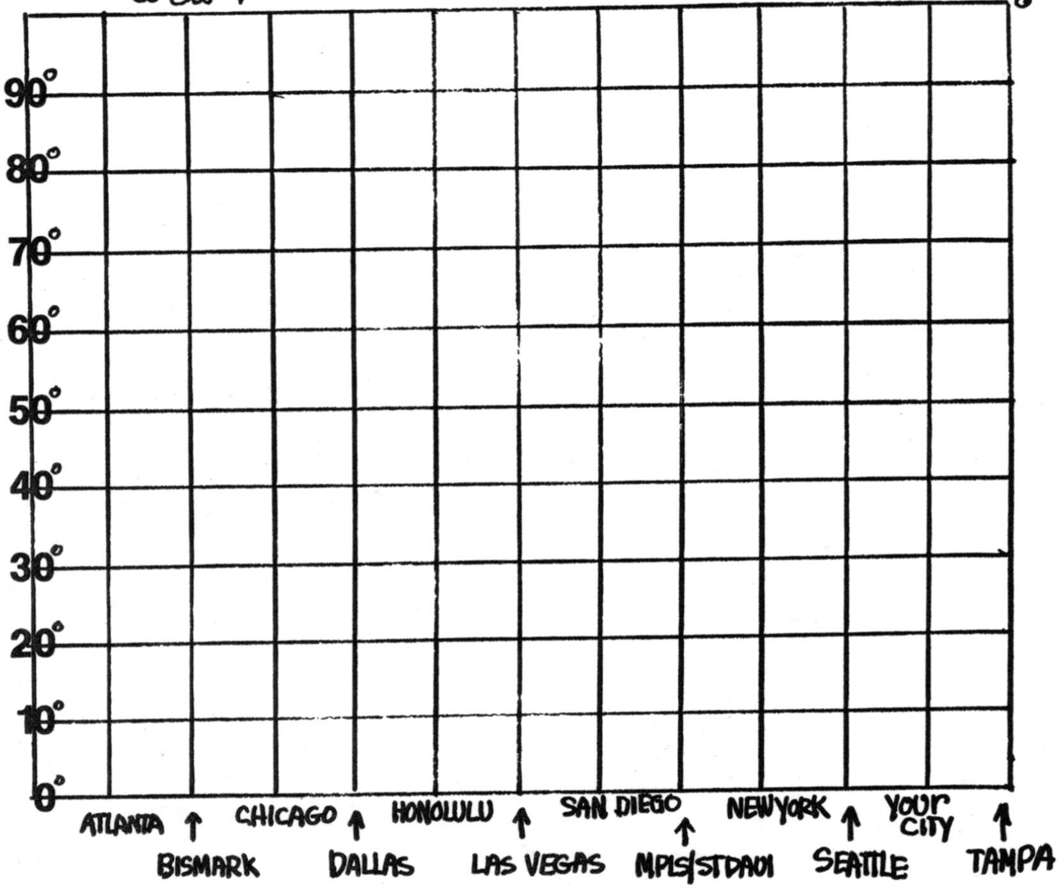

JACK FROST TEMPERATURES

1. Find the temperature section in your newspaper.
2. Place a dot on the graph for the high and low temperature for each city.
3. Connect all the high temperatures with a red line.
4. Connect all the low temperatures with a blue line.

90°
80°
70°
60°
50°
40°
30°
20°
10°
0°

ATLANTA   CHICAGO   HONOLULU   SAN DIEGO   NEWYORK   YOUR CITY   TAMPA
BISMARK   DALLAS   LAS VEGAS   MPLS/STPAUL   SEATTLE

Which city had the highest? _____   Lowest? _____

Which is the average low temperature for the three lowest cities? _____

What is the average high temperature for the three highest cities? _____

Name ———————————————— Date ————————————

FOOTBALL PROBLEMS

The name of your favorite football team
The name of an opponent team

FANS IN ATTENDANCE

	Your team	Opponents
Game 1	572	309
Game 2	869	870
Game 3	1047	1156

TICKET

$ 1.30 admission	Seat M
.20 tax	Row 6
$ 1.50 total	

How much money was collected for the games?

	your team			Opponents		
	Admission	Tax	Total	Admission	Tax	Total
Game 1						
Game 2						
Game 3						
Totals						

OC PBS   Name _____   Date _____

PROBABILITIES

R = RED
Y = YELLOW
O = Orange
B = Black
b = blue

B
X

Instructions:

1. Color the wheel as indicated.
2. Color arrow black. Cut out and attach a small bracket into X.
   (A straight pin will also work.)
3. Push through dot in center of wheel.
4. Adjust so it will spin.

What is the probability of landing on:

RED? _____   A BAT? _____

A WITCH? _____   ORANGE? _____

A YELLOW WITCH? _____   A GOBLIN? _____

AN OWL AFTER 6 SPINS? _____

A WITCH AFTER 8 SPINS? _____

YELLOW AFTER 4 SPINS? _____

A CAT AFTER 13 spins? _____

4. Have the children make up addition sentences from the fraction data form. Write out the fraction addition sentences, work the problems, and place all work on the board.

PROBLEM SOLVING IDEAS FOR JOURNALS

November Word Problems

1. PRIME FACTORIZATION. Newton wants to know the set of prime numbers for the following sets of numbers: (42, 28); (90, 75); (130, 39). Make the fraction trees that show how to find the answers. **Answers: (42 = 2 × 3 × 7, 28 = 2 × 2 × 7); (90 = 2 × 3 × 3 × 5, 75 = 5 × 5 × 3); (130 = 2 × 5 × 13, 39 = 13 × 3)**

2. THANKSGIVING DINNER. Plan a Thanksgiving dinner. List all of the items you will need to purchase for the dinner such as turkey, cranberry sauce, sweet potatoes, and other items for the menu. Check the local newspaper or a local store for the cost of each item. Record the findings in your journal. Add up how much money is needed to feed a family of 6.

3. TURKEY TAKEAWAY. Show how a turkey would solve this problem: 1,000,101 − 989,998 = ___?___ **Answer: 10,103**

4. INDIAN CORN. Gray Eagle had 39 ears of corn. Each ear had 240 kernels of corn on the cob. How many kernels of corn did Gray Eagle have all together? Draw a picture of Gray Eagle and how he figured out how to solve his problem. For fun, make an Indian necklace from different-shaped macaroni after you solve this problem. **Answer: 39 × 240 = 9360**

5. ELECTION TUESDAY. The election results for mayor of your city turned out like this: T. Bones received 24,679 votes and M. Silk received 20,697 votes. There are 50,000 registered voters in your city. In your journal show the following statistics about the election. Use your calculator if necessary. Then make two pie charts showing the percent of the total population voting and the percent each candidate received.

Questions:

How many did not vote? What percent of the total population did not vote?

Answer: 4624; approx 9% or .092

How many did vote? What percent of the total population voted?

Answer: 45,376; approx. 91% or .907

What percent of those voting voted for Bones?
Answer: 24,679/45,376 = 54%

What percent of those voting voted for M. Silk?
Answer: 20,697/45,376 = 46% or .456

6. CLASSROOM ELECTIONS. Record the data of electing a class pres-
    ident, vice-president, secretary, treasurer, and sergeant-at-arms in
    your journal. Have children nominate two candidates for each position.
    Hold an election and tally the results of the classroom votes in your
    journal. List the candidates and the office, then tally the vote count as
    someone reads them aloud. Congratulate the winners and thank the
    losers for their sincere interest in helping your class become a model
    democratic community.

7. A LOOK AT THE PAST. Go to the library and/or encyclopedia and
    find books and information on the Anasazi Indians. On a map of the
    United States locate the areas of the west in which they lived. In your
    journal make a time line beginning when they first appeared and end-
    ing at the approximate time of their disappearance. Then make a time
    line showing the years in which you have lived in relation to when the
    Anasazi lived.

8. A LOOK AT NATIVE AMERICANS. Go to the library and/or ency-
    clopedia and find information about Native American tribes that live
    in the United States. To help you get started some of the tribes are:
    Navajo, Apache, Cherokee, Sioux, Seminole, Mohawk, Acoma, Zuni,
    and Hopi. First, make a list of all of the tribes you have researched.
    Then make a map of the United States in your journal and indicate
    where the tribes are located on your map. Examine and study a road
    atlas and locate the largest cities in which these tribes are found.
    Record these in your journal. Use an enlarging method to translate
    your findings from a regular map to your map in the journal.

9. ESTIMATING SEEDS. Estimate the number of seeds on a sesame ham-
    burger bun. Show how you solved this problem in your journal.

10. NUMBERS THAT ARE OUT OF THIS WORLD! Invent a martian
    number system that shows how to record numbers in millions, billions,
    trillions, quadrillions, all the way up to decimillions.

11. TEENSY-WEENSY BITS. Find the following objects, measure them,
    and paste them in your journal with your recorded measurements: a
    paper clip, a match stick, a toothpick, a Life Saver, a piece of popcorn,
    and ten more teensy-weensy objects of your choosing. Measure them
    using either a millimeter ruler or a regular ruler. What is the total
    length of all of your objects? Star question: What is the total width of
    all of your objects?

12. DESIGNER DECIMALS. Make up five multiplication problems for
    each decimal situation: tenths, hundredths, and thousandths. For ex-
    ample, $.5 \times .9 = .45$; $.10 \times .24 = .024$; $.009 \times .408 = .003672$. Record
    each problem in your journal. Create a decimal design around the 15
    problems.

13. THE INSIDE SPACE. Find a shoe box. Measure its height, width, and length. What is its area? perimeter and volume? Record your findings in your journal. Make a diorama of the first thanksgiving dinner inside your shoe box. Sketch out your diorama in your journal showing your plans before constructing it.

14. TRANSLATIONAL SYMMETRY. Using an ink pad, make a series of thumb prints along a straight line in your journal. With a black Magic Marker, turn the thumb prints into turkeys. Make other translational or repeating patterns in your journal using thumb prints in a straight line.

15. FRACTION GARDENS. If a farmer has four square plots of land, all the same size, how can he divide each plot into four equal sections with each plot having a different pattern? **Answer: See illustration below.**

16. ACTION FRACTIONS. A grocer buys eggs from a farmer. The grocer orders 32 dozen eggs every month. During the months of January, March, April, and July, 8 dozen eggs were brown eggs. What fraction of the eggs per dozen were brown eggs for the year? **Answer: 32 × 12 = 384 dozen for the year; 8/384 or 1/48 were brown eggs for the year. Using the information given in the problem can you create other fraction problems? Write them up in your journal.**

17. GRAPHING GROWTH. Plant a lime or green bean seed in a cup of dirt. Water it until the dirt is moist. Wait a few days for it to grow. In the meantime, make a 15 × 15 unit grid in your journal. Label the left side "Inches" and the bottom side "Days." Number the units on both sides 0 through 15. Observe the first day when the bean plant begins to sprout. On that day measure the growth. Plot it on your grid using the order pair of (day, inches). Continue to observe the growth for 15 days, measuring the growth each day and plotting it in your journal. After 15 days, make a line graph of the plant's growth. Write up your findings and pretend you are a famous botanist researcher. What would this famous botanist say in the report?

18. RATIO OF FEET. In your journal draw the following types of feet: a man's foot, a dog's paw, a parakeet's claw, and a cow's hoof. Research the number of toes on each foot. Make a ratio chart for each foot showing the ratio of toes to foot for a set of feet, then showing the feet to toes ratio. Show how you solve the problem. **Answer: man = 5 to 1 or 10**

to 2, (1/5); dog = 4 to 1 or 16 to 4 (1/4); parakeet = 3 to 1 or 6 to 2, (1/3); cow = 2 to 1 or 8 to 4, (1/2)

19. TODAY'S PRICES. How many gallons of regular unleaded and super unleaded gasoline can you buy for $25? Draw a picture of your favorite car. **Answer: children need to check price of gasoline at local gas station, then divide 25 by the price of each kind of gasoline.**

20. MILEAGE. Chad filled up the tank in his new car with 22 gallons of gas. After driving 285 miles, he stopped at a gas station for more gas. It took 15 gallons to fill up his tank. How many miles would Chad's car go on 1 gallon of gasoline? **Answer: 285 / 15 = 19 miles per gallon. Ask one of your parents how much mileage they get on their car per gallon. If they don't know, show them how to find out and record the data in your journal.**

21. OLD FASHIONED PROBLEMS FROM 1932. Shopping together, Mrs. Adams and Mrs. Green each bought .10 cent bags of gumdrops for their children. Mrs. Adams has 2 children and Mrs. Green has 6 children. Each mother gave all her candy to her children, dividing it equally. Whose children got the larger shares? How do you know this?

CALCULATOR PROBLEMS FOR JOURNALS

Use your calculator to find the numbers applicable to each rule.

Divisibility of Numbers

In your journal, record each of these rules and study them. Find a set of numbers that is an example of each rule. Use your calculator, then record the set of numbers in your journal. Find at least five (5) different numbers for each set, if you can.

A number is divisible by
    2 when it is even. (12)
    3 when the sum of its digits is divisible by 3. (561)
    4 when the number formed by the last two figures is divisible by 4. (1724)
    5 when it ends in 5 or 0. (25 or 10)
    6 when it is even and the sum of its digits is divisible by 3. (564)
    8 when the number formed by the last three figures is divisible by 8. (764,184)
    9 when the sum of its digits is divisible by 9. (6,543,216)
    10 when its ends in 0. (100)
    11 when the sum of the digits in the odd places (that is, sum of the 1st, 3rd, 5th) is equal to the sum of the digits in the even places, or the one exceeds the other by a multiple of 11. (538,879)
    12 when the number formed by the last two figures is divisible by 4 and the sum of the digits is a multiple of 3. (27,624)

37 when it is composed of digits which are repeated three times as in 111, 444. The sum of the digits is the quotient.

7, 11, and 13 when it has three figures in the same order as 271,271 or 23,023 (the last number could be written 023,023), or if it consists of four figures, the first and fourth being alike. (6006)

137 when it has four figures repeated in the same order as 53,245,324 or 2,760,276.

25 if the last two figures are divisible by 25. (250)

125 if the last three figures are divisible by 125. (2375)

The sum or difference of two even numbers is even.

The sum or difference of two odd numbers is even.

The sum or difference of an odd and even number is odd.

If in multiplication, either factor is even, the product will be even.

If both factors are odd, the product will be odd.

Fraction Game

Bean Bag Toss
2 to 6 players

Materials:

4 to 6 coffee cans covered with paper. On each can label the following fractions with a black Magic Marker: $\frac{1}{2}$ $\frac{3}{4}$ $\frac{2}{3}$ 1-$\frac{5}{12}$ 2-$\frac{5}{8}$ 3-$\frac{1}{5}$, or adjust the fractions to the learning level of the children.

2 small zip lock bags filled with beans heavy enough to toss without breaking open.

Paper and pencil for each child.

Procedure:

Place the cans about 10 feet away from the players. Line the cans up in a bowling pin arrangement. Each player tosses 2 bags. After the bags are tossed into cans, the player must record the fractions on the cans and add them together by writing the problem on a sheet of paper. Each player goes 10 rounds. The player with the most correct answers wins the game. Change the rules to include multiplication and division when suitable.

WORKSHEETS FOR NOVEMBER

WORKSHEET	CODE	CONCEPT	OBJECTIVE
THE MUMMY KNOWS	NO NUM1	Numeration	Egyptian numbers
NOVEMBER PATTERNS	NO NUM2	Numeration	Number patterns; symmetry
TARGET YOUR ADDENDS	NO BOP1	Basic Operations	3- to 5-column addition
FIRST SNOWFALL	NO BOP2	Basic Operations	Addition: missing addends
WHICH ONES ARE YOUR TURKEYS?	NO BOP3	Basic Operations	Multiplication: review basic facts
MISSING FACTOR COLORING PROBLEMS	NO BOP4	Basic Operations	Multiplication/ division: missing factors
LATTICE MULTIPLICATION	NO BOP5	Basic Operations	Multiplication: lattice method, large numbers
MENTAL MATH	NO BOP6	Basic Operations	Review/practice
ELECTION DAY PROBLEMS	NO BOP7	Basic Operations	Division: Large number by 12
NUMBER PERSONALITIES	NO NUM	Numeration	Number Theory: Prime factors
THANKSGIVING DAY DINNER	NO FRA1	Fractions	Simple fractions
CLIMB THE FRACTION LADDER	NO FRA2	Fractions	Addition with mixed and proper fractions
A PET FOR THANKSGIVING	NO GRA	Graphing	Ordered pairs
TRIANGLE THOUGHTS	NO GEO	Geometry	Triangle space problems
THE ANT AND BUTTERFLY'S THANKSGIVING MEAL	NO MEA	Measurement	Centimeters

WORKSHEET #35   THE MUMMY KNOWS
                     NO NUM1   Egyptian-Hindu/Arabic number recognition

Procedure: Provide a short lesson on Egyptian number symbols and then give the children the worksheet.

Answers: 1. 225   4. 2027
               2. 551   5. 1040
               3. 201   6. 1109

WORKSHEET #36   NOVEMBER PATTERNS
                     NO NUM2   Identifying number patterns

Answers: 5,9,13,17,21,25,29,33,37,41,45
               12,24,36,48,60,72,84,96,108,120,132,144
               5,10,15,20,25,30,35,40,45,50,55,60
               56,48,40,32,24,16,8,0,-8,-16,-24
               80,70,60,50,40,30,20,10,0,-10,-20
               16,8,24,6,30,5,35
               1,2,3,5,8,13,21,34,55,89,144
               7,14,21,28,35,42,49,56,63,70
               80,40,20,10,5
               9,27,25,75,73,219,217,651,649,1947
               11,000

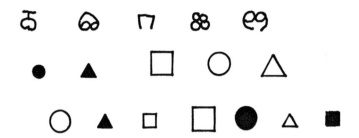

WORKSHEET #37   TARGET YOUR ADDENDS
NO BOP1   3- to 5-column addition and missing addends

Answers: A. 20 + 12 + 9 + 7 = 48
B. 20 + 15 + 9 = 44
C. 30 + 20 + 12 + 7 = 69
D. 15 + 12 + 7 = 34
E. 30 + 20 + 15 + 7 = 72
F. 30 + 15 + 12 + 7 = 64

WORKSHEET #38   FIRST SNOWFALL
NO BOP2   Addition, missing addends

Answers: **Answers will vary depending on choices of children.**

WORKSHEET #39   WHICH ONES ARE *YOUR* TURKEYS
NO BOP3   Multiplication, review basic facts

Answers: 14   12   32
12   21   28
16   24   20
18   27   12

25   42
10   18
35   54
50   30
55   60

70   56   36
28   48   54
77   32   72
56   24   81

WORKSHEET #40   MISSING FACTOR COLORING PROBLEMS
NO BOP4   Multiplication/division, missing factors

Answers: **Self-explanatory**

WORKSHEET #41   LATTICE MULTIPLICATION
NO BOP5   Multiplication, large numbers

Answers: $78 \times 54 = 4212$
$563 \times 27 = 15{,}201$
$6801 \times 524 = 3{,}563{,}724$
$128 \times 971 = 124{,}288$

WORKSHEET #42 MENTAL MATH FOR NOVEMBER
NO BOP6 Review basic operations

Answers:

3	75
42	50
32	90
200	44
1	0
100	54
1	32
42	84
3	0

WORKSHEET #43 ELECTION DAY PROBLEMS
NO BOP7 Division, large numbers

Answers: Circle   3,612   48,000,048
144,012
1,272

180

WORKSHEET #44 NUMBER PERSONALITIES
NO NUM Prime-factoring a number

Answers: $27 = 3 \times 3 \times 3$
$36 = 2 \times 2 \times 3 \times 3$
$23 = $ prime number
$24 = 2 \times 2 \times 2 \times 3$
$11 = $ prime number
$50 = 2 \times 5 \times 5$
$15 = 3 \times 5$
$49 = 7 \times 7$
$48 = 2 \times 2 \times 2 \times 2 \times 3$

WORKSHEET #45 THANKSGIVING DAY DINNER
NO FRA1 Simple fractions

ANSWERS: Self-explanatory

WORKSHEET #46 CLIMB THE FRACTION LADDER
NO FRA2 Addition of mixed and proper fractions

Answers:

$+\frac{1}{3}$	$+\frac{3}{4}$	$+\frac{2}{5}$	$+\frac{5}{6}$
1	2	$\frac{3}{5}$	$\frac{17}{18}$
3	$1\frac{1}{4}$	$\frac{1}{2}$	2
$1\frac{1}{6}$	$1\frac{3}{8}$	$2\frac{3}{5}$	$1\frac{1}{3}$
$\frac{7}{9}$	$2\frac{1}{6}$	$1\frac{4}{5}$	$2\frac{1}{24}$

WORKSHEET #47   A PET FOR THANKSGIVING
                     NO GRA   Graphing ordered pairs

Answer: Rabbit

WORKSHEET #48   TRIANGLE THOUGHTS
                     NO GEO   Area and perimeter of triangle

Procedure: Instruct the children by teaching them the formula for finding the area and perimeter of a triangle. Distribute worksheet.

Area = ½ B × H   Perimeter = A + B + C = P

Answers:
   Altitude = 6 units high
   Base = 8 units long
   Area = (½ of 8) × 6
          = 4 × 6 = 24 square units
   Perimeter = 8 + 8 + 8 + 8 = 32 units
          Or 4 × 8 = 32 units

Star Problem: Ask if anyone can find the area of the right triangle in the drawing.

Answer: (½ of 4) × 6 = 2 × 6 = 12 sq. units

WORKSHEET #49   THE ANT AND BUTTERFLY'S THANKSGIVING MEAL
                     NO MEA   Centimeters

Answers: 1. 4 cm   6. 3 cm
**   2. 4 cm   7. 5½ cm**
**   3. 4½ cm   8. 12 cm**
**   4. 8 cm   9. 13 cm**
**   5. Approx. 27 cm 10. Approx. 25 cm**

Name _____   **Date** _____

THE MUMMY KNOWS

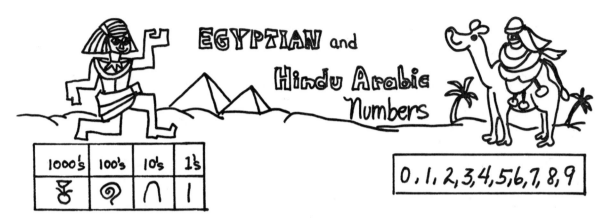

1000's	100's	10's	1's
⚥	☻	∩	I

0, 1, 2, 3, 4, 5, 6, 7, 8, 9

Write the Eqyptian number in Hindu Arabic symbols.

1. ☻☻ ∩∩ IIIII _____
2. ☻☻☻☻☻ ∩∩∩∩∩ I _____
3. ☻☻ I _____

4. ⚥⚥ ∩∩ IIIIII _____
5. ⚥ ∩∩∩∩ _____
6. ⚥☻ IIIIIIIII _____

Write the Hindu Arabic number in Egyptian symbols.

1. 742 _____
2. 19 _____
3. 203 _____

4. 1025 _____
5. 1111 _____
6. 3000 _____

Can you solve these?

☻☻☻☻☻☻ + ☻☻☻☻☻ ∩ = _____

☻☻ ∩∩∩ ÷ ∩ = _____

⚥⚥ × II = _____

IIIIIIIII − II = _____

Name _____ Date _____

NOVEMBER PATTERNS

5, 9, 13, ___, ___, ___, ___, ___, ___, ___

12, 24, 36 ___, ___, ___, ___, ___, ___, ___

5, 10, 15, 20 ___, ___, ___, ___, ___, ___, ___

56, 48, 40 ___, ___, ___, ___, ___, ___, ___

80, 70, 60 ___, ___, ___, ___, ___, ___, ___

16, 8, 24, 6 ___, ___, ___

1, 2, 3, 5, 8, ___, ___, ___, ___, ___, ___

7, 14, 21 ___, ___, ___, ___, ___, ___, ___

80, 40, ___, ___, 5

9, 27, 25, 75, 73, ___, ___, ___, ___, ___

10,001; 10,010; 10,100; _____

↥, ♡, 8, 4 ___, ___, ___, ___, ___

□○△, ■ ___ ___, ___ ___ ___

□●△■, ■ ___ ___ ___, ___ ___ ___

Name _____   Date _____

TARGET YOUR ADDENDS

30
20
15
12
9
7

Example:
27 using 2 arrows
15
+12
27

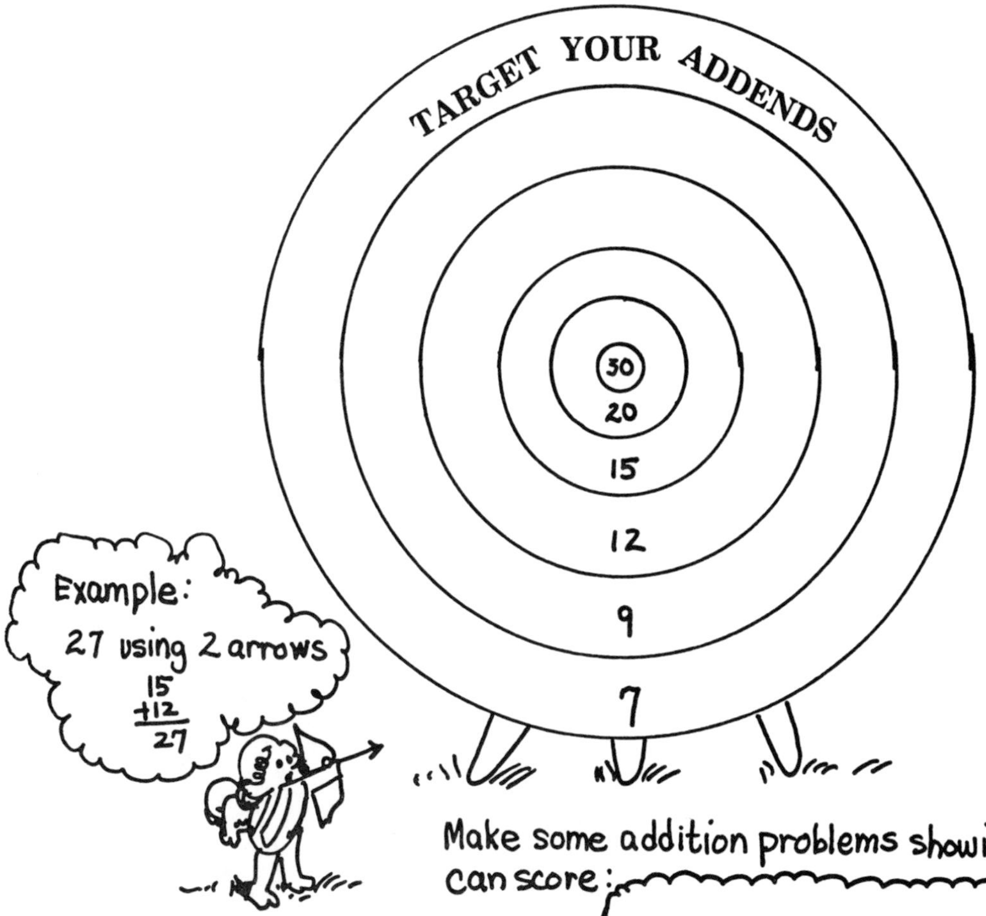

Make some addition problems showing how you can score:

A. 48 using 4 arrows

B. 44 using 3 arrows

C. 69 using 4 arrows

D. 34 using 3 arrows

E. 72 using 4 arrows

F. 64 using 4 arrows.

G. Make up some 5 arrow problems.

A. _____   B. _____   C. _____

D. _____   E. _____   F. _____

_____   _____   _____

Name _____ **Date** _____

FIRST SNOWFALL

For each snowflake, the three numbers in a line will have the same sum. Fill in the missing addends.

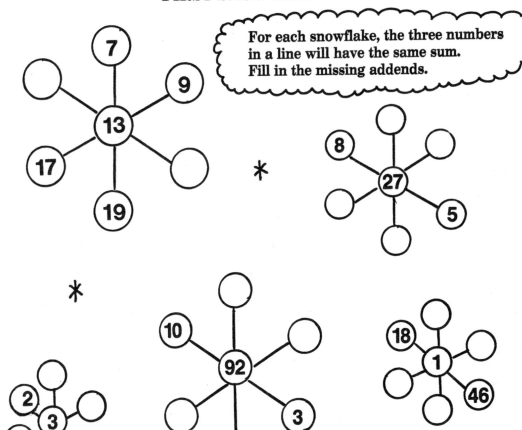

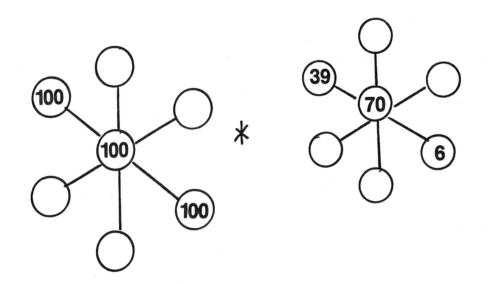

Name _____ Date _____

WHICH ONES ARE *YOUR* TURKEYS?

Multiply each factor by the number given in the top cell.

For each wrong answer place a tally in the turkey cage.

TURKEYS

Name _____ Date _____

MISSING FACTOR COLORING
PROBLEMS

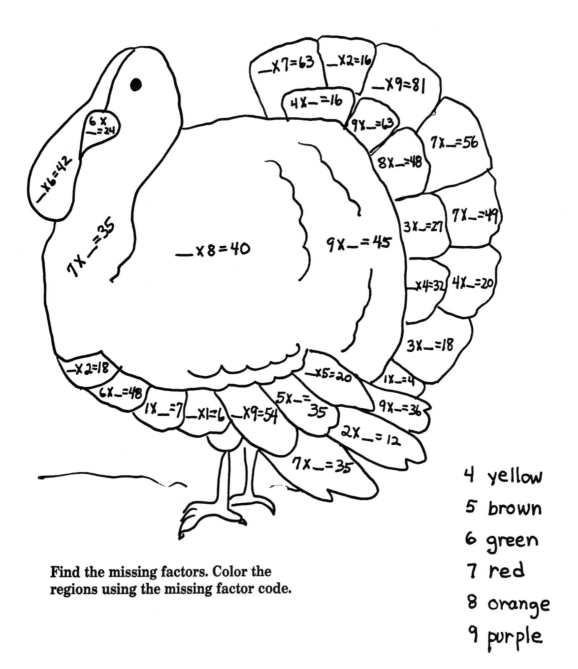

Find the missing factors. Color the
regions using the missing factor code.

4 yellow
5 brown
6 green
7 red
8 orange
9 purple

Name _____ **Date** _____

LATTICE MULTIPLICATION

78
× 54

563
× 27

6801
× 524

128
× 971

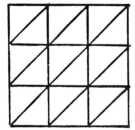

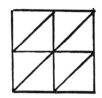

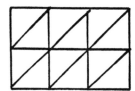

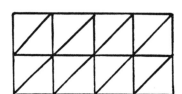

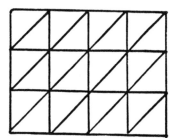

Match the problem to the grid. Make up your own problem on the remaining grid.

Name _____ **Date** _____

MENTAL MATH

$2 \times 3 \div 2 =$ _____

$3 \times 7 \times 2 =$ _____

$16 \div 4 \times 8 =$ _____

$4 \times 5 \times 10 =$ _____

$7 \times 7 \div 49 =$ _____

$4 \div 2 \times 50 =$ _____

$36 \div 9 \div 4 =$ _____

$6 \div 1 \times 7 =$ _____

$(3 \times 4) \div (6 - 2) =$ _____

$5 \times 5 \times 3 =$ _____

$75 \div 3 \times 2 =$ _____

$100 \div 10 \times 9 =$ _____

$33 \div 3 \times 4 =$ _____

$59 \times 0 \times 21 =$ _____

$48 \div 8 \times 9 =$ _____

$8 \times 8 \div 2 =$ _____

$(1 \times 81) + (9 \div 3) =$ _____

$(0 \times 6) \times (18 \div 3) =$ _____

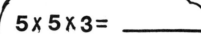

Name _____ Date _____

ELECTION DAY PROBLEMS

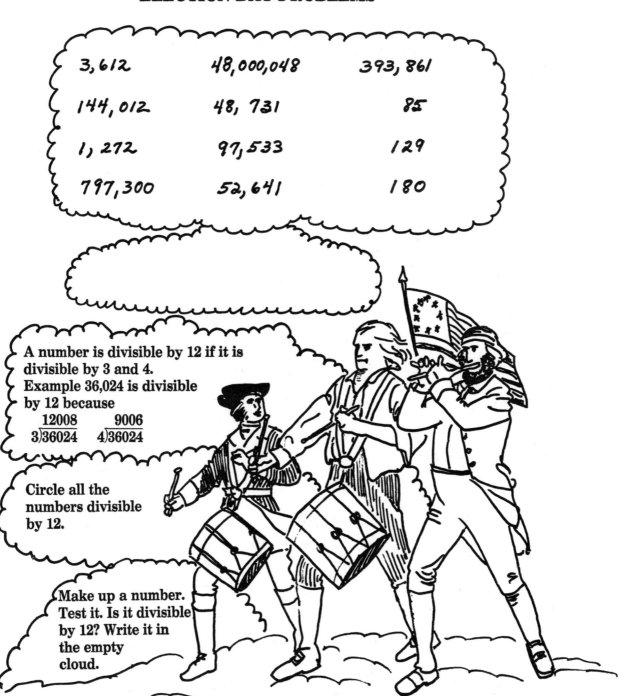

3,612   48,000,048   393,861

144,012   48,731   85

1,272   97,533   129

797,300   52,641   180

A number is divisible by 12 if it is divisible by 3 and 4.
Example 36,024 is divisible by 12 because

12008   9006
3)36024   4)36024

Circle all the numbers divisible by 12.

Make up a number. Test it. Is it divisible by 12? Write it in the empty cloud.

Name ———————————————— **Date** ————————————

NUMBER PERSONALITIES

Every number has its own set of prime factors which gives it its own personality.

———————————

———————————

———————————

———————————

———————————

———————————

———————————

———————————

———————————

Prime-factor each number and draw a face on the number body
to give the number some personality.
Write the set of prime factors under the
number personality!

2x2x11

NO FRA1   Name ——————   Date ——————

THANKSGIVING DAY DINNER

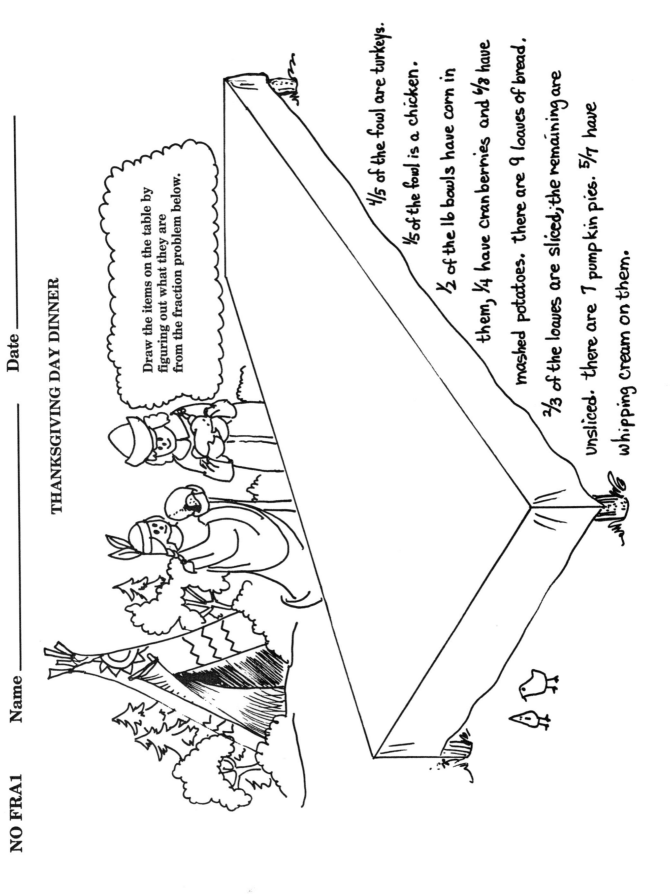

Draw the items on the table by figuring out what they are from the fraction problem below.

4/5 of the fowl are turkeys.

1/5 of the fowl is a chicken.

1/2 of the 16 bowls have corn in them, 1/4 have cranberries and 1/8 have mashed potatoes. there are 9 loaves of bread.

2/3 of the loaves are sliced; the remaining are unsliced. there are 7 pumpkin pies. 5/7 have whipping cream on them.

Name _____   Date _____

CLIMB THE FRACTION LADDER

Draw yourself at the top of this ladder.

1 5/24	
4/12	
1/6	
1/4	

+ 5/6

1 4/15	
2 9/10	
9/10	
1/5	

+ 2/5

1 5/12	
5/8	
1/2	
1 1/4	

+ 3/4

4/9	
5/6	
2 2/3	
2/3	

+ 1/3

Climb the ladders by adding the fraction on the bottom to each step.

Name _____ **Date** _____

A PET FOR THANKSGIVING

Solve this puzzle. Place a dot on the intersection of each pair of numbers.
Then connect the dots. Label the dot with its letter.

A (3,7) G (16,5) M (5,9)
B (5,3) H (15,5) N (7, 12)
C (3,2) I (15,6) O (4, 10)
D (15,2) J (13,9) P (5, 13)
E (15,3) K (8,9) Q (3, 10)
F (16,3) L (6,8) R (2, 10)
                         S (0,8)

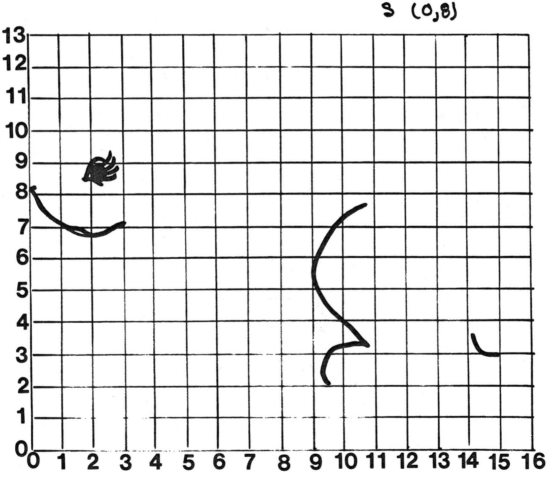

NO GEO

Name _____   Date _____

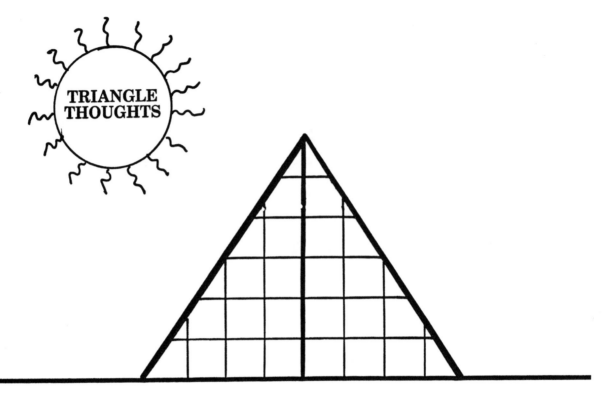

TRIANGLE THOUGHTS

Outline the
    obtuse angles in blue
    acute angles in green
    right angles in red

What is the
    altitude? _____

base? _____

Can you determine the <u>area</u>?

_____

If this triangle is a piece of a square, what is the *perimeter* of the square?

_____

NO MEA

Name _____

Date _____

THE ANT AND BUTTERFLY'S
THANKSGIVING MEAL

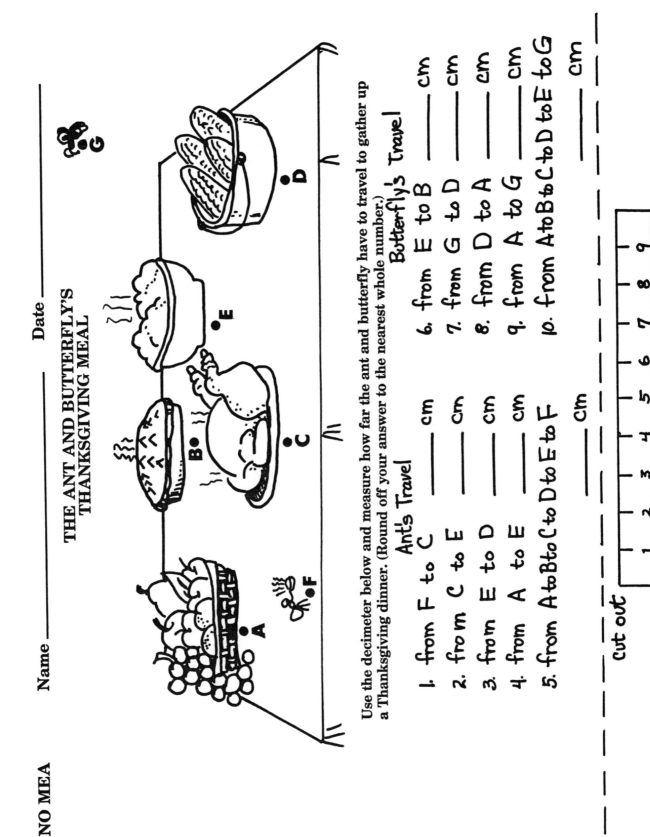

Use the decimeter below and measure how far the ant and butterfly have to travel to gather up a Thanksgiving dinner. (Round off your answer to the nearest whole number.)

Ant's Travel

1. from F to C _____ cm
2. from C to E _____ cm
3. from E to D _____ cm
4. from A to E _____ cm
5. from A to B to C to D to E to F _____ cm

Butterfly's Travel

6. from E to B _____ cm
7. from G to D _____ cm
8. from D to A _____ cm
9. from A to G _____ cm
10. from A to B to C to D to E to G _____ cm

cut out

1 2 3 4 5 6 7 8 9

December

WINTER HOLIDAYS

Theme: GEOMETRY

BULLETIN BOARD IDEA

1. Make sky light-blue and ground white for snow.
2. Enlarge reindeer and color as desired.
3. Cut letters for WINTER SHAPES from red and green paper.

ACTIVITY

1. Cut various shapes, circles, triangles, rectangles, and squares from construction paper and ask the children to make all of the winter objects they can think of from the shapes. Triangles can become pine trees, circles can be used for snowmen, squares and rectangles for sleds and buildings. Decorate the area around the reindeer with the objects made from the basic shapes.
2. Cut out approximately 25 multicolored circles of various sizes. Attach a short string to each circle and hang these "Holiday Balls" from the deer's antlers. Use the Holiday Balls to reinforce a geometry concept by printing appropriate mathematics vocabulary on each ball or writing out a word problem to be solved in the children's journals. Use the December word problems provided in this section of the book.
3. Using multicolored or white tissue paper, show the children how to cut six-sided snowflakes. If you do not know the six-sided fold, the standard four-fold pattern will work as a decoration. Hang the snowflakes in the area around the reindeer.

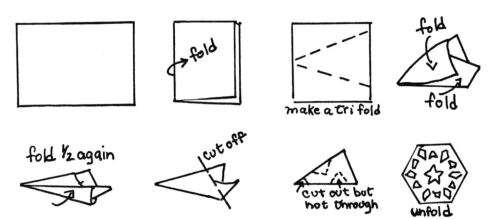

PROBLEM SOLVING IDEAS FOR JOURNALS

December Word Problems

1. CHECKERBOARD SQUARES. How many squares are there on a standard black-and-red checkerboard?
    Answer: $1^2 + 2^2 + 3^2 + 4^2 + 5^2 + 6^2 + 7^2 + 8^2 = 204$
2. HOLIDAY TREES. Cheryl decided to go into the holiday tree business.

She bought 120 trees at $2 a tree. She decided to sell them at $5 a tree. By December 24th she sold 75 trees. What was her profit? Did she have any losses? Make a drawing showing how she displayed her trees in an empty lot for people to view before buying. Also make a drawing of a decorated tree. **Answer: 120 × $2 = $240; 75 × $5 = $375; $375 − $240 = $135 profit; no losses. Children may show arrays of 30 × 40 or 20 × 60 for displaying trees.**

3. PECAN PIECES. Santa wanted to share his pecan roll with 32 elves. He cut the candy bar into 8 equal pieces. He gave the 8 pieces to his chief elf and told him to divide up the rest equally between the elves. What do you think the chief elf did? What fraction of the pieces did each elf receive? Make a drawing of Santa's Elves. **Answer: The chief elf could either give 1 piece to a set of 4 elves and have them divide it into 4 equal pieces, or he could cut each piece into 4 pieces thereby giving each elf $\frac{1}{32}$ of a piece.**

4. ELECTION DAY PROBLEM. Marcelle, Thon, and Jesse ran for class president. If Thon received 35% of the votes and Marcelle received 20% of the votes, what percent of the votes did Jesse receive? Who was the winner if 40 children voted? How many votes did each person receive? **Answer: Jesse received 45% of the votes; Marcelle received 8 votes, .20 × 40 = 8; Thon received 14 votes, .35 × 40 = 14; and Jesse received 18 votes, .45 × 40 = 18. In your journal, record data from a class election and show what percent of the votes each candidate received.**

5. A WEIGHTY QUESTION. Lamont, Santa's elf, weighs 102 lbs. standing on one foot. How much does he weigh standing on two feet? **Answer: same weight**

6. TUBBY PROBLEMS. 1 cup of water is equal to 8 ounces. Estimate how many ounces of water you used in your bath last night. Make a drawing to show how you arrived at your answer.

7. HOLIDAY COOKIES. The bakery had a sale on holiday cookies. These were the prices: trees with sprinkles at .69 a doz.; Santas with frosting at .75 a doz.; bells with candy bits at .59 a doz. How many dozens of each kind of cookie can you buy for $10.00? Draw the cookies and show what they look like as you work out the problem. **Answer: Buy as many dozens of the cheapest cookie possible: 14 doz of the .59 = $8.26. Then buy 1 doz each of the .75 cookie and the .69 cookies. 16 dozen is the most you can buy. $8.26 + .69 + .75 = $9.70. A person would end up with 16 dozen cookies and .30 change.**

8. LETTER SYMMETRY. List the upper case letters of the alphabet showing bilateral (reflective) symmetry. **Answer: (Mirror image letters are A B C D E H I K M O T U V W X Y)**
List the letters of the alphabet that show rotational symmetry. **Answer: (Turning symmetry letters are S, N, and Z)**

List the letters of the alphabet that have no symmetry to them. **Answer: (Asymmetrical letters are F G J L P Q R)** What types of symmetry does each upper case letter in your name display?

9. POLYGON PATTERNS. Name eight kinds of polygons and draw an example of each in your journal. Draw an object that the shape suggests. For example, a triangle might suggest a chocolate kiss candy.

Sides	Name
3	Triangle
4	Quadrilateral
5	Pentagon
6	Hexagon
7	Heptagon
8	Octagon
9	Nonagon
10	Decagon

10. MEASUREMENT TOOLS. A carpenter wants to make up his Christmas wish list. He wants all measuring tools. List all of the tools you can think of that can be used to measure something. Draw them. **Answer: Various answers are possible such as clock, cups, rulers, thermometers.**

11. SHORTEST OR TALLEST. Maria's Christmas tree is shorter than Ginger's. Rene's tree is taller than Ginger's. Ashley's tree is shorter than Maria's. Is Ginger's tree shorter or taller than Rene's? Make a drawing or grid to solve this problem. **Answer: shorter**

12. DIRECTIONS. You are facing the North Pole. You turn right, make an about-face, turn left, and turn left again. Which direction is behind you? Make a map showing your answer. Make up other direction problems using a map of your own design. **Answer: west**

13. NUMBER PATTERNS. Complete this pattern: 2 7 4 9 6 11 8 13 __ __ __. Design a worksheet of other number pattern sentences for your friends to complete. **Answer: formula (+5, −3); 10 15 12, etc.)**

14. SORTING HOLIDAY GIFTS. In December, gifts need to be delivered to children celebrating Hanukkah, Christmas, and birthdays. From the information given, draw three Venn diagrams showing how many stops need to be made at homes receiving gifts. How many are receiving birthday gifts? Christmas gifts? Hanukkah gifts?

Children celebrating Hanukkah	450
Children celebrating Christmas	650
Children celebrating birthdays	100
Children celebrating Hanukkah and birthdays	35
Children celebrating Christmas and birthdays	65
Children celebrating Hanukkah and Christmas	10
Children celebrating Hanukkah, Christmas, and birthdays	3

**Answer: 450 + 650 + 100 + 35 + 65 + 10 + 3 = 1,313 stops.
Birthday gifts = 203; Hanukkah gifts = 498; Christmas gifts = 728**

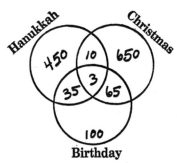

15. RACING ALONG. If a cheetah can run 30 miles in the same time a lion can run 20 miles, how far will the cheetah run when the lion has run 90 miles? Draw out your answer. **Answer: 90/20 = 4½ or 4.5; 30 × 4.5 = 135. The cheetah ran 135 miles when the lion ran 90 miles.**

16. PRACTICING REASONING. Regina went to a Florida beach during the holiday vacation one December. She collected some remembrances of her trip. She collected a seashell, a hermit crab, and a small Florida bug. When she got home one of her collectables was missing. In your journal tell which one was missing and how you know. Write out your reasoning in your journal. **Answers may vary but the logical answer should be the bug.**

17. MIND-BUSTER. If the sum of two whole numbers is 10, what is their greatest possible product?
    Answer:

Sums	Products
1 + 9 = 10	1 × 9 = 9
2 + 8 = 10	2 × 8 = 16
3 + 7 = 10	3 × 7 = 21
4 + 6 = 10	4 × 6 = 24
5 + 5 = 10	5 × 5 = 25

   **The product is largest when the two products are equal:
   5 × 5 = 25**

18. SNOWMAN SHIPS SNOWBALLS. Mr. Snowman decided to ship snowballs to Florida one winter so the children could enjoy northern snow. He shipped 4 crates of snow. The 4 full crates together weighed a total of 600 lbs., whereas each crate weighted 25 lbs. empty. How much did the snowballs themselves weigh? Make a drawing of children in Florida playing with snow. **Answer: 25 × 4 = 100, 600 − 100 = 500 lbs.**

19. ANALOGIES. Which word is different from the other three words? Write a sentence telling what the three words have in common. Then make up 10 more analogy problems for your teacher.

    gift   ribbon   glue   paper   (glue)
    stocking   paper   chimney   Santa   (paper)
    cookie   icicle   snowflake   Popsicle   (cookie)

20.   OLD-FASHIONED PROBLEM. Many years ago the following liquid
      measures were used:

      4 gills (gi)   = 1 pint (pt.)
      2 pints or 8 gills   = 1 quart (qt.)
      4 quarts   = 1 gallon (gal.)
      31½ gallons   = 1 barrel (bbl.)
      63 gal. or 2 bbl.   = 1 hogshead (hhd.)

      Make up two liquid measurement problems using hogsheads.

CALCULATOR PROBLEMS FOR JOURNALS

21.   Winston earned $350 a week for 8 weeks. After 8 weeks he had $16
      left after buying a used car he needed so he could drive to work. How
      much was the car? **Answer: 350 × 8 = 2800 − 16 = $2,784**

22.   Winston went to work again and earned $400 a week for 12 weeks.
      Then he worked for 5 weeks and earned $350 a week. How much did
      he earn all together? **Answer: 400 × 12 (M+) 5 × 350 (M+) (MR)
      = $6,550**

23.   Winston finally found a job that paid him $24,000 a year. How much
      did he earn each month? What was his monthly net income if $150.00
      was taken out of his pay for taxes? **Answer: 24,000 / 12 = 2,000; (M+)
      150 (M−) (MR) = $1,850**

24.   Winston had a girlfriend who wanted a diamond ring for Christmas.
      He bought a ring for $2,500 on credit. He said he would pay it off in
      12 months at 9% interest. How much did he pay for the ring at the end
      of 12 months? **Answer: 2,500/12 = 208.33 (M+), 2,500 × .09 / 12 =
      18.75 (M+) (MR) = $227.08 per month or 227.08 × 12 = $2,724.96**

25.   Make up a two-step winter holiday calculator problem that uses the
      (M+) and (M−) keys. Write out the problem in your journal and show
      the steps you used to solve it using your calculator.

Geometry Game

Connecting Dots
2 to 3 Players

Materials: Worksheet, 1 for each set of players

Procedure: Decide on the geometric shape to be made: triangle, square, hexagon, eight-sided polygon, etc. Each player draws one line of the figure. The last one to complete the shape, puts his or her initial in the shape. That player wins the shape. The winner of the game is the one with the most won shapes.

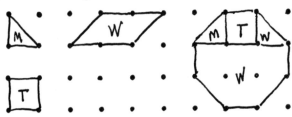

Shape Puzzle Game

2 to 3 players in a team

Materials: Envelopes with puzzle pieces

Procedure: Make shapes such as squares, triangles, rectangles, circles, and rhombi, four each, approximately 5″ high from multicolored paper so that they can be regrouped and identified by color. Cut up into four or five pieces as shown.

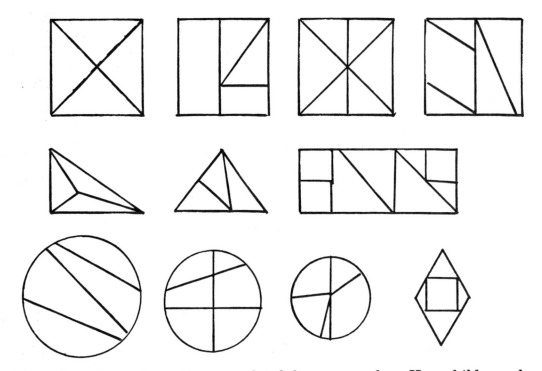

Place pieces in envelopes. Draw completed shape on envelope. Have children solve the puzzles. Team who finishes first wins.

WORKSHEETS FOR DECEMBER

WORKSHEET	CODE	CONCEPT	OBJECTIVE
THINKING FOR SANTA	DE NUM1	Numeration	Reviewing math vocabulary
CORPORATE BUILDINGS	DE NUM2	Numeration	Ordering numbers above 50
WRITING LIKE THE ROMANS DID	DE NUM3	Numeration	Roman numerals
ADD 'EM UP FOR SANTA	DE BOP1	Basic Operations	Addition +16
DECORATE THE TREE	DE BOP2	Basic Operations	Subtraction: missing addends
HOLIDAY COMBOS	DE BOP3	Basic Operations	Mixed operations: applying operations
TREE DECORATIONS	DE FRA	Fractions	Addition and multiplication
ITTY-BITTY DECIMAL GIFTS	DE DEC	Decimals	Multiplication: tenths, hundredths, thousandths
SANTA'S WORKSHOP	DE PBS	Problem Solving	Addition and division
GEOMETRY DRAW AND SEARCH	DE GEO1	Geometry	Vocabulary review
CRACKS IN THE ICE RINK	DE GEO2	Geometry	Topological problems
ICE CASTLE	DE GEO3	Geometry	Identifying squares
MRS. CLAUS HELPS SANTA GET READY	DE GEO4	Geometry	Coordinates
HOLIDAY TREE WITH TRIMMINGS	DE SYM	Symmetry	Bilateral symmetry
TWINKLE'S TIME SHEET	DE MEA1	Measurement	Time
SMALL OBJECT SCAVENGER HUNT	DE MEA	Measurement	Length, inches
SORTING SANTA'S TOYS	DE PBS	Problem Solving	Classification: sorting two attributes

WORKSHEET #50   THINKING FOR SANTA
                      DE NUM1   Reviewing basic mathematics vocabulary

Answers: 1. product
           2. yd.
           3. sum
           4. square
           5. inches
           6. triangle
           7. fraction
           8. quotient
           9. four-tenths or decimal
          10. centimeter
          11. liter
          12. pentagon
          13. factor
          14. mm.

WORKSHEET #51   CORPORATE BUILDINGS
                      DE NUM2   Ordering numbers above 50

Answers:

FLOOR		STAR	SUN
	88	Lunch	
	87	Executive Offices	
	86		
	85	Corporate Lawyers	
	84		Lunch
	83		Executive Offices
	82	Trade Lawyers	Corporate Lawyers
	81	Mortgages	Trade Lawyers
	80		Personal Loans
	79	Personal Loans	
	78	Checking Acc'ts	Checking Acc'ts
	77		Secretaries
	76	Bonds	
	75	Secretaries	Savings
	74	Savings	Mortgages
	73	Copy Rooms	Bonds
	72		Cashier
	71	Cashier	Copy Rooms
	70		

BANKS should be circled.

98

WORKSHEET #52   WRITING LIKE THE ROMANS DID

          DE NUM3   Translating roman numerals to hindu arabic numerals

Answers:

15 = XV	51 = LI	47 = XLVII	69 = LXIX
22 = XXII	73 = LXXIII	39 = XXXIX	99 = XCIX
19 = XIX	94 = XCIV	88 = LXXXVIII	100 = C
75 = LXXV	86 = LXXXVI	70 = LXX	54 = LIV

CCV = 205   DCCXII = 712

XVI = 16   MCDVIII = 1408

LXXVII = 77   MMCMXLIX = 2949

XXXIX = 39   MDLIX = 1559

WORKSHEET #53   ADD 'EM UP FOR SANTA!

          DE BOP1   Addition + 16; connect the dots

Answers:

1, 17, 33, 49, 65, 81, 97, 113, 129, 145, 161, 177, 193, 209, 225, 241, 257, 273, 289, 305, 321, 337, 353, 369, 385, 401, 417, 433, 449, 465, 481, 497, 513, 529, 545, 561, 577, 593, 609, 625, 641, 657, 673, 689, 705, 721, 737, 753, 769, 785, 801, 817, 833, 849, 865, 881, 897, 913, 929, 945, 961, 977, 993, 1009, 1025, 1041, 1057, 1073, 1089, 1105, 1121, 1137.

WORKSHEET #54   DECORATE THE TREE

          DE BOP2   Subtraction, finding missing addends

Answers:

A. 039	B. 38	C. 526		
D. 86	707	F. 57		
G. 073	E. 63	I. 639	J. 2235	K. 1000
785	639		1899	
	H. 99			

WORKSHEET #55   HOLIDAY COMBOS

          DE BOP3   Application of basic operations

$1 + 2 + 3 - 4 = 2$ $4 + 5 - 6 \times 7 = 21$

$1 + 2 \times 3 + 4 = 13$ $4 \times (5 + 6) + 7 = 51$

$2 + (3 \times 4) - 5 = 9$ $(5 + 6) + (7 \times 8) = 67$

$(2 \times 3) - 4 \times 5 = 10$ $(5 \times 6) + (7 \times 8) = 86$

$3 \times 4 \times 5 / 6 = 10$ $(6 \times 7) + (8 \times 9) = 114$

$3 + 4 \times 5 \times 6 = 210$ $6 \times (7 + 8) - 9 = 81$

WORKSHEET #56   TREE DECORATIONS

          DE FRA   Addition, subtraction, and multiplication of fractions

Answers: **This worksheet is difficult and will certainly strengthen reasoning skills and understanding of fractions. In working the sheet, have the children figure out the second row of the first toy box first. This will**

help them find the remaining answers. In the second box, solve the first row first.

24	×	$\frac{3}{4}$	×	$\frac{1}{6}$	= 3		$\frac{1}{2}$ + $\frac{1}{4}$ + $\frac{1}{4}$ = 1

$$24 \times \tfrac{3}{4} \times \tfrac{1}{6} = 3 \qquad \tfrac{1}{2} + \tfrac{1}{4} + \tfrac{1}{4} = 1$$
$$\times \qquad \times \qquad \times \qquad\qquad + \qquad + \qquad -$$
$$\tfrac{5}{6} \times 24 \times \tfrac{1}{4} = 5 \qquad \tfrac{7}{12} + \tfrac{7}{12} - \tfrac{1}{6} = 1$$
$$\times \qquad \times \qquad \times \qquad\qquad - \qquad - \qquad +$$
$$\tfrac{1}{2} \times \tfrac{2}{3} \times 24 = 8 \qquad \tfrac{1}{12} + \tfrac{5}{6} + \tfrac{1}{12} = 1$$
$$10 \qquad 12 \qquad 1 \qquad\qquad 1 \qquad 0 \qquad 0$$

WORKSHEET   #57   ITTY-BITTY DECIMAL GIFTS
DE DEC1   Applying four basic operations to decimals, tenths, hundredths, and thousands

Answers:

Multiplication   *Addition*

1.2	4.8	43.6	1.2	.82	.508
.75	3	27.25	4.4	4.02	3.708
.24	.96	8.72	18.7	18.32	18.008
.036	.144	1.308	1.74	1.36	1.048

Subtraction   *Division*

8.4	11.9	4.49	120	1,750	2
8.22	11.72	4.31	200	2,916.6	3.33
8.947	12.447	5.037	96	1,400	1.6
7.6	11.1	3.69	12,000	175,000	200

WORKSHEET   #58   SANTA'S WORKSHOP
DE PBS1   Problem-solving using division and addition

Answers: Hupf 69
Pupf 178
Mupf 1353 R 5
Tupf 220 R 8
Bupf 871 R 7
Rupf 700 R 2
Pflupf 9737

Remainder of toys = 22
Total bags = 42
Total toys altogether = 107,345
Pflupf earned $17,526.60

WORKSHEET   #59   GEOMETRY DRAW AND SEARCH
DE GEO1   Identification of geometry vocabulary words

Answers:

```
. . . . . . . . . . . . . R . . L . . .
. . . . . . . . . E . H A . . . . .
. . . . . . . D T . . R O . . . .
. . . . . . I E . . E . . M . E .
. . T . . . M M . . T . . . . B . .
. . N . . A I . . A P . . . U . U .
. . I . R R E . L O . . . C . . . S
. . O Y E L . I L . . . . . . . .
. . P P C L R Y . . . S . . . . . .
. . . R T D G . . . Q . . . . . .
E N I L A O . N . U . . . . . . . .
. C . U N E . . A . . . . . . . .
. . Q . G . R R . I . . . . . . .
. . . . L . E A . R . . . . . . .
. . T N E M G E S . . T . . . . . .
. . . . . . . . . . . . . . . . . .
. . . . . . . . . . . . . . . . . .
```

WORKSHEET #60 CRACKS IN THE ICE RINK
    DE GEO2   Topology

1 and 3 are the only figures that can be traced with one line without lifting the pencil or retracing a line.

WORKSHEET #61 ICE CASTLE
    DE GEO3   Identification of squares

There are 15 squares shown plus whatever child adds to drawing.

WORKSHEET #62 MRS. CLAUS HELPS SANTA GET READY
    DE GEO4   Plotting coordinates and reproducing a drawing
                  using coordinate system

Answer: **Have the children write in the coordinates on the x and y axis of the grid and then reproduce each cell as closely as possible. Use a sharp pencil point to reproduce drawing since cells are small. Color in the drawing.**

WORKSHEET #63 HOLIDAY TREE WITH TRIMMINGS
    DE SYM   Application of bilateral symmetry

Answer: Self-explanatory.

WORKSHEET #64 TWINKLE'S TIME SHEET
    DE MEA1   Applying basic operations to time

Answers: 5 hrs   2 hrs 35 min
             5 hrs 15 min   8 hrs 25 min
             11 hrs 45 min   2 hrs
             6 hrs   4 hrs / 20 min = 12
                                 12 + 1 = 13
             240 minutes = 240/60 = 4 hrs 0 min
             Twinkle wakes up at 9:00 a.m.

WORKSHEET #65   SMALL OBJECT SCAVENGER HUNT
                    DE MEA2   Inches

Answers: 1 in   ½ in   ¼ in
             1½ in   1¾ in   ⅛ in
             2 in   ⅜ in   ⅝ in   1⁄16 in

WORKSHEET #66   SORTING SANTA'S TOYS
                    DE PBS   Classifying according to two attributes and three
                                attributes

Answers: Answers will vary, however these are some possible combinations:

Toys		Colors	
Outdoors	*Indoors*	*Warm*	*Cool*
baseball	dolly	red	blue
bicycle	trains	yellow	green
roller skates	board game	orange	purple

Jungle Animals		Dogs	
Large	*Small*	*Long Hair*	*Short Hair*
lion	snake	collie	terrier
elephant	gazelle	cocker spaniel	German shepherd
zebra	monkey	shitzu	doberman

Toys	
Indoors	*Small*
dolls	teddy bears
kitchen set	baseball
dolls	
teddy bears	

Name _____   Date _____

THINKING FOR SANTA

Santa needs to know: What's the word?

1. The answer for multiplication _____

2. The abbreviation for yard _____

3. The answer for addition _____

4. A figure with four equal sides _____

5. 12 of these make a foot _____

6. A figure with three sides _____

7. Part of a whole _____

8. The answer for division _____

9. .4 _____

10. Ten of these make a decimeter _____

11. Measuring liquids in metrics _____

12. A figure with five sides _____

13. A multiplier _____

14. The abbreviation for millimeters _____

Name _____   Date _____

CORPORATE BUILDINGS

✹ STAR ✹

✹ SUN ✹

Write the department name on the correct floor.

The bottom floor of these two buildings is the 70th floor. Put the following departments in floor order.

Department	Bldg	Floor
Bonds	✹ ☼	76, 73
Mortgages	✹ ✿	81, 74
Cashier	✿ ✹	72, 71
Savings	✹ ✿	74, 75
Personal loans	✿ ✹	80, 79
Checking Accounts	✹✿	78
Executive Offices	✹ ✿	87, 83
Copy rooms	✹ ☼	73, 71
Secretaries	✹ ✿	75, 77
Trade lawyers	✿ ✹	82, 81
Lunch room	✹ ✿	Top floors
Corporate lawyers	✹☼	85, 82

(CIRCLE ONE)

These buildings are:

Department Stores
Grocery Stores
Banks

Name _____   Date _____

WRITING LIKE THE ROMANS DID

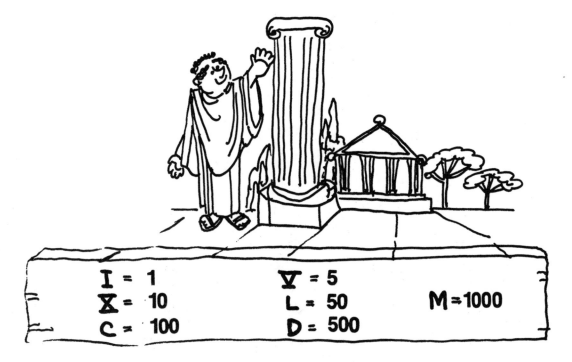

I = 1   V = 5
X = 10   L = 50   M = 1000
C = 100   D = 500

Write these numbers in Roman Numerals.

15 _____	51 _____	47 _____	69 _____
22 _____	73 _____	39 _____	99 _____
19 _____	94 _____	88 _____	100 _____
75 _____	86 _____	70 _____	54 _____

Write these numbers in Hindu-Arabic.

CCV _____   DCCXII _____

XVI _____   MCDVIII _____

LXXVII _____   MMCMXLIX _____

XXXIX _____   MDLIX _____

Name _____ Date _____

ADD 'EM UP FOR SANTA

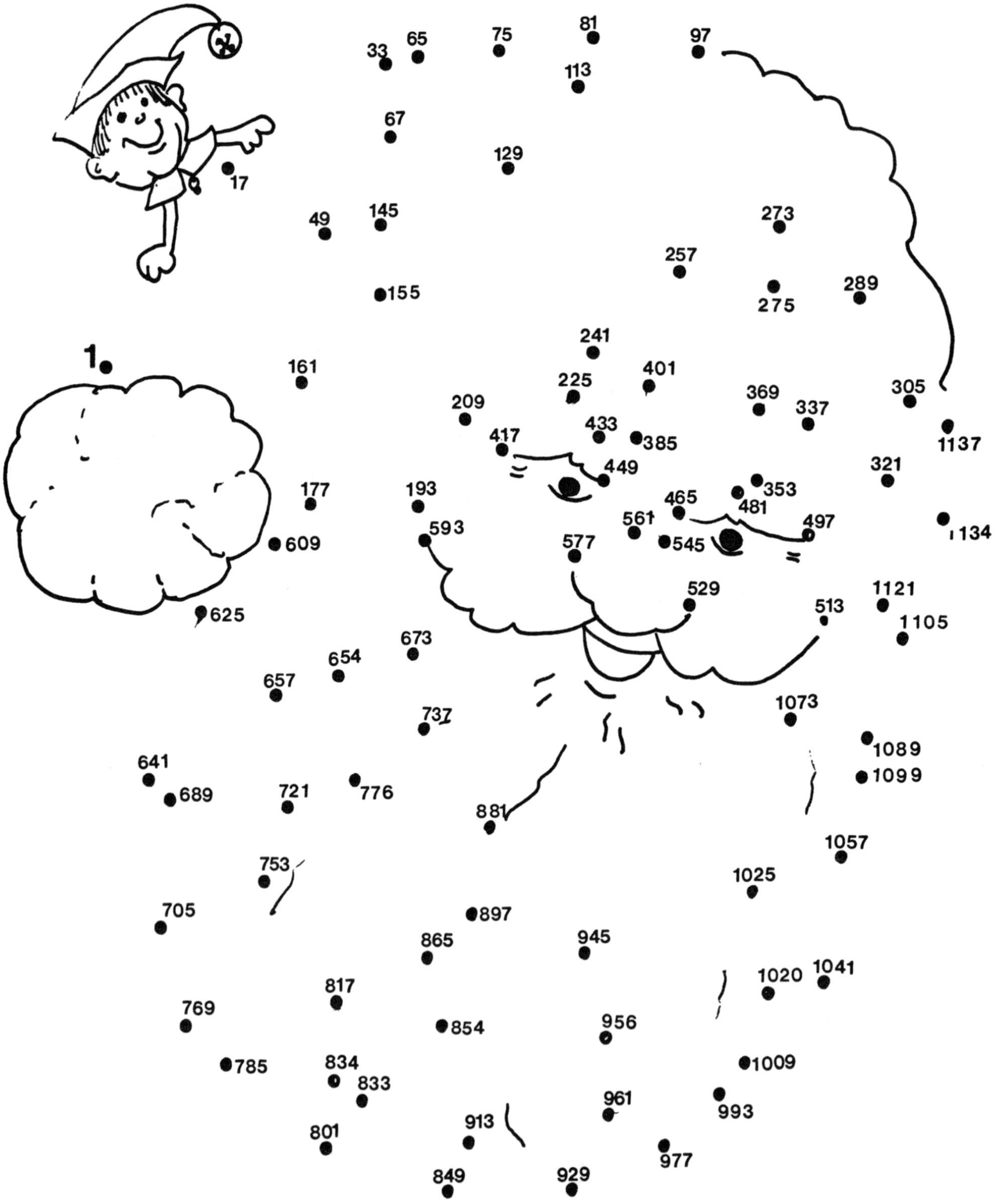

33 65   75   81   97

67   113

49 145   129   273

155   257   275 289

161   241

209 225 401   369 337 305

417 433 385   1137

193 449   465 353 321

593 577 561 481 497 134

673   529   513 1121 1105

654 737   1073

657   1089 1099

641 689 721 776   1057

753   881   1025

705

897   945   1020 1041

865

817   854   956   1009

769   834   961   993

785 833

801   913   977

849 929

1.

625
609
177

Add 16 to 1, then add 16 to each of the other sums to connect the dots.
(Use your calculator.)

DE BOP2

Name _____ Date _____

DECORATE THE TREE

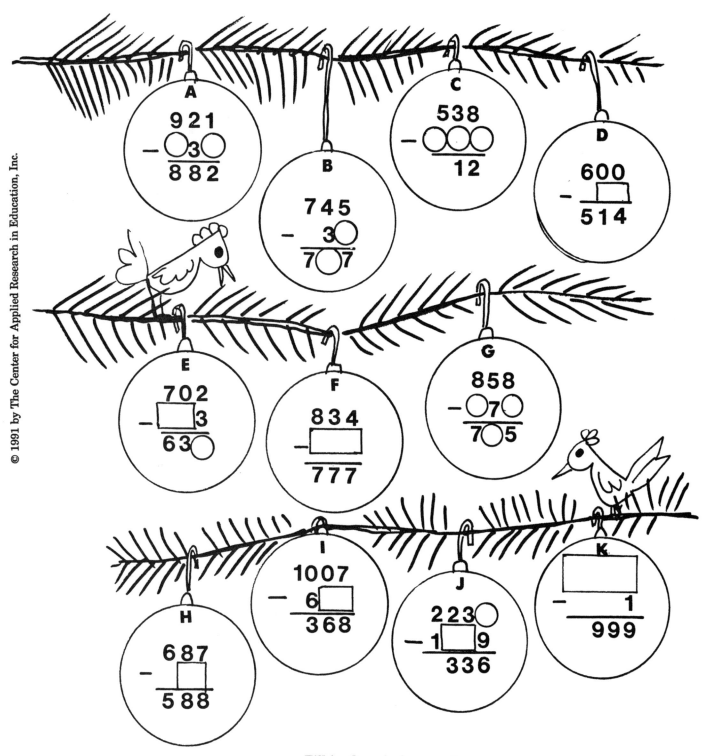

A
921
− ○3○
882

B
745
− 3○
7○7

C
538
− ○○○
12

D
600
− ☐
514

E
702
− ☐3
63○

F
834
− ☐
777

G
858
− ○7○
7○5

H
687
− ☐
588

I
1007
− 6☐
368

J
223○
− 1☐9
336

K
☐
− 1
999

Fill in the missing numbers.

DE BOP3

Name _____ Date _____

HOLIDAY COMBOS

Use any combination of these symbols to make the sentences true.

1 2 3 4 = 2	4 5 6 7 = 21
1 2 3 4 = 13	4 5 6 7 = 51
2 3 4 5 = 9	5 6 7 8 = 67
2 3 4 5 = 10	5 6 7 8 = 86
3 4 5 6 = 10	6 7 8 9 = 114
3 4 5 6 = 210	6 7 8 9 = 81

DE FRA

Name _____ Date _____

TREE DECORATIONS

Place the correct
fraction ball
across and
down!

24 ×	___ ×	___ =	3
___ ×	24 ×	___ =	5
___ ×	___ ×	24 =	8
10	12	1	

½ +	___ +	___ =	1
___ +	___ −	___ =	1
___ +	___ +	___ =	1
1	1	0	

Fraction balls:
3/4, 1/4, 1/4, 1/2, 1/3, 2/3, 5/6, 1/6, 5/12, 7/12, 1/12

Name _____ **Date** _____

ITTY-BITTY DECIMAL GIFTS

Each gift box gives the operation in the left hand corner. Find the answer for each cell.

X	3	12	109
.4			
.25			
.08			
.012			

+	.7	.32	.008
.5			
3.7			
18			
1.04			

—	9	12.5	5.09
.6			
.78			
.053			
1.4			

÷	24	350	.4
.2			
.12			
.25			
.002			

Make up your own problems in this box.

Name _____ Date _____

SANTA'S WORKSHOP

The chart below shows the total number of toys each elf made for Santa and the number of bags that were filled. If the bags were filled with an equal number of toys, how many toys were in each bag? How many toys were left over?

Name	Toys Made	Bags	No. of toys in each bag	Remaining Toys
Hupf	207	3		
Pupf	890	5		
Mupf	5414	4		
Tupf	1325	6		
Bupf	6974	8		
Rupf	4902	7		
Pflupf	87,633	9		

The total remainder of toys is _____

The total of bags all together is _____

The total number of toys all together is _____

If santa paid the elves .20 cents for each toy made, how much money did Pflupf earn? _____

Name _____ **Date** _____

GEOMETRY DRAW AND SEARCH

```
A U K H O E H O F G Q Z G I D R B W
L Y R M L C S O C E D R M B L W S X
T J W J D V G G S G E A H A E Q W O
P N V D O O F A D T X V R O W M Q K
S L X Y C W Z I E U R E W P M V E N
P W T Q G E M M Q Z T N M N W B Q Z
U T N L S A I P S A P L L V U T U G
K A I D R R E X L O Y O Q C J J A S
S L O Y E L F I L L A B L B C M I X
Y I P P C L R Y U S H S Q Z D D J Y
I X C R T D G E C I Q O C I T V G Y
E N I L A O D N E U L F F B K N J Y
H C F U N E T X A U D A L K L Q A K
F G Q C G P R R E I E M Q B C L Z T
O L D G L L E A H U R K W E J C L Y
V E T N E M G E S E F T D M Y C R J
I F I T A N V O C R E N T C C Y C D
X O T C J F Z I Z I R K A N S Q T G
```

Find the hidden words in the puzzle and then draw
an example of each word below.

ANGLE   AREA   CIRCLE   CUBE   LINE

PERIMETER   POINT   POLYGON   PYRAMID   QUADRILATERAL

RECTANGLE   RHOMBUS   SEGMENT   SQUARE   TRIANGLE

Name ———————————————— **Date** ————————————

CRACKS IN THE ICE RINK

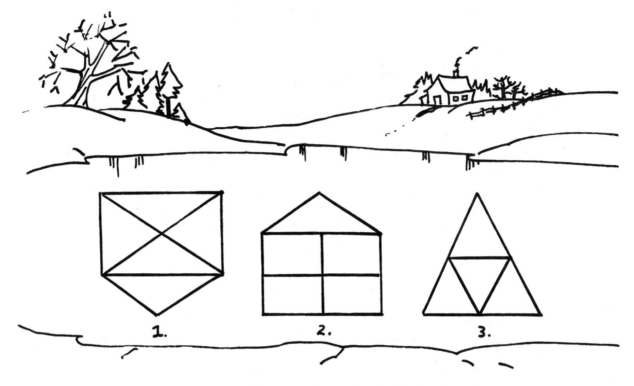

Use the space below to retrace the cracks in the ice in each
figure without lifting the pencil or retracing a line.

DE GEO3

ICE CASTLE

How many squares are in this Ice Castle?
Can you make a bigger castle by adding more squares?

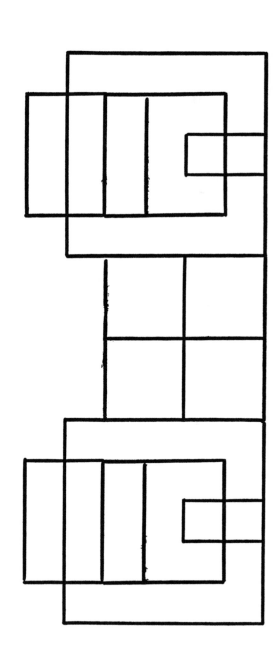

What is the total number of squares after
you added your own?

———————————————

DE GEO4   Name _____   Date _____

MRS. CLAUS HELPS SANTA GET READY

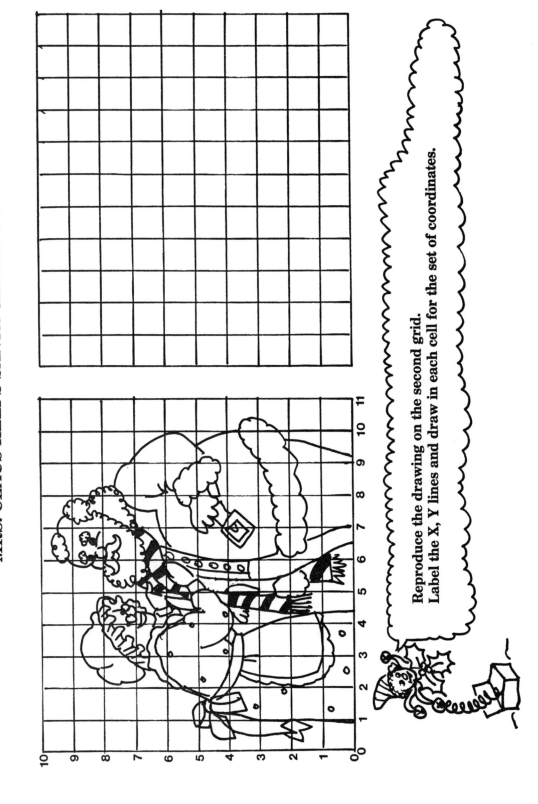

Reproduce the drawing on the second grid.
Label the X, Y lines and draw in each cell for the set of coordinates.

DE SYM

Name _____ Date _____

HOLIDAY TREE WITH TRIMMINGS

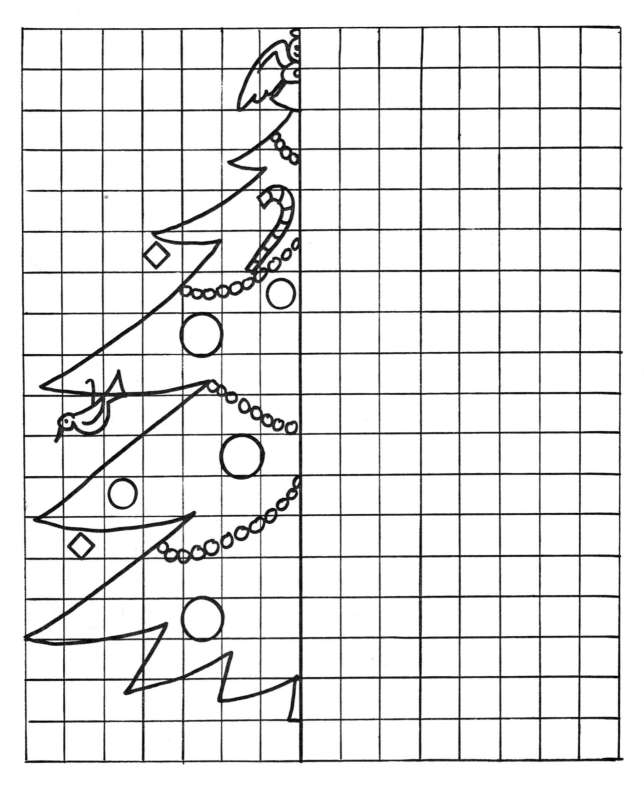

Reproduce by reflecting the Christmas tree along the mirror line. Color the tree.

Name _____   Date _____

TWINKLE'S TIME SHEET

Draw your answer on the clock using the hour and minute hands.

Begin your thinking at 12:00

1 hr. 60 min.
+ 2 hr. 60 min.
_____

1 hr. 15 min.
+ 1 hr. 20 min.
_____

3 hr. 13 min.
+ 2 hr. 2 min.
_____

9 hr. 30 min.
− 1 hr. 5 min.

8 hr. 0 min
+ 3 hr. 45 min.
_____

24 hrs. ÷ 12 hrs =

_____

3 X 2 hrs. = _____ hrs.

4 hrs. 20 min ÷ 20 min. =

_____

3 min. X 80 = _____ hrs. _____ min.

If twinkle elf goes to sleep at 2:30 A.M. and sleeps for 6½ hrs, what time does he wake up?
He wakes up at _____ .

DE MEA2

Name _____ Date _____

SMALL OBJECT SCAVENGER HUNT

Measure the lines below. Find objects
that are the same size as each line.
Label your measurements. Paste or
glue objects on X.

Ⓧ ⊢————————⊣ _____ in	Ⓧ ⊢———⊣ _____ in	Ⓧ ⊢—⊣ _____ in
Ⓧ ⊢—————————⊣ _____ in	Ⓧ ⊢——————————⊣ _____ in	Ⓧ ⊢–⊣ _____ in
Ⓧ ⊢———————————⊣ _____ in	Ⓧ ⊢——⊣ _____ in	Ⓧ ⊢———⊣ _____ in	Ⓧ ⊢⊣ _____ in

Name _____ **Date** _____

SORTING SANTA'S TOYS

Help Twinkle sort the gifts.
List three gifts that will fit each
category

January

MATHEMATICS AND ART

Theme: GEOMETRY AND ART

BULLETIN BOARD IDEA

1. Cut snowman from white paper, hat from black, and decorate face and body as desired. Cut branch arms from brown paper and bend at 90 degrees at elbows.

ACTIVITIES

1. Have the children draw pictures
    —using line segments only
    —using five intersections
    —using hidden shapes inside a winter scene
    —using three triangles, a circle, and two squares
    —using a hexagon as the shape of your face
    —with everything out of shape, such as making a tin can from a triangle, a ball from a square, and a book from a hexagon
    —using shapes to create an abstract picture.
    —of any object such as a clown or animal and label all the vertices in the drawing A, B, C, etc.
2. Make symmetrical pictures
    —potato prints in a straight line for translational patterns
    —paper folded in half, drop paint on one side, press, open to create a bilateral pattern
    —cut a small motif from an index card, insert straight pin at end of motif and trace; with pin still in paper, turn a short distance, trace again, repeat until motif has returned to original position creating a rotational pattern similar to a stained glass window. Color in regions formed by overlapping lines.

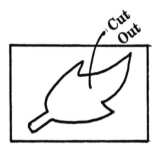

Trace Around   **Trace and Rotate**

3. Curve-Line Patterns
    —use multi-colored pencils or fine-point Magic Markers to make various curved-line patterns using a variety of intersecting lines and shapes.
4. Place math/art patterns generated by the children around the board after they have worked Worksheets 88, 89, 90, and 91.

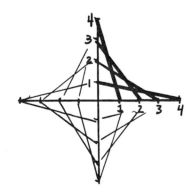 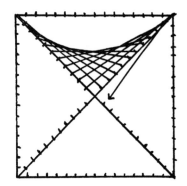

PROBLEM-SOLVING IDEAS FOR JOURNALS

January Word Problems

1. INVESTING IN THE FUTURE. What sum can be saved in 40 years by waking up 45 minutes earlier, 300 days each year, if an hour is worth .15 cents? **Answer: 300 × 40 = 120,000; 120,000 × 45 = 540,000; 540,000 / 60 = 9000; 9000 × .15 = $1,350.00**

2. HOW DEEP IS IT? It snowed ½ ft. on Sunday, 2¾ ft. on Monday, and ⅙ ft. on Tuesday. How many inches did it snow in all? **Answer: ½ = 6 in.; 2¾ ft = 24 in. + 9 in. = 33 in.; ⅙ = 2 in.; 6 + 33 + 2 = 41 inches in all.**

3. TELLING TIME. If the time of day is such that ⅔ of the time past noon is ⅙ of the time past midnight, what time is it? **Answer: 4 o'clock p.m.**

4. CATCH THE THIEF. A thief having a 20-mile head-start on an officer who is chasing him goes 6 miles an hour. The officer follows at the rate of 8 miles an hour. How long will it take the officer to catch the thief? **Answer: 10 hours**

5. A NEW YEAR PROBLEM. The Hindu Arabic number notation was introduced into Europe in the year 991, algebra 421 years later, and decimal fractions 191 years after the introduction of algebra. In what year were decimal fractions introduced? **Answer: 1603**

6. MOLASSES IN JANUARY. A man bought molasses for $1,430 and sold it at a gain of $620 dollars. At what price did he sell the molasses? **Answer: $2,050**

7. BIRD'SEYE VIEWS. What do you suppose the inside of your favorite Cartoon dog's doghouse looks like? Make a floor plan of his home, give some measurements, and make up five measurement problems to go with your floor plan.

8. YOUR VERY OWN TRIANGLE. What is the area and perimeter of the triangle formed by you and your shadow at 1:00 p.m. outdoors on a sunny day?

9. RIGHT ANGLES. Record in the journal all the right angles you can find in your classroom. Draw the objects that form the right angles, such as the cover of a book, corner of the door, etc. Can you fill up two pages with drawings?

10. WHERE IS THE NUMBER? 36 is the same amount more than 29 as it is less than what number? **Answer: 43**

11. MARTIN LUTHER KING, JR. SPECIAL. If it takes 10 cars 10 days to use 10 tanks of gas, how many days will it take 1 car to use 1 tank of gas? **Answer: 1 day**

12. THINK ! ! ! Suppose A, B, and C are numbers. Suppose D is the sum of A, B, and C. Would D minus A equal B plus C? Show how you can prove this in your journal. **Answer: yes**

13. SNOWBALL MANIA. If there are enough snowballs for 300 children for 2 weeks, how long will the snowballs last 400 children? **Answer: 1.5 weeks**

14. ROOFER PROBLEM. If a house is 112 feet long and each of the two sides of the roof is 25 feet wide, how many shingles will it take to cover it, if it requires 6 shingles to cover a square foot? **Answer: 33,600 shingles**

15. GOING BANANAS. If 4 bananas out of a dozen are bad, how many are good? **Answer: 8** If 12 bananas out of 5 dozen are bad, how many are good? **Answer: 48 or 4 doz.**

16. OLD-FASHIONED PROBLEM. In the 19th century, the power of the horse was very important to man, especially to farmers. Farmers during that time figured that 1 horse power was equal to 11 men's power. So if it took 264 men to pull a tractor, how many horses would be needed to pull the same tractor? **Answer: 24 horses**

17. THINKING ABOUT AREA. What regular figure can be used to cover the largest area? **Answer: Circle will cover the most area.**

18. MEASURING STUFF IN FEET. How many footsteps is it from your desk
    —to the classroom door?
    —to the principal's office?
    —to the nearest tree outdoors?
    —to your best friend's desk?

19. QUADRILATERALS. Find examples of all of the quadrilaterals in a magazine. Cut them out and paste them in your journal, labelling each kind. **Answer: square, rectangle, rhombus, parallelogram, and trapezoid shapes**

20. NEW YEAR'S RESOLUTION. Enter one problem a day for every day you are in school in your journal. Select the problems from your text book or make them up for your friends, teacher, or parents.

CALCULATOR PROBLEMS FOR JOURNALS

21. Find the height of all of the books in your desk by measuring each book and entering it into the memory of your calculator.
22. Find the perimeter of your classroom in feet and then translate that figure into inches (P = 2 L + 2 W).
23. Find the area of your classroom in square feet and then translate that figure into square inches (A = L × W).
24. Find the volume of your classroom in cu. sq. feet and then translate that figure into cu. sq. inches (V = L × W × H).
25. Do 22, 23, and 25 using metric measurement.

Mathematics and Art Project

Materials: grid paper or white paper for producing grid of choice
pencil, ruler
fine-point Magic Markers

1. Do Worksheets #88, #89, #90, and #91 before trying this project. Worksheet #88 is the first in a series of worksheets to be given to the students in order to prepare them for creating a Math/Art modular pattern. The mathematics required for generating the pattern is called modular arithmetic. Follow this worksheet with worksheets #89, #90, and #91.

    Ask the children to notice the symmetry pattern that is appearing as they find their answers in the grid. Have them apply the commutative property to each element in the set (A + B = B + A) or (A × B = B × A). Point out that addition patterns generate a different pattern from a pattern found in a multiplication grid. Examine the multiplication grid in worksheet #89 and have the children observe that every element in the set, except 0, appears only once in each row and column. This happens when you use a prime number as the modulo structure. Ask the children to work out multiplication modulo 8. Compare answer grids. (Numbers will repeat themselves in rows and columns and zeros will appear in the grid as answers.)

2. Decide on a mathematical structure such as addition modulo 8 or multiplication modulo 5. Work out a patterned structure in a small grid showing the answers.

X^5

	0	1	2	3	4
0	0	0	0	0	0
1	0	1	2	3	4
2	0	2	4	1	3
3	0	3	1	4	2
4	0	4	3	2	1

$+^8$

	0	1	2	3	4	5	6	7
0	0	1	2	3	4	5	6	7
1	1	2	3	4	5	6	7	0
2	2	3	4	5	6	7	0	1
3	3	4	5	6	7	0	1	2
4	4	5	6	7	0	1	2	3
5	5	6	7	0	1	2	3	4
6	6	7	0	1	2	3	4	5
7	7	0	1	2	3	4	5	6

3. Select a grid. These are various kinds.

Standard Grid   **Non-Standard Grid**   **Kaleidoscope**

4. Select a set of designs to be motifs for each element or number in the set of numbers in your system. Begin to draw designs in each cell of your grid. Color the pattern. Reflect the pattern along the lines of symmetry to enlarge the design.

**Reflected Pattern for
addition modulo 4**

5. Give completed pattern on contrasting construction paper to form a frame around the pattern. Place on bulletin board. Try making other designs in your journal and experiment with different mathematical structures and various motifs to create illusions when all the pieces are placed together. The following are some interesting motifs that can be used. By rotating colors in the regions, or rotating the motif itself, the motifs can become a design for each number or element in your original set of numbers.

Key for addition modulo 4
with reflections

WORKSHEETS FOR JANUARY

WORKSHEET	CODE	CONCEPT	OBJECTIVE
GEOMETRY WORD SEARCH	JA NUM1	Numeration	Review geometry vocabulary
ICE FISHING	JA NUM2	Numeration	Greater/less: review of symbols >, <, =
SIEVE OF ERATOSTHENES	JA NUM3	Numeration/ Number Theory	Prime numbers to 100
SNOWBALL ANTICS	JA BOP	Basic Operations (Problem-Solving)	Missing addends
HAPPY BIRTHDAY MARTIN LUTHER KING, JR.!	JA FRA	Fractions	Division: whole numbers
CLOCK ARITHMETIC	JA SYM1	Modular Arithmetic	Addition mod 4
MATH/ART PATTERN #1	JA SYM2	Modular Arithmetic	Multiplication mod 5
MATH/ART PATTERN #2	JA SYM3	Modular Arithmetic	Math/art reflections
MATH/ART PATTERN #3	JA SYM4	Modular Arithmetic	Math/art reflections
FOUR-COLOR PROBLEM	JA GEO	Geometry/ Topology	Four-color problem
BARLEYCORN BUGS	JA MEA1	Measurement	Length/inches
ICICLES	JA MEA2	Measurement	Length/centimeters
SKATING AROUND THE ICE RINKS	JA MEA3	Measurement	Area/perimeter; square inches
JANUARY FREEZES	JA MEA4	Measurement	Integers: reading temperatures
TELEPHONE BOOK SEEK AND FIND	JA PBS1	Problem-Solving/ Numeration	Estimation large numbers; time
PROBLEMS TO WARM THE MIND	JA PBS2	Problem-Solving/ Word Problems	Basic operations
JANUARY WHITE SALE	JA PBS3	Problem-Solving/ Money	Review basic operations

WORKSHEET #67   GEOMETRY WORD SEARCH
JA NUM1   Review geometry vocabulary and identifications of concept

Answers:
```
. . . . . S E H C N I . . . . . .
. . . . . . . O . . . . . . . .
. . . . . . . I . . . . . . . .
. . . G . T N E I T O U Q . D .
. R O T C A F Y . . . . . E . .
. . . A E F R . . . . . N . . .
. . R . N U M E R A T O R . M .
. F . T . . . S M . . E . .
. . . N I . . D I . S T . . .
. T E . M . . N N . D R . . . .
. C . . E . O A . N I R . . . .
. U . . T C T N E C R E P . . .
. D . . E O . D S . . B . . . .
. O . S R . D . . . . M . . . .
. R . . . A . . . . . U . . . .
. P . . . . . . . . . N . . . .
```

WORKSHEET #68   ICE FISHING
JA NUM2   Applying $<$, $>$, or $=$ and review of basic operations

Answers:
$\frac{7}{9} > \frac{14}{27}$ $42 > 9 \times 4$

$42 = 7 \times 6$ $58 < 49 + 19$

$13.5 > 1.35$ $\frac{1}{4} = .25$

$\frac{1}{3}$ of $15 < 6$ $\frac{1}{2}$ of $50 > 20$

$\frac{72}{12} = 6$ $4 \times 12 = 4$ doz.

$25 + 17 > 32$ $18 + (2 \times 4) < 36$

$92 - 16 > 62$ $6 \times 10 = 1$ hr

WORKSHEET #69   SIEVE OF ERATOSTHENES

JA NUM3   Identifying prime numbers up to 100

Answers: Prime Numbers to be circled are:
2, 3, 5, 7, 11, 13, 17, 19, 23, 29, 31, 37, 41, 43, 47, 53, 59, 61, 67, 71, 73, 79, 83, 89, 97

WORKSHEET #70   SNOWBALL ANTICS
JA BOP   Missing addends

Answers:

```
2  1  5                        3
   3                        2  6  1
   4                        4        5
```

```
2  5  4                     5     7
6                              2  4
3  7  1                           9
                                1  3
                             6        8
```

```
8  1  6
   2
7  3  5
   4
   5
```

WORKSHEET #71   HAPPY BIRTHDAY MARTIN LUTHER KING, JR.!
JA FRA   Simple division of whole number by a fraction

Answers: **Reading clockwise beginning at 1:00**
½   102, 14, 8, 120, 68, 36
¼   2, 4, 6, 9, 5
⅓   3, 9, 8, 30, 24
⅙   4, 12, 1, 18, 2

WORKSHEET #72   CLOCK ARITHMETIC
JA SYM1   Addition modulo 4

Answers:
```
0  1  2  3  4  5  6  7
1  2  3  4  5  6  7  0
2  3  4  5  6  7  0  1
3  4  5  6  7  0  1  2
4  5  6  7  0  1  2  3
5  6  7  0  1  2  3  4
6  7  0  1  2  3  4  5
7  0  1  2  3  4  5  6
```

WORKSHEET #73   MATH/ART PATTERN #1
JA SYM2   Multiplication modulo 5

Procedure: After the children have completed worksheet #88, do worksheet #89. Have them figure out the mathematical structure of multiplication modulo 5. Then color in the key assigning a pattern to each number.

When the children have completed coloring in the key, have them draw each pattern with a pencil in the grid where the numbers should be. Then color in the pattern.

For a variation on this project, give the children other grid paper and have them assign different patterns to the numbers and use other multiplication modulos such as a composite number. For instance, have them work the grid for multiplication modulo 8 and discuss the differences between the grids.

Finally, a child may wish to drop the row and column of 0 since they only create a border design.

Answers: 0 0 0 0 0
            0 1 2 3 4
            0 2 4 1 3
            0 3 1 4 2
            0 4 3 2 1

WORKSHEET #74   MATH/ART PATTERN #2
JA SYM 3   Addition modulo 5 with reflections

Procedure: Instruct the children to work out the addition grid. Then color in the pattern in the upper left hand grid according to the key.

Next, reflect the original pattern completed in the upper left hand grid to the upper right hand grid by reflecting it along the mirror line.

When top grids are completed, reflect top two grids along the m′ line to the two grids below. A bandana type pattern will appear.

Finally, provide the children with various grids reproduced on white paper to design addition and multiplication patterns of their choosing. Have them reflect their original patterns along mirror lines to create beautiful designs.

Answers: 0 1 2 3 4 5
            1 2 3 4 5 0
            2 3 4 5 0 1
            3 4 5 0 1 2
            4 5 0 1 2 3
            5 0 1 2 3 4

WORKSHEET #75   MATH/ART PATTERN #3
JA SYM 4   Practice worksheet for math/art creations

Answers: Patterns will vary.

WORKSHEET #76   FOUR-COLOR PROBLEM
JA GEO   Topology; four-color problem

Answer: You cannot draw a figure that would require less than three colors. Four colors is the minimum number of colors you can use.

WORKSHEET #77   BARLEYCORN BUGS
JA MEA1   Measuring length in inches, translating inches into smaller units.

Answers: A.   4 in. × 3 bcrns. = 12 bcrns.
B.   3 in. × 3 bcrns. = 9 bcrns.
C.   3½ in. × 3 bcrns. = 10½ bcrns.

WORKSHEET #78   ICICLES
JA MEA2   Measuring in centimeters and practicing basic operations

Answers: **A.** 2 cm.
          B. 19 cm.
          C. 10 cm.
          D. 5 cm.
          E. 14 cm.
          F. 3 cm.
          G. 11 cm.
          H. 8 cm.
          I. 6 cm.
          J. 4 cm.

$B + C + I = 19 + 10 + 6 = 35$ cm $= 3$ dm 5 cm
$J + H + E = 4 + 8 + 14 = 26$ cm $= 2$ dm 6 cm
$B - H = 19 - 8 = 11 = 1$ dm 1 cm
$G \times D = 55$ cm $= 5$ dm 5 cm
$E/A = 14/2 = 7 = 0$ dm 7 cm

$[(C \times B) + (E + D - I)]/A$
   $= [190 + 13]/A$
   $= 203/2$
   $= 101.5$
   $= 10$ dm 1.5 cm
   $= 1$ m 0 dm 1.5 cm

WORKSHEET #79   SKATING AROUND THE ICE RINKS
                JA MEA3   Measuring perimeter and area in inches and
                                  square inches

Answers:

	Perimeter	*Area*
A.	18	20
B.	30	26
C.	24	27
D.	10	6
E.	28	26
F.	10	4

WORKSHEET #80   JANUARY FREEZES
                JA MEA4   Temperatures Fahrenheit/reading integers

Answers: 1. 30 degrees
          2. 57 degrees
          3. 10 degrees
          4. 14 degrees
          5. 73 degrees
          6. 42 degrees
          7. 49 degrees
          8. 76 degrees
          9. 29 degrees
        10. 9 degrees

Cities to be circled are Tampa, New York City, Phoenix, Los Angeles, Atlanta, Cleveland, and Santa Fe.

Warmest city is Tampa, Fla.
Coldest city is Bismark, N.D.

WORKSHEET #81   TELEPHONE BOOK SEEK AND FIND
JA PRS1   Estimation and problem-solving using a telephone book

Answers: Answers will vary with size of telephone book

Time Zones: Find the AREA CODE MAP in the telephone book to work out these problems.

Georgia 3:00 p.m.   Wyoming 1:00 p.m.   Virginia 3:00 p.m.
Oregon 12:00 noon   Nova Scotia 4:00 p.m.   Minnesota 2:00 p.m.

WORKSHEET #82   PROBLEMS TO WARM THE MIND
JA PBS2   Word problems applying basic operations

Answers: 1. $22\frac{1}{2}$ hours
2. 25 cents (2)
10 cents (1)
5 cents (2)

3. 24 cookies needed in all

Friend 1   3 cookies
Friend 2 $3 + 2 = 5$
Friend 3 $5 + 2 = 7$
Friend 4 $7 + 2 = 9$
$3 + 5 + 7 + 9 = 24$

4.   **a.**   **b.**
2 bananas   3 bananas
3 oranges   1 orange
2 apples   3 apples

5. Bob caught 4 squirrels and 1 bird.

WORKSHEET #83   JANUARY WHITE SALE
JA PBS 3   Money and review of basic operations

	Bedroom A	Bedroom B
Sheets	$ 19.95	$ 24.95
Pillows	5.00	5.00
Towels	10.00	20.00
Curtains	50.00	100.00
Quilts	59.90	35.95
Total	$144.85	$185.90

Carpets   10' × 12' = 120' sq. ft.
120/3 = 40 sq. yd.
$5 × 40 = $200

12' × 18' = 216' sq. ft.
216 / 3 = 72 sq. yd.
$5 × 72 = $360

Bedroom A *Bedroom B*

Step 1:

$144.85 $185.90
+200.00   +360.00
$344.85 $545.90

Step 2:

$344.85
+545.90
$890.75

Step 3:

$2,500.00
−890.75
$1,609.25   Amount of money Rosanne has left.

Name _____ Date _____

GEOMETRY WORD SEARCH

```
W R M E S E H C N I A Y U A F Y
O I S Q O G R O K K C I C A L G
J O E F V L I Y D Y X H A X J P
Z S O G R T N E I T O U Q S D G
L R O T C A F Y X N O X P E U S
F A P A E F R X E X J N N D F U
E N R O N U M E R A T O R J M Z
R F Q M T F U V C S M I U E L X
M L Q N I G L B D I Z S T D B X
L T E V M A N N N U D R P N N C
Z C E I E J O A T N I R T V Y S
X U W J T C T N E C R E P J Y M
S D O R E O W D S V J B J I Q A
Q O F S R L D F T J P M R Y O X
A R F K D A R F P D K U N V N X
K P T R U E V T F R D N F V D N
```

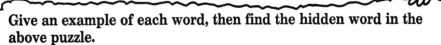

Give an example of each word, then find the hidden word in the above puzzle.

ADDENDS	CENTIMETER	CENTURY	DENOMINATOR
FACTOR	FRACTION	GCF	INCHES
METRICS	NUMBER	NUMERATOR	PERCENT
PRODUCT	QUOTIENT	SECONDS	

Name _____ **Date** _____

ICE FISHING

Use <, >, =. Place the correct sign in the circle.

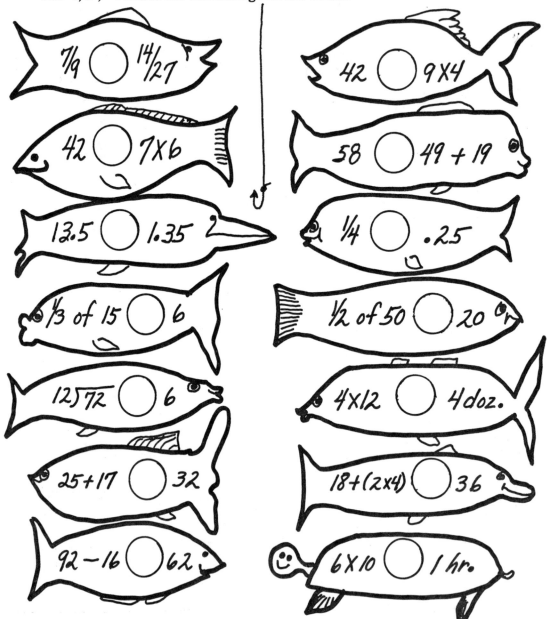

$\frac{7}{9}$ ◯ $\frac{14}{27}$

42 ◯ 9 X 4

42 ◯ 7 X 6

58 ◯ 49 + 19

13.5 ◯ 1.35

$\frac{1}{4}$ ◯ .25

$\frac{1}{3}$ of 15 ◯ 6

$\frac{1}{2}$ of 50 ◯ 20

12$\overline{)72}$ ◯ 6

4 X 12 ◯ 4 doz.

25 + 17 ◯ 32

18 + (2 X 4) ◯ 36

92 − 16 ◯ 62

6 X 10 ◯ 1 hr.

Name _____ Date _____

SIEVE OF ERATOSTHENES

	2	3	4	5	6	7	8	9	10
11	12	13	14	15	16	17	18	19	20
21	22	23	24	25	26	27	28	29	30
31	32	33	34	35	36	37	38	39	40
41	42	43	44	45	46	47	48	49	50
51	52	53	54	55	56	57	58	59	60
61	62	63	64	65	66	67	68	69	70
71	72	73	74	75	76	77	78	79	80
81	82	83	84	85	86	87	88	89	90
91	92	93	94	95	96	97	98	99	100

Finding the Primes

1. Circle 2. Cross out all multiples of 2. (4, 6, 8, etc.)
2. Circle next number which is not crossed out = 3. Cross out all multiples of 3. (6, 9, 12, etc.)
3. Circle next number which is not crossed out = 5. Cross out all multiples of 5. (10, 15, 20, etc.)
4. Circle next number which is not crossed out = 7. Cross out all multiples of 7. (14, 21, etc.)
5. Circle all the numbers not crossed out. These are the prime numbers from 2 to 100.

JA BOP

Name _____ Date _____

SNOWBALL ANTICS

Place the numbers 1, 2, 3, 4 and 5 in the circles of T so that the sum of the numbers is the same in each direction.

Then count the number of circles in the other configurations. Use each set of numbers to make the circles add up to the same number in each direction.

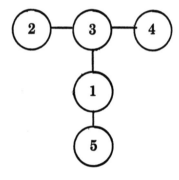

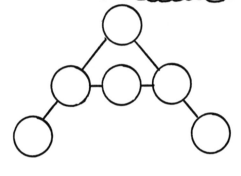

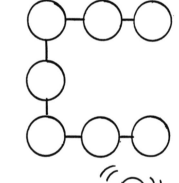

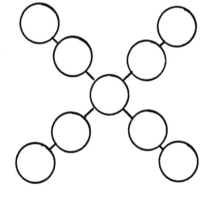

Name _____ **Date** _____

HAPPY BIRTHDAY
MARTIN LUTHER KING, JR.!

Divide each cake piece by the fraction in the center.
Write your answers on the plates below.

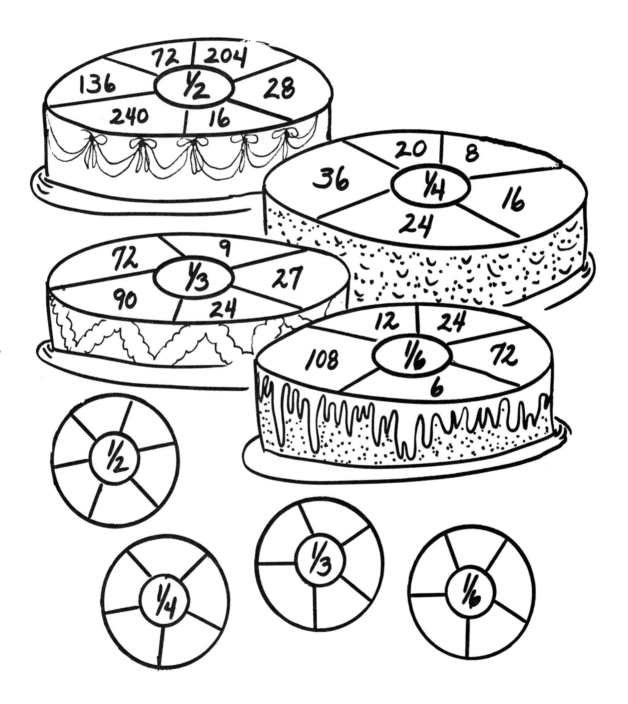

Name _____ Date _____

CLOCK ARITHMETIC

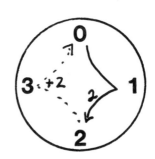

+⁴	0	1	2	3
0	0	1	2	3
1	1	2	3	0
2	2	3	0	1
3	3	0	1	2

In addition modulo 4,

$2 + 2 = 0; 3 + 2 = 1$

Use this clock to add modulo 8.

+⁸	0	1	2	3	4	5	6	7
0								
1						6		
2			4					
3							1	
4		5						
5				0				
6						3		
7	7							

Name _____ **Date** _____

MATH/ART PATTERN #1

X⁵	0	1	2	3	4
0				0	
1			2		
2	0	2	4	1	3
3		3			
4					1

Think!

Fill in the grid for multiplication modulo 5. Then assign a design to each number. Fill in the cells below with the correct design for each number. Use bright colors to color the key, then color the cells to match the key.

0 = ◻ 1 = ◻ 2 = ◻ 3 = ◻ 4 = ◻

Name _____   Date _____

MATH/ART PATTERN #2

$+^6$	0	1	2	3	4	5
0						
1						
2						
3						
4						
5						

Fill in the answers for addition modulo 6. Assign the color code to each number in the set. Color the grid below using the color code for the number in each cell. Reflect the pattern along the mirror lines to create a larger image

Let 0 = red   1 = yellow   2 = blue
     3 = green   4 = purple   5 = orange

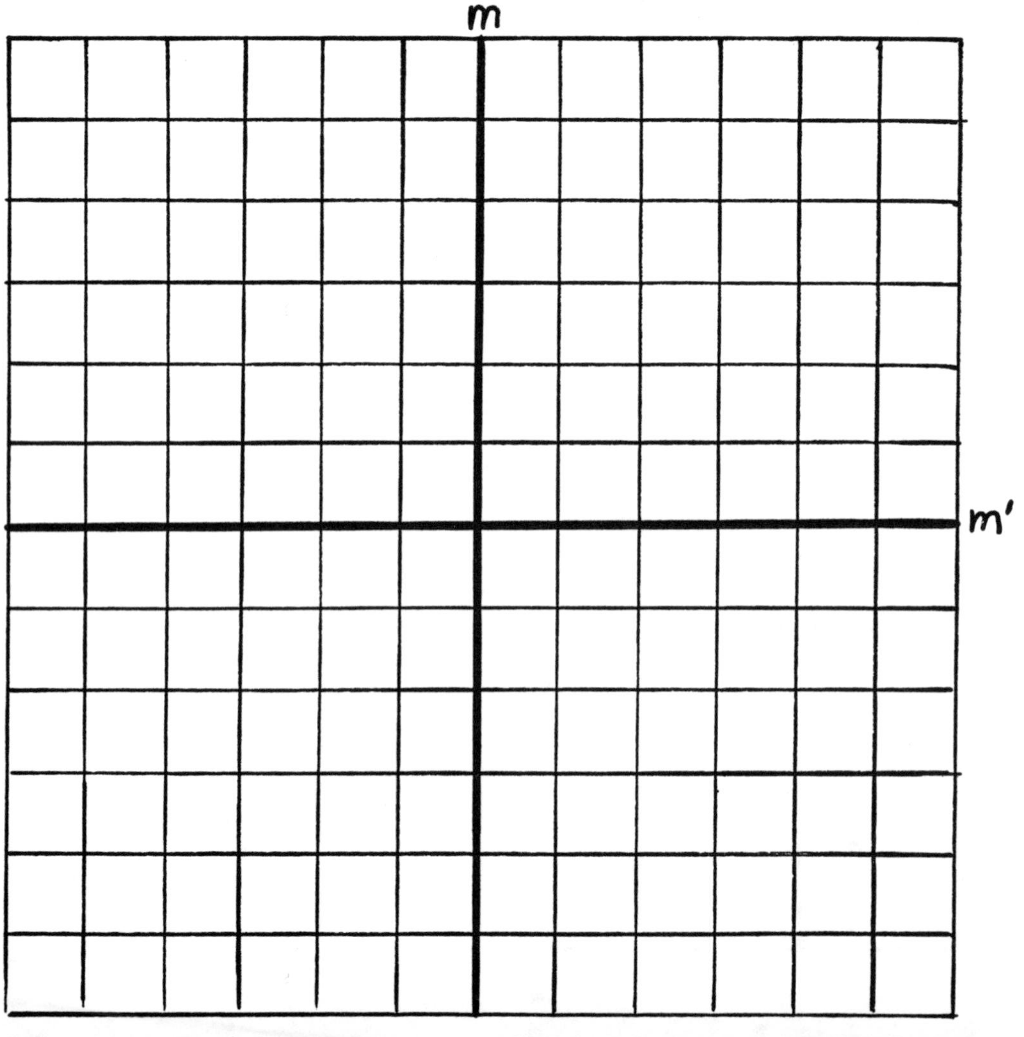

m

m'

Name ———————————————— **Date** ————————————

MATH/ART PATTERN #3

On a separate sheet of paper, work out the grid for addition or multiplication modulo 5. Assign a design to each number. Draw in and color the designed pattern in the grid below. Reflect the pattern along the mirror lines.

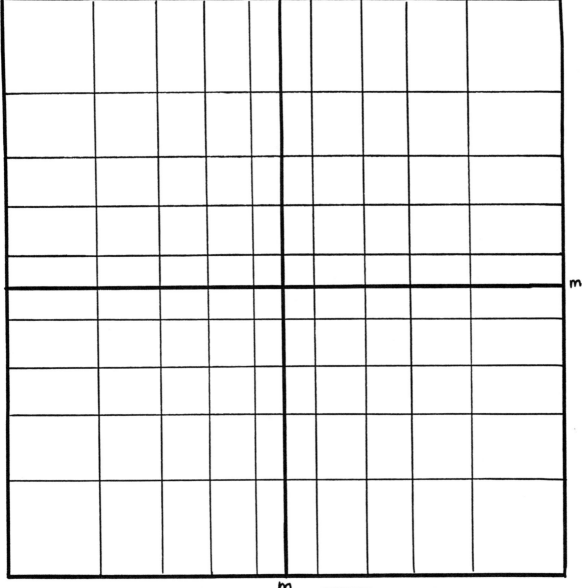

m

m

Try a pattern that uses a design like this one!   ◻ or ◻

JA GEO

Name _____ Date _____

FOUR-COLOR PROBLEM

What is the least number of colors you can use to color each interior region without having the same color on any two adjacent areas? Can you draw a figure that requires more than four colors? Less than four colors?

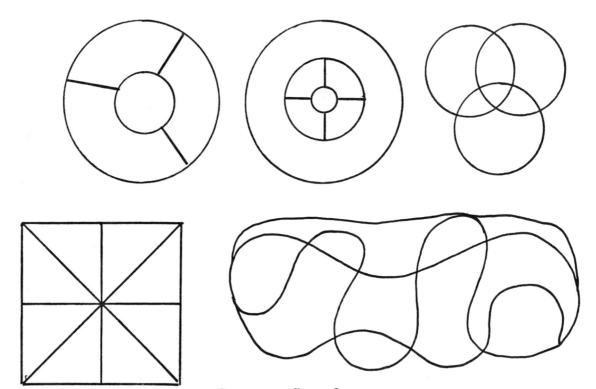

- Draw your figure here -

Name _____ Date _____

BARLEYCORN BUGS

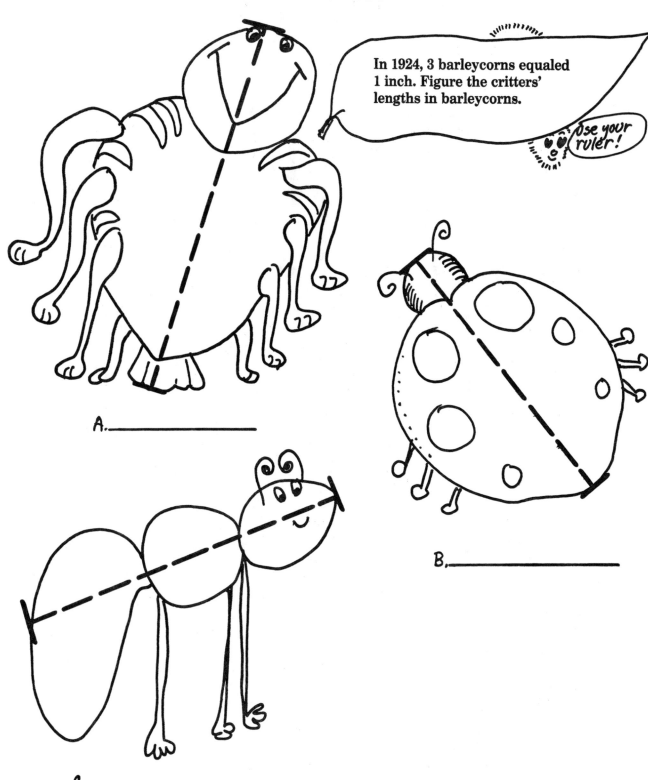

In 1924, 3 barleycorns equaled 1 inch. Figure the critters' lengths in barleycorns.

Use your ruler!

A. _____

B. _____

C. _____

JA MEA2

Name _____ Date _____

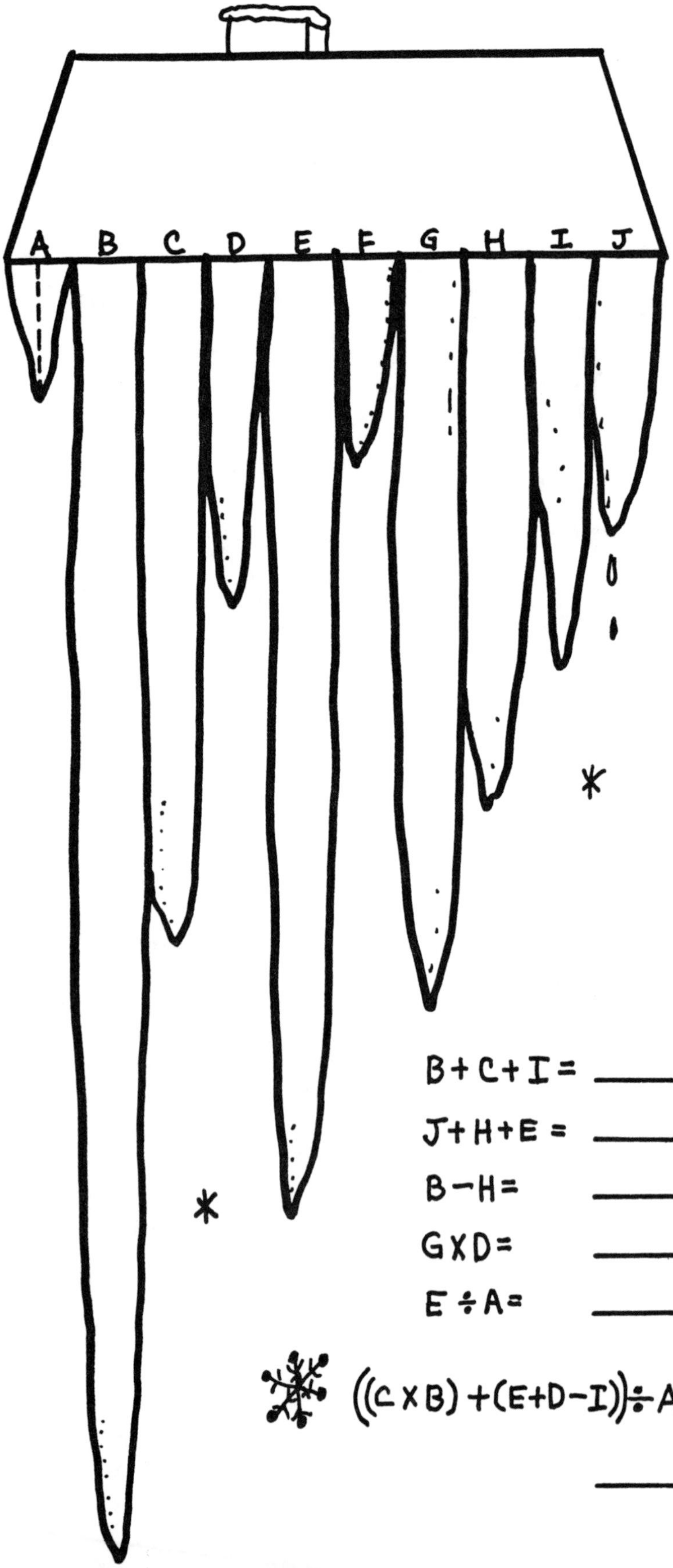

ICICLES

*

Measure the icicles in centimeters.

A _____ cm

B _____ cm

C _____ cm

D _____ cm

E _____ cm

F _____ cm

G _____ cm

H _____ cm

I _____ cm

J _____ cm

B + C + I = _____ dm _____ cm

J + H + E = _____ dm _____ cm

B − H = _____ dm _____ cm

G × D = _____ dm _____ cm

E ÷ A = _____ cm

$((C \times B) + (E + D - I)) \div A =$ _____ dm _____ cm

_____ m _____ dm _____ cm

or

Name _____   Date _____

SKATING AROUND THE ICE RINKS

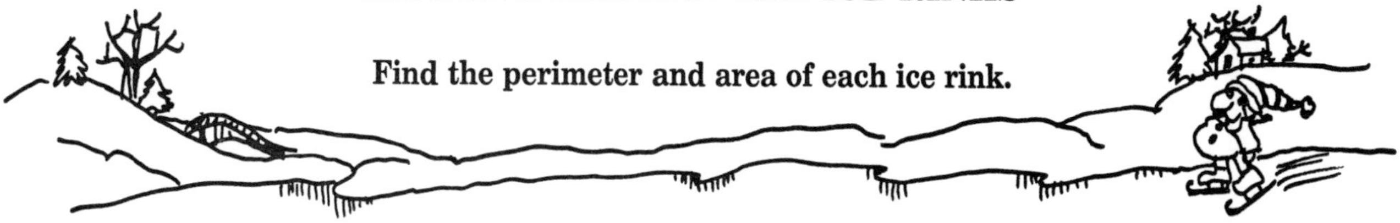

Find the perimeter and area of each ice rink.

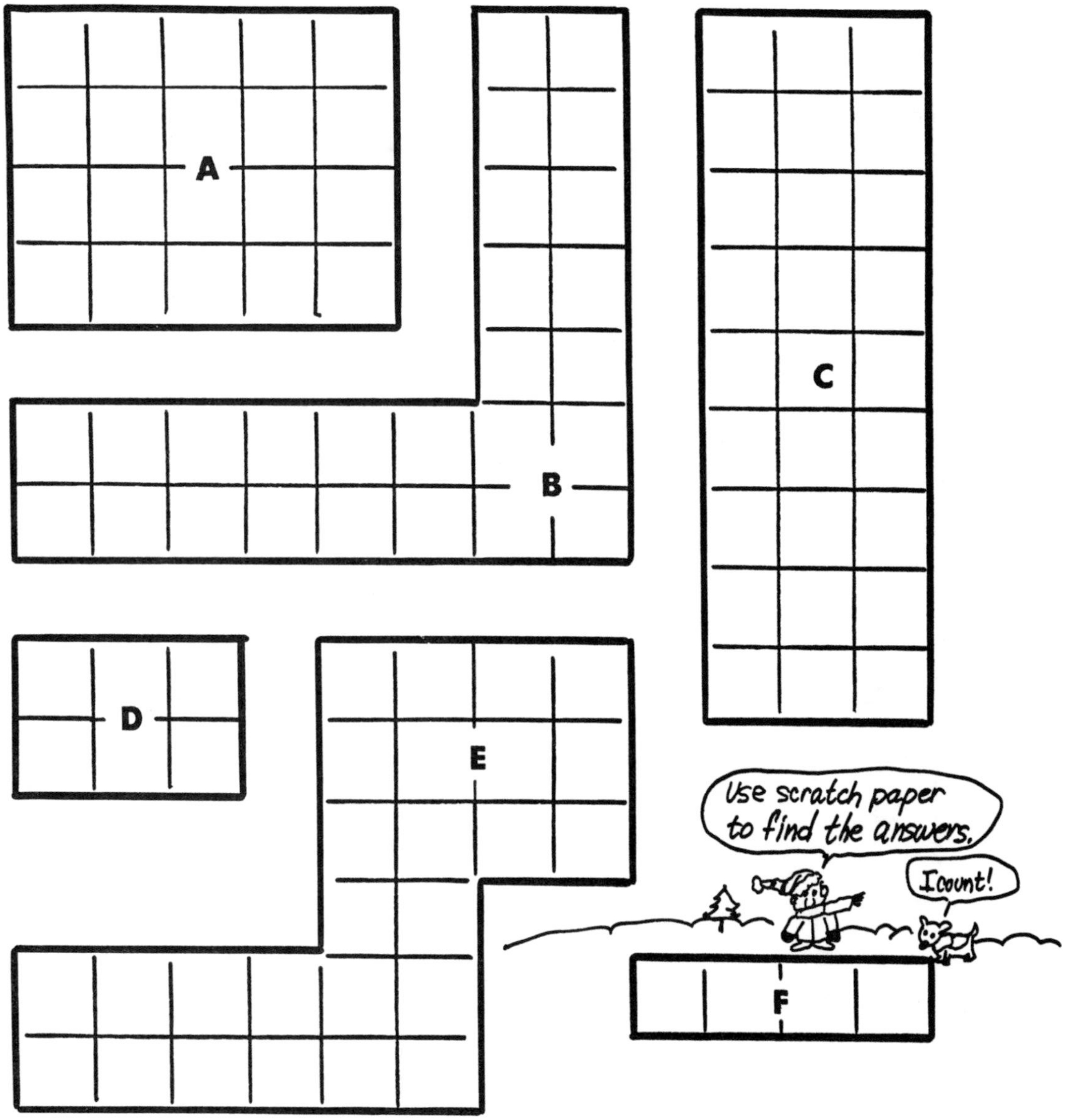

A

B

C

D

E

Use scratch paper to find the answers.

I count!

F

(A) P = _____   A = _____   (B) P = _____   A = _____   (C) P = _____   A = _____

(D) P = _____   A = _____   (E) P = _____   A = _____   (F) P = _____   A = _____

Name _____   **Date** _____

JANUARY FREEZES

Find the differences in temperatures between these cities.

DIFFERENCE

1. Anchorage, AK ⁻20°   Seattle, WA 10° _____
2. Tampa, FL 72°   Chicago, IL 15° _____
3. New York City, NY 35°   Charlotte, NC 25° _____
4. Des Moines, IA ⁻9°   Madison, WI 5° _____
5. Denver, CO ⁻3°   Phoenix, AZ 70° _____
6. Houston, TX 30°   Minneapolis, MN ⁻12° _____
7. Los Angeles, CA 65°   Boise, ID 16° _____
8. Bismark, ND ⁻21°   Atlanta, GA 55° _____
9. Butte, MT ⁻1°   St Louis, MO 28° _____
10. Cleveland, OH 40°   Santa Fe, NM 49° _____

Circle the cities with temperatures above freezing.

Which city is the warmest? _____

Which city is the coldest? _____

With a red crayon color the thermometer the temperature it is today in your city.

Name _____ Date _____

TELEPHONE BOOK
SEEK AND FIND

You need a telephone book to do this worksheet.

What is the total number of pages in your book? _____

Estimate the number of "Jones" listings. _____

Count your family surname listings. _____

Add the telephone numbers of the police and fire departments.

_____ Police

_____ Fire

_____ Total

Add up the area codes for: Mason City, Iowa _____

Amarillo, Texas _____

San Diego, CA _____

Your City   + _____

total _____

Find the area code MAP and figure out the different time zones. If it is 2:00 p.m. in OKLAHOMA, what time is it in:

Georgia _____   Wyoming _____   Virginia _____

Oregon _____   Nova Scotia _____   Minnesota _____

What is the first listing in the "M's"? _____

What is the last listing in the "L's"? _____

Name _____ Date _____

PROBLEMS TO WARM THE MIND

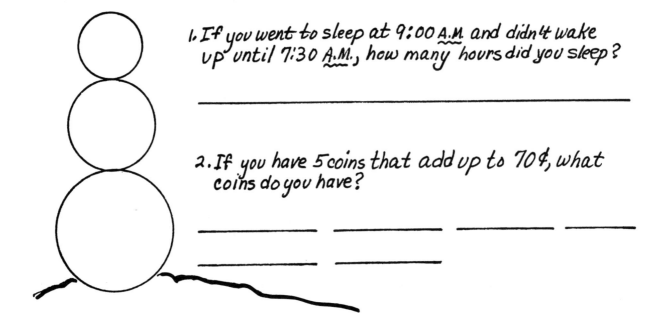

1. If you went to sleep at 9:00 A.M. and didn't wake up until 7:30 A.M., how many hours did you sleep?

_____

2. If you have 5 coins that add up to 70¢, what coins do you have?

_____   _____   _____

_____   _____

3. As friends visited Margaret, she gave each friend two cookies more than the person before her. If the first person got three cookies, how many cookies would Margaret need for four friends? _____

_____

4. If bananas cost 7¢, oranges 8¢ and apples 9¢, what 7 pieces can you buy for 56¢? (Give 2 answers in your journal)

5. Bob caught some squirrels and a bird. If they had 18 legs all together, what is the largest amount that could be squirrels?

6. Decorate the snowmen.

Use your Journal to solve these _____.

Name _____   Date _____

JANUARY WHITE SALE

Rosanne wants to take advantage of the January white sales. She has $2,500.00 to spend. How much will it cost her to decorate two bedrooms?

You will need scratch paper to do this worksheet.

Pillows $2.50 each

SHEETS
$19.95 TWIN (2)
$24.95 QUEEN

3 for $10.00
TOWELS

CURTAINS
$50.00
(a pair)

CARPETING
$5.00 sq. yd.

QUILTS
$29.95 sm
$35.95 LG

Bedroom A TWIN BEDS

ITEM	AMOUNT
Sheets	___.___
Pillows (2)	___.___
Towels (3)	___.___
Curtains (1 pr.)	___.___
Quilts (2)	___.___
Total	___.___

Bedroom B QUEEN SIZE BED

ITEM	AMOUNT
Sheets	___.___
Pillows (2)	___.___
Towels (6)	___.___
Curtains (2 pr.)	___.___
Quilts (1)	___.___
Total	___.___

Room Size 10' X 12' $ ___.___   Room Size 12' X 18' $ ___.___

How much will it cost to carpet each room?
How much money does Rosanne have left if she decides to carpet the rooms?

$ ___.___

© 1991 by The Center for Applied Research in Education, Inc.

February

MEASURE YOUR TREASURE

Theme: MEASUREMENT

BULLETIN BOARD IDEA

1. Use an enlarging method to reproduce inch worm, leaves, and branch. Color as desired. Print "INCH ALONG WITH THESE" and "PROBLEM OF THE DAY!" with black Magic Marker. Print problems on large index card to be inserted on leaf.

ACTIVITIES

1. Have the children find objects that measure 1 inch in length. Glue onto sheet on bulletin board. For instance: 4 pieces of breakfast cereal glued end-to-end, a button measuring 1 inch in diameter, a paper clip, 5 beads, etc. Instruct the children to find as many objects as they can that can be used as a unit to measure 1 inch. Children may wish to cut objects exactly 1 inch in length also.
2. "Measure Your Treasure" Worksheet: Have the children complete the worksheet and display results on the bulletin board. For variation, have them design a treasure chest and paste their worksheet inside the chest before placing on board.
3. Popcorn Problem: How many pieces of popcorn are there in a pound of popcorn? Pop some corn, weigh a pound, and estimate the number of pieces. Record in their journals. Then have the children determine the volume of the container and how many popped corns make a pound by counting each piece or determining the amount using various counting and measurement methods. Record results and place on board.

PROBLEM-SOLVING IDEAS FOR JOURNALS

February Word Problems

1. FUNNY NUMBERS. Write 1, 2, 3, 4, 5, 6, 7, 9 (omit 8) in a horizontal row in your journal. Pick out one digit and multiply it by 9. Then multiply 12,345,679 by the product of the one digit multiplied by 9. What happens to the answer? Example: A student selects 6. Multiply $6 \times 9 = 54$. Multiply $12,345,679 \times 54 = 666,666,666$. Or select $5 \times 9 = 45$, $12,345,679 \times 45 = 555,555,555$.
2. DREAMS COME TRUE. Draw a picture of your first car. How much will gas cost per gallon for your car? How much will it cost to fill up your tank? **Answers: vary.**
3. FANTASY CAREER. You are a 3-digit multiplication doctor. You have to perform an operation. Illustrate your operation.
4. HOUSEHOLD SURVEY. Take a survey of all the pairs of shoes in your household. Use a graph to illustrate your results.
5. HOW TIME FLIES. Draw a time line of your life. On it, show the year you were born, the year you entered school, the year you lost your first tooth, and the years you learned to ride a bicycle. Add more of your own special dates and predict your future. Create three addition or subtraction problems using your time line.
6. VERY LARGE NUMBERS. Find five of the largest numbers you can in the newspaper. Cut them out and paste them in your journal from smallest to largest. Write each number in expanded form. Using the

Name _____   Date _____

MEASURE YOUR TREASURE

List seven of your favorite things in your bedroom. Measure how long each item is in inches, feet, and yards.

Measure how long it took you to measure the items.

ITEM	MEASUREMENTS
1.	
2.	
3.	
4.	
5.	
6.	
7.	

It took _____ hours _____ minutes _____ seconds.

Make a birdseye view of your bedroom.
Write its dimensions. What is its perimeter and area?

largest and smallest number find the difference, the sum, the product, and the quotient.

7. LINCOLN'S LOG CABIN. Make a floor plan drawing of the inside of Lincoln's log cabin. Draw what you think he might have had in his cabin. Give the measurements of the cabin. Find the height, length, width, area, and volume of the cabin using your measurements.

8. TEMPERATURES. Think about a city on a new planet. Decide what type of climate this city would have for a year. Decide on seasonal changes and temperature ranges. Plot the highest temperature recorded for each month of the year for this city. Graph the temperatures and write a report on your findings.

9. MEASURE THE HEART. Design a very large valentine for your parents or favorite person. Make up a poem about how high, how wide, how big, and how deep your love is for that person.

10. MEASURING DISTANCE. Plan a trip from your home to your favorite amusement park in Florida. Find out how long a trip it is in miles. If you decide to take three days to get there, how many miles will you travel each day? Then if you decide to stay there for three days and then return home again, how many miles will you travel all together? How many days will you be out of school? **Answer: 9 days, mileage will vary.**

11. WASHINGTON LUNCHEON. Make up a fast food lunch menu for a luncheon to be held for your class on Washington's Birthday. Tell how much each item on the menu will cost. Then take the class to lunch. How much will it cost for each student in your class to have lunch?

12. MEASURING MONEY. How long is a row of 12 pennies placed end-to-end in a straight line? Also measure a row each of 15 dimes and 8 quarters. **Answers: 12 pennies = 9 inches; 15 dimes = $10\frac{5}{16}$ inches; 8 quarters = $7\frac{1}{2}$ inches**

13. HOW LONG IS YOUR CLASS? How long is your class if you each stood side-by-side holding hands in a straight line? Use standard and metric measurement.

14. MEASUREMENT STUDIES. Make a list of all the types of measurements you know. Give an example of each kind in your journal. Examples: dozens, ounces, years, minutes, foot, centimeter, Fahrenheit, degrees, cups, teaspoons, etc.

15. DANDY CANDY. Design a new kind of valentine candy bar. Show how you would divide it up into equal parts for five of your friends.

16. BECOMING A PRESIDENT. Pretend that you were just elected president of a new country. Name your country and design its shape in your journal. Include three cities somewhere in your country and name them. Determine where you will place these cities so that the mileage between them will add up to 1,350 miles. Connect the three cities with a line.

17. GEOMETRY MEDITATION. What shapes would exist in the world if there were no circles, quadrilaterals (squares), or triangles? Draw them in your journal. **Answers: Figures with five sides or more, and any closed curve figures that are not circles**

18. TEACHER FEATURE. You opened your math book one day and saw pictures of your teacher on two facing pages. The sum of the page numbers is 91. What are the two page numbers? **Answer: 45 and 46**

19. DAILY SCHEDULING. Which class comes first if you have language arts after spelling, and lunch before mathematics, and reading before social studies, and science after spelling and language arts? **Answer: Reading**

20. OLD-FASHIONED MEASUREMENT PROBLEM. In 1900 some liquids were measured using a hogshead measurement. 1 hogshead is equal to 63 gallons or 252 quarts. If 2 pints make a quart, how many pints are there in 2 hogsheads? Illustrate this problem. Answer: $2 \times 252 = 504$; $504 \times 2 = 1,008$ pints.

CALCULATOR PROBLEMS FOR JOURNALS

21. Enter 3 digits in your calculator. The second digit is 9. What does 9 mean? The first digit is 0. What does 0 mean? The last digit is 6. What does 6 mean? What is the number you entered? **Answer: 96**

22. Enter 7 digits into your calculator. What is the largest number you can enter? What is the smallest number? **Answers: 9,999,999; 0,000,001**

23. Use your calculator to add up the number of tiles in the ceiling of your classroom.

24. Use your calculator to count the number of students that come and go in and out of the lunchroom for 10 minutes during your lunchtime.

25. Use your calculator to help the office secretary figure out how many children were absent from your school for one week.

MEASUREMENT GAME

Make a time line. Place adding machine tape all around the classroom at about eye level of the children. Use a yard or meter stick and a black Magic Marker to measure off sets of 100 years on the tape. Make a black line for each set of 100 years. Number the years beginning with the year 2000 and go back in time to as far back as the children decide. They may wish to go back to B.C. time. Then have the children identify important dates and approximate their position on the time line between the marked decades. For example, in 1492 Columbus discovered America. Place a red dot and/or picture of the *Santa Maria* with the date labeled on it in the approximate place on the time line between 1400 and 1500. Naturally, the label would be placed closer to 1500.

Use an encyclopedia to find the dates of important historical events and birthdates of famous persons. Ask the children to identify important dates and to research them. Challenge them by asking them to find something important that happened and a person important to each period on the number line. A variation to the red dot would be to draw a small picture representing the event and print the date on it.

Examples of important dates are:

Children's birthdays, Parents' birthdays, Grandparents' birthdays,
Presidents' birthdays, Famous Black Americans' birthdays,
George Washington's birthday—1732
Abraham Lincoln's birthday—1809
Franklin Delano Roosevelt's birthday—1882
Alexander The Great—356 BC
Henry VIII, King of England—1491–1547
St. Valentine—3rd Century
Events in America: Revolutionary War, Declaration of Independence
Famous Wars: 1000 years war, World War I and II, Vietnam War years

WORKSHEETS FOR FEBRUARY

WORKSHEET	CODE	CONCEPT	OBJECTIVE
VERY LARGE NUMBERS	FE NUM	Numeration	Writing very large numbers
PITCH A PERFECT GAME	FE BOP1	Basic Operations	Addition: finding missing addends
LOVE THESE PROBLEMS!	FE BOP2	Basic Operations	Multiplication: 1, 2, 3, digit numbers and decimals
THE REVOLUTIONARY ARMY	FE BOP3	Basic Operations	Addition: very large numbers
CUPID'S FAVORITE DIVISOR	FE BOP4	Basic Operations	Division by 8
ABRAHAM LINCOLN'S LCM	FE FRA1	Fractions	Identification of LCM
THE DRAGON FACTOR	FE FRA2	Fractions	Finding GCF
DON'T BE A HEARTBREAKER!	FE FRA3	Fractions	Basic operations
FLYING HIGH WITH SQUARE ROOTS	FE NUM	Numeration	Finding square roots with a calculator
1 SPAGHETTI, 2 SPAGHETTI, 3 SPAGHETTI, 4	FE GEO	Geometry	Number patterns
PRESIDENT'S DAY PROBLEMS	FE MEA1	Measurement	Finding the area of various shapes
TELLING THE TRUTH ABOUT STANDARD UNITS	FE MEA2	Measurement	Standard: true/false statements
TELLING THE TRUTH ABOUT METRIC UNITS	FE MEA3	Measurement	Metric: true/false statements
TIME MARCHES ON	FE MEA4	Measurement	Identifying time units

WORKSHEET	CODE	CONCEPT	OBJECTIVE
BASKETBALL SCORES	FE STA1	Statistics	Finding averages, using logic
PICKING THE WINNER	FE STA2	Statistics	Probability: 2 die combinations
THE SEAL OF APPROVAL	FE PBS	Problem-Solving	Basic operations problems

WORKSHEET #84   VERY LARGE NUMBERS
                 FE NUM   Writing very large numbers

Answers:

Seven hundred eighty-nine billion, six hundred thirty-two million, one thousand five hundred three.

Eight hundred ninety-seven million, forty-one thousand, five hundred sixty-three.

Answers will vary.

80,000,000 (7 zeros after number)   1 digit number (0 zeros)
(20 zeros after number)   (12 zeros after number)

A number with 30 digits after it.
A number with 18 digits after it.
A number with 9 digits after it.
A number with 2 digits after it.

WORKSHEET #85   PITCH A PERFECT GAME
                 FE BOP1   Missing addends

Answers: A.   3294   B.   9762
             + 687   + 697
             _____   _____
               3981   10459

          C. 36870   D.   841
             +59843   359
             _____   + 691
               96713   _____
                               1891

          E.   998   F.   699
                100   1098
             + 305   + 710
             _____   _____
               1403   2507

WORKSHEET #86   LOVE THESE PROBLEMS!
                 FE BOP2   Practice multiplication of whole numbers and
                             decimals

Answers: A. 14,212   B. 1,264,200   C. 40,379,715
          D. 1,000   E. 3,140,220   F. 72
          G. .0015   H. 3.535   I. 30.95481

WORKSHEET #87   THE REVOLUTIONARY ARMY
                 FE BOP3   Column addition

Answer: 231,771

161

WORKSHEET #88   CUPID'S FAVORITE DIVISOR
                       FE BOP4   Division by 8

Answers: Circle numbers 1.) **24,216**   2.) **7,600**   4.) **4,880,728**
               6.) **49,992**   7.) **691,624**   9.) **455,128**   11.) **28,320**

WORKSHEET #89   ABRAHAM LINCOLN'S LCM
                       FE FRA1   Finding the lowest common multiple

Answers: **A. 12**   **B. 12**   **C. 63**   **C. 10**   **D. 50**

Set	LCM
22,34	2
21,32	672
16,24	8
18,40	2
50,15	5

WORKSHEET #90   THE DRAGON FACTOR
                       FE FRA2   Finding the greatest common factor

Answers: 1.) **3**   2.) **2**   3.) **19**   4.) **7**

WORKSHEET #91   DON'T BE A HEART-BREAKER!
                       FE FRA3   Practice subtraction, multiplication, and division
                                    of fractions

You may wish to change the instructions and operations for this worksheet to meet the learning needs of the children. For instance, you may wish to have the children use the operation of addition on all three fractions in the large heart in place of the suggested operations.

Answers: Addition + $\frac{3}{4}$
               a. 1   b. $1\frac{1}{12}$ c. $1\frac{1}{4}$ d. $1\frac{1}{8}$
               e. $\frac{7}{8}$ f. $1\frac{1}{2}$ g. $1\frac{5}{12}$ h. $\frac{11}{12}$

Multiplication × $\frac{1}{3}$
a. $\frac{1}{12}$ b. $\frac{1}{9}$ c. $\frac{1}{6}$ d. $\frac{1}{8}$
e. $\frac{1}{24}$ f. $\frac{1}{4}$ g. $\frac{2}{9}$ h. $\frac{1}{18}$

Division by $\frac{1}{2}$
a. $\frac{1}{2}$ b. $\frac{2}{3}$ c. 1   d. $\frac{3}{4}$
e. $\frac{1}{4}$ f. $1\frac{1}{2}$ g. $1\frac{1}{3}$ h. $\frac{1}{3}$

WORKSHEET #92   FLYING HIGH WITH SQUARE ROOTS
                       FE NUM   Finding square roots and practicing using the
                                    calculator

Answers: 9 2 6 7 3 4 8 10
The answers for the remaining worksheet can be copied right from the calculator. Instruct the children to enter the number, push the square root button, and record the answer. Then ask them to study the results by examining how close the answer is to a whole number. You may wish to use this worksheet for teaching the rounding off of numbers to the closest whole number.

WORSHEET #93   1 SPAGHETTI, 2 SPAGHETTI, 3 SPAGHETTI, 4
FE GEO   Searching for number patterns

Answers: A. 21, 34, 55, 89, 144, 233, 377, 610, 987, 1597, 2584, 4181, 6765, 10,946
(keep adding the last two numbers together to generate the next
number)
B. 22, 29, 37, 46, (Add 1 to original number, then 2, then 3, then 4, etc.)
C. 15, 18, 21, 24, 27 (add 3 to each number)
D. 106, 104, 108, 106, 110, 108, 112, 110, 114 (+4, −2)
E. 2, 4, 16, 256, 65,536 (multiply each number times itself)

WORKSHEET #94   PRESIDENT'S DAY PROBLEMS
FE MEA1   Finding and estimating area

Answers: All in square units
A. 16   B. 15   C. 7.5   D. 17   E. 10   F. 17
Penny: Approximately 12.4 sq. units
Quarter: Approximately 19.3 sq. units

WORKSHEET #95   TELLING THE TRUTH ABOUT STANDARD UNITS
FE MEA2   True/false statements about standard units

Answers: 1. T,   2. F,   3. F,
4. T,   5. F,   6. T
7. F,   8. T,   9. T
10. T,   11. T,   12. F
13. F,   14. T
15. T,   16. F,   17. F
18. F,   19. T

WORKSHEET #96   TELLING THE TRUTH ABOUT METRIC UNITS
FE MEA3   True/false statements using metric units

Answers: 1. T,   2. F,   3. T,   4. T,   5. F,   6. T,   7. T,
8. F,   9. T,   10. F,   11. T,   12. T,   13. T

WORKSHEET #97   TIME MARCHES ON
FE MEA4   Identification of time units

Answers: 1. 10½ hours
2. 11½ hours
3. 100 minutes
4. 600 seconds
5. 53 years old
6. 7 months
7. answers vary
8. 84 weeks
9. answers vary
10. 15 centuries
11. 300 + present year

WORKSHEET #98   BASKETBALL SCORES
                     FE STA1   Finding averages and logical reasoning

You may wish to encourage the use of the calculator to check findings.

Answers: **Basketball Scores**

Total	Average
289	96.3
278	92.6
284	94.6
261	87
284	94.6
285	95

Games Won

Team	Score	Average
Gulls	97–100	98.5
Eagles	83–79	81
Bugs	101–97	99
Eagles	95–96	95.5
Reds	91–102	96.5
Blues	93–88	90.5
Frogs	100–99	99.5
Bugs	89–92	90.5
Eagles	99–90	94.5

Champion Team: Eagles

WORKSHEET #99   PICKING THE WINNER
                     FE STA2   Finding probabilities using 2 die combinations

Answers: **Sums**

```
2  3  4  5  6  7
3  4  5  6  7  8
4  5  6  7  8  9     (Tallies will vary,
5  6  7  8  9  10    7s should occur
6  7  8  9  10 11     the most)
7  8  9  10 11 12
```

Probabilities for each sum

2	1:36	5	4:36	8	5:36
3	2:36	6	5:36	9	4:36
4	3:36	7	6:36	10	3:36
		11	2:36	12	1:36

WORKSHEET #100   THE SEAL OF APPROVAL
                      FE PBS   Logical reasoning and applying basic operations
                                with word problems

Answers: 1. 4,662,169 votes   4. 1,692/286
              2. 7,889   5. 3
              3. 75

FE NUM   Name _____   Date _____

VERY LARGE NUMBERS

Decillions · Nonillions · Octillions · Septillions · Sextillions · Quintillions · Quadrillions · Trillions · Billions · Millions · Thousands · units

789,456,123,789,456,123,789,456,123

Study!
Think!
Do!

Write the number name for these numbers.

789, 632, 001, 503 _____

899, 041, 563 _____

Think of your own number.

Write a number that would be 10^7 _____

10^0 _____

10^{12} _____

10^{20} _____

Write a number that is in the:

Nonillions _____

Quintillions _____

Billions _____

Hundreds _____

Name ——————————————— **Date** ———————————————

PITCH A PERFECT GAME

A.   3294
    + _8_
    ─────
     3981

B. 9_62
   + 6_7
   ─────
    __459

C. 36_70
   + _984_
   ──────
    9_713

D.   841
     3_9
   + _9_
   ─────
    1891

E.   998
     1__
   + 3_5
   ─────
    1_03

F. 69__
    1098
   + _10
   ─────
    _5_7

Tally the number correct!

YOU	WRONG

Name _____ **Date** _____

LOVE THESE PROBLEMS!

Draw a heart around all the correct answers.

Ⓐ 209
  x68

Ⓑ 3010
  x420

Ⓒ 99,703
  x405

Ⓓ 100
  x10

Ⓔ 3945
  x 796

Ⓕ 8
  x9

Ⓖ .005
  x .3

Ⓗ 7.07
  x .50

Ⓘ 10.083
  x 3.07

THE REVOLUTIONARY ARMY

The number of regular soldiers furnished by each of the States in the Revolutionary War was:

New Hampshire   12,497

Massachusetts   67,907

Rhode Island   5,908

Connecticut   31,939

New York   17,781

New Jersey   10,726

Pennsylvania   25,678

Maryland   13,912

Virginia   26,678

Delaware 2386
North Carolina 7263
South Carolina 6417
Georgia 2679

How many men did George Washington have in his army?

Name _____ Date _____

CUPID'S FAVORITE DIVISOR

A number is divisible by 8 if the last 3 digits are divisible by 8.

Example: 71,248 is divisible by 8 because $8\overline{)248}^{31}$. the last 3 digits can be divided by 8.

Circle the numbers that can be divided by 8.

Show your work.

1.) 24, 216   5.) 97, 325

2.) 7, 600   6.) 49, 992   9.) 455, 128

3.) 2, 143   7.) 691, 624   10.) 1884

4.) 4, 890, 728   8.) 43, 703   11.) 28, 320

FE FRA1

Name _____   Date _____

ABRAHAM LINCOLN'S LCM

On a separate sheet of paper find the LCM of these:

18, 40

22, 34

21, 32

16, 24

50, 15

List the multiples of each number in the set.

Find the LCM! Circle it.

A. (3, 4) 3, 6, 9, _____
           4, 8, _____

B. (6, 4) _____
          _____

C. (7, 9) _____
          _____

D. (2, 5) _____
          _____

E. (10, 25) _____
            _____

Name _____ Date _____

THE DRAGON FACTOR

1) 15, 21   2) 38, 56   3) 57, 19   4) 21, 35

GCF

1) _____   3) _____

2) _____   4) _____

Hey guys! To prime factor a number and find the GCF do these three steps!

1. Prime factor each number.
2. Match like factors.
3. Multiply like factors you matched from each set.

① 10 , 50
   /\   /\
  2 5   2 25
            /\
           5 5

② 10 = 2×5
   50 = $2 \times 5 \times 5$

③ GCF: $2 \times 5 = 10$

Name _____   **Date** _____

DON'T BE A HEART-BREAKER

1. Add ¾ to each heart.
2. Multiply each heart by ⅓.
3. Divide each heart by ½.

On a separate sheet of paper, label your answers a through h. Work out problems. —and— I Love You!

Name _____ **Date** _____

FLYING HIGH WITH SQUARE ROOTS

Be A High Flyer...

$\sqrt{4}$

Find these square roots yourself.

$\sqrt{81}$ $\sqrt{4}$ $\sqrt{36}$ $\sqrt{49}$ $\sqrt{9}$ $\sqrt{16}$ $\sqrt{64}$ $\sqrt{100}$

Use your calculator and the "$\sqrt{}$" key to find these answers. Study the results.

$\sqrt{6}$ $\sqrt{10}$ $\sqrt{13}$ $\sqrt{18}$

$\sqrt{23}$ $\sqrt{38}$ $\sqrt{26}$ $\sqrt{35}$

$\sqrt{42}$ $\sqrt{45}$ $\sqrt{54}$ $\sqrt{75}$

$\sqrt{6.25}$ $\sqrt{15.2}$ $\sqrt{42.25}$ $\sqrt{54.76}$

Name _____ **Date** _____

1 SPAGHETTI, 2 SPAGHETTI,
3 SPAGHETTI, 4

FIBONACCI NUMBER SEQUENCE

Find the next number in the sequence by adding together
the two numbers that come before it.

A. 1 1 2 3 5 8 13 __ __ __ __ __ __

__ __ __ __ __ __ __

Figure out the sequence for each set of numbers.

B. 1 2 4 7 11 16 ___ ___ ___ ___

C. 3 6 9 12 ___ ___ ___ ___

D. 98 102 100 104 102 ___ ___ ___

__ __ __ __ __

E. 2 4 16 ___ ___

Make up a number sequence pattern for a friend to figure out.

F. ___ ___ ___ ___ ___ ___

___ ___ ___ ___ ___

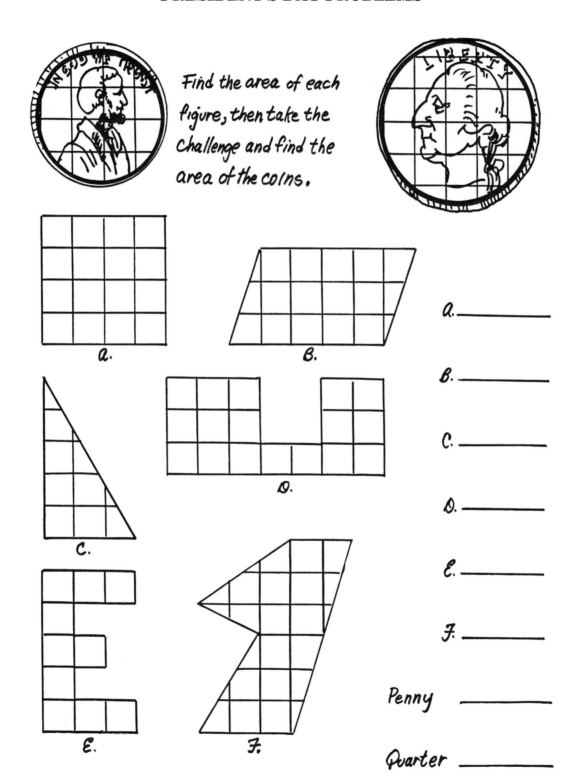

FE MEA1

Name _____ **Date** _____

PRESIDENT'S DAY PROBLEMS

Find the area of each figure, then take the Challenge and find the area of the coins.

a. _____

B. _____

C. _____

D. _____

E. _____

F. _____

Penny _____

Quarter _____

a.

B.

C.

D.

E.

F.

Name _____   Date _____

TELLING THE TRUTH
ABOUT STANDARD UNITS

Write T for true or F for false.
STANDARD UNITS

1) 12 inches = 1 foot _____
2) 3/8 " = 12/16 " _____
3) 2 pints = 1 gallon _____

4) _____ 7 days is the same as 168 hours.
5) _____ 31 days has September.
6) _____ 1 day is 24 hours long.

7) _____ 1 teaspoon = 1 tablespoon   15) _____ 1 yard = 36 inches
8) _____ 8 ounces = 1 cup   16) _____ 1 year = 360 days
9) _____ 1 lb = a pound   17) _____ 12 months = 360 days

10) _____ 12 cookies is a dozen cookies   18) _____ 3 cups > 1 quart
11) _____ 60 minutes = 1 hour   19) _____ 4 quarts = 1 gallon
12) _____ 60 seconds = 5 minutes

13) _____ 20 nickels < $1.00
14) _____ 1000 pennies = $10.00

Name _____   Date _____

TELLING THE TRUTH ABOUT
METRIC UNITS

Write T for true or F for false.
Metric Units

1. _____ 1 decameter = 10 meters
2. _____ 1 hectoliter is larger than a kiloliter.
3. _____ 1000 milligrams = 1 gram

4. _____ 1 decaliter is smaller than a 100 liters.
5. _____ 100 grams = 1 kilogram
6. _____ 1 milliter = 1/1000 liter
7. _____ 1000 milliliters = 1 liter
8. _____ 100 meters = 1 centimeter
9. _____ 100 centimeters = 1 meter
10. _____ 1 milligram = 100 decigrams
11. _____ 1/2 meter = 5 decimeters

Brain Teasers!

12. _____ 1,000,000 milligrams is larger than 1 gram.
13. _____ A hundred million grams is the same as a million hundred grams.

Name _____ Date _____

TIME MARCHES ON

1952

1953

1954 ① Jessie went to sleep at 9 P.M. and woke up at 7:30 A.M.
Jessie slept _____ hours.

1955

1956

② It is _____ hours from 12:30 p.m to 12:00 a.m.

1957

1958 ③ How many minutes is it from 1:30 p.m to 3:10 p.m?
1959 _____ minutes.

1960 ④ There are _____ seconds from 11:16 a.m. to 11:26 a.m.

1961

⑤ Sonia was born on March 20, 1937. How old is she on March 20,
1962 1990? _____ years old.

1963

1964 ⑥ There are _____ months between December 1, 1989 and
1965 July 1, 1990.

1966 ⑦ February 14, 1989 to today's date is _____ days.

1967

⑧ January 1, 1989 to September 1, 1990 is _____ weeks.

1968

1969 ⑨ 1 A.D. to today's date is _____ years.

1970

1971 ⑩ 500 A.D. to 2000 A.D. is _____ centuries.

1972

1973 ⑪ 300 B.C. to today's date is _____ years.

1974 1975 1976 1977 1978 1979 1980 1981 1982 1983 1984 1985 1986 1987 1988 1989

Time Marches on....

FE STA1

Name _____   Date _____

BASKETBALL SCORES

Fill in the total scores and find the average for each team.

TEAM	Game 1	Game 2	Game 3	Total	Average
REDS	97	102	90		
EAGLES	83	96	99		
GULLS	100	95	89		
BLUES	79	93	89		
BUGS	101	91	92		
FROGS	97	88	100		

Fill in the scores, find the averages and circle the winning team.

Game	Teams		Scores		Averages	
1	Reds	Gulls				
1	Eagles	Blues				
1	Bugs	Frogs				
2	Gulls	Eagles				
2	Bugs	Reds				
2	Blues	Frogs				
3	Frogs	Eagles				
3	Blues	Bugs				
3	Eagles	Reds				

The champion team is _____

Use your calculator!

Name _____ Date _____

PICKING THE WINNER

Complete the table to show how many times the sum will occur. Then toss a pair of dice 30 times and tally each sum.

🎲🎲	•	••	•••	••••	•••••	••••••	•••••••
•	2	3	4				
••	3	4					
•••	4		4				
••••							
•••••							
••••••							
•••••••							

2 _____
3 _____
4 _____
5 _____
6 _____
7 _____
8 _____
9 _____
10 _____
11 _____
12 _____

Which occurred the most? _____

the least? _____

List the probabilities for throwing each sum.

2 _____
3 _____
4 _____
5 _____
6 _____
7 _____
8 _____
9 _____
10 _____
11 _____
12 _____

Name _____ Date _____

THE SEAL OF APPROVAL

1. In the presidential election of 1860, Lincoln received 1,857,610 votes, Douglas 1,365,976 votes, Breckinridge 847,952 votes and Bell 590,631 votes. What was the total number of votes? _____

2. The larger of two numbers is 16,756 and the smaller is 8867. What is the difference? _____

3. If the remainder is 17, the quotient 610 and the dividend 45771, what is the divisor? _____

4. Simplify (43×43 − 157) ÷ (436 − 150). _____

5. If 51×95×65×99 can be divided by 85×57×39×55, what will the quotient be? _____

If you can solve these you have earned my Seal of Approval!!

Use scratch paper to work the problems out.

March

SPRING SPROUTS

Theme: DECIMALS AND MONEY

BULLETIN BOARD IDEA

1. Use an enlarging method and reproduce the figures. Make the leprechaun in greens, blacks, and whites, the rainbow in various bright colors, the pot in brown, and the coins in gold. Cut the letters for GET LUCKY! from dark green paper and print the words DECIMALS and MONEY on one of the rainbow strips.

ACTIVITIES

1. Use worksheet #122 and review skip counting with the children. Instruct the children to color the number cells as follows:

    If the count is 11 draw a slash / through the numbers.

    If count is 10 color the numbers yellow.

    If count is 9 draw a square around the number.

    If count is 8 put an X over the number.

    If count is 7 then circle the number.

    If count is 6 color number with a pink dot.

    If count is 5 color number with an orange dot.

    If count is 4 color number with a green dot.

    If count is 3 color number with a red dot.

    If count is 2 color number with a blue dot.

    Which numbers have the most marks? Are there any numbers with no marks or colors? Do you know why? (They are prime numbers.)

2. Cut about 100 each of the clover pattern in green and the coin pattern in yellow. On 50 of the three-leaf clovers and coins print various decimals and money numbers. On the remaining 50 clovers and coins, print the decimal or money word. Place decimal and money numbers in one box. In a second box, place the decimal and money words. Each day place an operation in the leprechaun's word balloon. For example, place "+" or "−" or "/" or "×". Instruct the children to pick out three or four clovers and three or four coins from each box. These are their problems for the day. Have students apply the operations using various combinations of decimals they selected. For example, a child might select from the dec-

imal box .1, .09, 3.5 and from the word box "two dollars," "three tenths," and "fifty-six cents." If addition is the operation of the day, they can make various combinations of column addition problems such as .1 + three tenths (which they have translated to .3) + 3.5 = 3.9.

3. A variation would be to have children match the decimal words with the decimal and place the pairs on the bulletin board.

PROBLEM-SOLVING IDEAS FOR JOURNALS

March Word Problems

1. FENCING THE LEPRECHAUNS. A magician has 50 feet of wire fencing in which to keep small leprechauns. What is the largest area that the magician can enclose? Draw some small leprechauns in the fenced-in area. **Answers: Will vary, but a circle covers the largest area. Allow children to explore this problem and provide a variety of solutions.**

2. HOW MUCH? One day a boy entered a shop and he paid 1 cent to get in, spent one-half of the money he had, then paid 1 cent to leave. He then paid 1 cent to enter a second shop, where he spent one-half of the money he had left and again paid 1 cent to leave. He then entered a third shop where he again paid 1 cent to get in and spent one-half of the money he had left, and paid 1 cent to leave. Finally he entered a fourth shop, where he paid 1 cent to get in, spent one-half of the money he had left and paid 1 cent to leave. At the fourth shop, he found himself completely broke. How much money did he have when he started? **Answer: 45 cents. Work problem backwards.**

3. THINK OF THE NUMBER. I am thinking of 2 two-digit numbers. They have the same digits with one reversed. The difference between the numbers is 54 while the sum of the digits of each number is 10. What are the two numbers? **Answer: 82 and 28.**

4. MONEY PROBLEMS. How many different ways can you make change for a 50-cent piece without using pennies? **Answer: 9 ways**

5. DRIBBLING. Hank the basketball player can dribble the ball 18 times in 10 seconds. How many dribbles can he do in 1 minute? How long does it take him to do 144 dribbles? **Answers: 108 dribbles; 1 minute 20 seconds**

6. PRE-EASTER SALE. A drugstore has a special sale on Easter candy and paraphernalia. It is advertising 20% off all chocolates, 25% off all Easter baskets, and 50% off all Easter egg dye. If these are the original prices, design an advertisement page for the newspaper that shows the discounted prices for each item.

Chocolates	*Baskets*	*Dye*
bags—$1.98	Large—1.00	.78
kisses—1.00	Small—.65	
eggs—.40 each		

Answers: bags $1.58 (round off decimal)
kisses .80
eggs .32 each
Large basket .75
Small basket .49
Dye .39

7. RATIOS AND PROBABILITY. An Easter Bunny has three green eggs, two blue eggs, and one golden egg in a basket. What is the ratio of each of the eggs of one another? **Answer: 3:2:1.** What is the probability that the bunny will pick a blue egg with one pick? **Answer: 2/6.** The bunny replaces the blue egg. What is the probability the bunny will pick the golden egg? Show all the probabilities for picking the eggs in the basket. **Answer: 1/6.**

8. THE ICE CREAM CONE PROBLEM. How many different kinds of ice cream cone choices can you select from the following menu? Make a tree diagram showing the various possibilities. Draw your favorite combination.

Ice Cream	*Containers*	*Toppings*
Chocolate	Sugar	Hot Fudge
Banana	Plain	Strawberry
Vanilla	Cup	Peanuts
Bubble Gum		Coconut

Answer: 48

9. PERMUTATIONS. What are all the possible arrangements of the decimal .0376?
Answer: The decimal has four digits in it, therefore the answer will be $1 \times 2 \times 3 \times 4 = 24$. Now, make up a five-digit decimal and show a pattern for determining how many combinations it has. Can you write down all of the combinations? **Answer: 120.**

10. HAMBURGER HAVEN. Design a new kind of hamburger. Write an advertisement to market it. How much will it cost? How much will it cost to feed it to the class? How much will specials be? After a month of selling over one million of them, how much is the profit? **Answer: varies.**

11. LUCKY YOU! Someone just left you one million dollars. Make a list of how you will spend every penny of it. What did you buy? For how much?

12. SAVING FOR RETIREMENT. Figure out how much money you will have at the end of 50 years, if you put $5 in an IRA this year and you earn 8% on your initial $5 each year. (Interest is not compounded.)

How old will you be in 50 years? How much money will you have in the savings account? **Answer: approximately $156.** Can you figure out how much you will have in 50 years if you kept adding $5 each year? Use your calculator. **Answer: approx. $2,875**

13. MARCH TEMPERATURES. March is an excellent month to study the temperatures each day. Beginning on March 1st and recording to March 31st, make a line graph in your journal of the high and low temperatures for each day. At the end of the month determine what the highest and lowest temperature was for the month. Draw a March winds picture in your journal that shows what March is like in your area.

14. MARCH WINDS. Make a kite. Figure out how high in feet you can fly your kite with the string you are using to fly it. Record your data in your journal. Work with a friend to determine how you will solve this problem.

15. THE FIRST DAY OF SPRING. Plant some marigold flower seeds in a paper cup. Measure the growth of your plant every day using a graph that shows the days of the week and the following heights: ½″, 1½″, 2″, 2½″, 3″, 3½″, 4″. Record your findings in your journal, illustrating the parts of the plant along with your graph. Make sure you make an exact drawing of the plant each day you measure it. In your journal, draw in every little thread and sprout as it grows.

16. MONEY PROBLEMS. How many ways can you make change for $1 using quarters, nickels, and dimes? Show how you solved this problem by recording the steps in your journal.

17. RIDDLE. As I was going to St. Ives,
        I met a group of seven wives;
        Each wife had seven sacks,
        Each sack held seven cats,
        Each cat had seven kits.
        Kits, cats, sacks, and wives,
        How many were going to St. Ives?
        Answer: 1

18. NEWSPAPER WORK. Find the grocery section of the newspaper and examine the ads. List the best buys for the day. Find a product that is being offered at several stores and compare prices for the best buy. Show the best buys in your journal by designing a BEST BUY Advertisement.

19. MAKING CHANGE. You have $95 to spend at the department store. You have 2 twenty dollar bills, 3 ten dollar bills, 4 five dollar bills, and 5 one dollar bills. What would you give the store clerk if you bought these items in the following order. How much change would you receive each time you made a transaction? How much money do you have left after your shopping?

Item	Cost	$ Given to Clerk	Change
Pair of socks	$6		
Pair of earrings	9		
Shirt	15		
Dress	24		
Shoes	16		
Scarf	8		
Underwear	10		
Pound of Candy	5		

Answer: 2 one dollar bills.

20. OLD-FASHIONED PROBLEM. The children at the Hill School wanted to start a tree planting program. They earned money to pay for shrubs, trees, and bird houses for the school lawn by selling tickets. They sold the tickets for 15¢ and 25¢.

    1. The boys sold twenty-seven 15-cent tickets and forty-eight 25-cent tickets. The boys took in $_____. **Answer: $16.05**

    2. The girls sold thirty-six 15 cent tickets and thirty-nine 25 cent tickets. The girls took in $_____. **Answer: $15.15**

    3. Did the boys or girls take in more money for tickets? How much more? **Answer: Boys, .90**

    4. How much money was taken in all together? **Answer $31.20**

CALCULATOR PROBLEMS FOR JOURNALS

21. DECIMAL PATTERNS. Use your calculator to find the first few decimals in each column. When you begin to notice a pattern, try to predict the rest of the sequence in the columns.

$\frac{1}{8}$	$\frac{1}{3}$	$\frac{1}{5}$
$\frac{2}{8}$	$\frac{2}{3}$	$\frac{2}{5}$
$\frac{3}{8}$	$\frac{3}{3}$	$\frac{3}{5}$
$\frac{4}{8}$	$\frac{4}{3}$	$\frac{4}{5}$
$\frac{5}{8}$	$\frac{5}{3}$	$\frac{5}{5}$
$\frac{6}{8}$	$\frac{6}{3}$	$\frac{6}{5}$
$\frac{7}{8}$	$\frac{7}{3}$	$\frac{7}{5}$
$\frac{8}{8}$	$\frac{8}{3}$	$\frac{8}{5}$
$\frac{9}{8}$	$\frac{9}{3}$	$\frac{9}{5}$
$\frac{10}{8}$	$\frac{10}{3}$	$\frac{10}{8}$

22. Use the newspaper to find the costs of the items named in the problems below. Use your calculator to find the answer to each problem.

    A. Joella gave a clerk $50 to buy 1 pair of shoes. How much change did she receive? _____

    B. Lana gave a clerk $25 to buy 2 lbs of bananas, 3 heads of lettuce, and 1 meat special. How much change did she receive? _____

C.   You have $75 to find the best buys on clothes advertised in the paper. What did you buy?

23.   Lamont bought a book for $19 and 5 pens for $1.75 each. How much more did the one book cost than the total for 5 pens? **Answer: $10.25**

24.   Larry spent $23 for a sweater and $25 for 5 tee shirts. How much more was the sweater than one tee-shirt? **Answer: $23 − $5 = $18.**

25.   Margaret put $12 in the bank. She earned $4 a day for 24 days. How much money does she have in all? **Answer: $108**

GAME

Sprouts

The game begins with two points called spots. Each player takes a turn drawing an arc from one spot to another, or back to the same spot. Then the player places a new spot on the drawn arc. The game rules are: No arc may cross itself or pass through another arc or spot. No spot may have more than three arcs drawn from it. The winner is the last person who is able to draw an arc.

1st player

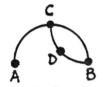
2nd player

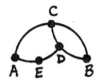
1st player

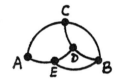
2nd player

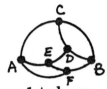
1st player
winner!

WORKSHEETS FOR MARCH

WORKSHEET	CODE	CONCEPT	OBJECTIVE
ROUNDING OFF	MA NUM	Numeration	Rounding off numbers: thousands to thousandths
TERMINATING AND NON-TERMINATING FRACTIONS	MA FRA	Fractions	Changing fractions to decimals
THREE-LEAF CLOVERS	MA DEC1	Decimals	Identifying decimals
CHICKEN FEED	MA DEC2	Decimals	Ordering decimals: tenths, hundredths
BULLISH ON DECIMALS	MA DEC3	Decimals	Place value
POT O' GOLD	MA DEC4	Decimals	Rounding off decimals
PATTY'S POT O' GOLD	MA MON1	Money	Interpreting money
HOW MUCH IS THE EASTER BASKET?	MA MON2	Money	Adding up to $10
BEST BUY ON PETS	MA MON3	Money	Basic operations up to $1,000
MARCH WINDS	MA RAT1	Ratios	Enlarging 1:2
FINDING THE RATIOS	MA RAT2	Ratios	Word problems
BIRD SEED MIXTURES	MA GRA1	Graphs: Percents	Reading circle graphs
GRAPHING YOUR CLASS	MA GRA2	Graphs	Reading bar graphs
CONNECT THE DOTS	MA GEO1	Geometry	Understanding line segments
CONTINUOUS LINES	MA GEO2	Geometry	Lines, topology
WINDY DAY PROBLEMS	MA PBS	Problem-Solving	Basic operations

WORKSHEET #101   ROUNDING OFF

MA NUM   Rounding off number to nearest tens, hundreds, thousands, tenths, hundredths, and thousandths

Answers:
tens: 30   350   2700   9990   6000
hundreds: 800   500   2500   3900   9100
thousands: 1000   1300   5000   9000   9000
tenths: .1   1.0   2.0   4.0   9.0
hundredths: .10   .20   .50   1.80   4.00
thousandths: .200   .001   .700   .900

WORKSHEET #102   TERMINATING AND NON-TERMINATING FRACTIONS

MA FRA   Changing fractions to decimals

Answers:
$\frac{2}{5}$ = .4
$\frac{1}{2}$ = .5
*$\frac{6}{13}$ = .4615384
*$\frac{1}{3}$ = .3333333
$\frac{7}{10}$ = .7
*$\frac{2}{7}$ = .2857142
$\frac{9}{15}$ = .6
$\frac{8}{9}$ = .8888888
$\frac{5}{8}$ = .625
$\frac{7}{8}$ = .875
*$\frac{5}{6}$ = .8333333
$\frac{1}{4}$ = .25
*$\frac{2}{3}$ = .6666666
*Non-terminating decimals

WORKSHEET #103   THREE-LEAF CLOVERS

MA DEC1   Identifying and ordering decimals

Answers:
.6   .67   .678   .68   .687   .7
.76   .768   .78   .786   .8   .86
.867   .87   .876   6   6.7   6.78
6.8   6.87   7   7.6   7.68   7.8
7.86   8   8.6   8.67   8.7   8.21
67   67.8   68   68.7   76   76.8
78   78.6   86   86.7   87   87.6
678   687   768   786   867   876

WORKSHEET #104   CHICKEN FEED

MA DEC2   Ordering decimals tenths-hundredths

191

Answers: Tenths: .3   .5   .8   1.2   1.7
          Hundredths: .04   .10   .20   .32   .50   .75   1.02
                          1.18   1.46   1.60   1.95

WORKSHEET #105   BULLISH ON DECIMALS
MA DEC3   Place value decimals

Answers: 1 8 9 . 0 4
          1 6 9 . 5 0
             9 9 . 0 5
             3 0 . 1 0
             1 4
                   7 . 5
                   3 . 2
                      . 1
                      . 8 7 6
                      . 4 5

WORKSHEET #106   POT O' GOLD
MA DEC4   Rounding off whole numbers and decimals

Answers: | Numbers | Rounded off |
          | --- | --- |
          | 8, 27 | 10, 25 |
          | 32, 48 | 30, 50 |
          | 60, 145 | 50, 150 |
          | 120, 575 | 100, 600 |
          | 1510, 3010 | 1500, 3000 |
          | 4001, 5999 | 4000, 6000 |
          | .6, 1.3 | 1, 1 |
          | 1.25, 2.959 | 1, 3 |

WORKSHEET #107   PATTY'S POT O' GOLD
MA MON1   Interpreting money equivalents

Answers: 20 nickels is the same as $1
          Five pennies is the same as $0.05
          Three quarters, five dimes, and two nickels = $1.35
          3 ten dollar bills, 6 five dollar bills, and 21 one dollar bills = $81
          400 quarters = $100
          500 nickels = $25
          1000 dimes = $100
          600 fifty dollar bills = $30,000
          Twenty-five dollars is the same as 100 quarters
          Fifty dollars is the same as 500 dimes
          Ten dollars is the same as 1,000 pennies

          You get 1,000 ten dollar bills from a million pennies

          A million pennies is the same as $10,000

WORKSHEET #108   HOW MUCH IS THE EASTER BASKET?
MA MON2   Basic operation with money up to $10.00

Answers: 1. $6.06
          2. $18.18
          3. $6.22
          4. **Double amounts of candy and eggs = 2 (.49 + .25) = $1.48**
              $1.48 + .99 (basket) = $2.47
              $2.47 × 4 = $9.88 total
          5. **.25 × 12 = $3.00**
              .89 × 6 = $5.34
              $5.34 + 3.00 = $8.34 total
          6. **Answers will vary**

WORKSHEET #109   BEST BUY ON PETS
            MA MON3   Basic operations with money up to $1,000

Answers: 1. **$919.95**
          2. **$110**
          3. **$0**
          4. **$66.92**
          5. **$1669.82**

Best Buy on Cats: Mixed Breed   Dogs: Mixed Breed
Birds: S.P.C.A.   Fish: S.P.C.A.

WORKSHEET #110   MARCH WINDS
            MA RAT1   Enlarging 1:2

WORKSHEET #111   FINDING THE RATIOS
            MA RAT2   Practice ratio word problems

Answers:

1	2	3	4	5	6	
12	24	36	48	60	72	

1	2	3	4	5	6	
100	200	300	400	500	600	

3	6	9	12	15	18	
4	8	16	32	64	128	

2	4	6	8	10	12	14
7	14	21	28	35	42	49

WORKSHEET #112   BIRD SEED MIXTURES
            MA GRA1   Reading circle graphs

Answers: **75% and 25%   60% and 30% and 10%**
          33.33% and 66.67%   50% and 20% and 30%   100%
          45% and 30% and 25%   30% and 17% and 8% and 45%
          36% and 16% and 16% and 16% and 16%

WORKSHEET #113   GRAPHING YOUR CLASS
            MA GRA2   Collecting data and making bar graphs

Answers: Will vary

WORKSHEET #114   CONNECT THE DOTS
                       MA GEO1   Line segments

Answer: Sailboat

WORKSHEET #115   CONTINUOUS LINES
                       MA GEO2   Topology study

Answer: Double circle and rectangle on left bottom cannot be retraced

WORKSHEET #116   WINDY DAY PROBLEMS
                       MA PBS   Perception and permutation problems

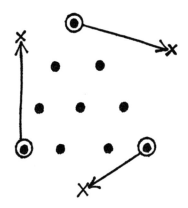

Answers: 13 possible positions for four darts to score.

Name _____ **Date** _____

ROUNDING OFF

Round off the numbers to the nearest number indicated on the large egg.

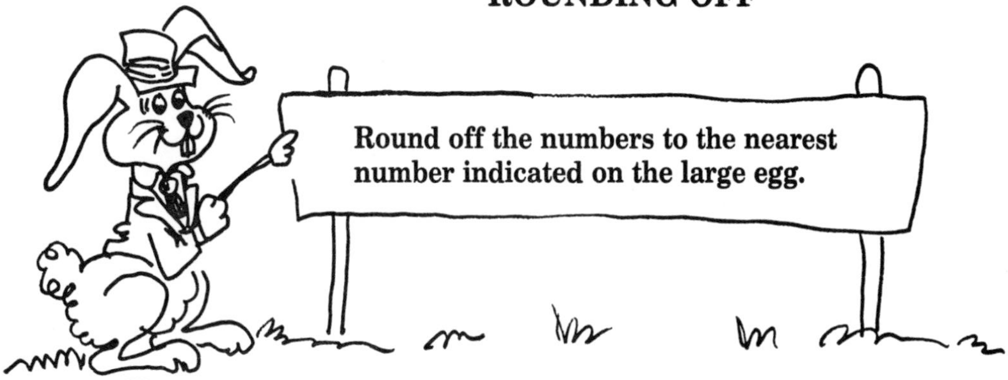

tens

28	349	2704	9989	5999
___	___	___	___	___

hundreds

769	539	2501	3860	9099
___	___	___	___	___

thousands

894	1356	4749	8973	9405
___	___	___	___	___

tenths

0.3	0.8	1.6	4.2	8.9
___	___	___	___	___

hundredths

0.07	0.19	0.48	1.76	3.99
___	___	___	___	___

thousandths

0.176	0.002	0.709	0.867
___	___	___	___

MA FRA

Name _____ Date _____

TERMINATING AND
NON-TERMINATING FRACTIONS

Change each fraction into a decimal.
Which fractions are non-terminating decimals?
Circle them.

FRACTION	DECIMAL FRACTION
¾	.75
²⁄₅	
½	
⁶⁄₁₃	
⅓	
⁷⁄₁₀	
²⁄₇	
⁹⁄₁₅	
⁸⁄₉	
⅝	
⅞	
⅚	
¼	
⅔	

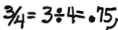

Do you know how to find the decimal? Divide the numerator by the denominator.
¾ = 3 ÷ 4 = .75

Name _____   Date _____

THREE-LEAF CLOVERS

Using a decimal point and 3 numbers, write down all the decimal numbers that can be made.

Just to get you started, here are some examples:

.6
.678
6.78
.67

Name _____   Date _____

CHICKEN FEED

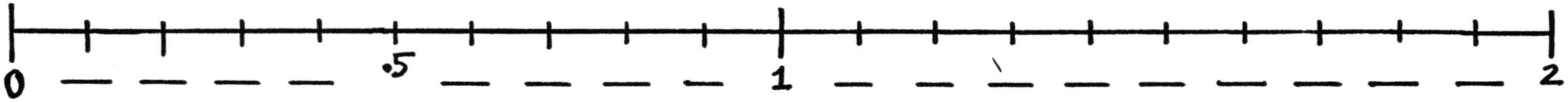

Tenths

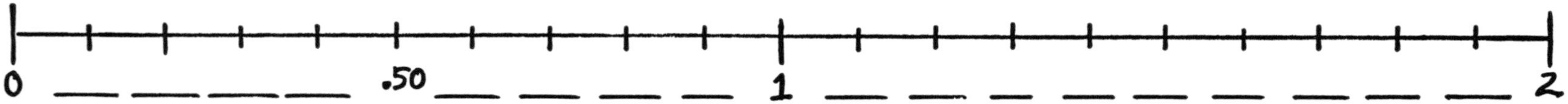

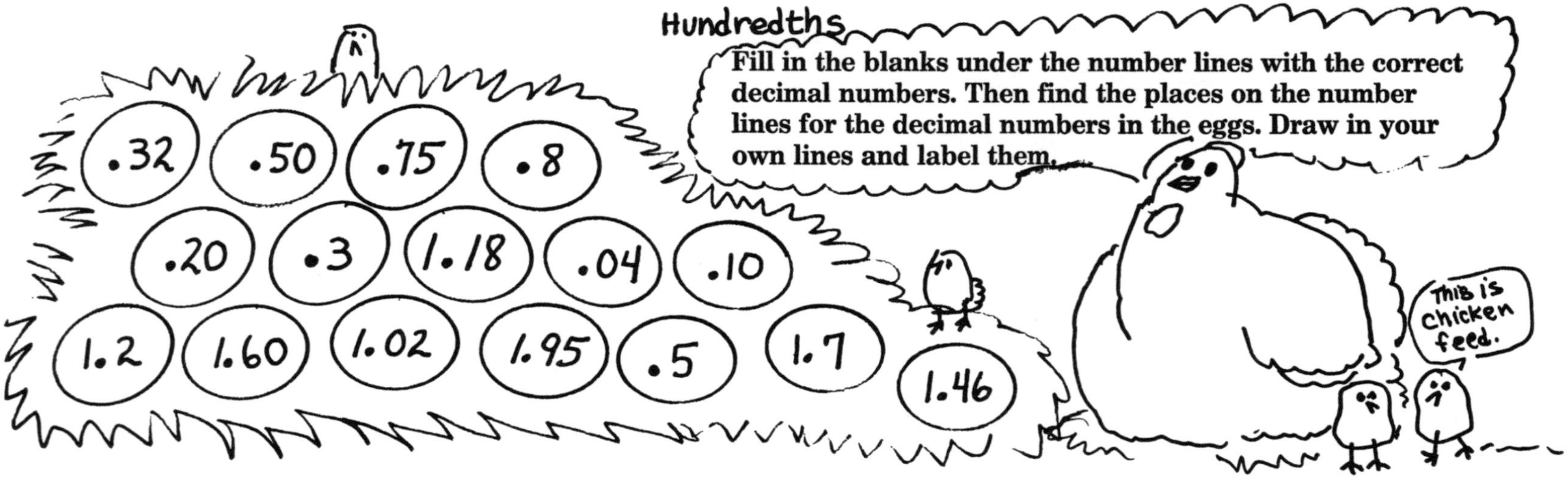

0 ___ .5 ___ 1 ___ 2

Hundredths

0 ___ .50 ___ 1 ___ 2

Hundredths

Fill in the blanks under the number lines with the correct decimal numbers. Then find the places on the number lines for the decimal numbers in the eggs. Draw in your own lines and label them.

This is chicken feed.

.32 .50 .20 1.60 1.2

.75 .8 .04 .10 1.46

1.18 .3 1.02 1.7

1.95 .5

Name _____   Date _____

BULLISH ON DECIMALS

Write each decimal in the correct place value position by
ordering the decimals from largest to smallest.

10^2	10^1	10^0	10^{-1}	10^{-2}	10^{-3}

.45   99.05   189.04   .1   3.2

.876   30.10   7.5   14   169.50

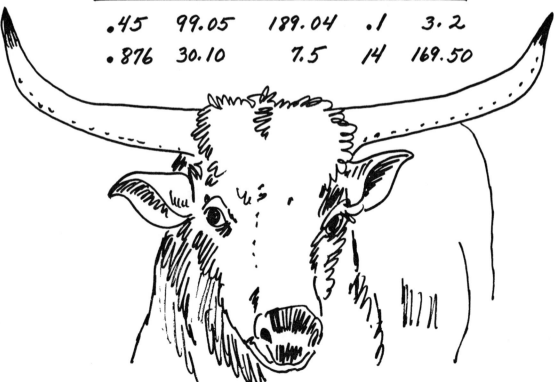

Name _____ **Date** _____

POT 'O GOLD

1. Put a dot where you think the given numbers belong on the line.
2. Place an X on the number line closest to the given number.

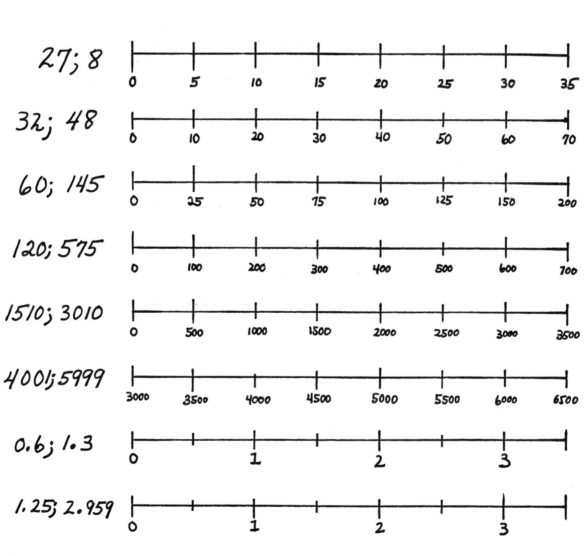

27; 8

| 0 | 5 | 10 | 15 | 20 | 25 | 30 | 35 |

32; 48

| 0 | 10 | 20 | 30 | 40 | 50 | 60 | 70 |

60; 145

| 0 | 25 | 50 | 75 | 100 | 125 | 150 | 200 |

120; 575

| 0 | 100 | 200 | 300 | 400 | 500 | 600 | 700 |

1510; 3010

| 0 | 500 | 1000 | 1500 | 2000 | 2500 | 3000 | 3500 |

4001; 5999

| 3000 | 3500 | 4000 | 4500 | 5000 | 5500 | 6000 | 6500 |

0.6; 1.3

| 0 | 1 | 2 | 3 |

1.25; 2.959

| 0 | 1 | 2 | 3 |

Name _____ **Date** _____

PATTY'S POT 'O GOLD

20 nickels is the same as $ _____ . _____

Five pennies is the same as $ _____ . _____

Three quarters, five dimes and two nickels = $ _____ . _____

3 Ten dollar bills, 6 five dollar bills, 21 one dollar bills =

$ _____ . _____

400 quarters = $ _____ . _____

500 nickels = $ _____ . _____

1000 dimes = $ _____ . _____

600 fifty dollar bills = $ _____ . _____

Twenty-five dollars is the same as _____ quarters.

Fifty dollars is the same as _____ dimes.

Ten dollars is the same as _____ pennies.

How many $10.00 bills can you get from a million pennies?

_____

A million pennies is the same as $ _____ . _____ dollars.

Name —————————————— **Date** ——————————————

HOW MUCH IS THE EASTER BASKET?

Add up the amounts for each purchase order.

Total Cost

1. One order of each item.   ——————

2. Three orders of each item.   ——————

3. Two orders each of all items except plants.   ——————

4. Double amounts of candy and eggs in four baskets without plants.   ——————

5. A dozen eggs and half dozen chocolate bunnies.   ——————

6. Your very own order.   ——————

Name _____ Date _____

BEST BUY ON PETS

	Cat	Dog	Bird	Fish
Pedigree	$200.00	$450.00	$60.00	$7.98
Mixed Breeds	free	$25.00	$19.95	$1.98
S.P.C.A.	$30.00	$30.00	$10.00	free

How much will these animals cost?   *Totals*

1) 2 pedigree dogs and 1 Mixed Breed bird   _____

2) 3 S.P.C.A. cats and 2 S.P.C.A birds   _____

3) 5 Mixed Breed cats   _____

4) 4 Pedigree fish, 1 Mixed Breed dog, and 1
   S.P.C.A. bird   _____

5) 2 of each kind   _____

What is the best buy on:

Cats _____   Dogs _____

Birds _____   Fish _____

Tell why you selected each in your best buy categories.

_____

_____

_____

MA RAT1 Name ——————— Date ———————

MARCH WINDS

Enlarge the boat 1:2.

Name _____ Date _____

FINDING THE RATIOS

A bag of cookies contains one dozen or 12 cookies.
A ratio of 1 to 12 exists between the number of dozens
and the number of cookies. Fill in the missing table
entries below.

Dozens	1	2			5	
Cookies	12		36		60	

1 meter is the same as 100 centimeters. So a ratio of
1 to 100 exists. Fill in the missing table entries below.

Meters	1		3			6
Centimeters		200			500	

An elf receives 4 coins for every 3 stones he gives
to a magician. Fill in the missing entries below.

Stones	3	6		12		
Coins	4		16		64	

Can you figure out these ratios?

2	4		8		14
7	14		35		49

Name ———————————————— **Date** ————————————

BIRD SEED MIXTURES

 Fill in the missing percents on the circle graphs.

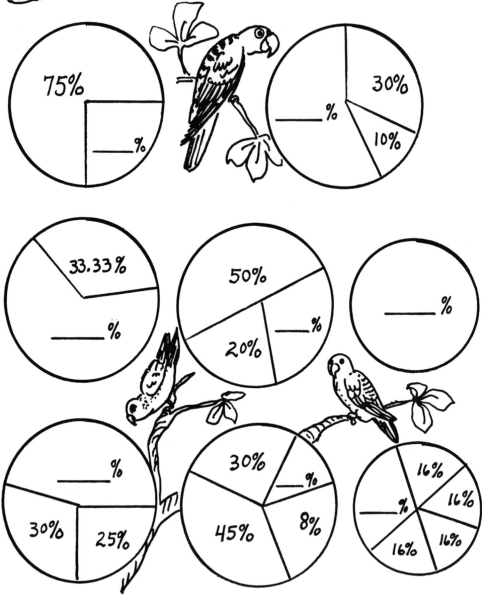

Name ——————————————— Date ———————————————

GRAPHING YOUR CLASS

Color in the bar graph after you count the items in your classroom.

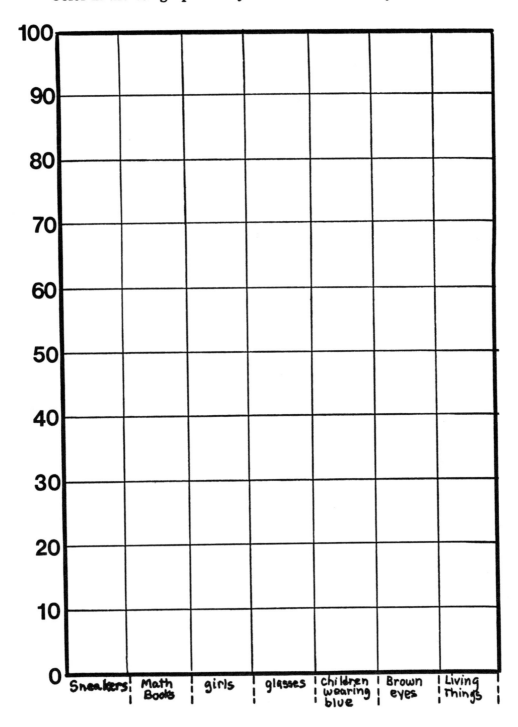

Name _____ **Date** _____

CONNECT THE DOTS

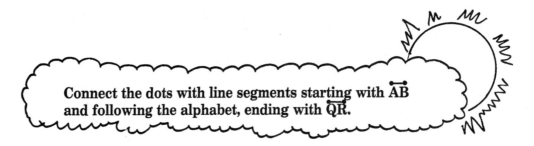

Connect the dots with line segments starting with $\overrightarrow{AB}$ and following the alphabet, ending with $\overleftrightarrow{QR}$.

H• •G

I•   J•   •D

M•

•C

L•   K• •F   •E

A •   N• •B   •O

R•

Q•   •P

Name ———————————————— Date ——————————

CONTINUOUS LINES

Which figures can you trace without lifting your pencil?
Don't trace over a line more than once!

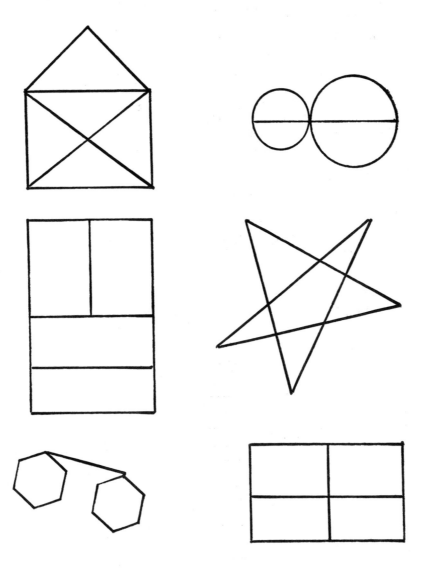

Name ———————————————— Date ————————————————

WINDY DAY PROBLEMS

 Move three dots to form an arrow pointing down instead of up.

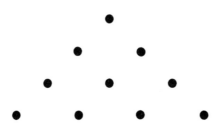

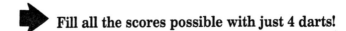

Fill all the scores possible with just 4 darts!

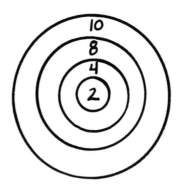

April

GOING GRID GRAZY

Theme: GRAPHS

BULLETIN BOARD IDEA

(Place eggs here)

1. Use a very large piece of white paper to make a 6 × 6 grid. Make the cells approximately 6″ to 8″ wide. Reproduce bunny and color as desired. Cut GO GRID GRAZY or GOING GRID GRAZY from multicolor paper. Make bird bright blue. Glue some feathers cut from a feather duster to

bird. Staple some silk flowers to board near ground to give spring-like effect.

ACTIVITIES

1. Have the children cut a very large oval, approximately 4″ in length from white paper. Instruct them to design a beautiful Easter egg using Magic Markers or crayons to color the design. Cut out the egg. Then instruct the children to place the egg in a specific cell on the grid. For example, you may say, "Place the egg in . . .
   —first row, third column
   —second column, sixth row
   —fourth cell from top in the second column."
   For variation, print the directions on small slips of paper that can be drawn from an envelope, read to class, and then place the egg in the cell.

2. Use the grid on the bulletin board as a game board. Add the numbers and the word to the grid as shown in the illustration. Divide the class into two teams. Give the teams names. The object of the game is to draw a continuous line across or up the grid to reach home. First have a child from Team A call out a set of coordinates for the first line. (Team A calls (0, 2). Then have a child from Team B call out a set of coordinates. (Team B calls (3, 0).) A player may begin anywhere on the grid. Each team

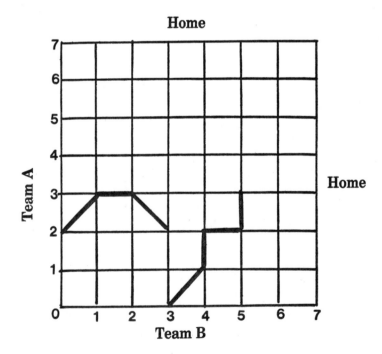

should choose their coordinates carefully so that the lines that are formed lead toward HOME. For example, Team A might choose (1, 1), then (1, 2), then (1, 3).

PROBLEM-SOLVING IDEAS FOR JOURNALS

April Word Problems

1. AGING PROCESS. Christa and Bill's ages add up to 25. Bill and Alfonso's add up to 29. Adrianna is 14. Her age is exactly half way between Christa's and Alfonso's ages. How old is everyone? **Answer: From the first two pieces of information you can figure out that Alfonso is 4 years older than Christa; Christa is 12, two years younger than Adrianna. Alfonso is 16, four years older than Christa. Bill is 13.**

2. TRAVELING PROBLEMS. 6 bunny holes need to be joined by paths so that it is possible for a bunny to hop from one hole to any other hole in only one way. (The bunny is allowed to hop over a hole to get to another hole.) The paths to the holes do not meet or cross each other, except at one of the holes. What is the smallest number of new paths needed? What is the largest number of new paths that a bunny could use? **Answer: 5 paths**

3. NUMBER THOUGHT. I am thinking of a number, add one to it, multiply the answer by itself, take away twice the number I first thought of, and my answer is 26. What is the number I was thinking of? **Answer: 5**

4. THINK OF THE TRUTH. Which of these statements are true?
   One fifth of the average of one fourth and one sixth. **F**
   One third exceeds a quarter by one third of a quarter. **T**
   One third of one fifth is greater than one fifth of one third. **F**

5. WAITRESS, GET THIS ORDER RIGHT. How many ways can this order be understood?
   "THREEDOUBLEHAMBURGERSANDFRIESANDTWOC-OKESPLEASE!"
   Answer: **(Three double hamburgers) and fries and two cokes**
   (Three (double hamburgers and fries)) and two cokes
   Three (double hamburgers and fries and two cokes)

6. MORSE CODE. Write a message in morse code to your teacher.

A .—	H	O ———	U ..—
B —...	I ..	P .——.	V ...—
C —.—.	J .———	Q ——.—	W .——
D —..	K —.—	R .—.	X —..—
E .	L .—..	S ...	Y —.——
F ..—.	M ——	T —	Z ——..
G ——.	N —.		

7. NUMBER MADNESS. Copy this grid of numbers in your journal or make up your own 9 × 9 grid of one- and two-digit numbers.

```
3    5    12
4    1    8
7    3    0
```

How many questions can you make up that will give the number as the answer? How many different ways can you read the numbers? For example:

I have three sides and all my sides are equal. **Answer: equilateral triangle**

What is the number of sides on a triangle? **3**
What is the difference between 17 and 12? **5**
How many eggs are in a carton? **12**

8. WHAT AM I? In your journal write four descriptions that describe some shape or number. For example:

I have three sides and all my sides are equal. **Answer: equilateral triangle**

9. DRAW ME. An Easter bunny brings you a basket with the following shapes and objects in it. Draw them in the basket.

3 squares, 1 red and 2 blue
1 large circle with green dots on it
2 small rectangles with black and yellow stripes
A rhombus with a star in the middle of it
A 4-inch pole with a pentagon at the end of it
An easter egg with your name written on it.

10. ADDITION WIZ. Pick out any six numbers and make an addition matrix. For example:

```
+    4    5    9
3    7    8    12
0    4    5    9
1    5    6    10
```

Circle one sum and cross out the other numerals in the same row and column. Circle a remaining sum and cross out as before. Repeat. The sum of the numbers named by the circled numerals will always equal the sum of the six addends originally selected. Try the same procedure with eight numbers. The numerals circled name the sums of pairs of addends, while the cross-out process eliminates other sums.

11. WEATHERMAN REPORTS. Make a large picture grid in your journal. Keep track of the weatherman's forecasts on the evening news by drawing in one of the symbols you designed to show the weather forecast for each day in the month of April. At the end of the month, count the number of days the weatherman forecasted correctly. You will need to make a symbol for:

    Sunny,   Partly Cloudy,   Cloudy
    Rain,   Thunder Storms,   Windy
    Snow,   Foggy,   Showers
    Hot,   Cold,   Warm

12. YOUR TEACHER'S WARDROBE. Write down the number of items you have in your wardrobe. Then make up a set of questions to ask your teacher about her/his wardrobe. Use your best handwriting to record how many of the following items your teacher has:

    Shoes _____   Sweaters _____   Shirts _____
    Skirts _____   Dresses _____   Slacks _____

    Show how many different combinations of outfits your teacher can wear.

13. PROBABILITY OF A COIN FLIP. Take a penny and flip it 100 times. Record by tallying the number of times heads and tails appear. What was the probability of heads coming up? **Answer: If the coin is an "honest" coin it should be close to 50% or 1 out of 2.**

14. PROBABILITY OF TWO COINS FLIPPED. Toss two coins 100 times. Record by tallying the number of times each combination comes up. From your data can you determine the probability of H T; T T; H H; and T H coming up?

15. BIRTHDAY GRID. Design a grid in your journal which will show all of this information:
    a. How many months there are in 1 year.
    b. How many children are in your classroom.
    c. How many birthdays are in each month.
    d. Which month has the most birthdays.
    e. Which month has no birthdays.

16. SCHOOL GRID. Design a grid in your journal which will show all of this information:
    a. How many students are in your school.
    b. How many classes are in your school.
    c. How many boys and girls are in your school.

17. TEACHER RECORD HELPER. Design a record-keeping system for your teacher that will help her keep records on all of your work. Include all of your worksheet scores and some narratives regarding your ac-

tivity in the classroom such as behavior and classroom helping activities. Keep accurate records and check your record against your teacher's at grading times. Remember to enter your grades daily for one marking period. From your data-keeping, can you determine what grade you will receive for reading, language arts, social studies, mathematics, science, and P.E.? What will your conduct grade be?

18. RIDDLES. Make up mathematical riddles for your friend. Here are some to help you get started:

These are my favorite numbers: 2, 3, 10, 12, 13, 20, 21. What is the next number in the sequence? **Answer: I like numbers that start with T**

If there are 12 eggs in a dozen, how many cookies are in a dozen? **Answer: 12**

If you had only one match, and entered a room in which there were a kerosene lamp, a candle, and a fireplace, which would you light first? **Answer: the match**

19. SUPER RIDDLE. The following is a logical arrangement of the numerals 0 to 9. Why? 8 5 4 9 1 7 6 3 2 0 **Answer: alphabetical order**

20. THINK QUICK. An Easter bunny had 17 eggs. He gave away all but 9. How many did he have left? **Answer: 9**

CALCULATOR PROBLEMS FOR JOURNALS

21. LEARNING TO EARN. Take your calculator and go to a bank. Ask a banker to teach you how to compound interest on some money you want to put into a savings account. Open an account. Ask the bank about the best way to save money these days.

22. LEARNING TO BUY. Take your calculator and go to a supermarket. Record the best buys that week on produce by comparing the fresh vegetables or fruits with the canned and frozen products. Select three products to compare.

23. LEARNING TO COMPARE. Take your calculator to the supermarket and go to the detergent section. What is the largest size of detergent you can buy at the best price? Compare weights of the same product in the small, medium, and large sizes.

24. LEARNING TO COLLECT DATA. Use your calculator to determine the number of cars that park in the shopping center parking lot between noon and 1 p.m. on Saturday. (Be sure you are standing on the sidewalk while taking this information.) If you do not live near a shopping center select a street near you to determine the number.

25. LEARNING TO ESTIMATE. Use your calculator to estimate the number of people wearing red in your school for one day.

Grid Games

Reproduce grid and pieces. Cut pieces out. Two players are needed for these games.

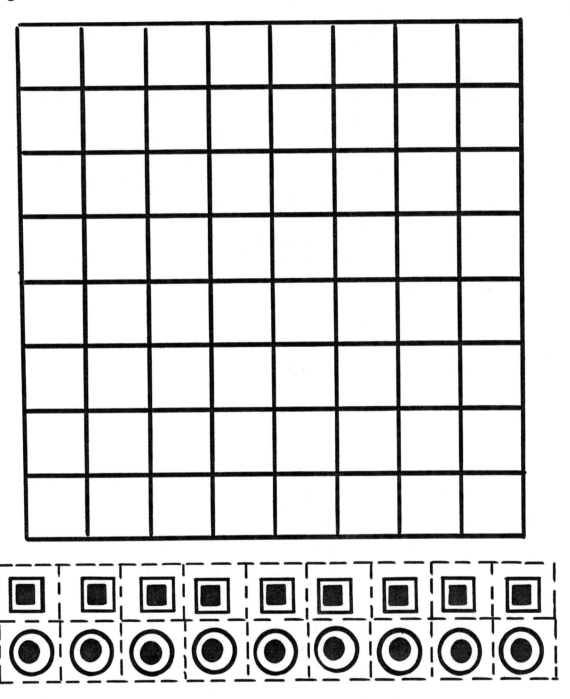

1. **Nine Square:** A player arranges nine game pieces in the center of the game board in a three-by-three array. Example:

   X   X   X
   X   X   X
   X   X   X

   Rule: The object of the game is to remove eight pieces, leaving the last one in the center of the game board. Game pieces may be removed by jumping over them onto adjacent unoccupied squares. A piece that is jumped is removed. A player may jump in any direction and make any number of jumps with one piece. The challenge is to leave the last piece in the center square in as few jumps as possible.
   Variations: Make a four-by-four array of pieces or a five-by-five array and play the same game.
2. **Checkers:** Play the standard game of checkers using the pieces.
3. **Intersections:** Label the X and Y axis. After taking a set of pieces, each player takes a turn and calls out a set of coordinates. A piece is then placed on the intersection. The object of this game is to get four pieces in a row and gain a point. Four in a line in any direction wins a point. Tally the number of sets of four. The one with the most sets wins.

WORKSHEETS FOR APRIL

WORKSHEET	CODE	CONCEPT	OBJECTIVE
MATHEMATICS ALPHABET	AP STA	Statistics	Review of terms, vocabulary
NUMBERS THAT TELL ABOUT ME	AP BOP1	Basic Operations	Addition
CANOE DO THIS?	AP BOP2	Basic Operations	Permutations: addition
CATCH IT!	AP DEC	Decimals	Percents: multiplication of hundredths
KNOW YOUR DIRECTION	AP GRA1	Graphs	Directions: map reading
SPOT THE DOT	AP GRA2	Graphs	Grids: identification of row by column
COUNT THE COLORS	AP GRA3	Graphs	Bar graphs
ORDER THE BARS	AP GRA4	Graphs	Sequencing bar graphs
MAKING CIRCLE GRAPHS	AP GRA5	Graphs	Circle graphs/ percents
MY TV LINE GRAPH	AP GRA6	Graphs	Line graphs
TIC-TAC-TOE CHALLENGE	AP GRA7	Graphs	Grids: Grid Game 1
SEWING MIDDLES TOGETHER	AP GRA8	Graphs	Grids: Grid Game 2
PUZZLE PERFECT	AP GRA9	Graphs	Grids: puzzles, ordering pieces
NEW SPRING BIRD	AP GRA10	Graphs	Ratios, enlarging grids
REFLECT THE DRAWING	AP SYM1	Symmetry	Bilateral symmetry
REPEAT THE PATTERN	AP SYM2	Symmetry	Translational (repeating) symmetry
REFLECT THE DESIGN	AP SYM3	Symmetry	Bilateral (reflective) symmetry

WORKSHEET #117   MATHEMATICS ALPHABET
                       AP STA   Building vocabulary

Answers: **Answers will vary. J is difficult. The term join may be the only word a child will list.**

WORKSHEET #118   NUMBERS THAT TELL ABOUT ME
                       AP BOP1   Addition practice

Answer: **Answers will vary**

WORKSHEET #119   CANOE DO THIS?
                       AP BOP2   Applying addition skills

Answers: **Answers will vary depending on how students perceive the various combinations.**

WORKSHEET #120   CATCH IT!
                       AP DEC   Percents

Answers: 1. 1.8   5. 5.25
             2. 40   6. 18.75
             3. 75   7. 14.4
             4. 4   8. 69

WORKSHEET #121   KNOW YOUR DIRECTION
                       AP GRA1   Map reading and identification of direction

Answers: **Seattle to Orlando is SE; Denver to Salt Lake City is W; Dallas to North Dakota is N; Wisconsin to Kansas is SW; Rapid City to Los Angeles is SW; Atlanta to Portland is NW; Montana to New York is E; El Paso to Billings is N; Boston to Albuquerque is SW; Miami to Houston is W; Iowa to New Orleans is S; Kentucky to Alabama is S**

WORKSHEET #122   SPOT THE DOT
                       AP GRA2   Grid identification of row by column

Answers: 1. 3
             2. 1
             3. 4
             4. 4
             5. 4
             6. 6th from top, 1st from bottom
             7. 5th

WORKSHEET #123   COUNT THE COLORS
AP GRA3   Bar graphs

Answers: vary

WORKSHEET #124   ORDER THE BARS
AP GRA4   Sequencing bar graphs

**Answers: A, D, E, C, B   C, B, E, D, F, A   O, Q, N, P
Q, L, K, P, S, N, O, R, M   H, E, C, G, F, J, D, I
17, 15, 7, 3, 10, 5, 9, 13, 6, 1, 2, 16, 11, 4, 14, 8, 12**

WORKSHEET #125   MAKING CIRCLE GRAPHS
AP GRA5   Gathering data and making circle graphs

Answers: vary

WORKSHEET #126   MY TV LINE GRAPH
AP GRA6   Collecting data and keeping a line graph

Answers: vary

WORKSHEET #127   TIC-TAC-TOE CHALLENGE
AP GRA7   Grid Game 1

**Answers: vary. *Suggestion:* Provide extra worksheets so that children can play
many sets of tic-tac-toe games.**

WORKSHEET #128   SEWING MIDDLES TOGETHER
AP GRA8   Grid Game 2

Answers: vary

WORKSHEET #129   PUZZLE PERFECT
AP GRA9   Ordering grid pieces into logical order

Answer: Football player

WORKSHEET #130   NEW SPRING BIRD
AP GRA10   Ratio, enlarging grid pieces

WORKSHEET #131   REFLECT THE DRAWING
AP SYM1   Bilateral symmetry

WORKSHEET #132   REPEAT THE PATTERN
AP SYM2   Translational symmetry

WORKSHEET #133   REFLECT THE DESIGN
AP SYM3   Bilateral symmetry

Name _____   Date _____

MATHEMATICS ALPHABET

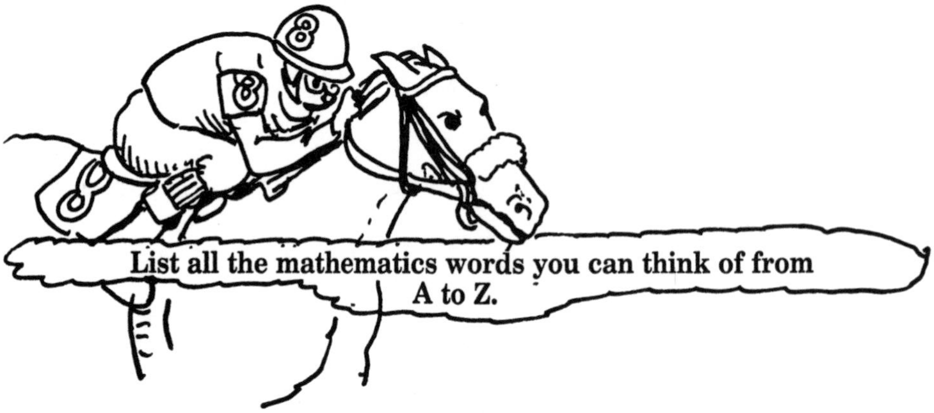

List all the mathematics words you can think of from A to Z.

A _____   P _____

B _____   Q _____

C _____   R _____

D _____   S _____

E _____   T _____

F _____   U _____

G _____   V _____

H _____   W _____

I _____   X _____

J _____   Y _____

K _____   Z _____

L _____

M _____

N _____

O _____

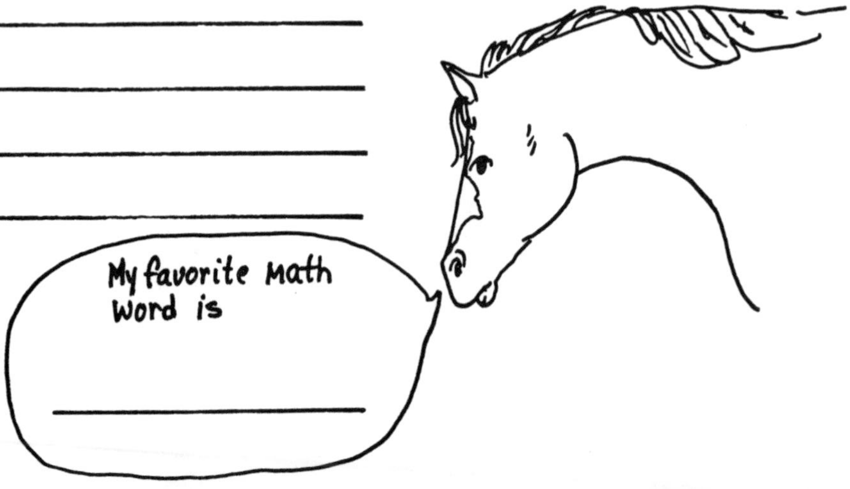

My favorite math word is

_____

Name _____ Date _____

NUMBERS THAT TELL
ABOUT ME

Number of letters in your name _____

Telephone number _____

Address numbers _____

Social Security numbers _____

Birth date numbers _____

Favorite number _____

Today's date numbers _____

Total number of pages in
Math book. _____

Add up all the numbers!

Total _____

My favorite number is _____

Name _____ Date _____

CANOE DO THIS?

Find as many ways as you can to make 30.

Example:

16	8	4	2	1
✓	✓	✓	✓	
✓		✓✓	✓✓✓	

Make 40

32	16	8	4	2	1

Make 25

5	4	3	2	1

Make 97

81	27	9	3	2	1

Make 100

50	25	10	5	1

AP DEC

Name _____

Date _____

CATCH IT!

1.) 10% of 18 is _____

2.) 50% of 80 is _____

3.) 75% of 100 is _____

4.) 20% of 20 is _____

5.) 15% of 35 is _____

6.) 25% of 75 is _____

7.) 30% of 48 is _____

8.) 100% of 69 is _____

Name —————————————— **Date** ——————————————

KNOW YOUR DIRECTION

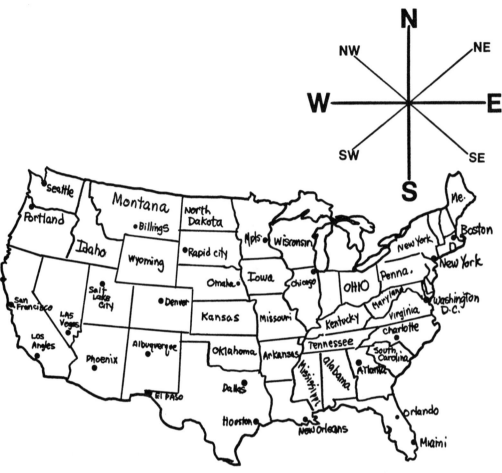

In which direction will you be traveling if you go from:

Seattle to Orlando —————— Denver to Salt Lake City ——————

Dallas to North Dakota —————— Wisconsin to Kansas ——————

Rapid City to Los Angeles —————— Atlanta to Portland ——————

Montana to New York —————— El Paso to Billings ——————

Boston to Albuquerque —————— Miami to Houston ——————

Iowa to New Orleans —————— Kentucky to Alabama ——————

Name _____   **Date** _____

SPOT THE DOT

How many targets are there?

1) third column _____

2) third row _____

3) fifth row from the bottom _____

4) second row from the top _____

5) last column from the left _____

6) which row has three rhombi? _____

7) which column has no rhombi? _____

Name _____ **Date** _____

COUNT THE COLORS

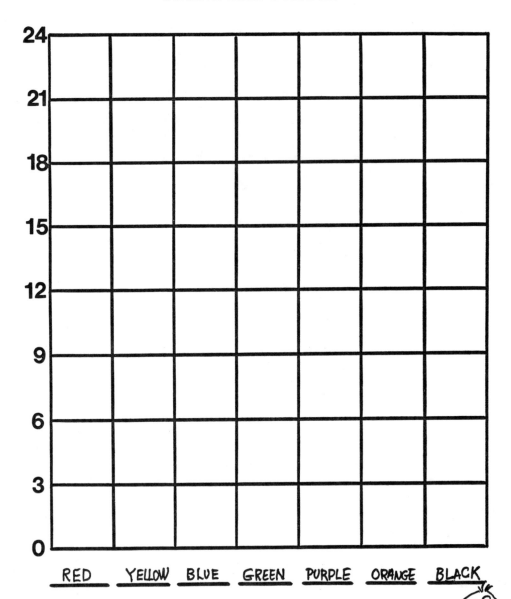

Make a bar graph by counting the number of classmates
wearing shirts or tops with these colors.
Color the bars with the matching colors.

Name _____   **Date** _____

ORDER THE BARS

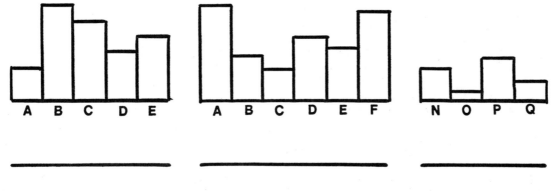

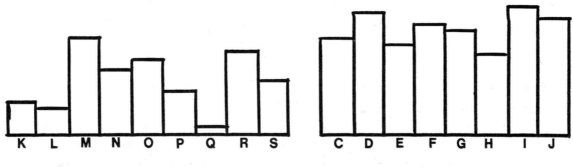

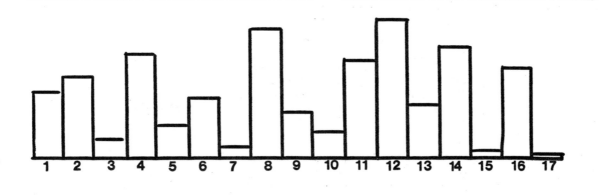

Order the bars from shortest to tallest.

Name _____ Date _____

MAKING CIRCLE GRAPHS

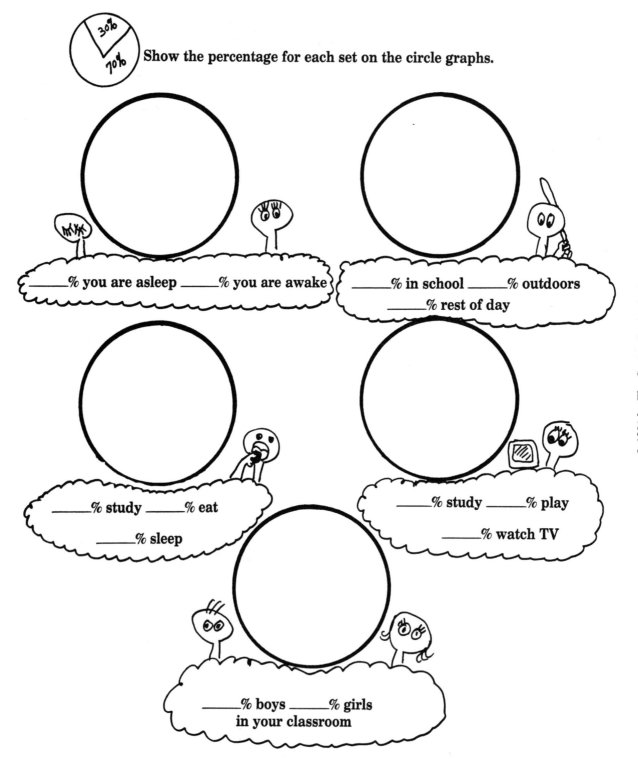

Show the percentage for each set on the circle graphs.

_____% you are asleep _____% you are awake

_____% in school _____% outdoors
_____% rest of day

_____% study _____% eat
_____% sleep

_____% study _____% play
_____% watch TV

_____% boys _____% girls
in your classroom

AP GRA6

Name _____ Date _____

MY TV LINE GRAPH

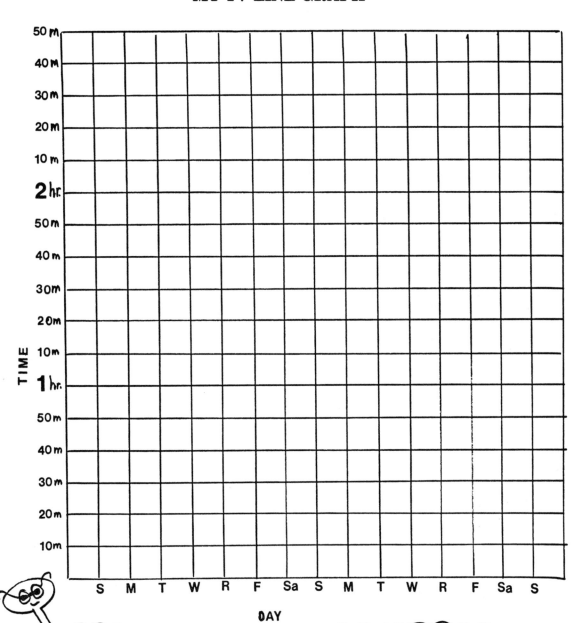

TIME

50 m
40 m
30 m
20 m
10 m
2 hr.
50 m
40 m
30 m
20 m
10 m
1 hr.
50 m
40 m
30 m
20 m
10 m

S M T W R F Sa S M T W R F Sa S

DAY

Keep track of the amount of time you watch TV for two weeks. Each day, make a line graph showing the minutes and hours you spend watching TV. At the end of two weeks, figure out the average amount of time you have spent.

Name _____ **Date** _____

TIC-TAC-TOE CHALLENGE

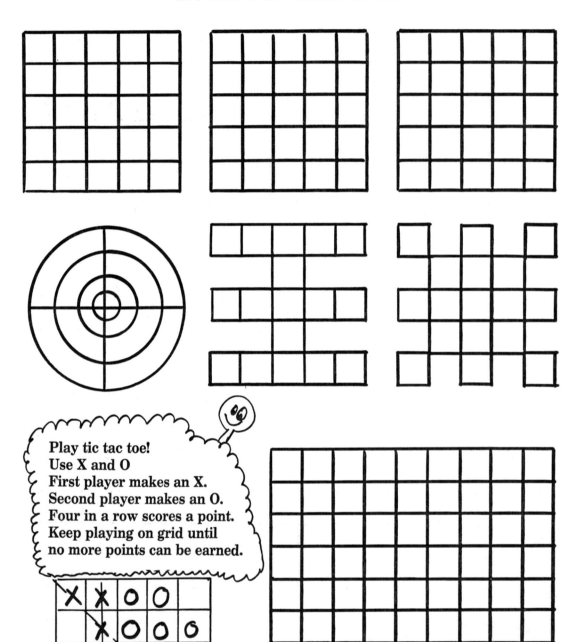

Play tic tac toe!
Use X and O
First player makes an X.
Second player makes an O.
Four in a row scores a point.
Keep playing on grid until
no more points can be earned.

Name _____ Date _____

SEWING MIDDLES TOGETHER

Find a partner.

PLAYS

Rules: Draw a straight line from the center of one square to the center of an adjoining square. The line must start and end with an unused square. The line cannot cross an existing line. The last person who draws the last possible line wins.

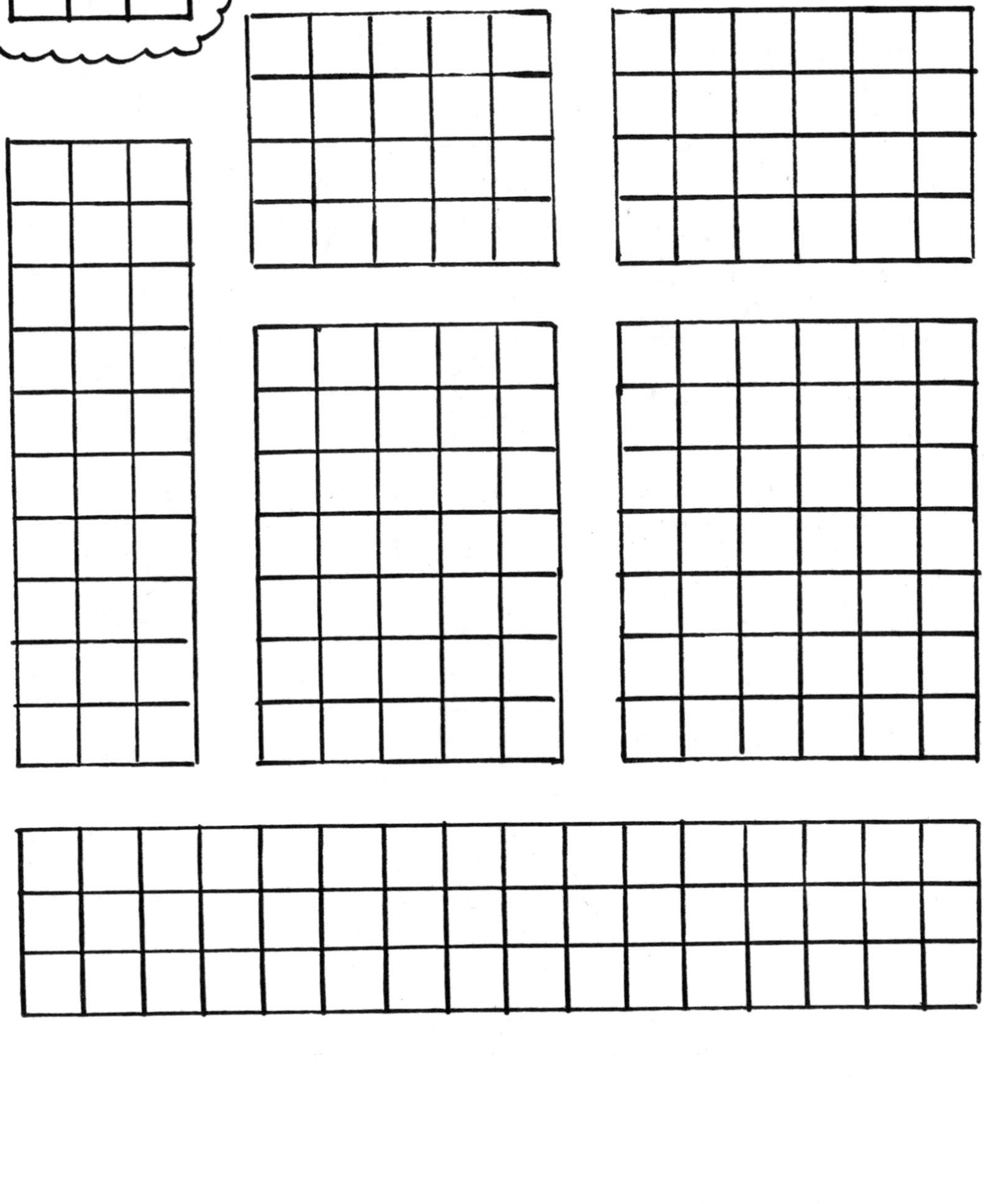

Name _____ **Date** _____

PUZZLE PERFECT

Cut out the pieces carefully and reassemble the puzzle.

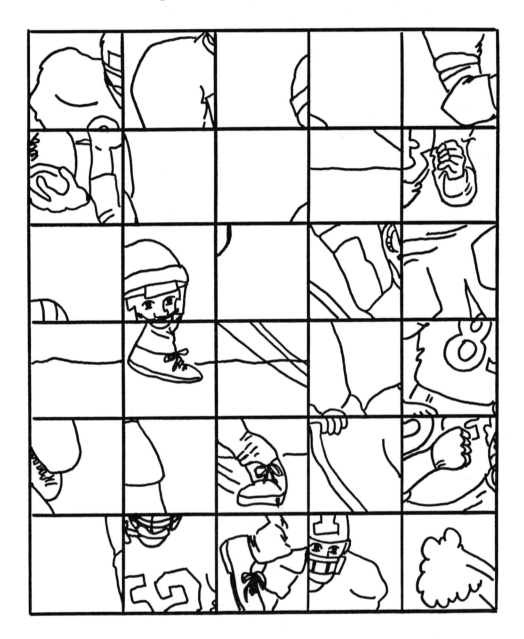

AP GRA10

Name —————————— Date ——————————

NEW SPRING BIRD

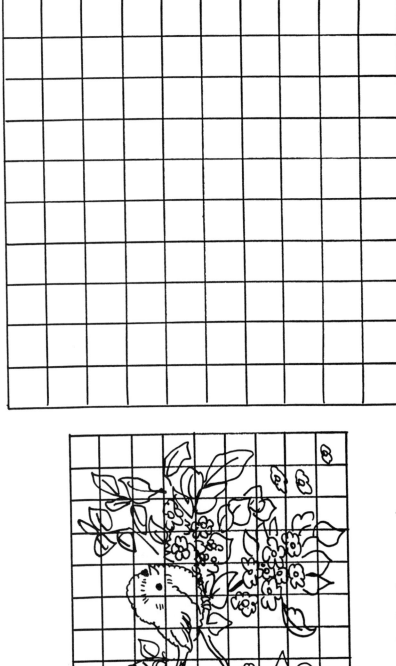

Enlarge and color the new spring bird!

Name _____ **Date** _____

REFLECT THE DRAWING

Complete each drawing by reflecting along the line of symmetry.

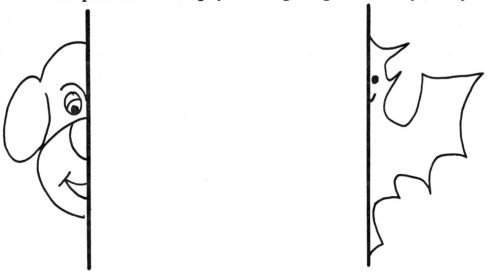

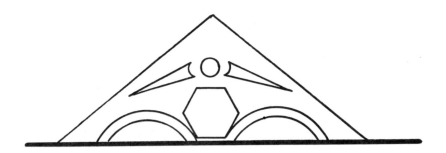

Name _____ **Date** _____

REPEAT THE PATTERN

Repeat the patterns on the grids to the right.

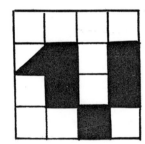 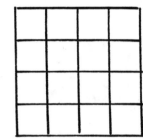  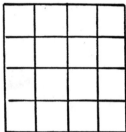

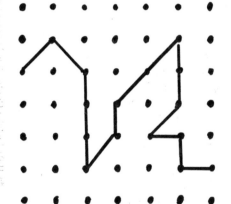

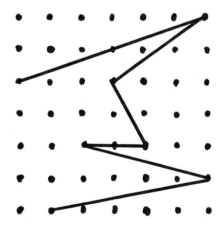

Name ———————————— Date ————————————

REFLECT THE DESIGN

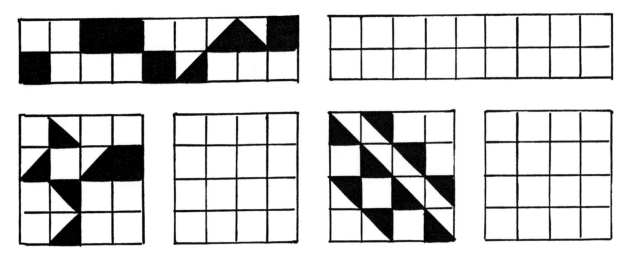

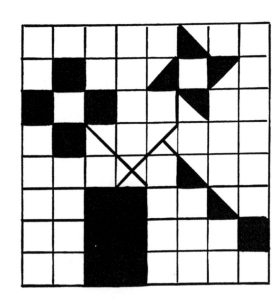
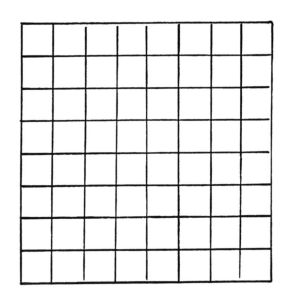

Repeat the patterns by REFLECTING them onto the grids to the right.

May

I BETCHA!

BULLETIN BOARD IDEA

1. Divide the bulletin board into two parts. Cover lower half with light blue paper and upper half with yellow paper.
2. Reproduce the design and color the frog and lily pads in greens, yellows, and whites. Make flowers pink. Make fly dark brown. Cut a large sheet

of white paper for fly's bubble and print inside "What's my probability of flying away?"

Cut I BET I CAN CATCH HIM from dark-colored paper.

ACTIVITIES

1. Place one blue, three red, and two yellow transparent chips on the overhead. Ask the children what the probability is of picking a red chip with your eyes closed? **Answer: 3 out of 6** Have the children make a grid to show the probabilities of picking a yellow and a blue chip. Show the probabilities of picking a red chip followed by a blue chip **Answer: 3/6 × 1/5 or 3/30 or 1/10** Have the children record all the possibilities of picking a red, a yellow, and a blue chip with replacements each time. Then have them figure out various possibilities of combinations they select such as a blue, followed by two yellow without replacements.

2. Present a class problem: What is the probability of a thumb-tack landing point up after a toss? After 10 tosses? After 100 tosses? Have the class pair up and design a tally record sheet. Ask each pair of children to figure out the probabilities for the tosses. Can someone make a prediction after a certain number of tosses?

   Formula: P(up) = number falling point up/100

3. Have the children work in pairs and give each pair of children two pennies. Have them record what the probability is that heads will show after a toss of one penny. Then try to figure out the probability of tossing two coins that fall heads up. Most standard curricula will show these probabilities.

PROBLEM-SOLVING IDEAS FOR JOURNALS

May Word Problems

1. PROBABILITIES. What is the probability that you will receive an A, B, C, D, or F in math? (Provide the children with the necessary grade information for them to determine their chances for these grades.)

2. NAME PROBABILITIES. Print your first, middle, and last name in large letters across the top of the page. Make up five problems showing the probabilities of picking a vowel from your name, of picking an S, of picking another consonant. Make a bar chart showing all the possibilities of letters that can be selected from your name and their probabilities. For example, ELLEN: The probability of picking an E is 2:5; L is 2:5; and an N is 1:5. **Answers will vary.**

3. FACIAL BALANCE. Find a large picture of a face in a magazine. Cut it exactly in half. Glue it into your journal. Draw the other half using reflective symmetry to complete the picture.

4. SPITBALL BASKETBALL. Make a bunch of small paper balls. Count the number. Toss them one at a time into a wastepaper basket. In your journal, keep track of the number of balls that land in the wastepaper basket with each set of balls that is tossed. Toss the total set of balls ten times. Record the number basketed. From your data figure out the average number of balls that fall into the basket from all of your tosses. **Answers: vary**

5. LETTER FREQUENCIES. Make a list of all of the letters of the alphabet and ten digits in your journal. Then select two sentences from your math book and tally the number of times each letter or digit appears in these two sentences. Make a line or bar chart showing your findings. What percent of the time did each letter or digit appear? **Answers: vary**

6. CANS OR VEGGIES. Count the number of canned food items you have in your pantry. What is the ratio of cans of vegetables to cans that do not contain vegetables? Cans of fruit to cans that do not contain fruit? The ratio of canned vegetables to fruit to all the cans in the pantry? Make a drawing of how you solved this problem. **Answers: vary**

7. MONEY HONEY. You and your four friends received the following babysitting payments: $5, 3.50, 1.75, 2.60, and 0.50. You all want to share your money equally. How much will each of you receive? **Answer: $2.67**

8. TEACHER FEATURE. Your teacher asked you to put away 6 math books, 3 poetry books, 9 language arts books, 8 spellers, 5 health books, and 5 science books. You decided you wanted to stack them in even piles on the shelf. How many books will you place in each pile? **Answer: 6**

9. AVERAGE PET PER FAMILY. List your classmates' names in your journal. Record the number of pets each classmate has. What is the average number of pets your class has? What is the average number of pets per family? **Answers: vary**

10. DATA ANALYSIS. From the data you collected on pets from your classmates, make a picture chart that shows the number of dogs, cats, fish, gerbils, hamsters, birds, horses, and other pets your class has. What is the probability that a classmate has a dog? a cat? a bird? **Answers: vary**

11. MAY SALES. Picnic supplies cost $1.52 for plates, $0.69 for plastic ware, $1.18 for napkins, and $0.89 for paper cups. Everything went on sale with 25% off. What is the average cost of picnic supplies at the regular price and at a sale price? **Answer: Regular price = $4.28 / 4 = $1.07; Sale Price = $4.28 − 1.07 = $3.21**

12. ICE CREAM SPECIALS. Make a tally of your classmates' favorite ice cream. Then show the most popular choice or mode. Order the data from most popular to least popular. What is the median selection? What is the least favorite? **Answers: vary**

13. GAME FOR A RAINY DAY. Make a bunch of dots all over a sheet of paper in your journal. Be neat! Find a friend. Take turns by joining two points with a straight line. No line can cross another line and a player may not draw more than one line through a point. The last player to draw a line connecting two dots is the winner.

14. NUMBER PLEASE? What is the difference between 999,999,000 and 999,899,001? **Answer: 99,999**

15. COMPASS AND CIRCLES. With a compass make a set of about 12 different-sized circles. Label the circles from A to L. Now order the circles from smallest to largest using the letters and writing them in order. **Answers: vary**

16. FINDING LINES OF SYMMETRY. Print each letter of the alphabet using upper case letters only and find the line of symmetry for each letter. Fold one of the sheets of paper in your journal in half towards the binding. On the fold write your name in cursive. Open the fold. Can you reproduce your name along the fold applying reflective symmetry?

17. DECK OF CARDS. Show the probabilities of drawing the following cards from a deck of 52 cards: an ace (**4/52**), a heart (**13/52**), a king of spades (**1/52**), a four (**94/52**), a red card (**26/52 or 1/2**), and a queen of clubs (**4/52**). Make up a probability game using the cards.

18. SHAPES ALIVE! Draw the following shapes in your journal using a straight edge and protractor: a square, a rectangle, a trapezoid, a rhombus, an equilateral triangle, and an isosceles triangle.

19. ANGLE FANDANGLE. Use a protractor and draw an obtuse triangle and an acute triangle. Label the angles.

20. POLYGON RIDDLES. Make up a riddle for your teacher to solve that will describe a parallelogram. Don't tell your teacher what the shape is until he or she gives you the correct answer. However, answer the teacher's questions with a yes or no.

CALCULATOR PROBLEMS FOR JOURNALS

21. Find 20% of $1.20, $46.96, $395.90.
22. Find 33% of $0.95, $5.98, $175.98.
23. Find 75% of $10.85, $59.70, $598.50.
24. What is the price of a stereo that costs $598.50 at 75% off? **Answer: $149.62**
25. What is the price of the stereo after it is reduced 75% and then 50%? **Answer: $74.81**

PROBABILITY GAME

Penny Toss

Materials: Grid
10 pennies

Rules: What is the probability that a penny will not land on a line? Have the children make an educated guess. Then, how many pennies will land on a line if 10 pennies are tossed? Have the children compare their educated guesses with the results of their tosses.

Formula: P = n/100

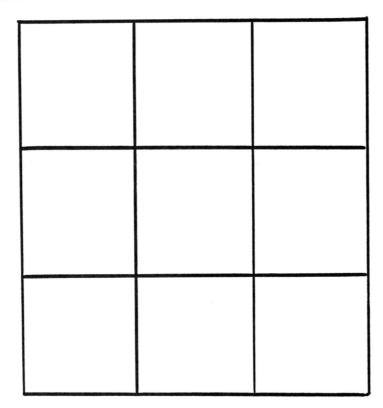

WORKSHEETS FOR MAY

WORKSHEET	CODE	CONCEPT	OBJECTIVE
MEMORIAL DAY NUMBERS	MAY NUM1	Numeration	Review basic operations
MOTHER'S DAY PICNIC	MAY NUM2	Numeration	Counting, simple fractions
SHARK'S TEETH!	MAY FRA	Fractions	Subtraction of mixed fractions with regrouping
FISHING FOR ANSWERS	MAY BOP	Basic Operations	Review rational numbers
WATCH YOUR SHAPE	MAY GEO1	Geometry	Classification: identifying 2 attributes
LOOKING FOR THE SET	MAY GEO2	Geometry	Classification: sets and subsets
SORTING THE SHAPES	MAY GEO3	Geometry	Classification: sets and subsets
FIND THE HIDDEN SQUARE	MAY GEO4	Geometry	Following directions in 2-dimensional space
TURN A PATTERN	MAY SYM	Symmetry	Applying rotational symmetry to a motif
BIRD IN THE TREE	MAY MEA	Measurement	Metrics: centimeters
MAY SALE	MAY MON1	Money	Dollars: multiplication
FISHING FOR CHANGE	MAY MON2	Money	Dollars: problem-solving, division
HOLE IN ONE	MAY STA	Statistics	Averages, median, mode
RATIO RAG	MAY RAT1	Ratios	Identifying ratios
TEXTILE DESIGNER	MAY RAT2	Ratios	Applying ratios
SUMMER VACATIONS	MAY PBS1	Problem-Solving	Estimating, collecting data
SUMMER VACATION REVIEW SHEET	MAY PBS2	Problem-Solving	Summer homework practice

WORKSHEET #134   MEMORIAL DAY NUMBERS
                     MAY NUM1   Review basic operations

Answers: 1. red - 23
              yellow - 18
              green - 31
              blue - 19

          2. 437
              558

          3. odd 72
              even 60

          4. 26

WORKSHEET #135   MOTHER'S DAY PICNIC
                     MAY NUM2   Counting, review simple fractions

Answers: 1. 16;   2. 15;   3. 33;   4. 16;   5. 54;   6. 9;   7. 27;   8. 18;   9. 6;
          10. 324;   11. $\frac{2}{9}$

WORKSHEET #136   SHARK'S TEETH!
                     MAY FRA   Subtraction, mixed fractions with regrouping

Answers: a. $1\frac{1}{2}$ b. $2\frac{3}{10}$ c. $\frac{2}{3}$
          d. $3\frac{1}{7}$ e. $6\frac{7}{9}$ f. $3\frac{1}{20}$
          g. $3\frac{1}{8}$ h. $18\frac{23}{24}$ i. 1

WORKSHEET #137   FISHING FOR ANSWERS
                     MAY BOP   Basic review of whole numbers, fractions, and
                               decimals

Answers: 34   2   36   32   64   17   35   10   45   25   350   3.5
          99   3 102   96   297   33   78   12   90   66   936   6.5
          16   8   24   8   128   2   40   15   55   25   600   2.6
          24   6   30   18   144   4   27   9   36   18   243   3
          75   5   80   70   375   15   64   3   67   61   192 21.33

          $\frac{1}{4}$ $\frac{1}{4}$ $\frac{1}{2}$ 0 $\frac{1}{16}$ 1
          $\frac{3}{8}$ $\frac{2}{8}$ $\frac{5}{8}$ $\frac{1}{8}$ $\frac{3}{32}$ $1\frac{1}{2}$
          $\frac{9}{15}$ $\frac{7}{15}$ $1\frac{1}{15}$ $\frac{2}{15}$ $\frac{7}{25}$ $1\frac{2}{7}$
          $\frac{8}{13}$ $\frac{7}{13}$ $1\frac{2}{13}$ $\frac{1}{13}$ $\frac{56}{169}$ $1\frac{1}{7}$

          .1   .01   .11   .09   .001   10
          .05   .2   .25   −.15   .01   .25
          1.3   .15   1.45   1.15   .195   8.66 non-terminating decimal
          .009   .3   .309   −.291   .0027   .03

245

WORKSHEET #138   WATCH YOUR SHAPE
                     MAY GEO1   Classification #1

Answers: #1 and 21, 24
              #14 and 3, 8, 9, 15

WORKSHEET #139   LOOKING FOR THE SET
                     MAY GEO2   Classification #2

Answers: **All answers will vary depending on where the child writes the number
              and the number selected.**

WORKSHEET #140   SORTING THE SHAPES
                     MAY GEO3   Classification #3

Answers: **Large - 2, 3, 5, 6, 7, 9, 11, 17
              Small - 1, 4, 8, 10, 12, 13, 14, 15, 16
              3-sided - 4, 7, 11, 14
              Circles - 3, 6, 10, 15
              Plain - 1, 3, 7, 8, 9, 10, 13, 14, 17
              Design - 2, 4, 5, 6, 11, 12, 15, 16
              4-sided - 2, 8, 9, 16
              6-sided - 1, 5, 12, 13, 17**

WORKSHEET #141   FIND THE HIDDEN SQUARE
                     MAY GEO 4   Perception skill development

Answer: #1   4, 5, 9, 11
             #2   8, 12, 10, 4

WORKSHEET #142   TURN A PATTERN
                     MAY SYM   Applying rotational symmetry to a motif

Answer:

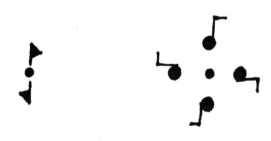

WORKSHEET #143   BIRD IN THE TREE
                     MAY MEA   Measuring centimeters

Answer:

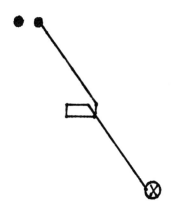

WORKSHEET #144   MAY SALE
                     MAY MON1   Applying basic operation using money

Answers: Teacher may wish to ask children to find the difference and indicate
              the savings on each item on a separate sheet of paper.

Bears	4	$100.00	$72.00
Videos	6	149.94	119.94
Nuts	8	24.00	22.16
Watches	3	119.97	89.97
Sneakers	5	115.00	75.00

WORKSHEET #145   FISHING FOR CHANGE
                     MAY MON2   Problem-solving

Answers:

Bill	Pennies	Dimes	Nickels	Quarters	Half Dollars
$5.00	500	50	100	20	10
10.00	1,000	100	200	40	20
100.00	10,000	1,000	2,000	400	200
500.00	50,000	5,000	10,000	2,000	1,000
1,000.00	100,000	10,000	20,000	4,000	2,000
10,000.00	1,000,000	100,000	200,000	40,000	20,000

WORKSHEET #146   HOLE IN ONE
                     MAY STA   Averages, mode, medians

Answers: 1. Player A 37 4.1
              Player B 39 4.33
              Player C 41 4.55
              Player D 55 6.1
              Player E 38 4.2
           2. A; 3. D; 4. A; 5. 8; 6. 6; 7. 37; 8. 20.5; Hole 5

WORKSHEET #147   RATIO RAG
                       MAY RAT1   Figuring ratios

Answers: **Ring My Chimes**   7:3:2:20
              Do Dah, Do Dah   10:5:3:35
              Hey, Ditty Do!   8:8:1:35

WORKSHEET #148   TEXTILE DESIGNER
                       MAY RAT2   Demonstrating ratios

Answer: **Children should color 5 strips one color, 10 strips another color, and 25 strips a third color. Total number of strips is 40.**

WORKSHEET #149   SUMMER VACATIONS
                       MAY PBS1   Problem-solving and data-collecting

Answer: **Ask children to plan a vacation to a place of their choice. Tell them that they will be traveling by car, so they will need to find out how many miles they will be going, how much gas costs, and how many miles per gallon the car gets. (They can pick the car of their choice for this vacation!) Students will also need to find out how much meals and motels will cost.**

The worksheet can be done by figuring out the details on a scratch sheet and filling in just the answers directly on the sheet.

In the event a child cannot get the information needed to complete this worksheet place the following estimates on the board and use this information as the source for figuring out the problems.

gas	$1 per gallon
meals	$15 per person per day
motels	$30 for a double per night

WORKSHEET #150   SUMMER VACATION REVIEW SHEET
                       MAY PBS2   Review of basic operations; practicing
                                    mathematics during the summer months

Procedure: Distribute the worksheet on the last day of school. Instruct the children to select eight problems each month and do one problem a day. Answers should be written in the blanks.

By the end of the summer all 24 problems should be completed and returned to the former teacher before going into the new classroom or make arrangements with the new teacher. This sheet is designed to provide practice with some basic concepts learned during the school year for the intermediate or middle school student. If the problems appear too difficult for a student, adjust them to the learning level of the student.

Name _____ **Date** _____

MEMORIAL DAY NUMBERS

Color the numbers first!

1. What is the sum of these numbers?
   Red _____
   Yellow _____
   Green _____
   Blue _____

2. What are the products of:
   Red X Blue _____
   Green X Yellow _____

3. What is the sum of the odd numbers? _____
   even numbers? _____

4. How many digits are on this page? _____

Name _____   Date _____

MOTHER'S DAY PICNIC

1. There are _____ ants in the left column.
2. There are _____ ants in the right column.
3. If I multiply the top row by 3, There would be _____ ants.
4. If I multiply the bottom row by 8, There would be _____ ants.
5. There are _____ ants all together.
6. If I divide the total number of ants by 6, I would have _____ sets.
7. Half the number of ants would be _____ ants.
8. A third of the ants would be _____ ants.
9. One-ninth of the ants would be _____ ants.
10. Each ant has 6 legs. All together there are _____ ant legs.
11. If 42 of the ants left for a picnic, what fraction were left? _____

MAY FRA

Name _____ Date _____

SHARKS' TEETH!

(a.) $2\frac{3}{4}$
 $- 1\frac{1}{4}$

(b) $5\frac{2}{5}$
 $- 3\frac{1}{10}$

(c) $6\frac{1}{2}$
 $- 5\frac{5}{6}$

(d) $8\frac{3}{7}$
 $- 5\frac{4}{14}$

(e) $9\frac{5}{9}$
 $- 2\frac{7}{9}$

(f) $12\frac{4}{5}$
 $- 9\frac{3}{4}$

(g) $16\frac{7}{8}$
 $- 13\frac{3}{4}$

(h) $28\frac{5}{6}$
 $- 9\frac{7}{8}$

(i) $10\frac{1}{2}$
 $- 9\frac{1}{2}$

MAY BOP

Name _____ **Date** _____

FISHING FOR ANSWERS

Fill in the answers in the correct cell.

Hint: Divide the larger number by the smaller number.

		+	−	×	÷
34	2				
99	3				
16	8				
24	6				
75	5				

		+	−	×	÷
35	10				
78	12				
40	15				
27	9				
64	3				

		+	−	×	÷
1/4	1/4				
3/8	2/8				
9/15	7/15				
8/13	7/13				

		+	−	×	÷
.1	.01				
.05	.2				
1.3	.15				
.009	.3				

Draw a fish in the tank for every correct answer!

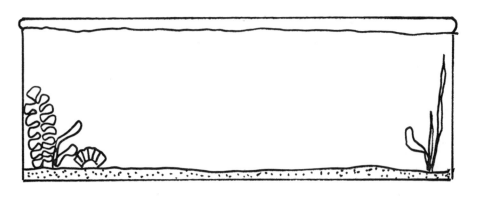

Name _____ **Date** _____

WATCH YOUR SHAPE

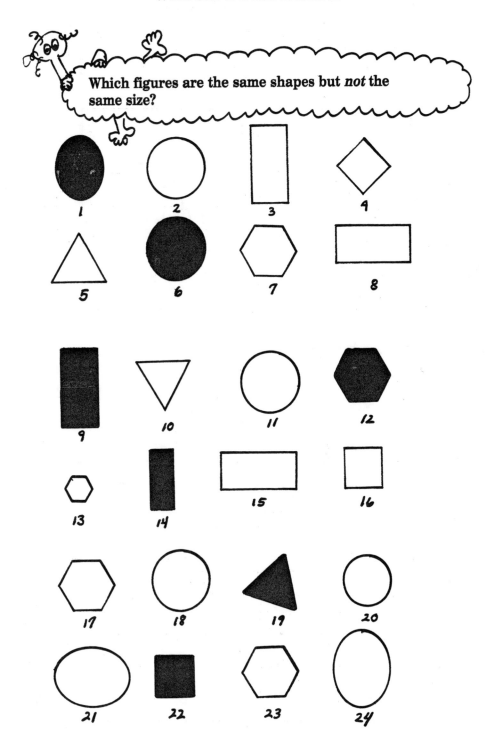

Which figures are the same shapes but *not* the same size?

MAY GEO2

Name _____ Date _____

LOOKING FOR THE SET

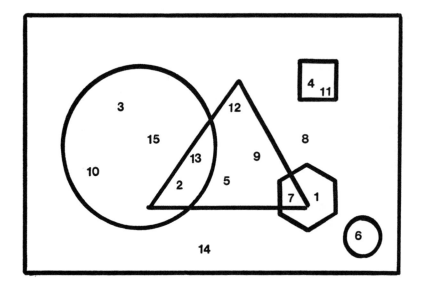

Write a two digit number inside a shape. _____

• Find the sums •

Inside the triangle _____

The square and small circle _____

Inside the circle and outside all shapes _____

The intersection of the triangle and hexagon _____

The intersection of the circle and triangle plus square _____

Inside the hexagon and circle less intersections _____

All shapes _____

All shapes less boundary enclosing set _____

MAY GEO3

Name _____   Date _____

SORTING THE SHAPES

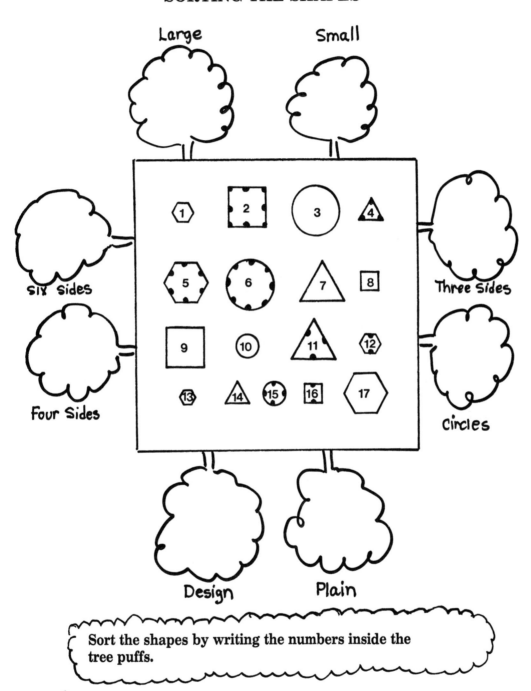

Sort the shapes by writing the numbers inside the tree puffs.

MAY GEO4

Name _____ Date _____

FIND THE HIDDEN SQUARE

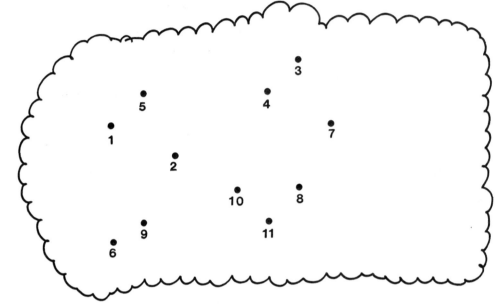

Which four points are corners of a square?

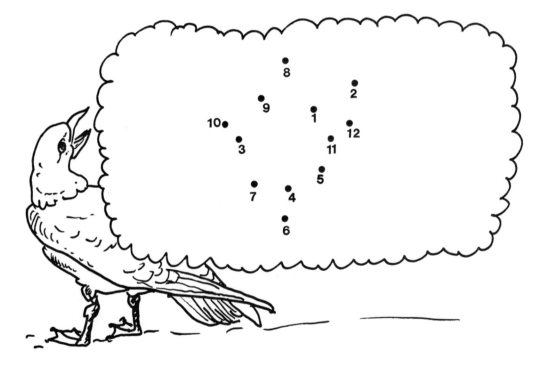

Name _____ Date _____

TURN A PATTERN

Create a pattern! **Rotate the motif around the point using the number of degrees indicated.**

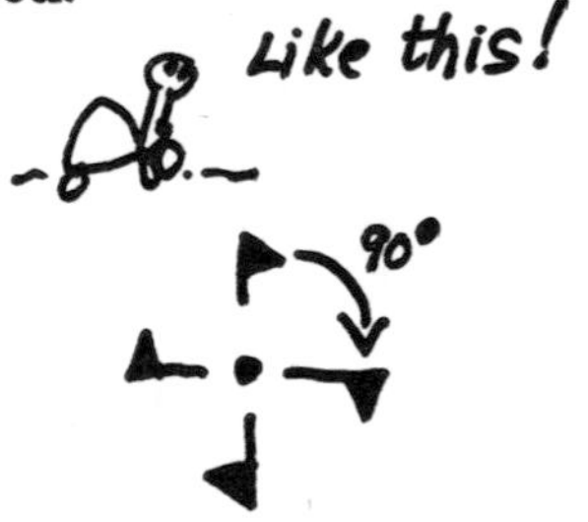

Like this!

90°

• 180°

• 90°

• 120°

• 60°

MAY MEA

Name _____ Date _____

BIRD IN THE TREE

Directions: Use the scale and make a dot 10 miles east of the starting point. Then head for the tree top and measure off 25 miles. Now, 90° south for 5 miles, turn and travel 10 miles west. Face right, you're heading north, and travel 5 miles. Now aim for the spot in the tree and go 35 miles. Scale: 1 cm = 5 miles.

N
W ← → E
S

start here!

make up some other directions to get the bird in the tree.

Name _____   **Date** _____

MAY SALE

MAY MON2   Name _____   Date _____

FISHING FOR CHANGE

How many do you need to make the bill?

	Pennies	Dimes	Nickels	Quarters	Half Dollars
$5					
$10					
$100					
$500					
$1,000					
$10,000					

MAY STA

Name _____ Date _____

HOLE IN ONE

Hole	Par	Players' Scores				
		A	B	C	D	E
#1	4	4	4	5	6	4
#2	3	3	4	4	5	2
#3	5	6	4	5	8	5
#4	4	2	4	4	5	2
#5	4	5	5	4	6	5
#6	3	1	2	3	4	2
#7	5	6	6	5	7	5
#8	5	5	6	6	9	6
#9	4	4	4	5	5	4

Totals: _____ _____ _____ _____ _____

Object of game: Hit par or below to win. Lowest score wins!

1.) Find the average for each player.

2.) The best player was? _____

3.) The poorest player was? _____

4.) The player who hit the hole-in-one was? _____

5.) The most difficult hole was? _____

6.) Which hole or holes were the easiest? _____

7.) The par for the course was? _____

8.) What was the median par for player C? at which hole? _____

Name ⸻⸻⸻⸻⸻⸻ Date ⸻⸻⸻⸻⸻⸻

RATIO RAG

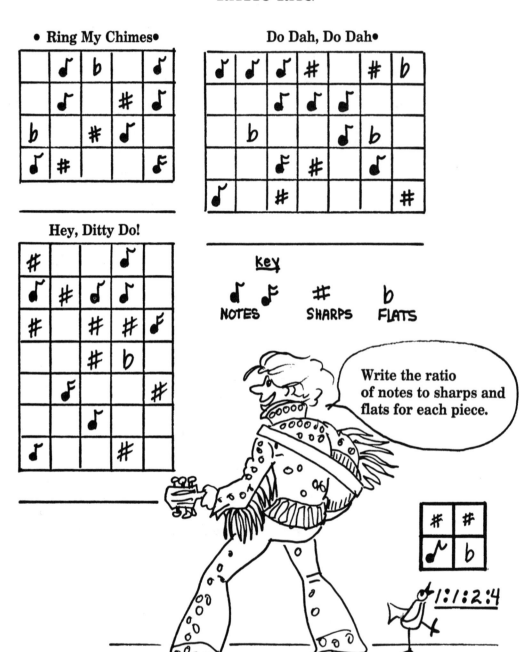

© 1991 by The Center for Applied Research in Education, Inc.

Name _____   **Date** _____

TEXTILE DESIGNER

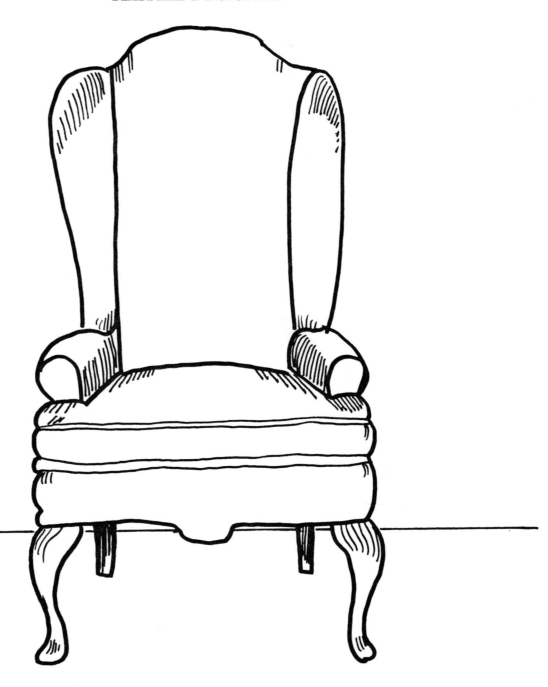

Make three different strips decorating this chair using this ratio:

5:10:25:40

SUMMER VACATIONS

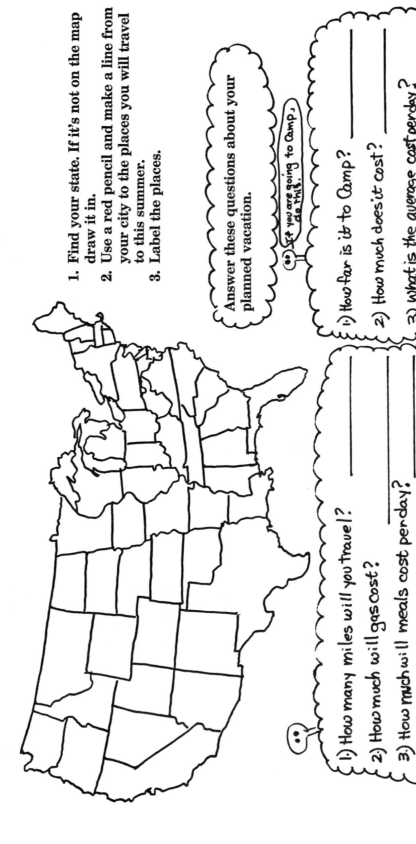

1. Find your state. If it's not on the map draw it in.
2. Use a red pencil and make a line from your city to the places you will travel to this summer.
3. Label the places.

Answer these questions about your planned vacation.

(If you are going to Camp, do this.)

1) How far is it to Camp? _____

2) How much does it cost? _____

3) What is the average cost per day? _____

1) How many miles will you travel? _____

2) How much will gas cost? _____

3) How much will meals cost per day? _____

4) How much will motels cost per day? _____

5) What will you spend per day? _____

6) How much money will you need for the entire trip? _____

MAY PBS2   Name _____   Date _____

SUMMER VACATION REVIEW SHEET

Over summer vacation try to do every activity suggested here.

fun! fun! fun!

1. Find a part-time job. How much did you earn? _____	**2.** Count the days it rained this summer.	**3.** Make a tooth-pick sculpture. Count the angles.	**4.** Say the multiplication tables for 6, 7, 8 and 9's.	**5.** Measure your foot with a ruler.
7. Divide $3970 \times 22 =$	**8.** Work out this fraction problem. $2\frac{3}{8} + 3\frac{1}{6} =$	**9.** How many drawings of objects can you make out of a circle?	**10.** Multiply $1.079 \times .36 =$	**11.** Work out this fraction problem. $\frac{3}{4} \div \frac{7}{10} =$
13. Multiply $38,090 \times 6,501 =$	**14.** How many zeros are in the number that is 10^{12}? Write a 10^{12} number.	**15.** Measure your bedroom area with a yardstick.	**16.** Work out this fraction problem $14\frac{1}{6} - 7\frac{5}{12} =$	**17.** Count the ants that come and go into an anthill for 10 minutes.
19. How many nickels in $25.30? _____	**20.** Find examples of rotational symmetry in the fields outdoors. Press between wax paper in heavy books. At the end of summer count and classify your findings.	**21.** Count the number of hot dogs you ate on the fourth of July.	**22.** Multiply $\frac{15}{24} \times \frac{3}{5} =$	**18.** Write a letter to someone who is alone. Give them a math problem to solve to send back to you. Check their work.
			23. On your next trip keep track of the number of miles you travelled.	**12.** DIVIDE $878087 \times 98 =$
				24. How many hours did you spend watching T.V.? What was your average per day for the summer? _____ hours _____ per day

Worksheet Index

Numeration

# 1	69
2	84
35	92
36	101
44	134
50	135
51	
52	
67	
68	

Basic Operations

# 3	38	70
4	39	85
5	40	86
6	41	87
18	42	88
19	43	118
20	53	119
21	54	137
37	55	

Fractions

# 7	102
29	136
30	137
45	
46	
56	
71	
89	
90	
91	

Decimals

# 8	120
9	137
22	
23	
57	
103	
104	
105	
106	

Money

10
33
83
107
108
109
144
145

Measurements

#11	94
24	95
28	96
49	97
64	143
65	
77	
78	
79	
80	

Geometry

#12	93	141
25	114	
26	115	
27	131	
48	132	
59	133	
60	138	
61	139	
62	140	

Symmetry

#13	128
63	129
72	130
73	142
74	
75	
76	

Statistics

17
98
99
117
146

Ratios	Graphing		Problem Solving
# 14	# 32	125	# 16
31	47	126	15
110	112	127	34
111	113		58
	121		66
	122		81
	123		82
	124		83
			100
			116

References

1. Jannier, C., PROBLEMS OF REPRESENTATION IN THE TEACHING AND LEARNING OF MATHEMATICS, Lawrence Earlbaum Associates, Pub., Hillsdale, NJ, 1987.

2. Krulik, S. & Rudnick, J., PROBLEM SOLVING: A HANDBOOK FOR ELEMENTARY SCHOOL TEACHERS, Allyn and Bacon, Inc., Boston, MA, 1988.

3. Krulik, S. & Rudnick, J., PROBLEM SOLVING: A HANDBOOK FOR HIGH SCHOOL TEACHERS, Allyn and Bacon, Inc., Boston, MA, 1988.

4. Overholt, J. L., Rincon, J. B., Ryan, C. A., MATH PROBLEM SOLVING FOR GRADES 4 THROUGH 8, Allyn and Bacon, Boston, MA, 1984.

5. Seymour, Dale, VISUAL THINKING, Dale Seymour Publications, Palo Alto, CA.

6. Sobel, M. A. & Maletsky, E. M., TEACHING MATHEMATICS, Prentice Hall, Inc., Englewood Cliffs, NJ, 1988.

7. Thiessen, D. & Wild, M., THE ELEMENTARY MATH TEACHERS HANDBOOK, John Wiley & Sons, NY, 1982.

8. Walberg, F., PUZZLE THINKING, The Franklin Institute Press, Philadelphia, PA, 1980.

9. Wells, D., CAN YOU SOLVE THESE?, Tarquin Publications, Norfolk, England, 1984.

10. Whimbey, A. & Lockhead, J., PROBLEM SOLVING & COMPREHENSION, Lawrence Earlbaum Associates, Pub., Hillsdale, NJ, 1986.

Esta guía ha sido elaborada por

GUÍAS AZULES DE ESPAÑA

Texto:

CLEMENTE CORONA MÉNDEZ

Que no quiere dejar de mencionar los nombres de las personas que, de una u otra manera, le han ayudado a realizar tan magna tarea:
Celso Aguilar & *The Aguilar Troupe*, Mark J. Meara, Calvin Jones, Elisabeth Downey, Marcos Borja, Evaristo Ángel, Phil Girardeau, Lee J. Kobb, Pam Fortner, Ralph R. Call, Manuel Méndez, The Manhattan Team.

Cartografía:
Víctor Seguí
Óscar Pujol
Joaquín González
Gloria del Rey

ANTES DEL VIAJE

Pasaporte y visado

Si la estancia va a ser menor de 90 días, ya no hace falta visado para entrar en Estados Unidos, basta con el pasaporte. Si se va a estar más tiempo, sí es obligatorio el visado. En cualquier caso, no se puede trabajar allí y pueden exigir un billete de ida y vuelta o de continuación del viaje más allá de Estados Unidos. Los oficiales de Inmigración suelen ser muy quisquillosos.

Para hacer un curso en Estados Unidos, si excede de los 90 días, hay que pedir un visado de estudiante y presentar una carta de la institución en la que se va a estudiar.

Hay que rellenar una hoja verde que entregan en el avión (*Visa Waiver*) y guardar la parte inferior hasta la salida del país; la suelen grapar al pasaporte. Tiene unas preguntas en el reverso. Puedes contestar directamente a todo que no (suponemos que ni eres traficante de drogas ni has cometido un genocidio, que es lo que te preguntan).

Se debe rellenar también una declaración de aduanas (*Customs Declaration*). Los límites de tabaco y bebida que se pueden transportar son los siguientes (por persona): 200 cigarrillos, 50 puros (los habanos están prohibidos por el embargo comercial contra Cuba) y 1 litro de alcohol.

Cualquier comida que lleves encima te la confiscarán al llegar. No intentes explicarles que el jamón serrano es fantástico, las reglamentaciones son estrictas, con el fin de impedir la propagación de epidemias que afecten a las plantas y los animales.

Compañías aéreas

La mayoría de las compañías aéreas del mundo vuelan a Estados Unidos. Por tanto, es un destino para el que hay mucha oferta y los precios son bajos si se tiene en cuenta la distancia. Desde España, será fácil conseguir una tarifa de unas 55.000 pesetas en temporada baja o unas 75.000 en alta, dependiendo, claro está, de la cotización del dólar. Ya no merece la pena irse a París o Londres para intentar encontrar allí un chollo.

Al precio que dan las compañías aéreas hay que sumar las tasas de Nueva York, principal puerta de entrada al país, y que suponen en torno a 3.000 pesetas más.

Canadá

Olympia ○ Seattle Spokane ○ Montana

Washington ★ Helena

Dakota del Norte

★ Bismarck

○ Billings

Dakota del

○ Portland

Salem ★ Idaho Wyoming ★ Pierre

Oregón ○ Rapid City

★ Boise City

○ Casper

Nebras

Cheyenne

○ Reno ★ Salt Lake City ★ Linc

★ Carson City ★ Cheyenne

Sacramento Nevada ★ Denver

★ Utah Colorado Kansas

San Francisco

○ Las Vegas

California

○ Flagstaff ★ Santa Fe

Los Ángeles ○ Albuquerque ○ Amarillo

○ San Diego Arizona Nuevo

○ Yuma ★ Phoenix México Fort Wort

○ Tucson

○ El Paso Texas

A

San A

Lare

México

Océano

Pacífic

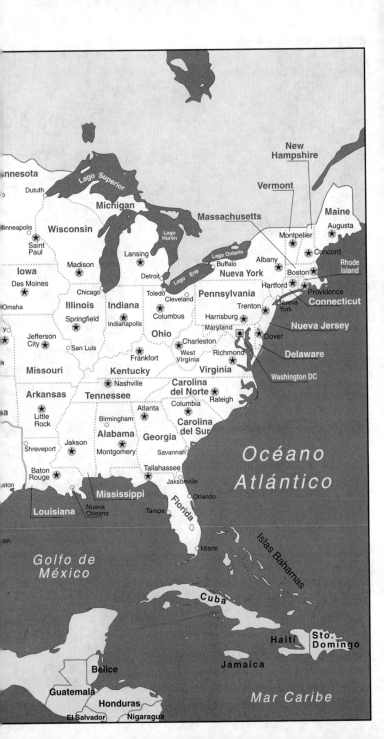

Estados Unidos Físico

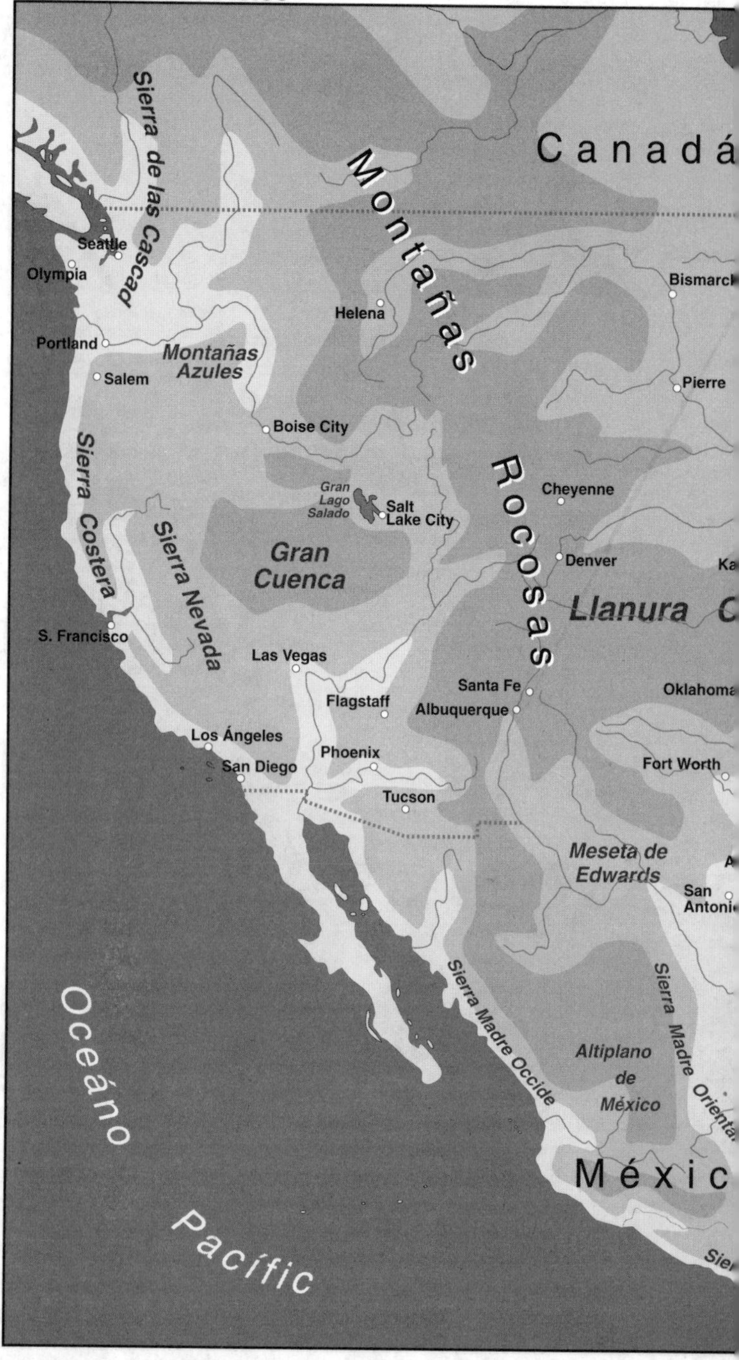

Canadá

Sierra de las Cascad

Seattle

Olympia

Portland

Salem

Helena

Montañas Azules

Boise City

Bismarck

Pierre

Montañas

Rocosas

Gran Lago Salado

Salt Lake City

Cheyenne

Gran Cuenca

Denver

Ka

Llanura C

Sierra Costera

S. Francisco

Sierra Nevada

Las Vegas

Flagstaff

Santa Fe

Albuquerque

Oklahoma

Los Ángeles

San Diego

Phoenix

Tucson

Fort Worth

Meseta de Edwards

San Antoni

Océano

Sierra Madre Occide

Altiplano de México

Sierra Madre Orienta

México

Pacífic

Sie

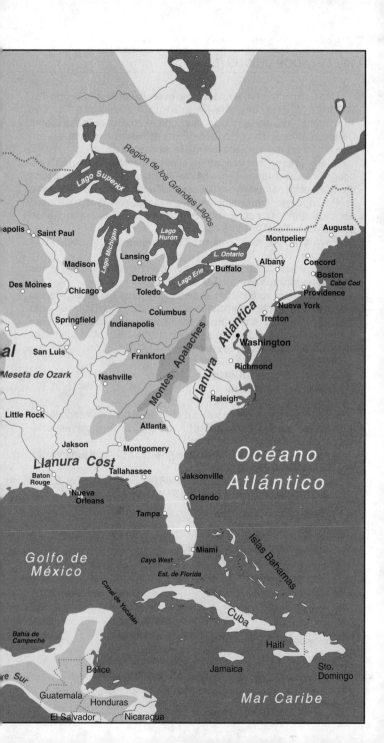

Habitualmente, el vuelo más barato es el *charter* de **Air Europa**. Tel. 902 30 06 00. Es la compañía aérea de Halcón Viajes (la de "Curro se va al Caribe"), que tiene más de cuatrocientas oficinas en toda España. De todas formas, en cualquier agencia comercializan también ese *charter*. La estancia máxima permitida es de un mes.

Si el viaje es en temporada baja, especialmente en otoño, pedir a la agencia que se entere si **British Airways** está a punto de sacar alguna oferta especial, porque en esa época suele hacerlas, y merecen la pena.

Por supuesto, **Iberia** también vuela a Nueva York. Sus precios son como los de todas las compañías regulares, aunque de vez en cuando tiene ofertas. Tel. 91 411 25 45.

En Nueva York, Iberia está en 565 5th Avenue. Tel. (1-800) 772 46 42 (gratuito).

De las líneas americanas que operan en España, **Delta** es la que suele tener mejores ofertas. Tel. 91 541 42 00.

Otras compañías americanas merecen menos la pena por diversos motivos. Por ejemplo, American tiene su sede central en Dallas en lugar de Nueva York. Sin embargo, en caso de querer continuar viaje por Estados Unidos, puede interesar pedir información sobre sus pases aéreos, así que aquí van sus teléfonos:

American. Tel. 91 597 27 99.

Eastern. Tel. 91 248 13 05.

TWA. Tel. 91 410 67 00.

United. Tel. 91 597 20 68.

En cualquier agencia de viajes de tu ciudad deberían conocer las mejores tarifas, pero, por si acaso, he aquí algunas agencias especializadas en pasajes aéreos baratos:

Años Luz. Tel. 94 424 22 15 (Bilbao), Tel. 93 310 18 28 (Barcelona), Tel. 91 445 11 45 (Madrid).

Nouvelles Frontières. Tel. 93 318 68 98 (Barcelona), Tel. 96 392 00 95 (Valencia), Tel. 91 547 42 00 y 91 431 64 64 (Madrid).

Bidón V. Tel. 91 547 60 75.

Avial. Tel. 91 447 80 00.

Zeppelin. Tel. 91 542 51 54.

Metropolitan. Tel. 91 448 55 59.

Malay. Tel. 943 43 03 18 (San Sebastián).

Vacunas

No hay ninguna obligatoria

Direcciones prácticas. Agenda

En España
   Embajada en Madrid: c/ Serrano 75. Tel. 91 577 40 00.
   Consulado en Barcelona: Vía Layetana, 33 Tel. 93 319 95 50.

Consulado en Sevilla: tel. 954 23 18 85.
Consulado en Bilbao: av. del Ejército 113. Tel. 95 435 83 00.
American Express: c/ Francisco Gervás 10. Tel. 91 267 36 00.

En Estados Unidos

Embajada: 2375 Pennsylvannia Avenue, Washington DC. Tel. (202) 728 23 30. Fax (202) 728 23 02.

Consulado General de Nueva York: 150, East 58th St, 30th, Nueva York. Tel. (212) 355 40 80. Fax (212) 644 37 51.

Consulado General de Boston: 545 Boylston St, apartamento 803. Tel. (617) 536 25 06.

Consulado General de Chicago: 180 N. Michigan Avenue, apartamento 1500. Tel. (312) 782 45 88.

Consulado General de Florida: 2655 Le Jeune, apartamento 203, Coral Glabes, Miami. Tel. (305) 446 55 11.

Consulado General de Nueva Orleans: 2102 World Trade Center 2, Canal Street, Nueva Orleans. Tel. (504) 525 49 51.

Aduana

Se puede introducir en EE.UU un cartón de cigarrillos y una botella de litro con licor por persona o familia. Podéis traer en regalos hasta 4.000 dólares, sin declarar. También podéis traer la cantidad de dólares que queráis hasta 10.000 sin declarar. Por el contrario, no se puede sacar ningún producto derivado del cerdo; en la aduana hay un perro con un olfato super fino que detecta "a la primera de cambio comida y drogas. Por lo que se refiere al licor, es posible meter más botellas de las permitidas y no tener problemas. De cualquier manera, esto no significa nada ya que si os cogen os veréis obligados a pagar los impuestos correspondientes.

Cualquier producto de origen cubano, puros, ron, etc. está prohibido. Recordad que el control de cambios español os limita las divisas en dólares a 350.000 pesetas. Comprobad esto antes de salir.

Equipaje de mano

En las compañías americanas, cada persona puede llevar encima dos bolsas pequeñas, que quepan debajo y en la parte superior del asiento, aunque esto puede variar si el avión está muy lleno. En cuanto al equipaje facturado, permiten dos maletas por persona cuyo peso no exceda más de 50 kilos cada una. Si vais a llevar mucho equipaje, lo más aconsejable es llamar a las compañías aéreas en España para pedir información, pues los excesos de equipaje pueden salir caros.

Moneda

Como sabéis la moneda oficial de Estados Unidos es el *dólar*. Los billetes vienen en 6 denominaciones: 1 dólar *(one)*, 5 dólares *(five)*, 10 dólares *(ten)*, 20 dólares *(twenty)*, 100 dólares *(one hundred)*.

Las monedas : 1 cent *(penny)*, 5 cents *(nickel)*, 10 cents *(dime)*, 25 cents *(quater)*. 100 cents equivalen a un dólar.

Cambio de moneda

En Estados Unidos no aceptan moneda que no sea nacional, de tal forma que vais a tener que cambiar pesetas por dólares americanos. Os recomendamos cambiar casi todo vuestro dinero antes de salir de España, porque allí hay pocos sitios que cambien moneda extranjera. También os aconsejamos que el dinero que llevéis cambiado sea en billetes pequeños; hay establecimientos, como gasolineras, tiendas o restaurantes rápidos tipo *McDonalds,* que no aceptan billetes de 100 dólares, solo de 20 ó menos.

Si tenéis que cambiar, podéis hacerlo en los aeropuertos, hoteles, en algunos bancos (Bank of America, por ejemplo) y en las oficinas de cambio. En EE.UU. no es como en España, que podéis cambiar en cualquier banco. Allí los bancos no cambian divisas, y suele ser difícil y complicado hacerlo. Hay muy pocas oficinas de cambio, y las pocas que existen suelen estar en los aeropuertos.

Cheques de viaje

Los cheques de viaje *(travelers checks)* siguen siendo la forma más segura de llevar dinero pasando de tener que llevar grandes cantidades en efectivo. Es importante que anotéis por separado los números de serie de los cheques. En caso de que se pierdan, con los números de serie podéis ir al banco a que os reembolsen el dinero. Tenéis la ventaja que en los EE.UU. aceptan los cheques de viaje en casi todas partes, incluyendo tiendas, restaurantes y hoteles.

Tarjetas de crédito

Para sacar dinero con vuestra tarjeta de crédito, solo tenéis que ir a cualquiera de las sucursales de los bancos principales (en cualquier Bank of America no tendréis problema) y presentar la tarjeta de crédito al cajero y os darán la cantidad que esté autorizada en vuestra línea de crédito; esto se llama "cash advance". Las tarjetas de crédito que más se usan son *Visa* y *Mastercard. American Express y Dinner's Club* no están tan extendidas además de que a los comerciantes no les gustan demasiado, porque cobran un porcentaje sobre las ventas más alto que las otras. Podéis usar las tarjetas de crédito en cualquier tienda, restaurante, hotel, farmacia, hospital, etc. En realidad se utilizan para pagar de todo y en cualquier sitio.

**Bancos españoles con
representación en los EE.UU.**

Argentaria: 320 Park Avenue, piso 20, Nueva York. Tel. (212) 605 98 00. 701 Brickell Avenue, apto. 1350, Miami. Tel. (305) 371 50 08.

Banco Bilbao-Vizcaya: 1345 Avenue of the Americas, 45th St, Nueva York. Tel. (212) 728 15 00. One Vizcaye Tower 2, South Byscaine Boulevard, Miami. Tel. (305) 371 75 44.

Banco Central Hispanoamericano: 245 Park Avenue, Nueva York. Tel. (212) 557 81 00. 701 Bricknell Avenue, apartamento 2410, Miami. Tel. (305) 373 20 20.

Banco Santander: 45 East, 53rd St. S, 9-10. Nueva York. Tel. (212) 350 35 00. 1000 Bricknell Avenue, Miami. Tel. (305) 530 29 00.

Jóvenes y estudiantes

Resulta muy aconsejable, si no lo tenéis, sacar el carnet de estudiante internacional (ISIC). De esa forma os aprovecharéis de los diferentes descuentos que se dan a los estudiantes. El ISIC lo podéis conseguir en vuestro centro estudiantil o en las siguientes organizaciones.

En España
TIVE: José Ortega y Gasset 71, Madrid 28006. Tel. 347 77 00. Fax. 401 81 60.

Scandinavian Student/Kilroy Asociados, S.A.: Hilaron Eslava 18, Madrid 28015. Tel. 547 02 81. Fax. 244 13 45.

Council of International Educational Exchange/Contour-España: ofrece ofertas de viajes a precios módicos. Tambien podéis conseguir libros y equipos para viajes. Encontraréis más de 30 oficinas en Estados Unidos. Podeis pedir información en:
Madrid: Paseo Castellana 28, Madrid 28036. Tel. 435 22 60
Barcelona: Paseo García, 290807. Tel. 487 95 46.
Sevilla: Av. de la Constitución 26, Sevilla 41004. Tel. 442 34 75.
También podréis llamar al "Ministerio de Asuntos Sociales" y pedir información de los difentes albergues juveniles y cámpings.

REAJ (Red de Albergues juveniles):
Madrid: tel. 91 521 44 27.
Valencia: tel. 96 386 32 18.
Andalucía: tel. 95 422 51 71.
Aragón: tel. 976 22 43 00.

Asturias: tel. 985 23 20 54.
Baleares: tel. 971 26 08 92,
Canarias: tel. 928 29 19 44 .
Cantabria: tel. 942 23 89 87.
Castilla - La Mancha: tel. 925 25 34 50.
Cataluña: tel. 93 405 11 66.
Extremadura: tel. 924 31 30 13.
Galicia: tel. 981 56 41 00.
Murcia: tel. 968 36 20 00.
Navarra: tel. 948 10 70 00.
La Rioja: tel. 941 29 11 00.
País Vasco: tel. 94 444 96 44.

En Estados Unidos
 Council of International Exchange (CIEE): 205 E. 42 nd Street, New York, NY. 10017. Tel. (202) 661 14 14. Podéis llamar o escribir para pedir información sobre cómo conseguir el carnet de estudiante intenacional, y el carnet de alberguista. Preguntad por el folleto para estudiante.
 U.S. Travel and Tourism Administration: 14th Street and Constitution Ave, NW, Washington, D.C. 20130, tel. (202) 377 40 03.

Direcciones de centros de información turística

En España
 Embajada de los Estados Unidos: oficina Comercial, Serrano 75, 28006 Madrid. Tel. 91 577 40 00.

En Estados Unidos
 U.S. Travel and Tourism Administration: 14th Street and Constitution Ave, NW, Washington, D.C. 20130. Tel. (202) 377 40 03.
 Council of International Exchange, (CIEE): 205 E. 42nd Street, New York, NY 10017. Tel. (202) 661 14 14. Podéis obtener el carnet internacional de estudiante y el carnet para albergues juveniles, pero tenéis que pagar para ser miembros. Debéis pedir el folleto especial para estudiantes.
 American Automobile Association (AAA): 1000 AAA Dr., No. 75, Heathrow. Fl, 32746. Tel. (407) 444 80 08. Podéis obtener mapas y guías turísticas gratis. Podéis usar vuestro carnet de los siguientes organizaciones de automóvil:
 Travelers Aid International: 918 16th Street, N. W. 201, Washington, D.C. 20006. Tel. (202) 659 94 68. Ayuda a los turistas en caso de robos, problemas con el coche, enfermedades y cualquier otro tipo de problemas.

Superintendent of Documents, U.S. Government Printing Office: Washington, D.C. 20402, Tel. (202) 783 32 38. El gobierno americano publica información para viajar por Estados Unidos. Si queréis pedir información específica para regiones tenéis que preguntar por la extensión 302, y para información sobre actividades al aire libre debéis preguntar por la extensión 177.

Seguros médicos fuera del país

La medicina en los Estados Unidos es privada y por lo tanto una visita al médico resulta cara y no digamos si se trata de un problema de cierta embergadura y se necesita hospitalización. Existen algunos hospitales públicos en los que se os atenderá gratuitamente, pero no suelen estar en los mejores barrios (haber si va a ser peor el remedio que la enfermedad), ni son muchas veces fáciles de encontrar, o tal vez no estén a mano cuando se necesitan.

Por todo esto, y para que no os preocupéis demasiado, os aconsejamos que saquéis una póliza de seguro de accidente que os cubra la asistencia médica fuera de España.

Seguros del automóvil

El CDW (*Collision Damage Waiver*) o LDW (*Loss Damage Waiver*) es un seguro de daños propios al vehículo, generalmente con una franquicia: los primeros 100 $ corren a cargo del conductor.

El seguro que cubre los daños a terceros recibe diversos nombres, como *Additional Liability Insurance* (ALI) o *International Extended Protection* (IEP). Es caro, entre 6 y 12 dólares diarios, pero es muy recomendable contratarlo, porque en Estados Unidos por cualquier tontería te ponen una demanda de un millón de dólares.

El seguro de daños personales propios se llama *Personal Accidents Insurance* (PAI) o *Personal Protection* (PERSPRO), y el de robo de objetos guardados en el coche, *Personal Effects Protection* (PEP). Son baratos, 1 ó 2 dólares al día, pero no hacen falta si se lleva desde casa un seguro de asistencia en viaje, incluido hoy día en la mayoría de las pólizas de automóviles.

Vamos a daros algunas direcciones donde os proporcionarán más información.

En España

Europe Assistance Worlwide Services, Inc: esta compañía ofrece pólizas de seguro a viajeros en caso de enfermedad o accidente con un servicio de intérprete. Los precios varían dependiendo de la edad, la duración del viaje etc. No es nada caro y os dará seguridad. Calle Orense, 4, Madrid 28029, tel. 91 597 21 25, Fax. 91 556 25 75.

Tabla de Temperaturas

Las temperaturas en EE.UU. se miden en *grados Fahrenheit*. Necesitaréis la siguiente tabla a la hora de hacer las conversiones a grados Celsius.

32	40	50	60	70	75	85	95	105	140	175	212	Fahrenheit
0	5	10	15	20	25	30	35	40	60	80	100	Celsius

Respecto a las temperaturas medias por meses, tendremos que dividir el estado en zonas, situándose al norte las más frías y al sur las mas calientes.

Ropa para el viaje

Los Estados Unidos son un país alegre y vital en el que la gente vive a su aire y viste de manera informal. Durante el día la gente circula en pantalón corto, camiseta y zapatillas. Algo bueno es que nadie se fija en nadie, sea cual sea la indumentaria que se lleve. Así, si os gusta vestir de manera estrafalaria, no hay problemas, pasaréis desapercibidos. El americano no es precisamente el mejor modelo a tomar en cuenta a la hora de vestirse, pero tampoco se fija en los demás.

Por la noche, la gente suele salir un poco más "puesta" En los restaurantes no exigen chaqueta, aunque si queréis llevarla, podéis hacerlo tranquilamente.

Conducir en los Estados Unidos

Carnet de conducir

Podéis conducir haciendo uso de vuestro carnet de conducir español por un período de 6 meses, o con el carnet internacional por un año.

Después de este plazo es obligatorio solicitar el carnet del estado donde os encontreis. Para obtenerlo, hay que ser mayor de 18 años, presentar dos formas de identificación (el pasaporte y el carnet de conducir español por ejemplo), y sufrir un examen teórico y otro práctico, así como un reconocimiento de la vista. Si no habéis tenido nunca carnet de conducir, deberéis pasar un cursillo sobre conducción. También os pueden pedir que enseñéis algún documento que pruebe donde estáis viviendo (recibo de la luz, contrato de alquiler, etc.).

El examen se puede hacer en inglés o en español. Hay un librillo editado en ambos idiomas que debéis estudiar antes de hacer el examen. Os recomendamos que le echéis una ojeada, pues hay algunas cosas que no son iguales que en España, así como formas de expresión distintas (el libro en español está escrito para latinoamericanos y no siempre es fácil entender lo que dice). También las medidas, pesos, etc., están en términos americanos, así que tendréis que aprendéroslos en libras, pulgadas, etc.

Para más información sobre el carnet de conducir y como obtener el manual para el examen, debéis llamar a cualquiera de las oficinas del carnet de conducir (Driver's License Offices).

Consejos prácticos

Os podéis examinar varias veces en el mismo día de la prueba teórica. Si es el práctico, no podréis hacerlo el mismo día. Por último, deciros que hay unas colas considerables para sacarse el carnet, así que podéis llamar con antelación a la oficina que este más cerca y pedir una cita para el examen. Os darán una cita para un día y hora determinados y así no tendréis que esperar.

Carnet Internacional de conducir

No es realmente necesario, pero si lo queréis sacar, podéis dirigiros en España a:

Federación Española de Automovilismo: Av. Menendez Pelayo 67, Edificio Torre del Retiro, Madrid. Tel. 91 573 56 00.

Real Automóvil Club de España: José Abascal 10, Madrid. Tel. 91 447 32 00.

Normas de circulación. Algunas diferencias

Existen una serie de normas de circulación que son diferentes a las españolas. Algunas de ellas son:

* *Ceder el paso en las intersecciones:* si no existen señales que indiquen lo contrario, en una intersección tiene prioridad el que primero llegue a ella. Si dos coches llegan a la vez, tendrá prioridad el que salga por la derecha. Hay veces que las intersecciones tienen cuatro señales de STOP. En estos casos también se aplica la misma regla, se pasa por orden de llegada.

* *Autobuses escolares:* cuando para un autobús escolar (son amarillos), todos los coches que circulan en sentido del autobús, deben parar también. Normalmente saldrá una señal de STOP en el lado izquierdo del autobús para indicar que no se le puede adelantar. Esto se aplica aunque la vía por la que se circule tenga dos carriles en el mismo sentido. Si la calle tiene doble sentido y la separación entre los dos es menor de 1,5 m y no está separada por una valla, los coches que circulan en sentido contrario también tienen que parar.

* *Coches Fúnebres:* cuando hay una procesión de coches siguiendo a un coche fúnebre, esta caravana tiene prioridad sobre el resto del tráfico y llevarán las luces encendidas. Normalmente habrá un grupo de policías en moto que les irá abriendo camino y parando a los otros conductores en las intersecciones y semáforos. No os debéis cruzar ni meteros en medio de estas caravanas.

Estados Unidos Carreteras

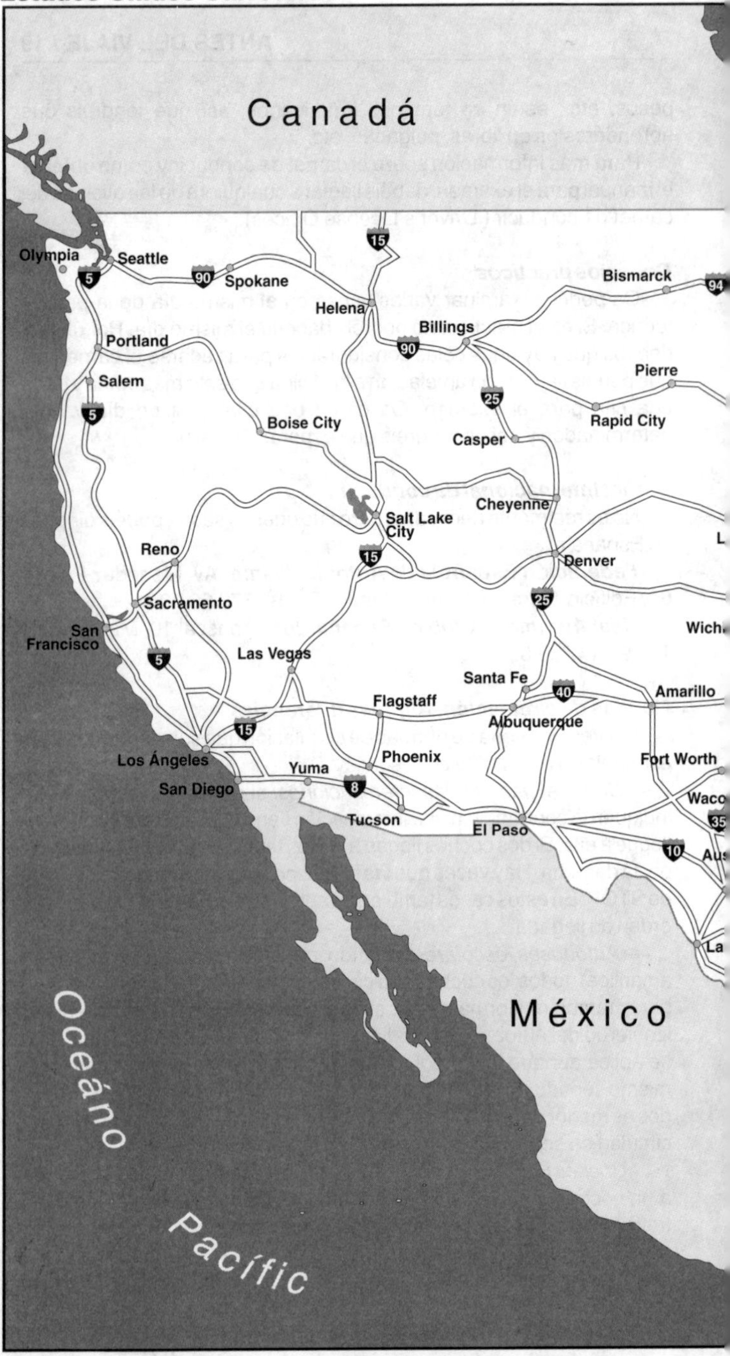

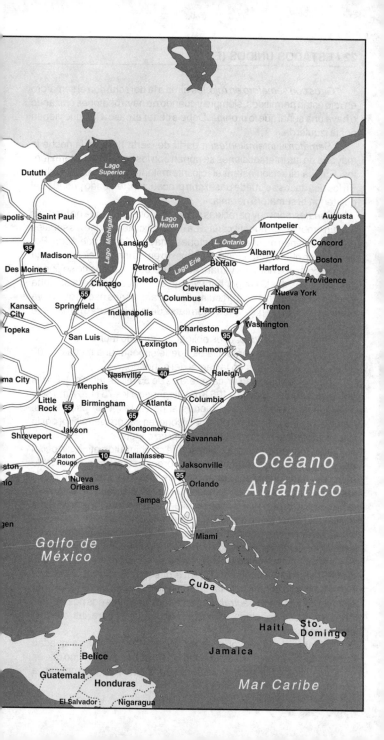

Giros con semáforo en rojo: los giros a la derecha con el semáforo en rojo están permitidos, siempre y cuando no haya peatones cruzando o haya una señal que lo prohiba. Debéis ceder el paso a los que vienen por la izquierda.

* *Semáforos intermitentes:* a partir de cierta hora de la noche la mayoría de las intersecciones se ponen con los semáforos intermitentes. En una dirección estará el rojo intermitente y en la otra el ámbar. En los dos casos se puede pasar con precaución, teniendo prioridad el que tenga el semáforo naranja.

* *Señales:* son muy parecidas a las españolas por lo que no tendréis ningún problema en identificarlas. La única dificultad es que las señales en EE.UU tienen muchas excepciones y hay que leer lo que dicen. Por ejemplo, en el límite de velocidad impuesto en las inmediaciones de una zona escolar, los horarios varían. Así las horas en las que no se puede circular a más de 20 km por hora varían según los días de la semana y según cada colegio en particular. Estas variaciones hacen que haya que ir leyendo las señales para informarse de lo que puede o no hacerse en cada momento.

* *Cinturón de seguridad:* es obligatorio en todo momento.

Tirar cosas por la ventanilla os puede suponer una multa de 500 dólares y hasta 60 días en la cárcel del condado.

El límite de velocidad en carretera es de 55 millas (88 Km.). En las autopistas suele ser de 65 (105 Km.), llegando a los 75 (120 Km.) sólo en algunas. Las multas son fuertes si no se respetan esos topes. También es muy estricto el nivel de alcohol en sangre permitido, por lo que es preferible no probar el alcohol si se conduce.

Todos los vehículos de alquiler son de cambio automático, sin pedal de embrague. Al pisar el acelerador, el propio motor va cambiando de marchas. Acostumbrados como estamos a las palancas de cambios y los embragues, al principio te haces un lío, pero al cabo de un rato ya le has cogido el truco y te acaba resultando cómodo. Una gran ventaja del cambio automático es que el coche nunca se cala.

La palanca se maneja sólo en contadas ocasiones. La posición de estacionamiento está marcada con una P (*parking*). Para salir, hay que tener el motor encendido y el freno pisado, y meter entonces la posición R (*rear*, marcha atrás) o la D (*drive*, directa), pisando el acelerador para empezar a conducir. Para una parada breve, en un semáforo por ejemplo, se pasa a N (*neutral*, punto muerto). Las otras dos posiciones, 1 y 2 (a vaces señalada como L), sólo se usan para las cuestas pronunciadas.

Los faros de la mayoría de los coches de alquiler se quedan encendidos al poner en marcha el motor. No es una avería, sino que es para cumplir con la normativa de algunos estados, que obligan a conducir siempre con las cortas.

Alquiler de coches

Alquilar un coche en EE.UU resulta bastante más barato que hacerlo en España. El primer requisito es ser mayor de 21 años. En segundo lugar hay que estar en posesión de una tarjeta de crédito; en caso contrario os pedirán un depósito en efectivo por el coche y tendréis además que pagar el importe por adelantado.

Pedir un coche que no tenga limite de millas, aunque la tarifa sea más alta os saldrá más barato a la larga. Tened en cuenta que las distancias son muy grandes en EE.UU. Antes de entregar el coche, hay que recordar que se debe devolver con el depósito lleno y siempre será más barata la gasolina en la calle que lo que cobran las compañías de alquiler.

Os aconsejamos que alquiléis el coche en la ciudad y no en el mismo aeropuerto, ya que en este último lugar resulta más caro. Normalmente hay unos autobuses pertenecientes a las compañías de alquiler de coches que están dando vueltas constantemente en el aeropuerto. Buscad el que sea de la compañía deseada y cogerlo. Os llevará al lugar de alquiler de coches que está cerca del aeropuerto. El servicio, el del autobús, es gratuito. A la hora de devolver el coche, lo más acertado es dejarlo en el mismo lugar donde lo alquilásteis de tal forma que el mismo autobús os conducirá al aeropuerto. Si no lo hacéis así y lo devolvéis en el aeropuerto directamente, os cobrarán un suplemento.

Si tenéis tiempo y no vais a alquilar el coche nada más llegar, os recomendamos que llaméis por teléfono al número gratuito de la compañía de alquiler y reservéis el coche ya que esto tiene sus ventajas. En primer lugar, con una reserva de por lo menos 24 horas de antelación, conseguiréis los mejores precios. En segundo lugar, podéis llamar a varias compañías y averiguar cual es la más barata. Además si por casualidad habéis hecho una reserva para un coche pequeño, por ejemplo, y cuando llegáis a recogerlo no tienen pequeños, os darán uno grande por el precio del pequeño. Si vais directamente sin reserva, y no tienen pequeño, tendréis que alquilar el que tengan al precio que sea.

Cómo usar un coche sin pagarlo

En Estados Unidos es muy frecuente que alguien alquile un coche y lo devuelva en otro punto a dos mil kilómetros de distancia. Las agencias necesitan entonces gente que transporte el vehículo a su lugar de origen, dejando al conductor que lo use gratuitamente, eso sí, con unas limitaciones de kilometraje y de días para realizar la entrega. Si tienes tiempo y paciencia, puedes intentar aprovechar esa oportunidad.

Para ello, busca en las páginas amarillas *Automobile Transporters & Drive-Away Companies* y llama para preguntar si tienen algún *return*.

Estados Unidos Parques Naturales

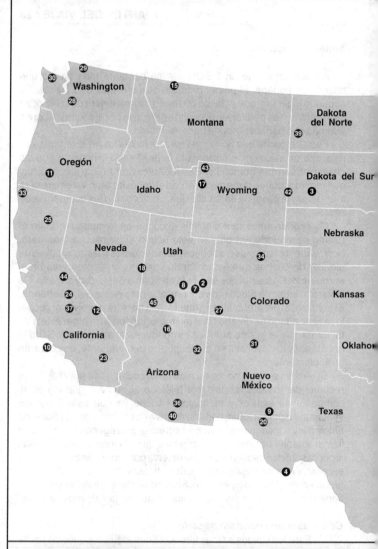

State Labels	
nesota	Minnesota
Wisconsin	
Iowa	
Illinois	
Missouri	
Arkansas	
Louisiana	
Mississippi	
Alabama	
Georgia	
Florida	
Tennessee	
Kentucky	
Indiana	
Ohio	
Michigan	
Pennsylvania	
West Virginia	
Virginia	
Carolina del Norte	
Carolina del Sur	
Nueva York	
New Hampshire	
Vermont	
Massachusetts	
Rhode Island	
Connecticut	
Nueva Jersey	
Delaware	
Maryland	
Washington DC	
Maine	

Lassen Volcanic National Park
Mammoth Cave National Park
Mesa Verde National Park
Mount Rainier National Park
North Cascades National Park
Olympic National Park
Pecos National Hist. Park
Petrified Forest National Park
Redwood National Park
Rocky Mountain National Park
Roosevelt Campobello Int'l Park
Saguaro National Park

37. Sequoia National Park
38. Shenandoah National Park
39. Theodore Roosevelt National Park
40. Tumacacori Nat'l Hist. Park
41. Voyageurs National Park
42. Wind Cave National Park
43. Yellowstone National Park
44. Yosemite National Park
45. Zion National Park

Dos compañías que se dedican a esto en Nueva York:
> **Auto Driveaway.** 264 W35th St. Tel. 967 23 44.
> **Dependable.** Tel. (1-800) 626 25 05.

Compañías de alquiler de coches
A los números podéis llamar para hacer las reservas de coches. Estas llamadas son gratuitas:
> *Avis:* tel. 1 (800) 831 28 47.
> *Budget:* tel. 1 (800) 527 07 00.
> *Sears:* tel. 1 (800) 527 07 00.
> *Dollar:* tel. 1 (800) 800 40 00.
> *Hertz:* tel. 1 (800) 654 31 31.
> *Pass:* 1 (800) 879 37 37.
> *Thrifty:* Tel. 1 (800) 367 22 77.
> *Value:* Tel. 1 (800) 468 25 83.

También podéis encontrar otras compañías mas pequeñas en las páginas amarillas en la sección de "Automobile Renting".

Alquiler de caravanas (RV)

Llamaremos a las roulottes o caravanas *RV,* que son las siglas que se usan en EE.UU para referirse a este tipo de vehículos. Las siglas RV vienen de las palabras "Recreational Vehicle".

Alquilar un RV y liarse a recorrer kilómetros puede ser una de las formas más divertidas de pasar unas vacaciones. Puede que no sea la forma más barata de viajar, pero desde luego es interesante, y si hacéis cuentas para un grupo de cuatro o seis personas, teniendo en cuenta que llevaréis encima el coche, la cama y la cocina, tal vez no sea tan caro.

Los problemas o inconvenientes de estos vehículos son principalmente el tamaño, pues si sois un grupo grande, el RV tiene que ser grande, y es difícil de conducir, de aparcar, y complicado a la hora de entrar en las ciudades. Otro problema es que lo tenéis que devolver en el mismo sitio donde lo alquilásteis.

En EE.UU y sobre todo en Florida existen muchos parques estatales donde se puede aparcar el RV y que tienen todo tipo de comodidades. Existen 105 de estos parques repartidos por todo el estado. Para calcular los gastos debéis tener en cuenta la entrada a los parques, que varía según el número de personas, el tamaño del RV y el número de personas, más los gastos de consumo de agua, gas y electricidad.

Tipos de RV
Hay diferentes estilos de RV que podéis alquilar en función de vuestras necesidades.

Cara-Van Travel Trailer: entre $29 y $76 diarios; pueden dormir hasta 5 personas. Necesitaréis un coche para tirar del trailer.

Camperhome: desde 52 hasta 138 dólares. Duermen hasta 3 personas y va encima de una camioneta.

Cara-Van: desde $58 hasta $152. Este es muy parecido al Cara-Van Trailer pero viene con una furgoneta que podréis desmontar y usarla como coche cuando estéis en la ciudad.

Intermediate Motorhome: entre 73 y 173 dólares. Capacidad hasta 5 personas. Esta es la tradicional, donde la cabina del coche está unida al resto de la caravana.

Large Motorhome: desde 79 hasta 184 dólares. Capacidad hasta 6 personas. Ideal para las familias grandes o un grupo de amigos "bien avenidos". Cuenta incluso con microondas. Todo está unido como si fuese un autobús.

Deluxe Motorhome: entre 91 y 205 dólares. Muy parecido al anterior, pero mucho más grande. Capacidad hasta 7 personas.

Motor Cabin: desde 50 hasta 65 dólares y con capacidad para dos personas. Resulta ideal para los que quieran mas movilidad y menos comodidad. Se trata de una camioneta que se convierte en una cabaña para dos. Esta muy bien de precios.

Camping Van: entre 90 y 105 dólares. Pueden dormir hasta 5 personas. Esta furgoneta viene equipada con una tienda de campaña nueva, ideal para los que quieran gozar de una mayor movilidad.

En temporada baja, desde el 26 de septiembre al 18 de diciembre podréis conseguir precios más baratos que en temporada alta, del 1 de enero al 25 de septiembre.

Compañías de alquiler de RV

*Bates Motor Home Rental Network: llamada gratuita, tel. 1 (800) 732 22 83.

*Cruise America Motorhome Rental & Sales: 7740 N.W. 34 Street. Tel. (305) 591 75 11.

*Photo Finish RV: 820 N.E. 182nd Terrace. North Miami Beach. Tel. (305) 652 97 74.

*American Committee: ofrece gratis un paquete de información de RV, que incluye una lista de libros publicados para RV además de los servicios de alquiler.

*P.O. Box: 2669, Dept., P, Reston, Va, 22090, Tel. (703) 620 60 03.

Podréis también llamar al teléfono (305) 281 54 77 para conseguir más información sobre alquileres y parques a los que ir.

Seguros para el coche

Todas las compañías de alquiler ofrecen un seguro a todo riesgo a la hora de alquilar el coche o RV. No es obligatorio acogerse a dicho seguro. La ley en Florida exige el seguro obligatorio y contra terceros para todos los vehículos de motor, pero no exige el seguro a todo riesgo. De todas formas, si os queréis ahorrar problemas en caso de accidente y dormir más tranquilos, sí resulta conveniente suscribir el seguro, aunque resulta un poco caro.

Gasolina y gasolineras

La gasolina en EE.UU es toda sin plomo. Básicamente cuenta con tres tipos. La normal, de 87 octanos, la media con 89 octanos y la super con 93 octanos. La gasolina es muy barata en comparación con España, costando alrededor de un dólar el galón (3,8 litros).

Las gasolineras funcionan de maravilla en todo el país. Son modernas y normalmente tienen tiendas del tipo de las de aquí, en las que se encuentran cosas de primera necesidad. Existen dos clases de servicios: auto servicio (self service) y servicio completo (full service). Las líneas de uno u otro servicio están indicadas.

Self service: por supuesto, como su nombre indica, con este servicio, el usuario se sirve él mismo la gasolina. Con esto, podréis ahorrar hasta un 20%. Por lo general tendréis que pagar antes de echar gasolina (al contrario que en España).

Full Service: resulta más caro, pero como su nombre indica, se trata de un servicio más completo. Los empleados de la gasolinera se encargan de limpiar los cristales del coche, de revisar los niveles de aceite, agua, líquido de frenos, etc. La mayoría de las gasolineras están abiertas las 24 horas.

Moviéndose en transporte público

En tren

La compañía nacional, la **Amtrak**, tiene pases para visitantes extranjeros,los llamados *USA Rail Pass*, que se dividen en franjas territoriales. En la parte que a nosotros nos ocupa, sabed que el pase del Noroeste (con el que podéis saltar a Toronto y Montreal, en Canadá) para quince días de viajes ilimitados cuesta unas 30.000 pts; si para un mes, sumadle otras 5.000. Para el Este, un poco más, 36.000 y 45.000; si queréis desplazaros por toda la red, entonces os costará entre las 55.000 (15 días) y las 70.000 (un mes).

Lo único que tenéis que hacer es acercaros con vuestro pase a las taquillas, y allí canjearlo por el billete correspondiente.

En autobús

Bastante mejor que el tren, en cuanto a frecuencias y destinos. La red de **Greyhound** llega casi a todos los lugares, y el pase turístico, llamado *Ameripass*, es bastante más económico: los dos meses rondan apenas las 60.000 pesetas. Más sencillo de utilizar: basta con presentárselo al conductor junto con el pasaporte, y para arriba. No hay que pasar por taquilla, así que no tendréis que aguantar las colas. Y es más mítico montar en un autobús de chapa gris, que el tren, ¿a que sí? Sólo sea por las paradas en mitad de ningún sitio, con hamburguesas enormes por un par de dólares...

Éstos son los trayectos más comunes, con su dirección aproximada y el coste del billete (por si no tenéis el Ameripass):

De Boston a:
Charlotte (North Carolina), 17 horas, 100$.
Chicago (Illinois), 20 horas, 99$.
Dallas (Texas), 38 horas, 139$.
Denver (Colorado), 42 horas, 119$.
Los Ángeles (California), 65 horas, 129$.
Miami (Florida), 32 horas, 89$.
Nashville (Tennessee), 23 horas, 122$.
Nueva York (NY), 4 horas, 25$.

De Chicago a:
Las Vegas (Nevada), 30 horas, 99$.
Los Ángeles (California), 35 horas, 99$.
Memphis (Tennessee), 8 horas, 49$.
San Francisco (California), 43 horas, 99$.
Nueva York (NY), 18 horas, 68$.

De Miami a:
Nueva Orleans (Louisiana), 20 horas, 79$.
Naples (Florida), 5 horas, 19$.
Orlando (Florida), 6 horas, 33$.
Tallahasse (Florida), 11 horas, 49$.
Tampa (Florida), 7 horas, 29$.

De Minneapolis a:
Nueva York (NY), 26 horas, 110$.
Seattle (Washington), 31 horas, 89$.
Washington (DC), 24 horas, 110$.

De Nueva Orleans a:
Orlando (Florida), 14 horas, 49$.
Sacramento (California), 53 horas, 119$.
San Diego (California), 37 horas, 99$.
San Francisco (California), 52 horas, 115$.
Seattle (Washington), 69 horas, 129$.
Tampa (Florida), 16 horas, 49$.

De Nueva York a:
Baltimore (Maryland), 5 horas, 30$.
Cleveland (Ohio), 9 horas, 49$.

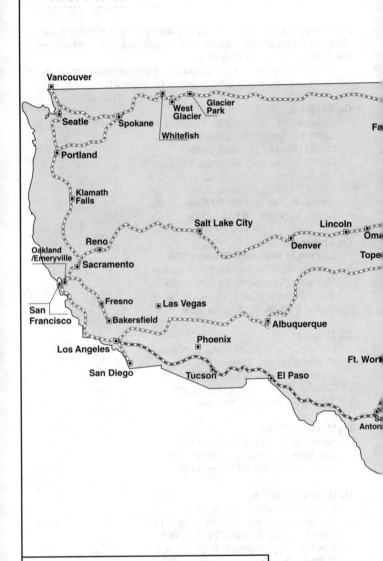

Vancouver

Seatle

Spokane

West Glacier

Glacier Park

Whitefish

Fa

Portland

Klamath Falls

Salt Lake City

Lincoln

Oma

Reno

Denver

Tope

Oakland /Emeryville

Sacramento

San Francisco

Fresno

Las Vegas

Bakersfield

Albuquerque

Los Angeles

Phoenix

Ft. Wort

San Diego

Tucson

El Paso

Sa Anton

----------------- Conexiones con Canadá

------------- De 3 a 6 frecuencias semanales

------------- 1 o más frecuencias diarias

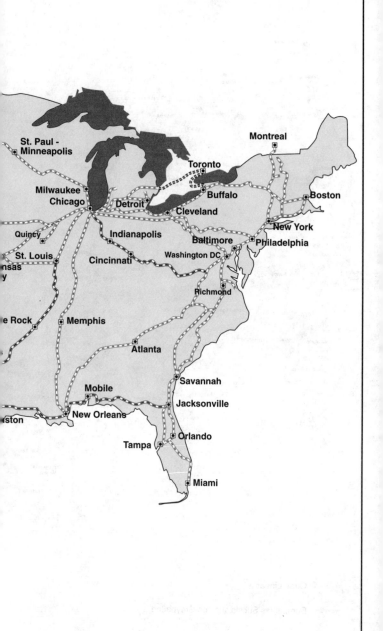

Estados Unidos Líneas de Autobuses

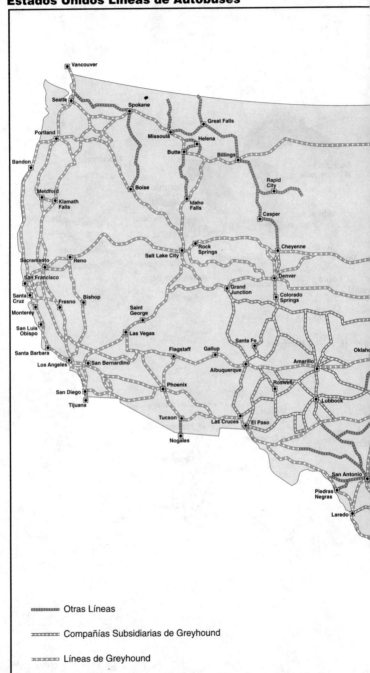

Otras Líneas

Compañías Subsidiarias de Greyhound

Líneas de Greyhound

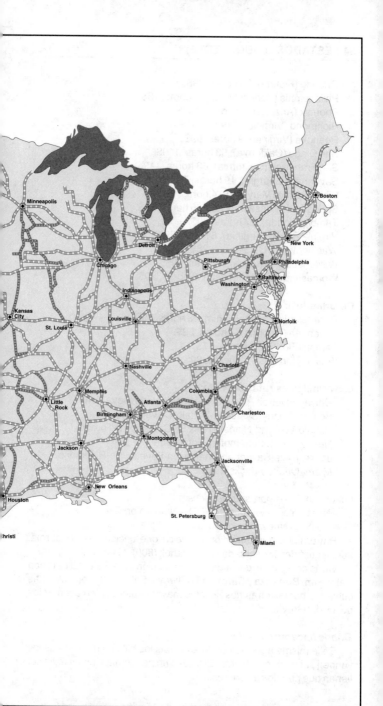

Orlando (Florida), 25 horas, 89$.
Philadelphia (Pennsylvania), 2 horas, 13$.
Phoenix (Arizona), 48 horas, 149$.
Richmond (Virginia), 7 horas, 49$.
Roanoke (Virginia), 9 horas, 69$.
San Diego (California), 53 horas, 119$.
San Francisco (California), 63 horas, 119$.
Savannah (Georgia), 19 horas, 79$.
Silver Spring (Maryland), 4 horas, 26$.
Springfield (Massachussets), 6 horas, 18$.
Tampa (Florida), 27 horas, 89$.
Virginia Beach (Virginia), 8 horas, 59$.
Washington (DC), 5 horas, 26$.
Williamsburg (Virginia), 8 horas, 59$.
Worcester (Massachussets), 5 horas, 20$.

De Orlando a:
Philadelphia (Pennsylvania), 23 horas, 89$.
Savannah (Georgia), 7 horas, 52$.
Tampa (Florida), 3 horas, 17$.
Washington (DC), 20 horas, 89$.

Las principales rutas del Este:
- Chicago/Detroit - Cleveland-Washington/Nueva York.
- Boston-Albany-Syracuse-Buffalo-Cleveland.
- Buffalo-Welland-Niagara Falls.St. Catherine's-Toronto.
- Nueva York-Binghampton-Rochester.
- Jacksonville-Savannah/Charleston-Fayetteville-Richmond.
- Miami-Orlando-Jacksonville.

Luego tenéis los *non-stop services*:
- Nueva York - Washington DC. - Nueva York.
- Boston - Nueva York - Boston.

Hay un línea de información telefónica, que funciona las 24 h del día, donde atienden las llamadas en español: (800) 231 22 33.

Otras compañías con alguna imlantanción en el Este del país son **Peter Pan**, **Bonanza** y **Carolina Trailways**. Salvo la primera, als rutas cubiertas por las otras dos -locales mayormente- suelen aceptar los pases del Greyhound.

Dónde hacerse con ellos

En la misma agencia donde adquiráis los billetes de avión os los venden sin mayor problema. Si tardan un par de días, no os extrañe: tienen que pedirlos a Londres...

Horarios comerciales

Los horarios varían dependiendo del pueblo o ciudad y de la clase del comercio de que se trate.

Agencias de viajes: de 9 h a 18 h, de lunes a viernes. Algunas trabajan los sábados hasta el mediodía.

Farmacias: de 9 h a 20 h. Los domingos de 12 h a 17 h. Algunas farmacias grandes están abiertas las 24 horas durante los 7 días de la semana.

Supermercados: de 9 h a 21 h de lunes a sábados, y de 12 h a 17 h los domingos. Algunos permanecen abiertos la 24 h.

Correos: de lunes a viernes de 8 h a 16 h. Los sábados abren únicamente desde las 8 h a las 12 h.

Restaurantes fast food: de 7 h 30 a 23 h.

Restaurantes: almuerzos 12 h a 14 h. Cenas de 18 h a 22 h.

Oficinas: de 9 h a 17 h, de lunes a viernes.

Tiendas especializadas: fuera de los centros comerciales varían mucho. Por lo general abren de 9 h a 18 h 30.

Medidas

Longitud:
1 pulgada (1 inch) = 2,5 cm
1 pie (1 foot) = 30 cm = 12 inches
1 yarda (1 yard) = 90 cm = 3 feet (pies)
1 milla = 1,6 km

Peso:
1 onza (1 oz) = 28,35 g
1 pound (1 libra) = 0,454 kg
1 quart = 0,951
1 gal (1 galón) = 3,8 litros

Tallas

Existen cuatro tallas de ropa normalmente:
Pequeña o "small" (S). Mediana o "medium" (M). Grande o "large" (L). Muy grande o "extra large" (XL).

Estas medidas sirven igual en hombres, mujeres y niños. Si la ropa o los zapatos tienen numeración, entonces debéis mirar estos cuadros para hacer la conversión.

Hombres (male)
* Suits (USA):   36 38 40 42 44 46 48
* Trajes (España): 46 48 50 52 54 56 58

* Shirts (EE.UU):	14	14,5	15	15,5	16	16,5	17
* Camisas (España):	36	37	38	39	41	42	43

* Shoes (EE.UU):	6,5	7	8	9	10	10,5	11
* Zapatos (España):	39	40	41	42	43	44	45

Mujeres (female)

* Blouses (EE.UU):	32	34	36	38	40	42	44
* Blusas (España):	40	42	44	46	48	50	52

* Dresses/Suits (EE.UU):	8	10	12	14	16	18	20
* Vestidos/trajes (España):	36	38	40	42	44	46	48

* Shoes (EE.UU):	5,5	6	7	7,5	8,5	9
* Zapatos (España):	36	37	38	39	40	41

Días festivos

Por lo general encontraréis todo abierto a menos que se trate de bancos u oficinas del gobierno todos los días. De todas formas hay ciertas fiestas que si se observan en las oficinas, aunque no en el comercio.

* ***1 de enero:*** Año Nuevo.
* ***Tercer lunes de enero:*** se conmemora el día de *Martin Luther King, Jr.*
* ***12 de febrero:*** el cumpleaños de *Abraham Lincoln.*
* ***Tercer lunes de febrero:*** el cumpleaños de *Robert Lee.*
* ***Viernes santo***
* ***Último lunes de mayo:*** dedicado a los caídos en las guerras.
* ***Julio 4:*** día de la Independencia.
* ***Primer lunes de septiembre:*** día del trabajo.
* ***11 de noviembre:*** día de los veteranos de guerra.
* ***Cuarto jueves de noviembre:*** día de acción de gracias.
* ***Diciembre 25:*** día de Navidad.

De estas fiestas, la única que todo el mundo respeta y en la que todo permanece cerrado es el día de acción de gracias, "Thanksgiving". En esta fiesta se conmemora la llegada de los peregrinos del "May Flower", los cuales dieron una fiesta para dar gracias a Dios por haber llegado sanos y salvos a América. Los americanos celebran esta festividad con una tradicional cena a base de pavo, puré y pastel de calabaza.

Comunicaciones

Correos

Las Oficinas de Correos ("Post Office") están abiertas de lunes a viernes de 8 h a 17 h. Los sábados solo por las mañanas desde las 8 h a las 12 h. En caso de que tengan otro horario, os lo indicamos.

Enviar una tarjeta postal dentro de los Estados Unidos cuesta 20 centavos y una carta 29. Las tarifas para España varían, de tal forma que lo mejor es informarse antes. La correspondencia tarda desde Estados Unidos a España entre 10 días y 2 semanas. Debéis aseguraros de que en el sobre ponga "Air Mail" que quiere decir, como ya sabréis, "por avión".

Si necesitáis mandar o recibir correspondencia urgente podéis usar el servicio "International Express Mail" que tarda de 2 a 3 días.

Para domiciliar vuestra correspondencia a la oficina de correos central de la ciudad en la que vayáis a pasar más tiempo, os tienen que escribir de la siguiente manera:

Nombre

General Delivery

Main Post Office

(ciudad, estado, código postal)

U.S.A. (país)

Teléfonos

Es uno de los servicios que mejor funciona en EE.UU. El americano se moriría sin el teléfono ya que la mayoría de los servicios telefónicos funcionan estupendamente y casi todo lo que hace es mediante este medio, desde conseguir cualquier información hasta la compra diaria. El costo es muy bajo en comparación con Europa. No dudéis ni un segundo en usarlo. La gente está acostumbrada a atender por el teléfono, y es una forma rápida, barata y segura de conseguir la información que se busca.

Las llamadas locales, si se hacen desde un teléfono particular son gratuitas, y si se hacen desde un teléfono público cuestan 25 centavos, pero podéis hablar cuanto tiempo queráis.

El coste de las llamada también varía dependiendo de la hora así como del día de la semana de que se trate. Entre las 18 h y las 7 h, y los fines de semana, las llamadas son más baratas.

Información por teléfono

Para pedir información local, podéis llamar desde cualquier cabina telefónica al 411 y preguntar cualquier número telefónico o dirección sin necesidad de poner los 25 centavos que es lo que cuestan las llamadas normalmente.

Si queréis información de otra localidad, tendréis que marcar el código de la ciudad y el teléfono 555 12 12. Por ejemplo si estáis en Miami y queréis conseguir información de algún teléfono en San Francisco, debéis marcar 1(415) 555 12 12.

En el caso de que necesitéis hablar con la operadora para hacer alguna llamada a cobro revertido (colect call), o persona a persona (person to person), debéis marcar el 0. La llamada también es gratuita. Si se pretende hacer lo mismo pero para una llamada internacional, el número que hay que marcar el 01.

Cuando vayáis a hacer una llamada por operadora, tanto si es local, larga distancia o internacional, debéis marcar el 0 ó el 01 más todos los números restantes; así la operadora sabrá a qué número queréis llamar y os será mas fácil toda la operación. Por ejemplo, si deseáis llamar a cobro revertido a Barcelona, marcaríais 01 34 3 y el número. Saldrá una operadora a la que tendréis que decir que queréis hacer una llamada "colect", y darle vuestro nombre. Ella ya sabrá al número que estás llamando, y preguntará en dicho número si aceptan pagar por la llamada.

Cuando deseéis hacer una llamada de larga distancia o internacional desde una cabina, y no sepáis cuánto os va a costar, podéis marcar el número sin echar dinero, y la computadora os dirá cuanto tenéis que depositar para realizar la llamada.

Llamadas internacionales

Para llamar a España directamente, hay que marcar el 011 34, el código de la provincia con el 9 (el 1 para Madrid, por ejemplo) y el número del abonado.

Las llamadas internacionales salen mucho más baratas pagándolas allí, pero también podéis llamar a cobro revertido (collect phone call) llamando al 01 34 prefijo de la provincia sin el 9 y el número. Una operadora contestará, y le tendréis que decir que queréis hacer esa llamada a cobro revertido. Esto sale más barato desde una cabina que desde un hotel. Para hablar con la operadora internacional, es necesario marcar el 01, haciéndolo desde una cabina no hay necesidad echar la moneda. De todos modos, nosotros os recomendamos que utilizéis las tarjetas prepagadas, mucho más sencillo y bastante económico: con algunas, el minuto a España sale por 30 pts.-

Llamadas nacionales

Las llamadas a larga distancia son todas aquellas en las que el número al que llamáis está fuera del condado en el que os encontráis. Así puede ser larga distancia una llamada, aunque el teléfono al que se llama tenga el mismo código que el que estáis usando.

Para las llamadas de larga distancia tendréis que marcar el número 1, después el código que son 3 números, (305) para Miami, y luego los 7 números del número de teléfono.

Todas las llamadas de larga distancia tienen tarifa especial después de las 18 h y durante los fines de semana.

Cuando no se sepa el prefijo de algún estado, se puede buscar en las páginas amarillas (pag. 12) o llamar a la operadora (marcando el 01).

Diferencias entre ambos países

Hay varias cosas que son diferentes en los teléfonos en EE.UU. En el aparato telefónico figuran unas letras, justo donde se marca; estas letras se usan en el marketing y la publicidad de las compañías. Podréis, en ocasiones, encontraros que el número de teléfono no lo dan con cifras sino con letras o frases hechas. Cada letra corresponde a un número, el cual podéis ver en cualquier aparato de teléfono. Por ejemplo, las letras A, B, C, corresponden al número 2. De esta forma se hacen frases o nombres para publicidad. Por ejemplo, la compañía de alquiler de coches "Value", en su publicidad pone que marquéis el 1 800 GO VALUE, lo que equivale a marcar el 1 800 468 25 83.

Los números cuyas llamadas son gratuitas, no empiezan con el 900 como en España, sino con el 1 (800).

Las cabinas de teléfono públicas tienen un número de teléfono propio al que se puede llamar como a cualquier otro número de teléfono. Dicho número lo encontraréis escrito en la parte frontal del propio aparato. De ahí que a nosotros nos resulte extraño cuando en las películas americanas, suena el teléfono de una cabina llamando a alguien.

La cosa de los hoteles

Desde albergues de la más pura tradición trotamundera, a exclusivos resorts o viviendas victorianas de pantagruélicos desayunos y dueñas con la pierna rota: de todo os hemos buscado, para que no lo tengáis que hacer vosotros. Salvo que así os lo indiquemos, las habitaciones tienen siempre una cama doble, televisor, aire acondicionado y cuarto de baño. Ah, otra cosa: recordad que las mejores gangas se encuentran siempre en los establecimientos de las grandes cadenas, y/o en las áreas de descanso de las autopistas.

No resulta barato, también es verdad, dormir en este país. No hablamos ya de los imposibles precios de Manhattan o el mes de julio bostoniano, donde casi nada baja de 150$; los moteles más tirados del país, aquellos que no aparecen aquí de lo malos y cutres que son, ya están por los 40$, cantidad que parece ser la *mínima común denominadora*. Ah, y es que nadie da duros a pesetas... contad con un gasto mínimo, por habitación y noche, de 60-70$, sin tirar nada por lo alto, en un hotel que está bien, sí, pero nada más.

Nos hemos atenido a las siguientes categorías:
- **Precio barato:** menos de 100$.
- **Precio medio:** entre 100$ y 150$.
- **Precio alto:** más de 150$.

La cosa de los restaurantes

Como ya sabréis,hay prácticamente de todo en todos los sitios. Para qué andarnos con rodeos: no hace falta irse a la Polinesia para comer platos polinesios, no señor, con darse una vuelta por los figones étnicos, suficiente. Hemos pensado en todos los bolsillos; así, hemos establecido tres categorías:
- **Precio barato:** menos de 10 dólares.
- **Precio medio:** entre 10 y 20 dólares.
- **Precio alto:** más de 20 dólares.

Siempre, eso sí, por persona para una comida-tipo compuesta por un entrante y un primer plato, sin estar incluida la bebida y la propina.

Horarios de restaurantes

Recordad que los horarios de las comidas son diferentes a los de España. Esto es algo muy importante si no queréis iros a la cama sin cenar. Las cocinas cierran temprano durante la semana. El desayuno es de 8 h a 11 h, el almuerzo de 12 h a 2 h y la cena de 6 h a 10 h durante la semana; el horario de las cenas se amplia hasta las 11 h los fines de semana. Esto puede variar dependiendo la ciudad y el tipo de restaurante. En caso de necesidad, siempre podréis encontrar restaurantes abiertos las 24 h.

Propinas

La propina no es obligatoria en EE.UU, pero casi todo el mundo deja algo. En caso contrario, podríais veros sometidos a todo tipo de insultos. La razón es que los camareros carecen de salario fijo y viven de las propinas, así que si después de atender una mesa por dos horas no le dejan nada de propina, se pondrá de muy mal talante.

En la mayoría de los restaurantes la propina no esta incluida, pero debéis fijaros bien, pues en sitios turísticos ya están empezando a incluirla en la factura, debido a la cantidad de turistas que no dejaban nada. Si veis que la propina ya está incluida en la factura no tenéis que dejar nada extra.

La siguiente tabla orienta sobre lo que se debe dejar:
Restaurantes/bares: 15%-20%.
Peluquerías: 10%-15%.
Manicura: $1.
Pedicura: $1-$3.
Maleteros en hotel/autocar/tren: $0.50 por maleta.
Maleteros aeropuerto: $1-$2 por maleta.
Ama de llaves en hoteles: $1-$2 por día.
Taxis: 10%-20% (opcional).
Gasolina: esta incluido en el precio del servicio "full service".

VOCABULARIO MÁS FUNDAMENTAL

Frases más usuales

Buenos días	*good morning*
Buenas tardes	*good afternoon*
Buenas noches	*good evening*
Por favor	*please*
Gracias	*you're welcome*
Muchas gracias	*thank you very much*
¿Qué hay? ¿Qué tal?	*how do you do?*
¿Cómo está usted?	*how are you?*
Hasta la vista	*good bye*
Hasta mañana	*see you tomorrow*
Hasta pronto	*see you soon*
¿Habla usted español?	*do you speak spanish?*
¿Comprende usted?	*do you understand?*
¿Cómo dice?	*what do you say?*
Hable más despacio, por favor	*speak slowly, please*
¿Quién es?	*who is it?*
¿Qué es éso?	*what is that?*
¿Cuánto?	*how much?*
¿Cuántos?	*how many?*
Perdone, dispense	*excuse me*

El tiempo

Segundo	*second*
Minuto	*minute*
Hora	*hour*
Día	*day*
Semana	*week*
Fín de semana	*weekend*
Mes	*month*
Año	*year*
Lunes	*monday*
Martes	*tuesday*
Miércoles	*wednesday*
Jueves	*thursday*
Viernes	*friday*
Sábado	*saturday*
Domingo	*sunday*
Enero	*january*
Febrero	*february*

Marzo	*march*
Abril	*april*
Mayo	*may*
Junio	*june*
Julio	*july*
Agosto	*august*
Septiembre	*september*
Octubre	*october*
Noviembre	*november*
Diciembre	*december*
Invierno	*winter*
Primavera	*spring*
Verano	*summer*
Otoño	*autumn*
Hoy	*today*
Mañana	*tomorrow*
Ayer	*yesterday*
Anteayer	*the day before yesterday*
Pasado mañana	*after tomorrow*
¿Qué hora es?	*what time is it?*
Son las nueve en punto	*it's nine o'clock*
Las nueve y diez	*ten past nine*
Las nueve y cuarto	*a quarter past nine*
Las nueve y media	*half past nine*
Las nueve menos cuarto	*a quarter to nine*
Mañana	*morning*
Mediodía	*noon*
Tarde	*evening, afternoon*
Noche	*night*
Medianoche	*midnight*

El transporte

Estación	*station*
Andén	*platform*
Billete	*ticket*
Tarifa	*fare*
Aeropuerto	*airport*
Cinturón de seguridad	*safety belt*
Vuelo	*flight*
Asiento	*seat*
Autobús	*bus*
Metro	*metro, underground*
Lléveme a la calle K	*take me to K street*

En el hotel y el restaurante

Habitación	*room*
Habitación doble	*double size room*
Cama	*bed*
Desayuno	*breakfast*
Toalla	*towel*
Ésto es para lavar	*this is for the laundry*
Media pensión	*half board*
Pensión completa	*full board*
Tengo reservada una habitación	*I have booked a room*
Botones	*valet*
Comida	*dinner*
Cena	*supper*
Carta	*menu*
Dieta	*diet*
¿A qué hora se sirve la comida?	*a what time it' s the dinner served?*
Suba el desayuno a la habitación	*serve my breakfast in my room*
Tomaré el plato del día	*I'll have today's menu*
Póngalo en mi cuenta	*Charge it on my bill*
Servilleta	*napkin*
Vaso, copa	*glass*
Taza	*cup*
Cuenta	*bill*
Tenedor	*fork*
Cuchara	*spoon*
Cuchillo	*knife*
Plato	*dish*
Sopa	*soup*
Carne	*meat*
Pescado	*fish*
Marisco	*shellfish*
Vino	*wine*
Fruta	*fruit*
¿Está la propina incluída?	*it's the tip included?*
Cocido	*boiled*
Frito	*fried*
Asado	*roasted*
A la parrilla	*grilled*
Crudo	*raw*
Poco, muy hecho	*rare, well done*

En la calle

Avenida	*avenue*
Calle	*street*
Plaza	*square, circle*
Catedral	*cathedral*
Museo	*museum*
Correos	*post officce*
Ayuntamiento	*city hall*
Comisaría	*police station*
Bomberos	*fire station*
Juzgado	*court*
Iglesia	*church, chapel, temple*

Los números

Uno	*one*
Dos	*two*
Tres	*three*
Cuatro	*four*
Cinco	*five*
Seis	*six*
Siete	*seven*
Ocho	*eight*
Nueve	*nine*
Diez	*ten*
Once	*eleven*
Doce	*twelve*
Trece	*thirteen*
Catorce	*fourteen*
Quince	*fifhteen*
Dieciséis	*sixteen*
Diecisiete	*seventeen*
Dieciocho	*eighteen*
Diecinueve	*nineteen*
Veinte	*twenty*
Treinta	*thirty*
Cuarenta	*forty*
Cincuenta	*fifty*
Sesenta	*sixty*
Setenta	*seventy*
Ochenta	*eighty*
Noventa	*ninety*
Cien	*a, one hundred*

Doscientos	*two hundred*
Trescientos	*three hundred*
Cuatrocientos	*four hundred*
Quinientos	*Five hundred*
Mil	*one thousand*
Un millón	*a, one million*

Los colores

Azul	*blue*
Blanco	*white*
Marrón	*brown*
Negro	*black*
Rojo	*red*
Rosa	*pink*
Verde	*green*
Amarillo	*yellow*
Gris	*grey*
Naranja	*orange*
Claro	*light*
Oscuro	*dark*

De compras

¿Cuánto es?	*how much is it?*
Abrigo	*overcoat*
Chaqueta	*jacket*
Calcetines	*socks*
Camisa	*shirt*
Camiseta	*t - shirt*
Corbata	*tie*
Pantalón	*trousers*
Pantalones vaqueros	*jeans*
Falda	*skirt*
Medias	*tights*
Vestido	*dress*
Jersey	*pullover*
Talla	*size*

INTRODUCCIÓN

HISTORIA

Descubrimiento, colonización
e independencia de los EE. UU.

Los primeros establecimientos europeos sobre el actual territorio norteamericano fueron los españoles del golfo de México y la Florida (San Agustín, fundado en 1565 por **Pedro Menéndez de Avilés**) y los franceses, que desde el San Lorenzo se extendieron por el valle del Mississippi. La primera colonia británica permanente fue la de Jamestown (1607), en Virginia, dedicada a la explotación de plantaciones de tabaco y arroz. La masiva llegada de colonos ingleses en el siglo XVIII fue canalizada por compañías mercantiles y grandes señores; otros grupos de colonos llegaron como refugiados, como los puritanos del *Mayflower* o los cuáqueros, que se instalaron en Pennsylvannia. En 1763 existían trece colonias en la costa este del continente. Las fricciones con los asentamientos españoles y franceses culminaron con la Guerra de los Siete Años (1756-1763), con la que Inglaterra obtuvo Canadá, Florida y Louisiana Oriental. Los colonos se opusieron a la metrópoli cuando ésta intentó llevar a cabo una serie de reformas económicas. El levantamiento armado se produjo en 1775, y la Declaración de Independencia de 1776 proclamó la soberanía popular y los derechos de la persona. Las milicias de los colonos, bajo el mando de **George Washington** y con el apoyo del ejército francés y de revolucionarios europeos, derrotaron definitivamente a los británicos en 1781, y en 1783 el Tratado de París reconoció la independencia de las trece colonias. Tras la Declaración de Independencia, los 'padres de la patria' se vieron en la tesitura de dar nombre al nuevo país. Cuentan las crónicas que se pensó en llamarle Columbia; pero un correo les trajo la noticia de que un territorio recién independizado de la corona española había adaptado ése nombre... así, que decidieron llamarse 'Estados Unidos de América', 'Washington' a la hasta entonces conocida como 'Capital Federal'... y el nombre del descubridor para el lugar donde se emplazó: el Distrito de Columbia. El Congreso votó en 1785 por el establecimiento de una 'Capital Federal'. Los congresistas del norte la querían en el río Delaware, en el norte; los del Sur, claro está, en su área, cerca del río Potomac. La solución llegó cuando Thomas Jefferson propuso que el estado federal asumiera las deudas de guerra de las colonias si los congresistas aceptaban que la capital fuera emplazada en la ribera del Potomac. George Washington eligió personalmente el terreno, un diamante de cien millas cuadradas en la confluencia de los ríos Anacostia y Potomac y cerca de los puertos de tabaco de Alexandria y Georgetown. Washington

El siglo XIX

Este siglo se caracterizó por la expansión al Oeste. En 1803, el gobierno compró a **Napoleón** la Louisiana, doblando de esta manera la extensión del país. Después de la guerra con los británicos (1812-1814), algunos congresistas proclamaron la idea de atacar y conquistar Canadá, Florida y Cuba; se consiguió agregar al país parte de Canadá y la Florida en 1819. En 1845 fue anexionada Texas, y la guerra mexicana (1846-1848) añadió al país más de dos millones y medio de kilómetros cuadrados. La esclavitud fue instaurada en la mayor parte de los nuevos territorios. En la marcha al Oeste, la tierra poblada por los indios fue proclamada propiedad del Estado y subastada a altísimos precios: los indios fueron, poco a poco, arrinconados en yermas extensiones de tierra. Pero la gran división del país venía dada por la esclavitud: a ella se oponían las grandes familias del norte, los obreros y los campesinos. En 1854 se fundó el Partido Republicano, que defendió la abolición de la esclavitud y la colonización gratuita de las tierras del oeste. Cuando en 1860 fue elegido presidente el candidato republicano **Lincoln**, los estados del Sur se separaron de la Unión y constituyeron la confederación. En 1861 comenzaron las luchas entre el Norte y el Sur. Durante la Guerra Civil, Lincoln promulgó la *Homestead Act* en 1862, que permitió la ocupación gratuita de parcelas en las tierras del Oeste y la *Emancipation Act* en 1863, por la que se abolía la esclavitud. La victoria del Norte, en 1865, supuso una liberación parcial de la población negra, que *de facto* siguió dependiendo de los grandes terratenientes del Sur. Después del 'periodo de reconstrucción' (1865-1874), se volvió a instaurar la supremacía blanca con la fundación de grupos racistas como el 'Ku Klux Klan', con armas como el terror y leyes segregacionistas.

En 1890, la producción industrial superó a la agrícola y superó la de los países europeos, gracias, entre otros factores, a la abundancia de materias primas, la colonización del Oeste y la elevada inversión extranjera. Los altos costes salariales hicieron que los empresarios se preocuparan en la racionalización del trabajo, lo que llevó implícito un extraordinario desarrollo de inventos tecnológicos (teléfono, telégrafo...). Fue entonces cuando comenzaron las grandes movimientos de reivindicación obreros.

Territorialmente, en la segunda mitad del XIX, los Estados Unidos se aseguraron ventajosas condiciones económicas con China, compraron Alaska a Rusia (1867), y conquistaron las islas Hawaii (1898). Además, se hizo muy fuerte su influencia en la zona centroamericana.

El siglo XX

Tras la victoria contra España, Estados Unidos pudo ocupar Puerto Rico, Filipinas, la isla de Guam, y el control tácito de Cuba mediante la *Enmienda Platt* y Santo Domingo (el 'patio trasero' de los EEUU). Como respuesta a la negativa de Panamá a vender una parte del itsmo, invadió ese país; después llegarían las ocupaciones de Haití (1915) y las islas Vírgenes (1916). La neutralidad de los Estados Unidos en la I Guerra Mundial tuvo como consecuencia un espectacular apogeo para las grandes empresas, favorecido por las leyes proteccionistas. La crisis del 29 y los años de la Gran Depresión hicieron que el Estado interviniera para devolver al país la estabilidad económica y eliminar algunas desigualdades sociales; los efectos más perniciosos de la crisis fueron superados, por más que algunas de las leyes fueran declaradas inconstitucionales. La entrada en la II Guerra Mundial y la política de alianzas con los dirigentes latinoamericanos supusieron el final para la política aislacionista del país. Después de la guerra, el país inició la reconversión de la economía de guerra en economía de paz. Elaboró el Plan Marshall de ayuda a Europa. Entonces, comenzó la 'guerra fría'. Entre 1948 y 1951 se originó lo que se ha dado en llamar *macartismo*, años marcados por la continua persecución de todo aquel sospechoso de antiamericano y comunista, que el senador **McCarthy** impulsó desde el Comité de Actividades Antiamericanas, y que llevó a la degradación de todo tipo a centenares de personas, acusadas en la mayoría de los casos de colaboracionistas con los soviéticos. La situación mejoró algo con la llegada al poder, en 1952, de **Eisenhower**, que durante sus dos mandatos se propuso también integrar a la población negra. Tras diversas escaramuzas con los soviéticos -como la guerra de Corea-, se hicieron más fuertes los pactos con los países occidentales para frenar la 'expansión del comunismo'. En 1960 salió elegido como presidente el demócrata **John Fitzgerald Kennedy**; su política de concordia -que incluyó un tratado con los soviéticos sobre prohibición de pruebas nucleares en la atmósfera en 1963-, sólo fue alterada con el desembarco, auspiciado por su gobierno, de fuerzas anticastristas en la bahía de Cochinos, en 1961; Kennedy sería asesinado en Dallas el 22 de noviembre de 1963. Bajo el mandato de su sucesor, **Lyndon B. Johnson**, se intervino en el conflicto de Santo Domingo (1966) y se entró en la guerra que acabaría con la única derrota militar en la historia de los Estados Unidos: la guerra de Vietnam. Tras el pésimo período de **Nixon** en la presidencia, que se convirtió en el primer presidente obligado a dimitir, la guerra acabó en el mandato de **Ford**, al que siguió **Carter**, oscurecido por la *crisis de los rehenes* de Teherán. El mandato de **Reagan** tuvo como consecuencia una política de rearme que aparejó un grandísimo endeudamiento de la economía del país y una vuelta al tono antisoviético de la guerra fría, que se había superado en parte con los pactos firmados por **Carter** y **Breznev**. En el mandato de su sucesor, **George Bush**, se desplomaron los regímenes del Este. El actual presidente, **Bill Clinton**, primer demócrata desde **Roosvelt** en repetir mandato, ha tenido grandes logros tanto en política interior -aún a riesgo de dejar desprotegidas a las clases menos favorecida- como en política exterior. Y por más que bajo su mandato el déficit público y la tasa de paro alcanzen níveles desconocidos -por lo bajo- desde los tiempos de la postguerra, su presidencia probablemente será recordada por el *affaire Lewinsky*, del que se ha hablado y se hablará tanto, que nosotros nos callamos.

ORDENAMIENTO POLÍTICO

El sistema político de los EEUU es una sistema republicano presidencialista, formado por dos cámaras legislativas (el Congreso). El Senado tiene cien miembros, dos por cada estado. El senador debe tener como mínimo treinta años de edad, ser residente del estado por el que es elegido, y ser ciudadano de pleno derecho de los Estados Unidos por lo menos durante los nueve años anteriores a su elección. Son elegidos por períodos de seis años, salvo una tercera parte, que son elegidos por sólo dos. En un principio, los senadores eran designados por los legisladores del estado, pero en 1913 la Decimoséptima Enmienda concedió el derecho y el deber de la elección al pueblo soberano. Si un senador muere o dimite, es el gobernador del estado quién debe designar al sustituto. El vicepresidente del gobierno es el presidente del Senado, pero en las sesiones diarias ese cargo es ocupado por el senador más antiguo del partido que tenga la mayoría en la cámara.

La cámara de Representantes tiene 435 miembros. Cada estado tiene un número determinado de representantes basado en el censo de la población; cada estado tiene derecho a uno como mínimo. Puerto Rico está representado por un comisario, y los representantes del Distrito de Columbia, las islas Vírgenes, la Samoa Americana y Guam tienen voz pero no voto. Un miembro de esta cámara debe tener como requisitos un mínimo de veinticinco años de edad, residente del estado al que representa, y ciudadano de pleno derecho en los últimos siete años. Los mandatos son de dos años. El presidente de la Cámara es el *Speaker* (portavoz), segundo en la línea de sucesión al presidente.

La Constitución da responsabilidad al Congreso (ambas cámaras) para declarar guerras, mantener las fuerzas armadas, instaurar impuestos, emisiones de dinero, regulaciones comerciales y todas las leyes necesarias para el ejercicio de la gobernabilidad. Sólo el presidente -que tiene derecho de veto sobre las disposiciones del Congreso-está por encima.

Y estos que siguen son los presidentes que tomaron algunas de las decisiones que han marcado, durante décadas, el rumbo del mundo:

Presidentes de los E.E.U.U.

George Washington	1789-97
John Adams	1797-1801
Thomas Jefferson	1801-09
James Madison	1809-17
James Monroe	1817-25
John Quincy Adams	1825-29
Andrew Jackson	1829-37
Martin Van Buren	1837-41
William Henry Harrison	1841
John Tyler	1841-45
James Knox Polk	1845-49
Zachary Taylor	1849-50
Millard Fillmore	1850-53
Franklin Pierce	1853-57
James Buchanan	1857-61
Abraham Lincoln	1861-65
Andrew Johnson	1865-69
Ulysses Simpson Grant	1869-77
Rutherford Bichard Hayes	1877-81
James Abram Garfield	1881
Chester Alan Arthur	1881-85
Stephen Grover Cleveland	1885-89
Benjamin Harrison	1889-93
Stephen Grover Cleveland	1893-97
William McKinley	1897-1901
Theodore Roosevelt	1901-09
William Howard Taft	1909-13
Thomas Woodrow Wilson	1913-21
Warren Gamaliel Harding	1921-23
John Calvin Coolidge	1923-29
Herbert Clark Hoover	1929-33
Franklin Delano Roosvelt	1933-45
Harry S. Truman	1945-53
Dwight David Eisenhower	1953-61
John Fitzgerald Kennedy	1961-63
Lyndon Baines Johnson	1963-69
Richard Milhouse Nixon	1969-74
Gerard Rudolph Ford	1974-77
James Earl Carter	1977-81
Ronald Wilson Reagan	1981-89
George Herbert Bush	1989-93
William Jefferson Clinton	1993-2000

Y éstas son las biografías -muy condensadas- de los más importantes presidentes del país:

George Washington (1732 - 1799)

El primer presidente fue oficial en las milicias virginianas, y se destacó sobremanera en la lucha contra los franceses. En 1758, nombrado jefe de la milicia de Virginia, obligó a los franceses a retirarse de Fort Duquesne, conseguido lo cual abandonó el ejército y se retiró a Mont Vernom. En 1776, vuelto al servicio activo, tomó Boston y obligó a los británicos a embarcarse, hecho al que siguió la declaración de independencia; y aunque en agosto de 1776 fue derrotado en Philadelphia, tras la dramática travesía del río Delaware consiguió las victorias de Princeton y Trenton, en las que adquirió su fama de excepcional estratega. Al año siguiente, tras la victoria de Saratoga, cayó en Brandywine, lo que le obligó a retirarse con sus tropas a Valley Forge, donde procedió a la reorganización en condiciones más que adversas. En 1781, tras la toma de Yorktown, recibió la rendición del general británico Corwallis. Terminada la guerra, presidió la Convención Constitucional de la nueva república, de la que fue elegido presidente en 1789. Intentó seguir una política de estabilización internacional a través de acuerdos con Francia, España e incluso Gran Bretaña, lo que no fue bien visto por algunos sectores del país. En el aspecto interno, excelentemente secundado por Jefferson y Hamilton, organizó la economía y preconizó la colonización del oeste. En 1796, renunció a una tercera reelección, y se retiró a Mount Vernom, pero ante la eventualidad de una nueva guerra contra Francia le fue conferida la dirección de las tropas. Falleció en Mount Vernon cuando estaba trabajando en la tarea de la organización del ejército.

Thomas Jefferson (1743 - 1826)

El tercer presidente de los Estados Unidos (entre 1801 y 1809), fue primero diputado del Congreso de Philadelphia y uno de los redactores de la Declaración de Independencia de 1776, además de embajador en Francia (de 1797 a 1801), secretario de Estado con el presidente Washington y vicepresidente durante el mandato de John Adams (1797 - 1801), a quién sucedió. Inauguró la nueva capital de la nación -Washington-, y compró la Louisiana a Francia en 1803. Mantuvo la neutralidad en las guerras napoleónicas y se esforzó por democratizar el gobierno. Reelegido en 1804, al término de su nuevo mandato se retiró a Monticcello, Virginia.

Abraham Lincoln (1809 - 1865)

De formación autodidacta, en 1836 consiguió el título de abogado. Elegido diputado para la Cámara de Representantes de Illinois (1834-1842), manifestó en sus intervenciones una actitud contraria a la esclavitud, aunque también se opuso a su abolición por parte del gobierno federal. Diputado en el congreso (1847-1849), perdió popularidad por su oposición a la guerra con México, debido a lo cual no fue reelegido. Se dedicó entonces a ejercer como procurador, hasta que en 1854 se decidió a intervenir en los debates sobre la esclavitud, que habían cobrado nueva fuerza con la promulgación de la *Kansas - Nebraska Act*. En 1856 se afilió al partido republicano, y en 1858 fue nombrado candidato en las elecciones senatoriales de Illinois; a pesar de perder esta elección, sus debates con el candidato demócrata Stephen A. Douglas sobre el tema de la esclavitud le dieron una cierta popularidad a escala nacional. En la convención republicana de 1860 ganó la candidatura a la presidencia, frente al acérrimo abolicionista William H. Seward, como hombre capaz, por su moderantismo, de atraerse a las fuerzas conservadoras del norte. Lincoln proponía evitar la entrada de la esclavitud en los territorios occidentales donde aún no existía, y presionar moralmente a los sudistas, con el fin de que acabaran voluntariamente con ella. Su elección como presidente en 1860, favorecida por las divisiones internas de los demócratas, provocó la separación de los estados del Sur. En un primer momento, intentó por todos los medios restaurar la unión, pero cuando la guerra estalló en 1861 se encargó personalmente de su dirección. Su actuación como administrador y sus relaciones con su gabinete fueron muy discutidas, y en el Congreso frenó a los miembros de su partido que deseaban una política más radicalmente abolicionista. Con el fin de conseguir un mayor apoyo popular a la guerra, en 1862 promulgó dos medidas fundamentales: la *Homestead Act* y la *Emancipation Proclamation* de los esclavos. Los resultados favorables de la campaña y el próximo fin del conflicto aseguraron su reelección en 1864, fundamentada en un programa dedicado a la inmediata reconstrucción del Sur. Cinco días después del fin de la guerra fue asesinado en el teatro Ford de Washington mientras asistía a la representación de la obra *An american cousin*, por el extremista sudista John Wilkes Booth.

John Fitzgerald Kennedy (1917 - 1963)

Miembro del Partido Demócrata. Perteneciente a una rica familia católica de origen irlandés, fue elegido miembro de la Cámara de Representantes en 1946 y senador en 1952. Triunfó en las elecciones presidenciales de 1960, frente al candidato republicano Richard Nixon. Pese a apoyar el desembarco anticastrista de la bahía de Cochinos e iniciar la intervención estadounidense en Vietnam, siguió una política favorable a la distensión internacional y a la integración interior, que le valió la enemistad de los sectores ultraderechistas del país. Murió asesinado en Dallas (Texas) el 22 de noviembre de 1963.

CULTURA

Arquitectura

Destacan dos grandes empresas arquitectónicas, que buscaron su inspiración en la arquitectura medieval y renacentista. McKim, Mead y White fueron los intérpretes más distinguidos de los estilos renacentista y clásico; entre sus grandes obras destacan la Biblioteca Pública de Boston y la Universidad de Columbia. Durante el primer cuarto del siglo, los arquitectos se esforzaron en satisfacer las demandas de una sociedad en rápida evolución. Sus dificultades aumentaron con el empleo del acero y el hormigón, y fracasaron todas las tentativas hechas para solucionar el problema de los rascacielos, con la posible excepción de la Torre Gótica Woolworth de Nueva York, de Cass Gilbert. Los edificios industriales se construyeron sin sujeción a estilo alguno. Los edificios públicos, especialmente las oficinas gubernamentales de Washington, continuaron siendo clásicos; impresionantes, pero carentes de inspiración. Durante todo este período, las casas se construyeron en los estilos colonial, georgiano, francés y español, pero no poseían el encanto de las construcciones de la época que tan arduamente trataban de imitar. El segundo cuarto del siglo XX fue una época de progreso desigual en el campo de la arquitectura, marcado por el abandono sistemático de las ciudades por sus pobladores. Sin embargo, los grandes establecimientos comerciales y financieros continuaron levantando rascacielos, en cuya construcción empleaban acero, vidrio y materiales plásticos. En lo relativo a la edificación de viviendas, destaca el trabajo de Frank Lloyd Wright, de cuyas obras merece citarse la *Falling Water* de Pennsylvannia, ejemplo claro de su arquitectura orgánica. Alfred Parker y Paul Rudolph planearon construcciones muy en consonancia con el clima subtropical de Florida. Pietro Belluschi y otros crearon una vigorosa arquitectura regional inspirada en el terreno de la costa noroccidental del Pacífico. El pintoresco paisaje y el clima suave de la costa occidental inspiraron a arquitectos eminentes como Greene y Green, Nautra, Wurster, Harris y Hill. Con todo, las estructuras más espectaculares fueron los rascacielos de las grandes ciudades. Esta creación, esencialmente estadounidense, se inició brillantemente en Chicago, pero al cabo de un cuarto de siglo, sucumbió ante los eclécticos que desdibujaron las líneas de las fachadas con detalles góticos y clásicos. Más tarde, sin embargo, se volvió a la proyección, de un modo más racional, de estos altos edificios, que de nuevo empezaron a surgir en varias ciudades: el *Telephone Building* y el *Empire State Building*, en Nueva York, o el rascacielos del *Dayly News* de Chicago. Actualmente, se emplean en su construcción materiales como el vidrio y el aluminio. Hoy, las innovaciones arquitectónicas más importantes están consagradas a la construcción de los *malls*, inmensos centros comerciales que resumen a la perfección la acepción estadounidense de la sentencia "más rápido, más alto, más fuerte"; la arquitectura urbana ha caído en una profunda crisis, con la tendencia de los habitantes de las grandes ciudades a emigrar a despersonalizados suburbios repletos de viviendas unifamiliares y donde el coche es el rey.

Escultura

A principios de siglo destaca sobremanera Adolph A. Weinman (*Setting Sun, Rising Sun*); James Earle Fraser, considerado por muchos el más aventajado discípulo de Saint Gaurdens, esculpió la cabeza india y el bisonte del *nickel* americano. Sus *The End of the Trial, Alexander Hamilton* y el busto de Saint Gaurdens son igualmente notables. Uno de los más conocidos escultores estadounidenses del siglo XX, Paul Manship, ha creado muchas y muy deliciosas obras, en que da a temas clásicos un nuevo sabor arcaico como en el *Centaur and Dryad*. Jo Davidson ha adquirido también cierta fama por su habilidad en el parecido, bien manifiesta en obras como *World War Leaders*. Tras la II Guerra Mundial, el país atraviesa un período de exploración escultórica de gran vitalidad y estilo. Los escultores trabajan en metales forjados con renovada inspiración y dominio de técnicas no convencionales. Una de las tendencias más acusadas es la del expresionismo abstracto, que supone una manera emocional, con frecuencia oscura y violenta, de abordar los problemas abstractos de la forma, espacio y luz. A la cabeza de los expresionistas abstractos se encuentran Theodore Roszak, David Hare y Herbert Ferber. Con excepción del cubismo, los primeros movimientos vanguardistas están aún desenvolviéndose vigorosamente. Oronzio Maldarelli y José de Creeft prosiguen la senda neoclásica de Arístide Malliol. Richard Lippold e Ibram Lassaw trabajan según los cánones constructivistas, con alambre y metal soldado, respectivamente. David Smith aborda el surrealismo en el acero con jeroglíficos espaciales. Dos escultores individualistas de gran ingeniosidad son Alexander Calder, inventor de las construcciones abstractas movibles hechas de alambre y chapas de metal, y Mary Callery, que esculpe en bronce figuras estilizadas muy personales.

Pintura

Ya iniciado el siglo XX, los "ismos" comprendían, además del impresionismo, que Innes copiara de Monet, aquella otra rama del impresionismo traducida por Robert Henri del mismo Manet y el postimpresionismo de Cezánne, el Fauvismo de Matisse, el cubismo de Picasso, y el surrealismo de Dalí, Ernst y Miró. Con excepción de alguna que otra pintura individual, estas imitaciones americanas de la escuela parisina han revestido escasa trascendencia por limitarse a repetir débil y diluidamente las características y peculiaridades superficiales de los maestros extranjeros. Robert Henri, pintor, maestro y crítico, llevó a Nueva York el evangelio de Manet y fundó un grupo de pintores conocidos como 'Los ocho', en el que figuraban Galckens, Davies, Lawson, Luks, Pendergast, Shinn y Sloan. El impresionismo, en sus versiones opuestas de Innes y Henri, dominó la pintura americana hasta que con la llamada *Armory Show* de 1913 irrumpieron en Nueva York y Chicago las pinturas de Matisse, Picasso y demás artistas europeos. El apasionamiento con que fue recibido el nuevo arte fue capitalizado por gente como Weber, Marin, Hartley o Sterne, todos los cuales habían de convertirse en maestros del modernismo estadounidense. Éste evolucionó y cambió a medida que lo hacía su patrón parisino; fue necesaria la invasión nazi de Francia para que acabara el período de 'tiranía' parisina. Durante la II Guerra Mundial, la División de Servicios Especiales creó un Comité de Asesoramiento Artístico del Departamento de Guerra, que pronto contó con casi cincuenta artistas que plasmaban las escenas de la confrontación bélica. A partir de este momento -la II Guerra Mundial-, y hasta nuestros días, la pintura estadounidense aparaece capitalizada por dos escuelas: el expresionismo abstracto (representado por De Kooning, Davis o Pollock) y el *pop art* (Warhol y Liechestein).

Literatura

En líneas generales, puede decirse que la novela del siglo XX fue iniciada por Sinclair Lewis y Sherwood Anderson, muy influyentes ambos en la obra de otros escritores que luego seguirían investigando los elementos típicos de la ciudad estadounidense. El escritor más brillante de comienzos de siglo fue Theodore Dreiser. A medida que avanzaba el siglo, con sus guerras y sus períodos de euforia y depresión, cobró forma en la novela un estilo pletórico y trascendente. *The sun also rises* y *A farewell to arms*, de Ernest Hemingway, hablaron a la generación de posguerra en una prosa escueta, descarnada y dura. Otros autores famosos son John Dos Passos, cuya trilogía *U.S.A.* presenta un amplio y mordaz retrato de la vida norteamericana; Thorton Wilder, que da una nota clásica en su *Bridge of San Luis Rey*; Erksine Caldwell, conocido por sus retratos de la vida entre los blancos pobres del Sur; Willa Carther, que describe la vida en las praderas; Dorothy C. Fisher, que elige Nueva Inglaterra como marco de sus novelas; Pearl S. Buck, con sus relatos de la vida rural china, y John Steinbeck, que en *The grapes of wrath* canta la saga de los obreros emigrantes de Oklahoma durante la Gran Depresión. La novela sigue desarrollándose a la sombra de los innovadores de los años 20, Faulkner y Hemingway, que escriben respectivamente *Intruder in the dust* y *The old man and the sea*. En el campo de la ficción, se dibujan dos tendencias: la del realismo a ultranza, representada por *From here to eternity*, de James Jones, *The Caine munity*, de Herman Wouk, y *Catcher in the Rye*, de

J.D. Sallinger, y la del simbolismo poético y el experimentalismo, cifrados en las obras de Paul Bowles, Gore Vidal, William Styron, Jean Stafford o Tennessee Williams. Ambas tendencias buscan apoyarse en bases psicológicas más que sociológicas. Más recientemente, las grandes editoriales dan voz a multitud de autores provenientes de multitud de minorías, de todo tipo. Entre los grandes narradores estadounidenses de este final de siglo, destacan sobre manera Susan Sontag, Paul Auster, Toni Morrison y David Guterson.

Cinematografía

Sin ningún género de dudas, la mayor contribución estadounidense a la cultura mundial, y más si cabe en este final de milenio de la 'aldea global'... pasados los avatares de los pioneros del cine de finales del siglo pasado y principios del XX, cuando estalló la guerra mundial, la industria ya estaba preparada para invadir mercados e implantar un incipiente *star system*; a la vez que la industria se consolidaba, autores como Griffith y Porter desarrollaban ya un lenguaje propio que poco tenía que ver con los de otras manifestaciones artísticas. Empezó la política de géneros con el *western* y el *slapstick*. En la década de los 20 se produjo el arribamiento de decenas de artistas europeos, que competirían con unos primerizos Ford, Hawks o Walsh. Con la llegada del sonoro ('El cantor de jazz', 1927), el cine se consolidó como entretenimiento nacional, acentuado por la profusión de seriales populares que continuaban semana tras semana. Los años treinta supusieron la aparición del musical como uno de los grandes géneros, mientras que los maestros cómicos del cine mudo sobrevivían con suerte dispar. La entrada de los Estados Unidos en la Guerra Mundial aumentó la producción de películas (de 400 a 500 por temporada) y los ingresos de las productoras (80 millones de entradas por semana en 1944), que basaban sus políticas de producción en filmes de género negro, bélico y el melodrama, que alcanzaría su apogeo en la década siguiente, de la mano de directores como Preminger o Wyler. De todos modos, la década de los cuarenta será recordada como la de la aparición de Welles. Tras la guerra, la industria sufrió los efectos del cambio de situación social, la acción antimonopolio del Departamento de Justicia y la 'caza de brujas' del senador McCarthy, que condenó al ostracismo y al exilio -cuando no a penas mayores- a multitud de cineastas. Detrás de la cámara, hubo un relevo generacional: los viejos maestros -Wyler, Ford, Houston, etc.- siguieron trabajando, pero el máximo empuje vino de los recién llegados: Ray, Mankiewicz, Kazan, Fuller... y los centroeuropeos Preminger, Siodmark, Wilder y Zinnemman. A finales de la década de los cuarenta, el productor Arthur Freed reunió en la Metro a un grupo de cineastas que renovó el musical: las obras de Donen y Kelly son el ejemplo. Algo parecido sucedió con el *western*, revitalizado por Boetticher y Mann, antes de que Peckinpah diera la puntilla al género. La llegada de la televisión sumió a la industria en una crisis de la que intentó salir con nuevas técnicas de exhibición, espectaculares, que relativizaron una caída de popularidad que se mantuvo hasta finales de los setenta. En la década de los sesenta resurgió la producción de películas al margen de los grandes estudios, mientras que la generación televisiva -Cassavettes, Lumet, etc.- se afianzó. La comedia tuvo en Edwards y Lewis sus máximos valedores, hasta la irrupción de Allen. En los setenta debutaron un puñado de directores aún en activo -Coppola, Scorsese, Eastwood, Spielberg- que hoy mantienen viva la ilusión de la 'fábrica de sueños' entre miríadas de superproducciones destinadas al consumo fácil y masivo y repletas de efectos especiales que han inundado las pantallas desde los años ochenta.

A principios de siglo, los pintores americanos, como los de todo el mundo, tenían que ir a París a hacer su reválida. Las cosas cambiaron a partir de los años 30, cuando la crisis en Europa y las consecuencias de la guerra invirtieron la tendencia. Muchos talentos europeos se instalaban en Nueva York y enriquecían así la cultura local. De la interacción entre los pintores nativos y los inmigrados acabó surgiendo un estilo propio diferenciado del europeo. La labor de mecenas locales, que posibilitó el establecimiento del Museo de Arte Moderno, el Whitney o el Guggenheim, colocó a Nueva York en el centro de la pintura moderna.

Los primeros en instalarse en Nueva York, durante la década de los 20, fueron Marcel Duchamp y Francis Picabia. Más tarde, llegaron otros pesos pesados de la pintura contemporánea: Léger, Chagall, Mondrian, Ernst, Hofman.

El arte abstracto comenzó a ser aceptado en Nueva York a partir de la Armory Exhibition, una exposición celebrada en 1913 que tuvo una gran repercusión. Hasta entonces, era considerado como una extravagancia europea y cultivado por muy pocos neoyorkinos, apenas un grupo de ocho pintores conocidos como la Escuela Ashcan.

Con la llegada de la Gran Depresión, hubo una época de realismo social, que trataba de describir la vida cotidiana. Los mejores exponentes fueron Thomas Hart Benton, Edward Hopper y Charles Burchfield. No obstante, algunos artistas seguían explorando en lo abstracto, como Georgia O'Keefe o Stuart Davis.

En los años 40, se produjo la explosión de un fenómeno exclusivamente neoyorkino, el expresionismo abstracto, que es lo que se suele conocer también como Escuela de Nueva York. Una de sus tendencias, pues tuvo varias, es la denominada Action Painting o pintura en acción. Consiste en trabajar los lienzos de una manera casi violenta, dejándolos en el suelo y cubriéndolos con pinceladas rápidas y amplias de pintura o de mezclas que luego se modelan. Los principales cultivadores del expresionismo abstracto fueron Jackson Pollock, Franz Kline, Robert Motherwell, Mark Rothko, Adolf Gottlieb, Barnett Newman, Willem de Kooning y Elaine de Kooning. Otra aportación fundamental de Nueva York al arte contemporáneo se produjo en la década de los 60, cuando apareció el Pop Art. Era una pintura figurativa, no abstracta, sin ser tampoco realista, y los temas representados eran de la vida cotidiana. Lo más banal, como una lata de sopa, una señal de tráfico o una tira de cómic se elevaban a la categoría de arte. A veces, algunos de esos objetos eran incorporados al lienzo en un collage. Quizá las obras ms conocidas de este estilo sean las de Andy Warhol. Otros grandes autores del Pop Art son Jasper Johns, Robert Rauschenberg, Roy Liechtenstein, Claes Oldenburg y Frank Stella.

A mediados de los 60, hizo su aparición el Op Art o arte óptico. Consiste en jugar con las líneas y las perspectivas para dar una sensación de movimiento. Vasarely, Agam y Sch"ffer fueron sus principales artistas.

Desde la década de los 80, se asiste a un nuevo auge del hiperrealismo, que pinta con una precisión enorme escenas cotidianas. En ocasiones, estn tan logradas que sería difícil diferenciarlas de una fotografía.

Otra tendencia en boga es el minimalismo, que rechaza todo lo superfluo y se queda con las formas y los colores básicos.

Los graffiti, la pintura en las paredes utilizando pulverizadores, se convirtieron a lo largo de los 80 en la forma de expresión urbana y popular por naturaleza. Esa pared podía ser móvil, un vagón de metro, por ejemplo. Los trenes subterráneos neoyorquinos fueron un museo ambulante de este arte callejero, ejecutado generalmente por adolescentes de las comunidades más desfavorecidas, puertorriqueños y negros. Las autoridades del metro emprendieron una campaña de limpieza de los vagones, pero el graffiti sigue siendo parte esencial del paisaje de Nueva York.

GASTRONOMÍA

Se puede comer prácticamente cualquier cosa, cualquier plato. La miríada de orígenes de sus habitantes nos hace encontrarnos con docenas de restaurantes y supermercados étnicos (por ejemplo, en un supermercado salvadoreño podemos encontrar chorizos españoles hechos en un matadero de Carolina del Norte. Auténtico 'mel-pot'). Así, la alimentación no será ningún problema.

La dieta norteamericana consiste, principalmente, en atiborrarse de chucherías y comida rápida y olvidar el noble arte del cocinar. Si visitáis alguna casa de un nativo, y pasáis a la cocina, observarán que, en la casi totalidad de los casos, no hay menaje, la placa de la cocina parece recién bruñida, y en la nevera encontrarán sólo alimentos que puedan prepararse en minutos: nadie ha oído hablar, no ya de la dieta mediterránea, sino de una dieta sana. Y es una lástima, pues Estados Unidos posee materias primas de excelente calidad: sus carnes (provenientes del Medio Oeste y Tejas, principalmente) sólo son comparables a las argentinas, sus verduras y su pescado (alimento que casi nadie consume, no así el marisco: recuerden el bogavante americano) son un regalo a la vista. Y los productos importados de todo el mundo: quesos italianos, fruta centroamericana... cualquier alimento -como ya hemos dicho- se puede adquirir sin ninguna dificultad. Pero los estadounidenses, en general, prefieren comer a toda prisa en el coche una hamburgue-sa o variante similar, y prepararse en casa una sopa *Campbell* o cualquier plato que vaya del envoltorio al microondas y de ahí al estómago.

La escasa, pero atractiva, comida tradicional norteamericana se queda para el Medio Oeste, donde la gente aún suda trabajando. De todos modos, las pautas que sigue cualquier familia estadounidense a la hora de alimentarse es la misma: un copiosísimo desayuno a primera hora de la mañana, con café, huevos, bacón, tortitas... la comida fuerte se hace al mediodía; ya a las seis, cuando en invierno la noche cubre todo el país, una cena ligera a base de sopas y bocadillos. La sociedad estadounidense se pliega totalmente al viejo dicho de 'desayuna como un rey, come como un señor, cena como un mendigo'.

No son muchas las aportaciones estadounidenses a la gastronomía mundial, pero sí importantes: el *hot-dog*, las hamburguesas y los donuts. Comida pensada para que guste a cualquier paladar y no sea complicada de realizar.

La comida estrella de todo hogar estadounidense se celebra el día de Acción de Gracias, y consiste, generalmente y con poquísimas variaciones, en una sopa de langosta o almejas, seguido del archiconocido pavo relleno asado con salsa de arándanos y verduras, y posteriormente una empanada de calabaza (unas veces dulce, otras con carne picada). Así se prepara:

Ingredientes para doce personas: 1 pava de tres kilos y medio, límpia y preparada; sal; pimienta; cuatro cucharadas de mantequilla; medio vaso de caldo; una cebolla; una copa de jerez fino. PARA EL RELLENO: una taza y media de miga de pan fresco; una taza y media de apio picado; cuatro cucharadas de cebolla picada; dos cucharadas de perejil picado; una pastilla de caldo de pollo; dos cucharillas de mantequilla; sal y pimienta; manzanas; salsa de arándanos rojos.

Condimentar la pava y rellenarla, coserla y atarla. Engrasar con mantequilla, y se coloca con la pechuga hacia arriba en un recipiente adecuado y engrasado; se tapa y se hornea a 150ºC durante, aproximadamente, tres cuartos de hora por kilo que pese el ave; se debe añadir el caldo al fondo del recipiente para evitar que se queme; dorar el ave destapada durante la última media hora, y añadir la pava picada; cuando la cebolla haya tomado color, regar con el jerez. Sacar el ave, desengrasar la salsa y pasarla por el chino. Para el relleno, se debe freír la cebolla y el apio en la mantequilla durante veinticinco minutos y unirse con el pan, el perejil, la sal, la pimienta y la pastilla de caldo. Posteriormente, rellenar el ave.

Comer por ahí

Normalmente, en los Estados Unidos el desayuno es fuerte, a base de *French toasts* (son como torrijas hechas con pan de molde), *bagels* (es un pan judío con forma de rosquilla), *pancakes* (que es igual a lo que nosotros conocemos como tortitas) o tostadas. Todo esto con zumo de naranja y, si se desea, con huevos y tocino frito. El café americano es un aguachirlis, pero en muchos lugares, sobre todo en los restaurantes italianos, sirven café expreso.

La comida suele ser muy ligera. Por ejemplo, un sandwich, una pizza o un perrito caliente. La gente no pierde mucho tiempo al mediodía en comer. Esto es debido a que la jornada laboral es continua.

La cena es la única comida grande que se hace a diario. Al ser Nueva York una ciudad más cosmopolita que las demás de Estados Unidos, su horario de cena es más amplio, aunque no se trasnocha tanto como en España. En los restaurantes más elegantes, se exige cierta formalidad en la vestimenta a la hora de la cena, aunque habitualmente basta con una chaqueta.

Para los domingos, los neoyorquinos inventaron el *brunch*, una mezcla de desayuno y comida, servida aproximadamente entre 11 h y 15 h. Suele ser un bufé muy variado y de precio aceptable. Muchos restaurantes de campanillas y los grandes hoteles ofrecen el *brunch*, y es una ocasión inmejorable para conocer esos sitios.

No te molestes en buscar por ningún lado la comida de los indios, los primitivos pobladores de Estados Unidos; simplemente, ha desaparecido. Cuando aquí nos referimos a un restaurante indio, queremos decir de la India. Sí existen cocinas regionales, como la del Sudoeste, muy relacionada con la mexicana, la *creole* o *cajun*, propia de la zona de Nueva Orleans, y la *soul food*, que es la de los negros del Sur.

Un par de precisiones: por restaurante "continental" se entiende lo que en otros lugares se llamaría "internacional", es decir, la comida clásica de los hoteles de cierto nivel. Algunos de los más caros de Nueva York se sitúan entre los continentales, aparte de los franceses, claro, que son más caros que los demás porque a los americanos siempre les parece que francés es sinónimo de elegante.

Los "temáticos" son los que en su decoración y ambiente general están dedicados a un tipo de música o un deporte; su comida es habitualmente la típica americana, con hamburguesas y cosas así. Están muy de moda.

Si sobra comida o bebida, no hay por qué desperdiciarla. Basta con indicar al camarero que quieres llevártela, y la colocará en una caja o una bolsa. Allí es una práctica absolutamente normal, no te sonrojes.

Propina

Una propina del 15 % del importe de la cuenta (sin contar los impuestos) es prácticamente obligatoria, porque los camareros tienen un sueldo bajo y viven de las propinas; si no se les da, arman un escándalo. Una forma fácil de calcularla es dividir el total (antes de impuestos) por 10 y sumarle la mitad. Los nativos suelen dejar el doble de los impuestos, pero eso es algo más del 15 %.

Cuando se paga con tarjeta, la propina se puede dejar en metálico o sumarla al final, en un recuadro que suele haber en el resguardo.

Si en la cuenta figura un concepto que dice *service* o *gratuity*, es que ya te están cobrando la propina, por lo que no hay necesidad de dejar más. Lo más frecuente, sin embargo, es que aparezca la mención *gratuity not included*, dejando claro que falta la propina.

Por cierto, la cuenta allí se llama *the check*.

Qué comer

La respuesta a esta pregunta es bien sencilla: lo que te dé la gana, porque la oferta gastronómica del país es incomparable. Pero, dejando de lado las especialidades étnicas, te conviene saber algunas cosas sobre la comida americana y algunos detalles característicos de la restauración en esa ciudad.

Sandwiches

Un sandwich de Estados Unidos no tiene nada que ver con un bocadillo de los nuestros. Aquí te empapuzan de pan y lo de dentro lo tienes que buscar con lupa, mientras que allí es al contrario: entre dos rebanaditas de pan de molde te meten un cuarto de kilo de embutido o carne.

Hay sandwiches de todo, pero los más típicos son los de *pastrami* (carne ahumada de vacuno), *corned beef* (carne cocida) y *salami* (salchichón de vacuno). Puedes precisar si quieres pan blanco o integral; entre los integrales, el más clásico es el de centeno, que en inglés se dice *rye*.

Al pan como el nuestro le llaman *French bread*, y es más infrecuente. Si en un sitio ofrecen un *sub*, eso es precisamente un bocadillo con el pan que para nosotros es el normal.

También se pueden precisar los vegetales acompañantes (tomate, lechuga, pepinillos), si lo quieres con *ketchup* o con mostaza... En fin, que es un sandwich completamente personalizado.

Ensaladas

En muchos restaurantes y hamburgueserías, hay una *salad table* o *salad bar*, que tiene vegetales, embutidos, quesos, macarrones, salsas y hasta alguna sopa, para que te compongas tú mismo la ensalada que quieras.

Si te atiende algún camarero, enseguida te preguntará el aliño que deseas con la ensalada y te soltará una retahíla de nombres incomprensibles. Si quieres aparentar que sabes de qué va la cosa, responde algo rápidamente. Por ejemplo, *blue cheese* (queso azul) o *French* (una especie de mayonesa). Y ya, si quieres quedar como un auténtico yanqui, pide *thousand*, que es una salsa algo más historiada.

Muchas tiendas que venden comida (*delis*) tienen su propia *salad bar*, donde puedes comprar a peso (por ejemplo, 4 $ la libra, que es casi medio kilo). Por ese precio, te puedes montar una comida completa que incluya ensalada, carne o pollo (o las dos cosas), pasta y hasta algún postre. Te la puedes comer en la calle o en el propio local, que muchas veces tiene mesas. Es una manera barata y rápida de solucionar una comida o una cena.

Carnes y pescados

El *T-bone steak* es una chuleta cortada de forma diferente a como se hace en España, donde el hueso queda en un lateral; allí lo dejan en medio, en forma de T, y de ahí procede el nombre.

Las costillas (*ribs*) son también muy clásicas en los *steakhouses* de las grandes ciudades, así como el *meat loaf*, un pastel de carne picada.

Las carnes se sirven siempre acompañadas, bien sea de legumbres, puré de patatas, patatas fritas (llamadas *fries* o *French fries*) o una patata asada y rellena de nata, queso fundido o mantequilla (*baked potato*).

Para precisar el grado de cocción de la carne, estos son los términos que se usan: *rare* (poco hecha), *medium* (normal) y *well-done* (bien hecha). En general, la pasan siempre más que en España. Si te gusta la carne casi cruda, enfatiza lo de *rare*, pero es igual, te la sacaran mediana. Y no pidas nunca *well-done*, salvo que te guste como la suela de una alpargata.

El pollo, asado o frito, es muy consumido en Estados Unidos. Las alas, que en España no apreciamos tanto, allí se comen mucho. Si en una carta te aparece *buffalo wings*, no es que tengan bisonte volador; se trata de alas de pollo fritas que pueden untarse en una salsa picante.

La oferta de pescado es también variada, aunque es difícil encontrarlo preparado tal como acostumbramos en España. Lo normal es que sea frito sin más o demasiado pasado a la parrilla. La excepción es el salmón, que siempre está delicioso. Es muy frecuente en los restaurantes de Nueva York, donde se le llama *lox*. Es habitual también comerlo en sandwich, con queso fresco.

El marisco, sobre todo los cangrejos y las almejas, suele ser asequible, no más caro que en España. La langosta es incluso más barata.

Si en la carta ves *clam chowder*, pruébala: es como una sopa de almejas y patatas, muy típica de todo el Nordeste de Estados Unidos.

Huevos

Los huevos se toman casi siempre para desayunar y suelen estar ausentes de la carta a la hora de la comida o la cena. Si pides huevos, te pedirán que precises cómo los quieres, y te verás en el mismo lío que con las salsas de las ensaladas. Deja que te ayudemos.

Sunny side up significa fritos con la yema poco hecha, como los habituales en España; *easy-over* quiere decir vuelta y vuelta, hecho por ambos lados, pero poco; *over* indica que la yema debe estar también bien hecha, un buen rato en contacto con la sartén o la plancha; *scrambled* es revueltos y *poached*, escalfados; si los quieres duros-duros, precisa *hard boiled*, porque *boiled* es sólo pasados por agua.

En un *brunch*, te encontrarás inevitablemente con los *Eggs Benedict*, consistentes en huevos fritos con jamón (de York, claro, no serrano) y queso y servidos sobre una tostada.

Postres

Los postres más clásicos son el *apple pie* (tarta de manzana) y el *cheese cake* (tarta de queso fresco). Por algo existe el dicho "Ser más americano que el apple pie".

Los helados suelen ser estupendos y de sabores muy variados. Algunas de las cadenas típicas de allí, como *Baskin Robbins* o *Häagen Dazs,* ya son conocidas en España (de las dos, nos quedamos con Baskin Robbins, pero es sólo el gusto personal de los redactores de esta guía).

Los *brownies* o *fudges*, que podríamos definir como un bizcocho duro hecho con mantequilla, nata y chocolate, son también supertípicos. A veces, mezclan todo (helado, *brownies*, nata, chocolate caliente, plátanos, fresas y lo que se les ocurra) para crear combinaciones como el *banana split* o los *sundaes*. Son irresistibles y tienen unos dos millones de calorías (así se explica que luego los americanos tengan esos complejos de culpa y se dediquen a probar todo tipo de dietas).

Algo para picar

Para salir del paso cuando tienes hambre y no quieres meterte a un restaurante, hay varias posibilidades. Dejando aparte las cadenas de hamburguesas, pizza y comida rápida, que están por toda la ciudad, una gran idea es aprovechar el invento del *salad bar* (ver más arriba las explicaciones sobre las ensaladas).

Por la calle, abundan los puestos de hamburguesas, *hot dogs*, maíz cocido, *pretzels* (unas rosquillas saladas de origen judío) y *bagels* (unos panes redondos, también judíos). La experiencia te demostrará pronto que lo más seguro es ir a los perritos calientes, porque la calidad de las hamburguesas varía mucho y los *bagels* suelen estar durísimos al mediodía.

Qué beber

Una advertencia: los americanos le echan toneladas de hielo a todas las bebidas, aunque sea en pleno invierno. Si quieres algo sin hielo, mejor será que lo especifiques claramente de antemano y te prepares para que te miren como si fueras un bicho raro.

Otra: las bebidas gaseosas las sirven en auténticos pozales. Cuando dicen *big*, no quieren decir grande, quieren decir enorme. Normalmente, el tamaño *regular* (mediano) es más que suficiente, a menos que tengas mucha sed.

Sodas

El término *soda* identifica en Estados Unidos a cualquier bebida gaseosa. Además de las consabidas colas, eso incluye a la *Root Beer* y al *Dr. Pepper*, entre otras extrañas pócimas. Si quieres saber a qué saben, no hace falta que las pruebes; tómate un jarabe para el catarro.

Zumos de frutas auténticos, recién exprimidos, no existen, a pesar de que Florida y California son los mayores productores de naranjas del mundo. Incluso cuando te aseguran que es un zumo natural, siempre tiene ese regusto al que dan en los aviones. En cambio, por todas partes encontrarás *fruitopías, radicals* y similares.

Batidos

Esto es otra cosa. Zumos no tienen, pero sus batidos (*milk shakes*) son imbatibles, especialmente los de los restaurantes americanos clásicos y las cadenas de comida rápida. Claro que, cuando se empeñan en experimentar, lo estropean todo. Ejemplo, el *coke float*, un batido de helado y cola, o el *ice-cream soda*, que es helado diluido en agua con gas.

Café

El café es generalmente un aguachirlis, y encima casi todos los sitios donde sirven desayunos se empeñan en ir de generosos y ofrecen un relleno gratis (*refill*) de la taza.

No te dejes engañar si en la carta aparece el *Spanish coffee*; no pienses que quiere decir que tienen café como el que acostumbras a tomar. Es un cóctel que lleva café mezclado con licor Kahlúa, brandy y nata, parecido a un café irlandés.

Alcohol

No todos los restaurantes sirven vino o alcoholes, sino sólo los que disponen de licencia. Están divididos en dos tipos, los que tienen licencia de alcohol de mucha graduación, que son los que pueden sacar licores, whisky, etc., o la licencia que permite vender únicamente vinos y cervezas.

Normalmente, las cadenas de comida rápida no suelen tener licencia de alcohol, y los restaurantes de barrio, sólo la de cerveza. La mayoría de los que vienen en esta guía disponen de licencia completa.

Cuando un restaurante no tiene licencia, es normal que admitan llevar alguna botella comprada en una *liquor store*, tiendas dedicadas exclusivamente a la venta de bebidas alcohólicas.

Ni las *liquor stores* ni los bares ni los restaurantes pueden servir alcohol a los menores de 21 años, y se suele aplicar a rajatabla esta norma.

Tampoco se permite beber alcohol por la calle; algunos mendigos siguen llevando su botellita camuflada en una bolsa de papel, pero eso también es ilegal ahora.

Dicho todo esto, lo mejor para tomar una copa es aprovechar la institución de la *happy hour* u hora feliz. Durante ese periodo, por cada bebida que se tome dan otra gratis, y además ponen cosas para picar. Lo malo es que la tal *happy hour* suele ser entre las 17 h y las 19 h, unas horas en las que no es frecuente forrarse a cubatas, al menos en España. Por la noche, que es cuando te apetecería, tienes que pagar el precio completo de los combinados, y no son baratos.

Los cócteles clásicos son el *Dry Martini* (ginebra con una aceituna y apenas unas gotas de vermut), el *Bloody Mary* (zumo de tomate, vodka y tabasco), el *Tom Collins* (ginebra, azúcar y zumo de limón) y el *Manhattan*, compuesto básicamente de vermut, whisky y limón. Lo de *cubalibre* aún no lo entienden, y corres el riesgo de que te tomen por subversivo; hay que pedir *Rum and Coke*.

Los clásicos cócteles caribeños, como la *margarita* (tequila con zumo de limón o de lima) o la *piña colada* (ron con zumo de coco y de piña), son también muy populares en Nueva York.

El whisky es habitualmente americano (*bourbon)*, salvo que especifiques que quieres un *scotch*.

Las cervezas americanas más típicas son *Budweiser, Coors, Michelob, Rolling Rock* y *Miller*. En general, tienen poco alcohol y menos cuerpo: la más parecida a la europea es la Busch. En muchos sitios, se encuentran también cervezas importadas (*Heineken* es omnipresente, e incluso nuestra Águila Light), pero son más caras. Más raro es encontrar cerveza de algunas pequeñas fábricas de Nueva Inglaterra, que suelen ser más ricas y de más consistencia.

Otra opción es ir a una *microbrewery* (microcervecería), que es un bar con licencia para elaborar su propia cerveza. Ya indicaremos algunas en el capítulo dedicado a los bares.

No hay dificultades para beber buen vino en los restaurantes que disponen de licencia. Los hay de todas partes, incluso no es infrecuente encontrar unos cuantos vinos españoles en la carta. Sin embargo, el precio es muy elevado, cuenta con que por debajo de 2.000 pesetas no vas a conseguir una botella de vino mínimamente decente.

Por suerte, la mayoría de los restaurantes ofrecen vino de la casa, generalmente californiano, por copas. Sigue siendo un atraco, a 5 $ el vaso, pero si vas solo o sois dos puede que sea mejor que pedir una botella.

Unas palabras sobre los vinos

Aunque se producen desde hace más de siglo y medio, no ha sido sino a partir de finales de los sesenta que la producción se ha orientado más hacia el consumo y la exportación. Estados Unidos tiene tres grandes regiones vitivinícolas: California, el Noroeste y el estado de Nueva York. En California -la región más productora del mundo, por encima de Burdeos o La Rioja-, conviven vinos de calidad con otros más al gusto americano (esto es, con aroma y color pero rayanos en lo insípido). Los mejores vinos californianos son los procedentes de la cepa *cabernet - sauvignon*; otros destacables son los *chadornnay* y los *zinfandel*. La zona productora de California con mayor prestigio es el valle de Napa, aunque a sus vinos se les achaca cierta inmadurez durante la crianza. En el noroeste, los estados productores de vino son Washington y Oregón. En Nueva York y Ohio, las uvas empleadas proceden de cepas norteamericanas, a diferencia de California, que proceden de cepas europeas plantadas allí. El aroma de estas uvas norteamericanas es conocido como 'foxy'.

NUEVA INGLATERRA

El noroeste del país, el corazón de las Trece Colonias, Nueva Inglaterra es lo que muchos estadounidenses añoran de su país: inmaculadas poblaciones donde todos se saludan, las campanas llaman a misa y el mal clima exarceba el espíritu solidario. Sus gentes tienen fama de ser orgullosas, conservadoras y fuertemente arraigadas a su tierra: no son muchas las personas que se van a L.A., por ejemplo, o a Nueva York. Hay mucho cultivo intensivo y una industria fuerte, avanzada en Massachussets; ricos yacimientos pesqueros, a rebufo de los canadienses, y puertos importantes. Boston marca, además, el comienzo de lo que ha dado en llamarse Megapolis: una conglomeración urbana casi continua que, a ambos lados de la Interestatal 95, llega a Richmond, la capital de Virginia, y alberga una población de más de 60 millones de personas.

MASSACHUSSETS

Los datos de rigor sobre el estado
   Capital: Boston.
   Punto más alto: Mount Greylock, 3.491 pies.
   Punto más bajo: nivel del océano.
   Impuestos estatales: 5%. Algunas localidades cargan sólo un 4%. La tasa hotelera es de por día.

Algo de historia del estado
   Puede decirse que aquí empezó todo. En el siglo XVII el buque *Mayflower*, cargado de peregrinos escindidos de la Iglesia Anglicana desembarcaron cerca de Provincetown en 1620, donde dieron forma al *Mayflower Compact*, el documento por el que se regiría la nueva colonia. El invierno fue duro, y muchos de los peregrinos murieron; pero en primavera un nativo que hablaba inglés, Squanto, les mostró campos muy ricos donde cultivar.
   Apenas seis años después la **Massachusetts Bay Company** levantó un asentamiento al norte de Provincetown, lo mismo que hizo **Roger Conant** en Salem. Boston tuvo que esperar a 1630 para ser fundada. La vida de los colonos discurría más o menos tranquila hasta que se abrieron las hostilidades con los indios en 1675; en 1692 tuvieron lugar los archiconocidos sucesos de Salem, donde 20 mujeres acusadas de brujería murieron en la hoguera. Poco después, empeza-

Massachusetts-Rhode Island-Connecticut

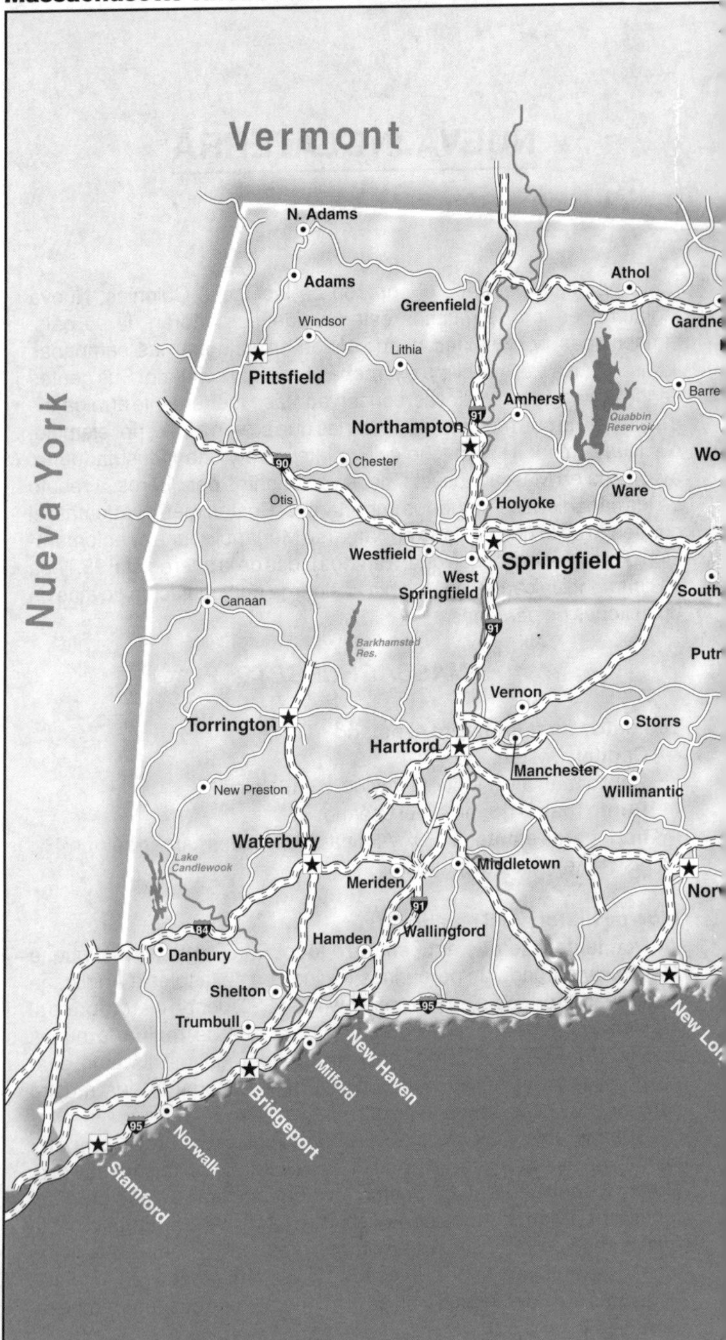

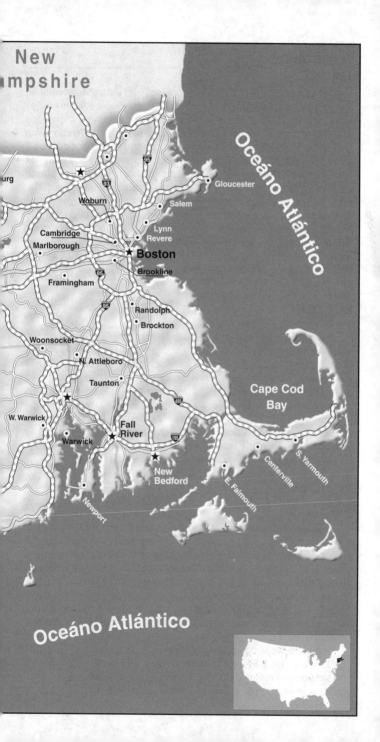

rían las primeras tensiones entre los colonos y las autoridades coloniales inglesas, que estallarían del todo en 1767, cuando mediante una ley redactada en Londres se obligaba a los colonos a pagar impuestos especiales por el té, el papel y el vidrio. El 5 de marzo de 1770 sobrevino lo que ha dado en llamarse *La Masacre de Boston*. Tres años después, los sucesos de la Boston Tea Party, donde Samuel Adams y patriotas bajo su mando disfrazados de indios arrojaron a las aguas del puerto de Boston más de 340 sacos de té en protesta por los impuestos del té. En 1774, las autoridades inglesas decretaron una serie de leyes por las que se prohibía la entrada de barcos comerciales en el puerto, las reuniones privadas y se requisaban propiedades y alimentos para los soldados ingleses: ante estos ultrajes los patriotas, en 1774, se reunieron en el Primer Congreso Continental, el embrión de lo que vendría después: la batalla de Lexington (el 18 de abril de 1775), o la de Concorde.

BOSTON

Fundada por los puritanos en 1630, Boston es una de las ciudades más históricas de los Estados Unidos, una historia que va de la mano con las gestas de la Independencia. Su *downtown* trae enseguida a la memoria las villas británicas, con sus calles en cuesta, sus *townhouses* de ladrillo curtido por el tiempo, y las sombras de los árboles que en primavera invitan a sentarse y contemplar la vida pasar. Miles de universitarios viven en Boston, que es el centro para la universidad de Harvard. Otra característica importantísima de la ciudad que no puede obviarse es ser cuna de la *familia real* estadounidense, los **Kennedy**. En verano, las calles son un auténtico hervidero de turistas.

Cómo llegar

En avión

El **Logan International Airport** está a un paso de la ciudad, a unos tres kilómetros. El aeropuerto está, además, extupendamente comunicado con la ciudad. Por todos los terminales pasa un autobús gratuito, el número 22, que acaba su recorrido en la estación del metro del aeropuerto; de ahí, todo para delante. También hay naturalmente, las consabidas empresas que os llevan a los hoteles de la ciudad, las tarifas cambian algo de unas a otras, y los taxis; una carrera desde el aeropuerto a la ciudad os costará unos 15$, dependiendo del tráfico.

Una cosa bastante curiosa es el servicio de ferries entre el aeropuerto y la ciudad. El Airport Water Shuttle sólo tarda siete minutos entre el Logan y el Rowes Wharf. Tiene salida cada cuarto de hora en las horas punta, y cada treinta mnutos el resto del día

En tren

La estación de **Amtrak** la tenéis en Atlantic Avenue, al final de Chinatown. De esta South Station parten trenes para todo el corredor del Noreste (Baltimore, Philadelphia, Nueva York, Washington DC e incluso Montreal, en Canadá. El telefóno de información es el 482 36 60.

En autobús

Puerta con puerta con la de trenes, es una de las mejores, bonitas y más modernas terminales de autobuses de toda la Costa Este: la **Trailways Bus Terminal** (555 Atlantic Ave. Tel. 482 66 20). El teléfono de información de la GreyHound es el 1 800 231 22 22. Por ejemplo, tenéis 26 autobuses directos y diarios a Nueva York, que emplean en el trayecto unas 5 horas. Igual que los trenes, podéis ir hasta Montreal y Toronto, atravesando en este caso todo el estado de Nueva York.

Por carretera

En el estado de Massachussetts, el límite de velocidad en las principales autopistas es de 55 mph (88 km/h). En algunos tramos de la Massachusetts Turnpike (la I-90) el límite se eleva a las 65 mph (104 km/h). En el resto de carreteras, los límites oscilan entre las 30/45 mph (52-80 km/h). Todos los menores de dos años deben ir sentados en un asiento especial o con cinturón de seguridad, que es obligatorio siempre. Podéis girar a la derecha en los cruces aunque el semáforo esté en rojo, pero cercioraros bien primero.

Cómo moverse

El metro

El sistema de transprorte público de Boston es poco menos que excelente. Fue a primera ciudad norteamericana en poner el funcionamiento el metro.

Las líneas de metro se definen por colores (Verde, Azul, Roja y Amarilla). Debéis adquirir una ficha en las estaciones que cuesta 85$; para los autobuses son 60$. Tanto unos como otros funcionan de 5 h a 0 h 25. Hay unos pases especiales, The Boston Passport, para uno, tres o siete días de validez con viajes ilimitados. Los precios son, respectivamente, 5$, 9$ y 18$. Los podéis adquirir en los hoteles del centro, los museos y los puntos de información turística.

El teléfono de información es el 222 32 00.

Los taxis

Los taxis los podéis parar en las principales calles de la ciudad. La bajada de bandera es de 1$50, y 20 centavos por cada séptimo de milla recorrido. Hay recargos por bultos y nocturnidad, y otro por salida o llegada del aeropuerto que es de 1$.

Metro Boston

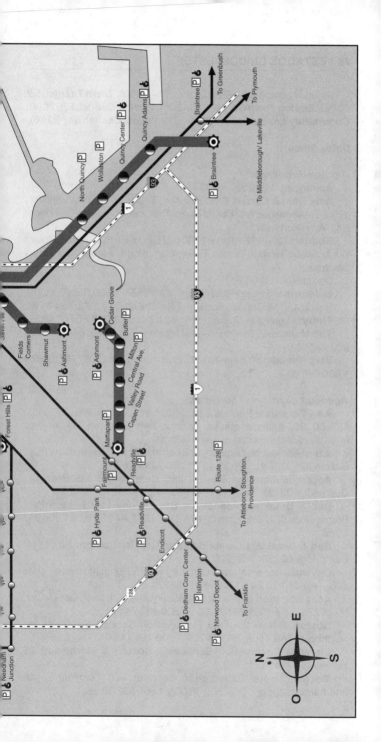

Algunas compañías: *Red Cab* (tel. 734 50 00), *Town Taxi* (tel. 536 50 00), *Boston Town Car* (tel. 783 40 00), *Cheker Cab* (tel. 536 70 00), *Community Limousines* (782 99 56) y *Yellow Car* (tel. 547 30 00).

Datos útiles

Alquiler de coches
Alamo: tel. 1 800 327 96 33.
Avis Rent A Car: 41 Westland Ave. Tels. 534 14 05 y 1 800 331 12 12. Tres agencias en 3 Center Plaza, The Charles Hotel en Cambridge y 41 Westalnd Ave.
Budget: Tels. 497 18 00 y 1 800 527 07 00. En Park Plaza, Rowes Warf, Green House, Westin Hotel, Cambridge, Allston, Danvers y Baintree.
Dollar: tel. 634 00 06.
Enterprise: 8 Park Plaza. Tels . 742 19 55 y 1 800 RENT A CAR.
Hertz: 450 McClellan Hichway. Tels. 568 41 01 y 1800 654 31 31.
Thifty: Logan Inte. Airport. Tels. 634 73 50 y 1 800 FOR CARS.
Trip Makers: 2255 Providence Highway. Tels. (508) 660 50 00 y 1 800 427 98 07.
Verc Rentals: 63 Samsoet St., Plymouth. Tels. (508) 747 19 97 y 1 800 696 83 72.

Agencias de reservas hoteleras
AAA Corporate Rentals, Ltd.: 120 Milk St. Tels. 357 69 00 y 1 800 487 50 20. Agencia que os reserva habitación en los mejores bed&breakfast de la cudad y alrededores.
A Bed & Breakfast Agency of Boston INC: 47 Commercial Wharf, Boston 02110. Tels. 720 35 40 y 1 800 248 92 62.
Accomodations on Boston and Cambridge: 335 Pearl St., Cambridge 02139. Tels. (781) 491 02 74 y 1 800 253 55 42.
Bed & Breakfast Associates Bay Colony Ltd: Babson Park Branch, Box 57166, Boston 02157. Tels. (781) 449 53 02 y 1 800 347 50 88.
Bed & Breakfast Cambridge and Greater Boston: Box 1344. Cambridge 02238. Tels. 720 14 92 y 1 800
Citywide Reservation Services Inc: 25 Hungtinton Ave., suite 500. Tels. 267 74 24 y 1 800 HOTEL93.
Accomodation Express: 801 Asbury Ave., 6th floor, Ocean City, NJ 08226. Tels. (609)391 21 00 y 1 800 444 76 66.
Boston & New England Reservation Service: 61 South St., Northboro. Tels. (508) 393 74 70 y 1 800 754 74 70.
Citywide Reservation Services - Boston & Norhteast: 25 Hungtinton Ave., suite 500.
Meegan Hotel Reservation Service: 300 Terminal Logan International Airport. Tels. 569 38 00 y 1 800 332 30 26.

TOURCO Inc.: 29 Basset Lane, Hyannis. Tels. (508) 771 51 65 y 1 800 537 53 78.

Para estancias más largas

The Greenhouse Apartments: 150 Hungtinton Ave., Boston 02115. Tels. 267 67 77 y 1 800 330 40 20.

Boston Realty Associates: 1102 Commonwealth Ave., Boston 02215. Tels. 277 51 00 y 1 800 875 11 02.

Líneas aéreas

Alitalia: One Exeter Plaza, Bolyston St. Tels. 223 57 30 y 1 800 223 57 30.

American Airlines: Logan International Airport. Tel. 800 422 73 00.

British Airways: Edificio Seats Crescent, City Hall Plaza. Tel. 800 662 29 12.

Continental Airlines: 80 Everett Ave., suite 115, Chelsea. Tels 569 30 57 y 1 800 525 02 80.

Delta Airlines: Logan International Airport. Tels. 567 41 00 y 1 800 221 12 12.

Iberia: tel. 1 800 772 46 42.

Swissair: 2374 Postal Road, suite 7, Warwick. Tels. (401) 739 05 63 y 1 800 435 97 92.

TWA: Logan International Airport. Tels. 634 84 80 y 1 800 221 20 00.

United Airlines: 61 Harborside Drive. Tel. 567 64 44 y 1 800 241 65 52.

US Airways: 180 Prescott St. Tel. 1 800 428 43 22.

Virgin Atlantic: 29-33 Newbutry St, 3 planta. Tels. 247 90 41 y 1 800 862 86 21.

Oficinas de información turística

Boston Common Visitor Informacion Centre: en el parque Boston Comoon. Además de facilitar información, hay servicios públicos para que no os lo hagáis encima.

Pérdida de cheques de viaje

American Express: tel. 1 800 221 72 82.

BankAmerican/Visa: tel. 1 800 227 68 11.

Citicorp: tel. 1 800 645 65 56.

Thomas Cook Mastercard: tel. 1 800 223 73 73.

VISA: tel. 1 800 227 68 11.

Pérdida de tarjetas de crédito

American Express: tel. 1 800 528 21 21.

AT&T Universal Card: tel. 1 800 423 43 43.

Dinners Club: tel. 1 800 234 63 77.

Boston

N
O
E
S
Msgr. O'Briaen Hwy
Mechanic Square
Dickinson Street
Broadway Street
Tech Square
Portland Street
Windsor Street
Main Street
Massachusetts Avenue
Albany
Vassar Street
Munroe Street
Potter Street
Athenaeum St.
Comercial Avenue
Cambridge Pkwy
Kendall Square
Longfellow Bridge
Ames Street
Amherts Street
Memorial Drive
Endicot Street
Charles River Basin
Harvard Bridge
James J. Storrow Memorial Drive
Beacon Street
Malborough Street
Fairfield
Exeter Street
Dartmouth Street
Clarendon Street
Back Street
Bay State Road
Commonwealt
Comminwealth
Gloucester
Hereford
Newbury Street
Boylston Street
James
Stuart
Kenmore Square
Nembury Street
90
Ipswich Street
Fenway Park
Van Ness Street
Bay Fens
Scotia St.
Haviland St.
Dalton St.
Clearway St.
Edgerly Road
Hemenway Street
Huntington Avenue
Saint Botolph Street
Carleton Street
Columbus
Dartmouth

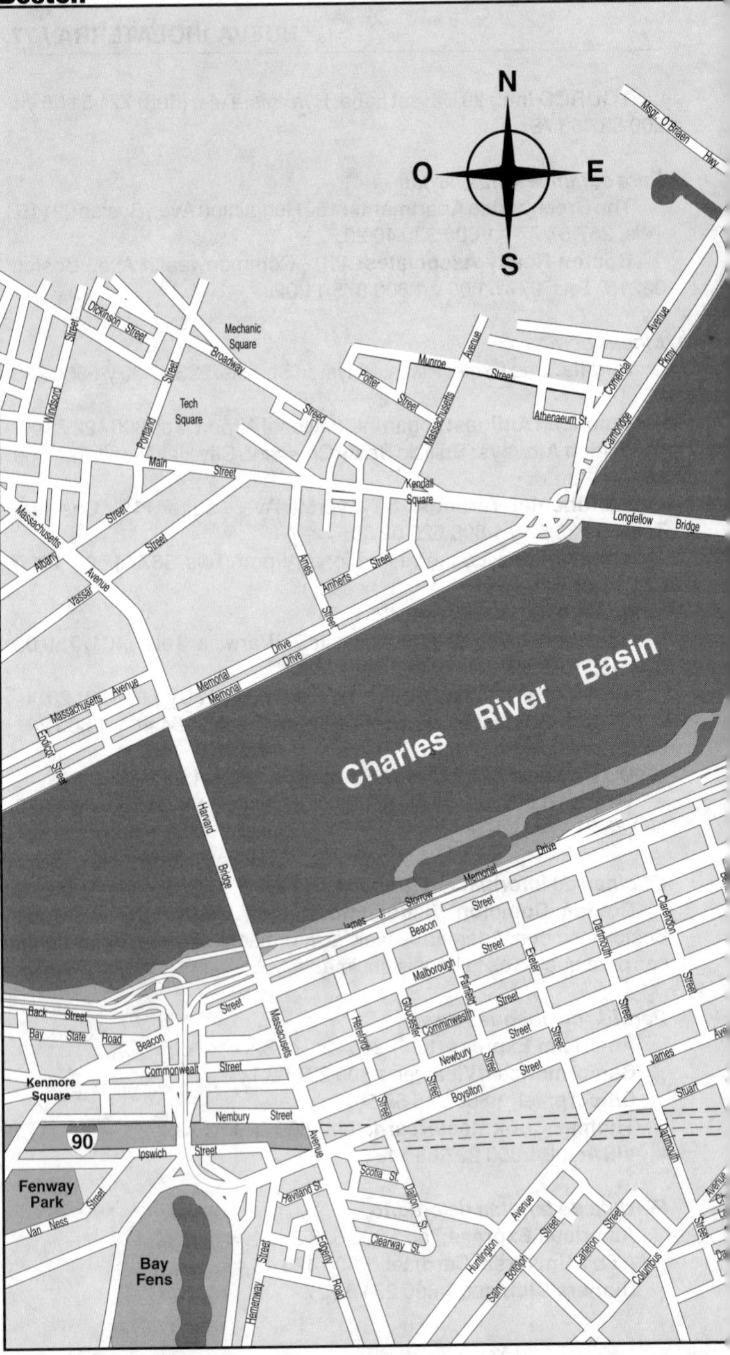

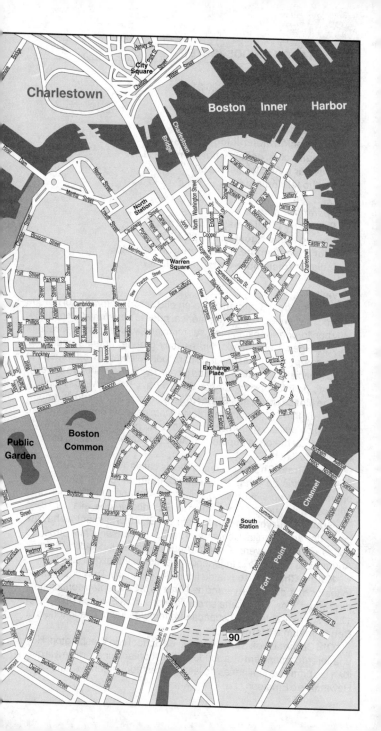

MasterCard: tel. 1 800 826 21 81.
VISA: tel. 1 800 336 84 72.

Teléfonos útiles
Información metereológica: 976 62 00.
Ambulancias, policía y bomberos: 911.
Traveler's Aid: tel. 542 72 86.
Prefijo telefónico: 612.

Temperaturas medias
Primavera (abril y mayo): de 5C a 22C.
Verano (junio-agosto): de 22C a 33C.
Otoño (septiembre-noviembre): de 7C a 24C.
Invierno (diciembre-marzo): de -9C a 7C.

La visita

The Freedom Trail: empieza en el **Boston Common,** el parque público más antiguo de Norteamérica, pues lo abrieron allá por 1634. Muy bonito, con sus estanques, sus templetes y tal, de noche no resulta muy inteligente el cruzarlo. No es muy grande, apenas unas diez hectáreas, pero es lugar obligado para toda celebración, además de lo típico (conciertos, gente que va de picnic o a jugar al fútbol, ya sabéis). El punto de información abre de 9 a 17 h, y hay servicios limpitos.

The Massachussetts State House: Beacon St. Abierto de lunes a viernes de 10 h a 16 h; entrada gratuita. Dominando el Boston Common, es el típico edificio gubernamental de estilo podríamos decir grandilocuente. Lo mejor, la cúpula dorada. Es un diseño de 1798 obra de Charles Bullfinch.

Park Street Church: esquina de las calles Tremont y Park; abre todos los días de 9 a 15 h; entrada gratuita. Iglesia sencillita de primeros años del siglo pasado, y que fue escenario del primer discurso antiesclavista que se pronunció en los Estados Unidos, allá por 1829.

Granary Burying Ground: (Tremont St. Abierto mientras hay luz solar. Entrada gratuita) Cementerio donde descansan, entre otros, los restos de Paul Revere, Crippus Attucks, John Hancock o Samuel Adams. Los popes de la Independencia, como aquel que dice.

King's Chapel: esquina de las calles School y Tremont. Abierto todos los días durante el verano de 10 h a 16 h. Se aceptan donaciones. La primera iglesia anglicana en construirse en los Estados Unidos, en 1754, sobre el solar que ocupada otro templo. Justo al lado tenéis la **Ben Franklim's Statue.**

Old Corner Book Store: esquina de School con Washington. Hoy una librería, antaño era otra donde estaba montada una tertulia a la que iban las primeras luminarias de las letras estadounidenses, tales que Hawthorne o Emerson.

Old South Meeting House: Washington & Milk Sts. Abierto de 10 h a 16 h todo el año. Entradas: 3$. Aquí, en este edificio de 1729, que era una iglesia Puritana y que ha sido muy bien restaurado no hace mucho, fue donde se coció la rebelión, donde el 16 de diciembre de 1773 empezó a discutirse el asunto de los impuestos del té que sirvió de mecha para la independencia de las trece colonias.

Old State House: State & Washington Sts. Abierto todos los días de 9 h a 17 h. Entradas: 3$, menores de 18 1$. La residencia de los oficiales del ejército británico durante los años de la Colonia, construida en 1713. Hoy, tenéis exposiciones sobre la historia del edificio y de cómo la Segunda Guerra Mundial contribuyó al despegue económico de Boston. Fuera, un conjunto de adoquines señalan el sitio donde tuvo lugar la *Masacre de Boston*, en la que fueron fusilados por los ingleses cuatro patriotas.

Faneuil Hall: Congress St/Quincy Market. Abierto de 9 h a 17 h. Entrada libre. Lo que tal vez sea el centro neurálgico de la ciudad, repleto de restaurantes y comercios, tomado por los turistas -y tomado de verdad, casi no se puede caminar- nació como mercado y lugar de reunión públicos en 1742, como regalo que hizo a Boston el comerciante Peter Faneuill. Los primeros años no fueron fáciles: ardió en 1761, se reconstruyó en 1763 y se amplió para dejar la estructura que véis hoy en 1805. Aquí fue donde, allá por 1772, Samuel Adams propuso a sus conciudadanos que las trece colonias se unieran contra Gran Bretaña para reclamar la independencia. Hoy, el complejo llamado Faneuil Hall Marketplace incluye, además del edificio original, un mercado restaurado del siglo pasado, el Quincy Market, con tiendas, y uno de los mejores -y más concurridos- food court de la ciudad.

Paul Revere House: 19 North Square Abierto de 9 h 30 a 16 h 15. Entradas: 2$50 adultos, 1$ niños, menores de 5 años gratis. Es la construcción más antigua de todo Boston, y casi del país: data de 1680, lo que en estos americanos lares es una auténtica barbaridad. Toda la casa es un museo consagrado a la vida y obra de Paul Revere, uno de los padres de la Independencia, que nació entre estas cuatro paredes.

Old North Church: 193 Salem St. Abierto de 9 h a 17 h. No se cobra entrada. La iglesia más antigua de Boston, de 1723, y que ha pasado a la pequeña historia de los días de la rebelión porque la noche del 18 de abril de 1775 colgaron dos candiles de la fachada que querían decir que las tropas inglesas llegaban de Lesington por el mar en vez de por tierra firme. Bueno, grano no hace granero, pero ayuda al compañero, ¿verdad que sí?

Copp's Hill Burial Ground: Mill St., cerca de la Old North Church. Abierto por el día. No se cobra entrada. Cementerio de la mitad del siglo XVII y que fue utilizado por las tropas inglesas durante 1775 para aposentar sus recios cañones. Hay lápidas bajo las que descansan los restos de algunos patriotas.

Boston Centro

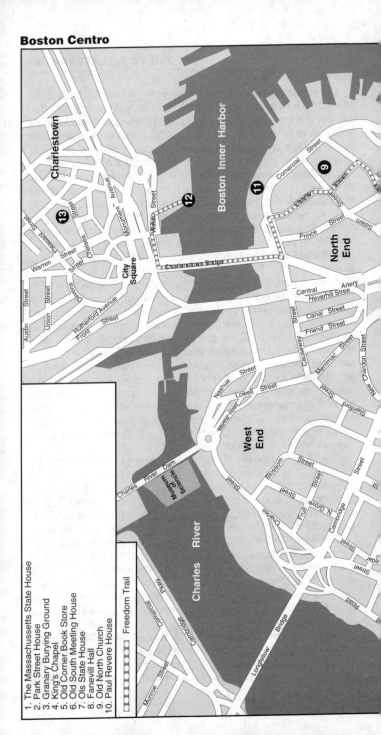

1. The Massachussetts State House
2. Park Street House
3. Granary Burying Ground
4. King's Chapel
5. Old Corner Book Store
6. Old South Meeting House
7. Ols State House
8. Fanevill Hall
9. Old North Church
10. Paul Revere House

□□□□□□□ Freedom Trail

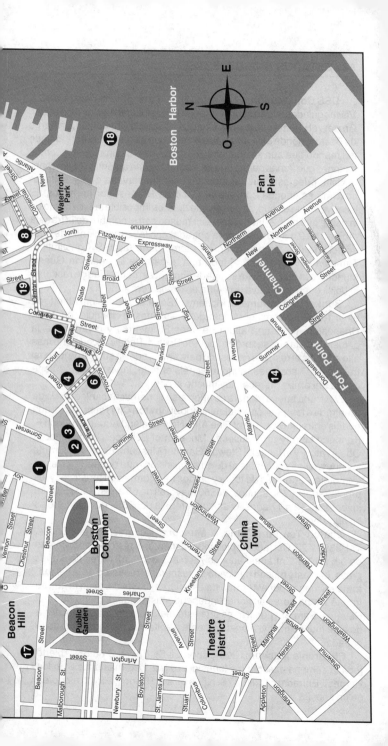

USS Constitution: Charleston Navy Yard. Abierto de 10 h a 18 h. Visitas guiadas. No se cobra entrada. Jé, para llegar aquí os toca andar. Cruzáis el puente sobre el río Charles y llegáis a Charleston, un barrio de Boston, donde está amarrado este buque de guerra, el más antiguo del mundo que aún se sostiene sobre el agua. Es una fragata con 52 cañones que jamás perdió una sola batalla, y una auténtica delicia para la vista, pues está tan estupendamente conservada que si soltaran amarras se llegaba con ella al Cabo de Hornos, por lo menos. El inconveniente es que, según en qué días, es imposible subir a bordo de la gente que hay. Al ladito tenéis un museo con el nombre de la fragata (abierto de 9 h a 18 h; se cobra entrada) con las exposiciones de rigor acerca de las campañas en que tomó parte la USS Constitution. También hay amarrado al lado una fragata de la Segunda Guerra Mundial, a la que también se puede abordar sin necesidad de rascarse el bolsillo -aunque haya una urna en la escalera.

Bunker Hill Monument: Monument Square, Charleston. Abierto de 9 h a 16 h 30. No se cobra entrada. Visible desde cualquier punto de Charleston, tiene una altura de unos 80 metros, y conmemora la primera batalla que se libró en suelo de Boston. Podéis acceder a lo más alto si tenéis el resuello necesario para emprender la subida de los casi trescientos escalones; aunque echéis el bofe. la vista que se tiene desde ahí arriba merece muy mucho la pena.

Nota: una buena manera de ahorrarse unos machacantes con lo de la entrada a los museos es adquiriendo el **Boston City Pass**, con el que podéis entrar al Museum of Fine Arts, New England Aquarium, John F. Kennedy Library and Museum, Museum of Science, John Hancock Observatory y el Isabella Stewart Gardner Museum. Es válido durante los nueve días siguientes al de su adquisición -que podéis realizar en los hoteles, agencias de tours y puntos de información turística-, y los precios son: 26$50 adultos, 20$50 mayores de 65 años, y 13$50 para jóvenes de 12 a 17 años. O sea, una rebaja del 50%, que siempre es de agradecer.

Boston Tea Party Ship & Museum: Congress Street Bridge. Tel. 338 17 73. Cerrado de diciembre a marzo; el resto del año, abierto de 9 h a 17 h. Entradas: adultos 7$, niños 3$50, menores de 5 años gratis. Modesto museo dedicado a preservar el recuerdo de la celebérrima -al menos por estos neoingleses lares- fiesta del té en la que se fraguó las primeras acciones independentistas, de la mano de Paul Revere y Sam Savage. No es que esté mal, pero el carácter localista de este museo no invita precisamente a soltar los machacantes de la entrada.

Children's Museum: 300 Congress St. Tel. 426 88 55. Abierto toda la semana excepto los lunes de 10 h a 17 h (hasta las 21 h los viernes). Entradas: adultos 7$, niños de 2 a 15 años, 6$; los menores de un año, 2$.

The Commonwealth Museum: 220 Morrisey Boulevard. Tel. 727 92 68. Abierto los días laborables de 9 h a 15 h, los fines de semana hasta las 17 h. No se cobra entrada. Dedicado a la historia de esa organización, que como sabéis aglutina a todos los países -excepto los Estados Unidos- en los que ha ondeado la Union Jack. Que han sido colonias inglesas, vaya.

The Computer Museum: 300 Congress St. Tel. 423 67 58. Abierto todos los días de 10 h a 17 h. Entradas: 7$, menores de 2 años no pagan. Acceso para sillas de ruedas. El único museo dedicado al tema de los ordenadores del mundo, donde se expone de todo, desde modelos antediluvianos de esos que no cabían en una habitación del Palacio Real, a los orígenes de Internet o, muy recomendable para mitómanos, el robot R2D2. Para los pequeños, mogollón de movidas de esas interactivas, para que aprendan jugando -éso dicen, vaya. No está mal.

Harrison Gray Otis House: 141 Cambridge St. Tel. 227 39 56. Abierto de 11 h a 17 h todos los días excepto los lunes. Entradas: adultos 4$, niños 2$. La sede principal de la Sociedad para la preservación de las Antiguedades de Nueva Inglaterra, una institución que aglutina a 23 museos diseminados por esta parte del país. El edificio fue la vivienda del tercer alcalde de Boston, el Harison Gray Otis éste. El diseño correspondió al arquitecto Charles Bullfinch, uno de los más importantes en la historia de la ciudad, y su construcción se remonta a 1796, aunque la decoración que contempláis hoy es de estilo Federal, que corresponde a las primeras décadas del XIX.

Isabella Stewart Gardner Museum: 2 Palace Road, se entra por 280 The Fenway. Tel. 566 14 01. Abierto toda la semana excepto los lunes de 11 h a 17 h. Entradas: adultos 10$, menores de 18 años no pagan entrada. Una de las mejores colecciones privadas de arte que pueden ser contempladas en este ancho mundo. El palacete es una pasada, y los objetos -en número mayor de 3.000- abarcan prácticamente todas las expresiones artísticas que han sido. Muy, muy recomendable.

Museum of Fine Arts: 465 Hungtinton Ave. Tel. 267 93 00. Abierto toda la semana de 9 h a 17 h. Entradas: adultos 10$, menores de 17 años no pagan. Los jueves y los viernes, la entrada cuesta 2$. La segunda colección de arte más extensa de los Estados Unidos, en la que hay un poco de todo. Obras de Dalí y Picasso, por ejemplo, que se exponen en el ala oeste, inaugurada en 1981 y construida con el mismo granito empleado en la construcción del museo original, que se llevó a cabo en 1901, en estilo neogótico y que contrasta con la de la extensión, con su correspondiente atrio y ventanales gigantescos.

Museum of Science: Science Park: Tel. 723 25 00. Abierto toda la semana de 9 h a 17 h. Entradas: adultos 8$, niños 6$. Acceso para sillas de ruedas. Os lo podéis imaginar: exposiciones temporales de cosas de la ciencia, más o menos peregrinas, un cine de esos donde pasan películas de montañas rusas y caerse por una cascada, con sillas que se mueven, y un planetario. No os creais, que estas cosas tienen mucho predicamento por estos lares.

New England Aquarium: Centra Wharf. Tel. 973 52 00. Abierto toda la semana de 9 h a 17 h. Entradas: adultos 11$, niños 5.50$. Acceso para sillas de ruedas. Tres cuartos de lo mismo: docenas de docenas de especies acuáticas, exposiciones y tienda de recuerdos carísima. Lo mejor, o por lo menos lo más curioso, la colonia de pinguinos que viven aquí: parece que la historia no va con ellos.

Nichols House Museum: 55 Mt. Vernom St. Tel. 227 69 93. Abre toda la semana excepto los lunes de 12 h 30 a 17 h. Entrada: 4$. En Beacon Hill. La alquilan para fiestas privadas, que no están las cosas para andarse con tonterías. En Beacon Hill, es la típica vivienda de clase alta de la sociedad del siglo pasado, y se exhiben muebles que pertenecieron a la familia desde cuando estaban en Inglaterra, o lo que es lo mismo, del siglo XVI.

Prudential Skywalk Observation Deck & Exhibit: Prudential Tower, 800 Bolylston St. Tel. 859 06 48. Se cobra entrada. Abierto de 10 h a 22 h. Toda ciudad norteamericana que se precie tiene uno de estos lugares, una terraza a un centenar de metros del suelo desde la que divisar buenas panorámicas. Pues eso, y vosotros mismos.

Otros lugares de interés

Boston Atheneum: 10 1/2 Bacon St. Tel. 227 02 70. Abierto de lunes a viernes de 9 h 30 a 17 h 30. No se cobra entrada. Fundado en 1807, es una de las bibliotecas privadas más prestigiosas de Norteamérica. Lo más destacable, la colección de literatura infantil, los documentos oficiales de los estados de la Confederación y la King's Chapel Library, que data de finales del siglo XVII.

New England Holocaust Memorial: Union St., cerca de Faneuil Hall. Conjunto de seis torres de cristal, en las que se rinde un tributo a los más de seis millones de judíos que murieron en el Holocausto; las torrecitas recuerdan las chimeneas de los campos de concentración.

Trinity Church: Copley Square. Tel. 536 09 44. Abierta toda la semana de 8 h a 18 h. Una auténtica pasada, parece sacada de un cuento de hadas, con sus jardincitos y sus piedras holladas por el paso del tiempo. Todos los tratados consideran a esta iglesia la obra de maestra de la arquitectura religiosa del país; no sabemos si será para tanto, pero que es un rato bonita, desde luego que sí.

John F. Kennedy Library and Museum: 12 Columbia Point. Tel. 929 45 23. Abierto toda la semana de 9 h a 17 h. Entradas: adultos 8$, niños entre 13 y 17 años 4$, menores de 13 no pagan. Es un impresionante edificio obra del arquitecto I.M. Pei (el mismo que diseñó el edificio este de la NGA de Washington), desde el que se tienen una vistas estupendas del *skyline* de Boston, y donde casi que se rinde culto al hijo predilecto del estado de Massachusetts, J.F.K. Siempre hay programadas exposiciones sobre todos los aspectos de su vida, y su familia, una de las más poderosas del país, incluso hoy en día. También es posible visitar la casa donde nació Kennedy, aunque no está en este lugar (la tenéis en Brookline: 83 Beals St. Tel. 566 79 37. Abierta de miércoles a domingos de 10 h a 16 h 30. Entradas: 2$). El barrio es de lo mejorcito de la zona, y la casa (de 1917, restaurada y con bastantes piezas del mobiliario original) dan ganas de colgar el albornoz en el baño.

Alojamiento

Precio barato

Milner: 78 Charles St. South. Tels. 426 62 20 y 1 800 521 05 92. En todo el cogollo del barrio de los teatros y enfrente del Four Seasons, dan de desayunar por la cara solo con pagar la habitación, qué curiosos. Habitaciones con aire acondicionado, cuarto de baño y televisión. Muy interesante.

463 Beacon Street Guest House: 463 Beacon St. Tel 536 13 02. En el mejor barrio de la cudad, Black Bay, una auténtica pasada de establecimiento. La atención es muy personalizada y tienen los detalles cuidados al milímetro. Todas las habitaciones son casi apartamentos con cocina, teléfono y aire acondicionado. Aparcamiento.

82 Chendler Street Bed & Breakfast: tel. 482 04 08. En un edificio de medidaos del siglo pasado, de ladrillo rojo. Precio barato/medio.

Abercrombie's Farrington Inn: 23 Farrington Ave. Tel. 787 18 60 y 1 800 767 53 37. Todas las habitaciones con cocinilla, uno d elos sitiios más económicos de todo Boston, pero es casi imposible hacerse con un hueco en verano a no ser que hayáis reservado con bastante antelación. Precio barato. El edificio, una cucada.

Harborside Inn: 185 State St. Tel. 723 75 00. Pegado al Faneuill Hall, 54 habitaciones con todo muy bonitas. Precio barato/medio.

The Copley Inn: 19 Garrrison St. Tels. 236 03 00 y 1 800 232 03 06. Todas las habitaciones -21- están equipadas con cocina, para que os ahorreéis unas calillas con lo de la comida. En Back Bay, que son palabras mayores. Precio barato/medio.

Oasis Guest House: 22 Edgerly Road. Tels. 267 22 62 y 1 800 -dos viviendas de Back Bay acondicionadas muy acertadamente. En la tarifa está incluído el desayuno, y es baja incluso en verano, pero siempre hasta arriba.

Elliot & Picket House: 6 Mt. Vernom Place. Tel. 248 87 07. También en Beacon Hill. Dan de desayunar, y tienen una cocina para los huéspedes. Muy recomendable.

Copley House: 239 West Newton St. Tels. 236 83 00 y 1 800 331 13 18. Este va de apartamentos amueblados tipo estudio bien de precio si váis unos cuantos. A tener en cuenta.

Bekerley House/YWCA: 40 Berkeley St. Tel. 482 88 50. No tan barato como acostumbran a ser estos albergues de mujeres: las habitaciones son privadas, sí, pero los baños lo son compartidos. Con todo, además de la ubicación, resulta interesante porque si os quedáis una semana, es cuando se nota la diferencia en los precios. Recordad: sólo ellas, los chicos a un lado.

Hostelling International Boston: 12 Hemenway St. Tels. 536 94 55 y 1 888 Host 222. Dormitorios múltiples con capacidad de 24 camas, al lado del Prudential Center. Además, hay cocinas, salones de televisión y ese sabor especial que tienen estos sitios. Eso sí, en verano hasta arriba.

Irish Embassy International Tourist Hotel: 232 Friend St. Tel. 973 48 41. Uno de los alojaminentos más conocidos de la ciudad. En el North End, en una callecita con unos cuandos bares (empezando por el que está en los bajos del edificio y que sirve de recepción a según qué horas). Como es de esperar, mucho irlandés entre la clientela.

150 Tremont St. Tels. 573 86 47 y 1 800 678 33 65. Al lado del Boston Common, 219 habitaciones con lo indispensable y muy, muy solicitadas. Además, bastantes instalaciones y servicios.

Commonwealth Court Guest House: 49 Worthwington St. Tels. 424 12 30 y 1 888 424 12 30. Pequeño, pero con lo necesario más un poquito de calor humano, que estáis fuera de casa.

Precio medio

Best Western Terrace Inn: 1650 Commonwealth Ave. Tels. 566 62 60 y 1 800 242 83 77. De la cadena Best Western, casi todas las habitaciones tienen cocina, además de las comodidades de rigor. Hacen buenos descuentos en temporada baja y a grupos y familias. Aparcamiento y desayuno continental incluido en el precio. Accesible para minusválidos.

Boston Hotel Buckmister: 645 Beacon St. Tels. 236 70 50 y 1 800 727 28 25. En el barrio de Back Bay, las habitaciones son bastante espaciosas, aunque la decoración se haya quedado un poquito desfasada. Además, las tarifas pueden sorprenderos si tenéis algo de suerte. Accesible para minusválidos.

Days Inn: 1234 Soldiers Field Road. Tels. 254 12 34 y 1 800 325 25 25. Al ladito de donde le partieron la nariz a Luis Enrique en el mundial del 94, un establecimiento más de la cadena. Muy recomendable si tenéis vehículo.

Holiday Inn Boston Sommerville: 30 Wsahington St. Tels. 628 10 00 y 1 800 HOLIDAY. Renovado completamente hace un par de años, el hotel le tenéis a un par de kilómetros del centro de Boston, en Sommerville, pero está muy bien comunicado, tiene a la puerta la estación del 'T' de Sullivan Square. Con piscina, sauna, gimansio, restaurante y bar. Acceso para siillas de ruedas.

Omni Parker House: 60 School St. Tels. 227 86 00 y 1 800 THE OMNI. Uno de los históricos, en todo el centro de la ciudad. 535 habitaciones con todo, un par de restaurantes (uno de ellos una bunea eleción para lo de las parrillas) y un bar animadillo.

Howard Johnson Lodge Boston Fenway: 1271 Bolyston St. Tels. 267 83 00 y 1 800 654 20 00. Acceso para sillas de ruedas.

Swiss Chalet: 900 Morrisey Boulevard. Tels. 287 92 00 y 1 800 258 19 80. Uno de los mejores de toda la cadena, sino el mejo, por lo menos en cuantoa decoración. Los precios no son tn altos como cabría de esperar por su calidad, lo que lo hace perennemente tomado y reservado por agencias de viajes, especialmente de la parte del Japón. Está algo apartado del cogollo del centro, pero no es mayor problema. Por el mismo precio, dan de desayunar hasta que reventéis. Acceso para sillas de ruedas.

Precio alto

The Westlin Copley Place Boston: 10 Hungtinton Ave. Tels. 262 96 00 y 1 800 WESTIN 1. En el barrio de los teatros, es uno de los clásicos. 800 habitaciones que van de lo austero al lujo asiático, además de tres restaurantes, de los de retratarse. Acceso para sillas de ruedas.

The Ritz Carlton: 15 Arlington St. Tels. 536 57 00 y 1 800 241 33 33. Qué os vamos a decir a estas alturas de un Ritz, pues eso. De todo, y para todos (acceso para sillas de ruedas). Los restaurantes, a los que no dejan entrar si no váis vestidos en consonancia, no sea que el alcalde y el gobernador se mosqueen, rozan la zoncepción de lujo asiático. Para flipar.

Sheraton: 39 Dalton St. Tels. 236 20 00 y 1 800 325 35 35. El más grande: 1.187 habitaciones y 100 suites parbolsillos con profundidad. REstaurantes, piscinas,abres, os llean y os traen... en unas torres que son, la verdad, nua delicia arquitectónica. Acceso para sillas de ruedas.

Seaport: 1 Seaport Lane. Tels. 439 51 99 y 1 800 WTC HOTEL. Con el mar besándoles los cimentos como aquel que dice, las habitaciones tienn unas vistas de las que quitan el hipo. Muy frecuentado por gentes de la farándula. Acceso para sillas de ruedas.

The Regal Bostonian: Faneuill Hall Marketplace. Tels. 523 36 00 y 1 800 343 09 22. Enmedio del Freedom Trail, tiene ese aire del siglo pasado que tanto nos gusta, con los detalles cuidados al mínimo en esa moda revival que está viviendo la hostelería de este país. Son sólo 152 habitaciones, pero los fines de semana, aún en temporada alta, los precios bajan. Con acceso para sillas de ruedas.

Radisson: 200 Stuart St. Tels. 482 18 00 y 1 800 333 33 33. En el barrio de los teatros -de hecho, tienen una pequeña sala muy concurri- da por la gente bien de la ciudad-, es muy lujoso y orientado a la clientela de negocios. Casi 400 amplísimas habitaciones, todas ellas con las comodidades de rigor y una terraza que gana en vistas según aumenta la altura, normal. Piscina, aparcamiento cubierto, restaurantes, tiendas... acceso para sillas de ruedas.

Restaurantes

Precio barato

Bull & Finch Pub (CHEERS): 84 Bacon St. Tel. 227 96 05. Tras mucho pensárnoslo, hemos decidido incluir en este apartado al celebérrimo y nunca suficientemente llorado Cheers, el bar de Sam Malone (Ted Danson) y toda su caterva. Es más pequeño que el que aparecía en la serie de televisión, no tiene mesa de billar; aquello eran decorados de un set en Los Ángeles, este local sirvió de inspiración porque es el típico bar de barrio, como reza una plaquita en el mostrador. Es bastante complicado entrar porque está siempre hasta arriba de turistas, y sólo lo permite el *gorila* de la puerta si váis a consumir: os marca como a reses, igual que un portero de discoteca. Naturalmente, la comida es lo de menos -sólo hamburgesas, sandwiches, ensaladas, o steaks-, la gente acude por la cosa de la mitomanía. En la planta de arriba hay un restaurante y una tienda de recuerdos, bastante caros por cierto. Pero es la mayor atracción turística en cuanto a número de visitantes de Boston: el típico lugar para decir a vuestra vuelta *"yo estuve allí"*

Parish Café: 361 Boylston St. Tel. 247 47 77. Abre toda la semana. Aceptan tarjetas. Nombrado así en honor del *doble cero* más conocido de la historia de la NBA, el céltico Robert Parish, toda la carta es de sandwiches, desde los más trillados a los más, podríamos decir, creativos. Muy frecuentado.

Dick's Last Resort: Prudential Center, 55 Hurlington Ave. Tel. 267 80 80. Ciera los domingos, Si os gusta pagar poco dinero pr poneros hasta arriba de marisco, este localillo del centro comercial Prudential Center os va a gustar. Además, todas las noches montan saraos de grupos en directo. Pero, al loro que los fines de semana suben los precios de algunos platos, eso sí, son honrados y lo advierten, así que no llamaros a engaño.

Harveys's: 99 St. Botolph St. Tel. 266 30 30. Típico restaurante de barrio con muy socorridas comidas para vuestros hambrientos estómagos y con poco fondo bolsillos. Además, está situado en un auténtico oasis del South End.

Savenors: 160 Charles St. Tel. 723 MEAT. Abre toda la semana. Uno de los mejores sitios de la ciudad para ponerse hasta arriba de carnes a la barbacoa, como veréis si podéis pasar a la hora de la comida -que está hasta arriba. También venden para fuera, así que vosotros mismos.

Fajitas & 'Ritas: 48 Boylston St. Tel. 566 12 22. Cierra los domingos. Se aceptan tarjetas de crédito. Típico local recreando el ambiente de la frontera, con platos de la gastronomía *tex-mex*: fajitas, nachos, algunas carnes. Lo que tiene mucho predicamento son las margaritas, porqué será.

Goemon Japanese Noddle: 738 Commonwealth Ave. Tel. 739 34 74. Abre toda la semana. Aceptan tarjetas de crédito. Supereconómico restaurante japonés, siempre hasta arriba, que también sirve para que os lo llevéis al hotel. Tempura, sushi, tallarines, arroces, postres... un sitio perfecto para que os iniciéis en la gastronomía del país del Sol Naciente.

Cantina Italiana: 346 Hannover St. Tel. 723 45 77. Abre toda la semana. Aceptan tarjetas de crédito. Localillo de corte familiar realmente cuco, con platos típicos y alguna especialidad lombarda. Los domingos al mediodía no se ven más que parejitas.

Charley's Eating and Drinking Saloon: 284 Newbury St. Tel. 266 30 00. Abre toda la semana. Aparcamiento cubierto. Aceptan tarjetas. Acceso para sillas de ruedas. Típico salón americano, con barra larguísima de madera y tal, que es uno de los locales más famosos de la ciudad, y además merecidamente: pollo, hamburguesas y *steaks* para quedarse en el sitio. Los fines de semana por la noche, suele estar hasta arriba. Y no nos negaréis que el nombre es acertado, acertado.

Baja: 111 Darmouth St. Tel. 262 75 75. Abre todos los días. Aceptan tarjetas de crédito. La cocina mexicana más tradicional, pero con una calidad muy superior a la que podéis encontrar en los establecimientos de comida rápida que tanto abundan por aquí. Aparte de los conocidos (fajitas, nachos, tacos, hamburguesas), otras especialidades: torta con queso y frijoles, pavo horneado con guacamole, paella de marisco. La cantidad de las raciones, para que más de uno pida bicarbonato. Además, en la barra sirven toda clase de alcohol, a buenos precios.

Ironside Grill: Park St., en Charlestown. Tel. 242 13 84. Abierto toda la semana; los domingos cierra a las 3 h. Aceptan tarjetas de crédito. Al ladito del USS Constitution, comida americana y buenos cócteles, que es el mayor reclamo del local. Las noches del fin de semana, bastante animadas.

Warren Tavern: 2 Pleasant St., en Charleston. Tel. 241 81 42. En un edificio histórico muy cerquita del anterior, lo recomendamos por lo excelente de su brunch de los fines de semana, también los sábados, sí. Además, hay platos más variados que en otros sitios, pero la gente ya se la sabe y acude en masa. El horario del brunch, de 10 h 30 a 15 h.

29 Newbury Street: 29 Newbury St. Tel. 536 09 20. Abierto toda la semana. Se aceptan tarjetas de crédito. Visto por fuera da la impresión de que *clavan*, pero para nada. La realidad es que piden poco dinero por dar de comer muy bien en un sitio bonito, a base de cocina americana más o menos tradicional: hamburguesas, sandwiches, steaks y algo de marisco. Los domingos por la mañana, de 11 h a 16 h, ofrecen un estupendo *brunch*.

Pho Pasteur: 119 Newbury St. Tels. 262 82 00 y 262 87 92. Comida vietnamita y china más exquisita de lo que estamos acostumbrados, y con mucha fama- no es para menos, el cerdo al caramelo o la sopa de tallarines con ternera están pero que muy bien. Para trasergar las ttaciones, nada mejor que una limonada natural, que el alcóhol engorda. Muchas familias entre la clientela.

Clarke's: 21 Merchants Row. Tel. 227 78 00. Abre toda la semana de 11 h 30 a 2 h. Aceptan tarjetas. Muy animado por las noches, cuando montan sarao, sirven comida de la de andar por casa, muy sencillita pero en raciones generosas, que según en qué edades es lo que importa. Carnes, pescados y mariscos, hamburguesas, pasta y sandwiches, éso es lo que sirven.

Northeast Brewing Co.: 1314 Commonwealth Ave. Tel. 566 66 99. Abre toda la semana. Se aceptan tarjetas de crédito. El sábado, a la hora del brunch, actuaciones de folk y blues; los domingos es el turno de conjuntos de jazz. Bastante animado, muy barato, estupenda calidad; ¿qué más queréis?

Other Side Cosmic Café: 407 Newbury St. Tel. 536 94 77. Abre toda la semana. No se aceptan tarjetas de crédito, sólo efectivo. Un local de dos plantas decorado con pinturas modernas y tal, donde comáis lo que comáis es sanísimo: cocina vegetariana, desde sandwiches a unos riquísimos zumos de multitud de frutas.

Precio medio

Café Louis: 234 Berkeley st. Tel. 266 46 80. Cierran los domingos. Se aceptan tarjetas. No se permite fumar. Los dueños se hivieron con un nombre en Providence, y hace nada que se han instalado en Boston. El local es muy frecuentado por una clientela de estudiantes y jóvenes de posibles. Destacan las pizzas al horno y el rissotto, además de otros platos no tan trillados de la gastronomía italiana.

Tapeo Restaurant & Tapas Bar: 266 Newbury St. Tel. 267 47 99. Abre toda la semana. Aceptan tarjetas. Pues eso, un bareto de los que estamos acostumbrados, además sin concesiones a otras cocinas hispanas. Buenas tapas, tanto frías como calientes, a unos precios algo más elevados que por nuestros ibéricos pagos. De todas las maneras, en la terracita se está divinamente cuando el tiempo acompaña. Si sóis como el tipo ése del anuncio de Campofrío, aquí encontraréis terapia.

Icarus: 3 Appleton St. Tel. 426 17 90. Abierto toda la semana. Aceptan tarjetas de crédito. Se recomienda reservar mesa. Muy buena relación calidad/local/precio; vamos, que por no mucho dinero os levantáis de la mesa realmente satisfechos. La decoración es una mezcla de estilo victoriano con art-decò, con poquita luz para crear un ambiente íntimo y romántico -música de violines, *please*. El plato estrella de la carta, mezcla también de cocina continental de influencias francesas, es el salmón a la parrilla con vinagreta y salsa de tomate: para chuparse los *fingers* hasta borrar las huellas dactilares.

South End Grill: 439 Tremont St. Tel. 338 88 84. Abierto toda la semana; el bar cierra a la 1 h. Aparcamiento cubierto. Se aceptan tarjetas. El mejor representante de la cocina tradicional de Nueva Inglaterra en todo Boston: salmón a la parrilla o pastel de carne con puré de patatas son algunas de las especialidades. Si no os pasáis a la hora de pedir vino, la factura puede salir realmente ajustada.

Trattoria Il Panino: 120 South Market, en Faneuil Hall. Tel. 573 97 00. Abierto todos los días de la semana. Aceptan tarjetas de crédito. Uno de los más frecuentados de Faneuil Hall, en la terracita se está como señores. Curioso, pinchan mucha música española de nuevo flamenco, y un par de noches a la semana hay actuaciones en directo. Difícilmente os quedaréis sin mesa, pues además de la terraza tiene tres plantas. La carta, cocina italiana de calidad y barata: pannetonne, rissotto, pizzas; también hay algo de carne, pollo y marisco.

Morton's of Chicago: 1 Exeter Plaza. Tel. 266 58 58. Cierra los domingos. Se aceptan tarjetas de crédito. Aparcamiento cubierto. Uno de los más conocidos y mejores restaurantes especializados en carnes de Boston y alrededores, uno de los históricos. Casi toda la carta es de platos de carne preparados al estilo del Viejo Sur, que le dicen aquí; también hay algo de marisco y salmón, pero la gente no lo pide mucho. Las carnes, de primerísima calidad. Muy recomendable.

Precio caro

Seasons: Hotel Regal Bostonian, North & Blackstone Sts. Tel. 523 99 70. Abierto toda la semana. Aceptan tarjetas de crédito. Acceso para sillas de ruedas. Se recomienda reservar. Se exige ir con chaqueta. Uno de los más exclusivos, sino el que más, restaurantes de Boston, donde el chef Michael Taylor agasaja a la concurrencia con variaciones muy personales de la cocina norteamericana más tradicional. La carta de vinos, extensísima, está casi completamente consagrada a los caldos patrios, mucho Napa Valley y tal. La carta cambia con las estaciones, por la cosa de los productos de temporada, y el comedor, muy elegante, tiene muy buenas vistas de la ciudad, más espectaculares si cabe de noche. No os vayáis a pensar, que la misma cena aquí os saldría por el doble, es más barato de lo que os pueda parecer a primera vista.

Top of the Hub: Prudential Tower, planta 52. Abierto todos los días de la semana. Se aceptan tarjetas de crédito. Acceso para sillas de ruedas. Recomendable reservar. El mayor acierto del restaurante este es que está ubicado a cientoipico metros de altura, el que más de toda Nueva Inglaterra. El chef, Dean Moore, es también uno de los más populares, por su cocina de temporada con materias primas de la zona: entre sus creaciones destacan los rollitos de primavera con langosta, y solomillo de ternera con nido de verduras horneados.

Rowes Wharf: Boston Harbor Hotel, 70 Rowes Wharf. Tel. 439 39 95. Abierto todos los días de la semana, pero sólo para la cena (a partir de las 17 h). Considerado el mejor restaurante de la ciudad para degustar la cocina más tradicional de Nueva Inglaterra: pez espada, pata de cordero o pollo asado al ajo. Carillo, y muy exclusivo.

La marcha

Para los patrones estadounidenses, Boston tiene una pero que muy activa vida nocturna, consencuencia sobre todo de la miríada de universitarios de las cuatro esquinas del globo. Hay bastantes bares, pero tampoco os vayáis a pensar. Por ley, los bares de Boston sirven alcohol hasta las 2 de la madrugada, aunque cierren más tarde, y sólo los mayores de 21 años pueden beber. Estad preparados a mostrar alguna identificación en caso de que os la pidan; es más, los domingos la piden en casi todos los sitios, aunque os caigáis de viejos. Ésta que sigue es una selección de los que nos han parecido mejores garitos de la ciudad; como siempre, hay para todos los gustos.

Bares con música en directo

Atrium Lounge (Rehal Bostonian Hotel, Faneuill Hal MarketPlace. Tel. 236 53 00); **Axis** (13 Lanwsdome St. Tel. 262 24 37); **Big Easy - bar** (! Bolyston Place, Tel. 351 70 00); **Bob the Chef's** (604 Columbus Ave. Tel. 536 62 04); **Brendam Beham Pub** (370 Centre St., Jamaica Plain. Tel. 522 53 86); **Brew Moon** (City Place, 115 Stuart St. Tel. 523 64 67); **Chop's** (1271 Bolyston St. Tel. 424 14 41); **Copperfields** (98 Brookline Ave. Tel. 247 86 05); **The Good Life** (28 Kingston St. Tel. 451 26 62); **Grand Canal** (57 Canal St. Tel. 523 11 12); **Great Scott** (1222 Commonwealth Ave. Tel. 566 90 14); **The Harp** (85 Causeway St. Tel. 742 10 10); **Hibernia** (25 Kingston St. Tel. 292 23 23); **Icarus** (3 Appleton St. Tel. 426 17 90); **Jacob Wirth Cob** (33 Stuart St. Tel. 338 85 86); **The Kells** (161 Brighton Ave. Tel. 782 61 72); **Mama Kin** (36 Lawsdone St. Tell. 536 21 00); **Maison Robert** (45 School St. Tel. 227 33 70); **McGann's** (197 Protland St. Tel. 227 40 59); **Mr. Dooley's** (77 Broad St. Tel. 338 56 56); **New England Brew Pub** (19 Union St. Tel. 723 80 80); **The Paradise** (967 Commonwealth Ave. Tel. 562 88 04); **Purple Samrock** (1 Union St. Tel. 227 20 60); **Tatsukichi** (189 State St. Tel. 720 24 68); **The Times** (112 Broad St. Tel. 357 84 63); **Wonder Bar** (186 Harvard Ave)

"Piano Bars"

Oak Bar (Fairmont Copley Plaza Hotel, 138 St. James Ave.), cierra a la una de la madrugada, es uno de ésos donde las gentes se reúnen a fumar sus buenos cigarros, que no habanos.

Dos bares de ambiente
Luxor (69 Church St., abierto todos los días de 16 h a 1 h) y **Club Café** (209 Columbus Ave. Abierto todos los días de 14 h a 2 h).

Bares de jazz
Jake's Ivory (1 Lansdowne St.); **Wally's Jazz Café** (427 Massachusetts Ave.)

Compras

Antiguedades
Artémis on Newbury: 139A Newbury St. Tel. 867 09 00. Abierto toda la semana de 10 h a 18 h. Todo lo que hay aquí son objetos decorativos traídos de la China, algunos antiguos de verdad.
Boston Antique Cooperative: 119 Charles St. Tel. 227 98 11. Abierto toda la semana de 10 h a 18 h. Dos plantas tiene esta tienda, repletas de muebles y otras cosas de los siglos XVII, XVIII y XIX sobre todo.
Roger Appleyard Ltd.: 20 Charles St. Tel. 367 43 66.

Grandes almacenes y galerías comerciales (malls)
Bloomingdales: Chestnut Hill Mall, 55 Bolyston St. Tel. 630 60 00. Abierto de lunes a viernes de 10 h a 21 h 30, sábados de 10 h a 20 h y domingos de 12 h 30 a 18 h.
Filene's: 426 Washington St., en el Downtown Crossing. Tel. 357 21 00. Abierto de lunes a sábados de 9 h 30 a 19 h, los domingos de 11 h a 18 h.
Macy's: 450 Washington St. Tel. 357 30 00. Abierto de lunes a sábados de 9 h 30 a 19 h, los domingos de 11 h a 18 h.
Chestnut Hill Mall: 199 Bolyston St. Tel. 965 30 37. Abierto de lunes a viernes de 10 h a 21 h 30, sábados de 10 h a 20 h, y domingos de 12 h 30 a 18 h.
Copley Place: 100 Hungtington Ave. Tel. 369 50 00. Abierto de lunes a sábados de 10 h a 20 h, los domingos de 12 h 30 a 18 h.
Heritage on the Garden: 300 Boylston St. Tel. 426 95 00.
Shops at Prudential Center: 800 Boylston St. Tel. 1 800 SHOP PRU. Abierto de lunes a sábados de 10 h a 20 h, los domingos de 11 h a 18 h. En la entreplanta tenéis un tenderete de información turística.

Tiendas de descuento
Ya sabéis, ésas tiendas donde parecen que regalan las cosas, podéis encontrar más de una primera marca a precios casi increíbles.
Filene's Basement: 426 Washington St. Con el mismo horario del centro, esta sección de saldos y rebajas está en la planta baja.

The Closet: 175 Newbury St. Tel. 536 19 19. Abierto toda la semana de 10 h a 18 h. Precios buenísimos para prendas de marcas como Armani, Versace o Donna Karan.

Second Time Around: 167 Newbury St. Tel. 247 35 04. Abierto toda la semana excepto los domingos, de 11 h a 18 h. Como la anterior. Tienen un par de locales más: 8 Eliot St. (en Harvard Square, Cambridge) y 1169 Walnut St. (Newton Highlands).

Confección

Gucci: Copley Place, 100 Hungtington Ave. Tel. 247 30 00. Abierto toda la semana de 10 h a 20 h; los domingos, de 12 h 30 a 18 h.

Niketown: 200 Newbury St. Tel. 267 34 00. De todito de la marca de ropa deportiva más famosa del planeta, tienen hasta las botas plateadas del Ronaldinho.

Actividades y espectáculos

Alquiler de bicicletas y botes

Community Bicycle Supply: 496 Tremont St. Tel. 542 86 23. Cobran 5$ la hora, o 20$ por todo el día.

Back Bay Bikes: 336 Newbury St. Tel. 247 23 36. Las mismas tarifas.

Community Boating: 21 Embankment Rd. Tel. 523 10 38. Por dos días de bote, 50 machacantes.

Excursiones guiadas

Estas son algunas compañías: **Boston Duck Tours** (Prudential Center. Tel. 723 DUCK); **Boston Tours** (Tel. 781/899 14 54), muy recomendable si estáis alojados fuera de la ciudad; **Brush Hill Tours /Gray Line** (tel. 1 800 343 13 28), también organizan excursiones al resto de Massachusetts; **Old Town Trolley Tours of Boston** (tel. 269 71 50), uno de los más populares sino el que más; **Minuteman Trolley Tours** (tel. 876 55 39); **Discover Boston** (66 Long Wharf. Tel. 742 14 40), excursiones en castellano.

Carreras de caballos

El hipódromo más cercano es el de **Suffolk Downs** (111 Waldemar Ave., East Boston. Tel. 567 39 00). Hay carreras toda la semana excepto los martes y los jueves.

Cruceros

También docenas de ellas. Algunas son **Bay State Cruise Company** (tel. 457 14 28), **Boston Harbor Whale Watch** (50 Rowes Warhf. Tel. 345 98 66), hacen excursiones de cinco horas hasta mar abierta para ver a las ballenas, **Boston Harbor Cruises** (1 Long Wharf.

Tel. 227 43 21), **A.C. Cruise Line** (290 Northern Ave. Tel. 261 66 33) y **Boston Tall's Ships** (67 Long Wharf. Tel. 742 03 33), en un par de *clippers* que son réplicas auténticas de navíos de la época de los balleneros. No es barato, pero merece la pena.

Deportes profesionales

Si os gusta el béisbol, los **Boston Red Sox** juegan de abril a septiembre en Fenway Park (4 Yawkey Way. Tel. 267 17 00). Los precios de las entradas oscilan entre los 10 y los 30$. Es un equipo de bastante nivel, aunque hace la tira de años que no ganan el título mundial; su jugador más conocido fuera de los Estados Unidos es el propietario de Cheers, Sam Malone. Como puede ser complicado conseguir entrada para según qué partidos, lo mejor es que vayáis con antelación a las taquillas o las compréis en una agencia.

Para los fanáticos del *soccer*, el equipo de la zona es el **New England Revolution**, que juega en el Foxboro Stadium (Route 1, Foxboro. Tel. 800 946 72 87), algo apartado de la ciudad. Es una de las escuadras punteras de la liga de fútbol, y los precios de las entradas oscilan entre los 10 y los 25$.

Éstas son algunas de las agencias que venden entradas por teléfono:

Bostix: tel. 482 BTIX.
Concourse Tickets: tel. 247 18 88.
Sports Tickets: tel. 931 22 22.
Ticketmaster: tel. 931 20 00.
Tillinger's: tel. 1 800 77 BOSTON.

Teatros

Como buena ciudad del Este, en Boston hay un amor importante por las obras de teatro. Algunas agencias que se dedican a vender entradas vía telefónica son **BOSTIX** (Copley Square, Faneuil Hill Marketplace y en Harvard Square. Tel. 482 BTIX); **Next** (Tel. 423 NEXT); **Ticketmaster** (Tel. 931 20 00) y **Tillinger's Concierge & Corporate Events** (224 Clarendon St., suite 61. Tels. 236 11 99 y 800 77 BOSTON). Éstas son las principales salas:

Wang Theatre: 270 Tremont St. Tel. 350 60 00.
CharlesPlayhouse: 74 Warrengton St. Tel. 931 27 87.
Colonial Theatre: 106 Bolyston St. Tel. 482 86 16.

CAMBRIDGE

Uno de los mayores centros del saber de la humanidad, por lo menos durante estos tiempos: aquí está la Universidad de Harvard, una de las cinco más prestigiosas del mundo. Cambridge -una ciudad pegada a Boston repleta de cafés, librerías y aroma estudiantil- empezó siendo un puesto de aprovisionamiento de la Massachusetts Bay Company, con el nombre de Newstone; se fundó un colegio y su principal benefactor, **John Harvard**, legó su biblioteca y la mitad de sus propiedades al colegio. En su honor se le puso su nombre, y se cambió el de la ciudad porque de Cambridge vinieron muchos de los peregrinos que contribuyeron a su fundación. Unos cuantos años después, concretamente en 1775, **George Washington** tomó aquí posesión del mando del nuevo Ejército Continental, y dirigió el sitio de Boston.

Cómo llegar
Lo más sencillo, tomando desde Boston los trenes de la Línea Roja de la MTA, que tiene varias paradas en el centro de Cambridge.

Datos útiles
Información turística: **Cambridge Office for Tourism:** 18 Battle St., suite 352. Cambridge 02138. Tels. 441 28 84 y 1 800 862 56 78.
Oficina de Correos: 125 Mt. Auburn St. Tel. (617) 876 64 83. Abierta de lunes a viernes de 7 h 30 a 18 h, sábados hasta las 15 h.

La visita
En la zona adyacente a Harvard Square se encuentra lo que ha dado en llamarse el Viejo Cambridge, donde están los edificios más antiguos y con más historia de la ciudad. Es un paseo muy agradable, en el que podéis contemplar

Universidad de Harvard: Harvard Information Centre.: 1350 Massa-chusetts Ave. Tel. 495 15 73. La universidad por excelencia - junto a la de Yale- de los Estados Unidos, con todo el encanto decadente y *british* que tanto vende aquí. Fundada en 1636, una de las más antiguas por lo tanto del país, darse una vuelta por sus instalaciones es una de las mejores maneras que váis a tener de contemplar la evolución arquitectónica de los Estados Unidos, tal es la mezcla de estilos que se ven en sus edificios, de los cuales estos que siguen son los más interesantes:

Arthur M. Sackler Museum: 485 Broadway St. Tel. 495 94 00. Abierto toda la semana de 10 h a 17 h. Entrada única: 5$, con la que se tiene derecho a entrar en el Fogg Art Museum, aunque los sábados son días de *puertas abiertas* y no hay que pagar. Muy bien distribuida, en este museo se exponen las mejores muestras de los ingentes fondos de la universidad de culturas antiguas; la colección de porcelanas chinas es una de las más extensas del mundo.

Fogg Art Museum: 32 Quincy St. Tel. 495 94 00. Abierto todos los días de 10 h a 17 h. Entrada única: 5$, con admisión para el Arthur M. Sackler; sábados no se paga un real. Aquí tenéis los fondos desde la Edad Media hasta nuestros contemporáneos, tanto de Europa como de Norteamérica. Funciona exactamente igual que el anterior, con sus visitas guiadas en distintos idiomas y tal.

Harvard University Museums of Cultural and Natural History: 26 Oxford St. y 11 Divinity Ave. Abiertos toda la semana de 9 h a 16 h 30, los domingos no baren hasta las 13 h. Entradas: 4$, no se cobra los sábados de 9 h a 11 h. Es un conjunto de cuatro museos: el *Peabody Museum of Archeology and Ethnology,* fundado en 1876 y que alberga colecciones de arte Maya y de otros pueblos históricos del Pacífico, Sudamérica o los nativos Indios norteamericanos; el *Museum of Comparative Zoology,* fondos de fósiles y demás animales curiosos; el *Botanical Museum,* con un invernadero donde hay más de mil especies distintas; y el *Geological and Mineral Museum,* con exposiciones de piedras preciosas, minerales raros y demás.

Massachusetts Institute of Technology: centro de información: 77 Massachusetts Ave. Visitas gratuitas y guiadas toda la semana a las 10 h y a las 14 h. También, un conjunto de museos e instalaciones que cubren una zona del campus de la universidad de unas 30 hectáreas. Hay una biblioteca, salas de exposiciones de arte, auditorios. Lo que más nos gustó, la *Hart Nautical Gallery,* un repaso muy interesante a la historia de la navegación y la pesca.

Alojamiento

Sinceramente, por las nubes. Y en verano puede resultar desquiciante encontrar una habitación por menos de 100$: las pocas que hay, llevan meses reservadas. Intentadlo en los lugares que os indicamos, pero si no, volved a Boston.

Precio barato

A Bed & Breakfast in Cambridge: 1657 Cambridge St. Tel. (617) 868 70 82. Tres habitaciones.

A Friendly Inn: 1673 Cambridge St. Tel. (617) 547 78 51. Inn con 17 habitaciones.

All New Windsor House: 283 Windsor St. Tel. (617) 354 31 16. BB con dos habitaciones.

The Missing Bell: 16 Sacramento St. Tel. (617) 876 09 87. BB con tres habitaciones.

Prospect Place: 112 Prospect St. Tel. (800) 769 53 03. BB con tres habitaciones.

Susse Chalet Inn: Route 2E. Tels. (617) 661 78 00 y (800) 258 19 80. Uno más de la cadena, algo alejadillo pero la mejor y casi más económica opción de alojamiento en todo Cambridge. 78 habitaciones. Acceso para sillas de ruedas.

Precio medio

Best Western Homestead Inn: 220 Alewife Brook Pkwy. Tels. (617) 491 80 00 y (800) 528 12 34. Con 69 habitaciones, piscina cubierta, restaurante y bar.

A Cambridge House B&B Inn: 2218 Massachusetts Ave. Tels. 491 63 00 y 1 800 232 99 89. Inn con 16 habitaciones en una vivienda victoriana de finales del siglo pasado.

Howard Johnson: 777 Memorial Drive. Tels. 492 77 77 y 1 800 654 20 00. 205 habitaciones, algunas con balcones. Restaurante, bar y aparcamiento cubierto.

Restaurantes

Precio barato

Original House of Blues: 96 Winthrop St., en Harvard Square. Tel. 491 BLUE. Abierto toda la semana. Aceptan tarjetas de crédito. Muy, muy barato, la verdad es que aquí la comida casi es lo de menos. Todas las noches hay muy buenas actuaciones de bandas de blues y los domingos, a la hora del *brunch*, la ingesta es animada por un coro de góspel realmente bueno. Muy recomendable; además, es de los lugares más animados de Cambridge las noches del fin de semana (no cierran hasta las 2 h).

Poppa & Goose: 69 First St. Tel. 497 67 72. Cierra los domingos. Aceptan tarjetas. Cerquita de la Cambridge Side Gallerie, platos de la cocina asiática con claras influencias vietnamitas, algunas de ellas de nombre impronunciable. Muy en boga entre la gente joven. A mediodía, tenéis *buffet* todavía más económico.

Brew Moon Restaurant & Microbrewery: 50 Church St. Tel. 499 BREW. Abre todos los días; las noches del fin de semana, hasta las 3 h. Aceptan tarjetas de crédito. La clientela es la misma del House of Blues, sólo que aquí la calidad de la cocina y la variedad de las especialidades de la carta son mayores. Pizzas al horno, postres caseros o pez espada especiado con puré de patatas y ajos, son algunas de ellas. Las noches de los fines de semana, hasta arriba al reclamo de las actuaciones de jazz, y la muy buena cerveza que ellos mismos destilan -aunque tenéis unas cuantas marcas para elegir. Muy recomendable. Ah, tienen uno en Boston, algo más amuermado que éste, en 115 Stuart St.

Cambridge Sail Loft Café & Bar: 1 Memorial Drive. Tel. 225 22 22. Abre toda la semana. Se aceptan tarjetas de crédito. Localillo muy majo en plan vanguardista-moderno y tal, con clientes algo pijos que dan cuenta de mariscos y pasta admirando las muy buenas vistas que se tienen de la ciudad. Se paga más el sitio que otra cosa, pero resulta muy bien de precio.

Cambridge Brewing Company, Inc.: 1 Kendall Sq. Tel. 494 19 94. Abierto toda la semana. Aceptan tarjetas de crédito. La comida es bastante original -paella, pollo asado al estilo brasileño, cordero al curry-, y en casi todas las especialidades de la carta se emplea la cerveza, que destilan ellos mismos -de hecho, es la cervecera más antigua de la ciudad. Mucho barullo los fines de semana, que cierran a la una de la madrugada.

Precio medio

Magnolias Southern Cuisine: 1193 Cambridge St. Tel. 576 19 71. Cierra los lunes y los domingos. Aceptan tarjetas. Todo un puntazo, excelente cocina del delta -o *cajun,* como la dicen acá: tomates verdes fritos, pato asado al caramelo y la pimienta, o atún al estilo Belle-Watling, que no es sino con mogollón de especias y condimentos. Excelente relación calidad/precio. En los fines de semana, no estaría de más que llamaráis para reservar mesa, que nunca se sabe.

Cottonwood Café: 1815 Massachusetts Ave. Tel. 661 74 40. Abre toda la semana. Se aceptan tarjetas de crédito. Especialidades *tex-mex,* entre las que no os extrañe encontraros con una especie de gazpacho más picante que el de la tierra. El plato más solicitado es el salmón al estilo Tequila Sunrise, que hace que arda la boca. No es caro, pero si váis al brunch de los domingos, de 10 h 30 a 15 h, éso que os ahorráis, que está la vida muy *achuchá.*

Green Street Grill: 280 Green St., en Central Square. Tel. 876 16 55. Abierto toda la semana. Se aceptan tarjetas de crédito. El bar cierra todas las noches a la una de la mañana. Los lunes es cuando bajan bastante los precios de la carta, que es de una mezcla estraña entre cocina del delta, con toques caribeños y adaptada a los paladares de aquí. Curioso.

SALEM

La fundación de este pueblo que está a la cabeza de la historia negra de los Estados Unidos se remonta a 1626, y fue capital de la *Massachusetts Bay Colony* hasta 1630. Dos son los sucesos que han empotrado a Salem en la historia del país: los juicios de las brujas, que tuvieron lugar en 1692, y el nacimiento en 1804 del escritor *Nathaniel Hawthorne,* una de las primeras glorias de la literatura estadounidense, autor de la celebérrima *La letra escarlata.*

Durante la segunda semana de agosto tienen lugar los *Heritage Days,* las fiestas del pueblo, donde hay desfiles, castillos de fuegos artificiales y demás saraos.

Lo que más interesante nos pareció a nosotros fue el **Salem Maritime National Historic Site**, en Derby Street, y que es lo que era el puerto de Salem durante los siglos XVII, XVIII y XIX. Las excursiones guiadas salen del *Central Wharf Warehouse Orientation Center,* durante todo el año. Los edificios protegidos y abiertos al público son **Derby House**, construida en 1762; **Derby Wharf**, que primero fue lugar de reunión de las tropas rebeldes y, posteriormente y durante la guerra con los ingleses de 1812, centro comercial; **Custom House**, las aduanas, construidas en 1819; *Bonded Warehouse*, del mismo año, donde se almacenaban las mercancías de los buques dedicadas a la exportación y que hoy se emplea como un pequeño museo donde se exponen barriles de té y de ron y otras zarandajas; *Narbonne-Hale House* (73 Essex St.), de principios del siglo XVII y que funcionó como tiendas para artesanos y comerciantes; *Scale House* y la *West India Goods Store*, otros dos edificios comerciales de principios del siglo pasado. A todo esto, sumadle los consiguientes restaurantes y comercios, y ya tenéis para pasar una mañana entretenida.

Para llegaros hasta aquí, trenes y autobuses de la MBTA salen de la bostoniana *Haymarket Square* prácticamente todo el día.

Datos útiles

Información turística

National Park Service Regional Visitor Center: 2 New Liberty St. Tel. (978) 740 16 50). Aquí, además de bastante información sobre la zona, hay pequeñas exposiciones sobre la historia y desarrollo de Salem, y vídeos explicativos. Los aseos, impecables.

Salem InfoCenters: 2 New Liberty St. Tel. (978) 740 16 50. Abierto toda la semana de 10 h a 16 h. 174 Derby St. Tel. (978) 740 16 60. Abierto toda la semana de 9 h a 17 h.

La visita

Salem 1630 Pioneer Village: Forest River Park, salida 114 de la Route 1A. Tel. (978) 745 05 25. Abierto de mayo a octubre, toda la semana, de 10 h a 17 h. Entradas: adultos 5$, niños de 6 a 17 años 3$. Más pequeños, por la cara. Es una recreación auténtica y muy, muy fidedigna de un pueblo de colonos del siglo XVII. Vamos, por haber hay hasta animales por allí sueltos, pero lo curioso son los guías que llevan las excursiones, que están vestidos como los pobladores originares, los puritanos. Hay también las pertinentes exposiciones de mobiliarios y aperos de labranza.

Salem Witch Museum: Washington Square North. Tel. (978) 744 16 92. Abierto toda la semana de 10 h a 17 h (hasta las 19 h los meses de verano). Entradas: adultos 4$50, niños 3$. Lo que se ha dado en llamar la histeria de las brujas está aquí pero que muy bien presentado y expuesto, desde documentos originales de la época hasta reproducciones de los instrumentos de tortura. Una tortura, éso es en lo que puede llega a convertirse la visita si la realizáis en verano, tanta gente hay... las excursiones guiadas, incluidas en el precio de la entrada, se llevan a cabo en diferentes idiomas, entre ellos el español, así que no tenéis excusa.

Witch Dungeon Museum: 16 Lynde St. Tel. (978) 744 04 40. Aquí se llevan a cabo escenificaciones del juicio a las brujas estas; un intento más e igual de digno de sacar dinero del negrísimo episodio. Lo curioso es que, en la cuidadísima representación con los trajes de la época y tal, vosotros mismos, con vuestros pantalones cortos y la cámara colgando, podéis formar parte del jurado. De cualquier caso, algo caro para echarse unas risas, aunque haya representaciones en español.

New England Pirate Museum: 274 Derby St. Tel. (978) 741 28 00. Abierto de mayo a octubre y los fines de semana de noviembre, de 10 h a 17 h. Entradas: adultos 4$, niños 2$50. Pequeño pero bastante curioso, e incluso puede resultar divertido para los más pequeños. Está consagrado a la memoria de los piratas que tanto se dejaron caer por estas costas en los primeros siglos de la presencia europea en Norteamérica.

The House of the Seven Glabes Historic Site: 54 Turner St. Tel. (978) 744 09 91. Abierto todos los días de julio a últimos de octubre de 10 h a 16 h 30; el resto del año, domingos de 12 h a 16 h 30. Entradas: adultos 7$, niños de 6 a 17 años, 4$, menores de 6 años, en un alarde de generosidad, entran gratis. De la novela del celebérrimo Nathaniel Hawthorne.

Stephen Phillips Memorial Trust House: 34 Chestnut St. Tel. (978) 744 04 40. Abierto de mayo a octubre, de 10 h a 16 h 30. Entradas: adultos 3$, menores de 12 años, 2$. Mansión de la leche estilo Federal -una más- en la que se exponen las colecciones privadas de cerámicas chinas, muebles ingleses, alfombras de Oriente y demás objetos artísticos del que era el dueño, el Stephen Phillips éste. Aviso, la última visita guiada es a las 16 h.

The Witch House: 310 Essex St. Tel. (978) 744 01 80. Esta es la única construcción que queda en todo Salem del año del juicio, lo que la ha convertido en un centro de estudio sobre aquellos años. Paradojas del destino, era la casa del juez que las condenó, Jonathan Corwin.

Peabody Essex Museum: East Indian Square. Tel. (978) 745 95 00. Abierto todo el año. Entradas: adultos 7$, niños 4$. El museo de arte de Salem tiene 30 galerías, en las que se expone de todo un poco, desde artesanía nativa a obras de artistas europeos o exposiciones de aparejos de pesca. Además, dos bibliotecas, nueve edificios catalogados como *históricos*.

Alojamiento

Precio barato

The Clipper Ship Inn: 40 Bridge St., Route 1A. Tel. (978) 745 80 22. El único motel de Salem, muy bien comunicado y en una zona realmente bonita. 60 habitaciones con todo, además de suites muy bien equipadas, ideales si váis unos cuantos amigos o una familia.

Coach House: 284 Lafayette St. Tels. (978) 744 40 92 y (800) 668 86 89. Once habitaciones, dos de ellas con baño compartido. No dejan fumar en el edificio.

Precio medio

Hawthorne: 18 Washington Sq. Tels. (978) 744 40 80 y 1 800 SAY STAY. Hotel con bastante historia y con el mejor restaurante de la ciudad, el Nathaniel's. 89 habitaciones. En temporada alta puede resultaros complicado encontrar un hueco, así que mejor reserváis con antelación. En Internet: www.hawthornehotel.com.

The Salem Inn: 7 Summer St. Tel. (978) 741 06 80. En todo el centro de la ciudad, que es bastante tranquilo en cuanto los turistas se dan el bote. Tiene bastante saborcillo este establecimiento, y el servicio es bastante amable. Muy recomendable.

Unos buenos sitios para comer algo

Victoria Station: Pickering Wharf. Tel. (978) 745 34 00. Por dentro, decoración del más genuino estilo británico, en la terracita se está mejor contemplando el puerto mientras dáis buena cuenta de los ma-riscos, las carnes o, ya tirado de precio, el buffet a base de ensaladas. Precio barato.

Chase House: Pickering Wharf. Tel. 744 00 00. Abierto toda la semana. Marisco a tutiplén, en un lugar muy concurrido y animado; las noches de los *weekends*, hasta arriba. Precio barato.

Algo curioso que hacer

Pues el llamado *Haunted Footsteps Ghost Tour* (6 Derby Square. Tel. 978/745 06 66), que tiene lugar de noche y en el que un guía vestido a la usanza os lleva por las callejuelas de Salem contándoos y mostrándoos lugares donde ocurrieron hechos paranormales. Los precios: adultos 6$, niños de 6 a 12 años, 4$. Muy conveniente que llaméis u os presentéis antes para coger sitio.

También podéis subiros a uno de los barcos de *Salem Whale Watch* (Pickering Wharf. Tel. 978/741 04 34) y que os den una vuelta por los alrededores de la costa, a ver si véis a la Willy ésa de las películas.

STOCKBRIDGE

Es una ciudad rica en historia, un muy buen ejemplo de lo que es Nueva Inglaterra, o por lo menos la imagen que la gente tiene de ella. La fundó el reverendo **John Sergenat** para enseñarles el buen camino a los nativos allá por 1734, tal como recuerda la *Field Chime Tower*.

Datos útiles

Información turística

Stockbridge Chamber of Commerce: 6 Elm St. Tel. (413) 298 52 00. También tenéis un kiosko en Main Street, con docenas de folletos sobre las atracciones de la zona.

Berkshire Visitors Bureau: Berkshire Common Plaza, Pittsfield, MA 01201. Tel. 1 800 237 57 47.

La visita

The Norman Rockwell Museum: salida 2 de la I-90. Tel. (413) 298 41 00. Abierto toda la semana de 10 h a 17 h. Entradas: 8$ adultos, menores de 6 a 18 años, 2$. Seguro que conocéis la obra de Rockwell, uno de los mejores ilustradores del siglo XX, y que desarrolló casi toda su obra en las portadas del *Saturday Evening Post*. Los libors que las recopilan se venden en todo el mundo, y no es para menos, pues Rockwell retrató como nadie la vida cotidiana y los grandes sucesos de la sociedad estadounidense durante este siglo hasta su muerte. El museo, el más grande de los que hay dedicados a Rockwell, está en una casa de mediados del siglo pasado rodeada de 36 acres de jardines, sobre el río Housatonic. Las cinco colecciones en que está dividida la exposición albergan un total de 504 obras, además de centenares de objetos de Rockwell y millares de fotografías sobre las que el artista basaba si trabajo. A nosotros, personalmente, nos ha parecido de lo más interesante de toda Nueva Inglaterra, de verdad. Es algo complicado llegar desde Stockbridge, pero salen bastantes compañías de *tours* para allí, así que no deberíais tener mayor problema.

Otros lugares de interés dentro del pueblo son el **Indian Burial Ground** (al final de Main St.), donde un obelisco recuerda el lugar donde se reunían en asamblea los primeros pobladores de la zona; la **Merwin House** (Main St, se cobra una entrada de 5$), de principios del siglo pasado, con una buena colección de mobiliario europeo y americano de finales del XIX.

Para comer

Michael's: Elm St. Estupendo, es uno de esos sitios que dan la sensación de que conoces de antes. Estupendas hamburguesas y pastas. Precio barato.

Truc Orient Express: 1 Harris St. Tel. (413) 232 42 04. Abierto toda la semana. Aceptan tarjetas de crédito. Más que aceptable cocina vietnamita, aunque los platos a base de perro no figuren en la carta. Precio barato.

SPRINGFIELD

Sprigfield nació como punto de intercambio con los nativos allá por 1636, ya que la situación en el río Connecticut era realmente buena.

La cuna del baloncesto, donde en 1891 tuvo lugar el primer encuentro del deporte que hoy arrastra tanto a las masas, especialmente aquí en los Estados Unidos.

Además, aquí se hicieron las primeras postales del servicio de Correos.

Cómo llegar

En autobús
La estación de autobuses, donde operan tanto la **Greyhound** como la **Peter Pan** (tel. 800 237 87 47) y la local **Pioneer Valley** (Tel. 781 78 82) la tenéis en 1776 Main Street, en todo el centro de la ciudad. La Peter Pan tiene servicio con Boston y Nueva York cada hora, y cada dos hacia Baltimore, Philadelphia y Washington, D.C.

En tren
Union Station (66 Lyman St. Tel. 413/785 42 30), alberga los vagones de la **AMTRAK**.

Datos útiles
Alquiler de coches: **Thrifty**: 1090 Boston Road. Tel. (413) 783 91 81.
Compañías de taxis: **City Cab**: tel. (413) 734 82 94. **Yellow Cab:** tel. (413) 734 82 94.
Información turística: **Greater Springfield Chamber of Commerce:** 1350 Main St., 3rd floor. Springfield MA 01103. Tel. (413) 787 15 55. **Greater Springfield Convention & Visitors Bureau:** 34 Boland Way. Tel. (413) 787 15 48.

La visita
Springfield es una ciudad tranquila y apacible, con un alto nivel de vida, donde hay zonas muy interesantes y agradables para hollar con vuestras botas de trotamundos. Por ejemplo, en lo que es el corazón de la ciudad, el centro del *Downtown*, **Court Square**: Main St., entre las calles Court y Elm. Esta zona es la que podríamos llamar el corazón de la ciudad. Convenientemente restaurada, con sus correspondientes cafés, restaurantes y tiendas más o menos selectas, y que al anochecer no ofrece demasiado tránsito. En este tramo de la calle Mayor, esta Main Street, hay algunos edificios interesantes, como puedan ser el ayuntamiento, de principios de siglo, el **Byers Block**, uno de los edificios comerciales más antiguos de la ciudad y que data de 1835 o la *Primera Iglesia de Cristo* (**The First Church of Christ**), piedra angular de la fundación de Springfield, y que se construyó en 1819. También tenéis el **McKnight District**, a lo largo de la Worthington Street, y que es el mayor barrio construido en madera de toda Nueva Inglaterra. Hay casi un millar de casas victorianas construidas en 1870 y 1900, convertidas hoy en la mejor y más cara zona residencial de la ciudad; y luego está la **Mattonn Street Historical Area**, una manzana

de estilo Victoriano en Mattoon Street muy bien conservada y que data de alrededor de 1870.

Alrededor de la estatua en honor del reverendo Samuel Chapin, llamada *The Puritan*, en la confluencia de las calles Quadrangle, State y Chestnut tenéis un conjunto de cuatro museos. *Nota*: la entrada de cualquiera de los cuatro museos de la ciudad es válida también para los otros tres. El precio: 4$ adultos, 1$ niños de 6 a 18 años; los menores de 6 años, por la jeta.

Museum of Fine Arts: Quadrangle, State & Chestnut Sts. Tel. (413) 263 68 00. Abierto de miércoles a domingo de 12 h 30 a 16 h. Entradas: adultos 4$, niños 1$. Estupendo ejemplo de la arquitectura de los años treinta, el estilo art-deco, aquí tenéis una pero más que buena colección de arte, sobre todo para ser Springfield una ciudad de su tamaño. Entre los fondos destacan obras de artistas franceses como Degas, Pisarro, Monet o Gauguin, algo del barroco flamenco, y hay seis salas completas dedicadas al arte estadounidense. Nos quedamos con el Promenade on the Beach, de Winslow Homer o el New England Scenery de Frederick Churchs.

George Walter Vincent Smith Art Museum: Quadrangle, State & Chestnut Sts. Tel. (413) 263 68 00. Entradas: adultos 4$, niños 1$. Edificio en plan villa italiana construido a finales del siglo pasado, y que alberga la colección que reuniera en vida el tipo que le da nombre. Sobre todo, lo que abundan son piezas de cerámica chinas, alfombras orientales, pinturas estadounidenses del siglo pasado y, en la *Classical Catts Gallery*, copias muy logradas de famosísimas esculturas del Renacimiento.

Connecticutt Valley Historical Museum: Quadrangle, State & Chestnut Sts. Abierto de miércoles a domingos de 12 h 30 a 16 h. Toda ciudad estadounidense que se precie no puede dejar de tener un museo donde se repase la historia, y en Springfield no iban a ser menos con la del Pioneer Valley. Este le levantaron es estilo Colonial allá por 1927, y las exposiciones y los fondos no se remontan más allá de 1636. Como nota curiosa, os comentamos que en la biblioteca tienen archivados los datos de todos los que han nacido en el Pioneer Valley, afanes más extraños se ven por ahí.

Otros lugares de interés

Naismith Memorial Basketball Hall of Fame: 1150 West Columbus Ave. (salida Springfield Center de la I-91). Tel. (413) 781 65 00. Abierto todos los días del año de 9 h a 18 h (hasta las 20 h los jueves, viernes y sábados). El mayor museo del mundo consagrado al deporte de la canasta, con mogollón de exposiciones: juegos interactivos, uniformes firmados por históricos de la cesta, la historia completa en vídeos de la NBA, repaso por entrenadores, jugadores, canastas decisivas, canchas con especial significancia, un cine... si os gusta el baloncesto, de

Springfield (Massachusetts)

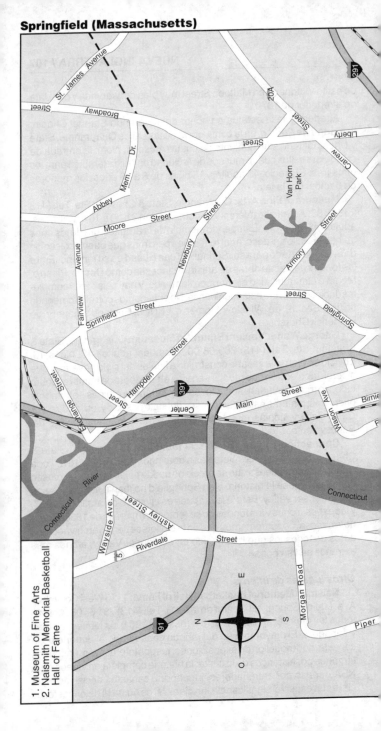

1. Museum of Fine Arts
2. Naismith Memorial Basketball Hall of Fame

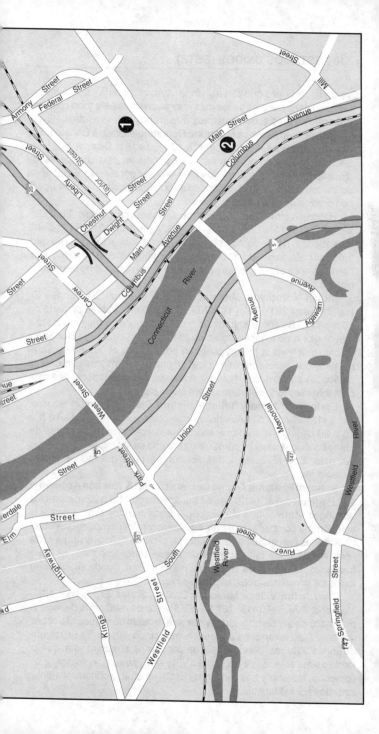

verdad de la buena que váis a disfrutar, y mucho, con la visita. Además, la tienda del museo es de las más impresionantes para todo coleccionista que se precie, que sabemos que los hay entre vosotros.

Springfield Science Museum: Quadrangle, State & Chestnut Sts. Abierto de miércoles a domingos de 12 h 30 a 16 h. De esos que tanto les gustan a los niños, con su correspondiente sala con fósiles de dinosaurios, acuario, platenario y demás cosas por el estilo. En la tienda del museo, hay una bonita selección de objetos artesanales indios, pero con precios un poco altos, creemos.

Hatikvah Holocaust Education & Resource Center: 1160 Dickinson St. Tel. (413) 737 43 13, ext. 142. Abierto de 10 h a 17 h; cierra los sábados. No se cobra entrada. La última sensación de la ciudad, toda una pasada de edificio donde se investiga y estudia el Holocausto, con bastantes exposiciones y pases de vídeos para que no se repita la historia.

Indian Motorcycle Museum and Hall of Fame: 33 Hendee St. (salida 4 de I-291). Tel. (413) 737 26 24. Abierto toda la semana de 10 h a 17 h. Se cobra entrada. Un museo pequeño y muy modesto a mayor gloria de los inventores de la motocicleta, George Hendee y Oscar Hedstrom, a la que pusieron por nombre el que hoy lleva el museo y que sería con el tiempo el de una de las mayores empresas dedicadas a esto de los motores. A nosotros personalmente nos deja bastante fríos todo este tema, pero quién sabe...

Springfield Armory National Historic Site: One Armory Square. Tel. (413) 734 85 51. Abierto de miércoles a domingos de 10 h a 16 h 30. Aquí tenéis una de las mayores colecciones de armas de fuego de todo el mundo, porque esta era una de las mayores armerías del país. Éso sí, están todas sin cargar, para que no os entren tentaciones.

National Firearms Trainig Center at Smith & Wesson Academy: 299 Page Blvd. Tel. (413) 846 64 00. Abierto de 11 h a 22 h; cierra los domingos. Aquí sí que podéis pegar unos cuantos tiros. Los de la celebérrima compañía os dejan, bajo supervisión, demostrar vuestras habilidades con el Colt ante una diana, si no desfallecéis antes en la cola. No os hace falta licencia de armas para probarlas, así que tranquilos. Luego, daos una vuelta por el museo, donde se exponen todos los productos que han salido de aquí.

Storrowton Village Museum: Eastern States Exposition. 1305 Memorial Ave. Tel. (413) 787 01 36. Abierto de mediados de junio a mediados de septiembre toda la semana excepto domingos. Se cobra entrada. Aquí están constantemente montando saraos. Es un recinto de unos 200 acres, donde lo más destacable es el museo este, que lo forman siete edificios de los siglos XVIII y XIX: juzgado, ayuntamiento, comercio, taberna y tres viviendas. Están tal cual, y constantemente tomados por los turistas.

Alojamiento

Precio barato

Forest Park: Route 83, Summer Ave. Tel. (413) 787 64 61. Casi 800 acres entre los que hay sitio para plantar la tienda de campaña y disfrutar de la naturaleza- y del resto de instalaciones: zoo, canoas, pistas de tenis...

Days Inn: 437 Riverdale St., West Springfield. Tel. (413) 785 53 65. Baratísimo. Tan sólo 84 habitaciones, pero con las comodidades necesarias para pasar una muy buena noche.

Hampton Inn: 1011 Riverdale St., West Spreingfield. Tel. (413) 732 13 00. Motelillo con piscina, restaurante y buneas habitaciones.

Dave's Inn: 346 Maple St. Tel. (413) 747 80 59. En el barrio de Crescent Hill, con unas vistas realmente buenas del centro de Springfield, son dos mansiones victorianas muy por encima de la media de lo que suelen ser los *bed&breakfast*. Una de las suites por tener tiene hasta chimenea y *jacuzzi*. Entre las instalaciones, piscina y pista de tenis. Muy recomendable, pero llamar antes para reservar habitación, sobre todo en temporada alta.

Precio medio

Holiday Inn Springfield: 711 Dwight St. Tels. (413) 781 09 00 y 1 800 465 43 29. Bastante bien situado, con 245 habitaciones, restaurante y piscina. Acceso para sillas de ruedas.

Precio alto

Sheraton Monarch: One Monarch Place. Tels. (413) 781 10 10 y 1 800 426 90 04. Muy lujoso, es el preferido por políticos y demás gentes pudientes. 304 habitaciones, restaurante, piscina y gimansio. Acceso para sillas de ruedas.

Restaurantes

Precio barato

Gus & Paul's: 1500 Main St. Tel. (413) 781 22 53. Cierra los domingos. Aceptan tarjetas. En todo el centro de la ciudad, uno de esos establecimientos que parecen sacados de la 8ª avenida de la Gran Manzana, una *deli* donde hay de todo. Lo más destacable, los sandwichs y los *bagels*.

Lido: 555 Worthington St. Tel. (413) 736 94 33. Cierra los lunes. No aceptan tarjetas. Restaurante familiar de cocina italiana con mucho predicamento entre la población. Las especialidades: parmigiana, linguini.

Spaghetti Warehouse: 60 Congress St. Tel. (413) 737 54 54. Abierto toda la semana. Aceptan tarjetas de crédito. Accesible para sillas de ruedas. Muy curioso, tienen incluso un trolebús del año de la Polca -muy curioso, decorado con antiguedades- que también sirve como comedor. En la carta, los platos más tradicionales dentro de la pasta, salsas caseras y postres tradicionales norteamericanos. En la barra sirven licores aunque no vayáis a comer, un traguito de vez en cuando no hace daño y además controla el colesterol.

Center Court: hotel Sheraton Springfield Monarch. 1 Monarch Place. Tel. (413) 781 10 10. El local este del Sheraton está decorado en plan cancha de baloncesto, con memorabilia diversa (que si fotos, camisetas, ése tipo de cosas). Hay muchas familias entre la clientela, y la comida es de lo más normal, pero en raciones grandes y con la calidad suficiente: ensaladas, pasta, pizzas y sandwiches.

Red Lobster: 1492 Boston Road. Tel. (413) 543 51 95. Aceptan tarjetas. Estupenda relación calidad/precio la de este restaurante especializado en lo que sale del mar, aunque también encontráis en la carta algunas especialidades a base de pollo y carnes, especialmente chuletones. Hay *brunch* los domingos, pero lo que trae más cuenta es pedir un plato con variedad de mariscos, un poco de todo, que sale pecaminosamente bien de precio.

Champion's Sports Bar: hotel Springfield Marriot. Boland Way & Columbus Ave. Tel. (413) 781 71 11. Aceptan tarjetas. Accesible para sillas de ruedas. Perfecto para tomar una cerveza -o unas cuantas- con un sandwich o un perrito caliente mientras se contempla a los Boston Red Sox quedarse a las puertas del título mundial de béisbol. Otro año será.

Pizzeria Uno: 1 Columbus Center. Tel. (413) 733 13 00. Aceptan tarjetas de crédito. Accesible para sillas de ruedas. Una de las mejores opciones para esto del comer, la calidad es buena y las raciones bien recias. No sólo pizzas, también hay sandwiches y ensaladas. La terracita no está nada mal.

Precio medio

Spaghetti Freddy's: Tower Square, 1500 Main St. Tel. (413) 787 21 13. Aceptan tarjetas. Accesible para sillas de ruedas. En el centro comercial más grande de la ciudad, hay un poco de todo, para que nadie se quede sin comer: platos vegetarianos, pasta, platos tradicionales de Nueva Inglaterra a base de carnes. Hay una completa carta de vinos italianos, pero a precios de Dom Perignon (y, recordad, lo cobran por copas, no por botellas).

Tilly's: 1390 Main St. Tel. (413) 732 36 13. Aceptan tarjetas. Cierran los domingos. Decoración bastante acertada en plan bareto irlandés; en cuanto a la jama, carnes a la parrilla, sopas tradicionales de la zona y, cómo no, pasta. Merece la pena, aunque sólo sea por lo bonito y para sentarse a la barra a degustar -que no trasegar- una Guinness muy bien tirada.

Student Prince and Fort: 8 Fort St. Tel. (413) 734 74 75. Aceptan tarjetas. Accesible para sillas de ruedas. Probablemente, el más frecuentado de la ciudad. ¿El motivo? buena comida y buenos precios, en un marco realmente acogedor, en plan posada de la Selva Negra. La carta, de reminiscencias germanas: bratwurst, Wienerschnitzel, pero también hay pescados y carnes más al estilo americano.

Hofbräuhaus: 1105 Main St. West Springfield. Tel. (413) 737 49 05. Cierra los domingos. Se aceptan tarjetas. Imprescindible reservar. Con la misma orientación que el anterior, y funcionando por más de sesenta años, probablemente sea el mejor restaurante de Springfield, aunque queda un poco retirado del centro, está en el barrio conocido como West Springfield. Cocina alemana de la de verdad, sobre todo platos de estilo bávaro, aunque también hay pescados y mariscos de la tierra y algún plato de carne. Selección de cervezas alemanas, por lo menos hay cincuenta.

Precio alto

The Grill Room: hotel Springfield Marriot. Bolnad Way & Columbus Ave. Tel. (413) 781 71 11. Aceptan tarjetas. Accesible para sillas de ruedas. De precio caro si se os va la mano con el vino o algunos platos de la carta, si os sabéis contener puede resultar hasta económico. Cocina continental, sobre todo pollo, carnes de vacuno y mariscos. Abierto para desayunar en plan *buffet*, aunque no haya gran variedad; no trae cuenta.

Zaffino's: hotel Holiday Inn: 711 Dwight St. Tel. (413) 750 31 18. Aceptan tarjetas. Accesible para sillas de ruedas. Aparcamiento gratuito. Aquí la gente, más que por la calidad de la cocina continental que sirven, acude al reclamo de las estupendas vistas que se tienen desde la última planta del hotel de la ciudad y los alrededores. Las cosas como son, de noche es realmente bonito.

Actividades y espectáculos

En las cercanías de Springfield, más concretamente en la población de Brimfield, se montan todos los años por la segunda semana de julio el mayor mercadillo de toda Nueva Inglaterra, el **Brimfield Outdoor Antique Show**. En la Route 20 tenéis más de 4.000 puestos -que se dice pronto- en los que revolver y encontrar a muy buenos precios cualquier cosa. No tiene el saborcillo de las mañanas dominicales del Rastro madrileño -ya sabéis, los caracoles y todo éso- pero resulta igual de interesante.

Más cachondeo lo hay a finales del mismo mes, cuando se monta el **Puerto Rican Cultural Festival**, tres días de marcha y papeo boricúa, con mucho en común con las fiestas veraniegas de nuestros pueblos.

De mediados de septiembre a primeros de octubre se organiza el mayor evento de cuantos tienen lugar no sólo en Springfield sino en todo el Pioneer Valley: el llamado *Big E*, el **"Great New England Fall Festival"**, que atrae a más de un millón de visitantes en cada edición. Hay conciertos, competiciones de esas extrañas en las que hay que arar un campo con un John Deere y demás demostraciones de poderío agrícola y maquinario. *Typical american, pals.*

AMHERST

Fundada en 1751, en su Amherst College se han educado varios de los grandes personajes de la historia del país, como **Calvin Coolidge** o **Emily Dickinson**. Hoy, es una apacible y tranquila población con un acusado estilo de vida académico.

Datos útiles
   Información turística: *Chamber of Commerce*. 11 Spring Street. Tel. (413) 253 07 00.

La visita
   Todo bastante cerquita, tenéis la **Emily Dickinson House** (280 Main St. Tel. 413/542 81 61. Abierto miércoles y domingos de 10 h a 16 h. Entradas: 5$), la mansión donde nació y escribió alguna de sus obras una de las mayores poetisas estadounidenses; la **Jones Library** (43 Amity St. Tel. 413/256 40 90. Abierto de 9 h a 17 h 30. Cierra los domingos), también a mayor gloria de la Dickinson, en este caso objetos personales, manuscritos de sus obras, y una reproducción de su dormitorio. El **Amherst History Museum at the Strong House** (67 Amity St. Tel. 413/256 06 78) el museo municipal de rigor sobre la historia del lugar: además de un herbolario del siglo XVIII, no muy destacable.

Alojamientos

Precio barato
   University Lodge: 345 North Pleasant St. Tel. (413) 256 81 11. No, aunque lo parezca por el nombre no es un centro universitario, sino un hotelito de dos plantas muy cuco y con buenos precios, sobre todo fuera de temporada o si os quedáis varios días. Lo malo es que está a un par de kilómetros del centro de Amherst, pero por lo demás muy recomendable. 20 habitaciones con todo y una cafetera.

Precio medio
   Allen House Victorian Inn: 590 Main St. Tel. (413) 253 50 00. Este bed&breakfast es uno de los mejores de todo el país, así como lo oís. Ha ganado multitud de premios, y la verdad es que no es para menos:

la casa, de 1886, es una auténtica pasada, decorada tal como requiere la antiguedad de la construcción. Todas las habitaciones, con baño privado, aire acondicionado y televisor y teléfono, están a la misma altura. No resulta muy conveniente ir con niños pequeños, no vaya a ser que rompan algo y os acaben saliendo las vacaciones por un pico. En verano, imprescindible que llaméis para reservar con bastante antelación, a ser posible. Lo podéis hacer desde casa vía Internet: www.allenhouse.com.

NORTHAMPTON

La población más interesante de la zona fue fundada en 1654 por **Jonathan Edwards**, un puritano; y aquí nació uno de los presidentes más populares que ha tenido el país, Calvin Coolidge, que primero fue el alcalde.

Datos útiles

Información turística
Tourist Information Center: 33 King St. Tel. (413) 586 31 78. Abierto todos los días de 10 h a 18 h, de mayo a octubre.
Chamber of Commerce: 62 State St. Tel. (413) 584 19 00.

Cómo llegar
La **Peter Pan Trailways** (1 Roundhouse Plaza. Tel. 413/536 10 30. Abierto todos los días de 7 h a 18 h) tiene autobuses diarios a Boston y Nuseva York.

La visita
Historic Northampton: 46 Bridge St. Tel. (413) 584 60 11. Es un grupo de tres casas en todo el centro de la población, y que son los mejores ejemplos que han llegado a estos días de las construcciones de aquellos años. Son la **Parson's House**, de alrededor de 1730 y de estilo colonial; la **Shepherd House**, ya de finales del XVIII y con exposiciones de objetos de la familia que la habitaba; y la **Damon House**, de 1813, donde hay una sala de exposiciones y una pequeña tienda donde clavan más en los precios que si estuviera emplazada en el monte de los Olivos.
Smith College Museum of Art: Elm St. & Bedford Terrace. Tel. (413) 585 27 60. Abierto toda la semana de 14 h a 17 h; cierra los domingos. No se cobra entrada. Bastante interesante, tienen una colección de casi 30.000 obras de arte, que responden a una selección bastante ecléctica, desde objetos prehistóricos a litografías de Warhol,

aunque en lo que hacen más énfasis es en la pintura europea y americana de los últimos doscientos años. Si estáis en la ciudad, imprescindible.

Forbes Library: 20 West St. Tel. (413) 587 10 11. Estupenda biblioteca, pero lo más bonito es el edificio, de estilo románico y que data de finales del siglo pasado. Para sentarse tranquilamente en las escaleras de la entrada. Dentro, hay una sala dedicada al presidente que lo fue del país Calvin Coolidge, nativo de Northampton, donde se exponen documentos y objetos personales suyos.

Words & Pictures Museum: 140 Main St. Tel. (413) 586 85 45. Cierra los lunes. Entradas: 5$ adultos. Si os gusta el noveno arte, aquí tenéis uno de los mejores museos dedicados a él. Planchas originales de clásicos tales que Príncipe Valiente o Mandrake, además de carísimos ejemplares de los años cuarenta custodiados tal que si fueran obras de Da Vinci. Además, hay exposiciones permanentes centradas en el impacto que el cómic ha tenido en la sociedad. Altamente interesante.

Alojamiento

Precio barato

Days Inn: 117 Conz Street, en la salida 18 de la I-91. Tel. (413) 586 15 00. Bastante económico, a no ser que coincidáis con los graduados del Smith College. 59 habitaciones y piscina.

Autumn Inn: 259 Elm St. Tel. (413) 586 48 08. Austero, pero cumplidor. 30 habitaciones, piscina, barecillo y restaurante.

Precio medio

The Inn at Northampton: 1 Atwood Drive. Tel. (413) 586 12 11. Probablemente la mejor relación calidad/precio de la zona; si sabéis regatear y con un poquito de suerte, pagaréis dentro de la categoría de precio bajo. 124 habitaciones con todo, además de bastantes instalaciones: restaurantes, piscina, solarium y gimnasio.

El asunto de la comida

Precio barato

Eastside Grill: 19 Strong Avenue. Tel. (413) 586 33 47. Abierto toda la semana. Aceptan tarjetas de crédito. No se permite fumar. Decorado en plan cajún, es un establecimiento sin pretensiones, con buenos mariscos y carnes.

Precio medio

Montana's Steak House: hotel Inn at Northampton. 1 Atwood Drive. Tel. (413) 586 12 11. Aceptan tarjetas. Accesible para sillas de ruedas. Con una decoración muy bonita, en plan victoriano y tal, buenas raciones y buenos precios: pollo, pescados, mariscos y carnes preparados sin más complicaciones. También podéis pasar, aunque no estéis alojados en el hotel, a tomaros una copita.

Wiggins Tavern: hotel Northampton. 36 King St. Tel. (413) 584 31 00. Cierran los lunes. Aceptan tarjetas. El sitio con más encanto de la ciudad bien sea para comer o sólo para tomarse una cerveza. La taberna de Wiggins lleva funcionando tal como está hoy desde hace más de dos siglos, y es una auténtica pasada de bonita. Para comer, sobre todo los fines de semana, id pensando en reservar mesa con algo de antelación. La carta, a base de marisco y pescado y algunas recetas tradicionales que llevan elaborando desde que abrieron, algo más recias. El brunch de los domingos, muy recomendable: sirven de todo y es económico.

CAPE COD

El cabo, de unos 140 km de largo, es uno de los lugares más populares para el verano de todo el país, cuando su población crece hasta llegar al millón de habitantes: las viejas casas del siglo XVII que aún quedan son rodeadas por moteles, y los que viven aquí todo el año temen -y no sin motivo- que a su preciada y preciosa tierra le suceda lo mismo que a la costa de Nueva Jersey, o lo que a nosotros los españoles en el Levante, que una edificación masiva rompa el ecosistema riquísimo - y protegido-, con sus playas, sus dunas, sus montes y sus cascadas. Y luchan para que la primera tierra norteamericana en la que desembarcaron los peregrinos del *Mayflower* no corra la misma suerte.

Cómo llegar

En avión

El principal aeropuerto de Cape Cod lo tenéis en Hyannis, y es el **Barnstable Municipal Airport** (tel. 1 800 352 07 14). Tiene vuelos diarios con Boston y Providence (en el estado de Rhode Island). Algunas compañías: *Colgan Air* (tel. 800 523 FARE), *Cape Air* (tel. 800 352 07 14), *Nantucket Airlines* (tel. 800 635 87 87).

Por carretera

Las dos vías de acceso son los puentes Bourne y Segamore, que salvan el canal Cape Cod.

El *Cape Cod Regional Transit Authority* (tels. 800 352 71 55 y 508-385 83 26) cubre el servicio entre Hyannis y Falmouth, además de llegar a Orleans, Provincetown o Woods Hole. Servicio de trolebuses

Cape Cod Area

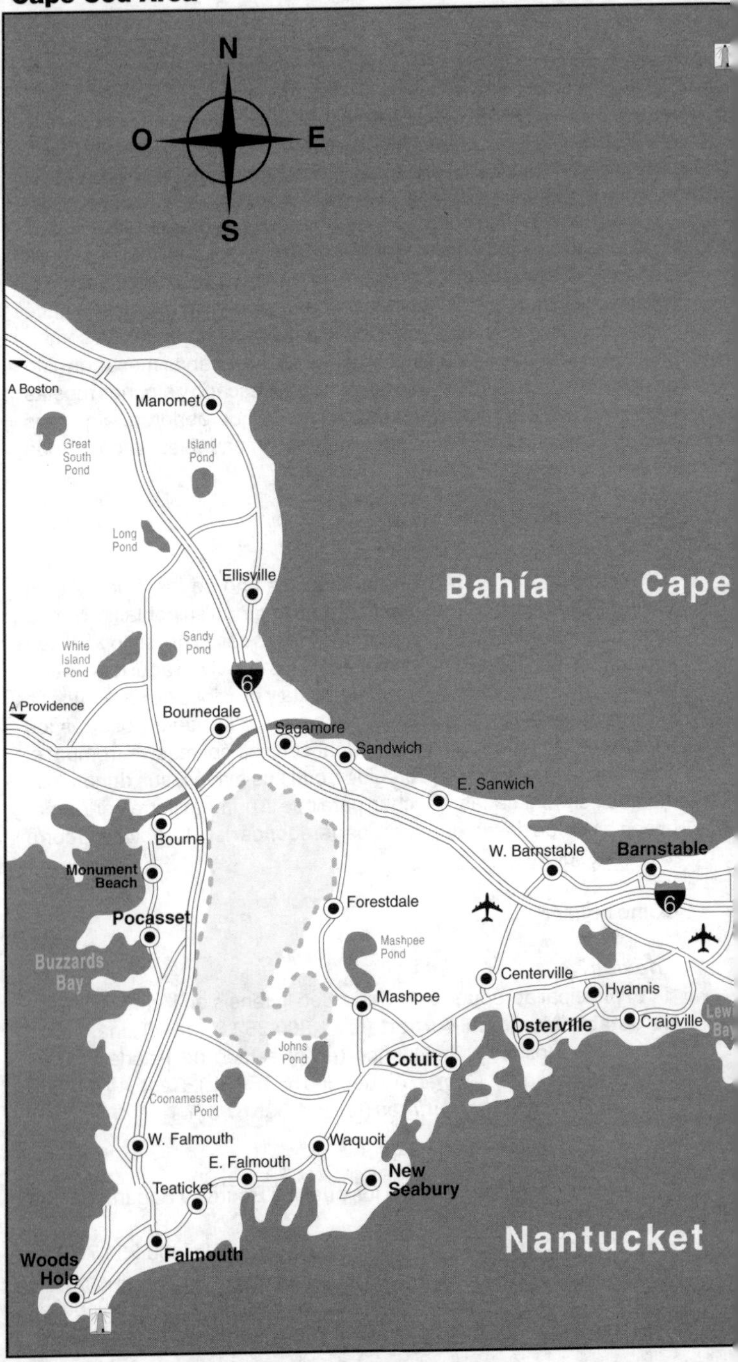

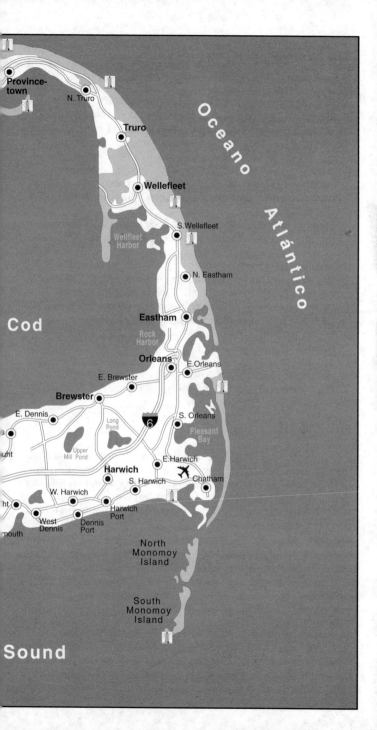

turísticos funciona en temporada alta, con el siguiente recorrido: Dennis, Falmouth, Hyannis, Provincetown y Yarmouth.

Algunas compañías de autobuses: *Bonanza Bus Line Inc.* (tel. 800 556 38 15), *Plymouth & Brockton St Rlwy Co.* (17 Elm Ave.Hyannis. Tel. 775 55 24).

En ferry

Freedom Cruise Line: 70 Hoyt Rd. Harwichport. Tel. 432 89 99.

Island Queen/Island Conmmuter Corp.: 75 Falmouth Heights Rd. Falmouth. Tel. 548 48 00.

Steamship Authority: Hyannis, Woods Hole. Tel. 477 86 00.

Hy-Line Cruises: Ocean Street Docks. Hyannis. Tel. 778 26 00.

Compañías turísticas

Boston Tours Inc.: 56 Williams St. Waltham. Tel. (781) 899 14 54.

Camelot Tours: PO Box 898, E. Sandwich. Tel. 398 87 75.

Cape Cod Custom Tours: 36 Ocean St. Hyannis. Tel. 778 69 33.

Cape Escape Tours, Inc.: 166 Queen Anne Rd. Harwich. Tel. 430 06 66.

Country Squire Tours: PO Box 937. Centerville. Tels. 420 22 60 y 1 800 966 94 45.

Hospitality Tours: 20 Willow St. Hyannis. Tel. 771 13 31.

Tour Trends: 7R Oar & Line Rd. Plymouth. Tels. 224 22 88 y 1 800 918 86 87.

FALMOUTH

Uno de los mayores núcleos de población del Cape Cod, concentra la mayor parte de la oferta turística, con hoteles y restaurantes para todos los bolsillos. Falmouth, fundado por los Cuáqueros en 1661, en sí no ofrece gran cosa, pero es el punto idóneo para tomarlo como base para explorar la zona. Hay un museo cuco, el **Falmouth Historical Society Museum** (Palmer Avenue, en Village Green. Abierto durante el verano), un par de edificios de corte victoriano con exposiciones de los fondos de esta sociedad Histórica: porcelanas chinas, aparejos de pesca de ballenas y mobiliario antiguo; un poco de todo.

Alojamiento

Precio barato

Admiralty Inn: 51 Teaticket Hwy., Route 28. Tels. 548 42 40 y 1 800 341 57 00. Aunque algo alejado del trasiego de Falmouth, es la opción más económica de alojamiento, y además no suben los precios en temporada alta. 98 habitaciones las de este motelito, en un edificio con bastante mejor gusto arquitéctonico que lo que acostumbran los moteles, todas con aire acondicionado, televisión y teléfono, minibar, cafetera. Entre las instalaciones, piscina exterior y cubierta, restaurante y bar con actuaciones en directo. Además, tenéis casitas disponibles con dos habitaciones, jacuzzi y cocina equipada. Muy, muy recomendable.

Cape Colony: 50 Surf Dr. Tels. 548 39 75 y 1 800 447 26 18. Habitaciones con lo imprescindible, y piscina exterior. Muy bien situado.

Best Western Marina Tradewinds: 26 Robbin Rd. Tels. 548 43 00 y 1 800 341 57 00. En el puerto de Falmouth, al lado de dónde salen los ferries para Nantucket y Martha's Vineyard, las habitaciones, muy amplias y con todo, tienen unas buenísimas vistas del puerto de Falmouth. Desayuno por la cara.

Park Beach Motel: 241 Grand Ave. Tels. 548 10 10 y 1 800 341 57 00. De lo más económico, aunque en según que fechas no haya habitaciones libres.

Mariner Motel: 555 Main St. Tels. 548 13 13 y 1 800 949 29 39. También muy a tener en cuenta: las habitaciones tienen un pequeño frigorífico y horno microondas -para que os ahorréis unos pesos con la comida-, y con dos adultos dos menores de 18 años no pagan. Muy, muy bien situado.

Precio medio

Ramada Inn On the Square: 40 North Main St. Tel. 1 800 676 00 00. En el centro de la población, cerca de las playas. Habitaciones sosonas, pero amplísimas y con todo. Entre las instalaciones, restaurante, bar y piscina cubierta.

Restaurantes

The Grasmere Pub: 327 Gilford St. De lo más económico que vaís a encontrar por estos pagos; buenos filetes de carne picada, mariscos y entrecotes. De pub sólo la barra, por que cierran tempranísimo. Precio barato.

Coonamessett Inn: Jones Rd. & Gillford St. Tel. (508) 548 23 00. Abierto toda la semana. Aceptan tarjetas de crédito. En un edificio de finales del XVIII, con vidrieras y todo, es uno de los más elegantes de la zona. Su especialidad, marisco, de todas las maneras y colores. Precio medio/alto.

Golden Sails: 143 Main Street. Tel. (508) 548 35 21. Abierto toda la semana. Aceptan tarjetas de crédito. Para que no digáis, he aquí un buen restaurante chino, de cocina cantonesa. Precio barato.

HYANNIS PORT

Aquí tenéis las mejores y más concurridas playas del Cape Cod: Sea Street, o la de Craigville. Un sitio interesante en el que pasar un rato es el **John F. Kennedy Hyannis Museum** (Town Hall Building, 397 Main St. Tel. 790 30 77. Abierto toda la semana de 10 h a 16 h. Entradas: 1 $, menores de 16 años no pagan), donde en fotografías repartidas por cinco salas se le da un repaso a los momentos que pasaron aquí los miembros de la *familia real* americana.

Datos útiles
Información turística: **Chamber of Commerce**. 1481 Route 132. Tels. (508) 362 52 30 y (800) FOR HYNNIS.

Ferries: Las salidas tienen lugar del South Street Dock. Tel. (508) 540 20 22.

Autobuses: la estación está en 17 Elm St. La **Bonanza** (tel. 800/556 38 15) se encarga del transporte interestatal, con destino a Nueva York y Providence, en Rhode Island. De las conexiones locales (la ruta Provincetown-Boston) se encarga la **Plymouth&Brockton** (tel. 508/775 55 24).

Alojamiento

Precio barato

Budget Host Inn: 614 Route 132. Tel. 1 800 322 33 54. De lo más económico de la zona, sobre todo en temporada baja. Sólo aceptan las reservas hechas en el mismo día.

Precio medio

Ramada Inn Regency: 1127 Route 132. Tel. 1 800 676 00 00. Uno de los mejores. Con piscinas cubierta y exterior, salón de juego, restaurante, bar y solarium.

Hyannis Harborview: 213 Ocean St. Tel. 1 800 676 00 00. En el puerto, muy bien situado. Piscinas, restaurante y sauna.

Para comer

The Egg & I: 521 Main Street. Tel. (508) 771 15 96. Abierto toda la semana. Aceptan tarjetas de crédito. Sólo por el nombre ya merece la pena, aunque la carta sea un poco escasa: repostería y platos a base de huevos. No seáis malpensados... precio barato.

Penguins Sea Grill: 331 Main Street. Tel. (508) 775 20 23. Abre toda la semana, pero sólo a la cena. Aceptan tarjetas de crédito. Mariscos y carnes a la leña. Precio barato/medio.

ORLEANS

Llamada así en nombre del francés Duque de Orleans, que se dejó caer por aquí nada más acabar la Revolución para ver cómo funcionaba el tema, es una de esas localidades típicas *capecodianas*: casitas de ensueño, gente bien y ambiente tranquilo, por más que sea la única ciudad norteamericana en ser atacada por los alemanes en la Primera Guerra Mundial. Lo más curioso es la estación del telégrafo (**French Cable Station Museum**, MA28 & Cove Road. Abierto toda la semana excepto lunes), que comunicó la población con la francesa de Brest de 1897 hasta 1959.

PROVINCETOWN

Prácticamente la capital de Cape Cod, se especula con que esta población de 4.000 habitantes tuvo sus primeras visitas europeas ni más ni menos que a mediados del siglo XI, cuando se cree que el vikingo **Leif Eriksson** tocó tierra; lo que ya está más claro es que fue aquí dónde desembarcó el *Mayflower*, y consecuentemente donde se establecieron por vez primera los peregrinos, como recuerda el monumento conmemorativo que tenéis en *Town Hill.* Provincetown ofrece algunas de las mejores playas de todo el Cape Cod. En *High Pole Hills* hay una torre de 252 pies de alto, el **Pilgrim Monument**, que se construyó en 1910 como recuerdo de los peregrinos; las vistas desde lo alto del monumento merecen unas cuantas fotos. Si queréis saber más acerca de la historia de la ciudad, daos un rulo por el **Provincetown Heritage Museum** (Commercial & Center Sts. Tel. 487 70 98. Abierto de junio a octubre toda la semana de 10 h a 18 h. Entradas: 2$).

A lo largo del puerto, hay bastantes compañías dedicadas a lo de llevaros en barco por la costa. Del *Dolphin Fleet* salen embarcaciones en las que, con un poco de suerte, podéis contemplar a las ballenas; algo carillo, eso sí. Lo mismo ocurre con casi todos los barcos que hay atracados en el *Town Wharf*, en Comercial & Standish Sts.

Datos útiles
Información turística: **Chamber of Commerce**. 307 Commercial St. Tel. (508) 487 34 24. Abierta todo el año de 10 h a 14 h, en invierno cierra los domingos.

Parada de autobuses: en el Town Wharf (Commerce & Standish Sts) tenéis los autobuses de **Plymouth & Brockton** (tel. 508/746 03 78). Rutas por Cape Cod y, durante el verano, coches diarios a Boston.

Oficina de Correos: 211 Commercial St. Tel. (508) 487 01 63. Abierta de lunes a viernes de 8 h 30 a 17 h, sábados sólo de 9 h 30 a 11 h 30.

Para dormir y comer
Ships' Bell Inn: 586 Commercial St. Tel. (508) 487 16 74. De lo más económico, la pega es que está abierto sólo de abril a octubre. 20 habitaciones, más algunas suites y estudios. Precio barato/medio.

Bradford House: 41 Bradford St. Tel. (508) 487 01 73. De finales del siglo pasado, el edificio no tiene ascensor, se encargan bastante de recalcarlo: también es verdad que la relación calidad/precio es bastante buena. 19 habitaciones, con baño, televisión y frigorífico, pero no teléfono. Precio barato/medio.

Pucci's Harborside: 539 Commercial St. Tel. (508) 487 00 50. Cerrado de noviembre a abril. Bastante informal y juvenil, los platos fuertes de la carta son las alas de pollo picantes y el marisco. Precio barato.

NANTUCKET ISLAND

A unos 45 kilómetros al sur de Cape Cod, con un pedazo de océano de por medio, está uno de los parajes más bellos no sólo de la costa atlántica, sino de todos los Estados Unidos, a lo que ayudan mucho los casi 100 km de playas perennemente protegidas de la especulación inmobiliaria por las autoridades. La isla fue durante tres siglos el mayor puerto ballenero del mundo, lo que se deja notar todavía hoy; y es más, el mismísimo **Melville** se inspiró en un suceso acaecido aquí en 1820 en su población más importante, Nantucket Town, para su inmortal Moby Dick.

Tenéis unos cuantos ferries diarios desde Hyannis y Provincetown, en Cape Cod. Consultad los apartados de estas poblaciones. Dentro de la isla, el transporte lo proporciona la *Nantucket Regional Transit Authority*. La parada está en la esquina de las calles Washington & Main, y el precio del billete es de 1$.

Datos útiles
Información turística: **Information Bureau**. 25 Federal St. Tel. (508) 228 09 25. **Chamber of Commerce**. 48 Main St. Tel. (508) 228 17 00.

Un paseo por la ciudad de Nantucket
Indudablemente, su mayor interés reside a lo largo de **Main Street**, donde se asoman las mansiones que se construyeron durante el siglo pasado los magnates de la industria ballenera. En verano, están todas abiertas. Las más destacables son la **Jethro Coffin House** (la más antigua, data de 1686), la **Hadwen House** (de estilo neoclásico y de mediados del siglo pasado), la **1800 House** (de principios del XIX, era la oficina del Sheriff) y la **Old Fire House Cart House** (el antiguo cuartel de bomberos, con todo el equipamiento).

Alojamiento
La cosa del alojamiento está realmente por las nubes; no es extraño que os pidan por un cuarto en un *Inn* 200$, en verano las tarifas de

algunos sitios se ponen imposibles. De cualquier forma, la frecuencia de los ferries hace que podáis visitar la isla en un día, y así no pasar noche. Aunque, como siempre, vosotros mismos.

Precio barato

Nantucket Hostel: 31 Western Ave. Tel. (508) 228 04 33. Abierto de finales de abril a mediados de octubre, pegan el cerrojazo a las 23 h. Dormitorios múltiples con capacidad para 50 personitas. En verano, imprescindible reservar.

Carlisle House: 26 N. Water St. Tel. (508) 228 07 20. En lo que era la vivienda de un capitán ballenero de mediados del siglo XVIII, tenéis 14 habitaciones, ocho con baño privado y las otras seis con baño compartido, algunas con chimeneas y todas decoradas con antiguedades. Los dueños no dejan fumar dentro del edificio.

Para comer

Atlantic Café: 15 S. Water St. Tel. (508) 228 05 70. Abierto toda la semana. Aceptan tarjetas de crédito. Muy recomendable, buenos mariscos, algún plato mejicano tradicional y hamburguesas gigantescas. Precio barato.

Tavern at Harbor Square: Straight Wharf. Tel. (508) 228 12 66. Abierto de mediados de mayo a finales de octubre. En uno de los lugares más bonitos de Nantucket, tiene unas estupendas vistas de los muelles y el local, consecuentemente, está decorada en plan taberna de viejos lobos de mar. En la carta, marisco, marisco y alguna ensalada por ahí escondida. Ah, la barra cierra a medianoche, y probablemente sea la más animada de toda la isla.

MARTHA'S VINEYARD

Una de las zonas veraniegas más populares de la costa Este, y también mejor conservadas, esta isla de apenas 400 km^2 y 13.000 habitantes y que dista 10 km del continente, está librando una dura lucha por mantenerse al margen de las operaciones urbanísticas que tanto daño han hecho a otras zonas del litoral atlántico. Aquí no hay más que pequeños pueblos, antes de pescadores, y hoy habitados en su mayoría por jubilados de altísimo poder adquisitivo: así es de caro el alojamiento, qué demonios.

Puede contemplarse tranquilamente en una visita de un día; una buena empresa dedicada a ello es la **Cape Island Express Line** (New Bedford. Tel. 508/997 16 88). Para llegar hasta aquí, hay los siguientes buques y ferries que conectan Martha's Vineyard con otros puntos del estado: desde Hyannis, el servicio opera diariamente de mayo a octubre; desde Falmouth, también en el Cape Cod, tenéis el *Island Queen*, con la misma frecuencia; desde New Bedford, están los barcos de la Cape Island Express Lines (tel. 508/997 16 88). Para viajar durante cualquier época del año, podéis utilizar la línea *Woods Hole* (Cape Cod) - *Martha's Vineyard*. Tel. (508) 778 26 00.

MAINE

Datos generales
   Población: 1.227.928 habitantes.
   Capital: Augusta
   Franja horaria: Eastern.
   Más de 2.500 lagos y casi 5.000 kilómetros de costa han atraído en los últimos años a decenas de miles de urbanitas de la gran Megápolis del Este, insuflando nuevos aires en una tierra orgullosa, tremendamente bella y que ha vivido siempre de espaldas a la ciudad y sus costumbres. El primer asentamiento europeo en la historia del estado de Maine se produjo en 1604, con la fundación de una colonia en la isla de Saint Croix; poco después hubo otro en Pemauid Point. Hasta 1819, Maine fue parte de Massachussetes; al año siguiente entró como Estado en la Unión.

PORTLAND

   La ciudad más grande del estado de Maine se asienta en la preciosa Casco Bay, repleta de islitas que en verano son tomadas al asalto por miles de turistas. El centro de la ciudad se ha conservado bien desde los tiempos de los balleneros, que es cuando la ciudad tuvo su mayor apogeo, aunque un incendió que se desató en 1866 casi acaba con ella.

Cómo llegar

En autobús
   La terminal de la **Greyhound** no puede decirse que esté en el mejor barrio de la ciudad (950 Congress St. Abierta de 6 h 30 a 19 h 15), así que estad al loro; coches a Boston y Bangor. El autobús que os lleva al centro es el nº1. La compañía del galgo comparte instalaciones con la **Vermont Trailways**, que se encarga de hacer las conexiones por los pueblos del estado, además de New Hamsphire, Vermont e incluso la quebequesa Montreal. Otra empresa que conecta la ciudad con Boston y Bangor es **Concord Trailways** (100 Sewall St. Tel. 207/828 11 51).

Datos útiles
   Información turística: *Portland Visitors Information Bureau*. 305 Commercial St. Tel. (207) 772 58 00. Abierta toda la semana en verano de 10 h a 18 h; en invierno, cierra los sábados a las 15 h y el domingo todo el día.

Oficina de Correos: 622 Congress St. Tel. (207) 871 84 49. Abierta de lunes a viernes de 8 h 30 a 17 h, sábados de 9 h a 13 h.

Transporte público: servido por la *Public Transportation Metro Bus*, opera toda la semana de 7 h a 19 h. El precio del billete es de 1$, los transbordos son gratuitos.

La visita

Lo más interesante

Wadsworth-Longfellow House: 487 Congress St. Tel. (207) 772 18 07. Abierto toda la semana excepto los lunes, del mes de junio al de octubre, de 11 h a 16 h. Entradas: 4$. Buen ejemplo de la arquitectura típiac del estado en el siglo XVIII, esta vivienda que propiedad de un poeta muy renombrado por aquí. La casa está decorada con sus objetos personales, sus muebles, sus cosas, vaya.

Victoria Mansion: 109 Danforth St. Tel. (207) 772 48 41. En invierno, abierto sólo los fines de semana. Resto del año, de miércoles a domingos. Entradas: 4$. Uno de los más puros ejemplos de la arquitectura del XIX que quedan en todo el país. Una auténtica pasada tanto por dentro como por fuera, la decoración es realmente opulenta, con vidrieras, candelabros de plata y maderas nobles allá donde queráis posar la vista. Dan ganas de quedarse a leer un libro.

Tate House: 1270 Westbrook St. Tel. (207) 774 97 81. Abierto toda la semana excepto los lunes en verano, de 11 h a 18 h; resto del año, sólo mediante cita previa. Entradas: 4$. Otra vivienda histórica más, en este caso una que fue propiedad de un naviero inglés del XVIII. Como ya os podéis imaginar qué váis a encontrar dentro, pues eso...

Portland Museum of Art: 7 Congress Square. Tels. (207) 775 61 48 y (207) 773 ARTS. Abierto de miércoles a domingo de 10 h a 18 h. Entradas: 5$, los sábados por la mañana no se cobra entrada. Colección de arte americano y europeo, además de la Colección del Estado de Maine, unos fondos adquiridos con dinero público. Lo más destacable, la exposición de la colección Payson, en la que tenéis trabajos de Picasso, Monet o Renoir, por citar sólo unos pocos.

Otros sitios

Ya puestos como aquel que dice, tenéis el **Children's Museum of Maine** (142 Free St. Abierto todos los días. Entradas: 6$), para los más peques y lo que se dice repleto de movidas interactivas; un planetario cuco, el **Southworth Planetarium** (96 Falmonth St); el barrio más turístico de la ciudad, en el sentido de restaurantes y comercios especializados en clavar al turista, el llamado **Old Port Exchange**, que se extiende por cinco manzanas entre las calles Exchange y Pearl, son todo edificios de ladrillo que sobrevivieron a un incendio que se desató

Maine

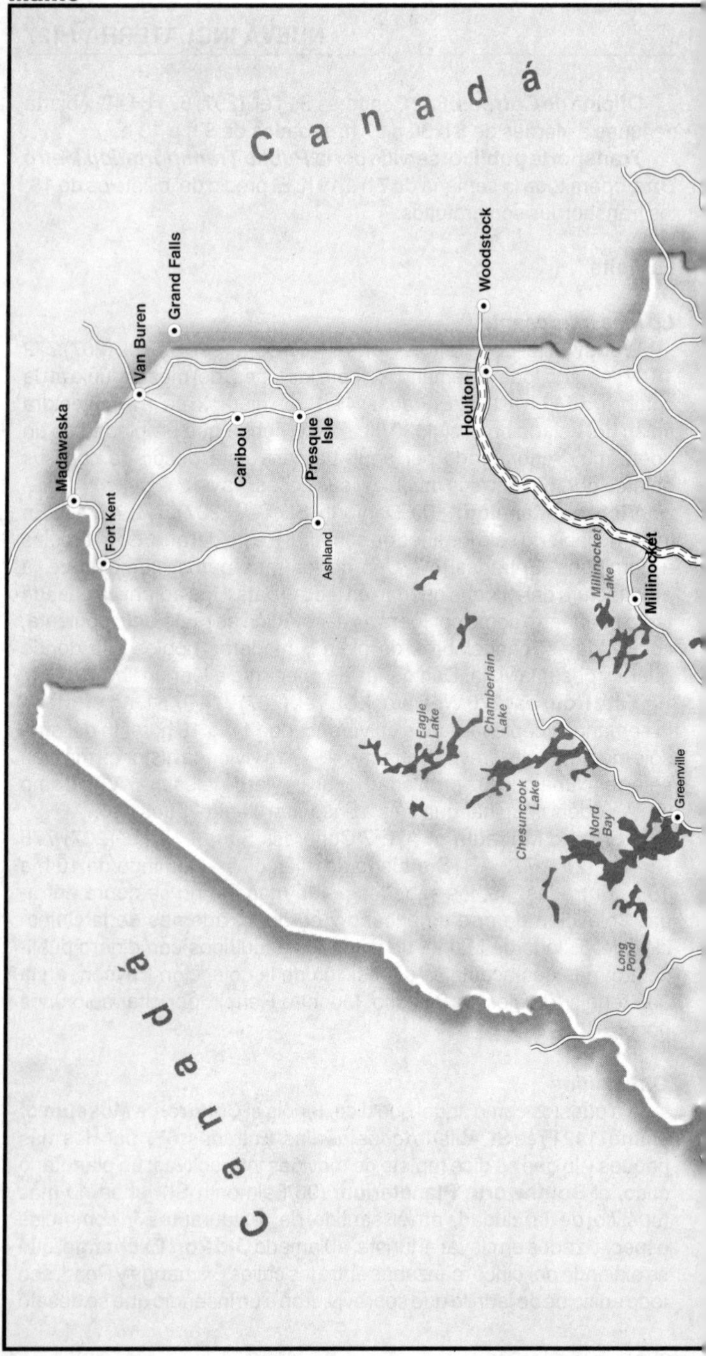

Canadá
Grand Falls
Van Buren
Madawaska
Caribou
Presque Isle
Fort Kent
Ashland
Woodstock
Houlton
Millinocket Lake
Millinocket
Eagle Lake
Chamberlain Lake
Chesuncook Lake
Greenville
Nord Bay
Long Pond
Canadá

en 1866; o el que se considera el faro en funcionamiento más antiguo del país, el **Portland Headlight** (1000 Shore Road).

El alojamiento

Algo caro, ésa es la verdad. No ya sólo por ser la ciudad más importante del estado, sino por las maravillas naturales que la rodean y que atraen todo el año a miles de pescadores, cazadores y gentes por el estilo, puede resultar ciertamente complicado encontrar una habitación que no baje de los 100 machacantes. Pero, como siempre, nosotros lo hemos hecho por vosotros.

Precio barato

YMCA: 70 Forest Ave. Tel. (207) 874 11 05. Imprescindible en verano que llaméis antes para comprobar. Las instalaciones están realmente bien, aunque os advertimos que es uno de los albergues más caros de toda la red.

YWCA: 87 Spring Road. Tel. (207) 874 11 30. El equivalente femenino es algo más económico, pero la misma recomendación de llamar con antelación es igual de válida.

Susse Chalet: 1200 Brighton Ave. Tel. (207) 774 61 01. Lo más económico con diferencia; éso sí, no esperéis grandes lujos. Es el típico motel de la cadena, con 132 habitaciones, con piscina y cuarto de lavadoras. Justo al lado hay un restaurante que no está mal y que abre las 24 h del día.

Confort Inn: 90 Maine Mall Road, South Portland. Tel. (207) 775 04 09. Motel cerca del aeropuerto, con 128 habitaciones. Para pasar una noche, perfecto. Cuarto de lavadoras y piscina.

Howard Johnson: 155 Riverside St. Tel. (207) 774 58 61. Buena relación calidad/precio, las 119 habitaciones no tienen lujos pero están bien para ser un establecimiento de estas características. Restaurante, bar, cuarto de lavadoras y transporte al aeropuerto.

Precio medio

Inn on Carleton: 46 Carleton St. Tels. (207) 775 19 10 y (800) 639 17 79. En una vivienda victoriana datada en 1869, hay siete habitaciones (dos con baño privado). La decoración está a tono con la casa, antigüedades aquí y allá. Se exige una estancia mínima de dos días. No se permite fumar dentro del edificio. Fuera del verano, las tarifas se aproximan más a la realidad.

Precio alto

Inn by the Sea: 40 Bowery Beach Road. Tels. (207) 799 31 34 y (800) 888 42 87. Considerado uno de los mejores hoteles de toda la Costa Este, es uno de esos lugares donde conseguir cama es poco menos que un milagro, así son las reservas. En las tres plantas hay repartidas 43 suites con todo lujo de detalles, decoradas a capricho; las que están dentro del edificio principal están amuebladas en cerezo, y pintadas las paredes en tonos pastel, contrapunto ideal para las arrebatadoras vistas que se tienen del Atlántico; las cabañas que están separadas están acondicionadas para estancias más largas, con muebles de pino, cocina totalmente equipada y una chimenea en la que no falta una botella de licor. En todos los cuartos de baño hay bañera y teléfono; aedmás, en la piscina, el servicio os acerca una copita mientras os secáis entre chapuzón y chapuzón. Alquilan bicicletas, organizan todo tipo de excursiones por los alrededores, y la clientela es más bien cosmopolita y *de posibles*. En temporada baja puede que os hagan un hueco por unos 100$, el resto del año los precios oscilan entre los 160$ y los 400$. Como curiosidad, os comentamos que no se puede fumar dentro del edificio y que las suites no tienen aire acondicionado -la verdad, tampoco hace ninguna falta. De lo más destacable.

Portland Regency: 20 Milk St. Tels. (207) 774 42 00 y (800) 727 34 36. En el Old Port Exchange, es el hotel preferido por los ejecutivos y demás gente del mismo estilo. Consecuentemente, las instalaciones están orientadas a ellos, pero no nos podéis negar que el edificio, una construcción en ladrillo de finales del siglo pasado, es una pasada. Además el hotel es pequeño, no llega a las cien habitaciones (casi todas ellas con bañera y minibar), por lo que el servicio es atento y la decoración está bastante cuidada. En invierno, se descuelgan con tarifas que entran en la categoría de *precio medio*. Instalaciones: salas de reuniones, transporte gratuito al aeropuerto, restaurante, bar y gimnasio.

Restaurantes

Precio barato

Valle's Steak House: 1140 Brighton Ave. Tel. (207) 774 45 51. Abre toda la semana. Aceptan tarjetas de crédito. Establecimiento de propiedad familiar, lo que casi siempre es sinónimo de calidad, como en este caso. Cocina honrada, con buenas materias primas y en porciones generosas, aunque la carta no tenga sitio para originalidades: marisco y carnes.

The Baker's Table: 434 Fore St. Tel. (207) 775 03 03. Abierto toda la semana. Aceptan tarjetas de crédito. Uno de los mejores de la zona de Old Port Exchange, está en un edificio restaurado de mediados del siglo pasado. Tomado los fines de semana por una clientela joven y vivaraz, está especializado en carnes y marisco. El *brunch* de los domingos resulta recomendabilísimo.

Boone's: 6 Custom House Wharf, en Commerce St. Tel. (207) 774 57 25. Abierto toda la semana. Aceptan tarjetas de crédito. Uno de los más bonitos de la ciudad, decorado con recuerdos de la mar -arpones, redes, linternas, ese tipo de cosas- y además que lo han montado en una antigua lonja, hace ya de su fundación un siglo. La carta, platos tradicionales de Nueva Inglaterra en los que el protagonismo recae en los pescados, aunque hay carnes para contentar al más caprichoso. La única pega es que cierra realmente temprano para la cena.

Seamen's Club: 375 Fore St. Tel. (207) 772 73 11. Abierto toda la semana. Aceptan tarjetas de crédito. En el Old Port Exchange, es una de las marisquerías más concurridas de la ciudad, por lo bueno de los precios y lo extenso de su brunch, todavía más barato y que se sirve todo el sábado y todo el domingo; para no salir en diez horas, vaya. Las vistas que se tienen del puerto desde el comedor son buenas, y las noches de los fines de semana están amenizadas por bandas locales de todos los estilos, por lo que no os extrañe que no se pueda apenas entrar.

Precio medio

The Roma: 769 Congress St. Tel. (207) 773 98 73. Cierra sábados al mediodía y los domingos. Aceptan tarjetas de crédito. Aparcacoches. En esta mansión victoriana está uno de los figones más elegantes de Portland, sino el que más. Es de los pocos sitios donde a los omnipresentes mariscos y carnes, se les une algo distinto, en este caso especialidades del norte de Italia, y una repostería ciertamente pecaminosa. Aunque no obligan a vestir con cahqueta y corbata, la verdad es que la concurrencia está a tono con el local, decorado en tonos salmón y con un hilo musical bajito, bajito, que a algunos les parece romántico.

La marcha

El asunto del copeo se concentra mayormente en el **Old Port Exchange**, aunque los garitos cierran todos a la 1 h; temprano, ¿verdad? Hay buenas cervecerías y pubs de corte británico a lo largo de la calle Fore, sobre todo en el tramo entre las calles Exchange y Union: **Three Dollar Dewey's** y **Gritty MacDuff's** son los locales más conocidos y animados.

Cómo pasar la tarde

Pues haciendo una excursión en barco, por ejemplo. Los cruceros estos son a lo largo de la Casco Bay, algunas con paradas en islitas. Funcionan de mayo a octubre, y los precios oscilan entre los 10 y los 25$. Las principales compañías dedicadas a esto son:

Bay View Cruises: Fisherman's Wharf. 184 Commercial St. Tel. (207) 761 04 96.

Casco Bay Lines: tel. (207) 774 78 71.

Eagle Tours Inc.: 19 Pilot Point Road, Cape Elizabeth. Tel. (207) 774 64 98.

Olde Port Mariner Fleet Inc.: tel. (207) 775 07 27.
Palawan Sailing: tel. (207) 773 21 63.
Scotia Prince: Tels. (207) 775 56 16, (800) 341 75 40 y (800) 482 09 55. El más recomendable. Con vuestro pasaporte, os subís y desembarcáis en Yarmouth, en la provincia canadiense de Nova Scotia.

Otra opción es asistir a un encuentro del equipo profesional de **hockey sobre hielo** de Portland, los **Portland Pirates**. Juegan de octubre a abril en el *Portland Civic Center* (1 Civic Center Square. Tel. 207/775 34 58). Las entradas rondan los 10 machacantes.

AUGUSTA

La capital del estado tiene su origen en 1628, cuando algunos de los peregrinos de Plymouth establecieron un puesto de intercambio comercial en un poblado indio, Cushnoc. Aquí construyeron un fuerte y la colonia creció -pero no mucho, hoy su población apenas alcanza los 30.000 habitantes. Durante diez días a caballo entre junio y julio se pone hasta arriba gracias a la Whatever Week, nombre apropiado para unas fiestas en las que hay casi de todo, desde un espectacular desfile de cualquier-cosa-que-flote de diez kilómetros de largo, entre Augusta y la localidad vecina de Gardiner, hasta barbacoas pantagruélicas o castillos de fuegos artificiales. Ya puestos, podéis ver:

State House: State & Capitol Sts. Tel. (207) 287 23 01. Abierto toda la semana de 10 h a 17 h. No se cobra entrada. Construida entre los años 1829 y 1832, fue en un principio diseñada por Charles Bulfinch, el mismo que da nombre al pub de la serie Cheers, y que fue un arquitecto de lo más nombrado en Nueva Inglaterra durante el siglo pasado. Posteriormente hubo una restauración casi total, entre 1909 y 1910. El edificio domina un buena pespectiva sobre el río Kennebec y el Capitol Park. La estatua de la Libertad que corona la cúpula a más de 60 metros es obra de W. Clark Noble. En el mismo lugar tenéis la *Blaine House* (abierto martes y jueves de 13 h a 18 h. No se cobra entrada), la vivienda que lo fue de uno de los primeros speakers del Congreso, el hijo natal James G. Blaine. El interés no radica en otra cosa más que en ver la espectacular decoración: no es para menos, en esta mansión de estilo colonial llevan viviendo los gobernadores del estado desde principios de siglo, y se tiene que notar quien manda, y el *Maine State Museum* (abierto toda la semana de 10 h a 17 h excepto los domingos. Entradas: 3$), donde hay exposiciones sobre la riqueza natural del estado, su prehistoria, la composición social o un repaso a las manufacturas, la llamada *Made in Maine*, donde han desempolvado para ello más de mil objetos de lo más peregrino, desde azadas de los colonos a ruecas o muñecas. En fin...lo más interesante es, sin dudas, la exposición fija que hay sobre el desarrollo del estado, sobre todo las maquetas de la guerra.

Augusta

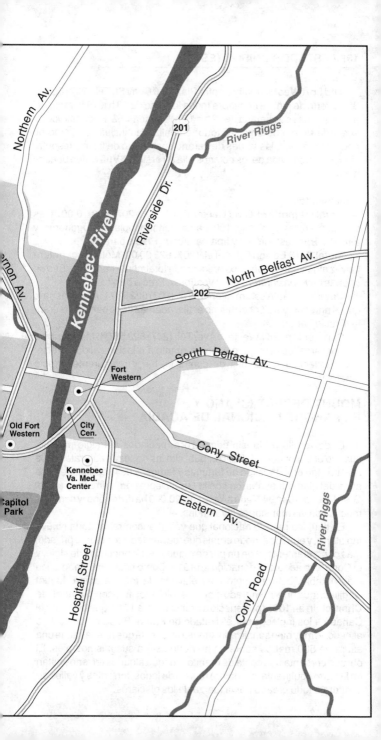

Old Fort Western: City Center Plaza, 16 Cony St. Tel. (207) 626 23 85. Abierto de junio a septiebre todos los días de 10 h a 19 h; resto del año, sólo fines de semana de 12 h a 17 h. Entradas: 6$. Reconstrucción acertada de dónde empezó todo, empalizadas incluídas. Como no podía ser menos, las tardes de verano son testigo de las representaciones sobre la vida de los colonos allá en el siglo XVIII. Salen buenas fotos.

Alojamientos

Comfort Inn: 281 Civic Center Drive. Tel. (207) 623 10 00. Tres plantitas en las que hay 100 habitaciones limpias, acogedoras y amplias. Bar, restaurante y aparcamiento. Precio barato.

Motel 6: 18 Edison Drive. Tel. (207) 622 00 00. Motel de carretera tal vez algo austero, pero los precios son totalmente imbatible. Éso sí, apenas hay una cafetera en el vestíbulo. Precio barato.

Days Inn: 390 Western Avenue. Tel. (207) 622 63 71. Algo más caro que el anterior, pero por el mismo estilo, además tiene bar y restaurante. Precio barato.

Senator Inn: 284 Western Ave. Tel. (207) 622 58 04. Más céntrico que los otros, es la mejor opción en cuanto a relación calidad/precio. 103 habitaciones, además de gimnasio, bar y restaurante. Precio barato.

MOUNT DESERT ISLAND Y EL PARQUE NACIONAL DE ACADIA

El desarrollo de la isla comenzó a mediados del siglo pasado, cuando el editor Joseph Pulitzer publicitó las riquezas naturales de la isla. Le siguieron multitud de fortunas y famosos de la época, pero los años del glamour acabaron con la Gran Depresión, primero, y con el Gran Incendio de 1947, que arrasó casi 20.000 ha de terreno, y con ellas muchas de las mansiones levantadas.

Es el único parque nacional que váis a encontrar en toda Nueva Inglaterra, y el único en todo el país que fue montado con dinero privado, más concretamente el de un par de magnates de principios de siglo, y el Congreso aceptó la donación en 1916. Como accidente geográfico más notable, está el punto más elevado de toda la costa, Mount Cadillac, que fue nombrado por el explorador francés **Samuel de Champlain** en 1605 (perteneció a Francia hasta 1713, que cedieron el Canadá a los ingleses por el Tratado de París). Es bastante fácil de ascender, muy bien señalizado, y tened en cuenta que apenas tiene una altura de 500 metros sobre un mar que está a sus mismos pies. El parque presenta una costa de granito (aunque algunos terrenos están en la parte continental de Maine) repleta de lagos, torrentes y valles de coníferas, todo creado por la fuerza de los glaciares.

El parque puede ser recorrido a pie o en bicicleta sin mayor complicación: es pequeño para los cánones americanos, apenas 40.000 acres. El punto de partida idóneo puede ser el centro de información turística de Bar Harbor, donde os informarán de si hay algún sendero cerrado y os podéis aprovisionar de decenas de mapas explicativos y folletos con rutas, la más famosa y transitada de las cuales es la Park Loop Road, de unas 27 millas, y que transcurre por los lugares más bonitos e interesantes. Podéis bañaros -en verano- en las playas (Sand Beach o la de agua dulce, Echo Lake), o contemplar cómo rompen las olas en Thunder Hole; por no hablar de las facilidades que hay para pescar, cazar o hacer rafting. Si no queréis complicaros demasiado la vida, en el *Testa's Cafe* (53 Main St., Bar Harbor. Tel. 207/244 53 65) venden billetes para unas excursiones organizadas que duran todo el día, pero sólo durante el verano.

Cómo llegar

Por carretera
Bastante complicado llegar hasta aquí si no tenéis coche. Durante los meses de verano, la **Greyhound** (tel. 207/667 85 96) cubre el trayecto entre Bangor y Boston con Bar Harbor un par de veces al día. Un par de compañías pequeñas, la **St Croix Bus Co.** (tel. 207/454 75 26) y la **Downeast Transportation** (tel 207/667 57 96) hacen lo propio entre Bar Harbor y la localidad ribereña de Ellsworth; ésta última presta servicio entre las localidades de la isla. Todos los autobuses paran enfrente de la oficina de correos, y los billetes se venden en **Fox Run Travel** (4 Kennebec St. Abierto de lunes a viernes de 7 h 30 a 17 h. Tel. 207/288 33 66).
Si tenéis un **coche** de alquiler, tomáis la Rte. 3, que es la que llega hasta Mt Desert Island, saliendo de Ellsworth por la US-1.

BAR HARBOR

La población más importante de la isla es Bar Harbor, con una población que no supera los tres mil habitantes pero que en verano se multiplica por diez. Naturalmente, es el sitio idóneo para pertrecharse con vistas a una visita extensa de la isla y del parque, y como alojamiento. Pero tiene lugares interesantes que pueden merecer vuestra atención: el *Bar Harbor Historical Society Museum* (34 Mt Desert St. Tel. 207/288 42 45. Abierto en verano toda la semana excepto los domingos. No se cobra entrada), donde se exponen daguerrotipos del siglo pasado donde podéis contemplar qué pinta tenía Bar Harbor por aquellos años, o una maqueta que reproduce el Gran Incendio del 47. Y hay también una colección interesante en el *Natural History Museum* (edificio Turrets, Eden st. Abierto en verano todos los días de 10 h a 18 h. Entradas: 5$), sobre todo el esqueleto de ballena, que se lleva todas las fotos.

Datos útiles

Alquiler de bicicletas: **Bar Harbor Bicycle Shop**. 141 Cottage St.

Alquiler de canoas: **National Park Canoe Rentals**. Long Pond & HWY 102.

Información turística: **Chamber of Commerce**. 93 Cottage St. Tel. (207) 288 51 03.

Líneas de ferry: El buque *Bluenose* conecta la ciudad seis veces al día con la canadiense Yarmouth, en Nova Scotia. Tels. (207) 288 33 95 y (800) 341 79 81. La *Maine State Ferry Service* (tel. 207/244 32 54) hace lo propio a Swans Island (10 km, tres cuartos de hora), a Frenchboro y las Swan Islands; salvo este último servicio, los demás sólo están operativos en verano.

Oficina de Correos: 55 Cottage St. Tel. (207) 288 31 22. Abierta de lunes a viernes de 8 h a 16 h 45, sábados de 9 h a 13 h.

Alojamiento

Precio barato

Blackwoods: Rte. 3, unos 8 km al sur de Bar Harbor. Tels. (207) 288 32 74 y (800) 365 22 67. Uno de los dos campings del parque Acadia, funciona todo el año, pero en verano es imprescindible que reservéis con antelación.

Seawall: Rte. 102A. Tel. (207) 244 36 00. El otro camping, abierto sólo de mayo a finales de septiembre, más básico que el anterior.

YWCA: 36 Mt Desert St. Tel. (207) 288 50 08. Sólo ellas, los chicos a un lado. Dormitorios comunes y habitaciones dobles con baño privado. Bastante solicitado, así que reservad con la suficiente antelación.

Mt Desert Island Hostel (HI-AYH): 27 Kebennec St. Tel. (207) 288 55 87. Abierto de mediados de junio a mediados de septiembre, su único inconveniente es que tiene pocas plazas; por lo demás, perfecto.

Edenbrook: 96 Eden St. Tel. (207) 288 49 75. Conjunto de cuatro edificios bajos, en los que hay repartidas 47 habitaciones, austeras pero limpias; algunas de ellas tienen terrazas desde las que hay buenas vistas. Abierto sólo en temporada alta (de mayo a octubre).

Maine Street: 315 Main St. Tels. (207) 288 31 88 y (800) 333 31 88. Abierto de abril a octubre. Con la playa a un par de manzanas, es uno de los más económicos, sencillo pero suficiente para pasar dos o tres días. Con restaurante.

Villager: 207 Main St. Tel. (207) 288 32 11. Con lo mínimo. 52 habitaciones, más piscina climatizada. Abierto de mayo a mediados de octubre.

Higgins Holiday: 43 Holland Ave. Tels. (207) 288 38 29 y (800) 345 03 05. Tan sólo 25 habitaciones, algunas de ellas con cocina, para que os ahorréis unos dólares con la cosa de la comida. Abierto de mediados de mayo a mediados de octubre.

Wonder View Inn: 50 Eden St. Tels. (207) 288 33 58 y (800) 439 84 39. Ochenta habitaciones, algunas de ellas con frigoríficos. Restaurante y bar. Abierto de mayo a octubre.

Thornhedge: 47 Mt Desert St. Tel. (207) 288 53 98. Es un edificio del primer año del siglo en estilo Queen-Anne, y que perteneció a un importante editor de la época. Trece habitaciones con baño completo y televisión, las más caras tienen chimeneas. No se puede fumar en el edificio. Abierto de mediados de mayo a mediados de octubre.

Precio medio
Acadian Inn: 98 Eden St. Tels. (207) 288 35 00 y (800) 638 36 36. Las habitaciones son bastante amplias, algunas tienen frigorífico, y aceptan en ellas hasta cuatro personas, por lo que puede resultar muy conveniente si váis unos cuantos. Instalaciones: piscina y tienda abierta las 24 h. Abierto de abril a mediados de noviembre. Salvo en verano, los precios son muy económicos.

Sitios para comer como Dios manda

Precio barato
Fisherman's Landing: 35 West St. Tel. (207) 288 46 32. Abierto toda la semana, del mes de mayo al mes de octubre. No se aceptan tarjetas de crédito. Construido sobre el agua, es un establecimiento familiar donde podéis elegir la langosta que queráis. Sólamente marisco, apenas alguna ensalada.

Miguel's: 51 Rodick St. Tel. (207) 288 51 17. Abierto toda la semana de 17 h a 22 h; de marzo a mediados de noviembre. Aceptan tarjetas de crédito. Pequeñito pero matón, es un buen restaurante mejicano, que no abundan que se diga por estos norteños pagos. Entre las estrellas, enchiladas, tostadas, o fajitas, todo en un marco muy apropiado. Una curiosidad, la carta está disponible en Braille.

Island Chowder House: 38 Cottage St. Tel. (207) 288 49 05. Abierto toda la semana de abril a noviembre. Aceptan tarjetas de crédito. El local no es sino un pub un poco especial, más que nada por el tren que lo recorre por encima vuestro mientras dáis cuenta de marisco, alguna ensalada y mucha, mucha cerveza. Muy frecuentado por la gente joven.

SOUTHWEST HARBOR

Es una de las poblaciones más bonitas de la isla, con sus lonjas donde los visitantes pueden comprar marisco a buenísimos precios, con comercios dedicados al alquiler de embarcaciones. Para que no digáis, aquí tienen hasta museo, el **Wendell Gilley Museum** (Main St. & Herrick Rd. Tel. 207/244 75 55. Abierto toda la semana excepto lunes en temporada alta, el resto del año sólo abre los fines de semana. Entradas: 4$), que es donde se expone la obra de un artista local, el Wendell Gilley éste, además de unas cuantas docenas de animales de la isla convenientemente disecados, lo mismo son los que le sirvieron de modelo para sus cuadros. Otra atracción interesante es el **Mt Desert Oceanarium** (Clark Point Rd. Tel. 207/244 73 30. Abierto en temporada alta toda la semana excepto domingos. Entradas: 6$), donde hay más de veinte tanques con aguas del océano para que veáis de cerca algunos ejemplares de la fauna marina de Maine.

Como a ocho kilómetros de aquí se encuentra Northeast Harbor, otra población pesquera que no tiene más interés que algunos hoteles y restaurantes.

Alojamiento en Southwest Harbor

Mooring's: Shore Road. Tel. (207) 244 55 23. Abierto de mayo a octubre. En primera línea de playa, es una mezcla entre motelito y posada, ésta última edificada a finales del siglo XVIII; en cualquier caso, las 13 habitaciones tienen una pequeña cocina, más que suficiente para poner a hervir una langosta; y las más caras, hasta chimenea y terraza orientada al océano. En la parte de atrás tienen barbacoas y mesas de picnic; alquilan bicicletas y botes (aunque no estéis alojados), y tiene hasta playa privada. Como pega, que no aceptan tarjetas de crédito: sólo cash, pero tampoco mucho. Precio barato.

The Lamb's Ear: 60 Clark Point Road. Tel. (207) 244 98 28. Abierto todo el año, pero de noviembre a abril sólo mediante reserva previa. A una manzana del mar, la vivienda perteneció al capitán de un ballenero allá por mediados del siglo pasado, por lo que las historias de los dueños están aseguradas. Algunas de las ocho habitaciones tienen chimenea, televisión y teléfono, pero todas cuentan con baño, aunque sea una simple ducha. Como pega, que no se puede fumar dentro del edificio. Precio barato.

Alojamiento en Northeast Harbor

Kimball Terrace Inn: Huntington Rd. Tel. (207) 276 33 83. Opera de abril a octubre. Una de las mejores opciones por lo económico, es austero pero suficiente. El restaurante tampoco está mal. 70 habitaciones, algunas de ellas con buenas vistas del puerto, de donde sale el ferry para las Cranberry Islands. Precio barato.

Restaurantes en Southwest Harbor

Beal's Lobster Pier: Clark Point Road. Tel. (207) 244 32 03. Abierto todo el año. Aceptan tarjetas de crédito. Los propietarios son la misma familia que lo abrió en 1930, lo que se deja notar muy mucho en la atención y el cariño que le ponen a los platos, mayormente marisco. Lo curioso es que el comedor que tienen fuera está sobre una lonja, por lo que se ve el trasiego de los pescadores, los compradores y los curiosos mientras se está comiendo. Precio medio.

Seawall Dining Room: Seawall Road. Tel. (207) 244 30 20. Cerrado de noviembre a abril. Aceptan tarjetas de crédito. Más marisco, y buena repostería casera; pero algo alejado.

Restaurantes en Northeast Harbor
Docksider: Sea St. Tel. (207) 276 39 65. Cerrado de mediados de mayo a mediados de octubre. Aceptan tarjetas de crédito. Rústico en la decoración y tradicional en la carta (mariscos, principalmente), resluta bastante económico y honradísimo. Muy recomendable.

Jordan Pond House: Park Loop Road. Tel. (207) 276 33 16. Cerrado de noviembre a mediados de mayo. Aceptan tarjetas de crédito. Ya en los mismos pies del parque nacional, nos llama la atención por el cuidado y mimo con el que montan su particular hora del té. Aunque la repostería está realmente apetitosa, también hay marisco y alguna carne y ensalada.

VERMONT

Uno de los estados menos poblados del país, y también uno de sus mayores productores de grano, Vermont fue el último territorio de Nueva Inglaterra en adherirse a la Unión. más que nada por que se lo querían repartir Nueva York y New Hamsphire, y además permaneció como república independiente hasta la fecha de ratificación de la Constitución, en 1791. Hoy, con un ligero repunte del turismo, que acude al reclamo de las segundas residencias y las facilidades para la pesca y la caza.

Datos
Población: 562.758 habitantes.
Punto más elevado: Mt Mansfield, en el condado de Lamoille.
Capital: Montpellier.
Franja horaria: Eastern.

MONTPELLIER

La capital estatal, con apenas 8.000 habitantes, está asentada en las riberas del río Winooski, es un importante centro comercial, con unas cuantas compañías aseguradoras asentadas aquí. En invierno,

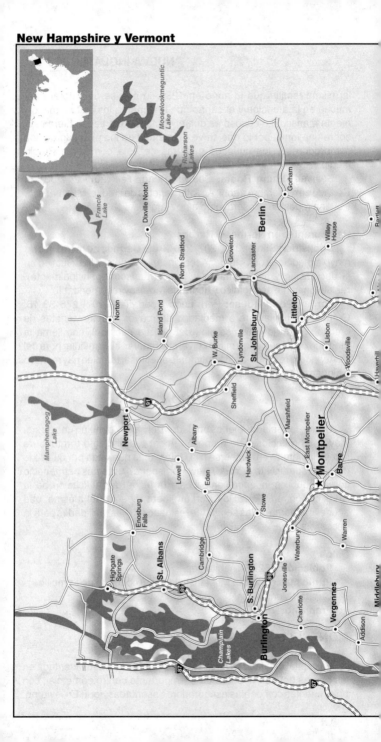

su oferta hotelera es tomada por los que no caben en las estaciones de esquí que prácticamente pueblan este fronterizo estado.

Hay algunos sitios interesantes, como el *Vermont Historical Society Museum* (Pavillion Office Building. Tel. (802) 828 22 91), con exposiciones y documentos sobre la historia de Vermont; la *Thomas Waterman Wood Art Gallery* (College St, Vermont College Arts Center. Cierra los lunes. Entradas: 4$), donde hay hueco tanto para los artistas locales como para maestros nacionales del siglo pasado y primeras décadas de este; y la *State House* (State St), el capitolio, con su cúpula cubierta de pan de oro.

Dormir en la capital de Vermont

Capitol Plaza: 100 State St. Tels. (802) 223 52 52 y (800) 274 52 52. Lleva funcionando desde los años 30, y es de largo el mejor establecimiento de la ciudad. 47 habitaciones con lo necesario y restaurante. Precio barato.

Betsy's Bed & Breakfast: 74 E. State St. Tel. (802) 229 04 66. Vivienda de finales del siglo pasado, con 8 habitaciones, todas con baño y algunas con una pequeña cocina. No se permite fumar dentro del edificio. Precio barato.

The Inn at Montpelier: 147 Main St. Tel. (802) 223 27 27. En una mansión estilo Federal de 1828, 19 habitaciones con baño y telelvisión, algunas con chimenea. Precio medio.

Comer

Main Street Grill and Bar: 118 Main St. Tel. (802) 223 31 88. Abierto toda la semana. Aceptan tarjetas de crédito. No se permite fumar. Es bastante económico y super-honrado, y la razón es muy sencilla, aquí se preparan los cocineros de la academia estatal de cocina. Así, el cachondeo está garantizado, porque la clientela es de la misma edad que los pinches. En la carta, un poco de todo: donde le ponen más interés es a la repostería. Precio barato.

Lobster Pot: 313 Barre St. Tel. (802) 476 99 00. Cierra los lunes. Aceptan tarjetas de crédito. Figón sencillo en lo que era antes una embarcación, buenas carnes y mariscos. Precio barato.

Chef's Table: 118 Main St. Tel. (802) 229 92 02. Cierra los domingos. Aceptan tarjetas de crédito. No se permite fumar. Propiedad de la academia estatal de cocina, es algo más caro que el Main Street, y bastante más sofisticado. Además de platos tradicionales de Nueva Inglaterra, algo de cocina francesa, todo ello con una aceptable carta de vinos. Precio medio/alto.

BURLINGTON

La ciudad más grande del estado de Vermont, con 40.000 habitantes, tiene poco que ofrecer al trotamundos, más si viene peladillo de dinero. Lo más destacable, amén de la atmósfera casi bucólica que se respira, son las instalaciones de la **University of Vermont** (S. Prospect St), entre las que destaca el *Robert Hull Fleming Museum* (Colchester Ave. No se cobra entrada), donde se exponen los fondos artísticos, bastante completos.

Pero, para que no digaís, aquí tenéis *todo lo que siempre quisistéis saber sobre Burlington y no os atrevíais a preguntar:*

Cómo llegar

En autobús

Pues con **Bonanza** (137 St. Paul St. Tels. 802/864 68 11 y 800/451 32 92), que conecta la ciudad con la ruta Boston-Montreal y todo lo que hay entre medias, por ejemplo Montpelier o Albany (NY).

En tren

La estación más cercana está a unos 8 km de Burlington por la Rte. 15, en Essex Juction (tel. 802/879 72 98), pero no os preocupéis que los autobuses que conectan la **Amtrak** con el centro de Burlington operan toda la semana de 5 h a 19 h por sólo 1$. Casi los mismos destinos que en bus, Boston y Montreal, todo lo que haya entre medias.

Datos útiles

Información turística: *Lake Champlain Regional Chamber of Commerce*. 60 Main St. Tel. (802) 863 34 89. Abierta toda la semana de 10 h a 15 h.

Oficina de Correos: 11 Elmwood Ave. Tel. (802) 863 60 33. Abierta de lunes a viernes de 8 h a 17 h, sábados de 9 h a 13 h.

Alojamiento

Precio barato

Hampton Inn & Conference Center: (Mountain View Drive salida 16 de la I-89. Tel. (802) 655 49 62. Estupendamente equipado, tanto las habitaciones como las instalaciones: gimnasio, restaurante, bar, cuarto de lavadoras, piscina cubierta. Ya de por sí es barato, pero en temporada baja los precios descienden como las temperaturas.

Econo Lodge: 1076 Williston Road. Tel. (802) 863 11 25. Motelito con 177 habitaciones, restaurante, gimnasio, cuarto de lavadoras y servicio de transporte gratuito para los huéspedes.

Ramada Inn: salida 14E de la I-89. Tel. (802) 863 03 76. Con piscina cubierta, restaurante y bar.

Bel-Aire: 111 Shelburne St. Tel. (802) 863 31 16. Todas las habitaciones de este motel de carretera tienen frigorífico, lo que compensa lo austero de la decoración. Precios muy bajos todo el año.

Ho-Hum: 1660 Williston Rd. Tel. (802) 863 45 51. Sólo 36 habitaciones, el motel tiene piscina y restaurante.

Restaurantes

Precio barato

Vermont Pasta: 156 Church St. Tel. (802) 658 25 75. Abierto toda la semana. Aceptan tarjetas de crédito. No se permite fumar. Decorado con obras de artistas aficionados de la zona, buenas muestras de cocina italiana de nivel: tortellini de pollo a la brasa, cordero, pizzas al horno o rissotto. El brunch de los domingos, baratísimo pero hasta arriba de gente.

Carbur's: 115 St Paul St. Tel. (802) 862 41 06. Buenas y generosas pastas, ensaladas y sandwiches.

Precio medio

Daily Planet: 15 Center St. Tel. (802) 862 96 47. Abierto toda la semana. Aceptan tarjetas de crédito. Muy bonito, de aires europeos, y con su nombre tomado del periódico donde trabaja Clark Kent alias Superman, es igual de perfecto para tomar un espresso que para degustar pierna de cordero, escalopes Thai o salmón a la parrilla. El brunch se prolonga todo el sábado y todo el domingo.

Sweetwaters: 120 Church St. Tel. (802) 864 98 00. Abierto toda la semana. Aceptan tarjetas de crédito. En lo que era durante el siglo pasado una oficina bancaria, buenas ensaladas, hamburguesas y pescado fresco. Y además, otro brunch recomendabilísimo.

Qué hacer

Del Burlington Boathouse, en College Street, sale un buque que recorre el lago Champlain dando comidas a bordo, y que funciona todo el año, el *Spirit of Ethan Allen*; del muelle de King Street sale el **Burlington Ferry**, que hace trayectos de una hora hasta Port Kent, en el estado de Nueva York (de mediados de mayo a mediados de octubre, salidas diarias); el teléfono de información es el (802) 864 98 04. Éso, para pasar la tarde.

A 20 km por la I-89 y la US-2 tenéis una estación de esquí, la Sherman *Hollow Cross Country Skiing Center* (tel. 802/434 45 53), con 40 km de pistas y otros cinco de pistas iluminadas, por si queréis esquiar de noche.

RUTLAND

La segunda ciudad del estado, con una población de 20.000 habitantes, tiene varios sitios que merecen la pena, y otros que no tanto. Entre los primeros, sobresalen por derecho propio el **Norman Rockwell Museum** (US4. Tel. 802/773 60 95. Abierto todo el año de 11 h a 16 h. Entradas: 4$), donde se exponen algunas planchas originales del artista y más de 2.000 reproducciones, y el **Hubbardton Battlefield and Museum** (salida 5 de la US4), que fue donde las tropas coloniales derrotaron a las británicas en la única batalla que se libró en suelo de Vermont.

Un sitio recomendable para planchar la oreja es el **Days Inn** (253 S. Main St. Tel. 802/773 33 61), 75 habitaciones espaciosas, con piscina y sauna; precio barato.

NEW HAMPSHIRE

Un estado orientado al turismo, donde hay desde espectaculares lagos a buenísimas playas de arena, con la correspondiente cordillera -White Mountains- donde esquiar o hacer senderismo.

Datos generales
   Población: 1.109.252 habitantes.
   Punto más elevado: Mount Washington, condado de Coos.
   Capital: Concord.
   Franja horaria: Eastern.
   Impuestos estatales: 0%, pero están gravados los hoteles (8%) y los restaurantes (7%).

Un poco de historia
   El noveno estado de la Unión tiene sus orígenes cuando, en 1623, un grupo de colonos comandado por David Thompson se asentó cerca de lo que hoy es Portsmouth. Aunque parte entonces de Massachussets, Carlos II le otorgó el rango de provincia en 1679. En 1776, el Congreso Provincial elaboró una constitución por la que se convertía a New Hampshire en la primera colonia independiente, siete meses antes de que fuera firmada la Declaración de la Independencia. Curiosamente, fue la única de las Trece Colonias que no sufrió ninguna batalla durante la Revolución.

MANCHESTER

La ciudad más importante del estado, con casi 100.000 habitantes, es una buena base de operaciones por si queréis explorar el resto del estado. Tiene sitios interesantes: el **Science Enrichment Encounters Museum** (324 Commercial St. Tel. 603/669 04 00), uno de esos sitios divulgativos con demasiados sitios para meter la mano; el **Palaca Theatre** (80 Hannover St), una buena muestra arquitectónica; la **Manchester Historic Association** (129 Ahmerst St. Tel. 603/622 75

31. Abierto toda la semana excepto los lunes. No se cobra entrada), museo y biblioteca donde se atesoran y exponen diversos documentos e ilustraciones sobre la vida de la ciudad antes de la Revolución y en esos primeros años de libertad; y la *Currier Gallery of Art* (192 Orange St. Tel. 603/669 622 75 31. Abierto toda la semana excepto los lunes. Entradas: 5$), sorprendentemente bueno dado lo pequeño que es, ubicado como está en una casa que fue diseñada por Frank Lloyd Wright; sus fondos, pinturas europeas algunas tan antiguas como del siglo XIII, artes decorativas y pintura nacional.

Datos útiles
   Información turística: *Chamber of Commerce*. 889 Elm Street. Tel. (603) 666 66 00.

Necesidades básicas
   Susse Chalet Inn: 860 S. Porter St., salida 1 de la I-293. Tel. (603) 625 20 20. Motel con 102 habitaciones, con lo básico más un firgorífico por unos pocos pavos más. Con restaurante y cuarto de lavadoras. Precio barato
   Econo Lodge: 75 W. Hancock St. Tel. (603) 624 01 11. Restaurante y bar. 120 habitaciones, donde los menores de 18 años acompañados de un adulto no pagan. Precio barato.
   Sheraton Four Points: 55 John Devine Drive. Tel. (603) 668 61 10. Donde acampan los bussinesmen que se dejan caer por la ciudad. 124 habitaciones. Restaurante, bar, gimnasio y aparcamiento cubierto. Precio barato.
   Puritan Back Room: 245 Hooksett Road. Tel. (603) 669 68 90. Abierto toda la semana. Aceptan tarjetas de crédito. Local decorado en plan rústico y tradicional, donde tienen buenas alas de pollo y cordero a la brasa. Precio barato/medio.

CONCORD

   Nombrada capital del estado, tras una agria disputa, en 1808, Concord es por ello el centro comercial y financiero de New Hampshire, amén del lugar idóneo para explorar las White Mountains. Si habéis llegado hasta aquí, éstos son los sitios que no podéis perdonar: la **State House** (Main St. No se cobra entrada), que tiene a gala ser la cámara legislativa más grande del país -por el número de escaños, qué pensábais, y donde lo más destacable es su Hall of Flags, de donde cuelgan bastantes pendones de cuando la Revolución; el museo local, el **Museum of New Hampshire History** (Eagle Square. No se cobra entrada), donde se exponen las colecciones sobre el estado; y la casa que habitó un presidente de la Unión, Franklin Pierce, entre los años 1842 y 1848, **Pierce Mansen** (14 Penacock St. Abierto en verano de lunes a viernes. Entradas: 3$), con sus muebles, sus papeles, sus historias -que decía el otro.

Datos útiles

Información turística: Chamber of Commerce. 244 N. Main Street. Tel. (603) 224 25 08.

Para dormir y comer

Brick Tower Motor Inn: 414 S. Main Street. Tel. (603) 224 95 65. Motel modesto, bien situado, con 51 habitaciones, y una piscinita. Precio barato.

Confort Inn: 71 Hall St. Tel. (603) 226 41 00. Sauna, aparcamiento cubierto, y en algunas de las 100 habitaciones, hasta chimenea. Toma lujo asiático. Precio barato.

Days Inn: 406 S. Main St., en la salida 125 de la I-93. Tel. (603) 224 25 11. Establecimiento de carretera bastante digno y económico. Sólo 40 habitaciones. Precio barato.

Tío Juan's: 1 Biccentenial Square. Tel. (603) 224 28 21. Abre toda la semana a partir de las 16 h. Aceptan tarjetas. Estupendo restaurante mejicano en lo que fue la comisaría de Concorde en el siglo pasado. En la carta: nachos, burritos, enchiladas y mucho *José Cuervo*.

LAS WHITE MOUNTAINS

Uno de los destinos turísticos más famosos y concurridos de Nueva Inglaterra desde el siglo pasado, las White Mountains son un lugar ideal para perderse y encontrarse con la Naturaleza en un estado casi prístino.

Cómo llegar

La compañía *Concord Trailways* (tel. 603/228 33 00 y 800/639 33 17) enlaza las poblaciones de Concord, Conway y Franconia con Boston; lo mismo sucede con la ruta Concord-Boston de la *Vermont Transit* (tel. 800/451 32 92)

Datos útiles

Información turística

US Forest Service: 719 Main Street, en Laconia. Tel. (603) 528 87 21. Imprescindible hablar con ellos para que os informen de cuáles de los 20 campings que dependen de ellos están abiertos; son baratos, porque la acampada es gratuita dentro del monte, pero las instalaciones de estas zonas son muy, muy básicas y en algunos casos inexistentes.

White Mountain Attraction Center: Route 112, Woodstock.

CONNECTICUT

Datos generales
  Población: 3.287.116 hab.
  Punto más elevado: Mount Frissel.
  Capital: Hartford.
  Franja horaria: Eastern.

Connecticut es uno de esos estados repleto de los típicos paisajes bucólicos de Nueva Inglaterra, con colinas, lagos y pueblecitos antiguos plagados de comercios de antiguedades y capillas, y con multitud de zonas naturales protegidas: hay 32 bosques estatales y casi 100 parques estatales. **Adriaen Block** remontó el curso del río Connecticut en 1614; pero no fue hasta 1633 que los primeros colonos se asentaron en lo que sería Hartfdord, siguiendo esa misma ruta natural, que marca la frontera entre los estados de Connecticut, Vermont y New Hamspshire. A Hartford le seguirían las colonias de Windsor y Wethersfield; estas tres poblaciones se otorgaron una especie de constitución llamada los Mandatos Fundamentales, en los que una Corte General ostantaría los poderes judicial y legislativo. Tan alto era el grado de libertad individual que contemplaba este nuevo ordenamiento que, en en 1687, hubo ya nefrentamientos con la Corona cuando el gobernador de Nueva Inglaterra intentó recortar las competencias.

NEW HAVEN

Esta ciudad, que nació en 1638 de manos de los Puritanos, que parcelaron el terreno en nueve plazas iguales -dejando una para disfrute comunal, la que hoy se conoce como **The Green**- convirtiéndola así en la primera ciudad planificada de los Estados Unidos, es un centro educativo de primer orden, aunque últimamente se está degradando a pasos agigantados, créandose grandes zonas marginales por las que no resulta muy conveniente pasear.

Cómo llegar

En autobús y tren
Ambos servicios están centralizados en la **Union Station** (Union Ave). *Greyhound* (tel. 203/772 24 70) tiene autobuses directos con Boston y Nueva York; y la *Amtrak* (tel. 203/786 28 88), trenes con las mismas ciudades más Washington DC y conexiones con el corredor del Noroeste, que llega hasta Toronto y Montreal, en Canadá. La estación fue remodelada completamente hace unos pocos años, así que no necesitáis salir fuera para buscar comida. Además, de noche no es nada recomendable aventurarse por el exterior.

Información turística

Greater New Haven Convention and Visitors Bureau: One Long Wharf Drive. Tels. (203) 777 85 50 y (800) 332 78 29.

Greater New Haven Chamber of Commerce: 195 Church St. Tel. (203) 787 67 35.

La visita

La Universidad de Yale

El motivo de orgullo de la ciudad es, sin duda, la **Universidad de Yale**. Fundada por diez reverendos en 1701, y nombrada en honor de un mercader y mecenas hindú, Elihu Yale, su primera ubicación estuvo en Killingroth. En 1707 la institución se trasladó a Old Saybrook, y en 1716 a New Haven, donde dos años más tarde tomaría el nombre de Yale College. El *American Journal of Science*, auténtica referencia para los investigadores de todo el mundo y la publicación científica más antigua de los Estados Unidos, fue fundada en Yale en 1818 por Benjamin Silliman. Así, no es de extrañar que Yale sea una de las mejores y más elitistas (apenas 10.000 estudiantes) universidades de todo el mundo mundial. Cuna de decenas de premios Nobel, está repletita de lugares interesantes. De todos los edificios de su campus, el más antiguos es el **Connecticut Hall**, de 1752. Nathan Hale vivió y estudió aquí. El **Memorial Quadrangle**, un manzana de diseño gótico y que servía como residencia a los estudiantes, está coronada por los 70 metros de la **Harkness Tower**, en cuya base está grabada en madera la historia de la Universidad. En la misma manzana tenéis la **Wrexham Tower**, una réplica exacta de otra que hay en una ciudad de Gales. En Tower Parkway está el **Payne Whitney Gymnasium**, uno de los gimnasios (lo habéis adivinado) más grandes del mundo. Y en el **Woolsey Hall** (College & Groove Sts) tiene su hogar la **New Haven Symphony Orchestra**, que hace de las suyas de septiembre a mayo.

La mejor manera de vistar el campus y las instalaciones sin correr riesgo de perderos es participando en las vistas guiadas y gratuitas que salen de **Phelps Archway**, en el 344 College St. Las salidas son a las 10 h 30 y las 14 h los días laborables, y a las 13 h 30 los fines de semana. En verano, no es mala idea llamar por teléfono para reservar plaza, por si las moscas: tel. (203) 432 23 00. Y estos son los lugares que mayor atención concentran:

Yale Center for British Art: 1080 Chapel St. Tel. (203) 432 28 00. Abierto toda la semana excepto los lunes de 10 a 17 h. No se cobra entrada. En este edificio diseñado por Louis I. Khan, se alberga la mayor colección de arte británico que hay fuera de las islas. Destacan los trabajos de gente tal que Blake, Constable, Hogarth o Turner; y la colección de incunables de la época isabelina es de las más valiosas del mundo.

Peabody Museum of Natural History: 170 Whitney Ave. Tel. (203) 432 50 50. Abierto toda la semana de 10 h a 17 h. Entradas: 4$, pero por las tardes, de 15 h a 17 h, no se cobra. Exposiciones de restos de mamíferos, invertebrados, meteoritos, huesos de dinosaurios, incluído en el pack un brontosaurio de veinte metros; de todo, vaya. Los domingos, no hay más que críos.

Sterling Memorial and Beinecke Rare Book and Manuscript Libraries: High St. & Cross Campus Walk. Tel. (203) 432 27 98. Abierto toda la semana excepto los domingos de 10 h a 17 h. No se cobra entrada. Si os gusta el libro como objeto, aquí lo váis a flipar, pues tenéis ante vuestros ojos una de las mejores colecciones de libros raros e incunables que jamás podréis ver. Hay unas cuantas biblias de Gutemberg, códices medievales, incluso papiros egipcios; todo ello, muy protegido, no tanto de los cacos como de la humedad y el calor. De lo que más merece la pena.

Yale University Art Gallery: 1111 Chapel St. Tel. (203) 432 06 00. Abierto toda la semana excepto los lunes de 10 h a 17 h. No se cobra entrada. Tiene a gala ser museo universitario de arte más antiguo del mundo; a saber si es verdad, pero el caso es que fue inaugurado en 1832 gracias a las donaciones de un patriota, John Trumbull. Los fondos expuestos incluyen obras del Renacimiento italiano, artes decorativas, esculturas del África subsahariana y arte europeo desde el siglo XIII. Encima, gratis. ¿Qué más queréis?

Los otros sitios de interés de New Haven

New Haven fue la primera ciudad estadounidense concebida como tal, es decir, con un plano, no un conjunto de cabañas de madera que fue creciendo. Así, es perfecta para pasear porque casi todos los puntos de interés se concentran en las 30 manzanas alrededor de **The Green**, el centro histórico.

Ft. Hale Park: Woodward Avenue, 6 km al SE de la ciudad. Tel. (203) 787 87 90. Abierto todos los días de 10 h hasta el atardecer, del mes de mayo a mediados de septiembre. No se cobra entrada. Con unas espectaculares vistas del puerto, fue desde aquí donde las tropas rebeldes echaron a cañonazos a la flota inglesa que estaba atracada en 1812. Aunque hay excavaciones abiertas, puede ser visitado sin más complicación.

The Green: la plaza comunal del tiempo de los pioneros, que está casi igual que el día en que se decidió su uso. Sólo hay tres edificios que rompen un poco con la norma, tres iglesias: la *First Church of Christ* (abierta de martes a sábado de 10 h 30 a 15 h. No se cobra entrada. Las visitas a las catacumabs tienen que reservarse), que aunque de 1815 ocupa el lugar en que ya esaba otro templo más antiguo, de 1638. En las catacumbas hay casi 200 nichos donde reposan algunos de los primeros pobladores; la *Trinity Church* (mismo horario, tampoco se cobra entrada), fundada en 1752 pero del mismo año que la anterior; y la *United Church-on-the-Green*, también del mismo año pero que la restauraron hace poco para darle una imagen más de primeros del XIX.

Si os apetece seguir pateando la ciudad, ya puestos os decimos que el museo de historia local, con exposiciones expeciales y una expectacular maqueta del New Haven de 1640, es el **New Haven Colony Historical Society Museum** (114 Whitney Ave. Tel. 203/562 41 83. Abierto toda la semana excepto los lunes de 10 h a 17 h. Entradas: 3$, los martes no se cobra entrada). En la confluencia de las calles Grove y Prospect tenéis uno de los cementerios más antiguos de Nueva Inglaterra, el **Grove Street Cementery**. Un perfecto ejemplo de la arquitectura típica de Nueva Inglaterra es el **Pardee Morris House** (325 Lighthouse Road. Tel. 203/562 41 83. Abierto en verano los fines de semana. Entradas: 2$), de 1750 originalmente, los ingleses la prendieron fuego en 1779 y un año después la reconstruyeron tal como ha quedado hoy, con mobiliario y todo. Algo apartado del centro está un museo bastante curioso, el **Shore Line Trolley Museum** (17 River St, East Haven. Abierto los fines de semana. Entradas: 6$), con varios trolebuses y tranvías que son eso, piezas de museo, todo bruñiditos ellos. La visita guiada se efectúa en uno de esos trolebuses, que se da un garbeo por las instalaciones del museo y los jardines; es una de las atracciones más visitadas del estado. En la *Wintergreen Avenue*, una milla al norte del Southern Connecticut State University está el **West Rock Nature Center** (no se cobra entrada), donde las autoridades estatales preservan la fauna del estado; no, no hay pumas, si acaso algún tejón que otro.

Alojamiento

Procurad no ir a la ciudad -por lo menos con la intención de pasar noche- cuando los de la universidad dan los títulos, pues es casi imposible hacerse con una habitación -que, todo sea dicho, suben misteriosamente de precio durante esos días. Además, no es New Haven una ciudad con muchos hoteles, tiene un déficit de habitaciones hoteleras bastante claro.

Precio medio

Three Chimneys: 1201 Chapel St. Tel. (203) 789 12 01. Sin lugar a dudas, el que tiene más encanto de la ciudad. Es una mansión victoriana de finales del siglo pasado totalmente restaurada, con un servicio bastante personalizado, porque sólo hay 10 habitaciones, todas ellas una auténtica cucada en cuanto a decoración, de tonos salmón en las paredes y amuebladas diferentemente unas de las otras, con antiguedades y tal. Algunas, las más caras, tienen chimenea, no os preocupéis que la madera no os la cobran.

Residence Inn by Marriot: 3 Long Wharf Drive. Tel. (203) 777 53 37. Muy bien situado, es un motelillo de dos plantas que destaca por lo enrollado del servicio. Todas las 112 habiatciones son bastante amplias, incluso tienen una cafetera de ésas, y algunas hasta bañera, toma lujo. Entre las instalaciones, aparcamiento, cuarto de lavadoras, piscina.

Precio barato

Holiday Inn: 30 Whalley Avenue. Tel. (203) 777 62 21. Está a un paso de la universidad, y es bastante económico. 160 habitaciones con la calidad media de la cadena. Además, restaurante, bar, y aparcamiento cubierto.

The Colony: 1157 Chapel St. Tel. (203) 776 12 34 y (800) 458 88 10. El establecimiento hotelero más antiguo de la ciudad, y el preferido por los profesores y conferenciantes que vienen a hacer bolos a la universidad. Todo él muy puesto, con cierto aire *british*. 86 habitaciones, algunas con un pequeño frigorífico. Restaurante.

Dónde comer

Indian Palace: 65 Howe St. Tel. (203) 776 90 10. Abierto toda la semana. Aceptan tarjetas de crédito. Restaurante de corte familiar, más económico de lo que os puede parecer si lo véis desde fuera, por la cosa de la decoración (es que está muy puesto). Platos tradicionales indios, especialidades *tandoori* y demás. Una muy buena idea es que vayáis a mediodía, que hacen *buffet* por apenas siete machacantes. Precio barato/medio.

Indiochine Pavillion: 1180 Chapel St. Tel. (203) 865 50 33. Cierra lunes, y fines de semana al mediodía. Aceptan tarjetas de crédito. No permiten fumar. De estilo parecido al anterior, igual de honrado, sólo que la cocina es vietnamita: pollo especiado, tallarines y una repostería cuanto menos distinta, pero riquísima. Precio barato.

NEW LONDON

Una comunidad desde siempre volcada al mar, no en vano posee uno de los mayores puertos de la costa atlántica americana, aunque no por ello ha dejado de tener cierto aire como de pueblo marino y ballenero. Fue fundada en 1646 por un grupo de familias puritanas, y New London se convirtió, en los años de la independencia, en uno de los puertos preferidos por las tropas rebeldes para ocultar su flota: de hecho, la ciudad ardió en 1781, cuando los ingleses descubrieron este santuario y lo arrasaron con 32 navíos de su Graciosa Majestad. La industria ballenera comenzó a finales del XVIII, y ya a mediados del siglo pasado casi las tres cuartas partes de las ballenas capturadas en todo el litoral norte del país tenía como destino las lonjas de New London.

La visita

Joshua Hempsted House: 11 Hempstead St. Cierra lunes y domingos. Entradas: 4$. La vivienda más antigua de la ciudad, ni más ni menos que de 1678, y que está amueblada con mobiliario original de los siglos XVII y XVIII. Otra historia por el estilo es la *Nathaniel Hampsted House*, que ya habréis visto está en el mismo sitio. Esta vivienda es uno de los dos únicos ejemplos que han quedado de la arquitéctura de piedra típica de Connecticut, de ahí que la tengan tan bien conservada: en sus siete habitaciones, también mobiliario que valdría un pastón en cualquier mercadillo.

Shaw Perkins Mansion: 305 Bank Street. Abierto de miércoles a domingo de 10 h a 16 h. Entradas: 2$. Los cuarteles de la flota rebelde en los años de la independencia. La construcción no es que sea nada del otro mundo, pero es un auténtico tótem para los habitantes de New London. Fue el hogar de uno de los principales luchadores, el capitán Nathaniel Shaw. Las exposiciones lo son, además de legajos de aquellos años y diagramas de la destrucción del puerto por los ingleses, de porcelana china, muebles y retratos familiares de los Shaw. Vosotros mismos.

Lyman Allyn Art Museum: 625 Williams St. Tel. (860) 443 79 49. Abierto toda la semana excepto los lunes de 10 h a 17 h. Entradas: 4$ adultos, menores de doce años, 2$. La colección local de arte, que en este caso destaca por sus fondos de muñecas de juguete antiguas. Para que no os asustéis, sabed que además hay alguna pintura europea -pero tampoco muchas-, más americanas, y objetos decorativos: que si lámparas, servicios de mesa, muebles...

U.S. Coast Guard Academy: Mohegan Avenue, salida 32 de la I-95. Tel. (203) 444 82 70. Abierto toda la semana, de mayo a octubre, de 10 h a 17 h. No se cobra entrada. Como en la película *Oficial y caballero*, pero lo que se dice calcadito. La academia de los guardacostas patrios está en la ribera oeste del río Támesis, y la gente acude en manadas a contemplar el pase de revista a los cadetes, que tiene lugar todos los viernes a las 16 h, más o menos, en los meses de abril, mayo, septiembre y octubre. En el pabellón multimedia que hay en Tampa Street (abierto toda la semana de 10 h a 17 h. No se cobra entrada) explican la vida de la academia, a ver si pica alguien y se enrola. El buque escuela *Eagle* puede ser visitado, lo malo es que no siempre está atracado en el puerto (que si no, pues vaya formación).

Ye Olde Towne Mill: Mill St. & State Pier Rd., bajo el puente Gold Star. Aunque está cerrada al público, esta construcción tiene la particularidad de se una de las más antiguas del país: ni más ni menos que de 1650.

Monte Cristo Cottage: 325 Pequot Ave. Abierto de lunes a viernes de 14 h a 18 h, del mes de mayo al de septiembre. Entrada: 3$. Donde pasó su infancia el premio Nobel Eugene O'Neill es hoy un pequeño museo consagrado a este dramturgo donde además se representan sus obras durante las noches de verano. Para mitómanos.

Un par de hoteles y un restaurante

Queen Anne Inn: 265 Williams St. Tels. (860) 447 26 00 y (800) 347 88 18. El nombre le viene del estilo del edificio, puritito Queen Anne. De las diez habitaciones, siete tienen ducha, que las otras tres comparten el baño. Aún así el encanto de este sitio es innegable. Precio barato/medio.

Red Roof Inn: 707 Colman St., salida 82A de la I-95. Tel. (860) 444 00 01. La mejor opción, por lo menos la que guarda mayor relación calidad/precio. 108 habitaciones modestas, pero realmente baratas, y además tienen frigorífico (¿o era federico?). Precio barato.

Ye Olde Taverne Steak & Chop House: 345 Bank St. Tel. (860() 739 28 48. Cierra los lunes. Aceptan tarjetas de crédito. No se permite fumar. Tradicional y estupendo, pues es de propiedad familair y además han tenido el acierto de decorarlo como si fuera un restaurante de los años 20. Casi todo carne de primera (hay algo de pescado) a buenos precios. Además de los platos más trillados, hay bouillabaisse, pato y filet-mignon, y los fines de semana un trío de jazz ameniza la ingesta. Recomendabilísimo.

Cómo pasar la tarde

Pues no es que haya mucho que hacer, pero podéis tomar algunos de los ferries que comunican New London con algunos puntos de otros estados. El *New London-Orient Point, NY* sale de 2 Ferry Street con cinco frecuencias diarias. El recorrido dura 1 h 30 hasta llegar a Long Island Sound, un poquito más hasta el pueblecito neoyorquino. La línea *New London-Block Island, RI* tiene la cabecera en el mismo sitio, y la *New London-Fishers Island, NY*, sale del muelle que hay en State Street. El destino es el más bonito de todos, una isla enfrente de la costa neoyorquina que es un paraíso de las aves. Además, al ser excursiones de como mucho un par de horas por trayecto, es una manera bastante entretenida de pasar la tarde.

HARTFORD

La capital del estado es un importantísimo centro económico e industrial; Hartford es la sede de varias de las compañías de seguros más importantes del mundo, lo que ha originado en las últimas dos décadas una auténtica eclosión de rascacielos de cristal en el centro (el conocido como *Constitution Plaza*, o el *Hartford Civic Center*) y urbanizaciones para ejecutivos alrededor de la ciudad. Es una ciudad rica en historia: nació en 1632 como puesto comercial de los holandeses, para apenas tres años después transformarse en colonia inglesa, fundada por **John Steel**, el reverendo **Thomas Hooker** y **Samuel Stone**, a quién debe el nombre, pues fue en la inglesa Hartford donde nació el tal Stone. En 1662 obtuvo una independencia de facto gracias al rey Carlos II, pero el gobernador de entonces de Nueva Inglaterra, **Sir Edmund Andros**, se opuso a ello. El documento real se ocultó en un árbol, hasta que el gobernador se muriera o fuera trasladado, que ardió en 1856, tal como os lo recuerda una placa conmemorativa en la avenida Charter Oak.

Cómo llegar

En autobús y en tren

Centralizados ambos servicios en la **Union Plaza** (Church & Asylum Sts). Los trenes de *Amtrak* salen ocho veces al día en sentido norte y sur; hay dos compañías de buses, la inefable *Greyhound* (catorce coches a la Gran Manzana, y nueve a Boston) y la *Peter Pan Trailways* (los mismos destinos, pero con una frecuencia menor).

Datos útiles

Información turística: *Greater Hartford Convention and Visitors Bureau*: 1 Civic Center Plaza. Tel. (860) 728 67 89 y (800) 446 78 11. Abierta de lunes a viernes de 10 h a 18 h, sábados de 10 h a 17 h.

Oficina principal de correos: 141 Weston St. Tel. (860) 610 31 25. Abierta de lunes a viernes de 8 h a 17 h, sábados de 9 h a 13 h.

Transporte público: servido por *Connecticut Transit*, opera los días laborables de 7 h a 18 h. Precio del billete: 95ç.

Qué ver en Hartford

Butler-McCook Homestead: 396 Main St. Tel. (860) 522 18 06. Abierto martes, jueves y domingos de 13 h a 18 h, de mediados de mayo a mediados de octubre. Entradas: 4$. Una casa protegida que fue habitada por cuatro generaciones de la misma familia. Consecuentemente, se han ido atesorando las pertenencias: armaduras japonesas, jugetes de la época victoriana, mobiliario cuco... y, detrás de la casa, un jardín victoriano perfectamente mantenido.

Ancient Burying Ground: 60 Gold St. No se cobra entrada. Un oasis de paz en medio de la jungla de cemento que es el *downtown* de Hartford. Fue el único cementerio de la ciudad hasta 1803, y su tumba más antigua está fechada ni más ni menos que en 1663. El cementerio se asienta en la cara norte de la *Center Church*, un templo de principios del siglo pasado, y que ocupa el lugar donde se reunían ya los primeros pobladores. También tiene su historia y su miga la iglesia: las seis vidrieras de Tiffany describen sendos momentos de la historia de la ciudad, y la constitución fue ratificada entre sus muros. Si llamáis al tel. 249 56 31, os dan hora para que os suméis a las visitas organizadas que montan durante todo el verano.

Hartford, Connecticut

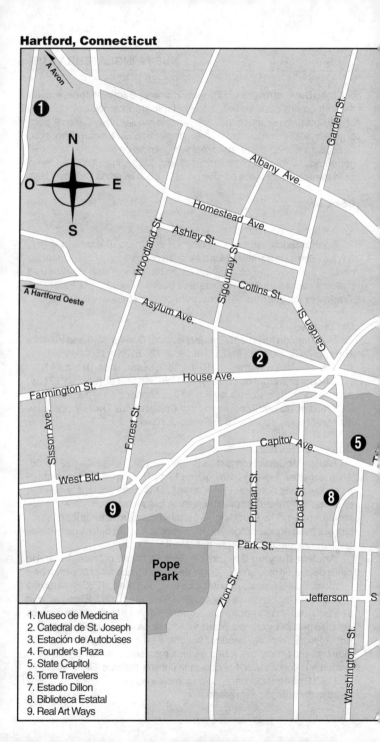

A Avon

Garden St.

Albany Ave.

Homestead Ave.

N

O — E

S

Woodland St.

Ashley St.

Sigourney St.

Collins St.

Garden St.

A Hartford Oeste

Asylum Ave.

House Ave.

Farmington St.

Forest St.

Sisson Ave.

Capitol Ave.

West Bld.

Putman St.

Broad St.

Park St.

Zion St.

Pope Park

Jefferson

Washington St.

1. Museo de Medicina
2. Catedral de St. Joseph
3. Estación de Autobúses
4. Founder's Plaza
5. State Capitol
6. Torre Travelers
7. Estadio Dillon
8. Biblioteca Estatal
9. Real Art Ways

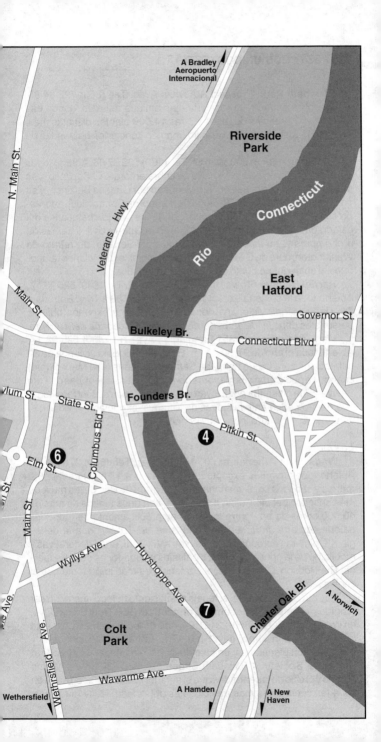

Elizabeth Park: Prospect & Asylum Aves. Tel. (860) 722 64 90. No se cobra entrada. La rosaleda más antigua del país, donde hay más de 900 especies de rosas y otras 14.000 plantas distintas más. Alérgicos, abstenerse. En veranito, montan conciertos de bandas de aficionados.

Old State House: 800 Main St. Tel. (860) 522 67 66. Abierto todos los días del año de 10 h a 18 h. No se cobra entrada. El Capitolio más antiguo también de la nación, fue diseñado por Charles Bullfinch, y su construcción finalizó en 1796: todo de mármol de Connecticut, adornado con una cúpula dorada; dentro, banderines de los batallones del estado que se dejaron más que la piel en la Guerra civil, estatuas de prohombres y, en la restaurada Cámara del Senado, un retrato de Washington, obra de Gilbert Stuart. Hay también exposiciones temporales, y un pequeño punto de información turística.

Harriet Betcher Stowe House: 73 Forest St. Tel. (860) 525 93 17. Abierto toda la semana excepto los lunes de 9 h 30 a 16 h. Entradas: 7$. Una vivienda victoriana donde se guardan y exponen objetos personales del que fue autor del celebérrimo *La cabaña del Tío Tom*.

Mark Twain House: 351 Farmington Ave. Tel. (860) 525 93 17. Abierto todo el año de 9 h 30 a 17 h. Entradas: 7$. Esta vivienda de 20 habitaciones era la que habitaba Samuel Clemens (aka Mark Twain) cuando se publicaron sus mayores obras, como Las aventuras de Tom Sawyer. Fue diseñada por Edward Tuckerman, con sus torres y todo, que dentro ceden ante las joyas de Tiffanys: candelabros, vidrieras, ventanales. Algo caro, pero muy bonita.

Los museos

Wadsworth Atheneum: 600 Main Street. Tel. (860) 278 26 70. Abierto todos los días excepto lunes de 11 h a 17 h. Entradas: 5$, martes y sábados por la mañana, entrada gratuita. Uno de los museos más antiguos del país, si no el que más, con unos fondos de más de 40.000 obras de arte entre los que hay prácticamente de todo: dos galerías de arte afroamericano o la *Amistad Collection*, arte del siglo XX, pinturas europeas de los siglos XVI y XVII, artes decorativas y mobiliario de la época Colonial, o paisajes y bodegones de la Escuela del Río Hudson. Claramente, el contenido es más importante que el continente.

Hay otros museos que, si tenéis el suficiente tiempo, merecen ser visitados: el **Science Museum of Connecticut** (950 Trout Brook Drive, en West Hartford. Tel. (860) 231 28 24. Abierto toda la semana, excepto los lunes en el invierno, de 11 h a 17 h. Entradas: 4$), pequeño y modesto, con planetario y un caleidoscopio gigante; el **Connecticut Historical Society** (1 Elizabeth Street. Tel. 860/236 56 21. Mismo horario y precio de las entradas que el anterior), centrado sobre todo en las artes decorativas más tradicionales del estado, léase muebles y cachivaches de los siglos XVII y XVIII, amén de más de dos millones de libros, documentos y manuscritos relacionados con Connecticut; o el **Noah Webster Foundation and Historical Society** (227 S. Main Street. Tel. 860/521 53 62. Cierra los miércoles. Entradas: 3$), en West Hartford, es una vivienda del siglo XVIII conservada tal y como lo estaba entonces y que fue hogar de uno de los gramáticos con más solera del país; además, hay exposiciones sobre el vestuario de la época.

El alojamiento

Precio barato

YMCA: 160 Jewell St. Tel. (860) 522 41 83. El ambiente y las instalaciones comunales ya de sobras conocidas. Centriquísimo, no aceptan reservas y el toque de queda es a medianoche.

Mark Twain Hostel: 131 Tremont St. Tel. (860) 523 72 55. Parecido al anterior, sólo que sin gimnasio. También céntrico.

Ramada Inn: 100 East River Drive, en East Hartford. Tel. (860) 528 97 03. Buena relación calidad/precio, sobre todo las individuales y las suites. Bar, restaurante, cuarto de lavadoras y piscina cubierta.

Ramada Inn Capitol Hill: 440 Asylum St. Tel. (860) 246 65 91. En el corazón de la ciudad, es incluso más barato que el anterior de la misma cadena, pero con la desventaja de que suele estar hasta arriba, por lo menos en temporada alta. Las habitaciones son prácticamente iguales, aunque no tiene tantas instalaciones y servicios, tan sólo aparcamiento cubierto.

Holiday Inn: 363 Roberts St., salida 58 de la I-84. Tel. (860) 528 96 11. Algo alejado del centro de la ciudad, pero bien comunicado por el transporte público, es un sitio ideal para pasar un par de noches. 130 habitaciones, amén de bar, restaurante y gimnasio.

Precio medio

Sheraton: 315 Trumbull St. Tel. (860) 728 51 51. Tomado por ejecutivos y demás hombres de negocios, no os asustéis que las tarifas no son muy altas para un establecimiento de su categoría, y si sabéis regatear o acudís en temporada baja, podéis llevaros una sorpresa. Mogollón de instalaciones: restaurante, bar, tiendas, gimnasio o aparcamiento son sólo algunas de ellas.

Precio alto

The Goodwin: One Haynes Street. Tels. (860) 246 75 00 y (800) 922 50 06. Pequeño hotel de corte europeo, en un edificio que fue cosntruido en 1881 para J.P. Morgan en estilo Queen Anne, quien se empeñó en decorarlo con motivos marinos y pinturas del siglo pasado, que al fin de cuentas era el suyo. Es con diferencia el mejor del estado, con ese aire decadente que tanto enloquece a los yanquis. Algunas de sus 124 habitaciones, las más caras, tienen chimenea y baño de mármol, todo un lujo. Hay bar, restaurante y gimnasio.

Los restaurantes

Hay tres zonas importantes dentro de Hartford a la hora de comer. Una es el *Civic Center District*, cuyos límites son Church St, Main St, Elm St y Union Place; la *Franklin Avenue*, el tramo entre Maple Avenue y Victoria Road; y el *Southern Downtown*, cercado por el Civic Center y las calles State, Wyllis y Prospect.

Butterfly: 831 Farmington Ave. Tel. (860) 236 28 16. Abierto toda la semana. Aceptan tarjetas de crédito. Tirado este restaurante chino, especializado en cocina de la región de Szechwan. Si además váis al brunch dominical, es para pedir sales digestivas por la cantidad de las raciones. Precio barato.

Hot Tomatoes: 1 Union Place. Tel. (860) 249 51 00. Abierto toda la semana. Aceptan tarjetas de crédito. No dejan fumar. Que no os engañe el menú, que aquí sirven más cosas que tomates. Cocina italiana, principalmente, bastante tradicional pero por lo menos bien hecha y la minuta no asusta. Precio barato.

Peppercorn's Grill: 357 Main St. Tel. (860) 547 17 14. Cierra los domingos. Aceptan tarjetas de crédito. No se permite fumar. Uno de los locales con más predicamento de la ciudad, bonito y con un servicio joven y bastante atento. Cocina italiana pero, a diferencia del *Hot*, más elaborada y original: osso bucco, ravioli a la naranja o platos de caza menor. La lista de vinos no está del todo mal. Precio barato/medio.

Las actividades

En la cosa de los festivales, hay tres que se llevan la palma:

-*Taste of Hartford*, que se celebra en Main Street y no es más que 50 figones de la ciudad obsequiando con comida al que esté paseando por allí a mediados de junio. Para no pasar hambre.

-*Riverfest*, a principios de julio, cinco ubicaciones en toda la ciudad donde hay actuaciones, carreras de caballos, representaciones de episodios históricos y venta de artesanía varia.

-*Christmsas Crafts Expo I & II*, en el Hartford Civic Center, exposiciones muy celebradas por los media donde se le da alguna vuelta de tuerca a lo más tradicional de la navidad durante los dos primeros fines de semana de diciembre.

RHODE ISLAND

El estado más pequeño de los que conforman los Estados Unidos cabría casi quinientas veces en el territorio que ocupa el de Alaska. Es su geografía tan caprichosa que, con apenas 50 km de distancia entre los extremos oriental y occidental, hay más de 600 km de costa. La Narraganssett Bay es el accidente natural más sobresaliente; de sus islas, la más grande es la que le da nombre al estado, seguida de Conanicut y Prudence. Toda esta riqueza natural está convenientemente explotada, y se considera al estado como uno de los mejores lugares del mundo para pescar y cazar.

Datos curiosos

Población: 1.003.464 habitantes.

Punto más elevado: Jerimoth Hill, en el condado de Providence.

Capital: Providence.

Franja horaria: Eastern.

Impuestos estatales: 7%, y una adicional en los alojamientos del 5%.

Información turística: *Rhode Island Tourism Division*. 7 Jackson Walkway, Providence RI 02903. Tels. (401) 277 26 01 y (800) 556 24 84.

Un poco de historia

El primero que se dejó caer por aquí fue ni más ni menos que **Giovanni da Verrazano**, que fondeó en la Narragansett Bay en 1524. Tuvo que pasar más de un siglo hasta que Roger Williams, precedido por el misionero **William Blackstone**, fundó el primer asentamiento, lo que hoy es Providence; en 1638 **Anne Hutchinson** fundó, en el norte de la Aquidneck Island, Portsmouth junto a su marido y un grupo de colonos que les acompañaban y que estaban comandados por **William Coddington** y **John Clarke**: este grupo se mudó al sur un año después, dando origen a Newport. El cuarto asentamiento sería el de Warwick, en 1642, fundado por **Samuel Gorton**. Estos cuatro nuevos pueblos se unieron en 1647, pero pronto estallaron las diferencias entre los que estaban en la parte continental y en las islas. Roger Williams reconcilió a los colonos y, en 1663, el rey británico **Carlos II** otorgó al territorio el rango de estado, con el nombre de *Colonia de Rhode Island y Plantaciones de Providence*. Los comienzos no fueron fáciles: aunque Williams había conseguido la paz con las tribus nativas, la guerra del rey Felipe, en 1675, diezmó casi totalmente la población de Rhode Island: una vez finalizado el conflicto, sólo dos docenas de colonos permanecían en Providence.

En el siglo XVIII comenzó la explotación pesquera de las costas, así como el tráfico marítimo, lo que plagó de piratas los puertos del estado. Debido a unas restricciones que la Corona inglesa intentó aplicar al comercio marítimo, Rhode Island se autodeterminó el 4 de mayo de 1776, dos meses antes de que fuera firmada la Declaración de la Independencia. Pasados estos años, el estado se convirtió en el más industrializado del nuevo país.

PROVIDENCE

Fundada en 1636 por **Roger Williams**, que llegó a este lugar procedente de Massachusetts por una visión divina, tal y como recuerda el monumento que hay en *Gano Street*; su tumba la tenéis en *Prospect Terrace*. Su prosperidad actual le viene de cuando era punto de desembarco de importantes rutas esclavistas, y hoy es la capital del estado y su ciudad más importante, con una población que se acerca a los 200.000 habitantes, y con uno de los puertos de mayor tráfico de la Costa Atlántica, por más que esté a cuarenta kilómetros tierra adentro. También se le llama *la Roma Americana*, por que tiene siete colinas que han marcado todo su desarrollo urbanístico.

Cómo llegar

En autobús

Centralizado en la terminal de 1 Bonanza Way.La compañía **Bonanza Bus** (tels. 401/751 88 00 y 800/556 38 15) tiene todas las horas un servicio a y desde Boston y Nueva York; ambas rutas paran en la Kennedy Plaza, en todo el centro, antes de llegar a la estación; en la plaza hay también una pequeña oficina de venta de billetes. La **Greyhound** (tel. 401/781 94 00) ofrece los mismos destinos, y la compañía pública **Rhode Island Public Transit Authority (RIPTA)** se encarga de comunicar Providence con el resto del estado.

En avión

En el término de Warwick, unos 15 km al sur de la ciudad, está el **T. F. Green Airport** (tel. 401/737 82 22), servido por compañías nacionales y un par de canadienses. La *Airport Van Shuttle* os lleva de y desde el centro de Providence y el campus de la Universidad Brown (6$ trayecto, 11$ ida y vuelta).

En tren

Amtrak tiene la estación en 100 Gaspee St (tels. 401/596 23 55 y 800/872 72 45. Abierta de 5 h 30 a 23 h 45), con servicios casi cada hora a Boston y Nueva York. En las mismas vías para la **Massachusetts Bay Transportation Authority** (tel. 800/397 61 00), que conecta Providence con localidades del estado y del resto de Nueva Inglaterra.

Cómo moverse

Los autobuses de la **Rhode Island Public Transit Authority (RIPTA)** operan de 5 h 30 a 1 h 30; los domingos apenas hay servicio. El billete cuesta 1$, aunque algunas rutas (por ejemplo, las que llevan a Newport) pueden costar 3$. En Kennedy Plaza os dan información sobre rutas y frecuencias.

Datos útiles

Información turística: *Greater Providence Convention & Visitors Bureau.* 1 W Exchange St. Tels. (401) 274 16 36 y (800) 233 16 36. Abierta de lunes a viernes de 10 h a 17 h, fines de semana de 10 h a 16 h. *Providence Preservation Society.* 12 Meeting St. Tel. (401) 831 74 40. Abierta de lunes a viernes de 9 h a 17 h.

Oficina de Correos: 2 Exchange Terrace. Tel. (401) 421 43 61. Abierto de lunes a viernes de 7 h 30 a 17 h 30, sábados de 8 h a 14 h.

La visita

Cathedral of St. John: 271 N. Main St & Church St. Tel. (401) 331 46 22. Visitas guiadas por el templo y la cripta toda la semana excepto domingos de 9 h a 16 h. No se cobra entrada. Ocupa el solar que era de la King's Church, de mediados del siglo XVIII. El templo moderno (1822) es de corte neogótico, donde sin lugar a dudas lo más destacable es su altar inglés del XVII.

Rhode Island State House: Smith St. Tel. (401) 277 23 57. Abierto de lunes a viernes de 8 h 30 a 16 h 30. No se cobra entrada. Dominando la ciudad, se cuenta de este edificio (construido entre 1895 y 1904 con un coste de tres millones de dólares de la época) que tiene la segunda mayor cúpula de mármol del mundo, después de la de San Pedro del Vaticano, coronada en este caso por una estatua de bronce representando a la Independencia americana. Dentro, se conservan documentos originales de la colonia inglesa, así como de los primeros años de la Independencia. Y si se reverencia algo aquí, es el retrato de Washington, obra de Gilbert Stuart (que parece que no ha hecho otra cosa en la vida, el hombre). El viejo capitolio, donde se suscribió la Independencia, está en 150 Benefit St.

Aldrich House: 110 Benevolent St. Tel. (401) 331 85 75. Abierto de martes a viernes de 9 h a 17 h. Entradas: 2$. En una vivienda de 1822, de estilo Federal, han aprovechado para montar un pequeño museo sobre la historia del estado, su arquitectura y ejemplos de artes decorativas (candelabros, vidrieras y muebles, principalmente).

Cathedral of St. Peter and St. Paul: Cathedral Square. Tel. (401) 331 24 34. Abierto los días laborables de 7 h 30 a 16 h 30, sábados de 11 h a 18 h, domingos de 8 h a 17 h. No se cobra entrada. Aquí, lo que merece la pena, más que el templo en sí, que es de finales del siglo pasado y de un escrupulosísimo y algo sosón estilo neogótico, es el órgano, que tiene más de 6.000 tubos.

John Brown House: 52 Power St. Tel. (401) 331 85 75. Abierto toda la semana excepto lunes de 11 h a 17 h. Entradas: 5$. Una de las casas antiguas más bonitas de todo Providence, era la vivienda de un magnate del siglo pasado, John Brown, que gracias a sus negocios con las porcelanas chinas pudo encargarle a su hermano arquitecto Joseph que le hiciera este pedazo de casa de estilo Georgia. Hoy,

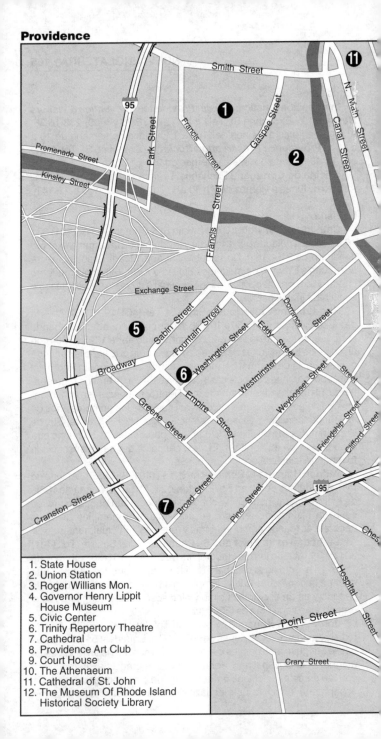

Providence

Smith Street

95

Park Street

Promenade Street

Kinsley Street

Francis Street

Gaspee Street

N. Main Street

Canal Street

❶

❷

❶❶

Exchange Street

Sabin Street

Fountain Street

Washington Street

Eddy Street

Dorrance Street

Broadway

❺

❻

Westminster

Weybosset Street

Greene Street

Empire Street

Friendship Street

Clifford Street

Cranston Street

❼

Broad Street

Pine Street

195

Point Street

Hospital Street

Crary Street

Ches

1. State House
2. Union Station
3. Roger Williams Mon.
4. Governor Henry Lippit
   House Museum
5. Civic Center
6. Trinity Repertory Theatre
7. Cathedral
8. Providence Art Club
9. Court House
10. The Athenaeum
11. Cathedral of St. John
12. The Museum Of Rhode Island
    Historical Society Library

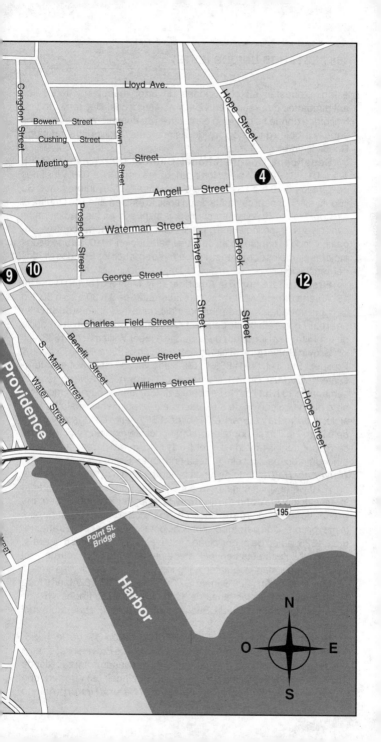

están expuestas su colecciones de arte, muebles y todas las antiguedades que reunió en vida, y no son pocas. Hay también una biblioteca donde se guardan centenares de documentos de aquellos años, y árboles genealógicos de las primeras familias que habitaron Rhode Island.

Beneficent Congregational Church: 300 Weybosset St. Tel. (401) 331 98 44. Abierto los días laborables de 8 h a 16 h, y los fines de semana de 9 h a 13 h. No se cobra entrada. Muy interesante. Su cúpula exterior está calcadita de un edificio emblemático de Dublín, el *Custom House Building*; en el interior, inspirado en las tradicionales capillas de campo inglesas, hay espectaculares vidrieras centroeuropeas, y todo el templo en sí, que fue finalizado en 1810, es uno de los mejores ejemplos que pueden encontrarse en todos los Estados Unidos del neoclásico.

First Baptist Church in America: 75 N. Main St. Tel. (401) 454 34 18. Abierta para las visitas los días laborables de 9 h 30 a 15 h 30. No se cobra entrada. Como su nombre indica es la más antigua de su culto en el país, concretamente data de 1775, aunque se asienta en la capilla que construyó el fundador de la ciudad, Roger Williams, en 1638.

Brown University: oficina de información del campus en College & Prospect Sts. Tel. (401) 863 10 00. Tiene varias instalaciones interesantes: *Anmary Brown Memorial* (21 Brown St. Abierto toda la semana de 13 h a 17 h. No se cobra entrada), donde hay una modesta pero buena colección de arte, desde el Renacimiento hasta nuestro siglo; la *John Hay Library* (20 Prospect St. Abierta de lunes a viernes de 9 h a 17 h. No se cobra entrada), donde se exponen y estudian la correspondencia privada del John Hay este, que al parecer fue secretario privado de Lincoln y posteriormente Secretario de Estado; *University Hall* (abierto de lunes a viernes de 8 h a 16 h), construido en 1770 y que sirvió como barracones de las tropas inglesas durante la Revolución; y la *John Carter Brown Library* (abierta toda la semana excepto los domingos de 8 h 30 a 17 h. No se cobra entrada), donde está la mayor colección del país de publicaciones norteamericanas anteriores a 1825, amén de exposiciones relativas a la colonización del país; toda la biblioteca está convenientemente decorada con retratos del siglo pasado y mapas también antiguos.

Museum of Art: 224 Benefit St. Tel. (401) 454 65 00. Abierto toda la semana excepto los lunes de 10 h 30 a 17 h. Entradas: 3$, los sábados no se cobra entrada. Buena colección de arte, y que cubre casi todos los estilos y épocas.

Roger Williams Park: Elmwood Ave, salida 17 de la I-95S. Tel. (401) 785 94 50. Con el nombre del fundador de Providence, en este parque tenéis diez lagos, anfiteatros, 20 km de senderos, un zoo (donde hay desde elefantes y jirafas a osos polares y pinguinos) y un pequeño museo, el *Roger Williams Park Museum of Natural History* (Abierto toda la semana de 10 h a 16 h. No se cobra entrada al museo, pero sí de 1$ al planetario), sin mayor misterio.

Alojamiento

Days: 220 India St. Tel. (401) 272 55 77. Bastante completito, probablemente la mejor relación calidad/precio. 136 habitaciones con todo, amén de restaurante y gimnasio.

State House Inn: 43 Jewett St. Tel. (401) 351 61 11. En un edificio de finales del siglo pasado, que está a un paso del Capitolio del estado, tenéis 10 habitaciones con aseo y televisión muy bonitas, decoradas con antiguedades y tal. No dejan fumar, ésa es la faena. Precio barato.

Old Court Inn: 144 Benefit St. Tel. (401) 751 20 02. Con buenas vistas, está en lo que en el siglo pasado fue una rectoría, decorado a tono con la época en que se construyó el edificio. 10 habitaciones con baño, algunas con televisión. En temporada baja ajustan la factura sensiblemente. Precio medio.

Marriot: 1 Orms St. Tel. (401) 272 24 00. El más lujoso y grande de la ciudad, tiene de todo: piscinas, restaurante, bar, gimansio, salón de juego y 345 habitaciones. Precio medio.

The Biltmore: Kennedy Plaza. Tel. (401) 421 07 00. De más nivel que los anteriores, aunque también tiene sus añitos, lo cual no es malo. 240 habitaciones; restaurante, bar, gimnasio y aparcamiento cubierto. Precio medio/alto.

Restaurantes

Las mejores zonas para comer por poco dinero son *Federal Hill*, donde está el barrio italiano, repleto de trattorias y pizzerías de corte familiar; *Thayer Street*, con mucha presencia universitaria, y *Broad Street*, en la parte sur, y del mismo corte.

Hemenway's Seafood Grill: One Old Stone Square & S Main St. Tel. (401) 351 85 70. Abierto toda la semana. Aceptan tarjetas de crédito. Buena marisquería, lo más conveniente es pasarse los domingos por la mañana para reventar con el brunch. Precio barato/medio.

Al Forno: 577 S. Main St. Tel. (401) 273 97 60. Cierra domingos y lunes; resto de la semana, abierto a partir de las 17 h. Aceptan tarjetas de crédito. No se permite fumar. Buenas pizzas al horno en un local que parece una típica trattoria italiana. Precio alto.

Fiestas

Del 1 al 26 de abril, tenéis el *Providence New Play Festival*, en el *Trinity Repertory Theatre* (201 Washington St. Tel. 401/351 42 42). A mediados de junio, el *Festival of Historic Houses*, donde se iluminan y se abren al público varias de las más antiguas y mejor conservadas viviendas de la ciudad; las dos primeras semanas de octubre, el

Riverdance, cachondeo variado a las orillas del río; y en noviembre, una carrera de globos, *la Montgolfier Day Balloon Regatta.*

NEWPORT

Fundada en 1639, desde los primeros años fue un importante centro marítimo, rivalizando incluso con Nueva York y Boston; hoy, se sigue respirando todavía bastante de ese aire de lobos de mar, corsarios y tráfico de esclavos. Es una de las poblaciones con más historia de toda la costa este del país, y uno de los primeros ejemplos del *melting pot*: antes de que acabara el siglo XVII se habían instalado en Newport docenas de familias de cuáqueros y judíos. Durante la Revolución, sólo la fuerza de 9.000 soldados pudo evitar que los habitantes de la ciudad continuaran incendiando la flota inglesa; tras una ocupación de dos años, los franceses desalojaron a los británicos.

Las mansiones que han dado renombre mundial, muy merecidamente, a Newport empezaron a construirse después de la Guerra Civil, cuando varias de las grandes fortunas neoyorquinas pusieron aquí sus ojos para pasar el verano. Hoy, aunque ya no hay las fiestas de entonces, las calles son tomadas al asalto por miles de visitantes, intringados por saber cómo vivían los grandes magnates del siglo pasado y principios de este, o por contemplar el espectáculo que es la celebración de la Copa América de Vela.

Cómo llegar

La terminal de autobuses están el **Newport Gateway Center** (23 America's Cup Ave). Aquí están las compañías **Bonanza** (tel. 401/846 18 20) y la **RIPTA** (tel. 401/849 80 48).

Datos útiles

Información turística: *Preservation Society of Newport County*. 424 Bellevue Ave. Tel. (401) 847 10 00. **Newport County Convention and Visitor's Bureau.** Newport Gateway Center, 23 America's Cup Ave. Tels. (401) 849 80 48 y (800) 326 60 30, ext. 123.

Oficina de Correos: 320 Thames St. Tel. (401) 847 23 29. Abierta de lunes a viernes de 8 h 30 a 17 h, sábados de 9 h a 13 h.

La visita

Las anonadantes mansiones de Newport

La *Preservation Society of Newport County* (tel. 401/847 10 00) vende una única entrada válida para todas las mansiones que administra, que son las siguientes: The Breakers, Chateau-sur-Mer, The Elms, Green Animals Gardens (en Portsmouth), Hunter House, Kingscote, Marble House y Rosecliff.

The Astor's Beechwood Mansion: 580 Bellevue Ave. Tel. (401) 846 37 72. Abierto de febrero a abril, fines de semana de 10 h a 16 h; resto del año, toda la semana de 10 h a 17 h. Entradas: 7$75. Esta impotente mansión en plan villa toscana que véis aquí es una réplica exacta de la que devoró un incendio en 1857, y que estaba diseñada por el mismísimo Calvert Taux. Los Astor fueron una de las familias más influyentes de la sociedad neoyorquina del siglo pasado, y de los primeros en venirse a vacacionar aquí. Hoy, dentro de la mansión se exponen, además de la casa en sí, los consabidos vídeos, y unas representaciones durante el verano que recuerdan cómo vivían los amigos estos. Ah, la mesa de billar ya nos la hemos pedidio nosotros...

Hunter House: 54 Washington St. Tel. (401) 847 10 00. Abierto de mayo a septiembre toda la semana de 10 h a 17 h; resto del año mismo horario, pero sólo durante los fines de semana. Entradas: 6$. De estilo Colonial y fechada a mediados del XVIII, sirvió como residencia de los oficiales del ejército francés que echaron una mano a los americanos a obtener la independencia. Está perfectamente restaurada, y amueblada y decorada según los cánones de la época. El jardín, otra auténtica pasada.

Chateau-sur-Mer: Bellevue Ave. Tel. (401) 847 10 00. Abierto de mayo a octubre toda la semana de 10 h a 17 h; resto del año, fines de semana de 10 h a 16 h. Entradas: 6$50. Propiedad de uno que se hizo de oro mercadeando con porcelana china, fue construida en estilo victoriano en 1852. Lo más destacable es la sala de juegos, el vestíbulo central con una rotonda por la que se cuela la luz y que saca lo mejor de sí de un retablo ornamental de madera obra de un florentino, Luigi Frullini.

Hammersmith Farm: Ocean Drive. Tel. (401) 846 04 20. De abril a noviembre, abierto toda la semana de 10 h a 17 h. Cerrado el resto del año. Entradas: 6$50. Una granja dominando la Narragansett Bay, con casi 20 ha de terreno en las que hay sitio para pastos, jardines y una mansión de 28 habitaciones, edificada en 1887, que era propiedad de un tal John W. Auchincloss y que fue donde se dio el banquete de la boda entre JFK y Jacquelinne. De hecho, en los primeros años sesenta se conocía a esta granja como "la Casa Blanca de verano":

Rosecliff: Bellevue Ave. Tel. (401) 847 10 00. De abril a octubre, abierto toda la semana de 10 h a 17 h. Entradas: 6$. Aquí filmaron "El gran Gatsby", para ello aprovecharon al máximo esta mansión de 1902, cuyas dependencias están inspiradas en las del palacio de Versalles, hay modelos y modelos. El diseño de la vivienda correspondió a Stanford White pero los jardines, hay los jardines, lo son de Augustus Saint-Gaudens, que los llenó de esculturas de los siglos XVI y XVII.

The Breakers: Ochre Point & Ruggles Aves. Tel. (401) 847 10 00. Abierto toda la semana de abril a octubre de 10 h a 17 h. Entradas: 7$50.

Tiene la fama de ser la más opulenta y alucinante mansión de todo Newport y alrededores, y éso es mucho. Richard Morris Hunt, uno de los mejores arquitectos americanos del siglo pasado, la diseñó, y su construcción finalizó en 1895. Costó la intemerata: sólo alguien como Cornelius Vanderbilt, una de las mayores fortunas que se han visto jamás en este mundo (incluso hoy día sería una de las cinco mayores, muy por encima del Gran Hermano Gates) se lo podía permitir, aunque sólo fuera para pasar un par de semanas en ella por los veranos. Tiene 70 habitaciones, repletas de muebles inspirados en los Renacimientos francés e italiano; y en el comedor, donde cabe por lo menos un regimiento, todo excepto las vajillas es del XVIII, todito, y perteneció a la mítica María Antonieta. La pena es que sólo la primera planta y una parte de la segunda están abiertas al público. De todas las maneras, ya váis a *flipar* bastante.

Wanton-Lyman-Hazard House: 17 Broadway. Tel. (401) 846 08 13. Abierta los meses ed verano de 10 h a 16 h toda la semana excepto los lunes; el resto del año, sólo mediante cita previa. Entradas: 4$. Pusieron el primer ladrillo en 1675, y sirvió como residencia de los gobernadores de la Corona inglesas. Está con muebles de la época, tal cual.

Marble House: Bellevue Ave. Tel. (401) 847 10 00. Abierto de abril a octubre toda la semana de 10 a 17 h; resto del año, sólo los fines de semana de 10 h a 16 h. Entradas: 6$. De 1892, cada una de las habitaciones de esta mansión de mármol de Carrara y oro está decorada acorde con un estilo distinto. El diseño, inspirado en los castillos franceses de la Edad Moderna, corresponde a Richard Morris Hunt, por encargo que le realizó William K. Vanderbilt. De todas las habitaciones, tal vez sea la más destacable la *ballroom*, con su oro aquí y allá, y el increíble trabajo de la madera. La Habitación Gótica tampoco está nada mal.

Belcourt Castle: 657 Bellevue Ave. tel. (401) 846 06 69. Abierto todo el año de 10 h a 15 h; hasta las 17 h en verano. Entradas: 6$50. También propiedad que lo fue de los Vanderbilt, en este caso de una de las hermanas de Cornelius. Está inspirada en los castillos franceses del Renacimento, y durante las visitas guiadas que organizan tienen el detalle de invitar a un té. Por lo menos...

Samuel Whitehorne House: 416 Thames St. Tel. (401) 847 24 48. Abierto de mayo a octubre, toda la semana excepto lunes, de 10 h a 16 h. Entradas: 6$. De estilo Federal, lo más interesante es el jardín y el mobiliario, del siglo XVIII.

Menos suntuoso, pero también interesante

Fort Adams State Park: Harrison Ave. & Ocean Dr. Tel. (401) 847 65 43. El fuerte que da nombre al parque es el segundo más grande del país, aunque lleva unos años cerrado por que cualquier día se le va a caer a alguien encima.

Newport Art Museum and Art Association: 76 Bellevue Ave. Tel. (401) 848 82 00. Abierto toda la semana excepto los lunes de 10 h a 16 h. Entradas: 4$. Seis galerías con un pequeño repaso a todos los estilos del arte. Casi que nos quedamos con el continente, una mansión de Richard Morris Hunt de mediados del siglo pasado.

Newport Historical Society Museum and Library: 82 Touro St. Tel. (401) 846 08 13. Mismo horario que el anterior. Tampoco se cobra entrada. En el Brick Market, construido por Peter Harrison en 1762 como granero y mercado público, es donde se repasa mediante exposiciones la historia del estado. Interesante.

Naval War College Museum: Founders Hall, en la Coasters Harbor Island. Tel. (401) 841 40 52. Abierto en verano toda la semana de 10 h a 16 h. No se cobra entrada. La primera institución de su estilo que se fundó en el mundo, concretamente en 1884, aunque el Founders Hall se construyó en 1820. Las exposiciones que hay lo son sobre barcos y la historia marítima de la Naragansett Bay.

International Tennis Hall of Fame and Museum: 194 Bellevue Ave. Tel. (401) 849 39 90. Abierto todos los días del año de 10 h a 17 h. Entradas: 6$. En las instalaciones del Newport Casino, que fue construido en 1880, otra pasada de bonito. Fue donde se disputó el US Open desde 1881 hasta 1915, que se mudó a New York. Podéis practicar vuestro servicio en las trece pistas habilitadas para ello; en una de ellas se enseña a los vistantes cómo se jugaba al tenis en Inglaterra en el siglo XV. Y en el museo, todo tipo de recuerdos y objetos personales de las grandes glorias de este deporte. Todos los meses de julio, tiene lugar un torneo de la ATP.

Trinity Church: Queen Anne Square. Tel. (401) 846 06 60. Abierto de lunes a sábados de 10 h a 16 h. No se cobra entrada. La iglesia más bonita de Newport lleva en el mismo sitio desde 1726. Durante el verano, todas las tardes organizan conciertos corales. Como curiosidad, comentaros que el órgano de viento fue probado por el mismísimo Handel.

Touro Synagogue National Historic Site: 85 Touro St. Tel. (401) 847 47 94. Abierta de mayo a octubre de 10 h a 17 h, resto del año sólo los domingos de 13 h a 15 h. No se cobra entrada. La sinanoga más antigua del país, pues fue levantada en 1763.

Redwood Libray and Athenaum: 50 Bellevue Ave. Tel. (401) 847 02 92. Abierta de lunes a sábados de 9 h 30 a 17 h 30. No se cobra entrada. De mediados del siglo XVIII, en esta biblioteca se exponen varios incunables, así como una pequeña colección de arte nacional, donde destacan unas obras de Gilbert Stuart.

Museum of Yachting: Fort Adams State Park. Tel. (401) 847 10 18. Abierto todos los días, de mediados de mayo a finales de octubre, de 10 h a 17 h. Entradas: 3$. Si os va la cosa de la navegación, aquí lo gozaréis en grande. Exposiciones muy completas sobre la historia de la navegación de recreo, los trofeos internacionales ganados por embarcaciones americanas y, lo que más nos ha gustado, una sala repletita de maquetas.

Alojamiento

No puede decirse que abunde el alojamiento barato en Newport; si acaso, en la localidad vecina de *Middletown*. Porque en temporada alta puede ser desesperante el encontrar una habitación por menos de 100$, aunque sea en un *bed&breakfast*.

Precio barato

West Main Lodge: 1359 W. Main Road, en Middletown. Tels. (401) 849 26 00 y (800) 537 77 04. A unos 8 km al norte de Newport por la RI 114, es un modesto motel pero que presenta la alternativa más económica. 55 habitaciones con lo fundamental y, en algunas de ellas, un pequeño frigorífico.

Precio medio

Viking: 1 Bellevue Ave. Tels. (401) 847 33 00 y (800) 556 71 26. Estupendamente situado y con solera, es una de las mejores relaciones calidad/precio que podéis encontrar. De hecho, bastantes de sus casi 200 habitaciones entran, y con mucho, en la categoría de precio barato. Piscina cubierta, restaurante, gimnasio y bar.

Best Western Mainstay Inn: 151 Admiral Kalbfus Road. Tel. (410) 849 98 80. Con restaurante, bar y piscina. Algunas de las 125 habitaciones tienen frigorífico.

Brinley Victorian Inn: 23 Brinley St. Tels. (401) 849 76 45 y (800) 999 85 23. Operativo de mayo a octubre. Posada que lleva funcionando desde 1860. 13 de sus 17 habitaciones tienen baño completo, y algunas hasta chimenea. Las habitaciones con baño compartido entran, por poco, en la categoría de precio barato. Pero el lugar tiene bastante sabor.

Hammet House: 505 Thames St. Tels. (401) 848 05 93 y (800) 548 94 17. Vivienda de estilo Georgia, de mediados del siglo XVIII, con cinco habitaciones con baño. No permiten fumar dentro del edificio.

Cliffside: 2 Seaview Ave. Tels. (401) 847 18 11 y (800) 845 18 11. Trece habitaciones, cinco de las cuales únicamente tienen ducha. El edificio, totalmente decorado con antiguedades, fue propiedad de un gobernador de Maryland del siglo pasado.

Francis Malbone House: 392 Thames St. Tels. (401) 846 03 92 y (800) 846 03 92. En una de las viviendas más antiguas de la ciudad, 18 habitaciones con baño y televisión. No permiten fumar.

Inn on the Harbor: 359 Thames St. Tels. (401) 849 67 89 y (800) 225 35 22. Bien situado, todas sus 58 habitaciones tienen cocina, además de lo habitual. Restaurante, bar, aparcamiento cubierto y sauna. En temporada baja, precios superinteresantes.

Restaurantes

Music Hall Cafe: 250 Thames St. Tel. (401) 848 23 30. Abierto toda la semana. Aceptan tarjetas de crédito. Decorado a la mejicana, aquí váis a encontrar platos típicos como costillas a la barbacoa, marisco y ensaladas. Precio barato.

Le Bistro: 19 Bowen's Wharff, en la America Cup Avenue. tel. (401) 849 77 78. Abierto toda la semana. Aceptan tarjetas de crédito. Local que hace honor a su nombre, recupera muy bien la atmósfera de estos entrañables establecimientos franceses. Hay una buena selección de vinos, y están especializados en carnes, mariscos y repostería. Todo de primera. Los fines de semana, suele estar hasta arriba.

White Hose Tavern: Malborough & Farewell Sts. Tel. (401) 849 36 00. Abierto toda la semana. Aeptan tarjetas de crédito. Antentos al dato: es la taberna más antigua del continente, lleva funcionando ininterrumpidamente desde 1673, ya son años. Sus especializades son cordero, ternera Wellington y marisco. Exigen chaqueta y corbata a la hora de la cena. Precio medio/alto, así que lo mejor es que vayáis al brunch dominical.

EL ATLÁNTICO

Asomada a tres bahías (Hudson, Delaware y Chasepeake) están estos estados. No hay muchas diferencias paisajísticas con Nueva Inglaterra: si acaso un perfil más suave, estando el litoral repleto de construcciones que han acabado con la belleza de antaño, y que tanto dicen añorar los urbanitas que ahoran pujan por los condominios del sur de Maryland, o las granjas de las montañas de Pennsylvania. Filadelfia es el embrión del país: si en Boston empezaron las revueltas con el poder colonial británico, fue en la ciudad del amor entre los hombres donde se asentaron las bases política, judicial y legislativa de la nueva república.

NUEVA YORK (ESTADO)

NUEVA YORK

Para qué andarse por las ramas: Nueva York es la mejor ciudad del mundo. Nada de patriotismos histéricos, no queremos oir a nadie lamentarse *pero, la marcha de...* o *pero donde esté el cocido...* Éso son chorradas. Y como es la capital del mundo, hay de todo y para todos los gustos. Quien quiera perderse en su noche, se perderá; quién quiera darse un atracón de cocido, se lo dará; quién quiera desmayarse a lo Stendhal, se desmayará. Y no se hable más.

Sólo un poco de historia
En Nueva York, como en la gran mayoría de ciudades de Estados Unidos, cuando los europeos llegaron se encontraron con tribus de indios. En este caso, los iroqueses, indios nómadas de costumbres guerreras. El primer europeo conocido que llegó a la actual Nueva York fue el florentino **Giovanni de Verrazano**. Años más tarde, el inglés **Henry Hudson**, contratado por la Compañía Holandesa de las Indias Occidentales, se dio cuenta de las posibilidades de la zona. Poco a poco, se instalaron emigrantes holandeses y franceses creando el primer comercio de pieles, que adquirían de los indios. Nueva Amsterdam es el nombre que estos pobladores dieron a su ciudad.

Navegando por el río Hudson, crearon la ciudad de Fort Orange, hoy día conocida por Albany, que es la capital del Estado de Nueva York. Años más tarde, siendo Nueva Amsterdam un poblado rústico y pequeño, fue atacado por buques ingleses, ganándola para su Corona.

Le cambiaron de nombre y le pusieron Nueva York, en honor al Duque de York.

La ciudad estuvo en manos de los ingleses hasta 1783, cuando el general **George Washington** terminó la guerra contra ellos firmando el Acta que declaraba la independencia de los Estados Unidos.

A lo largo de los años, la economía de Nueva York fue creciendo, hasta convertirse en una de las ciudades más ricas del mundo. A finales del siglo XIX y principios del XX, tuvo un gran auge económico debido a su mano de obra barata, proporcionada por los millones de inmigrantes que procedían de Europa y Asia. Irlandeses, judíos, alemanes, italianos, chinos, todos llegaban huyendo de la pobreza, la guerra o la falta de libertad religiosa.

Aunque no fue fácil la convivencia de todos estos grupos étnicos con los nativos y los negros, la ciudad se expandió y cada grupo creó sus zonas bien delimitadas, como Little Italy o Lower East Side (el barrio de los judíos).

Nueva York siguió prosperando. En 1913, se firmó la Ley de Compensación de los Trabajadores, que mejoraba las condiciones infrahumanas de los obreros en las factorías. Se mejoraron los servicios sociales, la educación, los programas públicos, las carreteras, etc... A pesar de la "ley seca", la economía continuó creciendo, hasta el fatídico Jueves Negro de octubre de 1929. La Bolsa se hundió y comenzó la época de la Gran Depresión, no sólo en Nueva York, sino en todo el país. La depresión concluyó cuando Estados Unidos se involucró en la guerra europea, esto creó una bonanza económica que salvó a la nación y dio una gran prosperidad a la ciudad de Nueva York.

Nueva York está dividida en **5 distritos** (boroughs):

Manhattan - Condado de Nueva York
Brooklyn - Condado de Kings
Queens - Condado de Queens
Staten Island - Condado de Richmond
Bronx - Condado de Bronx

CÓMO LLEGAR

En avión (y cómo salir de los aeropuertos)

John F. Kennedy International Airport

Al John F. Kennedy International Airport (también conocido como JFK) llegan los vuelos internacionales. El de La Guardia y el de Newark son para los vuelos nacionales, pero al de Newark también llegan algunos vuelos baratos desde Europa.

Metro + Autobús

Es la combinación más barata, sólo hay que pagar el dólar y medio que cuesta el metro. Cada 15 minutos, durante todo el día, un autobús gratuito comunica las terminales con la estación de metro de Howard Beach-JFK Airport, de donde sale la línea A que lleva a Manhattan. El autobús se distingue porque lleva los colores amarillo, blanco y azul.

En el sentido de Manhattan al aeropuerto, asegúrate de coger el tren marcado "Far Rockaway", porque la línea A se bifurca; el ramal señalado "Lefferts Boulevard" no pasa por el aeropuerto. Prever al menos una hora y media.

Autobús

Carey Airport Express Bus. Tel. (718) 632 05 00 ó (1-800) 678 15 69 (gratuito). Horario: Cada 30 minutos de 6 h a 24 h desde el aeropuerto; de 5 h a 1 h desde Grand Central; de 7 h 15 a 23 h 15 desde Port Authority Bus Terminal; de 5 h 45 a 22 h desde los hoteles.

Tiene paradas céntricas en Manhattan (Grand Central, Penn Station y la Port Authority Bus Terminal). Dispone además de microbuses que recogen y dejan gente en los principales hoteles de Midtown. Cuesta 13 $ y no merece la pena en comparación con la combinación metro + autobús; sí es algo más cómodo, pero tiempo apenas se gana.

Gray Line Air Shuttle. Tel. 315 30 06 ó (1-800) 451 04 55 (gratuito). Horario: De 6 h a 23h30.

La terminal está en Octava Avenida y W54th St. Deja o recoge gente en cualquier sitio entre Battery Park y la Calle 63 (si se trata de un hotel, llega hasta la 103). Es más caro que el anterior (16,50 $).

Taxi

Son caros, pero no más que los de Barajas si se tiene en cuenta la distancia recorrida y la importancia de la ciudad. Hay una tarifa fija (*flat fare*) de 30 $ desde el aeropuerto hasta cualquier lugar de Manhattan (propina y peaje de los puentes, aparte). Si comparten el taxi varias personas que van a lugares diferentes, a partir de la primera parada en Manhattan se pone en marcha el taxímetro, cuyo importe se paga por encima de la *flat fare*. Información: Tel. 302 TAXI (82 94).

Tren

El precio total es de 5 dólares y se tarda más que con la opción metro + bus, por lo que no interesa mucho. El procedimiento consiste en coger un autobús de la compañía **Carey** a Jamaica Station, con salidas cada hora de 5 h 30 a 22 h 30. Allí se toma un tren de **Long Island Rail Road (LIRR)** a la Penn Station de Manhattan. Tel. de LIRR: (718) 217 54 77.

Transporte entre JFK y La Guardia

Carey Airport Express Bus. Tel. (718) 632 05 00 ó (1-800) 678 15 69 (gratuito). Horario: de 5 h 30 a 23 h. El precio es 11 $. Un taxi cuesta más o menos el doble.

Transporte entre JFK y Newark

Airporter. Tel. (1-800) 385 40 00 (gratuito). Horario: de 9 h a 22 h. Cuesta 19 $. Aunque pueda parecer mucho, un taxi no sale por menos de 60 dólares.

Conexión entre terminales del JFK

Cada cuarto de hora, durante todo el día, hay autobuses gratuitos que conectan entre sí todas las terminales del JFK.

La Guardia Airport

Metro + Autobús

Es lo más barato. Cada 12 minutos hasta la medianoche y cada 40 minutos durante la madrugada, el autobús Q33 de la compañía **Triboro Coach Bus** comunica la terminal principal con la estación de metro 74th St./Roosevelt Ave. de Queens, donde se pueden coger las líneas E, F, G, R y 7 para llegar a Manhattan.

También vale el autobús Q48 de la **Manhattan Transport Authority**, que va a la estación de Main Street Flushing, donde se puede empalmar con la línea 7 de metro.

Autobús

Carey Coach y Gray Line. Ver direcciones de ambas compañías más arriba, en *John F. Kennedy International Airport*. Carey es algo más barato (13 $) y recoge y deja en los principales hoteles de Manhattan.

Taxi

Cuesta unos 25 $, aunque depende del taxímetro. No hay *flat fare* (tarifa fija). Si el recorrido atraviesa el Triboro Bridge, el peaje de 1 $ se paga aparte.

Transporte entre La Guardia y JFK

Ver más arriba, en *John F. Kennedy International Airport*.

Newark International Airport

Tren + Autobús

Es lo más barato. El autobús 302 de **NJ Transit Airlink** va a la Penn Station de Newark cada 30 minutos entre 6 h y 1h30. Desde allí, dos posibilidades: un tren de **Amtrak** a la Penn Station de Manhattan, que funciona hasta las 0h55, o bien el de la línea **PATH**, que conecta con el metro de Nueva York en el World Trade Center, sale más barato y funciona las 24 horas.

Autobús

NJ Transit 300 Airport Express Bus. Sale de la Port Authority Bus Terminal de Manhattan (8th Ave. W42nd St.). Tel. 762 51 00. Horario: Todo el día cada 10-20 minutos. Es la mejor opción para ir al aeropuerto de Newark. Sale un poco más cara que la anterior, pero es más directa y cómoda.

Olympia Trails Airport Express Bus. Entre el aeropuerto de Newark y tres lugares de Manhattan (Penn Station, Grand Central y World Trade Center). Tel. 964 62 33. Horario: Cada 20 minutos de 5h30 a 24 h (para el World Trade Center el último es a las 20 h 45). Es una posibilidad tan buena como la anterior, pero no opera todo el día.

Taxi

No es recomendable. Cuesta un pastón por taxímetro y además los taxistas aplican un suplemento de 10 dólares.

Transporte entre Newark y JFK

Ver más arriba, en *John F. Kennedy International Airport*.

En autobús

La mayor terminal de autobuses del país es la **Port Authority Terminal** (8ª Avenue & 41st St). Abierta las 24 h del día, bastante vigilada (no así el exterior por la noche) y con conexiones a las cuatro puntas del país.

En tren

Las dos grandes estaciones de **Amtrak** son:
Grand Central Terminal: Park Avenue & 42nd St.
Pennssylvannia Station: entre las avenidas 7 y 8 y las calles 31 y 32.

Orientarse en la Gran Manzana

El tercio inferior de la isla de Manhattan tiene calles con nombres de personas o de lugares, igual que las europeas, y se divide en barrios: Chinatown, Little Italy, Distrito Financiero, Lower East Side, Greenwich Village, East Village, SoHo y Tribeca. Es la zona en la que más complicado puede resultar encontrar una dirección.

La orientación en la parte central de Manhattan, lo que se llama Midtown, es muy sencilla, por el esquema cuadriculado que tiene. Las calles verticales se llaman avenidas, y van desde la 1 a la 12, de Este a Oeste. La Cuarta no existe más que en un pequeño tramo; luego su lugar lo toman otras tres que son, en este orden, Lexington, Park y Madison. A la Sexta se la conoce como Avenida de las Américas. Al Oeste de Central Park, la Novena pasa a llamarse Columbus, la Décima, Amsterdam, y la Undécima, West End.

Las calles horizontales se llaman calles (elemental), y van de Sur a Norte cortando las avenidas, desde la 1 hasta la 200 y pico. Las calles tienen una mitad Este y otra Oeste con respecto a la Quinta Avenida. Broadway atraviesa toda la isla en transversal de Sur a Norte.

Para hacer más sencillo encontrar una dirección, se suele dar su coordenada indicando la intersección entre calle y avenida, o entre dos calles, que está más cercana. Por ejemplo, 1230 5th Avenue East 57th Street significa que hay que buscar el cruce de la 5ª Avenida con la Calle 57 Este, y generalmente se pone de forma abreviada: 5th Ave. E 57th St. Otro ejemplo: 544 Broadway Canal St. indica que ese número está a la altura del cruce de Broadway con Canal.

Central Park ocupa más o menos el centro de Manhattan, y al Norte están los barrios de Harlem, Spanish Harlem y Washington Heights, poblados por negros y latinoamericanos.

Transporte urbano

Metro

Tiene 1.050 kilómetros de vías, 6.000 vagones y 468 estaciones. Exceptuando las horas punta, es una forma de moverse bastante rápida. Algunas líneas funcionan las 24 horas del día. Por motivos de seguridad, durante la noche conviene colocarse en el centro del andén, marcado por un rectángulo amarillo.

El acceso al metro es por unos torniquetes en los que se meten unas fichas (*tokens*) que cuestan 1,50 dólares y que valen también para los autobuses. Están siendo desplazadas por la *Metrocard*, una tarjeta que se puede recargar en las taquillas.

Los trenes llevan indicación del número o letra de la línea, su punto de destino y si es *local* (para en todas las estaciones) o *express* (no para en todas).

Si quieres ir hacia el Norte, sigue la señal *Uptown*; si es hacia el Sur, *Downtown*. Muchas veces, la entrada a la estación es distinta para las dos direcciones. Algunas líneas se bifurcan y tienen dos terminaciones. Mira bien el mapa y asegúrate de coger el tren adecuado para tu destino.

Mapas del metro pueden conseguirse en la Oficina de Turismo de Columbus Circle y en algunas de las taquillas del propio metro. (En esta guía también incluimos uno, pero el oficial es más grande y de colores). Para más información, Tel. (718) 330 12 34, de 6 h a 21 h todos los días.

Autobús

Se desplazan por las principales calles y avenidas de Manhattan. Su precio es de 1,50 dólares y no admiten billetes, sólo monedas y además con el importe exacto. Se pueden pagar también con una ficha de metro o con la tarjeta Metrocard. Si se va a transbordar a otro autobús en el plazo de una hora, se puede pedir un *transfer* gratuito al conductor.

Los autobuses llevan indicado su número, el punto de origen y el de destino. Circulan *Uptown* (hacia el Norte) a lo largo de las avenidas 1, 3, Madison, 6, 8 y 10; y *Downtown* (hacia el Sur) a lo largo de las 2, Lexington, 5, 7, Broadway y 9. Los que cruzan la isla utilizan las calles 14, 23, 34, 42, 49, 57, 65, 79 y 86.

Los mapas de autobuses pueden conseguirse en los mismos lugares que los del metro, y el teléfono de información es también el mismo.

Taxi

Los *cabs* son la forma más rápida, pero también la más cara, de moverse por Nueva York. Son de color amarillo y hay más de 12.000 circulando por Manhattan a la busca de clientes, porque apenas existen las paradas fijas. En las horas punta o cuando llueve es muy difícil cogerlos, pero el resto del tiempo no hay problemas.

No te sorprendas si el taxista sabe menos inglés que tú y no se aclara con las direcciones. Casi siempre son inmigrantes llegados hace no mucho. Abundan los indios y paquistaníes, pero también los hay hispanos.

La bajada de bandera cuesta 2 $ y el taxímetro corre 30 centavos por cada quinto de milla o por cada minuto de parada. Entre las 20 h y las 6 h se aplica un suplemento de 50 centavos. La propina habitual es de al menos el 10% y es prácticamente obligatoria.

Pide siempre un recibo, en el que viene el número de licencia. Si tienes algún problema, recurre a:

NYC Taxi and Limousine Commission. 221 W41st St. Tel. 302 TAXI (82 94).

Oficinas de información turística

New York Convention and Visitors Bureau: 2 Columbus Circle. Tels. (212) 397 82 22 y (800) 692 84 74.

LA VISITA

Manhattan

De los cinco distritos de Nueva York, Manhattan es el que se visita habitualmente. La imagen de Nueva York se identifica siempre con Manhattan. Los mejores espectáculos, hoteles, restaurantes y museos se concentran en esa isla. Los demás distritos son lo que nosotros llamaríamos ciudades dormitorios y ofrecen pocas cosas interesantes para visitar. Lower Manhattan es el extremo meridional de Manhattan. Aquí se realizó la compra de la isla a los indios y estuvo la primera

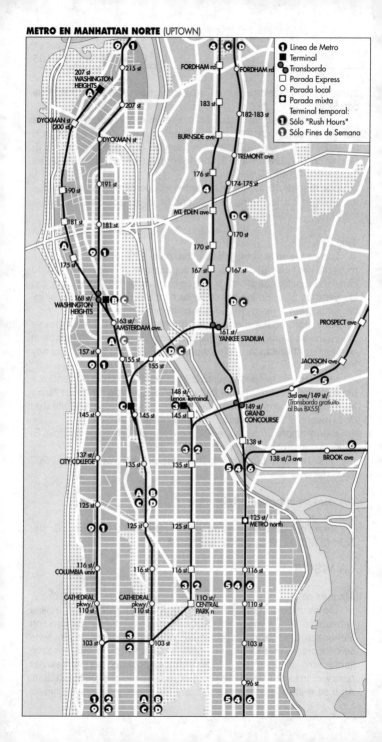

METRO EN MANHATTAN NORTE (UPTOWN)

METRO EN MANHATTAN SUR (DOWNTOWN)

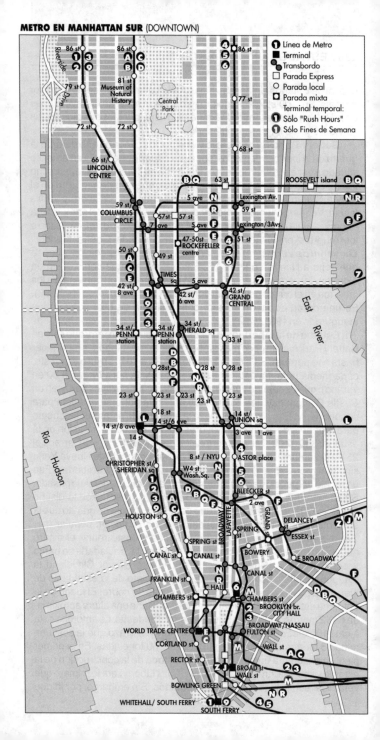

capital de Estados Unidos. Su puerto está considerado como el mayor del país. En su Distrito Financiero es donde se realizan las inversiones en la Bolsa y donde el mundo económico tiene puestos sus ojos. Éstos son los lugares imprescindibles:

Battery Park: Su nombre le viene por los cañones que durante la guerra de la independencia defendieron el fuerte que había en un islote situado a escasos metros de la costa. A finales del siglo XIX, el estrecho fue rellenado con tierra y se formó este parque, desde el que salen el ferry a Staten Island y el que lleva a la Estatua de la Libertad y Ellis Island. Varios monumentos se encuentran en el interior del parque. Una enorme águila de bronce domina el *East Coast Memorial*, dedicado a los muertos en el Atlántico durante la Segunda Guerra Mundial. *Giovanni de Verrazano*, que mandaba la primera expedición europea que llegó a Nueva York, en 1524, tiene una estatua cerca. Y en un extremo del parque está el *Korean War Memorial*, un homenaje a los muertos en el bando occidental durante la Guerra de Corea (1950-53). Es una pared de mármol negro con la silueta de un soldado y fue inaugurado en 1991.

Estatua de la Libertad: El acceso es mediante un ferry que sale de Battery Park (ver un poco más arriba los metros y autobuses para llegar hasta ese parque). Sale cada hora desde 9 h a 16 h; en julio y a-gosto, cada media hora. La estatua está abierta hasta las 17 h (17 h 30 en verano), que es cuando vuelve el último barco. Los billetes se sacan en Castle Clinton; hay que comprarlos antes de ponerse a la cola para coger el ferry. El precio (7 $) incluye la entrada a la estatua. Descuento para menores de 17 años y mayores de 65. Tel. de información de la estatua: 363 32 00. Tel. de información del ferry: 269 57 55. Cerrada el 25 de diciembre. No sólo es el símbolo más conocido de Nueva York, sino que representa a Estados Unidos y, sobre todo, a la libertad. Fue un regalo del pueblo francés al americano, a mediados del siglo pasado. Su escultor fue Federico Augusto Bartholdi y su armazón lo diseñó Gustavo Eiffel, el de la célebre torre parisina. La base de granito que la sustenta la costearon los americanos por suscripción popular (por cierto, se hicieron bastante los remolones y costó reunir el dinero necesario). La estatua fue construida en Francia, trasladada en barco y ensamblada en Nueva York. El presidente Grover Cleveland la inauguró el 28 de octubre de 1886. El esqueleto de la estatua es de hierro y la piel, por así llamarla, son planchas de cobre. El fuego de la antorcha está revestido con láminas de oro. Tiene una altura aproximada de 42 metros, a los que hay que añadir el pedestal. La antorcha está a casi 100 metros de la superficie del mar, y el brazo que la sostiene mide 15 metros. El peso total supera las 200 toneladas. En el primer piso, se encuentra un museo sobre la historia de la construcción de la estatua y sobre la inmigración, ya que "Miss Liberty" era lo primero que veían los recién llegados a Estados Unidos. Sin embargo, por lo que respecta a los inmigrantes, es aún más interesante el museo de Ellis Island. También hay cafetería y tienda de recuerdos.

Ellis Island: Se llega con el mismo ferry de la Estatua de la Libertad (ver detalles más arriba). El horario es también el mismo. Al regresar a Manhattan desde Ellis, algunos barcos paran en la Estatua de la Libertad, pero no todos. El último en hacerlo es a las 15 h 50. El precio del ferry (7 $) ya incluye la entrada a Ellis Island. Descuento para menores de 17 años y mayores de 65. Ellis Island funcionó como centro de recepción de inmigrantes entre 1892 y 1954. Unos 17 millones de personas pasaron por sus instalaciones en ese periodo, con un récord de 11.000 en una sola jornada. Por lo menos 100 millones de estadounidenses, el 40 % de la población, desciende de personas cuya puerta de entrada a Estados Unidos fue Ellis Island.

Ferry de Staten Island: Sale de Battery Park, a la altura de la calle Whitehall (ver más arriba detalles del transporte hasta Battery Park). Funciona todo el día, con salidas cada media hora. De noche, entre 23 h y 6 h, sale cada hora. Los sábados, domingos y festivos, cada media hora entre 11 h y 20 h y cada hora el resto. Tel. 806 69 40. Cuesta 50 centavos que se pagan al regreso, en el sentido Staten Island-Manhattan; la ida no la cobran. Esta es una de las excursiones más bonitas y baratas de Nueva York, por las fantásticas vistas del Puente de Brooklyn, del Verrazano-Narrows y de la punta de Manhattan. Todo el trayecto (ida y vuelta) cuesta unas dos horas y merece realmente la pena, aunque no haya interés en visitar Staten Island.

Water Street: Sale de Battery Park hacia el Nordeste y tiene algunos edificios arquitectónicamente interesantes. Por ejemplo, el *88 Pine Street*, diseñado por I. M. Pei y que está justo después del cruce con Wall Street. Un poco antes está la *Vietnam Veterans Plaza*, con un monumento a los soldados americanos caídos en Vietnam, mucho menos impresionante que el que hay en Washington.

Fraunces Tavern. 54 Pearl Street. Tel. 425 17 78. abierto de lunes a viernes de 10 h a 16 h 45, sábados de 12 h a 16 h. Cierra domingos. Entrada de pago. Descuentos para mayores de 65 años, menores de 12 y estudiantes. En esta casa originaria de 1719, aunque restaurada, se reunió George Washington con sus generales para despedirse de ellos y agradecerles sus esfuerzos tras ganar la guerra de independencia contra los ingleses. En la planta baja hay un restaurante muy típico, y arriba funciona un pequeño museo histórico.

En el Distrito Financiero

Wall Street: es el corazón del Distrito Financiero. Aquí se encuentran las sedes de los principales bancos mundiales, por lo que Wall Street es sinónimo de poder y dinero. La calle en sí es muy corta y va de Broadway al East River. Está siempre muy concurrida por ejecutivos y hombres de negocios hasta las 5 de la tarde; después se queda

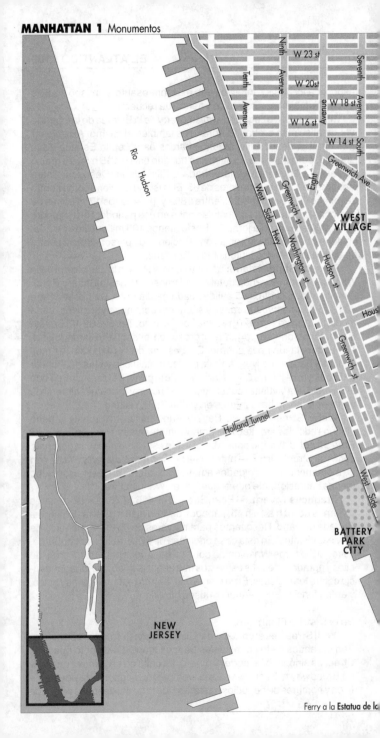

Rio Hudson

Ninth Avenue

W 23 st

W 20 st

Seventh Avenue

W 18 st

Avenue

W 16 st

Tenth Avenue

W 14 st South

Greenwich Ave.

West Side Hwy

Greenwich st

Eighth

Washington st

WEST VILLAGE

Hudson st

Hous

Greenwich st

Holland Tunnel

West Side

BATTERY PARK CITY

NEW JERSEY

Ferry a la **Estatua de la**

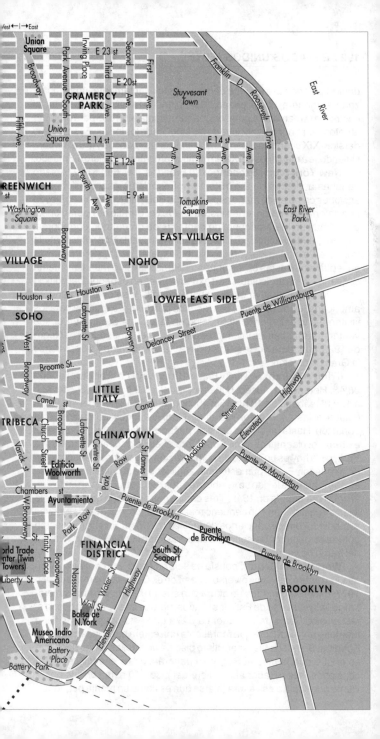

desierta. El nombre le viene del muro (más exactamente, una empalizada de madera) que el gobernador holandés Peter Stuyvesant (sí, el mismo de la marca de cigarrillos) mandó levantar en 1653 para proteger al entonces minúsculo enclave de los ataques de los indios. Fue a lo largo del siglo XIX cuando se fueron instalando allí los bancos y la Bolsa, convirtiéndose a mediados del XX en el principal centro financiero del mundo.

New York Stock Exchange: 20 Broad St. Tel. 656 51 67. Abierto de lunes a viernes de 9 h 15 a 16 h. Entrada de pago. Millones de acciones cambian de mano cada día en la Bolsa de Nueva York. Desde una galería reservada al público, se puede ver el patio de operaciones, donde hay un maremágnum de pantallas de ordenador, corredores, papeles, ruido y actividad. Las cotizaciones desfilan por una pantalla frontal a velocidad de vértigo. No entenderás nada, pero captarás enseguida que estás en las entrañas del capitalismo mundial. Intenta conseguir unos auriculares con explicaciones en español. Del edificio en sí, lo más llamativo es la fachada corintia y su enorme bandera americana. Curiosamente, esa fachada principal y la entrada para los visitantes no están en Wall St., sino en la adjunta Broad St. Por sus ventanas se tiraban los inversores arruinados el famoso Jueves Negro de 1929, cuando la Bolsa se hundió en una sola jornada y dio comienzo la Gran Depresión.

Trinity Church: 74 Trinity Place (Broadway con Wall St.). Tel. 602 08 48. Horario del museo: Lunes a viernes de 9 h a 11 h 45 y de 13 h a 15h45, sábado de 10 h a 15 h 45, domingo de 13 h a 15 h 45. Visita guiada a las 14 h todos los días. Gratis, aunque se sugiere una donación. Hasta mediados del siglo pasado, esta iglesia, situada en el extremo occidental de Wall Street, era el edificio más alto de Nueva York, pero hoy es un enano en comparación con todos los rascacielos de alrededor. Fue el primer templo anglicano de la ciudad, construido en 1697, aunque lo que se ve ahora es una reconstrucción en imitación al gótico efectuada en 1846. Tres campanas es todo lo que resta de la iglesia original. Tiene un pequeño museo histórico y los martes y jueves al mediodía ofrece conciertos de música religiosa. En el jardín, están enterrados algunos personajes célebres, como Robert Fulton, inventor del barco de vapor.

World Trade Center: consta de seis edificios que contienen oficinas, un hotel y servicios diversos. Las Torres Gemelas, terminadas en 1977, miden 443 metros de altura con sus 110 pisos. No son, sin embargo, las más altas de Estados Unidos, porque ese puesto lo ocupa el rascacielos Sears de Chicago. La plaza que está entre ambas tiene fuentes y una escultura que representa una esfera de bronce del artista Koening. Se puede visitar el último piso de una de las torres (la 2, que es la que queda más al Sur) y su panorámica es espectacular. En ocasiones, ese mirador al aire libre del piso 110 está cerrado por el viento que sopla a esa altura (fijarse que es como un monte pequeño), pero se puede disfrutar del mirador acristalado del piso 107. El ascensor es atómico: sube hasta arriba del todo en menos de un minuto, y en la cola oirás hablar en todos los idiomas del mundo, porque es uno de los sitios preferidos por los turistas. En el piso 107, se encuentra el restaurante *Windows of the World*, con magníficas vistas desde su comedor, pero no es barato. El World Trade Center tiene un aparcamiento con capacidad para 2.000 coches y lo visitan un promedio de 150.000 personas al día, incluyendo sus 70.000 trabajadores. El 26 de febrero de 1993, una bomba colocada por terroristas islámicos estalló en uno de los garajes y mató a cinco personas, además de causar bastantes daños, pero ya no queda ningún resto de los desperfectos.

El Civic Center y South Street Seaport

City Hall: Ocupa una plaza triangular formada por Broadway, Park Row y Chambers Street. Tel. 788 30 00. Horario: Lunes a viernes de 10 h a 15 h 30. Fue terminado de construir en 1812, con una restauración en 1956, y es el tercero que tiene Nueva York. La fachada es imitación a renacentista y en el interior hay muchos muebles de estilo georgiano. La Governor's Room es la sala más elegante. En el parque hay estatuas de Nathan Hale, uno de los primeros patriotas que se levantó contra los ingleses, siendo ejecutado, y de los magnates de la prensa Greeley y Pulitzer; ahora ya no queda en la zona ninguna imprenta de periódico, pero durante el siglo pasado todas estaban allí.

Puente de Brooklyn: a mediados del siglo pasado, Brooklyn y Manhattan crecían cada día más y aumentaba la relación entre ambas. Hacía falta un puente para unir las dos orillas, pero la distancia convertía la obra en casi imposible. Cuando por fin se inauguró, en 1883, era una de las mayores proezas de la ingeniería y durante más de veinte años fue el puente colgante más largo del mundo. La longitud total, incluyendo los accesos, es de casi dos kilómetros, pero lo importante son los 600 metros del tramo central, con sus características torres ojivales sobre las que se apoyan los cables que aguantan todo y que tienen un diámetro de casi medio metro.

Chinatown

La antigua Chinatown estaba en torno a las calles Bayard, Mott y Pell, pero hoy día se extiende por un polígono delimitado por Broadway, Bowery, Canal St. y Worth St. Con su rápido crecimiento, ha ido invadiendo áreas vecinas, como Little Italy y Lower East Side, y su población supera las 150.000 personas. Es un barrio muy floreciente, lleno de negocios familiares. Se calcula que hay más de 350 restaurantes en la zona, la mayoría, lógicamente, de comida china. El ambiente es muy asiático, tanto por las tiendas como por los elementos ornamentales de algunos edificios. Hay templos budistas en las calles Mott, Pell y East Broadway.

Little Italy

Cruzando la calle Canal, se pasa sin darse cuenta y de golpe de Chinatown a la Pequeña Italia, cuyas calles más famosas son Mulberry, Mott, Hester y Grand. Contrariamente a Chinatown, Little Italy se ha reducido con el paso de los años, y de hecho en algunas calles del principio de Little Italy hay casi tantos restaurantes chinos como italianos. Los italianos que han triunfado y la gente joven se han ido a vivir a otros sitios, pero este barrio sigue manteniendo su encanto y sus costumbres. Está lleno de pequeños restaurantes románticos y coquetos, escenarios a veces de ajustes de cuentas entre clanes de la Mafia. Es fácil que veas pasar alguna limusina Lincoln, unos cacharros enormes donde puedes imaginar que tras sus cristales ahumados viaja algún capo. Lo más destacables es la *Old St. Patrick's Cathedral* (Mulberry & Prince Sts), que fue construida en 1815 por Joseph F. Mangin, esta iglesia acogió a todos los católicos de Nueva York hasta bien entrado el siglo XIX. La fachada es de estilo gótico.

Soho

Está al Sur de la calle Houston, y de ahí su nombre, SoHo (South of Houston). Sus límites son West Houston St. al Norte, Avenue of the Americas (6th Avenue) al Oeste, Crosby St. al Este y Canal St. al Sur. Generalmente se escribe Soho, en analogía con su homónimo londinense, aunque si ese barrio de Londres está asociado a los lugares de mala fama, en Nueva York es todo lo contrario. En sus primeros tiempos fue un sitio de reunión de hippies, pero hoy se le conoce por ser uno de los centros más importantes de galerías de arte moderno. Su arquitectura es de una gran originalidad. Llaman la atención sus edificios de hierro forjado, cuyo armazón se empezó a utilizar a mediados del siglo XIX y fue la base de los futuros rascacielos y de las casas prefabricadas. Al principio, se construyeron como almacenes o talleres. Más adelante, los artistas, sobre todo los pintores, los alquilaron para usarlos como estudios, debido a sus bajos costos. En los años 60 había una gran cantidad de artistas instalados en este barrio. Sus exposiciones crearon las primeras galerías, convirtiendo a la zona, que ha sido declarada monumento histórico, en un centro del arte vanguardista.

The New Museum of Contemporary Art: 583 Broadway, entre Houston St. y Prince St. Tel. 219 12 22. Horario: Miércoles a domingo de 12 h a 18 h (hasta las 20 h los sábados). Cerrado los lunes y martes. Fue fundado en 1976 y se dedica a la vanguardia. Su impulsora fue la restauradora del Whitney Museum of American Art, Marcia Tucker. Las obras que tienen más de diez años de antigüedad son sacadas a la venta, para renovar constantemente los fondos del museo. Organiza además actos de lectura de poesía y libros.

Guggenheim Museum SoHo: 575 Broadway con Prince St. Tel. 423 35 55. Metro: N, R, 6. Horario: Domingos y de miércoles a viernes de 11 h a 18 h; sábados de 11 h a 20 h. Cerrado lunes y martes. Se cobra entrada. Es una sucursal del célebre Museo Guggenheim, cuya sede principal está en la parte alta de la ciudad, en la Quinta Avenida. Esta sucursal, dedicada especialmente a las artes multimedia, fue inaugurada en el verano de 1992. El arquitecto fue Arata Isozaki.

Tribeca

La palabra TriBeCa es la abreviatura de TRIangle BElow CAnal (Street). Este barrio se desarrolló cuando el precio de los alquileres del SoHo se puso por las nubes, y los artistas que no podían pagar se trasladaron aquí por ser más barato. Era una zona de almacenes, fábricas pequeñas y depósitos. El barrio lo forman alrededor de 40 manzanas entre Broadway y el Hudson, por debajo de Canal St. (de ahí le viene el nombre) y por encima de Chambers St.

Greenwich Village

Cuando las condiciones de la ciudad y las epidemias hicieron la vida incómoda, sus habitantes buscaron un lugar más sano y se instalaron en lo que hoy se conoce como Greenwich Village o simplemente Village a secas. Está situado entre Broadway y el río Hudson, y sus límites Norte y Sur son, respectivamente, las calles 14 y Houston. Los edificios no son muy altos y es un barrio tranquilo, con árboles y agradables zonas para pasear.   Siempre se le ha considerado un barrio liberal y de artistas, como lo demuestran los escritores famosos que vivieron en él, entre ellos Mark Twain, Edgar Allan Poe y Walt Whitman. A mitad del XIX llegaron inmigrantes irlandeses y negros. Cuarenta años más tarde, fueron los italianos los que se establecieron en esta zona. Hoy día no hay mayoría de ningún grupo, ya que en este barrio se da una mezcla perfecta, con un ambiente muy bohemio y personal.

Washington Square Park: Este parque es el alma de Greenwich Village y en él nace la Quinta Avenida. Antiguamente, fue una fosa común, y ahora es uno de los lugares más frecuentados del barrio. Tiene una estatua de Garibaldi, el prócer de la independencia italiana.

Washington Arch: Está en el lado Norte de Washington Square. Este monumento fue construido para conmemorar el centenario de George Washington como primer presidente de la nación. Al principio, fue de madera, y en 1895 se erigió el actual de mármol, diseñado por Stanford White. Tiene 13 estrellas grandes, que representan las 13 colonias fundadoras de la Unión, y 42 más pequeñas, que corresponden al número de componentes de los Estados Unidos en el momento de la construcción del arco.

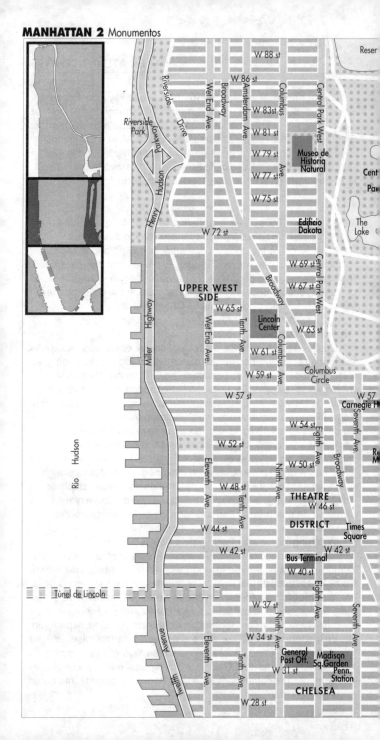

Reser

Cent
Pa

The
Lake

W 88 st
W 86 st
W 83 st
W 81 st
W 79 st
W 77 st
W 75 st

W 72 st

W 69 st
W 67 st

W 65 st

W 63 st

W 61 st

W 59 st

W 57 st

W 54 st
W 52 st
W 50 st

W 48 st

W 46 st

W 44 st

W 42 st

W 40 st

W 37 st

W 34 st

W 31 st

W 28 st

Riverside
Park

Riverside
Drive

Henry Hudson Parkway

Broadway

West End Ave.

Amsterdam Ave.

Columbus Ave.

Central Park West

Museo de
Historia
Natural

Edificio
Dakota

UPPER WEST
SIDE

Tenth Ave.

Lincoln
Center

Broadway

Columbus Ave.

Central Park West

Columbus
Circle

W 57
Carnegie H

Seventh Ave.

Re
M

Broadway

Eighth Ave.

Ninth Ave.

Tenth Ave.

Eleventh Ave.

THEATRE

DISTRICT

Times
Square

W 42 st

Bus Terminal

General
Post Off.

Madison
Sq.Garden
Penn.
Station

CHELSEA

Seventh Ave.

Eighth Ave.

Ninth Ave.

Tenth Ave.

Eleventh Ave.

Twelfth Avenue

Miller Highway

Rio Hudson

Túnel de Lincoln

East Village

Se sitúa entre Washington Square y el East River y las calles 14 y Houston.La parte delimitada por las avenidas A, B, C y D, conocida como Alphabet Town, no es muy recomendable para andar de noche. Hay dos zonas étnicas diferenciadas dentro del East Village: Little India, en la calle E6th, entre las avenidas A y 2ª, y Little Ukraine, a lo largo de las avenidas 1ª y 2ª a la altura de la calle 10. En la primera de esas zonas, abundan los restaurantes indios, y en la segunda hay comercios e instituciones de ucranianos.

Old Merchant's House: 29 E4th St., entre Broadway y Lafayette St. Tel. 777 10 89. Un túnel comunica la casa con el East River y por allí solían huir los esclavos negros, porque el propietario, Seabury Tredwell, pese a ser blanco, luchaba contra la esclavitud (estamos hablando de 1832, que es cuando se construyó este edificio con una fachada de estilo clásico griego). Se conserva el mobiliario de la época.

Samuel Tredwell Skidmore House: 37 East 4th Street. Está construida muy cerca de la de su primo, Seabury Tredwell, aunque no es tan bonita ni exuberante. Su fachada de piedra se encuentra bastante estropeada, si bien todavía tiene cierto encanto.

Colonnade Row: Lafayette St., junto a Astor Place. Son varias casas con cierta distinción por fuera, en las que vivieron algunos ricachones del siglo pasado, como John Jacob Astor y Cornelius Vanderbilt.

Cooper Union Foundation Building: 3rd Ave & E7th St. Es el edificio de vigas de hierro más antiguo de Estados Unidos. Fue encargado por Peter Cooper, que hizo su fortuna fabricando precisamente ese tipo de vigas y que dedicó una parte de ella a la fundación que llevaba su nombre, cuyo fin era proporcionar educación gratuita a quienes no disponían de medios. El no tuvo estudios, y por eso donó muchos millones para crear este centro. Lo único que se requería para ser admitido era tener un buen carácter moral, que, por cierto, a saber qué entenderían por eso. A la entrada se encuentra la estatua de bronce de Cooper, obra del escultor Auguste Saint-Gaudens. La base de la escultura es de mármol y fue diseñada por Stanford White.

Grace Church: 802 Broadway E10th St. Tel. 254 20 00. Es una iglesia episcopal que recuerda bastante a la Catedral de San Patricio por su estilo neogótico y la fachada de mármol blanco. Es lógico, porque el arquitecto de ambos templos fue el mismo, James Renwick.

St. Mark's in the Bowery: 2nd Ave. E10th St. Tel. 674 63 77. Después de St. Paul's Chapel, es la iglesia más antigua de Nueva York. Fue construida en 1799 en el lugar de la granja (*bouwerie* en holandés) que perteneció al gobernador holandés *Peter Stuyvesant*. El pórtico, terminado en 1854, es de hierro forjado al estilo italiano. Sufrió muchos daños por un incendio, por lo que hubo que restaurarla en 1983. Hay un cementerio en la parte trasera y el interior ha sido renovado intentando conservar el ambiente original.

Chelsea

Durante el siglo pasado, Chelsea fue una zona tranquila y residencial. Con la llegada de un numeroso grupo de inmigrantes irlandeses, se crearon gran cantidad de almacenes, fábricas y talleres. Estos inmigrantes buscaban alquileres baratos y el barrio perdió parte de su elegancia. A comienzos del siglo XX, se revitalizó gracias a la industria fílmica. Artistas tan famosos como Mary Pickford y John Barrymore estuvieron en los estudios de Chelsea haciendo películas. Actualmente, es una zona tranquila, que aún continúa con su tradición teatral. Sus habitantes son una mezcla de irlandeses, chinos y sudamericanos.

Chelsea Hotel: 222 W23rd Street, entre la 7ª y la 8ª avenidas. Tel. 243 37 00. La fachada de este famoso hotel está hecha de ladrillo rojo con adornos de hierro forjado. Fue construido en 1884 por Hubert Pierson. En sus tiempos estuvo muy de moda. Entre sus clientes más renombrados se encuentran Mark Twain, Arthur Miller, Sydney Porter y Sara Bernhardt. El cantante del grupo Sex Pistols, Sid Vicious, apuñaló en 1978 en este hotel a su novia.

Union Square

Madison Square Park: Cruce de 5th Ave. y Broadway. Este parque existe desde mediados del siglo XIX y lo bautizaron en honor al presidente James Madison. En su parte Sur se encuentra la escultura de William Henry Seward, que fue secretario de Estado del presidente Lincoln. Hacia el Norte del parque se ubica *The Eternal Light Memorial*, que es un recuerdo a los soldados americanos que murieron en Francia durante la Primera Guerra Mundial.

Theodore Roosevelt Birthplace: 28 East 20th Street. Tel. 260 16 16. Es la casa donde nació el presidente Theodore Roosevelt (anterior a Franklin D. Roosevelt). Construida en 1858, su fachada es de piedra y por fuera no tiene nada especial, es una casa típica del barrio. Se pueden visitar las habitaciones donde se conservan los muebles originales y una colección de objetos personales del presidente. Abre de miércoles a domingos de 9 h a 17 h.

Herald Square

Aquí se encuentran varios grandes almacenes, así como el Madison Square Garden, famoso por sus espectáculos y competiciones deportivas.

R. H. Macy & Co. (Macy's). Broadway W34th St. Esos grandes almacenes, construidos a mediados del siglo pasado, se han convertido en una de las visitas clásicas de Nueva York, al margen de que se compre algo o no.

Madison Square Garden. 4 Pennsylvania Plaza (7th Ave. W33rd St.). Tel. 465 58 00. Metro: 1, 2, 3, 9, A, B, C, D, E, F, Q, N, R. Autobuses: M4, M5, M6, M7, M10, M11, M16, M34. Horario de visitas guiadas (de pago): Cada hora entre 10 h y 15 h de lunes a viernes, de 10 h a 14 h los sábados y de 11 h a 14 h los domingos.

Es un recinto enorme situado sobre la Penn Station que ocupa una gran manzana entre las avenidas Séptima y Octava y las calles 31 y 33. El Madison Square Garden propiamente dicho alberga a 21.000 espectadores. También está allí el Felt Forum, para 5.000 espectadores. Y hay un Bowling Center con 48 pistas para jugar a bolos. El complejo acoge desde partidos de hockey sobre hielo, tenis y baloncesto hasta boxeo, pasando por el circo y los conciertos de música rock. Fue construido en 1968. Por otra parte, el nombre es un cúmulo de mentiras: ni está en Madison Square ni es un jardín.

Pennsylvania Station. Está debajo del Madison Square Garden, así que valen los mismos medios de transporte. La estación tuvo su propio edificio hasta 1964, cuando fue demolido para hacer ese estadio, no sin una gran polémica. La estación original era bonita y se convirtió en uno de los símbolos de Nueva York, pero la actual, subterránea, no tiene nada especial desde el punto de vista arquitectónico, aunque sí reviste importancia como centro de comunicaciones, con un tráfico de unos 700 trenes diarios.

One Penn Plaza. Un rascacielos estrecho situado junto al Madison Square Garden. Fue terminado en 1972 y es uno de los mejores exponentes de una línea arquitectónica sobria.

Garment Center. El grupo de calles entre la 23

Hell's Kitchen. La película *Sleepers* centraba su acción en esta *Cocina del Infierno*, un barrio donde se mezclaban inmigrantes italianos, irlandeses y puertorriqueños y donde había mucha delincuencia. Hoy es un sitio más o menos normal, sin nada a destacar. Abarca entre las calles 30 y 50 y entre la 8th Avenue y el Hudson.

East 42nd Street

La calle 42 es una de las arterias principales de Manhattan. Su parte Este tiene buen comercio y se puede considerar bastante tranquila, pero la zona Oeste no tiene tan buena fama ni reputación.

Grand Central Station. 150 E42nd St. Park Ave. Tel. 532 49 00. Metro: 4, 5, 6, 7, S. Autobuses: M1, M2, M3, M4, M5, M18, M42, M98, M101, M102, M104. Visitas guiadas gratuitas los miércoles a las 12h30.

Fue construida en 1913. Por su tamaño, es considerada una de las estaciones más grandes del mundo. Nació cuando Vanderbilt, dueño del monopolio de las líneas férreas que unían Nueva York, decidió construir una estación a la que llegasen todos los trenes. Actualmente, maneja un tráfico de unos 550 diarios, por lo que es un continuo ir y venir de gente. La entrada principal está en la Calle 42. La sala de espera es una inmensa sala de mármol. En el piso de abajo se encuentra el famoso restaurante *Oyster Bar.* Aunque su decoración sea fría e impersonal, es uno de los lugares donde mejor preparan las ostras.

Chrysler Building. 405 Lexington Ave. E42nd St. Transporte: El mismo que para Grand Central Station. Construido en 1930 por William Van Allen. Fue el edificio más alto del mundo sólo durante un año, hasta que fue terminado el Empire State Building. Es uno de los mejores ejemplos de *art déco* y las placas metálicas de su tejado, que brillan cuando hace sol, le dan su aspecto inconfundible. Se utilizaron en su construcción mármoles y maderas de primera calidad. La compañía automovilística Chrysler ya no tiene hoy día su sede en ese lugar.

Philip Morris Building. 120 Park Ave. E42nd St. Inaugurado en 1983. Su fachada es de granito gris.

West 42nd Street

A esta parte de la Calle 42 y sus alrededores se la conoce como Distrito Teatral. Su época dorada fue el siglo pasado y comienzos del presente; hoy día, con la televisión, ha perdido su esplendor. Algunas de sus calles están dominadas por los cines pornográficos y la venta de drogas, pero los esfuerzos para recuperar el barrio ya se están notando y hoy se puede considerar bastante seguro.

Times Square. Es una plaza muy animada, sobre todo a la salida de los teatros. Está situada en la intersección de Broadway y 7th Ave. Aquí es donde los neoyorquinos celebran el comienzo del año con el descenso de un globo iluminado. Las luces de neón de los anuncios y un panel de bombillas por donde desfilan las noticias del día son elementos característicos de esta plaza.

Times Square Visitor & Transit Information Center

Naciones Unidas

El complejo de las Naciones Unidas está en 1st Ave., entre E42nd St. y E47th St. Tel. 963 77 13. Metro: 4, 5, 6 y 7 (la estación queda un poco lejos). Autobuses: M15, M27, M42, M50, M104. Visitas guiadas de pago cada media hora en inglés, y con menos frecuencia en español, entre 9h15 y 16h45.

Ginebra fue la sede de las Naciones Unidas hasta que John Rockefeller donó los terrenos de Turtle Bay para construir los edificios de esa organización internacional. La zona circundante es un vecindario lujoso formado por diplomáticos y profesionales.

Una vez que Rockefeller donó los terrenos, valorados en 8,5 millones de dólares, se empezó a construir en 1947. Su inauguración fue en 1953. Colaboraron arquitectos muy famosos de todo el mundo, como Oscar Niemeyer y Le Corbusier.

En el exterior, enfrente de la fuente, se encuentra una escultura llamada *Peace Form One*. Se puede recorrer parte del edificio en visita guiada y explicada en español, que es uno de los cinco idiomas oficiales de la ONU. En las salas del Consejo de Seguridad y la Asamblea General se puede entrar siempre que no estén en sesión.

Edificio de la Secretaría General. Es de mármol blanco y cristal verde. En el vestíbulo principal hay siete puertas que fueron donadas por Canadá. En el interior, una escultura de Poseidón fue regalada por Grecia, un mural de Rufino Tamayo fue entregado por México y un busto en bronce de Francisco de Vitoria es un presente de España.

La ONU es, al menos en teoría, territorio independiente, no perteneciente a Estados Unidos. Emite sus propios sellos y son uno de los mejores recuerdos que se pueden adquirir en la tienda de *souvenirs*.

Abigail Adams Smith Museum. 421 E61st St. Tel. 838 68 78. Se encuentra muy cerca del puente de Queensboro. Es la casa donde vivió la hija del presidente John Adams. Ha sido restaurada conservando su estilo original. Dentro se pueden ver los muebles de la época. El museo está abierto de lunes a viernes de 10 h a 16 h.

Rockefeller University. New York Ave. entre E62th y E68th St. Fue construida en 1901. Es una de las universidades con más prestigio dedicadas a las investigaciones científicas.

Puente de Queensboro. E58th St. Une Manhattan con Long Island City, en Queens. Para la construcción de este puente, en la que se utilizaron 50.000 toneladas de hierro, tuvieron muchos problemas y tardaron 40 años en terminarlo. Tiene una acera para bicicletas y peatones.

Roosevelt Island. Está en el East River, un poco al Norte de las Naciones Unidas. Un teleférico sale desde el cruce de 2nd Ave. y E60th St. cada cuarto de hora entre las 6 h y las 2 h (sábado y domingo, hasta las 3 h 30). Cuesta lo mismo que el metro (1,50 $) y valen las fichas de éste.

Los turistas no suelen visitar esta isla, a pesar de estar en pleno centro de Nueva York. Está habitada, tiene unos siete mil vecinos, pero es un lugar muy tranquilo. Desde el teleférico se consiguen unas vistas curiosas.

Quinta avenida

Es quizá la avenida más importante de Nueva York y sirve para dividir en zona Este y zona Oeste a las calles que la cruzan. Así, si se habla de West 42nd Street, sabemos que tenemos que buscar una parte de la calle 42 que queda a la izquierda de la Quinta Avenida según se mira a Central Park. En ella se encuentran buenos hoteles, restaurantes y comercios, sobre todo en su parte alta, por encima de la Calle 50, aunque la zona de Madison Avenue es aún más selecta.

Empire State Building. 350 5th Ave. 34th St. Tel. 736 31 00. Metro: B, D, F, N, Q, R. Autobuses: M1, M2, M4, M5, M6, M7, M16, M18, M34. Horario del mirador: Diario de 9 h 30 a 24 h (la taquilla se cierra a las 23h30). Entrada de pago (4,50 $).

Durante bastante tiempo fue el edificio más alto del mundo, hasta que construyeron el Sears Roebuck Building en Chicago y el World

Trade Center en Nueva York. Mide unos 440 metros (incluida la antena de televisión). Su fachada es de granito gris y aluminio. Es impresionante verlo por la noche con sus treinta últimos pisos iluminados. El color de sus luces cambia dependiendo de la fecha de la celebración. Se terminó en plena Depresión y estuvo por unos años sin poder alquilar sus oficinas. Es muy conocida la famosa escena de la película *King Kong* que supuestamente sucede en la antena de este edificio. El hecho más trágico fue cuando en 1945 un avión se estrelló en el piso 79, matando a 14 personas. En el piso 102 se encuentra un observatorio que ofrece unas vistas inmejorables de Nueva York; ése es cerrado, y en el piso 86 hay otro mirador al aire libre.

New York Public Library. 5th Ave. 42nd St. Tel. 869 80 89. Metro: 4, 5, 6, 7, B, D, F, Q. Autobuses: M1, M2, M3, M4, M5, M6, M7, M18, M42, M104. Horario: Lunes a sábado de 10 h a 18 h (martes y miércoles abre una hora más tarde). Visita guiada gratis a las 11 h y a las 14 h. Sale del mostrador de la asociación Friends of the Library, situado a la derecha de la entrada principal (Quinta Avenida con Calle 41).

El edificio fue construido en 1911 por Carrere y Hastings. Esta biblioteca se consiguió gracias a John Jacob Astor y James Lennox, que financiaron el proyecto y donaron los primeros libros, a los que se unió otra gran cantidad regalada por Samuel Tilden. Su fachada es de mármol blanco, con unas columnas corintias. Su interior es de mármol blanco de Vermont. Con sus más de 15 millones de libros, es la segunda biblioteca de Estados Unidos, tras la del Congreso, y una de las mayores del mundo.

Diamond District. Está situado en W47th St. entre la Quinta Avenida y la Sexta (Avenida de las Américas). Durante muchos años, unos de los pocos oficios que se les permitió a los judíos era la talla y venta de piedras preciosas, por eso esta zona está muy concurrida por la comunidad judía, sobre todo los ortodoxos, que son los que dominan este sector. Son inconfundibles con sus ropas negras, sombreros y tirabuzones. Los edificios tienen unos sofisticados sistemas de alarma, aunque muchos de los negocios se siguen haciendo en la calle.

St. Patrick's Cathedral. 5th Ave. 50th St. Tel. 753 22 61. Metro: 1, 6, 9, B, D, E, F, N, Q, R. Autobuses: M1, M2, M3, M4, M5, M6, M7, M18, M27, M50. Horario: Diario de 7 h a 20 h.

Fue construida en 1888 por James Renwick. Es la sede de la Archidiócesis de Nueva York. La fachada es de mármol blanco y las puertas de bronce fueron añadidas en 1949. La iglesia es de estilo neogótico y tiene una mezcla de detalles alemanes, franceses e ingleses. Es la catedral católica más grande de Estados Unidos.

En su interior, en el lado derecho, están los altares dedicados a San Antonio de Padua, San Juan Evangelista y Santa Rosa de Lima. En el centro, a la derecha, tiene dos altares dedicados a San Andrés y Santa Teresita. En el lado central izquierdo tiene un altar a San Miguel y a San

Luis. Al final de la iglesia, a la izquierda, el altar está dedicado a la Sagrada Familia. El altar mayor es de mármol de Vermont y estilo gótico francés. En el suelo, cerca de la entrada, está esculpido el escudo heráldico del Papa León XIII. En la cripta está enterrado el arzobispo Hughes y otros cardenales de Nueva York.

Tiffany & Co. 727 5th Ave. E57th St. Tel. 755 80 00. Horario: Lunes a sábado de 10 h a 18 h (jueves hasta las 19 h). Es una de las mejores joyerías del mundo. Se hizo muy famosa por salir en algunas películas de los años sesenta, especialmente en *Desayuno con diamantes*, protagonizada por Audrey Hepburn. Fue fundada por Carlos Tiffany, padre de Luis Tiffany, célebre diseñador de cristales y lámparas.

Plaza Hotel. 758 5th Ave. Tel. 759 30 00. Fue construido en 1907 en uno de los lugares con mejores vistas de toda Nueva York, puesto que da a Central Park. Su fachada es de estilo renacimiento con una gran cantidad de adornos. Se le sigue considerando uno de los más elegantes de la ciudad.

Rockefeller Center

Grupo de edificios entre las avenidas Quinta y Séptima y las calles 47 y 52 Oeste. Tel. 698 29 50. Metro: 1, 6, 9, B, D, E, F, N, Q, R. Autobuses: M1, M2, M3, M4, M5, M6, M7, M18, M27, M50. El acceso más bonito es por los Channel Gardens, situados en la Quinta Avenida entre las calles 49 y 50.

Es un complejo de 21 edificios con tiendas, restaurantes, oficinas comerciales, teatros y jardines. El multimillonario John Rockefeller lo construyó en los terrenos que pertenecían a la Universidad de Columbia, y para levantarlo hubo que demoler más de 220 inmuebles. Las obras comenzaron en plena época de la Depresión y terminaron en un tiempo récord. Su decoración fue lo más innovador en ese momento. El éxito de este centro comercial fue increíble, y se ha extendido por los alrededores.

Lower Plaza. Se distingue por la famosa escultura dorada de *Prometeo*, obra de Paul Manship. Durante la Navidad, aquí se instala un gran árbol con luces que es muy visitado por los niños, lo mismo que la pista de patinaje sobre hielo (en verano es una cafetería).

30 Rockefeller Plaza. Fue construido en 1933. Tiene 70 pisos. Su interior tiene detalles *art déco* y un mural pintado por José María Sert. La fachada es muy sobria, rectilínea. Todavía se le llama Edificio RCA, pero esa compañía ya no tiene allí su sede. El inmueble fue comprado por la General Electric y varios pisos están ocupados por la cadena de televisión NBC.

Estudios de la NBC. W50th St., entre 5th Ave. y 6th Ave. Tel. 664 40 00. Horario de visita: Lunes a sábado de 9h30 a 16h30. Entrada de pago. Los niños menores de 6 años no son admitidos.

Los estudios de la NBC se pueden visitar y contemplar la elaboración de los programas, incluso de algunos que son en directo.

Radio City Music Hall. 1260 Ave. of the Americas, entre W50th St. y W51st St. Tel. 247 47 77 para el programa de espectáculos; para visitas guiadas, 632 40 41. Metro: B, D, F, Q. Autobuses: M1, M2, M3, M4, M5, M6, M7, M18, M27, M30, M31, M50. Horario de visitas guiadas (de pago): Diario de 10 h a 17 h (domingos desde las 11 h; durante la temporada navideña, no hay visitas en domingo).

Construido en 1932 en estilo *art déco*. Es uno de los teatros más grandes, con capacidad para más de 6.000 personas. Su interior es grandioso y espectacular. El telón pesa tres toneladas. La moqueta tiene dibujos de instrumentos musicales. Los espectáculos cambian a lo largo del año, pero hay uno fijo en la temporada navideña que es todo un clásico de Nueva York, con la participación de las legendarias coristas *The Rockettes*.

Museum of Modern Art (MOMA). 11 W53rd St., cerca de la Quinta Avenida. Tel. 708 94 80; cartelera de películas: 708 94 90. Transporte: El mismo que para San Patricio o el Rockefeller Center. Horario: Sábado a martes de 11 h a 18 h, jueves y viernes de 12 h a 20 h 30. Cerrado miércoles. Entrada de pago (jueves y viernes a partir de las 17h30, la voluntad). Niños menores de 16 años acompañados por un adulto, gratis. Descuentos a estudiantes con identificación y personas mayores de 65 años.

Cuenta con una gran colección de pinturas, esculturas, fotografías y dibujos. Su creador fue Alfred Barr, quien quiso reunir toda la pintura moderna de su tiempo. Aunque los fondos del MOMA consisten en unas 100.000 obras de arte, lo que está expuesto no es mucho, es un museo no demasiado grande. Por tanto, se puede ver lo más interesante en unas tres horas, y así se puede aprovechar la posibilidad de entrar gratis los jueves y viernes por la tarde.

Se pueden sacar fotos dentro, incluso con flash, lo cual es excepcional en un museo. Eso sí, hay que entrar con la cámara a pelo, todos los bolsos se deben depositar en la consigna de la planta baja, que es gratuita.

Por 4 $, se puede alquilar un magnetofón con una cinta que da información acerca de las principales pinturas y esculturas que están expuestas.

En la planta baja se ubica el Jardín de las Esculturas, con obras de Auguste Rodin, Aristide Maillol, Henry Moore, Pablo Picasso, Max Ernst, Alberto Giacometti y Joan Miró.

En la sala dedicada a la pintura cubista, hay obras de Picasso, como *Las señoritas de Avignon*, Juan Gris, Francis Picabia y Georges Braque.

En la galería dedicada al expresionismo, se encuentran obras de Huberto Boccioni, Emil Nolde y Oskar Kokoschka. Contigua a esta sala hay otra dedicada a Matisse.

En la sala de los post-impresionistas hay telas de los pintores Gauguin, Henry Rousseau, Vincent Van Gogh y Paul Cézanne.

La sala de los surrealistas acoge trabajos de Joan Miró, Salvador Dalí, Marcel Duchamp, Max Ernst y Giorgio De Chirico.

En la segunda planta hay una sala dedicada a la pintura abstracta con obras de Soulages, Bazaine, Mathieu y otros, todos de la escuela europea. Los pintores abstractos americanos están representados por Kline, Mark Rothko y Motherwell. De la pintura pop art hay cuadros de George Segal, Andy Warhol y Jasper Jones. En la segunda planta, además de las pinturas, hay una exposición de fotografía, y la cuarta está dedicada a la arquitectura, con bocetos y maquetas de Le Corbusier, Wright, Van der Rohe, Niemeyer y otros grandes arquitectos.

El MOMA dispone también de dos salas de cine en las que proyecta parte de sus películas, unas 10.000 procedentes de todos los países.

Carnegie Hall. 154 W57th St. 7th Ave. Tel. 247 78 00. Metro: B, D, E, Q, N, R. Autobuses: M5, M6, M7, M10, M30, M31, M57, M104. Horario de las visitas guiadas (de pago): Lunes, martes y jueves a las 11h30, 14 h y 15 h.

Este edificio fue construido a finales del siglo pasado con una fachada de estilo renacentista italiano. El auditorio tiene capacidad para más de 2.500 asientos y es uno de los principales templos de la música clásica en el mundo.

Central Park

Este enorme parque abarca entre las calles 59 Oeste (Central Park South) y 110 Oeste, la Quinta Avenida y Central Park West. Metro: 1, 4, 5, 6, 9, A, B, C, D. Autobuses: M1, M2, M3, M4, M5, M6, M10, M18, M19, M30, M66, M72, M79, M86, M96, M104. Horario: Desde media hora antes del amanecer hasta la medianoche.

A mediados del siglo XIX, el Ayuntamiento de Nueva York compró unas parcelas por 5 millones de dólares con la intención de construir un parque. Los urbanistas Frederick Olmstead y Calvert Vaux ganaron el concurso para diseñar el jardín, cuyas obras terminaron en 1870.

Las distancias de este parque son increíbles, debido a su tamaño. Tiene más de 4 kilómetros de largo y 800 metros de ancho. Se plantaron 5 millones de árboles y plantas y se necesitó casi medio millón de metros cúbicos de tierra para igualar el terreno.

Por lo que se refiere a la falta de seguridad, no es recomendable visitarlo en solitario por la noche, ni llevar a la vista joyas, dinero o máquinas de fotos. La gente se aventura pocas veces al Norte del Reservoir, el gran estanque central, porque esa zona queda ya bajo la influencia de Harlem.

Información

Visitor Information Center. Está en The Dairy, un edificio cercano a la carretera que atraviesa el parque a la altura de la Calle 65, un poco al Oeste del Zoo. Tel. 794 65 64. Horario: Martes a domingo de 11 h a 17 h.

Diariamente organizan paseos y ofrecen mapas para recorrer mejor la zona. Si se entra por la puerta del parque de Quinta con 59, siguiendo el sendero más ancho hacia el Norte, The Dairy aparece tras pasar la pista de patinaje Wollman Rink.

Belvedere Castle. Es un castillo que está en la mitad del parque, a la altura de la 79th St. Tel. 772 02 10. Además de dar información, organizan actividades para niños.

Charles A. Dana Discovery Center. Esquina Nordeste del parque, cerca del cruce entre 5th Ave. y W110th St. Tel. 860 13 70. Está al lado de Harlem y, por tanto, es menos frecuentado. Alquilan cañas para pescar en el Harlem Meer, un lago que hay en esa zona.

Un paseo por Central Park de Sur a Norte

Wollman Rink. Esta pista de patinaje fue donada por Donald Trump y costó dos millones y medio de dólares. En sus cercanías, se encuentran las esculturas de Simón Bolívar, padre de la independencia de varios países de América del Sur, y José Martí, prócer de la libertad cubana.

Central Park Wildlife Conservation Center (Zoo). 830 5th Ave. 64th St. (lado Este de Central Park). Tel. 861 60 30. Horario: Lunes a viernes de 10 h a 17 h, sábados y domingos de 10h30 a 17h30 (hasta las 16h30 en invierno). Entrada de pago. Descuentos para mayores de 65 años y niños menores de 12.

El antiguo Zoo de Central Park estaba descuidado y era incluso un poco deprimente. Fue reformado y ahora está mejor, con pandas y osos polares que hacen las delicias de los niños. De todas formas, el mejor zoo de Nueva York sigue siendo el del Bronx.

Tavern on the Green. Está al otro lado del parque, a la altura de la 66 Oeste. Este restaurante es muy visitado por los turistas, aunque es excesivamente caro para el tipo de comida que ofrece.

Strawberry Fields. Está a la altura de la calle 72 Oeste. Es un pequeño homenaje a John Lennon, que fue asesinado a la entrada de los cercanos apartamentos Dakota en 1980. Hay un mosaico con la palabra *Imagine* que siempre tiene flores frescas.

The Lake. Siguiendo hacia el Este, por la carretera transversal que va en dirección a la E72nd St., se llega al Lago (no confundir con The Reservoir, que es el gran estanque central del parque). Junto a él hay una explanada con una escalinata dominada por la **Fuente de Bethesda**. Subiendo las escaleras en dirección Sur, se llega a **The Mall**, una amplia avenida con estatuas de escritores famosos.

Upper East Side

Las calles que están al Este de Central Park, más o menos entre la 59 y la 90, se engloban en el nombre Upper East Side. Es lo más chic

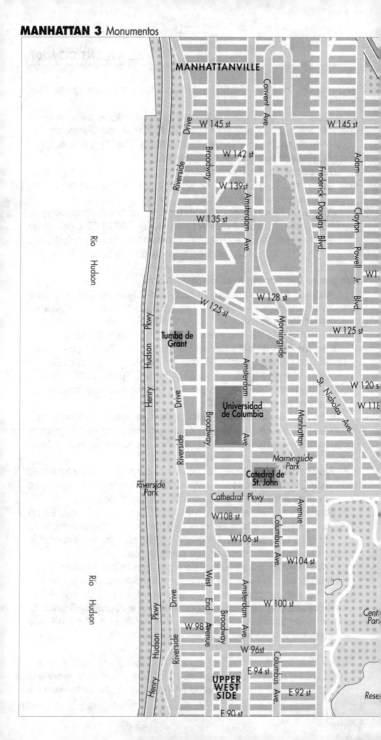

MANHATTANVILLE

Convent Ave.

W 145 st

W 145 st

Adam

Clayton

Frederick Douglas Blvd.

Powell Jr. Blvd.

W 142 st

W 139 st

W 135 st

Riverside

Drive

Broadway

Amsterdam Ave.

W1

W 128 st

Morningside

W 125 st

W 125 st

St. Nicholas Ave.

W 120 s

W 118

Hudson Pkwy

Tumba de Grant

Henry

Drive

Riverside

Broadway

Amsterdam Ave.

Universidad de Columbia

Manhattan

Rio Hudson

Morningside Park

Catedral de St. John

Riverside Park

Cathedral Pkwy

W108 st

Avenue

Columbus Ave.

W106 st

W104 st

West End Avenue

Amsterdam Ave.

Broadway

W 100 st

Hudson Pkwy

Henry

Drive

Riverside

Rio Hudson

W 98 st

W 96st

E 94 st

Columbus Ave.

UPPER WEST SIDE

E 92 st

Cent Par

E 90 st

Rese

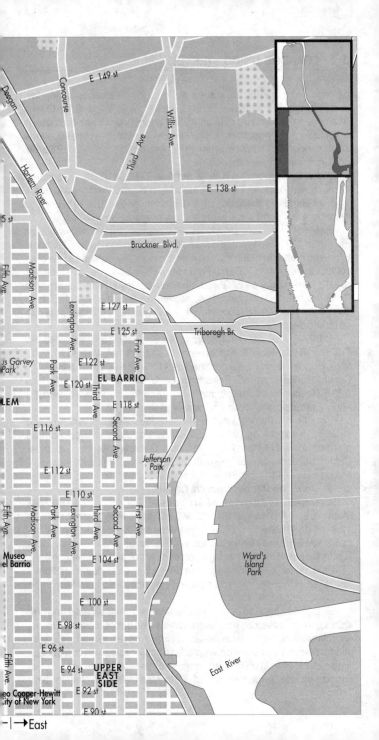

de todo Nueva York, una zona residencial de buenas viviendas, restaurantes de alcurnia y tiendas lujosas. A lo largo de la Quinta Avenida, en el borde de esta zona, hay además una serie de museos e instituciones importantes (*Museum Mile*). A partir de la calle 90, pierde su elegancia y comienza el Spanish Harlem, también llamado El Barrio, con predominio de puertorriqueños.

Frick Collection. 1 E70th St. 5th Ave. Tel. 288 07 00. Transporte: El mismo que para el Temple Emanu-El o para el Whitney Museum. Horario: Martes a sábado de 10 h a 18 h, domingo de 13 h a 18 h. Entrada de pago. Descuento para estudiantes y mayores de 65 años.

Este edificio fue construido en 1914 y renovado para convertirlo en museo en 1935. Era la antigua mansión del millonario Henry Clay Frick. El museo contiene muebles antiguos, bronces, porcelanas y una gran colección de pintura italiana, holandesa y española de los siglos XV al XIX. Tiene obras de El Greco, Velázquez, Goya, Rembrandt y Van Dyck. Además de la importante colección de arte, el museo está puesto con gusto, con detalles como un patio con fuentes y plantas en el que se puede descansar.

Whitney Museum of American Art. 945 Madison Ave. E75th St. Tel. 570 36 76. Metro: 6. Autobuses: M1, M2, M3, M4, M18, M30, M72, M79. Horario: Miércoles a domingo de 11 h a 18 h (jueves hasta 20 h). Cerrado lunes y martes. Entrada de pago. Gratis los jueves de 18 h a 20 h. Descuentos para estudiantes con acreditación y mayores de 62 años. Entrada gratuita para niños menores de 12 años.

Se debe a la idea de la millonaria Gertrude Vanderbilt Whitney, que se dedicó a coleccionar pintura americana. En sus salas se encuentran obras de Edward Hopper, Reginald Marsh, Georgia O'Keefe y Alexander Calder, así como dibujos y esculturas de otros artistas estadounidenses de este siglo.

St. John the Baptist Church. Lexington

Metropolitan Museum of Art. 5th Ave. 82nd St. Tel. 535 77 10. Metro: 4, 5, 6. Autobuses: M1, M2, M3, M4, M79, M86. Horario: Martes a jueves de 9 h 30 a 17 h 15, viernes y sábados de 9 h 30 a 20 h 45, domingos de 9 h 30 a 17 h 15. Cerrado lunes. Entrada de pago, que incluye la admisión en The Cloisters (ver distrito de Washington Heights).

Este museo tiene una de las mejores y más extensas colecciones de arte en el mundo, formada a partir de las aportaciones de un grupo de acaudalados americanos.

En la planta baja, se puede ver una enorme representación del arte egipcio, con sarcófagos y objetos encontrados en distintas excavaciones. A continuación, hay objetos de las culturas griega y romana. En esta misma planta, se puede contemplar una capilla románica con tapices medievales. Al final de la planta baja se encuentra el arte americano, con pinturas de Sargent y Stewart, y distintas piezas de cristalería de Tiffany.

En el Pabellón Lehman, donado por este famoso banquero, se exhiben obras de El Greco, Rembrandt, Goya, Renoir y Degas.

En la primera planta, cuelgan cuadros de Botticelli, Tiziano y Giotto, de la escuela italiana. De la escuela española, hay obras de El Greco y Velázquez. De la escuela francesa, pueden admirarse lienzos de Watteau, Boucher y Georges de la Tour. En este mismo piso se hallan objetos antiguos de Oriente y del arte islámico.

El arte contemporáneo se agrupa en el Lila Acheson Wallace Wing, un anexo al edificio principal. Abundan las pinturas de expresionistas abstractos. Otro anexo, el American Wing, reúne obras de arte americano.

El edificio ha experimentado sucesivas modificaciones sobre el plano inicial de Calvert Vaux, un arquitecto que, además de construir edificios, planificó Central Park. La fachada renacentista que da a la Quinta Avenida fue completada en 1902, según planos de Hunt.

Es un museo impresionante. Merece la pena verlo; pero, debido a su gran cantidad de obras expuestas, es preferible hacerlo por partes o en varios días. Es el gran museo de Nueva York, equivalente al Louvre parisino o al British Museum londinense.

Solomon R. Guggenheim Museum. 1071 5th Ave. 88th St. Tel. 423 35 00. Metro: 4, 5, 6. Autobuses: M1, M2, M3, M4, M86, M96, M106. Horario: Domingo a miércoles de 10 h a 18 h, viernes y sábados de 10 h a 20 h. Cerrado jueves. Entrada de pago. Descuento para mayores de 65 años y estudiantes identificados. Niños menores de 12 años, gratis.

Fue construido por Frank Lloyd Wright y se inauguró en 1959. El edificio es uno de los más controvertidos de Nueva York. Muchos lo han criticado y otros lo ensalzan como si fuera una maravilla. Es un espiral hueca en la que, al bajar por la rampa, se ven todos los cuadros colgados en las paredes.

Se pueden admirar obras de Van Gogh, Gauguin, Picasso, Cézanne, Matisse, Modigliani, Kokoshka y Miró. Merece absolutamente la pena, tanto por el edificio como por su contenido, y además no es muy grande y se ve fácil.

Solomon R. Guggenheim se hizo millonario con la explotación del cobre. Gastó parte de su fortuna en una impresionante colección de arte contemporáneo y, para exponerla, encargó los planos del museo a Wright, uno de los arquitectos de más talento. El resultado es una mezcla fascinante de la arquitectura y la pintura.

Museum of the City of New York. 5th Ave. 103rd St. Tel. 534 16 72. Metro: 6. Autobuses: M1, M2, M3, M4. Horario: Miércoles a sábado de 10 h a 17 h, domingo de 13 h a 17 h. Cerrado lunes y martes. Pago sugerido, no obligatorio.

Este museo, fundado en 1923, fue el primero dedicado a la historia de una ciudad de Estados Unidos. Mediante mapas, grabados, documentos, objetos cotidianos y un vídeo, describe toda la evolución de Nueva York hasta convertirse en una de las principales metrópolis mundiales.

Lincoln Center

Está en la intersección de Broadway y Columbus Avenue, que es el nombre que toma la Novena a partir de Central Park, al Oeste de dicho parque. Es un complejo de edificios para actividades culturales.

Lincoln Center Campus of Fordham University. 9th Ave. W62nd St. Esta institución fue creada por los jesuitas en 1941. La componen dos edificios, el Fordham Law School, de 1962, y el Leon Lowenstein, de 1969.

Museum of American Folk Art. 2 Lincoln Square (Columbus Ave. W65th St.). Tel. 595 95 33. Metro y autobuses: Los mismos que para el Lincoln Center for the Performing Arts (ver más adelante). Horario: Martes a domingos de 11 h 30 a 19 h 30. Cerrado lunes. Entrada gratuita.

Tiene una exposición de trabajos manuales, textiles, madera y distintos objetos artesanos, todos ellos americanos y anteriores a 1920.

Sony IMAX Theatre. Broadway con W68th St. Tel. 336 50 00. Es un cine en formato IMAX, con una pantalla tan alta como una casa de ocho pisos. El programa es variable, pero todas las películas son espectaculares, aunque la entrada es carilla.

Lincoln Center for the Performing Arts. Columbus Ave. W64th St. Tel. 875 53 50. Metro: 1, 9. Autobuses: M5, M7, M11, M66, M104. Visitas guiadas de pago a diario de 10 h a 17 h.

Es uno de los centros de arte y espectáculos más grandes del mundo. Para edificarlo, hubo que demoler un barrio entero de viviendas donde habitaba gente humilde y que fue el escenario de la película *West Side Story*. El primer edificio fue terminado en 1962, el Avery Fisher Hall, y sucesivas adiciones hasta 1969 dieron lugar a un complejo de seis salas dedicadas a la música, el teatro y el ballet que pueden albergar a la vez a unos 14.000 espectadores.

Todos los edificios son rectangulares, no muy altos, con un porche de columnas y tejado plano. En medio de los tres principales se forma una plaza con una fuente.

El Lincoln Center for the Performing Arts lo forman los siguientes edificios:

Metropolitan Opera House. Se encuentra en la parte central del Lincoln Center. La fachada es de columnas de mármol. En el interior se muestran dos murales de Marc Chagall. Está decorado en rojo y tiene una maravillosa lámpara donada por el Gobierno austríaco. Se inauguró en 1966 con una representación de *Marco Antonio y Cleopatra*. El auditorio tiene más de 3.500 asientos. La temporada de ópera va de mediados de septiembre a mediados de abril. El resto del año, se dedica a la danza, con actuaciones del American Ballet Theatre.

Central Park West

Esta elegante zona tiene una serie de edificios construidos en el siglo pasado que se han salvado gracias a una labor de restauración y conservación histórica.

Columbus Circle. Broadway W59th Street. Una estatua de Cristóbal Colón donada por la comunidad italiana preside esta plaza (estando en Nueva York, más de una vez te parecerá que América la descubrieron los italianos).

Dakota Apartments. 1 West 72nd Street. Fueron construidos a finales del siglo pasado y era uno de los edificios más lujosos de la zona. Allí residieron personajes como Leonard Bernstein y Lauren Bacall, aunque es más tristemente famoso porque es donde vivía John Lennon, que fue asesinado a la entrada en 1980.

New York Historical Society. 170 Central Park West W77th St. Tel. 873 34 00. Transporte: El mismo que para el American Museum of Natural History (ver a continuación). Horario: Miércoles a domingo de 12 h a 17 h. Cierra lunes y martes. Entrada de pago. Descuentos para niños y mayores de 65 años.

Es el primer museo de Nueva York, puesto que fue fundado en 1804 para mantener los documentos de la historia de la ciudad. La fachada es clásica, de granito gris. En el primer piso se guarda una colección de adornos de plata de Tiffany, y en el segundo hay una serie de lámparas y cristales del mismo artista. El tercero reúne una colección de juguetes del siglo pasado. En el cuarto pueden verse muebles, pinturas y esculturas.

American Museum of Natural History. Central Park West W79th St. Tel. 769 51 00. Metro: B, C. Autobuses: M7, M10, M11. Horario: Domingo a jueves de 10 h a 17 h 45, viernes y sábado de 10 h a 20 h 45. Entrada de pago. Descuentos para niños, estudiantes y mayores de 65 años. El cine IMAX se paga aparte. Las películas se proyectan a las medias, entre 10 h 30 y 16 h 30. Viernes y sábados hay además sesio-nes a las 18 h y 19 h 30.

Este museo está dedicado a las ciencias naturales y la zoología. Fue abierto en 1877. La fachada principal es de granito de estilo románico. En el vestíbulo de la entrada (no hace falta pagar para verlo) está una reproducción de un dinosaurio con una cría.

El primer piso reúne una colección de fósiles y esqueletos de una gran cantidad de pájaros. Además, una ballena azul, quizá lo que más llama la atención. Al final de este mismo piso hay una sala dedicada a los minerales y piedras semipreciosas, con más de 100.000 muestras. Destaca el topacio *Brazilian Princess Topaz*, de 21.000 quilates.

El segundo piso tiene una sala dedicada a los mamíferos de todo el mundo, además de una sección con numerosos objetos de las culturas maya y azteca encontrados en excavaciones llevadas a cabo en México y que, por cierto, no se sabe muy bien qué pintan aquí.

El tercer piso está dedicado a los monos, anfibios y reptiles, y el cuarto es la sala de los dinosaurios.

Hayden Planetarium. Forma parte del American Museum of Natural History y está al lado. Tel. 769 59 20. Horario: Domingo a jueves de 10 h a 17 h 45, viernes y sábados de 10 h a 20 h 45. Las proyecciones son a las 13h30, 14h30, 15h30 y 16h30 de lunes a viernes; y a las 11 h, 13 h, 14 h, 15 h, 16 h y 17 h los sábados y domingos (el domingo no hay sesión a las 17 h). Entrada de pago.

Un espectáculo audiovisual sobre el universo se proyecta en la pantalla semiesférica. También hay otras cosas interesantes, como rocas traídas de la Luna por astronautas americanos.

Children's Museum of Manhattan. 212 W 83rd St.

Harlem

Abarca aproximadamente entre las avenidas Amsterdam y Lexington y las calles 110 y 160. Metro: 1, 2, 3, 4, 5, 6, 9, A, B, C, D (las más convenientes son la 2 y la 3). Autobuses: M1, M2, M3, M4, M5, M7, M10, M11, M18, M60, M100, M101, M102, M104.

Harlem tuvo su época de oro con sus famosos clubes de jazz, como el Cotton Club, a principios y mediados de siglo. La burguesía blanca que había vivido allí desde hacía muchos años se marchó conforme iban llegando negros de otras partes de Estados Unidos, aunque, contra lo que se cree, Harlem no es el principal barrio negro de Nueva York, sino el South Bronx. En los años 60 ya había perdido su brillo y tenía muchos problemas sociales. El desempleo, venta de droga y el crimen son las causas de que este barrio tenga zonas peligrosas y muy mala fama. Una de sus visiones más características es la de manzanas enteras quemadas, como si hubieran sufrido una guerra. El motivo es que los propietarios prefirieron prender fuego a las casas para cobrar el seguro antes que alquilarlas a precios bajos.

Harlem empieza justo al Norte de Central Park. Su parte oriental comenzó a poblarse de puertorriqueños a partir de los años cincuenta, por lo que se conoce como El Barrio o Spanish Harlem.

El término más "políticamente correcto" para denominar a los negros ahora es *African-American*, africano-americano. Ya no se lleva *afroamerican*.

Cómo visitar Harlem

Podéis ir de visita a Harlem siempre que sea de día, no llaméis demasiado la atención y os limitéis a las zonas más seguras, como la calle 125 o los alrededores de la estación de metro de la 116 Este, donde está La Marqueta, un mercado frecuentado por latinoamericanos. Nada más llegar a la estación de metro y ver policías con pistolón, o al salir a la calle y daros cuenta de los grupillos en las esquinas, comprenderéis que el asunto no es broma. Los blancos curiosos no les gustan demasiado a los habitantes de Harlem.

Otra posibilidad es una visita organizada. Varias agencias locales montan recorridos en autobús por Harlem que permiten hacerse una idea, aunque no muestran lo más cochambroso. Puestos a hacer este tour, mejor en domingo, cuando incluyen un servicio religioso en una iglesia con música gospel. El precio no es barato, cuesta unos 35 dólares, pero el miedo se paga.

Washington Heights

Esta zona se encuentra al Norte de Harlem, en la parte más septentrional de Manhattan. Tiene varios museos. Su población es fundamentalmente latinoamericana, dominicanos sobre todo.

The Hispanic Society of America. Audubon Terrace (Broadway W155th St.). Tel. 926 22 34. Metro: 1. Autobuses: M4, M5, M100, M101. Horario: Martes a sábados de 10 h a 16 h 30, domingos de 13 h a 16 h. Cerrado lunes. Entrada gratuita.

Este museo fue inaugurado en 1904 por Archer Huntington. Su admiración por España hizo que coleccionara una gran cantidad de objetos relacionados con la cultura española que luego donó al museo. Hay murales encargados por esta sociedad a Sorolla y pinturas de Velázquez, Goya y El Greco. La entrada está presidida por una gran estatua ecuestre de El Cid.

The Cloisters (Los Claustros). Fort Tyron Park. Tel. 923 37 00. Metro: A. Autobuses: M4, M100. Horario: Martes a domingo de 9 h 30 a 17 h 15 entre mayo y octubre; resto del año hasta 16 h 45. Entrada de pago. Vale la del Metropolitan Museum en el mismo día, y viceversa. Descuentos para mayores de 65 años y estudiantes. Niños menores de 12 años, gratis.

The Cloisters es una colección de monasterios medievales europeos trasladados allí mediante la compra y el expolio sistemáticos. Muchas de las joyas del arte románico español están en ese museo. En su día, fueron vendidas por cuatro perras a millonarios americanos que sí sabían su valor futuro. El edificio del museo fue donado por John Rockefeller. Los jardines, diseñados por Frederick Law Olmstead, uno de los urbanistas de Central Park, son de una gran belleza y ofrecen unas magníficas vistas al río Hudson.

Estos son algunos de los claustros y capillas más destacados:

Claustro de Cuxá: Es de mármol blanco y rosa. Es parte de un monasterio benedictino del siglo XII que se encontraba en los Pirineos.

Capilla de Fuentidueña: Perteneció a una iglesia del siglo XII que se encontraba al Norte de Madrid. Está adornada con un grupo de esculturas de piedra. Tiene unos frescos del siglo XII que representan a la Virgen y al Niño.

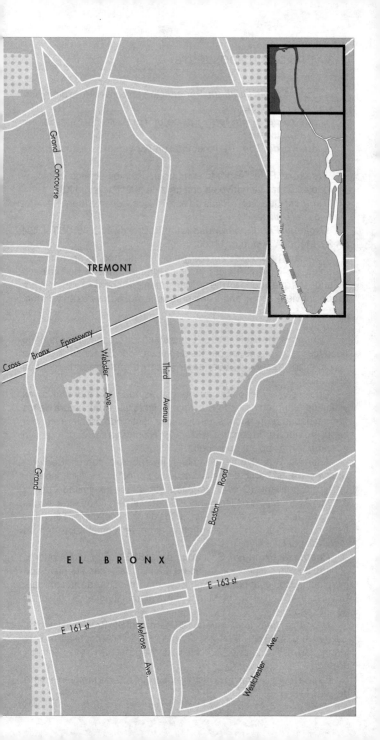

Claustro de St. Guilhem: Perteneció a un convento de benedictinos cercano a Montpellier.

Claustro de Bonnefont: Era de un convento de cistercienses cercano a Toulouse.

Claustro de Trie: Perteneció a un convento de carmelitas de Toulouse.

Treasury: Este Tesoro lo componen distintos objetos religiosos antiguos. Lo más llamativo es una cruz de marfil del siglo XII.

Tapices: Otra de las joyas de este museo, especialmente la serie *Tapices del Unicornio.*

Dyckman Farmhouse Museum. 4881 Broadway 204th St. Tel. 304 94 22. Metro: A. Autobús: M100.

Esta casa ha sido restaurada, pero mantiene todo el encanto y los muebles del siglo XVIII. Es la única granja fundada por colonos holandeses que queda en pie en Manhattan. El horario es variable, por lo que conviene llamar antes de ir si se tiene mucho interés en visitarla.

Brooklyn

Ocupa la parte occidental de Long Island. Es el segundo en tamaño de todos los *boroughs*, los barrios de Nueva York. Su época de oro fue al comienzo de este siglo, cuando se construyeron sus grandes centros culturales.

Dos cosas al menos hacen interesante una visita a Brooklyn: las vistas de Manhattan desde Brooklyn Heights y la arquitectura de las denominadas *brownstones*, esas típicas casas con escalera exterior hasta el umbral de la puerta. En Brooklyn Heights ya se pueden ver, sin adentrarse más en este *borough*.

Además, Brooklyn tiene también un suburbio negro (Bedford-Stuyvesant), un barrio de *hassidim*, judíos ortodoxos (Williamsburg), un barrio antillano (Crown Heights), otro árabe (delimitado por la Atlantic Avenue y las calles Henry y Court) y el parque de atracciones de Coney Island, que aparece en tantos discos y películas. Teniendo tiempo, una estancia en Manhattan debe ser completada con un recorrido por Brooklyn.

Puente de Brooklyn. Se inauguró en 1883. Fue el primer puente construido con suspensión de acero. Las vistas desde su mitad son increíbles. Ocasionalmente, en él se celebran muestras de arte o ferias. Une Brooklyn con el Sur de Manhattan. Ver más detalles al comienzo de este capítulo.

Brooklyn Historical Society. 128 Pierrepont St. (Brooklyn Heights). Tel. (718) 624 08 90. Metro: 2, 3, 4, A, F, N, R. Autobuses (desde Manhattan): B51. Horario: Miércoles a domingo de 12 h a 17 h. Entrada de pago.

Es una recopilación de la historia local que abarca también a parte de Long Island.

Coney Island. Está al Sur de Brooklyn. Tel. (718) 266 12 34. Metro: B, D, F. Coney Island y su parque de atracciones forman parte de la memoria infantil de todos los neoyorquinos de mediana edad. Hoy, el parque está desfasado, pero todavía lo visita mucha gente, aunque sólo sea para dar un paseo y cumplir el rito de comerse un perrito caliente en *Nathan's Famous Hot Dogs.*

New York Aquarium. W8th St. Surf Ave., Coney Island. Tel. (718) 265 34 74. Metro: D, F. Horario: Diario de 10 h a 17 h. Los fines de semana y días festivos de verano cierra a las 19 h. Entrada de pago (10 $). Descuento a mayores de 65 años.

Es el acuario más antiguo de todo Estados Unidos. Tiene más de cien años, aunque en este emplazamiento está desde 1957, antes se encontraba en Manhattan. Tiene ballenas, focas, delfines, morsas, tiburones, anguilas eléctricas, peces tropicales y todo tipo de especies marinas, siendo uno de los principales centros oceanográficos del mundo.

Puente Verrazano-Narrows. Une Brooklyn con Staten Island. Metro: R. Es de peaje y no tiene acera, así que no se puede cruzar andando. Fue inaugurado en 1964 y sigue siendo el puente colgante más largo del mundo. Su longitud total es de 4.175 metros, de los que 1.400 corresponden al arco suspendido. Los cables que lo sujetan tienen un metro de diámetro. Las torres de sustentación se elevan más de 200 metros sobre el nivel del mar.

Queens

El *borough* de Queens es el más grande de la ciudad y el segundo más poblado. Está situado en la parte Oeste de Long Island. Durante el siglo XIX, se establecieron en él una serie de industrias y se puso de moda veranear en sus playas. Todo esto revitalizó el barrio. Hoy día, con los aeropuertos de La Guardia y John F. Kennedy, ha crecido desmesuradamente.

Queens es sobre todo un distrito residencial de clase media que tiene escaso interés para el turista. No obstante, hay que señalar que en Astoria, frente al Upper East Side de Manhattan, hay un barrio griego, y que al sur, junto al aeropuerto Kennedy, está Jamaica Bay, compartida con Brooklyn. Esa bahía ha sido convertida en refugio de aves y un paseo por sus marismas es sorprendente, con las siluetas de los rascacielos al fondo.

American Museum of the Moving Image. 35 Ave. 36th St., Astoria. Tel. (718) 784 00 77. Metro: N, R. Autobuses: Q101 (Sale de Manhattan de E59th St. 2nd Ave.). Horario: Martes a viernes de 12 h a 17 h, sábado y domingo de 11 h a 18 h. Cierra lunes. Entrada de pago. Descuentos a menores de 18 años, estudiantes y mayores de 65 años.

Era un estudio en el que se rodaban películas mudas en los años 20. Ahora es un museo sobre la historia del cine.

New York (Area Metropolitana)

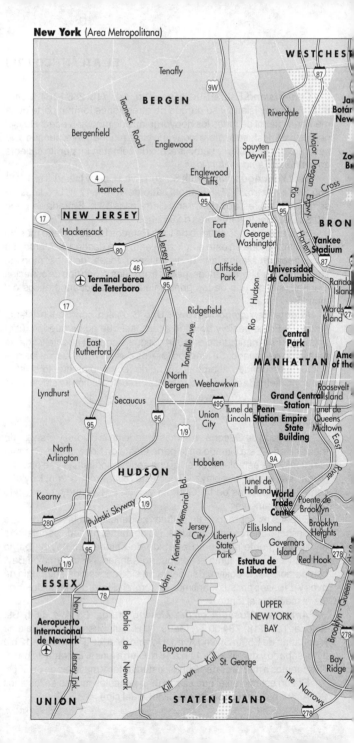

WESTCHEST

Tenafly

9W

BERGEN

Riverdale

87

Ja
Botár
New

Bergenfield

Englewood

Spuyten
Deyvil

Zo
Br

Teaneck Road

Englewood
Cliffs

95

Cross

BRON

4

Teaneck

NEW JERSEY

95

Fort
Lee

Puente
George
Washington

Yankee
Stadium

87

Hackensack

17

80

N. Jersey Tpk.

Cliffside
Park

Universidad
de Columbia

Randa
Island

46

Terminal aérea
de Teterboro

95

Ridgefield

Wards
Island

27

17

Tonnelle Ave.

Central
Park

East
Rutherford

MANHATTAN

Ame
of the

Lyndhurst

North
Bergen

Weehawkwn

Grand Central
Station

Roosevelt
Island

Secaucus

495

Tunel de
Lincoln

Penn
Station

Empire
State
Building

Tunel de
Queens
Midtown

95

Union
City

North
Arlington

HUDSON

Hoboken

9A

East River

Kearny

Pulaski Skyway

1/9

Tunel de
Holland

World
Trade
Center

Puente de
Brooklyn

280

95

1/9

John F. Kennedy Memorial Bd.

Jersey
City

Liberty
State
Park

Ellis Island

Brooklyn
Heights

Newark

1/9

ESSEX

Governors
Island

Red Hook

278

Estatua de
la Libertad

78

Aeropuerto
Internacional
de Newark

New
Jersey Tpk.

Bahía
de
Newark

UPPER
NEW YORK
BAY

Brooklyn - Queens

278

UNION

Bayonne

Kill van Kull

St. George

Bay
Ridge

STATEN ISLAND

The Narrows

278

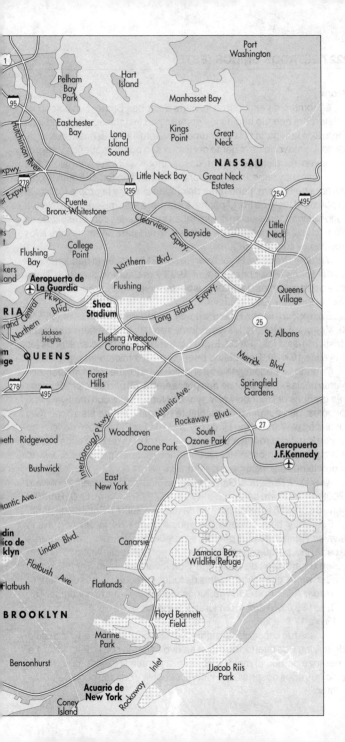

Bronx

El nombre de este barrio le viene de Jonas Bronck, un colono de Amsterdam que fue uno de los primeros en instalar su granja en esta zona. Con la llegada del tren, numerosas familias se asentaron en este barrio. La mayoría de la gente del Bronx son puertorriqueños y negros que viven en distritos deprimidos, aunque al Norte y al Noroeste (Riverdale) hay unas áreas residenciales muy bonitas. El South Bronx, enfrente de Harlem, tiene fama de ciudad sin ley y la propia Policía le ha puesto el mote de Fort Apache. Es la parte más miserable de Nueva York, muchas casas están destrozadas y calcinadas como resultado de la política de sus propietarios de incendiarlas para intentar echar a los inquilinos y cobrar el seguro.

Yankee Stadium. River Avenue con E161 St., en la parte meridional del Bronx. Fue construido en 1923 y restaurado en 1976. Tiene capacidad para más de 50.000 espectadores. Aquí es donde juegan a béisbol los Yankees de Nueva York.

Bronx Zoo. Bronx River Parkway-Fordham Rd. Tel. (718) 367 10 10. Metro: 2, 5. Horario: Lunes a viernes de 10 h a 17 h, fines de semana y festivos hasta las 17 h 30. Entre noviembre y marzo, cierra todos los días a las 16 h 30. Entrada de pago, salvo los miércoles.

Cuando se abrió a finales del siglo pasado, fue todo un acontecimiento por las innovaciones que presentaba. Es uno de los zoológicos más grandes del mundo y el mayor de Nueva York, con más de 4.000 animales, que están en su ambiente natural. Una de las zonas más bonitas es el World of the Birds o Mundo de los Pájaros, en donde una cascada artificial rodea a un parque y viven más de cien especies de pájaros. Un tren monorraíl y un teleférico recorren parte del zoo, pero su precio no está incluido en la entrada.

New York Botanical Garden. Bronx Park, entre Southern Boulevard y 200th St., al Norte del Zoo. Tel. (718) 817 87 05. Metro: C, D. Horario: Diario de 8 h a 18 h (hasta las 19 h de abril a octubre). Entrada de pago.

Está muy bien cuidado y combina partes de jardín con áreas salvajes. Aunque es muy grande, se puede visitar de acuerdo al interés de cada uno, porque agrupa las plantas por zonas climáticas. Tiene un museo de artículos de jardinería y un invernadero, el *Enid A. Haupt Conservatory*, que reúne plantas de todos los ecosistemas del mundo.

Edgar Allan Poe Cottage. Kingsbridge Rd.-Grand Concourse. Tel. (718) 881 89 00. Metro: 4, D. Horario: Sábados de 10 h a 16 h, domingos de 13 h a 17 h.

La casa fue construida a mediados del siglo pasado y en ella residió Edgar Allan Poe cuando su mujer estuvo enferma con tuberculosis. La esperanza de que el mejor ambiente la curase fue vana, porque ella murió tres años después. Conserva muebles y objetos personales del escritor.

Staten Island

Staten Island, a diferencia de los demás *boroughs*, ha mantenido en algunas zonas su ambiente rural. A comienzos de este siglo se desarrollaron grandes industrias y fábricas, cambiando parcialmente el aspecto de la isla, pero todavía quedan sitios donde puedes estar en medio de un prado bucólico contemplando a lo lejos las formidables siluetas de los rascacielos del Bajo Manhattan. Lo habitual, sin embargo, es que los turistas no vayan más allá del puerto al que llega el ferry procedente de Manhattan. En cualquier caso, esa excursión en el ferry merece la pena por las vistas de los rascacielos, la Estatua de la Libertad y el Puente Verrazano-Narrows.

ALOJAMIENTO

Precio barato

Hostelling International-New York: 891 Amsterdam Avenue W103rd St. Tel. (212) 932 23 00. Fax 932 25 74. Es el albergue que pertenece a la Federación Internacional de Albergues Juveniles. Con el Carnet de Alberguista, cobran 3 dólares menos. El alojamiento es en literas, chicos y chicas separados. Hay cafetería, cocina y lavandería, así como un jardín. Conviene reservar con mucha antelación, se llena enseguida, a pesar de tener 480 camas. Está cerca de Harlem, así que de noche es mejor no dar muchas vueltas por los alrededores. Muy cerca hay una estación de metro de las líneas 1 y 9.

New York Big Apple Hostel: 119 W45th St., entre 6th Ave. y 7th Ave. Tel. 302 26 03. Fax 302 26 05. Es como un albergue juvenil, aunque no pertenece a la red internacional ni exige ningún carnet. Las literas cuestan unos 25 $ y hay algunas habitaciones dobles por unos 60 $. No hace falta llevar saco de dormir, ellos proporcionan sábanas y mantas. También hay cocina y lavadoras. Está muy céntrico.

Chelsea International Hostel: 251 W20th St., entre 7th Ave. y 8th Ave. Tel. 647 00 10. Fax 727 72 89. Dormitorios colectivos con literas por unos 25 dólares, más una cocina a disposición de los huéspedes. Suministran ropa de cama y hay armarios con candados.

Banana Bungalow International Hostel: 250 W77th St. Tel. 769 24 41. Fax 877 57 33. Tiene habitaciones con cuatro o seis literas y baños compartidos, así como una cocina y una cafetería. Muy barato, algo menos de 25 $.

Vanderbilt YMCA. 224 E47th St. Tel. 756 96 00. Fax 752 02 10. YMCA significa *Young Men's Christian Association,* pero no van de religiosos ni nada parecido. Funciona casi como un hotel normal, aunque más informal. Tiene un dormitorio con literas y 430 habitaciones, muy pequeñas, con baño compartido. Cuenta además con instalaciones deportivas (piscina incluida), cafetería y lavandería.

West Side YMCA. 5 W63rd St. Tel. 787 44 00 ó 787 13 01. Fax 875 13 34. Más de 500 habitaciones, con televisor y aire acondicionado, muy pequeñas. Algunas tienen baño propio, pero eso se paga, porque su precio se acerca a 90 $. Cafetería e instalaciones deportivas: piscina, squash, pista para correr, sauna. La ubicación es buena, junto al Lincoln Center. Reservar con mucha antelación. La estancia máxima es de tres semanas.

De Hirsch Residence (92nd St. Y). 1395 Lexington Ave. E92nd St. Tel. 415 56 50 ó (1-800) 858 46 92 (gratuito). Fax 415 55 78. Aquí hay una limitación de edad, entre 18 y 30 años, para los huéspedes, muchos de los cuales son estudiantes que residen durante el curso. Tiene varias instalaciones deportivas, incluida una piscina.

McBurney YMCA. 206 W24th St. Tel. 741 92 26. Fax 741 87 24. Este YMCA está reservado sólo para hombres y destaca por sus excelentes instalaciones deportivas, que incluyen piscina, sauna y pista de carreras interior.

International House. 500 Riverside Drive (Upper West Side). Tel. 316 84 34. Sólo aceptan estudiantes con carnet y mayores de 21 años. Está muy cerca de la Columbia University, y por eso la mayoría de los cuartos están ocupados por gente que reside allí durante el curso, pero puede que quede alguno libre, especialmente durante las vacaciones de verano. Reservar cuanto antes. Las habitaciones individuales (sin baño) cuestan unos 30 $, con reducción por estancias prolongadas. Hay también algunas con baño propio y televisión, pero se ponen en casi 60 $. Ambiente cosmopolita, con estudiantes de muchos países.

Leo House. 332 W23rd St. Tel. 929 10 10. Fax 366 68 01. Lo llevan monjas católicas, así que el ambiente puede parecer un poco mojigato; pero es un sitio muy barato y limpio. Merece la pena desayunar, porque ponen pan casero. La estancia máxima es de dos semanas y conviene reservar con mucha antelación. Está prohibido fumar en prácticamente todo el edificio.

Malibu Studio. 2688 Broadway W102 St. Tel. 663 02 75 ó (1-800) 647 22 27 (gratuito). Fax 678 68 42. Está próximo a la Universidad de Columbia y por eso tiene una clientela fija de estudiantes, pero también acepta viajeros. Tiene habitaciones individuales y dobles con o sin baño; las que disponen de baño se acercan a los 80 $ la doble, las otras no pasan de 60. También hay triples a unos 100 $. Hacen descuentos para estancias prolongadas, pero es difícil conseguir sitio. Estación de metro en las cercanías.

Martha Washington Hotel. 30 E30th St., entre Park Ave. y Madison Ave. Tel. 689 19 00. Fax 689 00 23. No desanimarse por la fachada del edificio, que pide a gritos una limpieza, ni por lo básicas en cuanto a la decoración que son las habitaciones. La mayoría tienen sólo lavabo y cuestan unos 75 $. Algunas disponen de baño completo, pero no son nada baratas, porque se aproximan a los 100 $. Son interesantes las tarifas semanales, con las cuales una doble sale por unos 50 $ diarios. Es preciso reservar con bastante antelación, porque hay muchas residentes fijas.

Allerton Hotel for Women. 130 E57th St. Lexington Ave. Tel. 753 88 41. No confundir con otro *Allerton* que se encuentra en 302 W22nd St. y que es un hotel normal. Este es un edificio de estilo victoriano que está en un lugar tranquilo y tiene lavandería, restaurante y peluquería. La mayoría de sus habitaciones las ocupan señoras mayores que son huéspedes permanentes, pero se puede conseguir alguna si se reserva con mucha antelación.

Carlton Arms. 160 E25th St. 3rd Ave. Tel. 679 06 80. Cobra unos 65 $ por las habitaciones con baño propio, impuestos incluidos, así que es uno de los hoteles más baratos de Nueva York, y encima hace un descuento del 10 % si la estancia es superior a una semana. Además, es muy original: cada habitación está decorada por un artista distinto. También es curiosa la clientela, en la que se mezclan mochileros y bohemios. Algunas habitaciones disponen de baño propio, pero la mayoría son de baño común. Desgraciadamente, no destaca por su limpieza.

Wolcott. 4 W31st St., cerca de 5th Ave. Tel. 268 29 00. Fax 563 00 96. Un alojamiento bastante recomendable, por su situación, a dos pasos del Empire State Building, y por sus precios. Las habitaciones que tienen baño propio se acercan a los 100 $, pero las sin baño andan en torno a 70. Fueron reformadas hace poco y disponen de aire acondicionado, teléfono y TV. La recepción tiene incluso cierto lujo, con columnas de mármol, espejos y una gran lámpara de cristal.

Herald Square. 19 W31st St., entre 5th Ave. y Broadway. Tel. 279 40 17 ó (1-800) 727 18 88. Fax 643 92 08. El edificio fue construido en 1893 y en él tuvo su oficina la revista *Life*, algunas de cuyas portadas pueden verse en las paredes. La fachada destaca por sus estatuas doradas. Las habitaciones fueron renovadas hace no mucho y se les puso aire acondicionado y televisor, aunque siguen sin ser ninguna maravilla. Las dobles disponen de baño propio con ducha y quedan algunas individuales con baño a compartir. Hay también triples y cuádruples. Los precios oscilan entre los 75 y los 110 dólares. Situación muy céntrica, cerca del Empire State Building.

St. Mark's. 2 St. Marks Place (East Village). Tel. 674 21 92. Las habitaciones son un tanto pobres, pero los precios son ajustados: las dobles sin baño salen por unos 60 $, y sumando otros 10 $ puede disponerse de baño propio. La calle en la que está fue frecuentada por *hippies* en los años 70 y conserva un ambiente especial, quizá un poco siniestro por la noche.

Carter. 250 W43rd St. Tel. 944 60 00. No es fácil encontrar algo más barato en pleno Distrito Teatral, al lado de Broadway. Las dobles, con baño y aire acondicionado, cuestan 60 $. Por ese precio, no esperes ningún lujo, aunque la recepción del hotel parece presagiar algo mejor.

New York Inn. 765 8th Ave., entre W46th St. y W47th St. Tel. 247 54 00 ó (1-800) 777 69 33 (gratuito). Fax 586 62 01. Las habitaciones tienen baño propio, televisión y teléfono, y el desayuno está incluido en el precio. No se puede pedir más por 80 dólares, así que no te pongas muy exigente en cuanto a la decoración.

Larchmont. 27 W11th St., entre 5th Ave. y 6th Ave. (Village). Tel. 989 93 33. Fax 989 94 96. Está al Norte de Washington Square, en una calle muy tranquila del Greenwich Village, rodeado de *brownstones*, casas típicas de ese barrio. Las habitaciones tienen muebles de bambú y disponen de televisión, teléfono y aire acondicionado. Los baños son a compartir. Lástima que el personal no sea simpático, con lo cual rompen el ambiente de pensión europea que al parecer quieren conseguir. El precio se acerca a los 100 $, pero incluye el desayuno.

Portland Square. 132 W47th St., entre 6th Ave. y Broadway. Tel. 382 06 00 ó (1-800) 388 39 88 (gratuito). Fax 382 06 84. Está en pleno Distrito Teatral y por eso ha sido frecuentado por actores desde su inauguración en 1904; uno de sus clientes habituales fue James Cagney. Han renovado las habitaciones, con el añadido del aire acondicionado y la televisión, y han aprovechado para subir las tarifas, que ahora andan en torno a los 100 $ las dobles con baño. En sus proximidades está uno de los restaurantes españoles más veteranos de Nueva York, el *Fundador*.

Madison. 27 E27th St. Madison Ave. Tel. 532 73 73. Fax 799 51 79. Habitaciones dobles en torno a 70 $, con televisor y aire acondicionado; algunas de ellas cuentan también con una pequeña cocina. Un hotel bien de precio, pero corrientito.

Excelsior. 45 W81st St. Tel. 362 92 00 ó (1-800) 368 45 75 (gratuito). Fax 721 29 94. No es nada del otro jueves y las habitaciones se aproximan a los 100 dólares, pero tampoco hay que ponerse muy exigentes, dada la escasez de hoteles baratos en Manhattan. Está al lado de Central Park y del Museo de Historia Natural. Tiene cerca una parada de autobús y una estación de metro.

Gershwin. 7 E27th St. Tel. 545 80 00. Fax 354 81 56. Bastante moderno, pues fue inaugurado a mediados de 1992. Habitaciones funcionales, con televisión y teléfono. El precio se acerca a los 100 $, barrera que hemos establecido en esta guía entre los hoteles baratos y los medios. Tiene restaurante.

Grand Union Hotel. 34 E32nd St. Tel. 683 58 90. Fax 689 73 97. Lo mejor es la situación, en las proximidades del Empire State Building. Las habitaciones dobles cuestan algo menos de 100 $ y tienen televisión.

Park Savoy. 158 W58th St. Tel. 245 57 55. Fax 765 06 68. Tiene nombre de hotel elegante, pero sólo el nombre. La situación es buena y los precios, competitivos, acercándose a los 100 dólares la doble.

Remington. 129 W46th St. Tel. 221 26 00. Fax 764 74 81. Tiene un amplio abanico de habitaciones, desde individuales a cuádruples, entre los 70 y los 100 dólares. Ubicado en el centro del Distrito Teatral.

Riverside Tower. 80 Riverside Drive W80th St. Tel. 877 52 00 ó (1-800) 724 31 36 (gratuito). Fax 873 14 00. Queda directamente sobre el río Hudson, y las vistas desde lo alto de sus 18 pisos son buenas. Las habitaciones están bien, con televisor. Lo malo es que está un poco alejado de los principales lugares de interés.

Precio medio

Edison. 228 W47th St. Broadway. Tel. 840 50 00 ó (1-800) 637 70 70 (gratuito). Fax 596 68 50. Pudiendo pagar un poco más y saltar la barrera entre los hoteles baratos y los medios, éste es recomendable por varios motivos. Por ejemplo, su situación céntrica o el aspecto general del edificio, un buen representante del estilo *art déco*, con un bonito vestíbulo. Es muy grande, pues tiene casi mil habitaciones, peluquería, cafetería, bar y dos restaurantes. Aparece con frecuencia en los catálogos de reservas que manejan las agencias españolas.

Washington Square. 103 Waverly Place (Greenwich Village, en el lado Norte de Washington Square). Tel. 777 95 15 ó (1-800) 222 04 18 (gratuito). Fax 979 83 73. Una de las mejores recomendaciones en el apartado de los hoteles medios. Dependiendo de la época del año, o sea, de cómo ande la demanda, se pueden conseguir habitaciones dobles por menos de 130 $. Está en una buena zona de Greenwich Village, la recepción es bonita y las habitaciones están bien, en plan sencillito. La tarifa incluye el desayuno, servido en el restaurante *CIII* (103 en números romanos, pero a los americanos les suena a chino y le llaman C-3), que está en la puerta de al lado.

Chelsea. 222 W23rd St. Tel. 243 37 00. Hotel célebre por los numerosos artistas que se han hospedado allí, como Tennessee Williams, Sarah Bernhardt, Jane Fonda, Leonard Cohen y Bob Dylan, porque Andy Warhol rodó *Chelsea Girls* y también porque en él murió Sid Vicious. Todavía le queda algo de esa fama bohemia. El edificio es llamativo, de estilo victoriano con los balcones en hierro forjado. Y las habitaciones son bastante desiguales, algunas están bien, pero otras no tanto.

Off SoHo Suites. 11 Rivington St. Christy St. (SoHo). Tel. (1-800) OFFSOHO (gratuito). Fax 979 98 01. Son unos apartamentos en los que pueden meterse hasta cuatro personas por unos 100 $. Están bien equipados, con cocina, baño y televisión, aunque se les ve un poco baqueteados. Hay también una lavandería común, con lavadoras a monedas. Constituyen una de las escasas opciones de alojamiento en la zona del SoHo, donde hay muy pocos hoteles.

Pennsylvania. 401 7th Ave. W33rd St. Tel. 736 50 00 ó (1-800) 223 85 85 (gratuito). Fax 502 87 99. Construido en 1919 junto a la Estación de Pennsylvania, que ahora es subterránea, porque su solar lo ocupa el Madison Square Garden. Sus arquitectos fueron McKim, Mead y White, los mismos del Metropolitan Museum. Glen Miller le compuso en 1938 la canción *Pennsylvania 6-5000*, inspirándose en su número de teléfono de entonces y que aún conserva, aunque con el 73 por delante. Durante una década, fue el hotel más grande del mundo, con 2.283 habitaciones; hoy le quedan "sólo" 1.705. Tiene 12 ascensores y el trajín de gente es permanente. Las habitaciones son amplias y están bastante bien. Es buena también la situación y la comunicación, con varias líneas de metro en las proximidades. Se puede reservar por agencia, y en ese caso la tarifa es bastante más barata que los 170 $ de la oficial.

Chelsea Inn. 46 W 17th St. 6th Ave. Tel. 645 89 89 ó (1-800) 777 82 15 (gratuito). Fax 989 33 07. Está en una casita situada en el barrio de Chelsea, cerca de Greenwich Village, con sólo 20 habitaciones. Nada que ver, por tanto, con el hotel *Chelsea*, aunque se parezca en el nombre. El trato es bastante personalizado y hay algunos servicios comunes, como la lavandería. Los precios varían bastante según el tipo de habitación. Las más baratas son las que no tienen baño propio.

Precio alto

Gramercy Park. 2 Lexington Ave. E 21st St. Tel. 475 43 20 ó (1-800) 221 40 83 (gratuito). Fax 505 05 35. Está situado en el único parque privado que queda en Nueva York, rodeado de casas señoriales, y es, por tanto, un sitio muy tranquilo. Desde que fue construido en los años 20, ha tenido huéspedes ilustres, como Humphrey Bogart. De todas formas, no le sentaría mal una renovación.

Algonquin. 59 W 44th St., entre avenidas 5th y 6th. Tel. 840 68 00 ó (1-800) 548 03 45 (gratuito). Fax 944 14 19. Vive de la fama que tenía a principios de siglo, cuando muchos escritores y artistas se reunían en sus salones; su bar sigue siendo un clásico lugar de cita. Es un hotel pequeño, sólo 165 habitaciones renovadas y decoradas con muebles clásicos, quizá un poco pasadas de precio.

Loews New York. 569 Lexington Ave. E 51st St. Tel. 752 70 00 ó (1-800) 23LOEWS (gratuito). Fax 758 63 11. Las habitaciones están bien dotadas, con televisión, dos líneas de teléfono y minibar. Las *suites* tienen incluso *jacuzzi*. El jefe de los botones (*porter's captain*) es un panameño muy eficiente que te consigue lo que quieras, pero luego espera propina.

St. Moritz. 50 Central Park South (W 59th St.). Tel. 755 58 00. Fax 319 96 58. Es un hotel un poco decepcionante, porque promete mucho por el aspecto de la recepción, pero luego las habitaciones que dan a Central Park son demasiado caras y las que dan a un patio interior resultan un poco tristes. La zona es muy buena, junto a algunos de los mejores hoteles. Enfrente de la entrada, suelen aparcar los carruajes de caballos que llevan de paseo por el parque, por lo que el olor es un poco fuerte; que huele a cuadra, vamos.

Plaza. 768 5th Ave. 59th St., junto a Central Park. Tel. 759 30 00 ó (1-800) 759 30 00 (gratuito). Fax 759 31 67. Hay hoteles aún más lujosos en Nueva York, pero el Plaza sigue siendo considerado entre los de más categoría. Está situado en uno de los mejores sitios de la ciudad, la confluencia de la Quinta Avenida con Central Park, y a su puerta esperan carruajes de caballos para llevar a los adinerados huéspedes a dar un paseo por el parque. El imponente edificio, construido en 1900, fue renovado con un gasto de más de 10.000 millones de pesetas por el caprichoso multimillonario Donald Trump. La *suite* más cara cuesta 5.000 dólares diarios (sólo con los 700 dólares de impuestos que hay que sumar a ese precio, un buen trotamundos se las apañaría para vivir más una semana en Nueva York). Se puede entrar al vestíbulo para ver la suntuosa decoración o tomar una copa en el famoso bar *Palm Court.*

Pierre. 2 E61st St. 5th Ave. Tel. 838 80 00 ó (1-800) 332 34 42 (gratuito). Fax 940 81 09. Lujo sin estridencias, al estilo europeo. Uno de los hoteles preferidos por los financieros y diplomáticos de visita en Nueva York. La mayoría de las doscientas habitaciones ofrecen vistas a Central Park. El ambiente distinguido se puede apreciar también en la cafetería *Rotunda* o en el *brunch* dominical del *Cafe Pierre.*

Waldorf Astoria. 301 Park Ave., entre E49th y E50th St. Tel. 355 30 00 ó (1-800) WALDORF (gratuito). Fax 872 72 72. Es también una institución en Nueva York. Más de 18.000 millones de pesetas se invirtieron en la renovación de sus 1.200 habitaciones. El precio es inalcanzable para los trotamundos, pero merece la pena echar un vistazo al vestíbulo, una buena muestra del estilo *art déco.* Al lado se encuentra el aún más exclusivo *Waldorf Towers,* cuyas habitaciones son todavía más lujosas, con cuartos de baño de mármol, pero no se puede entrar a curiosear, porque lo impide el portero uniformado.

Mark. 25 E77th St. Madison Ave. Tel. 744 43 00 ó (1-800) THEMARK (gratuito). Fax 744 27 49. La mayoría de las habitaciones dan a Central Park y tienen televisión, vídeo, dos teléfonos y terminal de fax. Los almohadones son de plumas auténticas, lo cual ya da una idea del lujo del establecimiento, instalado en un edificio de los años 20 convenientemente decorado. Como no es muy grande (menos de 200 habitaciones), el servicio es individualizado.

St. Regis. 2 E55th St. 5th Ave. Tel. 753 45 00. Fax 787 34 47. Es uno de los más caros y más elegantes de Nueva York, con profusión de mármol, alfombras, lámparas y muebles de anticuario. Diez mil millones de pesetas costó la renovación. Sus habitaciones y *suites* son muy grandes. La elegancia se extiende también a uno de sus restaurantes, el *Lespinasse,* que está entre los mejores de cocina francesa. Tiene además el *King Cole Bar,* presidido por un gran mural de Nat King

Cole, y el *St. Regis Roof*, un salón de baile en la terraza que suele ser alquilado para fiestas de alta alcurnia.

New York Palace. 455 Madison Ave. 50th St. Tel. 888 70 00 ó (1-800) 221 49 82 (gratuito). Fax 303 60 00. Ocupa la Villard Mansion, un edificio histórico que fue sede de la Archidiócesis de Nueva York. Era la joya de la cadena Helmsley en Nueva York, hasta que su propietaria, Leona Helmsley, resultó condenada por fraude fiscal y perdió parte de su imperio inmobiliario. Fue la comidilla de los plebeyos, que disfrutaron al ver a la orgullosa Leona entrando en la cárcel; pero se olvidaron en seguida, porque poco después se pusieron más de actualidad los líos amorosos de otro magnate, Donald Trump, y su esposa Ivana.

Peninsula New York. 700 5th Ave. 55th St. Tel. 247 22 00 ó (1-800) 262 49 67 (gratuito). Fax 903 39 49. La originalidad de este hotel es una piscina interior con grandes ventanales que dan a Manhattan, de manera que los huéspedes pueden bañarse mientras contemplan los rascacielos. No es muy grande, pues tiene 250 habitaciones, lo que permite una atención individualizada. Están decoradas en estilo *art nouveau*, con cuartos de baño de mármol. Intenta rivalizar con el *Plaza* no sólo en elegancia, sino también en precio: una de las *suites* cuesta 3.500 dólares al día.

LOS RESTAURANTES DE LA GRAN MANZANA

DISTRITO FINANCIERO

Baratos

Mexicanos
California Burrito: 4 World Financial Center. Tel. 233 68 00. En el interior del World Financial Center, es imposible comer barato, porque los pocos restaurantes que hay son bastante elegantes. La solución es buscar este sitio, que queda a la derecha del Winter Garden (según miras al río). Los burritos, los tacos y las quesadillas son sabrosos y grandes, te quitan el hambre por unas horas.

Medios

Americanos
Fraunces Tavern. 54 Pearl St. Broad St. Tel. 269 01 44. Está en uno de los edificios más antiguos de Nueva York, la casa en la que se despidió George Washington de sus generales en 1783, tras ganar la guerra de independencia contra los ingleses. En el piso de arriba hay un pequeño museo. Tiene más interés como lugar histórico que como

restaurante. No es que la comida sea mala ni pasada de precio, pero tampoco es especialmente destacable.

Carísimos

Continentales
Windows of the World. 1 World Trade Center, 107th Floor. Tel. 938 11 11. Abre los domingos. Está situado en uno de los últimos pisos de las Torres Gemelas, así que el panorama es impresionante. Se recomienda ropa formal, reserva previa y ganas de bailar, porque hay una orquesta que toca piezas bailables, clásicas, claro, nada de bacalao. Tres mil millones de pesetas fueron invertidos en su renovación, terminada en 1996.

SOHO Y TRIBECA

Baratos
Abyssinia. 35 Grand St., cerca de Thompson St. Tel. 226 59 59. Es un restaurante etíope, con decoración típica. Cuidado, la cocina etíope no es de gustar a todo el mundo. Básicamente, se compone de carne de cordero, lentejas y verduras, con acompañamiento de una torta de pan de sorgo (*injera*) que se usa para coger la comida y tiene un sabor un poco rancio.

Tennessee Mountain. 143 Spring St., esquina a Wooster St. Tel. 431 39 93. Abre los domingos. La especialidad son las costillas asadas al estilo sureño, a la barbacoa. Los sábados y domingos ofrece un *brunch* muy barato, y los lunes por la noche tiene una barra libre (*all you can eat*) por 17 $. A la carta, sin embargo, se mete un poco en los precios medios.

Lupe's East L.A. Kitchen. 110 6th Ave. Watts St. Tel. 966 13 26. Abre los domingos. Más que cocina mexicana tradicional, se trata de cocina chicana, es decir, la de los mexicanos asentados en el Oeste americano, especialmente en California. Raciones baratas y amplias, para llenar fácil el estómago, sobre todo los *burritos*.

Medios
Nick and Eddie. 203 Spring St. Sullivan St. Tel. 219 90 90. Cierra tarde. Es uno de los lugares más populares del SoHo, con una comida sencilla (ensaladas, carnes y pescados a la plancha), pero honesta. La prueba es que siempre suele haber cola para entrar.

La Jumelle. 55 Grand St., entre Wooster St. y West Broadway. Tel. 941 96 51. Cierra tarde. Abre los domingos. Prepara un excelente filete a la pimienta (*steak au poivre*) y no se pasa en los precios.

Omen. 113 Thompson St., entre Spring St. y Prince St. Tel. 925 89 23. Abre los domingos. El *sushi* está bien, pero por el precio que tiene quizá sea mejor comerlo en otros lugares. En cambio, el resto de la cocina japonesa, como las preparaciones con fideos, es más asequible.

Caros

TriBeCa Grill. 375 Greenwich St. Franklin St. Tel. 941 39 00. Abre los domingos. Sigue estando muy de moda, entre otras cosas porque uno de sus propietarios es Robert De Niro, lo que hace que de vez en cuando se deje caer por allí algún famoso. Es grande, porque ocupa un antiguo pabellón industrial. Se le puede criticar que se pasa un poco en el precio, pero la comida es buena, sobre todo las ensaladas y las carnes.

CHINATOWN Y LITTLE ITALY

Baratos

Nom Wah Tea Parlor. 13 Doyers St. Tel. 962 60 47. Aún se pueden encontrar muchos restaurantes así en la China profunda: mesas de formica, paredes grasientas, la radio sonando a todo volumen y comida sabrosa. La verdad es que es bastante cutre (ni te acerques a los baños), pero más auténtico no podía ser. No parece que le hayan practicado ninguna renovación desde que lo abrieron en 1920, y los palillos tienen también pinta de ser de entonces, aunque puedes pedir tenedores. Dicho todo esto, no encontrarás un *dim sum* mejor ni más barato. No hay carta, te sacan una ronda y luego pides más si quieres. Su situación tiene historia: está justo en el *bloody angle* o *recodo sangriento* que forma Doyers Street, llamado así porque los gángsteres se tendían emboscadas en ese callejón.

Tai Tung. 244 Canal St. Tel. 431 96 32. La comida se puede ver desde el escaparate y de su autenticidad no hay duda: la clientela es completamente china, los últimos turistas que vieron por allí fuimos nosotros cuando estábamos actualizando esta guía (bueno, exagerando un poco). Es muy barato, aunque el aspecto general no es precisamente refinado. Cierra pronto por la noche, a las 21 h.

Hong Fat 63. 63 Mott St. Tel. 349 47 35. Cierra tarde. Abre los domingos. Uno de los más veteranos de Chinatown, y en la línea general: mal decorado, camareros hoscos y comida aceptable.

Chinatown Ice Cream Factory. 65 Bayard St. Tel. 608 41 70. Aunque no es un restaurante, sino una heladería, la incluimos aquí porque tiene helados curiosos, de sabores exóticos, como mango, lichi, gengibre, taro y té verde. Como los postres de los restaurantes chinos no son gran cosa, puede ser buena idea rematar la comida aquí.

Ferrara. 195 Grand St., entre Mott St. y Mulberry St. Tel. 226 61 50. Fax 226 06 67. Cierra tarde. Abre los domingos. Fue el primer sitio que preparó café expreso en todo Estados Unidos y sigue teniendo un café excelente, que se puede acompañar con una magnífica repostería. El local tiene más de cien años y ha sido reformado, pero conserva algunos utensilios antiguos. Tiene sucursales en otras zonas de la ciudad, aunque con menos encanto que el original: en el Distrito Teatral (Broadway con W53rd St.); en Times Square (7th Ave. con W42nd St.); en Greenwich Village (6th Ave. con Greenwich Ave.); y en el South Street Seaport, en el Pier 17.

In Boca al Lupo (Cha Cha's). 113 Mulberry St. Tel. 431 97 55. El dueño, apodado Cha Cha, es un poco fantasma. Presume de ser amigo de varios actores, y todo porque hizo un papel secundario en *El novato* junto a Marlon Brando y Matthew Broderick. La comida no destaca especialmente, aunque al menos no es cara, y se puede cenar al aire libre en un patio trasero.

EAST VILLAGE Y LOWER EAST SIDE

Baratos

McSorley's Old Ale House. 15 E7th St. 3rd Ave. Tel. 473 88 00. Cierra tarde. Abre los domingos. Uno de los bares más tradicionales de Nueva York, con serrín en el suelo de madera, fotografías viejas en las paredes y ambiente irlandés. Desde que fue inaugurado, en 1854, más de un presidente americano, como Lincoln y Kennedy, se han tomado una cañita en su barra. Para comer, sandwiches y algunos platos sin complicaciones.

Passage to India. 308 E6th St., entre 1st Ave. y 2nd Ave. Tel. 529 57 70. Cierra tarde. Abre los domingos. Uno de los mejores de Little India si se atiende a la relación calidad-precio. Muy buenos los *tandooris*. A veces no hay sitio, porque es un restaurante pequeño y estrecho.

Katz's Deli. 205 East Houston St., esquina a Ludlow St. Tel. 254 22 46. Fax 674 32 70. Cierra tarde sólo viernes y sábados. Abre los domingos. Aquí se rodó la famosa escena del orgasmo fingido de Meg Ryan ante Billy Cristal en *Cuando Harry encontró a Sally*. Es un sitio típico de Nueva York, sobre todo por su sandwich de *salami* (salchichón de carne de vacuno, los judíos tienen prohibido el cerdo). Desde que este establecimiento abrió en 1898, el salami ha sido la clave de su éxito. Durante las guerras en las que se metió Estados Unidos desde entonces, puso en marcha un servicio de salamis por correo, para que los familiares y las novias se los pudieran enviar a los soldados en el frente. Hasta los presidentes son clientes habituales de *Katz's*, como atestiguan cartas y fotografías que hay en el escaparate. El local, sin embargo, es bastante cutre de aspecto y los camareros son un tanto rudos.

Penang. 64 3rd Ave. E11th St. Tel. 228 78 88. Fax 228 78 23. Abre los domingos. Si no conoces la gastronomía malaya y quieres probarla, aquí tienes una oportunidad de hacerlo por poco dinero. Con algunos de los platos, te puedes meter un poco en los precios medios.

Medios

Khyber Pass. 34 St. Mark's Place, entre 2nd Ave. y 3rd Ave. Tel. 473 09 89. Cierra tarde. Abre los domingos. La cocina afgana tiene muchos platos a base de vegetales, cordero y yogur; se parece a la turca y a la india. La decoración es típica y muy lograda.

Telephone Bar & Grill. 149 2nd Ave. E 9th St. Tel. 529 50 00. Cierra tarde. Abre los domingos. Las cabinas telefónicas pintadas de rojo, como las antiguas de Londres, nos indican que estamos ante el típico *pub* británico, con buena cerveza, aunque la comida que ofrece no es tan reseñable.

GREENWICH VILLAGE

Baratos

The Rose Cafe. 24 5th Ave., cerca de Washington Sq. Tel. 260 41 18. Cierra tarde. Abre los domingos. Lo interesante de este sitio es su *brunch* de los domingos, servido entre 11h30 y 15h30. Por 13 $ (bebida y propina aparte), incluye hasta un *bloody mary* de aperitivo. A diario, interesa su cena temprana, llamada *early bird special*, servida entre 17 h y 19 h. Cuesta 13 $ e incluye el café y una copa de vino californiano. En caso de optar por la carta, se mete en los precios medios.

Pot Belly Stove. 94 Christopher St., entre Bleecker St. y Hudson St. Tel. 242 80 36. Abre todo el día, incluso los domingos. Tiene de todo, es un restaurante difícil de clasificar. La carta cuesta una hora leerla. Prepara cien tipos de tortillas distintas y otros tantos de pizzas y además elabora especialidades de distintas cocinas étnicas, desde los *nachos* mexicanos al *falafel* libanés. También hay hamburguesas y cosas ligeras para picar.

Village Delight Cafe. 323 Christopher St., entre Grove St. y Christopher St. Tel. 633 92 75. Es similar al anterior en cuanto a la carta variada y con platos de variadas procedencias. Tiene algunas especialidades mediterráneas, como el *humus* o el *falafel*, pero también prepara diversos sandwiches y hasta un café bastante bueno.

Tío Pepe. 168 W 4th St., entre 6th Ave. y 7th Ave. Tel. 242 93 38. Se define como un restaurante mexicano-español. Abundan algo más en la carta las especialidades mexicanas que las españolas, pero ofrece paella valenciana para dos por 20 $ (25 si incluye langosta), así como pulpo a la gallega. De entre lo mexicano, destacan las chimichangas y las fajitas.

Medios

The Derby. 109 MacDougal St. Tel. 475 05 20. Destaca por sus excelentes carnes. Este restaurante no lo conocíamos hasta que nos puso sobre la pista la carta de unos amables lectores de esta guía. Ya sabes, ánimo y cuéntanos tú también los sitios que descubras.

Anglers & Writers. 420 Hudson St., junto a St. Luke's Place. Tel. 675 08 10. Cierra tarde. Abre los domingos. El nombre del restaurante significa *Pescadores y Escritores*, y la decoración hace referencia a ese nombre: es como una casa de campo con libros y aparejos de pesca. La comida es casera, con buena repostería.

Café Español. Dos sucursales: 172 Bleecker St., entre MacDougal St. y Sullivan St. Tel. 505 06 57. / 63 Carmine St. 7th Ave. South. Tel. 675 33 12. Cierra tarde. Abre los domingos. En realidad, son de dos propietarios diferentes, pese a tener el mismo nombre, y en los dos la estrella de la carta es la mariscada.

El Faro. 823 Greenwich St., entre Horatio St. y Jane St. Tel. 929 82 10. Cierra tarde. Abre los domingos. Es uno de los restaurantes españoles más antiguos y conocidos de Nueva York. La paella es excelente, y si la nostalgia aprieta, tiene también tortilla de patatas.

Rincón de España. 226 Thompson St., entre Bleecker St. y 3rd St. Tel. 260 49 50. Abre los domingos. Destaca la mariscada en salsa verde. Algunos días ameniza las cenas con música flamenca.

Río Mar. 7 9th Ave. W12th St. Tel. 243 90 15. Cierra tarde. Abre los domingos. Restaurante de tipo gallego, especializado en marisco. Lo mejor es el pulpo y los mejillones, que los americanos suelen acompañar con sangría.

Sevilla. 62 Charles St., esquina con W4th St. Tel. 929 31 89. Cierra tarde. Abre los domingos. Muy bien valorado por los propios neoyorquinos. De hecho, durante la actualización de esta guía, un par de nativos que pasaban por la acera nos dijeron que era su restaurante español preferido. Es ya un veterano, pues funciona desde 1941. La decoración, sin ser especialmente elegante, está cuidada.

MIDTOWN WEST

Baratos

Ellen's Stardust Diner. 1650 Broadway W51st St. Tel. 956 51 51. Fax 956 58 34. Cierra tarde. Abre los domingos. Música y decoración de los años 50, incluyendo la fachada, que es como un vagón de metro de esa época. Según lo que se pida, la cuenta puede meterse un poco en el terreno del precio medio.

JJ Applebaum's. 431 7th Ave., entre W33rd St. y W34th St. Tel. 563 62 00. Fax 947 20 25. Es un sitio de estilo *deli*, adecuado para desayunar o para comer un sandwich o algo ligero a otra hora del día. Elabora sus propios *muffins*, que son parecidos a nuestras magdalenas, pero más secos.

The Java Shop. 1611 Broadway W49th St. Tel. 246 19 60. Fax 246 19 45. Cierra tarde. Abre los domingos. Como restaurante no vale gran cosa, pero como está en pleno Broadway, junto a muchos teatros, y no cierra hasta la 1 de la madrugada, puede venir bien para una cena tardía. Las raciones son bastante generosas. Destaca más como cafetería, prepara un café bueno y de distintas procedencias.

Medios

Diner on the Square. 1260 Broadway E32nd St. (Herald Square). Tel. 643 00 30. Un *diner* es el clásico restaurante americano con una gran barra, mesas con asientos corridos de respaldo tapizado en *skay* y una camarera entre simpática y malhumorada. Este no es exactamente así, pero el ambiente es similar, y sobre todo la comida: hamburguesas, *New York sirloin steak* y cosas similares, con predominio de las carnes

Cabana Carioca. 123 W45th St., entre 6th Ave. y Broadway. Tel. 581 80 88. Fax 869 94 06. Abre los domingos. Raciones amplias, sobre todo la *feijoada* (un cocido de alubias) y el *churrasco*. Ambiente animado y música de samba.

Spanish Tavern. 203 W38th 7th Ave. Tel. 221 64 58. Tiene una carta más grande de lo habitual, con especialidades de diversas regiones españolas, desde el gazpacho al caldo gallego o el bacalao a la vizcaína.

Francisco's Centro Vasco. 161 W23rd St., entre 6th Ave. y 7th Ave. Tel. 645 62 24. Cierra tarde. Abre los domingos. El nombre despista un poco, porque no sólo hay platos vascos, también hay especialidades de otras regiones. Es uno de los más jóvenes, se abrió en 1995.

Monte Tecla. 740 8th Ave., entre W45th St. y W46th St. Tel. 221 94 52. Abre los domingos. El ambiente es escasamente elegante, pero la comida es honesta y los precios son bajos. Los domingos ofrece un *brunch* de paella por 11 $; casi sale más caro el vino, pues media botella de Rioja se pone en 9 $. Las cenas del fin de semana son amenizadas con música folklórica española.

MIDTOWN EAST

Baratos

Bamiyan. 358 3rd Ave. E26th St. Tel. 481 32 32. Cierra tarde. Abre los domingos. Este restaurante proporciona una introducción barata y agradable a la cocina afgana, que tiene ciertas similitudes con la india y otras con la turca. Las mesas son bajas y hay que sentarse en el suelo, sobre cojines.

Serendipity 3. 225 E60th St. 3rd Ave. Tel. 838 35 31. Cierra tarde. Abre los domingos. Está decorado como una heladería de los años 50 y en su clientela habitual predominan los adolescentes. Hay hamburguesas, platos de pasta y pizzas, pero su fuerte son los helados. La especialidad es el *frozen hot chocolate* (chocolate caliente congelado, aunque parezca raro; se supone que primero harán un chocolate a la taza y luego lo helarán).

Sunflower. 359 3rd Ave. Tel. 532 81 71. Abre los domingos. Es un restaurante de barrio como hay muchos. Sin embargo, es bastante barato y la comida no está mal, así que puedes tenerlo en cuenta si te hospedas en las proximidades.

Medios

America. 9 E18th St., entre 5th Ave. y Broadway. Tel. 505 21 10. Cierra tarde. Abre los domingos. Tiene una carta muy grande (ellos dicen que es la mayor de todo el país) y en ella se pueden encontrar especialidades de todas las regiones de Estados Unidos. Es un lugar animado, siempre lleno, y adecuado para ir con niños, porque hay hamburguesas, pizzas y todo eso que los chavales comen a gusto.

Billy's. 948 1st Ave. E52nd St. Tel. 753 18 70. Cierra tarde. Abre los domingos. Pertenece a la misma familia desde su fundación en 1870. Las especialidades del día están escritas en una pizarra, no hay carta. Además de las carnes, entre los postres destaca el arroz con leche casero.

United Nations Delegates' Dining Room. Edificio de las Naciones Unidas, 4th Floor (1st Ave. E46th St.). Tel. 963 76 26. Abierto sólo al mediodía. Si te pilla la visita de la ONU a la hora de comer, puede ser una buena idea ir a este restaurante y aprovechar su completo *buffet*. Además, compartirás la mesa con diplomáticos de cualquier país y disfrutarás de una buena vista sobre el East River

UPPER WEST SIDE

Baratos

La Caridad. 2199 Broadway W78th St. Tel. 874 27 80. Cierra tarde. Abre los domingos. En realidad, es chino-cubano, algo que es bastante frecuente en Nueva York, no tanto en Manhattan, pero sí en Queens o Brooklyn. Comida muy sabrosa y casi regalada. Decoración y servicio, inexistentes.

Silk Road Palace. 447B Amsterdam Ave. W81st St. Tel. 580 62 94. Abre los domingos. Es un restaurante bastante popular en su barrio, porque es barato, da buena comida y los camareros intentan agradar.

Café con Leche. 424 Amsterdam Ave. W80th St. Tel. 595 70 00. Cierra tarde. Abre los domingos. El local es pequeño, pero son generosos con las raciones, fundamentalmente de comida dominicana, aunque también hay platos cubanos.

Medios

Les Sans Culottes. Tiene tres sucursales (una de ellas está en Midtown East): 329 W51st St., entre 8th Ave. y 9th Ave. Tel. 581 12 83.

/ 347 W46th St., entre 8th Ave. y 9th Ave. Tel. 247 42 84. / 1085 2nd Ave. E57th St. Tel. 421 90 72. Cierra tarde. Abre los domingos. Se especializa en cocina alsaciana y elabora una excelente *choucroute* (col fermentada), con la que se acompaña al codillo de cerdo o a unas salchichas.

Sambuca. 20 W72nd St. Columbus Ave. Tel. 787 56 56. Abre los domingos. Buenas raciones y ambiente sencillo. Entre los postres, todos caseros, destaca el *tiramisu.*

UPPER EAST SIDE

Baratos

Jackson Hole Wyoming Burgers. Tiene cinco sucursales, de ellas tres en el Upper East Side: 232 E64th St. 2nd Ave. Tel. 371 71 87. / 1270 Madison Ave. E91st St. Tel. 427 28 20. / 1611 2nd Ave. E83rd St. Tel. 737 87 88. / 517 Columbus Ave. W85th St. Tel. 362 51 77. / 521 3rd Ave. E35th St. Tel. 679 32 64. Cierra tarde. Abre los domingos. Buenas hamburguesas, jugosas y mejores que las del *McDonald's* de turno, pero no deja de ser una cadena de comida rápida, así que tampoco esperes maravillas.

Szechuan Hunan Cottage. Dos sucursales: 1590 York Ave. E83rd St. Tel. 535 52 23. / 1433 2nd Ave. E74th St. Tel. 535 14 71. Abre los domingos. Comida de Sechuán, una región del Este de China que se caracteriza sobre todo por el abuso de los picantes.

HARLEM Y MORNINGSIDE HEIGHTS

Baratos

Americanos

Sylvia's. 328 Lenox Ave., entre 126th St. y 127th St. Tel. 996 06 60. Fax 427 63 89. Abre los domingos. Es el restaurante más famoso de *soul food,* comida típica de los negros del Sur. Las especialidades son las *b-b-qued ribs,* costillas asadas con una salsa algo picante, y el pollo frito con *hot cakes,* unas tortitas de harina de maíz. El postre clásico es el *sweet potato pie* o tarta de batata. Merece la pena ir los domingos al mediodía, porque actúa un grupo que canta *gospel* durante la comida. Se forman colas, porque van muchos turistas, pero también acuden muchos negros, así que no hay dudas sobre la autenticidad de la comida. En las paredees, abundan las fotos dedicadas de clientes famosos, como Aretha Franklin y Nelson Mandela. Si se come en la barra, en lugar de ocupar mesa, sale algo más barato. Atención: muy cerca, en el número 318 de Lenox Ave., han abierto una sucursal más elegante, pero es mejor ir al sitio original.

Dominicanos

Floridita. Dos sucursales: 3219 Broadway W129th St. Tel. 662 00 90. / 3451 Broadway W141st St. Tel. 926 03 19. Abre los domingos. El aspecto general es pobre, pero la comida dominicana es auténtica; al fin y al cabo, está en el barrio dominicano de Nueva York.

BROOKLYN

Baratos

Totonno. 1524 Neptuno Ave., entre 15th St. y 16th St. Tel. (718) 372 86 06. Abierto sólo entre jueves y domingo. Si te acercas a Coney Island, éste es un buen sitio para comer pizza; en opinión de muchos, la mejor de Brooklyn.

Junior's. Flatbush Ave. con Dekalb Ave. Tel. (718) 852 52 57. Cierra tarde. Abre los domingos. Buenos sandwiches, que se pueden completar con un pastel de queso.

Moroccan Star. 205 Atlantic Ave., entre Clinton St. y Court St. Tel. (718) 643 08 00. Abre los domingos. Ofrece los típicos platos de la cocina marroquí, a un precio justo entre barato y medio.

Medios

Aunt Sonia's. 1123 8th Ave. 12th St. Tel. (718) 965 95 26. Abre los domingos. Comida casera (no sabemos si preparada por la tía Sonia o no).

Pete's Downtown. 1 Old Fulton St. Tel. (718) 858 35 10. Fax (718) 858 37 11. Cierra lunes. Sábados y domingos sólo da cenas. Sus precios son mucho más asequibles que los del cercano *River Cafe*. Cierto es que no puede presumir de las mismas vistas, pero puedes acercarte a la orilla del río después de cenar para contemplar los rascacielos iluminados y te quedarán veinte o treinta dólares más en el bolsillo. Lo que dan de comer está bien, es básicamente cocina italiana. La estación de metro más cercana está en High Street de Brooklyn, a unos diez minutos andando; de noche, conviene ir con los ojos bien abiertos, porque hay un tramo un poco solitario.

Henry's End. 44 Henry St. con Cranberry St. Tel. (718) 834 17 76. Abre los domingos. Preparan muy bien las ensaladas y los postres, con ciertos toques de nueva cocina; pero el principal motivo para ir hasta allí podría ser probar algunos de sus platos de comida salvaje, como el cocodrilo, la serpiente de cascabel o el antílope. El precio se acerca a caro.

Tommaso's. 1464 86th St. 15th Ave. Tel. (718) 236 98 83. Abre los domingos. Cocina italiana, muy bien elaborada en plan clásico. Al dueño le gusta la ópera y a veces se pone a cantarla delante de los clientes. Precio cercano a caro.

New Prospect Cafe. 393 Flatbush Ave. con 8th Ave. Tel. (718) 638 21 48. Comida americana, con ciertas pretensiones de innovación y modernidad. El precio es medio, pero tirando a barato.

Tripoli. 156 Atlantic Ave. Clinton St. Tel. (718) 596 58 00. Abre los domingos. Comida libanesa, con bailarina del vientre por las noches. Es uno de los restaurantes más veteranos del barrio. Precio en la frontera entre barato y medio.

Caros

Peter Luger. 178 Broadway, entre Bedford Ave. y Driggs Ave. Tel. (718) 387 74 00. Cierra tarde. Abre los domingos. Algunos afirman que es el mejor *steakhouse* (restaurante especializado en carne) de todo Nueva York. La chuleta es impresionante. No tiene menú escrito, el camarero explica las sugerencias del día. Es conveniente reservar mesa. No acepta tarjetas de crédito, lo cual es curioso para ser un local de cierta categoría, al menos por los precios (a caballo entre caros y carísimos); la decoración no vale mucho, y el servicio es correcto, sin más.

Carísimos

River Cafe. 1 Water St. Tel. (718) 522 52 00. Cierra tarde. Abre los domingos. Es necesario reservar y se requiere vestimenta formal (chaqueta y corbata para los caballeros). El atractivo de este restaurante es su ubicación, justo debajo del Puente de Brooklyn, por lo que de noche ofrece una vista fascinante de los rascacielos de la punta meridional de Manhattan. La comida es de tipo nueva cocina y es preferible optar por uno de los dos menús, que cuestan entre 65 y 85 dólares, que complicarse la vida con la carta. Hay una posibilidad de conocer este sitio por un precio entre medio y caro. Junto al salón principal del restaurante, se encuentra una terraza acristalada donde sirven un menú más reducido y se contempla el mismo panorama. Además, no se necesita chaqueta y corbata, e incluso se puede tomar sólo un café o una copa. Una buena idea es ir cruzando el Puente de Brooklyn a pie, antes de que se haga de noche; luego se puede regresar a Manhattan en metro, pero los diez minutos que se tarda andando hasta la estación más cercana (High St.) transcurren por unas calles un tanto desoladas.

QUEENS

Baratos

Jai Ya Thai. 81-11 Broadway 81st St. Tel. (718) 651 13 30. Buena comida tailandesa, pero servida en un ambiente un tanto desangelado. Hay opciones tan buenas o mejores dentro de este tipo de gastronomía en Manhattan.

Medios

Parkside Restaurant. 107-01 Corona Ave. 108th St. Tel. (718) 271 98 71. Cocina del Sur de Italia, casera y muy buena. Ambiente familiar. Las raciones son generosas, pero el precio se acerca a caro.

BRONX

Medios

Dominick's. 2335 Arthur Ave., entre 186th St. y 187th St. Tel. (718) 733 28 07. Abre los domingos. Es un restaurante pequeño que está cerca del Zoo. No tiene menú, porque cambia los platos a diario según lo que haya en el mercado. La comida es italiana y el ambiente es familiar. No se puede pagar con tarjeta.

Mario's. 2342 Arthur Ave. 187th St. Tel. (718) 584 11 88. Abre los domingos. Cocina napolitana. Regentado por la misma familia desde principios de siglo. Uno de sus mejores platos es la ensalada de pulpo. La competencia con *Dominick's*, situado al otro lado de la calle, es reñida.

Amerigo's. 3587 East Tremont Ave. Tel. (718) 792 36 00. Es uno de los lugares donde sirven mejor comida italiana en el Bronx. El servicio es atento y el precio se acerca a caro.

Tito Puente's. 64 City Island Ave. Rochelle St. Tel. (718) 885 32 00. Cierra tarde. Abre los domingos. El legendario músico Tito Puente ha abierto su propio restaurante, animado con música de salsa. La comida es caribeña y mexicana. No está garantizado ver por allí al compositor de *Oye cómo va*, pero muchos objetos personales suyos forman parte de la decoración.

Caros

Il Boschetto. 1660 East Gun Hill Rd., cerca de Tiemann Ave. Tel. (718) 379 93 35. Abre los domingos. En este restaurante italiano, los platos que sobresalen son la ternera guisada y los de pasta.

Lobster Box. 34 City Island Ave. Tel. (718) 885 19 52. Abre los domingos. Excelentes pescados y mariscos, y el precio apenas pasa de medio. Es conveniente reservar mesa. La ubicación es muy adecuada, a la orilla del agua.

STATEN ISLAND

Baratos

Boston Market. 1465 Forest Ave. con Livermore Ave. Tel. (718) 815 11 98. Abre los domingos. Es una cadena de comida rápida, no mala del todo; muchas familias optan por ir allí a comer, lo que explica que muchas veces esté lleno.

Mezcal's. 1700 Hylan Blvd., entre Cromwell St. y Garretson Ave. Tel. (718) 351 48 49. Abre los domingos. Restaurante mexicano atendido por personal simpático y con una comida decente.

Medios

Old Bermuda Inn. 2512 Arthur Kill Blvd., entre Bloomingdale Rd. y Rosville Ave. Tel. (718) 948 76 00. Abre los domingos. Lo más destacable son dos buenas ofertas que tiene: el *brunch* del domingo y la cena de precio fijo de los jueves. La decoración y el servicio son correctos.

LA MARCHA, EL TEATRO: TODO SOBRE LAS CALIENTES NOCHES NEOYOQUINAS

Nueva York por la noche es un mundo diferente. Tiene una gran variedad de sitios para salir a divertirse. En este apartado incluimos los lugares de moda para tomar copas, las discotecas, los *comedy clubs* y los teatros y comedias musicales. Como en todas las ciudades grandes, las modas cambian rápido, cualquier sitio que hoy es lo más *in*, puede que en poco tiempo esté *out*.

En ningún local nocturno se sirve alcohol a los menores de 21 años y si tienen dudas piden un documento de identidad.

Teatros y comedias musicales

Información

The Broadway Show Line. Tel. 563 BWAY (563 29 29). Ofrece información sobre todas las obras que están en cartelera.

También se puede recurrir a determinados periódicos y revistas para saber la programación teatral: *The Village Voice*, *The New Yorker*, *The New York Magazine* y el diario *The New York Times* (los viernes en la sección *Weekend* y los domingos en *Art and Leisure*).

Las obras teatrales y comedias musicales suelen comenzar a las 20 h. El miércoles y el sábado o domingo hay matinales a las 14 h. Habitualmente, los actores principales descansan la noche del domingo o la del lunes, así que en esas funciones actúan los suplentes.

Precios

En las comedias musicales y las piezas teatrales más famosas, las butacas no suelen bajar de 70 dólares. Las localidades más baratas, oscilando entre 20 y 35 dólares, son las de *rear mezzanine* o trasera de anfiteatro, y en general no se ve mal desde ellas, aunque sí un poco lejos. Junto a las taquillas, hay siempre un plano que muestra la situación de cada localidad.

En la Oficina de Turismo de Columbus Circle, se pueden conseguir cupones de descuento (*twofers*) de hasta el 50 % para algunas obras, incluidas las más conocidas. Cada cupón vale para dos entradas y se canjea en la taquilla del propio teatro donde es la representación. Suelen estar en el mostrador. Si no, probar en:

Stubs Discount Theater Tickets. 226 W47th St., tercer piso.

Entradas

Casi todo suele estar reservado con mucha anticipación para las principales comedias musicales y obras de teatro en las que intervienen actores conocidos. No es, por tanto, fácil conseguir entradas.

Las taquillas de los teatros suelen estar abiertas entre 10 h y 20 h (de 12 h a 18 h los domingos). Se pueden comprar entradas para el mismo día o para funciones futuras.

Una dirección que conviene saber, porque en ella se pueden conseguir entradas con descuento:

TKTS. Cruce de Broadway y W47th St. (Duffy Square). / Planta Mezzanine de 2 World Trade Center (Torres Gemelas). Vale sólo para entradas del mismo día, los teatros sacan allí el taquillaje que les sobra poco antes de la función. No admite tarjetas, pero sí cheques de viaje. Aunque carga una comisión de 2,50 $ por entrada, compensa por el descuento sobre el precio normal, que en ocasiones llega a la mitad. No obstante, no hay garantías de que queden entradas para la obra que te apetece ver precisamente ese día.

La sucursal de Duffy Square, junto a Times Square, funciona de lunes a sábado entre 15 h y 20 h para las sesiones vespertinas; las entradas para las matinales de miércoles y sábados se pueden adquirir el mismo día de la función entre 10 h y 14 h. Los domingos abre a las 11 h. Ve al menos una hora antes, que es cuando se empieza a formar la cola.

En la sucursal de las Torres Gemelas, para los espectáculos del mismo día se pueden comprar las entradas de lunes a viernes entre 11 h y 17 h 30, y el sábado hasta las 15h30. Las matinales se venden el día anterior.

Puedes recurrir también a los sistemas de reserva telefónica, que cobran un recargo y no hacen ningún descuento. Es la manera más segura de conseguir una entrada, pero te sale más caro.

Tele-Charge. Tel. 239 62 00 (en el 239 62 40 hablan español).

Ticketmaster. Tel. 307 41 00. Tiene oficinas en Sony Plaza (550 Madison Ave.), los almacenes Bloomingdale's de E59th St. y las tiendas de Tower Records, HMV, Sound-a-Rama, J & R Music World y Marshalls.

La última solución, a la desesperada, si tienes un empeño especial por ver una determinada obra un día concreto, es recurrir a un agente, que cobra más comisión que los servicios de reserva telefónica. Son como los reventas españoles, pero más en plan potentado. Estos son dos de esos agentes:

Applause Theater & Entertainment Services. 301 W53rd St. Tel. 307 70 50 ó (1-800) 451 99 30 (gratuito).

Theatre Direct, Inc. 1650 Broadway. Tel. 541 84 57 ó (1-800) 334 84 57 (gratuito).

Direcciones

Aunque se habla siempre de los teatros de Broadway, muy pocos teatros están directamente en esa avenida; la mayoría se concentran hacia el Oeste de ella, entre las calles 44 y 53.

El término *Broadway* se refiere, por extensión, a todas las producciones espectaculares y caras. La expresión *Off Broadway* define a las compañías más modestas, que actúan generalmente en teatros del Village, East Village o el SoHo. En el Sullivan del SoHo está la obra que lleva más tiempo representándose en Nueva York (33 años), el equivalente de *La ratonera* de Agatha Christie en Londres. Se trata de la comedia musical *The Fantasticks*.

Estas son las direcciones de los teatros más importantes de Nueva York.

Ambassador Theater. 219 W49th St.
Astor Place Theater. 434 Lafayette St.
Barrymore Theater. 243 W47th St.
Belasco Theater. 111 W44th St.
Booth Theater. 222 W45th St.
Broadway Theater. 1681 Broadway W53rd St.
Brooks Atkinson Theater. 256 W47th St.
Circle in the Square. 1633 Broadway.
Cort Theater. 138 W48th St.
Eugene O'Neill Theater. 230 W49th St.
Gershwin Theater. 22 W51st St.
Golden Theater. 252 W45th St.
Helen Hayes Theater. 240 W44th St.
Imperial Theater. 249 W45th St.
Majestic Theater. 247 W44th St.
Marquis Theater. 1535 Broadway W46th St.
Minskoff Theater. 200 W45th St.
Nederlander Theater. 208 W41st St.
Neil Simon Theater. 250 W52nd St.
Palace Theater. 1564 Broadway W47th St.
Richard Rodgers Theater. 226 W46th St.
Roundabout Theater. 1530 Broadway.
Royale Theater. 242 W45th St.
St. James Theater. 246 W44th St.
Shubert Theater. 225 W44th St.
Sullivan Street Playhouse. 181 Sullivan St.

Union Square Theater. 100 E17th St. Park Ave. South.
Variety Arts. 110 3rd Ave. E13th St.
Village Gate 52nd Street. 240 W52nd St.
Virginia Theater. 245 W52nd St.
Vivian Beaumont Theater. 150 W65th St.
Wintergarden Theater. Broadway con W50th St.

Discotecas

La mayoría de las discotecas se toman muy en serio lo del derecho de admisión. Los *gorilas* de la puerta pueden ser bastante desagradables. Además de la entrada, se paga la consumición, y los refrescos los cobran a precio de bebida alcohólica. La hora habitual de cierre es las 4 de la madrugada.

Astor's. 428 Lafayette St. Prince St. (SoHo). Tel. 473 16 98. Música *hip-hop.*

The Bank. 225 East Houston St. (East Village). Tel. 505 50 33. El edificio fue anteriormente un banco.

Limelight. 660 Ave. of the Americas W20th St. Tel. 807 78 50. Se mantiene en primera línea de las discotecas de Nueva York. Está en una antigua iglesia y es amplia.

Nell's. 246 W14th St. Tel. 675 15 67. Una de las veteranas que conoció los buenos tiempos discotequeros de los años 80. Ahora le da al *funky.*

Palladium. 126 E14th St. Tel. 473 71 71. No es tan famosa como en los años 80, pero conserva el prestigio.

Private Eyes. 12 W21st St. Tel. 206 77 70. Frecuentada por homosexuales.

Robots. 25 Avenue B (East Village). Tel. 995 09 68. Una de las discotecas que más tarde cierra.

Roxy. 515 W18th St. Tel. 645 51 56. Cierra muy tarde.

S.O.B. 204 Varick St. West Houston St. (SoHo). Tel. 924 52 21. Las iniciales corresponden a *Sounds of Brazil.* Predomina la música brasileña, pero también suele escucharse jazz y salsa.

Sound Factory Bar. 12 W21st St. Tel. 206 77 70. Música *mix* y pinchadiscos bastante locos. Ambiente muy joven.

Tunnel. 220 12th Ave. Tel. 695 46 82. Está situada en lo que fue un túnel de tren.

Locales con música

Rock

The Bitter End. 149 Bleecker St. (Village). Tel. 673 70 30. En este legendario club, han actuado famosos cantantes como Stevie Wonder, Bob Dylan y Billy Joel.

The Bottom Line. 14 W4th St. Mercer St. (Village). Tel. 228 63 00. Uno de los lugares más famosos en la actualidad.

CBGB & OMFUG. 315 Bowery E3rd St. Tel. 473 97 63. Predomina el *heavy metal*.

Coney Island High. 15 St. Marks Place, entre 2nd Ave. y 3rd Ave. (East Village). Tel. 674 79 59. Pequeño y con aspecto un poco siniestro. Gente joven y grupos de nuevas tendencias.

Continental Divide. 25 3rd Ave. St. Marks Place (East Village). Tel. 529 69 24. Está decorado con dinosaurios. Tiene espectáculos todas las noches.

Kenny's Castaways. 157 Bleecker St., esquina a Thompson St. (Village). Tel. 979 97 62. Abierto hasta las 4 h, todos los días. Famoso porque allí tocaron Bruce Springsteen, The Smithereens y Muddy Waters cuando aún eran desconocidos. Sigue dando oportunidades a grupos que empiezan. La entrada cuesta 5 $.

China Club. 2130 Broadway W75th St. Tel. 877 11 66. Ha decaído en los últimos años.

Jazz

Arthur's Tavern. 57 Groove St., entre 7th Ave. South y Bleecker St. (Village). Tel. 675 68 79. Abre hasta las 4 h de la madrugada. Cobra una entrada barata, algunos días es incluso gratis. Los que tocan no son grandes figuras, pero son buenos.

Birdland. 2745 Broadway W105th St. Tel. 749 22 28. Conciertos a diario a las 21 h, 22 h 30 y 24 h. Con el *brunch* del domingo, la entrada es gratuita; el resto de los días hay que pagar la admisión.

Blue Note. 131 W3rd St. (Village). Tel. 475 85 92. Conciertos a diario a las 21 h y 23 h 30. Siempre tocan primeras figuras, pero es muy caro (23 $ la entrada, bebida aparte) y el personal es un poco desagradable si no te ven pinta de rico.

Iridium. 44 W63rd St., frente al Lincoln Center. Tel. 582 21 21. Conciertos a las 20 h 30 y 22 h 30 de domingo a jueves; viernes y sábado hay otro pase a las 24 h. Decoración extravagante, buenos músicos y precios caros. Merece la pena, los fines de semana, el *jazz brunch*, que es más asequible.

Knitting Factory. 74 Leonard St., entre Broadway y Church St. (TriBeCa). Tel. 219 30 55. Conciertos a las 20 h. Ha dado su nombre a un estilo de música que mezcla el jazz, el rock y hasta la new age. Ojo, que ya no está en el East Village, ha cambiado de situación.

Michael's Pub. 211 E55th St. Tel. 758 22 72. En este pub de estilo inglés actúa los lunes Woody Allen tocando el clarinete. Por eso, van bastantes turistas, te clavan en la cena, que es obligatoria para ver el espectáculo, y el dueño se pone bastante borde si desde la parte del bar intentas atisbar algo del concierto sin pagar la cena.

Smalls. 183 W10th St. 7th Ave. Tel. 929 75 65. Barato y abierto hasta muy tarde de madrugada.

Sweet Basil. 88 7th Ave. South, junto a Bleecker St. (Village). Tel. 242 17 85. Conciertos a las 21 h y 23 h de domingo a jueves; viernes y sábado hay otro pase a las 0h30. Uno de los más recomendables, tanto por los músicos que tocan habitualmente como por los precios, que no son exagerados. Por 18 $, se puede ver el concierto desde la barra e incluye una consumición. Ir pronto, porque sólo hay seis asientos en la barra; en caso contrario, habrá que sentarse en una mesa y pagar, además de los 18 $, lo que cueste la cena.

The Village Vanguard. 178 7th Ave. South W11th St. (Village). Tel. 255 40 37. Conciertos a las 21 h 30 y 23 h 30. Algunos días hay pases también a la 1 h. El más veterano, funciona desde hace más de 50 años y siempre con excelentes músicos. La entrada, incluyendo la consumición mínima, se pone en 25 $.

Visiones. 125 MacDougal St. W3rd St. (Village). Tel. 673 55 76. Programa a los músicos más vanguardistas. De lunes a viernes, tiene una *happy hour* entre 18 h y 20 h en la que no cobra entrada y las bebidas son a mitad de precio.

Zinc Bar. 90 West Houston St. Laguardia Place (Village). Tel. 477 83 37. Conciertos entre semana a las 22 h, 24 h y 2h, y los fines de semana a las 23 h, 0h30 y 2h30. Músicos jóvenes. Los sábados y domingos se dedica al jazz brasileño, y los jueves, al jazz latino. Es barato.

Blues

Chicago B.L.U.E.S. 73 8th Ave., entre W13th St. y W14th St. Tel. 924 97 55. Conciertos de lunes a jueves a las 21 h, 22 h 30 y 24 h, viernes y sábados a las 21 h 30, 23 h y 0 h 30. Domingos a las 21 h, "open blues jam". Domingos, lunes y martes no cobra entrada. El resto de la semana oscila entre 5 y 20 dólares. Excelentes músicos de blues.

Dan Lynch Bar. 221 2nd Ave. E14th St. Tel. 677 09 11. Buen rhythm and blues y rock.

Manny's Carwash. 1558 3rd Ave. E88th St. Tel. 369 25 83. Blues urbano.

Tramps. 45 W21st St., entre 5th Ave. y 6th Ave. Tel. 727 77 88. Blues, funk o zydeco (música de Louisiana).

Folk

Tommy Makem's Irish Pavillion. 130 E57th St. Tel. 759 90 40. Folk americano y música irlandesa los fines de semana.

Bares

Hay una gran variedad de bares en Nueva York, especializados en determinado tipo de cliente o de ambiente. El cierre es obligatorio a las 4 de la madrugada, aunque lo más habitual es que lo hagan hacia las 2 h. Entre las 17 h y las 19 h, casi todos tienen la institución de la *happy hour*, en la cual por el precio de una consumición ofrecen otra gratis.

En general, las copas son más pequeñas y más caras que en España. Además, hay que dejar un 15 % de propina, como en los restaurantes.

La mayor cantidad de bares interesantes se concentra en Downtown Manhattan, sobre todo en Greenwich Village, East Village, TriBeCa y SoHo. Los de Midtown están dirigidos sobre todo a los oficinistas, así que por la noche cierran pronto o tienen poco ambiente.

Downtown

@Cafe. 12 St. Marks Place, entre 2nd Ave. y 3rd Ave. (East Village). Tel. 979 54 39. Se pronuncia "At Cafe" (en inglés, el signo informático "arroba" se dice "at"). Es un "cibercafé": en las mesas hay ordenadores conectados a Internet y se puede navegar por la Red (pagando una tarifa horaria) mientras se toma algo.

Bar d'O. 29 Bedford St. (Village). Tel. 627 15 80. Frecuentado por *drag queens* (travestis).

Barramundi. 147 Ludlow St. (Lower East Side). Tel. 529 69 00. Sitio de reunión de postmodernos.

Brewsky's. 41 E7th St. (Village). Tel. 420 06 71. Es una microcervecería, que elabora su propia cerveza.

Café Vivaldi. 32 Jones St. (Village). Tel. 691 75 38. Un lugar acogedor.

Caliente Cab Co. 21 Waverly Place (Village). Tel. 529 15 00. / 7th Ave. South esquina a Bleecker St. (Village). Tel. 243 85 17. Es del estilo de una cantina mexicana, bulliciosa y con buen tequila.

Cornelia Street Cafe. 29 Cornelia St. (Village). Tel. 989 93 18. Organiza conferencias y actuaciones y en el bar preparan uno de los mejores *Bloody Mary* de Nueva York.

Crazy Nanny's. 21 7th Ave. South (Village). Tel. 366 63 12. Clientela de lesbianas.

Cyber Cafe. 273A Lafayette St., junto a Prince St. (SoHo). Tel. 334 51 40. Un cibercafé en el que puedes picar algo y engancharte a Internet por 10 $ la hora.

Chumley's. 86 Bedford St. (Village). Tel. 675 44 49. No es fácil de encontrar, porque lo único que lo identifica es una puerta maciza de madera, no tiene escaparates. Por dentro es de piedra, como las mazmorras de un castillo. En los años en que rigió la ley seca, fue un local de venta clandestina de alcohol.

Fanelli. 94 Prince St. (SoHo). Tel. 226 94 12. Aspecto de bar antiguo, con paredes de madera.

Global 33. 93 2nd Ave. Tel. 477 84 27. Música muy alta y ambiente un poco desangelado.

Grassroots Tavern. 20 St. Marks Place (East Village). Tel. 475 94 43. Tiene juego de dardos y una *sinfonola* con viejos éxitos.

Jekyll and Hyde. 91 7th Ave. South, entre Barrow St. y Grove St. (Greenwich Village). Tel. 989 77 01 ó (1-800) 992HYDE (gratuito). Si necesitas ir al cuarto de baño, lo tienes crudo, porque la puerta está camuflada en un pasillo que semeja una biblioteca antigua. Te costará encontrarla.

Kettle of Fish. 130 W3rd St. MacDougal St. (Village). Tel. 533 47 90. Fue centro de reunión de hippies.

Life Cafe. 343 E10th St. Avenue B (East Village). Tel. 477 87 91. Durante el verano, pone terraza en la calle. Da comida vegetariana a buen precio.

McSorley's Old Ale House. 15 E7th St. 3rd Ave. Tel. 473 88 00. Es una cervecería con más de cien años y ambiente de pub irlandés.

The Monster. 80 Grove St. (Village). Tel. 924 35 58. Frecuentado por homosexuales.

Ñ. 33 Crosby St. (SoHo). Tel. 219 88 56. Este es uno de los bares de tapas que se han hecho un hueco en Nueva York. En el nombre ya se advierte un indicio de su origen español.

Phebe's Place. 361 Bowery E4th St. (East Village). Tel. 473 90 08. Sitio de reunión de los actores de los teatros de vanguardia que se encuentran en la zona.

Puffy's Tavern. 81 Hudson St. (TriBeCa). Tel. 766 91 59. Tiene una máquina de discos de las antiguas con éxitos de los 60.

Save the Robots. 25 Avenue B E2nd St. Tel. 995 09 68. Situado en Lower East Side. Lugar de reunión favorito de progres y modernos.

Ty's. 114 Christopher St. (Village). Clientela homosexual. Christopher Street es una de las calles de ambiente *gay*.

Wax. 113 Mercer St. Tel. 226 60 82. Bastante de moda y concurrido por celebridades locales.

White Horse Tavern. 567 Hudson St. (Village). Tel. 243 92 60. Famoso por las borracheras que se agarraba en él Dylan Thomas.

DEPORTES PROFESIONALES

Fútbol americano
Es la gran pasión nacional, junto al béisbol. La temporada es en otoño. Por ser una ciudad grande, Nueva York tiene dos equipos, los **Giants** y los **Jets**, que juegan en:

Giants Stadium. The Meadowlands. East Rutherford (New Jersey). Tel. (201) 935 39 00. Autopista New Jersey Turnpike hasta la Salida 16.

Béisbol
Es el juego nacional de Estados Unidos. La temporada es en verano. Nueva York tiene dos equipos, los **Mets** y los **Yankees**, los campeones de 1998.

Shea Stadium. Roosevelt Ave. 126th St. (Queens). Tel. (718) 507 84 99. Metro: 7. Es el estadio de los Mets.

Yankee Stadium. E161st St. River Ave. (Bronx). Tel. (718) 293 60 00. Metro: 4, C, D. Es donde juegan los Yankees.

Baloncesto

Otra de las locuras nacionales. El equipo de baloncesto de Nueva York son los **Knicks**, que juegan en:

Madison Square Garden. 4 Pennsylvania Plaza (7th Ave. con W33rd St.). Tel. 465 58 00. Metro: 1, 2, 3, 9, A, B, C, D, E, F, Q, N, R. Autobuses: M4, M5, M6, M7, M10, M11, M16, M34.

Hockey sobre hielo

También hay mucha afición a este deporte. El equipo de Nueva York son los **Rangers**. Si tienes oportunidad, acude a ver un partido, son muy espectaculares y los jugadores se pegan con frecuencia disputándose la pelota, que en realidad es una pastilla plana. Se juega en el Madison Square Garden (ver dirección un poco más arriba).

Tenis

USTA National Tennis Center. Flushing Meadows-Corona Park (Queens). Tel. (718) 271 51 00. En septiembre se celebra allí el campeonato U.S. Open, también conocido como Flushing Meadows.

CÓMO HACER HUMEAR LA VISA

Flea markets (Rastros)

Greenwich Village Flea Market. Greenwich Ave. cerca de 7th Ave. y 10th St, en el patio de una escuela. Tel. 752 84 75. Abre los sábados de 12 h a 19 h.

Annex Antiques Fair & Flea Market. Sexta Avenida, entre las calles 24 y 27. Tel. 243 53 43. Sábado y domingo de 9 h a 17 h, sólo de marzo a diciembre. Es el más antiguo de la ciudad y muchos lo consideran el mejor.

The Garage. 112 W25th St., entre 6th Ave. y 7th Ave. Tel. 647 07 07. Sábados y domingos de 7 h a 17 h. Tiene 150 puestos repletos de cosas viejas. Hay que buscar mucho para encontrar algo que tenga valor como antigüedad.

Green Flea Indoor/Outdoor Market. East Side Market. E67th St. entre First Ave. y York Ave. Sábados de 9 h a 17h30. / West Side Market. Columbus Ave. con W77th St. Domingos de 10 h a 17 h 30. Teléfono de información para los dos: 721 09 00. Ambos mercados ofrecen el mismo tipo de productos (artesanía, antigüedades, regalos, libros, ropa barata), pero se celebran en días distintos.

Grandes almacenes y centros comerciales

Macy's. 151 W34th St. Broadway (Herald Square). Tel. 695 44 00. Lunes, jueves y viernes de 10 h a 20 h 30, martes, miércoles y sábados de 10 h a 19 h, domingos de 10 h a 18 h. Están considerados los mayores grandes almacenes del mundo. Sus rebajas son una institución. Sólo para echarle un vistazo por encima hacen falta varias horas. Su clientela es de clase media.

Bloomingdale's. 1000 3rd Ave. (toda la manzana de E59th St. entre Lexington Ave. y 3rd Ave.). Tel. 355 59 00 ó 705 20 00. Lunes a viernes de 10 h a 20 h 30, sábados de 10 h a 19 h y domingos de 11 h a 19 h. Para los neoyorquinos, *Bloomie's* es parte de la historia de la ciudad, pues existe desde 1879. Aunque su lema ("No has visto Nueva York si no has visto Bloomingdale's") es un poco exagerado, sí es cierto que es una visita casi obligada. Sus dependientes hablan en total más de treinta idiomas. Está dirigido a gente más elegante que *Macy's*.

Century 21. 22 Cortland St., entre Church St. y Broadway (frente a las Torres Gemelas). Tel. 227 90 92. Lunes a miércoles de 7 h 45 a 19 h, jueves de 7h45 a 20 h 30, viernes de 7 h 45 a 20 h, sábados de 10 h a 19 h. Estos grandes almacenes son poco conocidos por los turistas, pero se pueden encontrar artículos de marca a buenos precios. Está en pleno Distrito Financiero, al lado de Wall Street.

Manhattan Mall. E33th St. 6th Ave. (Herald Square). Tel. 465 05 00. Lunes a sábados de 10 h a 20 h, domingos de 11 h a 18 h. Consta de más de 80 tiendas distintas, incluidos varios restaurantes de comida rápida en el último piso. Antes se llamaba *A & S Plaza*.

Trump Tower. 725 5th Ave. 56th St. Tel. 832 20 00. Sus tiendas están muy bien puestas y el conjunto es espectacular, con una cascada interior, pero todo es muy caro.

South Street Seaport. South St. Seaport, donde Fulton St. llega al East River. Tel. 732 76 78. En el Pier 17 hay casi 100 tiendas, y en el edificio del Fulton Market se pueden comer especialidades étnicas.

Rockefeller Center. Entre las avenidas Quinta y Sexta y las calles W47th y W52nd. Tel. 698 29 50. En todo el complejo hay 200 tiendas y 30 restaurantes.

World Trade Center Shopping Mall. Subterráneos de las Torres Gemelas. Tel. 435 41 70. Por debajo de las Torres Gemelas se extiende una galería comercial con tiendas.

World Financial Center-Winter Garden. World Financial Center, Battery Park City (entre el río Hudson y las calles Vesey, Albany y West). Tel. 945 05 05. Está unido con el World Trade Center por una pasarela sobre West St. No tiene muchas tiendas y todas son caras, pero el sitio está muy bien puesto.

Discos

The Golden Disc. 239 Bleecker St. Tel. 255 78 99. Aquí hallarás muchos discos difíciles de encontrar en otras tiendas, incluidos los descatalogados.

Bleecker Bob's Golden Oldies. 118 W3rd St., entre MacDougal St. y 6th Ave. Tel. 475 96 77. Ideal para coleccionistas, que podrán encontrar aquí unos cuantos discos raros.

Gryphon Record Shop. 251 W72nd St. Tel. 874 15 88. Su especialidad son los discos descatalogados de música clásica.

Jazz Record Center. 236 W26th St, Oficina 804. Tel. 675 44 80. Discos, vídeos y libros, todo relacionado con el jazz. Una de las mejores tiendas para los especialistas. Abre de martes a sábado de 10 h a 18 h. En verano, cierra el sábado y abre el lunes.

J & R Music World. 25 Park Row. Tel. 238 90 00. Jazz contemporáneo.

Norman's Sound & Vision. 67 Cooper Square (3rd Ave. entre E7th St. y E8th St.). Tel. 473 66 10. / 228 7th Ave., entre W23rd St. y W24th St. Tel. 255 00 76. Su especialidad son los CDs de segunda mano.

Tower Records. 692 Broadway E4th St. Tel. 505 15 00. / 1961 Broadway W66th St. Tel. 799 25 00. / 1977 Broadway W67th St. Tel. 496 25 00. / 215 E86th St. 2nd Ave. Tel. 369 25 00. / Trump Tower, primer sótano (5th Ave.). Tel. 838 81 10. / 4th Ave. Lafayette St. Tel. 505 11 66.
La gran cadena de tiendas de discos de Nueva York, abierta todos los días de 9 h a 24 h y con mucha variedad. La sucursal mayor es la de Broadway con W67th St., que tiene además videodiscos.

Virgin Megastore. 1540 Broadway (Times Square). Tel. 921 10 20. Fax 921 58 69. Es una tienda muy grande y con un gran surtido de todos los tipos de música.

Venus Records. 13 St. Marks Place, entre 2nd Ave. y 3rd Ave. Tel. 598 44 59. Un buen lugar para coleccionistas. Tiene discos de segunda mano (y hasta de tercera). Abre los domingos de 12 h a 20 h.

Vinylmania Records. Tiene una gran selección de discos, lo mismo antiguos que compacts. 60 Carmine St. Tel. 924 72 23.

ALREDEDORES DE NUEVA YORK

Para visitar el Estado de Nueva York, lo más recomendable es el coche alquilado, aunque a bastantes sitios se puede llegar fácilmente en tren o autobús. Las Cataratas del Niágara no se pueden ver en el día, a menos que se madrugue y se trasnoche mucho, porque se tarda al menos cinco horas en llegar desde la ciudad de Nueva York.
Las excursiones de un día se limitan, por tanto, a Long Island y el Valle del Hudson.

LONG ISLAND

Su población ha sido mayoritariamente de granjeros y pescadores. A finales del siglo XIX, se puso de moda como zona de veraneo de la clase media y alta. Tiene distintos lugares históricos para visitar.
La isla es enorme, tiene 190 kilómetros de larga por 40 de ancha. Los *boroughs* de Queens y Brooklyn sólo ocupan un trozo de su parte más occidental.

Información

Long Island Convention and Visitors Bureau. Tel. (1-800) 441 46 01 (gratuito).

Transporte

Long Island Rail Road. Tel. (718) 217 54 77. Los trenes salen de la Penn Station de Manhattan.

Hampton Jitney Buses. Tel. (1-800) 936 04 40 (gratuito).

La Costa Sur

Jones Beach State Park. Queda al lado de Queens y es una playa muy popular, que los fines de semana está a tope. Tiene instalaciones deportivas, como campo de fútbol, de béisbol, piscina, etc.

Old Bethpage Restoration Village. Horario: Marzo a noviembre de 10 h a 17 h, salvo lunes; resto del año, de 10 h a 16 h, salvo lunes y sábado. Entrada de pago.

Está un poco más hacia el interior de la isla. Es un poblado que mantiene el aspecto de hace doscientos años. Unos figurantes demuestran cómo se hacían entonces trabajos de artesanía.

Fire Island. Es una estrecha franja de arena comunicada por barco con la costa principal de Long Island. En invierno, está desierta, pero en verano se llena, porque muchos neoyorquinos tienen allí su residencia secundaria.

Southampton. Como East Hampton, es una zona de veraneo de millonarios, con elegantes tiendas y magníficas mansiones.

East Hampton. Es un pueblo bellísimo, lugar de veraneo de la clase alta. Sus casas son impresionantes.

Sag Harbor. Tiene una bahía muy abrigada, por lo que hace dos siglos, antes de adquirir Nueva York su importancia, era uno de los puertos de entrada en Estados Unidos. Conserva la primera aduana (Custom House) del Estado de Nueva York. Se puede visitar en verano de 10 h a 17 h, excepto lunes. El ambiente general de Sag Harbor es muy tranquilo, con casas de la época colonial.

Montauk. Un pueblo muy agradable en el extremo Este de Long Island, con un paisaje de dunas. En la misma punta se encuentra un faro que fue construido en 1796 por orden de Washington.

La Costa Norte

Roslyn. Es un pueblecito con una zona histórica de casas antiguas. Alguna de ellas se puede visitar en los meses de verano.

Gravies Point Museum and Preserve. Este museo se encuentra en un bosque donde aún se conservan campamentos indios. Está cerca de Glen Cove, al Norte de Roslyn.

Oyster Bay. Es un pueblo muy relacionado con el presidente Theodore Roosevelt, cuya tumba está en el cercano Young's Cemetery.

También cerca, en Sagamore Hill, se ubica la casa en la que vivió el citado presidente.

Cold Spring Harbor. Uno de los pueblos pesqueros más pintorescos, que antiguamente vivió de la caza de la ballena.

The Whaling Museum. Cold Spring Harbor. Horario: Diario de 11 h a 17 h, excepto lunes de septiembre a mayo. Entrada de pago.

Describe cómo era la caza de ballenas en el pasado, con una serie de utensilios que están expuestos, incluyendo una barca ballenera.

Museo y Planetario Vanderbilt. Little Neck Road, Centerport. Horario del museo: Martes a sábado de 10 h a 16 h, domingo de 10 h a 17 h. Entrada de pago. Horario del planetario: Consultar la programación en el (516) 757 75 00. Entrada de pago.

Fue la casa del magnate William Vanderbilt Jr. El museo es una mezcla de muchas cosas, incluyendo maquetas de barcos y armas, y el planetario proyecta representaciones del cielo en las diversas épocas del año.

Stony Brook. Este pueblo conserva un encanto especial, gracias a que ha sabido mantener edificios de los siglos XVIII y XIX.

The Carriage Museum. Stony Brook. Horario: Martes a sábado de 10 h a 17 h, domingo de 12 h a 17 h. Entrada de pago.

Reúne todo tipo de vehículos tirados por animales, incluso un carromato gitano.

VALLE DEL HUDSON

Este valle está situado al Norte de Nueva York. El río Hudson atraviesa unos campos verdes considerados como las tierras más ricas de todo el Estado. La mejor época para apreciar su belleza es durante el otoño, cuando las hojas de los árboles adquieren un tono naranja y amarillo.

Información
Hudson Valley Tourism. Tel. (1-800) 232 47 82 (gratuito).

Transporte
Greyhound. Port Authority Bus Terminal. (W42nd St. 8th Ave.). Tel. (1-800) 231 22 22 (gratuito).

Amtrak. Penn Station. W34th St. 8th Ave. Tel. (1-800) 872 72 45 (gratuito).

Adirondack Trailways. 411 Washington Ave. (Kingston, NY). Tel. (1-800) 225 68 15 (gratuito). Organiza excursiones.

La orilla derecha
Mohonk Mountain House. Muy cerquita de New Paltz se encuentra uno de los lugares más bellos de la región, este hotel situado en

medio de bosques y a la orilla de un lago. Recomendable visitarlo si se puede, aunque para eso hay que disponer de coche.

West Point. Carretera 9W, a la altura de Highland Falls. Tel. (914) 938 26 38. Horario del Visitors Center: Diario de 8h30 a 16h15. Visitas guiadas de una hora entre las 10 h y las 15h30. Precio: 5 $. Descuento para niños menores de 12 años. Horario del museo: Diario de 10h30 a 16h15.

Es la conocida academia militar de Estados Unidos. Funciona desde 1802 y en ella se graduaron, entre otros, Grant, Lee, MacArthur, Pershing, Eisenhower y Schwarzkopf, el de la Guerra del Golfo.

Durante la Guerra de la Independencia contra los ingleses, este lugar era considerado como uno de los mejores para defender el tráfico por el Hudson, dada su posición elevada y el estrechamiento del río. El paso de navíos enemigos se impedía mediante una gran cadena tendida entre las dos orillas.

Parte de las instalaciones se pueden recorrer por cuenta propia, tanto en coche como a pie, con un mapa que dan en el Visitors Center, sin controles de ningún tipo, lo cual no deja de ser extraño tratándose de una instalación militar.

Albany. Es la capital del Estado de Nueva York y no llega a los 200.000 habitantes, por lo que es un sitio tranquilo, lleno de estudiantes y funcionarios. Sus fundadores fueron los holandeses, que la llamaron Nueva Amsterdam, pero más adelante los ingleses le cambiaron el nombre. La ciudad conserva algunas casas de las que construyeron los holandeses. Una de las zonas más bonitas para visitar es Quackenbush Square.

La orilla izquierda

Sunnyside. Carretera 9 (Tarrytown). Tel. (914) 631 82 00. Abierto de abril a octubre de miércoles a domingo de 10 h a 17 h. El resto del año cierra a las 16 h, y en enero y febrero sólo abre sábados y domingos de 10 h a 16 h. Entrada de pago.

Es una casa de 17 habitaciones en la que vivió el escritor Washington Irving.

Lyndhurst. 635 South Broadway (Tarrytown). Tel. (914) 631 00 46. Abierto de mayo a octubre de martes a domingo de 10 h a 17 h. En invierno, sólo sábados y domingos de 10 h a 17 h. Entrada de pago.

Es una llamativa mansión de estilo imitación a gótico que domina el río desde una colina.

Pocantico Hills. En este idílico pueblecito se encuentra la casa de John Rockefeller. Parece mentira que esté a sólo media hora de carretera de los suburbios de Nueva York.

Ossining. Un poco más al Norte siguiendo el curso del río. La fama de este pueblo se la da la célebre prisión de máxima seguidad de Nueva York, Sing Sing.

Hyde Park. En este pueblo están la casa a la que se retiró Franklin D. Roosevelt y la mansión del millonario Vanderbilt.

Franklin Delano Roosevelt National Historic Site. 519 Albany Post Rd. (Carretera 9). Tel. (914) 229 91 15. Abierto a diario de abril a octubre de 9 h a 17 h. Resto del año, de jueves a domingo a las mismas horas. Entrada de pago.

Conserva muchos objetos personales de ese respetado presidente. Su tumba y la de su mujer, Eleanor, están en los jardines.

Vanderbilt Mansion. Carretera 9. Tel. (914) 229 91 15. Abierto a diario de abril a octubre de 9 h a 17 h. Resto del año, de jueves a domingo a las mismas horas. Entrada de pago.

Impresionante mansión de finales del siglo pasado, en estilo *beaux arts*, encargada por el magnate Frederick Vanderbilt para vivir en ella en primavera y otoño. Tiene 50 habitaciones ricamente amuebladas y las vistas sobre el río son magníficas.

Rhinebeck. Es un pueblo pequeño con algunas casas bonitas, de madera, y tiendas de artesanía y antigüedades. Si vas a parar para echar una cerveza, tiene un sitio curioso:

Beekman Arms/1766 Tavern. 4 Mill Street (Route 9). Tel. (914) 876 70 77. Es la posada más antigua de Estados Unidos. La decoración mantiene el estilo original de la mansión, con vigas de madera y muebles de época. El restaurante tiene mucha fama porque su dueño es Larry Forgione, el del *An American Place* de Nueva York, pero es caro. La solución es tomar algo en la taberna, iluminada con quinqués y que retiene el aspecto del siglo pasado.

PENNSYLVANIA

Los *Bosques de Penn* es uno de los estados que mayor variedad presenta en todos los aspectos. Granjas amish en las que no hay luz eléctrica a una hora de una urbe con cinco millones de habitantes, la histórica y orgullosa Philadelphia, gigantescas explotaciones minerales para abastecer la industria de Pittsburgh: cómo dicen sus habitantes, "si América es la bandera, nosotros somos el mástil".

Datos
Población: 12.000.000 habitantes.
Capital: Harrisburg.
Franja horaria: Eastern.
Punto más elevado: Mount Davis, 3.213 pies.
Impuestos estatales: 6%; en Pittsburgh, el 10%.

Historia
Cuando los europeos llegaron a principios del siglo XVII se encontraron con una población nativa que sobrepasaba los 15.000 individuos.

Fue el inglés **Henry Hudson** en primero en remontar el curso del río Delaware, y en 1643 se fundó una colonia en la zona de Chester. La colonia pasó a manos holandesas en 1655, para volver a dominio inglés en 1664. En 1681 el rey **Carlos II** debía tanto dinero a la familia Penn que, para pagarles, les cedió lo que hoy es el estado. **William Penn** se estableció con algunos hombres en la confluencia de los ríos Delaware y Schuylkill, la Philadelphia actual. En el siglo XVIII se asentaron miles de europeos, entre ellos los cuáqueros (a los que pertenecía Penn), menonitas y Amish, entre otras confesiones luteranas. En 1750, aunque las relaciones con los indios habían sido poco menos que modélicas, la reclamación francesa sobre el valle del río Ohio hizo estallar la Guerra Franco-India, que se prolongó de 1754 a 1763.

Tras la guerra, Pennsylvannia era el centro de las Colonias, y el embrión (junto con Boston) de la Independencia, como atestiguan las calles de Philly. Se libraron sangrientas batallas (Delaware River, Brandwyne Creek), lo mismo que durante la Guerra Civil (la de Gettysburg fue la más dolosa de toda la confrontación).

PHILADELPHIA

Cuando **William Penn** fundó la ciudad tenía una idea en mente: la de crear un lugar en el que todos pudieran vivir en paz, independientemente de su credo o procedencia: así, le dio el nombre griego de ciudad del amor entre los hombres. El siglo XVIII transcurrió más o menos tranquilo, hasta los altercados que desembocaron, en 1774, con la primera reunión del Congreso Continental, el embrión de lo que se acercaba y ya era inevitable: la independencia de las colonias.

Hoy, Philadelphia es una de las ciudades más activas del país. Su población supera ya los seis millones, y está repleta no ya de edificios de fuerte impronta histórica, sino de estupendos barrios residenciales que conservan casi todo el encanto del siglo pasado.

Cómo llegar

En avión

Philadelphia International Airport: Y-76. Tels. (215) 937 68 00 y (800) PHL GATE. A unos 12 km de la ciudad. Una carrera de taxi sale por unos 20$.

Éstos son los teléfonos de algunas de las líneas aéreas con representación en este aeropuerto:

Air Canada: tel. (800) 776 30 00.

America West: tel. (800) 235 92 92.

American Airlines: Tel. (800) 433 73 00.

British Airways: Tel. (800) AIRWAYS.

Continental: tel. (800) 525 02 80.

Pennsylvania

Erie

79

Corry

Warren

Coudesport

Meadville

Sheffield

Kellettville

Emporium

Greenville

Tionesta

Dil City

St. Marys

Shintown

Clarion

80

Grove
City

New
Castle

Du Bois

Moshannon

Punxsutawney

Mahaffey

Butler

Kittanning

Tyrone

S
C

Ambridge

Indiana

Altoona

Huntingd

Florence

Monroeville

Pittsburgh

79

Latrobe

Johnstown

Saxton

Bethel
Park

New
Stanton

Washington

70

Waterfall

Connellsville

Somerset

Cessna

Weynesburg

Uniontown

McConnellsb

Meyersdale

Cumberland

West Virginia

Delta: tel. (800) 221 12 12.
Swissair: tel. (800) 221 47 50.
TWA: tel. (800) 221 20 00,
United: tel. (800) 241 65 22.
US Airways: tel. (800) 428 43 22.

En autobús

Greyhound: 10th St. Tel. (215) 931 40 75. Abierta de 7 h a 1 h. Autobuses a todos los sitios. También tienen aquí su cabecera algunas de las líneas de la New Jersey Transit.

En ferry

Los buques de la **RiverLink** (tel. 609/365 14 00) conectan Philadelphia con Camden, en Nueva Jersey. Sale cada media hota del Penn's Landing. Precio por trayecto: 2$.

En tren

Amtrak: 30th St. Tel. (215) 824 16 00. Abierta las 24 h del día, con unas frecuencias pocas veces vistas: por ejemplo, 30 trenes diarios a Nueva York.

Datos útiles

Agencias de reservas hoteleras

Abby's Agency and Guesthouses: tel. (610) 692 45 75.
A Bed & Breakfast Connection: tel. (610) 687 35 65.
Accomodations Express-Philadelphia: tel. (800) 941 76 66. Operativo las 24 h del día.
Accomodations Plus: 3 Neshaminy Interplex, ste. 107, Trevose. Tel. (800) 454 ROOMS.
AmeriRoom - Philadelphia Hotel Reservations Bureau: tel. (800) 888 58 25.
University City Guesthouses: tel. (215) 387 37 31.

Cambio de moneda y cheques de viaje

American Express Travel Service: 16th St & John F. Kennedy Blvd. Tel. (215) 587 23 00.
Thomas Cook Currency Services: 1800 John F. Kennedy Blvd. Tel. (800) 287 73 62.
CoreStates: 16th & Market Sts. Tel. (215) 973 68 12.
Dickens Inn: Head House Square, 2nd St. Tel. (215) 928 93 07.
Mellon Bank: Broad & Chestnut Sts. Tel. (215) 553 21 45.
PNC Bank: Broad & Chestnut Sts. Tel. (215) 585 51 78.

Oficinas de información turística y Correos
National Park Service Visitors Center: 3rd & Chestnut Sts. Tel. (215) 597 89 74.
Visitors Information Centre: 1525 John F. Kennedy Boulevard. Tel. (215) 636 16 66. Abierto toda la semana de 9 h a 17 h .
Oficina de Correos: 2970 Market St. Tel. (215) 895 80 00. Abierta todos los días de 9 h a 17 h. Está al lado de la estación de tren.

Transporte público
Servicio prestado por la **SEPTA** (*Southeastern Pennsylvania Transportation Authority*). Tel. (215) 580 78 00. Los **autobuses** generalmente operan de 5 h a 2 h, y algunas líneas incluso las 24 h del día. Las líneas que más os convienen son la 76 (de Society Hill a South Street, pasando por Market Street, Benjamin Franklin Parkway y el Fairmount Park; la 42, que conecta el centro con University City; el **metro** tiene dos líneas priincipales, la Market St. Line y la Broad St. Line. El precio del billete para ambos medios es de 1$60 la tarifa base, que puede incrementarse a los 3$50 si váis a los suburbios. El pase diario ilimitado cuesta 5$.
Los **taxis** tienen una tarifa de 1$80 por milla, lo mismo que la bajada de bandera. Algunas compañías:
City Cab Co.: tel. (215) 238 50 00.
Olde City Taxi: tel. (215) AIR PORT.
Quaker City Cab: tel. (215) 728 80 00.
United Cab: tel. (215) 238 95 00.
Yellow Cab: tel. (215) 922 84 00.

La visita

En el centro histórico y el Waterfront
El centro de Philadelphia es conocido como el **Independence National Historical Park.** El parque contiene edificios en la Independence Square y otras calles adyacentes que guardan relación con el pasado colonial de la ciudad, la fundación de Philadelphia o su etapa como capital del país. La zona principal se extiende entre las calles 2, 6, Walnut y Market. Todos los edificios están abiertos de 9 h a 17 h, y no se cobra la entrada. La oficina de información turística la tenéis en la esquina de las calles Chestnut y 3th. Tel. (215) 597 89 74.
Otra calle imperdonable es la **South Street**, desde la calle 10 hasta la esquina de las calles Bainbridge y Lombard. Es donde están los mejores restaurantes y comercios.
Carpenter's Hall: 320 Chestnut St. Tel. (215) 925 01 67. Abierto toda la semana de 10 h a 16 h, excepto los lunes. No se cobra entrada. Para muchos, donde empezó todo. El Primer Congreso Continental se reunió aquí en 1774, y recibió la visita de la reina Isabel hace apenas

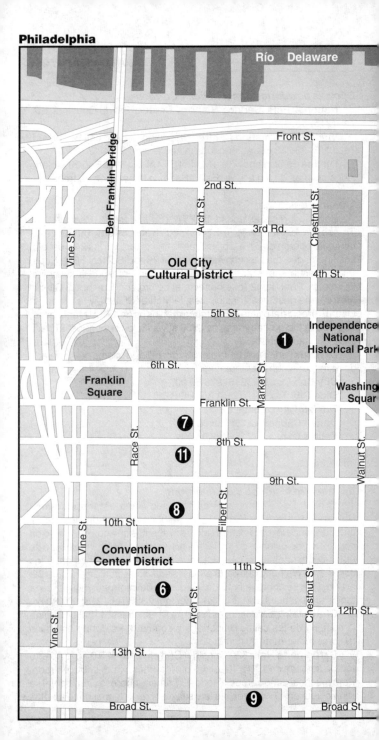

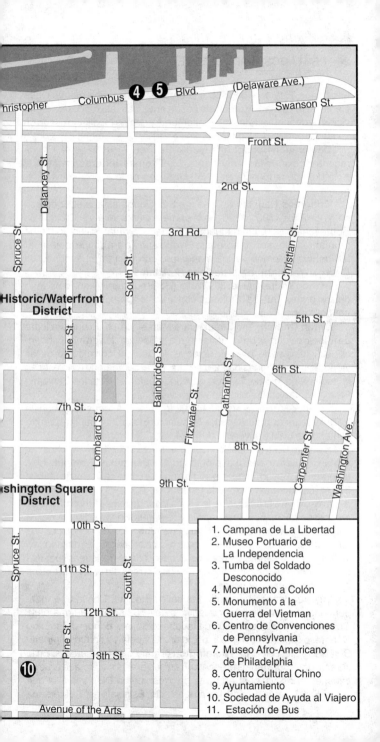

Columbus **4** **5** Blvd. (Delaware Ave.)

Swanson St.

hristopher Columbus

Front St.

2nd St.

Delancey St.

3rd Rd.

Spruce St.

South St.

Christian St.

4th St.

Historic/Waterfront District

5th St.

Pine St.

Bainbridge St.

6th St.

Catharine St.

7th St.

Fitzwater St.

Lombard St.

8th St.

Carpenter St.

Washington Ave.

shington Square District

9th St.

10th St.

Spruce St.

South St.

11th St.

12th St.

Pine St.

13th St.

10

Avenue of the Arts

1. Campana de La Libertad
2. Museo Portuario de La Independencia
3. Tumba del Soldado Desconocido
4. Monumento a Colón
5. Monumento a la Guerra del Vietman
6. Centro de Convenciones de Pennsylvania
7. Museo Afro-Americano de Philadelphia
8. Centro Cultural Chino
9. Ayuntamiento
10. Sociedad de Ayuda al Viajero
11. Estación de Bus

unos años. Hay un vídeo sobre la empresa de carpintería que sigue siendo la propietaria del edificio desde entonces, así como una exposición permanente de las sillas, alfombras y demás mobiliario usado en la mítica reunión del Congreso.

Declaration House: 7th & Market Sts. Tel. (215) 597 89 74. Es una reconstrucción de la vivienda en la que **Thomas Jefferson** redactó el Acta de Independencia en 1776. Un vídeo os lo explica muy claramente.

Congress Hall: 6th & Chestnut Sts. Donde estaba el Congreso entre los años 1790 y 1800. En la primera planta tenéis la Cámara de Representantes, en la segunda el Senado y varias salas donde se reunían las diversas comisiones. En el vestíbulo era donde tenía lugar la apertura solemne de los mandatos, en concreto el segundo de **George Washington** y el de **John Q. Adams**.

Bishop White House: 309 Walnut St. El que fue vivienda del primer obispo protestante de la ciudad, con artículos personales y el correspondiente mobiliario cuidadito y tal.

Christ Church: 2nd Street, entre Market y Arch. El que era lugar de trabajo de quince de los firmantes de la Declaración de Independencia. La iglesia es de 1695, de típico estilo Georgia, con algunas de las vidrieras más antiguas de todo el país. En el cementerio, que está en la esquina de la 5th con Arch, es donde están enterrados Benjamin Franklin y otros cuatro firmantes.

Deshler-Morris House: 5442 Germantown Avenue. Vivienda de 1772 restaurada donde George Washington pasó una temporada entre el otoño de 1793 y el verano de 1774.

Franklin Court: lo más conocido, entre las calles 3rd, 4th, Chestnut y Market. Esta parte fue propiedad de **Benjamin Franklin**; hoy, tenemos un museo, un teatro subterráneo y cinco casas de la Market Street restauradas tal como lo estaban en la época de Franklin, con guías vestidos a la usanza de la época y donde nunca faltan un par de japoneses haciendo chasquear las cámaras. En los edificios de las callejuelas hay, entre otras cosas, una redacción de periódico, una imprenta de 1785, una exposición de restos arqueológico hallados en la zona y una estafeta de correos donde podréis franquear vuestras postales; es, además, la única oficina de Correos del país en la que no ondea la bandera americana.

Independence Hall: entre las calles 5th, 6th, Chesntut e Independence Square. Imponente edificio de 1732 donde se firmaron la Constitución y la Declaración de Independencia, y donde el Segundo Congreso Continental tomó la decisión de rebelarse contra el imperio Británico y dio a **George Washington** el mando de los ejércitos. En la *Assembly Room* tenéis el escritorio en que el acta fue firmada (que se expone en los National Archives de Washington DC), y la silla que ocupó Washington durante tan magno acto. Esta sala está restaurada tal como era en 1775; en la planta superior están la **Committe Room**, y la **Governor's Councils Chamber**, también restauradas.

Liberty Bell Pavillion: 5th, 6th, Market & Chestnut Sts. Un quiosquillo en medio de la plaza donde se expone la celebérrima **Liberty Bell**, que la trasladaron desde Independence Hall en 1976.

St. George's United Methodist Church: 235 N. 4th St. La iglesia metodista más antigua del país, desde 1769. Se exponen reliquias y artes decorativas.

Second Bank of United States: 420 Chestnut St. Aquí tienen la colección de retratos del Parque. Hay casi 200, muchos obra de uno de los artistas locales más venerados, Charles Wilson Peale.

Todd House: 4th & Walnut Sts. La casa de la que fue esposa del cuarto presidente del país, James Madison.

Powell House: 244 S. 3rd St. Se cobra entrada. La vivienda del que fue primer alcalde tras la independencia, Samuel Powel. Es una construcción que data de 1765, y en la que hay expuestas porcelanas, plata y todo el mobiliario original.

También en el Downtown

Arch Street Meeting House: 320 Arch St. Tel. (215) 627 26 67. Abierto toda la semana excepto los lunes de 10 h a 16 h. No se cobra entrada. Dedicado a los cuáqueros, que edificaron esta vivienda en 1693 en unos terrenos que les dió William Penn.

Philadelphia History Museum, The Atwater Kent: 15S. 7th St. Tel. (215) 922 30 31. Abierto toda la semana excepto los martes de 10 h a 16 h. Se cobra entrada. Muy popular entre las familias, en este museo fundado en 1938 se muestra los trescientos años de historia de la ciudad.

Penn's Landing: al este de Columbus Boulevard, entre las calles Market y South. El parque del paseo del río, donde tienen lugar cada año más de setenta festivales diferentes. De aquí salen los ferries para Camden. A lo largo del río Delaware, este es el lugar donde **William Penn** desembarcó en 1682. Hay varios barcos históricos, así como un jardín de esculturas. ¿Algunos de estos buques? el **Barnegat**, construido en 1904, era una especie de faro para los buques que entraban en el puerto; el **Gazela of Philadelphia**, de 1883, el **USS Olympia**, que entró en combate en la guerra con España y fue el que trajo de vuelta al país el cuerpo del **Soldado Desconocido**, que está enterrado en la Washington Square, o el **USS Becuna**, un submarino que sirvió en la Segunda Guerra Mundial en el Pacífico Sur. Todos estos buques, como forman parte del **Independence Seaport Museum**, tienen entrada (el horario es toda la semana de 10 h a 17 h).

The Barnes Foundation: 300 N. Latch's Lane, en Merion. Tel. (215) 667 02 90. Abierto de viernes a domingos de 9 h 30 a 16 h 30.

Entradas: 1$. Estupendísima colección de arte europeo, de la que destacan las obras que tienen de Pierre Auguste Renoir, que pasa por ser una de las más extensas del mundo. Además, la entrada es meramente simbólica...

City Hall: Penn Square. tel. (215) 686 28 40. Abierto de lunes a viernes de 9 h a 15 h. No se cobra entrada. A nuestro humilde parecer, el edificio más impresionante del país, así como suena. Se diseñó en 1871 con la intención de que fuera la mayor construcción del mundo, pero antes de que se finalizara en 1901 ya le superaban la parisina Torre Eiffiel y el Memoria de Washington, en la Capital Federal. En la cúspide de la torre hay una estatua de bronce de 13 metros de William Penn; a las 12 h 30 tenéis todos los días unas visitas guiadas para que no os perdáis por el maremagnum de salas. Los paseos a la torre salen cada cuarto de hora.

Fairmount Park

El Fairmount Park se extiende por casi 9.000 acres a lo largo de la orilla del río Schuylkill. Hay decenas de millas de senderos, parques, auditorios, construcciones históricas y museos. El parque se fundó en 1812, y fue el lugar donde se celebró la Exposición Universal de 1876. De los casi 200 edificios que se levantaron para ello sólo se conservan un par, la **Ohio House** y el **Glendenning Rock Garden**.

En el **Mann Music Center** (52nd St. & Parkside Ave) es donde hace de las suyas la *Philadelphia Orchestra*.

Philadelphia Museum of Art: 26th St & Benajmin Franklin Pkwy. Tel. (215) 763 81 00. Abierto toda la semana excepto los lunes de 10 h a 17 h. Entradas: 7$. Uno de los mejores museos de arte del mundo, cuyos fondos abarcan desde la China Imperial al Impresionismo o el Pop-Art. Si queréis hacer la visita guiada, salen a cada hora en punto todos los días, desde las 11 h hasta las 15 h.

Rodin Museum: 22nd St & Benjamin Franklin Pkwy. Tel. (215) 763 81 00. Abierto toda la semana excepto los lunes de 10 h a 17 h. Una pero que muy buena colección del genial Rodin, la más extensa abierta al público fuera de su Francia natal.

Cedar Grove: Lansdowne Drive. Abierta toda la semana de 10 h a 16 h. Entradas: 2$50. Una granja cuáquera del siglo XVIII, de la que se conserva el jardín y la puerta de entrada originales.

Laurel Hill: Kelly Drive. Del siglo XIX, bastante bonita. Abierto de miércoles a domingos, de 10 h a 16 h. Entradas: 2$50.

Luego, hay tres mansiones destacables, acondicionadas y abiertas al público. La **Woodford Mansion** (33rd & Dauphin Sts), la **Sweetbriar Mansion** (Lansdwone Ave) y **la Strawberry Mansion** (Dauphin St). Todas están abiertas de miércoles a domingos, de 10 h a 16 h. Las entradas, entre los 3 y los 5$.

El alojamiento

Precio barato

Bank Street Hostel: 32 S. Bank St. Tels. (215) 922 02 22 y (800) 392 46 78. Muy céntrico. Dormitorios compartidos con bastantes instalaciones. Echan el cerrojo a las 12 h 30.

Confort Inn Downtown Historic Area: 100 N. Columbus Boulevard. Tels. (215) 627 79 00. Recientemente reformado, y éso que sólo tiene diez años. Con aparcamiento cubierto.

Bag & Baggage Bed & Breakfast: 338 S. 12th St. Tel. (215) 546 38 07. Probablemente, el mejor b&b de toda Philadelphia. Las habitaciones son amplias, y con baño privado.

Antique Row B&B: 341 S. 12th St. Tel. (215) 592 78 02. Adyacente al anterior, es algo más económico (de 45$ a 90$).

Holiday Inn Philadelphia Stadium: 10th St & Packer Ave. Tel. (215) 755 95 00. En el sur de la ciudad, pero bien conectado por el transporte público. 238 habitaciones, restaurante, bar y aparcamiento cubierto.

Precio medio

Independence Park Inn: 235 Chestnut St. Tels. (215) 922 44 43 y (800) 624 29 88. Uno de los más bonitos. A su estupenda ubicación, sumadle la exquisita decoración de sus 36 habitaciones y el estupendo servicio. De la mejor relación calidad/precio.

Penn's View: Front & Market Sts. Tels. (215) 922 76 00 y (800) 331 76 34. Asomado al río Delaware, es de estilo europeo bastante logrado. Sólo 40 habitaciones, algunas de ellas realmente lujosas y todas muy por encima de las de las grandes cadenas. Con restaurante y bar.

Los restaurantes

Precio barato

Tony Luke's Old Philly Style Sandwiches: 39 E. Oregon Ave. Tel. (215) 551 57 25. Abierto toda la semana. No aceptan tarjetas de crédito. El mejor sitio para comerse el típico Philly Steak: un bocata de queso con filete troceado. Además, es enorme.

Joe's Peking Duk House: 925 Race St. Tel. (215) 922 32 77. Abierto toda la semana. Aceptan tarjetas de crédito. Un chino inusual pues además de los más trillados platos de aquella gastronomía, el tal Joe prepara el pato a la pequinesa que para que contaros.

Ron Rib's: 1627 South St. Tel. (215) 545 91 60. Abierto toda la semana. Aceptan tarjetas de crédito. Las mejores costillas, también hay algo de marisco y otras carnes rojas a la barbacoa. Todo muy rico.

Precio medio
Cuvée Notredame: 1701 Green St. Tel. (215) 765 27 77. Abierto toda la semana. Se recomienda reservar. Aceptan tarjetas de crédito. Uno de los más elegantes de la ciudad, de cocina belga: waterzool y boeuf Chimay son los platos estrellas de una carta con mucho uso de salsas y vegetales frescos. Los fines de semana, imposible.

PITTSBURGH

Cómo llegar

En autobús
Greyhound: 11th ST & Liberty Avenue. Tel. (412) 392 65 26. Abierta las 24 h. Autobuses a Nueva York, Philadelphia, Washington, DC, Cleveland y Chicago.

En tren
AMTRAK: 1100 Liberty Avenue. Tel. (412) 471 61 70. Abierta las 24 h. Trenes a Philadelphia, Chicago y Nueva York.

En avión
Pittsburgh International Airport: Findlay Township. Tel. (412) 472 55 26. A unos 25 km de la ciudad por la interestatal 279. Los buses al centro, 12$, y la carrera de taxi por los 30$.

Datos útiles

Oficinas de información turística y Correos
Downtown Visitors Center: Liberty Ave. Abierto toda la semana de 9 h a 17 h.
Pittsburgh Convention and Visitors Bureau: 4 Gateway Center, planta 18. Tels. (412) 281 77 11 y (800) 359 07 58. Abierto de lunes a viernes de 9 h a 17 h.
Oficina de Correos: 700 Grant St. Tel. (412) 642 44 75. Abierto de lunes a viernes de 7 h a 18 h, los sábados hasta las 14 h 30.

Transporte público
El servicio es prestado por la **PAT** (*Port Authority of Allegheny County*). Tel. (412) 442 20 00. En el centro, tanto los autobuses como el subterráneo son gratuitos hasta las 19 h. Fuera de estas horas y zona, la tarifa es de 1$25. El pase ilimitado del fin de semana sólo cuesta 3$.
Los **taxis** tienen la bajada de bandera en 1$40, lo mismo que cada milla. Algunas compañías:

- **Colonial/Mayflower Cab:** tel. (412) 833 33 00.
- **People's Cab:** tel. (412) 681 31 31.
- **Yellow Cab:** tel. (412) 665 81 00.

La visita de *The Burgh*

Otrora una de las ciudades más feas del país, como dice el chiste:

- *Oye, ¿tú sabes adónde vamos cuando morimos?*
- *A Pittsburgh.*
- *No, quiero decir cuando has sido realmente malo...*

De hecho, el centro de la ciudad es bastante monstruoso. La belleza de Pittsburgh radica en sus gentes y en sus barrios, y no es un tópico al uso, es la realidad. Y como siempre hay algo que ver...

The Carnegie: 4400 Forbes Avenue. Tel. (412) 622 31 31. Abierto toda la semana de 9 h a 17 h, jueves y viernes hasta las 21 h. Uno de los mayores centros culturales del país, donde tienen sus sedes la compañías de danza y las orquestas de música clásica de la ciudad. Hay varias instalaciones:

- *The Carnegie Library of Pittsburgh.* Abierta toda la semana excepto los lunes de 9 h a 17 h 30. No se cobra entrada. Una de las mayores bibliotecas públicas del país, construida en 1895 y con más de cuatro millones de volúmenes a disposición de todo el mundo.

- *The Carnegie Museum of Art:* el mismo horario. Entradas: 5$. Una buena colección de arte, centrada sobre todo en el impresionismo europeo y en estudios arquitectónicos.

- *The Carnegie Science Center:* 1 Allegheny Avenue. Tel. (412) 237 34 00. Abierto toda la semana de 10 h a 17 h. Entradas: 5$75. Una especie de parque temático sobre la ciencia, con todo lo que es de rigor (a nosotros nos gusta mucho la colección de maquetas de trenes y otra que hay sobre la vida diaria en el siglo pasado en la Pennsylvania Occidental).

- *The Carnegie Museum of Natural History:* Abierto toda la semana excepto los lunes de 10 h a 17 h. Entradas: las mismas que la del Museo de Arte. En la Dinosaur Hall están los esqueletos completos de diez de esos bichos. Otras salas son la del Antiguo Egipto, la de la Vida Salvaje en África o la Hillman Hall, sobre minerales.

Cathedral of Learning: University of Pittsburgh. Tel. (412) 624 60 00. Abierto toda la semana de 9 h 30 a 15 h, las visitas guiadas requieren reserva previa. Entradas: 2$. Una auténtica pasada. Se dice de esta construcción que es el edificio académico más alto del mundo: cuarenta y dos plantas de un barroquísimo estilo Gótico, en piedra negra. Hay 23 aulas cuyo diseño está inspirado en otros tantos estilos: desde el Bizantino al neoclásico, teniendo además la particularidad de haberse encargado de los trabajos otros tantos artistas internacionales, pretendiendo así reflejar lo variado que es étnicamente hablando Pittsburgh.

Pittsburgh

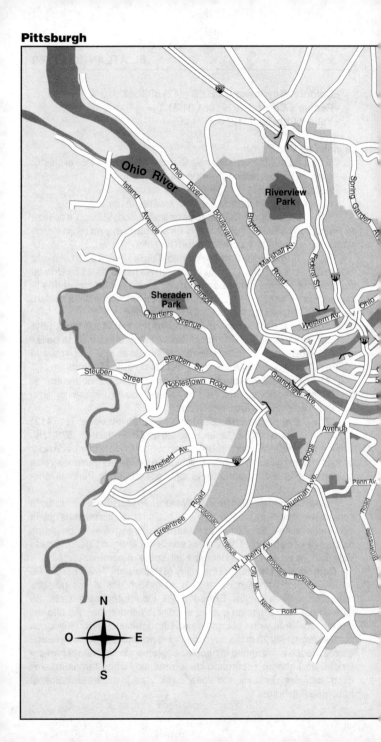

Andy Warhol Museum: 117 Sandusky St. Tel. (412) 237 83 00. Abierto toda la semana de 11 h a 18 h excepto los lunes. Entradas: 6$. El mayor múseo del mundo consagrado a un sólo artista, en este caso Andy Warhol. En las siete plantas se da un más que completo repaso a su obra.

Alojamiento

Precio barato

Allegheny YMCA: 600 W. North Ave. Tel. (412) 321 85 94. Siempre encontraréis un hueco. Está en el North Side de Piitsburgh, pero a un paso del centro.

Pittsburgh Hostel HI: 830 E. Warrington Ave. Tel. (412) 431 12 67. En Allenwtown. No hay toque de queda, así que podéis transnochar. Muy limpio, y los dueños realmente majos.

The Priory: 614 Pressley St. Tel. (412) 231 33 38. Céntrico. Es un edificio de 1888 con 24 habitaciones pero que muy bien puestas. Éso sí, no hay ascensor. Restaurante.

Precio medio

Hyatt-Regency: 112 Washington Pl. Tel. (412) 391 46 00. Enfrente del Civic Center. 712 habitaciones con todas las instalaciones.

Para comer

Café Allegro: 51 S. 12th St.Tel. (412) 391 10 91. Abierto toda la semana. Aceptan tarjetas de crédito. Buena cocina italiana: antipasto, pizzas, osso buco, en raciones generosas. Precio barato.

Penn Brewey: Troy Hill & Vinial, en el North Side. Tel. (412) 237 94 02. Cierra los domingos. Se aceptan tarjetas de crédito. Además de docenas de cervezas distintas, comida clásica alemana, no mucha elección en la carta pero sí lo suficiente para ir adoquinando el estómago. Precio barato/medio.

Pasando el tiempo

Bellas Artes

De septiembre a mayo se extiende la temporada de la **Pittsburgh Symphony Orchestra** (Heinz Hall, 600 Penn Avenue. Tel. (412) 392 49 00). **La Pittsburgh Opera**, en el Civic Center.

En verano hay un muy destacable festival dramatúrgico, el **Three Rivers Shakespeare Festival**.

Deportes profesionales

Los equipos de béisbol y de fútbol, los **Pirates** y los **Steelers**, comparten el impresionante **Three Rivers Stadium** (Stadium Circle, en el North Side). Otro equipo profesional es de la NHL, el **Pittsburgh Penguins**.

GETTYSBURG

El campo de batalla más célebre y visitado del país. Entre el 1 y el 3 de julio de 1863 se produjo una de las más sangrientas batallas de la Guerra Civil: más de 50.000 muertos, los mismos que cayeron en toda la guerra de Vietnam, como se encargan de recalcar los guías. Gettysburg era el centro clave para dominar las comunicaciones entre Pennsylvannia y Maryland, y el confederado Lee pretencia hacerse con la zona para tener el camino franco hasta el Norte. Doce mil sudistas cargaron infructuosamente contra Cementery Ridge, donde descansan sus restos. El parque cubre una estensión de 50 km², con más de 1.300 monumentos y 400 cañones.

Datos prácticos

La compañía **Gettysburgh Tours** os acerca desde la población del mismo nombre por poco dinero (778 Baltimore St. Tel. 717/334 62 96).

El parque está abierto todo el año escepto los días de Acción de Gracias, Navidad y Año Nuevo. No se cobra entrada al recinto, pero sí a los diversos museos que hay en él. Os facilitan más información en las oficinas (**Gettysburg National Military Park**, 97 Taneytown Road, Gettysburg) y en el **Gettysburg Travel Council** (35 Carlisle St, Gettysburg.Tel. 717/334 62 74).

LANCASTER Y EL DUTCH COUNTY

El Dutch County es una de las regiones más fascinantes del país, gracias a la presencia desde el siglo XVII de los menonitas, los amish y los Brethren, reflejados en alguna que otra producción de Hollywood, mal que les pese. Sus poblaciones son de inequívocos aires centroeuropeos, las granjas que se asoman a las carreteras no tienen tendido eléctrico, y las calesas hacen lo que pueden ante los desbocados buses de la Greyhound y los *pickups*. Pero tampoco es oro todo lo que reluce: los auténticos menonitas no tienen negocios abiertos al público, así que los restaurantes y las tiendas de artesanía que hay como setas después de llover son, en la mayoría de los casos, de urbanitas de Philadelphia o Pittsburgh que intentan encontrar la sencillez en su vida diaria, pero llevándose unos cuantos dólares de paso. Es el signo de los tiempos...

Lancaster fue, en los años de la Independencia, la ciudad más grande de las Colonias. Llegó incluso a ser capital de la nación, pero sólo por un día, el 27 de septiembre de 1777; de lo que se han salvado. Además de ser el centro en todos los aspectos del condado, tiene varios de los mejores centros comerciales de la costa Atlántica en sus alrededores.

Cómo llegar

En autobús y tren

En la 55 McGovern Avenue está la terminal, del **Amtrak** (trenes a Philadelphia únicamente) y la **Carolina Trailways** (también sólo a Philadelphia). Está abierta de 7 h a 17 h 30.

Datos útiles

Oficinas de información turística y Correos

Lancaster Chamber of Commerce: 100 Queen St. Tel. (717) 397 35 31. Abierta de lunes a viernes de 8 h 30 a 17 h.

Pennsylvania Dutch Visitors Bureau: 501 Greenfield Road. Tels. (717) 299 89 01 y (800) 735 26 29. Abierta toda la semana de 9 h a 17 h, hasta las 20 h los meses de verano.

Oficina de Correos: 1400 Harrisburg Pike. Tel. (717) 396 69 00. Abierta de lunes a viernes de 7 h 30 a 19 h, los sábados de 9 h a 14 h.

Transporte público dentro del Condado

Servido en Lancaster y el resto del condado por la **Red Rose Transit** (45 Erick Road. Tel. 717/397 42 46) Toda la semana de 9 h a 18 h 30. Billetes: 1$. Cubre los sitios más importantes, de todas maneras si tenéis coche la carretera más importante es la US30.

La visita

Hay varias compañías dedicadas a lo de las excursiones guiadas por el condado. Una especialmente buena es la **Amish Country Tours** (3121 Old Philadelphia Pike, tels. 717/392 86 22 y 800/441 35 05) que sale todos los días a las 10 h 30 en verano, y a las 11 h 30 el resto del año. El precio oscila entre los 16 y los 23$. En Lancaster tenéis el **Lancaster Walking Tour**, que sale todos los días a las 10 h 30 y a las 13 h (entradas: 5$), de la cámara de comercio, en la esquina de Queen con Vine. Dura hora y media, y os pasean por toda la ciudad. Realmente interesante.

The Amish Farm and House: US30. Tel. (717) 394 61 85. Abierto todos los días en verano de 8 h 30 a 18 h, resto del año cierran a las 16 h. Entradas: 6$. Una granja de principios del siglo pasado, donde cuentan la historia y vida de los Amish pero que muy didácticamente. Está a unos 8 km al este de la ciudad.

The People's Place: 3513 Main St., en Intercourse. Tel. (717) 768 71 71. Abierto toda la semana excepto los domingos en invierno de 9 h 30 a 21 h 30. Entradas: 3$50. El sitio por excelencia para conocer las culturas Amish y Menonita, además de una tiendas gandísima de artículos tradicionales.

Wasx Museum of Lancaster County History: US30, a 6 km al este de Lancaster. Tel. (717) 393 36 79. Abierto toda la semana de 9 h a 18 h. Entradas: 4$75. Otro museo sobre los Amish.

Wheatland: 1120 Marietta Avenue, Lancaster. Tel. (717) 392 87 21. Abierto toda la semana de 10 h a 16 h 45. Entradas: 5$. La vivienda del único presidente de la nación que ha dado Pennsylvania, James Buchanan.

Alojamientos

Hay docenas de hoteles y moteles en las áreas de descanso de la US30. Aquí van un par de ellos:

Continental Motor Inn: 2285 Lincoln Hwy. Tel. (717) 299 04 21. Lo más económico, pagado a un parque temático sobre el Dutch County no muy interesante. 165 habitaciones, restaurante y lavandería. Precio barato.

Days Inn Lancaster: 30 Keller Avenue. Tel. (717) 299 57 00. En todo el centro de la ciudad de Lancaster. 193 habitaciones, restaurante, pistas de tenis y lavandería. Precio barato.

Para comer

Central Market: Penn Square, Lancaster. Cerrado los domingos. Toda clase de alimentos fescos, así como bancas de comida rápida y un par de ellas de cocina tradicional. De largo, la opción más auténtica y económica.

The Amish Barn: 3029 Old Philadelphia Pike. Tel. (717) 768 88 86. Abierto toda la semana. Aceptan tarjetas de crédito. Aquí tenéis un buffet de platos tradicionales por sólo 15 machacantes.

MARYLAND

BALTIMORE

Cuna de Edgard Allan Poe, y a menos de una hora en coche de Washington, Baltimore es, para muchos, la auténtica ciudad cosmopolita de la costa este al sur de Nueva York. Con sus barrios étnicos, como la pequeña Lituania, su animada vida nocturna y su aroma tabernario, es una ciudad que muchos washingtonianos eligen como alternativa de ocio, aunque solo sea porque en la ciudad se encuentra el único equipo de béisbol de las Grandes Ligas de la zona...

La primera casa de lo que posteriormente sería Baltimore se edificó en el año 1682. En 1725, Charles Baltimore, un lord británico, fundo la capital de la colonia de Maryland; en 1729, la Legislatura de Maryland daría a la capital el nombre de Baltimore, como agradecimiento al Lord.

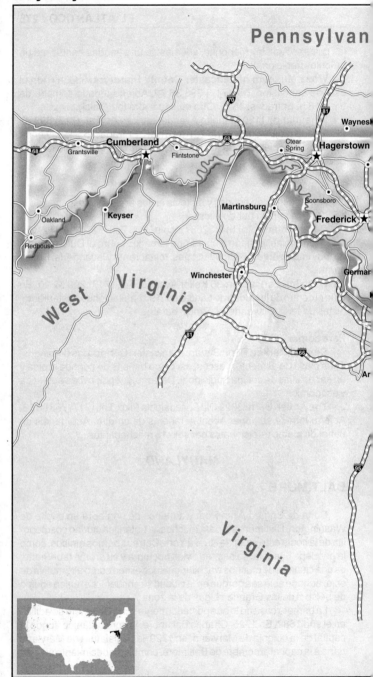

En 1775, la ciudad sólo constaba de quinientas casas; y el recién formado Congreso se reunió allí en 1776. La aduana se estableció en 1780, y las primeras autoridades de la ciudad se eligieron en 1787. A partir de 1793, la ciudad experimentó un notable crecimiento, gracias sobre todo a la oleada de refugiados franceses que huyeron de Haití durante los acontecimientos finales del 'Siglo de las luces'. Durante la guerra de 1812, los británicos atacaron infructuosamente la ciudad, y Francis Scott Key escribió una de las obras capitales de la literatura estadounidense, *'The star spangled banner'*, en Fells Point, mientras observaba el bombardeo del puerto de Baltimore. El apogeo de la llegada de inmigrantes a los EUA se acusó también en la ciudad: masas de lituanos arribaron en su puerto, formando un vecindario propio: la 'pequeña Lituania'.

Cómo llegar

En tren

Más de cuarenta trenes diarios (de Amtrak y la MARC) conectan Washington con Baltimore, empleando para ello casi tres cuartos de hora. Las tarifas dependen de la hora y del tren. La estación de Baltimore, la **Penn Central Railroad Station**, está en *North Charles St.*, y el teléfono es el 410- 872 7245. **AMTRAK**, la compañía ferroviaria nacional, tiene la terminal en Union Station. Tel: 202- 484 7540.

En autobús

Las terminales de la **Greyhound Inc.** se encuentran en el 210 de West Fayette St y en *Baltimore Travel Plaza*, en la intersección de la I-95 y la O'Donnell St.

Datoa útiles

Transporte público

Metro

Una sóla línea cruza la ciudad desde el centro (Johns Hopkins Hospital) al noroeste (Owing Mills), ya en las afueras, con doce estaciones intermedias. El servicio funciona, los días laborables, de cinco de la mañana a doce de la noche; los sábados, de seis de la mañana a medianoche, y los domingos el servicio está interrumpido. El precio del billete básico es de 1.25$, incrementándose unos centavos según las zonas que se atraviesen. El teléfono de información es el (410) 539 5000. El **Light Rail** conecta Timoniun, Camdenm Yards, con Linthicum. De lunes a viernes, el servicio opera de 6 h a 23 h; los sábados, de 8 h a 23 h, y los domingos, de 11 h a 19 h. El precio del billete es de 1.25$, y el teléfono de información, el mismo que el del Metro.

Autobuses

Cruzan toda la ciudad, conectando el centro con todos los barrios y urbanizaciones de las afueras. La tarifa es de 1.25$, con 10 centavos adicionales para los *transfers*. Se exige el importe exacto de los billetes. El teléfono de información es el (410) 539 5000.

En taxi

La tarifa de los taxis: 1.40$ por la primera décima parte de milla (algo parecido a la 'bajada de bandera' española), y un dólar por cada milla adicional (1.30$ fuera del condado). Las principales compañías son **Diamond** (tel. 947 33 33), **Sun** (tel. 235 03 00) y **Yellow Cab** (tel. 685 12 12).

Orientarse en Baltimore

La *Charles Street* divide Baltimore en este y oeste; la *Baltimore street* lo hace en norte y sur. Las calles, numeradas, lo están de este a oeste. Excepto la *Eutaw street*, el resto de las calles del centro lo son de dirección única.

Oficinas de información turística

Baltimore Area Visitors Center: 300 W. Pratt St. Tel. 837 46 36.
Baltimore Citylife Museums: 33 South Front St. Tel. 396 35 23.

La visita

Es esta una ciudad con un innegable sabor europeo: se asemeja más a Manchester o Liverpool que a Atlanta o Phoenix. La arquitectura de la ciudad es un canto a la herencia británica: salvando las típicas monstruosidades que se han hecho en el viejo centro -esos rascacielos de acero y cristal que inundan los cada vez más despoblados centros de las ciudades estadounidenses-, Baltimore está repleta de toques oscuros, preciosos, nostálgicos... espectaculares las más de las veces: los torreones en los chaflanes de las casas de Charles Village; las mansiones de Gwynn Falls Parkway; los barrocos edificios de apartamentos de Reservoir Hill, alrededor del monumento a Washington, los antiguos barrios obreros del Este y del Sur, o la belleza victoriana de Fells Point... La vida nocturna y cultural tiene un aire cosmopolita, y abundan las librerías, los bares, las tiendas de antiguedades, las peluquerías *grunge*; el de Baltimore fue el puerto más importante de la costa Este durante muchos años, y hoy barrios como Fells Point conservan aún ese añejo sabor de trinquetes, tabernas, marfiles de contrabando y peleas de irlandeses...

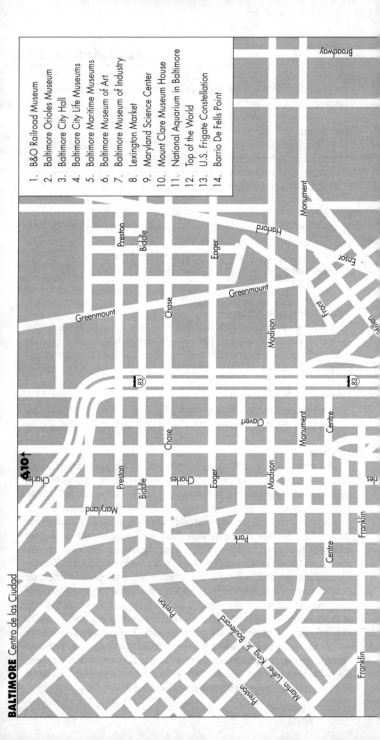

BALTIMORE Centro de las Ciudad

1. B&O Railroad Museum
2. Baltimore Orioles Museum
3. Baltimore City Hall
4. Baltimore City Life Museums
5. Baltimore Maritime Museums
6. Baltimore Museum of Art
7. Baltimore Museum of Industry
8. Lexington Market
9. Maryland Science Center
10. Mount Clare Museum House
11. National Aquarium in Baltimore
12. Top of the World
13. U.S. Frigate Constellation
14. Barrio De Fells Point

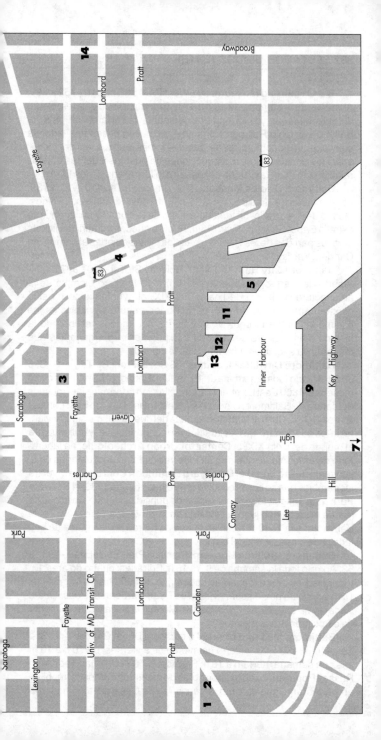

B & O Railroad Museum: 901 West Pratt St. Tel. 410 - 752 24 90. Abierto toda la semana de 10 h a 17 h. Entrada: Cinco dólares. Sede, durante décadas, de la primera compañía ferroviaria del país -la Baltimore & Ohio Railroad Company-, el museo posee una extensa colección de locomotoras de vapor -la más antigua es de 1829-, aparatos de telégrafos, reproducciones de puentes y demás objetos relacionados con la historia del desarrollo ferroviario de los EUA.

Baltimore Orioles Museum: 216 Emory St. Tel. 410 - 727 15 39. Abierto todos los días de 10 h a 17 h. Entradas: 5$ adultos, 3$ niños. Museo dedicado a la historia del equipo de la ciudad y su legendaria estrella Babe '*Sultan of Swat*' Ruth. Aquí se pueden adquirir los tickets para los partidos de los Orioles y para las visitas guiadas al campo, en Candem Yards.

Baltimore City Hall: 100 North Holyday St. Tel. 410 - 837 54 24. Abierto de martes a sábados, de 10 h a 16 h. Claro ejemplo de la arquitectura de hierro de finales del XIX, el ayuntamiento ha sido constantemente reformado para poder seguir sirviendo a los baltimorianos. La rotonda y las galerías son mudos testigos de la historia más reciente de la ciudad. Exposiciones permanentes que muestran la evolución urbanística de la ciudad.

Baltimore City Life Museums: 33 South Front St. Tel. 410 - 396 35 23. Abierto toda la semana de 10 h a 17 h. Entradas: 5$ para los cinco museos del 800 East Lombard St. La institución la forman siete museos del centro de Baltimore. Cinco de ellos están en el 800 de East Lombar Street. Son: la **Carroll Mansion**, la casa del que fue último superviviente de los que firmaron la Declaración de Independencia, y que muestra el mundo del siglo XIX; el **Center for Urban Archeologie**, un laboratorio de arqueología que muestra los yacimientos descubiertos en el subsuelo de la ciudad; el **Courtyard Exhibition Center**, que muestra los cambios que se han producido en la ciudad desde 1930; el **Brewers Park**, una antigua fábrica cervecera de principios del XIX en el que se recrea el papel que jugó la industria de la cerveza en el desarrollo de Baltimore; y la **1840 House**, en la que se recrea la vida diaria de una familia de clase media del Baltimore de 1840.

Baltimore Maritime Museum: Pier 3 on Pratt St. Tel. 410 - 396 34 53. Abierto toda la semana de 9 h a 16 h. Entradas: cuatro dólares. En Inner Harbour, se exponen un submarino de la II Guerra Mundial, el *USS Torsk*, un navío superviviente de Pearl Harbour, el *Coast Guard Taney*, y el remolcador *Chesapeake*. Merece la pena visitar el interior de estos monstruos marinos.

Baltimore Museum of Art: Art Museum Drive, Charles & 31 Sts. Tel. 410 - 396 71 00. Abierto de miércoles a viernes, de 10 h a 16 h; fines de semana, de 11 h a 18 h. Entrada: 5.50 $. Diseñado por John Russell Pope, el museo expone obras de maestros europeos, mobiliario y orfebrería, arte africano, americano y de Oceanía, arte moderno y exposiciones itinerantes. Destaca la Colección Cone de post-impresionistas franceses.

Baltimore Museum of Industry: 1415 Key Highway. Tel. 727 48 08. Cierra los lunes. Abierto el resto de la semana de 13 h a 17 h. Entrada: 3.50 $. En un edificio de 1865, el Museo de la Industria de Baltimore recrea la trayectoria de la industria de la ciudad, con maquinaria original de finales del siglo pasado.

Lexington Market: Lexington & Eutaw Sts. Tel. 685 61 69. Abierto de lunes a sábado, de 8 h 30 a 18 h. Sólo por el Lexington Market merece la pena desplazarse a Baltimore. Construído en 1950, sobre las ruinas del anterior (que lo fue en 1803), es un mercado en cuyas bancas se vende, aparte de alimentos frescos, comida cocinada, y el más grande del mundo. Más de doscientas bancas representan toda la diversidad gastronómica del país. Precios increíblemente bajos para reventar con poco dinero. Un espectáculo para los sentidos, y siempre de bote en bote.

Maryland Science Center: 601 Light St. Tel. 685 52 25. Abierto de lunes a jueves de 10 h a 18 h; de viernes a domingo, de 10 h a 20 h. Entradas: 8.50 $. En Inner Harbor, tres plantas con Planetario, cine *Imax* con proyecciones de películas de tres dimensiones, exposiciones sobre grandes inventores y la transformación de la energía, el telescopio *Shuttle* o la conquista del espacio.

Mount Clare Museum House: 1500 Washington Boulevard. Tel. (410) 837 32 62. Abierto de martes a viernes de 10 h a 16 h 30; fines de semana, de 13 h a 16 h. Entradas: 5$. La mansión fue construída por Charles Carroll, abogado y patriota revolucionario, en 1760. Típica construcción al estilo de Georgia, fue el centro de la plantación Patapsco River, ahora reconstruída con viñedos como los originales. Dentro de la mansión, amueblada como lo estaba en el siglo XVIII, se guarda la colección de más de mil piezas entre porcelanas chinas, retratos de familia, muebles y plata de Charles Carroll.

National Aquarium in Baltimore: 501 East Pratt St. Tel. (410) 576 38 00. Abierto de lunes a jueves, de 10 h a 17 h; viernes, de 10 h a 20 h; y sábados y domingos, de 9 h a 17 h. Entradas: 11.50 $ adultos, 7.50$ los niños menores de once años. Más de cinco mil criaturas marinas en este impresionante edificio. Lo que recibe al visitante nada más entrar es una inmensa piscina con tiburones, rayas marinas y una grandísima tortuga. En la planta más alta del edificio, hay un bosque tropical amazónico. Los delfines, la atracción más visitada, se encuentran en el *Marine Mammal Pavilion*. Fuera, hay piscinas con focas y bueyes marinos.

Top of the World: planta 27 del World Trade Center de Inner Harbor. Tel. (410) 837 45 15. Abierto toda la semana de 10 h a 16 h 30. Entradas: 2$. Increíbles vistas de la ciudad desde el punto más alto de Baltimore. También tienen lugar exposiciones sobre el desarrollo cultural y económico de la capital de Maryland.

U.S. Frigate Constellation: Constitution Dock in Inner Harbor. Tel. (410) 539 17 97. Abierto toda la semana, de 10 h a 18 h, Entradas: 3.50$. Botada en 1797, fue el primer barco en formar parte de la US Army. Combatió contra los piratas en Trípoli en 1802, y contra los ingleses e 1812. Combatió también en la Guerra Civil, y fue el buque insignia de la Flota del Atlántico en la II Guerra Mundial.

Alojamiento en la cuna de Poe

Precio barato

Mount Vernom: 24 West Franklin St. Tel. (410) 727 20 00. Al lado de la catedral, este hotel de 189 habitaciones ofrece unas prestaciones sencillas y un servicio eficiente por muy poco dinero. Aparcamiento y servicio de habitaciones.

Quality Inn Inner Harbor: 1701 Russell St. Tel. (410) 727 34 00. Ciento veinte habitaciones con televisión por cable y servicio de lavandería. Salas de reuniones y piscina al aire libre.

Ramada Inn Inner Harbor: 8 North Howard St. Tel. (410) 539 11 88. Este hotel es un claro reflejo de los establecimientos europeos de finales del siglo pasado. Noventa habitaciones con televisión por cable y aire acondicionado.

The Tremont Hotel: 8 East Pleasant St. Tel. (410) 576 12 00. Sesenta apartamentos, todos con televisión y algunos con cocina y nevera. Aparcamiento cubierto y lavandería.

Tremont Plaza Hotel: 222 St. Paul St. Tel. (410) 727 22 22. De la misma empresa que el anterior. *Apart-hotel* con 230 apartamentos con recibidor, cocina y electrodomésticos. Aparcamiento cubierto, saunas, lavandería y gimnasio de mantenimiento.

Precio medio

Ann Street Bed & Breakfast: 804 South Ann St. Tel. (410) 342 58 83. En un edificio restaurado de Fells Point, tiene tres habitaciones coquetas y silenciosas, con baño. Servicio de desayuno incluído en el precio.

Clarion Inn Inner Harbor: 711 Eastern Avenue. Tel. (410) 783 55 53. Fax: 410 - 783 1787. Setenta y una habitaciones con minibares y lavadora. Restaurante, bar y aparcamiento en el edificio.

Days Inn Baltimore Inner Harbor: 100 Hopkins Place. Tel. (410) 576 10 00. Enfrente del Baltimore Arena, encontramos este discreto hotel de doscientas cincuenta habitaciones, todas con televisión por cable y algunas con nevera. Los menores de doce años no pagan. En temporada baja de lo más económico, incluso en verano si tenéis labia.

Inn at Government House: 1125 North Calvert St. Tel. (410) 539 05 66. Uno de los mejores hoteles de la ciudad. Dieciocho coquetas habitaciones espléndidamente decoradas con antiguedades, todas con baño. Únicamente éso: un alojamiento. Nada más. Ni servicio de habitaciones, ni restaurante, ni nada. Pero un sitio perfecto para dormir y relajarnos.

The Inn at Henderson's Wharf: 1000 Fell St. Tel. (410) 522 77 77. En la antigua sede de una firma tabaquera del siglo XIX, este edificio de Fells Point pertenece al Registro Nacional de Lugares Históricos. ·8 habitaciones con televisión y minibar.

Tremont Plaza: 222 St. Paul Place. Tel. (410) 727 22 22. 230 habitaciones con minibar, televisión y cafeteras. Piden cincuenta dólares de depósito por la habitación, Los menores de 16 años acompañados no pagan alojamiento. Sauna, gimnasio, restaurante y aparcamiento cubierto.

Precio alto

Stuffer Harborplace: 200 East Pratt St. Tel. (410) 547 12 00. Cerca del puerto, este es el hotel más lujoso de la ciudad. Sus 622 habitaciones disponen de minibares y televisión por cable. Sauna, piscina cubierta, solarium, salón de juegos, guardería, restaurante, bar y aparcamiento.

Admiral Fell Inn: 888 South Broadway St. Tel. (410) 522 73 77. En el barrio más carismático de la ciudad, el hotel es fruto de la reconversión de cuatro edificios de 1790. Cincuenta habitaciones con televisión por cable, servicio de lavandería, y aparcamiento cubierto.

Baltimore Marriot Inner Harbor Hotel: 110 South Etaw St. Tel. (410) 962 02 02. Enfrente del estadio de los Orioles. 525 habitaciones con minibar, televisión por cable y neveras. Aparcamiento cubierto, restaurante, salón de juego, servicio de habitaciones y servicio de transporte al aeropuerto.

Harbor Court: 550 Light St. Tel: 410 - 234 0550. *D*oscientas tres habitaciones con minibar y televisión por cable. Servicios de guardería, masaje, de limusinas, transporte al aeropuerto, piscina cubierta y saunas.

Hyatt Regency Baltimore: 300 Light St. Tel: 410 - 528 12 34. Fax: 410 - 685 33 62. Con excelentes vistas del puerto, en este hotel de 438 habitaciones los niños menores de dieciocho años acompañados no pagan. Piscina, saunas, tres pistas de tenis, masaje y guardería.

Latham: 612 Cathedral St. Tel. (410) 727 71 01. Fax: 410 - 789 33 12. Ciento cuatro habitaciones elegantemente amuebladas, que cubren perfectamente todas las necesidades, con minibar, cafetera y horno microondas.

Radisson Plaza Lord Baltimore: 20 West Baltimore St. Tel. (410) 539 11 88. Fax: 410 - 625 1060. 419 habitaciones con televisión por cable. Restaurante, bar, piscina cubierta y servicio de habitaciones.

**Para comer como mandan
los cánones y las buenas costumbres**

Precio barato

Café Bombay: 14 East Lombard St. Tel. (410) 539 22 33. Abierto toda la semana. Aceptan tarjetas. El comedor recrea con acierto la decoración y el espíritu de los locales del mismo tipo que se encuentran en la India. Especialidad: platos de la India oriental como el *dosa - crepe* relleno de huevo cocido y patata, con cacahuetes y especias-.

DiPasquale's Italian Cafe & Catering: 6-8 West Cross St. Tel. (410) 347 05 85. Abierto toda la semana. No aceptan tarjetas. Cocina italiana buena a mejores precios: el *antipasto* es delicioso, la *pizza gourmet* interesante. Lo mejor: el café.

Frazier's Restaurant & Taproom: 857 West 33rd St. Tel. (410) 889 11 43. Cierra los lunes. Aceptan tarjetas. Típica mezcla norteamericana de bar-restaurante, con especialidades en *filet mignon,* paletillas y costillas a la barbacoa. Cervezas de barril de gran calidad.

Holy Frijoles: 908 West 36th St. Tel. (410) 235 23 26. Abre toda la semana. Aceptan tarjetas. Monumentales raciones en los platos: quesadillas, chiles rellenos, tacos y burritos a la parrilla... comida mejicana de calidad.

Iola Café: 1019 Light St. Tel. (410) 752 23 78. Abierto toda la semana. No aceptan tarjetas. Este local fue durante años propiedad de Al Pacino. Las *pizzas* están hechas en horno de leña, lo que las da un punto muy interesante; además, rayan en lo exótico -hay una de cilantro con *fontina* y pollo a la barbacoa). Buena selección de caldos transalpinos.

San Luis: 246 South Broadway. Tel. (410) 327 02 66. Abre toda la semana. Aceptan tarjetas. En el 'alto' Fells Point, este restaurante es una mezcla de cocinas china y salvadoreña, frecuentado sobre todo por la colonia latina de la zona. Los platos son servidos indistintamente en las mismas fuentes. Atención: el local carece de licencia para vender alcohol, así que los encargados invitan a un cóctel de la casa cuando pedimos un licor o una cerveza.

Silk Road: 3215 North Charles St. Tel. (410) 889 13 19. Con el nombre tomado de la ruta de la seda de Marco Polo, el Silk Road ofrece una variedad de platos orientales a muy buenos precios. Especialmente recomendables los tallarines con ternera al *currie.*

The Warlf Raft: 206 West Pratt St. Tel. (410) 244 89 00. Abierto toda la semana. Aceptan tarjetas. En una casa victoriana restaurada, las paredes del comedor están decoradas con objetos relacionados con la elaboración de la cerveza. La carta ofrece una variada y extravagante selección de carnes y pescados: destaca la ensalada de pollo y queso.

Precio medio

Berry & Elliot: 300 East Light St. Tel. (410) 528 12 34. Abierto toda la semana. Aceptan tarjetas. Recomendable reservar mesa. Un restaurante coqueto y con buenas vistas del puerto, que ofrece un servicio de calidad a bajos precios. Especialidad en cocina estadounidense tradicional.

Brass Elephant: 924 North Charles St. Tel. (410) 547 84 80. Abierto toda la semana. Aceptan tarjetas. En un edificio restaurado del siglo XVIII, estupendamente decorado, que no podemos dejar de visitar. Platos tradicionales norteamericanos con pocas concesiones a la modernidad. Los fines de semana, los comedores sólo se abren para no-fumadores. Buena carta de vinos de California.

Captain Crabb House: 2127 Boston St. Tel. (410) 327 86 00. Abierto toda la semana. Aceptan tarjetas. Con tres comedores, de informal a clásico, este restaurante está especializado en pescados. El combinado tierra y mar (*land & sea Conbo*) de camarones fritos y *filet mignon* es toda una sorpresa.

The Golden Crown: 3320 Greenmount Avenue. Tel. (410) 467 32 13. Cierra los lunes. Aceptan tarjetas. El cerdo al estilo *moo shu* y la ternera *szechuan* son las luminarias de una carta en la que predominan, sobremanera, las verduras y las sopas. Amplia carta de licores chinos de calidad.

House of Kabob: 8025 Harford Road. Tel. (410) 663 02 11. Abre toda la semana. Aceptan tarjetas. Cocina oriental en la que lo más gratificantes son los entrantes: *kebabs,* ternera con menta y tortilla de cebollas tiernas *Kask - E - Badejman.* Los aperitivos con los que aguardar la espera son gratis y sabrosos.

Ikarus: 4805 Eastern Avenue. Tel. (410) 633 37 50. Abierto toda la semana. Aceptan tarjetas. Paredes de estuco, música griega y pósters del Partenón crean un ambiente cordial en este restaurante griego donde las grandes raciones y los bajos precios son norma de la casa. El cordero es exquisito, lo mismo que la ensalada de cebollas y *talarama.*

Kosmakos Restaurant & Cocktail Lounge: 9811 York Road. Tel. (410) - 666 5235. Abierto toda la semana. Aceptan tarjetas. Animado restaurante con actuaciones en vivo y sesiones de *karaoke.*
Cocina italiana y griega.

Mediterranean Palace: 5926 York Road. Tel. (410) 532 66 77. Cierra los lunes. Aceptan tarjetas. Cocina del medio oriente: *kebaba* de cordero y pollo, ternera con *curries* y una carta de postres donde todos saben a canela.

Sunday Brunch: 1739 Fleer Street. Tel. (410) 675 59 99. Aceptan tarjetas. Cocina contemporánea europea de calidad. Menús más económicos los días laborables.

Precio alto

Amicci's: 231 S. High St. Tel. (410) 528 10 96. Aceptan tarjetas. Cierra los martes. Imprescindible llamar para reservar. El restaurante italiano de mayor éxito de la ciudad. No sólo por sus platos de pasta, sino por su pollo a la parmesana o sus pescados al modo del Piamonte. De bote en bote toda la semana.

Hampton's: 550 Light St. Tel. (410) 234 05 50. Cierra los lunes. Aceptan tarjetas. Recomendable reservar. Con unas excelentes vistas del puerto Inner, este restaurante destaca por su tratamiento de la "nueva cocina americana", con diferentes especialidades regionales.

House of Welsh: 301 Guilford Avenue. Tel. (410) 685 71 58. Aceptan tarjetas. Imprescindible reservar mesa. Uno de los restaurantes más selectos de la ciudad, con una cuidada decoración de paneles de madera y estuco en las paredes e impresionantes arañas de cristal. Gran parte del servicio lleva lustros en este restaurante, lo que lo eleva muy por encima de la media. La cocina, sencilla pero sabrosa y que huye de sofistificaciones, está especializada en carnes y pescados.

Mo's Fisherman's Wharf Inner Harbor: 219 President St. Tel. (410) 837 86 00. Abierto toda la semana. Aceptan tarjetas. En la esquina de Pratt & President Sts, la cocina del establecimiento es un canto a los frutos de la cercana bahía de Chasepeaske. Imprescindible su bogavante sobre lecho de vainilla.

Prime Rib: 1101 North Calvert St. Tel. (410) 539 18 04. Abierto toda la semana. Aceptan tarjetas. Recomendable reservar mesa. Dotado de un servicio estupendo, es este uno de los restaurantes más frecuentados de Baltimore. Especialidad en carnes de buey de Chicago y pescado y marisco de Chasepeake.

Tío Pepe: 10 East Franklin St. Tel. (410) 539 46 75. Abierto toda la semana. Aceptan tarjetas. Recomendable reservar mesa. Restaurante con sabor español y buenas muestras de nuestra cocina. La paella es cara, pero muy buena.

De marcha, rumbeando por ahí

La vida nocturna en Baltimore es bastante animada, acercándose al patrón de Nueva York. La cultura heredada de las tabernas portuarias, y el hecho de que la ciudad esté de moda entre intelectuales y artistas, tiene como consecuencia directa una mayor variedad en los tipos de locales y en los horarios, que son más amplios que en Washington. Las tabernas, cervecerías y cafés no cierran antes de las once de la noche; los clubs, nunca antes de las tres de la mañana entre semana y las cinco o seis los fines de semana.

Cafés

Adrian's Book Café: 714 South Broadway. En Fells Point, este café tiene a disposición de los clientes prensa diaria y revistas.

The Admirals Cup: 1647 Thames St. En Fells Point, con excelentes vistas del puerto y actuaciones en directo todas las noches. También tienen grifos de cerveza y servicio de cocina.

Bruegger's Baget Bakery: 1East Redwood St. Estupendo local frecuentado por lo mejor de la ciudad, con una extensa carta de postres y de quesos de Vernon. Los pasteles salen del horno cada diecinueve minutos.

Cafe Hon: 1000 West 36th St. Cafés, postres y cómida rápida que cubre las necesidades de la clientela de paso de la zona.

Daily Grind: 1726 Thomas St. Con unas excelentes vistas de Fells Point, este local ofrece una gran veriedad de cafés de todo el mundo.

Java Joe's: 222 North Charles St. Votado como el mejor de la ciudad en 1995, este café en el centro de la ciudad tiene una repostería que quita la respiración y unos precios que rozan en lo irrisorio.

Key Coffee: 1735 Lancaster St. Vinos, cafés, tés y postres caseros. En Fells Point.

Margaret's Café Open: 909 Fell St. Además de *espressos* y *capuccino*, platos de pasta y cómida rápida.

Mean Bean: 1739 Fleer St. El mejor café de la ciudad, que recrea con todo acierto la atmósfera de los grandes cafés europeos. Actuaciones en directo cada noche. Imprescindible probar el 'café eslavo'.

Mochabyte Cafe: 629 South Broadway. Café a la última: podemos navegar por *InterNet* mientras degustamos un café de Brasil con una galleta de arándanos. Abierto hasta las tres de la mañana para insomnes.

Sam's Bagels: 3121 St. Paul St. Imprescindible degustar el café *moka*. Ambientado y selecto. La repostería raya en lo pecaminoso.

Clubs y bares de ambiente gay

Allegro, 1101 Cathedral St; **The Drinkery** 205 West Read St; **The Gallery,** 1735 Maryland Avenue; **Hippo,** 1 West Eager St; **The Senator,** 614 North Howard St.

Pubs, tabernas y cervecerías

Charles Village Pub: 3107 St. Paul st. Frecuentado por los trabajadores y residentes de la zona, con el reclamo de la gigantesca pantalla de televisión por la que seguir los partidos de los *Orioles* o los *Ravens*, el Charles Village se jacta de servir el mejor *Bloody Mary* de la ciudad. Probablemente.

Coconut's Cafe: 311 West Madison St. Buena música -aunque en vez de pinchadiscos, es un CD- en este bar frecuentado por la comunidad lesbiana, aunque sobra decir que los hombres siempre son bienvenidos. Consumiciones baratas, y la cocina está abierta hasta las dos de la mañana.

Gerben's: 1100 Maryland Avenue. Este pequeño bar del barrio de Mount Vernon atrae sobre todo a coleccionistas de botellas y posavasos de toda la costa Este. La selección de cervezas incluye variedades centro americanas, y la cocina es buena y barata.

Gypsy's: 1103 Hollins st. Con decenas de cervezas de todo el mundo.

Henninger's Tavern: 1812 Bank St. Local especializado en cócteles y frecuentado por hombres de negocios y universitarios.

Max's on Broadway: 735 South Broadway. Taberna portuaria con todo el sabor de antaño, donde reina la *Guinness*.

Memory Lane: 1433 West Hamburg St. Estética de *college* de los cincuenta, brillantina y *Harleys*, que no son óbice para que se den cita las tribus urbanas más diversas. Consumiciones baratísimas.

Mum's: 1131 South Hanover St. En Federal Hill. Con una buena selección de vinos -es raro el local que sirve vino-, con una *jukebox* preciosa y frecuentado por artistas y bohemios del barrio.

Paradox: 1310 Russell St. Uno de los locales de moda de la ciudad. Sirve bebidas inteligentes, y los fines de semana pincha música *house*. Los fines de semana, fiestas *raven* con DJ's de la zona.

Peter's Inn: 504 South Ann St. En Fells Point. Típica taberna de Baltimore, con la barra a la izquierda y las mesas a la derecha, simpre llenas de gente que da buena cuenta de sus buenos platos y excelentemente tirada cerveza.

1722 on Saturday Nights: 1722 North Charles St. Local 'after hours' divertido aunque no sirvan alcohol. Buena música y buen ambiente. Los sábados por la noche, se convierte en lugar de reunión gay.

The Silverado: 5625 O' Donnell St. El mejor bar de *country & western* de la ciudad. Aunque el control de la puerta sea un poco estricto con los turistas, merece la pena arriesgarse y entrar en este gigantesco club que parece transportado de Texas.

Sportsmen's Lounge: 4723 Gwynn Oak Avenue. Más de treinta años contemplan a este histórico club de jazz de Baltimore. Todas las noches -salvo las de los lunes, dedicadas a los partidos de los *Ravens*-, actuaciones en directo y *jam sessions* improvisadas.

Tom Rowley's: 131 South Schroeder St. Este local tiene un semáforo sobre la puerta, que sólo se abre cuando está encendida la luz verde. Animadísimo bar siempre lleno, incluso por las mañanas. La *happy hour* más concurrida de la ciudad.

Wahoos: 9820 Liberty Road. Bar para amantes del deporte, con veinte marcas de cerveza de barril. Los jueves, las mujeres pagan menos en las consumiciones, y los fines de semana, actuaciones musicales.

Locales con música en directo

Bank: 401 South Eutaw St. En un viejo local de un edificio de diseño clásico, actuaciones de bandas de *ska* y rock sicodélico.

Full Moon Saloon: 1710 Alicceanna St. Este local de Fells Point se llena todas las noches de amantes del buen *blues*, atraídos por lo interesante de la programación de bandas y solistas de todo el país.

Hammerjacks Concert Hall: 1101 South Howard St. Toda una institución en la ciudad, el Hammerjacks es el templo donde acuden bandas noveles y veteranas de rock, metal y *hip - hop* de todo el país.

Horse You Came In On: 1626 Thames St. Local en Fells point dedicado a cantautores y frecuentado por la progresía más *in* de la ciudad.

Mick O' Shea's: 328 North Charles St. Este pub del centro programa música irlandesa y es punto de reunión de la comunidad de la Isla Esmeralda de la ciudad.

Spike & Charlie's: 1225 Cathedral St. Mezcla de cabaret con escenario para folk, blues y rock.

Ze Mean Bean: 1739 Fleet St. En Fells Point. Cada noche hay, como mínimo, una actuación. Programación ecléctica, que va del *country* a danzas polacas, jazz, música clásica y *new age*.

Atracciones y espectáculos

Los placeres de la buena música pueden encontrarse en los conciertos, ballets y otros programas musicales de la **Baltimore Symphony Orchestra**, que toca en el **Joseph Meyerhoff Symphony Hall**, (*1212 Cathedral Street; Tel: 410 - 783 8100*). Las representaciones de ópera de la **Baltimore Opera Company** se llevan a cabo en el **Lyric Opera House**, una réplica del Palacio de la Música de Leipzig, (*128 West Mount Royal Avenue ;Tel: 410 - 685 5056*). Los principales teatros, en los que se representa indistintamente obras de Broadway, teatro independiente y clásicos, son el **Theatre Project**, (*45 West Preston Street; Tel: 410 - 752 8558*), el **Axis Theatre**, (*3600 Clipper Mill Road; Tel: 410 - 321 6595*), el **Morris Mechanic Theater** (*Baltimore & Charles Sts.; Tel: 410 - 625 1400*), el **Fells Point Corner Theatre**, (*251 South Anne Street; Tel: 410 - 276 7837*) y el **Everyman Theatre,** (*1727 North Charles St; tel: 410 - 752 2208*). Las salas cinematográficas de la ciudad son las siguientes: **Charles Theatre** (*1711 North Charles St; tel: 410 - 727 3456*); **Eastpoint Movies 10** (*7938 Eastern Boulevard; tel: 410 - 284 3100*) ; **Orpheum Cinema** (*1724 Thames St; Tel: 410 - 732 4614*); **Reistertown Road Plaza Premiere** (*6764 Reistertown Road; tel: 410 - 356 6656*); **Senator Theatre** (*5904 York Road; tel: 410 - 435 8338*); **Sony Theater Rotunda** (*711 West 40th St; tel: 410 - 235 1800*); **Sony Theater Timonium** (*2131 York Road; Tel: 410 - 252 2202*); **Sony Valley Center 9** (*9616 Reistertown Road; tel: 410 - 363 4194*); **Towson Commons General Cinema** (*435 York Road; tel: 410 - 825 5233*); **Walters Art Gallery** (*600 North Charles St; tel: 410 - 547 9000*); y el **Westview Cinema** (*6026 Baltimore National Pike; Tel: 410 - 747 3800*). Las entradas para cualquiera de los espectáculos pueden adquirirse en el teléfono de **Ticketmaster**, el *410 - 752 1200*.

Festivales

Enero

Nice Week Festival. Patinaje sobre hielo, comida y bebida, actuaciones musicales y representaciones artísiticas. En el Inner Harbor. *410 - 837 4636.*

Mayo

Preakness Horse Race. La prestigiosa prueba de la Triple Corona para potros de tres años en el Pimlico Race Course; desfiles populares y actuaciones musicales. *Tel: 410 - 542 9200.*

Flower Mart. Las flores como protagonistas -concursos, exposiciones, ventas- en City Hall Plaza. *Tel: 410 - 837 4636.*

Junio, julio y agosto

Conciertos de blue grass, country & western y otros estilos en los jardines Ladew Topiary. *Tel: 410 - 557 9570.*

Julio

Celebración del Cuatro de Julio. Fuegos artificiales, actuaciones y rastrillos en Inner Harbour. *Tel: 410 - 837 4636.*

Artscape, exposiciones callejeras de artistas de la ciudad. *Tel: 410 - 837 4636.*

Octubre

Fells Point Fun Fest. Grupos musicales, cervezas, exposiciones, representaciones teatrales y festivales callejeros. *Tel: 410 - 837 4636.*

Compras

Harborplace es el corazón comercial revitalizado de la ciudad; en la esquina de las calles Pratt y Light se encuentran el **Light Street Pavilion**, en el que podemos encontrar el **Colonade Market**, con tiendas y restaurantes, y el **Trading Hall**; el **Pratt Street Pavilion**, con sus dos plantas de tiendas exclusivas, era el antiguo edificio donde se cerraban los tratos de las mercancías que arribaban al puerto. Los precios de cualquier artículo son sensiblemente más bajos en Baltimore que en Washington, debido sin lugar a dudas a la menor afluencia de turismo a la ciudad. Además, es Baltimore una ciudad más volcada a lo que podríamos llamar 'comercio tradicional', pues las calles de todos los barrios siguen manteniendo la llama de las pequeñas tiendas, y la profusión de grandes centros comerciales es menor que el D.C. Las galerías de arte y los restaurantes ocupan la ahora exclusiva zona de **Charles Street**. En **Mount Washington**

Village abundan las boutiques y tiendas de antiguedades; el mejor centro comercial de la ciudad es el **Lexington Mall**, en la calle Lexington entre las calles Howard y Liberty, y tiene casi un centenar de establecimientos.

El barrio más interesante para ir de compras es **Fells Point**, en cuyas calles hay una altísima concentración de tiendas de antiguedades, libros y discos, y 'segunderas' -como las llaman los hispanos de la zona- , que no son sino tiendas de artículos de segunda mano. Quién sabe, igual encuentran una antigua edición de Austral a dólar el volumen.

ANNAPOLIS

La capital del estado se fundó en 1649, cuando un grupo de peregrinos de Virginia fundó Providence en la orilla del río Severn. En 1694 trocó su nombre por el actual, recibiendo el rango de ciudad en 1708, y en 1783 el Congreso del nuevo país se reunió aquí. En 1845 se estableció la Academia Naval de los Estados Unidos.

Con apenas 35.000 habitantes, sus calles están repletas de construcciones del siglo XVIII, en una proporción pocas veces vistas en los Estados Unidos. Su cercanía a Baltimore hacen de la ciudad un destino perfecto para una excursión de un día.

Oficinas de información turística
Annapolis and Anne Arundel County Conference and Visitors Bureau: 26 West St. Tel. (410) 280 04 45.

El paseo por Annapolis
St. Anne's Church: Church Circle. Abierta toda la semana de 8 h a 18 h. Tel. (410) 267 93 33. No se cobra entrada. De 1859, es la tercera iglesia que se levanta en este lugar. Los calices de la comunión fueron un obsequio de Carlos II, y las vidrieras de Tiffany's son realmente bonitas: hsata ganaron un premio en Chicago una vez, y todo.

Hammond-Harwood House: 19 Maryland Avenue. Tel. (410) 269 17 14. Abierto toda la semana de 10 h a 16 h. Entradas: 4$. Mansión datada en 1774 obra del arquitecto Matthias Hammond, con un pequeño museo de artes decorativas de los siglos XVIII y XIX.

U.S. Naval Academy: King George & Randall Sts. Tel. (410) 293 33 63. Abierto todo la semana de 9 h a 17 h. Entradas: 3$. Desfiles cada dos por tres, en el más puro estilo *Oficial y Caballero*.

State House: State Circle. Tel. (410) 974 34 00. Abierto de lunes a viernes de 9 h a 17 h. No se cobra entrada. De 1779, donde el Congreso ratificó el Tratado de París, por el que Gran Bretaña le reconocía la Independencia.

NEW JERSEY

Los datos geográficos de rigor
  Extensión: 7.836 millas cuadradas.
  Población: 7.730.200 habitantes.
  Capital: Trenton.
  Punto más elevado: High Point, 1.803 pies.
  Punto más bajo: nivel del mar, océano Atlántico.
  Huso horario: Eastern. Dst.

Los datos prácticos
  Impuestos: del 6%. En algunas poblaciones existe una tasa hotelera con un recargo del 6%. En Atlantic City, las bebidas alcohólicas tienen un recargo del 3%, y los hoteles y otros servicios, de un 9%. De todos modos, la suma de las tasas estatales y locales no pueden rebasar el 13%.
  Información turística: New Jersey Department of Commerce and Economic Development, Division of Travel and Tourism. CN 826, Trenton NJ 08625.
  Prefijo telefónico: 609.

Un poquito de historia
  En 1609, **Henry Hudson** reclamó estas tierras para la Corona holandesa. En 1623 recibió el nombre de Nueva Holanda, y pronto fue un estupendo centro comercial pos su situación entre los ríos Delaware y Hudson. Pasó a dominio inglés en 1664, y el rey **Carlos II** le cedió a su hermano, el **Duque de York**, toda la tierra entre los dos ríos. El Duque, a su vez, lo vendió a unos nobles y estos a su vez a los cuáqueros, quienes se instalaron en 1682. En los años de la Revolución se libraron en el estado más de cien batallas, y la Constitución fue ratificada en 1787. El auténtico boom del estado llegó en la década de los veinte de nuestro siglo, cuando comenzó la terrible industrialización, que ha hecho de NJ no el Garden State que se lee en las matrículas de sus automóviles, sino una sucesión de edificios y plantas industriales dependientes de la Gran Manzana. Si acaso, sólo se han salvado de la especulación y la polución algunas franjas de terreno al sur y al oeste del estado, las zonas más lejanas de la diabólica -para muchos de sus habitantes- Interestatal 95. Hoy, Nueva Jersey ofrece al que la visita uno de los mayores aeropuertos del país, el de Newark y la mítica Atlantic City. Que no es moco de pavo.

ATLANTIC CITY

  La Camden&Atlantic Road empezó a explotar esta zona costera en 1854, cuando el tren llegó a un conjunto de casas de pescadores que era entonces la ciudad. Éso trajo aparejado la construcción de un pequeño hotel, y cuando en 1880 confluyeron dos líneas más de ferrocarril, y la belleza del lugar se hizo más accesible, las grandes fortunas de Nueva York empezaron a fijar sus ojos en el pueblo. La opulencia de las mansiones se vino abajo con la Gran Depresión de 1929, y la ciudad cayó en un estado casi fantasmal, hasta que las autoridades municipales tuvieron la idea de transformarla en un Las Vegas atlántica. Así llegaron los casinos, la película de Louis Malle, y todo el encanto y la miseria que tanto fascina a los millones de turistas que se pulen las cuentas de la universidad de los hijos intentando reventar las tragaperras, en lujosos casinos en los que el tiempo, sencillamente, no existe. Pero de noche, más les vale tener cuidado, que menos policía se encuentra uno de todo por la calle...

Cómo llegar

En avión

El aeropuerto internacional de Ponoma está a un cuarto de hora de la ciudad, por la Atlantic City Parkway. Algunas de las compañías aéreas que operan en este aeropuerto son **Usair** (Tel. 800 428 43 22), y **Northwest Airlink** (tel. 800 225 25 25).

En autobús

La estación de autobuses se encuentra en la confluencia de las avenidas Arkansas y Arctic. Tenéis los coches de la *Greyhound* (Tel. 800 231 22 22) y los de la *New Jersey Transit* (Tel. 609 343 78 76), que es la línea local del estado. Está abierta las 24 h del día: es segura y muy funcional. Ah, con los billetes de la Greyhound os dan entre 10 y 15$ para que los gastéis en los casinos: o en las tragaperras o en el buffet, por ejemplo. Depende de vuestras necesidades ("*¿Como caliente o intento llevarme el Lexus?*")

En tren

La estación de la *AMTRAK* está en 1 Atlantic City Expwy. Tel. 800 872 72 45. Trenes diarios con Baltimore, Pittsburgh, Filadelfia, Nueva York y Washington DC, además de conexiones con el corredor del noreste del país (Toronto, Buffalo o Boston, por ejemplo). También hay trenes de la New Jersey Transit, que comunican la ciudad con el resto del estado.

Por carretera

La vía principal de comunicación terrestre es la *Atlantic City Expressway*, que se comunica con las principales autopistas del este del país. Por ejemplo, enlaza con la I-76 de Pennsylvannia Central, o la I-95, de Washington DC-Baltimore.

New Jersey

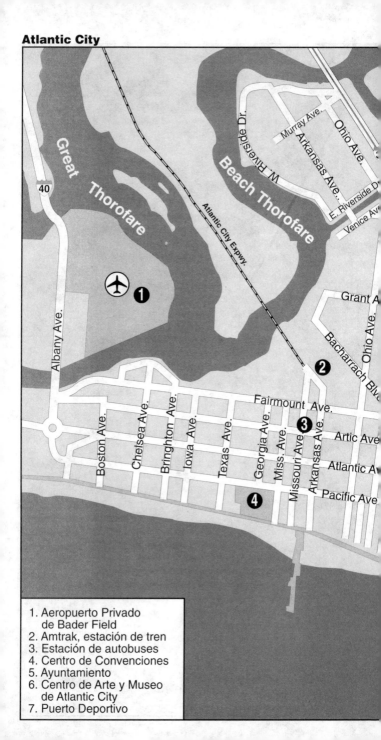

Atlantic City

1. Aeropuerto Privado
   de Bader Field
2. Amtrak, estación de tren
3. Estación de autobuses
4. Centro de Convenciones
5. Ayuntamiento
6. Centro de Arte y Museo
   de Atlantic City
7. Puerto Deportivo

Cómo moverse

El callejero de Atlantic City es bastante sencillo de comprender. Las avenidas que corren paralelas al océano reciben nombres de mares ú océanos; las calles perpendiculares al Atlántico tienen, en cambio, nombres de Estados de la Unión. Las manzanas avanzan de 100 en 100.

A la hora de aparcar el coche, comentaros que las tarifas de los aparcamientos son bastantes económicas, tanto las de los municipales como las de los casinos.

Taxis

La tarifa base es de 1$45, más 30 centavos por cada décimo de milla, y otros 30 por cada pasajero adicional. Las principales compañías son **City** (tel. 345 32 44), **Radio** (tel. 345 11 05) y **Yellow** (tel. 344 12 21).

Transporte público

Los autobuses de la New Jersey Transit operan a lo largo de las avenidas Atlantic y Vertnor, hasta Longport. Pueden ser abordados en cualquier esquina de la Atlantic Avenue, y la tarifa mínima es de 1$25. Hay un servicio de minibuses operativos las 24 horas del día a todo lo largo de la Pacific Avenue.

Datos prácticos

Información turística

The Greater Atlantic City Convention & Visitors Bureau: 2314 Pacific Ave. Tel. 348 71 00. Hay un par de semanarios gratuitos con información referente al ocio: son *At the Shore* y *Whoot*.

Teléfonos útiles

Emergencias: 911.
Hospital: *Atlantic City Medical Center.* 344 40 81.
Policia: 347 57 80.
Prefijo telefónico: 609.

La visita

Por si os cansáis de los casinos del Boardwalk, aquí tenéis unas cuantas pistas:

Atlantic City Art Center and Historical Museum: New Jersey Ave., en el Paseo Marítimo. Tel. 347 58 37. Abierto todos los días de 10 h a 16 h. Entrada libre. El principal museo de la ciudad, que expone obras de artistas locales o bien relacionadas con la ciudad, además de una exposición sobre la historia del concurso anual de Miss America.

Atlantic City Convention Center: Mississippi & Florida Aves., en el Paseo Marítimo. Uno de los edificios más imponentes de la ciudad, con un inmenso auditorio.

El alojamiento

Precio barato

Bala Motor Inn: Martin Luther King & Pacific Aves. Tel. 348 30 31. En la entrada de la ciudad, 108 habitaciones con lo elemental, algunas con frigorífico. Piscina cubierta, aparcamiento.

Best Western Envoy Inn: 1416 Pacific Ave. Tel. 344 71 17. Habitaciones amplias, algunas con frigorífico e, incluso, lavadora. Hay un pequeño restaurante.

Days Inn: Boardwalk & Morris Ave. Tel. 344 61 01. El que mejor relación calidad/precio ofrece de toda la ciudad. 104 habitaciones, además de restaurante, salón, piscina cubierta. Muy recomendable, pero en temporada alta, puede resultar algo complicado encontrar un hueco, además obligan a permanecer un mínimo de dos noches.

Lido Too: 1400 Absecon Blvd. Tel. 345 35 55. Sólo 14 habitaciones y muy sencillas, sólo con baño y televisor, las de este motel; pero eso sí, superdignas y con unos precios bastante bajos, los más económicos de la ciudad en cualquier época del año. En la manzana siguiente se encuentra el **Lido** a secas, que es el que tiene la piscina; los precios, apenas unos dólares más elevados.

Hampton Inn West: En la autopista 40, salida 36. Tel. 484 19 00. Motel de carretera con 143 habitaciones y un pequeño restaurante. Bastande digno y más que aceptable para salir del paso.

The Flagship: 60 North Maine Ave. Tels. 800 647 78 90 y 800 824 49 53. Además de 32 suites de auténtico lujo, estudios de un dormitorio con balcones y cocinas completas. Entre las instalaciones, sauna, gimnasio, salón de juego, piscina cubierta, lavandería, servicio de autobuses a los casinos, restaurante, jacuzzi y aparcamiento cubierto gratuito para los huéspedes. Además, si os acompañan menores de 14 años, no pagan. Muy a tener en cuenta.

The Madison House: 123 South Martin Luther King Blvd. Tels. 345 14 00 y 800 458 98 79. Uno de los hoteles con más personalidad de la ciudad, dado que las 215 habitaciones están decoradas con bastante buen gusto y singularidad. Cafetería, lavandería y baretillo animado.

Howard Johnson: 1339 Pacific Ave. Tel. 344 41 93. Pequeño hotel muy bien situado. Apenas setenta habitaciones, algunas de ellas con una pequeña cocina y refrigerador. La cafetería no sirve alcóhol, y además cierra muy temprano, incluso en verano.

Merv Griffin's Resort Casino Hotel: 1133 Boardwalk, al lado este de la North Caroline Ave. Tel. 344 60 00. Otro de los grandes hoteles de la cuidad con casino incluido. En este caso son 668 habitaciones bastante bien preparadas. Mogollón de instalaciones: deli, dos restaurantes (ambos de precio barato), aparcamiento cubierto, piscina, gimnasio o salón de belleza. El casino, lo mismo que el servicio de habitaciones, funciona las 24 horas del día.

Sun n' Surf: 1600 Albany Ave. Tel. 344 25 15. Muy modesto, pero con las tarifas realmente por los suelos. Sólo 25 habitaciones, muy sencillas, sólo con ducha y televisión. Tienen el detalle de invitar a café a los clientes durante todo el día; no es que sea un arábiga, pero lo que cuenta es la intención. Muy recomendable para los *matadillos* de dinero.

Quality Inn Boardwalk: South Carolina & Pacific Aves. Tel. 345 70 70. En lo que fue una escuela allá por los primeros años del siglo pasado, 203 habitaciones bastante bien puestas. El restaurante es muy digno, y además está abierto la cocina las 24 horas del día. No esperéis exquisiteces, pero resulta perfecto para salir del paso y muy económico.

Midtown Motor Inn: 101 South Indiana Ave. Tel. 348 30 31. Muy económico, habitaciones con baño completo y televisión por cable, además de restaurante de esos que no cierran. Aparcamiento y se encargan de cuidar a los niños para que os vayáis con los remordimientos de conciencia justos al casino.

Precio medio

Bally's Park Place Casino Hotel & Tower: Park Place & Boardwalk. Tel. 340 20 00. Uno de los establecimientos hoteleros más grandes del estado. 1255 habitaciones; además, servicio de habitaciones todo el día, pistas de tenis, tres restaurantes, dos cafeterías, una *deli*, gimnasio, sala de masajes y -tachán- casino.

Holiday Inn Boardwalk: Boardwalk & Chelsea Ave. Tel. 348 22 00. Uno más de la archiconocida cadena. Ya sabéis lo que váis a encontraros, 220 habitaciones y mogollón de servicios e instalaciones: restaurantes, lavandería, piscinas, aparcamiento.

Sands: Indiana Ave. & Brighton Park. Tel. 344 25 15. Uno de los clásicos de la ciudad, con algunas de las mejores y más lujosas habitaciones que podréis encontrar por estos andurriales. Son más de 500 bastante apañadas como aquel que dice, además de bastantes instalaciones: bar, salón con maquinitas de videojuegos, picinas, restaurantes... de lo mejor. Las tarifas pueden saltar a cualquiera de las dos categorías, es que hay casi para todos los bolsillos. Muy recomendable.

Precio alto

Trump Plaza Hotel & Casino: Mississippi & Boardwalk. Tel. 441 60 00. Propiedad de uno de los hombres más ricos del mundo, el archiconocido Donald Trump, este es uno de los hoteles más lujosos de la Costa Este fuera de Nueva York. Son 556 habitaciones para todos los gustos, y algunas de ellas tienen *precio medio* durante gran parte del año. Naturlamente, su mayor atractivo es el casino, aunque hay todo tipo de instalaciones y comodidades.

Trump's Castle Casino Resort: Huron Ave. & Brigantine Blvd. Tel. 441 20 00. En este casino que recrea muy acertadamente el ambiente medieval, tenéis 725 habitaciones bastante lujosas la mayoría de ellas, aunque como es norma en este tipo de establecimientos otras habitaciones más sencillas pero también más económicas.

Los restaurantes
Peking Duck House: 2801 Atlantic Ave. Tel. 348 13 13. Abre toda la semana. Cocina china bastante imaginativa, y de muy buena calidad, sobre el pato pequinés que da nombre al restaurante. La carta de vinos es bastante extensa para lo que es normal por estos lugares de Dios, y los postres rayan lo pecaminoso. Muy recomendable. Precio medio, y al mediodía hacen bastantes promociones.

Ivana's: en el Trump Plaza. Tel. 441 60 00. Cierra miércoles y jueves. Imprescindible reserva y atuendo elegante. Lleva el nombre de Ivana Trump, la que probablemente sea la divorciada más famosa del mundo. Cocina internacional en marco muy elegante, pero lo que más no ha gustado ha sido el *brunch* de las mañanas dominicales.

Qué hacer

Atlantic City, ciudad del juego
No tan mitificada como Las Vegas o Reno, no tenéis capillas con reverendos disfrazados del Elvis, pero sí un buen montón de lugares para dejarse, y bien dejados, los cuartos. Los casinos están abiertos las 24 horas del día, y el único requisito que exigen para ingresar en ellos es el tener cumplidos 25 años. Algunos de los juegos son el blackjack, baccarat, minibaccarat, el pai gow y otras muchas variedades de póquer, máquinas traganíqueles (que las decían en Cuba), ruleta... si os molan las carreras de caballos, podéis jugaros unos machacantes a *Orgullo de Springfield* en el hipódromo de la ciudad, el **Atlantic City Race Course**. Lo tenéis 14 millas al oeste del cruce de las autopistas 40 y 322. Las carreras se desarrollan de martes a sábados, a partir de las 19 h, y la temporada abarca de mediados de junio a mediados de septiembre.

TRENTON

La capital del estado tiene su origen allá por 1680, cuando se levantó un puesto de comercio al lado de la catarata formada por el río Delaware. A finales del siglo XVIII la floreciente población fue ocupada por los Hessians, hostigados como lo estaban por las tropas del general Washington; el 26 de diciembre de 1776, Washington tomó la ciudad e hizo más de 1.000 prisioneros, consiguiendo así una importantísima victoria para la Independencia. Trenton se convertiría en capital del estado pocos años después, en 1790.

Datos útiles
   Mercer County Chamber of Commerce: 214 W. State St. Trenton, NJ 08607. Tel. 393 41 43.

La ineludible visita
   Old Barracks Museum: Barrack St. Tel. 396 17 76. Abierto todos los días del año excepto fiestas nacionales y lunes, de 11 h a 17 h. Entradas: 2 $. Es uno de las pocas construcciones británicas que se conservan en el país. Aquí se trata de un conjunto de barracones empleados por los oficiales ingleses durante la batalla de Trenton. En el museo se exponen enseres y vesturarios de aquellos años.
   Trent House: 15 Market St. Tel. 989 30 27. Entradas: 2$. Abierto todo el año de 10 h a 14 h. La construcción más antigua de la ciudad, no en vano fue edificada en 1719 por William Trent. Tiene mobiliario de primera de aquella época, pues fue durante mucho tiempo la residencia de varios de los gobernadores del estado.
   State House: W. State St. Tel. 292 46 61. Construcción de finales del XVIII, algo más majestuosa que la anterior pero del mismo corte, esto es, recuperando el estilo de las casas de la época.
   Washington Crossing State Park: a unos 15 kilómetros de Trenton por la carretera local CR 546. Han montado esto porque aquí fue donde el general Washington cruzó el Delaware, antes de uno de los episodios más míticos de la Guerra de Independencia, la batalla de Trenton. El Centro de Visitantes está abierto de miércoles a domingos de 9 h a 14 h 30, y es de donde parten unas visitas guiadas. El museo del parque, el pequeño y coqueto Nelson Museum, está bastante bien puesto y es muy didáctico.

NEWARK

   La mayor ciudad del estado de New Jersey (con casi 300.000 habitantes) cada día es más otro suburbio dependiente de la Gran Manzana. Aquí se encuentran varias de las universidades más prestigiosas de la costa Este al sur de Massachussets, además de uno de los principales aeropuertos del país, el celebérrimo aeropuerto de Newark, puerta de entrada para casi todos los vuelos chárter que operan desde nuestro lado del océano. Seguro que no es lo que tenían en mente sus fundadores, cuando allá por 1666 se estableció un grupo de Puritanos provenientes de Connecticut.

Datos útiles
   Información turística: **Metro Newark Chamber of Commerce:** One Newark Centre, planta 22. Tel. 242 62 37.

La visita

Alrededor del Washington Park se concentran, en un radio de unas veinte manzanas, un buen número de edificios de corte victoriano muy bien conservados.

Newark Museum: 49 Washington St. Tel. 596 65 50. Abierto de miércoles a domingos de 12 h 30 a 17 h. Entrada gratuita. Una ecléctica colección de arte propiedad del Estado, donde tenéis desde porcelanas del Renacimiento a cuadros de la escuela realista norteamericana del siglo pasado. Y fuera del museo, que es un complejo de cuatro edificios, un zoo, un planetario y algún que otro conjunto escultórico. Entre los fondos, tal vez lo más destacable sea la colección de arte tibetano, una de las más completas del país. Vamos, que el Richard Gere ése *flipa* cada vez que viene (si es que lo hace). Dentro de este complejo se encuentra la **Ballantine House**

Catedral del Sagrado Corazón *(Catholic Cathedral of the Sacred Heart)*: confluencia de las avenidas Clifton y Park. Tel. 484 46 00. Abierto toda la semana de 9 h a 21 h. Entrada libre. Templo construido en un descarado estilo gótico de influencias francesas (de hecho, es casi calcada a la basílica de Reims), donde lo más imponente es, sin lugar a dudas, las vidrieras y sus puertas de bronce. Las dos torres que flanquean la construcción tienen una altura de casi setenta metros, *os dais cuen.*

New Jersey Historical Society: 230 Broadway St. Tel. 733 78 00. Abierto de miércoles a viernes de 10 h a 16 h. Entrada: 3$. Es una institución consagrada al estudio de la historia y tradiciones del estado de New Jersey. El edificio que la alberga es una bella muestra del estilo georgiano, muy coqueto, y la cafetería nos pareció un sitio super-romántico. Merece la pena entrar a tomar un café, de verdad.

Newark City Hall: 920 Broad St. Probablemente, el edificio más bonito de la ciudad sea el ayuntamiento, una construcción de principios de siglo de puro estilo Beaux Arts. Su vestíbulo es toda una cascada de luz.

Alojamiento

Precio medio

Courtyard by Marriot: Salida 14 de la NJ Tpk. Tel. 201 643 85 00. 146 habitaciones. Instalaciones completas, y transporte gratuito para clientes al aeropuerto.

Airport Marriot: Salida 14 de la NJ Tpk. Tel. 201 623 00 06. Muy parecido al anetrior, con la particularidad de que algunas de las 590 habitaciones son de auténtico lujo. Muy recomendable. Con las instalaciones y comodidades de rigor.

Precio barato
Hilton Gateway: Salida 15E de la NJ Tpk. Tel. 201 622 50 00. Apartado, pero una de las mejores opciones para alojarse de toda la zona, muy frecuentado por los usuarios del aeropuerto. Hay un par de restaurantes de comida rápida. Transporte al aeropuerto.

Days Inn Newark Airoprt: Salida 14 de la NJ Tpk. Tel. 201 242 09 00. Uno de los clásicos de la zona, con 191 habitaciones amplias pero no muy originales en la decoración; el restaurante, aceptable, os cierra a medianoche. Transporte al aeropuerto.

Actividades

Todos los meses de abril tiene lugar en el parque Branch Brook el **Newark Cherry Blossom Festival**, cuando más de tres mil cerezos japoneses revientan a florecer, como en el cacereño valle del Jerte pero con más apoyo mediático. Si os va la música clásica, dejáos caer por el **Simphony Hall** (1020 Broad St.) donde tienen su sede la *New Jersey State Opera* y la *New Jersey Simphony Orchestra*.

DELAWARE

Uno de los estados más densamente poblados y el más pequeño del país, Delaware no presenta sino la expresión más descarnada de la Megápolis, más aún que en la costa de Nueva Jersey. No hay más que edificios de apartamentos por todas partes, lo que sumado a la existencia de bastante industria pesada, no lo hacen muy atráctivo al turista, que si acaso se acerca a Wilmington a contemplar las mansiones que habitaron los DuPont.

Los parajes más bonitos se encuentran en el sur, en la frontera con Maryland, donde las granjas hacen que nos olvidemos del urbanizadísimo resto del estado. Y cómo no hablar del Memorial Bridge, tan espectacular como lo pueda ser el neoyorquino Vezarrano.

Un poco de historia

Los primeros europeos se acercaron por aquí recién comenzado el siglo ZVI, pero no fue hasta 1631 que se fundó la primera colonia, Lewes. En la guerra de Independencia, sus pobladores se destacaron por la fiereza, sobre todo en la batalla de Cooch's Bridge.

Algunos datos

Población: 706.000 habitantes.
Capital: Dover.
Punto más elevado: Ebright Road, 448 pies.
Franja horaria: Eastern.
Impuestos estatales: sólo en los alojamientos, del 8%.

La difícil tarea de moverse por el estado

Delaware, que es el estado más pequeño de la Unión, probablemente sea también el que peor servido está por el transporte público. Salvo la ciudad de Wilmington, por donde pasan la Greyhound gracias a estar en toda la Y-95, el resto del estado es sólo accesible en coche. Como suena. Y el transporte interno, tres cuartos de lo mismo.

DOVER

Fundada en 1683, fue proclamada capital del estado en 1777. Es una ciudad que vive fudamentalmente del comercio y los servicios, con nada especialmente interesante. Pero, quién sabe, lo mismo algún amor contrariado os empuja hasta aquí...

Lo más bonito es la zona alrededor de **The Green** y la **State Street**, donde hay docenas de construcciones de los siglos XVIII y XIX. El edificio más siginificativo es el **Delaware's State House** (The Green & S. State St), de 1792. Hay también un museo aéreo en la base de la Fuerza Aérea, donde exponen algunos aviones que entraron en combate en la Segunda Guerra Mundial. La colección de arte que no podía faltar la tenéis en el **Sewell C. Biggs Museum of American Art** (406 Federal St. Abierto de miércoles a domingos de 13 h 30 a 16 h 30. No se cobra entrada), una buena muestra del arte patrio. La oficina de información turística es la **Central Delaware Chamber of Commerce** (9 E. Lockerman St. Tels. (302) 678 08 92 y (302) 734 75 13)

Un par de hoteles

Quality Inn & Suites: 348 N. DuPont Hwy. Tel. (302) 734 57 01. Realmente buena relación calidad/precio: las suites están totalmente equipadas. Son 132. Con piscina y aparcamiento cubierto. Precio barato.

Days Inn: 272 N. Dupont Hwy. Tel. (302) 674 80 02. 81 habitaciones, algunas con una pequeña cocina. Precio barato.

DISTRITO DE COLUMBIA-WASHINGTON

Un poco de historia sobre la capital del país

Tras la Declaración de Independencia, los 'padres de la patria' se vieron en la tesitura de dar nombre al nuevo país. Cuentan las crónicas que se pensó en llamarle Columbia; pero un correo les trajo la noticia de que un territorio recién independizado de la corona española había adaptado ése nombre... así, que decidieron llamarse 'Estados Unidos de América', 'Washington' a la hasta entonces conocida como 'Capital Federal'... y el nombre del descubridor para el lugar donde se emplazó: el Distrito de Columbia.

Berwyn Heights •

Chaverly

Bladensburg •

Hyattsville •

Oak View •

Langley Park •

Lewisdale •

Chillum •

South Dakota Av.

Rhode Island Av.

New York Av.

N. Capitol St.

Silver Springs •

Takoma Park •

Missouri Av.

New Hampshire

Georgia Av.

16th Av.

Washington

Connecticut Av.

Mass Av.

Foxhall Rd.

Bethesda •

Chevy-Chase •

Military Rd.

Nebraska Av.

McArthur Blvd.

Fwy.

Franklin Park •

McLean •

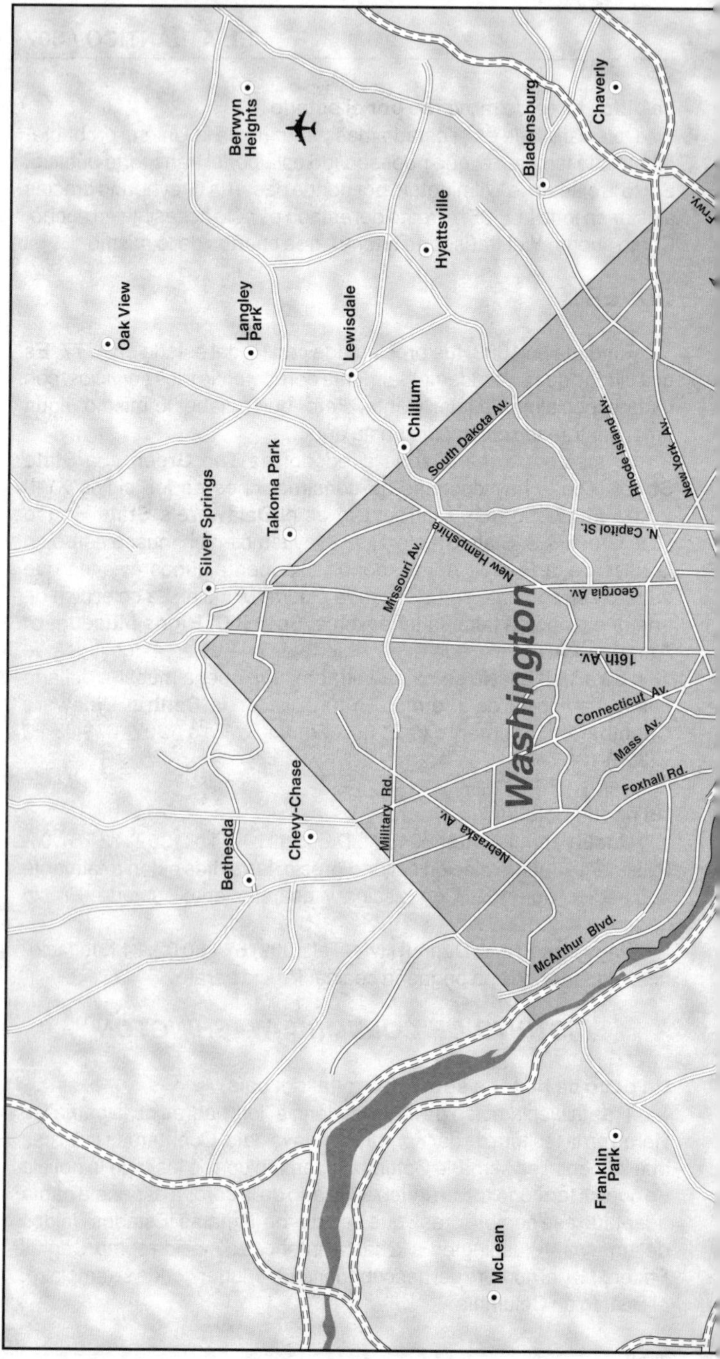

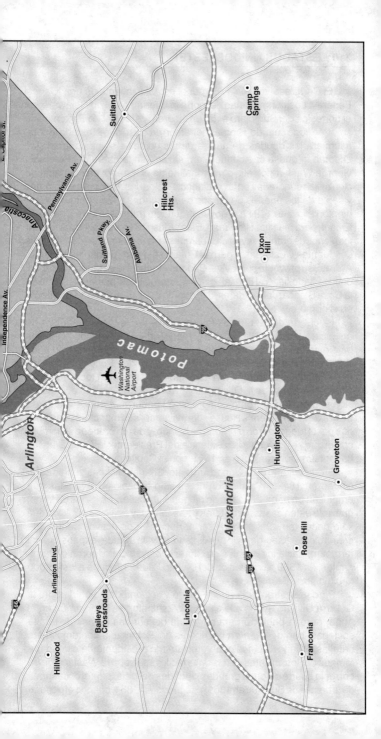

El Congreso votó en 1785 por el establecimiento de una 'Capital Federal'. Los congresistas del norte la querían en el río Delaware, en el norte; los del Sur, claro está, en su área, cerca del río Potomac. La solución llegó cuando Thomas Jefferson propuso que el estado federal asumiera las deudas de guerra de las colonias si los congresistas aceptaban que la capital fuera emplazada en la ribera del Potomac. George Washington eligió personalmente el terreno, un diamante de cien millas cuadradas en la confluencia de los ríos Anacostia y Potomac y cerca de los puertos de tabaco de Alexandria y Georgetown. Washington eligió en 1791 a un joven arquitecto francés, Pierre Charles L' Enfant, para planificar la ciudad. Éste se inspiró en Versalles para llenar los planos de grandes avenidas, parques y plazas memoriales, bulevares con fuentes y estatuas... pero L' Énfant sólo duró un año en el cargo. Aún así, su proyecto sobrevive. Cuando el gobierno se mudó a la capital desde Filadelfia, en 1800, Abigail Adams, mujer del primer residente en la Casa Blanca, John Adams, dijo que "Washington es una ciudad sólo en el nombre".

La guerra de 1812 impidió el crecimiento de la ciudad. El 24 de agosto de 1814, en Bladensburg, Maryland, 5.000 soldados ingleses bajo el mando de George Cockburn y Robert Ross derrotaron a los 7.000 americanos dirigidos por William H. Winder. Poco después, las tropas inglesas entraron en Washington e incendiaron todos los edificios públicos menos la Oficina de Correos y Patentes. La reconstrucción comenzó tan pronto como acabó la guerra. Algunos muros de piedra de la President's House sobrevivieron; sus manchas ocasionadas por el fuego fueron pintadas de blanco, y de ahí procede el nombre con el que se designa a la residencia del Presidente: la 'Casa Blanca'. La restauración concluyó en 1891, con el Capitolio.

El crecimiento de la ciudad fue lento. Charles Dickens definió así la ciudad en 1842: "Washington no es sino espaciosas avenidas que empiezan en nada y acaban en ningún sitio; calles, de millas de largo, que sólo piden casas, carreteras y habitantes; y edificios públicos que sólo necesitan público para ser perfectos". Los activos centros de comercio de Georgetown y Alexandria y la rápida expansión del ferrocarril hacia los canales de Chaesepeake y Ohio fueron determinantes: en 1860, la población del Distrito Federal llegaba a los 75.000 habitantes.

Pero el ser frontera entre la Unión y la Confederación durante la Guerrra Civil no ayudó a la ciudad: Washington se encontraba en el norte, pero la población era partidaria del sur: las damas de la alta sociedad iban de *pic-nic* a las riberas del Potomac a contemplar las batallas... Cuando Lincoln fue proclamado presidente, la ciudad fue tomada por los militares. Decisiones tácticas salvaron a Washington de correr la suerte de otras grandes ciudades del país: primero, después de la batalla de Bull Run en 1861; y segundo, en 1864, cuando el general

Early y 19.000 hombres se aproximaban desde el norte: en vez de atacar la ciudad hicieron noche en Silver Spring, Maryland, dando tiempo a la Unión a mandar hombres desde Fort Stevens. Tuvo que acabar la Guerra Civil para que miles de nuevos residentes 'tomaran' la ciudad y la expandieran en todas las direcciones. Se plantaron más de 100.000 árboles y las calles fueron pavimentadas en 1870, y los primeros coches las surcaron en 1880. Los monumentos a americanos famosos, como Lincoln y Jefferson, fueron erigidos en las primeras décadas del siglo XX, como el famoso Federal Triangle, donde se apiñan miles de funcionarios.

Hoy, Washington (que registra el mayor crecimiento negativo de población en los EEUU) es el centro político del mundo.

CÓMO LLEGAR

En avión

Baltimore / Washington International Airport: Tel. 301 261 10 00. Fax. 410 859 39 60. Aeropuerto moderno localizado a 34 millas de Washington. Excelente autopista que conecta con la ciudad; más de cincuenta trenes salen entre las seis de la mañana hasta la medianoche (de la AMTRAK y la MRCA) entre Union Station y la estación de ferrocarril del BWI los días laborables. El viaje cuesta 10$ en AMTRAK y 4.50$ en la MARC. Los autobuses salen cada hora hacia la calle 15 esquina con la calle K (el trayecto, de 65 minutos, cuesta 15 dólares. Aceptan tarjetas de crédito.), y el aeropuerto también dispone de servicio 'puerta a puerta', que nos dejará donde queramos. Para más información sobre la línea de autobuses, podemos marcar el *202 - 562 1234*. El precio de la carrera de taxi está entre los 35 y 40 dólares.

Washington Dulles International Airport: Tel. 703 661 27 00. A veintiséis millas al oeste de Washington. La tarifa de taxi ronda los cuarenta dólares. La compañía de autobuses **Washington Flyer** sale cada cuarenta y cinco minutos, hasta 1517 K St NW; el viaje cuesta dieciseis dólares, y en el punto de destino se puede tomar un autobús gratuíto que lleva a los principales hoteles.

Washington National Airport: Tel. 703 661 27 00. Localizado al sur de la ciudad, en la ribera del Potomac, es un aeropuerto en el que solo operan compañías de vuelos nacionales. Autobuses hasta el 1517 de la calle K NW. Precio de la carrera de taxi: entre doce y quince dólares. Con parada de metro de las líneas amarilla y azul.

CÓMO MOVERSE

El metro

Inaugurado en 1976, el metro de Washington es el mejor sistema para moverse por la ciudad. Las cinco líneas que cruzan el DC y llegan

Shady Grove P **Red Line**
Wheaton/Shady Grove

Red
Wheaton/Shady Gr

Rockville P

Twinbrook P

Capital Beltway

White Flint P

Grosvenor P

Medical Center

Bethesda

Tenleytown-AU

Van Ness-UDC

Friendship Heights

Cleveland Park
Woodley Park-Zoo
Dupont Circle
Farragut North

M

Rosslyn

Foggy Bottom
GWU

Farragut West

Metro C

Orange Line
New Carrollton
Viena

Federal T

Smith

Vienna
Dunn Loring
West Falls Church
East Falls Church
Ballston
Virginia Sq-GMU
Clarendon
Court House

Arlington Cemetery

Potomac River

Pentagon

Pentagon City

Crystal City

Natic

Brad

King Stre

Blue Line
Addison Road
Van Dorn Street
Franconia-Springfield P

Van Dorn Street

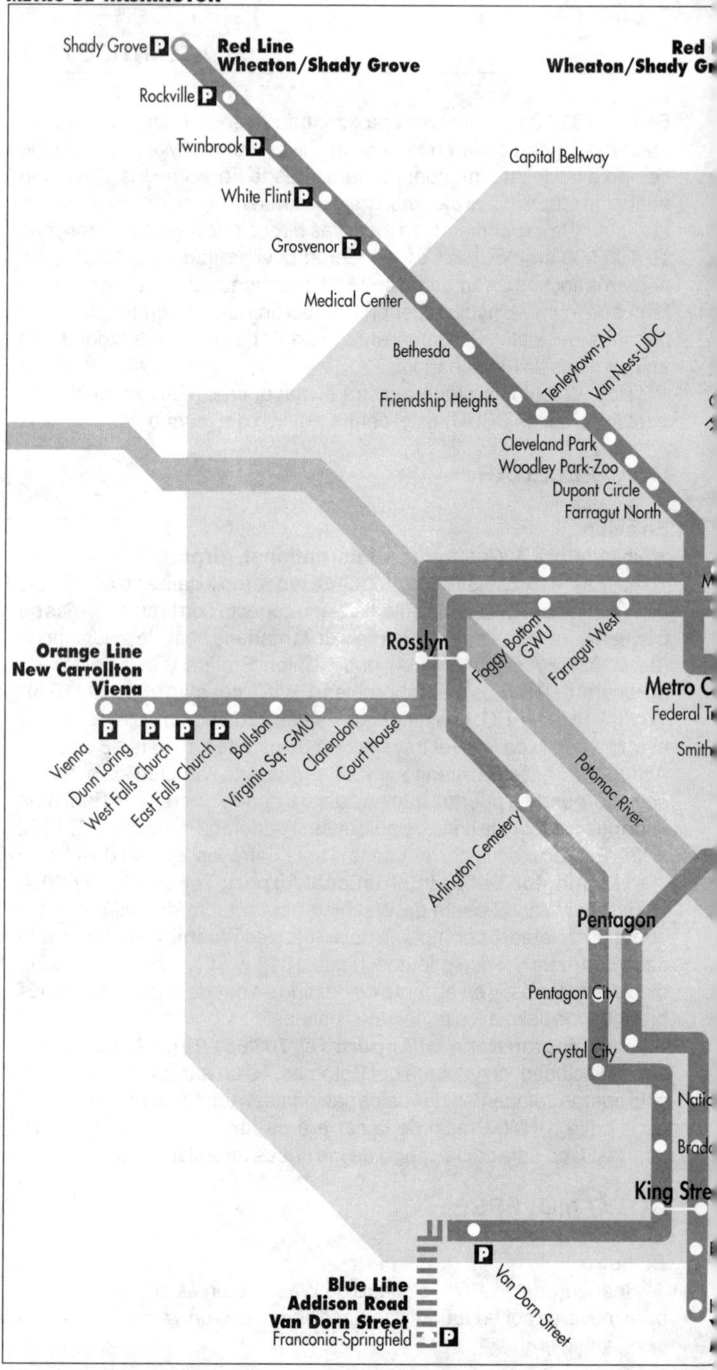

nmont

heaton

rest Glen

ver Spring

akoma

Green Line
U Street-Cardozo/Anacostia
Greenbelt/Fort Totten
P Green Belt

P College Park-U of MD

P Prinde George's Plaza

P West Hyattsville

P Fort Totten

Brookland-CUA

Shaw
Howard

Mt. Vernon
Sq.-UDC

P Rhode
Island Ave.

New Carrollton P **Orange Line**
New Carrollton
Viena

Landover P

Cheverly P

Gallery Pl.
Chinatown

Union
Station

Judiciary
Square

Deanwood P

Stadium
Armory

P Minnesota Ave.

Archives
Navy Mem.

L'Enfant
Plaza

Blue Line
Addison Road
P **Van Dorn Street**

Capitol South

Eastern Market

Potomac Ave.

Benning Road

Capitol Heights

Addison Road

Federal Centre

Waterfront

Navy Yard

Anacostia

P

P

P Congress Heights

P Southern Ave.

P Naylor Road

P Suitland

Branch Ave.

Green Line
U Street-Cardozo/Anacostia
Greenbelt/Fort Totten

Sq.-UDC/Huntington

a los suburbios de Maryland y Virginia reciben el nombre de un color: roja, amarilla, naranja, azul y verde. Los trenes operan de lunes a viernes de 5:30 a 12:00 y, los fines de semana, de 8 de la mañana hasta también la medianoche. Los billetes deben adquirirse en las máquinas expendedoras instaladas en los vestíbulos de las estaciones, y el importe varía dependiendo de la hora (si es hora punta o no) y de la estación de destino. La tarifa base es 1.10$.

Los autobuses urbanos

Tienen el mismo horario del MetroRail. Conectan todo Washington, y los condados adyacentes. El precio del billete es de un dólar dentro del DC(las horas punta no incrementan el importe); las tarifas suben gradualmente, hasta los 2.90$, dependiendo del punto de destino.

Existe un tipo de abono muy conveniente para los visitantes de la ciudad: el *Super Pass*, valido para dos semanas, y que da derecho a cuantos viajes se quieran en los autobuses y el metro (*Metrobus & MetroRail*), así como las líneas de los condados de Alexandria (*DASH*), Fairfax (*Connector*) y Montgomery (*Ride-On*).

El servicio de taxi

Potomac PediCabs: 2801 Adams Mill Road NW # 307. Tel. y fax. 332 17 32.

Red Top Executive Sedan Company: 1200 North Hudson St., Arlington, VA. Tel. 525 09 00 y 1 - 800 - 296 33 00. Fax: 703 - 525 09 08.

Washington Car & Driver: 4925 Nicholson Court, Kesington, MD. Tel. 703 - 876 67 00. Fax: 301 - 984 2915.

Washington Flyer Taxi / Arlington Blue Top Cab: 1008 North Randolph St #103, Arlington, VA. Tel. 703- 243 85 75. Fax. 703 - 525 34 80.

DATOS PRÁCTICOS

Alquiler de coches

Avis Rent A Car: 501 East Monroe Avenue, Alexandria, VA 22301. Tel. 703 - 684 22 53.
Fax. 703 - 684 22 98. Diez agencias de la famosa compañía en el área de Washington.

Budget Rent A Car: 1200 South Eads St, Arlington, VA 22202. Tel. 1-800 - 358 23 35. Fax. 703 - 521 81 37. Alquilan también monovolúmenes y coches adaptados para discapacitados. Puntos: en el Washington National Airport (tel: 703 - 419 1021); Dulles international Airport (Tel: 703 - 920 3360); BWI Airport (Tel: 410 - 859 3820); Union Station (Tel: 202 - 289 5373).

Dollar Rent A Car: Dulles International Airport, P.O. Box 20274, Washington, DC 20041. Tel. 703 - 661 68 88. Fax. 703 - 661 69 07.
Enterprise Rent - A - Car: 8251 Greensboro Drive, McLean, VA 22102. Tel. 703 - 448 81 83. Fax. 703 - 821 78 70. Cincuenta y cinco agencias distribuídas por todo el área de Washington. Turismos, caravanas, furgonetas y vehículos de lujo.
Thrifty Rent A Car: 85 South Bragg St., #400, Alexandria, VA 22312. Tel. 703 - 941 95 20. Fax. 703 - 658 34 37. Sólo alquilan vehículos de la casa Crysler. Oficinas en los aeropuertos de Dulles y National.

Información turística

DC Committee to Promote Washington: 1212 New York Avenue, suite 200, NW. Tel. 347 28 73 y 1-800 422 86 44. Fax. 724 2445.
DC Office of Tourism and Promotion: 1212 New York Avenue, suite 200, NW. Tel. 347 28 73.
Washington, DC Convention and Visitors Association: 1212 New York Avenue, suite 600, NW. Tel. 789 70 00. Fax. 789 70 37.
Hay también información sobre la ciudad de Washington en Internet. La dirección es: **http: //www. washington. org.**

LA VISITA

Downtown

Cuando hablamos de *Downtown*, nos referimos a la zona comprendida entre las calles 17 y 1 (de O a E) y las avenidas Massachussets e Independence. Aquí es donde estan los museos, las instituciones, los teatros; es el 'centro'. Y donde está el increíble *Mall*. En esta zona se encuentra *Chinatown*, el barrio chino que no tiene nada que ver con el de New York o San Francisco: apenas unas calles (entre 4th St. y 7th St. y de Constitution Ave. a M St). Amplísimas aceras, colectores subterráneos expulsando humo... este barrio resume todo lo que esperamos encontrar de una gran ciudad americana. Pero es un barrio que vive de espaldas a la realidad diaria: sólo tiene 'vida' entre semana, cuando la multitud de funcionarios se encuentra trabajando en los inmensos ministerios (a no ser, claro, que la nieve caída tenga diez cms. de grosor, o la temperatura supere los 40º centígrados: en estos casos, todos a casa), y que para nada refleja la realidad del Washington que vive en los otros tres distritos.

Lo primero que se va buscando en Washington es esa inmensa pradera que aparece en las televisiones cuando un corresponsal elabora una crónica: ésa imagen con el Capitolio en la lejanía, la misma imagen que aparece en películas como *En la línea de fuego* o *Dave, presidente por un día*. Esa pradera no es otra que el *Mall*, corazón de

WASHINGTON Monumentos

1. The Mall
2. N.M. of American History
3. N.M. of Natural History
4. National Gallery of Art
5. National Air & Space Museum
6. Hirshhorn Museum
7. Discovery Theater / Arts and Industries Building
8. N.M. of African Art
9. Arthur M. Sackler Gallery
10. Freer Gallery
11. The Castle
12. U.S. Holocaust Memorial Museum
13. Bureau of Engraving and Printing
14. Washington Memorial
15. Constitutional Gardens
16. Vietnam Veterans Memorial
17. Lincoln Memorial
18. Korean War Veterans Memorial
19. Art Museum of the Americas
20. Dar Museum & Constitution Hall
21. Corcoran Gallery of Art
22. Octagon House
23. Renwick Gallery
24. Decatur House
25. St. John's Episcopal Church
26. Lafayette Square
27. The White House
28. National Aquarium
29. Old Post Office Pavillion
30. National Archives
31. F.B.I.
32. Ford's Theater
33. Nat. Law Enforcement Officers Memorial
34. National Building Museum
35. Jewish Hist. Soc. of G. Washington
36. National Portrait Gallery / N.M. of American Art
37. Martin Luther King Mem. Library
38. N.M. of Women in Arts
39. U.S. Capitol
40. U.S. Botanical Garden
41. Library of Congress
42. Folger Shakespeare Library
43. U.S. Supreme Court
44. Shewall-Belmont House
45. National Postal Museum
46. Union Station
47. Capital Children's Museum
48. Holography World Collection

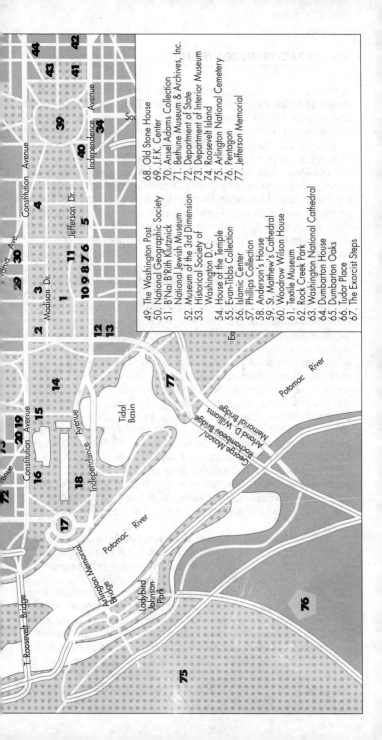

49. The Washington Post
50. National Geographic Society
51. B'Nai B'Rith Klutznick
National Jewish Museum
52. Museum of the 3rd Dimension
53. Historical Society of
Washington D.C.
54. House of the Temple
55. Evan-Tibbs Collection
56. Islamic Center
57. Phillips Collection
58. Anderson's House
59. St. Matthew's Cathedral
60. Woodrow Wilson House
61. Textile Museum
62. Rock Creek Park
63. Washington National Cathedral
64. Dumbarton House
65. Dumbarton Oaks
66. Tudor Place
67. The Exorcist Steps

68. Old Stone House
69. J.F.K. Center
70. Ansel Adams Collection
71. Bethune Museum & Archives, Inc.
72. Department of State
73. Department of Interior Museum
74. Roosevelt Island
75. Arlington National Cemetery
76. Pentagon
77. Jefferson Memorial

la ciudad y centro neurálgico del mundo. Se concentran a sus lados multitud de museos e instituciones oficiales. Todos los museos cierran únicamente el día de Navidad, y abren de 10 de la mañana a cinco de la tarde. Salvo que se indique lo contrario, el acceso a todos los lugares es gratuíto. Con todas las facilidades imaginables para discapacitados físicos. Ésta será nuestra primera parada: el *Mall*.

The Mall: el diseño de la capital de la nación y su *Mall* comenzó, como ya hemos dicho en anteriores capítulos, cuando George Washington contrató al arquitecto francés L'Enfant. La pieza capital de su proyecto de edificación era un inmenso parque público que se extendería desde el oeste del Capitolio hasta la ribera del Potomac. No están claras las intenciones específicas de L'Enfant, pero la versión oficial nos habla de 'una gran avenida de 400 pies de ancho y una milla de largo, rodeada de jardines que acaben en una pendiente delante de las casas de cada lado'. Pasó más de medio siglo hasta que las autoridades empezaron a prestar atención al *Mall*. La Smithsonian Institution se estableció en 1846 en el 'Castillo', cuya construcción comenzó en 1847. El primer secretario de la Smithsonian, Joseph Henry, contrató al mejor arquitecto en América, Andrew Jackson Downing, para que planificara un *Mall* 'que incluyera los jardines de la Smithsonian, dentro de un gran jardín, atravesado en diferentes direcciones por senderos y caminos para carruajes, sembrado con todas las variedades de plantas y árboles que se den en este clima'. Downing cambió los planos repletos de avenidas rectas y desprovistas de vegetación de L'Enfant por calles curvas y frondosas. La muerte de Downing en 1852 dejó inacabado el trabajo; En 1901, James McMillan comandó un grupo de artistas y arquitectos para ordenar los parques y espacios públicos de la ciudad. La Comisión McMillan propuso retomar la concepción original de L'Enfant para el *Mall*. Así, a lo largo del siglo XX, los museos se han ido asentando a ambos lados del *Mall*. En 1989, se adjudicó el último emplazamiento disponible al Museo Nacional de los Indios Americanos. Con su apertura, prevista para 2002, el *Mall* puede considerarse completo.

National Museum of American History: Madison Drive, entre las calles 12 y 14. NW. Tel. 357 27 00. Abierto todos los días del año de 10 h a 17 h 30. *Entrada libre.* Museo consagrado a la hagiografía del *'american way of life'*, hasta el punto de ser conocido por los nativos de la ciudad como 'el ático de América', pues se pueden encontrar en él los artículos más peregrinos junto con algunos realmente fascinantes: locomotoras de la Union Pacific, la colección numismática del Estado (con una amplia colección de monedas españolas), los primeros envases de cereales de Kellog's, los guantes con los que se retiró Classius Clay... secciones, también, dedicadas a grandes músicos como Duke Ellington, a la contribución de los afro-americanos a la cultura del país, y una de las joyas del museo: el mundialmente famoso 'péndulo de Foucault'. Asímismo, sus exposiciones son reconocidas inernacionalmente, muchas de ellas formadas por contribuciones de ciudadanos anónimos en forma de, por ejemplo, botas de piel de serpiente con la efigie de Ronald Reagan y cosas por el estilo. Un múseo ecléctico, y bastante curioso e interesante, que indaga en el pasado técnico, científico, cultural y político de los EEUU, pero en las antípodas de la concepción europea acerca de lo que debe ser un museo de historia nacional. La primera planta está dedicada a la ciencia y la tecnología, la segunda a la historia política y social, y la tercera planta al dinero, instrumentos musicales, la fotografía, las artes gráficas y la historia de las Fuerzas Armadas. La exposición permanente más visitada es la Colección de las Primeras Damas, que se centra en el papel de las mujeres de los Presidentes en la vida estadounidense.

National Museum of Natural History: Madison Drive & 10th St., NW. Tel. 357 27 00. Abierto todo el año de 10 h a 17 h 30. Construido en 1910 y ampliado en la década de los 60, su colección reune más de 120 millones de objetos, desde el famoso diamante Hope Diamond al colmillo de elefante más grande del mundo. En la entrada, un elefante de 8 toneladas y tres metros y medio de alto nos da la bienvenida. La sala de dinosaurios muestra, por ejemplo, un esqueleto de diplodocus de 90 pies (esta sala conoció su mayor afluencia de visitantes durante el *boom* de la película *Jurassic Park)*. En la segunda planta se encuentra la colección de gemas y minerales, en la que se muestran, por ejemplo, el zafiro más valioso del país (el *Logan Shapphire*) y el diamante en bruto más grande (el *Oppenheimer*). Sólo hay una colección de piedras preciosas más importante que ésta: la de la Corona británica. En esta segunda planta se encuentra también la colección de insectos (O. Orkin Insect Zoo). Hay dos momias en el Museo: una egipcia y otra peruana.

National Gallery of Art: Madison Drive entre las calles 3 y 7. NW. Tel. 842 61 88. De lunes a sábado, abierto de 10 h a 17 h; domingos, de 11 h a 18 h. Cierra los días de Navidad y Año Nuevo. Este importantísimo museo tiene dos edificios: el Oeste, abierto en 1941, y el Este, inaugurado en 1978. El edificio Oeste es una donación de Andrew Mellon quién, en 1931, adquirió obras de arte al gobierno ruso por valor de seis millones de dólares, entre las que estaban *La Maddonna del Alba* de Rafael y la *Adoración de Magi* de Boticcelli; en 1937, el año de su muerte, donó su colección privada de arte al pueblo estadounidense. Una estatua de Mercurio corona la rotonda de este edificio Oeste, e indica el camino de las más de cien salas. El edificio Oeste (diseñado por John Russell Pope) muestra una amplia colección de pintura y escultura italianas, incluyendo trabajos de Titian y la única pintura de Da Vinci que hay en toda América, trabajos de Rembrandt, Van Dick, y Veermeer; impresionismo francés, y una muestra de arte estadounidense, alemán, británico y español (cuadros de Velázquez, - *El papa Inocencio X-*, Berruguete, Murillo y El Greco). El edificio Este, dedicado al arte contemporáneo, fue concebido por el arquitecto I.M. Pei. Una *Mujer* de Miró nos saluda desde la entrada, y nos anuncia lo que veremos en las tres plantas de este estupendamente diseñado museo: una amplia colección que incluye obras de Modiglianni, Gris, Tapiès, Picasso, Renori, Dègas, Manet, y obras cumbres del *pop-art* firmadas por Liechestein y Warhol... una de las mejores colecciones de arte contemporáneo del mundo, sin lugar a dudas. Imprescindible.

National Air & Space Museum: *Independence Avenue at 6th St., SW. Tel. 357 27 00.* Inaugurado en 1976, es el museo más popular de la ciudad y el más visitado del mundo, con doce millones de visitantes, muy por encima del Louvre o El Prado. Realmente anonadador, las estrellas son el avión con el que los hermanos Wright consiguieron volar en 1903, el *Spirit of Saint Louis*, en el que Charles Lindbergh hizo el primer vuelo trasatlántico entre Nueva York y París sin escalas (y que inmortalizarían Billy Wider y James Stewart en la película del mismo título), la lanzadera espacial *Voyager*, el módulo *Columbia* con el que alunizó la primera tripulación en pisar la luna, *Zeros* japoneses... La exposición permanente de los grandes descubrimientos del hombre recalca mucho la acción descubridora española durante los siglos XV y XVI. La sala dedicada a Albert Einstein, y el complejo 'IMAX' (cine en tres dimensiones) son también visitadísimas.

Hirshhorn Museum & Sculpture Garden: *Independence Avenue, SW. Tel. 357 27 00.* Un inmigrante lituano que se hizo millonario con el mercurio, Joseph Hirsshorn, legó al país 4000 pinturas y 2000 esculturas cuando murió, en 1981. Este edificio circular de cemento fue diseñado por Gordon Bunshafft e inaugurado en 1974 La colección de este museo incluye obras de Degas, Houdon, Picasso, Lipchitz, Epstein, Matisse, Rodin, Moore, De Kooening... parte de la colección de esculturas contemporáneas se encuentra en los jardines del museo, siendo la estrella *Los burgueses de Calais* de Auguste Rodin.

Discovery Theatre / Arts and Industries Building: *Jefferson Drive at 9th St., NW.* En 1876, el Congreso votó a favor de destinar una partida de 250.000 $ para construir un edificio que se destinaría a albergar las donaciones procedentes de la exposición universal de Philadelphia. El proyecto fue encargado al arquitecto Adolph Cluss. El Museo Nacional -su antiguo nombre- fue inaugurado por el presidente James Garfield en 1881. La Smithsonian Institution preveé albergar aquí el futuro Museo Nacional AfroAmericano. La colección incluye piezas manufactaradas e industriales de los 37 Estados de la Unión y paises extranjeros participantes en aquella Exposición Mundial del Centenario.

National Museum of African Art: *950 Independence Avenue, SW.* Lo único que sobresale de la superficie de este museo es el pabellón de entrada: las tres plantas de que consta están bajo tierra. La exposición se centra en la colección y estudio del arte sub-sahariano en todas sus expresiones: más de 6.000 piezas conforman la colección permanente, representando a centenas de culturas africanas. Fundado en 1964 como una institución privada de enseñanza, fue adquirido por la Smithsonian en 1979.

Arthur M. Sackler Gallery: *1050 Independence Avenue, SW.* Inaugurado en 1987, este edificio surgió por la necesidad de ampliar las exposiciones de la galería Freer. Como el Museo de Arte Africano, sus tres pisos están bajo tierra. La galería Sackler contiene una colección permanente de arte que abarca desde el año 4000 antes de Cristo hasta nuestros días. Una de las joyas del museo es la colección Vever de arte persa e islámico, cerámicas chinas de la dinastía Tang (siglo IV antes de Cristo)... más de 1.000 objetos procedentes de las culturas del Asia Oriental.

Freer Gallery: *Jefferson Drive at 12th St., SW.* Instalada en un edificio de corte renacentista, debe su nombre a Charles Lang Freer, un industrial de Detroit que se retiró en 1900 y dedicó el resto de su vida a formar una colección de arte que posteriormente donó para la fundación del museo. Inaugurada en 1923, cuatro años después de la muerte de Freer, fue el primer museo de la Smithsonian Institution. Alberga una espléndida colección de arte japonés, árabe y chino, (que incluye porcelanas, manuscritos, pinturas) y cerámica coreana, que forman un número total de más de 26.000 piezas de arte (de las que sólo se exhiben un 8%). La colección de pinturas norteamericanas incluye obras de Dewing, Tayron y Whistler. La restauración del museo, efectuada en 1993, tuvo un coste de 26 millones de dólares.

The Castle: *1000 Jefferson Drive, SW. Tel. 357 27 00.* Este es el centro neurálgico de la Smithsonian Institution. El 'castillo' fue diseñado por James Renwick Jr. con piedra roja en el estilo normando del siglo XII, y su construcción terminó en 1851. Esta institución privada fue fundada por el científico inglés James Smithson, que nunca visitó los EEUU, circunstancia que no fue óbice para que donara toda su fortuna a los EEUU *'para fundar en Washington, con el nombre de Smithsonian Institution, una organización destinada a incrementar y difundir entre los hombres la sabiduría'.* Así, en 1838 (Smithson murió en 1829), el gobierno recibió once cajas con más de medio millón de soberanos de oro, y la Smithsonian se estableció, pues, en 1846. En un principio, este edificio albergó las colecciones de artes, las residencias de los trabajadores de la fundación y las oficinas administrativas. En 1904 se exhumó la tumba de Smithson en Génova, para instalarla definitivamente a la entrada del edificio (una pequeña sala a la izquierda). El resto del edificio se dedica a albergar las dependencias administrativas de la institución, y sirve también como punto de información sobre sus 16 museos y galerías.

U.S. Holocaust Memorial Museum: *100 Raoul Wallemberg Place, SW. Tel. 488 04 00.* Testimonio vivo, para que nadie lo olvide, del holocausto que más de once millones de personas sufrieron a manos de los nazis antes y durante la II Guerra Mundial. El edificio, de ladrillo rojo y granito, y diseñado por James Ingro Freed, fue inaugurado en abril de 1993 y tiene incluso torretas de vigilancia como las que se encontraban en los campos de concentración; dentro del museo, un carro sobre raíles como los que transportaban a los judíos al crematorio. A la entrada, a cada visitante se le da una tarjeta con el nombre y la fotografía de una víctima del Holocausto. La dureza de lo que se contempla aconseja que no visiten el museo menores de once años. Las tres plantas del edificio son un recuerdo permanente de lo que sucedió en aquellos terroríficos años, mediante fotografías, películas, y testimonios orales. Hay varias exposiciones permanentes: *'Assigment rescue: the story of varian fry and the emmergency rescue comittee',* que nos cuenta la historia de los casi 2.000 europeos y americanos que ayudaron a escapar a 2.000 prisioneros de los campos de concentración; *'Daniel's story: remember the children',* que nos muestra la vida de un chico durante el Holocausto. El 'Muro del recuerdo' lo componen más de tres mil trescientas tejas pintadas por escolares de los Estados Unidos en recuerdo de los más de millón y medio de niños asesinados por los nazis; el 'Salón del Recuerdo', una cúpula de sesenta pies de alto iluminada por la luz natural, es un espacio concebido para la meditación. Impactante.

Bureau of Engraving and Printing: *14 & C Sts., SW.* La oficina de grabado e impresión, donde se diseñan, graban e imprimen los bonos federales, certificados militares, invitaciones presidenciales, los billetes y los sellos. No se permite tomar fotografías, y los visitantes son obsequiados con billetes defectuosos, aunque también se pueden adquirir billetes de 150 dólares en las máquinas por 50 centavos. Se imprimen alrededor de veinte billones de dólares cada año.

Washington Memorial: *Constitution Avenue at 15th St., NW.* Este inmenso monolito es visible desde cualquier parte de la ciudad. Cincuenta banderas norteamericanas -una por cada estado- rodean la construcción, lo mismo que la hilera de bancos dispuestos para que la gente aguarde sentada su turno para subir a la cúspide. El obelisco tiene una altura de 555 pies (unos setenta metros). En 1833, la National Monument Society buscó fondos para la construcción de un monumento en memoria a George Washington, y el concurso de ideas fue ganado por Robert Mills. No se empezó a construir hasta el 4 de julio de 1848, y su construcción se paró en 1853 porque no había dinero: un grupo de enmascarados robó una pieza de mármol donada por el papa Pío IX, y junto con la venidera Guerra Civil, hizo que las donaciones de particulares -ya de por sí exiguas- disminuyeran hasta cero. En 1876, el presidente Grant firmó un acta que autorizó al Congreso a ayudar con

200.000 dólares para que se acabara su construcción, labor que recayó en el Cuerpo de Ingenieros de la Armada, que simplificó el diseño primtivo de Mills. El monumento fue terminado en diciembre de 1884, con una rematación de mármol en la cúspide que pesaba más de una tonelada, y rematada con una pirámide de nueve pulgadas de aluminio, un metal muy raro entonces. Fue abierto al público cuatro años más tarde. Un ascensor que tarda un minuto en subir ahorra a los visitantes los 898 escalones.

Constitution Gardens: Los 'Jardines de la Constitución', entre la Connecticut Avenue y la Reflecting Pool, ocupan una extensión de 42 acres, entre los que está una laguna de seis acres cuadrados.En estos jardines se construyeron, durante la I Guerra Mundial, barracones y edificios de la Armada que no se desmantelaron hasta acabada la II Guerra Mundial. En el lago, en la pequeña isla del interior, una piedra grabada recuerda a los firmantes de la Declaración de Independencia.

Vietnam Veterans Memorial: *En el 'Constitution Gardens'.* Erigido para honrar a los que pelearon en Vietnam, en sus muros de granito negro procedente de Bengala y cortado en Barre, Vermont (concebidos por una estudiante de Yale que ganó el concurso público, Maya Ying Li) están los nombres -más de 58.000- de todos los que cayeron comba-tiendo. Los dos muros, cada uno de 246 pies de largo, están dispuestos formando un ángulo con el Memorial de Lincoln y el monumento a Washington, como símbolo de conexión con el pasado También está el famoso monumento en bronce de los tres militares, obra del escultor de Washington Frederick Hart. En 1993, y después de múltiples polémi-cas, se levantó en estos jardines un monumento que honra la memoria de las mujeres (más de 265.000) que sirvieron en las fuerzas armadas durante la guerra de Vietnam: el conjunto lo forman tres mujeres socorriendo a un soldado, todo también en bronce.

Lincoln Memorial: La impresionante estructura de mármol blanco de Colorado fue diseñada por Henry Bacon y terminada en 1922. Las 36 columnas dóricas, una por cada estado en tiempo de Lincoln, representan a la Unión, y los nombres de esos estados están grabados en el friso de la cúpula; sobre ese friso, aparecen los nombres de los 48 estados de la Unión cuando se terminó la construcción del Memorial. La estatua de Lincoln sentado, de 19 pies de alto, fue obra de Daniel Chester French, y fue construida con veintiocho bloques de mármol de Georgia; el pedestal fue construído con mármol de Tennessee. Al lado de la estatua, están grabados en la piedra los discursos de Gettysburg y el Second Inaugural (la toma de investidura); los murales, obra de Jules Guerin, representan temas de la independencia.

Korean War Veterans Memorial: *Junto al Lincoln Memorial, NW. Tel. 619 72 22. Abierto todos los días de 8 h a 24 h.* Construído con un coste de dieciocho millones de dólares, este Memorial, que ocupa una parcela de 2.2 acres, presenta un conjunto escultural de soldados en combate, con la bandera como objetivo. Un mural de 164 pies con la inscripción *Freedoom Is Not Free* ('la libertad no es gratis'), muestra 2.500 fotografías de personal de apoyo de la guerra de Corea.

ALREDEDOR DE LA CASA BLANCA

Art Museum of the Americas: 201 18th St., NW. Tel. 458 60 16. Cierra los lunes. Pequeño museo que anteriormente albergaba la residencia oficial del secretario general de la Organización de Estados Americanos. Escogidas exposiciones de artistas latinoamericanos contemporáneos.

Dar Museum & The Constitution Hall: 1776 D St., NW. Tel. 879 32 40. El museo, propiedad de la organización *Daughters of the American Revolution*, tiene 33 salas dedicadas a las artes decorativas (muebles, cristales, pinturas...) hechas y utilizadas por los pioneros, que suman un total de más de 50.000 objetos. El ático está repleto de juguetes de los siglos XVIII y XIX. El Constitution Hall es un auditorio de conciertos con 3746 asientos.

Corcoran Gallery of Art: 17th St & New York Avenue, NW. Tel. 638 14 39. Entrada: 3 dólares; menores de 12 años, gratis. El banquero William Wilson Corcoran adquirió en 1897 este edificio, diseñado por Ernest Flagg, para mostrar su colección privada de arte. Treinta años después, se construyó una nueva ala para albergar la colección del senador William Clark. El Corcoran tiene un extenso fondo de pinturas estadounidenses, dibujos, grabados y esculturas del siglo XVIII hasta nuestros días, (hasta superar los 11.000 trabajos) entre las que destacan el retrato de Washington por Gilbert Stuart, y el *Gran Salon* del Hotel D'Orsay de París, comprado por el Duque de Tremouille durante el reinado de Luis XVI, e instalado en 1904 en la casa de Nueva York del senador Clark. Entre las obras modernas, destacan trabajos de Fisher y de De Kooning.

Octagon House: 1799 New York Avenue, NW. Tel. 638 31 05. Cierra los lunes. Entradas: adultos, 2 $; niños menores de 12 años, gratis. La 'Casa Octogonal' (llamada así aunque tenga sólo seis caras) fue mandada construir a William Thortom, entre 1798 y 1801, por John Taylor III, un industrial del algodón de Virginia. Cuando los ingleses quemaron la Casa Blanca, sirvió como residencia del presidente James Madison. Fue adquirida por el Instituto Americano de Arquitectos en 1902. En su segunda planta alberga exposiciones arquitéctónicas, y en unas de sus salas está expuesto el tratado por el que se firmó la paz de 1814 entre británicos y norteamericanos.

Renwick Gallery: Pennsylvania Avenue & 17th St., NW. Tel. 357 27 00. Dependiente del Smithsonian y hogar original de la colección Corcoran, este edificio de estilo Segundo Imperio fue diseñado por James Renwick en 1859, y está amueblado al estilo de finales del XIX.

Abrió como museo del Smithsonian en 1972, para ofrecer exposiciones de arte contemporáneo, sesiones de lecturas y servicios a la comunidad. Las exposiciones permanentes del *'Grand Salon'* y el *'Octagon Room'* presentan una amplia colección de porcelanas de Sèvres, y pinturas del XVIII y XIX de artistas europeos.

Decatur House: 748 Jackson Pl., NW. Tel. 842 09 20. Cierra los lunes. Entradas: 3$ adultos, 1.50$ jubilados. Niños, gratis. Este fue el primer edificio privado construído en Lafayyette Square, y lo fue por el héroe naval Stephen Decatur en 1819. El edificio de ladrillo de cuatro plantas fue diseñado por un inglés, Benjamin Latrobe. En 1870, el general Edward Beale adquirió el edificio y lo restauró en estilo victoriano. El edificio fue cedido a la *National Trust for Historic Preservation* en 1944. La segunda planta conserva todo el mobiliario de la época victoriana. Visitas guíadas cada media hora.

St. John's Episcopal Church: 16th & H sts., NW. Tel. 347 87 66. Cierra los lunes. Visitas organizadas a partir de las once de la mañana. Conocida como 'la iglesia de los presidentes', fue diseñada en 1815 por Benjamin Latrobe. La vidriera de siete metros de alto fue un regalo del presidente Chester Arthur en memoria de su mujer.

Lafayette Square: bordeada por la Pennsylvania Avenue, Madison Place, la calle H y Jackson Place, es el centro histórico de las manifestaciones en Washington y la plaza más famosa de la ciudad. En los planos originales de L'Enfant se encontraba aquí el 'President's Park'. Los soldados acamparon aquí durante la guerra de 1813 y la Guerra Civil. El monumento central está dedicado a Andrew Jackson y es obra de Clark Mills.

La Casa Blanca: 1600 Pennsylvannia Avenue, NW. Cierra los lunes. Abierta al público de 10 h a 13 h. La Casa Blanca es el edificio público más antiguo de Washington, y la dirección postal más famosa del país y, probablemente, del mundo. Thomas Jefferson propuso a Washington y a los comisarios del DC que la residencia debería adjudicarse por concurso público. Así, el 14 de Marzo de 1792, se convocó el concurso, y el 17 de julio se anunció que James Hoban, un arquitecto irlandés, era el ganador. Su diseño estaba basado en las grandes casas de campo británicas. El 13 de octubre se puso la primera piedra. El trabajo empezó con la construcción del muro norte; hicieron falta tres hornos para los millones de ladrillos empleados. Uno de los mayores problemas a los que tuvo que hacer frente Hoban fue encontrar obreros cualificados y, en 1793, fue necesario alquilar esclavos a los terratenientes del Sur, y cuadrillas de albañiles vinieron desde Edimburgo, en Escocia. La piedra de los revestimientos exteriores fue extraída de unos yacimientos en Aquia Creek, en el condado de Stafford, en Virginia. En los tres años siguientes, se instalaron las ventanas y las divisiones interiores. Así, cuando John Adams llegó a la Casa Blanca en 1800, el edificio aún no estaba terminado. Durante la administración de Jefferson, fueron construídas las terrazas este y oeste, y fué él quién abrió el edificio al público, práctica que ha perdurado hasta nuestros días. Madison encargó en 1809 la decoración interior a Benjamin Latrobe, aunque ninguno de sus trabajos pervive hoy. El 24 de agosto de 1814, los soldados ingleses incendiaron Casa Blanca como represalia por la destrucción de edificios públicos en Canadá por las tropas americanas. La reconstrucción comenzó en 1815, y quedó terminada para la toma de posesión de James Monroe en 1817. Durante el mandato de Andrew Jackson, se amuebló y abrió al público la *East Room*. En 1824 y 1829 se construyeron los pórticos norte y sur. El agua corriente se instaló en 1833, y el gas, en 1848; el sistema de calefacción central fue introducido en 1853, bajo el mandato de Franklin Pierce. Un invernadero de cristal fue construído en 1857. En 1864, Lincoln firmó en la oficina de la segunda planta el Acta de Emancipación, por la que se abolía la esclavitud. Durante la Guerra Civil, las tropas eran acuarteladas en la Sala Este, donde también fue velado el cadáver de Lincoln. En 1901, T. Roosvelt hizo oficial el nombre de 'Casa Blanca' para designar la residencia del presidente, y en 1902 se construyó la Ala Oeste, un edificio de oficinas. En 1909 fue ampliada, y se construyó el Despacho Oval; las reformas de 1902 habían dejado espacio para un jardín, así que se plantó de rosas en 1913. Una tercera planta se añadió al edificio en 1927, para ampliar los espacios de residencia. De 1948 a 1952, los Truman tuvieron que dejar la Casa Blanca para llevar a cabo una reconstrucción total. La siguiente es una descripción de las principales salas:

La **biblioteca** contiene obras exclusivamente de autores norte-americanos. Los muebles son del periodo Federal, y los candelabros pertenecieron a la familia de J.F. Cooper. La **vermeil room** contiene una amplia colección de plata trabajada. En esta sala se encuentran los retratos de las últimas primeras damas. En tiempos, fue usada como sala de billar. La **sala China** fue diseñada en 1917 por Edith Wilson para albergar las piezas de porcelana China y cristalerías utilizadas por los presidentes. El retrato de Grace Coolidge fue pintado en 1924 por Howard Chandler Christy. La **sala de recepción de diplomáticos** (que no está abierta al público), se emplea para los actos de presentación de credenciales al presidente. Está amueblada en estilo Federal. La **sala Este** es la más grande de la Casa Blanca. Se emplea para recepciones oficiales, conferencias de prensa y ceremonias varias. La **sala verde**, que sirvió como salón de Jefferson, se usa ahora para recepciones. Muchos de los muebles fueron hechos en 1810. Las paredes están decoradas con sedas con incrustaciones; el mármol blanco de Italia fue instalado en 1812. La **sala azul** se usó para recibir visitas oficiales. Fue amueblada por el presidente Monroe después del incendio de 1814. Los retratos son de Adams, Jefferson, Monroe y Tyler. Es en esta sala donde se instala el árbol de Navidad en un acto público. La **sala roja**, usada para recepciones más íntimas, ha sido siempre la preferida por las primeras damas. John Adams la usó como sala para desayunar. La sala está decorada en estilo Imperial Americano del período 1810-1830. La **sala de comidas de Estado** puede albergar hasta 130 comensales (aunque, com se vió en la visita del 94 de Yeltsin, se queda pequeña de vez en cuando). La sala está dominada por un gran retrato de Lincoln, pintado después de su muerte por Healy.

National Aquarium: 14 St & Pennsylvania Avenue, NW. Tel. 482 28 25. Entradas: adultos, 2$; niños, 75 ç. Inaugurado en 1873, es el acuario más antiguo del país. Más de 1200 especies marinas: tiburones, pirañas, tortugas, rayas... está construído en los bajos del ministerio de Comercio.

Federal Triangle y Chinatown

Toda esta zona es 'el viejo centro' de la ciudad, revitalizado tras unos años de pertinaz decadencia y abandono.

Old Post Office Pavillion: 1100 Pennsylvannia Avenue, NW. Tel. 289 42 24. En 1890, el edificio que ocupaba el lugar del actual palacio de comunicaciones era un mercado. En 1891, se decidió transformar el edificio para que acogiera al U.S. Post Office Departament. El edificio se terminó en 1899. Fue el más alto de la ciudad -28 pies más que la estatua de la libertad que corona el Capitolio-, y por dos veces se salvó de la destrucción. Desde el observatorio de la torre -al que nos conducen dos ascensores- se ven las mejores vistas de la ciudad. El reloj de la torre es un regalo de Gran Bretaña como conmemoración del bicentenario de la independencia de los EEUU. Hoy, el edificio alberga, además de las oficinas administrativas de correos, un bonito centro comercial.

National Archives: Constitution Avenue, entre las calles 7 y 9. Tel. 501 50 00. Fantasía onírica de Oliver Stone, aquí se guarda la memoria de la nación. El edificio es obra del arquitecto John Russell Pope, que diseñó una estructura en consonancia con los otros grandes edificios de la ciudad y que a la vez expresa seguridad en su magnificencia, algo que se puede apreciar echando un vistazo a sus 72 columnas corintias de 95 toneladas de peso cada una, o a la fachada clásica de puertas de bronce. Aunque la institución no se fundó hasta 1934, sus documentos más viejos están fechados en 1775. Algunos de los más importantes son la Proclamación de la Emancipación, documentos de la rendición japonesa en la II Guerra Mundial, y en exposición: la Declaración de Independencia, la Constitución y la Carta de Derechos. Custodia billones de páginas de texto; más de siete millones de fotografías, aproximadamente 118.000 rollos de película y 170.000 grabaciones sonoras, 11 millones de mapas...

F.B.I.: Pennsylvannia Avenue, entre las calles 9 y 10 NW. Tel. 324 34 47 .Las visitas guiadas en los cuarteles generales del FBI en el edificio John Edgard Hoover (*Federal bureau of Intelligence*), la policía federal del país, nos muestran, por ejemplo, más de cinco mil armas confiscadas, fotografías de la detención de Al Capone, y podemos asisitir a una sesión de entrenamiento de tiro de los agentes. Una sugerencia: pregunten al guía por Mulder y Scally. Verán que respuesta. Eso, si no os habéis perdido por los pasillos.

Ford's Theatre: 510 10th St., NW. Tel. 426 69 24. En 1861 el empresario teatral de Baltimore John T. Ford adquirió el edificio de la Primera Iglesia Baptista, y lo convirtió en un exitoso teatro. El edificio ardió en 1862, y Ford lo reconstruyó. Aquí fue donde John Wilkes Booth disparó a Abraham Lincoln el 14 de abril de 1865. Lincoln estaba sentado en el palco presidencial disfrutando la comedia *Nuestro primo americano*. El asesino disparó al presidente a las 22:15. En la huída, Botth se rompió una pierna y escapó por un callejón oscuro; la Caballería le encontró doce días después en una granja de Virginia. Estos sucesos hicieran que el teatro se cerrara, pero recientemente ha sido restaurado para dejarlo del mismo modo en que estaba ese aciago 14 de abril. En el museo del teatro, se representan operetas de la época de la Guerra Civil y representaciones del asesino de Lincoln; también están expuestas las ropas que llevaba en el momento de su muerte.

National Law Enforcements Officers Memorial: Judiciary Square, NW. Tel. 737 34 00. Cierra los lunes. Con sus leones de bronce en sus cuatro entradas, aquí se rinde tributo a los más de 13.000 agentes del orden caídos en servicio. Sus nombres aparecen grabados en los dos grandos muros de mármol. El conjunto lo rematan un estanque y un cuidado jardín. Las visitas guíadas del centro de visitantes, además de información, muestran también las andanzas de fascinerosos como Billy el niño o Bonnie&Clyde.

National Building Museum: F St., entre las calles 4 y 5. Tel. 272 24 48. Pensado como memorial para los veteranos de la Guerra Civil, el edificio se acabó de construir en 1885 con un coste de 866.000 dólares de la época, y durante años albergó oficinas estatales. El arquitecto, Montgomery Meights, se basó en el palacio Farnese de Roma, y su edificio fue el más grande del mundo en su época. Se exponen aquí los procesos de construcción de los principales edificios de la ciudad, y se exponen también los planos originales de la ciudad. Las columnas corintias de la entrada son las mayores del mundo: 75 pies de alto y 25 de circunferencia.

Jewish Historical Society of Greatter Washington: 701 3rd St., NW. Tel. 789 09 00. Cierra los lunes. Contribución recomendada de 3 dólares. Reservar plaza para las visitas guiadas. La sinagoga más antigua de la ciudad -fue terminada en 1876- es la sede del *Lillian & Albert Small Jewish Museum*, que muestra la historia de la comunidad judía de la zona de Washington, aparte de exposiciones de arte.

National Portrait Gallery / National Museum of American Art: 8th & F Sts., NW. Tel. 357 27 00. El Edificio de la Oficina de Patentes, uno de los edificios más antiguos de la ciudad, sirvió como hospital durante la Guerra Civil; hoy alberga dos museos del Smithsonian, el de Arte Americano y la Galería de Retratos. La Galería Nacional de Retratos homenajea a todos los personajes importantes del país en cualquier campo: desde el deporte y el arte a la política y la guerra. En la pequeñísima última planta hay una exposición permanente sobre la Guerra Civil, con litografías, pinturas y armas, y otra dedicada a los presidentes de la nación. En el Museo Nacional de Arte Americano, en su primera planta encontraremos muestras del arte estadounidenses de la primera época y una galería de miniaturas; en la segunda planta, hay trabajos de impresionistas americanos como Hassam. En la tercera planta hay obras modernas. La cafetería- autoservicio es una de las más bonitas de la ciudad.

National Museum of Women in the Arts: 1250 New York Avenue, NW. Tel. 783 5000. Entradas: 3 dólares los adultos, 2 dólares los niños. En este edificio -diseñado en 1907 en estilo renacentista por Waddy Wodd- se encontraba la antigua Gran Logia Masónica. Este museo se inauguró en 1987 después de grandes polémicas por el hecho de segregar de los museos el arte masculino del femenino. Aquí se encuentran obras como el *Retrato de una dama,* de la pintora italiana del XVI Lavinia Fontana, y un retrato de la marquesa de Lafayette por Adelaide Labille-Guidard. Hay también una amplia colección de plata labrada británica de los siglos XVI, XVII y XVIII.

Capitol Hill y Union Station

U.S. Capitol: East End of Mall. Tel. 224 31 21. Sede del Congreso desde 1800, el Capitolio original fue diseñado por William Thornton, y George Washington puso la primera piedra el 18 de septiembre de 1793. Benjamin Henry Latrobe y Charles Bulfinch, junto con otros arquitectos, dirigieron la construcción. Cuando, en 1800, el gobierno se instaló en la ciudad, el Congreso se radicó en la pequeña ala norte del edificio. Al principio, la cámara de representantes se reunía en una sala de la segunda planta destinada como bibilioteca; el Senado se reunía en una cámara de la planta principal. Entre 1810 y 1859, el Senado usó una cámara en la segunda planta, conocida hoy como la *Old Senate Chamber.* En 1807, el ala sur del Capitolio fue terminada para la Cámara de Representantes. En agosto de 1814, las tropas británicas comanda-das por Sir George Cockburn pegaron fuego al Capitolio; los muros exteriores sobrevivieron al incendio, pero el interior fue destruído. En 1819, las alas reconstruídas del Capitolio fueron abiertas. El edificio central, terminado en 1826, se unió a las dos alas. Una cúpula de madera y cobre, que se extiende y se contrae cuatro pulgadas cada día, dependiendo de la temperatura del exterior, cubrió la rotonda. En 1850, muchos estados fueron admitidos en la Unión, por lo que hubo que ampliar el edificio: se añadieron nuevas alas al final del edificio primitivo. El Congreso se instaló en su actual sala en 1857, y el Senado en 1859. En 1860, las gigantescas puertas de bronce -con representaciones de personajes y escenas claves en la historia del país como los Reyes Católicos, Colón, Cortés...- fueron mandadas hacer en Munich. Se inauguró la Sala Nacional de Estatutas, y cada estado contribuyó con dos estatuas de sus más grandes prohombres (aquí encontraremos a Fray Junípero Serra, por su labor en la evangelización de la California). Durante la Guerra Civil, el trabajo en la nueva cúpula de hierro continuó bajo la supervisión de Thomas U. Walter. El 2 de diciembre de 1863 la Estatua de la Libertad, obra de Thomas Crawford, fue emplazada en lo alto de la cúpula. En la década de los 70, Frederick Law Olmsted diseñó las terrazas de las caras oeste, sur y norte del edificio. En nuestro siglo, fue necesario acometer grandes reformas en el exterior del Capitolio: entre 1958 y 1962, el Frente Este se extendió veinte metros, y la fachada se copió en mármol. En 1980, el Frente Oeste fue cuidadosamente restaurado. En la Rotonda se celebran los funerales de los presidentes -desde Lincoln hasta Johnson-, de miembros eminentes del Congreso, héroes militares y ciudadanos ilustres. También se recibe aquí a jefes de estado. En la Rotonda hay cuatros grandes frescos de John Trumbull. Otros cuatro artistas pintaron escenas relacionadas con el descubrimiento y el asentamiento de los Estados Unidos. En el techo de la bóveda encontramos un fresco del artista Constantino Brumidi llamado *La apoteosis de Washington*, al que representa rodeado de símbolos de la democracia y el progreso tecnológico; Brumidi decoró con sus pinturas muchos de los pasillos y estancias del Capitolio. Aquí no resulta difícil compartir un café con, por ejemplo, Newt Grinwrich (*speaker*) en la cafetería del Capitolio. Tal es la mezcla entre turistas y políticos en los pasillos del Capitolio, uno de los edificios más impresionantes de Norteamérica.

U.S. Botanic Garden: 245 First Street, SW. Tel. 225 83 33. El Jardín Botánico de los Estados Unidos es un museo 'viviente'. Se expone el papel de las plantas en diversos ecosistemas, y cómo enriquecen la vida humana. Un total de tres mil metros cuadrados de salas de exposición en las que encontraremos raras plantas de climas desérticos, tropicales y subtropicales. Muchos de los árboles son originarios de Sudamérica. Hay cactus de África y, dependiendo de la estación del año, tulipanes, gladiolos, crisantemos y rosas. Cruzando la Independence Avenue se encuentran el parque Bartholdi. Subvencionado por el Congreso en 1820, éste es el jardín botánico más antiguo del país.

Library of Congress: First St & Independence Avenue, SE. Tel. 707 50 00. Visitas guiadas todas las mañanas hasta las 14 h. Cuando el gobierno se instaló en Washington en 1800, el presidente

John Adams designó una partida presupuestaria de cinco mil dólares 'para la adquisición de tantos libros como sean necesarios para el uso del Congreso, y una adecuada sala para guardarlos'. Los primeros libros llegaron de Inglaterra, y fueron los ingleses -durante la ya tantas veces mencionada guerra del 14- quienes la incendiaron. Fue entonces cuando el ex-presidente Jefferson, ofreció su biblioteca privada para reemplazar a la perdida en el fuego. Después de un largo debate, el Congreso aceptó la compra, en enero de 1815, por 23.950 dólares de la colección de 6.487 libros. En 1872, los libros de la Biblioteca del Congreso desbordaron las salas del Capitolio; el bibliotecario Ainsworth Rand Spofford pidió al Congreso un edificio separado para seguir prestando el servicio. El Congreso respondió en 1873 con un concurso público. El diseño ganador, inspirado en el estilo renacentista italiano, fue obra de los arquitectos Smithmeyer y Pelz. El Congreso aceptó definitivamente el proyecto, con alguna variación, en 1886.Éste el fue primer edificio de la biblioteca del Congreso, el *Thomas Jefferson Building*. Está decorado con espléndidas esculturas, mosaicos y murales creados por cincuenta artistas estadounidenses, y tuvo polémica en su tiempo por que los congresistas temían que la cúpula del edificio (decorada con la 'llama del conocimiento', donde aparecen, en una anonadante estampa, los logros de la civilización: a España, corresponde el arte de la navegación) compitiera con la del Capitolio; en la entrada, nos reciben los bustos de grandes escritores como Dante o Shaskespeare. El segundo edificio en abrirse fue el *John Adams Building*, cubierta su fachada con mármol de Georgia, en 1939. Las figuras en bajorrelieve de las puertas de bronce de la entrada representan doce figuras históricas que han contribuído al arte de la escritura. Los murales de los *Cuentos de Canterbury* de Ezra Winter decoran la sala de lectura de la quinta planta. El último edificio, el *James Madison Building*, se inauguró el 24 de abril de 1980, dobló la capacidad de los dos edificios existentes. Las colecciones de la Biblioteca incluyen más de 27 millones de libros en 470 idiomas diferentes, más de 36 millones de manuscritos, doce millones de fotografías, 100.000 películas de cine, 80.000 programas de televisión, más de millón y medio de otras grabaciones sonoras, y siete millones de microfilms. Cada día son archivadas más de 7.000 nuevas referencias.

Folger Shakespeare Library: 201 East Capitol St., SE. Tel. 544 46 00. Cierra los domingos. La Biblioteca Folger abrió en 1932, y fue un regalo de Henry Clay Folger, quién desde estudiante coleccionó trabajos de Shakespeare, y que en nuestros días comprende aproximadamente 280.000 libros y manuscritos, 27.000 cuadros, dibujos, grabados, e instrumentos musicales, trajes y películas. El exterior de la biblioteca, un ejemplo de clasicismo *art-dèco*, es una fachada de mármol decorada con nueve bajorrelieves que representan escenas de las obras de Shakespeare. El Jardín Isabelino se encuentra al lado

Este; en el lado Oeste, se encuentra una estatua del personaje de *El sueño de una noche de verano* Puck, que preside una fuente y un estanque. Dentro, el impresionante *Great Hall* está decorado con frescos y paneles decorados de madera. El Teatro Isabelino -con tres galerías y columnas con frescos-, y en el que regularmente se representan obras del genial bardo, recrea muy acertadamente cómo eran las salas de teatro en tiempos de Shakespeare. Al final de la Sala de Lectura,se encuentra una réplica del busto del dramaturgo que hay Iglesia de la Trinidad de Stratford. En la Galería de Arte Anne Hathaway hay contínuas exposiciones de arte.

U.S. Supreme Court: 1st & F Sts., NE. Tel. 479 30 00. Cierra los fines de semana. El Tribunal Supremo de los Estados Unidos no dispuso de su propio edificio hasta 1935, 146 años después de su fundación. Utilizó diversos edificios hasta que en 1929 el magistrado William Howard Taft (que fue presidente de la nación entre 1909 y 1913) convenció al Congreso de que autorizara la construcción de una sede permanente para el Tribunal Supremo. El arquitecto Cass Gilbert diseñó el edificio inspirándose en el estilo corintio. Las dos estatuas sentadas a ambos lados de la entrada fueron obra de James Earle Fraser. La primera es una figura femenina, la *Contemplación de la Justicia*; a la derecha está el *Guardián de la Ley*. Las puertas de bronce de la entrada oeste tienen un peso cada una de seis toneladas y media. Los paneles de la puerta, obra de John Donnelly Jr., representan escenas históricas del desarrollo de las leyes.

Shewall - Belmont House: 144 Constitution Avenue, NE. Tel. 546 39 89. El edificio más antiguo de Capitol Hill fue construído en 1800 por Robert Sewall, aunque parte de la casa data de principios del XVIII. Alberga un museo que muestra la historia de los primeros días de los movimientos reinvidicativos de las mujeres.

National Postal Museum: 2 Massachussets Avenue, NE. Tel. 357 27 00. Este edificio, la Oficina de Correos de la Ciudad, fue diseñado por Daniel Burbhan y terminado en 1914. Hoy alberga también el Museo Postal Nacional, que se abrió en 1993 y que fue el último en sumarse al Smithsonian. Muestra el importantísimo papel jugado por el Servicio Postal en el desarrollo de los Estados Unidos, y en él podremos ver carretas, tres aviones de los años 30 con los que se repartía el correo, una amplísima colección filatélica (la mayor del mundo) y la historia del Ponny Express durante la Guerra Civil.

Union Station: Massachussets Avenue, entre las calles 1 y 2, NE. Tel. 371 94 41. Abierta las 24 horas del día. En 1902 la Comisión Mcmillan consideró que las líneas ferroviarias que llegaban a la ciudad deberían concentrarse en una sola terminal. Daniel H. Burbham diseñó el edificio, que se inauguró en 1908, inspirándose para ello en los Baños Romanos de Diocleciano. La actual Union Station se reabrió en 1988, después de una restauración de 160 millones de dólares, que dotó al espacio de una de las galerías comerciales más exclusivas y visitadas de la ciudad, aparte de la terminal ferroviaria.

Capital Children's Museum: 800 3rd St., NE. Tel. 543 86 00. Entrada: 6 dólares. Niños menores de dos años, gratis. Museo dedicado y pensado para y por los niños, que podrán elaborar pastillas de chocolate, crear cortos de animación, y destripar mil y un artilugios.

Holography World Collection: Techworld Plaza, 800 K St., NW. Tel. 408 18 33. Entradas: 8.50$ adultos, 8 dólares los niños menores de once años. Cierra los lunes. Este museo expone una impresionante colección de trabajos holográficos sobre arte, ciencia y tecnología.

Dupont Circle y Adams Morgan

De la Columbia Road NW y la calle 18 al *Kalorama Park;* la calle S la separa, al Sur, de Dupont Circle. **Adams Morgan** es uno de los barrios más animados de Washington, con una más que colorida presencia de la etnia etíope, que comparte el barrio con hispanos y caribeños. Muchas de las casas victorianas restauradas están pintadas con los colores de la bandera etíope. Es éste un barrio repleto de tiendas, bares, restaurantes y una más que divertida vida nocturna. Sus *delis* son abirragadas mezclas de colores, sabores y olores, donde el dependiente está ataviado con un turbante *shuni.*

Dupont Circle es, sin lugar a dudas, este es el 'barrio bohemio' de la ciudad. Toda aquella persona que tenga inquietudes intelectuales o artísticas en el DC, Maryland o Virginia, tarde o temprano se instala aquí (a no ser que se decida por el barrio de *Fells Point*, en Baltimore). Sus calles residenciales estrechas y tranquilas, flanqueadas con las típicas casas victorianas restauradas con sus inquilinos leyendo a Proust sentados en la escalera, son una invitación a la meditación y la creación artística. El tramo de la Connecticut Avenue que cruza el barrio es un sumidero de gentes; sus aceras están repletas de librerías, galerías de arte, bares, restaurantes, peluquerías especializadas en clientela étnica y gay (la comunidad homosexual es una de las más importantes de la zona, y los bares gay se concentran alrededor de la calle P), y no es raro encontrar actuaciones callejeras y gente jugando ajedrez en los parques. Es el Washington que no tiene nada que ver con el de los burócratas, que vive de espaldas a las masas de turistas que invaden el Capitolio o la Casa Blanca, y -dato importante- donde los bares y discotecas cierran más tarde. Se enamorarán de Dupont Circle. Todos nos hemos enamorado. El nombre del barrio se tomó del héroe de la Guerra Civil Samuel F. Dupont, y durante años -de 1884 a 1921- una estatua en bronce se erigió en Dupont Circle, antes llamado Pacific Circle. El desarrollo de Dupont Circle empezó después de la Guerra Civil. En los años sesenta, cuando las clases medias empezaron a mudarse a los suburbios, diferentes grupos contraculturales - los que se concentrarían frente a la Casa Blanca para protestar por la guerra de Vietnam- revitalizaron el barrio y le dieron ése sabor bohemio que hoy en día aún posee y es su característica más destacable.

Embassy Row es dónde se concentran la mayoría de las 150 embajadas de la ciudad. El barrio comprende la Massachussets Ave. y las calles adyacentes.

The Washington Post: 1150 15 St., NW. Tel. 334 60 00. Visitas organizadas cada hora todos los lunes (imprescindible llamar para reservar) por la redacción del periódico que destapó el *Watergate* y, sin lugar a dudas, uno de los mejores del mundo.

National Geographic Society: 16th & M Sts., NW. Tel. 857 76 89. · Abierto toda la semana, de 10 h a 17 h. La sociedad geográfica más conocida del mundo, cuyos documentales y libros son contínua fuente de consulta por parte de investigadores y el gran público, fue fundada en 1888. En el *Explorers Hall*, podemos participar en una visita interactiva por la historia de la sociedad.

B'nai B'rith Klutznick National Jewish Museum: 1640 Rhode Island Avenue, NW. Tel. 857 65 83. Cierra los sábados. Este museo nos muestra una colección permanente de arte ceremonial judío y exposiciones de arte israelí.

Museum of 3rd Dimension: 2018 R St., NW. Tel. 667 63 22. Cierra los lunes. Entradas: adultos, 10 dólares. Niños, 8 dólares. Espacio concebido y dedicado para la colección de hologramas más extensa del mundo. Las visitas guiadas nos muestran hologramas increíbles, aplicaciones de fotones y láseres.

Historical Society of Washington, D.C.: 1307 New Hampshire Avenue, NW. Tel. 785 20 68. Abierto de martes a sábado de 10 h a 16 h 45. Las visitas guiadas cuestan tres dólares por persona. El edificio, inspirado claramente en el estilo románico, es la sede de la sociedad histórica de Washington, y en su interior se encuentran los archivos de la ciudad, enmarcados en una ambiente de decoración victoriana muy bien conservado.

House of the Temple: 1733 16th St., NW. Tel. 232 35 79. Cerrado los domingos. Los sabados, es imprescindible solicitar cita. Sede del Consejo Supremo del 33º Grado del Antiguo y Aceptado Rito Escocés de la Masonería, el edificio está inspirado en el Halicarnaso de Asia Menor. La biblioteca tiene una extensa colección de libros sobre la masonería.

Evan - Tibbs Collection: 1910 Vermont Avenue, NW. Tel. 234 81 64. Cierra los lunes. Una exposición permanente de arte afromaericano de los siglos XIX y XX, en esta casa que fue hogar de la cantante de ópera Lillian Evans Tibbs.

Islamic Center: 2551 Massachussets Avenue, NW. Tel. 332 83 43. Recomendable pedir cita. Visitas guiadas de sábados a jueves. El Centro Islámico de la ciudad es, aparte del punto de encuentro de los musulmanes de la zona, un importante foco de cultura. El minarete del edificio tiene 160 pies de alto; el interior está decorado con inscripciones en árabe del Corán; el edificio está orientado, naturalmente, a La Meca. Los extremistas incendiaron el púlpito egipcio, y tuvo que ser reemplazado por uno sirio. Los exquisitos mosaicos de porcelana de las paredes fueron realizados en Turquía. Su biblioteca de temas islámicos es una de las mejores del continente en su especialidad.

Phillips Collection: 1600 21 St., NW. Tel. 387 21 51, ext. 274. Cierra los lunes. Entradas: 8 dólares; sábados y domingos, 10 dólares. En 1918, Duncan Phillips comenzó a coleccionar arte con vistas a abrir un museo en memoria de su padre y su hermano, muertos poco antes. En 1923 pagó ciento veinticinco mil dólares por una pintura de Renoir. Desde entonces, la colección privada de este empresario fue creciendo y creciendo con obras francesas y estadounidenses de los siglos XIX y XX. En 1930 Phillips se mudó al actual edificio en Dupont Circle, al que tuvo que agregar una nueva ala en 1960. En esta estupenda galería de arte se exponen obras de Cezanne, Caillebotte, Berthe Morisot, Manet, Monet, Pissarro, Alfred Sisley, Renoir, Miró, Picasso y Matisse, entre otros muchos, que convierten a la Phillips en la mejor colección privada del mundo.

Anderson's House: 2188 Massachussets Avenue, NW. Tel. 785 20 40. Abierto de martes a sábados, de 13 h a 16 h. Este fue el hogar de Larz Anderson, ministro de Bélgica y embajador de Japón. Hoy, el edificio es propiedad de una organización patriótica, la *Society of Cincinnatti* (fundada por George Washington en 1783), que tiene aquí sus oficinas generales, biblioteca y museo. El recibidor de la casa está decorado con óleos renacentistas italianos; un nicho gótico de la entrada sostiene una urna funeraria china de dos mil años de antiguedad. Un gran número de salas están decoradas con espadas, pistolas de duelo, retratos y otros objetos de la época de la independencia.

St. Matthew's Cathedral: 1725 Rhode Island Avenue, NW. Tel. 347 32 15. Abierta toda la semana de 6 h 30 a 18 h 30. Imprescindible llamar para reservar plaza en las visitas guiadas los domingos. Diseñada en estilo renacentista por el arquitecto de Nueva York Grant LaFarge. El altar está construído en mármol blanco con ornamentos de flores. Tanto el altar como la pila batismal son un regalo del estado indio, y sus vidrieras, prodigio del color, son obra de artesanos franceses e italianos.

Woodrow Wilson House: 2340 S St., NW. Tel. 387 40 62. Cierra los lunes. Entradas: adultos, 4 dólares; niños, 2.50. Hogar del presidente Wilson, que vivió aquí dede 1921 hasta su muerte en 1924, este edificio de ladrillo rojo fue un regalo a su mujer por el quinto aniversario de boda. Es el único museo presidencial de la ciudad: en consecuencia, un recorrido por la vida de este presidente: desde un proyector, regalo de Douglas Fairbanks Sr., hasta una réplica de la cama de Lincoln.

Textile Museum: 2320 S St., NW. Tel. 667 04 41. Abierto toda la semana. Donaciones sugeridas: 5 dólares los adultos, 50ç los niños. El coleccionista de arte George Hewitt Myers comenzó su colección de 13.000 telas y 1.500 alfombras en 1898, cuando adquirió un tapiz oriental para decorar su habitación en la universidad de Yale; las telas datan del 1400 AC, y las alfombras del siglo XV. Debido a la fragilidad de las piezas, las exposiciones son cambiadas cada pocos meses. Una gran parte de la colección puede verse en la librería Arthur D. Jenkins, que tiene más de 13000 publicaciones relacionadas con los tejidos. El edificio fue diseñado por John Russell Pope.

Rock Creek Park: 3545 Williamsburg Lane, NW. Tel. 282 10 63. Este pulmón verde de 1.754 acres de extensión es cruzado por el río Rock Creek, un afluente del Potomac, que le da al parque más de un rincón bucólico. En el parque hay actividades de equitación, una galería de arte (la Barn) pistas de tenis, un campo de golf, treinta zonas para *pic-nics* y senderos para correr y montar en bicicleta.

Georgetown & Embassy Road

Georgetown es el barrio más antiguo de Washington. Hay constancia de que ya en los primeros años del siglo XVIII una comunidad de inmigrantes escoceses estaba asentada en la zona, y hasta mucho después de establecido el Distrito de Columbia, Georgetown no dejó de ser una ciudad independiente. Una prueba de ello es que sus calles en absoluto siguen el proyecto de L'Enfant. Hoy, éste más que exclusivo barrio es el auténtico centro de la vida social de Washington; ésto es, donde la gente va a cenar, a beber, a bailar, a comprar... y es un barrio exclusivo hasta el punto de que sus vecinos se niegan, una y otra vez, a que el estupendo metro de la ciudad llegue a sus casas, temiendo que una mayor aún marea de gente invada su bucólica existencia (para llegar, olviden el coche: es imposible aparcar. Andando desde Dupont Circle son quince minutos, y los autobuses más indicados son el G2, el 34 y el 36). Aquí están las mejores boutiques, los bares más *in*, toda la *gente guapa*.

Washington National Cathedral: Mount St. Alban, Massachussets & Wisconsin Avenues, NW. Tel. 537 62 00. Visitas guiadas toda la semana. La construcción de esta catedral (oficialmente, su nombre es Catedral de San Pedro y San Pablo) acabó, después de 83 años, en 1990. Es, en cuanto al tamaño, la sexta catedral católica del mundo. La cúspide de la torre central se eleva 676 pies sobre el nivel del mar. La arquitectura está inspirada en el gótico del XIV. Philip Hubert Frohman fue el principal arquitecto desde 1921 hasta su muerte, en 1972. La *Rare Book Library* tiene una espléndida colección de libros del siglo XVI.

Dumbarton House: 2715 Q St., NW. Tel. 337 22 88. Cierra domingos y lunes. Contribución recomendada: 3 dólares. Hoy sede

EL ATLÁNTICO / 337

central de la *The Nacional Society of The Colonial Dames of America*, que la adquirió en 1926 y la reformó para dejarla tal como la conocemos hoy. La mansión ocupaba cien yardas al este de la calle Q hasta 1915, que tuvo que dejar el solar -y ser reconstruída en su actual localización- para levantar el *Dumbarton Bridge*. Este edificio de estilo Federal presenta ejemplos claros de muebles de estilo Sheraton y Hepplewhite, artes decorativas del XVIII y principios del XIX, y porcelanas chinas. Además, cartas históricas y documentos firmados por Washington, Jefferson y Madison.

Dumbarton Oaks: 1703 32 St., NW. (Exposiciones de arte). Tel. 342 32 00. Cierra los lunes. Contribución recomendada: 1 dólar. 31 & R Sts., NW. (Jardines). Tel. 342 32 00. De abril a octubre. Entradas: adultos, tres dólares; niños y ancianos, dos dólares. En este palacete se formó la idea de la creación de las Naciones Unidas en 1944; Igor Stranvinsky tituló a una de sus obras *Dumbarton Oaks Concerto*, hechos que dejan muy a las claras la importancia cultural de esta finca de dieciseis acres. El edificio original fue construído en 1801; el matrimonio Bliss lo reformó después de adquirirlo en 1920; en 1940, lo cedieron a la universidad de Harvard para la creación de un centro de estudios bizantinos; posteriormente, Robert Bliss llenaría la mansión de arte precolombino, bizantino y griego, y una biblioteca de más de 80.000 volúmenes sobre estas disciplinas. De todas las maneras, el orgullo de la casa son sus espléndidos jardines, con espectaculares terrazas babilónicas repletas de rosas, orquídeas y magnolias y árboles japoneses.

Tudor Place: 1644 31st St., NW. Tel. 965 04 00. Cierra los lunes. Contribución sugerida: 5 dólares. Visitas guiadas a las 10 h, 11 h 30, 13 h y 14 h 30. Llamar para reservar plaza. Esta mansión -uno de los puntos más visitados de la ciudad- fue construída en 1805 por Martha Cistis Peter, nieta de Martha Washington. La casa neoclásica, dedicada a la memoria de George Washington, contiene objetos de la familia Washington, muchos de ellos traídos de la mansión del padre de la patria, en Mount Vernom.

The Exorcist Steps: 3600 M St., NW. Exactamente eso: los famosísimos 75 escalones que aparecen en la escena cumbre de la famosa película de William Friedkin *'El exorcista'*. Para mitómanos.

Old Stone House: 3051 M St., NW. Tel. 426 68 51. *Abierto, excepto lunes y martes, de 8 h a 16 h 30.* Erigida en 1765, es la construcción más antigua de la ciudad, y la única de la época prerrevolucionaria.

Foggy Bottom

Su origen se remonta a 1763, cuando un emigrante alemán, Jacob Funk, adquirió una extensión de tierra y nació *Funktown*. El nombre actual deriva de cuando multitud de fábricas cerveceras, de vidrio y manufacturas estaban enclavadas en la orilla del Potomac. Los humos de estas factorías, combinado con el aire pantanoso formaba una niebla muy persistente. En 1930, ya no quedaba ninguna de ésas fábricas; entonces, se convirtió en una zona pobre, poblada en su mayoría por una multitud de familias negras que se quedó sin trabajo tras el desmantelamiento de la industria. No fue hasta finales de los años 40 que se revitalizó el barrio con la restauración de las viviendas. Hoy, es una activa zona comercial. El barrio tiene hoy tres grandes focos de interés: la Secretaría de Estado, el centro cultural JFK y la universidad George Washington.

John F. Kennedy Center for the Performing Arts: 2700 F St., NW. Tel. 467 46 00. Visitas guiadas gratuitas todos los días de 10 h a 13 h. Los horarios y precios de las entradas varían dependiendo del acontecimiento. Este es el 'centro' de la cultura de la ciudad. La idea de la creación de un centro nacional para la cultura fue del presidente Eisenhower, en 1954. El Kennedy Center tiene tres teatros, el más grande de los cuales es el *Concert Hall*, con capacidad para 2.750 espectadores, y cuyos candelabros de cristal fueron un regalo de Noruega. La *Opera House* puede acoger a 2.300 espectadores, y es donde se representan funciones de ballet y musicales; el *Eisenhower Theater* acoge representaciones de las mejores obras de la temporada, y su aforo es de 1200 butacas. En la planta principal se encuentra también la filmoteca nacional, la *American Film Institute*, que proyecta clásicos norteamericanos y películas extranjeras. La música de cámara y las pequeñas producciones teatrales se llevan a cabo en el *Terrace Theater*. El gigantesco busto de bronce de Kennedy es obra del escultor estadounidense Robert Berks.

Ansel Adams Collection: 900 17th St., NW. Tel. 833 23 00. *Cerrado los fines de semana.* Única exposición permanente en la Costa Este de los trabajos de Ansel Adams, uno de los más famosos fotógrafos estadounidenses, que murió en 1984. En la segunda planta del edificio de la *Widernees Society*.

Bethune Museum & Archives, Inc.: 1318 Vermont Avenue, NW. Tel. 332 92 01. De lunes a viernes, de 10 h a 16 h 30. Entradas: 1$. Museo que glosa la historia de las mujeres negras, en el que fue hogar de Mary McLeod Bethune, fundadora del Consejo Nacional de Mujeres Negras.

Department of State: 22 & C Sts., NW. Tel. 647 32 41. Visitas guiadas de lunes a viernes. Imprescindible llamar para reservar plaza. El Ministerio de Asuntos Exteriores ocupa este impresionante edificio desde 1947; una ampliación del mismo tuvo que llevarse a cabo en 1961. En la última planta se encuentran las salas en las que se recibe a los embajadores, las *Diplomatic Reception Rooms*, todo un canto al lujo y la seguridad. En el Museo del edificio podemos ver, por ejemplo, la mesa sobre la que se firmó el Tratado de París.

Department of Interior Museum: C St., entre las calles 18 y 19. Tel. 208 47 43. De lunes a viernes, de 8 h a 17 h. Este museo, casi perdido en los inmensos pasillos del Ministerio del Interior, muestra una espléndida colección de artefactos indios, y diversa memorabilia: por ejemplo, el documento por el que se le recompensaba al general Grant, por sus servicios a la patria, con 166 acres de tierra... la Oficina de Minas expone instrumentos y cartografía utilizados en la prospección de yacimientos mineros.

Por las orillas del Potomac

Roosvelt Island: Tel. 703 285 25 98. Abierta toda la semana, de 9:30 hasta el atardecer. Entre Rosslyn, Virginia, y el JFK Center, esta isla de 88 acres de extensión está dedicada al vigésimo sexto presidente de la nación, Theodore Roosvelt. Un monumento de granito, que incluye una estatua de bronce de 17 pies de alto de Roosvelt y cuatro imponentes bloques con inscripciones de ideas del presidente sobre la juventud, la naturaleza, la fraternidad y el estado, se encuentra en la parte norte. En la isla florecen más de cincuenta especies de árboles y más de doscientas de plantas y flores.

Arlington National Cemetery: Tel. 692 03 91. Abierto todos los días de 8 h a 17 h (de abril a septiembre, hasta las 19 h). Sobre más de 1000 acres del estado de Virginia, confiscados al general sudista Robert E. Lee en 1864, de cara al Potomac, se extiende el cementerio más grande del mundo, en el que descansan los restos de 200.000 estadounidenses como los Kennedy (John, Robert y Jacqueline), los astronautas del *Shuttle*, el campeón del mundo de los pesos pesados Joe Louis, Pierre Charles L'Enfant, y multitud de soldados desconocidos. Uno de los espectáculos más imponentes es asistir al cambio de la guardia en la Tumba del Soldado Desconocido. En el impresionante puente que conduce al memorial de Lincoln, destaca un monumento, esculpido en bronce, dedicado a la memoria de los caídos del *Maine*. Dentro del cementerio se encuentran el **Robert E. Lee Memorial**, donde el general vivió desde 1831 hasta 1861. Durante la Guerra Civil, las tropas de la Unión ocuparon la casa. Tras la confiscación en 1864 (cuyo motivo fue el impago de impuestos), el hijo de Lee, Curtis, reclamó la propiedad al Estado, y el Tribunal Supremo decidió a su favor en 1882; pero la propiedad estaba ya rodeada de tumbas, por lo que Curtis decidió venderla al Estado por ciento cincuenta mil dólares; el **Memorial Amphitheater**, una estructura de mármol blanco, con capacidad para cinco mil espectadores; o el **Netherlands Carillion**, un carillón regalo de Holanda a los Estados Unidos por la ayuda prestada en la liberación de los Países Bajos durante la II Guerra Mundial.

Pentágono: Off I-395, Arlington, VA. Tel. 703- 695 1776. Visitas guiadas: en primavera y verano, los días laborables cada media hora, de 9 h 30 a 15 h 30; otoño e invierno, los días laborables cada hora de

9 h a 15 h. Estrella de muchas películas, todas las cifras que se refieren al Pentágono (el cuartel general del ministerio de Defensa) marean: diecisiete millas y media de pasillos, 7.754 ventanas, y 691 fuentes de agua en el interior, por ejemplo, aunque el edificio solo tenga cinco alturas (el cinco alcanza, en el Pentágono, la categoría de número cabalístico). Dieciseis meses llevó la construcción de este emblemático edificio de cinco caras, hasta su inauguración en 1946. Más de 23.000 personas trabajan aquí. En el *Hall of Honors* están los nombres de las 3.000 personas que han recibido la Medalla del Honor. En las visitas, que duran hora y cuarto, no se pueden ver ésas gigantescas pantallas de situación de barcos y satélites que aparecen en películas como *Juego de Patriotas* o *Alerta Máxima*. Así que desechen la idea de convertirse en espías.

Jefferson Memorial: Tel. 426 68 21. Abierto toda la semana, de 8 h hasta la medianoche. En esta estructura soportada por columnas jónicas, se encuentra una estatua de bronce de Thomas Jefferson de diecinueve pies de alto, obra de Rudolph Evans, rodeada de paneles con los discursos más significativos de Jefferson. La estatua descansa en un pedestal de seis pies de alto de mármol de Georgia. La extensión de tierra que ocupa el conjunto fue 'arrebatada' al Potomac en 1943, lo que originó diversas protestas.

ALOJAMIENTO

Asímismo, hemos incluído campings y establecimientos de 'cama y desayuno' (*bed&breakfast*).

Los siguientes servicios de reserva son muy útiles:

Accomodation Express: 801 Asbury Ave., 6th floor. Ocean City, NJ 98226-3625.

Tel. 609 391 21 00. Fax. 609 525 01 11.

Capitol Reservations Tour & Travel Services: 1730 Rodhe Island Ave. NW. Washington DC 20036. Tels. 452 12 70 y 1-800-VISIT-DC. Fax. 452 05 37.

Washington DC Accomodations: 1534 U St. NW. Planta baja (lower level) Washington DC 20009. Tels. 289 22 20 y 1-800-554 22 20. Fax. 483 44 36.

Downtown

Precio alto

Capitol Hilton: *1001 16th. St. NW. Tels. 393 10 00 y 800 445 86 67. Fax. 639 57 26.* Construído en 1.943, se acometió en el edificio una remodelación de 55 millones de dólares en 1.990, que amplió un tercio el número de habitaciones. Centriquísimo. 515 habitaciones, 36 suites, 2 restaurantes, salón de belleza, lavandería, gimnasio, sauna y aparcamiento. Aceptan tarjetas. Todas las habitaciones tienen televisión.

Carlton: *923 16th. St. NW . Tels. 638 26 26 y 800 325 35 35. Fax. 347 18 06.* Con una profusa decoración con reminiscencias del XIX, este hotel está a un paso de la Casa Blanca. Cable, caja fuerte, servicio de té todas las tardes...193 habitaciones decoradas en tono pastel y con antiguedades de un exquisito gusto. Construído en 1926, y especialmente recomendado para ejecutivos de alto nivel y visitantes ilustres y sibaritas. Uno de los mejores hoteles, sin duda, del país.

Hay - Adams: *16th & H Sts. NW . Tels.: 582 12 34. Fax. 637 47 97.* Con un diseño inspirado en el Renacimiento italiano, tiene 125 habitaciones y 18 suites, decoradas en 23 maneras distintas al estilo inglés. Las habitaciones orientadas al sur y el restaurante, el Lafayette, tienen una increíble vista de la Casa Blanca. Algunas de las habitaciones tienen cocina. Periódico diario, lavandería.

Jefferson: *1200 16th. St NW. Tel. 347 22 00. Fax. 785 15 05.* 68 habitaciones y 32 suites. En la esquina de las calles 16 y M, a cuatro manzanas del metro y la Casa Blanca. Hotel pequeño y coqueto, donde el servicio es, sencillamente, impecable. Profusión de decoración que recuerda al final del XIX.

JW Marriot: *1331 Pennsylvannia Ave. NW. Tel. 393 20 00. Fax. 626 69 15.* Cruzando el vestíbulo, y dirigiéndonos a las escaleras de la derecha, accederemos a una galería comercial de lujo, en la que podremos comprar mientras intrépidos hombres de negocios cierran sus tratos. TV por cable, servicio de video-mensaje, limpiazapatos, salas de reuniones, servicio médico, aparcamiento y piscina cubierta. Tarifas especiales los fines de semana. 772 habitaciones, 34 suites y habitaciones preparadas para discapacitados y no fumadores.

Madison: *15th. & M Sts. NW. Tel. 862 16 00. Fax. 785 12 55.* Alberga, aparte de muchos de los entrevistados por el *Washington Post* (cuyas oficinas están enfrente), una mundialmente renombrada colección de antiguedades del propietario del hotel, Marshall B. Coine. El vestíbulo está presidido por un antiquísimo altar chino. Las habitaciones están decoradas con tonos melocotón y azul, con antiguedades y reproducciones, y las suites son las más exhuberantes de toda la ciudad. El hotel fue renovado en 1992. 318 habitaciones y 35 suites. Staff multilíngüe, un restaurante (el Montpelier, impresionante), gimnasio y sauna.

Marriot Metro Center: *775 12St., NW. Tel. 737 22 00. Fax. 824 61 06.* A un paso del Centro de Convenciones de Washington, y de museos, tiendas y restaurantes. 456 habitaciones y 3 suites. Piscina cubierta, restaurante, servicio médico, Café, dos bares y parking. Frecuentado por visitantes de los simposiums y congresos que se celebran al lado durante todo el año; una clientela de paso y fiel.

Quality Hotel Downtown: *1315 16th. St. Tel. 638 69 00. Fax. 667 98 27.* A cinco manzanas de la Casa Blanca. Cerca del Metro. 135 habitaciones, algunas de ellas reservadas para no fumadores. Discreto, pero con cierto encanto decadente que lo hace muy interesante.

Willard Intercontinental: *1401 Pennsylvannia Avenue. NW. Tels. 698 91 00. Fax. 637 73 07.* Construido en 1.901, ha supuesto la 'primera noche' en Washington para todos los presidentes hasta Eisenhower. Se remodeló en 1.984. Las habitaciones están amuebladas con reproducciones estilo 'Reina Ana'. La sexta planta, que acoge a todos los jefes de estado y altas personalidades que van a Washington, fue construída bajo la supervisión de los servicios secretos. Ya lo dijo un periodista que cubrió la Guerra Civil: "el Willard es, con mucho, el verdadero centro de Washington".

Precio medio

Center City Travelodge: 1201 13th St. NW. Tel: 202/ 682-5300. Fax: 202/ 371-9624. Con arquitectura inspirada en los grandes hoteles europeos de finales del XIX, este hotel nos ofrece restaurante, aparcamiento, salón de juegos y gimnasio. 100 habitaciones.

Holiday Inn Central 1501 Rhode Island Ave. NW. Tel: 202/ 483-2000. Fax: 202/797-1078. El único hotel de la ciudad con una piscina en el ático, que se abre en verano. En el vestíbulo se encuentran un bar y el salón *Avenue*. Tiene cinco plantas para no fumadores. 183 habitaciones y 30 suites. Habitaciones con cafetera, secador y televisión vía satélite. Y con lavandería, tiendas, salón de billar y aparcamiento.

Howard Johnson Hotel & Suites of Washington, DC. 1430 Rhode Island Ave. NW. Tel: 202/ 462-7777. Fax: 202/ 332-3519. En Scott Circle, cinco manzanas al norte de la Casa Blanca. 184 apartamentos con cocina, TV por cable, caja fuerte. Y lavandería, restaurante, aparcamiento subterráneo y salón de juego.

Lincoln Suites Downtown: 1823 L St. NW. Tel: 202/ 223-4320. Fax: 202/223-8546. 98 estudios con cocina y nevera. Opcional: TV por cable, prensa, y servicio de habitaciones las 24 horas del día. Ofrece, además, restaurante, servicios médicos y peluquería.

Ramada Plaza: 10 Thomas Circle NW. Tel: 202/ 842-1300. Fax: 202/ 371-9602. A cinco manzanas de la Casa Blanca. Servicio de habitaciones, canguro, restaurante, aparcamiento cubierto, piscina cubierta, salón de juego y boutique de regalos.

Precio barato

Allen Lee: 2224 F St.NW. Tel. (202) 331 12 24. Sencillo, sencillo, sencillo. Pero pequeño y tranquilo, y con una excelente ubicación, es de las opciones que guarda mejor relación calidad/precio.

Best Western Skyline Inn: 10 I St. SW. Tel. (202) 488 75 00. De sus 203 habitaciones, algunas de ellas preparadas para discapacitados, 100 tienen impresionantes vistas del Capitolio. restaurante, salón, aparcamiento y piscina.

Adams Inn: 1744 Lanier Place NW. Tel: 202- 745 3600. Fax: 202- 332 5867. Uno de los hoteles más pequeños y más baratos de la ciudad. Ofrece los servicios indispensables, esto es, cama, TV, baño y lavan-dería; el coche sólo dejan estacionarlo en el aparcamiento del hotel seis horas al día gratis. Tiene 25 habitaciones, funcionales y sencillas, pero tan válida como la más lujosa para descansar de las caminatas del *Mall.*

Kalorama Guest House at Kalorama Park: 1854 Mintwood Place NW..Tel: 202- 667 6369. Fax: 202- 319 1262. Cuatro encantadoras casas victorianas amuebladas con antiguedades en una pequeña calle residencial, en la que sólo oiremos el trinar de los pájaros. El inconve-niente: sólo 12 de las 31 habitaciones tienen baño privado.

Tabard Inn: 1739 N St. NW 20036. Tel: 202- 785 1277. Fax: 202- 785 6173. Este hotel toma el nombre del hostal donde transcurren *'Los cuentos de Canterbury'.* El servicio no es demasiado bueno, y no hay servicio de habitaciones. Tres casas de estilo victoriano -lo mismo que la decoración- fueron pareadas en 1921 para dar vida al hotel. De sus 45 habitaciones, 20 no tienen baño privado, y ninguna televisor (aunque sí teléfono).

Howard Johnson Kennedy Center: 2601 Virginia Avenue NW. Tel: 202- 965 2700. Fax: 202- 965 2700 ext. 7910. Uno de los hoteles más baratos de la ciudad. Sus 192 habitaciones tienen nevera. Los menores de 18 años no pagan. Restaurante, servicio de lavandería, piscina, aparcamiento y canguro.

Georgetown Inn: 1310 Wisconsin Avenue NW.. Tel: 202- 333 8900. Fax: 202- 625 1744. En un entorno muy exclusivo de Georgetown, este hotel recupera el encanto de los hoteles europeos del XIX, y su arquitectura en ladrillo rojo y la decoración de sus habitaciones (con maderas y tejidos cálidos) ayudan a ello. 95 habitaciones y 8 suites. Aparcamiento, bar, restaurante y gimnasio de mantenimiento.

Capitol Hill Guest House: 101 5th St., EN. Tel: 202 - 328 3510. Fax: 202 - 332 3885. Diez habitaciones, con tarifas de 45 a 75 dólares la habitación con baño compartido, y de 80 a 110 con baño privado.

Connecticut - Woodley Guest House: 2647 Woodley Road, NW. Tel: 202 - 667 0218. Aparcamiento gratuíto, y servicio de desayuno incluído en el precio (de 42 a 66 dólares) en los restaurantes cercanos. A dos manzanas del zoo y a tres kilómetros de la Casa Blanca.

The Dupont on the Circle: 1606 19th. St. NW. Tel: 202- 332 5251. Fax: 202- 408 8308. 6 habitaciones para, exclusivamente, no-fumado-res. Fuera de la tarifa, ofrecen prensa, desayuno continental, aparca-miento y *jacuzzi*.

Hereford House Bed & Breakfast: 604 South Carolina Avenue, SE. Tel: 202 - 543 0212. Cuatro habitaciones para no fumadores; tarifas de 45 dólares la habitación sencilla y 60 la habitación doble. Permiten mascotas. A cinco minutos del Capitolio y la Biblioteca del Congreso.

H.H. Leonards Mansion on O Street: 2020 O St., NW. Tel: 202 - 496 2000. Fax: 202 - 659 0547. Uno de los más caros, pero el más elegante. Doce habitaciones, amén de piscina y *jacuzzi*. Desde 150 dólares con el desayuno incluído.

Simpkin' s Bed & Breakfast: 1601 19th St. NW. Tel: 202- 387 1328. En esta casa de ladrillo rojo restaurada, que data de 1888, tenemos 4 habitaciones, todas ellas con aire acondicionado.

RESTAURANTES

Precio caro

En el Downtown

Bombay Club: 815 Connecticutt Avenue, NW. Tel. 659 37 27. Aceptan tarjetas. Imprescindible reserva. Lugar, con todo el aire decadente de un club británico de finales del XIX, donde se dan cita los más importantes hombres de negocios, políticos y visitantes ilustres. Su comedor está decorado con palmeras frondosas y una bóveda con apliques de yeso azules que dan un aire de elegancia al entorno. Lo mismo que el bar, donde sirven excelentes vinos amparados por sobrios paneles de madera. En este restaurante de cocina india, deben probar las especialidades *tandorii*; especialmente recomendable el pollo *tandorii* sobre salsa de yogur.

Capitol Grille: 601 Pennsylvannia Avenue, NW. Tel. 737 62 00. Fax. 637 88 21. Abre todos los días. Un restaurante que sirve cocina norteamericana. Decoración sencilla, aunque el olor de la cocina lo impregna todo. Las especialidades son terneras, costillas y cordero, aunque también son muy celebrados sus platos de salmón. Especialmete sabroso su *pudding* de arándanos al estilo Dakota. Se recomienda reservar mesa. Aceptan las principales tarjetas de crédito.

Le Lion D'Or: 1150 Connecticut Avenue, NW. (Entrada por la 18th St.). Tel. 296 79 72. Cierra los domingos. Imprescindible reserva. Aceptan tarjetas. Restaurante francés de renombre, ofrece como especialidades de la casa *souflé* de langosta, *ravioli* con *foie gras,* y *crépes* de ostras con caviar. Uno de los clásicos de Washington al que hay que acudir correctamente vestido: chaqueta y corbata.

Les Halles: 1201 Pennsylvannia Avenue, NW. Tel. 347 68 48. Abierto toda la semana. Aceptan tarjetas. Con una estupenda terraza que se puede disfrutar cuando hace buen tiempo, este establecimiento de cocina francesa tiene un toque romántico muy insinuante. Impres- cindible el *petatou de chevre* (dados de patata y pasta servidos sobre un lecho de queso caliente) y el *frisee aux lardons*, una ensalada de achicoria con beicon y picatostes untados de *roquefort*.

Maison Blanche: 1725 F St. NW. Tel. 842 00 71. Fax. 842 29 94. Cierra los domingos. Un restaurante galardonado numerosas veces por lo excepcional de su cocina. Especialmente destacable su lenguado de Dover (*Dover sole*), acompañado por una excelente salsa de almendras. Algo corta su carta de vinos. Se aceptan todas las principales tarjetas, y se recomienda el uso de chaqueta y corbata.

La Taberna del Alabardero: 1776 I St., NW. Tel. 429 22 00. Fax. 775 37 13. Se recomienda hacer reserva. Abre toda la semana. Aceptan tarjetas. En pocas palabras: uno de los mejores restaurantes de Madrid en Washington, donde también es uno de los mejores. La especialidad es la cocina vasca, aunque no se olvidan de la paella o las tapas. Una excelente, amén de representativa, carta de vinos. Y -sobra decirlo- los españoles se sentirán como en casa.

En Adams Morgan

Cashion's Eat Place: 1819 Columbia Road, NW. Tel. 797 18 19. Cierra los lunes. Sólo aceptan Visa y Mastercard. Este restaurante busca que el comensal se encuentre cómodo, y lo consigue: las paredes decoradas con viejas fotos familiares,dan al local un aire casero muy entrañable. La comida es sencilla, pero contundente: mejillones al *curry*, tomates verdes fritos (como en la película) y filetes de búfalo (*buffalo hangar steaks*).

New Heights: 2317 Calvert St., NW. Tel: 234 41 10. Abre toda la semana. Aceptan tarjetas. Recomendable reservar. En este restaurante, con paredes lisas de tonos claros, Robert De Niro invitó a cenar a Clinton nada más ganar éste las elecciones en 1992. El menú depende de la temporada, pero siempre incluye un entrante de verdura, como los *ravioli* al estilo *Thai*. Recomendable su salmón al horno con verduras y queso suizo.

En Capitol Hill

La Colline: 400 North Capitol St., NW. Tel. 737 04 00. Cierra los domigos. Se aceptan tarjetas. El *chéf* Robert Greault comanda triunfalmente el restaurante, que sigue manteniendo muy alta la reputación de la cocina del Sur de Francia en la ciudad. El menú cambia todos los días, aunque siempre hay un pescado en él. ¿Especialidades? *Qunelles de brochette Nantua* (albóndigas de carne e hígado al estilo de Caen). El salmón está delicadamente cocinado y acompañado de juliana con un toquecito de salsa de *vermouth*...exquisito. Asímismo, la selección de postres y vinos son de lo mejor de Washington. Ciertamente, no extraña que éste sea uno de los restaurantes preferidos por los políticos del Capitolio: sus grandes sillones de cuero aseguran la privacidad de cualquier conversación...

Precio medio

En el Downtown

Coco Loco: 810 7th St., NW. Tel. 289 26 26. Fax. 289 43 86. Abre toda la semana. Aceptan tarjetas. En Chinatown, este restaurante de cocina mexicana ofrece de noche espectáculo en vivo. El éxito de la casa es el *churriscaria*, un plato brasileño de carne. Su *buffet* de platos fríos ofrece una amplia selección de ensaladas. Destacables las quesadillas de champiñones y los chiles rellenos; las mini-paellas no son como a las que está acostumbrado nuestro paladar.

Gerard's Place: 915 15th St., NW. Tel. 737 44 45. Cierra los domingos. Aceptan tarjetas. Imprescindible reservar. El *chef* de este restaurante, Gerard Pangaud, dejó las composturas del Carlton-Ritz para venirse aquí y montar su propio negocio. La preparación de los platos es sencilla, lo mismo que su presentación. Estas características hacen del Gerard's Place una de las joyas semiescondidas de la ciudad. El puré de mantequilla y perejil corta la respiración, lo mismo que la ternera a la parrilla.

Jaleo: 480 7th. St., NW. Tel. 628 79 49. Se recomienda hacer reserva. Aceptan tarjetas. Otro restaurante español, más informal que *La Taberna,* y algo más tópico: en sus paredes veremos pintados bailarinas flamencas; ¿sus especialidades? sangría, gambas al ajillo, paella, gazpacho -excelente-, y patatas al ali-oli. Como en el Rastro, vamos.

Marrakesh: 617 New York Avenue, NW. Tel. 393 93 93. Se exige reserva. No aceptan tarjetas (sí cheques). Un exótico restaurante marroquí que ofrece como especialidad el *b'stella*, un plato de pollo con *curry*. Asímismo, hay una amplia selección de platos de ternera y cordero, así como de ensaladas y *curries*. De noche, la danza de los siete velos.

Morrison Clark: 1015 L St., NW. Tel. 898 12 00. Abre toda la semana. Se aceptan tarjetas. Este pequeño restaurante es un gozo para la vista: cortinas de encaje cubren los ventanales, y el local está perfectamente insonorizado. Su especialidad es el *'bunny and boubon'*, el nombre que recibe el lomo de conejo con salsa de *bourbon* y relleno de pan de maíz. Pero es su repostería la que alcanza niveles de perfección: sus postres de mantequilla de cacahuete y la tarta de chocolate con caramelo son exquisitos.

Peasant Restaurant & Bar: 801 Pennsylvannia Avenue, NW. Tel. 638 21 40. Abierto toda la semana. Aceptan tarjetas. Se sugiere reservar. Con distintas ubicaciones en la zona, el *Pleasant* ofrece a muy buen precio distintos platos que son una amalgama de cocinas: mexicana, estadounidense, china... la lista de postres es muy extensa.

Red Sage: 605 14th St., NW. Tel. 638 44 44. Cierra los domingos. Se aceptan tarjetas. Recomendable la reserva. Con Mark Milley al frente, este restaurante de comida *tex-mex* ofrece como especialidad pato horneado con salsa habanera, cordero con tamales de setas y bizcocho relleno de helado de canela; como desventaja, decir que la carta de entrantes es más bien escasa. Llama sobremanera la atención la presentación de los platos: *kistch-art*.

Rupperts: 1017 7th St., NW. Tel. 783 06 99. Aceptan tarjetas. Cierra lunes y domingos. Dirigido en la cocina por John Cochran, todo un innovador, cuya creación más celebrada es la sopa de manzana y chirivías (*soup of apples&parsnips*), y cuya característica más destacable es el amplio uso que hace de las verduras, ya sea como guarnición o como ingrediente principal. Un servicio impecable para un lugar muy barato para la calidad de su cocina.

701: 701 Pennsylvannia Avenue, NW. Tel. 393 07 01. Abre todos los días. Aceptan tarjetas. Ecléctico en cuanto a la carta (ofrece desde hamburguesas a sofisticadísimos platos), y con un ambiente encantador, este restaurante es frecuentado por multitud de congresistas y senadores. Su plato más destacado: el atún tártaro sobre mejillones con caldo de tomate. Y podrán deleitarse con la amplia selección de caviares mientras escuchan al pianista recreando a Korsakoff.

En Dupont Circle y Embassy Row

Bacchus: 1827 Jefferson Pl., NW. Tel. 785 07 34. Cierra los domingos. Aceptan tarjetas. En este restaurante libanés de Dupont Circle -hay otro *Bacchus* en Bethesda-, lo que más destaca es su carta de aperitivos: *kibbeh* y la ternera cubierta de copos de cereal o triángulos de queso son los más recomendables. También son apetitosos los *kebab* (una especie de pincho moruno, servido en el hierro en que se ha calentado el alimento en el horno) de cordero, pescado y pollo, éste último servido con salsa de tomate y pimientos rojos. Precios muy baratos, si tenemos en cuenta la cantidad y calidad de los platos.

Gabriel: 2121 P St., NW. (En el hotel Radisson Barceló). Tel. 956 66 90. Abre toda la semana. Aceptan tarjetas. Cocina latinoamericana con toques de la Madre Patria, o lo que es lo mismo: desde pupusas salvadoreñas (masa de harina de maíz con ternera, pollo o frijoles) a paella, *couscous*, pinchitos de chorizo o cazoleta de frijoles negros, tacos y nachos... las principales galerías de arte ceden los cuadros que decoran el comedor.

Galileo: 1110 21th St., NW. Tel. 293 71 91. Abre toda la semana. Aceptan tarjetas. Imprescindible reserva. El menú cambia dos veces al día, pero siempre hay *rissotto*, pescados al horno, platos de caza mayor y menor y postres exquisitos. Precios ajustados para la calidad de la cocina, lo que le ha proporcionado una heterogénea y satisfecha clientela. Especialmente reseñable la ternera con salsa de aceitunas negras y polenta.

En Foggy Bottom

Café on M: 2350 M St., NW (Grand Hotel). Tel. 429 01 00. Cierra los domingos. Aceptan tarjetas. Imprescindible reservar mesa. *Recomendable chaqueta y corbata.* Entre sus paredes de paneles de caoba, encontramos un restaurante íntimo e informal. El menú internacional nos ofrece carnes al horno, y *ravioli* de Royan al *presto* con salsa y coles como especialidad de la casa.

Colonnade: 1401 M St., NW (Hotel Ana). Tel. 457 60 00. Abre toda la semana. Aceptan tarjetas. Imprescindible reservar mesa. *Recomendable chaqueta y corbata.* Un entorno espectacular - un pintoresco jardín rodeado por un atrio de cristal- en el que podremos degustar platos de la nueva cocina americana, amén de multitud de especialidades del resto del mundo.

Goldoni: 1123 23rd St., NW. Tel. 293 15 11. Abre toda la semana. *Aceptan tarjetas.* En el West End, este restaurante -comandado por Frabizio Aielli- nos propone de entrante la joya de la casa: huevo revuelto con patatas y queso de Fontina, con una ligera salsa de tomate. En las carnes, imprescindible la ternera en rollo con espárragos, y *prosciutto.*

Prime Rib: 2020 K St., NW. Tel. 466 88 11. Cierra los domingos. Aceptan tarjetas. Imprescindible reservar. Se recomienda chaqueta y corbata. Restaurante de cocina del Medio Oeste: chuletones de buey, asados, bocadillos, paletillas gigantescas...todo ello con contundentes salsas y postres no aptos para los que sigan dieta.

Provence: 2401 Pennsylvannia Avenue, NW. Tel. 296 11 66. Cierra los domingos. Aceptan tarjetas. Obligatorio reservar. Se recomienda chaqueta y corbata. Restaurante de estilo y decoración provenzal. Algunas de las *'delicattessen':* ensalada de anchoas y ajetes, *rissoto* de champiñones con vino tinto y caracoles salteados y las más pequeñas y tiernas paletillas de cordero de la ciudad. Los sábados, el servicio es infernalmente lento.

En Georgetown

1789: 1226 36th St., NW. Tel. 965 17 89. Abre toda la semana. Aceptan tarjetas. Este restaruante tiene una decoración inspirada en las antiguas construcciones americanas: los comedores de las dos plantas están adornados con mapas del antiguo Washington, lamparillas de aceite y flores silvestres en la mesa... como esas mansiones sureñas de las películas. La cocina no es tan tradicional: Ris Lacoste experimenta con las carnes y los pescados obteniendo resultados originales y diver-tidos.

Morton's of Chicago: 3251 Prospect St., NW. Tel. 342 62 58. Abre toda la semana. Aceptan tarjetas. Se recomienda reservar mesa. Presume de servir las mejores carnes del país. Lo cierto es que la calidad va acompañada de la cantidad: infinitos chuletones y cortes a la parrilla, que podemos acompañar con uno de los vinos de la cuidada selección de caldos nacionales. Tiene otro establecimiento en Vienna (VA).

River Club: 3223 K St., NW. Tel. 333 81 18. Abre toda la semana. Se aceptan tarjetas. Reservar para grupos de más de seis personas. Se recomienda chaqueta y corbata. Un elegante restaurante -premiado en numerosas ocasiones-, que prestende recuperar el ambiente de los clubes de jazz de los años 30. Para ello, cuenta con una *big band* que amenizará nuestra cena. Nueva cocina americana.

Precio medio

Old Ebitt Grill: 675 15th. St., NW. Tel: 202- 347 4800. Abierto toda la semana. Aceptan tarjetas. Se recomienda reservar. Sandwiches, hamburguesas y *hot dogs* muy por encima de la media y a los mismos precios que en las grandes cadenas. También son recomendables sus pastas y sus alas de pollo.

Sholl's Colonial Cafeteria: 1990 K St., NW. Tel: 202- 296 3065. Abre toda la semana. No aceptan tarjetas. Uno de esos lugares a los que tan acostumbrados nos tienen las producciones de Hollywood: comida barata y que cumple con quitar el hambre, grandes mesas, y el café de cafetera que es servido en la mesa. Como en una película, lo dicho.

Bukom Café: 2442 18th. St., NW. Tel: 202- 265 4600. Cierra los lunes. Aceptan tarjetas. Reservar los fines de semana. Un pequeño restaurante de dos piezas que ofrece, a muy buenos precios, una cuidada selección de comida africana. A destacar el *nklakla (*sopa de tomate con cabra) y el *kosse* (bolas de masa frita de guisantes y cebolla). Profusa decoración con motivos africanos.

La Fourchette: 2429 18th. St., NW. Tel: 202- 332 3077. Abre toda la semana. Aceptan tarjetas. Su cocina raya en lo maravilloso. El menú diario (más barato) comprende varias especialidades: las más celebradas son las paletillas de cordero y la ternera, y una amplísima variedad de platos de mejillones: a la vinagreta, a la *provençal*, a la marinera...exquisitos sus *crépes* rellenos. Los murales post-impresionistas que decoran el local entonan perfectamente con la categoría del restaurante. Uno de los mejores.

The Grill from Ipanema: 1858 Columbia Road, NW. Tel: 202- 986 0757. Abre toda la semana. Aceptan tarjetas. Restaurante especilizado en cocina brasileña, que ofrece muy buena materia prima en sus platos a unos precios bastante competitivos. Los viernes y sábados sirven la *feijoada*, un guiso ahumado de cerdo y frijoles, que es famoso en la ciudad.

I Matti Tratoria: 2436 18th St., NW. Tel: 202- 462 8844. Fax: 202-462 1008. Aceptan tarjetas. Recomendable hacer reserva. Con Roberto Donna al frente, este restaurante está siempre repleto de gente joven, lo cual anima el negocio. Una casi infinito número de platos italianos se suceden en la carta: *pizzas*, seis tipos de *bruschetta* (pan parecido al pantomaca)... pero la estrella es el puré de coliflor con *prosciutto* ahumado y *mozzarella*.

Saigon Gourmet: 2635 Connecticutt Avenue, NW. Tel: 202- 265 1360. Abre toda la semana. Aceptan tarjetas. Comida vietnamita para este restaurante frecuentado por *yuppies* y estudiantes. Rollitos de primavera (*cha - gio*), y sopas de pescado son sus mayores éxitos. Cerca del parque de Rock Creeck.

Star of Siam: 2446 18th St., NW. Tel: 202- 986 4133. Abre toda la semana. Aceptan tarjetas. Con otros dos establecimientos en Dupont Circle y Anacostia, elegimos este por la rapidez de su servicio (los otros dos son bastante más lentos). Su clientela es mayormente vegetariana, y la especialidad es el *pad pik pak*, un plato de seis verduras fritas y salsa de chile. También sobresalen del resto de la carta el pato asado y el guiso de ternera con *currie* y leche de coco.

Precio barato

Andalusian Dog: 1344 U St., NW. Tel: 202- 986 6364. Los delirios de Buñuel y Dalí hechos restaurante. Decoración con arte y arquitectura surrealistas: barras de pan flotantes, ojos de neon, relojes derretidos... especialidades en tapas y sangría. Una variante muy, muy acertada de lo *typical spanish*.

Julio's: 1604 U St., NW. Tel: 202- 483 8500. Abre toda la semana. Aceptan tarjetas. Típico establecimiento regentado por una familia italiana de segunda generación. *Pizzas*, *calzonne*... todo muy barato y sabroso, lo suficiente para reponer fuerzas de la caminata. Y los domingos, por 10 $, 'todo lo que pueda comer'.

Meskerem: 2434 18th St., NW. Tel: 202- 462 4100. Un restaurante etíope cuyas mesas del comedor están fabricadas a mano en Etiopía. Las especialidades son el *kitfo*, un corte de ternera con salsa etíope, y la ensalada de patata y chile verde.

Red Sea: 2463 18th St., NW. Tel: 202- 483 5000. Abre toda la semana. Aceptan tarjetas. Se sugiere reservar. Uno de los más claros exponentes del crisol en que se está convirtiendo Adams - Morgan: un excelente, divertido y barato restaurante etíope. Platos de raíces de gengibre con especias, ternera con ajo... y la mayor selección de platos vegetarianos.

Armand's Chicago Pizzeria: 226 Massachussets Avenue, NE. Tel. (202) 547 66 00. Abre todos los días. Aceptan tarjetas. El reclamo de este establecimiento -coqueto, hogareño-es 'la mejor *pizza* de Washington'. Y a fé que lo es. Aparte de eso, ensaladas, *sandwiches*, y todas los platos típicos italianos.

Two Quail: 320 Massachussets Avenue, EN. Tel.(202) 543 80 30. Abre toda la semana. Aceptan tarjetas de crédito.. Un encantador y pequeño salón de té, con una carta pequeña y un servicio algo lento. Destacables el *filet mignon* y el pollo asado relleno de maíz.

PASANDO EL TIEMPO

La **Orquesta Sinfónica Nacional** tiene su sede en el Centro Kennedy, y es la embajadora de la ciudad por todo el país, y del país por todo el mundo. Los montajes operísticos de Washington tienen poco que envidiar a los europeos de Milán o Salzsburgo (Plácido Domingo es su actual director). Los grandes espectáculos de Broadway también recalan en la ciudad, con grandísimo éxito de público. En Dupont Circle y Georgetown, hay actuaciones a veces en bares y *pubs* por parte de grupos de teatro de academias de la zona.

Las entradas para muchos de los espectáculos pueden reservarse o adquirirse en los siguientes teléfonos:

*PROTIX: *Tel. 703- 218 6500.*

*TICKETMASTER: *Tel. 202- 432 7328.*

Salas de cine

AMC Union Station 9: 50 Massachussets Avenue, NE.

Cineplex Odeon Avalon: 5612 Connecticut Avenue, NW.

Cineplex Odeon Cinema: 5100 Wisconsin Avenue, NW.

Cineplex Odeon Dupont Circle: 1350 19th St., NW.

Cineplex Odeon Embassy: Connecticut & Florida Avenues, NW.

Cineplex Odeon Foundry: M St. at Thomas Jefferson Circle, NW.

Cineplex Odeon Janus: 1660 Connecticut Avenue, NW.

Cineplex Odeon Macarthur: 4859 MacArthur Boulevard, NW.

Cineplex Odeon Mazza Gallery: 5300 Wisconsin Avenue, NW.

Cineplex Odeon Outer Circle: 4849 Wisconsin Avenue, NW.

Cineplex Odeon Tenley: 4200 Wisconsin Avenue, NW.

Cineplex Odeon Uptown: 3426 Connecticut Avenue, NW.

Cineplex Odeon West End 1-4: 23rd & L Sts., NW.

Cineplex Odeon Wisconsin Avenue Cinemas: 4000 Wisconsin Avenue, NW.

Key: 1222 Wisconsin Avenue, NW.

Salas de teatro

American Theatre Project a 8 Rock: 1920 Martin Luther King Jr. Avenue, SE.

Arena Stage Kreeger Theater: 6th & Maine Avenue, SW.

Church Street Theater: 1742 Church St., NW.

Dar Constitution Hall: 1776 D St., NW.

Discovery Theater: 900 Jefferson Drive, SW (Edificio de las Artes y la Industria).

District of Columbia Arts Center: 2438 18th St., NW.

Ford's Theatre: 511 10th St., NW.

Gala Hispanic Theatre: 1625 Park Road, NW.

John F. Kennedy Center for the Performing Arts: 2700 F St., NW.

Living Stage: 14th & T Sts., NW.

Lincoln Theatre: 1215 U St., NW.

Lisner Auditorium at the George Washington University: 730 21 St., NW.

National Theatre: 1321 E St., NW.

The Shakespeare Theatre: 301 East Capitol St., SE.

Source Theater: 1835 14 St., NW.

Studio Theatre: 1333 P St., NW.

Warner Theatre: 1299 Pennsylvania Avenue, NW.

Washington Stage Guild: 924 G St., NW.

Wolf Trap Farm Park for the Performing Arts: 1624 Trap Road, Vienna (VA)

Wooly Mammoth Theatre Co.: 1401 Church St., NW.

Ballet

The Washington Ballet: 3515 Wisconsin Avenue, NW. Repertorio anual de óperas clásicas y contemporáneas en el Kennedy Center y *El Cascanueces* todas las navidades en el Warner Theatre.

Ópera

Summer Opera Theater Company: Hartke Theater, Catholic University. Compañía independiente con dos montajes, uno en junio y otro en julio.

Washington Opera: Kennedy Center, NW. Siete montajes por temporada, que se extiende de noviembre a marzo.

Deportes profesionales

Baloncesto: Los **Washington Wizards** disputan sus partidos de la N.B.A. en el **USAIR ARENA** (*1 Harry S Truman Drive, Landover, MD*). Aunque lleva unas temporadas de capa caída, sus partidos siguen atrayendo a un público que acude, en su mayoría, al reclamo de ver en acción al jugador más alto de la competición, el rumano George Muresan. El estadio es también sede equipo de la universidad de Georgetown, que disputa la liga universitaria (NCAA).

Béisbol: El equipo de la zona es el **Baltimore Orioles**, que disputa sus encuentros en el **ORIOLE PARK** (*333 Camden St., Baltimore*). Uno de los mejores equipos del país, que este año ha llegado a la final de conferencia, que perdieron con los *New York Yankees* (posteriores campeones). Trenes directos desde Union Station.

Fútbol: El **DC United** es el equipo de la ciudad, campeón de la primera edición de la *Major League Soccer*. Tiene tirón, sobre todo, en la colonia latina de la zona. El nivel es bastante bajo -equivalente a un equipo español de mitad de 2ª-, pero es interesante ver cómo deshacen los empates. Juegan en el **RFK STADIUM**.

Fútbol americano: Los **Washington Redskins** juegan sus encuentros en el **RFK STADIUM** *(2400 East Capitol St., SE)*. Deporte de contacto cuyos partidos pueden durar tres horas.

FESTIVALES

Enero

Cumpleaños de Martin Luther King
En el tercer lunes de enero, celebración con actuaciones de danza y grupos corales por toda la zona metropolitana de Washington.

Concierto anual de la banda de la Armada
Concierto gratis en el Kennedy Center. Información en el 703-696 3399.

Febrero

Mes de la Historia Negra
Exposiciones en museos, programas culturales y eventos especiales destinados a enfatizar la contribución de la población afroamericana a la historia del país.

Cumpleaños de Abraham Lincoln
El 12 de febrero, celebración en el Lincoln Memorial.

Cumpleaños de George Washington
El tercer lunes del mes.Apertura de su casa en Mount Vernom, desfiles militares y paradas populares en Alexandria... más información en el 703-838 4200.

Festival del Nuevo Año Chino
Celebración repleta de colorido y sabor oriental de la festividad del año nuevo chino en el barrio de Chinatown

Marzo

Desfile del Día de San Patricio
Desfile a lo largo de la Constitution Avenue, con motivo del día del patrón de Irlanda, cuya colonia es una de las más importantes del país.

Abril

Cherry Blossom Festival

Una semana dedicada por entero a la celebración del florecimiento de los cerezos japoneses plantados en la pequeña bahía Tidal Basin.

Rollitos de primavera en la Casa Blanca

No, no es ninguna broma. Cada año, la Casa Blanca invita a todos los niños menores de 8 años a rollitos de primavera en sus jardines. Más información en 202-456 2200.

Cumpleaños de Thomas Jefferson

El 13 de Abril, en el Jefferson Memorial, celebración del aniversario de su nacimiento.

Georgetown Garden Tour

Este tour nos enseña una docena de jardines privados de residentes de Georgetown. Gratuito, aunque hay que hacer reserva en el 202-333 4953.

Georgetown House Tour

Patrocinado por la Iglesia Episcopal de San Juan, este tour por doce casas privadas incluye servicio de té. Teléfono de reservas: 202- 338 1796.

Día de la Tierra

Celebración de encuentro con la ecología en el *Mall*.

Cumpleaños de William Shakespeare

Música, representaciones teatrales, espectáculos para niños y comida en la Biblioteca Folger. 202-544 7077.

Mayo

Semana de la Policía

En el National Law Enforcement Officers Memorial, celebración anual de los cuerpos de policía de la ciudad, con exhibiciones y regalos para los niños.

Tour de las embajadas extranjeras

Exhibición pública de seis embajadas a beneficio del Davis Memorial Goodwill Industries. El tour incluye servicio de autobuses y té. Reservas en el 202-636 4225.

*Memorial Day

Último lunes del mes de Mayo. Concierto de la Orquesta Sinfónica Nacional en el Ala Oeste del Capitolio, y celebración religiosa en la Tumba del Soldado Desconocido.

Junio

*Festival de la Cruz Roja

En Alexandria, fin de semana pensado para toda la familia. Juegos infantiles, rastrillos, juegos... información en el 703-549 8300.

*Concierto del Espíritu de América

En el USAir Arena, un recorrido musical por la historia estadounidense.

*Festival de la vida tradicional americana

En el *Mall*, representaciones y demostraciones de música tradicional, y otras expresiones de la herencia nortemericana. Hasta principios de julio.

Julio

*Celebración del Día de la Independencia

Centenares de miles de personas se acercan cada 4 de julio al concierto gratuíto que se celebra en los jardines del Memorial de Washington y al de la Orquesta Sinfónica Nacional en el ala oeste del Capitolio.

*Festival Latinoamericano

Dos días de celebración al aire libre que incluyen actuaciones musicales, danza y bailes y exposiciones de arte. Tiene lugar en la calle 18, en Adams-Morgan.

*Festival de Jazz del D.C.

Conciertos anuales gratuítos en el Lincoln Plaza, 1300 Pennsylvania Avenue, NW.

Septiembre

*Día de Adams Morgan

En el primer domingo que siga al Día del Trabajo. Al aire libre, hay conciertos, representaciones teatrales y otras expresiones artísticas, para celebrar la variedad de etnias que pueblan el barrio.

Concierto del Día del Trabajo
En el fín de semana del Día del Trabajo. Concierto al aire libre en el ala oeste del Capitolio de parte de la Orquesta Sinfónica Nacional.

Festival Nacional de Frisbee
...o de los discos de playa. Exhibiciones de campeones del mundo en el *Mall*. Congrega a un gran número de público.

Durante tode el verano

Recitales de carillón
Los domingos de 18 h a 20 h, en los jardines del Memorial de Iwo Jima.

Conciertos de verano de bandas militares
Tienen lugar en los jardines del Memorial de Washington, el ala este del Capitolio, y en Navy Memorial Plaza. Entradas en el 202-767 5658.

Octubre

Día de Colón
En el segundo lunes. Misa en la Catedral, conciertos de bandas militares y exposiciones de cultura italiana.

Tour por los jardines de la Casa Blanca
Información en el teléfono 202-456 2200.

Noviembre

Día de los veteranos
Discurso del presidente ante la tumba del Soldado desconocido.

Conmemoración del Día del Armisticio
Tour guiado por la casa del presidente Woodrow Wilson. Tel.: 202-387 4062.

Diciembre

Marcha de la Navidad escocesa
Desfile en Alexandria para rememorar su herencia escocesa.

Encendido del árbol de Navidad
Ceremonia pública del encendido del árbol de navidad en el Capitolio, con actuaciones de bandas militares.

De compras

Annapolis Mall: 2002 Annapolis Mall, Annapolis, MD. Tel: 410- 266 5432. Más de 160 tiendas, restaurantes y minicines. Grandes almacenes como Hetch's, y boutiques de todo tipo.

Ballston Common Mall: 4238 Wilson Boulevard #106, Arlington, VA. Tel: 703- 243 5363. Hetch's, JC Penney y más de 100 tiendas y restaurantes.

Chevy Chase Pavilion: 5335 Wisconsin Avenue, NW. Tel: 202- 686 5335. Más de cincuenta tiendas y restaurantes.

The Connecticut Connection: 1101 Connecticut Avenue, NW. Tel: 202- 833 9415. Más de sesenta tiendas en el corazón de la ciudad.

Cristal City Shops: 1664 Crystal Square Arcade, Arlington, VA. Tel: 703- 920 3930. Ciento veinticinco tiendas.

Fashion Centre at Pentagon City: 1100 South Hayes St., Arlington, VA. Tel: 703- 415 2400. Centro comercial de cuatro plantas en las que encontraremos tiendas como Disney Store, Ann Taylor y Coach.

Georgetown Park: 3222 M St., NW. Tel: 202- 342 8190. Sin lugar a dudas, el centro comercial más bonito de la zona. Más de 100 tiendas y boutiques, con firmas como FAO Scharwc, Ralph Lauren y J. Crew. Además, cuenta con tres restaurantes.

Mazza Gallerie: 5300 Wisconsin Avenue, NW. Tel: 202- 966 6114. Aparte de 48 tiendas y restaurantes, encontraremos los grandes almacenes Neiman Marcus y Filene's Basement.

The Pavilion at the Old Post Office : 1100 Pennsylvania Avenue, NW. Tel: 202- 289 4224. Más de 80 tiendas y restaurantes en el marco del antiguo palacio de Correros. Podemos, además de comprar, admirar la vista de la ciudad desde lo alto de la torre.

2000 Penn: 2000 Pennsylvania Avenue, NW. Tel: 202- 452 0924. En la esquina de las calles 1 y 21, una cuidada selección de tiendas para una galería comercial muy exclusiva.

Shops at National Place: 529 14th St., NW. Tel: 202- 783 9090. Centro de tres plantas con más de cien tiendas.

Union Station: 40 Massachussets Avenue, NW. Tel: 202- 289 1908. La vieja estación central, totalmente restaurada, se ha convertido en una de las galerías comerciales más populares de la Costa Este, con sus más de 125 tiendas, además de restaurantes, minicines, alquiler de coches...

El asunto de la marcha

Los locales se concentran, predominantemente, en el NW; más concretamente, en Georgetown y Dupont Circle. La gran mayoría cierra sobre las 3 de la mañana. Las consumiciones son sensiblemente más caras y más pequeñas que en España, aunque abundan los bares que ofrecen *hora feliz* 0 *2x1*. Casi todos ellos ofrecen espectáculos en vivo.

Bares, cafés y tabernas

Black Rooster Pub: 1919 L St., NW. En Farraguth North, este bar es un paraíso para los amantes de la cerveza y los dardos, en la mejor tradición de los *pubs* ingleses.

Brickseller: 1523 22nd St., NW. En este gigantesco bar podremos degustar cualquiera de las más de 500 cervezas de todo el mundo (incluídas alguna española).

The Cadillac Club: 2224 18th St., NW. Con mesas de billar, máquinas del millón y una amplia selección de cervezas, dedicado a mayor gloria de los legendarios coches. Si usted tiene la suerte de poseer un *Cadillac* y enseña las llaves al camarero, le pondrá una copa gratis.

Capitol City Brewing Company: 1100 New York Avenue, NW. Éste fue el primer local en servir alcohol después de la derogación de la 'ley seca'. Destilan su propia cerveza

Champions: 1206 Wisconsin Avenue, NW. Un bar pensado y diseñado para amantes de los deportes americanos, con multitud de memorabilia de jugadores de beísbol y fútbol americano. En su gigantesca pantalla de televisión podremos seguir las hazañas del equipo de fútbol de la ciudad, el DC United. En Georgetown.

The Coffee Express: 1250 H St., NW. Pequeñísimo local en el centro de la ciudad. Si exquisita - y barata- es su repostería (bollos, pasteles y tartas siempre recién hechos, y además artesanalmente), el café *espresso* (un cortado en nuestra mejor tradición) que sirven es, sin lugar a dudas, el mejor de la ciudad y uno de los mejores de la Costa Este.

Dolce Finale: 2653 Connecticut Avenue, NW. Cerca del zoo, abre todos los días. Sirven un excepcional *capuccino*, aparte de licores, postres y desayunos.

Dubliner: 520 North Capitol St., NW. *Pub* irlandés frecuentado por los miembros del Capitolio. Coqueto, encantador y para nada elitista, podemos degustar las mejores marcas de cerveza mundiales. *Tiran* las jarras como en ningún sitio.

15 Mins: 1030 15th St., NW. El nombre del local recoge la famosa sentencia de Warhol sobre la fama que todo humano debe tener. Actuaciones de bandas de *blues* y rock alternativo. Frecuentado por jóvenes universitarios, el local se pone de bote en bote los fiines de semana.

Food for Thought: 1738 Connecticut Avenue, NW. Local con actuaciones en vivo que reune a la bohemia de Dupont Circle. Para nostálgicos del 68.

Garrets: 3003 M St., NW. Otro bar 'deportivo' en Georgetown. Con un *juke box* más que llamativo con centenares de canciones seleccionables, en sus dos plantas se dan cita los aficionados más recalcitrantes de los equipos de la ciudad.

Grand Slam: 1000 H St., NW. En el hotel Grand Hyatt Washington, es un bar que no pueden dejar de visitar los aficionados al fútbol americano, pues está consagrado a la mayor gloria del equipo de la ciudad, el *Washington Red Skins*. Muchos de sus jugadores acuden allí después de los partidos.

Hawk' n ' Dove: 329 Pennsylvannia Avenue, SE. En una de las más exclusivas zonas de la ciudad, este bar es frecuentado por congresistas y *marines*. Gran selección de cervezas.

Kramerbooks & Afterwords Cafe: 1517 Connecticut Avenue, NW. Este encantador bar de Dupont Circle es, además, una librería. Podemos leer cualquier libro mientras tomamos una copa o un café sin que nadie nos diga nada. Las noches de los viernes y sábados, actuaciones en vivo.

Nero's Restaurant & Bar & The Bluebird Brunch: 1524 U St., NW. El local italiano más divertido de la ciudad, donde podemos cenar algo o tomar un *espresso* antes de irnos a dormir. Animadísimo.

The Tavern: 999 9th St., NW. En el hotel Renaissance, este bar ofrece, aparte de una extensa selección de cervezas y cócteles, carta de aperitivos y platos ligeros para picar.

Clubs con música en directo

Archibald's: 1520 K St., NW. Abierto en 1969, este club es uno de los favoritos de los 'caballeros solitarios' de la ciudad. Su espectáculo de bailarinas explosivas y la gran pantalla de TV (por la que pasan deportes de todo el mundo) hace que siempre el local esté a reventar.

The Bayou: Wisconsin Avenue & K st., NW. Rock, pop, y actuaciones de cómicos.

B. Smith's: 50 Massachussets Avenue, NW. En el incomparable marco de la Union Station, B. Smith's ofrece todo el año actuaciones de solistas, grupos y *big - bands* de *jazz*.

Black Cat: 1831 14th St., NW. Rock alternativo para una sala que también tiene servicio de restaurante.

Blues Alley: 1073 Wisconsin Avenue, NW. En Foggy Bottom, éste es uno de los locales de *jazz* más famosos del país, en el que han actuado todas las figuras legendarias de este género musical. Hoy, 'da cancha' a nuevas promesas a la vez que a gente consagrada. Siempre lleno, el *Blues Alley* tiene también servicio de restaurante. Lo mejor que se puede decir de él es que es el típico garito de película.

City Blues: 2651 Connecticut Avenue, NW. Actuaciones de grupos de rock y *blues*, predominantemente noveles. Entre semana, suelen servir dos copas y cobrar una. Público joven.

Club Zei: 1415 Zey Alley, NW. Local de *acid - jazz* y *house*, con espectaculares gogós. Uno de los lugares más de moda de la ciudad.

Grog and Tankard: 2408 Wisconsin Avenue, NW. Actuaciones de grupos de rock toda la semana. Decoración futurista.

Koffa House: 1212 U St., NW. Actuaciones de *jazz*. Llamar para reservar la localidad.

Murphy's: 2609 24th St., NW. Taberna irlandesa que recrea, muy acertadamente, el ambiente de la isla. Actuaciones de grupos *folk* y una grandísima selección de cervezas -sobre todo negras. Tiene otra ubicación en Alexandría.

Music City Roadhouse: 1050 30th St., NW. Curiosa mezcla de garito y restaurante: a la hora del almuerzo, todos los domingos, concierto de *gospel*.

New Vegas Lounge: 1415 P St., NW. Club de blues con actuaciones en vivo e improvisadas *jam sessions* de vez en cuando.

River Club: 3223 K St., NW. Elegante restaurante que se convierte de noche en un *night club* que ofrece actuaciones de *jazz* en vivo, envuelto todo el conjunto en una sugerente decoración *art-decò*.

State of the Union: 1357 U St., NW. Local especializado en actuaciones de *acid jazz* y con una carta de licores centrada en la vodka (más de 20 marcas) y los licores de frutas. Su decoración recrea los salones rusos de té. Bastante curioso.

Discotecas y night-clubs

The Bank: 915 F St., NW. Una de las inauguraciones más esperadas del 96, este local de *house acid jazz* es uno de los de mayor éxito de la ciudad.

Chelsea's: 1055 Thomas Jefferson St., NW. En Georgetown, este local es famoso por su eclecticismo a la hora de seleccionar la música: cada día de la semana está dedicado no a un estilo diferente, sino a un país diferente: Etiopía, Irán... curioso y, siempre, de bote en bote. Uno de los puntos de encuentro de los nativos.

Fifth Column: 915 F St., NW. Discoteca con tres plantas, y cuyos cuadros que componen la decoración cambian cada seis meses. Pinchan lo último en importación, especialmente *house & acid jazz* londinense. Uno de los mejores y más animados locales de la ciudad.

Heaven and Hell: 2327 18th St., NW. Concurridísima disco *house*, con lo último de este género. 'Hora feliz' todas las noches hasta las 22 h 30.

Insect Club: 627 E St., NW. Conocido en todo el país por su innegable originalidad: decorado con pinturas de insectos, con una granja de hormigas y una cocina que sirve... exactamente, insectos. 3 plantas, 3 barras y mesas de billar. Los fines de semana, imposible. Pop europeo.

Latin Jazz Alley: 1721 Columbia Road, NW. Música latina y jazz. Miércoles y jueves, de 18:00 a 21:00, 'hora feliz'. Frecuentado por la colonia hispana del barrio.

Polly Esther: 605 12th St., NW. Música de los 70 en un local que recrea con acierto el ambiente de los clubes neoyorquinos de ésa década.

9: 30: 815 V St., NW. Música de fusión y rock alternativo; de vez en cuando, alguna figura consagrada agota las entradas semanas antes.

Ritz: 919 E St., NW. Local con cinco ambientes diferentes, que van del *reggae* al *house*.

Tracks: 1111 1 St., SE. Uno de los clubs *gay* más concurridos de la ciudad por una clientela de toda condición, pues el mayor reclamo del local es su horario, uno de los más tardíos de la ciudad. Música disco que huye del *petardeo*. También tiene tienda en la que venden cd's, camisetas, recuerdos...

The Spy Club: 805 15 St., NW. Elegante ambiente y sofisticada clientela para un local de música *tecno*. Las consumiciones, bastante caras.

VIRGINIA

Probablemente el estado más rico en historia del país, Virginia merece vuestro tiempo. Abundan los escenarios de la Guerra Civil, y sus ciudades son las más antiguas del continente. En el norte del estado, la influencia del Distrito Federal es patente, llenando poblaciones como Alexandria, Pentagon City o Arlington de decenas de etnias; pero en la zona sur se mantiene casi prístino la esencia del estado -rural, conservador, muy patriota-, que ha dado gentes como Thomas Jefferson o James Monroe.

Hay de todo en Virginia. Una de las bahías más bellas del mundo, la de Chasepeake, con islas habitadas a las que sólo se puede llegar en embarcaciones particulares; granjas en la península de Delmarva, defendidas a muerte contra la especulación de los urbanitas de Washington DC; un pantano imponente, el Dismal, con casi 1.300 km²; y los valles de los Apalaches en el sudoeste, en los que de vez en cuando asoma una cabañita de madera...

Un poco de historia

No fue otro sino el casi mítico sir Walter Raleigh quién, allá por 1584, desembarcó en estas tierras por encargo de la Reina Isabel de Inglaterra con el mandato de establecer una colonia. Llamó a esta tierra Virginia en honor de la reina vírgen; y en la isla de Roanoke fundó la colonia, que prontó fracasó ante la escasez de materiales y herramientas. Así, no fue hasta 1604 que llegó el primer asentamiento inglés del continente, Jamestown. El siglo XVII estuvo plagado de dificultades para los colonos: a la distancia que les separaba de la metrópoli se unió el hostigamiento de los nativos. En el lado positivo, comenzó la plantación del tabaco, para lo que trajeron los primeros esclavos de África en 1619: aquí empezó la esclavitud.

El final del XVIII fue especialmente azaroso: a las guerras franco-indias siguió las revueltas independentistas. En 1780 el ejército británi-

Virginia y West Virginia

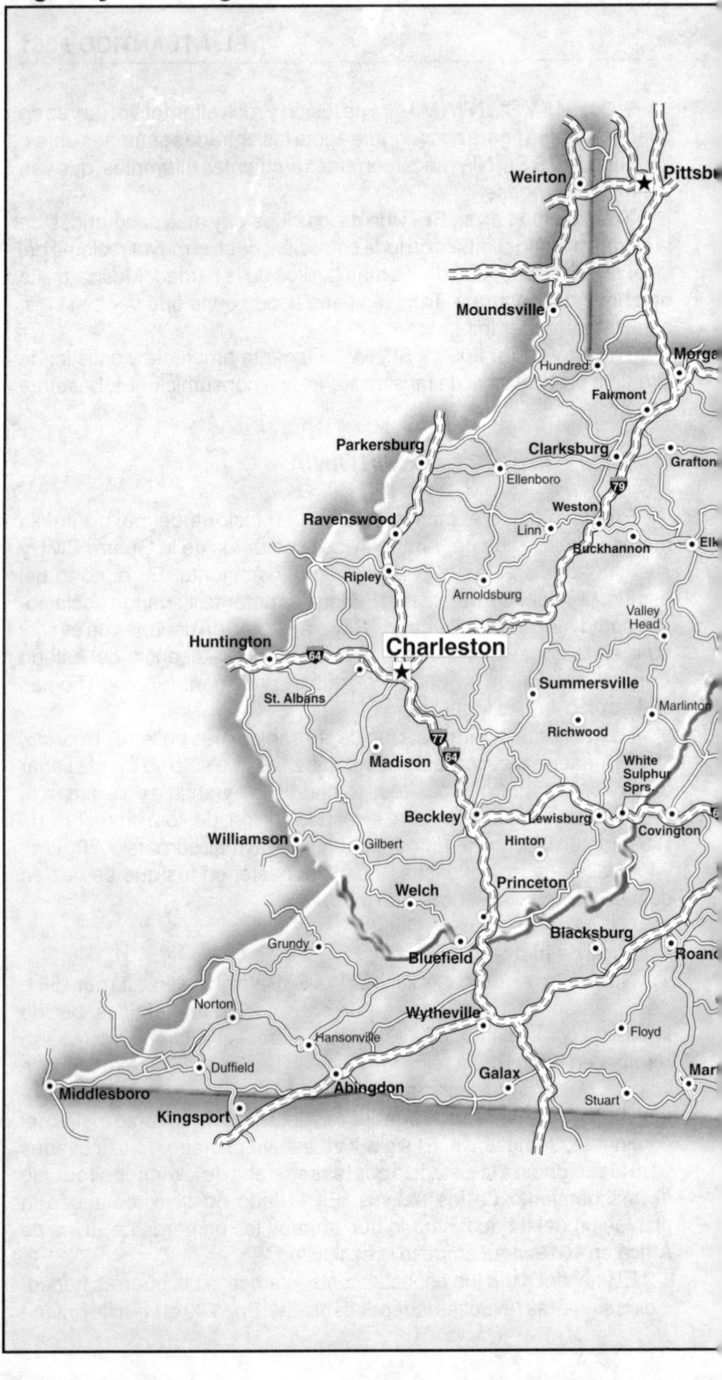

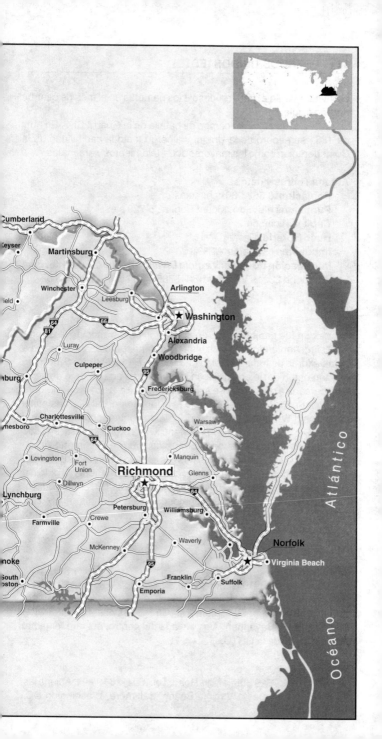

co invadió Virginia, para rendirse a los patriotas en el mes de octurbe del año siguiente.

Virginia fue el mayor campo de batalla de la Guerra Civil. En abril de 1861 se separó de la Unión, y albergó tanto la capitalidad de la Confederación como los mayores acuartelamientos y arsenales.

Algunas cifras y datos
   Población: 6.552.000 habitantes.
   Punto más elevado: Mount Rogers, 5.729 pies.
   Capital: Richmond.
   Huso Horario: Eastern.
   Impuestos estatales: 4'25%.
   Información turística: *Virginia Division of Tourism*. 901 E. Byrd St, Richmond 23219 VA. Tels. (804) 786 44 84 y (800) 847 48 82.

RICHMOND

La que fue capital de la Confederación en los años de la Guerra Civil sigue teniendo a gala su historia sureña, pero desprovista ya a estas alturas de toda connotación racista. En 1609 **John Smith**, un capitán británico, le compró a un jefecillo indio una porción de tierra muy cercana a donde hoy se asienta la ciudad, a la que dio el nombre de *None Such*. En 1737 se produjo ya la fundación, bajo los designios del coronel **William Byrd**. En 1779 fue designada como capital del estado. Con un pasado rico en resistencia a la corona Inglesa, en 1861 la secesión de los estados Sureños convirtió a Richmond en su capital; sufrió los asedios de los más capacitados generales del norte, y en 1864 el general **Grant**, viendo que no había manera, se dirigió a Petersburg, lo que marcaría el principio del fin de la Confederación. Las autoridades evacuaron Richmond, no sin incendiar antes casi toda la ciudad.

Cómo llegar

En autobús
   Greyhound: 2910 N. Boulevard St. Tels. (804) 254 59 10 y (800) 231 22 22. Abierta las 24 h del día. Autobuses a Nueva York, Washington DC, Philadelphia, Baltimore, Charlottesville, Jacksonville, Williamsburg y Savannah. Algo alejada del centro, así que tomad el autobús nº 24 de la GRTC.

En tren
   AMTRAK: 7519 Staple Mills Road. Tel. (804) 264 91 94. Abierta las 24 h del día. Trenes a Virginia Beach, Baltimore, Washington DC,

Nueva York, Williamsburg y Philadelphia. A unos 10 km del centro de la ciudad, además no hay transporte público: la carrera de taxi os saldrá por unos 14$.

Datos útiles

Oficinas de información turística y Correos

Metro Richmond Visitor Center: 1710 Robin Hood Road. Salida 78 de las interestatales 64 y 95. Tel. (804) 358 55 11. Abierto toda la semana de 9 h a 19 h.

Metropolitan Richmond Convention and Visitors Bureau: 6th St., Marketplace. Tel. (804) 782 27 77 y (888) RICHMOND.

Oficina de Correos: 1801 Borak Road. Tel. (804) 775 61 33. Abierta de lunes a viernes, de 7 h a 18 h; los sábados, de 10 h a 13 h.

Transporte público

Prestado por la **GRTC** (*Greater Richmond Transit Co.*) Las oficinas centrales se encuentran en 101 S. Davies Avenue (tel. 804/358 47 82). Casi todas las cabeceras se encuentran a lo largo de la Broad Street. Precio del billete: 1$25. En verano hay un tranvía turístico que recorre el centro de 11 h a 23 h; su tarifa, 25ç.

La visita

En las **calles 12 y Byrd** se pueden contemplar hoy algunos de los muelles del canal que George Washington diseñó para unir los valles del Kanawha y Tidewater; la mayoría de los edificios restaurados al esplendor de antaño se concentran en **Shockoe Slip**, entre el río y el Distrito Financiero; **Sockoe Bottom** es la zona para salir por excelencia, con docenas de restaurantes, comercios y algunos bares, y otro de los barrios bien cuidados es **The Fan**, entre la Belvidere Street, Main y las avenidas Monument y Boulevard. La **Monument Avenue** es, además, una de las arterias principales y de las más bonitas, con docenas de mansiones del siglo pasado y monumentos a los héroes de la Guerra Civil flanqueando las aceras. Y el centro neurálgico del viejo Richmond puede considerarse la **Capitol Square**, entre las calles Broad, Bank, 9th y Governor; un bonito conjunto escultórico nos saluda aquí: los de grandes hombres como Washington, Jefferson o Edgard Allan Poe. Hay un pequeño centro de información turística en la Bell Tower.

Si no queréis perderos entre el maremagnun, en todos los hoteles podéis tomar el servicio que oferta la *Historic Richmond Tours*, la mejor compañía turística de la ciudad. El teléfono de información es el (804) 780 01 07.

The Poe Museum an Richmond's Oldest House: 1914 E. Main St. Tel. (804) 648 55 23. Abierto toda la semana excepto los lunes de

Richmond

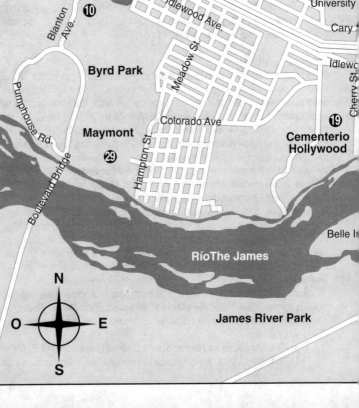

A Washington DC, Chalottesville y Fredericksburg

Roseheath Rd.
Grace St.
Broad St.
Park Ave.
Patterson Ave.
Kensington Ave.
StuartAve.
Hanover Ave.
Grove Ave.
Floyd Ave.
Ellwood Ave.
Cary St.

Carytown

Boulevard
Mulberry St.
Robinson St.
Davis St.
Stafford St.
Main St.
Shields St.
Strawberry St.
Meadow St.
Rowland St.
Granby St.

The Fan Distict

Monument Ave.
Lombard
Grace St.
Franklin St.

Virginia Commonwea University

Cary

Idlewood Ave.

Blanton Ave.

Byrd Park

Meadow St.

Idlewo
Cherry St.

Maymont

Colorado Ave

Hampton St.

Cementerio Hollywood

Pumphouse Rd.

Boulevard Bridge

RíoThe James

Belle I

James River Park

N
O — E
S

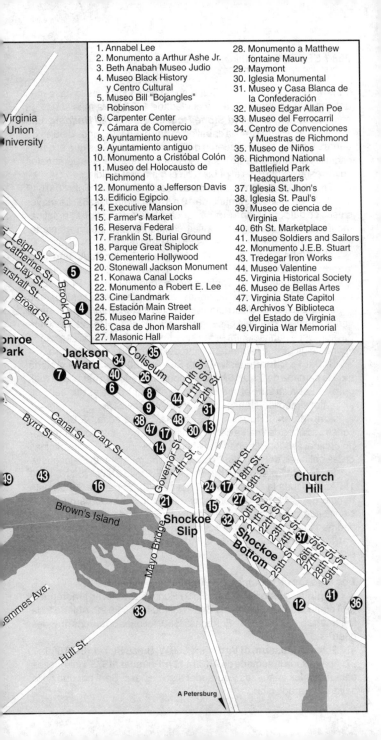

1. Annabel Lee
2. Monumento a Arthur Ashe Jr.
3. Beth Anabah Museo Judio
4. Museo Black History y Centro Cultural
5. Museo Bill "Bojangles" Robinson
6. Carpenter Center
7. Cámara de Comercio
8. Ayuntamiento nuevo
9. Ayuntamiento antiguo
10. Monumento a Cristóbal Colón
11. Museo del Holocausto de Richmond
12. Monumento a Jefferson Davis
13. Edificio Egipcio
14. Executive Mansion
15. Farmer's Market
16. Reserva Federal
17. Franklin St. Burial Ground
18. Parque Great Shiplock
19. Cementerio Hollywood
20. Stonewall Jackson Monument
21. Konawa Canal Locks
22. Monumento a Robert E. Lee
23. Cine Landmark
24. Estación Main Street
25. Museo Marine Raider
26. Casa de Jhon Marshall
27. Masonic Hall
28. Monumento a Matthew fontaine Maury
29. Maymont
30. Iglesia Monumental
31. Museo y Casa Blanca de la Confederación
32. Museo Edgar Allan Poe
33. Museo del Ferrocarril
34. Centro de Convenciones y Muestras de Richmond
35. Museo de Niños
36. Richmond National Battlefield Park Headquarters
37. Iglesia St. Jhon's
38. Iglesia St. Paul's
39. Museo de ciencia de Virginia
40. 6th St. Marketplace
41. Museo Soldiers and Sailors
42. Monumento J.E.B. Stuart
43. Tredegar Iron Works
44. Museo Valentine
45. Virginia Historical Society
46. Museo de Bellas Artes
47. Virginia State Capitol
48. Archivos Y Biblioteca del Estado de Virginia
49. Virginia War Memorial

10 h a 16 h. Entradas: 5$. Como su nombre indica, es la casa más antigua que se conserva en la ciudad: de 1737, para más señas. El conjunto consta de la *Old Stone House*, el *Memorial Building*, una caballeriza y el jardín; en la caballeriza hay expuestos unos dibujos de **James Carling** sobre el cuento de **Poe** "El cuervo", y es que el genial escritor vivió aquí durante trece años. Docenas de objetos personales suyos están expuestos al público en el Memorial Building.

The Museum of the Confederacy: 1201 E. Clay St. Tel. (804) 649 18 61. Abierto toda la semana de 10 h a 17 h. Entradas: 5$. La mayor colección del país abierta al público sobre la Guerra Civil: hay prácticamente de todo, desde una óptica confederada, también es cierto. Aperos, armas, planos utilizados en las batallas...

The White House of The Confederacy: E. Clay St. Abierto toda la semana de 10 h a 17 h. Entradas: 5$50. Hay un boleto que da acceso a éste y el museo de la Confederación, que cuesta 8$. Pegadita al museo esta la Casa Blanca, donde vivió el presidente confederado Jefferson Davies. Es de un lujosísimo estilo Victoriano, y éso que hubo varios intentos en el siglo pasado para echarla abajo. De toda la vivienda, sólo once habitaciones están abiertas al público. No os sorprenda ver nostálgicos con la bandera confederada cosida en el hombro...

St.Paul's Church: Grace & 9th Sts. Tel. (804) 643 35 89. Abierta toda la semana de 8 h a 16 h. No se cobra entrada. No está nada mal, pero la iglesia en sí no es muy destacable. Lo que pasa es que tiene un alto valor simbólico: aquí se casó Jefferson Davis. *So...*

John Marshall House: 818 E. Marshall St. Entradas: 3$. Una de las construcciones de finales del XVIII mejor conservadas, con el mobiliario original y todo. Perteneció al sheriff, nada que ver con las oficinas de las películas del *Far West*, o éste cobraba más o tenía mejor gusto.

St. John's Episcopal Church: 2401 E. Broad St. Tel. (804) 648 50 15. Abierto toda la semana de 10 h a 15 h 30. Entradas: 3$. En este templo de 1741 se pronunció una de las frases más cargadas de significado para el pueblo estadounidense: el "dadme la libertad o dadme la muerte" (*give me liberty or give me death*) que se marcó **Patrick Henry** cuando lo de la Independencia. Además, aquí está enterrado Edgard Allan Poe.

Los museos de la capital de Virginia

Virginia Aviation Museum: 5701 Huntsman road, en el aeropuerto. Tomad la salida 197 de la I-64E. Tel. (804) 236 36 22. Abierto toda la semana de 9 h 30 a 17 h. Entradas: 3$50. Aviones de las dos grandes guerras.

Science Museum of Virginia: 2500 W. Broad St. Tel. (800) 659 17 27. Abierto toda la semana de 9 h 30 a 17 h. Entradas: 4$75. Hale, cosas para meter las manazas y aprender algo de paso. Será por que no lo hayan preparado bien...

Virginia Historical Society: 428 N. Boulevard. Tel. (804) 358 49 01. Abierto toda la semana de 10 h a 17 h. Entradas: 4$. Donde se atesora la historia del estado, destacando los fondos de la biblioteca y los murales sobre la Guerra Civil.

Virginia Museum of Fine Arts: 2800 Grove Avenue. Tel. (804) 367 08 44. Abierto toda la semana excepto los lunes de 11 h a 17 h, los jueves hasta las 20 h. Se aceptan donaciones *verbigratia* no se cobra entrada. Estupenda colección, en la que sobresalen las colecciones de huevos Fabergè, arte del Nepal y algunas obras no muy conocidas del genial sodo Francisco de Goya, Monet y la estrella, una estatua a tamaño natural del emperador romano Calígula. Muy interesante, y la tienda es sorprendentemente barata.

The Valentine: 1015 E. Clay St. Tel. (804) 649 07 11. Abierto toda la semana de 10 h a 17 h. Entradas: 5$. En una vivienda de 1812, exposiciones temporales sobre todos los aspectos de la historia del estado.

En los alrededores de Richomnd

Agecroft Hall: 4305 Sulgrave Road., en Windsor Farms. Tel. (804) 353 42 41. Abierto toda la semana excepto los lunes de 10 h a 16 h. Entradas: 4$50. Hasta aquí se trajeron la vivienda, que no es sino una que había en Lacanshire y que se construyó allá por el siglo XV. Se conservan los trabajos de la madera originales, así como los ventanales y muebles del estilo Tudor. Los jardines que la rodean, están estupendamente cuidados.

El alojamiento

Precio barato

Quality Inn - Historic District: 301 W. Franklin St. Tel. (804) 644 98 71. Uno de los más grandes: 281 habitaciones, algunas con firgoríficos y cafeteras. Con restaurante, bar, cuarto de lavadoras, aparcamiento cubierto.

Radisson Richomnd: 555 E. Canal St. Tel. (804) 788 09 00. Muy bueno. 300 habitaciones, sauna, piscina cubierta, gimnasio, restaurante, aparcamiento cubierto, lavandería y bar.

Fairfield Inn: 7300 W. Broad St. Tels. (804) 672 86 21 y (800) 348 60 00. De lo más económico, aunque no está en el centro. 124 habitaciones, aparcamiento y piscina.

Precio medio

The Jefferson: Franklin & Adams Sts. Tel. (804) 788 80 00. Con diferencia, el mejor. Está en todo el centro, muy elegante. De finales del siglo pasado, sus 275 habitaciones son de las mejores y más bonitas que hemos visto por la zona: y no resulta tan caro como otros establecimientos parecidos que hay en Nueva Inglaterra. El té de las cinco es un hervidero de personalidades locales. Cuenta con restaurante, gimnasio, aparcamiento cubierto, bar, servicio de transporte al aeropuerto y facilidades para conectar los pc's y hacer saltar la bolsa de Wall Street desde la habitación. Aunque no estéis alojados, daos una vueltecita por el vestíbulo y tomaros algo en el bar a nuestra salud.

Best Western Governor's Inn: 9826 Midlothian turnpike. Tels. (804) 323 00 07 y (800) 528 12 34.

Los restaurantes
   Havana'59: 16 N 17th St. Tel. (804) 649 28 22.

Excursiones guiadas
   Historical Impressions: 704 N. 9th Avenue, en Hopewell. Tel. 452 12 15.
   Annabel Lee Riverboat Cruises: salen del Intermediate Terminal en Dock Street. Recorren 40 km a lo largo del río James, contemplando unas cuantas plantaciones tradicionales. El precio es de 17$95 por persona. Si queréis informaros, llamad al (804) 644 57 00.

ALEXANDRIA

Parte integral del Washington metropolitano, Alexandria lucha por mantener su propia identidad. Fue fundada en 1749 por un grupo de inmigrantes escoceses, y debe su nombre a John Alexander, que fue el dueño de la tierras en 1699. Durante la revolución, Alexandria fue uno de los centros comerciales más activos de las colonias. George Washington vivió en la ciudad; durante su estancia, fue elegido pastor de la iglesia, miembro de la Logia Masónica y Gran Maestro en 1788. Alexandria fue también hogar del general Lee. Durante la Guerra Civil, la ciudad fue centro de las tropas de la Union para las operaciones en el norte de Virginia.

Testigos mudos de aquellos años -sobre los que planea, omnipresente, la sombra de George Washington- son los innumerables edificios de estilo victoriano; la cuidad ha sido siempre objeto de planificadas reformas y lavados de cara que ha conseguido erradicar a la mínima expresión las construcciones modernas, que sólo se encuentran en King Street y los suburbios, poblados por funcionarios de alto nivel adquisitivo que buscan tranquilidad a escasas cinco millas de la Casa Blanca. No es una ciudad, empero, donde abunden los comercios; los que hay, exclusivos y caros, están especializados en arte y antiguedades y se concentran en torno a King Street. Uno de sus mayores atractivos son sus clubs de *jazz*, que convierten a Alexandria en uno de los centros neurálgicos de esta expresión artística en la costa este.

Cómo llegar

Por carretera

Desde Washington, cruzando la calle 14 NW hasta el Potomac Park East; allí, se debe coger o George Washington Memorial Parkway o Jefferson Davis Highway, dirección South-Arlington.

En metro

La parada de Alexandria es **King Street** (líneas amarilla y roja), a veinte minutos de la estación de **Farragut West** o **L'énfant Plaza**.

Datos útiles

Oficinas de información turística

Alexandria Convention and Visitors Bureau: 221 King Street Tel. (703) 838 42 00. El centro de información se encuentra en la que probablemente sea la construcción más antigua de la ciudad, hogar del primer alcalde de Alexandria, el escocés William Ramsay.

La visita

Carlyle House: 121 North Fairfax St. Tel. (703) 549 29 97. Abierto de martes a domingos de 10 h a 16 h 30. Entradas: tres dólares. Visitas guiadas cada media hora. Mansión de estilo Palladiano que data de 1752, la más grande de la ciudad, que fue propiedad del comerciante escocés John Carlyle. Durante el dominio británico, el general Edward Braddock estableció aquí sus cuarteles generales en la primavera de 1755. En la mansión, Braddock y cinco gobernadores coloniales planificaron las estrategias a desarrollar en las guerras contra Francia y la Primera Guerra India.

Christ Church: 118 North Washington St. Tel. (703) 549 14 50. Abierta toda la semana de 10 h a 17 h (excepto en las horas de misa). No se cobra entrada. Terminada en 1773, el banco número 60 fue adquirido por George Washington por un importe de 36 libras y 10 peniques (toda una cantidad para la época), y ofició la misa en numerosas ocasiones, lo mismo que Robert E. Lee. Las estupendas arañas (muchas de las cuales las mandó traer Washington desde Londres) que penden del techo de las galerías son una de las mejores muestras de este arte, que alcanzó su máximo desarrollo en los albores del siglo XIX.

Collingwood Library & Museum of Americanism: 8301 East. Boulevard Drive. Tel. (703) 765 16 52. Cierra los martes. Domingos, abierto de 13 h a 16 h; resto de la semana, de 10 h a 16 h. No se cobra entrada. Una biblioteca de estudios norteamericanos en un antiguo edificio de 1785, que fue residencia de George Washington. El museo tiene una buena colección de porcelana china de la Casa Blanca,

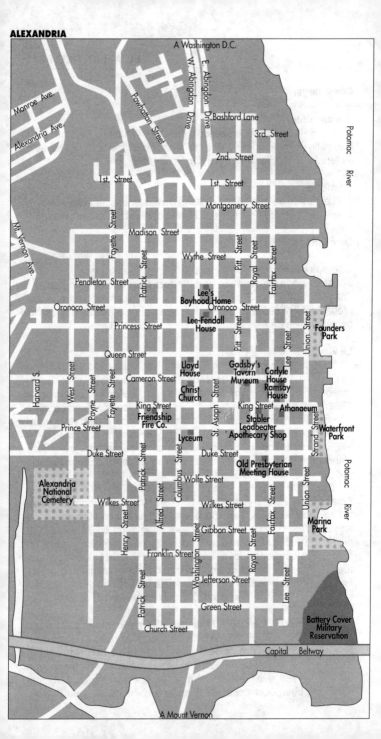

ALEXANDRIA

objetos de tribus indias de Carolina del Norte, Virginia y Maryland, y réplicas de la Carta Magna.

Gadsby's Tavern Museum: 134 North Royal St. Tel. (703) 838 42 42. Abierto de martes a sábados, de 10 h a 16 h; domingos, de 13 h a 17 h; lunes, cerrado. Entradas: tres dólares. El museo lo forman la taberna, del 1770, y el *City Tavern and Hotel*, que data de 1792. En la época prerrevolucionaria, fue uno de los centros de la vida política y social del país más importantes. En la sala de juegos, George Washington celebraba sus cumpleaños y fiestas.

George Washington Masonic National Memorial: 101 Callahan Drive. Tel. (703) 683 20 07. Abierto toda la semana de 9 h 30 a 16 h 50. No se cobra entrada. Tomando como ejemplo el faro del puerto de Alejandría, en Egipto, el chapitel del memorial se eleva 333 pies. La *Replica Room* contiene el mobiliario original de la Logia número 22 de Alexandria, de la que Washington fue Gran Maestro, y recuerdos y objetos de su familia.

Lee - Fendal House: 614 Orinoco St. Tel. (703) 548 17 89. Abierto de martes a sábados, de 10 h a 16 h; domingos, de 13 h a 17 h. Lunes, cerrado. Entradas: tres dólares. Este edificio fue construído en 1785 por Philip Richard Fendall, y cerca de treinta y cinco miembros de la familia Lee vivieron en la casa hasta principios del siglo XX. Está amueblada con antiguedades y objetos personales de Lee (que fue uno de los firmantes de la Declaración de Independencia). Hoy, la casa es propiedad del sindicalista más importante del país, John L. Lewis.

Lloyd House: 220 N. Washington St. Tel. (703) 838 45 77. Abierto de lunes a viernes, de 9 h a 18 h; sábados, de 9 h a 17 h. Domingos, cerrado. No se cobra entrada. Un excelente ejemplo de la arquitectura de estilo de Georgia. Datada en 1797, contiene una espléndida librería con volúmenes y periódicos de la época prerrevolucionaria. En la segunda planta, se encuentra la *Virginia Research Collection*, dedicada a la historia y genealogía de la ciudad de Alexandria y Virginia.

The Lyceum: 201 South Washington St. Tel. (703) 838 49 94. Abierto de lunes a sábados, de 10 h a 17 h; domingos, de 13 h a 17 h. No se cobra entrada. Museo construido en 1839 y restaurado en 1970, dedicado a la historia de la ciudad, que programa también lecturas públicas, exposiciones de arte, conciertos y conferencias. En tiempos, el edificio fue la biblioteca de Alexandria, un hospital durante la Guerra Civil y una residencia.

Old Presbyterian Meeting House: 321 South Fairfax St. Tel. (703) 549 66 70. Abierto de lunes a viernes, de 9 h a 15 h. No se cobra entrada. Iglesia establecida en 1774, fue un importante lugar de encuentro para los escoceses durante la Guerra de la Independencia. En su campo-santo se encuentra la tumba del Soldado Desconocido de la Guerra de Independencia.

Stabler - Leadbeater Apothecary Museum: 105 South Fairfax St. Tel. (703) 836 71 73. Abierto de lunes a sábados de 10 h a 16 h. Entradas: 1$. Pequeño museo farmacéutico donde se exponen objetos de finales del XVIII y una colección de recetas de botica firmadas por Washington y otros padres de la patria como los Lee o Calhoun.

Torpedo Factory Art Center: 105 North Union St. Tel. (703) 838 45 65. Abierto toda la semana, de 10 h a 17 h. No se cobra entrada. El edificio fue construído para fabricar carcasas de torpedo para las grandes guerras mundiales. Está dividido en 84 estudios y cinco galerías donde los visitantes pueden contemplar exposiciones de arte. Dentro de la Factoría se encuentra el **Alexandria Archelogy Laboratory and Museum**, que expone objetos encontrados en yacimientos arqueológicos de la zona, datando los más antiguos del año 3000 AC.

Alojamiento

Precio barato

Alexandria Econo Lodge: 700 North Washington St. Tel. (703) 836 51 00. Fax: 703 - 519 7015. Hotel discreto y sencillo, pero eficiente, con una fiel clientela de paso que permanece pocos días en el establecimiento. En el centro de la ciudad, a menos de tres millas del centro de Washington. 39 habitaciones con televisión y teléfono.

Ramada Hotel Old Town: 901 N Fairfax St. Tel. (703) 683 60 00. Fax: 703 - 683 7597. Doscientas cincuenta y ocho habitaciones con baño y televisión por cable -algunas con cocina y minibar-. Enfermería, restaurante, guardería y servicio de minibuses al aeropuerto.

Travellers Motel: 5916 Richmond Highway. Tel. (703) 329 13 10. Típico motel de carretera norteamericano con todo el sabor de una *road movie*. 28 habitaciones con baño y aire acondicionado.

Precio medio

Embassy Suites Alexandria Old Town: 1900 Diagonal Road. Tel. (703) 684 59 00. Fax. 703 - 684 1403. Enfrente de la estación de Metro de King St y de la Amtrak, todos y cada uno de sus 268 apartamentos disponen de nevera, televisión, baño y hornos microondas; algunos también tienen minibares y cafeteras. Con saunas, gimnasio, piscinas -exterior y cubierta-, *solarium* y servicio de minibuses al aeropuerto.

Precio alto

Holiday Inn Select Old Town Alexandria: 480 King St. Tel. (703) 549 60 80. Fax: 703 - 519 08 89. Estupendo establecimiento hotelero (uno de los mejores de la cadena), con 227 habitaciones amuebladas con muebles del siglo XVIII, minibar, secadora, caja fuerte, teléfono y televisión por cable. Restaurantes, aparcamiento cubierto, piscina, gimnasio y salones de negocios. En el centro de la ciudad.

Radisson Plaza Hotel at Mark Center: 5000 Seminary Road. Tel. (703) 845 10 10. Fax: 703 - 845 2610. 487 habitaciones y 13 suites con todas las comodidades: minibar, servicio de habitaciones, televisión por cable y secador de pelo. Restaurantes, piscinas cubierta y exterior, y servicio de autobuses al aeropuerto, de donde vienen la mayoría de sus clientes. Dispone, asímismo, de habitaciones acondicionadas para discapacitados físicos.

A la hora de la comida

Precio alto

The Dandy Restaurant Cruise Ship: Zero Prince St. Tel. (703) 683 60 76. Abre toda la semana. Aceptan tarjetas. Imprescindible reservar mesa. Mundialmente renombrado por su excelente cocina, ambiente (la decoración, con mármoles y amplios ventanales, tiene un muy atractivo aire decadente) y servicio, todo enmarcado en un barco que surca el Potomac. Especialidades norteamericanas como el pavo relleno o la ensalada de coles.

Precio medio

Chart House: 1 Cameron St. Tel. (703) 684 50 80. Abre toda la semana. Aceptan tarjetas de crédito. Detrás del Torpedo Factory Art Center, su terraza de verano se llena un día tras otro para disfrutar de los excelentes cócteles y aperitivos, así como las carnes a la parrilla y los pescados.

Gandsby's Tavern: 138 North Royal St. Tel. (703) 548 12 88. Abre todos los días. Aceptan tarjetas de crédito. Con actuaciones musicales en directo todas las noches, es este uno de los restaurantes más concurridos del área de Washington. Cocina tradicional norteamericana (asados, carnes a la parrilla y pescados) en una taberna que data del siglo XVIII que cuenta incluso con museo (ver *La visita*).

West End Dinner Theatre: 4615 Duke St. Tel. (703) 370 25 00. Cierra los lunes. Aceptan tarjetas de crédito. Recomendable reservar mesa. Restaurante con representaciones teatrales de jueves a domingo. Comida rápida de calidad para un concepción de la hostelería muy extendida en los Estados Unidos.

Precio barato

Chadwicks Old Town Alexandria: 203 Strand St. Tel. (703) 836 44 42. Abre toda la semana. Aceptan tarjetas de crédito. Cocina sencilla y sin pretensiones (ensaladas, pollo, hamburguesas) ideal para retomar fuerzas. Concurridísimo por una clientela universitaria.

Copeland's of New Orleans: 4300 King St. Tel. (703) 671 79 97. Abre toda la semana. Aceptan tarjetas de crédito. Cocina *cajún* como el *gumbo*, el *etouffe* y asados criollos. La gente que acude al establecimiento lo hace, mayormente, atraída por la extensa carta de licores y cocteles originarios de Nueva Orleans. La decoración recuerda la *grandeur* de los años del dominio de la *Fránce*.

PARQUE NACIONAL DE SHENANDOAH

Es este uno de los parques naturales más espectaculares de los montes Apalaches. El nombre, indio, significa 'hija de las estrellas'. Se extiende, aproximadamente, ciento veinte millas a lo largo de la cadena montañosa Blue Ridge, desde Fort Royal al norte hasta cerca de Waynesboro, al Sur. Las elevaciones varían desde los seiscientos pies a la entrada del parque hasta los cuatro mil en la cumbre del pico Hawksbill, que junto con el monte Stony Man, son los puntos más altos del norte de Virginia. El parque, con una extensión de doscientas millas cuadradas y más de quinientas millas de senderos, es un santuario de vida salvaje con más de cuarenta especies autóctonas de mamíferos (desde osos hormigueros a ciervos); también han sido catalogadas más de doscientas especies de aves y numerosos reptiles, algunos venenosos (cobras y serpientes de cascabel). Hay cerca de cien especies arbóreas, que causan un impresionante espectáculo repleto de colorido todos los otoños, y más de 1200 especies de plantas y flores, entre las que destacan las azaleas. Con todo, lo que atrae al parque cada año a más de medio millón de visitantes es el **Skyline Drive**, un itinerario marcado de ciento cinco millas por las cumbres del parque y que ofrece unas más que espectaculares vistas. Quitan la respiración.

Cómo llegar

El parque se encuentra aproximadamente a ochenta millas al sudoeste de Washington por la Interestatal 66 y la US 340, o también vía I-66 y la US 211 (salidas hacia el parque en Gainesville y Front Royal); por la interestatal 95, hasta Fredericksburg, la 3 hasta Culpeper, y allí, la US 522 hasta el parque.

Perdiéndose un poco

La entrada al parque cuesta cinco dólares por coche y tiene una validez de una semana (es imposible visitar el parque en menos de tres días). El teléfono de información es el (540) 999 22 43. En la entrada de Fort Royal, se encuentra la oficina del parque, donde atienden al visitante, y donde se pueden conseguir gratuitamente mapas, folletos, y listados de atracciones en la zona que rodea al parque. Aproximadamente a tres millas de la entrada, ya dentro del recinto del parque, se encuentra el **Shenandoah Valley Overlook,** un mirador desde donde se puede contemplar una panorámica del valle y del monte Massanutten. Dos millas más adelante se ubica el **Dickey Ridge Visitors Center**, con exposiciones de la flora, fauna y geología del parque. Enfrente está el sendero **Fox Hollow**, que conduce a un antiguo cementerio, y edificios del siglo pasado en ruinas. Este área estuvo poblada por granjeros hasta 1920, en que el Estado de Virginia expropió los terrenos y creó el parque. Quince millas más adelante, el mirador de Hogback se eleva ya 3400 pies; las espectaculares vistas bien merecen unas cuantas fotografías. Un bar nos calmará el apetito, si no hemos decidido hacer uso de las zonas de picnic: en **Elkwallow Wayside**, apenas a un kilómetro del mirador Hogback y a cuatro del de Little Hogback. Las escaleras naturales de **Little Devil** descienden de los 2600 pies a los 1100. Estos escalones son inmensas moles que se despredieron por la erosión hace millones de años. Paralela a la escalera corre un salto de agua impresionante, el **Keyser Run**; bajando todos los escalones se llega al final del parque.

Entrando al parque por **Thornton Gap**, veinte millas al sur encontramos un sendero de diez millas que nos lleva desde **Blue Meadows (**donde se está un salto de agua de setenta pies) hasta **Camp Hoover** (donde el presidente Herbert Hoober solía venir a pescar), y que presenta algunas de las mejores vistas del parque, con saltos de agua, y manadas de ciervos. Desde Big Meadows se puede cruzar en diagonal el Skyline Drive hasta **Rapidan Road**, donde una cadena en el sendero -que se puede atravesar- es lo que preserva una enorme extensión de cerezos y flores que forman una tupidísima red de vegetación todas las primaveras. La Rapidan Road desciende de los 3600 pies hasta los 2500 por un estrecho sendero de cinco millas. Después de una milla se encuentran el sendero **Mill Prong Horse y el Upper Dark Hollow.**

Ya fuera del recinto del parque, pero todavía dentro del valle de Shenandoah, se encuentra un numeroso grupo de cavernas naturales que sobrecogen por su magnificencia y que merecen encendidos elogios por parte de los mejores geólogos del mundo. Entre ellas se encuentran las **Shenandoah Caverns**, en la parte occidental del valle, y abiertas todo el año. Cincuenta y seis cámaras naturales, entre las que destacan el 'Salón de la Cascada', el 'castillo Cardross', 'la Cúpula del Capitolio', el Lago del Arcoiris o Bacon. Es el único conjunto de cavernas del Estado que cuenta con ascensor para descender, amén de restaurante, tienda de recuerdos, aparcamiento y zonas de *picnic*. Las **Luray Caverns** están abiertas al público desde 1878, y en ellas se encuentra el 'Gran Órgano de Estalactitas', un maravilloso instrumento creado por Leland W. Sprinkle y que combina el genio del hombre y la grandiosidad de la naturaleza. En Luray hay, también, hoteles, un campo de golf y un pequeño aeródromo.

Para pegar la oreja

En el parque hay dos hoteles, uno en Skiland y otro en Big Meadows; ambos tienen cómodas habitaciones, restaurante y muy buenas panorámicas del parque. Las tarifas oscilan entre los 46 y los 140 dólares, dependiendo de la habitación y de la demanda; los teléfonos son el (540) 743 51 08 y el (800) 999 47 14. También se puede alquilar una rústica cabaña de madera (**The Lewis Mountain Cabins**). Hay zonas de *camping* en Big Meadows, Lewis Mountain y Loft Mountain.

The Inn at Narrow Passage, un hotelito tres millas al sur de **Woodstock** (que lo está a quince de Fort Royal), por la US 11. Doce habitaciones, no todas con baño, con unas tarifas que oscilan entre los 55 y los 95 dólares.

WILLIAMSBURG

Una de las ciudades más visitadas del país es este Colonial Williamsburg, con un centro histórico de unos 5 km^2 que ha sido restaurado a su apariencia original: casi cien edificios anteriores al siglo XIX se conservan prácticamente tal cual, y esas calles están tomadas en verano por guías vestidos a la usanza de la época, que pueden llegar a ser realmente empalagosos.

Williamsburg tuvo su origen en 1633, cerca de Jamestown, y tras una empalizada que los colonos levantaron a lo largo de la península, entre los ríos James y York, dándole a la colonia el nombre de *Mills Plantation*. Gracias a su extraordinaria ubicación y sus defensas, pronto cobró importancia: en 1676 **Nathaniel Bacon** y sus seguidores se reunieron aquí, y un año después lo hizo la Asamblea General, la máxima autoridad colonial. En 1699, se decretó que fuera la capital de la colonia, lo que hizo necesario una nueva distribución de las calles: el nuevo núcleo recibiría el nombre de Williamsburg en honor del rey inglés **Guillermo III**. Durante más de 80 años fue el centro de Virginia en todos los aspectos, hasta que el entonces gobernador **Thomas Jefferson** se llevó la capitalidad a Richmond en 1780.

Williamsburg es, también, la población más importante del llamado **Historic Triangle**, junto con Yorktown, Jamestown y Petersburg. Probablemente, el lugar del país con más historia. Ah, ésta es la también la única accesible mediante transporte público.

Cómo llegar

Únicamente Williamsburg es accesible en transporte público. En el **Transportation Center** (408 N. Boundary St) están *Amtrak* y *Greyhound*. Los trenes, a Baltimore, Washingon DC, Richmond, Nueva York y Philadelphia; los autobuses, los mismos destinos: para el sur, debéis hacer transbordo en Richmond.

Datos útiles

Oficinas de información turística y correos

Williamsburg Area Convention & Visitors Bureau: 210 Penniman Road. Tel. (757) 253 01 92. Abierto de lunes a viernes de 8 h 30 a 17 h 30.

Tourist Visitors Center: 102 Information Drive. Tel. (800) 447 86 79. Abierta toda la semana de 8 h 30 a 20 h.

Oficina de Correos: 425 N. Boundary St. Tel. (757) 229 46 68.

Transporte municipal

Servido por la **JCCT** (*James City County Transit*). Tel. (757) 220 16 21. Operativo de lunes a sábados de 6 h 15 a 17 h 15. Precio del billete: 1$.

El anonadante Williamsburg Colonial

Los edificios del centro que véis o bien son originales o bien reconstrucciones escrupulosísimas, atendiendo los planos originales de los que se levantaban en los solares correspondientes: así, la sensación que uno percibe es la de haber dado un auténtico salto en el tiempo. La arteria principal es **Gloucester Street**, donde hay bastantes edificios oficiales, tabernas, y jardines, y que tiene al final el Capitolio del Estado. La Palace Green es la plaza central, con jardines y donde la gente gusta de tomar el picnic admirando la perspectiva. La parte moderna se arracima en torno a la Merchants Square. Para visitar los edificios restaurados, o montar en el autobús turístico que recorre la zona, hay que adquirir las entradas puestas a la venta (el llamado *Colonial Williamsburg Patriot's Pass*) en el *Visitor Center* o en la *Lumber House* (Duke of Gloucester St & Merchants Square). Los edificios más significativos son:

Governor's Palace: enfrente del Palace Green. Entradas: 17$. Su construcción se remonta a 1722, y fue la residencia de siete gobernadores, hasta el año de la Independencia. Ardió en un incendio cuando se usaba como hospital militar, y la reconstrucción tuvo lugar a mediados del siglo pasado.

Bruton Parish Church: Duke of Gloucester St & Palace Green. Tel. (757) 229 28 91. Abierto toda la semana de 9 h a 17 h. No se cobra entrada. Levantada entre 1712 y 1715, su campana lleva en activo desde 1761; todos los martes y sábados, a las 20 h, hay recitales de carillón.

Brush - Everald House, una vivienda típica de mediados del siglo XVIII.

Capitol: al final de la Duke of Gloucester St. Se terminó de construir en 1705, pero un fuego lo dañó gravemente en 1747; su reconstrucción se prolongó hasta 1753, pero -cosas de la vida- otro fuego lo echó abajo. Muy parecido, sólo que en pequeño, al de la Capital Federal.

Basset Hall: 522 E. Francis St. Tel. (757) 229 10 00. Abierto toda la semana de 9 h a 17 h. Se requiere reserva previa. Aunque es del XVIII, conserva todo el encanto de sus más famosos dueños, los Rockefeller, que la adquirieron allá por la década de los treinta.

Courthouse: el edificio que albergaba la justicia en aquellos años, es bastante popular por los saraos que montan: juicios de la época con representaciones muy fidedignas, más que nada en la cosa del vestuario. Está en la esquina oriental del Palace Green con la Duke of Gloucester Street.

Public Gaol: Nicholson St. La cárcel, de 1704, con sus rejas y calabozos tal como eran.

Wythe House: Prince George St. Aquí vivía el profesor de leyes de Jefferson. Es de 1755.

James Geddy House and Fundry: Duke of Gloucester St. Propiedad que lo fue de un joyero, data de 1760.

Magazine and Guardhouse: Market Square Green. Una armería de 1715, donde se exponen armas de época.

Peyton Randolph House: Market Square Green. Hogar de los dos primeros gobernadores del estado, una vez proclamada la Independencia. Vamos, que era donde se partía el bacalao...

Raleigh Tavern: un incendio destruyó la taverna en 1859. Aquí se reunía George Washington con los jóvenes independentistas. Muy cerquita está *la Wetherburn's Tavern*.

College of William and Mary: Duke of Gloucester St. Tel. (757) 221 15 40. No se cobra entrada. El segundo college más antiguo del país, sólo superado por Harvard: concretamente, de 1693. Lo más destacable del campus es el Wren Building, de 1695, obra de Sir Christopher Wren, de cuya obra original se conservan únicamente los muros exteriores y el mobiliario, pues el edificio fue pasto de las llamas en tres ocasiones. La capilla, un par de aulas y el vestíbulo han sido restaurados y decorados acorde con los planos originales. Hoy, es el edificio académico más antiguo que sigue conservando su función original.

Public Hospital: Francis & Henry Sts. Abierto toda la semana de 10 h a 18 h. El primer hospital psiquiátrico del país abrió sus puertas en 1773. En la primera planta se cuenta la historia, en la segunda se exponen utensilios médicos de aquellos años.

Abby Aldrich Rockefeller Folk Art Center: abierto toda la semana de 10 h a 18 h. Entradas: 7$. Tel. (757) 220 77 24. Una de las mejores colecciones del país sobre arte tradicional, hay de todo, desde pinturas a juguetes.

En los alrededores

Carter's Grove: 10 kilómetros al sur por la SR 60E. Tel. (757) 229 10 00. Abierto toda la semana excepto los lunes de 10 h a 17 h.

Entradas: 15$, o con el *Colonial Williamsburg Patriot's Pass*. Una de las mayores haciendas - o cortijos, como prefiráis- que hubo en la Costa Este: ni más ni menos que 130.000 ha, en las que se dejaron más que la piel un millar de esclavos. Hoy está abierta al público la mansión del dueño, **Robert *King* Carter**, que fue construida en 1754, llena de muebles de época y de paneles explicativos de cómo funcionaban aquellas plantaciones. Con la entrada os dan una vuelta por un yacimiento arqueológico de principios del siglo XVI llamado Wolstenhome Towne, una colonia inglesa que fue arrasada por los indios en 1622.

Water Country USA: salida 242B de la Y-64, a unos 6 kilómetros de Williamsburg. Tels. (757) 253 33 50 y (800) 343 79 46. Abierto de mayo a septiembre toda la semana de 10 h a 19 h; resto del año, los fines de semana con el mismo horario. Entradas: 22$95, menores de seis años 12$95, si entráis después de las 15 h, entonces 11$95. Auténticas hordas de visitantes de los estados adyacentes vienen aquí a empaparse: es realmente espectacular, aunque no habréis venido de tan lejos para daros unos chapuzones. ¿O sí?

Alojamiento

En verano, caro y difícil se presenta el asunto de encontrar una habitación. En el centro abundan los *bed&breakfast* a precios de Ritz madrileño; así, lo mejor es darse una vuelta por las áreas de descanso de la Rtes. 31 y 60, donde se encuentran establecimientos de las grandes cadenas. Si no:

Anvil Campgrounds: 5243 Moretown Road. Tel. (757) 565 23 00. A unos 6 km del centro de Williamsburg por la Route 60. El camping tiene piscina y un pequeño supermercado.

Lewis Guest House: 809 Lafayette St. Tel. (757) 229 61 16. Baratísimo, pero pequeño, por lo que siempre está u ocupado o reservado. Habitaciones pequeñas pero curiosas con baño compartido, y una con baño propio y una pequeña cocina por sólo 25$. Precio barato.

Confort Inn Historic Area: 120 Bypass Road. Tel. (757) 229 20 00. Muy bien situado, en temporada baja los precios son de no creerlos. 152 habitaciones decoradas en plan Colonial, a tono con la ciudad. Precio barato.

Best Western Colonial Capitol Inn: 111 Penniman Road. Tel. (757) 253 12 22. Abierto de marzo a octubre. 86 habitaciones. Precio barato.

Restaurantes

En el centro, hay tabernas tradicionales a patadas, todas bastante parecidas y donde lo de menos, pues casi que es lo que hay en el plato, cobrado además a precios no muy económicos. Así, nosotros nos quedamos con:

The Dynasty: 1621 Richomnd Road. Tel. (757) 220 88 88. Abierto toda la semana. Aceptan tarjetas de crédito. Un chino de los de toda la vida, para qué deciros más. Precio barato.

Yorkshire Steak and Seafood: 700 York St. Tel. (757) 229 97 90. Abierto toda la semana. Aceptan tarjetas de crédito. De los que mejor relación calidad/precio guardan del centro histórico. Buenas y generosas raciones de carnes rojas y marisco. Precio barato/medio.

PETERSBURG

La población que sufrió el más largo y cruel sitio durante la Guerra Civil: diez meses. Ésta historia se explica en el **Siege Museum**, Lo más destacable es el **Petersburg National Battlefield Park**, donde hay un centro de información turística y se representa las escenas más conocidas del asedio.

En el centro de Petersburg, llamado **Old Towne**, hay docenas de edificios de los siglos XVIII y XIX, que hoy albergan exclusivas viviendas y comercios. Un edificio destacable es la **Balndford Church**, de mediados del XVIII, y que cuenta con quince vidrieras de Tiffany's, que les pagaron los estados Confederados, por haberse celebrado en ella el funeral de más de 30.000 soldados del sur.

Ya fuera de la ciudad, a unos diez kilómetros al sur, se encuentra el **Pamplin Park Civil War Site**, también montado alrededor del sitio de Petersburg. Hay visitas guiadas, representaciones, una tienda carísima de recuerdos, edificios antiguos y un pequeño museo.

JAMESTOWN

Una de las poblaciones más antiguas de los Estados Unidos: en 1607, 104 hombres fundaron la primera colonia inglesa en el continente, por encargo de una de las grandes compañías de la época, la *Virginia Co. of London*. Y no fue hasta seis años después, en 1613, que la colonia empezó a crecer, gracias a la plantación del tabaco. Además de un fuerte y un pequeño museo está el *Indian Village*, donde se muestra el estilo de vida de los pobladores originales de la zona, los indios *Powhatan*.

YORKTOWN

Fundada en 1691, fue durante décadas uno de los puertos más importantes de la costa Atlántica gracias al comercio del tabaco. Aquí se dio por concluida la Guerra de la Independencia en la llamada Batalla de Yorktown; en 1862, al contrario, comenzó la Campaña Peninsular de la Guerra Civil, cuando el general del Norte **George McClellan** atacó Fort Monroe, obligando a las tropas confederadas (bajo el mando del general **John Magruder**) a fortificar la ciudad.

Sólo nueve edificios sobrevivieron a la batalla de Yorktown, algunos de ellos abiertos al público. Una posada del siglo XVIII, la **Somerwell House**, es el más bonito. Y el edificio más antiguo es la **Sessions House**, que se cree se terminó de construir en 1693, y que durante la Guerra Civil fue el cuartel general de las tropas del norte. Ambos edificios están cerrados al público.

Así, lo más interesante que podéis contemplar es el **Swan Tavern Group** (Main & Ballard Sts), un conjunto formado por un establo, una taverna, una cocina y un ahumadero, que son de 1722 y que sobrevivieron al fuego que se desató en la ciudad en diciembre de 1863.

VIRGINIA OCCIDENTAL

Uno de los estados más pobres del país, pero además de toda la vida. Sus nativos son nuestro equivalente a los leperos: alguien de quienes los chistes se cuentan por centenares. Naturalmente que esta fama es totalmente injusto, sólo que el aislamiento que sufren estas tierras son pasto fácil para ello. Las comunicaciones por carretera son difíciles, por lo escarpado de su orografía. Además, la casi ausencia de industria pesada ha obligado a explotar la agricultura y, últimamente, el turismo, gracias a lo prístino de sus parajes. Además, los transportes colectivos como el Amtrak o la Greyhound brillan por su casi total ausencia, ya que sólo Harpers Ferry y el corredor de Morgantown son servidos, con frecuencias casi diabólicas. Pero es aquí donde reside el encanto del estado: las gentes son mucho más sencillas y no dudan en echar una mano al trotamundos despistado, aunque la gente vaya diciendo por ahí cosas sobre ellos (los hillbillies). La vida parece detenerse en estos pueblos mineros de reminiscencias centroeuropas: sólo cruzar el estado en coche ya merece la pena.

Un poco de la historia de Virginia Occidental

Las primeras expediciones inglesas entraron allá por 1716, y en 1726 ya se fundó la colonia de Charles Town. En 1749 Guillermo III concedió la administración de más de 500.000 acres a la Ohio Co. Éste hecho desencadenó la guerra con los franceses, quienes habían reclamado la soberanía sobre todo el valle del río Ohio. Tras el final de la guerra seis tribus indias vendieron sus tierras. Con la indenpendencia se unieron las dos Virginias, con la particularidad de que en la Occidental no había esclavos: así, las infraestructuras no se desarrollaron por igual. La separación llegó, por lo tanto, en 1861.

Datos y cifras

Población: 1.822.000 habitantes.

Punto más elevado: Spruce Knob, 4.861 pies.

Capital: Charleston.
Franja horaria: Eastern.
Impuestos estatales: 6%. Algunos condados añaden un 3% adicional en las cuentas de los alojamientos.

HARPERS FERRY

El lugar más visitado del estado es esta población que se encuentra en la confluencia de los ríos Potomac y Shennandoah, y que en cierta manera puede decirse marcó el principio del fin de la esclavitud: en 1859 el abolicionista **John Brown** asaltó una de las mayores armerías del país, con la intención de sublevar a los esclavos negros. Él y sus hombres fueron capturados y juzgados por traición.

En la guerra Civil la ciudad tuvo bastante importancia como guardaespaldas de la cercana capital federal.

Cómo llegar

Bastante complicado. Sólo el **tren** llega hasta aquí: desde Washington DC la Amtrak tiene un tren diario, que sale a las 17 h, y regresa de **Harpers Ferry** a las 5 h 30. Los de la **MARC**, del estado de Maryland, que también salen de la washingtoniana Union Station, tienen sólo una frecuencia más. En cualquier caso, os tocará pasar noche en Harpers Ferry.

Autobuses? olvidaos del tema. Imposible. La **Greyhound** llega a Frederick (Maryland) y Winchester (en Virginia), que están a unas 20 millas. Hacer autostop está prohibido.

Así, lo mejor es el **coche**. La carretera que llega hasta aquí es la *Route 340W*.

La visita

El pueblo

Aunque la gente acude mayormente al reclamo del parque nacional, toda una cucada que sirve como límite para las dos Virginias, Maryland y Pennsylvannia, en la ciudad hay varios puntos de interés:

John Brown's Fort: Old Arsenal Square. La vieja armoría que el abolicionista asaltó, y donde fue hecho prisionero.

John Brown Monument: enfrente de la estación de ferrocarril, señala el lugar donde se levantaba el campamento.

John Brown Wax Museum: High St. Tel. (304) 535 63 42. Abierto todos los días de 10 h a 17 h. Entradas: 2$50. Aquí, en este modesto museo, se repasa toda la historia de Brown.

Harper House: la construcción más antigua, de 1782, decorada y amueblada al estilo de la época. Podéis ir subiendo por la escalinata que sale del final de la High Street.

El parque

Abierto todos los días de 8 h a 17 h. Tel. (304) 535 62 23. Entradas: vehículos 5$, visitantes 3$.

Creado en 1963, ocupa una extensión de sólo 2.300 acres, lo que es la confluencia de los ríos. Hay seis senderos acondicionados: el *African American History*, *Civil War*, *John Brown*, *Industry*, *Transportation*, y el de *Environmental History*. Hay bastantes edificios del siglo pasado diseminados por ahí, así como senderos que llevan fuera del recinto del parque.

Un par de sitios recomendables

Comfort Inn: US 340. Tel. (304) 535 63 91. Bastante sencillo. 50 habitaciones que tienen lo básico más una cafetera. Podéis lavar la ropa. Es la mejor opción -y la más cercana al parque- que váis a encontrar. Precio barato.

The Anvil: Washington St. Tel. (304) 535 25 82. Cierra los lunes. Aceptan tarjetas de crédito. En el centro del pueblo, es de largo el mejor sitio para comer, no hay apenas donde elegir. Muy bien decorado, en plan tradicional, la cocina es americana 100%, con unas hamburguesas casi cósmicas. Precio barato.

CHARLESTON

No es que sea muy interesante, pero no deja de ser la capital del estado, aunque apenas cuente con 60.000 habitantes. Se fundó en 1794.

Hay, con todo, sitios que merece la pena la visita. Por ejemplo un **cementerio indio**, en la D St&MacCorkle Avenue, en el sur de la ciudad; el **State Capitol**, en Kanawha Boluevard East (tel. 304/558 38 09. Abierto de lunes a viernes de 9 h a 16 h. No se cobra entrada), bastante impresionante para lo que es la ciudad. Está considerado como la obra maestra del arquitecto **Cass Gilbert**, y su cúpula se eleva sobre 70 metros. Exposiciones de arte y sobre la Guerra Civil pueden ser contempladas en **The Cultural Center** (Capitol Complex, Greenbrier & Washington Sts. Tel. 304/558 02 20. Abierto toda la semana de 9 h a 17 h. No se cobra entrada). La oficina de información turística (*Charleston Convention and Visitors Bureau*) se encuentra en 200 Civic Center Drive. Tels. (304) 344 50 75 y (800) 733 54 69.

Por si tenéis que hacer noche

Holiday Inn Downtown Charleston House: 600 Kanawha Boulevard. Tel. (304) 344 40 92. 256 habitaciones, restaurante y lavandería. Precio barato.

Hampton Inn Southridge: 1 Preferred Place, salida 58A de la Y-64. Tel. (304) 746 46 46. Motelillo con 104 habitaciones de construcción bastante reciente, con aparcamiento y lavandería. Precio barato.

LOS GRANDES LAGOS

Prácticamente mares, están asomados a ellos varios de los mayores puertos de agua dulce del mundo, tanto en Canadá como los Estados Unidos. Los núcleos urbanos de importancia se arraciman en las orillas, destacando Chicago, la ciudad del viento, Cleveland o Detroit. En esta región hay grandísimas zonas protegidas, con docenas de reservas indias que siguen viviendo según sus ancestrales costumbres. La producción de cereal abarca millones de hectáreas, recibiendo el nombre de Corn Belt; las grandes plantas automovilísticas de Illinois y Michigan, otrora fuente de empleos y dinero, cierran una detrás de otra, aquejadas por los altos costes y la elevadísima contaminación que acarrean. Démonos una vuelta...

MICHIGAN

Datos
> **Población:** 9.295.297 hab.
> **Punto más elevado:** Mt Arvon
> **Capital:** Lansing
> **Franja horaria:** Eastern Time, algunas zonas occidentales Central.

DETROIT

Os plantáis con vuestros ojos europeos nada más llegar; recorréis la ciudad (bueno, el conjunto de comunidades que conforman Detroit) en, pongamos por ejemplo, el autobús que cubre el trayecto entre el aeropuerto, y tendréis la lección perfecta de adonde puede ir a parar el mundo occidental: barrios abandonados, inseguros, destrozados; e incluso el centro, donde se concentran las oficinas, no presentan la actividad que cabría esperar. La razón hay que buscarla a finales de los años 60, cuando las factorías automovilísticas empezaron a cerrar en cadena, enviando al paro a decenas de miles de obreros. En 1967, se produjo el más catastrófico de los disturbios en suelo estadounidense: durante dos semanas, más de 40 muertos y 1.300 edificios destruidos que convierten el estallido de los Ángeles de hace unos años casi en un juego. Con el tejido industrial deterioradísimo, las familias que se lo puieron permitir emigraron de la ciudad, todo ello por el declive de la

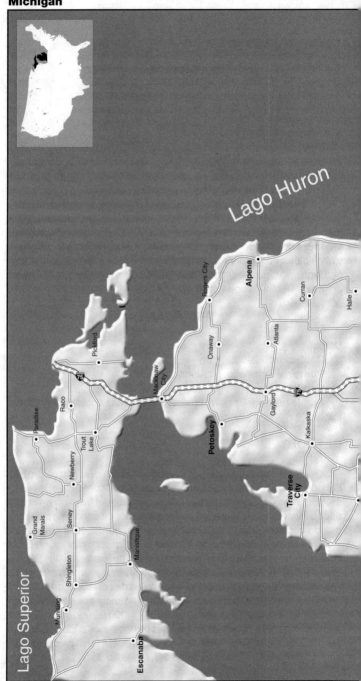

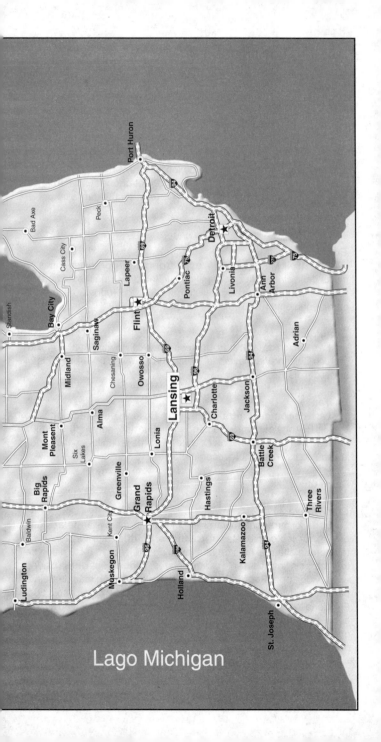

industria automovilística que da sobrenombre a la ciudad (Motown, la ciudad del motor) y una emigración casi en masa de la población blanca a los suburbios han dejado atrás una ciudad peligrosa como pocas, con un centro urbano deterioradísimo al que se está intentando rehabilitar con dispares resultados desde hace unos años, y una fracturadísima composición social de la población. Y es una pena, por que la ciudad que ha dado al mundo algunos de los mejores artistas de la música popular, y millones de esos coches de 7 x 2 metros que aún hace babear a media humanidad, merece mejor suerte. Y seguro que la tendrá.

Cómo llegar e irse

En avión

El **Detroit Metropolitan Wayne County Airport** está a unas 15 millas de la ciudad, lo que significa que tardaréis una media hora en llegar al centro de la ciudad, bien sea en taxi (unos 30$) o en la correspondiente *van* (14$).

En autobús

La estación de la **Greyhound** está en 1001 Howard Ave. Conexiones con Chicago vía Cleveland, Pittsburgh y Nueva York. Abierta las 24 horas del día.

En tren

La estación de **Amtrak** está 2601 Rose Avenue, en el mismo Detroit; hay otra a unos 15 kilómetros, cerquita del Henry Ford Museum, en Deaborn (16121 Michigan Avenue). En la de la capital, cuidado, que la zona no es en absoluto recomendable.

Datos útiles

Cómo moverse

Lo mejor para contemplar sin problemas las maravillas de la ciudad es agarrar las camionetas **Attractions Shuttle**, que funcionan en temporada alta (del mes de abril al de agosto) y cuyo pase diario de trayectos sin fin cuesta sólo cuatro dólares. Todo el centro de la ciudad es servido por el **People Mover**, un tren elevado con más de treinta paradas, muy artísticas ellas, y que resulta rápido y barato, sólo 50ç. Funciona toda la semana de 7 h a 0 h, los domingos de 12 h 30 a 20 h; éso sí, cuidado de noche. Los **autobuses públicos** conectan más mal que bien el downtown con los suburbios; el precio de cada trayecto es de 1$, cambio exacto.

En cuanto el taxi, la bajada de bandera es de 1$40, lo mismo que os van a cobrar por cada milla. Un par de compañías: City Cab (tel. 313/833 70 60) y Checker (tel. 313 963 70 00).

Información turística
   Metropolitan Detroit Convention and Visitors Bureau: 100 Renaissance Center, planta 18. Tel. 1 800 DETROIT. La más céntrica y mejor provista de información.
   Department of Public Information: 608 City County Bldg. Tel. (314) 224 37 55.
   Detroit Visitors and Information Center: Jefferson Ave. & Auditorium Dr.

Correos
   Oficina Principal: 1401 W. Fort St. Abierta de lunes a viernes de 8 h 30 a 17 h, y los sábados de 8 h a 13 h.

Seguridad
   Aunque de día no se vea demasiada gente, las calles del centro aledañas al Renaissance Center y el Lakefront son seguras. Fuera de ahí, mucho cuidado y extremad las precauciones. De noche, agarrad un taxi que os lleve a vuestro alojamiento, aunque sólo lo tengáis a 500 metros. Una zona especialmente complicada es el south Side.

La visita

El Civic Center o centro de la ciudad

   Cubre una extensión de unas cincuenta hectáreas en el centro de la ciudad asomado al lago. Es la base sobre la que se está intentando recuperar para la actividad humana esta aparte de Detroit, y la apuesta parece que les está saliendo bien. Probablemente la mejor manera de contemplar todo el tinglado sea subidos en el **Washington Boulevard Trolley**, un trolebús como los del siglo pasado que sale del Renaissance Center hasta llegar al Grand Circus Park. Algunos de los puntos más interesantes son el **Veteran's Memorial Building** (151 W. Jefferson Ave. Tel. 313/877 81 11), asentado sobre el lugar en que primero acamparon los colonos allá por 1701. El primer hito del Civic Center en ser terminado es un monumento a los caídos de la ciudad en diversas guerras, y el imponente águila de mármol que tenéis en el frente del edificio es obra de *Marshall Fredericks*; el **City County Building** (2 Woodward Avenue), una pareja de edificios modernos que albergan las dependencias municipales y estatales, y la estatua de bronce llamada Spirit of Detroit es obra también de Marshall; uno de los palacios de congresos mejores del mundo, el **Cobo Hall-Cobo Arena** (W. Jefferson Ave. & Washington Blvd.), con un no menos impresionante pabellón cubierto); la iglesia más antigua de la ciudad, la **Mariner's Church** (170 E. Jefferson Ave.), de piedra ella, y que aunque completada en 1849 se encontraba a unos 300 metros del lugar donde la estáis viendo: es que pensaron que, ya puestos, el Civic Center quedaría más guai con ella

Detroit

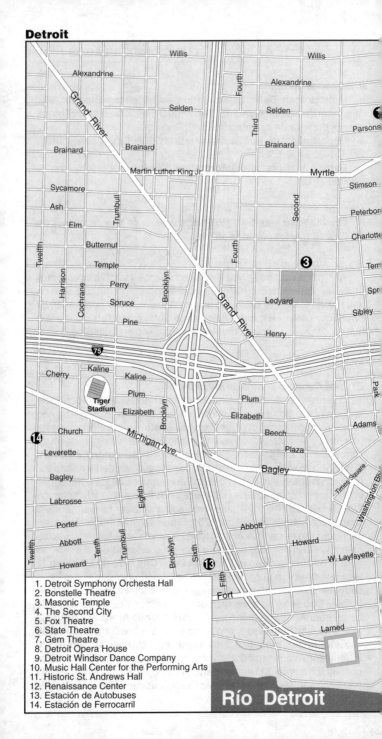

1. Detroit Symphony Orchesta Hall
2. Bonstelle Theatre
3. Masonic Temple
4. The Second City
5. Fox Theatre
6. State Theatre
7. Gem Theatre
8. Detroit Opera House
9. Detroit Windsor Dance Company
10. Music Hall Center for the Performing Arts
11. Historic St. Andrews Hall
12. Renaissance Center
13. Estación de Autobuses
14. Estación de Ferrocarril

Río Detroit

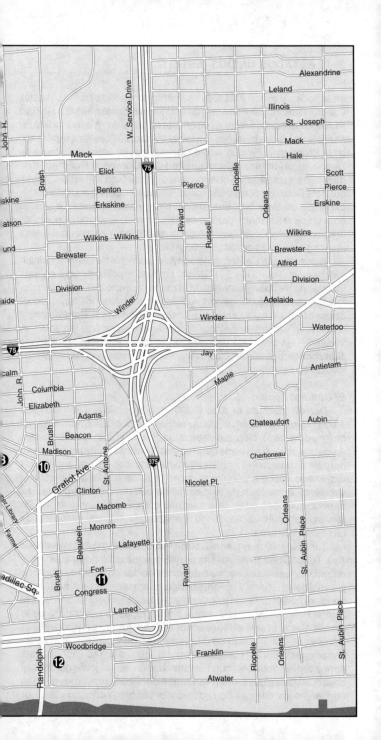

en el pack... y donde está toda esa gente comiendo perritos calientes y apurando los cigarrillos antes de entrar en la oficina no es si no la **Hart Plaza**, cuya bonita fuente es diseño de un tal *Isamu Noguchi* y lleva el nombre de los celebérrimos *Dodge*; el rascacielos que está al principio de la Woodward Avenue, uno de los más destacables del skyline de Detroit, es el **Michigan Consolidated Gas Company Building**. Y no muy lejos está el tunel que, pasando por debajo del lago Ontario, conecta Detroit con la ciudad canadiense de Windsor; además tenéis el parque de Bélle Isle, una isla entre Canada y los Estados Unidos convertido en el mejor parque del Detroit metropolitano, y punto de encuentro obligado en cuanto hace buen tiempo. Y ahora, unas líneas aparte para lo más destacable de la ciudad:

Renaissance Center: Jefferson Avenue, entre las calles Randolph y Jefferson. Tel. (313) 591 36 11. La piedra sobre la cual se está intentando recuperar para la vida humana el centro de Detroit. Espectacular, es un conjunto de seis edificios de cristal, donde hay de todo, desde tiendas y restaurantes a jardines e incluso un estanque bastante respetable. La terraza de rigor es bastante económica, tan sólo tres *verdes,* y las vistas no desmerecen al de otras torres. El llamado *Summmit* ocupa las tres últimas plantas del complejo, con el no menos inevitable restaurante.

El Cultural Center

Detroit Institute of Arts (5200 Woodward Ave. Tel. (313) 833 79 00. Abierto de miércoles a domingos. Se cobra entrada. El mejor museo del estado -bien que se encargan de recalcarlo las autoridades de Detroit, a ver si así viene más turismo. La verdad es que es el cuarto del país en cuanto a la amplitud de los fondos, con 130 salas para irlos exponiendo poco a poco, que no es cosa de embotar al personal: excelente la colección del Renacimiento italiano, lo mismo que las del barroco holandés o las de armaduras europeas medievales. Un no menos mural del mejicano Diego Rivera, Detroit Industry, es la señal de identidad del museo.

También está muy bien la **Detroit Public Library** (5201 Woodward Ave. Tel. 313/833 10 00. Abierta de miércoles a domingos. No se cobra entrada), impresioante edificio de corte neoclásico muy tradicional de mármol del estado de Vermont y donde, además de libros, hay galerías donde exponen obras de arte del artisteo local y un pequeño museo, el Burton Historical Museum, donde dan un repasillo a la historia de la ciudad. Cerquita está el **Museum of African-American History** (301 Douglas St. Tel. 313/833 98 00. Cerrado lunes y martes. Se aceptan donaciones), por si queréis echar un vistazo a las exposiciones permanentes que atestiguan la contribución de la gente de color al desarrollo de la ciudad, no en vano han sido históricamente los que han mantenido las fábricas de coches; y el también no menos de rigor

Children's Museum (67 E. Kirby Ave. Tel. 313/494 12 10. Cierra los fines de semana. No se cobra entrada), modesto pero donde los más peques se lo pasan de vicio en el planetario y con las cosas ésas que las tocas y empiezan a moverse -interactivas, las llaman.

Alojamiento

Hay algunos hoteles en el centro de la ciudad, muy convenientes y tal, de precio medio/alto. El problema es que el centro de Detroit es poco menos que un barrio fantasma y más que peligroso en cuanto anochece, así que lo mejor que podéis hacer es quedaros en algún establecimiento alejado unas cuantas millas. No os recomendamos el YMCA: en absoluto está mal, es únicamente que la ubicación amedrenta casi al más pintado. En serio. Y otra cosa: la factura de hotel lleva un suculento suplemento del 12% de cosa de los impuestos.

Shorecrest Motor Inn: 1316 E. Jefferson Ave. Tel. (313) 568 30 00 y 800 992 96 16. Motel de dos plantas en una zona que de día no reviste mayor problema, y céntrica, a apenas un par de manzanas del Renaissance Center. Con dos plantas, tiene 54 habitaciones sencillas, además de aparcamiento cubierto -muy recomendable- y un restaurante que, si bien nada del otro mundo, por lo menos os evitará el ir a buscar comida a según que horas. La opción más económica. Precio barato.

Holiday Inn: 5801 Southfield Service Drive. Tel. (313) 336 33 40. Al oeste del centro de la ciudad, pero muy bien conectado por el transporte público, que tiene la parada a unos cincuenta metros de la puerta del hotel. 347 habitaciones bastante amplias y con las comodidades de rigor. Los menores de 18 años acompañados de un adulto no pagan, lo que puede resulatar muy conveniente si váis una familia. Hay también un pequeño gimnasio, un restaurante que no está mal y un bar del que no puede decirse que sea la alegría de la huerta. Precio barato/medio; durante los fines de semana y en temporada baja, se estiran con las tarifas.

Westin Renaissance Center: Renaissance Center, Jefferson Ave. & Brush St. Tel. (313) 568 80 00. Gigantesco, ese es el adjetivo que mejor define este histórico hotel, uno de los establecimientos con más solera de todo el país. Tiene 73 plantas en las que s e reparten 1.400 habitaciones, bastante dispares, desde la sencilla en todos los aspectos a las suites que albergan a las grandes figuras del *show-bizz* cuando se dejan caer por la ciudad. Las instalaciones, a la altura -esto es un chiste fácil: centro comercial, restaurantes, bares, agencias bancarias y de alquiler de coches, gimnasios, piscina... adaptado para sillas de ruedas. Precio medio/alto, aunque en temporada baja y en lo más recio del invierno, pueden sorprenderos con precios pecaminosamente bajos -aunque la temperatura ronde los los -20ºC.

The River Place: 1000 River Place, en Rivertown. Tels. (313) 259 95 00 y 800 890 95 05. El mejor hotel de la ciudad, y aunque ya tiene bastantes años no se le notan en absoluto. Las cinco suites son de auténtico lujo, igual de desmayantes que las facturas que os presentarían. 108 habitaciones; además, aparcamiento cubierto, piscina cubierta, podéis jugar al tenis, y está adaptado para sillas de ruedas. El restaurante, entre los mejores de la ciudad. Precio medio/alto.

Doubletree Downtown: 333 E. Jefferson Ave. Tel. (313) 222 77 00. Buenísima ubicación en todo el centro de la ciudad, de precios parecidos al anterior, aunque con mucho menos encanto, por la cosa de que este es de una cadena interestatal. Además, está pensado casi exclusivamente para hombres de negocios y tal. Precio medio/alto.

Restaurantes

New Hellas: 583 Monroe St. Tel. 961 55 44. Abierto toda la semana hasta las 3 h. Se aceptan tarjetas de crédito. Muy buen figón típico griego, de los preferidos por la comunidad helénica. A destacar el mousaka, la baklava y el calamari. De noche, cierran la cocina -pero no la barra. Precio barato.

El Zócalo: 3400 Bagley, Mexican Town. Tel. (313) 841 37 00. Abierto toda la semana hasta las 2 h 30. Aceptan tarjetas de crédito. Decorado en plan azteca y demás, y con muy bien tino, es de lo mejorcito entre el mogollón de figones mejicanos que inundan el barrio. La cocina, de lo más tradicional (chiles rellenos, queso flambeado, chimichangas) con estupendos precios, raciones grandes y lo más importante, la calidad es muy alta. Por no hablar del bar, buena marcha y cierra tarde. Al salir, taxi al hotel, ¿eh? Precio barato.

Baron's Steakhouse: hotel The River Place. Tel. (313) 259 48 55. Cierra domingos por la noche. Se aceptan tarjetas de crédito. No se permite fumar. Accesible para sillas de ruedas. Bastante más barato de lo que podría induciros a pensar la decoración si lo véis desde el vestíbulo, buena prueba de ello es que las familias y no los clientes del hotel son los principales clientes. Carta tradicional (carnes, algo de marisco, repostería, ensaladas, pasta) y cuando el tiempo lo permita no perdonéis el cenar en la terraza. Estupendísima relación calidad/precio, que entra en la categoría de medio.

Tres Vite: 2203 Woodward Ave. Tel. (313) 964 41 44. Cierra los domingos. Aceptan tarjetas de crédito. En una zona tranquila del centro de la ciudad, una carta cuyas especialidades tienen cierto aire mediterráneo; los ingredientes empleados son de primera, y lo más destacable es el risotto y las pizzas, al horno de leña y convenientemente rehogadas con un chorrito de aceite de oliva. Las reservas son altamente recomendables, más que nada porque el restaurante ocupa un local del Fox Theatre, y el artisteo -en el mejor sentido de la palabra- suele tomarlo al asalto. Precio barato/medio.

Fishbone's Rhythm Kitchen Cafe: 400 Monroe St. Tel. (313) 965 46 00. Abierto toda la semana. Se aceptan tarjetas. Aparcamiento cubierto. Con un horario casi perpétuo (desde las 6 h 30, cuando apenas está clareando en verano), es de lo mejorcito que hay por estos souleros pagos. Cocina cajun pero que muy recomendable en una preciosa calle de Greektown, el barrio griego. Lo qué más predicamento tienen son las costillas ahumadas al bourbon, aunque la jambolaya tampoco está pero que nada mal. El brunch de los domingos, por sólo 14$, muy recomendable aunque el horario no sea muy conveniente - hasta las 12 h 30. De noche, la cosa se anima bastante, cierra a las dos de la mañana y raro es el fin de semana que no hay alguien tocando música del Delta. Precio medio.

Caucus Club: 150 W. Congress St. Tel. (313) 965 49 70. Cierra sábados y domingos. Se aceptan tarjetas de crédito. Acceso para sillas de ruedas. En el edificio Penob-Scot, uno de los clásicos de Detroit en lo de dar de comer. Que es casi una institución, vaya. La decoración está a tono con la solera, muy conservadora, y la carta lo es de especialidades de la cocina norteamericana más tradicional: chuletillas de cordero lechal, lenguado al estilo de Dover, steak tartare, y algunos estofados. Carta de vinos.

Qué hacer

Deportes profesionales

Uno de los motivos de orgullos de la gente de por aquí son sus equipos de Grandes Ligas, por más que Jay Leno no se harte de hacer chistes sobre los Tigers y su mala suerte. ¿Recordáis a los Bad Boys, a Thomas, Lambeer, Rodman, y compañía, que se llevaron un par de títulos de la NBA en los 80? Bien, pues los encargados de intentar rehacer la tradición juegan en el The Palace of Auburn Hills (2 Championship Drive. Tel. 810/377 01 00). En béisbol están los **Tigers** (Tiger Stadium. 2121 Trumbull Ave. Tel. 313/962 40 00)

Hay algunos **hipódromos**: **Ladbroke DRC** (28001 Schoolcraft, Livonia. Tel. 525 73 00); **Hazel Park Harness Raceway** (1650 E. Ten Mile, Hazel Park. Tel. (810) 398 10 00); **Northville Downs** (301 S. Center St., Northville. Tel. (810) 349 10 00).

Las bellas artes

La temporada de la **Detroit Symphony Orchestra** dura de septiembre a mayo, en el Orchestra Hall (3711 Woodward. Tel. 833 37 00); la **Michigan Opera Theater** en el Grand Circus Theatre (1526 Broadway. Tel. 874 SING).

Algunas *salas de teatro*: **Attic Theatre** (7339 Third Ave. Tel. 875 82 84), espectáculos del Off-Broadway; **Birmingham Theatre** (211 S. Woodward, Birmingham. Tel. (810) 644 35 33); **Fisher Theatre** (Second Ave. & Grand Boulevard. Tel. 872 10 00), obras clásicas de Broadway; **Gem Theatre** (58 Columbia St. Tel. 963 98 00), musicales y espectáculos infantiles; y el **Hilberry Classic** Theatre (4743 Cass St. Tel. 577 29 72), clásicos.

Festivales y eventos

El *International Auto Show*, en Combo Hall, durante el mes de enero; el *Detroit Grand Prix* (tel. (313) 393 77 49), una prueba de la Formula Indy que tiene lugar a principios de junio en Belle Isle. Junto con la ciudad fronteriza de Windsor se celebra el *International Freedom Festival*, de finales de junio a mediados de julio. Un buen festival musical es el *Montreux Detroit Jazz Festival* (Hart Plaza. Tel. 963 76 22). Para cerrar el verano, está la *Michigan State Fair*, para cerrar, el defile más popular y antiguo del estado desde 1926, el *Michigan Thanksgiving Day Parade*.

DEARBORN

Prácticamente parte del área metropolitana de Detroit (desde cuyo centro podéis acceder si tomáis los autobuses 200 y 250), esta ciudad de casi 100.000 habitantes es la cuna de uno de los grandes hombres del país, Henry Ford, que nació aquí en 1863. Como podréis imaginar, en torno a él gira el atractivo turístico. Tenéis su casa -por llamarlo de alguna forma-, la **Henry Ford Estate-Fair Lane** (4901 Evergreen Rd., en el campus de la University of Michigan-Dearborn. Tel. (313) 593 55 90. Abierto todos los días, escepto los sábados durante el invierno. Entradas: 12$50). A la mansión, construida en 1915 con un elevadísimo coste para la época y diseñada por el arquitecto William Van Tine, la rodean casi 40 hectáreas de terreno, en las que hay, por ejemplo una planta eléctrica que proporcionaba electricidad a la propiedad. En el interior de la vivienda, de corte casi minimalista, se conserva el mobiliario original. Otro hito relacionado con este barón de la industria automovilística es el **Henry Ford Museum and Greenfield Village** (20900 Oakwood Boulevard. Tel. 313/271 16 20. Abierto todo el año. Entradas: 12$50). Ya fuera de la población, el museo atesora modelos históricos de la marca, así como diversas muestras de maquinaria y exposiciones temporales; comparte terreno con el **Greenfield Village**, donde han reunido casi un centenar de edificios de todo el país de los siglos XVIII y XIX, todos ellos con algún componente histórico: que si el bufete donde Lincoln se fogueó, un laboratorio de Edison... es bastante interesante, y la entrada es válida para los dos lugares. Además, en el Village tenéis a lo largo del verano varias celebraciones, como puedan ser el *Colonial Life Festival* (a principios de julio), el *Old Car Festival* (un par de días a mediados de sptiembre) o *Fall Harvest Days* (tres días a principios de octubre).

Si os entrado hambre y no habéis tenido suficiente con la cómida rápida de los chiringuitos del Greenfield Village, acercáos al **The Grille** (en el hotel Ritz-Carlton, 300 Town Centre Drive. Cierra viernes y sábados al mediodía. Aceptan tarjetas de crédito), una pasada de bonito, con sus candelabros y sus cuadros del siglo pasado representando bucólicas escenas de la vida campestre, y donde por algo menos de 20$ os podéis inflar en el buffet de mediodía, con fuentes y más fuentes de platos tradicionales americanos, o sea, carne, carne y más carne, pastas y ensaladas; cuidáos de lo que bebéis, que ahí redondean la factura. Los domingos, el brunch es más caro, 30$, y encima hay más gente.

ANN HARBOR

Otra ciudad de corte universitario, tomada además por mogollón de empresas de alta tecnología y tal, lo que ha derivado en una más que envidiable calidad de vida, rayando en lo bucólico. Naturalmente, lo más interesante se concentra en el campus de la **University of Michigan**, una de las más grandes del país y cuyas instalaciones se desperdigan por toda la ciudad.

Cómo llegar

En autobús y en tren
La terminal de la **Greyhound** está en 116 W. Huron St., centriquísima. Buses diarios a Detroit y Chicago. Abierta de 8 h a 18 h 30. Si en tren, tenéis la **AMTRAK** en 325 Depot St., también sirve a Chicago y Detroit, también es céntrica y está abierta de 7 h a 22 h 30.

Datos útiles
Información turística: *Ann Arbor Convention and Visitors Bureau*. 120 W. Huron St. Tels. (313) 995 72 81 y (800) 888 94 87. Abierta de lunes a viernes de 8 h 30 a 17 h.

Transporte público: Los *AATA* funcionan los días laborables de 6 h 45 a 22 h 45, sábados y domingos de 8 h a 18 h 15. El precio del billete es de 75ç, cambio exacto.

La pequeña vuelta por Anne Arbor
En el centro de la ciudad se han conservado bastantes viviendas del siglo pasado, entre las que destaca la **Kempf House** (312 S. Division St.), donde, además de estar abierta al público, se exponen objetos relacionados con la historia de la ciudad. Lo más interesante, como ya os hemos comentado, son los museos y edificios de la Universidad. En todo el centro de Anne Arbor está el **Law Quadrangle** (S. University Ave. & S. State St), un pequeño conjunto de edificios de corte neogótico que le da bastante saborcillo a la cosa, por lo menos son bonitos; entre ellos merece la pena echar un vistazo al *Museum of*

Art, donde hay varias obras de impresionistas europeos, así como arte nativo; cerquita, no os perdáis el **Kelsey Museum of Ancient and Medieval Archaelogy** (434 S. State St. No se cobra entrada), que muestra restos de excavaciones *all around the world*, como decía la Stanfield, hay armaduras sajonas que dan hasta miedo; y en el sector norte del campus está el mayor orgullo de la ciudad, la **Gerarld R. Ford Presidential Library** (1000 Beal Avenue. No se cobra entrada), donde se guardan y muestran todos los documentos y libros que rodearon al vicepresidente que tenía Kennedy.

Dormir y comer

Red Roof Inn: 3621 Plymouth Rd. Tel. (313) 996 58 00. Este motel es bastante económico, aunque algo alejado del cogollo central. Las habitaciones son sobrias pero limpias y amplias.

Bella Ciao: 118 W. Liberty St. Tel. (313) 995 21 07. Abierto todos los días de 17 h 30 a 22 h. Aceptan tarjetas. Buena cocina italiana y algo de marisco a buenos precios.

JACKSON

La capital del condado del mismo nombre -que tiene más de 600 lagos- es punto obligado de peregrinación para más de un estadounidense. ¿Razón? Que aquí se fundó, en 1854, el Partido Republicano. Pero tiene interés de por sí, ya sea por el parque que han montado en la ribera del lago Clark, o por en **Michigan Space Center** (2111 Edmonds Rd. Tel. 517/787 44 25. Abierto toda la semana de 10 h a 18 h. Entradas: 8$), bastante bien equipado para estar en esta zona del país. Hay cápsulas de las misiones de la Nasa, rocas traídas de la Luna por el Apolo, satélites y vehículos lunares, amén de las exposiciones didácticas -que si porqué despegan los cohetes, o el tema de la gravedad. Además, hay zonas preparadas para que saquéis el bocata, por lo que la visita puede ser completa. A unos 20 kilómetros por la I-94 se encuentra el mayor parque del estado -entendiendo por parque lo mismo que nosotros-, el **Waterloo State Recreational Area**, casi 10.000 hectáreas en las que hay de todo para que la gente se divierta, desde campos de golf a playas, áreas para los pequeños, cámpings y lanchas. En otro que está más cerca pero por la misma carretera, el **Cascades Fall Park**, durante la última semana del mes de agosto se rememoran episodios de la Guerra Civil, con tal calidad que atraen a miles de visitantes de los cuatro confines del estado, además de por las pequeñas cascadas que le dan nombre.

Para dormir, una buena elección es el **Budgetel Inn** (2035 Service Drive. Tel. 616/789 60 00. Motelito de dos plantas donde casi todas las habitaciones tienen una pequeña nevera y cafetera. Además, hay restaurante. Precio barato.

GRAND RAPIDS

La segunda población en importancia del estado de Michigan, atrae sobre todo a pirados por el esquí, la caza y otras actividades relacionadas con la naturaleza, por lo que hay un montón de plazas hoteleras e infraestructuras -que si armerías, o tiendas de repustos de acampadas, negocios por el estilo. La ciudad en sí es bastante fea, apenas hay ninguna construcción anterior a mediados de nuestro siglo. El origen de Grand Rapids se remonta al siglo pasado, cuando se instalaron aquí varios puestos de intercambio comercial por los indios. La **estación de autobuses** está en 190 Wealthy St., con coches a Detroit, Ann Arbor y Chicago. Para los **ferrocarriles**, tenéis la **AMTRAK** ((Wealthy & Market Sts. Abierta sólo cuando va a pasar el tren), con un tren a Chicago.

Algunos sitios para ver

Como aquí nació Gerarld Ford, hay un museo dedicado a él, el **Gerarld R. Ford Museum** (303 Pearl St. NW. Tel. 616/451 92 90. Abierto todos los días excepto lunes de 9 h a 17 h. Entradas: 3$), exposiciones sobre los años de la Revolución, objetos personales y tal y una réplica exacta del Despacho Oval de la Casa Blanca, todo ello en honor del único presidente estadounidense convertido en tal por el asesinato de otro (era el vicepresidente). Hay un museíllo curioso, el **Van Andel Museum Center of Grand Rapids** (272 Pearl St. NW. Tel. 616/456 39 77. Abierto toda la semana excepto los lunes de 9 h a 17 h. Entradas: 5$), con una reproducción de una calle de Grand Rapids durante finales del siglo pasado, fósiles hallados en la zona, exposiciones inteavtivas para los pequeños, muebles de época, animales disecados... un poco de todo. A nosotros lo más interesante de aquí nos parece que es la **Meyer May House** (450 Madison St. SW. Tel. 616/246 48 21. Abierto los fines de semana de 10 h a 17 h. No se cobra entrada) una obra de los primeros años de Lloyd Wright, amueblada además con muebles diseñados por el artista.

Fuera de la ciudad hay buenas pistas de esquí, las de **Cannonsburg** (15 km de Grand Rapids por la US 31) y las de **Pando** (20 km por la comarcal MI-44), con todas las instalaciones de rigor.

Comer y dormir

Consecuentemente, con lo de las pistas, no será por falta de plazas hoteleras. Una buena y económica elección dentro de la ciudad es el **Days Inn** (310 Pearl St. Tel. 616/235 76 11), con bar y piscina incluída; las habitaciones son bastante amplias, *precio barato*. Más cerca de las pistas de esquí tenéis el **Swann Inn** (5182 Alpine Ave. NW. Tel. 616/ 784 12 24 y 800/875 79 26), motelito especializado en la cosa de albergar montañistas, teniendo restaurante, piscina cubierta y un animado bar. Precio barato.

Para comer tenéis, por ejemplo, un estupendo restaurante alemán, el **Schnitzelbank** (342 Jefferson Ave. Tel. 616/459 95 37. Cierra los domingos. Aceptan tarjetas de crédito), donde por poco dinero podréis degustar pollo a la brasa, sauerbraten o wienerschnitzel, aunque hay también carnes y pastas más al gusto yanqui. Y todo ello, en un marco con mucha madera de roble y recuerdos de la patria germana.

ISLE ROYALE NATIONAL PARK

Una auténtica pasada, es la mayor isla del lago Superior, y toda ella protegida para uso y disfrute de la ciudadanía. Con una extensión de casi 700 km², está más cerca de Canadá que del estado de Michigan. A la isla principal -donde no se permite la circulación de vehículos de motor, ni siquiera hay carreteras- la rodean otro par de centenares de islotes, poblados por mamíferos y aves, lobos y águilas blancas, lo que sumado inexistente población fija hace del parque uno de los principales destinos turísticos de los Grandes Lagos. Éso si, las infraestructuras casi brillan por su ausencia, pero es ahí donde está la gracia. A vuestra entera disposición hay mas de 250 kilómetros de senderos, en los que podéis ir en bicicleta.

La única manera de acceder a Isla Royale es por barco, que salen siempre que el lago no esté helado, de los puertos de Copper Harbor y Houghton -donde están las oficinas administrativas del parque, tel. (906) 482 09 84- en Michigan, o Grand Portage en el estado de Minnesota. Calculad seis horas de viaje por trayecto, con un precio que ronda los 80$. Si queréis acampar, lo único que deberéis hacer es solicitar permiso en cualquiera de los puestos de la Guardia Forestal que hay en el parque, sin ir más lejos en el puerto del ferry, donde además os darán información sobre escursiones guiadas u otras actividades. Sólo hay una especie de hotelillo regentado por los dueños de la única -y cara- tienda de la isla, pero las habitaciones las cobran con *tarifa de Ritz*.

OHIO

Población: 10.847.115 habitantes.
Punto más elevado: Campbell Hill, condado de Logan
Capital: Columbus.
Impuestos: 6,75%.
Franja horaria: Eastern

Historia
El primer europeo en explorar estos parajes fue el francés Lasalle, alrededor de 1669. Tanto franceses como ingleses reclamaron la propiedad de la tierra, que quedó en manos galas tras el apoyo de los

nativos en las Guerras Indias, hasta el ya a estas alturas celebérrimo Tratado de París, por el que el pabellón fue cambiado por la Union Jack La Northwest Ordinance de 1787 dividió todo el Territorio Noroeste de la América Británica, del cual el futuro estado de Ohio no era sino una división más. Colonos de Nueva Inglaterra y hombres de la Ohio Company fueron los que se asentaron en el valle de río Muskngum y fundaron Marietta, el primer asentamiento estable de la zona, que se desarrolló espectacularmente cuando el gobierno del nuevo país recompensó a centanares de vetaranos de guerra con inmensas parcelas de terreno; así, Ohio se convirtió en el decimoséptimo estado de la Unión el primero de marzo de 1803. Tras la Guerra Civil -donde más de 350.000 habitantes combatieron bajo la bandera de la Unión, las riquezas naturales y su estratégica ubicación, entre el lago Eire y el río Ohio, rápidamente hizo que llegara la industrialización. Lo que hoy véis es una mezcla muy afortunada, más de un siglo después, de núcleos urbanos muy industrializados junto a explotaciones agrícolas familiares, bosques y algunas de las mejores universidades del país.

CLEVELAND

Moses Cleaveland era un pionero que se dejó caer por aquí en los últimos años del siglo XVVIII con unos cuantos acólitos. Establecieron una colonia, y la malaria acabó con ellos, y no era más que un pueblito hasta que se inició la construcción del canal . En 1832 finalizó la obra, y atentos a la jugada, un tipo decidió fundar un periódico; pero como la palabra Cleaveland no le cabía en la página, decidió, así por las buenas, quitarle una A. Da que pensar dos cosas: que de nada te sirve fundar una ciudad, y que el cuarto poder no es un invento de nuestros mediatizados días.

Hoy Cleveland, recuperada de la crisis que sufrió durante la década de los sesenta y que llevó a un tercio de su población a mudarse a los suburbios, presenta una de las animadas escenas de esta parte del país, amén de una buena calidad de vida, a la que contribuyen sus más de 20.000 acres de parques y una imponente sucesión de instituciones culturales de primer orden mundial.

Cómo llegar

En avión

El **Cleveland Hopkins International Airport** se encuentra doce millas al suoeste del centro de la ciudad por la I-71. La carrera de taxi hasta el centro viene a salir por unos 20$; la *Greater Regional Transit Authority* (RTA) tiene servicio de tren hasta la estación de Tower City, en Public Square. El servicio funciona las 24 horas del día, con una frecuencia de un cuarto de hora los días laborables y de media hora los

Ohio

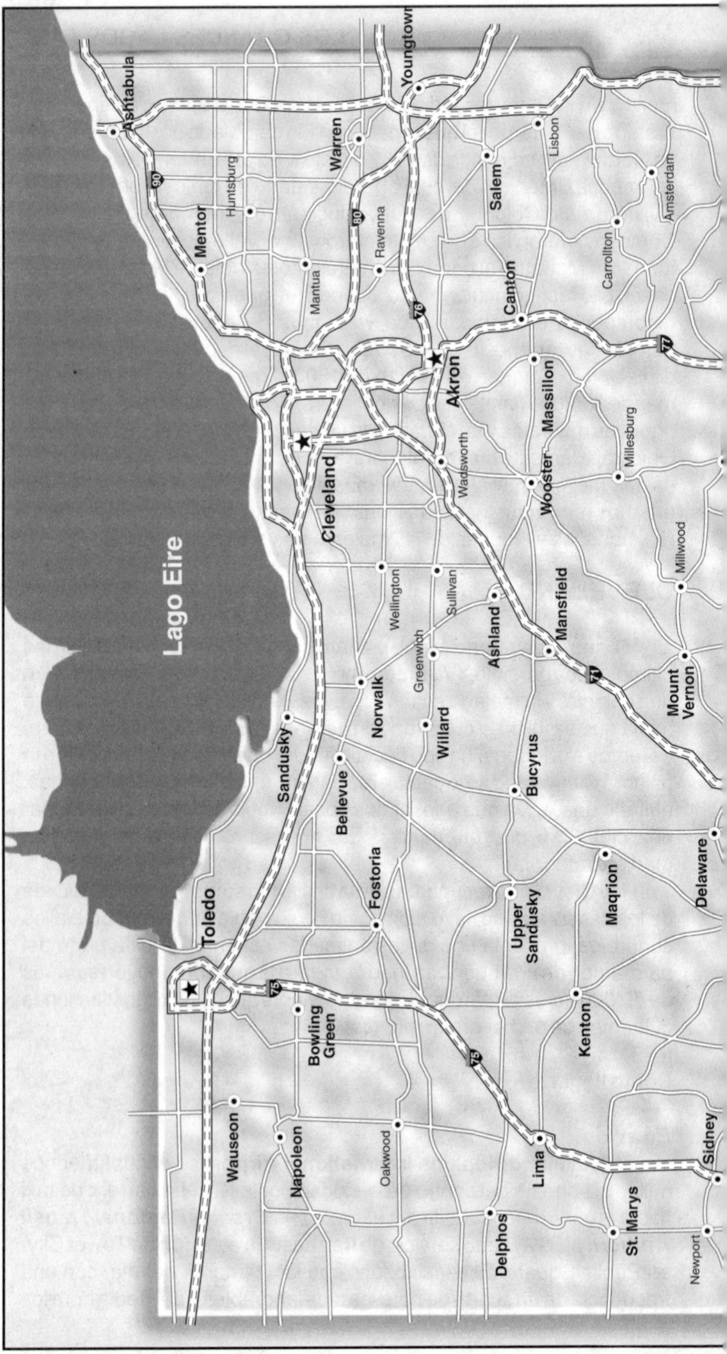

Lago Eire
Ashtabula
Huntsburg
Mentor
Mantua
Warren
Ravenna
Youngtown
Salem
Lisbon
Canton
Carrollton
Amsterdam
Akron
Cleveland
Massillon
Millesburg
Wadsworth
Wooster
Millwood
Wellington
Sullivan
Mansfield
Ashland
Greenwich
Norwalk
Mount Vernon
Sandusky
Willard
Bellevue
Bucyrus
Fostoria
Delaware
Maqrion
Upper Sandusky
Toledo
Bowling Green
Kenton
Wauseon
Napoleon
Oakwood
Lima
Sidney
Delphos
St. Marys
Newport
90
80
76
77
71
75

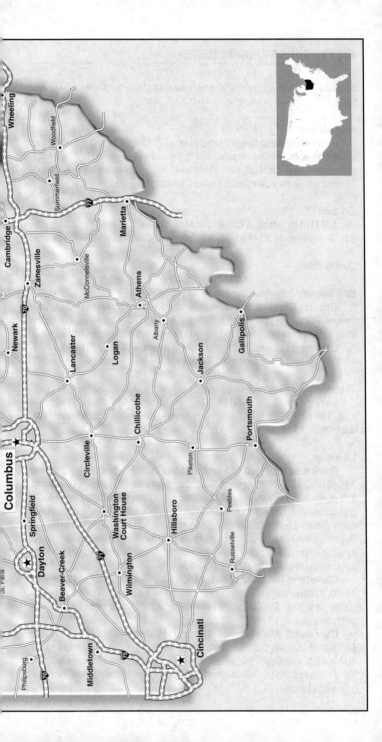

fines de semana. El precio del billete es de 1$50, y tarda cosa de media hora.

En autobús

La terminal de la **Greyhound** está en E. 15th St & Chester Avenue; una zona aunque desierta de noche, bastante tranquila. En las cercanías está el **bar de Moe**, casi calcado al que aparece en la serie de *Los Simpsons*. Rutas directas a Detroit, Chicago y Pittsburgh.

En tren

AMTRAK: 9th St. & Cleveland Memorial Shoreway. Tel. (216) 696 51 15. Abierta de 23 h a 15 h 30. Trenes a Chicago y Nueva York.

Datos útiles

Oficinas de información turística y Correos

Greater Cleveland Convention and Visitors Bureau: Terminal Tower, Public Square. Tels. (216) 621 41 10 y (800) 321 10 01. Abierto toda la semana de 9 h 30 a 17 h, los fines de semana de 11 h a 16 h.

Oficina de Correos: 2400 Orange Avenue. Tel. (216) 443 11 99. Abierta de lunes a viernes de 8 h a 19 h.

Transporte público

Servicio a cargo de la **RTA** (*Regional Transit Authority*), 315 Euclid Ave. Tel. (216) 566 50 74. Operativo todos los días de 5 h a 0 h. Precio del billete: 1$25, en el centro 50ç.

La visita

Rock and Roll Hall of Fame: North Coast Harbor, E. 9th St Pier. Tel. (216) 781 ROCK. Abierto toda la semana de 10 h a 19 h. Entradas: 15$. Lo más interesante de la ciudad, es bastante nuevo y se calcula que cada año recibe una media de tres millones de vistas; o sea, *cash, cash* y más *cash*. El sueño de todo mitómano hecho realidad, tenéis desde cualquier objeto imaginable de las grandes estrellas del rock a estudios de grabación, exposiciones y actuaciones en directo de artistas de todos los estilos y condición.

Cleveland Museum of Art: 11150 East Boulevard. Tel. (216) 421 73 40. Abierto toda la semana excepto los lunes de 10 h a 18 h. No se cobra entrada. Colecciones de arte precolombino, africano, o del antiguo Egipto.

Cleveland Museum of Natural History: University Circle. Tel. (216) 231 46 00. Abierto toda la semana excepto los lunes de 10 h a 18 h. Entradas: 5$. Muchos, muchos fósiles de dinosaurios, y la tienda hasta arriba de niños repelentes comprando cosas relacionadas con esos bichos...

Nasa Lewis Visitor Center: Brookpark Rd. En el aeropuerto. Tel. (216) 433 20 01. abierto todos los días de 10 h a 17 h. No se cobra entrada. Aquí tienen expuestos al público una lanzadera espacial, trajes de astronautas y una cápsula del mítico Apolo. Interesante.

Para dormir

Además de ser bastante caros los hoteles del centro, sumadle a la cuenta la bonita cifra del 14'5% de impuestos y tendréis una clavada de las que hacen época. Además, estos hoteles del centro son pocos y exclusivos: el Marriot o el Ritz, por poneros un par de ejemplos. Así, el tema del dormir se puede antojar, como poco, algo complicado. Os recomendamos el **Holiday Inn Lakeside** (tel. 216/ 241 51 00, en 1111 Lakeside Avenue), precio barato, cerca del Rock & Roll Hall of Fame, y el **Comfort Inn** (1800 Euclid Ave. Tel. 215/ 861 00 01) algo alejado del centro pero bien comunicado, precio barato.

Por si acaso, la compañía **Private Lodgins** (tel. 216/321 32 13) puede apañaros una habitación en un *bed&breakfast* por unos 40$, pero no contéis conque sea muy céntrico.

Algunos restaurantes

New York Spaghetti House: 2173 E. 9th St. Tel. (216) 696 66 24. Cierra domingos al mediodía. Aceptan tarjetas de crédito. En este despoblado centro de la ciudad, de los mejores sitios, como demuestran las pizzas y las pastas al más genuino. Precio barato.

Morton's of Chicago: 1600 W. 2nd St. Tel. (216) 621 62 00. Abierto toda la semana. Aceptan tarjetas de crédito. La sucursal tiene los estándares medios de la cadena: inabarcables carnes a la parrilla a precios asequibles. Precio barato/medio.

Alvie's: 2033 Ontario St. Tel. (216) 771 53 22. Cierra los domingos. No aceptan tarjetas de crédito. Estupendo local de los de toda la vida, sencillo y sin más pretensiones que poneros unos desayunos para reventar por apenas tres machacantes. Recomendabilísimo. Precio barato.

CINCINNATI

Llamada durante el siglo pasado la Reina del Oeste, hogar de dos universidades y con cierta querencia por la bohemia, al menos en el barrio de Mt Adams, es Cincinnatti una de las ciudades más apacibles de la región de los Grandes Lagos. Su fundación data de 1790, cuando el nombre actual sustituyó al de Losanville que ostentaba hasta entonces, cuando un grupo de colonos eligieron para establecerse la confluencia del río Ohio con un afluente. Durante los primeros años del siglo pasado, fue el destino de miles de emigrantes alemanes, como en el resto del estado, y su momento de mayor esplendor le llegó en los años anteriores a la Guerra Civil, cuando se convirtió en punto de distribución del algodón del Sur rumbo a Chicago y los asentamientos del Lejano Oeste. Hoy, cuenta con buenos restauarntes, un downtown recuperado para la causa y un buen gusto y afluencia por las artes y la cultura.

Cómo llegar

Bastante bien comunicada. Pasan por Cincinatti unas cuantas interestatales (I-71, I-74 e I-75); hay aeropuerto internacional (*Cincinatti&Nothern Kentucky International Airport*) a apenas 20 km, pero ya en el estado de Kentucky. Llega el *Amtrak* (Union Terminal. 1301 Western Avenue. Abierta las 24 h del día), y la terminal de la *Greyhound* la tenéis en 1005 Gilbert Ave.

Cincinnati

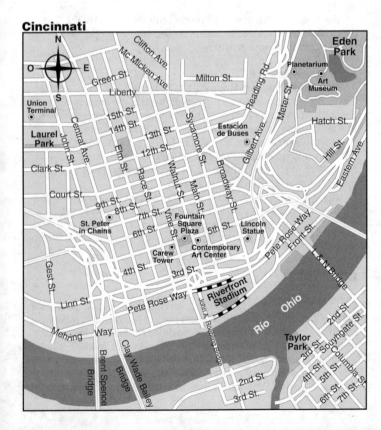

Oficinas de información turística

Greater Cincinatti Convention and Visitors Bureau: 300 W. 6th St. Abierto de lunes a viernes de 8 h a 17 h. Hay otro abierto durante los fines de semana en Fountain Square (Vine & 5th sts).

La visita

El centro de la ciudad no reviste mayor complicación para ser visitado y disfrutado, esto es, que es bastante compacto para patear. El *downtown* está limitado por el río Ohio, las interestatales 71 y 75 y la Central Parkway; y el vecindario con más saborcillo, *Mt Adams*, lo tenéis entre Eden Park, la Columbia Parkway, y las interstatales 71 y 471. El corazón de Cincinatti es la *Fountain Square Plaza*, cuya fuente, fundida en Alemania, homenajea al agua; en verano, no hay más que turistas tomando fotos, puestos de perritos calientes y calesas. Otro sitio bueno donde hay lanchas de pedales para que déis una vuelta por el río Ohio está enfrente del Riverfront Stadium, *Public Landing*, donde se levantó la primera cabaña de lo que sería Cincinatti, allá por el XVIII. Pero lo que no podéis dejar de ver es el barrio de *Mt Adams*, al que los habitantes de la ciudad llaman *Our Montmartre*, por aquello de que conserva el plano original de las calles, bastantes viviendas restauradas del siglo pasado, y los consabidos restaurantes más o menos chic y tiendas de antiguedades; puede parecer algo visto, pero por lo menos tiene sabor, y además que es bonito, qué demonios.

Union Terminal: 1301 Western Avenue. Una de las estaciones más bellas del país, con sus mármoles italianos y el vestíbulo coronado por una soberbia cúpula. Hay un par de museos interesantes, el *Cincinnati Historical Society*, donde se repasa la historia de la ciudad, y el *Museum of Natural History*, con muestras de la fauna y la flora del estado de Ohio. En ambos, la entrada es gratuita.

Otros museos interesantes son el **Children's Museum of Cincinatti** (Eden Park, en Gilbert Avenue. Tel. 513/421 54 37. Abierto toda la semana excepto los lunes de 10 h a 18 h. Entradas: 10$ adultos, 8$ menores de 12 años), pensado exclusivamente para los niños, si no puede resultar hasta aburrido; el parque en el que está es bastante bonito y bien cuidado, con mesas para merendar y alquileres de bicis o barcas. El que si os va a gustar es el **Cincinatti Fire Museum** (315 W. Court St. Tel. 513/621 55 53. Mismo horario que el anterior. Entradas: 6$), donde en un apropiadísimo marco, un cuartel de bomberos de principios de siglo, tienen como si los hubieran comprado ayer unos camiones de los años 40, o material que ya empleaban los voluntarios recién fundada la ciudad. En el **Contemporary Arts Center** (115 E. 5th St. Tel. 513/721 03 90. Abierto toda la semana de 10 h a 18 h. Entradas: 4$) organizan expo-siciones de artistas de la zona.

Si queréis contemplar la ciudad desde 48 plantas de altura, subid al observatorio de la **Carew Tower** (5th & Vine Sts. Cierra los lunes. Entradas: 3$), el edificio más alto de Cincinatti.

Y ya saliendo de la ciudad pero muy cerquita, en el **Sharon Woods Park** (por la I-75 en sentido norte, debéis tomar la salida de la US 42. Abierto de mayo a septiembre) hay un conjunto de edificios originales del siglo pasado, totalmente restaurados que recrean la vida en el estado en aquellos años. Otra construcción curiosa es el **Historic Loveland Castle** (12025 Shore Drive. Tel. 513/683 46 86. Abierto los fines de semana), un castillo de piedra calcado a los que pueblan Europa Central

Alojamientos

Precio barato

Cross Country Inn: 4004 Williams Drive, en la salida 65 de la I-275. Tel. (513) 528 77 02. La opción más económica de todo Cincinatti. Las habitaciones, algo austeras, pero amplias y limpias. Tiene piscina.

Red Roof Inn: 11345 Chester Road, salida 15 de la I-75. Tel. (513) 771 51 41. En este área de descanso de la I-75 tenéis unos cuantos moteles de carretera, todos más o menos parecidos, pero este es el más barato. 108 habitaciones curiosas.

Precio medio

Vernom Manor: 400 Oak St. Tels. (513) 281 33 00 y (800) 543 39 99. Al norte del downtown, el no pertenecer a una gran cadena le da un sabor especial o, por lo menos, más personalizado. Las 173 habitaciones están bien decoradas, en tonos pastel y con mobiliario de madera de roble; el brunch del restaurante está bastante bien. Entre las instalaciones, sala de lavadoras, aparcamiento cubierto y bar, que cierra tarde. Las habitaciones tipo estudio -a medio camino entre las dobles y las suites- son las que guardan una mejor relación calidad/precio.

Precio alto

Cincinattian: 601 Vine St. Tels. (513) 381 30 00 y (800) 332 20 20. Uno de los hoteles históricos del país, no en vano lleva funcionando desde 1882, lo que le convierte en uno de los más antiguos. Conserva bastante bien ése sabor de suave decadencia tan apreciado por aquí, con un servicio realmente atento y una hora del té que es prácticamente un acto social, un escaparate en el que podéis participar aunque no estéis alojados. Muy céntrico, las más de 140 habitaciones están decoradas en consonancia con el abolengo del establecimiento; las suites más lujosas, con una factura que sube a los 1.500$ por noche, son ya de caerse de espaldas. Las instalaciones tampoco se quedan atrás; el restaurante, The Palace, es punto de encuentro para la Beatiful People de la ciudad. Ah, los fines de semana tienen ofertas especiales: pagáis una noche, os quedáis dos.

Restaurantes

Precio barato

Pettersen's: 1111 St. Gregory St. Tel. (513) 651 47 77. Cierra los domingos. Aceptan tarjetas de crédito. En el barrio de Mt. Adamas, es un sitio pequeño pero con bastante saborcillo. La cocina, sin complicaciones: pastas, ensaladas, sandwiches y alguna especialidad mexicana de las más conocidas (burritos, tacos, nachos, guacamole).

Montgomery Inn: 9440 Montgomery Road. Tel. (513) 791 34 82. Abierto toda la semana. Aceptan tarjetas de crédito. Establecimiento familiar, honrado y sencillo. Destacan los platos de pollo (buffalo wings) y las costillas a la barbacoa.

Adrica's: 934 Hatcht St. Tel. (513) 721 53 29. Cerrado al mediodía. Aceptan tarjetas de crédito. En el barrio de Mt. Adams, bonita terraza para el verano y buena cocina italiana: lasgana, pizzas, calzone...

Precio medio

The Precint: 311 Delta Avenue. Tel. (513) 321 54 54. Abierto toda la semana. Aceptan tarjetas de crédito. No se permite fumar. Nombre apropiadísimo, pues el restaurante ocupa lo que a finales del siglo pasado era una comisaría. La carta es sencilla: marisco y carnes, filetones de ésos inabarcables más concretamente. La barra de bar es bastante animada los fines de semana, cuando además cierra tarde (a las 3 h).

The Phoenix: 812 Race St. Tel. (513) 721 22 55. Cierra domingos y lunes, resto de la semana abre a las 17 h. Se aceptan tarjetas de crédito. No se permite fumar. Espectacular: nada más entrar os da la bienvenida una librería que lleva sin moverse de ahí desde que se construyó el edificio a finales del siglo pasado. Luego están las vidrieras, también de la misma época, y que son de artesanos de la Selva Negra alemana. Y mármol, mucho mármol. El servicio es casi exquisito, lo mismo que la comida: marisco, pasta, carnes y sobre todo cordero. Los sábados por la noche, bastante romántico, por el pianista.

Precio alto

Maisonette: 114 E. 6th St. Tel. (513) 721 22 60. Cierra sábados al mediodía y domingos. Aceptan tarjetas de crédito. No se permite fumar, y se exige chaqueta. Uno de los contados lugares de los Grandes Lagos al que acude la gente como si fueran peregrinos a Lourdes, pues no en vano está considerado por la crítica especializada como uno de los mejores restaurantes del país. El restaurante en sí tiene tres comedores decorados en tono pastel, de los que cuelgan decenas de obras de arte de artistas de la ciudad; donde también hay arte es en la cocina, de la mano del francés Jean Robert de Cavel, que agasaja a la concurrencia con escalopes de foie-gras, por ejemplo, o la cocina francesa más tradicional y que tiene siempre como ingredientes a los productos de temporada. La carta de vinos es buenísima, predominan los caldos franceses muy por encima de los californianos; y no os asustéis, que la factura no es ni con mucho elevada, el plato más caro no llega a los 35$, un precio bastante bajo dada la calidad. Recomen-dabilísimo, aunque lo de la reserva es prácticamente imprescindible.

The Palace: hotel Cincinnatian, 601 Vine St. Tel. (513) 381 60 06. Abierto toda la semana. Se aceptan tarjetas de crédito. Imprescindible vestir chaqueta y corbata. Es super-elegante, con sus paredes de madera de cerezo, sus lámparas en las mesas, su pianista desgranando standards de Porter o Berling... y todos los comensales de chaqueta y corbata, por supuestísimo. En la carta, mariscos, carnes todo muy tradicional. El bruchn de los domingos (de 10 h 30 a 14 h 30).

Cosas que hacer en Cincinatti si estás vivo

Deportes profesionales

Hay dos equipos de grandes ligas en Cincinatti. En béisbol, los **Cincinatti Reds**; en fútbol americano, los **Cincinatti Bengals**. Ambos juegan en el *Riverfront Stadium*

Festivales

En los festivales, hay cuatro que se llevan especialmente la palma:

- **May Festival.** El festival de canto más antiguo de toda la nación tiene lugar durante los dos últimos fines de semana del mes de mayo en el Cincinatti Music Hall (1241 Elm St. Tel. 513/381 33 00). Acuden grupos corales de toda Norteamérica.

- **Riverfront Stadium Festival:** como el Música en Las Ventas madrileño, ésto es, primeros nombres del soul y el rhythm&blues en el Riverfront Stadium. En la segunda quincena del mes de julio.

- **Riverfest:** una especie de fiestas patronales, en el que hay de todo un poco (actuaciones, representaciones teatrales, actividades naúticas, castillos de fuegos artificiales) en los parques de la ciudad. Los puentes del Labor Day (segunda semana del mes de septiembre).

- **Oktoberfest-Zinzinatti:** en el downtown, una fiesta alemana con todas las de la ley: degustaciones masivas de cerveza, grupos folk y salchichas, muchas salchichas. A mediados de septiembre.

Las Bellas Artes

En el *Cincinatti Music Hall* (1241 Elm St. Tel. 513/381 33 00) tienen su sede la **Cincinatti Symphony Orchestra**, cuya temporada transcurre de mayo a octubre, y la **Cincinatti Opera**, la segunda compañía más antigua de los Estados Unidos, y cuyo grueso de producción se concentra en los meses de junio y julio, aunque hacen algún que otro montaje el resto del año. También el el Music Hall representa el **Cincinatti Ballet** su versión de El Cascanueces durante el mes de diciembre, aunque sus cinco montajes anuales los llevan a cabo en el *Aronoff Center* (1216 Central Parkway. Tel. 513/621 52 19).

MASON

Es una ciudad pequeñita cerca de Cincinatti, pero que en cosa de cinco años se ha convertido en uno de los mayores puntos receptores de turismo del estado por dos montajes: el *Paramount Kings Island* (King Mills Road. Abierto de mayo a septiembre. Entradas: 35$ adultos, 25$ niños menores de 12 años), un recinto de más de 100 hectáreas a mayor gloria de las producciones cinematográficas de la Paramount, caso de Top Gun o los films de Indiana Jones; o un campo de golf diseñado por Jack Nicklaus, el *Golf Center at Kings Island*. No es que ninguno de estos dos sitios sean de los que va buscando un trotamundos, pero quién sabe. Prácticamente desde cualquier hotel del estado es posible llegar hasta aquí, en plan excursión guiada. Vosostros mismos.

COLUMBUS

Su fundación se remonta a 1812, cuando se decidió ubicar aquí la capital del estado. En 1850 llegó el ferrocarril, lo que acabó de disparar su crecimiento. Hoy, la ciudad es grande, la ciudad es importante y el escenario elegido por casi todas las compañías de comida rápida para probar sus productos, por lo variado de su composición demográfica, y en ella tienen sus oficinas centrales bastantes empesas de últimas tecnologías.

Cómo llegar

Columbus es cruzada por dos interestatales, la I-70 y la I-71. Hay aeropuerto internacional a doce kilómetros del centro, el *Port Columbus International Airport*; la carrera de taxi se sitúa alrededor de los 15$, la van cuesta sólo 7$; y en cuanto al autobús, la terminal de la *Greyhound* la tenéis en 111 E. Town St, bastante céntrica. Rutas directas a Chicago, Cleveland y Cincinatti

Cómo moverse y orientación

La empresa municipal de transportes (**COTA**), que sirve tanto a Columbus como a los suburbios, tiene el siguiente horario: días laborables, de 5 h 30 a 23 h 45, sábados de 6 h a 22 h, domingos

Columbus

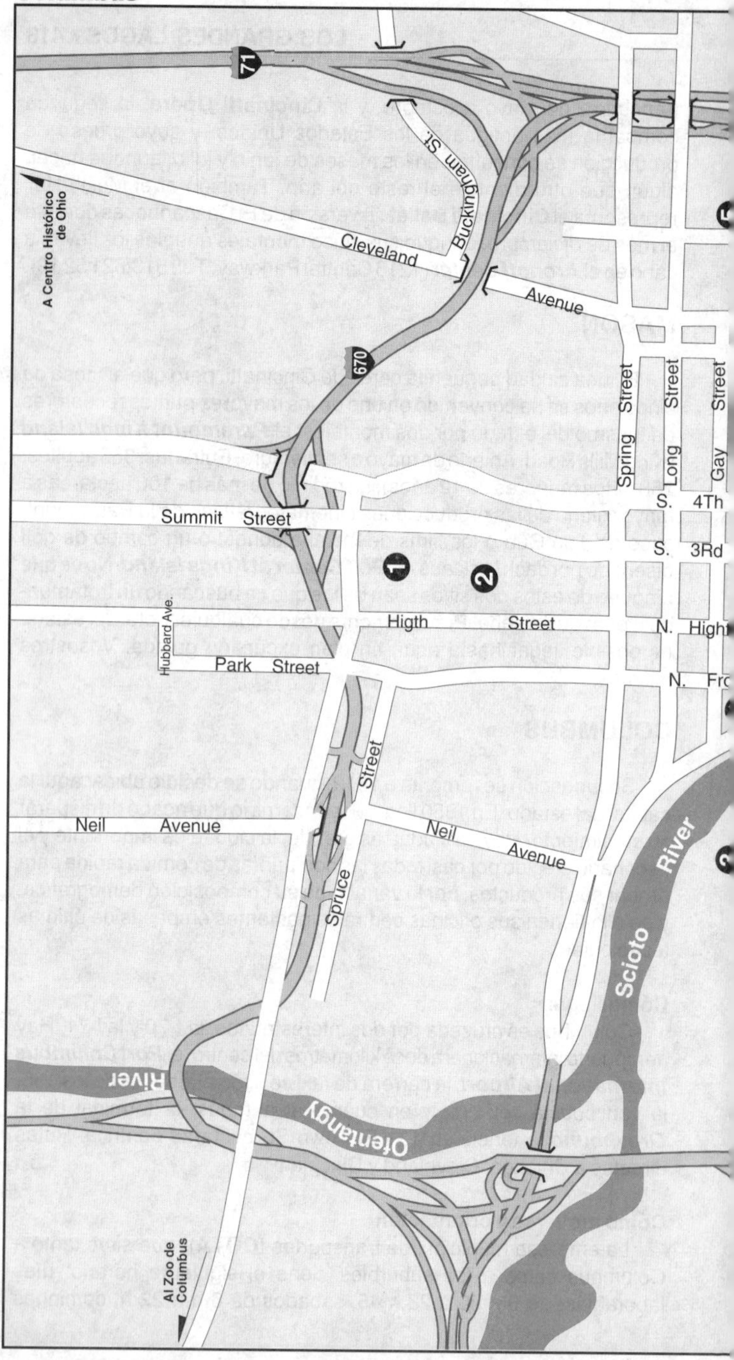

A Centro Histórico de Ohio

Cleveland

Avenue

Buckingham St.

71

670

Spring Street

Long Street

Gay Street

S. 4Th

S. 3Rd

N. High

N. Fro

Summit Street

Higth Street

Park Street

Hubbard Ave.

Neil Avenue

Neil Avenue

Spruce Street

Street

Scioto River

Olentangy River

Al Zoo de Columbus

❶

❷

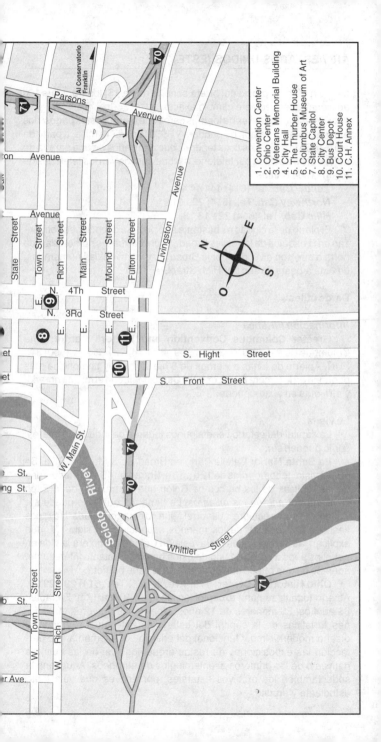

1. Convention Center
2. Ohio Center
3. Veterans Memorial Building
4. City Hall
5. The Thurber House
6. Columbus Museum of Art
7. State Capitol
8. City Center
9. Bus Depot
10. Court House
11. C.H. Annex

de 8 h a 19 h. El precio del billete sencillo es de 1$, los *transfers* 10ç adicionales; se requiere cambio exacto.

El servicio de **taxi** es de los más caros que hay por estos pagos: dos machacantes la bajada de bandera y 3$50 la primera milla, a partir de ahí a 1$50 la milla. Los taxis tendréis que agarrarlos en una parada de hotel o si no pedirlos por teléfono, así que aquí os van los teléfonos de algunas compañías:

Yellow Cab: tel. (614) 444 44 44.

Northway Cab: Tel. (614) 299 11 91.

Hills Cab: Tel. (614) 221 13 13.

El plano de la ciudad es bastante sencillo: las direcciones comienzan en la esquina de las calles Broad y High. Las calles numeradas, de norte a sur, son divididas por la Broad St, y las avenidas numeradas, de este a oeste, lo son por High Street.

Datos útiles

Información turística

Greater Columbus Convention and Visitors Centre: One Columbus Building, 10 W. Broad St. Tels. (614) 221 66 23 y (800) 345 FUN. Abierta de lunes a viernes de 8 h a 17 h. Hay una oficina más pequeña en la tercera planta del City Center Mall, con el mismo horario, y otra más en el aeropuerto.

La visita

La capital del estado tiene algunos lugares de indudable interés, como pueden ser:

La Santa María: Batelle Park, en Broad St. & Marconi Blvd. Se puede vistar todos los días de 12 h a 18 h. Entradas: 4$. Aquí tenéis una de las réplicas de los barcos de Colón que se trajeron de la Expo sevillana del *año de los milagros*. La pena, es que sólo puede ser visitada de abril a octubre, cuando el agua no está congelada. Hay tipos vestidos a la usanza de los marinos españoles del siglo XV, que explican las peripecias de la travesía de Colón y cómo era la vida en aquellos años a bordo de uno de estos barcos. Bastante interesante, además de que puede que os despierte la vena patriota.

Ohio Historical Center: 17th Ave. at I-71. Tel. (614) 297 23 00. Abierto toda la semana exceptol los lunes de 10 h a 17 h. Entradas: 6$ adultos, 3$ menores de 12 años. Una de las mayores atracciones turísticas de la capital del estado es este museo, donde el diseño modernísimo y funcional del edificio complementa a la perfección las exposiciones de restos arqueológicos, de las culturas nativas o de los primeros asentamientos de europeos. Aquí tiene la sede también los archivos estatales, por éso es que véis tanto estudiante y erudito.

Columbus Museum of Art: 480 E. Broad St. Tel. (614) 221 68 01. Abierto toda la semana excepto los lunes de 11 h a 16 h. No se cobra entrada. Lo más destacable son los fondos de arte precolombino, y las muestras de arte europeo, aunque no muy amplias, están bien. Con todo, lo que más tienen son obras de artistas norteamericanos del siglo pasado. Pero, como es gratis, todo vale.

Sin salir del centro de la ciudad, tenéis el **City Hall** (N. Front , W. Gay, W. Broad Sts. & Marconi Blvd), toda una manzana la que ocupa este ayuntamiento de corte neoclásico; un cementerio donde están enterrados los prisioneros de la Confederación que fueron recluídos durante la Guerra Civil, el **Camp Chase Confederate Cementery** (Sullivant Ave., entre Binns Boulevard y Powell Avenue); y si queréis tomar algunas fotografías de la ciudad, subid a la planta 40 del *State Office Tower*, enfrente del **Ohio State Capitol** (High, Broad, Satte & 3rd sts.), imponente sede gubernamental de rigor de corte neoclásico con un interesante conjunto escultórico de Levi T. Scolfield en una de sus esquinas, representa un grupo de soldados esculpidos en bronce.

Y cerca de la ciudad...

... tenéis el **German Village** (salida 100B de la I-71 S), una de las atracciones turísticas más importantes de Columbus, son estas 50 hectáreas de comercios, restaurantes, casas... que se ubican en el lugar en el que estuvo un asentamiento de alemanes allá por 1850. En verano tienen lugar festivales en los que los colombinos se ponen hasta arriba de cerveza y salchichas de ésas que pesan medio kilo cada una; las **Olentagangy Indian Caverns** (6 millas al norte de la confluencia de la I-270 y la US 23. Abierto todos los días de 9 h 30 a 17 h, del mes de abril al de octubre. Entradas: 6$50), unas grutas que estuvieron habitadas por los indios y donde hay un pequeño museo.

Alojamiento

Precio barato

Cross Country Inn - North: 4875 Sinclair Rd. Tel. (614) 431 36 70. Entre todos, este es el más económico. El motel tiene 136 habitaciones sencillas pero espaciosas; sólo piscina entre las instalaciones.

Fairfield Inn by Marriot: 887 Morse Rd. Tel. (614) 262 40 00. Muy barato también y parecido al anterior, dependiendo de vuestra habilidad las tarifas en temporada baja pueden estarlo tanto como la temperatura. Al lado hay un restaurante que no está mal, así que entre éso y el desayuno continental incluído en la minuta, ya tenéis resuelto el tema de la comida.

Ramada University: 3110 Olentangy River Rd. Tel. (614) 267 74 61. Las suites son una pasada de baratas, con su cocinita y todo; las habitaciones son más sencillas, pero durante todo el año son bien baratas. Piscina y restaurante.

Precio medio

Holiday Inn City Center: 175 E. Town St. Tel. (614) 221 32 81. Estupendamente situado, y recientemente reformado, de todos los establecimientos de la cadena en Columbus y alrededores este es el más recomendable. 245 habitaciones en uno de los edificios más altos de la ciudad; además hay bar que cierra a medianoche, restaurante, servicio gratuito de transporte al aeropuerto y algunas habitaciones adaptadas para discapacitados. En temporada baja, las tarifas entran dentro de la categoría de *precio barato*.

Restaurantes

Precio barato

Cooker Bar & Grille: 6193 Cleveland Ave. (614) 899 70 00. Abierto toda la semana. Se aceptan tarjetas de crédito. Uno de esos sitios honrados, frecuentado por parroquianos y donde la carta, aunque no es muy variada, saciará holgadamente vuestros apetitos: costillas, pastel de carne, algo de pescado a la parrilla. El bar cierra bastante pronto, pero el alcohol es barato, y montan bastantes promociones de ésas de dos cervezas de alguna marca determinada por un par de pavos.

K2U: 641 N. High St. Tel. (614) 461 47 66. Cierra los domingos. Aceptan tarjetas de crédito. Decorado en plan bistró, y también con barra de bar, aquí la comida es aún más típica y rápida: sandwiches, hamburguesas y ensaladas.

A la Carte: 2333 N. High St. Tel. (614) 294 67 83. Cierra los domingos. Aceptan tarjetas de crédito. Pequeño y normalmente hasta arriba, es luminoso, bien decorado, muy bonito y la calidad de la cocina realmente alta. La cosa va de platos mediterráneos (cordero, pastas, marisco) en la vertiente Italia+especias+aceite de oliva; y algunos vinos, que tampoco faltan.

Old Mohawk: 821 Mohawk St. Tel. (614) 444 72 04. Abierto toda la semana, los viernes y sábados cierra a las 2 h 30. Aceptan tarjetas de crédito. En el German Village, el local está en un edificio de los primeros años del siglo pasado, que por lo visto fue una taberna. La coctelería es lo más destacable -de hecho es uno de los lugares más animados de todo Columbus-, aunque hay algunos platos que están pero que muy bien: de primer plato sopa de tortuga, de segundo quesadillas. Por ejemplo.

Hunan Lion: 2000 Bethel Road. Tel. (614) 459 39 33. Abierto toda la semana. Aceptan tarjetas de crédito. Típico restaurante chino familiar. Aquí hay platos de la cocina Szechwan, no sólo el trillado arroz frito con pollo. El entrecot a la pimienta negra es de lo de irse y dejar el plato sin acabar.

Precio medio

Lindey's: 169 E. Beck St. Tel. (614) 228 43 43. Abierto toda la semana. Aceptan tarjetas de crédito. Sorprendentemente barato; el restaurante está en un precioso edificio de finales del siglo pasado en German Village, tiene terraza, aparcamiento y espectáculos en vivo un par de noches a la semana. La carta es una mezcolanza de tendencias gastronómicas, en las que cabe desde pasta con cabello de ángel a cordero, o tournedos a la parrilla con salsa Bernaise. Aunque es más económico la comida que la cena, esté pero que muy bien pagado, al mediodía ninguna especialidad supera los 9 machacantes. Los domingos, animadísimo y estupendo *brunch* amenizado por una orquesta de jazz; es uno de los más frecuentados de Columbus (de 11 h 30 a 14 h 30). Recomendabilísimo.

Engine House No. 5: 121 Thurman Ave. Tel. (614) 443 48 77. Abre toda la semana. Aceptan tarjetas de crédito. Auténtico auténtico, está en lo que era un cuartel de bomberos, y todo el restaurante está decorado con motivos relacionados con ello: bombas de agua, mangueras, cascos, una barra por la que subirse -o bajar. Los fines de semana un pianista ameniza las cenas, muy frecuentadas por gente joven; en cuanto a la comida, pastas, mariscos y algo de carnes a la parrilla.

Morton's of Chicago: 2 Nationwide Plaza. Tel. (614) 464 44 42. Cerrado al mediodía. Aceptan tarjetas crédito. El establecimiento de la cadena que no podía faltar. Ya lo sabéis, inmensas carnes, marisco fresco y algunos postres tradicionales.

Precio alto

Refectory: 1092 Bethel Road. Tel. (614) 451 97 74. Cierra los domingos. Aceptan tarjetas de crédito. Se recomienda reservar. El nombre le viene de que está en lo que era una capilla, y pasa por ser el restaurante más bonito de Columbus y casi de todo el estado de Ohio, con la piedra y la imaginería. Especialidades: filet de beouf au poivre, cotelette de salmon roti, selle d'agneau de lati o repostería casera.

Qué hacer

Hay algún que otro centro comercial: el **City Center Mall** (111 S. 3rd St), **The Ohio Center Mall** (400 N. High St.), o **The Galeria** (300 S. 3rd St). El típico mercado de productos frescos tampoco podía faltar, en este caso el **French Market** (6076 Busch Blvd.). También hay buenas y curiosas tiendas en el suburbio de **Grandview Heights.**

En **la cosa deportiva**, los equipos de la Ohio State University son bastante buenos, y el Ohio Stadium es francamente imponente, hay sitio para casi 100.000 fanáticos. El equipo de béisbol de la ciudad juega en una liga AAA (una segunda división), y es filial del New York Yankees. Los partidos tienen lugar en el Cooper Stadium (1155 W. Mound St.), que es el escenario empleado por un equipo profesional de la MLS, el Columbus Crew.

En cuanto a las **carreras de caballos**, hay suficientes hipódromos como para dejar tiesa la billetera del más potentado: *Beulah Park* (3644 Grant Ave., Grove City) y *Sciotto Downs* (6000 S. High St.) son los dos mejores.

Columbus tiene una buena orquesta sinfónica, la **Columbus Symphony Orchestra**, que toca durante nueve meses al año en una de las mejores salas de los grandes Lagos, el Ohio Theatre.

Los **festivales** más nombrados son el **Greater Columbus Arts Festival**, que tiene lugar en el *Riverfront* todos las primeras semanas de junio y donde hay conciertos, defiles y representaciones de teatro al aire libre; la **Ohio State Fair**, muy frecuentada, donde los granejros llevan sus mejores reses y se exponen maquinarias y cosas de esas tan típicamente del Medio Oeste, Todo el sarao lo tenéis en el Expositions Center (1-71 & E. 17th Ave.); y el 12 de octubre, como no podía ser menos, desfiles y fuegos artificiales a la mayor gloria del genovés más famoso de todos los tiempos en el **Columbus Day Celebration**.

INDIANA

Con sus lagos y playas del norte, sus llanuras del centro, y sus bosques del Sur, Indiana representa para casi la totalidad de los estadounidenses la esencia de lo que es -o debería ser el país-. Aquí ubican ellos el alma de los USA, con las granjas donde la gente trabaja duro, o las plantas de automóviles, en comunidades utópicas donde todos se conocen y ayudan, familias tradicionales con fuertes valores que siempre echan una mano al vecino cuando la cosecha tiene complicaciones... y cómo no hablar de los *hoosiers*. El sobrenombre del estado, y que engloba todas esas virtudes de las que tanto hacen gala en los medios de comunicación.

Deportes no profesionales, enfrentados con el circo de dinero que mueven las famosas 500 millas de Indianapolis...

Un poco de historia

Los primeros habitantes de estas tierras lo fueron en el siglo X antes de cristo.

Fueron los franceses los primeros en explorar estas tierras, allá por los siglos XVII y XVIII, estableciendo contactos comerciales con los indios hasta que, en 1763 y por el Tratado de París, cedieron una inmensa cantidad de territorio a los ingleses.

Las batallas con los indios cesaron en 1812, con la victoria del general William Henry Harrison sobre los Tippecanoe; así, el terreno quedó franco para que se asentaran comunidades utópicas de emigrantes europeos, con ganas de trabajar en el campo; de ahí les debe el haber quedado el que el estado sea otro de los gigantes en cuanto a producción agrícola, con más de 100.000 granjas. La otra gran fuente de riqueza de Indiana son los automóviles, con 20 factorías que se benefician de la influencia de Chicago en el norte del Estado.

Datos geográficos
   Población: 5.564.200 habitantes.
   Capital: Indianapolis.
   Punto más alto: 1.257 pies.
   Punto más bajo: río Ohio, 320 pies.
   Franjas horarias: un poco lioso. Eastern y Central.
   Impuestos estatales: 5%, aunque los Condados pueden añadir otro a la ocupación hotelera entre el 1% y el 5%.

INDIANAPOLIS

En 1820 los legisladores del estado eligieron una zona pantanosa del río White para establecer la capital de Indiana, al modo en que el Congreso había decidido pocos años antes la ubicación de la capital Federal en las riberas del Potomac. Uno de los ayudantes de Pierre L'Enfant en el diseño de Washington, **Alexander Ralston**, fue el encargado de planificar Indianapolis, que fue una realidad en 1825, con el establecimiento de las instituciones gubernamentales y en 1843 cuando llegó la National Road y, cuatro años más tarde, el ferrocarril con la consiguiente explotación industrial. Así han ido tirando hasta hoy, con una fama mundial conseguida por la carrera más famosa del mundo -las 500 Millas de Indianápolis, además de ser una de las cunas estadounidenses para las cosas del deporte: siete ligas profesionales tienen aquí las oficinas generales, y la ciudad cuenta con representación en prácticamente cualquiera competición de importancia -excepto la Liga de Fútbol.

Cómo llegar e irse

En autobús
   Greyhound : 350 S. Illinois Ave. Tel. 1 800 231 22 22. Autobuses diarios a Chicago, Cincinnatti y St. Louis. Además, líneas locales y la American Trailways, que sirve el corredor de los Grandes Lagos y las Llanuras.

Indiana

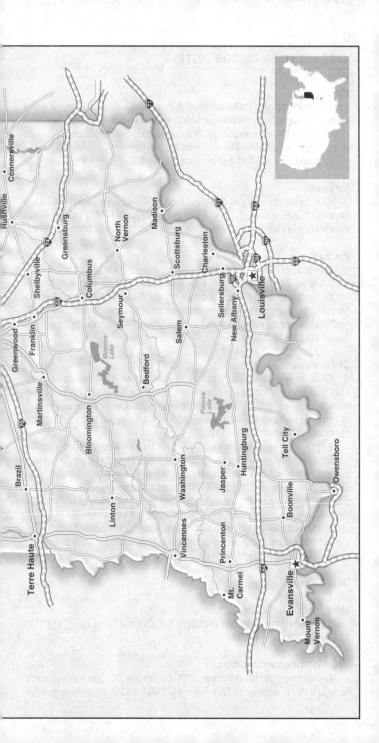

En avión

El **Indianapolis International Airport** está en el sudoeste de la ciudad, y en coche podéis llegar hasta aquí desde el centro de la ciudad si tomáis la I-70. El autobús público que lo conecta con Indianapolis es el 9, los que van dejando en los hoteles del centro cuestan 15$, y una carrera de taxi calculad que andará por los 25$.

En coche

Dos de las principales carreteras del país cruzan el centro de Indianapolis: la I-65 y la I-70. Desde Cincinnati llega la I-74, y desde el sur del estado de Michigan la I-69. El cinturón de circunvalación es la I-465.

En tren

La estación de ferrocarril de Indianapolis es la **Union Station** (350 S. Illinois St. Tel. 800 872 72 45), servida por **AMTRAK** (trenes directos a Chicago todos los días) y otras líneas locales. Con multitud de tiendas, restaurantes y unos minicines, además de los autobuses. El edificio de por sí es bastante curioso (ver el apartado de *la visita*). Abierta las 24 horas del día.

Cómo moverse

El sistema de transporte público tiene más de 50 líneas de autobuses, que operan todos los días entre las 6 h y las 23 h. Es bastante barato -sólo un dólar-, además también tenéis el típico tranvía que recorre el centro (de lunes a viernes, de 6 h a 18 h) por la insignificante cantidad de 25ç.

El plano de la ciudad está conformado por cuatro avenidas cuyos vértices confluyen en una plaza central. Meridian Street va de norte a sur y divide el casco urbano en este y oeste; Washington Street corre en dirección este-oeste, y divide la ciudad en norte y sur. Las calles con nomenclatura de números se encentran generalmente al norte de la calle Washington; otras muchas llevan nombres de estado.

El **downtown** está formado por las calles al sur de la 11th Street, al oeste de la College Avenue, al norte de McCarthy Street y al este de la West Street e Indiana Avenue.

Datos útiles

Información turística

Tourism Development Division: 1 N. Capitol, Suite 700. Tel. (317) 232 42 00.

Los sitios imprescindibles...

Benjamin Harrison Home: 1230 Delaware St., una milla al norte de la US40 (Washington St.). Tel. (317) 631 18 98. Abierto todos los días de 10 h a 16 h; cada media hora, visitas organizadas. Entradas: 3$. Una de las construcciones que con mayor orgullo atesora la ciudad, pues fue el hogar durante casi toda la vida del que fue presidente de los Estados Unidos Benjamin Harrison. Podéis haceros una idea: cuidadísima restauración, objetos personales, mobiliario y decoración de la época (finales del siglo pasado), ese tipo de cosas...

Eiteljorg Museum of American and Indian Art: 500 W. Washington St. Tel. (317) 636 WEST. Abierto todos los días de 10 h a 17 h excepto en invierno, que cierra los lunes. Entradas: 4$. Estupenda colección de arte que reunió hace ya tiempo un millonario de la ciudad, Harrison Eitelborgj, y que se expone en un no menos espectacular complejo. Los fondos del museo son exclusivamente de arte del país, especialmente de los grandes pintores estadounidenses del siglo pasado (Russell, O'Keefe, Remington), y la exposición de arte de los indios americanos no le va a la zaga; también hay expuestos fondos escultóricos, pero la calidad y la cantidad ya no son las mismas. Uno de los mejores museos del país en su especialidad.

Indianapolis Museum of Art: 1200 W. 38th St. Tel. (317) 923 13 31. Abierto todos los días de la semana excepto los lunes de 10 h a 17 h. No se cobra entrada. Aunque pueda sonaros a tópico, un museo de importancia mundial, con unas excelentes colecciones. En el *Clowes Pavillion* hay arte medieval y del Renacimiento, del barroco al impresionismo XX, más arte del pacífico Sur y de África en el *Mary Fendrich Hulman Pavillion*; muebles, porcelanas, todo tipo de objetos en el *Lilly Pavilion of Decorative Arts*; y arte precolombino, del Extremo Oriente y de nuestro siglo en el *Krannert Pavilion*. Fijo que con un día no tendréis bastante.

... y otros lugares interesantes

Pues, por ejemplo, la *Scottish Rite Cathedral* (650 N. Meridian St. Excursiones guiadas todos los días laborables de 10 h a 15 h), precioso edificio que se terminó de construir en la década de los 30, de estilo gótico muy espectacular y cuyo carillón, con 54 campanas, es uno de los más nombrados del país; el *Soldiers and Sailors Monument* (Monument Circle) es un monumento que se construyó a principios de siglo muy alto, con una estutatua representando a la Victoria coronándolo y que es el punto de la ciudad que sirve de fondo a más fotos; otro que tal es el obelisco en memoria de los caídos del estado por esas guerras, el *Indiana World War Memorial* en la plaza del mismo nombre; una casa de estilo Segundo Imperio muy bonita es la *Morris-Butler House* (1204 N. Park Ave.); dedicado al deporte desde casi el alba de los tiempos está el *National Art Museum of Sport* (111 Monument Circle. Abierto de lunes a viernes de 9 h a 17 h, fines de semana de 10 h a 16 h. No se cobra entrada, pero se recomienda dejar algo), donde téneis desde cascos de grandes ju-

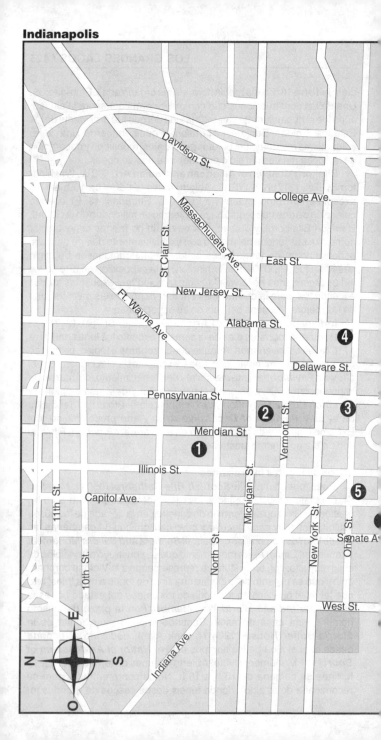

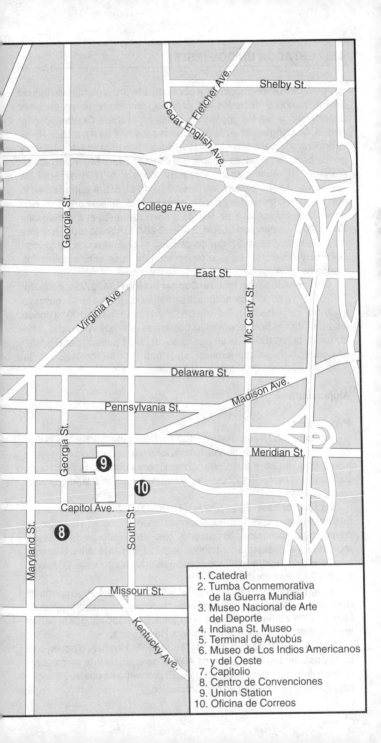

Shelby St.

Fletcher Ave.

Cedar English Ave.

College Ave.

East St.

Georgia St.

Mc Carty St.

Virginia Ave.

Delaware St.

Madison Ave.

Pennsylvania St.

Georgia St.

Meridian St.

9

10

Capitol Ave.

Maryland St.

8

South St.

Missouri St.

Kentucky Ave.

1. Catedral
2. Tumba Conmemorativa
   de la Guerra Mundial
3. Museo Nacional de Arte
   del Deporte
4. Indiana St. Museo
5. Terminal de Autobús
6. Museo de Los Indios Americanos
   y del Oeste
7. Capitolio
8. Centro de Convenciones
9. Union Station
10. Oficina de Correos

gadores del fútbol americano a obras de arte provenientes de todo el ancho mundo y de todas las épocas que representen escenas deportivas: ganan las griegas por goleada; el *State Capitol* (Capitol Ave. & Washington St. Abierto de lunes a viernes de 9 h a 15 h. No se cobra entrada), el edificio legislativo del estado rodeado de jardines y donde os llevan de visita guiada; y el *Indiana State Museum* (202 N. Alabama St. Abierto toda la semana de 9 h a 17 h excepto los domingos, que no abren hasta las 12 h. No se cobra entrada), en lo que fue el ayuntamiento y donde lo más destacable es el gigantesco péndulo de Foucault. Y en cuanto a animales, está el *Indianapolis Zoo* (1200 Washington St. Tel. 317/630 20 01. Abierto todos los días del año. Entradas: 10$), donde destaca el gigantesco acuario, con delfines y ballenas. Los que se llevan más fotos son, empero, los monos de las nieves.

Más retirado se encuentra el **Conner Prairie** (13400 Allisonville Rd. Tel. (317) 776 60 00. Abierto toda la semana excepto los lunes, de mayo a octubre, de 10 h a 18 h. Entradas: 6$), un recinto de casi 100 ha donde las autoridades han recuperado bastantes edificios -viviendas, una farmacia, la redacción de un periódico- del siglo pasado para montar una especie de parque temático en la que explicar -previo pago- la historia y avatares de la fundación de Indianapolis.

Alojamiento

Precio barato

Holiday Inn Union Station: 123 W. Louisiana St. Tel. (317) 631 22 21. Bastante grande, buena opción por si os quedáis colgados entre tren y tren -o bus y bus. 276 habitaciones; además, restaurantes, transporte al aeropuerto, piscinas, y algunos cuartos adaptados para discapacitados.

La Quinta East: 7304 E. 21st. Tel. (317) 359 10 21. Edificación bastante nueva con 122 habitaciones en plan motel. Hay piscina climatizada, aparcamiento cubierto, sala de lavadoras de ésas de monedas, y el desayuno continental está incluído en la tarifa, bastante buena. El restaurante de al lado sirve buenas hamburguesas y desayunos las 24 horas del día.

Knights Inn: 7101 E. 21st St. Tel. (317) 353 84 84. Algo apartado del centro de la ciudad, pero bien conectado por el transporte público. Muy sencillo, como todos los de la cadena. Las habitaciones tienen lo imprescindible, algunas con frigorífico. Hay piscina.

YMCA: 860 W. 10th St. Tel. (317) 634 24 78. Hay habitaciones con baño bastante baratas, por unos 40$, si os quedáis una semana se marcan un precio bastante más bajo. El problema es que suele estar hasta arriba, así que llamad con antelación.

St. Vincent Marten House: 1801 W. 86th St. Tel. (317) 872 41 11 y (800) 736 56 34. Con restaurante, bar y sala de lavadoras. Las habitaciones son bastante amplias, y el barrio muy tranquilo.

Precio medio

Omni Severin: 40 W. Jackson Place. Tel. (317) 634 66 64. En Union Station, está pensado sobre todo para gente en viaje de negocios, así que tiene un montón de instalaciones. Bastantes habitaciones acondicionadas para discapacitados.

Wyndham Garden: 251 E. Pennsylvania Pkwy. Tel. (317) 574 46 00. Muy recomendable y bastante bien situado, las tarifas bajan espectacularmente los fines de semana, entrando claramente en la categoría de *precio barato*. Hay restaurante, bar, gimnasio y piscina cubierta.

Precio alto

Canterbury: 123 S. Illinois Ave. Tel. (317) 634 30 00. El hotel con más encanto de toda la ciudad, algo que se deja notar en la factura, y aun así tiene un altísimo índice de ocupación. ¿Será por el té que sirven todas las tardes a éso de las cinco? Llevan haciéndolo desde 1926, y se ha convertido en un ritual para según que tipo de gentes -léase políticos, banqueros, ejecutivos-. La decoración de las habitaciones se escapa por completo de lo anodino, tan común en los establecimientos de las grandes cadenas. Son 99 habitaciones con todas las pijaditas, bastantes instalaciones -aunque el aparcamiento no es precisamente barato- y uno de los mejores restaurantes de la ciudad -un poquito más abajo os hablamos de él. De lo mejorcito de los Grandes Lagos.

Dónde comer

Indudablemente, lo que tiene más sabor es comer en el **City Market** (222 E. Market St. Cierra los domingos) donde las bancas de alimentos frescos se juntan con las que los sirven ya preparados. El melting pot gastronómico de rigor, ya sabéis, que si coreanos, italianos, libaneses chinos, todo ello a bastante buen precio y con la ventaja de que en muchos de ellos podéis ver los alimentos frescos empleados en los platos. Si preferís comer sobre mantel, aquí tenéis:

Aristocrat Pub: 51212 N. College Ave. Tel. (317) 283 73 88. Abierto toda la semana. Aceptan tarjetas de crédito. Una de esas estupendas simbiosis de bar y restaurante, sobre todo para la pasta y algunos platos de pollo y carne, que engullir contemplando un partido de béisbol por las teles gigantes. Los fines de semana la cocina también cierra a las 1 h, para que no vayáis a dormir con hambre. Y los domingos hasta las 15 h, *brunch*. Precio barato.

Bombay Bicycle Club: 9111 N. Michigan Ave. Tel. (317) 872 34 46. Abre toda la semana. Aceptan tarjetas de crédito. Parecido en cuanto a concepción al Aristocrat Pub, solo que con una carta más extensa y unos precios algo más altos. Hay buenas carnes para elegir, así como ensaladas y pastas; mucho parroquiano comiendo, lo que siempre es buena señal. Precio medio.

Iron Skillet: 2489 W. 30th St. Tel. (317) 923 63 53. Cierra lunes y martes. Aceptan tarjetas de crédito. Este restaurante se encuentra en una vivienda del siglo pasado, que los dueños han procurado dejarla tal cual por la cosa de la riqueza de la decoración. La cocina más tradicional (pollo, carnes, algo de marisco) es lo que forma la oferta, y entre la clientela hay bastantes familias. Precio medio.

St. Elmo Steak House: 127 S. Illinois. Tel. (317) 637 18 11. Cierra domingos al mediodía. Aceptan tarjetas de crédito. Tradicional hasta en la decoración, a base de maderas y fotos antiguas colgadas, es probablemente el mejor en su especialidad, estupendas, jugosas e inabarcables carnes, más algo de marisco fresquísimo. Precio medio/alto.

Actividades y espectáculos

Deportes profesionales

La capital del deporte, ya os hemos dicho que era Indianapolis, así que si algo sobra es donde elegir. En **béisbol** hay un club afiliado a los Expos montrealinos, los **Indianapolis Indians** (Bush Stadium, 501 W. Maryland); en **baloncesto**, los **Indiana Pacers** juegan en el Market Square Arena; para la cosa del fútbol, los **Indianapolis Colts**, que le dan al balón en el Hoosier Dome. Y lo que se dice docenas de clubs amateurs en casi todas las disciplinas.

Os comentamos que durante la segunda quincena del mes de agosto tiene lugar el **RCA Championships**, un más que bueno torneo tenístico del circuíto ATP, y que en la edición de 1998 se llevó para Barna Alex Corretja. Las voleas pegan en la línea en el Indianapolis Sports Center (815 W. New York St.).

Otras Bellas Artes

Pues también hay bastante actividad cultural. En el **Circle Theatre** (45 Monument Circle) tienen lugar las actuaciones de la *Indianapolis Symphony Orchestra* durante la temporada que va de septiembre a mayo, porque en verano tocan al aire libre en los parques de la ciudad. La *Indiana Opera Company* hace de las suyas en el **Indianapolis Opea Theatre** (Clowers Hall, 4600 Sunset Ave.), donde también se ven los montajes del *Indianapolis Ballet Theatre*.

En cuanto al **teatro**, todos los veranos tiene lugar en el anfieteatro del Garfield Park el *Indianapolis Shakespeare Festival*, y lo último de lo último en la cosa teatral podéis contemplarla en el *Phoenix Theatre* (729 N. Park Ave.), donde se representan con bastante frecuencia obras del *off-Broadway*.

Las 500 Millas de Indianapolis

Tienen lugar en el más que mítico **Indianapolis Motor Speedway** (4790 W. 16th St.) que fue construido en 1909 como pista de pruebas para los automóviles que recién salían de las factorías de la ciudad. Tan grande es la pista que hasta han tenido sitio para meter un campo de golf de 18 hoyos y, ya fuera del recinto un museo que recibe millones de visitas al año. Pero la carrera no lo es todo; un mes antes de que tenga lugar empiezan los saraos en el llamado Indianapolis 500 Festival,

SOUTH BEND

La ciudad más importante del norte del estado, favorecida por su condición de ruta hacia Chicago y que es conocidísima en todo el país por albergar su universidad uno de los mejores equipos de fútbol americano, el *Notre Dame*. Típica población apacible de los Grandes Lagos, aquí está el reporte por si paráis:

Datos útiles
Información turística: *South Bend/Mishawaka Convention & Visitors Bureau.* 401 E. Colfax Ave. Tel. (219) 234 00 51.

Ya que estáis aquí, podéis deleitaros con...
...el museo sobre la historia local de rigor (**Northern Indiana Historical Society Museum**. 112 S. Lafayette Blvd. Tel. (219) 235 96 64. Abierto todos los días excepto lunes y feriados de 9 h a 17 h. Se recomienda una donación), que presenta colecciones de artefactos de los años de los pioneros, de juguetes de principios de siglo y una biblioteca sobre temas de la ciudad. Si preferís el tema de los coches clásicos, tenéis el **Studebaker National Museum** (525 S. Main St. Tel. (219) 23 97 14. Mismo horario que el anterior. Entradas: 6$), una buena muestra de los vehículos que la mítica marca desarrolló en la factoría que tenía en la ciudad. Y otro conjunto de pequeños museos que no podemos dejar de mencionaros son los de la **University de Notre Dame**, más conocida por su escuadra de fútbol americano que por otra cosa. El campus, una auténtica pasada, se asienta en lo que hasta 1842 fue una reserva india. Pegadito al imponente estadio de fútbol tienen el museo de arte, con buenas tablas europeas del Renacimiento; y además no cobran entrada. Pero con todo, la auténtica *joya de la corona* de South Bend es:
The Oliver Mansion: 808 W. Washington St. Tel. (219) 235 96 64. Abierto toda la semana de 10 h a 17 h excepto los lunes; cerrado de mediados de enero a mediados de febrero. Entradas: 6$. Sin lugar a dudas, la edificación más interesante de la ciudad es esta vivienda que se levantó allá por 1895 encargada por uno de los millonarios de la

época. Para que os hagáis una idea, tiene 38 habitaciones, 14 chimeneas y 9 cuartos de baño, todo ello decorado de caerse de espaldas y rodeado por un par de acres con gárgolas, fuente, rosaleda y un saloncillo de té. A algunos os parecerá decadente, pero creemos que éso es vida.

Unos sitios donde *planchar la oreja*
Queen Anne Inn: 420 W. Washington St. Tel. (219) 234 59 59. Céntrico, con habitaciones grandes y sencillas con baño, muy bien decoradas con antiguedades, sólo con cinco, en un edificio muy bonito de finales del siglo pasado. A las cinco, té. Con diferencia, lo más recomendable de South Bend. Precio barato.
Hickory Inn: 50520 US 33N. Tel. (219) 272 75 55. En la salida 77 de la I-80, las habitaciones sólo tienen ducha y televisión, algunas puede que nevera, y son bastante austeras pero limpias; el precio, baratísimo. El restaurante tampoco es de los que sacan al cocinero en televisión, pero sí suficiente para aplacar el hambre como Dios manda por poco dinero. Precio barato.
Holiday Inn Downtown: 213 W. Washington St. Tel. (219) 232 39 41. Aparcamiento, restaurante y transporte gratuito al aeropuerto (bueno, al centro de transportes, ahí está todo), y 177 habitaciones, algunas adaptadas para discapacitados. Precio barato/medio.

Y otros dos para aplacar el hambre
Tenéis el **Lasalle Grill** (115 W. Colfax St. Tel. 219/ 288 11 55. Cierra los domingos. Aceptan tarjetas de crédito. No se permite fumar), bonito y bueno, en todo el centro de South Bend, las raciones son grandes y de muy buena calidad; todo a la parrilla; precio barato/medio, y el **Hans Haus** (2803 S. Michigan St. Tel. 219/291 55 22. Cierra los domingos. Aceptan tarjetas de crédito), uno de los restaurantes de su clase más baratos que nos hemos encontrado. La decoración hace honor a la procedencia de la cocina, alemana por más señas: *sauerbrauten, schnitzel, Kasseler rippchen*. Recomendabilísimo. Precio barato.

FT. WAYNE

Abandonada por las tropas inglesas a mediados del siglo XVIII, la colonia de Miami Town se convirtió en Fort Wayne cuando, en 1794, el general Anthony Wayne derrotó a los indios Miami y estableció el fuerte que llevaría su nombre y que sería el primero en esta parte de Indiana.

Datos útiles
Información turística: *Fort Wayne/Allen County Convention & Visitors Bureau*. 1021 S. Calhoun St. Tels. (219) 424 37 00 y (800) 767 77 52.

La visita

Así, lo que hoy es una de las ciudades más importantes del estado con casi 200.000 habitantes, rinde tributo a aquellos atribulados años en el **Historic Fort Wayne** (211 S. Barr St., tel. (219) 424 34 76. Abierto los fines de semana de 10 h a 17 h. Entradas: 3$50), un par de hectáreas donde se ha reconstruido el fuerte siguiendo los planos originales, y la verdad es que no falta más que fuego real para que la sensación de viaje en el tiempo sea más realista. Ya que andáis por aquí, sabed que otros lugares de interés son el **Lincoln Museum** (1300 S. Clinton St., en el edificio Lincoln National Life. Tel. (219) 455 38 64. Abierto toda la semana de 9 h a 17 h. No se cobra entrada), dedicado al Honesto Abe, y donde se exponen objetos personales, pinturas y exposiones sobre él y su tiempo; el **Jack D. Diehm Museum of Natural History** (600 Franke Park Dr. Tel. (219) 484 63 79. Abierto de miércoles a domingos de 12 h 30 a 17 h, del mes de abril al de octubre. Entrada: 1$50), que para lo que uno se espera no está mal, aunque la chiquillería haga imposible una visita reposada; la **Cathedral of the Inmaculate Conception** (Clinton & Lewis Sts. Abierta toda la semana de 8 h a 17 h, el museo lo está miércoles y jueves de 10 h a 14 h. No se cobra entrada), con uno de los retablos mayores que mayor fama tienen en los Estados Unidos, así como las vidrieras, que fueron elaboradas por artesanos bávaros; en el museo, imaginería varia; el **Fort Wayne Children's Zoo** (3411 Sherman St., en Franke Park. Abierto toda la semana de 9 h a 17 h. Entradas: adultos 4$50, menores de 14 años, 3$50), sesenta hectáreas por donde lo que se dice un montón de animales traídos de África corretean a sus anchas, aunque en invierno seguro que lo tienen que pasar más mal que bien. Para que no os coman las fieras, la visita se lleva a cabo en un trenecillo convenientemente protegido, así que tranquilos. En las zonas donde no hay alimañas sueltas -o al menos de cuatro patas- podéis agenciaros un pony. Luego está otra zona dedicada al ecosistema australiano, más pequeña, con un buen acuario, y un invernadero donde tienen muestras de la flora indonesia. Todo el conjunto puede resultar muy interesante, sobre todo para los más pequeños. Y, para acabar, deleitaros con las fragancias de los más de 2.500 rosales que hay en el **Lakeside Rose Garden** (200 E. Berry St), una de las rosaledas más espectaculares sin duda de todo el país, hay más de 2.500 ejemplares de *doscientasypico* variedades distintas. Eso sí, como se os ocurra cortar una váis a la carcel del condado, y de ahí no os saca ni el Perry Manson...

Alojamiento

Holiday Inn Downtown: 300 E. Washington Blvd. Tel. (219) 422 55 11. Bueno y barato, con una muy buena ubicación. Es uno de los edificios más altos de Fort Wayne con catorce plantas, en los que hay 208 habitaciones espaciosas con las comodidades de la cadena, más una cafetera para hacer café malo. Instalaciones: piscina cubierta, dos restaurantes que no están mal pero algo caros, y un barecillo donde ver los partidos de béisbol que cierra a la medianoche. Os llevan y os traen gratis desde el aeropuerto y la estación de autobuses. Precio barato, las suites precio medio.

Days Inn: 3730 E. Washington Blvd. Tel. (219) 424 19 80. Alejado del centro, pero superconómico. Las habitaciones son modestas pero limpias, algunas con frigorífico, y tenéis restaurante, bar, piscina y lavandería. Típico motel, pero muy buena relación calidad/factura. Precio muy barato.

Hilton: 1020 S. Calhoun St. Tel. (219) 420 11 00. El preferido por los congresistas que vienen hasta aquí, y que también vosotros también podéis pagar, es temporada baja las tarifas, bien regateadas, son para no perdérselas. Precio medio. Algunas habitaciones, adaptadas para trotas con minusvalías, un par de restaurantes, un bar, gimnasio... precio medio.

Un par de restaurantes buenos

Cafe Johnell: 2529 S. Calhoun St. Tel. (219) 456 19 39. Cierra sábados por la mañana, domingos y festivos. Aceptan tarjetas de crédito. No se permite fumar. Se recomienda reservar, sobre todo los viernes y sábados. El mejor de Fort Wayne, uno de los mejores de todo el estado, y sorprendentemente barato: cocina francesa de la de verdad, *haute cuisine,* a unos precios que difícilmente veréis en otro sitio -no hablemos ya de Francia. Es de propiedad familiar desde hace un par de generaciones, lo cual se nota en el trato al comensal; la decoración, la apropiada, tanto en el menaje y la mesa como en las paredes -de las que cuelgan obras de arte algunas tan antiguas como del siglo XVII. La clientela, por los precios, es bastante ecléctica, desde políticos a universitarios pasando por parejas muy jóvenes. Algunas de las *delicatessen*: caneton a l'orange flambé, tornedos de boeuf Rossini, sole amandini de Dover. Hay una especie de menú del día todas las noches por cosa de 15$, si a la carta entra dentro de la categoría de *precio medio-alto.*

Elegant Farmer: 1820 Coliseum Boulevard N. Tel. (219) 482 19 76. Cierra sábados al mediodía. Se aceptan tarjetas. Muy frecuentado por familias y trabajadores, la carta no es un alarde de originalidad, pero las raciones son de calidad, grandes y baratas. Aunque hay algo de marisco, lo suyo son las costillas a la barbacoa y los steaks. El brunch del domingo - de 10 h a 14 h-, para reventar. Precio barato.

Qué hacer

Cuatro son los festivales más importantes que se celebran en Fort Wayne. La **Germanfest**, a mediados de junio, durante la cual se recuerda la herencia de los alemanes -verbigratia, cerveza y salchichas; el **Three Rivers Festival**, nueve días a mediados de julio, que pasa por ser el más frecuentado y el mejor, donde hay de todo un poco: fuegos artificiales, desfiles, conciertos y espectáculos al aire libre... el **Johnny Appleseed Festival**, el tercer fin de semana de septiembre, que tiene lugar en el parque del mismo nombre y que va de la cosa de los pioneros y tal.

BLOOMINGTON

Hogar de la segunda universidad más antigua del estado, Bloomington es un importante núcleo comercial e industrial de esta parte de Indiana. Consecuentemente, lo más bonito es sin duda alguna el campus, donde hay buenos museos, especialmente el **Indiana University Art Museum** (Fine Arts Museum, E. 7th St. Tel. (812) 855 54 45. Abierto de miércoles a domingos de 10 h a 17 h. No se cobra entrada), que la verdad uno no podría imaginar que podría ser una colección tan completa en esta esquina del mundo, por más que el primer vistazo al edificio ya impresione -no en vano es obra del celebérrimo I. M. Pei. Entre las más de 50.000 obras de arte que componen los fondos museísticos, destacan trabajos de gente tal que Picasso, Monet, Matisse, Gauguin o Warhol, además de las exposiciones también permanentes de esculturas, orfebrería o artesanías de las culturas del Pacífico. Muy, muy interesante.

También dentro del campus universitario, merece un detenido vistazo la **Lilly Library** (abierto toda la semana de 9 h a 18 h, cierra los domingos. No se cobra entrada), donde conservan como oro en paño una biblia de Gutemberg, entre un centenar largo de incunables.

Datos útiles

Información turística: *Bloomington Visitors Center:* 2855 N. Walnut St. Tels. (812) 339 89 00 y (800) 800 00 37. Abierta toda la semana de 9 h a 16 h.

Oficina de Correos: 206 E. 4th St. Tel. (812) 334 41 00. Abierta de lunes a viernes de 8 h 18 h, sábados hasta las 13 h.

Terminal de autobuses: *Greyhound.* 409 S. Walnut St. Tel. (812) 332 15 22. Autobuses directos a Indianapolis y Chicago, así como las rutas locales de rigor. Abre de 4 h a 18 h.

Necesidades básicas

Como ciudad universitaria, tiene más vida de la que cabría esperar en esta parte del país. Hay buenos bares de copas, casi todos en la Walnut Street (*Mars, Bluebird*); para comer tres cuartos de lo mismo, sitios baratos abundan sobre todo el la **Downtown Square**, con unos cuantos cafés y restaurantes baratos.

Para dormir, una opción bastante recomendable por ubicación y tarifas es el **Motel 6** (1800 N. Walnut St. Tel. (812) 332 08 20), habitaciones con lo básico pero espaciosas, precio muy barato. Los establecimientos de las salidas de la autopista son más caros, de calidad similar y bastante peor situados. Vosotros mismos. Para comer, nos gusta la **Colorado Steakhouse** (1800 N. College Ave. Tel. (812) 339 99 79. Abre toda la semana y aceptan tarjetas de crédito), el cordero no es caro y sí rico, aunque las salsas que dan para aderezarlo no acaben de convencernos. Las costillas ahumadas también son muy recomendables. Precio barato.

LAFAYETTE

Nombrada en honor del marqués de Lafayette, uno de los hombres de confianza de George Washington durante la Revolución, se asoma esta ciudad con todas las de la ley en la orilla del río Wasbah, bastante rica gracias a las explotaciones agrícolas que la rodean. Su episodio histórico más rico tuvo lugar en 1811, en la batalla de Tippecanoe, en la que un regimiento mandado por el gobernador del Estado derrotó a una confederación de tribus indias, ganando ya definitivamente el territorio para la nueva nación que se estaba formando.

Si estáis aquí, podéis ver el **Fort Ouiatenon** (S. River Road. Tel. 317/743 39 21. Abierto toda la semana excepto los lunes, de abril a octubre; resto del año, sólamente los fines de semana, siempre de 10 h a 18 h. No se cobra entrada). A unos 10 kilóemtros de Lafayette, es un parque de 15 ha dedicado a la historia de la ciudad, con una logradísima reconstrucción de un puesto francés de intercambio comercial. También hay zonas para picnic y barcas de alquiler; el **Tippecanoe County Historical Association Museum** (Flower House, 909 South St. Tel. (317) 742 84 11. Abierto de 13 h a 17 h; cierra los lunes y todo el mes de enero. No se cobra entrada), aquí podéis repasar la historia del condado, con buenas muestras de artesanía nativa y otra que tampoco está mal de porcelana europea (*sevres* y cosas de esas); ya menos interesante es el museo de arte local (**Greater Lafayette Museum of Art**, 101 S. 9th St.), donde precisamente de lo que peca es de ser demasiado local, sólo exhiben obras de artistas de la zona, y de alguna reserva india; lo más interesante es, sin lugar a dudas, el **Tippecanoe Battlefield** (salida por la I-65) donde una estatua guarda el recuerdo de la batalla que libraron en este mismo lugar las tropas comandadas por el general William Henry Harrison y los indios, liderados por el cacique Phophet. Está abierto todo el año mientras luce el sol; y tenéis zonas acotadas para la cosa del picnic. Si no tenéis suficiente tiempo, por lo menos pasad por la *Perrin Avenue*, en todo el centro, donde se conservan bastantes edificios del siglo pasado y principios de este, lo que da saborcillo con sus restaurantes y tiendas.

Dormir y comer

A lo largo del tramo de la I-26 que pasa por la ciudad hay lo menos media docena de moteles. El mejor y más barato es el **Holiday Inn** (5600 IN 26E. Tel. (317) 567 21 31), con restaurante y donde los menores de 18 años no pagan nada (si van acompañados de un adulto, qué os habéis creído); precio barato. Otra buena opción es el **Days Inn of Lafayette** (400 Sagamore Pkwy S. Tel. (317) 447 41 31), donde bastantes de las 180 habitaciones son tipo estudio casi tan baratas como las habitaciones sencillas; hay restaurante, y el bar es animadillo y cierra tarde (a las 2 h); precio barato.

Si os gusta la caza mayor, bien preparada, en buenas raciones y baratísima, acercaos a **Sorrento** (601 Sagamore Pkwy W, West Lafayette. Tel. (317) 463 55 37), que si bien algo apartado del centro de Lafayette, a un par de millas al oeste por la US 52, es un lujo de restaurante y no sólo en la decoración, aunque a algunos os podrá parecer tal vez un poco hortera. Si no os gusta la caza, tienen carne y pasta. Precio barato -si no pedís vino, que además no es una carta muy acertada

ILLINOIS

Mucho menos explotado de lo que una visita a Chicago haría suponer, el norte del estado está casi sin tocar, repleto de lagos perfectos para la pesca y la cosa de la navegación. En el sur, fertilísimo, abundan las pequeñas poblaciones agrícolas rodeadas por hectáreas y más hectáreas de cereales, donde la vida transcurre más o menos plácida, hasta que a alguno se le ocurre ir a un programa de televisión a contar sus cuitas. Como en todas partes, vaya. Fuera de Chicago, donde se concentran las dos terceras partes de la población del estado, no hay ciudades realmente grandes; Peoria y Springfield, la capital, a duras penas superan los 100.000 habitantes cada una.

Datos geográficos

Punto más alto: Monte Charles, 1.235 pies.

Punto más bajo: río Mississippi, 279 pies.

Franja horaria: Central Time (una hora menos con respecto a la Eastern).

Impuestos: 8.75%. En algunas ciudades, puede haber un recargo por habitación de hotel de hasta un 5% adicional.

Un poquito de historia...

Los restos de asentamientos humanos más antiguos que se han encontrado en las zonas de Peoria y Kaskaskia se remontan hacia el

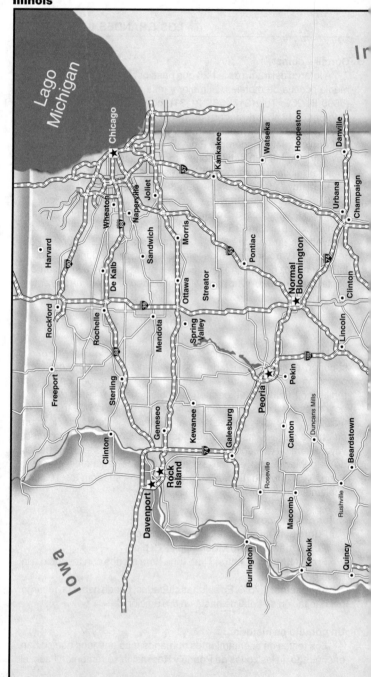

Illinois

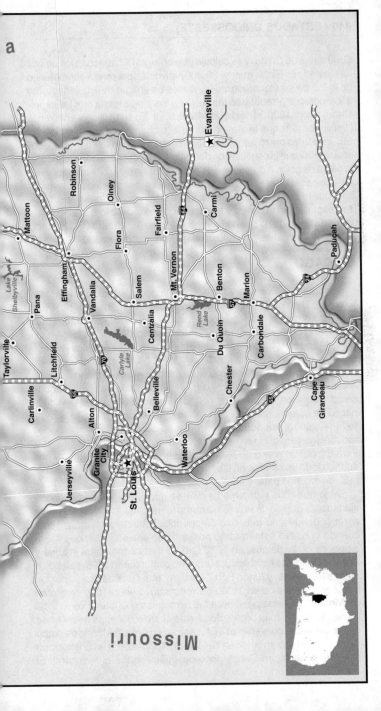

5000 antes de Cristo, y se calcula que en siglo IX habitaban lo que hoy es el estado de Illinois más de 20.000 nativos. La presencia europea vino de mano de los exploradores franceses en el siglo XVII, quienes junto a los ingleses arrebataron las tierras a los indios hasta que los expulsaron, sobre 1830, al oeste del Mississippi. En 1818 Illinois entró en la Unión, por más que la mayoría de sus habitantes eran originarios del Sur, donde las prácticas esclavistas estaban en todo su apogeo. ¿Consecuencia? que la constitución del estado no reconocía los derechos de la gente de color, a quienes se consideraba, sin más, sirvientes. Tuvieron que pasar treinta años hasta que se abolió la esclavitud en el estado, en lo que tuvieron no poca culpa los miles de inmigrantes europeos que se asentaron en el centro y el oeste de Illinois, pero lo que se dice de verdad eliminada no quedó hasta que empezó la Guerra Civil, cuando Abraham Lincoln se convirtió en el gobernador del estado.

CHICAGO

Serie de tópicos sobre Chicago: Chicago años 20, Sweet Home Chicago, The Windy City, la ciudad de Michael Jordan... todos ciertos, sí, pero a nosotros Chicago nos ha parecido una de las ciudades más interesantes, bonitas y vibrantes de los Estados Unidos; la tercera del país, de acuerdo, pero más segura y cómoda que Los Ángeles y menos desquiciada y más barata que Nueva York. La riqueza étnica apenas tiene parangón; sus museos son de los primeros del mundo, por no hablar del *museo* de arquitectura que es el centro de la ciudad, donde se construyeron los primeros rascacielos (todo por que una vaca le pegó una patada, mientras la estaban ordeñando, a un candil y ardió toda la ciudad), siendo desde entonces cuna de las innovaciones arquitéctónicas; o la últimamente vilipendiada *escuela de Chicago*, formada por un grupo de *brokers* en la década de los ochenta, y que supuso todo un cambio en las relaciones comerciales -y en la economía- de muchos países en vías de desarrollo.

Algo que todo habitante os dirá es que Chicago es la segunda ciudad más grande de Polonia, o que si fuera un estado independiente sería el duodécimo más rico del mundo. Todo se remonta a 1803, cuando el nuevo estado tomó posesión de estas tierras, que hasta entonces -y desde que, en 1673 Luois Julliet cartografiara la zona y Antoine Ouilmette estableciera un fuerte comercial en 1796- estaba en manos francesas, y fundo Fort Dearborn, que sería destruido por los ingleses y los indios en 1812. Se reconstruyó en 1816, y pronto se convirtió en lugar de paso para las caravanas que iban y venían del Oeste; así empezó la prosperidad, que atrajo a decenas de miles de emigrantes, que convertirían a Chicago en el primer mercado de grano del mundo tan pronto como en 1841; en 1848 finalizaría la construcción del Illinois&Michigan Canal, poco después llegaría el ferrocarril. El incendo del que os hemos hablado antes sucedió en 1871: ardieron casi 16.000 edificios y se llevó más de 300 vidas. Desde 1870 a 1920, la población creció espectacularmente gracias a que no dejaban de llegar miles de europeos y de negros del Sur que escapaban de la presión racista de la vieja Confederación; una de las muestras más visibles es la condición de capital del blues que ostenta la ciudad, o el tremendo poder de los sindicatos, herencia de las luchas de miles de obreros en aquellos primeros años del siglo XX.

El nombre de la ciudad pasó al subconsciente colectivo gracias al crimen organizado poco después, sobre todo en los años de la Depresión y de la Ley Seca; ¿quién no ha oído hablar de Al Capone o de la matanza del día de San Valentín, gracias a decenas de películas?

Así, lo que está claro como el agua es que Chicago es Mucho Chicago, como comprobaréis escuchando blues en algún garito o contemplando de noche el *skyline* (Chicago tiene tres de los cinco edificios más altos del mundo) desde la orilla del lago Michigan. Vamos, que también vosotros os iréis cantando *My Sweet home Chicago* como un Bill Murray cualquiera.

Cómo llegar y salir

En avión

Hay cuatro aeropuertos en la ciudad de Chicago: el **O'Hare International Airport**, uno de los que soporta mayor tráfico de pasajeros de todo el mundo. Varias opciones para llegarse a la ciudad. En metro, hasta la estación de Deaborn Street (línea azul), en todo el centro, tarda como unos tres cuartos de hora, con una frecuencia de 5-10 minutos todo el día, y cada media hora de 13 h a 17 h. Tenéis también un autobús a los hoteles del centro, Oak Brook y la North Shore que sale cada cinco minutos. Precios: 14$75, 25$50 ida y vuelta. Si optáis por tomar un taxi, la carrera hasta el centro os debería salir por unos 25-30$, tardando una media hora. Si no, podéis compartir un taxi (shared-Ride) y sólo os costará 15$. La parada está de 6 h a 1 h.

El otro aeropuerto al que es posible que lleguéis, si habéis comprado un billete que hace escala en otro aeropuerto americano, es el **Midway Airport** (5700 Cicero Ave. Tel. (773) 767 05 00), a unos 20 minutos del centro de la ciudad. El acceso a la estación del metro está muy bien señalizado, la estación es de la línea naranja y calculad una media hora hasta el Loop; toda la semana de 5 h a 23 h, los domingos de 7 h 30 a 23 h 30. Los **autobuses** salen cada cuarto de hora y los billetes, que podéis adquirir en el mostrador que está al lado del de las Southwest Airlines, cuestan 10$50 y 19$ (ida y vuelta). La carrera de **taxi** está entre los 20-25$, si tomáis uno compartido, 10$.

Los otros dos aeropuertos (**Palwaukee** y el **Merry C- Meigs Field**) sólo reciben vuelos de negocios, jets privados y cosas así.

Chicago

1. Buses
2. Union Station
3. Sears Tower
4. Civic Opera House
5. Expocenter Apparel Center
6. Merchandise Mart
7. Chicago Cultural Center
8. Orchestra Hall
9. Chicago Architecture Foundation
10. Auditorium Theatre
11. Spertus Museum
12. Field Museum of Natural History
13. Nat. Vietnam Museum
14. Clark Historic House Museum
15. Mexican Center Museum
16. Terra Museum of American Art
17. River East Plaza
18. Chicago Place
19. Museum of Contemporary Art
20. John Hancock Center
21. Polish Museum of America
22. Ukrainian National Museum
23. Old Town School of Folk Music
24. Buckingham Fountain
25. Art Institute
26. Water Tower

Por carretera

Nudo de comunicaciones de primer orden, en Chicago confluyen las interestales 57, 80, 90, 94, 290 y 294.

En bus

La terminal de Greyhound, la más importante del norte del país, está en 630 W. Harrison St., muy cerquita de la de trenes. Está abierta las 24 horas del día, es segura, pero la información al viajero es deficiente, hay que recurrir a los empleados que no dan a basto. Y si no, que se lo pregunten al gallego que andaba buscando el bus de Indianápolis. Ni que deciros que salen coches para las cuatro esquinas del país, además de los que recorren prácticamente todo Illinois.

En tren

Considerado el nudo ferroviario más importante del norte del país, la estación donde se rodó la celebérrima escena de los Intocables de Brian dePalma (sí, ésa de la escalera con el cochecito del niño despeñándose, calcada de otra de Esistein), es la **Chicago Union Station** (210 S. Canal St. Tel. 800 USA RAIL). Cada día, más de 60 trenes de la AMTRAK llegan o salen de aquí, así que ningún problema. Ahora bien, cuidadito con salir de la estación de noche, que tiran flechas.

Cómo moverse

Transporte público

Ciudad grandísima, Chicago cuenta con un estupendo servicio de transporte público, el **CTA** (*Chicago Transit Authority*). Tel. 888 YOUR CTA. Funciona de 5 h a 1 h, y cubre toda la ciudad. El precio del billete es de 1$50 para los mayores de doce años. Al comprarlo, podéis adquirir un *transfer* por 30 centavos más, que os da derecho a realizar dos viajes más en las siguientes dos horas, ya sea en metro o en autobús. El billete podéis recargarlo las veces que queráis. Además, hay pases con precios especiales para 1, 2, 3 y 5 días.

Los trenes que conectan el downtown con los suburbios, y que emplea las mismas estaciones, son los de la **Metra**. Las estaciones de transbordo con la zona metropolitana de Chicago son las de LaSalle St., Olgilive Trans. Center (CNW), Randolph St. y Union Station. Hay doce líneas que prestan servicio a más de 220 estaciones de los alrededores: aeropuerto O'Hare, Antioch, Aurora, Elgin, Joliet, Kenosha, South Bend o Waukegan. En hora punta tienen buena frecuencia, pero fuera de ella podéis ver un tren cada tres horas. El precio del billete depende de la distancia recorrida, y oscila entre los 1$75 y los 6$60. Hay un pase, el **Metra WeekendPass**, con el que por cinco pavos tenéis viajes ilimitados durante el fin de semana. Para más información, podéis llamar al 836 70 00.

Los taxis

Fuera de las calles y avenidas del centro, puede resultar complicado encontrar un taxi a según que horas. Algunas compañías: **American United Cab Association** (tel. (773) 248 76 00); **Cheker Taxi**(tel. 243 25 37), **Yellow Cab Company** (tel. 829 42 22). La bajada de bandera cuesta 1$50, cada milla 1$20 y hay un recargo de 50ç por cada pasajero adicional.

Orientarse en Chicago y la cosa de la seguridad

Las calles de Chicago, las mismas de las de la canción, corren indistantemente de norte a sur o de este-oeste, siendo las arterias que dividen la ciudad en el mismo sentido Madison Street y State Street. En el centro, la numeración va de cien en cien cada dos manzanas; en la parte norte, la nomenclatura es por nombres; en el sur, empezando por la 8th, todas las calles este-oeste están numeradas, las norte-sur *nombradas*.

El *downtown* tiene los siguientes límites: el río Chicago al norte y al oeste, el lago Michigan al este y la Roosvelt Avenue al sur. En una ciudad que se desparrama casi 50 kmts por la orilla del lago Michigan.

En cuanto a la seguridad, olvidáos del mito del *Chicago años 30*. La tasa de criminalidad es baja, comparada al menos con otras ciudades con menos *glamour*, aunque tampoco es raro leer acerca de un tiroteo en un *drugstore*. El centro es bastante seguro a cualquier hora, aunque algunas calles no muy importantes estén desiertas; de hecho, a partir de las 18 h, cuando cierran los comercios y las oficinas, no se ve mucha gente en la calle, pero la presencia policial disuade. Incluso en el Park se puede estar sin problemas hasta medianoche. Las zonas peligrosas, que las hay, como puedan ser el oeste de la ciudad, Cabrini Green (al norte) y el barrio que rodea a la Universidad.

Datos útiles

Agencias de venta de localidades por teléfono

A&A The Ticket Store: 555 W. Madison St. Tel. 627 84 99.

Advanced Skyline Entertainment: 4616 N. Austin Ave. Tel. (773) 282 56 05.

Best Seats Available, Inc.: 1098 W. Irving Park Rd., Benseville. Tel. (630) 595 30 76.

Front & Center Tickets & Entertainment: 875 N. Michigan Ave., suite 2116. Tel. 255 21 71.

Front Row Tickets: 1326 W. Madison St., 1st Fl. Front. Tel. 455 19 29.

Gold Coast Tickets: 505 N. Lake Shore Dr., suite 203. Tel. 644 14 22.

Hot Tix: Tels. 977 17 55 y (900) 225 22 25. Varios puntos de venta en la ciudad.

Ticketmaster: tel. 559 12 12. Varias agencias en la ciudad.
Tower Tickets: Tower Records. 233 S. Wacker Dr. Tel. 454 13 00.

Agencias de reservas hoteleras

Accomodation Express, Inc.: tel. 800 444 76 66.
A Room with a View: tel. 800 780 43 43.
Bed & Breakfast Chicago: tel. 951 00 85.
Central Reservation Service: tel. 800 548 33 11.
Gold Coast Guest House Bed & Breakfast: tel. 337 03 61.
Heritage Bed & Breakfast: tel. 857 08 00.
Hot Rooms: tel. 800 468 35 00.
Hotel Reservations Network: tel. 800 964 68 35. Dirección en Internet: www.180096hotel.com.
Old Town Bed & Breakfast: tel. 440 92 68.
Quikbook: tel. 800 789 98 87.
Room Finders USA: tel. 800 473 STAY.
US Hotel and Transportation Bureau: tel. 800 280 01 00.

Alquiler de coches

Alamo: tels. 800 327 96 33 y 332 29 08.
Avis: Tels. 800 331 12 12 y (773) 694 56 08.
Budget: tels. 800 527 07 00 y (773) 686 68 00.
Enterprise: tels. 800 325 80 07 y (847) 298 36 00.
Hertz: tels. 800 654 31 31 y (773) 735 72 72).
Thifty: tels. 800 928 20 00 y 781 99 00.

Aparcamientos púbicos

Los aparcamientos privados son caros en el centro, además de estar casi siempre hasta arriba de coches de día y durante los fines de semana. Si véis uno semivacio y que os cobre menos de 5$, desconfiad. Los aparcamientos públicos son una estupenda y muy económica opción para dejar el coche en todo el centro, y no es difícil encontrar plaza. Son los siguientes:

Grant Park North: Michigan Ave. & Washington St. Tel. 742 75 30.
Grant Park South Garage: Michigan Ave. & Van Buren St. Tel. 747 25 19.
Monroe Street Underground Parking: Columbus Drive & Monroe St. Tel. 742 76 44.
McCornick Place Parking: 31st St. Tel. 747 71 94.
Soldier Field Parking: 14th St. & Lake Shore Drive. Tel. 747 12 85.

Consulados

Consulado de España: 180 N. Michigan Ave., suite 1500. Tel. 782 45 88.

Consulado de México: 300 N. Michigan Ave., segunda planta. Tel. 855 13 80.

Información turística
Chicago Cultural Center: 77 E. Randolph St. Abierta toda la semana de 10 h a 18 h.

Chicago Water Works: 811 N. Michigan Ave. Mismo horario que el anterior.

Illinois Market Place Visitor Information Center: en el Navy Pier. 700 E. Grand Ave. Abierto toda la semana de 10 h a 20 h, viernes y sábados hasta las 23 h.

Líneas aéreas
Air Canada: tel. 800 776 30 00.
American Airlines: tel. 800 433 73 00.
British Airways: tel. 800 247 92 97.
Continental Airlines: tel. 800 231 08 56.
Delta Airlines: tel. 800 221 12 12.
Swissair: tel. 800 221 47 80.
TWA: tel. 800 221 20 00.
United Airlines: tel. 800 241 65 22.
USAir: tel. 800 428 43 22.

La visita

The Loop
La zona con más interés, el Loop es el barrio más famoso del centro delimitado por las vías elevadas del Metro, toda una referencia visual (*El Fugitivo, Urgencias*) para miles de amantes del Séptimo Arte de todo el mundo. Alberga algunos de los mejores ejemplos de la arquitectura moderna, tal vez sólo superada por la Gran Manzana, pero mucho más accesible por la cosa de que no hay el mismo barullo de gente que en Manhattan. Dos son las calles principales, State Street, zona muy comercial, y la Michigan Avenue, bordeada por el Grant Park y el lago Michigan, donde están los mejores hoteles, los rascacielos más antiguos y los comercios más exclusivos en el tramo que se conoce como la *Magnificent Mile*. Y los límites estrictos del barrio son Congress Parkway al sur, Lake Street al norte, Wabash Avenue al este y Wells Street al oeste. Éstos son los lugares que no podéis dejar de ver:

Sears Tower: 233 S. Wacker Drive. Tel. (312) 875 96 96. Precio de la entrada al observatorio: 12$, y está abierto todos los días de 10 h a 22 h (de septiembre a marzo) y de 9 h a 23 h (el resto del año). El edificio más alto del mundo hasta que en Malaisia empezaron a levantar rascacielos, se eleva casi 450 metros por encima del suelo. Aparte de un emblema de la compañía de grandes almacenes que le da nombre, lo es de la Ciudad de los Vientos. Las vistas son, desde luego, espectaculares, desde la terraza en la planta 103 (el ascensor tarda en llegar 55 segundos, va rapidito); pero es que desde la base no lo son menos, parece que se va a abrir un túnel interdimensional o algo por el estilo. De noche sus antenas se divisan desde 50 millas y, cuando hay nubes bajas, no se ven desde el suelo, ¡es alto de narices! La entrada para el observatorio la tenéis por Jackson Boulevard, y en el vestíbulo hay un estupendo conjunto escultórico de Alexander Calder.

Chicago Board of Trade: 141 W. Jackson Blvd. Tel. (312) 435 35 90. Abierto de lunes a viernes de 8 h a 16 h. No se cobra entrada. Una de las bolsas más importantes del mundo, y que siempre tiene casi más turistas que agentes de bolsa porque es una auténtica pasada. No sólo por contemplar el guirigai, sino que el edificio en sí impresiona bastante, fue construido en 1930 en un respetuosísimo estilo art-decó que lo convierten en el mercado de valores más bonito del mundo. Allí mismo organizan visitas guiadas para que la gente no se pierda por el cotarro, y os llevan a un mirador que hay en la quinta planta y que se asoma al parqué.

Chicago Cultural Center: 78 E. Washington St. Tel. (312) 744 66 30. No se cobra entrada. Lo que era la biblioteca pública más grande de la ciudad hasta principios de siglo es hoy uno de sirve como salas de exposiciones y escenario donde se desarrollan las actividades artísticas más importantes. El edificio impresionante como no podía ser menos es de un estilo neorrenacentista cuyo interior es el sueño del lujo: mármoles, mosaicos, escalintatas... en la entrada de la calle Rudoplh hay una buena cafetería, pegadita al más completo punto de información turística; y en el ala de la calle Washington están las salas del ***Musum of Broadcast Communicattions***, donde se exponen artefactos de las primeras épocas de las televisión y la radio, además de memorabilia de algunos de los más famosos shows que han tenido luagr en la ciudad (bueno, y de fuera, caso del *War of Worlds* de Welles), además de repasar la historia de las estaciones de Chicago (caso de la **WGN**, *the Chicago very own*). Muy recomendable, además de superamena.

Art Institute de Chicago: Michigan Ave. & Adams St. Tel. (312) 443 36 00. Uno de los mejores museos del mundo, así de rotundos nos ponemos. Pueda que no sea muy grande, en contraposición con las elefantíacas colecciones de nuestro lado del Atlántico, pero ni falta que hace. Poquito pero muy, muy selecto. Continuamente toma-do por *hordas* de turistas, dispuestos a aguantar lo que sea por echar un vistazo a cualquiera de las obras, desde sarcófagos del Valle de los Reyes al *American Gothic* de Hawthorne, la que probablemente sea la mejor obra de la pintura estadounidense. Algunas de las obras que podéis encontrar aquí son, por ejemplo, *Modelo sentada de perfil, Tarde de domingo en la isla de Grande Jatte*, de Georges

Seraut, *El almuerzo de los remeros*, *En la Terraza, Mujer al piano* de Auguste Renoir o la realmente anonadante *Asunción de la Virgen* de El Greco, y han montado para ello una sala especial para que pueda ser contemplada con el espacio para el que fue pensada, colgada de una señora pared, y flanqueada por otras dos obras del genial griego.

The Adler Planetarium: 1300 Lake Shore Drive. Tel. (312) 322 03 00. Consideraro uno de los mejores del mundo, este planetario tiene, entre otros atractivos, la posibilidad de que uséis el mismo telescopio con el que fue descubierto Urano, unas pantallas de seguimiento de satélites que están conectadas en tiempo real con un centro de seguimiento que hay en el estado de Nuevo Méjico, además de unas cuantas exposiciones permanentes, entre las cuales para nosotros la mejor es la de *Road to Moon*, con muestras de suelo lunar, o los primeros artefactos que se emplearon en el estudio de nuestro satélite. Ah, dando la bienvenida antes de entrar, una escultura del insigne Henry Moore.

Navy Pier: 600 E. Grand Ave. Tel. (312) 595 PIER. El punto de encuentro de las familias los días de fiesta, y donde tienen lugar bastantes de las actividades que marcan el verano. Son unas diez hectáreas en las que hay un cine IMAX, restaurantes, tiendas, muelle de embarcaciones de recreo, hasta un tíovivo. Todas las noches de verano encienden un castillo de fuegos artificiales.

Pero hay más, como pueden ser la mayor biblioteca municipal del mundo, **HArold Wahington Library Center** (400 S. State St), con unas gárgolas en las esquinas que para qué, y una fachada pelín barroca que es un buen contrapunto al Loop, que el metro pasa a nada de ahí; uno de los grandes almacenes más famosos del país, **Marshall Field's** (Wabash & State Sts.), de finales del siglo pasado, y que tiene un espectacular mosaico de Louis Tiffany en la entrada de Washington & State Sts; el **Chicago Theater** (175 N. State St), el teatro por excelencia de Chicago, con una cafetaría cuya recaudación promociona montajes de obras de compañías jóvenes; el **Auditorium Building** (430 S. Michigan Ave.), donde está la Roosevelt University , que en la II Guerra Mundial fue una gigantesca bolera, y que destaca por el empleo del acero y el hierro forjado en su decoración; fue uno de los primeros rascacielos de la ciudad, obra de los arquitectos Dankmar Alder y Louis Sullivan; pero el más antiguo del mundo, por lo menos entre los tienen la estructura de acero, es **The Rookery** (220 S. Michigan Ave.), finalizado en 1886 bajo la supervisión de Burhman&Root y que cuenta con un vestíbulo que fue diseñado por Frank Lloyd Wright; el **Monadnock Building** (53 W. Jackson Blvd.), el edificio de ladrillo más alto de la ciudad, uno de los más bonitos del *skyline*; la sede de la *Chicago Symphony Orchestra*, **Orchestra Hall** (220 S. Michigan Ave); donde hace de las suyas la *Lyric Opera de Chicago* tampoco está pero nada mal, la **Civic Opera House** es una sala de estilo Art-Deco bajo casi 50 plantas de oficinas en el edificio del mismo nombre (**Civic Opera Building**. 20 N. Wacker Drive); el edificio de 1899 **Carson Pirie Scott** (State & Madison Sts), donde hay que pagar para echar un vistazo a la decoración, pero merece la pena: no en vano está cosiderado como la obra maestra de uno de los grandes nombres de la Escuela de Chicago, Louis Sullivan.

Al norte del Loop

De todo lo que hay una vez habéis cruzado el río, lo más reseñable puede que sea el conjunto formado por la **Water Tower** (N. Michigan Ave. & Pearson St.), y la **Water Tower Pumping Station** (803 N. Michigan Ave., enfrente), que habéis visto en miles de fotografías, no en vano es de lo poco que quedó del incendio devastador de 1871. En la Water Tower hay una pequeña oficina de turismo y una cafetería algo cara, y en lo otro, han hecho una plaza en cuyos bancos se junta gente de todo pelaje, siempre hay alguien tocando un bidón de plástico o una trompeta. Muy cerquita tenéis el **Terra Museum of American Art** (666 N. Michigan Ave. Tel. 312/664 39 39), uno de los pocos museos que encontraréis dedicados exclusivamente al arte estado-unidense, así que es un estupendo botón de muestra del arte; con bastante más renombre dentro y fuera de estas fronteras es el **Museum of Contemporary Art** (237 E. Ontario St. Tel. 312/280 51 61. Abierto toda la semana excepto los lunes de 10 h a 17 h. Entradas: 6$, los martes es gratis), todo obras del siglo XX de todas las tendencias, albergando además de vez en cuando buenas exposiciones temporales

Pero lo primero que váis a ver una vez cruzado el río es la imponente y asomada al río **Chicago Tribune Tower** (435 N. Michigan Ave.), la redacción del periódico del mismo nombre y donde, en un local a la altura de la calle, hay un estudio radiofónico desde donde se emiten programas -y que naturalmente podéis ver, las cristaleras están limpísimas. El edificio es de corte gótico porque el dueño del periódico quiso que diera un aire londinense al río, y de verdad que lo consigue; la faena es que hace poco han descubierto que los cimien-tos se están hundiendo en el lecho del río. Este es el primer hito importante de la Magnificent Mile. Tenéis un edificio bastante bonito de aires barrocos propiedad de una compañía de golosinas, el **Wrigley Building** (400 N. Michigan Ave.). Más espectacular puede pareceros el **John Hancock Center** (875 N. Michigan Ave.), el rascacielos de oficinas más alto del mundo, naturalmente con su correspondiente terraza-observatorio, a casi 400 metros de altura; una de las mejores y mejor dotadas bibliotecas del mundo, la **Newberry Library** (60 W. Walton St. Visitas guiadas y rgatuitas todos los jueves y sábados), donde se atesoran varias docenas de códices europeos; el complejo que han montado aprovechando las viejas instalaciones del puerto recibe el nombre de **Navy Pier**, cita ineludible de los veranos de Chicago, donde hay prácticamente de todo: tiendas, restaurantes, conciertos gratuitos, atracciones, alquileres de bicicletas... agolpado en una franja de terreno de un kilómetro que se mete en el lago. Cerca está un grupo de manzanas convenientemente restaurado para dar cabida a restaurantes y tiendas, el **North Pier Chicago** (435 E. Illinois St). Siguiendo por la Michigan Avenue, llegáis al barrio de copas, que empieza en la esquina de la avenida con la Ontario Street. Además de bares y restaurantes, es considerado uno de los mejores barrios de la ciudad para vivir.

Algo más al norte, lo que es ya propiamente el **North Side**, tenéis el **Lincoln Park**, el parque más grande de todo *Chicagoland* y donde hay un zoo y un invernadero, además de las consabidas instalaciones de alquiler de bicicletas o zonas de picnic. Para saber de primera mano cómo ha evolucionado la ciudad desde todos los aspectos desde el incendio del 1871, nada mejor que darse un garbeo por la **Chicago Historical Society** (N.Clark St.&North Ave. Abierto de lunes a sábados de 9 h 30 a 16 h 30, domingos de 12 h a 17 h). Una de las mayores *calles de artesanos* en todo el país es la **Lill Street**, donde hay docenas de talleres de ceramistas y artistas del barro, aunque los precios sean algo elevados.

Al sur del Loop

El South Side

Con barrios étnicos importantes, como puedan ser el mejicano de Pilsen o el irlandés de Bridgeport, donde está el estadio de los White Sox, la verdad es que esta parte de la ciudad es bastante peligrosa e insegura, así que tened cuidado -aunque los barrios de Hyde Park y la Prairie Avenue no revisten problemas, toda precaución es poca-, aún con éso, presenta dos sitios con bastante interés. Yendo de día exclusivamente a estos sitios no reviste problema, pero que no se os haga tarde; en ése caso, ya estáis tardando en tomar un taxi.

Museum of Science and Industry: S. Lake Shore Dr. & E. 57th St. Tel. (312) 684 14 14. Abierto toda la semana de 9 h 30 a 16 h. Entradas: 7$ adultos, niños 3$50; los martes no se cobra entrada. Con más de 75 salas de exposiciones, esta es la mayor atracción de Chicago en cuanto a número de visitantes.

Prairie Avenue Historic District: en el tramo de esta avenida entre las calles Cullerton y 18th, casi todas las viviendas lo son del siglo pasado, están perfectamente restauradas, incluyendo algunas edificaciones que sobrevivieron al Gran Incendio, como la **Henry B. Clark House**, de 1836, la más antigua de la ciudad. Es una de las zonas más exclusivas de la ciudad.

Alojamiento

Abundante, pero no precisamente económico. En según que temporadas del año, puede ser difícil encontrar una habitación en el centro de Chicago por menos de 100 ó 120$; una buena opción puede ser, si tenéis coche, probar suerte en los moteles de las entradas de las autopistas.

Precio barato

Travelodge Harrison: 65 E. Harrison St. De lo más recomendable de la ciudad, por lo económico y por su ubicación. Aunque esté algo cascadillo, las habitaciones tienen las comodidades básicas y son amplias; hay restaurante, aparcamiento y cuarto de lavadoras.

Essex Inn: 800 S. Michigan Ave. Tels. 939 28 00 y 800 621 69 09. Modesto por fuera, pero la sorpresa viene dentro, como los regalos. 280 habitaciones (algunas adaptadas para discapacitados), con uno de los mejores precios de la ciudad. Restaurante, piscina exterior, gimnasio y aparcamiento.

Hawthorne Terrace: 3434 N. Broadway St. Tels. (773) 244 34 34 y 888 675 BEST. Algo apartado del Loop, pero bien comunicado, pertenece a la cadena Best Western. Es un edificio antiguo con bastante más encanto que otros establecimientos de la cadena, con solo 59 habitaciones. Accesible para sillas de ruedas. Restaurante y gimnasio; desayuno continental incluído en la minuta.

Cass: 640 N. Wabash Ave. Tels. 787 85 44 y 800 787 40 41. El más económico, con una estupenda relación calidad/precio; el problema es que casi siempre está hasta arriba, así que reservad con la suficiente antelación. Restaurante, bar con actuaciones en vivo y aparcamiento.

Best Western Grant Park: 1100 S. Michigan Ave. Tels. 922 29 00 y 800 GRANT PK. Muy bien situado, 172 habitaciones con lo imprescindible. Con el precio, desayuno y prensa incluídos. Gimnasio, restaurante, piscina exterior y aparcamiento cubierto.

Days Inn Lincoln Park North: 644 West Diversey Parkway. Tels. (773) 525 70 10 y 888 LPN DAYS. En una zona muy segura al norte del Loop, es de lo más barato, y tienen además ofertas especiales para estancias semanales; en invierno, los precios descienden a la par que el termómetro. Habitaciones adaptadas para sillas de ruedas. Restaurante.

Precio medio

Blakstone: 636 S. Michigan Ave. Tel. 427 43 00. Uno de los más bonitos, de ésos de corte europeo que llevan aquí desde antes de Capone. El servicio es realmente atento, y la decoración es encantadoramente decadente. Algunas de las 288 habitaciones tienen vistas realmente bonitas del Grant Park, y son las preferidas por muchos de los artistas y demás gente de la farándula que se deja caer por aquí. Las habitaciones más caras son las suites, las dobles rozan el límite de la categoría de precio medio, y si sabéis regatear, pueden entrar dentro de la categoría de precio barato. Restaurante, bar y apar-camiento.

The Seneca: 200 East Chestnut St. Tels. 787 89 00 y 800 800 62 61. Probablemente, el más bonito de toda la ciudad. Se construyó en 1924, y hace poco metieron una gran cantidad de dinero para devolverle el esplendor de antaño, que por lo visto le hacía bastante falta. Hoy está estupendo, con sus vidrieras y habitaciones decoradas en estilo Queen Anne. Tiene tres restaurantes bastante buenos -un italiano, uno de carnes y un déli-, además de aparcamiento y gimnasio al ladito.

Ramada Congress: 520 South Michigan Ave. Tels. 427 38 00 y 800 635 16 66. Asomado al lakefront, su rótulo luminoso lleva décadas iluminando las noches del Skyline. Lo bueno de estas cadenas hoteleras es que siempre tienen ofertas especiales y no tardan mucho en rebajar las tarifas a poco que regatéeis, así que vosotros mismos. Son 840 habitaciones, y tenéis restaurante, bar, aparcamiento y gimnasio. A nosotros, es uno de los que más nos ha gustado.

Best Western Inn of Chicago: 162 E. Ohio St. Tels. 787 31 00 y 800 557 BEST. No es que sea un alarde de originalidad, pero es grande y difícil será que no encontréis habitación. El restaurante está bastante bien, y el bar (Estilo deportivo) cierra tarde y no es caro. Habitaciones adaptadas para discapacitados. Aparcamiento.

Precio caro

Drake: 40 E. Walton Place. Tels. 787 22 00 y 800 55 DRAKE. De los lujosos, pero lujoso de verdad, no sólo en la factura. Hace un par de años se gastaron la intemerata en renovarlo -que ya tenían años sin hacerlo-, y lo dejaron de película. 535 habitaciones y 55 suites (algunas acondicionadas para personas con minusvalías), tres restaurantes, salón de té exclusivísimo, y una pasada de bar. Para bolsillos con profundidad.

Executive Plaza Clarion: 71 E. Wacker Drive. Tels. 346 71 00 y 800 621 40 05. Uno de los que están en primera línea del skyline de Chicago, no puede decepcionar a nadie. Las habitaciones están muy bien decoradas, con mucho buen gusto, y son amplias; las vistas del Lakefront son muy buenas. Gimnasio, restaurante, bar, piscina exterior, y habitaciones adaptadas para minusválidos.

The Talbott: 20 E. Delaware Place. Tels. 944 49 70 y 800 825 26 88. Pequeño, con lo que gana en atención del servicio, y estupendamente situado. Sólo 118 habitaciones y 28 suites; restaurante, desayuno continental incluído en la tarifa, y bar.

Lenox Suites: 616 North Rush & Ontario St. Tels. 337 10 00 y 800 44 LENOX. Viene a salir por unos 150$ la noche -todo incluído-, pero muy bien pagados. El hotel tiene todo el encanto del mejor estilo europeo, las suites están equipadísimas, dejan el periódico en la puerta por la mañana, el servicio es realmente eficiente... dos restaurantes, aparcamiento, gimnasio y bar; habitaciones adaptadas para discapacitados.

Westin River North: 320 North Deaborn St. Tel. 744 19 00. En la parte más moderna del downtown, es un rascacielos de también muy nueva factura y que está considerado como uno de los hoteles más lujosos de toda esta parte del país. Para lo inmenso que es el edificio sólo tiene 422 habitaciones, que están pensadas sobre todo para gente en viaje de negocios, con faxes, conexiones para pc's y cosas por el estilo. Si váis los domingos por la mañana, os encontraréis con uno de los mejores brunchs de Chicago, el Sunday Jazz Brunch, y como su nombre indica está amenizado por una banda de jazz bastante correcta; no es caro, y la calidad de la comida por encima de la media: consecuentemente, se pone hasta arriba. En la terraza del edificio, hay un salón -el Grand Ballroom- que se abre y tiene unas vistas terroríficas. Entre las instalaciones, gimnasio y aparcamiento. Muy recomendable.

Hyatt Regency Chicago: 151 E. Wacker Drive. Tel. 565 12 34. Buena elección, los Hyatt ya sabéis lo que ofrecen. Tienen precios especiales para fines de semana y durante el invierno. El vestíbulo es espectacular, y rara es la noche que no hay una banda tocando -música suave, no os vayáis a pensar. Aunque no estéis alojados, entrad y tomaros un trago en el Hyatt's Big Bar, donde tenéis más de 1.400 bebidas para elegir, y unas vistas de las de quitar el hipo. Habitaciones adaptadas para discapacitados, aparcamiento y restaurante.

Swissôtel Chicago: 323 East Wacker Drive. Tels. 565 05 65 y 800 73 SWISS. Espectacular edificio de cristal el que acoge las casi 700 habitaciones, las de las plantas superiores al alcance de pocos presupuestos. Restaurantes, bar, gimnasio -en la planta 42-, piscina cubierta, aparcamiento y habitaciones para discapacitados.

Restaurantes

Precio barato

Michael Jordan's Restaurant: 500 N. LaSalle St. Tel. 644 38 65. Abierto toda la semana. Se aceptan tarjetas de crédito. Aparcamiento. Accesible para sillas de ruedas. Sólo se aceptan reservas para la cena. La última sensación es este restaurante propiedad del mejor jugador de baloncesto de la historia, el séxtuple campeón de la NBA Michael Jordan. Todo el local, de tres plantas, está consagrado a su figura. La cocina no es mala, pero la gente acide más que nada al reclamo del dueño. El restaurante tiene tres plantas: en la primera está el bar & Grill, en la segunda el salón principal y la tercera está reservada para celebraciones y fiestas privadas. En la carta, lo típico: chuletones y filetes de carne picada, algo de marisco, pasta, hamburguesas y sandwiches. También hay tienda de objetos relacionados con el 23 de los Bulls, a unos precios muy altos.

Buddy Guy's Legends: 754 S. Wabash Ave. Tel. 427 03 33. Abre toda la semana. Se aceptan tarjetas de crédito. Aparcamiento. Propiedad del considerado por muchos mejor guitarrista vivo, la cocina es del Delta, pero lo mejor son las actuaciones de blues que se programan las siete noches de la semana. No es raro ver a al Buddy por aquí, pero más que nada para controlar el negocio, no para tocar.

Gene & Georgetti: 500 N. Franklin St. Tel. 527 37 18. Cierra los domingos. Se aceptan tarjetas de crédito. Acceso para sillas de ruedas. Uno de los restaurantes más antiguos en su especialidad -las carnes-, los fines de semana está hasta arriba, así que no sería mala idea reservar. Esas carnes son de primera y están preparadas al horno, lo mismo que las pizzas o el pollo. Hay algo de marisco, pero no tiene mucho predicamento.

Chicago Chop House: 60 W. Ontario St. Tel. 787 71 00. Abierto toda la semana. Se aceptan tarjetas de crédito. Aparcacoches. La publicidad del local anuncia que el restaurante ha sido votado como el segundo mejor restaurante de carnes del país, y la verdad es que la calidad de las mismas es altísima. Lo que le da nombre tampoco está nada mal.

Bennigan's: 225 N. Michigan Ave. Tel. 938 90 80. Abierto toda la semana. Se aceptan tarjetas de crédito. Acceso para sillas de ruedas. Uno de los populares de esta parte de la avenida Michigan, es relamente cuco pero la cuenta sorprende. La clientela, a base de turistas y jóvenes profesionales de las oficinas de la zona, que toman el local al asalto para el buffet de la tarde, de 17 h a 19 h, a base de platos fríos y pasta. Lo que más nos ha gustado, el centenar largo de marcas de cerveza. Hay otro Bennigans muy cerca, donde sirven muy buenos desayunos y comidas (carnes, pasta, hamburguesas y ensaladas).

Frontera Grill: 455 N. Clark St. Tel. 661 14 34. Cierra los domingos. Se aceptan tarjetas de crédito. Acceso para sillas de ruedas. Muy animado, se sae bastante de los trillados caminos de la inmensa mayoría de restaurantes mejicanos que conocemos. Están las especialidades de siempre, sí, pero también platos menos conocidos pero igual de sabrosos y tradicionales - e incluso picantes, si os descuidáis. Casi todo lo preparan al carbón, lo que le da un punto muy bueno a los tacos, por ejemplo. En la carta siempre hay platos nuevos; en definitiva, recomendabilísimo, aunque según en qué días sea casi imposible pillar una mesa libre.

Maggiano's Little Italy: 516 N. Clark St. Tel. 644 77 00. Abre toda la semana. Se aceptan tarjetas de crédito. Acceso para sillas de ruedas. Decorado tal como lo estaban los restaurantes italianos de

Nueva York antes de la Segunda Guerra Mundial; vamos, que como ambientación para según qué películas, ideal. La carta, pues pizzas, platos típicos de pasta, carnes, sandwiches, pollo, algo de marisco... lo normal por estos pagos, vaya.

Athena: 212 S. Haldsted St. Tel. 655 00 00. Abierto toda la semana. Se aceptan tarjetas de crédito. Acceso para sillas de ruedas. En una zona lo que se dice plagadita de restaurantes griegos -bueno, por algo se le llama Greektown- y salas de teatro, no es el típico negocito de comida montado por emigrantes, sino lo que se dice un auténtico restaurante. Está decorado en plan mediterráneo, con sus maderitas y sus paredes pintadas, y en la carta mucho cordero al horno, pitas y pollo. La cuenta, una auténtica sorpresa.

Uncle Tutunji: 615 N. Wells. Tel. (312) 751 96 00. Cierra los domingos. Aceptan tarjetas de crédito. El local es pequeño pero bonito, y tienen una estupenda comida del medio oriente para que os pongáis las botas. Chuletillas de cordero, falafel, hummos y casi dos docenas de platos exclusivamente vegetarianos.

Arco de Cuchilleros: 3445 N. Halsted St. Tel. (312) 296 60 46. Cierra los lunes. Aceptan tarjetas de crédito. Aunque esté un poco alejado del centro, no dudaréis en ir si os entra mono de tapas muy bien hechas, o platos típicos de nuestra tierra, todo en un ambiente muy castizo. Con una cerveza de más, tendréis shock a la salida -os daréis cuenta de que estáis a 7.000 km del madrileño Arco de Cuchilleros, que dentro uno se olvida.

Gaylord India: 678 N. Clark St. Tel. 664 17 00. Abierto toda la semana. Se aceptan tarjetas de crédito. Acceso para sillas de ruedas. Más económico de lo que pueda parecer, cocina tradicional india: especialidades tandoori, pollo y cordero con muchas especias todo, así se aromatiza el retrete. En serio.

Ann Sather: 929 W. Belmont Ave. Tel. (312) 348 23 78. Abierto toda la semana. Aceptan tarjetas de crédito. Baratísima casa de comidas de barrio, con platos tanto americanos (hamburgesas, por ejemplo) como suecos, oís bien (pescado fresco, carne de buey o repostería). Suele estar hasta arriba por lo económico y por la calidad, a lo que vosotros deberéis sumar lo exótico (no hay muchos restaurantes de este corte por nuestros ibéricos predios).

Precio medio

Russian Tea Time: 77 E. Adams St. Tel. 360 00 00. Abierto toda la semana. Imprescindible reservar. Se aceptan tarjetas de crédito. Acceso para sillas de ruedas. Aparcamiento. En una de las mejores esquinas de la avenida Michigan, aquí se viene la gente después de un concierto de la Sinfónica -siempre que hayan reservado antes, claro. La decoaración es exquisita, lo mismo que el servicio, y todo está cuidado al detalle, desde los manteles bordados a mano a la vajilla. La carta, pues de cocina rusa algo sofisticada, pero con fondo tradicional: destacan los postres y las selecciones de vodkas y caviares. Si no os pasáis, no sale lo que se dice nada caro; la misma comanda os saldría en España mínimo por el doble. Cuando menos gente hay son los días de entre semana al mediodía, así que probad suerte. No os defraudará.

Berghoff: 17 W. Adams St. Tel. (312) 427 31 70. Cierra los domingos. Aceptan tarjetas de crédito. En todo el centro del Loop está este figón de corte alemán, bien bonito, que sigue bajo la dirección de la familia que le fundó allá por 1898. La barra está particularmente concurrida, hay decenas de marcas de cerveza y además muy bien tirada. En la carta, todo alemán: sauerbraten, wienerscchnitzel, cosas por el estilo. La calidad está fuera de toda duda, y las raciones son para quedar bien cumplidos.

Su Casa: 49 E. Ontario St. Tel. (312) 943 40 41. Abierto toda la semana. Aceptan tarjetas de crédito. Precioso y pequeño, aunque hay concesiones a la comercialidad -léase nachos y otros platos tradicionales-, aquí la gracia reside en probar otros menos vistos, como puedan ser pollo poblano o marisco a la verocruzana.

Sole Mio: 917 W. Armitage Ave. Tel. (312) 477 58 58. Cierra viernes, sábados y domingos al mediodía. Aceptan tarjetas de crédito. En Lincoln Park, perfecto para ir preparando el estómago para la posterior excursión etílica por los bares del barrio. Además, aquí hay barra de bar, y en las mesas podéis comer chuleton de buey a la parrilla, ravioli de champiñones con salsa Gargonzola o ppapardelle verdi al prosciutto. Los viernes y sábados, hasta arriba.

Precio alto

Everest: 440 S. La Salle St., en la 40 planta del Midwest Stock Exchange. Tel. (312) 663 89 20. Cierra domingos y lunes. Aceptan tarjetas de crédito. Imprescindible llevar chaqueta y reservar mesa con antelación. Unánimemente reconocido como el mejor restaurante de la ciudad, lo que equivale decir uno de los mejores del país. Las vistas son espectaculares, lo mismo que la decoración, de aires art-deco con toques africanos en los murales de las paredes, o la lista de comensales famosos. La cocina que propone su dueño y jefe de cocina Jean Joho es francesa moderna, con bastantes toques creativos y, en algunas especialidades, aires alsacianos, su provincia natal. Hay un menú degustación de ocho platos que sale por 76$, y otro que sólo sirven de 17 h 30 a 18 h 30, con tres platos, por 39$; todo esto, fuera de impuestos y sin añadir la bebida. Todas las materias primas son de primera calidad; sin ir más lejos, todas las carnes lo son de animales criados en granjas, nada de grandes explotaciones ganaderas. Los platos estrella son el cordero de Pennsylvannia al horno, tournedos de cabillaud de petite pêche au Pinot Noir d'Alsace, o soufflè de salmón. La carta de vinos es extensísima, habiendo incluso varios caldos españoles; la repostería, antiquísimas recetas alsacianas. Un lujo para los sentidos.

Charles Trotter's: 816 W. Armitage Ave. Tel. (312) 248 62 28. Sólo abre para las cenas, y cierra domingos y lunes. Se aceptan tarjetas de crédito. No se permite fumar. Uno de los nuevos locales que más fuerte están pegando en Chicago de un tiempo a esta parte y muy frecuentado por profesionales jóvenes, que casi se pegan y esperan seis meses por cenar en la pequeña mesa que tienen en la misma cocina, y donde pueden ver cómo el dueño y chef, Charlie Trotter, se marca sus especialidades de cocina estadounidense con ligeras influencias galas y asiáticas: terrina de queso, escalope de pincho a la plancha o chuletón de buey. Buena lista de vinos.

Spiaggia: 980 N. Michigan Ave., en la segunda planta del One Magnificent Mile Building. Tel. (312) 280 27 50. Cierra domingos al mediodía. Imprescindible llevar chaqueta para la cena, y reservar mesa. Se aceptan tarjetas de crédito. Estupenda cocina tradicional del norte de Italia, en un restaurante super-elegante, con arcos de mármol de Carrara por todas partes y un atrio de dos alturas por la que entra la luz que filtran los ventanales de diez metros que, además, proporcionan buenas vistas del lago Michigan. Especialidades: pastas a tutiplén, pescado fresco y repostería tradicional. Bastante más económico e informal es el local de la puerta de al lado, el *Spiaggia Cafe*, donde sirven ya platos italianos más conocidos, pero igualmente de muy buena calidad.

Nick's Fishermarket: One First National Plaza. Tel. 621 02 00. Cierra los domingos. Imprescindible reservar. Aparcamiento. Aceptan tarjetas de crédito. Acceso para sillas de ruedas. Uno de los preferidos por los altos ejecutivos de la ciudad, es uno de los mejor decorados restaurantes de Chicago, aunque la carta no es precisamente muy original: mariscos y carnes al modo tradicional, la calidad de las materias primas es excelente. Las cenas son convenientemente amenizadas, y en el piano bar hay actuaciones casi todas las noches. Si váis, hacedlo vestidos *como Dios manda*; de lo contrario, de la puerta no pasáis.

Capitol Grille: 633 N. St. Clair St. Tel. 337 94 00. Cierra sábados y domingos por la noche. Aceptan tarjetas de crédito. Acceso para sillas de rueds. Se recomienda reservar. Aquí no hay más que carnes, pero qué carnes y de qué manera: steak au poivre, veal chop y algo de marisco, de donde sobresalen las baby lobster. Estupenda carta de vinos.

Blackhawk Lodge: 41 E. Superior St. Tel. 280 40 80. Cierra sábados por la noche. Aceptan tarjetas de crédito. Se recomienda reservar. Acceso para sillas de ruedas. La decoración recuerda más a una de esas cabañas de los lagos que a otra cosa, pero aquí tienen a gala servir la mejor cocina regional de todo Chicago. Especialidades tradicionales en buenas raciones: solomillo ahumado con salsa de bourbon, costillas a la barbacoa, o cheese grits. La carta de vinos es bastante amplia, con predominio de caldos de California y alguno que otro sudamericano e italiano. Los viernes por la noche, hasta la bandera.

Blackbird: 619 W. Randolph St. Tel. 715 07 08. Cierra sábados al mediodía y domingos. Aceptan tarjetas de crédito. Acceso para sillas de ruedas. Se recomienda reservar. Sólo se permite fumar en la barra del bar. El jefe de cocina es uno de los más populares de por aquí, Paul Kahan, que juega con recetas tradicionales amaericanas y les da un resultado muy personal: ahi tuna tartare, pot-au-feu, o caldo de pescado son las especialidades más destacadas.

Las compras

Dos son los sitios donde se concentran las mejores tiendas de Chicago: el tramo de la Michigan Avenue conocido como la *Magnificent Mile,* y las siete manzanas de *State Street* que están incrustadas en el Loop.

Antiguedades

Antique Resources: 1741 W. Belmont Ave. Tel. (773) 871 42 42. Cierra domingos y lunes. Especializados en mobiliario de los siglos XVII al XIX.

Lincoln Antique Mall: 3141 N. Lincoln Ave. Tel. (773) 244 14 40. Abierto toda la semana de 11 h a 19 h.

Wrigleyville Antique Mall: 3336 N. Clark St. Tel. (773) 868 02 85.

Centros comerciales

Chicago Place: 700 N. Michigan Ave. Tel. (312) 266 77 10. Abierto de lunes a viernes de 10 h a 19 h, sábados de 10 h a 18 h, domingos de 12 h a 17 h.

Water Tower Place: 845 N. Michigan Ave. Tel. (312) 440 31 65. Abierto de lunes a viernes de 10 h a 20 h, sábados hasta las 18 h, domingos de 11 h a 18 h.

The Atrium Mall: 100 W. Randolph St. Tel. (312) 346 07 77. Abierto los días laborables de 8 h a 18 h, sábados de 11 h a 16 h.

River East Plaza: 435 E. Illinois St. Tel. (312) 836 43 00. Abierto de lunes a viernes de 10 h a 21 h, sábados hasta las 19 h, los domingos de 11 h a 18 h.

900 North Michigan Shops: 900 N. Michigan Ave. Tel. (312) 915 39 35. Tiene el mismo horario que el anterior.

The Chicago Music Mart at DePaul Center: 333 S. State St. Tel. (312) 362 67 00.

Shops at the Mart: 222 Merchandise Mart Plaza. Tel. (312) 527 79 90. Abierto de lunes a viernes de 9 h a 18 h, sábados de 10 h a 17 h.

Grandes almacenes
Bloomingdale's: 900 N. Michigan Ave. Tel. (312) 440 44 60. La sucursal en la ciudad de los celebérrimos almacenes neoyorquinos.
Carson Pirie Scott and Company: 1 S. State St. Tel. (312) 641 70 00. Además de una estupenda tienda, uno de los edificios más bonitos de la ciudad.
Marshall Field's: 835 N. Michigan Ave. Tel. (312) 335 77 00. 111 N. State St. Tel. (312) 335 77 00.
Saks Fifth Avenue: 700 N. Michigan Ave. Tel. (312) 944 65 00. Abierto de lunes a sábados de 10 h a 19 h, domingos de 12 h a 18 h.

Grandes tiendas de descuento (Outlet Factories)
Lands End: 2121 N. Clybourn Ave. Tel. (773) 281 09 00. Abierto de lunes a viernes de 10 h a 21 h, los sábados hasta las 18 h, y los domingos de 11 h a 17 h.

Otros comercios curiosos
NikeTown Chicago: 669 N. Michigan Ave. Tel. (312) 642 63 63. Abierto toda la semana de 10 h a 20 h. La tienda Nike más grande del mundo.

Actividades y espectáculos

Carreras de caballos
Varios hipódromos en los que dejarse los cuartos por *La Joya de Springfield*: dos en la cercana población de **Cicero**, el *Hawthorne Race Course* (3501 S. Laramie) y el *Sportman's Park* (3301 S. Laramie); el mejor y más coqueto de los hipódromos de Chicagoland es el *Arlington International Racecourse* (Arlington Heights, en el cruce de la I-290 & SR 53; tel. (708) 255 43 00). Hay carreras seis días a la semana de principios de mayo hasta principios de octubre.

Deportes profesionales
Varios de los mejores equipos del país en casi todas las disciplinas están asentado en la *Windy City*. En cuanto al **fútbol americano**, la temporada de los *Chicago Bears* transcurre de septiembre a diciembre. Juegan en el *Soldier Field* (tel. (847) 615 23 27). En **hockey sobre hielo** están los *Chicago Blackhawk*, juegan en el United Center de noviembre a abril, y han ganado la Stanley Cup en varias ocasiones; en **béisbol** tenéis dos de los más míticos equipos de las ligas mayores, los *Cubs* (Wrigley Field. N. Clark & W. Adisson Sts. Tel. (312) 404 28 27), el equipo del excelente *toletero* dominicano Sammy Sosa, y los *White Sox* (Comiskey Park, 333 W. 35th St. Tel. (312) 924 10 00). La temporada regular, de abril a septiembre. En **fútbol**, los *Chicago Fire* (Soldier Field); y en **baloncesto**, uno de los mejores equipos de la

historia, sino el mejor, los **Bulls** (United Center, 1800 W. Madison St. Tel. (312) 559 12 12). Para conseguir entradas para cualquiera de estos equipos, lo mejor es que vayáis temprano a las canchas o recurráis a una de las agencias especializadas.

Festivales y eventos

Como cabe esperar, de todo y para todos los gustos. Qué mejor para empezar el año que celebrarlo al *chinese way* en el barrio de Chinatown, que se pone hasta arriba con esto del **Chinese New Year Festival**. En **febrero**, están las celebraciones del **Black History Month**, así como el **Chicago Folk Festival**, que organiza la universidad de Chicago y que tiene lugar en sus instalaciones, canitada de grupos regionales de lo más diverso de la américa profunda, y la misma cosa con las comida regionales; el día de los irlandeses llega naturalmente en marzo, cuando los centenares de miles de chicagianos con sangre de la Brava Eire en las venas inundan todita la ciudad en honor de San Patricio en el **Saint Patrick's Day**. Lo más espectacaular es el desfile, que tiene lugar todos los 17 de marzo a lo largo de la avenida Dearborn, con salida en Wacker Drive y final en el Van Buren Boulevard. En el mes de las aguas mil, algo no muy recomendable para alérgicos: el **Easter Flower Festival**, en el Garfield Park Conservatory, y para sorprenderos u poco acudir a la representación del **Vía Crucis** en el barrio mexicano, donde también el 5 de mayo se rememora la expulsión de los franceses de la tierra de Juárez. El preimer fin de semana de ese mismo mes comienza uno de los mejores festivales teatrales al aire libe del mundo, el **International Theater Festival**.

Si os gusta la buena música, junio es vustro mes: hasta arriba de buenísimas bandas los garitos y los parques mientras tienen lugar el **Gospel Festival** y el **Chicago Blues Festival**; arte en las calles del barrio de Lincoln Park puede ser adquirido, amenizado por los grupos musicales y los chiringuitos de rigor, en la semana del **Old Town Art Fair**; y en las aceras del South Loop lo miso pero con libros de segunda mano y más o menos antiguos, lo que se ha dado en llamar el **Printer's Row Books Fair**. En el puente del 4 de julio no pueden faltar impresioantes castillos de fuegos artificiales, especialmente la noche señalada, con la orquesta de la ciudad tocando piezas sincronizadas con los estallidos, entre las que destaca la obertura 1812. Por las mismas fechas, también podéis soltaros la melena, poneros un par de botas de esas de cuero repujado y cimbrearos al ritmo de la slide guitar con las actuaciones del Chicago **Country Music Festival**.

Con el mismo fervor popular se celebrar el puente del Labor Day, a primeros de septiembre: **Viva Chicago!**, en el Grant Park donde la comunidad latina muestra sus armas musicales durante un par de días, el **Chicago Jazz Festival**, los cuatro días de fiesta, donde tocan tanto novles como figuras consagradas, y una especie de **Oktoberfest** organizada por el Berghoff (ver el apartado de restaurantes) cuyo vistoso desfile tiene lugar en la Deabron Avenue, entre las calles State y Adams. Ya el último fin de semana de septiembre es que podéis ver las últimas películas en español en el **Latino Film Festival**, aunque no puede decirse que el cine patrio tenga mucho interés en venir por aquí. En agosto, lo más destacados son los désfiles de góndolas que hay en el Monroe Street Harbor, el **Venetian Night Parade**, y un desfile que se hace en honor de los niños que repartían periódicos a principios de siglo (sacado de Erase una vez en América), el **Bud Billinken Day Parade**, por las principales arterias del South Side.

Nuestro día de la Hispanidad es el día en el que tiene lugar otro espectacular desfile, el del **Columnbus Day** por las calles del Loop, y a finales de mes se celebra el reputado **Chicago International Film Festival**, dos semanas con estrellas y estrellados. En noviembre comienza el **Michigan Avenue Holiday Lights Festival**, carruajes y fuegos artificales en la Magnificent Mile. Luego, en las navidades, hay representaciones en los treatros de cosas navideñas, y así.

Salas de cine

62nd & Western: 2258 W. 62nd St. Tel. (773) 476 49 59.
600 N. Michigan: 600 N. Michigan. Tel. (312) 255 93 40.
900 N. Michigan: 900 N. Michigan. Tel. (312) 787 19 88.
Biograph: 2443 N. Linoln. Tel. (773) 348 41 23.
Bricktown Square: 6420 W. Fullerton. Tel. (312) 739 60 83.
Brew & View: 3145 N. Sheffield. Tel. (312) 618 VIEW.
Broadway: 3175 N. Broadway. Tel. (773) 327 41 14.
Burham Plaza: 826 S. Wabash. Tel. (312) 922 10 90.
Chatam: 210 W. 87th St. Tel. (773) 783 87 11.
Esquire: 58 E. Oak. Tel. (312) 280 01 01.
Facets: 1517 W. Fullerton. Tel. (773) 281 41 14.
Fine Arts: 418 W. Michigan Ave. Tel. (312) 939 37 00.
Hyde Park: 5238 S. Harper. Tel. (773) 288 49 00.
Lawndale: 3330 W. Roosevelt. Tel. (773) 265 10 10.
Lincoln Village: 6341 N. McCormick. Tel. (773) 604 47 47.
Logan: 2646 N. Milwaukee. Tel. (773) 252 06 27.
McClurg Court: 330 E. Ohio. Tel. (312) 642 07 23.
Music Box: 3733 N. Southport. Tel. (773) 871 66 04.
Navy Pier Imax: 660 E. Grand. Tel. (312) 595 00 90.
Piper's Alley: Wells at North. Tel. (312) 642 75 00.
Plaza: 3343 W. Devon. Tel. (773) 539 31 00.
Three Penny: 2424 N. Lincoln. Tel. (773) 935 57 44.
Village: 1548 N. Clark. Tel. (312) 642 24 03.
Village North: 6746 N. Sheridan. Tel. (773) 764 91 00.
Water Tower Place: 845 N. Michigan Ave. Tel. (312) 649 57 90.
Webster Place: 1471 W. Webster. Tel. (773) 327 31 00.

Salas de teatro

About Face Theatre: 3212 N. Broadway. Tel. (773) 549 79 43.

Apple Tree Theatre: 595 Elm Place, Highland Park. Tel. (847) 432 82 23.

Aragon Entertainment Center: 1106 W. Lawrence Ave. Tel. (773) 561 95 00.

Auditorium Theatre: 50 E. Congress Pkwy. Tel. 902 15 00.

Bailiwick Repertory: 1229 W. Belmont. Tel. (773) 883 10 90.

Black Essemble Theater: 4520 N. Beacon. Tel. (773) 769 44 51.

Briar Street Theatre: 3133 N. HAlsted St. Tel. (773) 348 40 00.

Chicago Dramatists Workshop: 1105 W. Chicago Ave. Tel. 409 80 12, ext. 1.

Civic Opera House: 20 N. Wacker Drive. Tel. 902 15 00.

ComedySportz: 3209 N. Halsted St. Tel. (773) 549 80 80.

The Drama Group: 330 W. 202nd St., Chicago Heights. Tel. (708) 755 34 44.

Drury Lane Theatre: 2500 W. 95th St., Evergreen Park. Tel. (708) 422 04 04.

ETA Creative Arts Foundation, Inc.: 7558 S. Chicago Ave. Tel. (773) 752 39 55.

Fleetwood - Jourdain Theatre: 2010 Dewey Ave. Tel. (847) 328 57 40.

Ford Center for the Performing Arts: 24 W. Randolph St. Tel. 855 94 00.

Goodman Theatre: 200 S. Columbus Drive. Tel. 443 38 00.

ImprovOlimpic: 3541 N. Clark St. Tel. (773) 880 01 99.

Ivanhoe Theater: 750 W. Wellington. Tel. (773) 975 71 71.

Lifeline Theatre: 6912 N. Glenwood Ave. Tel. (773) 761 06 67.

Live Bait Theater: 3914 N. Clark St. Tel. (773) 871 12 12.

Marriot Lincolnshire Theatre: 10 Marriot Drive, Lincolnshire. Tel. (847) 634 02 00.

Mayfair Theatre: 636 S. Michigan Ave. Tel. 786 91 20.

Mercury Theater: 3745 N. Southport. Tel. (773) 325 17 00.

Northlight Theatre: 9501 N. Skokie Blvd. Tel. (847) 679 95 01.

Organic Touchstone Company: 2851 N. Halstedt. Tel. (773) 404 47 00.

Porchlight Theatre: Anthenaeum Theatre, 2936 N. Southport Ave. Tel. (773) 871 30 00.

Roadworks Productions: 2257 N. Lincoln Ave. Tel. (773) 871 30 00.

Royal George Theatre Center: 1641 N. Halstadt St. Tel. 988 90 00.

The Second City: 1616 N. Wells St. Tel. 337 39 92.

Shakespeare Repertory Theater: 1016 N. Dearborn St. Tel. 642 22 73.

The Shubert Theatre: 22 W. Monroe St. Tel. 902 15 00.

Stage Left Theatre: 3408 N. Sheffield Ave. Tel. (773) 878 36 32.

Steppenwolf Theatre Company: 1650 N. Haldsted St. Tel. 335 16 50.

The Theatre Building: 1225 W. Belmont Ave. Tel. (773) 327 52 52.

Victory Gardens Theater: 2257 N. Lincoln Ave. Tel. (773) 871 30 00.

La marcha de *My Sweet Home, Chicago*

Clubes

Alumni Club (15 W. Division), lugar para los yupiies, sólo cobran entrada los viernes y sábados; **Spy Bar** (646 N. Franklin), tranquilote, para charlar, cierra tarde, a éso de las 4 ó 5 de la mañana, se cobra entrada; **151** (151 W. Ohio), muy parecido al anterior, también en lo de los horarios; **Karma** (318 W. Grand), perfecto para el *dansin*, tres plantas con música muy ecléctica; **Faces** (223 W. Ontario), mucho más cañero, se cobra entrada los fines de semana; **The Loft** (925 W. Chicago Ave.), en plan parejitas, el restaurante es inmenso pero llevan muy buenas bandas; **Illusion's** (157 W. Ontario), propiedad del *gusano* Dennis Rodman, bastante de moda por la fauna que lo frecuenta, entre la que no falta imitadores de Elvis; **Elixir** (325 N. Jefferson), dos plantas para menear el esqueleto a base de hip-hop, cierra a las tantas y se cobra entrada; **Cotton Club** (1710 S. Michigan), pensado para que los turistas se dejen 10 machacantes en la entrada para ver esta perfecta recreación de un club de los años de la prohibición; **Crobar** (1543 N. Kingsbury) sin duda el más destacable, en plena fábrica y hasta arriba todas las noches, por más que cobren 15 pavos al entrar, cuando os vayáis tomad un taxi que la zona no es muy tranquila que digamos; y el no menos celebérrimo **Polly Esther's** (213 W. Institute), un poco de todo y muy espectacular; carillo, y cierra pronto excepto los viernes.

Tabernas

Celtic Crossings (751 N. Clark), todas las noches actuaciones de grupos irladenses, no hay una sola televisión en el local; abre toda la semana y no cierra hasta las 3 h; **Brehon Pub** (731 N. Wells), también en plan irlandés, muy animado a las tantas.

OAK PARK

Esta localidad, parte del Chicago metropolitano o Chicagoland, es uno de los suburbios más encantadores.

La visita

Ernest Heminghay Birthplace: 339 N. Oak Park Ave. Tel. (708) 848 22 22. Abierto miércoles, viernes y domingos de 13 h a 17 h, sábados desde las 10 h. Entradas: 6$adultos, 4$50 niños; son válidas también para el museo. En esta estupenda mansión victoriana vio la luz por primera vez uno de los mejores escritores del siglo, el 21 de julio de 1889. La casa era propiedad de su abuela materna, y Hemingway vivió aquí hasta los seis años. La mansión está lo que se dice plagadita de recuerdos de la niñez del escritor, fotografías, vídeos sobre la hsitoria de aqullos finales del siglo pasado y mobiliario de época, todo en un marco muy bien cuidado.

Ernest Hemingway Museum: 200 N. Oak Park Ave. Tel. (708) 848 22 22. Mismo horario que la casa natal. Entradas: 4$ adultos, 3$ niños. Muy imponente, tanto por dentro como por fuera, donde las exposiciones se centran en los primeros veinte años de vida del escritor. Algunas de estas exposiciones son fijas, como las dedicadas a su educación en escuelas de la zona o de su participación en la Primera Guerra Mundial y Segunda, o su trabajo para la industria del cine. La tienda, un paraíso para los mintómanos.

Frank Lloyd Wrigth Home and Studio Foundation: 951 Chicago Ave. Tel. (708) 848 19 76. Abierto toda la semana de 11 h a 15 h. Entradas: 8$ adultos, 6$ niños entre 7 y 18 años. La casa y estudio de uno de los más renombrados arquitectos del país.

Moore - Dugal Home: 333 N. Forest Ave. Tel. (708) 848 15 00. Abierto de abril a octubre, viernes y sábados de 10 h 30 a 16 h 30, los domingos no abren hasta las 12 h 30. Entradas: 10$. Esta vivienda espectacular fue el primer encargo que recibió Lloyd Wright tras dejar la firma de arquitectos para la que trabajaba. El diseño era más bien clásico, pero como un fuego casi la destrozó por completo en 1922, Wright la reconstruyó inspirándose en el estilo *English half-timber*, pero el interior es 100% Wright.

Untity Temple: 875 Lake St. Tel. (708) 383 88 73. Abierto de lunes a viernes de 13 h a 16 h, en verano de 10 h a 17 h. Entradas: 4$ adultos, 3$ niños. Acceso para sillas de ruedas. Uno de los trabajos preferidos por el propio Wright, y no es para menos. La iglesia es pequeña, de acuerdo, pero toda una obra maestra del uso de los materiales y de la iluminación natural, que entra por cristales más pequeños de lo que la claridad resultante hace pensar. Fue diseñada en 1905 y terminada en 1909.

Alojamiento

The Carleton of Oak Park: 1110 Pleasant St. Tel. (708) 848 50 00. Establecimiento muy tradicional, de esos sitios con solera. 129 habitaciones, algunas adaptadas para discapacitados, restaurante y bar. Precio barato/medio.

Write Inn: 211 N. Oak Park Ave. Tel. (708) 383 48 00. Bien bonito, todas y cada una de las 64 habitaciones están decoradas en plan años 20, le da mucho calor. Está situado en una de las zonas más animadas de la ciudad. Tres habitaciones adaptadas para discapacitados. Precio barato/medio.

Un par de sitios para comer algo
Emilio's Tapas Bar Restaurant: 4100 W. Roosevelt Road. Tel. (708) 547 71 77. Abierto toda la semana. Aceptan tarjetas de crédito. Uno de los mejores lugares al Este del Mississippi para degustar unas raciones como las que Dios manda, y las que estamos acostumbrados. Son generosas en la cantidad y muy sabrosas. Precio barato/medio.
Geppetto's: 113 N. Oak Park Ave. Tel. (708) 386 92 00. Abierto toda la semana. Aceptan tarjetas de crédito. Cocina italiana muy tradicional, además de ensaladas y sandwiches. Precio barato.

SPRINGFIELD

La capital del estado, que lo es desde 1837, es una ciudad apacible, tranquila, con ese aire de pseudo-acadia que se ve de cuando en cuando por esta parte del país y que tanto extrañan los estadounidenses. El hijo de Springfield por excelencia no es otro que el mismísimo Abraham Lincoln, que vivió aquí durante 25 años, ejerció como abogado, se casó, y aquí está enterrado.

Datos útiles

Cómo llegar

En tren
La estación del **AMTRAK**, la tenéis en la esquina de las calles 3 y Washington. Abre de 6 h a 19 h 30, y hay trenes diarios con Chicago y con Saint Louis. Tel. (217) 753 20 13.

En autobús
Algo apartada del centro de la ciudad se encuentra la terminal -bueno, *terminalilla*- de la **Greyhound** (2351 South Dirksen Pkwy. Tel. (217) 544 84 66). Autobuses a Chicago, Saint Louis, Indianapolis y Bloomington. Entre semana, abierta de 9 h a 21 h, los fines de semana echan la llave a media tarde.

Información turística
Springfield Convention and Visitors Bureau: 109 North 7th St. Tels. (217) 789 23 60 y 1 800 545 73 00. Abierto de lunes a viernes de 8 h a 17 h.

Moviéndose dentro de la ciudad
Los autobuses municipales se menean toda la semana de 6 h a 18 h; el precio del billete es de 75ç, y los pases de transbordo gratuítos. Luego tenéis un tranvía que recorre el centro de la ciudad

Springfield (Illinois)

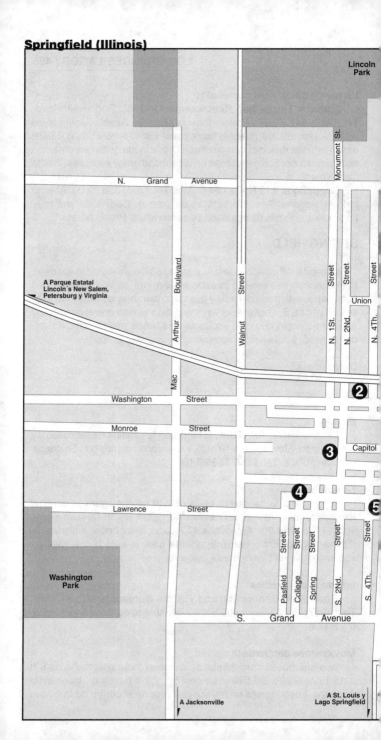

Lincoln Park

N. Grand Avenue

Monument St.

Boulevard

Arthur

Walnut Street

Street

Street

Street

N. 1St.

N. 2Nd.

N. 4Th.

Union

A Parque Estatal
Lincoln´s New Salem,
Petersburg y Virginia

Mac

❷

Washington Street

Monroe Street

❸ Capitol

❹

❺

Lawrence Street

Washington
Park

Pastfield Street

College Street

Spring Street

S. 2Nd. Street

S. 4Th. Street

S. Grand Avenue

A Jacksonville

A St. Louis y
Lago Springfield

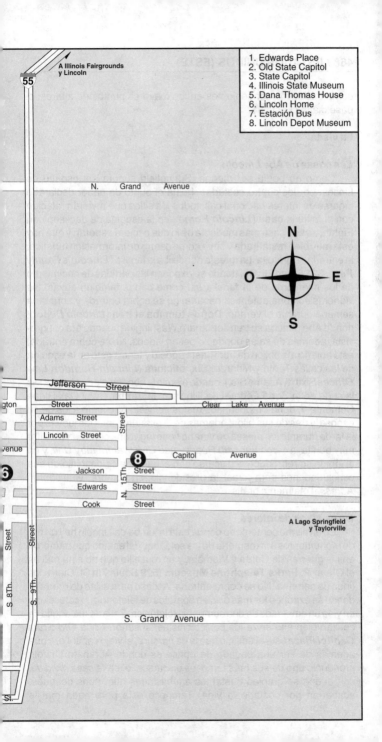

con paradas mu convenientes en los mayores puntos de interés; el pase diario cuesta 8$.

La visita

Las cosas de Abe Lincoln

Como no podía ser menos, Springfield supura del espíritu de Lincoln por los cuatro costados, hasta el punto de haber declarado lugares de interés nacional casi todos los sitios que tuvieran relación con el mito: la **casa** (*Lincoln Home*), en la esquina de Jackson con Eighth, es una casa más modesta de lo que cupiera esperar, y que hoy está muy bien restaurada y sirve como centro de información turística; la entrada es gratuita. La **iglesia** dónde iba la familia (*Lincoln's Family Pew*), 321 South 7th St., donde se exponen las partidas de nacimiento de los miembros de la familia así como cartas también suyas; las vidrieras son una auténtica pasada, no se cobra entrada y abre toda semana durante el verano. **Donde tomaba el tren** (*Lincoln Depot*), donde Abe tomaba su tren semanal a Washington cuando era congresista, además de salas donde se pasan vídeos. No se cobra entrada, está abierto al público de abril hasta agosto y tenéis esto en la esquina de las calles Tenth y Monroe. Sus **oficinas** (*Lincoln-Herndon Law Offices* Sixth & Adams Sts.), donde ejerció la abogacía y que llegó a ser la sede de la Corte Federal de Illinois. Y **la tumba**, en el Oak Ridge Cementery, donde reposan los restos del viejo Abe junto a los de su esposa y tres de sus hijos; además de la estatua, todos los jueves por la tarde durante los meses de verano tiene lugar una ceremonia militar muy bonita, a cargo del *14th Reactivated Civil War Infantry Unit,* y en la lápida se reproduce el discurso con el que Abe se despidió de sus conciudadanos para tomar la presidencia; su nombre, *Gettisburgh Adress.* Totalmente gratis.

Otros sitios de interés

En el mismo cementerio donde está la tumba de Lincoln hay un par de monumentos a la memoria de los soldados del estado que murieron en las guerras de Corea y Vietnam; y un museillo que no está mal es el **Oliver P. Parks Telephone Museum** (529 South 7th St. Cierra los fines de semana. No se cobra entrada. Acceso para sillas de ruedas), donde se exponen los más de cien aparatos de teléfono que coleccionó en vida un empleado de una compañía telefónica. Esos de malaquita se cotizan bien alto entre los coleccionistas, sí señor. En la *Old State Capitol Plaza* está el edificio que le da nombre, el viejo capitolio, y que además de ser una pasada de bonito es donde Abraham Lincoln pronunció uno de sus más famosos discursos, el de *la casa dividida*, con el que se granjeó bastantes enemistades que, años después, acabarían por costarle la vida. Tampoco está pero nada mal la

Executive Mansion (5th & Jackson Sts.), la casa que no es casa sino casi palacio donde viven los gobernadores de Illinois, y que podéis visitar todos los martes, jueves y sábados por la mañana. La entrada es gratuita, y accesible para las sillas de ruedas. Otros lugares interesantes en Springfield son:

Dana Thomas House State Historic Site: 301 East Lawrence. Tel. (217) 782 67 76. Abierto de miércoles a domingos de 9 h a 16 h. Entradas: 3$, menores de 13 años sólo 1 machacante. Acceso para sillas de ruedas. Probablemente, el mejor conservado y uno de los más bonitos trabajos de Frank Lloyd Wright que podéis encontrar en todo el país. Fue construida en 1904 por encargo de una política, Susan Lawrence Dana. Pero no es sólo el tratamiento magistral de los volúmenes lo que hace interesantísima la visita; es que, además, dentro de la vivienda hay más de un centenar de muebles diseñados por Wright, amén de lámparas y demás complementos también suyos. A cada hora en punto, visita guiada. Lo más recomendable para visitar en todo Springfield.

Grand Army of the Republican Museum: 629 South Seventh. Tel. (217) 522 43 73. Cierra domingos, lunes y el mes de diciembre. No se cobra entrada. Buena colección de artefactos y objetos de la Guerra Civil estadounidense, además de fotografías y exposiciones. En su género, no está nada mal.

Illinois State Museum: Spring & Edwards Sts. Tel. (217) 782 73 86. Abierto toda la semana de 10 h a 17 h. No se cobra entrada. Acceso para sillas de ruedas. Un poco de todo en este museo estatal, para no salirse de la norma no escrita de los desvanes de la abuela, en cuyas tres plantas podéis encontrar desde salas dedicadas a las culturas nativas del estado a restos gigantescos de fieras de la prehistoria -dinosaurios, vaya.

Alojamiento

Bed & Breakfast

Henry Mischler House: 802 East Edwards. Tel. (217) 523 02 05 y (217) 525 26 60. Vivienda del siglo pasado de corte ligeramente renacentista con tres habitaciones y una suite muy puesta ella. Los dueños también han montado una especie de sala de té donde siempre hay algo para picar. Precio barato-medio.

Inn on Edwards: 810 East Edwards. Tel. (217) 528 02 40. Pegadito al anterior, es sensiblemente más económico, y la amabilidad del dueño o lo bonito de la decoración no difieren en casi nada. Cuatro habitaciones cada una con su baño; no dejan fumar. Precio barato.

The Inn at 835: 835 South 2nd St. Tel. (217) 523 44 66. Muy lujoso. Las ocho preciosísimas habitaciones tienen baño completo con jacuzzi y balcones; el desayuno es una pasada -sirven incluso tabla de quesos y vinos-, y es preferible a la estancia en cualquiera de los hoteles, al menos para nosotros. Si en temporada baja, precio barato; si en la alta, puede entrar en la categoría de medio/caro.

Hoteles

Precio barato

Comfort Inn: 3442 Freedom Dr. Tels. (217) 787 22 50 y 1 800 228 51 50. De lo más económico, incluso las suites, que están bastante equipadas. Sólo 66 habitaciones, algunas adaptadas para discapitados. Piscina al aire libre, como es costumbre en este tipo de establecimientos. Ah, a lo largo de esta carretera tenéis un buen puñado de hoteles y moteles, así que no será por la variedad...

Mansion View Inn & Suites: 529 South 4th St. Tels. (217) 544 74 11 y 1 800 252 10 83. Bien situado, estupenda relación calidad/precio. En las suites cabéis por lo menos cuatro, sin pagar suplemento.Con 93 habitaciones, accesible para sillas de ruedas.

Precio alto

Springfield Hilton: 700 East Adams St. Tels. (217) 789 15 30 y 1 800 HILTONS. Pues eso, un Hilton con casi 400 habitaciones, en todo el centro de Springfield, y montón de instalaciones: gimnasio, restaurantes, piscina, bar...

Comer

Chasepeake Seafood House: 3045 Clear Lake Road. Tel. (217) 522 52 20. Cierra a mediodía y los domingos. Aceptan tarjetas de crédito. No se permite fumar. La vivienda que acoge este figón es antiquísima, de mediados del siglo pasado, decorado en plan náutico. Naturalmente, la carta es sobre todo de frutos del mar, aunque hay alguna carne para los alérgicos. Precio barato/medio.

Heritage House: 3851 S. 6th St. Tel. (217) 529 55 71. Abierto toda la semana. Aceptan tarjetas de crédito. No se permite fumar. Modesto por fuera, la calidad de la comida es toda una sorpresa. Alguna especialidad sueca, pescados y carnes rojas. Precio barato.

PEORIA

Es la segunda ciudad del estado en cuanto a población, además de un importantísimo centro de comunicaciones. El nombre le viene de una de las cinco tribus indias que vivían tan tranquilas en este estado hasta que los primeros franceses se dejaron caer recién empezado el siglo XVII. Lo mejor de Peoria es el pareje donde está enclavada, una auténtica pasada, como podréis comprobar si os subís a la torre del Tower Park, en Peoria Heights.

Qué ver en Peoria

Bueno, siempre hay algo de interés. En este caso, una buena colección de casas victorianas reconvertidas en pequeños museos: la **Pettengill-Morron Museum** (1211 West Moss Ave.), construida en 1868, o la **John C. Flanagan House** (942 NE. Glen Oak Ave.), de 1837 y que es la edificación más antigua de Peoria.

En cuanto a la cosa de los museos, tenéis el **Lakeview Museum of Arts and Sciences** (1125 West Lake Ave.), cuya maqueta del sistema solar es la más grande del mundo, según el Libro Guinnes de los Récords y que se encargará de recordaros todo nativo y multitud de carteles dentro y fuera de Peoria. Más curioso nos ha parecido el **Wheels o' Time Museum** (11923 North Knoxville Ave.) con expendedores de gasolina antiguos, máquinas de discos, automóviles clásicos... todas esas cosas de las películas de los años 50 que tanto os gustan. El museo está algo alejado, a un par de millas al norte de la ciudad, pero bien merece un par de horas y unas cuantas fotos, para la cosa del *bacile*.

Dónde reposar los huesos y comer algo caliente

Ruth's Bed & Breakfast: 10205 Eva Lane. Tel. (309) 243 59 77. En cuanto a los b&b, una de las mejores elecciones de la ciudad. Tres habitaciones decoradas con mucho gusto, una de ellas con baño privado, y las tres con camas más anchas que largas. Como pegas, que no aceptan tarjetas y no dejan fumar, qué se le va a hacer. Funciona todo el año. Precio barato/medio.

Pere Marquette: 501 Main St. Tels. (309) 637 65 00 y (800) 447 16 76. Bien bonito este hotel ya antiguo, de la década de los locos años 20, pero que pasa por ser el más encantador con mucha diferencia de Peoria. Aunque no es pequeño (casi 300 habitaciones), la atención es bastante personalizada. Hay gimansio, restaurante y bar; y las suites, dentro de la categoría de precio alto, son amplísimas y muy bien decoradas y equipadas. Si escogéis la habitatación individual, *precio barato*; si la doble, *precio medio*.

Gold Lion Steakhouse: 1321 N. Park Road. Tel. (309) 674 55 32. Abierto toda la semana sólo para cenar. Aceptan tarjetas de crédito. No se permite fumar. Honrado restaurante de propiedad familiar, especializado en carnes, aunque también sirven pasta, pollo y algún pescado. Precio barato/medio.

METROPOLIS

Ya en la frontera con el estado de Kentucky, Metropolis es una tranquila población de apenas de 7.000 habitantes, con tal ves no demasiado interés. Entonces, ¿porqué os hablamos de ella? Pues por que es la ciudad natal de Superman. Como sabréis, es en Metropolis donde tiene sus cuarteles el Hombre de Acero, al menos en los tebeos. Y en la América real, el único lugar con el mismo nombre es este. En la **Superman Square** hay una estatua de cinco metros en honor del Último hijo de Krypton, e incluso un periódico con el mismo nombre que en el que escribe Clark Kent, el *Daily Planet*. Y en el mes de junio, todo un festival a mayor gloria del primer superhéroe de la historia.

WISCONSIN

Estado con más de 15.000 lagos y 2.200 ríos, Wisconsin destaca sobre todo, además de por sus riquezas naturales, por la inmensa producción agrícola que se da en las llanuras del sur del estado. El norte, casi prístino, es hogar de varias tribus indias, dedicadas a lo suyo, como aquel que dice. Los primeros europeos en dejarse ver por aquí fueron exploradores franceses, allá por 1634, que se quedaron tan impresionados ante la belleza de los parajes como lo haréis vosotros, y dedicaron el tiempo a establecer intercambios comerciales con los nativos, los Winnebago, que se prolongraron hasta 1760, que perdieron el territorio -junto con medio Canadá- a manos inglesas.

Las minas, la riqueza de los pastos, atrajeron a miles de emigrantes europeos -principalmente del norte y eslavos- que tuvieron que pelear lo suyo para arrebatarles el terreno a las tribus indias, una pugna que se prolongó hasta bien entrado el siglo pasado. Posteriormente, el estado de Wisconsin fue escenario de bastantes revueltas obreras, que exigían -y consiguieron- mejores condiciones de trabajo, entre ellas el subsidio de desempleo. Hoy, la tierra da más que antes: sabed que casi la mitad de la leche y productos lácteos que se consumen en los Estados Unidos provienen de Wisconsin.

Datos geográficos
   Población: 4.891.769 habitantes.
   Punto más elevado: Timms Hill, 1.951 pies.
   Franja horaria: Central Time.
   Impuestos estatales: 5'5%.
   Información turística: *Milwaukee Division of Tourism*. 123 W. Washington St., Madison. Tel. (608) 266 21 61.

MILWAUKEE

Asentada originalmente en el lado oriental del río Milwaukee, a su fundador, Salomon Juneau, le pareció un lugar estupendo como base para comerciar con los indios. Cuando pasó a dominio inglés se intentó que fuera un buen punto de abastecimiento para las rutas que iban de Chicago a Green Bay. La increible afluencia de alemanes, desde mediados del XVIII hasta principios de este siglo (hasta tal punto que en 1890 dos de cada tres habitantes de Milwaukee tenía como lengua materna el alemán), dotó a la ciudad de un carácter muy peculiar, por lo menos en este país: a semejanza del vecino Winnipeg, en Canadá, las ideas socialistas arraigaron muy fuerte, desemboncando en lo que los habitantes de Milwaukee no dudan en calificar como la mejor época de la ciudad, la alcaldía socialista de Daniel Webster Hoan (1916-1940). Hoy, la ciudad es una de las más prósperas de toda la región de los Grandes LAgos, con un importantísimo puerto, bastantes factorías de maquinaria y una de las mejores cervezas del país, la Miller.

Cómo llegar

El **General Mitchell International Airport** está en 5300 S. Howell Ave. Para llegar al centro de la ciudad, podéis tomar el autobús que deja en los hoteles (8$50) 0 el municipal no. 80, que finaliza su recorrido en la calle 6.

En autobús

La estación de autobús está en 606 N. 7th St. Sirve a la Greyhound (coches a Minneapolis y Chicago) y un par de compañías locales. La estación está abierta las 24 horas del día, pero de noche sed precavidos si salís de ella.

En tren

La estación de AMTRAK está en 433 W. St. Paul St. Trenes a Chicago y St. Paul. Tel. (414) 271 08 40. La estación está abierta a todas horas.

Cómo moverse por Milwaukee

El **transporte municipal** tiene uno de los horarios más amplios de todo el país: casi todas las líneas de autobuses están operativas de 4 h 30 a 2 h. Los billetes, a 1$35.

Para la cosa de los **taxis**, la bajada de bandera es 1$75 y 1$50 la milla; algunas compañías cobran un suplemento de medio dólar por cada pasajero adicional. Un par de estas compañías son **Yellow** (tel. 414/271 18 00) y **Veteran** (tel. 414/291 80 80). Los taxis pueden ser parados en la calle.

En cuanto a la **seguridad**, puede no resultar muy conveniente pasearse por el *downtown* de noche (que es más o menos la zona comprendida entre el lago y la calle 10), así que *estad al loro*.

Datos útiles

Información turística: *Greater Milwaukee Convention and Visitors Bureau:* 510 W. Kilbourne St. Tel. (414) 273 72 22 y 1 800 231

Wisconsin

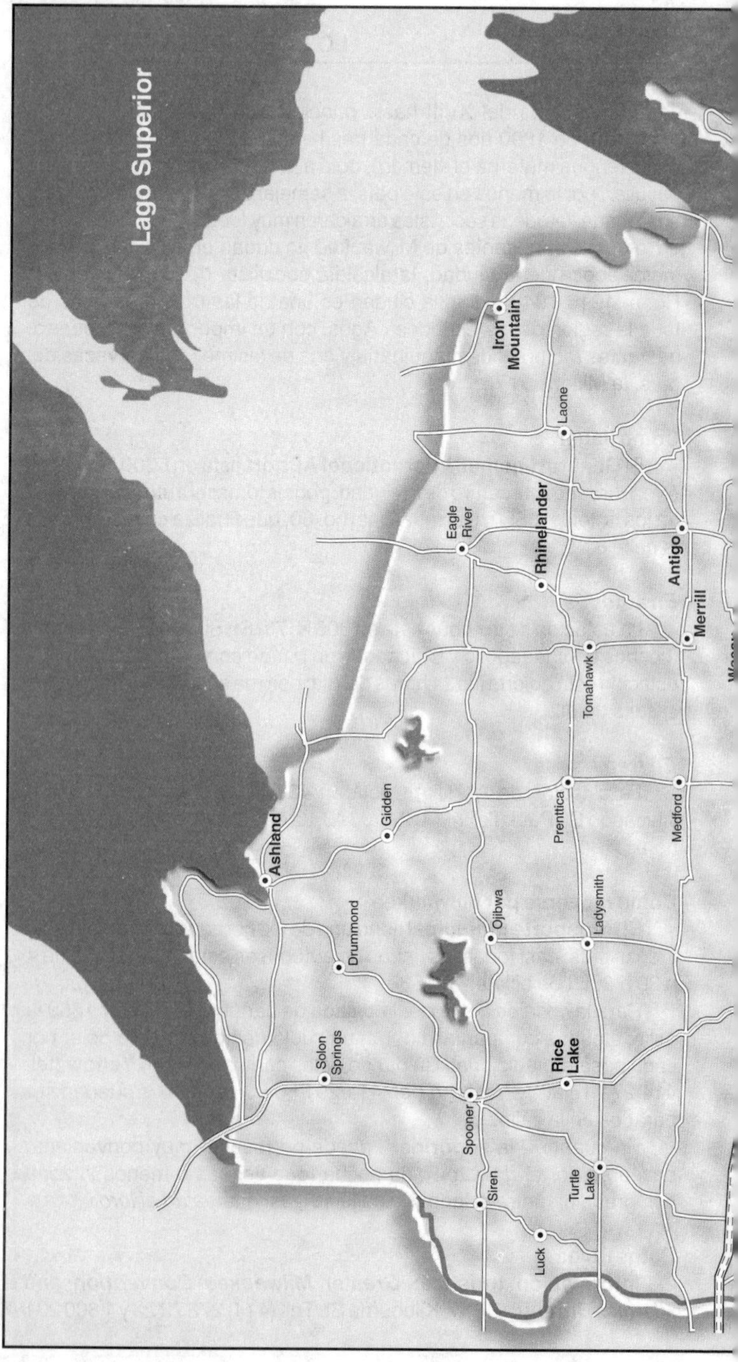

Lago Superior

Iron Mountain

Laone

Eagle River

Rhinelander

Antigo

Merrill

Tomahawk

Ashland

Gidden

Prenttica

Medford

Drummond

Ojibwa

Ladysmith

Solon Springs

Rice Lake

Spooner

Siren

Turtle Lake

Luck

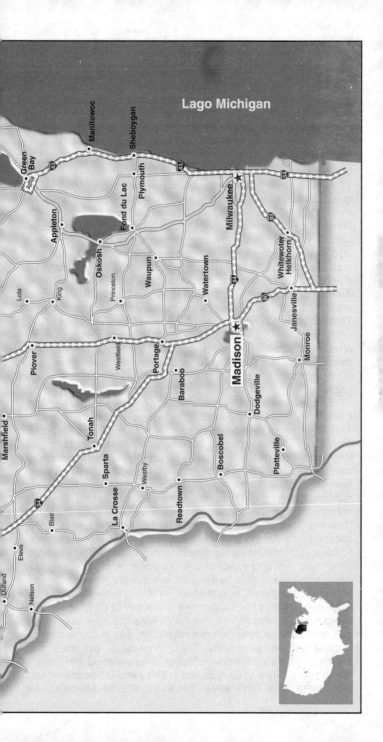

09 03. Abierta de lunes a viernes de 9 h a 17 h. Hay otra en el Grand Avenue Mall (3rd St) que abre toda la semana de 10 h a 17 h, pero más completa es la primera.

Oficina de Correos: 345 W. St. Paul Ave. Abierta de lunes a viernes de 7 h 30 a 20 h.

La Visita

Milwaukee está en el centro de cinco condados, lo que quiere decir que su poco más de medio millón de habitantes se desperdiga por una extensión casi gigantesca. Lo más interesante se concentra en el downtown y el Lakefront (donde, durante los meses de verano, un autobús lo recorre desde la Wisconsin Avenue hasta la 10th St, por sólo 50 ç, cambio exacto), ambos asomados al lago Michigan. Las arterias más importantes son la **Wisconsin Avenue**, donde abundan las viviendas del siglo pasado y los más renombrados comercios; la **Grand Avenue**, entre la North 4th Street y la Plankinton Ave, tal vez la más animada, por lo menos cuando hay luz solar; y el barrio más cuco es el **Third Ward** (rodeado por el lago Michigan, N. Water Street y la I-794), un conjunto de viejos almacenes de mercancías que se ha convertido en el barrio de moda por sus restaurantes, baretos y comercios más o menos interesantes -léase mucha tienda de antiguedades- y por que en él vive lo más granado de la intelectualidad y la modernez de estos pagos.

En cuanto a los lugares interesantes en sí, tenéis el **City Hall** (200 E. Wells St. Tel. (414) 286 32 85. Abierto los días laborables de 8 h a 17 h. No se cobra entrada), el ayuntamiento es el edificio más bonito sin lugar a dudas de la ciudad. Su construcción termnió en 1895, y se inspiraron -o mejor dicho, copiaron- en el renacimiento flamenco, ya sabéis, muchas vidrieras y arañas de esas espectaculares. El vestíbulo, altísimo, está rodeado de unas balconadas de hierro forjado que dan ganas de comprar un soplete y llevarse un par de ellas a casa. El mayor punto de peregrinación es la fábrica de cerveza, la **Miller Brewing Company** (4251 W. State St. Tel. 414/931 BEER. No se cobra entrada. Abierto toda la semana de 10 h a 15 h 30 excepto los domingos), donde las visitas guiadas son gratuitas (salen dos cada hora), duran una hora y encima de explicaros el proceso de fermentación y todas esas cosas os dan para que probéis, éso es ser gente educada; para la cosa del arte tienen en Milwaukee el **Charles Allis Art Museum** (1801 N. Prospect Ave. Tel. 414/278 82 95. Abierto de miércoles a sábados de 14 h a 18 h. Entradas: 5$), en el Lakefront, y que no es sino la colección que reunió en vida el dueño de esta mansión del más puro estilo Tudor, un magnate del acero: hay algunas pinturas impresionistas destacables y algo de arte oriental que tampoco está mal. Cerquita está el **Villa Terrace Decorative Arts Museum** (2220 N. Terrace Ave. Tel. 414/271 36 56. Mismo horario que el anterior), donde hay que llamar por teléfono para reservar plaza en las visitas guiadas y por desgracia es más interesante el continente que el contenido. La mejor colección de arte está sin dudarlo en el **Milwaukee Art Museum** (en el War Memorial Building, 750 N. Lincoln Ave. Tel. 414/224 32 00. Abierto toda la semana excepto los lunes de 10 h a 18 h. Entradas: 6$), donde los fondos de arte europeo son cortos, pero muy bien seleccionados. La tienda es muy barata, lo mismo que la cafetería -aunque tardan bastante en atender. El monumento que hay a la entrada del edificio, bastante imponente, es obra del finés Eero Saarinen, y sirve de telón a miles de fotos con modelos japoneses, principalmente.

Si ya estáis puestos, otro museíllo que no está mal es el **Milwaukee Public Museum** (800 Wells St. Tel. 414/278 27 00. Abierto toda la semana. Entradas: 4$), donde hay desde réplicas a escala natural de dinosaurios desde toda una sala dedicada a la vida en las praderas, bastante instructiva -sobre todo el sonido de la estampida de búfalos, muy sonado, *glups*- o media docena de exposiciones temporales, siempre sobre los mismos temas, el desarrollo del estado, o las culturas nativas. Entre el museo y el río tenéis el parque más importante de la ciudad, donde todas las tardes de verano hay un grupillo tocando, el **Pére Marquette Park**, nombrado así en honor de un misionero que paró aquí hace tres siglos. No muy lejos se encuentra el **Milwaukee County Historical Center** (910 N. Old World 3rd St. Tel. 414/ 273 82 88. Mismo horario que el anterior. No se cobra entrada), más modesto pero del mismo corte. Ya para dar por finalizada la visita del centro de Milwaukee, podéis dejaros caer por el campus de la **Marquette University** (601 N. 14th St.) donde -al loro- tienen ni más ni menos que la capilla donde Juana de Arco rezó antes de que la quemaran viva. Naturalmente no es que se teletransportara al startrekiano modo desde aquí a la vieja Francia, es que se la trajeron piedra por piedra desde el pueblecito de Chassel a principios de siglo. Estos yanquis...

Alojamiento

En Milwaukee no tendréis problema para encontrar una habitación libre, mientras no os paséis durante la Feria del Estado, los primeros diez días de agosto. Hay un par de hostales, pero bastante alejados de la ciudad, el **Red Barn Hostel** (6750 W. Loomis Rd., Greendale. Tel. 414/529 32 99), a unos 25 kilómetros al sur del centro, y el **Wellspring Hostel** (4382 Hickory Rd., Newburg. Tel. 414/675 67 55), que tiene habitaciones con baño por unos 40$. Ambos están comunicados con Milwaukee por el transporte público, así que vosotros mismos. En Silver Spring Drive, a donde van a dar dos salidas de carreteras interestatales, tenéis el consabido conjunto de moteles de carretera de las grandes cadenas.

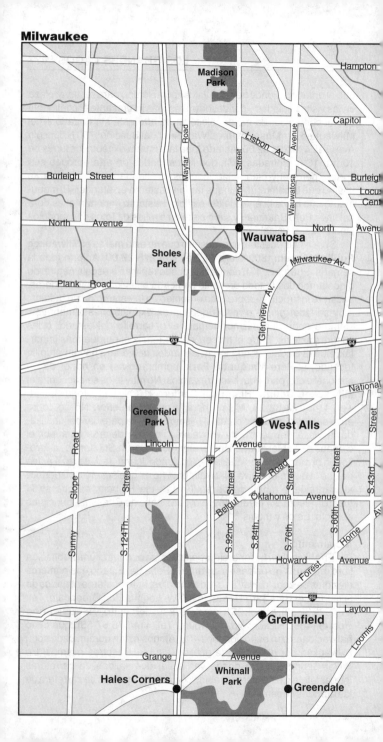

Milwaukee

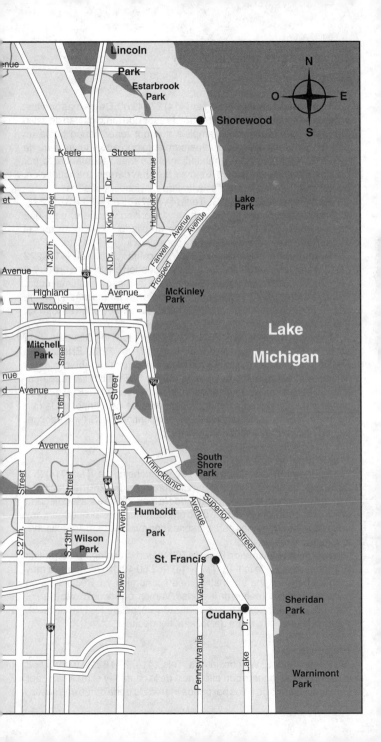

Precio barato
Wisconsin: 720 N. 3rd St. Tel. (414) 271 49 00. De los más bonitos, y muy bien situado, en todo el centro, de esos que tanto gustan de estilo europeo. 250 habitaciones amplias que por tener tienen hasta un pequeño frigorífico, amén de aparcamiento cubierto y lavandería de monedas -el hotel, no las habitaciones. Lo más recomendable por precios, servicio y ubicación. Además, si no hay demasiada ocupación, podéis regatear las tarifas hasta límites casi insospechados.

Park East: 916 E. State St. Tels. (414) 276 88 80 y (800) 328 72 75. Algunas habitaciones tienen minibar, frigorífico y bañera: para qué queréis más. El servicio es bastante enrollado; lo malo es que el restaurante sólo sirve desayunos y cenas, aunque es barato.

Ramada Inn Downtown: 633 W. Michigan Ave. Tel. (414) 272 84 10. También muy barato, las habitaciones son bastante amplias y el bar cierra a las 2 h, así que perfecto para la última -o penúltima- copa. Tiene aparcamiento y restaurante. Además, hay tarifas más económicas los fines de semana, cuando las habitaciones se ponen en los 45$. Cerquita de todo.

Exel Inn-Northeast: 5485 N. Port Washington Rd., Glendale, en la salida Silver Spring Drive de la I-43. Tel. (414) 961 72 72. El típico sitio pensado para hacer noche y poco más, rodeado de establecimientos similares y restaurantes de comida rápida. El Exel Inn tiene aparcamiento, sala de juegos y lavandería; lo diferencia del resto el que sus tarifas son las más bajas de toda esta área de descanso, en la que además incluyen una suerte de desayuno continental. Si tenéis coche, es una opción muy a tener en cuenta.

Precio medio
Holiday Inn City Centre: 611 W. Wisconsin Ave. Tel. (414) 273 29 50. En una calle con mucho barullo durante el día, 250 habitaciones según el patrón de la cadena, rondando la mayoría de ellas la categoría de precio barato, dependiendo de lo grandes o luminosas que sean; hay unas cuantas adaptadas para personas con minusvalías. Aparcamiento cubierto y restaurante.

Hilton Inn Milwaukee River: 4700 N. Port Washington Rd., salida Hampton Ave. E. de la I-43. Tel. (414) 962 60 40. No es que sea muy grande, pero es una alternativa más económica y parecidísima en calidad al Hilton del centro de la ciudad. Vamos, que tiene casi lo mismo: restaurante (*Anchorage*, especializado en pescados y mariscos), picina cubierta, bar, salón de belleza, tiendecitas...

Precio alto
Pfister: 424 E. Wisconsin Ave. Tels. (414) 273 82 22 y (800) 558 82 22. El más elegante con diferencia de la ciudad -y el más caro, por supuesto. Es uno de sitios por donde merece la pena darse una vuelta,

aunque no estéis alojados; los leones que hay en el vestíbulo son de puritito bronce, y podéis subid a *La Playa*, el salón que hay en lo alto del edificio, y tomaros una copita mientras disfrutáis de las anondadantes vistas. Además, el restaurante (*English Room*) está a la altura, realmente bueno, decorado a todo lujo y con una extensísima carta de vinos, amén de especialidades de cocina local de precio alto. Vamos, que es *el hotel* de Milwaukee, lleva funcionando desde 1890 y no hace mucho se gastaron *la intemerata* para darle un lavado de cara que lo ha dejado bueno. Entre sus huéspedes más famosos se encuentran presidentes del país o el mismísimo Enrico Caruso. 350 habitaciones, servicio de habitaciones las 24 h, tiendas, servicio de transporte, salón de belleza, aparcamiento, gimnasio... uff, de todo.

Restaurantes

Precio barato

Dos Bandidos: 5932 N. Green Bay Ave. Tel.(414) 228 19 11. Abierto toda la semana. Se aceptan tarjetas de crédito. No se permite fumar. Algo alejado del centro, en un barrio plagado de presencia latina, es un estupendo lugar decorado a la manera en que lo están las tradicionales cantinas mejicanas para probar fajitas, enchiladas y, para los que tengan acidez, platos vegetarianos. Si el tiempo lo permite, sirven la comida en la terrza. Y naturalmente, margaritas y tequilas.

Cafe Knickerbocker: 1030 E. Juneau Ave. Tel. (414) 272 00 11. Abierto toda la semana. Aceptan tarjetas de crédito. No se permite fumar. Popularísimo, sobre todo por el brunch de los domingos, que además tiene un horario estupendo, de 9 h a 15 h. La carta, a base de ensaladas, pasta, pollo y algo de marisco. Los desayunos, que los sirven de 6 h 30 a 10 h, son de los que no se salta un gamo. Muy céntrico, recomendabilísimo.

Safe House: 779 N. Front St. Tel. (414) 271 20 07. Abierto toda la semana, hasta las 2 h 30. No se aceptan tarjetas de crédito. Aunque sea un bar, con actuaciones de magia los fines de semana y todo, los sandwiches son buenísimos, grandes y baratos, perfectos para acompañar una *Bud* de barril. A la carta, tienen también algunos platos de carne, pollo y pasta. Las noches de los fines de semana, hasta arriba, pero mejor reservad por teléfono, por si las moscas.

Precio medio

Saz's State House: 5539 W. State St. Tel. (414) 453 24 10. Abierto toda la semana. Aceptan tarjetas de crédito. Restaurante de lo más típico, en un local con bastante sabor de principios de siglo, con especialidades de carne, y algo de pescado y pollo. Destacan las costillas a la barbacoa y los chuletones, que bajan sensiblemente de precio durante el brunch de los domingos, de 10 h 30 a 14 h 30.

Polaris: hotel Hyatt Regency, 333 W. Kilbourn Ave. Tel. (414) 276 12 34. Abierto toda la semana hasta las 2 h, cerrado sábados y domingos al mediodía. Aceptan tarjetas de crédito. No se permite fumar en el restaurante. Estupenda relación calidad/precio, siempre que no os paséis con la cosa de la bebida. Destacan las costillas au jus, la caza mayor, y los tortellini de pollo. Los vinos, algo caros. Y al estar en la última planta del hotel, las vistas son bastante buenas.

Mader's: 1037 N. Old World 3rd St. Tel. (414) 271 33 77. Abierto toda la semana. Aceptan tarjetas de crédito. Recomendado reservar viernes y sábados. Restaurante alemán pero 100%, vamos, parece que estás en Munich. Las raciones de los platos, enormes, la cerveza de barril con muchísima espuma, el servicio germanohablante, la decoración típica de aquellos pagos, con antiguedades y tal... las especialidades son lomo de cerdo a la parrilla, *wienersnchitzel*, *rheinnischer sauerbraten*. También venden recuerdos, para que fardéis. Y los domingos desde las 10 h, *brunch*, dominado por las salchichas y una repostería descaradamente pecaminosa.

Izumi's: 2178 N. Prospect Ave. Tel. (414) 271 52 78. Cierra domingos al mediodía. Se aceptan tarjetas de crédito. Estupendo figón de cocina japonesa contemporánea. No puede decirse que las raciones sean muy grandes, pero sí de estupenda calidad, en un marco muy elegante, con los camareros atendiéndoos en plan tradicional y tal. Además, aun a la carta -suelen tener menús especiales que rondan los 10$- es bastante económico. Lo más solicitado, el sukiyaki y el sushi.

Precio alto

Sanford: 1547 N. Jackson St. Tel. (414) 276 96 08. Cierra los domingos. Aceptan tarjetas de crédito. No se permite fumar. Se recomienda -fervientemente- reservar. El restaurante más elegante y con más fama de todo el estado, prácticamente. El dueño, Sanford D'Amato, es una institución en esto de dar de comer. El local era antiguamente una tienda de ultramarinos regentada por sus antepasados, que reconvirtió en figón hace unos años con un éxito tal que no son pocos los que se desplazan de otros estados para degustar, por ejemplo, pato al horno, solomillo de ciervo o pastel de mejillones con cebollitas asadas y salsa de tamarindos. Una auténtica pasada, como atestiguan las decenas de premios que ha recibido Sanford en los últimos años. No hay famoso que venga a la ciudad y no se acerque a comer. La carta de vinos es extensísima, con unos cuantos caldos europeos. Si no váis a comer, tomaros por lo menos una cerveza en la barra, que sólo con el aroma se alimenta uno. Recomendabilísimo. Y además, es más barato de lo que puede parecer, ningún plato de la carta supera los 30$.

Boulevard Inn: 925 E. Wells St. Tel. (414) 765 11 66. Abierto toda la semana. Se aceptan tarjetas de crédito. Sólo se permite fumar en la barra del bar. En la torre Cudahy -lo que le proporciona unas buenas vistas del lago Michigan- está este restaurante, donde destacan algunos platos de corte alemán, especialidades de caza mayor y los pescados. Como dato curioso, deciros que el pan que se sirve lo hacen ellos mismos. El brunch de los domingos es bastante económico, y además está amenizado por un pianista que hace lo que puede, el hombre, para ser escuchado entre el barullo.

Grenadier's: 747 N. Broadway Ave. Tel. (414) 276 07 47. Cierra los domingos. Aceptan tarjetas de crédito. Imprescindible vestir chaqueta. De ubicación algo complicada, tal vez sea el más sofisticado de los restaurantes de Milwaukee, juegan mucho con las especialidades de la carta, una mezcla de cocinas francesa, oriental y norteamericana. Hay un menú degustación por unos 30$, que no está mal para que os hagáis una idea. Los platos con más predicamento son el lenguado de Dover o el cordero al curry, o los pescados frescos. Con todo, el domingo el *brunch* es el momento más adecuado -y más barato- para dejarse caer, aunque sea *de etiqueta.*

Una copa, por favor

Para esto de la marcha, sabed que la hora de cierre suele ser la medianoche entre semana, y las 2 h los *weekends*. Casi todos los locales se concentran en la North Avenue y la N. Farwell Street, y a lo largo de Water Street, entre Highland Avenue y Juneau. Un buen par de garitos de música en directo son *Estate* (2423 N. Murray St) y *Boobie's Place* (502 W. Garfield Ave). El bar más popular de Milwaukee probablemente sea *Von Trier's* (2235 N. Farwell St), donde sirven casi cien marcas diferentes de cerveza, todo en un ambiente marcadamente bávaro, y frecuentado por todo tipo de gentes.

En qué emplear el tiempo

Deportes profesionales

Empezando por el final, tenéis un equipo de béisbol de las Ligas Mayores, el *Milwaukee Brewers*: County Stadium, 210 S. 46th St. El equipo de la NBA *Bucks* encestan como pueden en el Bradley Center (4th & State Sts). Para adquirir entradas, llamad a Ticketmaster (tel. 414/276 45 45).

Las Bellas Artes

En el **Performing Arts Center** (929 N. Water St. Tel. 414/273 71 21) tienen su sede la *Milwaukee Symphony*, la *Florentine Opera Company* y la *Milwaukee Ballet Company*. Un nombre imprescindible para la cosa del teatro es el de la **Milwaukee Repertory Theater (The Rep)**, toda una institución, que representa seis obras al año de mayo a octubre en el *Powerhouse Theater* (108 E. Wells St. Tel. 414/224

94 90). Otras dos salas buenas son *Broadway Theatre Center* (158 N. Broadway St. Tel. 414/291 78 00) y *Riverside Theater* (116 W. Wisconsin Ave. Tel. 414/224 30 00), que acogen tanto a compañías comerciales como estatales o independientes.

Festivales

En esto de las actividades, tenéis la *Summerfest*, que se celebra en el Lakefront a finales de junio y principios de julio, con conciertos de todas las tendencias musicales gratis y los correspondientes festivales étnicos gastronómicos; *Great Circus Parade*, a mediados de julio, que recupera los espectacualres desfiles que hacían los circos que llegaban a Milwaukee durante las primeras décadas del siglo; *Wisconsin State Fair* (en West Allis, tel. 414/266 70 00), los diez primeros días de agosto, con carreras de coches de ésos con ruedas de un par de metros de alto, fuegos artificiales, exposiciones de maquinaria... y el *Holiday Folk Festival* (Milwaukee Exposition Convention Center & Arena), el segundo fin de semana del mes de octubre, con manifestaciones artísticas tradicionales de todo el mundo, incluídos centenares de manjares. Ahhh... comida

MADISON

A unos 110 kilómetros de Milwaukee por la I-94, la ciudad que alberga la capitalía del estado de Wisconsin fue creada para tal fin, vamos, que antes de 1836 no había aquí absolutamente nada. Conocida como *la ciudad de los cuatro lagos* por estar ubicada en un itsmo entre los lagos Monona y Mendotta, tiene como mayor atractivo un conjunto de edificios obra de Frank Lloyd Wright.

Datos útiles

Información turística: *Greater Madison Convention and Visitors Bureau*. 615 E. Washington Ave. Tels. (608) 255 25 37 y (800) 373 63 76.

Estación de autobuses: 2 S. Bedford St. La *Greyhound* tiene coches a Minneapolis y Chicago, la mejor opción para ir a Milwaukee es la *Bacger Bus*. La terminal está abierta de 5 h a 22 h 30.

Oficina de Correos: 3902 Milwaukee Ave. Tel. (608) 246 12 49. Abierta de lunes a viernes de 7 h a 18 h, los sábados de 8 h 30 a 14 h.

Transporte público: funciona toda la semana de 6 h a 22 h. El precio del billete es de 1$25.

La visita

Una buena muestra del trabajo de Lloyd Wright son la **First Unitarian Society** (900 University Bay Dr. Tel. 608/233 97 74. Abierto los días laborables de 13 h a 18 h. Entradas: 3$), donde podéis entrar sin mayor complicaión que pagar la entrada. Pero bastantes de los trabajos de tan insigne arquitecto sólo pueden ser contemplados desde el exterior, lo que no es poco. Es el caso de la **Airplane House** (120 Ely Place), **Dr. Arnold Jackson House** (3515 W. Beltline Hwy.), **Lamp House** (22 N. Butler St.), **J.C. Pew House** (3650 Lake Mendota Drive), **Louis Sullivan's Bradley House** (106 N. Prospect) o la **Jacobs I House** (441 Toepfer Avenue).

Siguiendo con el centro de la ciudad, los hitos más importantes son el **State Historical Museum** (30 N. Carrol St. Abierto todos los días excepto lunes de 10 h a 18 h. No se cobra entrada), centrado en la vida e historia de las tribus indias que habitaban estos parajes hasta hace poco más de un siglo, y el **State Capitol** (Capitol Square. Abierto de lunes a viernes de 8 h a 17 h. No se cobra entrada), la sede del gobierno del estado, totalmente neoclásico y con una bonita estatua coronando la cúpula. Además, está en la plaza más bonita de la ciudad -bueno, no es que abunden mucho las plazas en Madison.

Otro punto con bastante interés es el campus de la **University of Wisconsin-Madison**, que se extiende tres kilómetros por la orilla sur del lago Mendota. En sus casi 500 hectáreas tenéis el **Wisconsin Veterans Museum** (30 W. Mifflin St. No se cobra entrada), abierto todos los días, donde se homenajea a los nativos -y asimilados de la ciudad- que han batallado por este ancho mundo durante el siglo XX; la **Carillon Tower**, cuyas 56 campanas se armonizan para dar un popular concierto todos los domingos por la tarde, nieve o luzca el sol; la **Memorial Library** (Langdon & Lake Sts.), donde se expone lo mejor de los seis millones de libros que atesora, y el **Elvejhem Museum of Art** (800 University Ave. No se cobra entrada), una buena y ecléctica colección de arte.

Alojamiento

Precio barato

Una opción supereconómica es el **Madison Summer Hostel** (300 Langdon St. Tel. 608 251 58 73), con un toque de queda temprano pero tirado de precio y muy limpio. Otros sitios recomendables son:

Best Western Inn on the Park: 22 S. Carroll. Tel. (608) 257 88 11. Establecimiento que tiene bastantes más comodidades de lo que suele ser norma en la cadena: transporte gratuito desde y hacia el aeropuerto, aparcamiento, restaurante, bar, piscina climatizada, y gimnasio. Algunas de las 216 habitaciones tienen nevera, aunque todas son bastante amplias. Precio barato.

Annie's Bed & Breakfast: 2117 Sheridan Dr. Tel. (608) 242 96 11. Cerca del Mendota Lake está esta vivienda de estuco, con sólo dos habitaciones pero con baño privado. El desayuno lo sirven en la biblioteca, éso es vida. Pero no se permite fumar. Precio barato.

Ivy Inn: 2355 University Ave. Tel. (608) 233 97 17. Motelito con habitaciones bastante amplias y sencillas, pero económicas, ideal para pasar una noche. Al estar cerca de la Universidad, hay conexiones de transporte público con el centro de Madison. Precio barato.

Mansion Hill: 424 N. Pinckney St. Tel. (608) 255 39 99. Una pasada de mansión de mediados del siglo pasado, en estilo victoriano que vista por dentro ya acaba uno de caerse del todo de espaldas. La escalera de caracol es una auténtica obra de arte, como las que cuelgan de las paredes o amueblan las once habitaciones, en las que naturalmente no se permite fumar, pero en las que por lo menos hay un minibar. En cuanto hace algo de buen tiempo, se pone imposible, así que no estaría de más que llamaráis para reservar. Precio medio.

Sheraton: 706 John Nolen Drive. Tel. (608) 251 23 00. Con bastantes instalaciones, es más económico que en otras partes del país, especialmente los fines de semana y durante el invierno. Algunas de sus 256 habitaciones están adaptadas para clientes con miusvalías. Los menores de 18 años acompañados de un adulto, por la cara. Precio medio.

Para comer

Ella's Deli: 2902 E. Washington Ave. Tel. (608) 241 52 91. Abierto toda la semana. No aceptan tarjetas de crédito. Decorado muy graciosamente, con motivos cómicos y tal, es uno de los más populares entre la población universitaria de Madison: éso quiere decir que es barato y con calidad, como comprobaréis. Aunque lo suyo son los sandwiches, hay también algo de pasta, pollo y ensaladas. El desayuno, completísimo y realmente barato, aunque entre semana haya que madrugar un poco -se acaba a las 9 h 30, y estáis de vacaciones ¿o no? Precio barato.

China House: 1256 S. Parking St. Tel. (608) 257 10 79. Abierto toda la semana. Aceptan tarjetas de crédito. Limpísimo restaurante chino, con algunas especialidades que se salen de lo trillado, caso de platos de la cocina Hunan o Szechwan. Pero barato y raciones inmensas, como en el de la esquina de vuestra casa. Además, hay una suerte de *menú del día*. Precio barato.

Essen Haus: 514 E. Wilson St. Tel. (608) 255 46 74. Cierra los lunes. Se aceptan tarjetas de crédito. Estupenda relación calidad/precio, por no hablar de lo cuco que está montado el local, o las actuaciones musicales que amenizan la cena. La carta la componen especialidades alemanas tradicionales, más alguna que otra concesión a la cocina continental. En el bar tenéis unas cuantas cervezas de importación entre las que decidir con cual acompañáis las costillas al caramelo, por ejemplo. Las noches de los fines de semana puede ponerse algo complicado pillar una mesa, así que no estaría de más que pegáris un telefonazo. Precio barato/medio.

Mariner's Inn: 5339 Lighthouse Bay Drive. Tel. (608) 246 13 20. Abierto toda la semana. Aceptan tarjetas de crédito. No se permite fumar. Con unas estupendas vistas del lago Mendota, en cuya misma orilla está ubicado, este restaurante os da de comer sólo carnes y pescados. Ahora, como acude lo más granado de por aquí, los precios son algo elevados, aunque en la carta hay de todo, y si no siempre tendréis el *brunch* de los domingos. Precio alto.

L'Etoile: 25 N. Pinckeny. Tel. (608) 251 05 00. Cierra los domingos. Se aceptan tarjetas de crédito. No se permite fumar. El figón de los políticos, no en vano les pilla el capitolio casi enfrente. Está decorado con cuadros de artistas locales, la cocina va de mezcla franco-americana, y la carta de vinos es bastante extensa. Precio alto.

Para entretenerse

Lo de la marcha se concentra, como no podía ser menos, en los alrededores del campus de la Universidad, pero con eso y todo no es Madison una ciudad animada. En cuanto a los festivales, el más interesante es el **Art Fair on the Square**, que organiza el *Madison Art Center*, y que celebra a mediados de julio, reuniendo para ello a más de 500 artistas, además de organizar conciertos y reunirse montón de chiringuitos que dan un repaso a la gastronomía mundial -o poco menos.

GREEN BAY

Conocida en todo el país por su equipo de fúbol americano, los Packers, Green Bay está ubicada en un estupendo puerto natural, y desde sus primeros años ha sido un importante punto comercial: su fundación se remonta a 1669, cuando unos franciscanos se vinieron aquí a convertir a los nativos. Hoy, es una ciudad bastante tranquila, loca por el fútbol y centro para todo del norte del estado, a la que podéis acceder en autobús de Greyhound desde Milwaukee (800 Cedar St. Abierta de 6 h 30 a 17 h 30. Tres autobuses diarios a Milwaukee). Lo más destacable que ofrece al visitante es el **National Railroad Museum** (2285 S. Broadway. Tel. 414/435 72 45. Abierto toda la semana, de mayo a octubre, de 10 h a 17 h. Entradas: 4$), donde tienen arrinconadas más de 80 locomotoras y vagones, algunos realmente bonitos; el **Heritage Hill State Park** (2640 S. Webster. Tel. (414) 448 51 50. Abierto todos los días excepto los lunes. Entradas: 5$), un recinto preservado de 20 hectáreas en las que hay algunas de las edificaciones más antiguas e interesantes de Green Bay, como puedan ser la *Baird Law Office*, de mediados del siglo pasado, la vivienda de corte clásico *Beaupre Place* o el *Roi Porlier Tank Cottage*, lo más antiguo que se conserva, de mediados del XVIII, entre un par de docenas, todas ellas con mobiliario de la época y tal. Pero lo que realmente trae el turismo a esta ciudad de la esquina del estado es el **Green Bay Packers Hall of Fame** (855 Lombardi St., en el Brown County Expo Centre. Tel. (414) 499 42 81. Abierto todo el año de 10 h a 17 h. Entradas: 6$), donde, a mayor gloria del equipo, auténtico orgullo no sólo de la ciudad sino del estado, os han puesto que si vídeos de las *Superbowls* que se han llevado, diversa memorabilia del tipo camisetas retiradas o cascos de viejas leyendas, por no hablar de lo que venden en la tienda a unos precios, cuanto menos, elevados. Ahora bien, si os gusta el Fútbol americano, aquí váis a disfrutar como enanos. Por si queréis ir a ver el estadio -que un partido es prácticamente imposible, por la cosa de los abonos-, sabed que el **Lambeau Field** lo tenéis en 1265 Lombardi Avenue. Os recordamos que la temporada va de septiembre a diciembre, partidos los disputados en éste último mes bajo unas condiciones climatológicas, cuanto menos, adversas.

Dormir

En Green Bay abundan los moteles y los Inn, que se ponen hasta arriba cada vez que juegan los Packers; ni que decir tiene que las tarifas casi se doblan. El resto del año, no tendréis ninguna dificultad para encontrar habitación, y sabiendo regatear, abundan las gangas.

Holiday Inn City Centre: 200 Main St. Tel. (414) 437 59 00. Desde luego que hace gala al nombre. Bastante moderno y bien equipado, las habitaciones son funcionales pero tienen el detalle de la cafetera -el problema está en el café que dan, que no sabe a nada. Hay piscina cubierta, sauna, gimnasio, restaurante y bar; algunas de las habitaciones, preparadas para discapacitados. Precio barato.

James Street Inn: 201 James St. Tels. (414) 337 01 11 y (800) 897 84 83. El que tiene más personalidad de Green Bay es este hotel ya tradicional, además en uno de los edificios más antiguos de la zona, con 30 habitaciones amplias y decoradas con bastante buen gusto. Es uno de los preferidos por la gente que se viene hasta aquí para esquiar, los dueños organizan bastantes movidas relacionadas con el tema y el desayuno incluído en la minuta es cuanto menos espectacular. Aquí no hacen nigún tipo de rebajas, pues es invierno cuando tienen más clientela. De todas las maneras, el más recomendable. Precio barato/medio.

Days Inn: 406 N. Washington St. Tel. (414) 435 44 84. Céntrico, y muy funcional. De las casi 100 habitaciones, las mejores son las suites, bastante amplias y bien equipadas; además, las más caras no sobrepasan la clasificación de precio bajo, y éso en temporada alta. Entre las instalaciones, piscina cubierta y barecillo con mesa de billar.

Road Star Inn: 1941 True Lane, salida Lombardi de la US 41. Tel. (414) 497 26 66. Establecimiento típico de carretera, sobrio pero perfecto para pasar un par de noches. Algunas de las habitaciones de este motel tienen frigorífico y mueble-bar. Lo más económico de Green Bay, pero no esperéis lujos.

Comer

Además de daros una vuelta por Main Street o Washington Street, hay dos figones que a nosotros nos parecen recomendables:

Eve's Supper Club: 2020 Riverside Dr. Tel. (414) 435 15 71. Cierra los domingos. Aceptan tarjetas de crédito. El bar es especialmente animado, y los días de partido no digamos más. Os podéis imaginar lo que os váis a encontrar: una barra de madera con un par de grifos, parroquianos y algo de cocina tradicional a buenos precios (pasta, hamburgesas, carnes a la parrilla, algo de marisco). Precio barato.

La Bonne Femme: 123 S. Washington St. Tel. (414) 432 28 97. Cierra los domingos. Se aceptan tarjetas de crédito. No se permite fumar. Lugar de reunión de la gente guapa de Green Bay y alrededores. muy bonito él en plan tradicional galo, y con un servicio bastante esmerado. La carta es de cocina francesa con algunos toques patrios, del estilo de ciervo salteado con salsa de champiñones, o salmón a la parrilla *au safron*. La carta de vinos no está pero que nada mal. Precio medio/alto.

LAS GRANDES LLANURAS

Las Grandes Llanuras, *The Great Plains*, constituyen, como su nombre indica, una gran extensión de terreno sin apenas elevaciones. Comprenden los estados de Dakota del Norte, Dakota del Sur, Nebraska, Kansas, Oklahoma, Missouri, Iowa, Arkansas y Minnesota.

Es la zona de Estados Unidos donde más necesario se hace viajar con un vehículo propio, ya que cuenta con una paupérrima infraestructura de transporte público terrestre.

Así, Dakota del Norte y Nebraska sólo cuentan con una línea de autobuses que los atraviesa de este a oeste; en Dakota del Sur el transporte por autobús es casi inexistente; Kansas está algo mejor servido y Oklahoma sí que tiene una buena red de transporte en autobús. Y lo mismo sucede con el tren. Dakota del Norte cuenta con una sola línea que cruza el norte del estado hacia Minneápolis y hacia Montana.

Dakota del Sur y Oklahoma han dejado de ver pasar el ferrocarril por sus territorios, mientras que Nebraska sólo tiene un tendido férreo en actividad que une Omaha con Denver por el sur, y con Chicago hacia el este.

Kansas tiene también una línea, que viene de Chicago y va hacia Nuevo México por el sur de Colorado.

MINNESSOTA

Territorio francés hasta que se vendió la Luisiana en 1803, el primer asentamiento europeo permanente no llegó hasta 1819, que se instaló Fort Snelling. Minnesota se convirtió en estado de la Unión en 1858, y la emigración hacia este apartado punto del país fue lenta en un principio, hasta que en la década de los ochenta llegaron colonos suecos, noruegos y alemanes en el oeste, finlandeses en el norte, polacos en el centro y checos en el sur, que se unieron a los procendientes de Nueva Inglaterra que ya llevaban un par de décadas explotando la riqueza maderera del estado. Durante la Guerra Civil, Minnesota fue el primer estado en ofrecer tropas a la Unión, y aquí se ecuentra una de las universidades más antiguas de esta parte del país.

Inmenso y poco poblado, destaca el que gran parte de la ribera del lago pertenezca a naciones indias. Y la joya de la corona de la riqueza natural de Minnesota son las más de 14.000 islas -que se dice pronto- que están, casi todas, sin tocar. Perfecto para la pesca, la caza y la

Minnesota

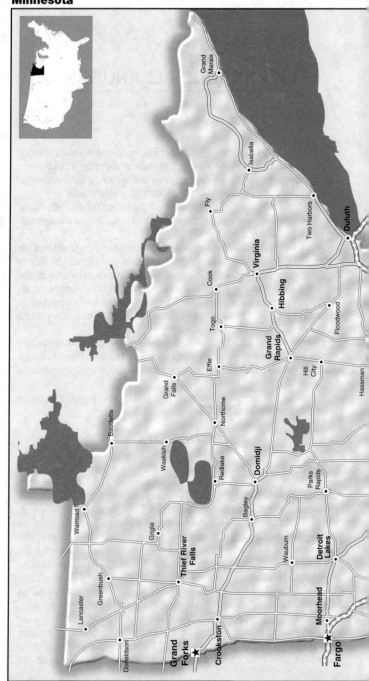

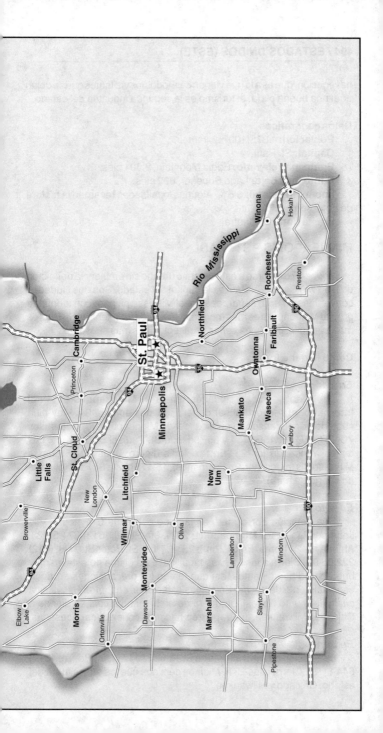

navegación, que es a lo que vienen casi todos los visitantes que se dejan aquí una buena plata: el turismo es la segunda industria del estado.

Datos geográficos
    Población: 4.375.100 habitantes.
    Capital: St. Paul.
    Punto más elevado: Eagle Mountain, 2.301 pies.
    Punto más bajo: Lago Superior, 602 pies.
    Impuesto estatal: 6.5%. Algunas localidades recargan la factura de hotel con un 4%.
    Franja horaria: Central.

MINNEAPOLIS - ST. PAUL

Imposible referirse a este binomio urbano sin emplear la definición de las Twin Cities. St. Paul es la capital del estado. Son dos ciudades convertidas en una, separadas por el Mississippi, pero con identidad propia: Minneapolis es más moderna, más *urbana*, mientras St. Paul es más tranquila, con unas señas arquitéctonicas más acusadas.

Cómo llegar e irse

En avión
    Sirviendo a ambas ciudades tenéis el **Minneapolis-St. Paul International Airport**, al sur de las ciudades en la I-494. Muy bien cubierto por el transporte público: desde Minneapolis, los autobuses 7C, 7D, 7E, 7F, 15G, 15J y 35P; desde St. Paul, el 54 Express. Las tarifas, rondando los 2$. En taxi, más dinero: unos 20-25$ hasta Minneapolis (media hora más o menos), 15-17$ hasta St. Paul (cosa de un cuarto de hora).

En autobús
    Una estación por ciudad, en las que operan la Greyhound y la Jefferson Lines. En **Minneapolis**: 29 N. 9th St; tel. (612) 371 33 23. Abierta las 24 horas. En **St. Paul**: 25 W. 7th & St. Peter Sts. Tel. (612) 222 05 09. Cierra a las 22 h las taquillas. Esta última no está en muy buen barrio que digamos, así que tomad las precauciones de rigor, especialmente de noche. En ambas estaciones encontraréis buses a cualquier punto del estado; fuera de él, bastantes coches diarios a Chicago y Milwaukee, donde podréis hacer las conexiones necesarias.

En tren
    La estación de **Amtrak** está en St. Paul: 730 Transfer Rd. Tel. (612) 644 11 27. Cierra a las 23 h. Mismos destinos que los buses fuera del estado: Chicago y Milwaukee.

Por carretera

La I-35, en dirección norte-sur, es la carretera más importante que cruza la ciudad. Otras con la misma dirección son la *Great River Road* (la US 61) y la US 169. En Minneapolis, la US 8 y la SR 65 entran desde el norte. En sentido este-oeste, la arteria principal es la I-94.

Cómo moverse

Los taxis

Pues sólo los tomáis si llamáis por teléfono u os acercáis a una parada. La bajada de bandera es de 1$75, luego 1$30 por milla. Algunas compañías:

Blue and White: tel. (612) 333 33 31. En Minneapolis.

Town Taxi: tel. (612) 331 82 94. En ambas ciudades.

Diamond: tel. (612) 642 11 88. En St. Paul.

Metro Mobility: tel. (612) 788 12 34, en Minneapolis; (612) 644 12 00, en St. Paul.

Yellow: tel. (612) 824 44 44, en Minneapolis; (612) 222 44 33, en St. Paul.

City Wide: tel. (612) 292 16 16, en St. Paul.

El transporte público

Los autobuses de la *Metropolitan Transit Comision* operan los días laborables de 6 h a 23 h, y los fines de semana de 7 h a 23 h. El precio del billete, 1$50 en hora punta (los días laborables de 6 h a 9 h y de 15 h 30 a 18 h 30) y 1$ en hora valle. Hay autobuses expresos entre ambas ciudades que sólo cuestan medio dólar.

La visita

En St. Paul

Cathedral of St. Paul: 239 Selby Ave. Abierto todos los días de 8 h a 17 h. Se recomienda dejar algo en el cepillo. Finalizada en 1915, es bastante grande, y tiene como modelo a la catedral de San Pedro en Roma, pero segundas partes nunca fueron buenas... pero es uno de los sitios

Alexander Ramsey House: 265 S. Exchange St. Abierto todos los días excepto lunes y domingos, de 11 a 14 h. Entradas: 4$. Esta vivienda victoriana la han restaurado y tal y como la tenía el que fue primer gobernador del estado de Minesota. Habréis visto, a estas alturas de viaje, docenas de sitios parecidos...

State Capitol: Aurora & Constitution Aves. Tel. (612) 296 28 81. Abierto los días laborables de 9 h a 17 h, los fines de semana de 13 h a 16 h. No se cobra entrada. La sede del gobierno de Minnesota es un edificio de corte renacentista obra de uno de los mayores nombres de

Minneapolis

St.Paul

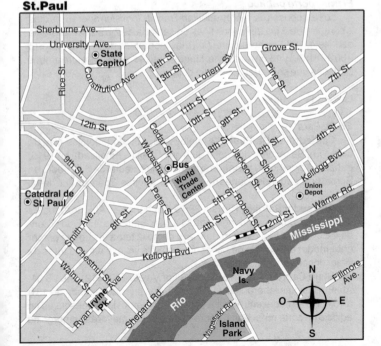

la arquitectura patria, Cass Gilbert. La cúpula de mármol, sin apoyo alguno, es una de las más altas del mundo; y para decorar el edificio, fueron empleados casi 30 clases distintas de mármol -ya se sabe, *con pólvora de rey*...

Landmark Center: 75 W. 5th St. Tel. (612) 292 32 25. Abierto toda la semana de 8 h a 17 h. No se cobra entrada. La antigua sede del Tribunal Federal, que se terminó de construir en 1902 en estilo románico, es donde se ubica el *Minnesota Museum of American Art* -fondos de arte americano, claro-, pero lo más interesante sin dudas es el edificio en sí, sobre todo el vestíbulo, muy espectacular.

Science Museum of Minnesota:30 E. 10th St. Tel. (612) 221 94 44. Abierto todos los días de 9 h a 21 h; en invierno, cierra los lunes. Entradas: 7$50, menores de 12 años 5$50. Museo estatal con exposiciones sobre antropología, tecnología, ciencias naturales y biología. En el *Omnitheater* se pasan películas de esas espectaculares proyectadas en una pantalla circular. De lo más visitado de la ciudad.

Minnesota Children's Museum: 1217 Bandana Blvd. N. Tel. (612) 644 38 18. Abierto lunes y martes de 9 h a 17 h, de miércoles a sábados hasta las 20 h, domingos de 12 h a 17 h. Entradas: 4$50. Museo para las familias con niños, con mogollón de actividades de ésas interactivas para que los peques descubran cómo funcionan las emisiones de televisión, o un cambio de agujas. Vosotros mismos.

Minnesota History Center: 345 Kellog Blvd. W. Tel. (612) 296 61 26. Abierto todos los días de 9 h a 17 h. No se cobra entrada. Es un edificio de tres plantas con exposiciones dedicadas a la historia del estado. Llaman la atención una que hay con hologramas y otra muy curiosa de fotografías del siglo pasado. Pero no es para tirar cohetes, vaya.

James J. Hill House: 240 Summit Ave. Tel. (612) 297 25 55. Abierto de miércoles a sábados de 10 h a 13 h 30. Entradas: 3$, menores de 14 años, 1$. Otro caserón de los de caerse de espaldas, en este caso propiedad de uno que fundó una compañía ferroviaria. Que vivía el amigo mal, vaya: más de veinte chimeneas repartidas por toda la casa, galería de arte y un órgano de ésos que tocan los villanos en las películas.

Alojamiento

En Minneapolis

City of Lakes: 2400 Stevens Ave., Tel. (612) 871 32 10. Un hostal internacional barato y limpio, pero que suele estar hasta los topes. Hay un par de habitaciones individuales con baño: sino, a las literas. Precio barato.

Normandy Inn: 405 S. 8th St. Tel. (612) 370 14 00. Céntrico. 160 habitaciones, restaurante y aparcamiento cubierto. Precio barato.

Regency: 41 N. 10th St. Tel. (612) 339 93 11. Algo cascadillo, se nota que ha vivido tiempos mejores. De todas las maneras, guarda todavía una excelente relación calidad/precio. 190 habitaciones y aparcamiento cubierto. Precio barato.

En St.Paul

Kelly Inn - State Capitol: 161 St. Anthony Ave. Tel. (612) 227 87 11. 125 habitaciones, restaurante y lavandería. Precio barato.

Days Inn Civic Center: 175 W. 7th St. Tel. (612) 292 17 49. Sencillito. 203 habitaciones. Precio barato.

Las compras

La zona de tiendas en St. Paul la tenéis entre las calles 5, 7, St. Peter y Robert, en el mismo centro; el *uptown*, o St. Peter St., entre las calles 4 y 6 tiene los comercios más cucos. Y las económicas, están en la Grand Avenue, al sur, donde hay casi cinco kilómetros ininterrumpidos de tiendas, cafés y restaurantes.

DULUTH

El mayor puerto de agua dulce de los Estados Unidos -casi setenta kilómetros de muelles- , junto con una ingente actividad industrial, da la identidad a Duluth, que no por ello deja de ser una de las poblaciones más bonitas del estado. Tomando el nombre del explorador que primero vino por aquí, Daniel de Greysolon, *Sieur du Luth* -¿lo cogéis?- allá por 1679, no fue hasta mediados del siglo pasado que se instaló una población permanente, aunque los puestos de comercio no habían faltado desde entonces. La fundación correspondió a un militar, el general George P. Stuntz. Apenas 13 años después, en 1865, se encontró hierro y oro en el lago Vermillion; cuatro años después llegó el ferrocarril y para qué queréis más: hasta hoy, todo ha ido más o menos rodado.

Datos útiles

Información turística: *Duluth Convention and Visitors Bureau:* 100 Lake Place Dr. Tel. (218) 722 40 11. Abierto de lunes a viernes de 8 h 30 a 17 h. Durante el verano hay otro punto de información en el muelle Vista, que abre todos los días de 8 h 30 a 20 h.

Oficina de Correos: 2800 W. Michigan St. Tel. (218) 723 25 90. Abierta de lunes a viernes de 8 h a 17 h, sábados de 9 h a 13 h.

Llegar e irse

La terminal de la **Greyhound** la tenéis en 2122 W. Superior (tel. (218) 722 55 91). Autobuses directos a las *ciudades gemelas* y a Milwaukee. La interestatal que llega hasta la ciudad por el sur es la I-35.

La visita

El paseo marítimo de Duluth está bastante bien. Recibe el nombre de **Western Waterfront Trail**, y discurre por unas cinco millas en la ribera del río St. Louis. Parecido es el **Park Point**, una playa de arena de seis millas en donde hay además senderos, pistas deportivas y zonas para picnics, y que va desde el puerto por toda la **península de Minnesota Point**, donde hay además más playas, atracaderos y restaurantes desde los que se tienen inmejorables vistas del puerto. En el centro urbano, éstos son los lugares más interesantes:.

The Depot (St. Louis County Heritage and Arts Center): 506 W. Michigan St. Tel. (218) 727 24 97. Abierto todo el año de 10 h a 17 h. Lo más interesante de la ciudad es esta estación de ferrocarril de finales del siglo pasado, totalmente restaurada, en cuyas cuatro plantas hay, además de mogollón de tiendas y restaurantes, exposiciones sobre las culturas nativas del estado, incluyendo una buenísima exposición permanente de fotografías del siglo pasado de los indios. Lo más destacable es la *Depot Square*, que recuerda muy acertadamente cómo era la ciudad a principios de siglo, para lo que se han montado un par de docenas de tiendas de la época, han metido bastantes locomotoras, y no han restaurado la sala que lo era del control de inmigración, por la cosa de preservar la memoria de la gente que llegó para levantar ésto. Ojo, que no quiere decir que se os vaya a caer encima.

Canal Park Visitor Center and Marine Museum: Canal Park Drive. Tel. (218) 727 24 97. Abierto en verano todos los días de 10 h a 21 h; resto del año, hasta las 16 h. No se cobra entrada. Punto de información turística aderezado con exposiciones permanentes sobre la historia de la navegación en el Lago Superior, y sobre la formación geológica de los Grandes Lagos. Los servicios están limpios, y las latas de refresco de las máquinas, bien frías.

Tweed Museum of Art: 10 University Drive. Tel. (218) 726 82 22. Abierto de martes a sábados de 9 h a 16 h 30, fines de semana de 13 h a 17 h, cierra los domingos. No se cobra entrada, pero se sugiere dejar algo. La colección de arte más importante de la ciudad se expone en el campus de la Universidad de Minnesota, y se exponen los fondos de la colección Tweed, que lo es de pinturas -las más antiguas del siglo XVII- y arte nativo.

Alojamiento

Best Western Downtown Motel: 131 W. 2nd. St. Tel. (218) 727 68 51. Motelito en todo el centro de la ciudad; precios imbatibles, el servicio es correcto y en las habitaciones hasta os ponen una neverita por pocos dólares más. El desayuno, gratis. La mejor opción. Precio barato.

Fitger's Inn: 600 E. Superior St. Tel. (218) 722 88 26. También en el centro, con más encanto si queréis pero algo más caro. Bastantes de las casi 50 habitaciones tienen muy buenas vistas del lago Superior, y algunas también frigorífico. Dentro del hotel, bar y restaurante. Precio barato.

Restaurantes

Augustino's: 600 E. Superior St. Tel. (218) 722 27 87. Cierra los domingos. Se aceptan tarjetas. Se recomienda reservar. El restaurante del Fitger's Inn pasa por ser uno de los mejores de Duluth, y tiene una buena relación calidad/precio. En la carta, lo típico: pastas, carnes y pescados, pero en buenas raciones y bien preparado. Precio barato/medio.

Pickwick: 508 E. Superior St. Tel. (218) 727 89 01. Cierra los domingos. Se aceptan tarjetas. En una casa de principios de siglo tenéis este figón, que pasa por ser el mejor y más caro restaurante de la ciudad. Muy elegante, la carta es a base de carnes. Aunque, por menos dinero se come igual en el anterior, sin ir más lejos. Precio medio/alto.

Qué hacer

Para dejaros unos dólares, qué mejor sitio que el *Fond-du-Luth Gaming Casino* (129 E. Superior Dr. Tel. 800 873 02 80), donde hay bingo, blackjack y tragaperras. Cierra temprano, a éso de la medianoche.

LOS PARQUES DE LA RIBERA DEL LAGO SUPERIOR

Hay unos cuantos, pequeños y facilmente accesbles si seguís la SR 61. La población más importante de la zona es **Two Harbors**, nacida a finales del siglo pasado como enclave comercial para las minas de hierro de los alrededores, la población es un buen punto de aprovisionamiento y buena base para explorar esta zona del estado. Tenéis un museíllo, el **Lake County Historical Society Depot Museum** (Waterfront Dr. & South Ave. Abierto todos los días de 9 h 30 a 18 h del mes de mayo al de octubre; resto del año, sólo fines de semana de 10 h a 17 h. Entradas: 2$), donde tienen una locomotora y poco más. En el Waterfront hay chiringuitos donde comer por poco dinero, al menos en verano.

El par de parques estatales que están bastante cerca de aquí: el **Gooseberry Falls State Park**, que no es sino el último tramo que recorre el río Gooseberry hasta su desembocadura en el lago Superior, y donde hay cinco cascadas que son la que le dan el nombre. Hay zonas de acampada, de picnic y senderos para bicicletas. Es pequeñito; la entrada cuesta 5$, y está abierto al público de 8 h a 10 h. La entrada, a unos 20 kilómetros al norte de Two Harbors por la SR61.

El otro parque es el **Split Rock Lighthouse State Park**, cuya entrada está a apenas 5 kilómetros de la anterior. Tiene el mismo horario, mismo precio y casi idéntica extensión; lo bonito es el faro, de treinta metros, que se asoma al lago. A los pies hay mesas para que saquéis las tortillas y merendéis (¿eh? ah, que aquí no hay tortillas... bueno, pues los *hot dogs*).

También está el **Tettegouche State Park**, a siete kilómetros al norte del pueblo de **Silver Bay** por la SR61. No es muy grande que digamos, pero tiene unas cascadas bastante espectaculares, cuatro lagos que son una pasada para los sentidos, y sus correspondientes senderos. Tiene el mismo horario y mismo precio que los que os hemos comentado un poquito antes.

Ya casi en la frontera con el Canadá está el **Grand Portage National Monument**, lo que es el primer asentamiento que hubo en Minnesota. Su importancia comercial estuvo clara desde un primer momento: los 15 kilómetros de canal ya eran empleados por los nativos del otro lado del lago para intercambiar pescado y artesanías, y durante la ocupación europea jugó un papel primordial en el desarrollo de las rutas comerciales de los franceses. A finales del siglo XVIII, la North West Co. se estableció definitivamente aquí, y hasta hoy, en que las autoridades han reconstruido la colonia a partir de excavaciones. Si queréis visitarlo, el recinto está abierto todos los días en temporada alta de 8 h a 17 h. Además, de aquí salen todos los días barcos para el Isla Royale National Park, en Michigan. La travesía de 35 kilómetros se cubre en un par de horas.

Alojamiento en Two Harbors

...probad en el **Superior Shores Lodge & Lake Homes** (10 Superior Shore. Tel. (218) 834 56 71), que está por la SR61, a un paso del pueblo, y donde las cabañas están realmente bien y con todas las comodidades. Las habitaciones del hotel tienen todas muy buenas vistas del lago. La pega es que, como resulta barato, puede que no haya un hueco libre en todo el verano. Pero lo podéis intentar. Otra opción, menos romántica si queréis pero más accesible, es el **Country Inn by Carlson** (1204 7th Ave. Tel. (218) 834 55 57), donde casi todas las habitaciones tienen microondas y nevera. Precio barato.

GRAND MARAIS

Un importantísimo punto de embarque para los navíos que surcan el Mississippi, sólo en el pueblo ya tenéis cuatro lagos; pero es que el condado, la cifra es superior a mil. incustrados en virginales montes que hace ya tiempo que no se explotan. El centro de información turística (*The Depot* (3 St. NW. Tels. (218) 326 12 51 y (800) 472 63 66) está enclavado en lo que era la estación que servía como cabecera al

Grant Northern Railroad, que desplazó a la forma tradicional de bajar los maderos por el río, que eran en balsas.

A unas pocas millas de Grand Marais esté el **Forest History Center**, por la CR 76, y que es la reconstrucción de un campamento maderero del siglo pasado, donde incluso tienen contratados a unos tipos para que representen como se trabajaba entonces. Abierto todos los días, de 10 h a 17 h en verano y de 12 h 30 a 16 h en invierno.

VOYAGEURS NATIONAL PARK

Uno de los mejores parques de esta zona del país, con 219.000 acres (casi la mitad de lagos) entre los lagos Superior y Woods, que preserva la memoria de los exploradores francocanadienses que fueron los primeros en andar por estos parajes para comerciar con los nativos. Además de no haber cambiado casi desde aquellos años, es uno de los pocos lugares donde el mítico *grizllie* vive en libertad, y es también donde vive la última colonia norteamericana de lobos timber. Podéis entrar al parque sin mayor dificultad: los centros de información están en el lago Reiny y en International Falls (Rte. 53), abiertos todo el año. La entrada principal al parque (que no os van a cobrar) está en el *Kabetogama Lake Visitor Center* (en la CR 22, a cuatro millas de la salida de la Rte. 53).

Para entreteneros un poco, de los lagos Kabetogama y Namakan sale un barco que emplea unas seis horas en un recorrido que incluye paradas en un antiguo campamento, una mia y lo que era un hotel de principios de siglo. Hay otras excursiones que visitan los lagos Rainy, Locator y las Grassy Islands. Los billetes los debéis adquirir en el centro de información del Rainy Lake (tel. 218 - 286 52 58) por la SR 11.

Para la cosa del alojamiento, dentro del recinto del parque hay bastantes zonas de acampada, y en las cercanías de la población de International Falls, la más importante a este lado de la frontera, has unos cuantos hoteles y moteles en las salidas de la Rte. 53. Uno que no está mal es el **Thunderbird Lodge** (por la SR 11, a unas 11 millas de la salida a la Rte. 53), muy barato y en un paraje muy pintoresco. Algunas habitaciones tienen horno microondas y frigorífico, y lo bueno es que la dirección alquila todo tipo de equipamiento (botes, cañas de pescar) Precio barato.

IOWA

Datos geográficos
　Población: 2.776.800 habitantes.
　Capital: Des Moines.
　Punto más alto: En Osceola County, 1.670 pies.

Punto más bajo: río Mississippi, 480 pies.
Impuestos: la tasa estatal es de un 5%, y en algunos condados se le aplica otra adicional de 1%; las tasas hoteleras pueden superar el 7%.
Franja horaria: Central.

Un poco de historia

Los primeros europeos que se dejaron ver por estos pagos fueron los mismos que exploraron el estado de Illinois, los franceses **Jacques Marquette** y **Louis Jouliet**, allá por 1673. Apenas veinte años después, nuestros ibéricos antepasados establecieron aquí campamentos atraídos por las riquezas del subsuelo. Con todo, no puede decirse que Iowa tuviera una población estable hasta allá por la década de los treinta del siglo pasado, por más que la compra de la Luisiana en 1803 ya hubiera incorporado el territorio a la Unión; adquiriría el rango de Estado en 1846.

Ante tanta tierra virgen, fueron varias las comunidades religiosas que se unieron a los primeros habitantes, que eran sobre todo europeos y de la zona atlántica de los Estados Unidos. Así, mormones, amish, quáqueros y amanas (los únicos que quedan a día de hoy) se asentaron aquí para vivir según sus costumbres, y la paz sólo fue quebrada durante la Guerra Civil, pues el estado estaba dividido entre partidarios de ambos bando, con las consiguientes tensiones.

El estado pronto se descubrió como uno de los principales productores agrícolas de la Unión; y en 1959 fue el mismísimo **Nikita Kruschev** quién recorrió varias de las granjas de Iowa, para ver cómo funcionaba la explotación agrícola en los EE.UU., e intentar exprotar los métodos a la URSS en los difíciles años de la Guerra Fría. Y es que Iowa es una de las tierras más fértiles del mundo, como demuestra que el 95% del territorio esté cultivado.

Así, no esperéis de Iowa otra cosa que inmensas llanuras de maíz, gente trabajando, y el alma del país en una de sus expresiones más puras; cuando en la televisión se refieren a la familia americana, raro es el ejemplo en el que no se emplea un pueblo proverbial de Iowa.

DES MOINES

Lo que nació como un fuerte de la Caballería allá por 1843 (Fort Racoon) a los pies de un río, y que tuvo un extraordinario crecimiento los años de la fiebre del oro, por su enclavamiento, es hoy una tranquila capital de estado donde todo parece andar despacio, con otro ritmo en las antípodas del estress de las ciudades del Atlántico. La arquitectura es funcional, la seguridad alta, así que entrad con el coche y parar un poco.

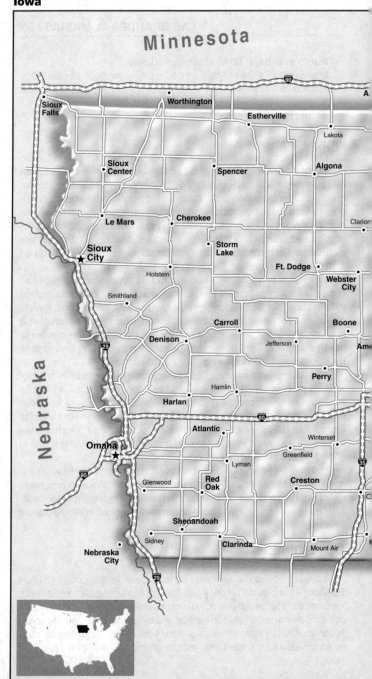

Iowa

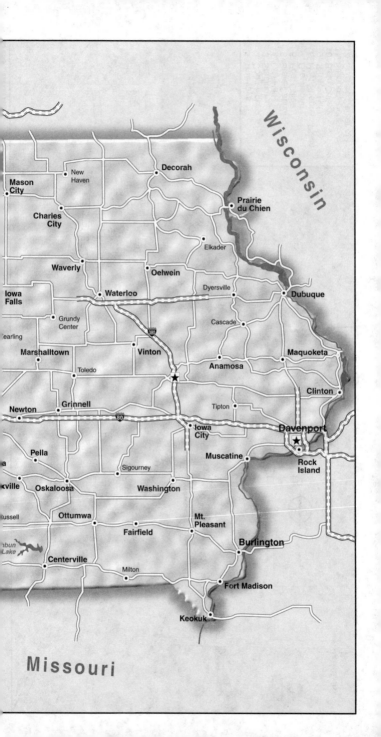

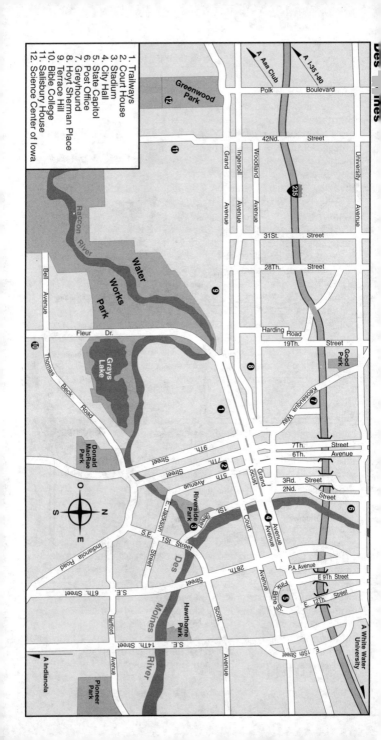

Des Moines

1. Trailways
2. Court House
3. Stadium
4. City Hall
5. State Capitol
6. Post Office
7. Greyhound
8. Hoyt Sherman Place
9. Terrace Hill
10. Bible College
11. Salisbury House
12. Science Center of Iowa

Cómo llegar y *pirarse*

Pues como queráis. Des Moines tiene aeropuerto (**Des Moines International Airport**) a unos 8 kilómetros al sur de la ciudad. El taxi hasta allí debería saliros por unos 10 machacantes, a menos que toméis el autobús 8, que sólo os costará 1. En autobús, la terminal de la **Greyhound** y otras compañías locales está en 1107 Keosauqua Way. El autobús que lleva al centro es el 4. Conexiones directas con Iowa City, Sant Louis, Omaha y Chicago.

Cómo moverse

Los autobuses municipales de la **MTA** son baratos (1$), pero la frecuencia y, sobre todo el horario, dejan mucho que desear: el servicio sólo está operativo hasta las 18 h, y los domingos a ninguna hora. Los taxis pueden ser parados en la calle, y será vuestra salvación por la noche. Por ejemplo, tenéis la **Yellow Cab** (tel. (515) 243 11 11).

Datos útiles

Información turística: **Greater Des Moines Convention and Visitors Bureau**. 2 Ruan Center, 6th & Locust Sts. Tels. (515) 286 49 60 y 1 800 451 26 25. Abierto de lunes a viernes de 9 h a 17 h.

Oficina de Correos: 1165 2nd Ave. Tel. (515) 283 75 05. Abierto los días laborables de 7 h 30 a 17 h 30.

Para ver

En el centro de la ciudad, muchos de los edificios están interconectados por pasarelas, lo que ha dado en llamarse el *Skywalk*. Resulta curioso. En el centro están todas las oficinas, así que si a las seis de la tarde no véis un alma, no os asustéis que no, nadie ha pulsado el botón rojo. Si no queréis andar por aquí, de lunes a viernes y de 9 h a 16 h, hay un tranvía que por 25ç (o una *cora*, que le dicen los hispanos) os lleva, os trae y os deja por todo el *downtown*.

Terrace Hill: 2300 Grand Ave. Cierra los domingos. Se cobra entrada, pero los martes es gratis. Edificada sobre una colina, y que era propiedad de una de las primeras fortunas que se hicieron en el estado en el siglo pasado. Está completamente restaurada y amueblada con mobiliario de la época, y hoy sirve como residencia del gobernador del estado. Hay visitas guiadas todos los días cada media hora.

Salisbury House: 4025 Tonawanda Dr. Cierra los domingos. Entradas: 3$. Este mansión del más puro estilo Tudor no es sino una réplica exacta de la *King's House* que está en Salisbury. Decorada con obras de arte de muy variopintas épocas y procedencias, la verdad es que nosotros nos hubiéramos quedado con cualquiera de las 42 habitaciones que tiene la mansión -pero como no nos la ofrecieron...

State Capitol: Grand Avenue, entre East 9th St. y East 12th St. Abierto de lunes a viernes de 8 h a 16 h 30, los fines de semana cierra media hora antes; visitas guiadas todos los días excepto los domingos. No se cobra entrada. El típico edificio gubernamental de corte neoclásico, en este caso con la particularidad de estar rodeado por un parque de 120 acres y que desde la cúspide se tienen estupendas vistas de la ciudad. Algo realmente curioso es la colección de muñecas que representan a las primeras damas del Estado; éso en Europa es algo que no se ve. Ah, y la maqueta del buque de guerra *Iowa* no está mal, pero por aquí gusta mucho.

Des Moines Art Center: 4700 Grand Ave. Abierto todos los días de 11 h a 17 h. Entrada: 3$. Mejor el continente que el contenido: al edificio original, de 1944, obra de Eriel Saarinen, se le añadió a finales de los 60 un ala obra de I. M. Pei que contiene la colección escultórica. El edificio es cudrangular, circundando un estanque. Qué pena que la colección no esté a la altura, los fondos escogidos (pinturas europeas y nacionales desde el siglo pasado hasta hoy) son buenos, pero escasos. De todas maneras, por el precio de la entrada merece la pena, y además siempre se disfruta de una buena tabla.

State of Iowa Historical Building: 600 E. Locust St. Tel. (515) 281 51 11. Abierto toda la semana excepto los lunes de 9 h a 16 h 30. El edificio, además de albergar la biblioteca y los archivos del estado, tiene exposiciones sobre la historia de Iowa, junto a aperos de labranza y un vagón de ferrocarril del año de la polca. Para interesados en los avatares *iowenses*.

Living History Farms: 2600 NW 111th St (salida 125 de la I-35/80, a unos 15 kilómetros). Abierto toda la semana, de mayo a octubre, de 9 h a 17 h. Entradas: adultos 9$, niños de 4 a 16 años, 6$. Una de las atracciones más frecuentadas de la ciudad, sino la que más, es un museo al aire libre con una extensión que supera los 600 acres consagrado al noble quehacer de sacar frutos de la tierra. Tenéis reconstrucciones de un pueblo indio del siglo XVIII, de una granja de Iowa de mediados del pasado, de un pueblo de la frontera, y de una granja de comienzos de este que se nos va. Además, los fines de semana hay representaciones para enseñar a la gente tal cual vivían estos pioneros. En fin, este tipo de cosas tiene mucho predicamento por esta parte del país.

Alojamiento

En las entradas de la ciudad tenéis bastantes hoteles y moteles donde elegir, muy económicos. Si queréis algo más en el centro, probad con:

Best Western Starlite Village: 929 3rd St. Tel. (515) 282 52 51. Habitaciones con lo indispensable, y buenas instalaciones: aparcamiento, restaurante, sala de juegos, servicio de transporte al aeropuerto, piscina cubierta. Precio barato.

Holiday Inn Downtown:1050 6th Ave. Tel. (515)283 01 51. Muy parecido al anterior, pero más céntrico y con un poquito más de nivel. Precio barato.

LOS *PUENTES DE MADISON COUNTY*

Sí señores, existen. Los puentes que tanto han hecho suspirar a mujeres a lo largo del mundo están en las cercanías del pueblo de **Winterset** -a unas 25 millas al este de Des Moines por la I-80-, que es además donde nació el mismísimo *Duke*, el gran **John Wayne**. La casa natal es hoy un museo (***John Wayne Birthplace***. 224 South 2nd St. Abierto todo el año de 10 h a 17 h. Entradas: 3$), en la que además de encontrar la habitación en la que nació el actor allá por 1907 hay las correspondientes fotografías y colecciones de objetos pesonales. Ya que estáis aquí, podéis acercaros al **Madison County Museum and Historical Complex** (815 South 2nd Ave. Abierto toda la semana en verano excepto los lunes de 11 h a 16 h. Se cobra entrada) y echar un vistazo a los fósiles, los objetos de los indios o cualquiera de los casi veinte edificios de principios del siglo pasado que forman este área protegida de diez manzanas.

Pasando al tema de los puentes, donde podéis emular al fotógrafo de la *National Geographic* que encarnaba Clint Eastwood en la película, os diremos que los famosos puentes cubiertos son seis que están en las carreteras que llegan al pueblo, en un radio de unos cinco kilómetros. El más largo es el **Holliwell Bridge**, y el más antiguo el **Imes Bridge**, ya en St. Charles, pero muy cerquita. Todos los años tiene lugar un festival, el ***Covered Bridge Festival***, el segundo fin de semana del mes de octubre, en el que se organizan todo tipo de saraos típicos de esta zona. Y con lo de la película, ha pegado un subidón de visitantes que para qué. Pero no busquéis al viejo Clint, que no lo váis a encontrar.

Para hacer noche -o lo que os pida el cuerpo- hay un típico motel de pueblo, pero muy limpio y digno, bastante recomendable: el **Village View Motel** (Hwy 92, a unos 500 metros del cruce con la SR 92. Tel. (515) 462 12 18). Y además, baratísimo.

IOWA CITY

Fundada en 1839, fue la capital del estado hasta 1857; hoy, si algo marca la identidad de la ciudad es la Universidad de Iowa, que por lo menos le da algo de colorido a la vida, sobre todo en la parte del downtown conocida como **Pedestrian Mall**, adonde se asoman los mejores restaurantes, comercios y algún que otro barecillo. Punto importante de las rutas hacia el oeste del país, si paráis podéis echad un vistazo a los **museos de la universidad** o el *viejo capitolio*

(Clinton St. & Iowa Ave.), pero poco más. La **terminal de autobuses** la tenéis en 404 East College St. Abre de 8 h a 20 h, y tiene servicios directos con Chicago, Saint Louis y Des Moines. Si os véis obligados a pasar noche, en la salida 246 de la I-80 tenéis un puñado de establecimientos hoteleros; en el centro de la ciudad una buena opción es el **Holiday Inn Iowa City** (210 S. Dubuque St. Tel. (319) 337 40 58). Precio barato, y cerca de todo, lo cual no es mucho, como decía Santa Teresa.

MISURI

Un poco de historia

Jacques Marquette y Louis Juliet fueron los primeros que dejaron cosntancia escrita de su paso por lo que sería el estado de Misuri, en su travesía por el curso del río Misisipi en 1673. Las tribus indias que lo habitaban entonces eran sobre todo Osages, Delawares y Missouris. Como parte de la región de la Luoisiana, tres banderas han flameado aquí: la francesa, la española y la de los Estados Unidos. Aunque pertenció a la corona española más de cuarenta años, no puede decirse que haya quedado algo -por no decir nada- de influencia patria en estas tierras. De hecho, corresponde a los franceses el honor de haber establecido el primer asentamiento permanente, Ste. Genevieve, alrededor de 1730, que de hecho era el único núcleo poblado del norte de la Louisiana, hasta que St. Louis se fundó como centro comercial en 1764. Su excelente ubicación, en la confluencia de los ríos Misuri y Misisipi, aceleró rápidamente su desarrollo, convirtiéndose en la mayor ciudad del estado. En 1802, y gracias a untratado secreto, la Louisiana cambió de manos españolas a francesas, siendo posteriormente vendido por Napoleón al nuevo país por quince millones de dólares tan sólo un año después. Más o menos por esa fecha elpresidente Jefferson organizó la celebérrima expedición de Lewis y Clark; de hehco, partió de St. Louis en 1804. Missouri adquirió el rango de Territorio en 1812, y entró en la Unión en 1821, como estado esclavista.

ST. LOUIS

Una de las cunas musicales del país, y tradicionalmente considerada como la puerta del Oeste, St. Louis fue fundada por Pierre Lanclede en 1764. La penúltima ciudad del Este es un importante nudo comercial e industrial, con uno de los mayores puertos de agua dulce del país, y que ha vivido durante el verano de 1998 todo el apogeo de Big Mac, el hombre que batió la marca de cuadrangulares en una temporada regular en las grandes ligas de béisbol.

Cómo llegar

En avión

El **Lambert-St. Louis International Airport** es uno de los principales aeropuertos del Medio Oeste, no en vano es la sede central de la TWA. Algunos teléfonos de compañías aéreas: *Air Canada* (800/776 30 00), *American* (800/433 73 00), *Continental* (800/525 02 80), *Delta* (800/221 12 12)

Llegar hasta la ciudad es de lo más sencillo. Si no queréis tomar el metro, sabed que una carrera de taxi oscila entre los 15 y 25$, dependiendo del tráfico y del punto de destino; si la camioneta, son 10$ por trayecto, 15$ ida y vuelta.

En autobús

La estación de **Greyhound** la tenéis en 1450 N. 13th St. Tel. (314) 231 44 84. Está abierta las 24 horas del día. Pequeñísima, con un techo precioso y en una de las zonas más desoladas de la ciudad. Aunque allí mismo hay policía, de noche no andéis mucho por los alrededores. Autobuses a Chicago, Memphis, Kansas City y New Orleans.

En tren

Amtrak: 550 S. 16th St. Aunque ya no soporta el tráfico de otros tiempos (de hecho, llegó a ser la estación de ferrocarril más grande del mundo), sigue siendo una de las más bonitas del país. Además, hay mogollón de restaurantes, tiendas y unos cines enfrente. La zona es bastante segura a cualquier hora del día o de la noche.

Datos útiles

Alquiler de coches

Avis: tel. 800 331 12 12 y (314) 426 67 21.
Budget: tel. (314) 423 30 00.
Enterprise: tel. (314) 231 44 40 (en el centro) y (314) 427 77 57 (en el aeropuerto).
Hertz: tel. (314) 416 75 55.

Transporte público

St. Louis cuenta con un estupendo servicio de transporte público. **MetroLink** funciona de 4 h a 2 h, excepto determinadas líneas de autobuses. La tarifa es de 1$, y 10ç los transfers. Si tomáis el metro (que es rápido y limpio), también cuesta 1$; pero entre las estaciones de Lanclede's Landing y Union Station todos los días laborables de 11 h a 14 h, el trayecto es gratuito.

Las estaciones son (de este a oeste): 5th&Missouri, East Riverfornt, Lanclede's Landing, Convnetion Center, 8th&Pine, Busch Station, Kiel

Missouri

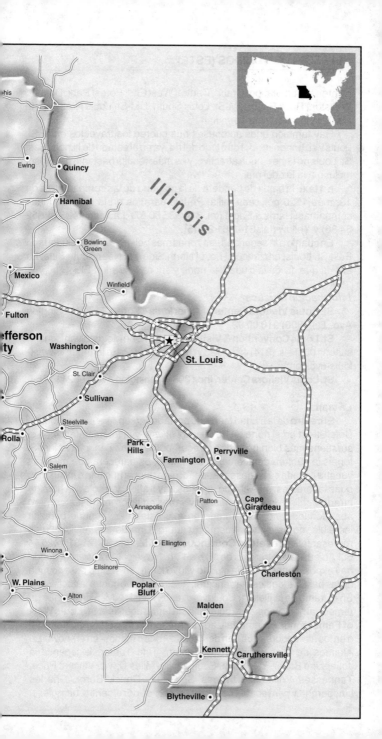

Center, Union Station, Grand, Central West End, Forest Park, Delmar, Wellston, Rock Road, UM-St. Louis South, UM-St. Louis North, North Hanley y Airport Main Terminal.

Hay también unos autobuses que cubren los trayectos entre St. Louis y su honónimo del otro lado del río, ya en el estado de Illinois. East St. Louis no tiene ningún atractivo, y es más: resulta bastante peligroso, incluso a la luz del día.

En **taxi**, la bajda de bandera de la mayoría de las compañías es de 1$, más 1$20 por cada milla. Podéis pararlos en la calle. Algunas compañías: Harris & Eagle (tel. 314/535 50 87), Laclede (tel. 314/652 34 56) y Yellow (tel. 314/361 23 45).

En cuanto a la seguridad, las zonas más peligrosas de la ciudad son East St. Louis, cruzando el río; el North Side y el Near South Side. La arteria que divide la ciudad en norte y sur es la Market St.

Información turística

St. Louis Visitors Center at America's Center: 7th & Washington Ave. Tel. (800) 916 00 92.

St. Louis Convention & Visitors Center: One Metropolitan Square, suite 1100. Tels. (314) 421 10 23 y (800) 916 00 92. En Internet: www.st-louis-cvc.com.

St. Louis Visitors Center, Inc.: 308 Washington Ave. Tel. 241 17 64.

La visita

El **centro** de la ciudad (cercado por la Jefferson Avenue en el oeste, Cole Street en el norte, el río Misisipi al este y la Interestatal 64 en el sur, tiene más bien poco que ofrecer, por lo menos en animación. Si tenéis la ventura de acercaros un festivo, os parecerá que mientras vuestra llegada se ha desencadenado una guerra nuclear; e incluso los dúas laborables, más allá de, apenas hay tráfico, tan sólo a la hora de ntrada y salida de las oficinas. Hay varios edificios interesantes, pero abandonados -no quiere cedir en mal estado. Y, aunque parezca increíble, no es especialmente inseguro. Uno de sus edificios más representativos es el **Old Courthouse** (4th&Market St. Tel. 314/425 44 68. Abierto todos los días de 10 h a 17 h. No se cobra entrada), donde hay exposiciones sobre la ciudad y tuvo lugar, en el siglo pasado, una de las batallas legales más encarnizadas que hubo contra la esclavitud. En el tramo de la Delamr Boulevard, entr Kingsland & Skinker, hay un remedo al hollywoodiense bulevar de la fama; aquí es el **St. Louis Walk of Fame**, donde ha inmortalizado su presencia personas nacidas aquí o en los alrededores que han destacado -más o menos- en el showbizz. Algunos de ellos son John Goodman, Tina Turner, la legendaria Josephine Baker, T.S. Elliot, Scott Joplin, Miles Davis, Vincent Price, Tennessee Williams, Ulysess S. Grant, Chuck Berry, Charles Lindbergh...y para acabar con vustro recorrido por el centro, una iglesia destacable, la **Old Cathedral** (209 Walnut. Abierta todos los días de 9 h 30 a 17 h. No se cobra entrada), una de las más antiguas del estado -fue consagrada en 1834-, de corte neoclásico y con un museíllo interesante.

Otro barrio destacable es el de **Lanclede's Landing**. Son nada más que nueve manzanas a los mismos pies del río, todo de edificios victorianos y donde no hay más que restaurantes, cervecerías y -oh sorpresa- una plaza que parece trasplantada de cualquiera de nuestras poblaciones; de noche, es de lo más animado, aunque sólo sea por el Planet Hollywood que inauguraron en el verano de 1998. El nombre le viene del fundador de la ciudad, que asentó aquí sus reales en 1769.

The Hill es el barrio italiano. Se calcula que las tres cuartas partes de su población son de origen transalpino, por lo que no faltan ni trattorias ni cafés. Era parte de la cesión de terrneo que la Corona española dió a Charles Gratiot en 1798, y qu efue dividida mediado el siglo pasado. Está cortado por Hampton Avenue al oeste, South Kingshighway al este, Northrup al norte y Coulmbus Avenue al sur. Sus lugares más interesantes son el *Soulard Market* (7th & Lafayette Sts. Cierra domingos y lunes), uno de los más antiguos del país, donde se sigue vendiendo alimentos frescos y hay unos cuantos figones; el *Missouri Botanical Garden* (2101 Tower Grove St. Tel. 314/577 51 00), o la factoría de la mayor cervecera del mundo, la *Anheuser Busch Brewery* (610 Pestalozzi St. Tel. 314/577 26 26. Abierto todos los días. No se cobra entrada), donde además de explicar el proceso de elaboración de la Budweisser y la Michelob dan muestras gratis.**Taille de Noyer**: McCluer High School, 1896 New Lorissant Rd. Tel. (314)524 11 00. Abierto los domingos de 13 h a 16 h. Una de las edificaciones más antiguas que se conservan en todo el estado de Missouri, es esta cabaña francesa de finales del XVIII, más sus sucesivas ampliaciones del siglo pasado. La faena, que sólo abren mediante cita telefónica. Entre la Market Street y Union Station tenéis un conjunto de catorce esculturas de bronce en una fuente, la *Milles Fountain*, obra del sueco Carl Milles y que simboliza el encuentro de los ríos Mississippi y Missouri. El museo sobre la historia de la ciudad -que no falta en nigún sitio-, es el *City Museum* (701 N. 15th St. Abierto de miércoles a domingo de 9 h a 17 h. Entradas: 6$)

El barrio más pintoresco y, sin lugar a dudas, más interesante o que, por lo menos, presenta más vidilla es el de **Central West End**, algo alejado del cenro pero muy bien comunicado, especialmente el metro. Toda ciudad tiene su zona bohemia; el de St. Louis, es éste. Casi todas las construcciones, bastante bien conservadas, son de la época de la Exposición Universal. Abundan las tiendecitas de antiguedades, los restaurantes, los cafés, las librerías...**Scott Joplin House State Historic Site**: 2658 Delmar Blvd. Tel. (314) 533 10 03.

St. Louis

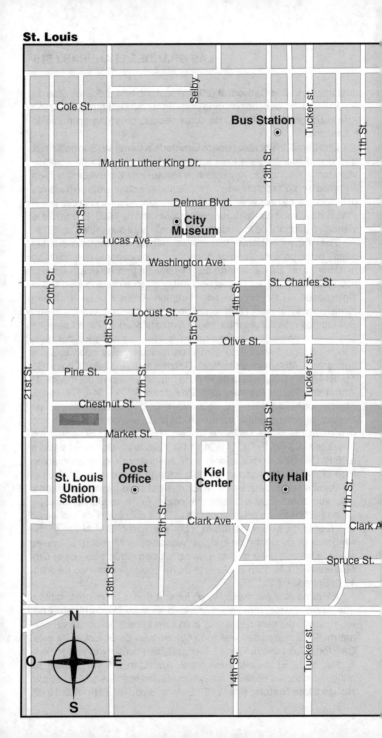

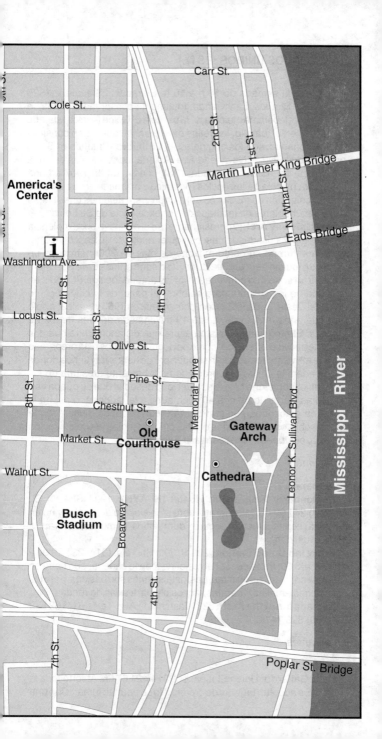

Abierta toda la semana de 10 h a 16 h. Entradas: 2$ adultos, 1$25 menores de 12 años. La vivienda, totalmente conservada, donde se compuso la celebérrima melodía de la película El Golpe (ésa de tatarata, tatá, tatá...) en el teatrillo, los rollos de la pianola, que están constantemente sonando, son los originales; la **Cathedral Basilica of Saint Louis** (Lindell Blvd. & Newstead Ave. Abierta todos los días de 7 h a 17 h. Precio de las visitas guiadas: 2$), construida en 1907 en una heterodoxa mezcla de los estilos románico y bizantino, y que alberga la mayor colección de mosaicos del mundo; pero dejamos unas líneas aparte para hablaros de la atracción por excelencia de St. Louis:

The Gateway Arch: impresionante. Es el distintivo por excelencia de la ciudad, visible desde casi cualquier punto de su casco urbano. Con una altura en su punto máximo de más de 200 metros, es un auténtico prodigio de la arquitectura que diseñó el finés Eero Saarinen, que ganó un concurso convocado por las autoridades de St. Louis en la década de los sesenta para celebrar el papel de la ciudad como puerta del Oeste. La construcción, comenzada en 1963 y finalizada sólo un par de años más tarde, costó 13 millones de dólares de los de entonces. El arco tiene la misma altura que distancia entre sus dos puntos de apoyo en el suelo, y como no podía ser menos está preparado para que los visitantes se dejen su buen par de horas: hay tienda donde venden además de los recuerdos de rigor bastante aresanía de los indios, un observatorio casi arriba del todo desde el que se puede ver, en los días claros, lo menos 40 kilómetros a la redonda -o así no lo explicaron a nosotros-, un teatro IMAX y un pequeño museo donde exponen objetos relaicionados con las culturas indias y la colonización del oeste, el *Museum of Westward Expansion*.

Alojamientos

Precio barato

Huckleberry Finn Youth Hostel (HI-AYH): 1904 S. 12th St. Tel. (314) 241 00 76. Muy barato, pero algo alejado del centro y no en una zona especialmente segura; dormitorios comunes, cierran la puerta a las 22 h.

Drury Inn Union Station: 201 S. 20th St. Tels. (314) 231 39 00 y (800) 325 83 00. Pasa por ser el mejor de toda la cadena, que tiene en St. louis la sede de sus oficinas. Las instalaciones son básicas, pero las habitaciones amplias y baratas. Accesible para sillas de ruedas.

Ramada Inn at the Arch: 333 Washington Ave. Tels. (314) 621 79 00 y (800) 329 74 66.

Restaurantes

Precio barato

Casa Gallardo: Union Station. Tel. 314/421 67 66. Abierto toda la semana. Se aceptan tarjetas de crédito. No se permite fumar. Con una cantina animadísima, llama la atención la calidad y cantidad de las raciones: fajitas, enchilada, entre otras especialidades típicas de la tierra de los aztecas.

Amighetti's: 5141 Wilson St., en The Hill. Tel. 314/776 28 55. Abierto toda la semana. Aceptan tarjetas de crédito. Establecimiento de corte familiar, superhonrado. La panadería y la repostería son todo un pecado, y los platos de cocina italiana de siempre, a la altura de vuestras expectativas, seguro.

Precio medio

Kemoll's: One MEtropolitan Square. Tel. (314) 421 05 55. Fundado en 1927, es uno de los más elegantes restaurantes del centro de Saint Louis.

Jake's Steaks: 708 N. 2nd St. Tel. (314) 621 81 84. Cierra fines de semana al mediodía. Aceptant arjetas de crédito.

Actividades

Deportes profesionales

Los equipos de la ciudad que juegan en las Ligas Mayores son los famosos **Cardinals**, que contaban en sus filas con el hombre que rompió la marca de cuadrangulares en una sola temporada, Mark Big Mac McWire; juegan en el Busch Memorial Stadium (Broadway & Walnut Sts). En la NFL están los **Rams**, que juegan en el Dome at America Center; y los **Blues** le dan al stick en la NHL (Kiel Center. 14th & Clark Sts).

Bellas Artes

Conciertos y representaciones de **ópera** corren a cargo de la **St. Louis Symphony Orchestra** (Power Hall).

Para la cosa del teatro están **Fox Theater** (527 N. Grand Boulevard. Tel. 314/534 11 11), una joya de sala de principios de siglo, y el **Grandel Theatre** (Grandel Square & Grand Avenue).

Las compras

Prensa extranjera

Daily Planet News: 243 N. Euclid, en Central West End. Tel. (314) 367 13 33. Para pasmo de propios y extraños, prensa española del día anterior. La dueña, majísima.

La marcha

Los bares de copas están concentrados en zonas muy concretas: **Lanclede's Landing**, la **Washington Avenue** pasado Tucker Boulevard, y las calles adyacentes a la universidad de St. Louis. Abundan los clubes que tanto nombre han dado a la música popular de la ciudad, que es considerada una de las cunas del jazz junto con New Orleans y Chicago. Unas palabras aparte para **The Summit** (200 N. Broadway, suite 110), un restaurante con música en vivo totalmente consagrado al mejor cantante de todos los tiempos, Frank Blue Eyes Sinatra.

Bares con actuaciones de jazz y blues

Backstage Bistro (3536 Washington Ave); **BB's Jazz, Blues & Soups** (700 S. Broadway); **Club VIVA!** (408 N. Euclid); **1860's Hard Shell Cafe & Bar** (1860 S. 9th St); **Hannegan's** (719 N. 2nd St); **Laffite's** (809 N. 2nd ST); **Mike & Min's** (925 Geyer St).

Otros garitos

Cabool (1521 Washington Ave.); **Blueberry Hill** (6504 Delmar) **Boomer's** (707 Clamorgan Alley); **Mississippi Nights** (914 N. 1st St); **Side Door Music Cafe** (2005 Locust); y **Kicks Nightclub** (660 Maryville Centre Drive); **Great Grizzly Bear** (1027 Geyer Ave.), **Venice Cafe** (1901 Pestalozzi St.).

KANSAS CITY

Cómo llegar

En avión

A unos tres cuartos de hora de la ciudad está el **Kansas City Interantional Airport**. La furgoneta que lo comunica con los principales hoteles del centro sale cada treinta minutos; los billetes los expeden en la terminal C; el precio, 11$ por trayecto, 15$ el billete de ida y vuelta. Una carrera de taxi ronda los 25$.

En autobús

En una zona no muy buena y algo alejada del downtown tiene la Greyhound montada de las suyas. La estación (1101 N. Troost St. Tel. 816/221 28 35) está abierta de 5 h 30 a 0 h 30. Coches hacia y desde Chicago y St. Louis. Para ir al centro desde aquí, tomad el autobús nº 25.

En tren

Amtrak: 2200 Main St. Tel. (816) 421 36 22. Bastante céntrica, está abierta las 24 horas del día. Hay trenes diarios con Chicago y St. Louis, como principales destinos.

Datos útiles

Alquiler de coches: Thrifty. 2001 Baltimore St. Tels. (816) 842 85 50 y (800) 367 22 77.

Información turística: **Convention and Visitors Bureau of Greater Kansas City**. 1100 Main Street, City Center Square Building, planta 25. Tel. (816) 221 52 42.

Los sitios de interés

La manera más cómoda de contemplar el centro de la ciudad es tomando uno de los tranvías que, con unos nombres realmente curiosos (Polly, Dolly, Molly...) salen del Plaza. La pega, que sólo está operativo entre los meses de marzo y diciembre; que en enero y febrero, las nieves alcanzan los siete pies sin mayor problema.

Hay un precioso centro comercial en todo el centro de la ciudad, el **Country Club Plaza** (47th&Main Sts), de estilo mozárabe; cuanto menos, curioso encontrar esta amalgama de tradición y comercio puro y duro en una de las capitales de la América Profunda.

Nelson-Atkins Museum of Art: 4525 Oak St. Tel. (816) 561 40 00. Abierto toda la semana excepto los lunes de 10 h a 17 h. Entradas: 5$ adultos, 2$ menores de 12 años; los sábados, gratis. Los extensísimos fondos lo son desde muestras de arte sumerio a obras de artistas contemporáneos. Así y todo, la selección es bastante completa: Goya, Tiziano, El Greco, incluso mosaicos romanos excavados en Túnez. Entre lo más destacable de nuestro siglo, la mayor colección de obras del escultor Henry Moore en los Estados Unidos (que la más grande del mundo la tienen en Toronto), y muestras escogidas (Modigliani, Picasso) de las escuelas pictóricas de este siglo que se nos va. Muy interesante.

Excursiones cercanas

A un suspiro de Kansas City tenéis un par de pueblecitos interesantes: **Independence**, donde vivió el presidente Harry S. Truman. Hay una recosntrucción acertada de su Depsacho Oavl en la Truman Library (US 24 & Delaware St), y su casa de veraneo, la *Victorian Truman Home*, está en 219 S. Delaware St. Ambas atracciones sólo están abiertas durante el verano. Desde el downtown de Kansas City, tenéis que toamr el autobús nº 24.

El otro pueblecito es **Liberty**, escenario que fue de las primeras pillerías del bandido Jesse James. A tal efecto han montado un museo en el primer banco que desvalijó, el **Jesse James Bank Museum** (Old Town Square). Cosas veredes...

Actividades

Kansas City cuenta con dos equipos profesionales: los **Kansas City Royals** de béisbol (Ewing M. Kauffman Stadium, I-70 en Blue Ridge Cutoff. Tel. 816/921 80 00); y los **Kansas City Chiefs**, de la NFL (Arrowhead Stadium, en el mismo sitio. Tel. 816/924 94 00).

En el *Music Hall* (12th & Wyandotte Sts) se representan espectáculos de Broadway. Otras salas: **Spencer Theater** (University of

Missouri· at KC), **Unicorn Theater** (3820 Main St), obras del off-Broadway; **American Heartland Theater** (Crown Center); **Folly Theatre** (12th & Central); y el **Municipal Auditorium** (200 W. 13th St). La **Kansas City Symphony** presenta sus conciertos de noviembre a mayo en el *Lyric Theater* (11th & Central. Tel. 816/471 73 44). Los conciertos son los viernes y sábados por la noche y los domingos por la mañana.

ST. JOSEPH

La población más importante de lo que está dando en llamarse la Pony Express Region es una ciudad, más o menos moderna, que es donde empezaba la legendaria ruta. En el **Pony Express Museum** (914 Penn St. Tel. 816/279 50 59. Abierto toda la semana excepto los lunes de 10 h a 16 h. Entradas: 3$) tenéis los establos que se abrieron en 1860; cerquita está la casa donde el celebérrimo Jesse James pasó a mejor vida en 1882, la **Jesse James Home** (12th & Penn Sts. Entradas: 2$). Hay más de setecientas muñecas de todo tipo y condición expuestas en el **St. Joseph Doll Museum** (1202 S. 11th St. Abierto de mayo a noviembre toda la semana excepto los lunes. Entradas: 2$), algunas de ellas son realmente antiguas -y bonitas. El museo de rigor sobre la historia local está montado en una mansión victoriana de finales del siglo pasado, con exposiciones sobre la colonización y artefactos de las tribus indias que estaban aquí antes tan traquilas (**St. Joseph Museum**, 1100 Charles St. Abierto todo el año excepto los lunes. Entradas: 2$).

Para comer y/o refrescaros, a lo largo de **Penn Street** hay unos cuantos establecimientos de comida rápida, pero nada realmente destacable. Porque en lo de cuanto a dormir, tampoco merece la pena quedarse a pasar noche. Si acaso, acercáos a las salidas de la Interestatal 29.

HANNIBAL

La ciudad donde vivió de chaval -todos de rodillas, please- **Mark Twain**, hecho casual este que se ha convertido -toma ya- en la principal fuente de ingresos de por aquí; suele pasar cuando un sitio en mitad de ningún lado se convierte, como por arte de birlibirloque, en escenario de una grandísima novela, en este caso *Las aventuras de Tom Sawyer.*

Datos prácticos

Autobuses: hay servicio de autobuses directos con St. Louis, que está a unas 100 millas, gracias a la *Trailways Bus Lines* (308 Mark Twain Ave. Tel. 573/221 00 33. Abierta de 5 h 30 a 1 h 30).

Información turística: *Hannibal Visitors and Conventions Bureau*. 505 N. 3rd St. Tel. (573) 221 24 77. Céntrica. Abierta toda la semana de 9 h a 16 h.

Oficina de Correos: 801 Broadway Ave. Tel. (573) 221 09 57. Abierta de lunes a viernes de 8 h 30 a 17 h, los sábados cierran a las 13 h.

La visitilla

Todo está relacionado con Twain y su obra, y todo se encuentra en el *downtown*. Hay un museo consagrado al escritor, el *Mark Twain Boyhood Home & Museum* (208 Hill St. Tel. 573/221 90 10. Abierto todo el año. Entradas: 5$ adultos, 2$ niños menores de 12 años), donde vivió, y la tienda está llena de artículos relacionados con él. Hasta tal punto explotan la presencia de Twain que una de las cavernas que el escritor recorrió de chaval la han habilitado para el turista; la entrada cuesta nada menos que 9$ y, las cosas como son, creemos que éso es ya pasarse de madre. Más interesante es darse una vuelta en el *Mark Twain Riverboat*, un barco de vapor que recorre durante una hora el Mississipi, con actuaciones folclóricas a bordo y, por la noche, cenas tradicionales. Durante le verano salen tres al día, con unos precios que oscilan entre los 8$ la excursión sin más y los 26$ que cuesta si se quiere cenar. A principios de cada mes de julio la ciudad es tomada por decenas de miles de admiradores de la obra de Twain, al que rememoran en el festival *Tom Sawyer Days.*

Cubriendo las necesidades básicas

Hay un camping en la salida de la I-79, a un par de kilómetros al sur de Hannibal, el **Mark Twain Campground** (tels. 573/221 16 56 y 800/527 03 04). Dentro de la ciudad, una buena elección es el **Hotel Clemens** (401 N. 3rd St. Tel. 573/221 16 56), céntrico y con las habitaciones limpias y amplias.

ARKANSAS

A nosotros, este estado nos recordó mucho -salvando todas las distancias- a Castilla. No desde luego por su riqueza monumental o el interés turístico de nuestra región, si no por las inmensas llanuras dedicadas al cultivo del cereal, y un carácter bastante parecido al de los castellanos. El lugar más interesante es Little Rock; y es que en este estado, uno de los más pobres de la Unión sino el que más, no abunda precisamente en sitios interesantes.

Datos generales

Población: 2.400.000 habitantes.
Capital: Little Rock.
Franja horaria: Central.

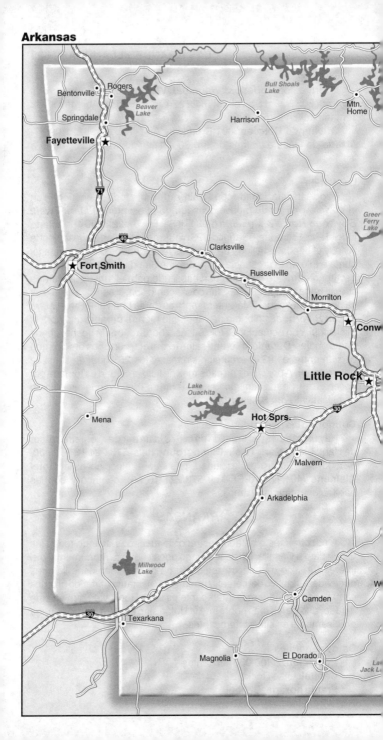

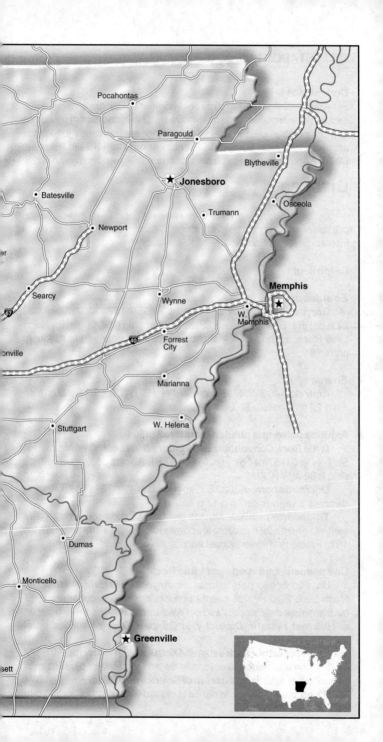

Curiosidades

Arkansas significa "la gente de la corriente". Ése era el nombre que recibían los integrantes de la tribu nativa Quapaw. Los indios algonquinos lo pronunciaban o-ka-na-sa. Los exploradores franceses tenáin sus propias versiones: Marquette escribió Arkansoa, LaSalle Arkensa; DeTonti Arkancas, y La Harpe Arkansas, nombre que quedó como oficial.

LITTLE ROCK

La ciudad que vio nacer -y, según algunos, enriquecerse- al presidente Clinton. La verdad es que la ciudad no ofrece demasiado interés, pero allá vamos:

Cómo llegar

En autobús

Greyhound: 118 E. Washington St. Tel. (501) 372 30 07. Abierta las 24 h del día. Buses a Nueva Orleans, Memphis y St. Louis. En North Little Rock, así que para ir al centro, cruzad el puente que hay justo enfrente.

En tren

Amtrak: 1400 W. Markham St. Tel. (501) 372 68 41. Abierta de 6 h a 22 h. Trenes a St. Louis y Dallas.

Algunos datos que pueden resultaros útiles

Little Rock Convention and Visitors Bureau: 100 W. Marckham St. Tels. (501) 376 47 81 y (800) 844 47 81. Abierta de lunes a viernes de 8 h 30 a 17 h 30.

Oficina de correos: 600 E. Capitol St. Tel. (501) 375 51 55. Abierta de lunes a viernes de 7 h a 17 h 30.

Transporte público: servido por la **CAT**, que funciona toda la semana de 6 h a 22 h excepto los domingos, que dejan de hacerlo a las 16 h. Precio del billete: 90ç, el transfer sólo 10ç más.

Una pequeñísima vuelta por Little Rock

Un sitio bonito para pasear es *Argenta Historic District*, en North Little Rock, y que cuenta con algunas de las construcciones más antiguas del estado, caso del Ayuntamiento. Otro tanto pasa en el *Hillcrest Historic District* y *el Quapaw Quarter*, ambos en el centro.

En el **MacArthur Park** están el *Arkansas Art Center* (tel. 501/372 40 00), con una pequeña colección de arte y un teatro para los más pequeños; el *Arkansas Museum of Science and History* (tel. 501/324 92 31), en lo que fue el arsenal de la ciudad y donde nació el tipo que da nombre al parque y es uno de los hijos más queridos de la ciudad, el general **Douglas MacArthur**, el del Pacífico en la Segunda Guerra Mundial. En el museo, todo sobre la historia y riqueza natural del estado.

La seña de identidad de la ciudad es el precioso **Old State House** (300 W. Markaham. Tel. 501/324 96 85), donde se celebró la victoria de **Clinton** en las presidenciales del 92; su carrera política -que no *lewinskiana*- se repasa en una didáctica exposición. Donde se celebran ahora los plenos es en el **Arkansas State Capitol** (Woodlane & Capitol Avenue), cuya construcción comenzó en 1899 y no finalizó hasta 1911, cuando se inauguró; en sus jardines es común ver a la gente de picnic.

Para dormir

Wilson Inn Little Rock Airport: 4301 E. Roosvelt. Tel. (501) 376 24 66. Sencillo y sobrio, pero con la calidad suficiente para que os lo recomendemos. Precio barato.

OKLAHOMA

Estado de agitada historia, pues su creación administrativa se remonta a cuando el presidente Jackson decretó la reclusión de las llamadas *Cinco Naciones Civilizadas* aquí en 1839, lo que constituye uno de los episodios más negros de la historia de los Estados Unidos: la peregrinación forzada se conoce como la *Marcha de las Lágrimas*. Ya en 1889 estas tribus se levantaron por última vez.

Pero si por algo se conoce a Oklahoma es por la magistral *Las uvas de la ira*, la novela de John Steinbeck (posteriormente llevada al cine por John Ford) en la que se narraba la tragedia que supuso la depresión del 29.

El estado de Oklahoma limita al norte con Kansas, al nordeste con Missouri, al este con Arkansas, al sur y al oeste con Texas y al noroeste con Nuevo México y Colorado.

Algunos datos

Capital: Oklahoma City.
Franja horaria: Central.
Impuestos estatales: 7,65%.

TULSA

La ciudad más importante del estado, que da nombre a una canción de Eric *God* Clapton -*Tulsa Time*- es bonita, con un centro repleto de elegantes mansiones y edificaciones Art Déco, herencia del petróleo, la primera fuente de ingresos de Oklahoma.

Oklahoma

Liberal

Elkhart

Mocane

Buffalo

Boise City

Guymon

Beaver

May

Maynol

Goodwell

Hardesty

Elmwood

Woodwa

Shattuck

Arnett

Taloga

Roll

Hammon

Elk City

40

Sayre

Erick

Red

Mangum

H

Hollis

Duke

Altus

F

Vernon

T e x a s

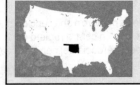

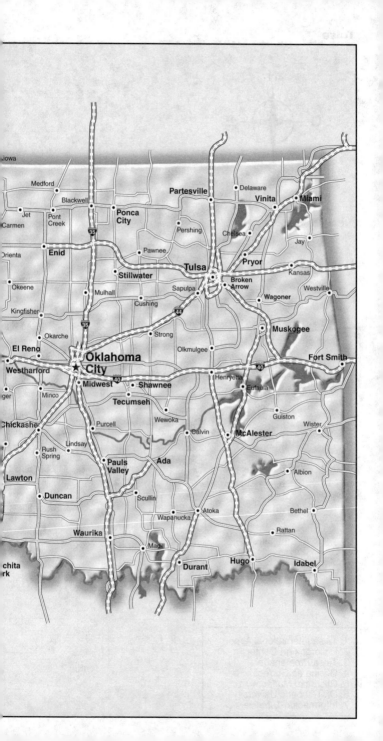

Tulsa

N
O — E
S

Turley
66 St Street
55 St
Mohawk Park
46 St Street
35 St Street
Machevi Road
Apacha Street
Cincinnati
Crawford Park
Pearla
Pina Street
Edison Street
2nd St. Admiral
Charles Page
11 St Street
15 St
21 St Street
21 St Street
Arkansas River
Riverside Dr.
Pearla Av.
31 St Street
41 St Street
W. Av.
49th
65th
41 St Street
51 St Street
51 St Street
61 St Street
Avenue
Avenue
Lewis Avenue
Harvard Avenue
Yale
71 St
33rd Avenue
Union Avenue
Elwood Avenue
81 St
91 St
Jenks

1. Tulsa International Airport
2. Philbrook Art Center
3. Tulsa Promenade
4. Oficina de Correos
5. Gilcrease Museum
6. Oral Roberts University
7. Información Turística

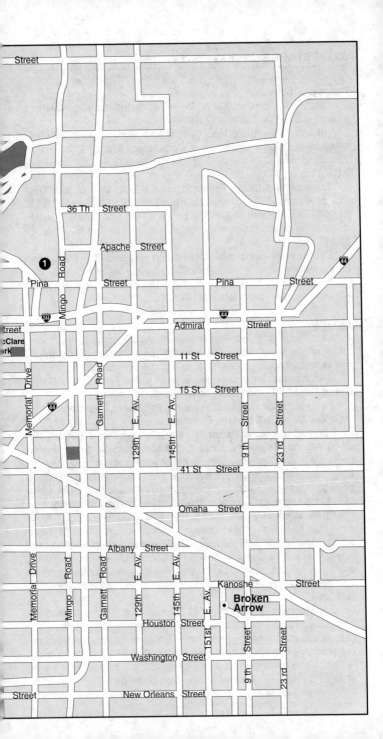

Datos prácticos

Oficina de Correos. 333 W. 4th St. Tel. (918) 599 68 00. Abierta de lunes a viernes de 7 h 30 a 17 h.

Información turística. Convention and Visitors Division. Metropolitan Tulsa Chamber of Commerce, 616 S. Boston Ave. Tels. (918) 585 12 01 y (800) 558 33 11. Abierta de lunes a viernes de 8 h a 17 h.

Transporte público. Prestado por la **MTTA** (*Metropolitan Tulsa Transit Authority*). Las oficinas están en 510 S. Rockford (tel. 918/582 21 00). Funciona toda la semana de 6 h a 19 h. Los taxis se pueden coger en la calle. Una buena compañía es *Yellow Cab* (tel. 918/582 61 61).

Estación de autobuses. La estación está en 317 S. Detroit Ave (tels. 918/584 37 17 y 800/231 22 22), y abierta las 24 h del día.

Tulsa International Airport. (Tel. 918/838 50 00), al que podéis llegar por la interestatal 244 y la US 169.

La visita

El centro de la ciudad rezuma un aroma art Déco muy de agradecer, sobre todo teniendo en cuenta que estáis en el corazón del *Bible Belt*. Por eso, un poco de refinamiento es como el aire fresco.

De todas las construcciones de este estilo, sobresale la **Union Depot** (1st St & Boston Ave), de la década de los 30.

En la misma avenida Boston están la **Philtower**, un rascacielos de los años 20, y el **320 Boston Building**.

Thomas Gilcrease Museum. 1400 Gilcrease Ave. Tel. (918) 596 27 00. Abierto de mayo a octubre, toda la semana de 9 h a 17 h. Previo pago. Se enorgullece de poseer la mejor y más extensa colección de arte del Oeste de todo el país; pues mira tú qué bien, muchos bodegones, esculturas más o menos inspiradas... lo más interesante resulta los fondos de arte indio, bastante más bonito y meritorio.

Philbrook Art Center. 2727 S. Rockford Road. Tels. (918) 749 79 41 y (800) 324 79 41. Abierto toda la semana excepto lunes, jueves y viernes de 11 h a 17 h. Previo pago. El edificio es bastante bonito, una mansión estilo toscano que era de un fortunón de principios de siglo. La colección es más destacable que la anterior, por lo menos es más variada; abundan acuarelas y litografías de los grandes nombres europeos.

Oral Roberts University. 7777 S. Lewis Ave. Tels. (918) 495 61 61 y (800) 678 88 76. La atracción más frecuentada por los turistas es para reírse un rato, y además con una historia curiosa. A mediados de la década de los 80, un tipo anunció que Dios le iba a matar si no reunía cuatro millones de dólares en unos años, se encerró en una especie de torre y, no se sabe muy bien cómo de legal, los reunió. Pero héte aquí que a la torre del asceta va y la parte un rayo, nace la leyenda, reflejada en un par de manos rezando de casi 30 metros cada una y una exposición, *Viaje Multimedia por la Biblia*, que parece sacada de un episodio de *Los Simpson*. Para que no olvidéis lo que es el *Bible Belt*.

Alojamiento

Hay pocos lugares baratos, incluso económicos, en Tulsa. Los establecimientos del centro son generalmente inseguros y guarretes, así que lo mejor es que os asoméis a las zonas de servicio de las interestatales. Aún así, hemos encontrado:

Precio Barato

Tulsa Inn Express. 5554 48th SW Ave. Tel. (918) 446 16 00. El mejor precio, algo alejado pero suficiente si de pasar una noche o dos se trata. Eso sí, sin coche, olvidáos de ir al centro de la ciudad.

Georgetown Plaza. 8502 E. 27th St. Tel. (918) 622 66 16. Parecido al anterior.

Thrifty Inn. 6030 E. Skelly Dr. Tel. (918) 665 26 30. Habitaciones amplias, además en la factura está incluído el desayuno, algo es algo.

Restaurantes

Baratos

Nelson´s Buffeteria. 514 S. Boston Ave. Abierto toda la semana. No aceptan tarjetas de crédito. Comida rápida de calidad, muy barata, y para reventar, sobre todo a la hora del desayuno.

Metro Dinner. 3001 E. 11th St. Tel.(918) 592 26 16. Cierra los lunes. De corte tradicional, es uno de los restaurantes más populares y frecuentados de Tulsa. Cocina tradicional: muchas costillas, vaca y pollo.

Llegar y partir

En autobús. Greyhound conecta la ciudad con Dallas, Kansas City, Oklahoma City y St. Louis.

OKLAHOMA CITY

Otra vez recurrimos a la historia del cine. Hay una película llamada *Cimarrón* en la que Glenn Ford se deja la piel, junto con otros miles de desheredados, para asentarse en las tierras vírgenes de Oklahoma, aquella escena de la estampida de las carretas. Y es que el gobierno de la Unión regaló las tierras sobre las que hoy se asienta Oklahoma City en 1889, decretando la salida de una carrera. Donde se quedara uno, pues para él el terreno.

Oklahoma City

Lottie Av.
Everest Av.
Glen-Ellyn Pl.
Madison St.
20 TH St.
19 TH St.
18 TH St.
17 TH St.
16 TH St.
15 TH St.
14 TH St.
Dean St.
Stonewall Av.
Kelley Av.
23 RD Street
Culbertson Dr.
17 TH St.
East Street
Mc Mechan Av.
Stanton L. Young Blvd.
10 TH St.
Phillips Av.
Phillips Av.
Lindsay Av.
13 TH St.
⓫
Lincoln Street
⓾
Lincoln Street
21 ST St.
18 TH St.
16 TH St.
15 TH St.
14 TH St.
12 TH St.
11 TH St.
Park Pl.
10 TH St.
9 TH St.
Harn Garden Park
Winans Park
Broadway Av.
Classen Drive
Robinson Av.
23 RD Street
22 ND Street
21 ST Street
20 TH Street
Harvey Av.
Hudson Av.
19 TH Street
12 TH Street
Walker Av.
Dewey Av.
Lee Av.
15 TH Street
14 TH Street
13 TH Street
12 TH Street
Classen Drive
9 TH Street
Sharte
18 TH Street
17 TH Street
16 TH Street
14 TH Street
Florence Park
11 TH
10 TH Street
12 TH
Fr
W

1. Bus Station
2. Central High School Museum
3. City Hall
4. Liberty Tower
5. Myriad Convention Center
6. Oklahoma Theatre Center
7. Post Office
8. Public Library
9. Santa Fe Station
10. State Capitol
11. State Museum of History
12. Union Station

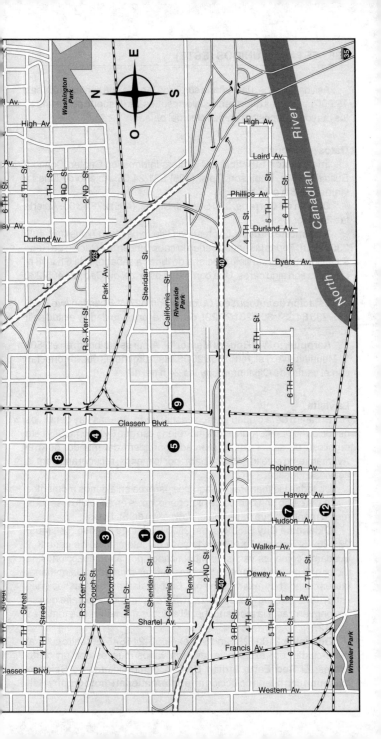

Así, de la noche a la mañana surgió de la nada una población de casi 15.000 habitantes que, medio siglo después, se despertó sobre uno de los mayores depósitos de petróleo del país.

Datos prácticos

Información turística. OC Visitors Information Center. Concord Building, 15 N. Robinson. Tels. (405) 521 24 06. Abierto de lunes a viernes de 8 h a 17 h.

Oficina de Correos. 320 SW. 5th St. Tel. (405) 278 63 00. Abierta las 24 h del día.

Transporte público. Lo presta la *Oklahoma Metro Transit* (tel. 405/235 74 33). Todas las líneas tienen la cabecera en la estación de Reno & Gaylord Sts. El servicio funciona de lunes a sábado, y de 6 h a 18 h. Los taxis son algo caros. Una compañía es la *Yellow Cab* (tel. 405/232 61 61).

Estación de autobuses. *Union Station* (427 W. Sheridan Ave. Tels. 405/235 64 25 y 800/231 22 22), de noche tened cuidado y evitad salir fuera.

Aeropuerto Will Rogers Memorial. Al sur de la ciudad, en el 3800 S. Meridian Ave. Tel. (405) 685 26 38. Hay furgonetas que lo conectan con el centro de Oklahoma City las 24 h del día.

La visita

El centro de la ciudad parece deshabitado. Apenas hay gente, los negocios no parecen funcionar muy bien y eso que Oklahoma City está orgullosa de ser el primer mercado ganadero del mundo, pero el Ayuntamiento está invirtiendo para, por lo menos, recuperarlo para la actividad turística.

De todas las maneras, aunque os parezca en algunos momentos que haya caído una bomba de hidrógeno, no es en absoluto inseguro, más o menos lo que pasa con el *downtown* de St. Louis.

Oklahoma City Stockyards. 2500 Exchange Avenue. Tel. (405) 235 86 75. Entrada libre. Para la cosa del intercambio de ganado y quedarse como las vacas de hipnotizados por las transacciones, lo mejor que podéis hacer es acercaros cualquier lunes por la mañana, que es cuando hay más movimiento. De todas las maneras las sesiones están de lunes a jueves, empiezan a las 8 h pero no os extrañe que se prolonguen hasta la medianoche. El autobús que tenéis que tomar es el nº 12.

Omniplex. 2100 EN. 52nd St. Tel. (405) 424 55 45. El centro cultural de la ciudad por excelencia, alberga varios museos con un cierto interés. El **Red Earth Indian Center**, el muy interactivo **Science Museum**, una buena colección en el **International Photography Hall**

of Fame y el **Air and Space Museum**. Lo más curioso, el pozo de petroleo -ya veréis, ya.

National Cowboy Hall of Fame. 1700 EN. 63rd St. Abierto toda la semana de 9 h a 17 h. Previo pago. En el barrio de Persimmon Hill, consagrado a las gentes del Salvaje Oeste. desde una exposición permanente sobre el *Duke* John Wayne, a idílicas pinturas de los grandes paisajistas del país, además de una muy polémica y poco políticamente correcta escultura de un indio agonizante, o las lápidas de los caballos enterrados en el jardín...

Enterprise Square USA. 2501 E. Memorial Road. Tel. (405) 425 50 30. Abierto de miércoles a sábados de 9 h a 17 h. Previo pago. Esto ya es para que acabéis de alucinar. Si existe un templo al capitalismo en el ancho mundo que ya no gobierna Felipe II, es éste. Todo es grande, desde las botellas de Coca Cola a, pasmaos, los billetes de 1$ en los que George Washington canta, a voz en grito, el himno estadounidense...

Alojamiento

Los establecimientos con mejor relación calidad/precio se concentran en las zonas de descanso de las interestales 35 y 45. Lo que se dice en el centro, que además no es muy recomendable cuando anochece, no hay nada de especial relevancia.

Precio Barato

RCA. 12115 Northeast Expressway. Tel. (405) 478 02 78. A unos 15 kms de Oklahoma City por la 35. Con piscina, lavandería y duchas, además de estar situado muy cerca de varias áreas de descanso de la Interestatal.

Motel 6. 4200 W.I-40. Tel. (405) 947 65 50. Las habitaciones son grandísimas, y buenas tarifas. Con piscina y aparcamiento.

Best Western Saddleback Inn. 4300 SW 3rd St. Tel. (405) 947 70 00. Establecimiento con aires indios, con piscina y 60 habitaciones.

Sixpence Inn. 5801 Tinker Diagonal. Tel. (405) 737 88 51. En la salida 156A de la interestatal 40. Habitaciones amplias, y piscina.

Dónde comer

Naturalmente, si estáis en el mayor centro ganadero del mundo, no vayáis exigiendo menús macrobióticos, no vaya a ser que os corran a sombrerazos y os marquen al hierro; es broma. Los mejores sitios para hartarse a carne están en la zona de **Bricktown**, donde decenas de antiguos almacenes ganaderos de ladrillo han sido rehabilitados y recuperados. No sólo restaurantes, también hay algunos garitos curiosos (por ejemplo, **Bricktown Brewery**).

Baratos

Piggy's. 303 E. Sheridan Ave. Tel. (405) 232 39 12. Buena relación calidad/precio, con sarao y todo las noches de los fines de semana. Eso sí, la carta no es precisamente un prodigio de variedad. carnes a la barbacoa y guisos tradicionales.

Flip's. 5801 N. Western Ave. Tel. (405) 843 15 27. Algo alejado del centro, pero es muy popular entre los universitarios. Cocina tradicional italiana y mucho cahondeo, que no cierran hasta las 2 h.

Llegar y partir

En autobús. Desde aquí hay autobuses todos los días a Kansas City, Dallas y Tulsa.

KANSAS

El estado de Kansas limita al norte con Nebraska, al este con Missouri, al sur con Oklahoma y al oeste con Colorado

Algunos datos útiles

Capital: Topeka.
Franja horaria: Central.
Impuestos estatales: 4,9-6,9%.

WICHITA

La ciudad más grande del estado y aquí vino ni más ni menos que **Coronado** en busca de la mítica **Quivira**, la construida en oro. Hoy, El Dorado se presenta en forma de grandes fábricas de aviones, una forma menos romántica de hacerse rico...

Datos prácticos

Oficina de correos. 330 W. 2nd St. Tel. 8316) 262 62 45. Abierta de lunes a sábados de 7 h a 17 h 30.

Información turística. Wichita Conventoin and Visitors Bureau. 100 S. Main St. Tels. (316) 265 28 00 y (800) 288 94 24. Abierta de lunes a viernes de 8 h a 17 h.

Transporte público. Servido por la **WMTA** (214 S. Topeka,   tel. 316/265 72 21). De lunes a sábado, de 5 h 30 a 18 h 30.

Estación de autobuses. Greyhound la tenéis en 312 S. Broadway Ave. Tel. (316) 265 77 11 y 1 800 231 22 22.

Aeropuerto Mid-Continent. Está a unos 10 kms del centro por la Highway 54 West.

La visita

Siempre hay lugares de interés. En Wichita, este honor corresponde a el **Old City Hall** (204 S. Main St), también llamado el *Palacio de* *las Llanuras*, donde tienen el museo de historia local; el **Wichita Art Museum** (619 Stockman Drive, tel. 316/268 49 21. Cierra los lunes. No se cobra entrada), donde destacan las obras de Edward Hooper, la media del resto de la colección no pasa de mediocre.

En el **Great Plains Transportation Museum** (700 E. Douglas Ave) hay locomotoras y vagones cuidadísimos de la época del vapor.

Bastante mejores son los fondos del **Mid-American All-Indian Center and Museum** (650 N. Seneca), cuya seña de identidad es un tótem de 15 metros llamado el *Guardián de las Llanuras*.

Las instalaciones de la **Wichita State University** (N. Fairmont & 17th Sts) esconden pequeños tesoros, como el mural de cristal de nuestro paisano Joan Miró que forma una de las paredes del **Edwin A. Ulrich Museum of Art** (McKnight Arts Center. Tel. 316/689 36 64. No se cobra entrada).

Si venís a mediados de mayo, vuestra estancia coincidirá con el **River Festival**, ya sabéis, actuaciones en la calle, comida y cachondeo más o menos sano.

Alojamiento

Baratos
USI Campground. 2920-1 E. 33rd St. Tel. (316) 838 86 99. A unos diez kms del centro, este cámping tiene piscina, pistas de tenis y lavandería.

Royal Lodge. 320 E. Kellog Dr. Tel. (316) 263 88 77. De lo más barato, habitaciones dobes con lo básico -éso sí, el cable no puede faltar...

Medios
Days Inn. 221 E. Kellog Dr. Tel. (316) 267 98 21. No muy céntrico, pero limpio y con un servicio agradable. 96 habitaciones, aparcamiento y cuarto de lavadoras.

Dónde comer
Tanta es la carne que casi la regalan, inmensos chuletones de a kilo por apenas 6 pavos... éstos son los mejores lugares para reventar.

Baratos
Doc's Steakhouse. 1515 N. Broadway Ave. Tel. (316) 264 47 35. Cierra los domingos. Las carnes, acompañadas de purés y ensaladas, son tan buenas y baratas que lo hacen uno de los restaurantes más populares y conocidos de Wichita.

The Two Fathers. 108 E. 2nd St. Tel. (316) 262 83 00. Cocina tex-mex, de muy buena calidad y raciones generosas; además, las noches de los fines de semana es uno de los locales más concurridos, por los conciertos que montan y el cachondeo sureño que lo rodea...

Nebraska

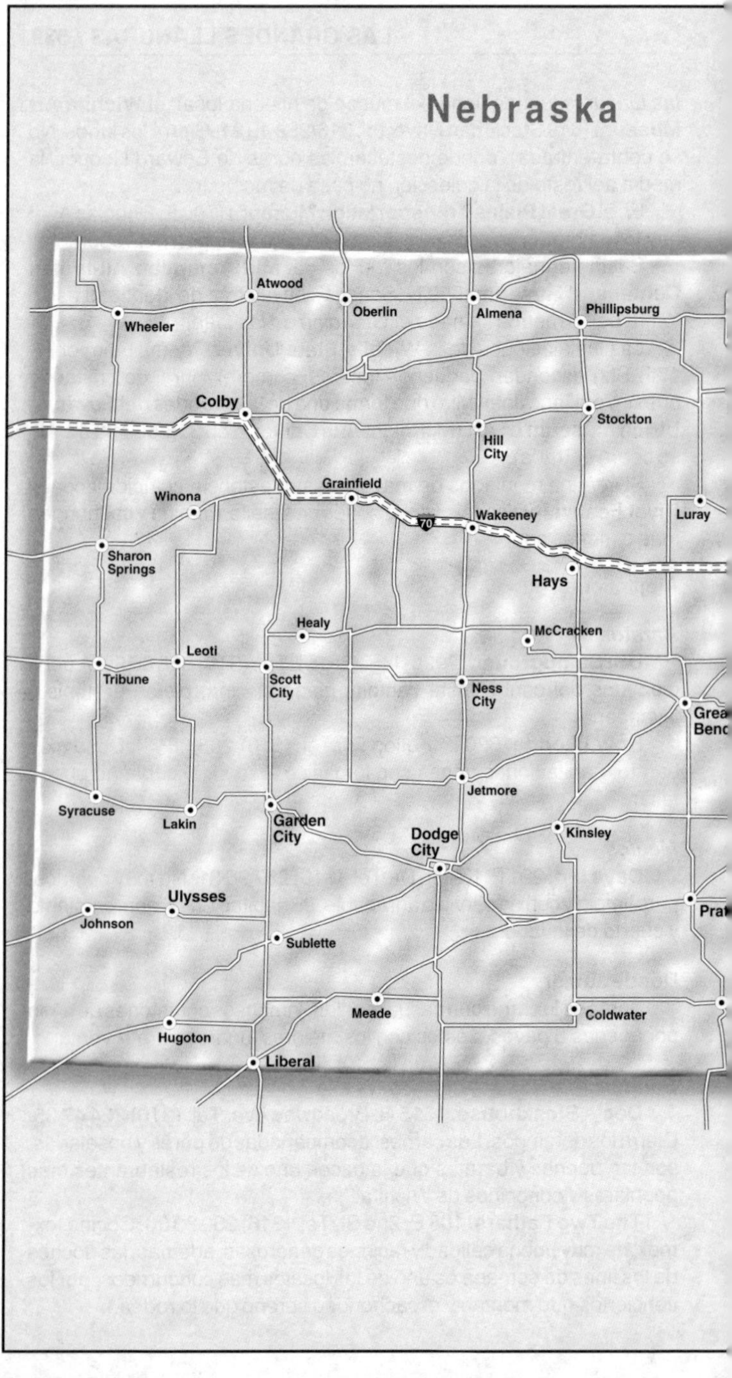

Wheeler
Atwood
Oberlin
Almena
Phillipsburg

Colby
Stockton

Hill City

Winona
Grainfield
Wakeeney
Luray

Sharon Springs
Hays

Healy
McCracken

Tribune
Leoti
Scott City
Ness City
Great Bend

Syracuse
Lakin
Jetmore

Garden City
Dodge City
Kinsley

Ulysses
Pratt

Johnson

Sublette

Meade
Coldwater

Hugoton
Liberal

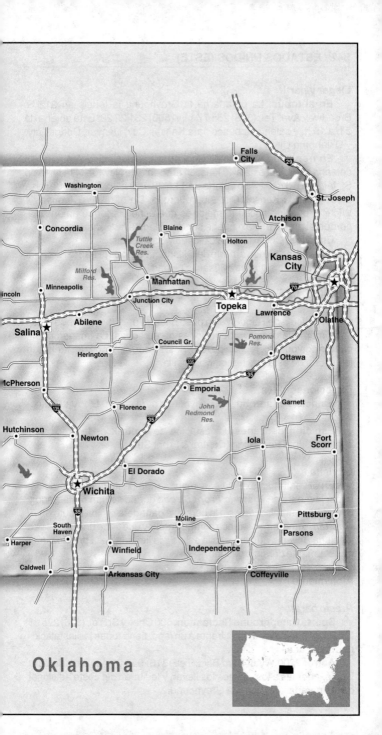

Llegar y partir

En autobús. La parada de la Greyhound la tenéis en 312 S. Broadway Ave. Tel. (316) 265 77 11 y (800) 231 22 22. Está abierta de 3 h a 19 h, y salen autobuses para Kansas City, Denver, Dodge City, y Oklahoma City.

En tren. Algo más complicado, pues la estación de Amtrak más cercana a Wichita está a 40 kms, en el pueblo de Newton. 414 N. Main St, tel. (800) 872 72 45), abierta de 11 h 30 a 19 h 30. El tren que pasa curbe la línea Kansas City-Alburquerque. De día hay autobuses a Wichita, pero de noche lo mejor es que esperéis a que amanezca, porque el precio del taxi puede ser de órdago a la grande.

En avión. Conexiones a Chicago y Saint Louis.

En coche. 260 km al norte de Oklahoma City, es la **I-35** la ruta más importante de las que atraviesan la ciudad.

DODGE CITY

La película de Raoul Walsh puso hace ya décadas esta población en la memoria colectiva de millones de personas. La imagen de un pueblo polvoriento, repleto de forajidos, se corresponde bastante con la historia de esta hoy tranquilísima villa.

Direcciones útiles

Estación de autobuses. Greyhound para en 910 E. Wyatt Boulevard.

Estación de trenes. La estación de **Amtrak** es la preciosa y céntrica Santa Fe Station (Central & Front St).

La visita

En el centro, se explota ésa imagen ruda hasta la exasperación, especialmente en *Historic Front Street*, donde se han restaurado y construido cárcel, *saloons*... la herencia ganadera recibe tributo en *El Capitán*, o una inmensa vaca mirando al sur y que tiene una gemela en la tejana Abilene, que marcan la salida y la llegada de la principal ruta transhumante del siglo pasado.

Alojamiento

Precio barato

Sports Campground Recreation. 500 Cherry St. Tel. (316) 225 90 03. En un lugar muy bonito, frente a un lago, tiene todas las instalaciones necesarias.

Astro. 2200 Wyatt Earp Blvd. Tel. (316) 227 81 46. Sencillo pero limpio, además a los clientes los llevan y los traen sin coste adicional de las paradas del tren y la Greyhound.

Dodge House Inn. 2408 Wyatt Earp Blvd. Tel. (316) 225 99 00. Del mismo corte, pero con aparcamiento y lavandería, además de incluir el desayuno continental en la factura.

Llegar e irse
  En autobús. Greyhound viene desde Wichita dos veces al día.

TOPEKA

Vamos a hablaros un poco de la capital del estado, que no es que tenga gran cosa. Las carreteras que la cruzan son la **I 70** y la   **US 75**.

Lo más interesante pasa por ser el **State Capitol** (10th & Harrison Sts), repleto de mármol su vestíbulo, y con una altísima cúpula, y el **Kansas Museum of History** (6425 SW 6th St. Abierto toda la semana excepto los lunes de 9 h a 17 h. No se cobra entrada), otro desván de la abuela donde se explica la historia del estado.

NEBRASKA

Algunas cifras
  Población: 1.578.000 habitantes.
  Capital: Lincoln.
  Punto más elevado: Johnson Township, 1.631 metros.
  Husos horarios: Central y Mountain.
  Impuestos estatales: la tasa de ventas oscila entre el 5% y el 6'5%; el alojamiento es gravado con un 1-2% adicional.

Historia
  Aunque la expedición de **Lewis** y **Clark** no llegó hasta 1804, hay indicios probados del paso del español **Coronado** por estas tierras a la busca de la legendaria *Quivira*; y en los siglos XVII y XVIII algunos comerciantes del Canadá francés se aventuraron para tratar con los indios. El paso de la expedición de Lewis y Clark tenía como objetivo ver qué era exactamente el territorio adquirido a **Napoléon**. El 3 de agosto de 1804 se reunieron con los jefes Nebraska, la tribu que posteriormente dará nombre al estado.

Durante las dos décadas siguientes, sólo algunos tramperos, forajidos huídos de la justicia y misioneros que atravesaban el estado para colonizar a los indios de la costa Pacífica se dejaban ver por aquí. Con la llegada del tendido ferroviario en 1840 comenzaron a fundarse comunidades mormonas. En 1862 el gobierno federal empezó a regalar tierras a los colonos que se instalaran allí. Por lo menos hasta que acabaron con los indios, en 1879.

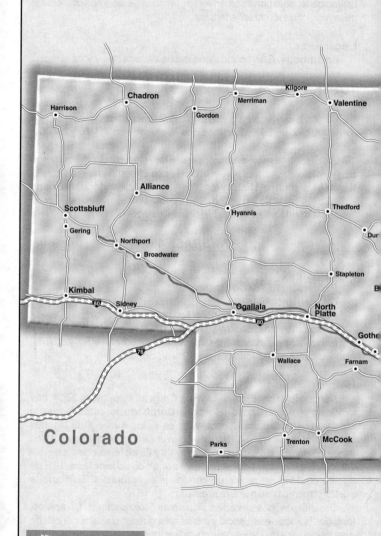

Dakota

Harrison

Chadron

Merriman

Kilgore

Valentine

Gordon

Alliance

Hyannis

Thedford

Scottsbluff

Dur

Gering

Northport

Broadwater

Stapleton

B

Kimbal

Sidney

Ogallala

North Platte

Gothe

Wallace

Farnam

Colorado

Parks

Trenton

McCook

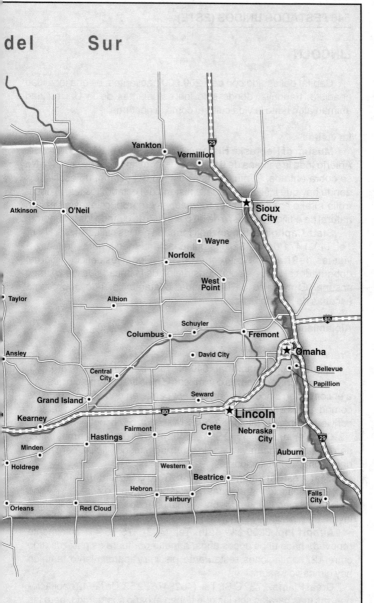

LINCOLN

Capital del estado con casi 200.000 habitantes, es una localidad apacible, tranquila, donde sólo los estudiantes de la Universidad animan algo tanto la vida cultural como la nocturna.

La visita

Musum of Nebraska History: 15th & P Sts. Tel. (402) 471 47 54. Abierto toda la semana de 9 h 30 a 17 h, domingos desde las 13 h. No se cobra entrada. El museo más visitado del estado, de esos sitios donde hay que ir si os interesa la historia del estado: fósiles, el desarrollo rural o enseres indios; además, hay reproducciones a tamaño natural de edificios indios, o de un comercio de cuando los tramperos.

State Capitol: en la manzana formada por las calles 14, 16, H y K. Tel. (402) 471 04 48. Salidas guiadas cada media hora, de lunes a viernes, de 9 h a 16 h. No se cobra entrada. Con la residencia oficial del gobernador al ladito, es una construción de la década de los 20, muy sosona. El mosaico de la rotonda, bastante colorido, representa escenas de la historia estatal.

Alojamiento

Precio barato

Albergue Internacional. 640 N. 16th St. Tel. (402) 476 03 55. Cerca de la Universidad, es con mucho lo más tirado de precio que váis a encontrar en Lincoln: apenas 5$ por cama, en dormitorios y con las comodidades e instalaciones imprescindibles, ni una más. En verano, conviene llamar por teléfono, no vaya a ser que no encontréis un hueco.

Cobbler Inn. 4808 W. O St. Tel. (402) 475 48 00. Precios muy bajos, pero no esperéis maravillas, sólo es un lugar digno y limpio para hacer una noche. 49 habitaciones.

Best Western Villager Motor Inn. 5200 O St. Tel. (402) 464 91 11. Con 200 habitaciones -algunas de ellas con frigorífico y cafetera- y uno de los sitios menos aburridos para tomar una copa, el Spike & Olli. Tiene lavandería, piscina, y transporte sin recargo al aeropuerto.

Airport Inn. 3200 NW 12th. Tel. (402) 475 95 41. Totalmente renovado hace unos pocos años, aunque por fuera os parezca algo cutre. 127 habitaciones, restaurante, piscina y aparcamiento; también hay gimnasio y sauna.

Great Plains. 2732 O St. Tel. (402) 476 32 53. De las 42 habitaciones, las más baratas son las que tienen el baño compartido, pero las mejores son las tipo efficiencies, totalmente equipadas.

Confort Inn of Lincoln. 2940 NW 12th St. Otro más de los que hay en la salida 399 de la Interestatal. Aquí hay 66 habitaciones con nevera, sauna, un restaurante en la misma puerta y gimnasio.

Holiday Inn Airport. 1101 E. Bond St. Tel. (402) 475 49 71. 106 habitaciones, salas de reuniones, piscina climatizada, restaurante, bar, aparcamiento cubierto. Ah, los menores de 18 años acompañados de un adulto no pagan.

Holiday Inn North East. 5250 Cornhusker Hwy. Tel. (402) 464 31 71. Muy parecido al anterior, con algunas instalaciones más. por ejemplo, un campo de minigolf.

Sleepy Hollow. 4848 O St. Tel. (402) 464 31 66. Motel de una sóla planta, con 38 habitaciones -algunas con frigorífico- y piscina climatizada.

Town House. 1744 M St. Tel. (402) 475 30 00. Algo cascadillo, no hay ascensor, y éso que tiene tres plantas. Son algo más de medio centenar de apartamentillos, hay lavandería dentro del edificio. Si la estancia va a ser larga, puede traeros cuenta.

Super 8. 2635 West O St. Tel. (402) 476 88 87. En la salida 395, 61 habitaciones.

Super 8 Cornhusker. 2545 Cornhusker Hwy. Tel. (402) 467 44 88. Algo más cuidado que el anterior, y más grande. 100 habitaciones.

Hampton Inn Lincoln Airport. 1301 W. Bond Circle. Tel. (402) 474 20 80. Pensado para estancias cortas, como mucho de un par de noches, y para gente en viaje de negocios. 11 habitaciones -algunas con frigorífico-, piscina y aparcamiento cubierto.

Stop'n' Sleep. 1140 Calvert St. Tel. (402) 423 71 11. Muy sencillo, con 51 habitaciones.

Harvester. 1511 Center Park Road. Tel. (402) 423 31 31. Con 80 habitaciones, piscina climatizada y barecillo.

Precio medio

The Cornhusker. 333 S. 13th. Tel. (402) 474 74 74. La propiedad lo considera el mejor hotel del estado, y la verdad es que no andan muy descaminados. Es de corte europeo, la atención resluta bastante personalizada -y éso que no es pequeño, son casi 300 habitaciones, y todas con una pequeña nevera-, y su restaurante se ha convertido en el lugar más frecuentado por gente importante de la ciudad. Tiene todas las instalaciones nedesarias: piscina cubierta climatizada, salas de conferencias, cafetería, aparcamiento cubierto, y servicio de transporte a donde queráis. Lo más recomendable y además podéis regatear con el precio...

Residence Inn by Marriot. 200 S. 68th St. Tel. (402) 483 49 00. Aquí hay 120 suites con uno y dos dormitorios, todas ellas perfectamente equipadas y algunas hasta con chimenea y todo. Piscina, pistas deportivas, aparcamiento, transporte al aeropuerto y lavandería.

Ramada. 141 N. 9th St. Tel. (402) 475 40 11. 238 habitaciones, piscina climatizada, restaurante, cafetería y aparcamiento cubierto.

Dónde comer

Baratos

Bishops Buffet. East O St., en el Gateway Shopping Center. Abierto toda la semana. Aceptan tarjetas de crédito. No es que la carta sea un prodigio de originalidad, pero por lo menos la calidad de los platos es más que aceptable, y podéis saciar vuestra hambre atrasada por muy poco dinero, no olvidéis que estáis sentados en un bufé...

Kerrey's. 201 Sunvalley Boulevard. Abierto toda la semana. Bastante informal y muy frecuentado por la gente joven, hay buenas carnes a la barbacoa, pollo y pizzas al estilo Chicago. Además, sirven comida para llevar.

Medios

The Renaissance. 333 S. 13th St. Cierra sábados al mediodía. El mejor y más elegante de la ciudad, es el restaurante del hotel Cornhusker. Para cenar es imprescindible la reserva, aunque no son nada rigurosos con la etiqueta, no hace falta llevar chaqueta. Cocina continental muy lograda, está considerado uno de los mejores de las Grandes Llanuras; los domingos, tenéis el brunch, bastante más económico.

Eleven. 13th & O St. Cierran fines de semana. En el NBC Center, en todo el centro de Lincoln, el local tiene buenas vistas, y la carta es una mezcla acertada de las cocina continental y francesa.

The Steak House. 34th & Cornhusker Hwy. Abierto toda la semana. Con más solera y tradicional, y de sus paredes cuelgan algunos buenos especímenes de la fauna local. Consecuentemente, las carnes no faltan nunca, gracias a Dios.

OMAHA

Conocida durante años como el Cruce de Caminos Nacional, tiene su origen en los primeros años del XIX, cuando algunos tramperos se instalaron en esta parte de la ribera occidental del río Missouri. Esos años no fueron fáciles. Inviernos con centenares de muertos, ataques indios, desabastecimientos, forajidos... pronto fue parada importante de las caravanas de colonos que se dirigían al Oeste y en 1863 Abraham Lincoln decretó que fuera Omaha el punto de salida del ferrocarril transcontinental. Así se fundó Fort Omaha en 1868. Posteriormente, sería un personaje muy distinto el que la devolvería a los focos: el líder negro **Malcolm X**.

Datos útiles

Oficina de Correos. 1124 Pacific St. Tel. (402) 348 28 95. Abierta de lunes a viernes de 8 h a 18 h, los sábados hasta la hora de la comida.

Información turística. En un par de sitios. **Omaha Visitors Center**. 10th & Deer Park. Tel. (402) 595 39 90. Abierta toda la semana de 8 h a 17 h. **Greater Omaha Convention and Visitors Bureau**. 6800 Mercy Road. Tel. (800) 332 18 19. Abierta de lunes a viernes de 8 h 30 a 16 h 30.

Estación de autobuses. 1601 Jackson. Tel. (800) 231 22 22. Abierta las 24 h del día.

Estación de ferrocarril. 1003 S. 9th St. Tels. (402) 342 15 01 y (800) 872 72 45. Abierta toda la semana de 22 h a 7 h.

Transporte público. Servicio prestado por la MAT (2222 Cummings St. Tel. 402/341 08 00). El precio del billete es de 90ç.

La visita

En el centro hay edificios realmente notables. El **Civic Auditorium**, el **Great Plains Black Museum** (2213 Lake St., sobre la contribución de la gente de raza negra al desarrollo del Oeste), el teatro municipal más grande del país, el **Omaha Community Play House** (6915 Cass St), o el **Bank of Florence**, que es además el más antiguo (data de 1858).

La atracción turística por excelencia es el **Old Market Area**, cercada por las calles Howard, Harney, 10th y 13th. Aquí están los restaurantes, los comercios más exclusivos. Una buena manera, si no la mejor, de visitarlo es en el tranvía, sobre todo si no contáis con mucho tiempo. Fuera ya de Omaha tenéis la mítica **Ciudad de los Muchachos**, la que inmortalizó en el cine el impagable Spencer Tracy haciendo de Padre Flanagan. Está en Dodge St & Y-680, y puede visitarse, aunque no presenta demasiado interés más allá del puramente cinéfilo.

Union Pacific Museum. *1416 dodge St. Tel. (402) 271 54 47. Abierto toda la semana excepto los domingos de 9 h a 15 h. No se cobra entrada.* Además de paneles y exposiciones sobre el desarrollo de la mítica compañía ferroviaria, tienen expuestos al público los muebles y demás objetos que decoraban el vagón fúnebre de Abe Lincoln, y que recorrió todo el tendido ferroviario de la época. Chocante.

Western Heritage Museum. *801 S. 10th St. Tel. (402) 444 50 72.* La antiguas Union Station, una preciosa muestra del art-deco, alberga la que es sin duda la mejor colección sobre historia de esta parte del país. Todo tipo de documentos, viejos daguerrotipos, una colección de teléfonos de malaquita que son una preciosidad, un aula del siglo pasado... pero lo que se lleva la palma es el primer biplano que hizo el vuelo sin escala de costa a costa del país, en 1911, y la ***Byron Reed Collection***, para que os hagáis una idea, un coleccionista de prácticamente todo, y a que su muerte donó la colección al Estado. Desde insignias deportivas a juguetes del siglo pasado.

St Cecilia Cathedral. *701 N. 40th St. Tel. (402) 551 23 13. Abierto todos los días de la semana de 7 h a 18 h. No se cobra entrada.* Toma ya sabor español. Parece sacada de Castilla, así de escrupuloso es el estilo renacentista castellano que tiene. Bueno, éso y las vidrieras de la capilla de Nuestra Señora de Nebraska, que estaban en la catedral de Pamplona desde el siglo XVI, y mira tú adónde han ido a parar. El expolio no fue sólo en la península. El altar mayor, una pasada en mármol de Carrara, se lo trajeron de un pueblecito italiano... a fín de cuentas, para estar donde está, además de curioso, muy interesante.

The General Crook House and Museum. *30th & Fort Sts., 5 km al sur por la US 75. Tel. (402) 455 99 90. Abierto toda la semana excepto los sábados de 10 h a 16 h. Previo pago.* Este hombre era el *jefe* (con todas las connotaciones de películas del oeste que queráis) del **Departament of The Platte**, a saber, la unidad administrativa que formaban los actuales estados de Wyoming, Utah, Nebraska, Iowa y partes de Idaho y Montana. Con dos plantas y de estilo Italianato, los muebles originales de la época pueden ser sobados hasta la extenuación, hay un jardín victoriano muy cuidado y un pequeño museo donde se albergan legajos del Condado.

Joslyn Art Museum. *2200 Dodge St. Tel. (402) 342 33 00. Abierto toda la semana excepto los lunes de 10 h a 17 h. Previo pago, los sábados no se cobra.* Edificio de mármol en estilo art-deco que atesora una colección, podríamos decir que ecléctica. Desde el Renacimiento hasta nuestros días, pasando por ánforas romanas y capiteles griegos. Lo que está mejor es la colección de acuarelas de Karl Bodmeer, sobre la expedición que Maximiliano de Austria realizó por el Alto Missouri en los años 1833-1834.

Alojamiento

Precio barato

Cámping Bellevue. *Mission St. Tel. (402) 291 33 79.* A unos 15 km al sur de Omaha, por la 75. Con todos los servicios indispensables.

YMCA. *430 S. 20th St. Tel. (402) 341 16 00.* En cuanto a precio y ubicación, de lo más recomendable.

Satellite Motel. *Salida 450 de la Y-80, en 6006 L St. Tel. (402) 733 73 73.* Limpio y funcional, las habitaciones tienen frigorífico.

Motel 6. *10708 M St. Tel. (402) 331 31 61.* Algo alejado del centro, sólo resulta conveniente si tenéis vehículo propio.

Budgetel Inn. *10760 M St. Tel. (402) 592 52 00.* En la salida 445 de la Y-80, son 96 habitaciones.

Best Western Central. *3650 S. 72 St. Tel. (402) 397 37 00.* Restaurante, piscina cubierta, lavandería, es el establecimiento más grande y mejor equipado de los que posee la cadena nacional en Omaha.

Economy Inn. *2211 Douglas St. Tel. (402) 345 95 65.* El aparcamiento es gratuito para los huéspedes. 64 habitaciones, algunas de ellas con cocina.

The Clubhouse Inn. *11515 Miracle Hills Drive. Tel. (402) 496 75 00. Salida de Dodge St de la Y-680.* Motel por encima de la media, toda una institución dentro de la ciudad. 147 habitaciones, algunas tipo suites, y piscina climatizada. Buenas tarifas para estancias largas.

Ben Franklin Motel. *10308 Frontage Road. Tel. (402) 895 22 00. En la salida 440 de la 80.* Algunas habitaciones tienen cama de agua, y cocina equipada con lo imprescindible. Lavandería y piscina climatizada.

La Quinta Inn. *3330 N. 104th Ave. Tel. (402) 493 19 00.* Algo alejado. 130 habitaciones.

Homewood Suites. *7010 Hascall St. Tel. (402) 397 75 00.* Más de cien apartamentos, totalmente equipados. Piscina cubierta, sauna, gimnasio y aparcamiento cubierto.

Confort Inn. *10919 J St. Tel. (402) 592 28 82.* Por la salida 445 de la Y-80. Piscina climatizada, sauna, aparcamiento y 76 habitaciones.

Embassy Suites. *7270 Cedar St. Tel. (402) 397 51 41.* 190 habitaciones con balcón, chimenea y cocina. Entre las instalaciones, salones de reuniones, sauna, piscinas, gimnasio, lavandería y un pequeño badulaque.

New Tower Inn. *7764 Dodge St. Tel. (402) 393 55 00.* De los más grandes. 330 habitaciones, restaurante, cafetería, bar, lavandería, saunas y piscina cubierta climatizada.

Holiday Inn Express. *3001 Chicago. Tel. (402) 345 22 22.* 124 habitaciones, algunas con cocina, y aparcamiento cubierto.

Wayside Inn. *7833 Dodge St. Tel. (402) 391 71 00.* Con 49 habitaciones, piscina y lavandería.

Oak Creek Inn. *2808 S. 72nd St. Tel. (402) 397 71 37.* 102 habitaciones, restaurante, uno de los bares más animados de la ciudad (el Hall, con billar y todo), aparcamiento cubierto, sauna, piscina, y gimnasio.

Ramada Central. *7007 Grover St. Tel. (402) 397 70 30.* 215 habitaciones, restaurante y bar.

Savannah Suites. *4809 S. 107th Ave. Tel. (402) 592 80 00.* Los apartamentos más económicos, además hay aparcamiento cubierto.

Caros

Red Lion. *1616 Dodge St. Tel. (402) 346 76 00.* Muy céntrico, tiene uno de los mejores restaurantes de la ciudad (ved el siguiente apartado). 414 habitaciones, bar, aparcamiento cubierto, y transporte gratuito para los huéspedes que cubre un radio de tres millas.

Sheraton Inn Omaha. *4888 118th St. Tel. (402) 895 10 00.* 168 habtiaciones, un par de piscinas, sauna, restaurante, y bar.

Lujo

Omaha Marriot. *10220 Regency Circle. Tel. (402) 399 90 00.* 301 habitaciones, piscinas, gimnasio, salas de reuniones... está pensado para viajeros de negocios, pero en invierno las tarifas descienden como las temperaturas.

Dónde comer

Caros

Chardonnay. *10220 Regency Circle, en el hotel Omaha Marriot. Tel. (402) 399 90 00. Cerrado los domingos. Aceptan tarjetas de crédito.* Bastante elegante, es pequeño lo que le confiere un carácter íntimo que es de agradecer. La carta es algo escasa, pero la cocina continental más tradicional está bien representada. También hay bufé al mediodía.

Llegar y partir

En autobús. Los autobuses de la Greyhound conectan Omaha con Des Moines, Cheyenne, Kansas City y Sioux Falls.

En tren. Los trenes de la Amtrak hacen lo propio con Chicago y Denver.

En coche. Si váis o venís en coche, hacia el oeste tenéis la Interestatal 80; la circunvalación de la ciudad es la 680. Hacia el Sur, a Kansas, está la US 75, que cruza el estado hasta South Dakota.

SCOTTS BLUFF NATIONAL MONUMENT

Uno de los lugares más visitados del estado, los tenéis a ocho kms al suroeste del pueblo del mismo nombre por la SR92. Este recinto protegido abarca la subida del monte desde la orilla del río North Platte (265 m de altitud) hasta la cumbre, que se eleva 1.500 metros sobre el nivel del mar.

Lo abrupto del terreno se debe a que la erosión no ha podido hacer mucho de las suyas, debido sobre todo a la ceniza de lava, el limo y la arena que forman la composición geológica del monte.

Era el mayor obstáculo que debían salvar los colonos en las rutas a Sacramento y Oregón, y el nombre le viene de uno de ellos, un tal **Hiram Scott**. Entonces, se metían por el conocido como **paso Mitchell**, que aún hoy en día está abierto para delicia de trotamundos, zorros y perros de la pradera (que no pecadores) que a bien tengan el tomarlo. La SR 92 corta el monumento nacional a la mitad.

Del centro de información turística salen dos senderos, uno pavimentado de 3 kilómetros, tres túneles incluidos, llega hasta la cumbre sin que sudéis mucho. Desde los miradores que os esperan al llegar, las vistas quitan el hipo, expresión muy manida pero más que apropiada. Hay un museo en el centro de información, pequeño, en el que dejan echar un vistazo a la historia de las caravanas y del monte. Durante el verano, los *rangers* abren un par de senderos más, para las bicicletas.

El parque está abierto todo el año, de sol a sol. El sendero pavimentado, hasta las 16 h 30, siempre que el clima lo permita. El horario del museo y el centro de información es de 8 h a 16 h.

Si queréis más datos, o una vez en Nebraska, averiguaR las condiciones del parque:

Superintendent. PO Box 27, Gering, EN 69341. Tel. (308) 436 43 40.

NELIGH

Crecida alrededor de una plantación inmensa, fue **John D. Light** en 1872. Con sus casi dos millares de habitantes, se ha convertido durante la década de los 90 de la zona.

La visita

Antelope County Historical Museum. *En el centro. Tel. (402) 887 44 47. Abierto en verano, toda la semana excepto los lunes y sábados de 9 h a 17 h. Previo pago*. En lo que los primeros años del pueblo fue el gimnasio local, hay una colección ecléctica en la que tienen cabida tanto artefactos de los pioneros a iconos religiosos y algunos jarrones orientales. Lo más interesante, la colección de fotografías de la fundación y primeros años de Neligh, y objetos de arte nativo.

The Neligh Mills Museum and Historical Site. *N. St & Wylie Drive. Tel. (402) 887 43 03. Abierto de mayo a octubre toda la semana de 8 h a 17 h. Se cobra entrada*. Propiedad de la sociedad histórica del Estado, este molino restaurado es uno de los pocos que quedan de su tipo. El almacén y la planta eléctrica exponen la historia de la explotación, con maquinaria original, y los senderos que hay llevan hasta el Riverside Park.

Cómo llegar

En coche
Por la Rte. 275, que va de este-noroeste.

BELLEVUE

Esta ciudad de 35.000 habitantes, fundada en 1804 en una bahía formada por los ríos Plate y Missouri, ostenta el honor de haber sido donde se izó la bandera norteamericana por primera vez en el territorio de Nebraska. Este hecho sucedió en la expedición de **Lewis** y **Clark**, aunque algunos ya se habían adelantado a estos intrépidos exploradores, como, por ejemplo, **John Fremont**, **Lucien Fontenelle** o **Kit Carson**.

Direcciones útiles
   Información turística. *Bellevue Tourism.* 2510 Sac Place. Tel. (402) 293 30 80.

La visita
   Bellevue Tourism organiza excursiones guiadas por los edificios más antiguos de la población, como el **Pioneer Cemetery** (Lord Blvd. & 13th Ave), que es de 1856; la **Omaha and Southern Railroad Depot** (24th St & Sac Place), de 1869; la **First Presbyterian Church** (2002 Franklin St), datada en 1856; el **Fontenelle Bank** (2212 Main St), del mismo año, o una cabaña de 1805 que está en 1805 Hancock St.
   Otros lugares de interés son: **Sarpy County Historical Museum.** *2402 Sac Place. Tel. (402) 292 18 80. Abierto toda la semana de 9 h a 17 h, los fines de semana no abren hasta las 11 h. Se cobra entrada.* Modesto, le da un repaso a los años en que se fundó la ciudad, con especial énfasis en el legado indio. Como no es muy caro, es una buena manera de pasar una hora.
   The Belle. *Haworth Park, por la SR 370. Tel. (402) 292 26 28.* Es un barco que, tres veces por semana en temporada alta (de mayo a septiembre) organiza excursiones de una hora por el río Missouri, además de dar cenas. Muchos jubilados con posibles.
   Strategic Air Command Museum. *2510 Sac Place. Tel. (402) 292 20 01. Abierto toda la semana de 8 h a 17 h, hasta las 20 h en temporada alta. Se cobra entrada.* Perfecto si os atrae el mundo de la aviación. Hay varios aviones históricos, como bombarderos B-52, cazas soviéticos Mig, el silencioso al radar Blackbird, o aviones del período de entreguerras.
   Fontanelle Forest Nature Center. *1111 Bellevue Boulevard. Tel. (402) 731 31 40. Abiert todo la semana de 8 h a 17 h. Se cobra entrada.* Es una reserva natural de casi 1.000 hectáreas, con varios senderos especiales para bicis de casi 40 kms. En el centro de información hay pequeñas exposiciones sobre la riqueza natural del condado y la reserva.

Alojamiento

Precio barato
   Quality Inn Crown Court. *1811 Hillcrest. Tel. (402) 292 38 00.* La mejor elección, el recinto es bastante grande con 142 habitaciones, casi todas con baño privado y, algunas, con un pequeño frigorífico, todas, eso sí, con aire acondicionado, calefacción y televisión por cable. Tiene aparcamiento cubierto, piscina climatizada cubierta, lavandería y un pequeño restaurante que no está mal, de precio barato.

American Family Inn. *1110 Fort Crook Road. Tel. (402) 291 08 04.* Motel con 106 habitaciones, destacan los 13 estudios totalmente equipados. Hay lavandería, piscina y un par de pistas deportivas.

Best Western White House Inn. *305 Fort Crook Road. Tel. (402) 293 16 00.* 58 habitaciones más sauna y lavandería.

Dónde comer

Baratos
Old Country Buffet. *701 Galvin Road.* Bastante sencillo, sirven comida rápida no exenta de calidad.

Cómo llegar

En coche
Por las **SR 370** y la **US 75**.

NEBRASKA CITY

Nacida en 1857 de la unión de tres pueblos, la ciudad no tardó en convertirse en un importante punto de abastecimiento, e incluso salida, de las caravanas de colonos que se dirigían al Oeste.

Hoy ronda los 7.000 habitantes, y tiene un lugar en el mapa por su celebración anual del **Arbor Day**, con gestas poéticas, actuaciones al aire libre y mucha comida, como siempre.

Direcciones útiles
Información turística. Nebraska City Chamber of Commerce, 806 1st Ave. Tel. (402) 873 30 00.

La visita
J. Serling Morton Orchard and Tree Farm. *100 Arbor Avenue. Tel. (402) 873 92 04. Abierto toda la semana de 9 h a 17 h.* No se cobra entrada. Curioso para pasar la tarde, era propiedad de un magnate del algodón, y un paseo por el bosquecillo de la propiedad que podéis visitar siguiendo el sendero.

Wilwood Period House. *SR 2 & Steinhat Park Road. Tel. (402) 873 63 40. Abierto de abril a noviembre toda la semana excepto los lunes de 13 h a 17 h. Se cobra entrada.* Una de las construcciones más antiguas de la población, concretamente de 1869, y perfectamente restaurada y decorada en estilo victoriano. Lo más bonito, el imponente Steinway, dan ganas de sentarse y tocar Night and Day...

Arnor Lodge State Historical Park. *23 St. & 2nd Ave. Tel. (402) 873 72 22. Abierto de mayo a septiembre toda la semana de 9 h a 17 h. Previo pago.* En esta mansión vivía un político de cierta importancia para la historia de Nebraska, y la tenía bien montada. Hay más de cincuenta dormitorios, amueblados y decorados tal como entonces; las caballerizas son otro primor, hay carruajes y aperos de montar también del siglo pasado. En el parque tenéis una rosaleda, un jardín y un arbolario.

Alojamiento

Precio barato
Apple Inn. *502 S. 11th St. Tel. (402) 873 59 59.* Lo más recomendable. 65 habitaciones, algunas con cocina y bañera en el aseo. Lavandería y aparcamiento.

Days Inn. *1715 S. 11th St. Tel. (402) 873 66 56.* Con 29 habitaciones, todas ellas con un pequeño frigorífico.

Dónde comer

Baratos
The Embers Steak House. *1102 4th St. Abierto toda la semana. Aceptan tarjetas de crédito.* Establecimiento sin pretensiones, suficiente para que comáis como mandan los cánones y las buenas costumbres por poquito dinero. Las raciones son generosas, y las carnes, de primera. El local es algo cutrecillo, pero veréis cómo os merece la pena.

Cómo llegar
En coche. Por aquí pasan dos carreteras. por la **75**, que va de norte a sur.

BROWNVILLE

Este pueblo de apenas un par de centenares de habitantes es de los que posee una historia más rica. Su fundación se remonta a 1854, cuando un colono de Missouri llamado **Richard Brown** levantó una cabaña al lado del río. No eligió mal el sitio, porque no tardó en convertirse en un puerto fluvial de primera. Así, las autoridades comenzaron a reservar tierra para que los edificios gubernamentales de la aún declarada capital del estado fueran para Brownville; pero héte aquí que estalla la Guerra Civil, el tráfico marítimo casi desaperece y, para cuando llega la paz, el ferrocarril ha sobrepasado a las barcazas como medio de transporte. Ahí finalizaron los sueños de los prebostes de que Brownville fuera declarada capital del estado.

Direcciones útiles
Información turística. Brownville Tourist Center. 2nd & Main Sts. Tel. (402) 825 60 01.

La visita

Seis manzanas del viejo Brownville forman el *Historic District*. De todas las edificaciones que han quedado del siglo XIX, destacan la *Brownville Depot* y la antigua consulta de un dentista. El centro de información turística marca la cabecera de un recorrido de una milla por lo más interesante.

The Carson House. *3rd & Main Sts. Tel. (402) 825 60 01. Abierto el verano toda la semana de 13 h a 17 h. Previo pago.* Lo que era la vivienda de un veterano de guerra, en una mansión que no tiene luz eléctrica, por aquello de que los descendientes de este gran hobre han querido preservar la casa tal cual, sin hacerla ninguna reforma, digamos, *moderna*. Ellos mismos.

Steamboat Museum of Missouri River History. *Brownville State Recreational Area. Tel. (402) 825 33 41. Abierto de mediados de mayo a mediados de septiembre todos los días de 10 h a 17 h 30. El resto del año, sólo los fines de semana. Previo pago.* En un almacén de los muelles se recrean escenas de la historia de la navegación en el río. Se tarda poco en ver.

DAKOTA DEL SUR

Algunas cifras y datos

Población: 669.000 habitantes.
Capital: Pierre.
Punto más elevado: Arney Peak, 2.172 metros.
Punto más bajo: lago Big Stone, 288 metros.
Franjas horarias: Central/Mountain.
Impuestos estatales: Entre el 4 y el 6%, dependiendo de los condados. Algunas localidades añaden un 1% al alojamiento, las entradas, la comida y las bebidas alcohólicas.

Historia

Se cree que la presencia humana en esta región se remonta al año 8.000 antes de Cristo. La época de esplendor de los nativos se produjo alrededor del siglo X, cuando los **Arikara** se establecieron, cultivando los campos y fortificando sus aldeas. El primer europeo no llegaría hasta finales del siglo XVII, cuando **Robert de la Salle** reclamó para Francia todas las tierras regadas por el río Mississippi. Aunque varios tramperos se aventuraron por aquí para comerciar con los indios, hasta 1743 no se organizó la primera expedición, comandada por **Louis Joseph** y **Francois Vérendrye**.

En 1762 pasó a ser dominio de la Corona española, sólo para retornar a manos francesas en 1800 y a los tres años a las norteamericanas, obra y gracia de la histórica compra de la Luisiana.

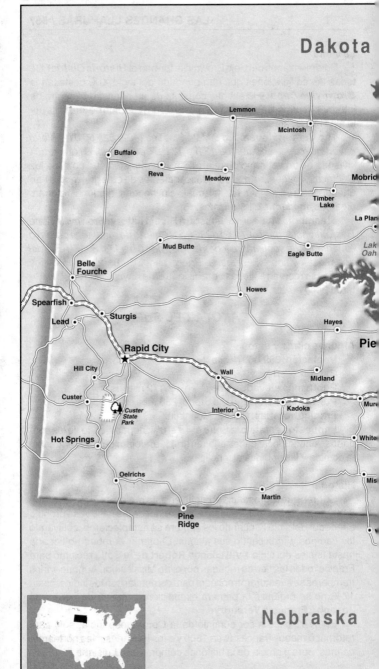

Dakota

Lemmon

Mcintosh

Buffalo

Reva

Meadow

Mobrid

Timber
Lake

La Plan

Mud Butte

Eagle Butte

Lak
Oah

Belle
Fourche

Howes

Spearfish

Sturgis

Hayes

Lead

Pie

Rapid City

Hill City

Wall

Midland

Custer

Custer
State
Park

Interior

Kadoka

Mure

Hot Springs

White

Oelrichs

Mis

Martin

Pine
Ridge

Nebraska

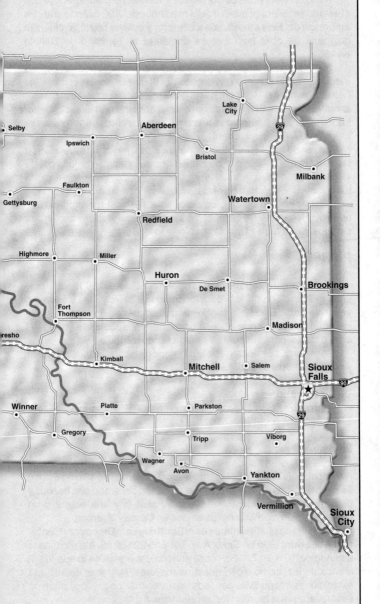

del **Norte**

- Selby
- Ipswich
- Aberdeen
- Lake City
- Bristol
- Milbank
- Faulkton
- Gettysburg
- **Watertown**
- Redfield
- Highmore
- Miller
- **Huron**
- De Smet
- **Brookings**
- Fort Thompson
- resho
- Madison
- Kimball
- **Mitchell**
- Salem
- **Sioux Falls**
- Winner
- Platte
- Parkston
- Gregory
- Tripp
- Viborg
- Wagner
- Avon
- **Yankton**
- Vermillion
- **Sioux City**

Aunque había puestos fronterizos y fuertes, no puede decirse que el estado estuviera habitado hasta mediados del XIX, cuando grandes empresas del Este empezaron a comprar y cultivar tierra; la afluencia de mano de obra hizo que se declarara el Territorio de Dakota en 1861.

Naturalmente, todo esto no hizo sino empeorar las cosas con los indios. Se firmó con ellos un tratado por el que se les cedía todas las tierras al oeste del Missouri, hasta que el celebérrimo **general Custer** lo rompió durante una expedición a las Black Hills en 1874. Con esto, los mineros y los tramperos tuvieron las manos libres para ocupar las tierras que más les gustaran.

Un par de años más tarde los **Sioux** y los **Cheyennes** aniquilaron las fuerzas de Custer en el río Little Bighorn, la famosa batalla donde el general encontró la muerte y que inmortalizó -aunque de modo partidista- Raoul Walsh en el filme *Murieron con las botas puestas*.

A pesar de esta victoria, los indios llevaban las de perder: en 1889 apenas quedaban ya, y se procedió a la separación del territorio en dos estados, las actuales Dakota del Norte y del Sur.

PIERRE

La capital del estado no es más que un pueblo de 20.000 habitantes, poco más que una parada para los trenes de mercancías y sede del senado estatal. Está en el centro geográfico del estado, lo que le valió para ganar la pugna que se desató entre algunos pueblos a finales del siglo pasado, para ver cúal se llevaba la capitalidad.

La gente que se encarga de la promoción turística es bastante maja y cumplidora, pero ni por esas.

Direcciones útiles
Pierre Area Chamber of Commerce. 108 E. Missouri St., Pierre, SD 57501. Tel. (605) 224 73 61.

La visita
Bueno, hay un par de sitios. El **State Capitol** (Capitol & Nicollete Aves. Tel. 605/773 37 65. Abierto de lunes a viernes de 13 h a 16 h. No se cobra entrada), de 1910, tiene el vestíbulo decorado con frescos y una imponente escalera de mármol. Fuera hay una fuente y un monumento en memoria de los caídos en Corea y Vietnam.

Otro sitio de relativo interés es el **South Dakota Discovery Center and Aquarium** (805 W. Sioux Ave. Tel. 605/224 82 95. Abierto toda la semana de 10 h a 17 h. Se cobra entrada), que está en lo que fue la fábrica de luz, como dicen nuestros mayores. Hay más de sesenta exhibiciones interactivas pensadas para los más pequeños, amén de tres acuarios que recrean los ecosistemas del Missouri.

Luego, hay un par de sitios en los que repasar la historia del estado. Son el **Cultural Heritage Center,** 900 Governor's Drive. Tel. (605) 773 34 58. Abierto toda la semana de 9 h 30 a 16 h 30. No se cobra entrada; donde la joya de la colección es la placa por la que se reclamó el territorio en nombre de Francia, que la encontraron en una excavación a principios del siglo XX, y el **South Dakota National Guard Museum** (E. Dakota St. Tel. (605) 224 99 91, con el mismo horario que el anterior. Se cobra entrada), donde se amontonan objetos relacionados con la Guardia Nacional destacada en el Estado.

Alojamiento

Precio barato
Best Western Ramkota Inn. *920 W. Sioux. Tel. (605) 224 68 77.* 151 habitaciones, casi todas con mini bar, microondas, y neveras; piscinas, sauna, gimnasio, lavandería, restaurante y cafetería.

Best Western Kings Inn. *220 S. Pierre St. Tel. (605) 224 59 51.* En todo el centro de la ciudad, 104 habitaciones, restaurante y cafetería.

Llegar y partir
Sólo es posible en vehículo particular. Si venís en dirección este-oeste, entonces por la **Rte. 14**; si en norte-sur, la **Rte. 83**, que desemboca en la **Interestatal 90**, a la altura de Murdo.

RAPID CITY Y LAS BLACK HILLS

Dos años después de que se descubriera oro en las Black Hills se fundó Rapid City, la ciudad más importante en unos cuantos kilómetros a la redonda, un pelín gris y no muy animada, y bastante orgullosa de que Kevin Costner filmara aquí su película *Bailando con lobos.* No tiene mucho más interés que el de ser el centro de las Black Hills, como atestiguan las decenas de carteles anunciando excursiones organizadas.

En cuanto a la región en sí, las Black Hills, son nombradas así por la tribu Lakota de los Sioux de toda la vida. Las Black Hills es una cadena montañosa que cubre aproximadamente cinco mil millas cuadradas desde el este de Wyoming al suroeste de Dakota del Sur. La región fue habitada hace mucho por los indios Lakota, para quienes estas *colinas negras* guardan un significado místico y mágico cuya razón aún no se ha estudiado.

Los primeros europeos se acercaron por aquí alrededor de 1870, cuando la fiebre del Oro, una actividad que continúa en nuestros días y que produce anualmente más de 500 millones de dólares aquí, en las Black Hills. Pero el turismo viene no a escarbar la tierra, sino a dejarse arrobar por la belleza del paisaje y sus magníficas cuevas, entre ellas la más bonita es la **Beatiful Rushmore Cave**, a 9 kilómetros al este de Keystone por la SR40. Tiene un trecho accesible de aproximadamente 800 metros, con estalactitas y estalagmitas. Está abierta todos los días, de mayo a septiembre, de 8 h a 20 h, y la entrada cuesta 6$.

También es interesante el **Black Hills National Forest**, que llega hasta Wyoming. Se suele recorrer en el Peter Norbeck Scenic Byway, que da un giro de 100 kms por la Neddles Highway, como veréis en el capítulo dedicado al Custer State Park.

Direcciones útiles

Información turística. Rapid City Chamber of Commerce & Visitors Information Centre. 444 Mt. Rushmore Road, Civic Center. Tel. (605) 348 19 90. Abierta toda la semana de 8 h a 18 h.

Transportes. La principal estación de autobuses es la **Milo Barber Transportation Centre** (333 6th St. Tel. 605/348 33 00), de donde salen autobuses a Pierre, Sioux Falls y Wyoming.

Oficina de Correos. 500 East Boulevard. Tel. (605) 394 86 00. Abierta de lunes a viernes de 8 h a 17 h 30, los sábados hasta las 12 h 30.

La visita

La calle principal se llama así, **Main Street**, y es donde están las mejores tiendas y un par de bares bastante muertos, la verdad, pero es bonito. Podéis echar un vistazo al **Minnilusa Pioneer Museum** (515 West Blvd. Tel. 605/ 394 60 99. Abierto toda la semana excepto los lunes de 10 h a 17 h. No se cobra entrada), donde exponen cosas relacionadas con el desarrollo del estado, destacando una colección de artículos de los tramperos.

Más interesante resulta sin duda alguna el **Sioux Indian Museum** (pegado al anterior, mismo horario y tampoco se cobra entrada), con los trabajos de artesanos indios de las tribus del estado y objetos ceremoniales auténticos; el **Museum of Geology** (501 E. St. Joseph. Abierto toda la semana de 8 h a 17 h. No se cobra entrada), se alternan los hallazgos geológicos del estado con fósiles de todas las partes del mundo.

Os parecerá cuando menos chocante que haya leones marinos o focas en el **Marine Life Aquarium** (US16. Tel. 605/343 74 00. Abierto toda la semana de 8 h a 18 h. Se cobra entrada), máxime teniendo en cuenta que la costa más cercana se encuentra a unos 3.000 kms.

Alojamiento

Precio barato

Stables Motel. *520 E. North St. Tel. (605) 343 88 44.* Motel puro y duro, con una clientela de lo más ecléctica. 37 habitaciones, piscina climatizada y algunas suites.

Town House. *210 St. Jospeh St. Tel. (605) 342 81 43.* Algo cascadillo, pero con encanto decadente muy de agradecer en estos pagos. 40 habitaciones, y piscina climatizada.

Rushmore Plaza Holiday Inn. *505 N. 5th St. Tel. (605) 348 40 00.* El mejor. Bastante bien decorado y con cierto refinamiento; 205 habitaciones, lavandería, restaurante, bar, sauna... Las instalaciones más completas, vaya.

Days Inn. *125 Main St. Tel. (605) 343 55 01.* Uno de los más céntricos y de los que mejor relación calidad/precio presenta. 156 habitaciones, piscina, comedor, cafetería.

Econo Lodge of Rapid City. *625 E. Disk Drive. Tel. (605) 342 64 00.* 120 habitaciones, piscina climatizada, y lavandería.

Quality Inn. *2208 Mt. Rushmore Road. Tel. (605) 342 33 22.* 110 habitaciones, piscinas, restaurante, bar.

Comfort Inn. *1550 N La Crosse Road, salida 59 de la I-90. Tel. (605) 348 22 21.* 71 habitaciones, piscina.

Ramada Inn. *1721 N. La Crosse St. Tel. (605) 342 13 00.* 140 habitaciones, piscina climatizada, restaurante abierto las 24 h del día y bar.

Holiday Inn I-90. *1902 La Crosse St. Tel. (605) 348 12 30.* Cerca del anterior. 211 habitaciones, restaurante, bar, piscina y lavandería.

Garden Cottages. *4030 Jackson Boulevard. Tel. (605) 342 69 22.* Abierto de mayo a mediados de septiembre, tenéis unas cuantas cabañas, tiradas de precios, siendo las más pequeñas de dos dormitorios, baño y cocina. Compensa bastante si sois unos cuantos.

Howard Johnson Lodge. *2211 La Crosse St. Tel. (605) 343 85 50.* Casi 300 habitaciones, 32 de ellas tipo apartamentos. En las instalaciones hay pistas deportivas, sauna, bar y restaurante.

Llegar y partir

En autobús. Rapid City es la única localidad del estado conectada por autobuses de Greyhound, y sólo en una dirección: hacia Buffalo, en Wyoming.

RESERVA INDIA PINE RIDGE

A unos 200 kilómetros al sur de Rapid City por la Route 18 está esta reserva india, que abarca una superficie de 600.000 hectáreas y escenario de la infame masacre de Wounded Knee. Hoy constituye el hogar de unos 20.000 indios Lakota. Es bastante pobre, pues además de no quedar un sólo búfalo tampoco hay casinos, que se han convertido en la mayor fuente de ingresos, con diferencia, de las reservas diseminadas por el país. Con todo, la visita puede merecer la pena. Hay expuestas muestras de artesanía en la escuela de la reserva, que está a unos 7 kms al norte de Pine Ridge, y en el primer fin de semana de agosto tiene lugar el Oglala Nation Fair, con un desfile, danzas tradicionales, venta de artesanía y degustación de platos típicos. Para más información: Oglala Sioux Tribe, PO Box H, Pine Ridge, SD 57770. Tel. (605) 867 58 21.

CUSTER

Típica población que ha sobrevivido como ha podido a la fiebre del oro, que se desencadenó en 1874 en el cercano Custer State Park. Es uno de los pueblos más antiguos de las Black Hills. Aquella época se recuerda todos los años con el *Gold Discovery Days*, durante el último fin de semana del mes de julio, con rodeos, carnaval, desfiles y todas esas cosas que sabemos tanto os gustan. El pueblo en sí no tiene mucho que ver, pero sí los alrededores. Es, además, el centro del Mt. Rushmore, por decirlo de alguna manera.

La visita
Custer County 1881 Courthouse Museum. 411 Mount Rushmore Road. Tel. (605) 673 24 43. Abierto toda la semana de 9 h a 21 h, los domingos desde las 13 h. No se cobra entrada. Se construyó ocho años antes de que Dakota del Sur se constituyera como estado, y ha sido el juzgado del condado desde entonces. Todas las salas están decoradas con frescos y cuadros con escenas de la historia estatal, además de exposiciones en las que se muestran artefactos indios, una vieja imprenta, muebles del siglo pasado y artilugios empleados por los buscadores de oro.

National Museum of Woodcarving. Western Woodcarvings, 4 kms al sur de Custer por la US 16. Tel. (605) 673 44 04. Entradas. 6$. Abierto del 1º de mayo al 20 de octubre, de 8 h a 20 h 30. Lo que atrae mayor número de visitantes es, a nuestro humilde juicio, una tontería. Es un museo de dibujos sobre planchas de madera, talladas y tal, que montó hace ya tiempo un animador que trabajaba para la Disney. Si queréis ver la cara de Lincoln en una corteza, vosotros mismos.

Flintstones Bedrock City. 2 km al oeste del pueblo por la US 16. Tel. (605) 673 40 79. Abierto toda la semana durante el verano de 8 h a 20 h. Una reconstrucción no muy afortunada del pueblo de los Picapiedra, con algunos actores deambulando por ahí... sólo para los más pequeños.

Crazy Horse Memorial. 5 millas al norte por la US 16/385. Tel. (605) 673 46 81. Abierto toda la semana de sol a sol. Entradas. 6$ por persona, 15$ por vehículo privado. Este monumento en memoria del mítico jefe indio Caballo Loco es obra del escultor **Korczak Ziolkowski**, que lo concibió como un homenaje al jefe y por añadidura el resto del pueblo indio, y la idea la tuvo otro cacique a principios del siglo XX.

El hombre empezó la construcción en 1947, pero como rechazó una ayuda estatal de diez millones de dólares, no lo vio terminado y son sus diez hijos quienes, todavía a la fecha del cierre de edición, siguen embarcados en el proyecto, que puede ser calificado de faraónico. Cuando se finalice será la mayor escultura del mundo, una imponente mole de casi 200 metros, desde las pezuñas del caballo hasta la coronilla del cacique. Tienen para largo. Sólo están terminadas la cara y parte de un brazo, pero mientras, recaudan fondos por las entradas al estudio de Ziolkowski, y al **Indian Museum of North America**, donde además de paneles explicativos hay expuestos más de 20.000 objetos indios, desde pipas ceremoniales de la paz a penachos o hachas. Caballo Loco fue el guerrero más bravo de finales del siglo XIX, nunca firmó un tratado de paz ni hizo concesiones a los blancos, y sólo murió de un tiro por la espalda, cuando llevaba una bandera blanca. Y éso que la caballería jugaba muy limpio, según las películas...

Alojamiento

Altísima la oferta, no os extrañe, porque el parque estatal del mismo nombre atrae bastante público y en temporada baja los establecimientos que permanecen abiertos ofrecen unos precios que están como la temperatura, por los suelos. Éstas son nuestras elecciones.

Precio barato

American Presidents Cabins & Campground. *Una milla al sur de Custer, por la 16A. Tel. (605) 673 33 73. Abierto de abril a mediados de noviembre.* Además de donde acampar, hay cabañas austeras y otras con tres dormitorios y cocina totalmente equipada. Entre las instalaciones, minigolf, piscina climatizada y lavandería.

Dakota Cowboy Inn. *208 W. Mt. Rushmore Rd. Tel. (605) 673 46 59.* Típico motel con 48 habitaciones, algunas de ellas con tres camas y el baño privado. Con minigolf, piscina climatizada y restaurante. Abierto de mayo a octubre.

Custer Motel. *109 Mt. Rushmore Td. Tel. (605) 673 28 76.* De lo más barato de la zona. 51 habitaciones, algunas con baño compartido. Tiene piscina.

Chief Motel. *120 Mt. Rushmore Rd. Tel. (605) 673 23 18. Abierto de abril a noviembre.* 33 habitaciones, piscina climatizada, restaurante.

Blue Roof Inn. *525 Crook St. Tel. (605) 673 23 18. Abierto de abril a noviembre.* 21 habitaciones, todas con baño. Piscina.

All American Inn. *437 Montgomery. Tel. (605) 673 40 51.* 30 habitaciones, casi todas con baño privado.

Allen's Rocket Motel. *211 Mt. Rushmore Rd. Tel. (605) 673 44 01.* Abierto de mayo a octubre. 27 habitaciones.

Restaurantes

Medios
  Chief. *120 Mt. Rushmore Rd.* Cocina típica de la zona, esto es, muchos guisos, carnes y abundante cerveza.
  Skyway. *611 Mt. Rushmore. Aceptan tarjetas de crédito.* Probablemente el mejor decorado. En plan familiar, la carta es corta pero honrada. Los desayunos y el bufé, pantagruélicos.
  Dakota Cowboy. *216 Mt. Rushmore Rd. Abierto de mayo a septiembre. Aceptan tarjetas de crédito.* Carnes y más carnes, y la omnipresente Budweisser.

CUSTER STATE PARK

A ocho kilómetros al sur del pueblo por la US 16A, abarca casi 30.000 hectáreas de las Black Hills. Su población de búfalos es de las mayores del mundo, casi 1.500 individuos de esta masacradísima especie, que comparten este arrebatador paraje con antílopes, perros de las praderas, pavos salvajes o águilas doradas. Hay tres rutas escénicas: la Neddles Highway, que es la SR 87, 20 kms de túneles y macizos de pinos; el Wildlife Loop, de 25 kms que pasan por praderas y más pinos, y la Iron Mountain Road, que no es si no la US 16A en el noroeste del parque, el tramo entre el Monte Rushmore y Hermosa.

Dentro del parque hay varias opciones de alojamiento, desde siete campings más o menos acondicionados hasta algún hotelillo. El parque está abierto todo el año.

Datos útiles
  Información turística. Peter Norbeck Visitor Center. 20 kms al este de Custer por la US 16A. Abierto de mayo a septiembre toda la semana de 8 h a 20 h, el resto del año sólo durante los fines de semana. Tel. (605) 255 44 64. Las oficinas de administración están abiertas de lunes a viernes de 7 h a 16 h 30.
  Entradas. Siete dólares por vehículo y tres por persona. Para más información, podéis escribir a *Custer State Park. HCR 83, PO Box 70, Custer, SD 57730.* Tels. 255 45 15 y 1 800 180 22 67.

La visita
  Tenéis una reproducción bastante lograda del primer asentamiento de europeos que hubo en las Black Hills, el **Gordon Stockade**, que no era más que un campamento de buscadores de oro. Dejan acampar y pescar en las orillas del **lago Sylvan**, 10 kms al norte del pueblo y donde hay un pequeño chiringuito donde venden alimentos y equipamientos para embarcaciones a unos precios altísimos.

Una compañía que os puede ayudar con lo de la visita al parque es la **Jeep Ride to Buffalo**, que ofrece excursiones de un par de horas en pos de las manadas de búfalos. El teléfono de información es el (605) 255 45 41, ext. 317.

MOUNT RUSHMORE NATIONAL MONUMENT

Hagamos memoria. Películas en las que aparezcan las efigies de los presidentes **Theodore Roosevelt**, **Lincoln**, **Jefferson** y **Washington**. Pues así a bote pronto, *Con la muerte en los talones* y *Superman II*. Ya os habéis situado, ¿verdad? pues efectivamente, esto es lo que andabais buscando, los caretos de los presidentes más queridos esculpidas en el granito. A éso se le llama tener la cara dura, ¿eh?

La historia de esta importantísima atracción turística es algo azarosa. En 1923 una poetisa local, **Doane Robinson**, propuso a las autoridades la creación de un monumento en honor de los grandes nombres del Oeste, léase Lewis y Clark, o algún jefe indio. Convenció a un par de senadores del estado, pero la gente de a pie no estaba muy convencida en destruir la perspectiva de las Black Hills. Pero en 1927 empezaron las obras, para cuya inauguración el presidente de entonces, **Calvin Coolidge**, tuvo que recorrer casi 16 kms a caballo que casi acaban con sus riñones.

El encargado del proyecto, el diseñador de Atlanta **Gutzon Borglum**, no vio terminada la obra. Murió pocos meses antes del final, en 1941. En la obra, que continuó su hijo, se removieron más de medio millón de toneladas de tierra para que los rostros esculpidos alcanzaran los veinte metros. Hoy, es de largo la mayor atracción de las Dakotas, suponiendo una importantísima fuente de ingresos.

El **Centro de Visitantes** está abierto todo el año y cierra en verano a las 22 h. También durante el verano hay un espectáculo en el que se proyectan haces de luz a los rostros. Empieza generalmente a las 21 h 30, y dura cosa de una hora. No se permita acampar o llevarse la cesta de los bocadillos, estáis avisados.

Para llegaros hasta aquí en plan particular, sin ninguna compañía turística, sólo podéis hacerlo en coche. El monumento está a unos 40 kms al suroeste de Rapid City por la US 16A.

Datos prácticos

Mt. Rushmore National Monument Memorial. PO Box 268, SD 57751. Tel. (605) 574 25 23.

Horarios. De mayo a septiembre, abierto todos los días de 8 h a 22 h. Cierra a las 17 h el resto del año. Tel. (605) 574 25 23. No se cobra entrada.

Alojamiento

En el pueblo más cercano, que es **Keystone**, tenéis:

Precio barato

Mt. Rushmore KOA. 8 km al sur de Mount Rushmore por la Rte. 244. Tels. (605) 574 25 25 y (800) 562 85 03. Plazas para tiendas de campaña y alguna cabaña.

Best Western Four Presidents. *Hwy 16A. Tel. (605) 666 44 72. Abierto de abril a mediados de noviembre.* 30 habitaciones con lo indispensable.

Kelly Inn. *Cemetery Road. Tel. (605) 666 44 83.* Con 44 habitaciones, sauna y un pequeño gimnasio.

Powder House Lodge. *Hwy 16. Tels. (605) 666 46 46 y (605) 343 06 11.* El más popular y también el mejor. 35 habitaciones, las más económicas con baño compartido, pero todas con calefacción y televisor. Es también lo más recomendable para comer.

Resturantes

Baratos

Buffalo Room. *En el monumento. Abierto de mediados de abril a mediados de octubre, de 7 h a 20 h.* Una simple cafetería con precios elevados, pero es lo único que hay.

Ruby House. *Main St., en Keystone. Tel. (605) 666 44 04. Abierto de mayo a mediados de octubre.* En un edificio de finales del siglo pasado, algunos platos de origen italiano algo lejano, y carne.

Powder House. *En el hotel del mismo nombre. Tel. (605) 666 46 46.* Pollo y costillas, sobre todo. Ah, y cerveza.

SIOUX FALLS

Lo que era un conjunto de cabañas de tramperos a mediados del siglo pasado se ha convertido -a partir la llegada del ferrocarril en 1880- en la mayor población del estado. Algo más de 100.000 habitantes que tienen como únicas distracciones agarrar el *pickup* y darse una vuelta o hacer humear la tarjeta de crédito en las carísimas tiendas del centro.

En verano siempre hay familias dando buena cuenta del almuerzo en el **Falls Park**, desde donde se tienen unas estupendas vistas del río Big Sioux.

Datos prácticos

Información turística. Sioux Falls Area Chamber of Commerce. 200 N. Phillips Ave., Sioux Falls, SD 57102. Tel. (605) 336 16 20.

Oficina de Correos. 320 S. 2nd St. Tel. (605) 357 50 00. Abierta de lunes a viernes de 7 h 30 a 17 h 30, sábados de 9 h a 13 h.

Terminal de autobuses. 301 N. Dakota Ave. Pertenece a la compañía **Jack Rabbit Buses** (tel. 605/336 16 16). Está abierta toda la semana de 7 h 30 a 17 h.

La visita

En el **downtown** tenemos varias casas bonitas, de estilos que van desde el neogótico al tudor, sobre todo en el llamado **St. Joseph Cathedral Historic District**, quince manzanas repletas de estas viviendas y tiendas caras. También en la zona hay un par de museos que pertenecen a la **Siouxland Heritage Museums**, el **Old Courthouse Museum** (200 W. 6th St. Tel. 605/335 42 10. Abierto toda la semana excepto los lunes de 9 h a 17 h. Se aceptan donaciones), los antiguos juzgados del condado en una costrucción de finales del siglo pasado donde hay exposiciones temporales sobre casi todo; y el **Pettigrew Home and Museum** (131 N. Duluth Ave. Tel. 605/339 70 97. Mismo horario, también aceptan donaciones), una casa restaurada de 1889 de estilo Reina Ana y que perteneció a un senador. Hay colecciones de objetos personales del hombre este así como de la *Vida de la Pradera* (así la han llamado), todo lo relacionado con la zona. Para pasar media hora, no está mal.

Una colección parecida es la que tienen en el **Center for Western Studies** (2111 S. Summit Ave. Tel. 605/336 40 07. Abierto de lunes a viernes de 8 h a 17 h. No se cobra entrada), en la planta baja de la biblioteca de un instituto; ya fuera de la ciudad, siguiendo la salida 79 de la interestatal 29 está el **Battleship USS South Dakota Memorial**, un museo que recuerda a un buque que prestó servicio en la Segunda Guerra Mundial, el *USS South Dakota* (tel. 605/339 70 60. Abierto toda la semana de mayo a septiembre de 10 h a 17 h, no se cobra entrada)

Pasando el rato

Durante la última semana del mes de septiembre tiene lugar la *Northern Plains Tribal Arts*, donde treinta tribus nativas celebrna su cultura; de esta semana, dos días están dedicados a la venta de artesanía, so...

Para dormir

Precio barato

Center Inn. *900 E20th St. Tel. (605) 334 90 02.* Motel con 62 habitaciones.

Days Inn North. *5001 N. Cliff Ave. Tel. (605) 331 59 59.* Con 87 habitaciones, algunas con cocina.

Best Western Empire Towers. *4100 W. Shirley Place, salida 77 de la interestatal 27. Tel. (605) 361 31 18.* Piscina cubierta. 62 habitaciones.

Holiday Inn City Centre. *100 W. 8th St. Tel. (605) 339 20 00.* En todo el centro, como su nombre indica. Es el más grande de la ciudad. 306 habitaciones, piscina, sauna, lavandería.

Comfort Suites. *3208 S. Carolyn Ave. Tel. (605) 362 97 11.* Por la salida 41 de la interestatal 29, las 69 habitaciones son amplias, con un pequeño salón, microondas y frigoríficos.

Fairfield Inn. *4501 W. Empire Place. Tel. (605) 361 22 11.* 63 habitaciones, aparcamiento y piscina climatizada.

Howard Johnson. *3300 W Russel. Por la salida 81 de la 29.* Nada menos que 200 habitaciones repartidas en dos plantas, amén de lavandería, bar, restaurante, pistas deportivas, sauna y un par de piscinas.

Thirftlodge. *809 West Avenue N. Tel. (605) 336 02 30.* 55 habitaciones, piscina climatizada.

Radisson Inn. *4300 Empire Place. Tel. (605) 361 66 84.* Las habitaciones son muy amplias, casi todas con cocina, lo que ocurre es que no tiene ascensor, y son tres plantas.

Dónde comer

Medios

The Black Watch. *400 S. Main St. Tel. (605) 336 27 40. Cierra los domingos. Aceptan tarjetas de crédito.* El restaurante de este hotel, el Best Western Town House, es de largo el mejor de la ciudad. Suficientemente elegante para que el gobernador no se queje, suficientemente económico para que no os quejéis vosotros. Cocina continental con muchas carnes y postres tradicionales.

Llegar y partir

En autobús. *Jack Rabbit Buses* tienen una conexión diaria con Minneapolis y Rapid City y dos con Omaha.

DAKOTA DEL NORTE

Algunos datos

Población: 638.000 hab.

Capital: Bismarck.

Punto más elevado: White Butte, 1.245 mts.

Franjas horarias: Central/Mountain.

Impuestos estatales: la tasa de ventas es del 5%, con incrementos en algunos condados. Las ciudades pueden cargar la factura del hotel de un 2%, y un 1% en las cuentas de los restaurantes.

Historia

Se cree que el primer hombre blanco en adentrarse en estas tierras, hogar de los indios y millones de búfalos, fue el canadiense Pierre Gaultier de Varennes, señor de La Verendrye, con un grupo de tramperos. El territorio pasó en 1803 a manos norteamericanas tras la compra de la Louisiana, y la primera expedición que exploró la zona fue la de Lewis y Clark, en el invierno de 1804, quienes establecieron el Fuerte Mandam en el río Missouri. De todas las maneras, no fue hasta 1812 cuando se produjo el primer asentamiento definitivo, Pembina, por colonos que venían de la canadiense Manitoba. En 1829 John Jacob Astor fundó Fuerte Unión en la confluencia de los ríos Missouri y Yellowstone, de donde salieron los primeros barcos que surcarían el Missouri.

En 1881 se produjo la rendición del jefe sioux **Toro Sentado**, por lo que cesó la presencia india en el estado, que hasta entonces no había tenido más que algunos fuertes del ejército y de tramperos como únicas poblaciones. En esos años se empezaron a aplicar las técnicas agrícolas que han convertido a Dakota del Norte en uno de los mayores productores de cereales de la Unión.

BISMARCK

Capital del estado desde su fundación en 1872 como *Camp Hancock*, cambió este nombre por el actual al año siguiente en honor del canciller alemán Otto Bismarck. Bueno, no exactamente en su honor: en realidad, lo que se buscaba es que así las empresas alemanas invirtieran en el ferrocarril... al año siguiente se descubrió oro en las Black Hills, lo que sumado a la victoria sobre los indios, despejó el camino de la ciudad.

Hoy Bismarck, con apenas 50.000 habitantes, es una apacible localidad con una calidad de vida bastante alta, además de plácida -por no decir aburrida. Pero, cómo no, tiene algunos lugares de interés.

Direcciones útiles

Estación de autobuses. Tel. 1 800 231 22 22. Greyhound está en 1237 W. Divide St. en la salida 35 de la Interestatal 94. Tres autobuses diarios a Minneapolis/St. Paul.

Centro de Visitantes. 523 N. 4th St. Tel. (701) 222 43 08.

La visita

Camp Hancock State Historic Site. *First St & Main Ave. Tel. (701) 224 24 64. Abierto todos los días del amanecer hasta el crepúsculo. El museo abre de miércoles a domingo en temporada alta, de 13 h a 17 h. No se cobra entrada.* Donde comenzó todo, hay una vieja locomotora de vapor, un pequeño museo y una capillita.

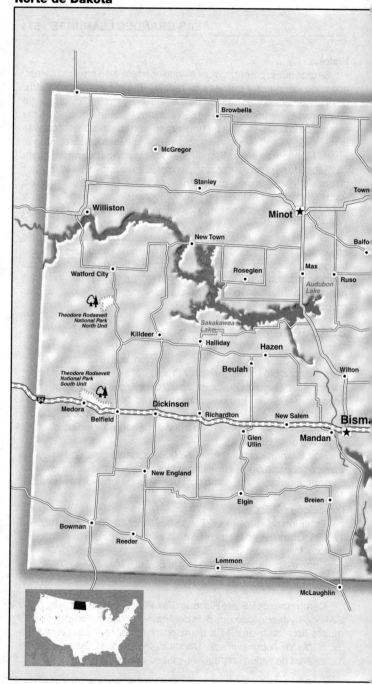

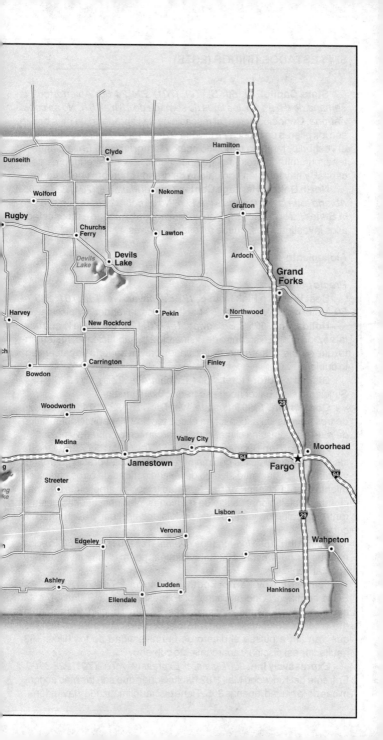

State Capitol. *N. 6th St. Tel. (701) 224 24 80. Abierto toda la semana de 8 h a 11 h, los fines de semana de 13 h a 16 h. No se cobra entrada.* Conocido como "el rascacielos de la pradera", lo más bonito son los pilares de bronce en los que se soporta la cúpula: los tenéis en el vestíbulo, también conocido como **Memorial Hall**. En la planta 18 tenéis un mirador desde el que pasmaros con los alrededores de la capital, y hay también una galería de grandes hombres del estado.

North Dakota Heritage Center. *Capitol Mall. Tel. (701) 224 26 66. Abierto toda la semana de 9 h a 17 h. No se cobra entrada.* La sede de la *State Historical Society*, con un museo y tal. Aunque está orientado a los investigadores, puede resultar de interés.

Alojamiento

Precio barato

Best Western Flek House. *122 E. Thayer Ave. Tel. (701) 255 14 50.* Motel muy céntrico con 59 habitaciones, lavandería y piscina.

Holiday Inn. *605 E. Broadway. Tel. (701) 255 60 00.* De lo que hay, tal vez lo mejor. En el centro de Bismarck, 215 habitaciones, restaurante (que es además el mejor de la ciudad), bar, lavandería y aparcamiento cubierto.

Bismark Motor Hotel. *2301 E. Main Ave. Tel. (701) 223 24 74.* Suficiente si de hacer noche se trata. 58 habitaciones.

Confort Inn. *1030 Interstate Ave. Tel. (701) 223 19 11.* Un edificio de tres plantas sin ascensor en el que tenéis 148 habitaciones, salón de reuniones, piscina climatizada, aparcamiento cubierto y un bar.

Radisson Inn Bismarck. *800 3rd St. Tel. (701) 258 77 00.* Uno de los más bonitos y de los que mejor relación calidad/precio guarda. El vestíbulo está bastante alejado de la mediocridad de otros establecimientos de la cadena, y hay 306 habitaciones amplísimas y unas cuantas instalaciones: salas de reuniones, piscinas, saunas, restaurante, un salón de juego donde podéis apostar, bar y aparcamiento cubierto.

Select Inn. *1505 Interchange Avenue. Tel. (701) 223 80 60.* Precios muy bajos para estas 102 habitaciones, además hay lavandería y aparcamiento.

Fairfield Inn by Marriot South. *135 Ivy Drive. Tel. (701) 223 92 93.* En la confluencia de la Bismarck Expressway y la S 2nd St, está pensado para huéspedes ocasionales. Es muy sencillo, y la cercanía de un centro comercial importante lo hacen atractivo para las familias que van ahí a pulirse el dinero de la universidad de los hijos... 63 habitaciones, piscina y aparcamiento cubierto.

Expressway Inn. *200 Bismarck Expressway. Tel. (701) 222 29 00.* Enfrente del Kirkwood Mall, 162 habitaciones que son las más económicas de la ciudad, apenas 30$. Tiene piscina climatizada y lavandería.

Ramada. *1152 Memorial Highway. Tel. (701) 223 96 00.* Uno de los mejores, con precios sorprendentemente bajos. Hay de todo, empezando por el vestíbulo, muy bonito, y el campo de minigolf. 256 habitaciones. La única pega es que está algo alejado del centro.
Kelly Inn. *1800 N. 12 St. Tel. (701) 223 80 01.* Con 101 habitaciones, restaurante, sauna, piscina climatizada y aparcamiento cubierto.
Super 8. *1124 E. Capitol Ave. Tel. (701) 255 13 14.* En la línea de la cadena. 61 habitaciones.

Dónde comer

Baratos
DrumStick. *307 N. 3rd St. Cierra los domingos. El resto de la semana, abierto las 24 h del día.* Comida rápida tradicional y de calidad, además a según que horas la parroquia resulta de lo más interesante.
Royal Fork Buffet. *1065 E. Interstate Avenue.* Por la salida 159 de la 94 tenéis este restaurante sin pretensiones, para comer mucho y bien por poquito dinero, además hay bastante variedad.

Qué hacer
Buff, algo imprescindible en esta esquina del imperio. A principios de junio se celebra el ***Missouri River Expo***, un festival sobre el río; en agosto se dejan ver los habitantes disfrazados de rudos germanos en el ***Folkfest***, con puestos de comida, danzas alemanas y exposiciones; a la vez se celebra la ***Missouri Valley Fair***, con muchos tractores y cabezas de ganado.
Una buena manera de aprender algo sobre las culturas nativas es acudiendo a alguna de las actividades del ***United Tribes Pow Wow***, a principios de septiembre, donde tribus de Canadá y los Estados Unidos compiten en ancestrales concursos. Totalmente en las antípodas está lo que más gente trae a Bismarck, a finales de octubre: el ***Badlands Circuit Finals Rodeo***.

Llegar y partir
En autobús. Tres autobuses diarios a Minneapolis/St. Paul y a Fargo.

FARGO

La localidad más importante del estado, miréis por donde la miréis. Su población ronda los 100.000 habitantes desperdigados en un radio de 30 kms; y es, con mucho, la ciudad más grande del estado. Fue fundada en 1872 por William George Fargo, por lo fértil del valle del río Rojo donde se encuentra. No hay mucho que ver, por más que la película de los hermanos Cohen del mismo nombre la hayan puesto en el mapa. Es tranquila, con una población universita- ria de relativa importancia, muy emparentada con la que hay al otro lado del río (Moorhead, Minnesota) y bastantes parques, para que no les invada la melancolía de lo que podría ser la vida en una de esas metrópolis del Este donde hay gente, ya sabéis... no es un sitio para pasar noche.

Direcciones útiles

Amtrak. 402 4th St. Tel. (701) 232 21 97. Abierta de 8 h a 4 h. Un tren diario a Minneapolis.

Greyhound. 402 Northern Pacific Ave. Tel. (701) 293 12 22. Abierta de 6 h a 18 h. Cuatro autobuses a Minneapolis y tres a Bismarck cada día.

Información turística. *Fargo-Moorhead Convention and Visitors Bureau.* 1220 Main Avenue, apto. 105. Tel. (701) 282 36 53.

Oficina de Correos. 657 2nd Ave. Tel. (701) 241 61 00.

La visita

La gente acude sobre todo al reclamo de los casinos, que pasan por ser los mejores del estado, además de las salas de juego que hay en algunos de los hoteles. Lo más interesante de la ciudad es el **Fargo Theatre** (314 Broadway St. Tel. 701/235 41 52), que se edificó en 1926 para proyectar películas mudas y que hoy sirve un poco para todo; pero para no perder las buenas costumbres, en verano siguen exhibiendo películas amenizadas por un pianista. El **downtown** no está mal, no es muy extenso pero presenta varias viviendas de estilos eclécticos, desde el neoclásico al Federal.

El **Roger Maris Baseball Museum** (13th Ave. Tel. 701/282 22 22. Abierto todos los días de 10 h a 19 h. No se cobra entrada) repasa la carrera del toletero Maris, que fue desposeído del record de más cuadrangulares -que poseía desde 1961- en la temporada regular por Mark McWire en el verano del 98. Sólo recomendable para fanáticos de la pelota. Luego, en una granja del siglo XIX está el **Children's Museum at Yunker Farm** (1201 28th Ave. Tel. 701/232 61 02. Abierto toda la semana de 10 h a 17 h.), pensado para los pequeños, desde salas de juguetes a un guiñol. Menos da una piedra.

Luego, a un par de millas al oeste por la US10 está **Bonanzaville, USA** (tel. 701/282 28 22. Abierto de lunes a viernes de 9 h a 17 h, en verano también los fines de semana. Entradas. 6$), o la reconstrucción de un pueblo de principios de siglo, con un pequeño museo donde hay exposiciones sobre la historia local y artesanía india, además de unos 40 edificios repartidos por las 10 hectáreas del recinto. Durante el tercer fin de semana del mes de agosto hay un festival donde se rememoran aquellos años, el *Pioneer Review Days*.

Alojamiento

Precio barato

Radisson. *201 5th St. Tel. (701) 232 13 21.* Sorprendentemente barato, dado lo bueno que es. Debe ser porque está en mitad de ninguna parte... 151 habitaciones, sauna, restaurante, bar, casino y aparcamiento.

Comfort Inn West. *3825 9th Ave., salida 64 de la Y-29. Tel. (701) 280 96 66.* Motel con 56 habitaciones, bastante decente. Piscina y aparcamiento cubierto.

Sleep Inn. *1921 44 St SW. Tel. (701) 281 82 40.* 61 habitaciones, aparcamiento cubierto.

Americinn Motel. *1423 35th St. SW. Tel. (701) 234 99 46.* Con 43 habitaciones, piscina climatizada, sauna y lavandería.

Select Inn. *1025 38th St. SW. Tel. (701) 282 63 00.* Cerquita de un centro comercial, muy buen precio. 178 habitaciones, bar, casino y lavandería.

Best Western Kelly Inn. *3800 Main Avenue. Tel. (701) 282 21 43.* En el *downtown* tenéis 133 habitaciones, algunas con frigorífico. Las instalaciones, más que aceptables, con sauna, restaurante, bar, lavandería y un par de piscinas.

Motel 75. *3402 14th Ave. S. Tel. (701) 232 13 21.* Lo mínimo, por esto resulta tan económico. 101 habitaciones, y un restaurante cerquita, para que no andéis mucho.

Super 8. *3518 Interstate Boulevard. Tel. (701) 232 92 02.* Muy sencillo, con 85 habitaciones, lavandería y piscina.

Econo Lodge of Fargo. *1401 35th St. S. Tel. (701) 232 34 12.* Muy económico, con la seriedad acostumbrada en la cadena, especializada en dar alojamiento por muy poco dinero.

Fairfield Inn. *3902 9th Ave. Tel. (701) 281 04 94.* Motel de tres plantas con 63 habitaciones, piscina climatizada cubierta y aparcamiento.

Holiday Inn. *3803 13th Ave. S. Tel. (701) 282 27 00.* Uno de los más grandes, con 307 habitaciones. Instalaciones a la altura de la cadena: campo de minigolf, un par de piscinas, sauna, gimnasio, restaurante, bar, lavandería y aparcamiento cubierto.

Precio medio

Radisson Hotel Fargo. *201 5th St. N. Tel. (701) 232 73 63.* Céntrico, en la esquina de 2nd Avenue & 5th St. 151 habitaciones, saunas, gimnasio, restaurante, y una cafetería que es de las mejores y más elegantes de la ciudad, el *Passages Cafe*.

Country Suites by Carlson. *3316 13th Ave S. Tel. (701) 234 05 65.* Si vais unos cuantos es una muy buena elección. Los 101 apartamentos son bastante amplios y bien equipados, las instalaciones a la altura, hay de todo: aparcamiento cubierto, piscina cubierta y climatizada, gimnasio, bar y un salón de juego. Muy recomendable.

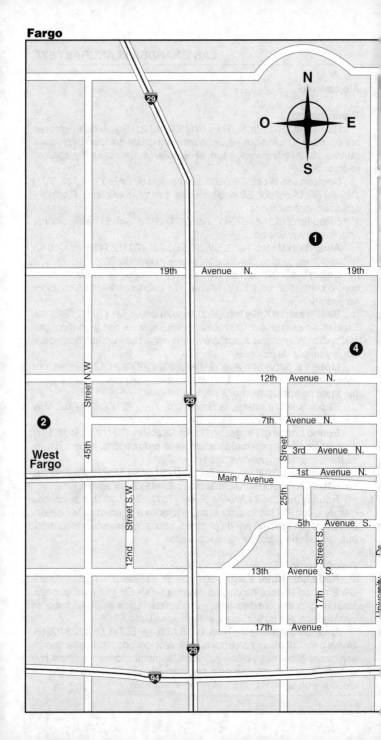

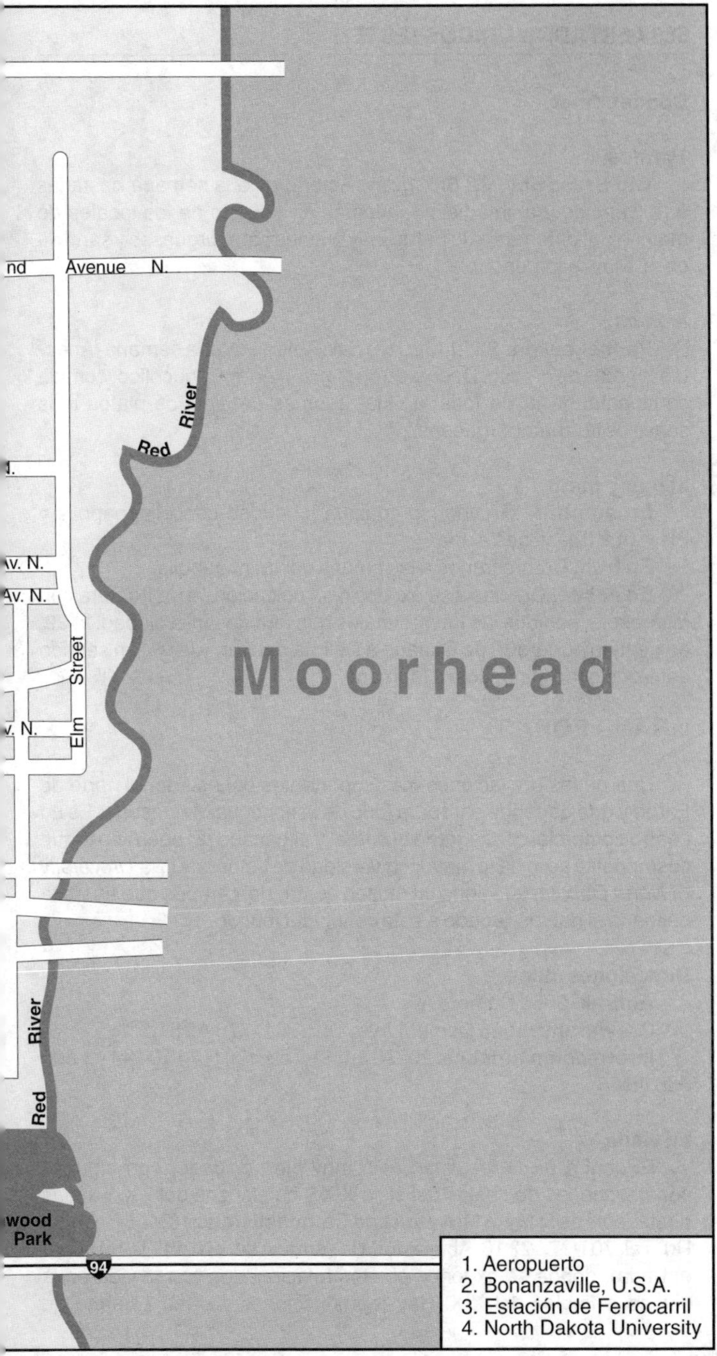

nd Avenue N.

Red River

Av. N.

Av. N.

Street

v. N.

Elm

Moorhead

Red River

Red

wood
Park

94

1. Aeropuerto
2. Bonanzaville, U.S.A.
3. Estación de Ferrocarril
4. North Dakota University

Dónde comer

Baratos
Old Broadway. *22 Broadway.* Abierto toda la semana hasta las 2 h. Céntrico y animadísimo, además de ser uno de los locales de marcha por antomasia de Fargo, hay buenas hamburguesas y sandwiches. Muy recomendable.

Medios
Pannekoeken. *3340 13th Ave SW.* Abierto toda la semana. Aceptan tarjetas de crédito. Decorado en plan teutón, muy bucólico, comida continental de la de toda la vida, además de algunos platos más sencillos tipo hamburguesas.

Llegar y partir
En autobús. Greyhound conecta la ciudad con Minneapolis y Bismarck tres veces al día.
En tren. Cuatro trenes a la semana con Minneapolis.
En coche. Gracias a su excepcional ubicación, en la frontera con Minnesota, son dos las Interestatales que atraviesan la ciudad: la **29**, en sentido norte-sur, de Canadá a Dakota del Sur, y la **94**, en sentido este-oeste, de Minnesota a Montana.

GRAND FORKS

Una de las poblaciones más importantes del estado, al norte de Fargo y que depende casi para todo de la contigua Minnesotta. Es un centro comercial consagrado al cereal y el ganado. El pequeño toque cosmopolita se lo da la mayor universidad de estos lares, la *University of North Dakota*, que tiene un museo dentro del campus que es visita obligada si habéis llegado a este confín del mundo.

Direcciones útiles
Amtrak. 5555 Demers Ave.
Greyhound. 1325 Demers Ave. Tel. (701) 775 47 81.
Información turística. 202 N. 3rd St. Tels. (701) 746 04 44 y 1 800 866 45 66.

La visita
El centro de la localidad está muy bien cuidado, con algunas construcciones de finales del siglo XIX y comienzos del XX. La más destacable es **la Myra Museum and Campbell House** (2405 Belmont Rd. Tel. 701/775 22 16. Abierto toda la semana de 13 h a 17 h. Se cobra entrada), donde se exponen objetos relacionados con la vida en la ciudad a finales del XIX. Hay reproducciones de una estafeta de

correos, de un aula y muebles que pertenecieron a la mujer que da nombre al museo, una pionera.

Podéis dar una vuelta por el Missouri en el barco **Dakota Queen**, que sale del muelle de 67 S. Riverboat Rd. Sale toda la semana excepto domingos y lunes a las 14 h en temporada alta (que el resto del año el río tiene la fea costumbre de estar congelado). Dura un par de horas, y a éso de las 19 h dan una cena a precio de vellón. De todas las maneras, o esto o dejarse los dólares en alguna mesa de *blackjack* de los hoteles del centro...

Alojamiento

Precio barato

Ramada Inn. *1205 N 43rd St. Tel. (701) 775 39 51.* Con 63 habitaciones, piscina climatizada cubierta, sauna, cafetería, bar y lavandería. Más que suficiente.

Country Inn & Suites by Carlson. *3350 32nd Ave S. Tel. (701) 775 50 00.* Cerca de un centro comercial, para que no os aburráis. 89 habitaciones, piscina, sauna y lavandería.

Best Western Town House. *710 First Ave. Tel. (701) 746 54 11.* Con habitaciones amplias, restaurante y aparcamiento.

Days Inn. *3103 34th St S. Tel. (701) 775 00 60.* Sólo 52 habitaciones, piscina y aparcamiento cubierto.

Select Inn. *1000 N 42nd St. Tel. (701) 775 05 55.* 120 habitaciones, lavandería.

Fairfield Inn by Marriot. *3051 S. 34th St. Tel. (701) 775 79 10.* Con 62 habitaciones y piscina.

Holiday Inn Grand Forks. *1210 N 43rd St. Tel. (701) 772 71 31.* De los mejores. 150 habitaciones, restaurante, sauna, lavandería.

Restaurantes

Baratos

Paradiso La Campana. *905 S. Washington St. Abierto toda la semana. Aceptan tarjetas de crédito.* Estupenda comida mexicana, buenos nachos, pollo al guacomole y las inefables margaritas. Además, el servicio es de lo más enrollado.

The Pantry. *109 N. 3rd St. Abierto toda la semana. No aceptan tarjetas de crédito.* Un figón sin pretensions donde sirven comida rápida de calidad.

Medios

The Dinning Room. *Hotel Ramada Inn, 1205 N 43rd St. Cierra los domingos. Aceptan tarjetas de crédito. Se recomienda reservar.* Tiene la fama, muy bien ganada, de ser el mejor restaurante de la ciudad. Así, la atmósfera elegante está a tono, y la cocina, americana sin demasiadas pretensiones, con una estupenda relación calidad/precio. Muy recomendable.

PEMBINA Y DEVILS LAKE

Yendo por la Interestatal 29, la vía de comunicación más importante, el primer pueblo con el que nos topamos es **Pembina**, bastante anodino y que alberga el honor de tener la iglesia más antigua del estado. En la confluencia de los ríos Pembina y Red, hoy lugar histórico estatal, fue donde los colonos escoceses se asentaron para fundar la población en 1812.

También cabe la posibilidad de dejar la 29 en Grand Forks y seguir por el oeste por la US2. La población más importante es **Devils Lake**, a los pies del lago del mismo nombre que es el mayor de Dakota del Norte. El lago tiene una orilla de más de 500 kms, con todo tipo de facilidades para practicar deportes acuáticos, además de ser un enclave faunístico de primer orden por la migración de varias especies de aves.

A unos 23 kms del pueblo por la SR57 esté el **Fort Totten Historic Site**, uno de los fuertes de los años de las guerras indias que mejor se han conservado en todo el país. Hay un pequeño museo y un teatrillo donde todos los veranos se representan obras de esas didácticas que tanto gustan a los yanquis. El fuerte abre de 7 h 30 hasta el atardecer, durante todo el año; el museo sólo de mayo a octubre.

Alojamiento

Precio barato
Days Inn Devils Lake. *Hwy 20 S. Tel. (701) 662 53 81.* Muy bien de precio, 45 habitaciones, casi todas con horno microondas y frigorífico.

Confort Inn. *215 Hwy 2 E. Tel. (701) 662 67 60.* Algo más barato que el anterior. 60 habitaciones, salas de reuniones, piscina climatizada cubierta.

Restaurantes

Baratos
Old Main Street Cafe. *4th y 5th Aves. Abierto toda la semana. Aceptan tarjetas de crédito.* Típico local con aires de pueblo, donde es raro que se meta alguien con acento europeo a comer sus estupendas hamburguesas.

MINOT

Siguiendo por la US2, flanqueada por silos de cereal y pedazos de bosque verdes como el pecado, damos con **Minot**, la población más importante de la zona. Tiene un origen curioso. En 1887, cuando un grupo de barracas empezaron a arracimarse a la boca de un puente del ferrocarril, al que siguieron almacenes de la compañía ferroviaria. Hoy, es punto de peregrinación a finales de julio, cuando se celebra la feria estatal. Hay unos cuantos lugares de interés en los alrededores. El **Pioneer Village and Museum**, que son diez edificios de aquellos duros años abiertos al público; un par de reservas naturales, el **J.Clark Salyer National Wildlife Refuge**, que llega desde la ciudad hasta la frontera canadiense, remanso de paz para más de un millón de aves todos los veranos, y **Upper Souris National Wildlife Refuge**, que se extiende 50 kms a lo largo del río Souris.

El teléfono donde os amplian la información es el (701) 768 25 48. Hay también un zoo, el **Roosvelt Park & Zoo** (1219 Burdick Expwy. Tel. 701/852 27 51. Abierto de mayo a septiembre, toda la semana de 13 h a 17 h. Se cobra entrada).

Alojamiento

Precio barato
Best Western International Inn. *1505 N Broadway. Tel. (701) 852 31 61.* 272 habitaciones, piscina cubierta, bar, cafetería.

Comfort Inn. *1515 22nd Ave. Tel. (701) 852 22 01.* De los más grandes, con sala de vídeojuegos, piscina cubierta, lavandería y 142 habitaciones que, si tenéis que hacer noche, no están nada mal.

Select Inn. *225 22nd Ave. NW. Tel. (701) 852 34 11.* Con 100 habitaciones, cinco de ellas tipo estudio. Lavandería y aparcamiento.

Fairfield Inn. *900 24th Ave. NW. Tel. (701) 838 24 24.* En plan típico country, con sombreros tejanos y todo en la entrada, hay 62 habitaciones, piscina climatizada y aparcamiento cubierto.

Days Inn. *2100 4th St SW. Tel. (701) 852 36 46.* Cerca de un centro comercial, 82 habitaciones, las suites son estupendas por realmente poco dinero. Hay lavandería y aparcamiento.

Precio medio
Holiday Inn. *2315 N Broadway. Tel. (701) 852 41 61.* 172 habitaciones, casino, bar, minigolf, restaurante, lavandería.

FORT UNION TRADING POST NATIONAL HISTORIC SITE

A 24 millas al suroeste de Williston por la US2 está el Fort Union Trading Post National Historic Site, que data de 1829, cuando el punto habitado más cercano era Saint Louis, en Missouri, nada más y nada menos que a 1.776 millas.

Era el fuerte más grande del curso superior del Missouri, y lo erigió la American Fur Co. para comerciar con los indios Assiniboine, Crow y Pies Negros. Era muy lujoso, como atestiguaron varios visitantes ilustres, como el príncipe Maximiliano, y en las mesas nunca faltaba la porcelana china y la plata inglesa para acompañar las opíparas comidas que se servían. Su esplendor acabó allá por 1860, cuando las enfermedades del hombre blanco habían diezmado tanto la población nativa que no había con quién mercadear...

Hoy, los edificios que véis no son sino reproducciones a partir de los restos hallados en sucesivas excavaciones. El más bonito es el Centro de Información, la **Bourgeois House**, que perteneció al jefe del fuerte -conocido en su época como el rey del Missouri- y donde hay una exposición sobre la historia del lugar.

El fuerte está abierto de mayo a septiembre toda la semana de 8 h a 20 h; el resto del año, de 9 h a 17 h 30. No cobran entrada, aunque piden una pequeña colaboración económica, y el teléfono de información es el (701) 572 90 83.

THEODORE ROOSEVELT NATIONAL PARK

Recibe el nombre de cuando **Roosevelt** vino a cazar búfalos en 1883, y se quedó tan impresionado por la belleza de los parajes que adquirió un rancho, *Maltese Cross*, a siete millas al sur de Medora. Le hizo un gran favor a la zona, que no tenía muy buena reputación que digamos desde que un general dijo, allá por mediados del siglo pasado, que *las Badlands son el infierno con el fuego apagado*.

Y es que el paisaje, más allá de las curvas sinuosas del río Little Missouri, aparece dominado por las montañas de escoria de las compañías mineras, dándo un muy tétrico aspecto a uno de los paisajes vírgenes más bellos que podéis encontrar en el continente americano.

El parque está dividido en tres. La **South Unit**, cerca de Medora; la **North Unit**, cerca de Wartford City, y el **Elkhorn Ranch Site**, entre las dos, y cubre una zona de aproximadamente 28.000 hctáreas, dentro de lo que se conoce como las **Badlands** de Dakota del Norte.

La mayor riqueza natural del parque son, sin duda, sus búfalos. Apenas unas decenas, eso sí, que intentan sobrevivir en un recinto al que las grandes industrias madereras y mineras pegan un mordisco de terreno cada día, amparadas por las leyes, desde luego. Tienen como compañeros a otras especies típicas de la región, como los coyotes, los perros de las praderas o las liebres de la montaña.

Datos útiles

El parque está abierto todo el año, aunque algunos senderos se cierran cuando el tiempo está de lo más crudo; la temporada en que se permite la acampada se prolonga de mayo a octubre, que es además cuando se cobra entrada (el resto del año, el acceso es gratuito).

Para acampar, tenéis que pagar entre 7$ y 10$ por día y tienda.

De la South Unit salen rutas guiadas, por un sendero de unos 50 kms; el la North Unit, otro de unos 20 que finaliza en el Oxbow Overlook. Hay áreas para pícnic en Painted Canyon, Peaceful Valley y Squaw Creek.

Los campings están en North Unit (Squaw Creek) y South Unit (Cottonwood).

El centro de atención turística más completo es el **Medora Visitors Center**, que está en la entrada del parque por la South Unit. Hay un museíllo, y tienen también la primera cabaña que perteneció al Presidente. De junio a septiembre, está abierto toda la semana de 8 h a 20 h; resto del año, cierran a las 16 h 30. El teléfono de información es el (701) 623 44 66. Luego, tenéis otros dos algo más modestos. El **Painted Canyon Visitors Center** (tel. 701/623 44 66. Mismo horario que el anterior) está 12 km al sur de Medora por la Interestatal 94, y el **North Unit Visitor Center**, en la entrada norte (mismo horario. Tel. 701/842 23 33), con exposiciones modestillas sobre geología, e imágenes en 3-D. Si queréis más información acerca del parque, debéis dirigiros a Superintendent, Theodore Roosevelt National Park, Medora, ND 58645. Tel. (701) 623 44 66.

Cómo llegar

Sólo es posible con las excursiones organizadas que salen de Medora o, por vuestra cuenta, si tomáis la Interestatal 94.

MEDORA

La población más cercana al parque es Medora, que fue fundada por un noble francés en 1883. Apenas tiene un centenar de habitantes -éso sí, camionetas las hay por docenas- que viven sobre todo de alquilar equipos a los turistas y todo lo relacionado con el parque.

En todo el centro del pueblo tenéis el **Museum of The Badlands** (abierto de mayo a septiembre toda la semana de 9 h a 20 h. Se cobra entrada), sin mucho interés, donde hay expuestos objetos indios y de los pioneros; y por las salidas 6 y 7 de la 94 hay un anfiteatro muy espectacular donde en verano organizan representaciones musicales sobre Roosevelt y las Badlands, todo muy yanqui y sin demasiado tirón.

EL SUR

Cálido y lluvioso, escenario de grandes batallas en la Guerra Civil y por los derechos de la población negra, atrasado para muchos: y mansiones sureñas que evocan a las novelas de Faulkner, plantaciones con aparecidos, la música que inunda el mundo, y la presencia española en la Louisiana, donde las banderas de Castilla flamean en los balcones forjados de Nueva Orleans.

CAROLINA DEL NORTE

Uno de los estados sureños más tradicionales, alberga la que probablemente sea la mayor concentración de empresas de investigación de la costa Este, el llamado Research Triangle, formado por Raleigh, Durham y Chapel Hill, donde hay decenas de laboratorios y buenas universidades: del tirón se ha beneficiado prácticamente todo el estado, inundado de unos años a esta parte de inversiones multimillonarias y un rejuvenecimiento de la población muy importante. Además, el litoral es una de las zonas turísticas por excelencia del país: miles de segundas residencias edificadas en islas de barrera, que vuelan por los aires cada vez que se acerca un huracán (cosa que sucede un par de veces al año).

Y no sólo éso: en el oeste del estado, y como contraposición, las cumbres de los Apalaches superan los 2.000 m, con decenas de pistas de esquí y una de las poblaciones nativas más numerosas del país.

Algunos datos
Población: 7.069.836 habitantes.
Capital: Raleigh.
Franja horaria: Eastern.
Impuestos estatales: 4%, algunos condados suman un 2%. Los hoteles, otra adicional del 3%.

Un poquito de historia
El primer asentamiento estable se produjo en 1587, cuando el explorador ingles **John White** fundó Fort Raleigh en la isla Roanoke; antes que él, españoles y franceses habían explorado ya el territorio. A mediados del siglo XVII la presencia de pobladores ingleses, provenientes de la cercana Virginia, era ya importante. Fue el primer estado en votar a favor de la completa secesión del imperio Británico, y los

Carolina del Norte y del Sur

años de la Independencia no puede decirse que fueran fáciles: al hostigamiento inglés que se produjo en el norte se sumaron numerosos conflictos con los indios en el sur y en los Montes Apalaches. Y en la Guerra Civil, fue el estado que mayor número de bajas sufrió: casi la mitad de los 180.000 voluntarios que se unieron al ejército confederado.

CHARLOTTE

El nombre le viene de la esposa de Jorge III, **Charlotte de Mecklenburg**, a quién los colonos quisieron agradecer así la cesión de estas tierras allá por 1700. El documento por el cual la ciudad se desligó del Imperio Británico, la *Mecklemburg Act of Independence*, se cree fue el documento en el que se basó **Thomas Jefferson** para redactar el Acta. La ciudad de los árboles es hoy el núcleo urbano más importante de las Carolinas, con una población superior al millón de habitantes, además de un importantísimo nudo de comunicaciones, simbolizado por el aeropuerto internacional. Con más de cien parques y un par de lagos, es una de las ciudades norteamericanas con mayor calidad de vida. Y además, están los *Hornetts*.

Cómo llegar

En avión
Charlotte - Douglas International Airport: Old Down Rd. Tel. (704) 359 40 00. A unos 12 km al sur de la ciudad. La carrera de taxi hasta Charlotte sale por unos 14$, el billete de autobús, por 8$.

En autobús
Greyhound: 601 W. Trade St. Tel. (704) 372 04 56. Abierta las 24 h del día. Conexiones con Durham, Richmond y Washington D.C. La compañía **Carolina Trailways** se encarga del transporte estatal.

En tren
Amtrak: 1914 N. Tyron St. Tel. (704) 376 44 16. También abierta las 24 h del día.

Datos útiles

Oficinas de información turística y Correos
Charlotte Convention and Visitors Bureau: 122 E. Stonewall St. Tel. (704) 331 27 00. Abierto de lunes a viernes de 8 h a 17 h, en verano también abre los fines de semana de 12 h a 16 h.
Info Charlotte: 330 S. Tyron St. Tels. (704) 331 27 00 y (800) 231 46 36. Abierta de lunes a viernes de 8 h 30 a 17 h, fines de semana de 13 h a 16 h.

Oficina de Correos: 201 N. McDowell St. Tel. (704) 333 51 35. Abierta de lunes a viernes de 7 h a 15 h 30.

Transporte público

Servido por la **Transit Mall** (tel. 704/336 33 66). El billete cuesta 80ç, si la línea es *express* entonces es 1$15. Los transfers son gratuitos, y hay un pase diario con derecho a viajes ilimitados por 1$50. De lunes a viernes, de 9 h a 15 h, hay un par de líneas gratuitas: entre Mint y Kings Drive (la primera parada está en a esquina de Trade St) y de la calle 11 a la Stonewall (la parada, en Tyron).

La visita

Paramount's Carowinds Theme Park: 14523 Carowinds Boulevard, a 15 km al sur de la ciudad, por la I-77. Tels. (704) 588 26 06 y (800) 4FUN. Del mes de junio al de agosto, abierto toda la semana de 10 h a 20 h; resto del año, abierto los fines de semana de 10 h a 18 h. Entradas: 24$95. Ya en la frontera con Carolina del Sur, está dividido en diez zonas que representan la variedad del estado, y cada una de ellas con atracciones diferentes. Todo el recinto ocupa una extensión de 50 ha, y sobresalen un par de montañas rusas de ésas en las que uno se desprende hasta del primer biberón, una recreación del waterfrot de Charleston del siglo pasado llamada *Plantation Square*, o un auténtico festín gastronómico de casi todo el mundo en el *Old World Market Place*; una isla pirata muy bien preparada... en cuanto al *entertainment* puro y duro, os tropezaréis de morros con Pedro Picapiedra, el oso Yogi o Scooby Doo en Happy Land of Hanna Barbera; está la Isla de los Pitufos (*Smurfs Island*), actuaciones de country y bluegrass... aunque parece que es para los pequeños, de éso nada, también vosotros disfrutaréis como enanos. Es, de largo, lo más visitado del estado.

Mint Museum of Art: 2730 Randolph Rd. Tel. (704) 337 20 00. Abierto toda la semana excepto los lunes de 10 h a 17 h, los martes hasta las 22 h. Entradas: 7$, los martes no se cobra entrada. Lo que fue, durante el siglo pasado, donde se acuñaban las monedas de oro, alberga hoy una interesante colección de arte, en la que hay fondos procendentes de Europa, mapas antiguos, arte precolombino y una colección de las monedas acuñadas.

Charlotte Nature Museum: 1658 Sterling Rd. Tel. (704) 372 62 61. Abierto toda la semana de 9 h a 17 h, los fines de semana cierra una hora más tarde. Entradas: 2$. concebido sobre todo para acercar la ciencia a los más pequeños, desde la formación geológica de la zona hasta la recreación de sus ecosistemas más valiosos. El planetario está abierto con el mismo horario.

Discovery Place: 301 N. Tyron St. Tel. (704) 372 62 61. Abierto toda la semana de 9 h a 18 h. Entradas: 4$. Junto con el anterior forma el *Science Museums of Charlotte Inc.* Hay ocho salas abiertas al público; la *Science Circus* tiene más de sesenta actividades interactivas. Destacan también un bosque con cascadas y todo, y el acuario, donde hay docenas de especies marinas.

El alojamiento

Precio barato

Days Inn: 1408 W. Sugar Creek Rd. Tels. (704) 597 81 10 y (800) DAYS INN. De lo más tirado. Las habitaciones son lo bastante buenas para que no lo penséis mucho. Con restaurante y aparcamiento.

Hampton Inn University Place: 8419 N. Tyron St. Tel. (704) 548 09 05. Cerca de la universidad y casi de todo. 125 habitaciones, bar, gimnasio y aparcamiento.

Cricket Inn: 1200 W. Sugar Creek Rd. tel. (704) 597 85 00. En la salida 41 de la I-85, que es donde se concentran casi todos los establecimientos hoteleros económicos de Charlotte. Aquí tenéis 132 habitaciones, con aparcamiento y cuarto de lavadoras.

Precio medio

Adam's Mark: 555 S. McDowell St. Tels. (704) 372 41 00 y (800) 444 ADAMS. El hotel más grande de la ciudad, en un edificio bastante más bonito de lo que cabría esperar. Casi 600 habitaciones, más restaurantes, bar, gimnasio y aparcamiento cubierto. Uno de los restaurantes es el *Bravo!*, de esos lugares en los que los camareros amenizan la espera de los platos marcándose unas arias de Puccini o cosas por el estilo. Como consecuencia, se ha convertido en uno de los locales más populares de Charlotte; la cocina, de corte mediterráneo.

Un par de buenos sitios a la hora de la comida

En el edificio *International Trade Center* (201 E. 5th St) hay restaurantes para todos los gustos y bolsillos, desde establecimientos de las grandes cadenas de cómida rápida a sofisticados y pedantes intentos de emular la cocina francesa. Fuera de este maremágnum, nos hemos encontrado con un par de buenos sitios:

Indian Palace: 6140 E. Independence. Tel. (704) 568 71 76. Abierto toda la semana. Aceptan tarjetas de crédito. Local simple en cuanto a decoración pero con una excelente cocina tandoori: platos a base de, sobre todo, cordero y pollo. Precio barato/medio.

5th St Cafe: 118 W. 5th St. Tel. (704) 358 83 34. Cierra los domingos. Aceptan tarjetas de crédito. Informal, pero con toques originales en la comida: muy rico el pollo Ballentine, sí señor. Precio medio.

Qué hacer

Deportes profesionales

Hay un equipo de la NBA, los **Charlotte Hornets** (Coliseum. Tel. 704/357 47 00) y otro en la NFL, los **Panthers** (Ericsson Stadium. Tel. 704/358 745 38).

Festivales y eventos

En abril tenéis la **SpringFest**, tres días en los que se celebra la llegada de la primavera en los parques de la ciudad; en el *Charlotte Motor Speedway*, 20 km al sur por la US29, a finales de mayo se disputa una carrera del circuíto Nascar. La fiesta mayor del verano es el **Festival in the Park**, seis días de cachondeo a celebrarse en el *Freedom Park*.

La marcha

Se concentra el tema del copeo entre las **calles E. 7th y E. Independence**. El garito más popular es **The Baha** (4369 S. Tyron St. Cierra a las 4 h), algo alejado pero con las pistas suficientes para satisfacer a cualquiera.

DURHAM

Cómo llegar

En autobús

Greyhound: 820 Morgan St. Tel. (919) 687 48 00. Abierta de 6 h 30 a 22 h 30. Conexiones con el resto del estado y con Washington D.C.

Datos útiles

Oficinas de información turística y Correos

Durham Convention and Visitors Bureau: 101 E. Morgan St. tel. (919) 687 02 88. Abierto de lunes a viernes de 8 h 30 a 17 h, los sábados de 10 h a 14 h.

Oficina de Correos: 323 E. Chapel Hill St. Tel. (919) 683 19 76. Abierta de lunes a viernes de 7 h 30 a 17 h.

Transporte público

Prestado por la **DATA** (*Durham Area Transit Authority*). Tel. (919) 683 DATA. El precio del billete es de 75ç, y la mayoría de las líneas tienen su cabecera en la esquina de las calles Main y Morgan.

La visita

Duke Homestead and Tobacco Museum State Historic Site: 2828 Duke Homestead Rd., por la salida Guess Rd. de la I-85. Tel. (919) 477 54 98. Abierto toda la semana excepto los lunes en invierno de

10 h a 16 h. No se cobra entrada. Aquí podéis aprender bastante sobre la industria del tabaco; la vivienda principal es de mediados del siglo pasado, y en el mismo recinto tenéis dos antiguas fábricas de cigarrillos, otro par de almacenes y un pequeño museo donde se exponen artilugios y se pasan vídeos.

Duke University: una de las universidades con más renombre del país, tiene dos campus. En el West Campus, encontraréis docenas de edificios de corte neogótico, y en el East Campus lo que predomina es el estilo Georgia. La construcción más destacable es la *Duke University Chapel* (abierta toda la semana de 8 h a 17h. No se cobra entrada), en el West Campus, por cuya figura es dominado, fue construida en 1925 a imagen y semejanza de la catedral inglesa de Canterbury. Su torre se eleva cosa de 90 metros, y tiene un carillón compuesto de 50 campanas (que pesan de 5 kgs hasta 5 tn) y que suenan todos los días laborables a las 17 h, dentro, vidrieras que representan escenas del Antiguo Testamento, y un órgano con más de 5.000 tubos; el *Duke Univesrity Museum of Art* (E. Main St, en el East Campus. Tel. (919) 684 51 35. Abierto toda la semana excepto los lunes de 10 h a 17 h. No se cobra entrada), que expone antiguedades romanas y griegas, esculturas medievales, pinturas de los dos continentes y una excelente colección de arte del Lejano Oriente; y los *Sarah P. Duke Gardens*, en el East Campus, 55 acres con miles de especies vegetales.

North Carolina Museum of Life and Science: 433 Murray Ave. Tel. (919) 220 54 29. Abierto toda la semana de 10 h a 17 h. Entradas: 10$. Senderos con reproducciones de ecosistemas de todo el mundo, bibliotecas, salas de exposiciones, y hasta un zoo...

Bennet Place State Historic Site: 4409 Bennet Memorial Rd., salidas 170 y 172 de la I-85, 6 km al norte de Durham. Abierto toda la semana excepto los lunes de 10 h a 17 h. No se cobra entrada. El monumento nacional consta de la *Bennet House*, donde el 26 de abril de 1865 el general confederado Joseph E. Johnston se rindió al norteño William T. Sherman, dando así fin a la Guerra Civil, en lo que fue la mayor rendición en número de toda la contienda. Así, se expone tanto armamento como documentos, y exposiciones sobre la contribución del estado a la Guerra. Para los carolinos es todo un lugar de peregrinación.

Alojamiento

La mayoría de los hoteles de Durham se concentran en las salidas de la I-40; lo que se dice en el centro, nada interesante.

Crickett Inn University: 2306 Elba St. Tel. (919) 286 31 11. Al lado del hospital universitario, en la salida *Cameron Blvd* de la US15. Sencillo y austero. 150 habitaciones, restaurante, aparcamiento y cuarto de lavadoras. Precio barato.

Browstone MedCenter Inn: 2424 Erwin Rd. Tels. (919) 286 77 61 y (800) 367 02 93. En la salida de la I-40 de Fulton Street, muy buena relación calidad/precio. 140 habitaciones, restaurante, bar, piscina, sauna y aparcamiento. Precio barato.

Algunos restaurantes

Ravena's: 716 9th St. Tel. (919) 286 31 70. Abierto toda la semana. Aceptan tarjetas de crédito. Uno de los más bonitos que hemos visto por este Profundo Sur. Casi que la cocina es lo de menos, aunque no es de desmerecer (pollo, pasta, platos vegetarianos con un toque acusado de originalidad), si no que lo mejor es degusar un café y un postre -que les salen de muerte- mientras se ojea cualquiera de los cerca de 30.000 libros usados que han puesto para eso, que la gente los manche de café y los lea. Popularísimo entre los estudiantes de la Duke University. Precio barato.

Satisfaction: 19 J Brigthleaf Square. Tel. (919) 682 73 97. Cierra los fines de semana. Aceptan tarjetas de crédito. También muy frecuentado por los universitarios, tiene un *escarabajo* incrustado en la pared, dentro mucho tubo de neón y chapas de coches. La cocina, de lo más informal: pizzas, hamburguesas, bocadillos y gyros, una especia de bocata a la griega riquísimo. Precio barato.

El Rodeo: 905 W. Main St., Brightleaf Square. Tel. (919) 683 24 17. Abierto toda la semana. Aceptan tarjetas de crédito. Muy cerquita del anterior, por el nombre habréis imaginado de qué va: gastronomía azteca pura y dura, en un marco no menos típico mejicano: además de los consabidos nachos y fajitas, hay bistecs a la tampiqueña y mole ranchero. Para reventar, porque las raciones son realmente inmensas, así que es imperdonable no venir por aquí. Precio barato.

RALEIGH

Fundada en 1792, es la población más importante de lo que ha dado en llamarse el Research Triangle (formado también por Durham y hill), una impresionante conglomerado de empresas de telecomunicaciones, de I+D y un puñado de universidades, entre las mejores del país.

Cómo llegar

En avión

Raleigh-Durham International Airport: US 70. Tel. (919) 840 21 23. Sólo podéis tomar un taxi hasta la ciudad, que os saldrá por unos 20$.

En autobús

Greyhound: 314 W. Jones St. Tel. (919) 834 82 75. Abierta de 7 h a 0 h.

Raleigh

Street

N. Elm Street

Avenue

Street

Street

N. East Street

S.

S. E

Street

N. Blodworth Street

N. Boundary Street

Polk

Oakwwod

E. Lane

E. Jones

Street

S.

Franklin

Pace

N. Person Street

E. Edenton

S

Holden Street

Street

Street

N. Blount Street

Street

6

Street

E. Peace

N. Wilmington Street

4

5

Saboard Ave.

Polk Street

E. North

Street

N. Salisbury Street

7

Boulevard

Downtown

Cary Street

3

N. Harrington Avenue

Cleveland Street

N. West Street

Street

Street

W. Jones Street

Willis ForestSt.

Devereaux Street

Hinsdale Street

W. Peace Street

N. Johnson Street

Tucker Street

Glenwood Avenue

N. Boylan Avenue

W. North Street

W. Lane Street

St. Mary Street

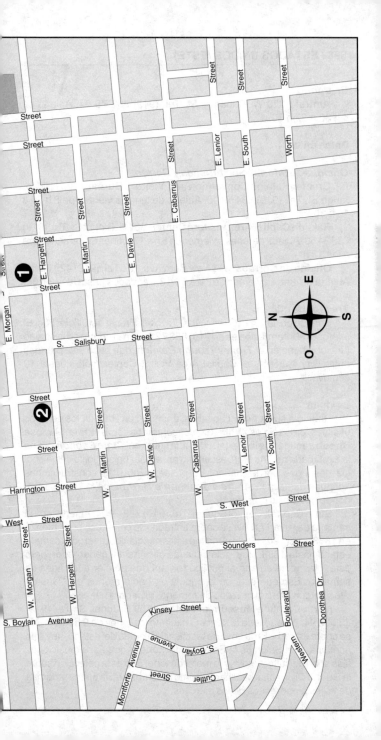

En tren

Amtrak: 320 W. Cabarrus St. Tel. (919) 833 75 94. Abierta de 4 h 30 a 22 h 30.

Datos útiles

Oficinas de información turística y Correos

Greater Raleigh Convention and Visitors Bureau: 225 Hillsborough St. Tel. (919) 834 59 00. Abierto de lunes a viernes de 8 h 30 a 16 h 30.

Raleigh Capitol Area Visitors Center: 301 N. Blount St. Tel. (919) 733 34 56. Abierta de lunes a viernes de 8 h a 17 h, fines de semana abre a las 13 h.

Oficina de Correos: 311 New Bern Avenue. Tel. (919) 420 53 33. Abierta de lunes a viernes de 8 h a 17 h 30, sábados hasta las 13 h 30.

Transporte público

Servido por la **CAT** (*Capital Area Transit*). Precio del billete: 50ç. El teléfono de información es el (919) 828 72 28. En el centro de la ciudad funciona también el *Trolley Trough Raleigh*, que hace seis paradas entre City Market y el Capital Area Visitor Center; sólo cuesta 10 centavos.

La visita

Debido a su carácter capitalino, abundan en Raleigh los edificios oficiales, de los siglos XVIII y XIX, concentrados sobre todo en **Mimosa Street**; a imagen de la capital federal, la figura del *State Capitol* domina la explanada de *The Mall*, escenario para jugar un partidillo de béisbol los domingos por la mañana, o pasear. Entre las construcciones antiguas destaca la *Andrew Jonhson's Birthplace* (1 Mimosa St), donde nació este presidente.

State Capitol: Capitol Square. Tel. (919) 733 49 94. Abierto toda la semana de 9 h a 17 h. No se cobra entrada. Su construcción comenzó en 1833, y este edificio de purísimo estilo neoclásico albergó la cámara estatal hasta 1888. Hoy, sólo tiene las oficinas del gobernador, pero está totalmente abierto al público (de ahí que no cierre los fines de semana). Éso que está en la cúpula es nadie menos que George Washington, pero disfrazado de romano. Vivir para ver.

North Carolina Museum of History: 109 E. Jones St. Tel. (919) 733 38 94. Abierto toda la semana excepto los lunes de 9 h a 17 h. No se cobra entrada. En la cosa de testificar la historia del estado, hay sitio hasta para un Salón de la Fama del Deporte. Además, exposiciones fijas sobre la cultura india, y lo mejor de todo, que es la colección sobre la Guerra Civil, salas habilitadas como lo estaban en la época, además de trajes o pertrechos de los ejércitos.

North Carolina Museum of Art: 2110 Blue Ridge Road. Tel. (919) 833 19 35. Abierto toda la semana excepto los lunes de 9 h a 17 h. No se cobra entrada. El edificio, bastante bonito, es obra del mismo arquitecto que se encargó del diseño del JFK Center de Washingto, DC., Edward Durrel Stone. Está dividido en ocho salas: Nuevo Mundo, Judaica, Europea, Americana, siglo XX, Oceánica, Africana y Arte Antiguo, esta última probablemente la mejor, aunque las otras no son moco de pavo. Desde luego, es una de las mejores colecciones de arte del Sur, y además no se cobra entrada, así que estáis tardando.

North Carolina State Museum of Natural Sciences: Biccentenial Plaza. Tel. (919) 733 74 50. Abierto toda la semana de 9 h a 17 h, los domingos abre a las 13 h. No se cobra entrada. Los días festivos no se ven más que críos, a no ser que alguna exposición temporal atraiga a unos visitantes con mayor media de edad. Aún así no se le puede negar su carácter ameno, y la verdad es que el terrario, con decenas de serpientes vivitas y coleando, impresiona. Lo mismo que el esqueleto de ballena, de casi 20 metros.

Alojamiento

Precio barato

Velvet Cloak Inn: 1505 Hillsborough St. Tels. (919) 828 03 33 y (800) 662 88 29. Con su fachadita de ladrillos y hierro forjado, en perfecto estado, pensaréis que estáis en Cartagena de Indias o, como cerca, en Nueva Orleans: la faena es que no está en el Barrio Francés, y es que no se puede tener todo en la vida. En verano, suele estar hasta arriba, porque además el servicio es realmente atento. En el vestíbulo tenéis todas las mañanas un café caliente y un USA Today, no es mala manera de empezar el día, ¿eh? 172 habitaciones, restaurante, bar, piscina circundada por un jardín cuidadísimo, y aparcamiento. Con mucho, lo más recomendable.

The Brownstone: 1701 Hillsborough St. Tels. (919) 828 08 11 y (800) 331 79 19. Estupenda relación calidad/precio. 210 habitaciones, gimnasio, restaurante, bar y aparcamiento.

Holiday Inn Downtown: 320 Hillsborough St. Tel. (919) 832 05 01. Muy céntrico, y con buenas vistas. 202 habitaciones, restaurante, bar y aparcamiento cubierto.

The Plantation Inn Resort: 6401 Capital Boulevard. Tel. (919) 876 14 11. Por la salida 140 de la US1, aquí han montado una especie de plantación en plan retro; rodeado de jardines y un pequeño campo de golf, este motel tiene 101 habitaciones bastante amplias, algunas con cocina completa. El más bonito de todos, de largo, lo que sucede es que si no tenéis coche, lo lleváis crudo..

.. *medio*

Radisson Plaza Hotel Raleigh: 421 S. Salisbury St. Tel. (919) 834 99 00. De muy reciente construcción, está preparado para los viajeros de negocios, rezuma alta tecnología con los puertos para los pecés en los cuartos y esas cosas. 360 habitaciones, restaurante, bar, sauna, gimnasio y aparcamiento.

Restaurantes

Los mejores sitios para comer están en el **City Market**, por lo menos los más animados y con mejor relación calidad/precio.

Big Ed: 220 Wolfe St. Tel. (919) 836 99 09. Cierra los domingos. No aceptan tarjetas de crédito. No se permite fumar. Comida rápida de calidad, con unas raciones más que generosas en un restaurante sin pretensiones: hamburguesas tradicionales, platos de pollo. Los desayunos, de los de no levantarse de la mesa. Precio barato.

Black Dog Cafe: 208 E. Martin St. Tel. (919) 828 19 94. Cierra los domingos. Aceptan tarjetas de crédito. De los que más tarde cierran (alrededor de las 3h), toda la decoración está inspirada en temas caninos, hasta los sandwiches tienen nombre de perros. Precio barato/medio.

Greenshields: 214 E. Martin St. Tel. (919) 829 02 14. Abierto toda la semana. Aceptan tarjetas de crédito. También algo tardío para la hora del cierre, es una cervecería que destila cuatro tipos de cerveza bastante buenas, y con algo para comer si tenéis hambre: carnes, principalmente. Precio medio.

CAROLINA DEL SUR

Los datos de rigor

Población: 3.300.200 habitantes.

Capital: Columbia.

Punto más elevado: Sassafrass Mountain, 3.560 pies.

Franja horaria: Eastern.

Impuestos estatales: 5%. Algunos condados la incrementan con un 2% adicional. El gravamen hotelero es del 2% por habitación/noche.

Un poquito de historia

La costa de Carolina del Sur fue explorada por los europeos ya a principios del siglo XVI (**Vázquez de Ayllón**, en 1526), y no fue hasta 1670 que se fundaron las primeras colonias estables (Albermale Point y Charles Towne). Diez años después, estos colonos se trasladaron a lo que sería Charleston. A mediados del siglo XVIII, un gran flujo de inmigrantes europeos se trasladaron a estas tierras, donde la fuerte presencia nativa, sobre todo los Cherokee, fue fuente constante de enfrentamientos. En la época revolucionaria, un comité secreto se formó en Charles Towne, que donó un millón de dólares de la época a las guerrillas rebeldes; ésos años vieron una guerra civil en el estado, ya que la población leal al rey inglés alcanzaba casi la mitad de los habitantes. Y estas diferencias no se enjugaron hasta bastante años después. En 1860, Carolina del sur fue el primer estado en separarse de la Unión, en diciembre de 1860; al acabar la Guerra Civil, el estado estaba prácticamente desolado y arruinado. De hecho, no fue hasta 1877 que la ley estatal reconoció el derecho al voto de la población de color, y además empujados por las tropas federales que el presidente Hayes envió para presionar al gobierno estatal.

CHARLESTON

Una de las ciudades que mayor aroma histórico han sabido preservar en todo el país, con callecitas de un sólo sentido emparedadas entre viviendas del siglo pasado de dos alturas como mucho, y que han resistido a la especulación. La mayor muestra del idealizado encanto sureño que tienen los estadounidenses.

Cómo llegar

En autobús
Greyhound: 3610 Dorchester Rd., North Charleston. Tel. (803) 744 82 64. No está precisamente en la mejor parte de la ciudad, así que andad con ojo. Abierta de 6 h a 21 h 30

En tren
Amtrak: 4565 Gaynor Ave. Tel. (803) 744 82 64. En una de las esquinas de la ciudad, a unos 12 km del centro, pero no es mala zona. Abierta de 6 h a 22 h. Rutas directas con Richmond, Savannah y Washington, D.C.

Datos útiles

Oficinas de información turística y Correos
Chaleston Trident Visitors Center: 375 Meeting St. Tel. (803) 853 80 00. Abierto todos los días de 8 h 30 a 17 h 30.
Oficina de Correos: 83 Broad St. Tel. (803) 577 06 90. Abierta de lunes a viernes de 8 h 30 a 17 h 30, los sábados de 9 h 30 a 14 h.

Transporte público
Servido por la **Charleston**: las rutas operan toda la semana excepto los domingos de 5 h 30 a 0 h. Precio del billete: 75ç. Los tranvías de la **DASH** cubren casi todo el centro. El precio del billete sencillo es de 75ç, y el pase diario de 1$.

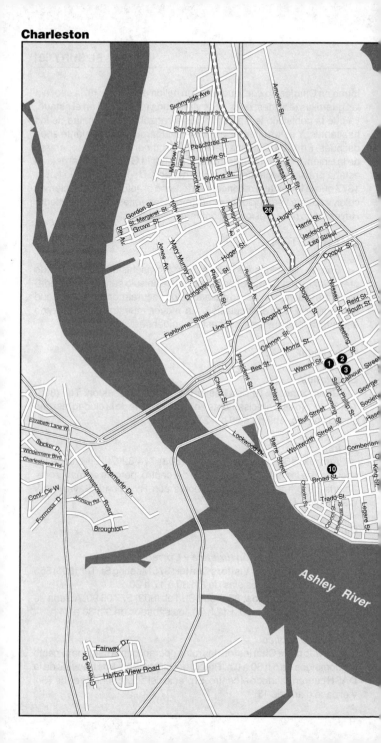

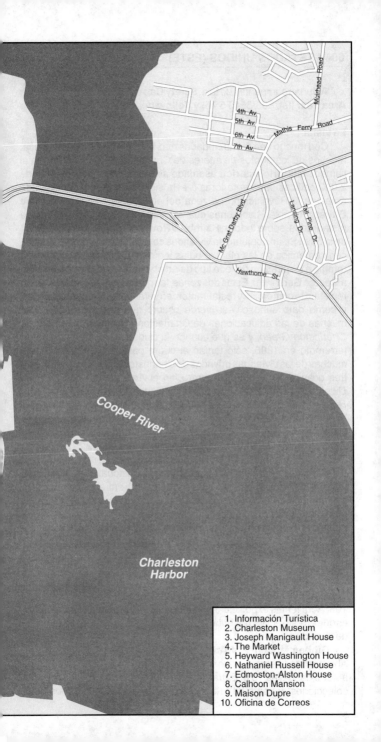

4th Av.
5th Av.
6th Av.
7th Av.

Muirhead Road

Mathis Ferry Road

Mc Grat-Darby Blvd.

Tall Pine Dr.

Lansing Dr.

Hawthorne St.

Cooper River

Charleston Harbor

1. Información Turística
2. Charleston Museum
3. Joseph Manigault House
4. The Market
5. Heyward Washington House
6. Nathaniel Russell House
7. Edmoston-Alston House
8. Calhoon Mansion
9. Maison Dupre
10. Oficina de Correos

Algunas compañías de taxi: **Safety Cab** (tel. 803/722 40 66), **North Area Taxi** (tel. 803/554 75 75) y **Yellow** (tel. 803/577 65 65).

La visita

Con mucho una de las ciudades más bonitas de la Costa Atlántica, muchos de los puntos de interés de Charleston se concentran en el llamado **Historic District**, asomado al puerto, y donde hay más de 2.000 edificaciones anteriores a este siglo, cien de ellas incluso de antes de la Revolución. La zona del puerto es conocida como **The Battery**, también tiene unas cuantas viviendas antiguas totalmente restauradas, sobre todo en **Raimbow Row**, entre los números 79 y 107 de la Elliot St: un conjunto de viviendas construidas entre 1723 y 1740, con comercios en las plantas bajas y que han sido desde entonces refugio e inspiración de todo tipo de artistas (que se lo pregunten si no a George Gershwin). Estas dos zonas, las que tienen más interés, están repletas de comercios y restaurantes: en verano, casi no podréis andar; y como dato curioso, ése verde oscuro que parece monopolizar muchas de las edificaciones de Charleston responde al nombre de *Charleston Green*, y es que cuando la ciudad se vino abajo tras un terremoto en 1886, sólo tenían el negro para repintar las casas... muchas de las viviendas privadas de Charleston se abren al público en tres ocasiones al año: en febrero, en el *Annual Tour of Charming Dwellings*, de mediados de marzo a mediados de abril, en el *Festival of Houses*, y en octubre en el *Fall House and Garden Candlelights Tours*

Si no tenéis demasiado tiempo, éstos son los sitios que no os podéis perder:

Charleston Museum: 360 Meeting St. Tel. (803) 722 29 96. Abierto toda la semana de 9 h a 17h. Entradas: 7$. El museo más antiguo del país (fue inaugurado en 1773), se centra en la historia de la ciudad y del resto del estado. Lo más popular está fuera, en la entrada, y es la réplica a tamaño natural de una especie de submarino de las tropas confederadas, el Hunley. Parte de los fondos del museo están expuestos al público en la *Joseph Manigault House* (350 Meeting St), una edificación de principios del XIX, y en la *Heyward Washington House* (87 Church St), donde vivió uno de los firmantes de la Declaración de Independencia.

Old Exchange Building and Provost Dungeon: 122 E. Bay St. Tel. (803) 727 21 65. Abierto toda la semana de 9 h a 17 h. Entradas: 10$. Aquí tenéis exposiciones y vídeos sobre los años de la Colonia, y es que en este edificio los británicos encarcelaban a los independentistas de la ciudad.

Gibbes Museum of Art: 135 Meeting St. Tel. (803) 722 27 06. Abierto toda la semana excepto los lunes de 10 h a 17 h, los domingos abierto desde las 13 h. Entradas: 7$. Aquí tenéis unas de las mejores colecciones del país de arte estadounidense, desde los años de la

Independencia hasta obras de Warhol. Bastante destacable resulta también la Elizabeth Wallace Miniature Rooms, un prodigio de pulso y habilidad en miniatura, que representa diez ambientes distintos, todos ellos tradicionales.

The Market: 188 Meeting St. Tel. (803) 723 98 19. Abierto toda la semana de 9 h 30 a 17 h 30. No se cobra entrada. Un sitio estupendo para comer, pasear o pasar una tarde. Auténtico lugar de reunión para los habitantes de Charleston, tradición que se remonta a su apertura, allá por 1788, lo que le convierte en uno de los mercados más antiguos del país. Además de los puestos de comida hay un pequeño museo, el *Confederate Museum*, bastante interesante.

Otros lugares de interés si tenéis más tiempo disponible son la **Calhoun Mansion** (16 Meeting St), en todo el centro del Historic District, con las correspondientes colecciones de muebles y demás antiguedades. Tres cuartos de lo mismo en la **Edmonston Alston House** (21 E. Battery St), muy cerquita. Si os va el tema de las banderas y los uniformes militares no perdonéis la visita al **American Military Museum** (40 Pinckney St. Abierto toda la semana de 10 h a 18 h. Entradas: 5$), que es donde las tienen absolutamente todas las de los ejércitos del país que han sido y son, además de vídeos sobre las batallas más importantes en las que han participado. Un desfile bastante impresionante es el que realizan los cadetes de **The Citadel** (171 Moultrie St), una academia conocida como la West Point sureña, y que tiene lugar todos los viernes veraniegos a las 15 h 45; no se cobra entrada. Cerquita del puerto tenéis el lugar donde empezó la Guerra Civil, el **Fort Sumter**, hoy recuperado para la causa turística, y que es sólo accesible en embarcación (está a la entrada del peurto, sobre una isla artificial).

Hay también unas cuantas antiguas plantaciones: **Middleton Place** (Ashley River Road. Tel. 803/556 60 20. Abierta toda la semana de 9 h a 17 h. Entradas: 15$), que perteneció a unas de las familias con más abolengo en el estado, es probablemente la más interesante.

Alojamiento

Abundan en Charleston los hoteles tipo posada, bastante bonitos pero con unos precios que asustan. Es difícil encontrar una habitación durante el verano en esta ciudad por menos de 125$; así que sabed que las opciones más económicas las tenéis -como siempre- en las salidas de las autopistas. Lo que se dice dentro de Charleston, ésto es lo que hay:

Heart of Charleston: 125 Calhourn St. Tels. (803) 722 33 91 y (800) 845 25 04. Aunque un poco deo por fuera, por dentro está pero que muy bien, lo que unido a su ubicación, en todo el centro de la ciudad, y a unos precios estupendos le hacen una opción de lo más recomemndable. Además, en temporada baja, rebajas. 126 habitaciones, alquiler de coches, aparcamiento cubierto y servicio de transporte. Precio barato.

Days Inn Historic District: 155 Meeting St. Tel. (803) 722 84 11. En temporada baja, los precios descienden bastante. Es sencillo, y su fachada recuerda algo a los hoteles del French Quarter de Nueva Orleans, por aquello del hierro forjado. 124 habitaciones y restaurante. Precio barato/medio.

Holiday Inn Riverview: 301 Savannah Hwy. Tel. (803) 556 71 00. En la salida 221A de la I-26. Feo por fuera, pero con buenas vistas. 181 habitaciones, restaurante, bar. Precio barato/medio.

Jasmine House: 64 Hassell St. Tels. 8803) 577 59 00 y (800) 845 76 39. Una preciosa mansión de mediados del siglo pasado con diez habitaciones decoradas que son una maravilla, todas ellas con baño y terraza. Precio medio/alto.

Restaurantes

Os recordamos que lo más recomendable por precios y variedad es acudir a The Market. Si no, aquí tenéis unos sitios bastante buenos:

Blossom Cafe: 17 E. Bay St. Tel. (803) 722 92 00. Abierto toda la semana. Aceptan tarjetas de crédito. El local más popular de toda la ciudad, al menos cuando cerramos esta edición. Decorado en plan moderno, y con unos propietarios que no llegan a los treinta años, la carta es todo un canto a la variedad: desde pizzas a platos mediterráneos, pasando por impresionantes langostas y carnes rojas. Los fines de semana, lo que se dice hasta arriba, especialmente a la hora del brunch (los domingos de 11 h a 14 h 30). Precio barato/medio.

Mesa Grill & Cantina: 32 N. Market St. Tel. (803) 723 37 70. Abierto toda la semana. Aceptan tarjetas de crédito. En lo que era una antigua iglesia decorada al estilo tex-mex, cocina de la frontera: fajitas, carnes, y actuaciones en directo los fines de semana. Precio barato/medio.

Bookstore Cafe: 412 King St. Tel. (803) 720 38 00. Abierto toda la semana, los fines de semana cierra a las 2 h. Aceptan tarjetas de crédito. Como el local fue, en tiempos, una antigua librería, los actuales dueños rinden un homenaje empapelando las paredes de periódicos y revistas. Por la tarde, qué mejor que un cafecito y un pastel, ¿a qué sí? Precio barato/medio.

McCrady's: 159 E. Bay St. Tel. (803) 937 41 31. Abierto toda la semana. Aceptan tarjetas de crédito. El mejor sitio de toda la ciudad para desayunar, no os levantaréis de la mesa. Precio barato.

En qué emplear el tiempo

El gusto de Charleston por las Bellas Artes viene de antiguo. Aquí se representó la prímera ópera en el continente, allá por 1735, y se construyó el primer teatro, el Dock Street Theatre, en 1730; y en la zona de Carbagge Row el nunca lo suficientemente ponderado **George Gershwin** escribió *Porgy and Bess*.

Hoy, además de representaciones dramáticas en las salas *Dock Street Theatre* (Church & Queen Sts), las compañías **Charleston Symphony Orchestra** y la **Charleston Opera Company** hacen de las suyas en el *Gaillar Municipal Auditorium* (77 Calhoun St. Tel. 803/577 45 00).

COLUMBIA

La capital del estado y su ciudad más grande fue fundada en 1786, cuando el gobierno estatal se mudó desde Charleston. Sufrió en carne propia los desastres de la Guerra Civil: más de sus dos terceras partes fueron incendiadas por las tropas del general Sherman, que entró en la ciudad el 17 de febrero de 1865: el único edificio representativo que sobrevivió fue la Governor's Mansion. Así, su reconstrucción siguió escrupulosamente un plano cuadriculado, al modo de la capital federal, Washington, D.C.

Cómo llegar

En autobús
Greyhound: 2015 Gervais St. Tel. (803) 256 82 46. Algo alejada del centro de la ciudad. Abierta las 24 h del día. Conexiones directas con Atlanta y Washington D.C.

En tren
Amtrak: 850 Pulanski St. Tel. (803) 252 82 46. abierta de 11 h a 3 h.

Datos útiles

Oficinas de información turística y Correos
Greater Columbia Convention & Visitors Bureau: 1200 Main St. Tel. (803) 254 04 79.
Oficina de Correos: 1601 Assembly St. Tel. (803) 733 46 43. Abierta de lunes a viernes de 7 h 30 a 17 h.

Transporte público
Servido por la **SCE&G** (*South Carolina Electric and Gas*). Precio del billete: 75ç.

La visita
Una ciudad claramente gubernamental, que no tiene demasiados puntos de interés, fuera de lo más o menos bonito que puedan pareceros sus calles con edificaciones de finales del siglo pasado,

entre las cuales tal vez sea la más bonita la **Trinity Church** (Sumter St). De hecho, la vida se concentra en el distrito de **Five Points**, con bastantes restaurantes y donde salen de marcha los estudiantes de la Universidad, que le dan un poco de color a unas calles que quedan desiertas en cuanto se mete el sol. Con todo, éstos son los sitios de visita ineludible:

Columbia Museum of Art and Gibbes Planetarium: 1112 Bull St. Tel. (803) 799 28 10. Abierto toda la semana excepto los lunes de 10 h a 17 h, los fines de semana abierto desde las 12 h 30. No se cobra entrada. Además de prestar atención al arte local, tienen una más que aceptable colección de arte europeo del Renacimiento y el Barroco; con todo, a lo que más acude la gente es a las proyecciones del Planetario.

Woodrow Wilson Boyhood Home: 1705 Hampton St. Tel. (803) 252 17 70. Abierto toda la semana excepto los lunes de 10 h 15 a 15 h 15. Entradas: 3$. Como en esta mansión de corte victoriano uno de los presidentes más populares vivió aquí unos años de chaval, pues se han montado un pequeño museo, cuyo mobiliario expuesto es el que utilizaba Wilson mientras fue gobernador de Nueva Jersey.

South Carolina State Museum: 301 Gervais St. Tel. (803) 737 49 21. Abierto toda la semana de 10 h a 17 h. Entradas: 7$. Sus cuatro plantas albergan otras tantas exposiciones: ciencia y tecnología, arte, historia y botánica, todo desde la perspectiva del estado. No es nada del otro mundo, pero no puede obviarse si estáis en la ciudad.

Hampton-Preston Mansion: 1616 Blanding St. Tel. (803) 252 17 70. Abierto toda la semana excepto los lunes de 10 h 15 a 15 h 15. Entradas: 5$. Una mansión de principios del siglo pasado y que perteneció a uno de los líderes de la Confederación, el general Wade Hampton.

Tampoco están nada mal el **South Carolina Confederate Relic Room and Museum** (920 Sumter St. Abierto de lunes a viernes de 9 h a 17 h. No se cobra entrada), repleto de cosas del ejército confederado, o el **Robert Mills Historic House** (1616 Blanding St. Abierto toda la semana excepto los lunes. Entradas: 4$), diseñada por uno de los mejores arquitectos que ha dado el país, Robert Mills, que fue quién se encargó del memorial de Washington en la capital federal.

Alojamiento

Ramada Townhouse: 1615 Gervais St. Tel. (803) 771 87 11. Desde luego, el establecimiento con más historia: el edificio albergó los cuarteles generales de Sherman durante la Guerra Civil. 142 habitaciones, restaurante, bar, cuarto de lavadoras y aparcamiento. Precio barato.

Comfort Inn: 499 Piney Grove Rd. Tels. (803) 798 05 00 y (800) 228 51 50. En la salida 104 de la I-26. Motelito por encima de la media. 102 habitaciones, y aparcamiento. Precio barato.

Adam's Mark: 1200 Hampton St. Tels. (803) 771 70 00 y (800) 444 ADAM. En todo el centro de la ciudad, es uno de sus hoteles más grandes, además de ser el preferido por los viajeros de negocios. 298 habitaciones, restaurante, bar, gimnasio, sauna y aparcamiento cubierto. Precio medio.

El mejor restaurante
   Stuffy's Famous: 629 S. Main St. Tel. (803) 771 40 98. Abierto toda la semana. Aceptan tarjetas de crédito. Enfrente del State House, uno de los locales más populares. Comida rápida de calidad, a estupendos precios; entre semana, de 16 h a 19 h , organizan una *hora feliz* solo que con comida. Clientela ecléctica y bulliciosa. Precio barato.

KENTUCKY

Habitado por la tribus de los Shawnee y los Cherokee desde hacía miles de años, no fue hasta entrado el siglo XVIII que las primeras expediciones españolas y francesas se adentraron en el territorio, aunque no fue totalmente explorada hasta que llegó uno de los héroes nacionales, Daniel Boone, en 1769. Naturalmente, las poblaciones nativas no recibieron la presencia europea de manera amistosa: además, los birtánicos colaboraron con los Cherokee, proporcionándolos armas y adiestramiento militar, en los años de la Independencia. Pero no por ello disminuyó el flujo de colonos: en 1792, cuando Kentucky entró en la Unión como el decimoquinto estado, 80.000 intrépidos ya vivían allí, formando además uno de los primeros ejemplos del *melting pot*: británicos, franceses y alemanes cultivaban y vivían sin la menor tensión entre ellos.

El estado de Kentucky está influenciadísimo por los ríos, que forman casi todas sus fronteras. Entre ellos, el más importante es naturalmente el Mississippi, que lo separa de Ohio con sus más de 1.000 kilómetros. Otros ríos importantes son el Ohio y el Tennessee, que confluyen en el occidente del estado en la región más fértil de todas, conocida como *The Purchase*.

Algunos datos de interés (general)
   Población: 3.826.794 habitantes.
   Capital: Frankfort.
   Franja horaria: Central.
   Información turística: 6%.

LOUISVILLE

La ciudad más importante del estado tiene un nombre en el mundo gracias a la celebración del Derby de Kentucky, uno de los dos motores

Kentucky - Tennessee

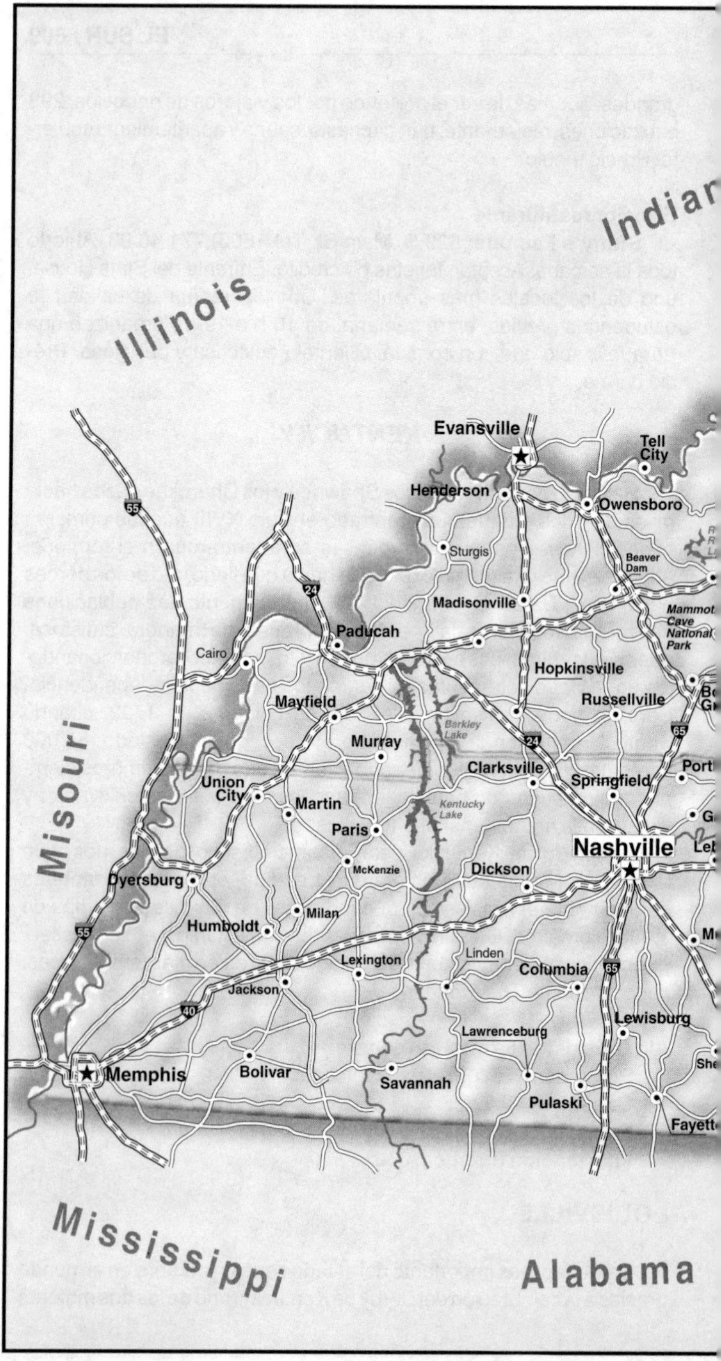

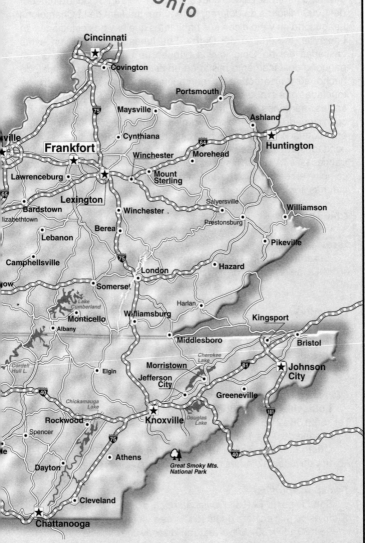

Ohio

Cincinnati

Covington

Portsmouth

Maysville

Ashland

Cynthiana

Huntington

Frankfort

Winchester

Morehead

Lawrenceburg

Mount
Sterling

Lexington

Bardstown

Salyersville

Williamson

lizabethtown

Winchester

Prestonsburg

Berea

Lebanon

Pikeville

Camphellsville

London

Hazard

Somerset

Lake
Cumberland

Monticello

Harlan

Albany

Williamsburg

Kingsport

Cordell
Hull L.

Middlesboro

Bristol

Cherokee
Lake

Elgin

Morristown

Johnson
City

Jefferson
City

Chickamauga
Lake

Greeneville

Rockwood

Knoxville

Douglas
Lake

Spencer

Athens

Great Smoky Mts.
National Park

Dayton

Cleveland

Chattanooga

Georgia

de su economía: se calcula que cada edición deja en la ciudad alrededor de 1.000 millones de dólares, ríete tú de una final de la Champions League; no en vano dicen sus habitantes que hay dos estaciones en Louisville, la semana del Derby. Fue fundada en 1778, en estas cascadas del río Ohio, cuyos buques de paletas convirtieron un pequeño destacamento militar en un próspero puerto comercial; de hecho, su tráfico actual de mercancías es superior en número de toneladas que el que soporta el mismísimo canal de Panamá. El estar en las márgenes de la frontera con el estado de Indiana no ha condicionado demasiado su crecimiento territorial: 300.000 habitantes en el condado de Louisville, más casi tres cuartos de millón en los tres condados adyacentes. Así, esta ciudad nombrada en honor del rey francés Luis XVI y que a su vez nombra los mejores bates de béisbol, combina el cosmopolitismo del Este con la hospitalidad y la tranquilidad sureñas, tópico que se cumple totalmente.

Cómo llegar

En avión

Standiford Field - Louisville International Airport: Tel. (502) 367 46 36. La mejor manera de entrar y salir, tomando el autobús de la TARC nº 2.

En autobús

Greyhound: 720 W. Muhammad Ali Boulevard. Abierta las 24 h del día. Autobuses directos a Chicago, Cincinnati e Indianapolis.

Datos útiles

Oficinas de información turística y Correos

Louisville Convention and Visitors Bureau: 400 S. 1st St. Tel. (502) 584 21 21. Abierto de lunes a viernes de 8 h a 17 h, los fines de semana de 9 h a 13 h.

Oficina de Correos: 1420 Gardner Line. Tel. 85029 454 16 50. Abierta de lunes a viernes de 7 h 30 a 19 h, sábados hasta las 13 h.

Transporte público

Servido por la **TARC** (*Transit Authority of River City*). El precio del billete es de 85ç en hora punta (de lunes a viernes, de 6 h 30 a 8 h 30, y de 15 h 30 a 17 h 30); 50ç el resto del día; hay una especie de bonobús para 10 viajes por 4$50. El horario de funcionamiento es de 5 h a 23 h 30, toda la semana. Si queréis más información, podéis llamar al (502) 585 12 34 o acudir a las oficinas (1000 W. Broadway).

En verano hay un **tranvía turístico** que recorre la Fourth Avenue entre Main Street y Broadway, el *Toonerville II* (tel. 502/585 12 34).

Los **taxis** cuestan 1$50 por milla, lo mismo que la bajada de bandera.

La visita

El distrito de **Old Lousville** se desparrama alrededor de la **Main Street**, donde hay docenas de edificios del siglo pasado totalmente restaurados, y que conforman el que es de lejos el barrio más bonito de la ciudad, en un downtown en el que destacan las siluetas del *Humana Building*, con sus 27 alturas de mármol rosa, y la fachada del no menos impresionante *Kentucky Center for the Arts.*

Lo imprescindible

Kentucky Derby Museum: 704 Central Avenue. Tel. (502) 637 11 11. Abierto toda la semana de 9 h a 17 h. Entradas: 6$. El complejo es de los que llaman la atención, rezuma alta tecnología por los cuatro costados. Se vale del mito que rodea el derby de Kentucky, pero de forma muy amena, de modo que cualquiera puede sentirse como un auténtico jockey; de hecho, hay unos cuantos caballos mecánicos dando revolcones, o meteros en una de las rejillas de salida (¿se dirá así?) de la carrera. Naturalmente que hay un vídeo que repasa la historia de la competición, que dura cosa de un cuarto de hora, o toda la memorabilia imaginable sobre ella. La verdad es que resulta de lo más interesante. Y puerta con puerta está el...

Churchill Downs: 700 Central Avenue. Tel. (502) 636 44 00. Visitas guiadas desde el Museo, con la misma entrada. Aunque hoy en día ya solo se celebran aquí un par de competiciones hípicas al año, la del Derby y la Spring Meet (entre abril y junio), sigue siendo uno de los hipódromos más bellos del mundo, que poco parecido guardan con los de Miami o Nueva York; se mueve el mismo dinero, pero el glamour es infinitamente más acusado aquí.

JB Speed Art Museum: 2035 S. 3rd St. Tel. (502) 636 28 93. Abierto toda la semana excepto los lunes de 10 h a 16 h. No se cobra entrada. En el campus de la universidad de Louisville, la colección abarca desde el 4000 aC hasta nuestros días; sobresale la Medieval Room (no, no es un videojuego), con gárgolas, pendones y cosas así.

Locust Grove Historic Home: 561 Blakenbaker Lane. Tel. (502) 897 98 45. Abierta toda la semana de 10 h a 16 h 30. Entradas: 6$. Este y no otro era el hogar de uno de los padres de la colonización del Oeste, George Rogers Clark. Se exponen objetos personales, mobiliario original y un vídeo sobre la expedición de Clark y Lewis, y sobre la vida de Clark.

Belle of Louisville: 4th St. & River Rd. tel. (502) 574 23 55. El barco de paletas en funcionamiento más grande del país, fue botado en 1914, y todavía hoy, durante el verano, montan saraos por la noche, acompañado de una suculenta (y, glups, carísima) cena. De todas las maneras, por echarse unas fotos no cobran nada...

Farmington Historic Home: 3033 Bardstown Rd. tel. (502) 452 99 20. Abierto toda la semana de 10 h a 16 h 30. Entradas: 4$. Un recinto de diez hectáreas en el que sobresale la mansión que le da nombre, edificada en 1810 y en cuyo diseño echó una mano el mismísimo Thomas Jefferson. Hay un pequeño museo en el que se recuerda a las famosidades que se han paseado por los impolutos jardines, centrándose sobre todo en el viejo Abe, que se vino por aquí a echar un discursito. Y dentro de la casa, no hay más que plata y muebles de maderas nobles, hay que ver cómo vivía esta gente.

Y otros sitios...

Ya si tenéis más tiempo, podéis pasaros por el **Kentucky Center for the Arts** (5 Riverfront Plaza. Tel. 502/584 77 77. Abierto todos los días de 9 h a 21 h), donde hay conciertos diarios -es la sede de las compañías de Ballet y de la Louisville Orchestra- y exposiciones de artistas locales, más alguna itinerante que puede tener interés; **Kentucky Art and Craft Foundation** (609 W. Main St. Tel. 502/589 01 02. Abierto toda la semana excepto los domingos de 10 h a 16 h. No se cobra entrada), en todo el corazón del Old Louisville, donde se exponen, preserva y venden muestras de la artesanía más tradicional del estado; el **Kentucky Kingdom** (Kentucky Fair and Exposition Centre, tel. 502/366 22 31. Abierto toda la semana durante el verano de 11 h a 21 h. Entradas: 5$), lo que albergó la exposición universal de 1968, y donde hay más de setenta atracciones abiertas al público, desde una gigantesca montaña rusa a una piscina no menos enorme; el **Louisville Zoological Garden** (1100 Trevilian Way. Tel. 502/459 21 81. Abierto en verano toda la semana de 9 h a 17 h. Entradas: 8$) sesenta ha recorridas por trenecillos eléctricos y un café muy bonito asomado al lago; donde se apoya el mayor bate del mundo, de 40 metros, es la factoría de los celebérrimos bates *Louisville Slugger*, que regresó a la ciudad hace unos años después de estar instalada durante décadas en Indiana, la **Hillerich and Bradsby** (8th & Main Sts. Tel. 502/585 52 26. Abierto toda la semana de 9 h a 17 h. Entradas: 5$), se exponen miles de fotografías de toleteros míticos, empezando por el *Babe* Ruth y acabando por Mark *BigMac* McGuire; y ya para acabar, el **Louisville Science Center** (700 Central Avenue. Tel. 502/561 61 00. Abierto toda la semana de 10 h a 17 h. Entradas: 9$), donde además de las exposiciones de rigor, no falta el cine IMAX.

Alojamiento

A no ser que se os ocurra caeros por aquí entre abril y principios de mayo, cuando se celebra el Derby, no tendréis mayor problema para encontrar habitación a buenos precios.

Precio barato

The Galt House: 4th St. Tels. (502) 589 52 00 y 8800) 626 18 14. El hotel más grande de la ciudad, que aunque pensado sobre todo para los negocios, guarda una estupenda relación calidad/precio. Situado en todo el Riverwalk, tiene 1300 habitaciones con todo, algo anticuadillas en cuanto a la decoración; en las instalaciones, gimnasio, galería comercial, aparcamiento cubierto, restaurantes y tres bares.

Old Louisville Inn: 1359 S. 3rd St. Tel. (502) 635 15 74. Una vivienda victoriana de principios de siglo, que tiene tres habitaciones con baño compartido, que son las más económicas, y otras ocho con baño privado; sin más, ni tele ni teléfono. Éso sí, el desayuno que sirven es de órdago, y a las cinco un té con pastitas. Como dato curioso, comentaros que en la primera planta unos murales inspirados en una obra de Norman Rockwell, dejan pasar a verlos.

Executive West: 830 Phillips Lane. Tels. (502) 367 22 51 y (800) 633 87 23. Más bonito que el anterior, aunque también inmenso: 611 habitaciones. Restaurante, bar, aparcamiento y gimnasio.

Days Inn Downtown: 101 E. Jefferson St. Tel. (502) 585 22 00. Con 177 habitaciones, restaurante, bar y aparcamiento.

Precio alto

The Brown: 335 W. Broadway St. Tels. (502) 583 12 34 y (800) 555 80 00. El más elegante de la ciudad, el edificio fue mandado construir por la mayor fortuna de la ciudad, J. Graham Brown, en 1922. Ya sólo por echar un vistazo al vestíbulo (con sus mármoles, sus frescos y sus pecaminosos muebles de madera de cerezo) merece la pena acercarse a tomar una copita en el bar. 292 habitaciones y suites, restaurantes, gimnasio, un par de tiendas, aparcamiento cubierto e incluso una pequeña galería de arte.

Restaurantes

Precio barato

Cafe Kilimanjaro: Theater Square. Tel. (502) 583 43 32. Cierra los domingos. Aceptan tarjetas de crédito. Muy concurrido a la hora de la comida sobre todo, muy buenos precios para el buffet a base de pasta, pollo y algunos platos caribeños.

Bristol: 1321 Bardstown Rd. Tel. (502) 456 17 02. Abierto toda la semana. Aceptan tarjetas de crédito. Como cierra tarde, la gente aprovecha para comer algo (una ensalada, una hamburguesa, algo de pollo) con lo que amortiguar la más que previsible resaca. Así está de animado a esas horas, a ver.

Precio medio

Mamma Grisanti's: 3938 Dupont Circle. Tel. (502) 893 01 41. Abierto toda la semana. Aceptan tarjetas de crédito. De corte italiano, es familiar y el pan de ajo que sirven aunque no se pida siempre está recién hecho. Los fines de semana puede resultar complicado encontrar una mesa libre, por mucha propina que déis.

De compras

Un estupendo centro comercial sólo de anticuarios es el **Louisville Antique Mall** (900 Goss Ave. tel. 502/583 40 14); más antiguedades y algo más baratas también las hay en el barrio de Highlands, más concretamente en **Bardstown Road**. El centro comercial más interesante del centro -valga la redundancia- de Louisville es el **Galleria** (4th Ave. & Liberty St. Tel. 502/584 71 70).

El Kentucky Derby

Probablemente una de las carreras de caballos más míticas de todo el mundo es esta primera prueba de la Triple Corona, con nada que ver con las de Malasia o Australia. Lleva celebrándose en Churchill Downs el primer sábado del mes de mayo desde 1875, lo que junto a la dotación del premio (un millón de pavos) la hace cita ineludible para los mejores potros de tres años del globo. La distancia empezó siendo de milla y media, fue rebajada un cuarto de milla en 1896; una distancia que saca lo mejor de las monturas, al celebrarse tan pronto, y que eleva al jockey a la historia de este deporte. Sus gradas y pista central tienen un aforo de 140.000 espectadores: pero son más de un millón los que acuden todos los años a Louisville, quedándose fuera porque las reservas de localidades tienen una lista de espera -agarraros a algo- de más de doce años, ya que sólo salen a la venta al público 30.000 asientos, el resto son de abonados, propietarios de cuadras, magnates diversos... si vuestra visita coincide con la carrera, podéis entrar al festejo previo, mediante pago de 20 míseros dólares. Además, el evento es celebrado desde una semana antes en el **Kentucky Derby Festival**, con desfiles, actuaciones callejeras e incluso una carrera entre los dos barcos de paletas fondeados en la ciudad, el *Belle of Louisville* y el *Delta Queen*. Podéis jurar que merece muy mucho la pena. Y si queréis probar suerte para conseguir un asiento (que nunca se sabe), escribid a *Churchill Downs, Derby Ticket Office*, 700 Central Avenue, Louisville, KY. 40208. Tel. (502) 636 44 00.

LEXINGTON

Considerada la cuna del *bluegrass*, un estilo musical a caballo (nunca mejor dicho) entre el country y las músicas tradicionales centroeuropeas, es la segunda ciudad más importante del estado y uno de los centros mundiales del caballo, con algunas de las mejores cuadras del mundo, y una pasión hípica que tal vez sólo tenga parangón en Venezuela o en Malasia.

Lexington fue fundada en 1775, antes incluso de que se reconociera el estado de Kentucky; de todos sus barrios, los más bonitos e interesantes son el downtown y el de Versailles, plagado de restaurantes más o menos cucos y de tiendas de antiguedades.

Cómo llegar

En autobús
Greyhound: 477 New Circle Road. Tel. (606) 299 88 04. Abierta de 7 h 30 a 23 h. El autobús municipal que lleva al centro es el nº6. Conexiones con Cincinnati, Knoxville y Lexington.

Datos útiles

Oficinas de información turística y Correos
Greater Lexington Convention & Visitors Bureau: 301 E. Vine St. Tel. (606) 233 12 21. Abierta toda la semana de 10 h a 17 h.
Oficina de Correos: 1088 Nandino Boulevard. Tel. (606) 231 67 00. Algo apartada del centro de la ciudad, la verdad, así que tomad el autobús nº 1. Abierta de lunes a viernes de 8 h a 17 h, sábados de 9 h a 13 h.

Transporte público
Servido por la **LexTran** (Transit Center. 220 Vine St. Tel. 606/253 INFO). 17 rutas regulares más un par de tranvías turísticos en el downtown. El precio del billete de autobús es de 80ç, y 25ç el del tranvía. El horario de operaciones es toda la semana de 6 h 15 a 18 h 15.

El **taxi** cuesta 1$90 la bajada de bandera, y 1$60 cada milla adicional.

La visita
Aprovechad vuesta visita para echar un vistazo a, por ejemplo, **Ashland** (120 Sycamore Rd. Tel. 606/266 85 81. Abierto toda la semana excepto los lunes de 10 h a 16 h 30. Entradas: 8$), la hacienda de uno de los secretarios del presidente John Quincy Adams, Henry Clay, el primer político de importancia que dió el estado. La construcción data de los primeros años del siglo pasado, conservada y decorada como ya os podréis imaginar; es lo más interesante que váis a encontrar. Si queréis y ya puestos, hay un pequeño museo en lo que era la casa donde nació la mujer de Abraham Lincoln (**Mary Todd Lincoln House**. 578 W. Main St. Tel. 606/233 99 99. Abierto toda la semana, del mes de abril al de noviembre, de 10 h a 16 h), donde hay una correcta colección de porcelana, además de los objetos personales del matrimonio de rigor.

Los caballos y Lexington

La gran mayoría de los visitantes de Lexington vienen al calor de los caballos, la gran pasión de la ciudad. Hay varios lugares de visita recomendada, si es que os interesa el tema. Están el **Kentucky Horse Park** (4089 Iron Works Pike, por la salida 20 de la I-75. Tel. 800/568 88 13. Abierto de miércoles a domingos de 9 h a 17 h. Entradas: 12$), donde hay pistas de carreras, instalaciones para los caballos y el International Museum of the Horse, con completísimos fondos relacionados con el mundo del caballo, desde calesas a trofeos; el hipódromo, el **Keeneland Racecourse** (4201 Versailles Rd. Tel. 800/456 34 12. Abierto todos los días de 6 h a 18 h. Entradas: 5$), con una temporada que abarca tres semanas en el mes de abril y otras tres en el de octubre; hay también una serie de granjas en los alrededores de Lexington, pero no habréis venido hasta aquí para ver sólo caballos...

Alojamiento

Precio barato

Days Inn: 1987 N. Broadway. Tels. (606) 299 12 02 y (800) 333 98 43. Estupendamente situado, y realmente tirado; en temporada baja, las tarifas pueden ser de escándalo. 190 habitaciones, restaurante, bar y aparcamiento.

Harley: 2143 N. Broadway. Tels. (606) 299 12 61 y (800) 321 23 23. Aunque diseñado para viajeros de negocios, es lujosillo y no muy caro. 146 habitaciones funcionales y amplísimas, restaurante, bar, gimnasio, alquiler de coches, piscinas y aparcamiento.

Precio medio

Gratz Park Inn: 120 W. 2nd St. Tels. (606) 231 17 77 y (800) 227 43 62. Es el más tradicional, manteniendo un punto de refinamiento europeo que es muy de agradecer. Tan sólo 44 habitaciones estupendamente decoradas, restaurante y aparcamiento. El servicio, atentísimo.

Un par de figones

Rosebud: 121 N. Mill St. Tel. (606) 254 19 07. Cierra los domingos. Aceptan tarjetas de crédito. Cocina continental en uno de los locales que gaurda mejor relación calidad/precio de la ciudad. Además es muy elegante, la carta de vinos es extensa -aunque algo cara- y se junta lo mejorcito de los VIPS y cualquiera de nosotros, no hacen ascos a nadie mientras no vaya sucio... precio medio.

Billy's Bar and Barbeque: 101 Cochran Road. Tel. (606) 269 95 93. Abierto toda la semana. Aceptan tarjetas de crédito. Más informal que el anterior, la gente está pendiente más del plato, no vaya a ser que el pedazo de chuletón que rebosa se le caiga sobre los pantalones. Con una barra tomada por los parroquianos contemplando partidos deportivos, que cierra a las 2 h. En la carta, además de carnes, hay alguna pasta, ensaladas y también algo de marisco. Precio barato.

GEORGIA

Algo de su historia

El estado más grande al este del río Mississippi abarca desde los Apalaches al Atlántico. **Hernando de Soto** fue el primer europeo en pasearse por lo que sería Georgia: en 1540, su expedición le condujo por las tierras de los Creek y los Cherokees. Ya en 1566 nuestra Corona estableció misiones franciscanas en las islas Jekyll y St. Simon, así como en la orilla continental próxima. Los británicos pretendían anexionarse las posesiones españolas, así que fundaron Savannah como futuro puente de mando por si acaso. A la recién fundada ciudad acudieron proscritos de todo el mundo: desde fundadores de sociedades utópicas a protestantes centroeuropeos o judíos portugueses. Los tira y afloja anglo-españoles por el territorio desembocaron en la llamada *Guerra de Jenkin's Ear* (1739-1743), cuyo punto álgido fue la *batalla de Bloody Marsh*, en 1742, en la que **Oglethorpe** (el fundador de Savannah) se hizo con la victoria. En 1745, Georgia se convirtió en provincia del imperio Británico.

Enseguida acudieron colonos provenientes de las Carolinas, Massachussets y Virginia. En los años de la Revolución, Savannah y Augusta permanecían fieles al poder inglés, mientras el norte era pasto de guerrilleros. En los primeros años del siglo XIX, la esclavitud dividió al estado, habiendo condados del norte que se oponían a esta práctica, pero eran minoría. Por eso, no es de extrañar que tras la elección de Lincoln como presidente del país, Georgia se secediera de la Unión. Y fue de los estados que más sufrió: casi arrasado, y con las tres cuartas partes de su población masculina pudriéndose en los campos de batalla. Resulta cuanto menos curioso que en uno de los estados confederados por excelencia naciera el símbolo de la igualdad y uno de los mayores hombres de paz que ha dado la historia: **Martin Luther King, Jr.**

Algunos datos sobre el estado

Población: 6.019.400 habitantes.
Capital: Atlanta.
Punto más elevado: Brasstown Bald, 4.784 pies.
Franja horaria: Eastern Time.

ATLANTA

Una de las metrópolis más dinámicas del país, escenario de los Juegos Olímpicos de 1996 -atentado y descontrol general incluídos-,

Georgia

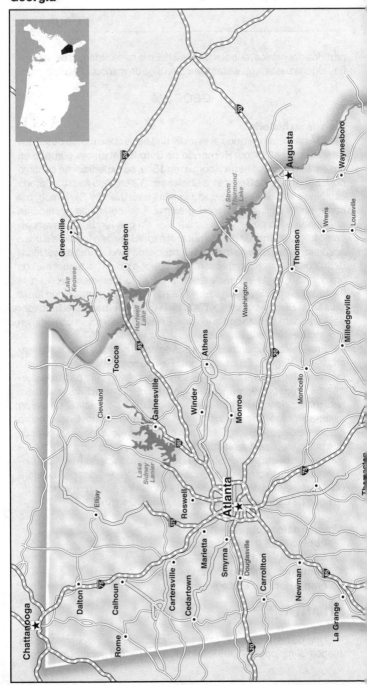

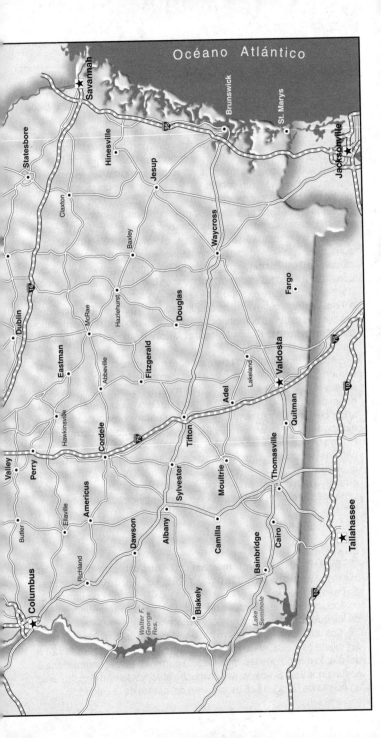

que capitaliza la imagen del Nuevo Sur y que tiene a gala albergar las oficinas centrales de las mayores empresas del mundo -CNN, Coca Cola, Holiday Inn-, además de algunas de las luminarias del show-bizz -léase **Elton John**, sin ir más lejos.

Complejos rascacielos con residencias paradisíacas sin nada que envidiar a las de Beverly Hills o los suburbios de Washington DC; una ciudad subterránea para la que no han recurrido a las excusas del invierno, caso de Montreal o Toronto; escenario de las más virulentas protestas pro derechos civiles de la población negra, que sigue pasando las de Caín en los barrios de la periferia, mientras cada día se abren docenas de negocios relacionados con la peluquería canina, o bares especializados en agua mineral: algunos de los contrastes más acusados de la sociedad estadounidense se pueden contemplar en la ciudad de **Ted Turner**, el magnate de la comunicación cuya relación con Atlanta es comparada por muchos con la de Lex Luthor y Metropolis (la realidad siempre es superior a la ficción, y si no que se lo pregunten a *Tom Wolfe*, a quien aquí no pueden ver ni en pintura). Pero sus hijos predilectos están en las antípodas del empresario: son ni más ni menos que **Martin Luther King** y **Margaret Mitchell**, la que dió al mundo *Lo que el viento se llevó*.

Atlanta es una ciudad relativamente moderna, con mucho más en común con Los Ángeles que con Philadelphia o Nueva York. En 1837 no era más que un apeadero del ferrocarril llamado Marthasville en honor de una de las hijas del gobernador de Georgia, que era quién tenía la concesión del ferrocarril. Creció rápidamente como punto de comunicaciones y manufacturero, y fue el arsenal Confederado durante la Guerra Civil; el general Sherman, una suerte de Coco o Juan de Austria para los georgianos, la redujo prácticamente a cenizas en 1864. Así, no abundan los edificios anteriores a aquellos años: no puede hablarse de que haya una ciudad, sino un conjunto de urbanizaciones, condados y grandes avenidas agrupados bajo el mismo nombre: Atlanta.

Cómo llegar e irse

En avión

El **Hartsfield Atlanta International Airport**, está a unas diez millas del centro de la ciudad por la Y-285. Tel. 530 66 00. La terminal de pasajeros es la más grande del mundo, decorado con una de las colecciones de arte más caras de todo el país, y este aeropuerto es uno de los que soporta mayor número de vuelos.

Los autobuses que llevan a la ciudad operan de 7 h a 23 h, el precio del billete es de 8$, si de ida y vuelta entonces 14$; los taxis las 24 h del día, lo mismo que las limusinas, la carrera hasta el centro viene a costar unos 25$. Si no andáis con mucho efectivo, tomad el metro: sólo un cuarto de hora y 1$25 os separan del centro de la ciudad.

Éstos son algunos teléfonos de compañías aéreas con representación en el aeropuerto:

Air Canada: tel. 800 776 30 00.
American Airlines: tel. 433 73 00.
British Airways: tel. 800 247 92 97.
Continental Airlines: tel. 800 525 02 80.
Delta: tel. 800 221 12 12.
TWA: tel. 800 221 20 00.
United Airlines: tel. 800 241 65 22.
USA Airways: tel. 800 428 43 22.

En autobús

La estación está en 232 Forsyth St. La **Greyhound** (tel. 800 231 22 22) tiene buses con prácticamente todo el país. Está abierta las 24 h del día. La estación de metro más cercana es la de Garnett, prácticamente enfrente.

En tren

La **Brookwood Station** está en 1688 Peachtree St. La **AMTRAK** tiene servicios diarios con Nueva York y Washington, D.C., y a Nueva Orleans los miércoles, sábados y domingos. El teléfono de información es el 800 872 72 45. Está algo alejada para ir andando al centro: el autobús público que os lleva es el nº23, hasta la estación del metro de Arts Center.

Cómo moverse

El *MARTA (Metropolitan Atlanta Rapid Transit Authority)* opera de lunes a sábados de 5 h a 1 h, los domingos empieza media hora más tarde. El billete tanto para el metro como para los autobuses cuesta 1$50, bien en fichas o con el cambio exacto, y el transfer unos centavos más.

Los taxis, aunque pueden pararse en la calle, es más sencillo agarrarlos en la puerta de un hotel o en una parada, o pedirlos por teléfono. Algunas compañías: **Cheker Cab** (tel. 351 11 11), **Rapid Taxi** (tel. 222 98 88) y **Yellow Cab** (tel. 521 02 00).

Si tenéis un coche de alquiler, sabed que el límite de velocidad en casi todas las calles es de 25 ó 35 millas por hora; en las autopistas I-20. I-75 e I-85, este límite oscila entre las 40 y las 55. La edad mínima con la que puede conducirse es de 16 años, y las horas punta son de 6 h 30 a 9 h, y de 15 h 30 a 19 h.

El centro de la ciudad puede decirse que es la **Five Points Intersection**, donde confluyen las calles Whitehall, Edgewood, Decatur, Marietta y Peachtree y donde se divide el cuadrante de la ciudad en NW, NE, SW y SE. Os parecerá increíble, pero no parece que haya más nombre para las calles que el de Peachtree: más de cuarenta lo llevan.

Datos útiles

Agencias de reservas hoteleras

Atlanta Hospitality: 2472 Lauderdale Drive. Tel. 493 19 30. Fax. 493 16 29.

Bed & Breakfast Atlanta: 1801 Piedmont Ave., suite 208. Tels. 875 05 25 y 800 96 PEACH. Fax. 875 96 72.

Georgia Bed & Breakfast Council: 600 West Peachtree St., suite 1500. Tels. 873 44 82 y 1 800 448 26 69. Fax. 874 57 42.

International Bed & Breakfast Reservations: 223 Ponce de Leon Ave. Tels. 875 94 49 y 1 800 473 94 49. Fax. 875 28 82.

Alquiler de coches

En el aeropuerto:

Avis: tels. 530 27 00 y 800 331 12 12.

Budget: tels. 530 30 30 y 800 527 07 00.

Hertz: tels. 530 29 00 y 800 654 31 31.

National: tels. 530 28 00 y 800 227 73 68.

Impuestos

Depende de la zona de la ciudad que visitéis, oscilan entre el 5% y el 6%. Se añade un 7% más en las facturas de hoteles y moteles.

Oficinas de información turística y Correos

Atlanta Convention and Visitors Bureau: 323 Peachtree St., suite 2000. Atlanta GA 30303. Tels. 222 66 88 y 521 66 00.

Georgia World Congress Center: 286 International Blvd. Tel. 233 40 17.

Georgia Tourist Division: PO Box 1776. Tel. (800) VISIT GA.

Underground Atlanta: 65 Upper Alabama St. Tel. 577 21 48.

Welcome South Visitors Center: 200 Spring St. Tel. 224 20 00.

En el aeropuerto, entre las terminales Norte y Sur, tenéis también un punto de información turística.

Oficina de Correos: 3900 Crown Road. Abierta las 24 h del día.

La visita

En el centro de la ciudad

City Hall: 68 Mitchell St (entre Washington St y Central Ave.). Tel. 330 60 00. Abierto de lunes a viernes. No se cobra entrada. Acceso para sillas de ruedas. Impresionante edificio que se edificó en 1930 sobre lo que fueron los cuarteles generales del general Sherman durante la Guerra Civil, es un diseño del arquitecto local G. Lloyd Preacher, una mezcolanza de estilos: gótico, art deco, arcos romanos... y mármoles, terracota y granito, una mezcla abstante curiosa. La entrada recuerda a la de una catedral castellana, con sus inmensas puertas de bronce que dan paso a un vestíbulo muy alto con vidrieras y ascensores casi modernistas. Este canto al eclecticismo es una de las atracciones turísticas más visitadas de la ciudad.

Georgia State Capitol: 206 Washington St. (entre las calles Mitchell y Martin Luther King). Tel. 656 28 44. Abierto todos los días: entre semana, excursiones guiadas cada media hora entre las 9 h 30 -11 h 30, y 13 h - 14 h. No se cobra entrada. Acceso para sillas de ruedas. Uno de los edificios más impresionantes del *skyline* de Atlanta es la sede del gobierno del Estado, una joya del más respetuoso estilo clasico-renacentista que terminó de construirse en 1889. 43 onzas del mejor oro de Georgia cubren la cúpula que corona el edificio, de 75 pies de diámetro, sobre la que se yergue una estatua de 5 metros de una mujer con una antorcha llamada *Miss Freedom*. En la cuarta planta se encuentra un pequeño museo, el **Georgia Museum of Science and Industry** (abierto toda la semana. No se cobra entrada). Podéis descansar contemplando el Capitolio sentaditos en uno de los bancos del parque que lo rodean, lo que se dice repletito de estatuas.

Shrine of the Immaculate Conception: 48 Martin Luther King Jr. Dr. Tel. 521 18 66. La construcción religiosa más antigua de la ciudad fue construida en 1873 sobre lo que eran las ruinas de la primera iglesia católica de Atlanta, que quedó para el arrastre durante la Guerra Civil. La reconstrucción corrió a cargo de William H. Parkins, quién diseñó las torres asimétricas y mezcló unos cuantos estilos (victoriano, gótico) para dar la forma que véis hoy.

CNN Center: 190 Marietta St. Tel. 827 23 00. Aquí están los cuarteles generales de la mayor cadena de noticias del mundo, ésa que está siempre donde hay jaleo, y sacudida de vez en cuando porque no comprueban la veracidad de las fuentes de sus reportajes. El edificio fue levantado en 1976 por la firma de arquitectos Thompson, Ventulett & Staimback, y son dos torres de 14 plantas asomadas a un espectacular atrio anterior. Aquí, Ted Turner, el dueño de la cadena, ha montado un auténtico espectáculo para los turistas: hotel, el Omni, tiendas de recuerdos que llevan su nombre y en las que podéis encontrar desde artículos con el logo de la cadena a otros que explotan las propiedades de Turner, como puedan ser la Metro Goldyn Meyer o los dibujos animados de Hanna Barbera; o la tienda oficial del equipo de béisbol de la ciudad, los Braves, que también pertenecen a Turner. Lo que es en los estudios en sí, podéis asistir a algunos programas o hacer la excursión guiada que, en poquito más de media hora, recorre todos los rincones del complejo. También tenéis un restaurante de cocina italiana, el **Bugatti**, y un bareto en plan *british*, el **Reggie's**, por si os cansáis y queréis repostar. Es de los más interesante de la ciudad, ésto del CNN Center.

Atlanta

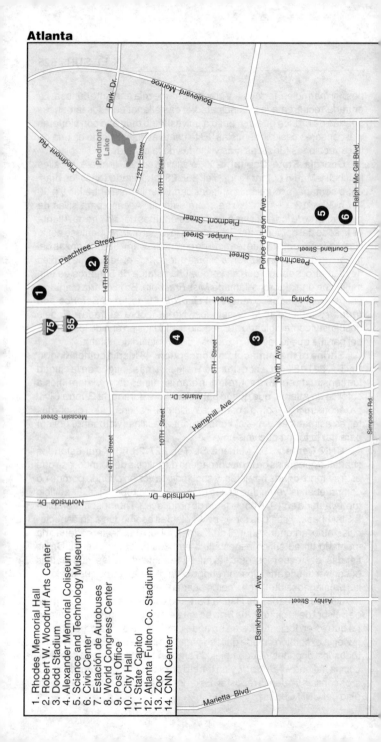

1. Rhodes Memorial Hall
2. Robert W. Woodruff Arts Center
3. Dodd Stadium
4. Alexander Memorial Coliseum
5. Science and Technology Museum
6. Civic Center
7. Estación de Autobuses
8. World Congress Center
9. Post Office
10. City Hall
11. State Capitol
12. Atlanta Fulton Co. Stadium
13. Zoo
14. CNN Center

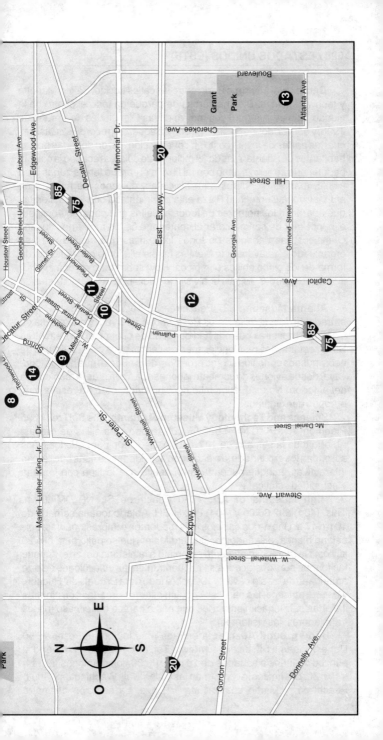

Centennial Olympic Park: entre las calles Luckie, Baker, Marietta y techwood Drive. Diez hectáreas de parque en todo el centro de la ciudad, que se inauguró con motivo de las Olimpiadas de Verano de 1996, y que fue donde pusieron la bomba aquella, ¿recordáis? Casi tres cuartas partes de lo que costó su construcción fueron donadas por los habitantes de Atlanta: más de 35 millones de dólares recaudó la colecta popular que se llevó a cabo con tal fin. En el parque tenéis zonas para picnic, fuentes, senderos para bicicletas, quioscos de música, un anfiteatro. La Centennial Plaza está pavimentada con losetas en las que aparecen los nombres de todos aquellos que pagaron 40 $ para ello, por mor de conmemorar el centenario de los modernos Juegos Olímpicos; las banderas de todos los países que alguna vez han organizado este evento también las tenéis allí, junto con la fuente de forma de los cinco anillos olímpicos. Hoy, sobre todo en domingos y fiestas de guardar, es casi una visita ineludible para los habitantes de la ciudad.

Atlanta Museum: 537 Peachtree St. Tel. 872 82 33. Se cobra entrada. En lo que es la *Rufus Rose House*, de 1900, y que es una de las pocas muestras que nos han quedado de cuando en la Peachtree Street estaban las residencias más opulentas de la ciudad. Es uno de esos museos conocidos como el desván de la abuela: que hay de todo, vaya, desde aviones de combate japoneses a aperos de la recolección del algodón. No es que les falte rigor histórico, pero no resulta muy europeo que digamos.

Science and Technology Museum of Atlanta (The SciTrek): 395 Piedmont Ave. Tel. (404) 522 55 00. Acceso para sillas de ruedas. Abierto toda la semana de 10 h a 17 h. Dedicado para que los niños aprendan los arcanos de la ciencia con actividades de ésas que llaman interactivas, aunque nunca falta un adulto que lo flipa con lo de la electricidad estática...

High Museum of Art: 1280 Peachtree St. NE., Midtown. Tels. (404) 892 36 00 y (404) 892 HIGH. Abierto toda la semana de 10 h a 17 h. Uno de los edificios más modernos e impresionantes: porcelana blanca, diseñado por Richard Meier que se pulió para ello 20 kilillos. Da un repaso bastante completo a la historia del arte, aunque los fondos más destacados se encuentran en las colecciones de arte americano de los siglos XIX y XX, sobre todo de la Escuela del Hudson, y de arte africano; las paredes también están adornadas con pinturas italianas del Renacimiento a las que nadie parece hacer caso (no los trabajadores, los visitantes).

Underground Atlanta: la entrada más importante está en 50 Upper Alabama St., en el Downtown. Tel. (404) 523 23 11. Abierto al público de lunes a sábados de 10 h a 21 h 30, los domingos de 11 h a 19 h 30. Los límites lo conforman las calles Wall, Washington y South Peachtree, y Martin Luther King Jr Drive. La estación de metro correspondiente es la de Five Points. Su origen se remonta a la década de los locos años 20, cuando los pasos elevados empezaron a sobrevolar el centro de la ciudad. En 1989, se gastaron la friolera de 150 millones de dólares para lavar la cara al complejo, desde entonces lugar de encuentro ineludible para casi todo.

Road to Tara Museum: Abierto todos los días de la semana de 13 h a 18 h. Acceso para sillas de ruedas. Al lado de donde Margaret Mitchell escribió la inmortal *Lo que el viento se llevó*, se encuentra este pequeño museo pensado para mitómanos y todos aquellos que tienen en la memoria aquello de *"... y pongo a Dios por testigo de que nunca más volveré a pasar hambre"*, o algo así. Hay de todo un poco: desde copias del manuscrito de la novela a fotogramas originales de la película, más vestidos, carteles promocionales en unos cuantos idiomas...

Fairlie-Poplar: En este *distrito histórico* se encuentran varios de los más bonitos y mejor conservados edificios de Atlanta; merece muy mucho la pena darse una vuelta -siempre de día, éso sí. Por ejemplo, tenéis el **William Oliver Building** (32 Peachtree St), de alrededor de 1930 y de dos torres de dieciséis plantas, todo de granito rojo; hace unos años, fue transformado en un edificio de apartamentos, con vestíbulo de mármol y ascensores de bronce, todo una pasada; el **Flatiron Building** (84 Peachtree St), también conocido como el **English-American Building**, de forma muy curiosa, de cuña, y que es el rascacielos -modesto, con sólo 11 pisos de altura- más antiguo de Atlanta, pues se terminó su construcción en 1897; es idéntico a uno que hay en Manhattan, y que os vendrá a la cabeza enseguida pues uno de los más famosos de la *Gran Manzana*; el **Muse Building** (52 Peachtree St) y el **Rhodes Haverty** (134 Peachtree St., entre Williams St. y Carnegie Way), en la misma calle, son un par de edificios de principios de siglo.

Martin Luther King Jr. National Historic Site: zona de Auburn Avenue. El centro de información al visitante lo tenéis en 450 Auburn Ave., entre las calles Jackson y Boulevard. Tel. 331 51 90. Este lugar de interés nacional ocupa una extensión de dos manzanas, y en el centro de información tenéis exposiciones de fotografías, vídeos con discursos y demás cosas relacionadas con este grandísimo hombre que fue Luther King. Aquí encontraréis el lugar de nacimiento (**Martin Luther King Jr. Birth Home**, 501 Auburn Ave. Abierto todos los días de la semana de 10 h a 17 h. No se cobra entrada. Es una vivienda de finales del siglo pasado de estilo Reina Ana y con nueve habitaciones, hoy convertida en museo), la iglesia y la tumba de King; la zona de protección abarca también una parte del vecindario de Sweet Aburn, el centro de la comunidad negra de Atlanta desde hace más de treinta años. Además, las autoridades han montado una ruta llamada **Freedom's Road**, muy pequeño, y que es un homenaje a los desfiles que organizaba el reverendo.

Si queréis conocer más en detalle la historia del barrio, la explican bastante bien en el ***Auburn Avenue Research Library on African-American Culture And History*** (101 Auburn Ave. Tel. 730 40 01. Abierto toda la semana de 14 h a 18 h. No se cobra entrada. Acceso para sillas de ruedas), que abrió hace unos años y tiene muy buenos fondos de publicaciones de asociaciones afroamericanas.

Fearnbank Museum of Natural History: 767 Clifton Rd. Tel. 370 09 60. Abierto toda la semana excepto los lunes de 10 h a 21 h. Se cobra entrada. Acceso para sillas de ruedas. Además del museo, donde se estudia y hace accesible al común de los mortales la historia natural del estado, lo realmente bonito son las cuidadísimas 30 hectáreas de bosque y jardines que rodean el edificio. No podía faltar el cine IMAX, qué os habíais creído...

Otros lugares de interés

Museum of the Jimmy Carter Library: 441 Freedom Parkway. Tel. (404) 331 02 96. Abierto toda la semana de 9 h a 16 h 45. Entradas: 7$. La fundación del ex-presidente, que está viajando continuamente por el ancho mundo desfaciendo entuertos, está localizada aquí, en el Carter Presidential Center. En el museo se exponen algunos de los regalos que recibió de otros jefes de estado, así como muestras de la artesanía india del país. Aquí y allá, los monitores escupen imágenes sobre la obra del entrañable Jimmy: desde como recauda fondos para la construcción de viviendas en Arkansas o media en conflictos centroamericanos.

Michael C Carlos Museum: 571 S. Kilgo St., en la Elmore University. Tel. (404) 727 42 82. Abierto de lunes a miércoles y los sábados, de 10 h a 17 h, jueves hasta las 21 h, los domingos abierto desde las 12 h 30. Entradas: 4$. Este edificio, clásico en el exterior y modernísimo en el interior, se construyó en 1916 para albergar las colecciones que de arte antiguo poseía la Universidad. Así, hoy se exponen más de 12.000 objetos hallados en excavaciones *all around the world*, desde la Oceanía a Cartago. El edificio anejo es obra de Michael Graves.

Oakland Cemetery: 248 Oakland Ave SE. Tel. (404) 688 21 07. Abierto todos los días del amanecer a las 19 h. No se cobra entrada. De 1850, es bastante gradilocuente, con algunos mausoleos realmente barrocos. Reposan los restos de miles de soldados de los dos bandos de la Guerra Civil.

Alojamiento

Precio barato

Clarion: 70 John Wesley Dobbs Ave. Tel. 241 38 28. Algo alejado del cogollo central, pero de las mejores y más dignas opciones para esto del alojarse. 224 habitaciones sencillas pero suficientes para dar descanso al cuerpo; hay una piscinita para darse unos largos. Algunas habitaciones adaptadas para *trotas* con minusvalías.

Hampton Inn Downtown Stadium: 759 Washington St. Tel. 658 19 61. Acceso para sillas de ruedas. Pegadito al Olympic Stadium, tiene 87 habitaciones, algunas de ellas acondicionadas para discapacitados, con todo lo indispensable. Con la factura, aparcamiento y desayuno incluídos. No está lo que se dice muy céntrico, pero los precios son realmente competitivos.

Quality: 89 Lucky St. NW. Tels. (404) 524 79 91 y (800) 242 45 51. En una zona céntrica muy tranquila. 65 habitaciones, restaurante y cuarto de lavadoras.

Ramada Downtown: 70 Jonh Wesley Dobbs Avenue. Tels. (404) 659 26 60 y (800) 241 38 28. 224 habitaciones, y aparcamiento cubierto.

Comfort Inn: 101 International Blvd. Tel. 524 55 55. Hotel de 11 alturas con 260 habitaciones no muy grandes pero sí limpias y cómodas. Con piscina, restaurante y habitaciones acondicionadas para discapacitados.

Courtyard by Marriot: 175 Piedmont Ave. Tels. (404) 659 27 27 y (800) 228 28 28. También muy bien situado. 173 habitaciones, restaurante, bar y aparcamiento.

HI Atlanta: 223 Ponce de Leoón Ave. Tels. (404) 875 28 82 y (800) 473 94 49. Además de dormitorios múltiples, amplias habitaciones individuales con baño propio. En verano, hasta los topes.

Biltmore Peachtree: 330 Peachtree St. NE. Tels. (404) 577 19 80 y (800) 241 42 88. Aunque las hay más caras, casi la mitad de sus 94 habitaciones están en la categoría. Gimnasio y aparcamiento.

Atlanta Dream: 115 Church St. Tel. (404) 370 03 80. Camas en dormitorios comunales y habitaciones dobles con baño; el restaurante, muy barato.

Otros hoteles baratos fuera del downtown

Econo Lodge: 2574 Candler Road. Tels. (404) 243 44 22 y (800) 553 26 66. En la salida 33 de la Y-20. Sólo 59 habitaciones, algunas con bañera.

Homewood Suites: 3200 Cobb Parkway. Tels. (770) 988 94 49 y (800) 225 54 66. Una milla al sur de la salida 14 de la Y-285. Apartamentos muy amplios y bien equipados. Con pistas deportivas y cuarto de lavadoras.

Travelodge Atlanta Midtown: 1641 Peachtree St. NE. Tels. (404) 873 57 31 y (800) 525 90 55. Con 56 habitaciones. Los menores de 16 años acompañados no pagan.

Holiday Inn at Lennox: 3377 Peachtree Rd. NE. Tels. (404) 264 11 11 y (800) 526 02 47. De lo mejorcito de la cadena, además de estar estupendamente situado, cerca de Phipps Plaza. 297 habitaciones y suites, todas ellas con muebles de madera de cerezo y una Nintendo para que os echéis unas partiditas. Con restaurante, bar, mostrador de alquiler de coches, y aparcamiento. Los menores de 18 años acompañados no pagan un ochavo.

Lenox Inn: 3387 Lennox Rd. NE. Tels. (404) 261 55 00 y (800) 241 02 00. 180 habitaciones repartidas en cuatro edificios. Con gimnasio y aparcamiento cubierto.

Motel 6: 2565 Wesley Chapel Road. Tel. (404) 288 69 11. De lo más económico: sólo 36$ por la doble. Restaurante y cuarto de lavadoras.

Chesire Motor Inn: 1865 Chesire Bridge Road NE. Tels. (404) 872 96 28 y (800) 827 96 28. En la Y-85. Cincuenta habitaciones.

Confort Inn Buckhead: 2115 Piedmont Road NE. Tels. (404) 876 43 65 y (800) 221 22 22. 150 habitaciones, restaurante y aparcamiento.

Precio medio

Travelodge Atlanta Downtown: 311 Courtland St. Tel. 659 45 45. Modesto, como corresponde a la cadena, pero económico y con 71 habitaciones muy espaciosas en las que cabéis unos cuantos. No tiene ninguna instalación, pero el desayuno continental lo incluyen con la nota, así que a poneros las botas de muffins y cereales, que el día es largo. Habitaciones para discapacitados.

Days Inn Downtown: 300 Spring St. Tel. 523 11 44. En temporada baja, o cuando no hay una convención o un partido importante, los precios pueden ser toda una sorpresa por lo económico. 262 habitaciones sencillas y con cafetera, mira tú por donde. Con restaurante, y habitaciones preparadas para discapacitados.

Westin Peachtree Plaza: 210 Peachtree St. Tel. 659 14 00. Uno de los hitos arquitectónicos de la ciudad es este hotel, que es además el más alto del mundo occidental: casi 300 metros consagrados a dar de dormir a unos precios más bajos de los que cabría esperar. En sus 73 plantas hay 1.116 habitaciones, y es que gran parte del edificio está tomado por oficinas y unos cuantos restaurantes. Las habitaciones, desde lo austero al mayor de los lujos, que dicen que es el asiático. Adaptado para discapacitados.

Embassy Suites: 3825 Peachtree Rd. Tels. (404) 261 77 33 y (800) 362 27 79. Bien preparado. 317 suites totalmente equipadas, restaurante, bar, gimnasio, piscina y aparcamiento cubierto; los menores de 18 años acompañados, no pagan un real.

Precio alto

Omni Hotel at CNN Center: 100 CNN Center. Tel. 659 00 00. En medio del emporio del Turner, 458 habitaciones con todas las facilidades para los hombres de negocios: que si conexiones para los pc's portátiles, faxes, servicios de conferencias y de secretarias... pero como vosotros estáis de vacaciones, no os hace falta nada de todo esto, así que ahorraos unos machacantes e iros a otro sitio.

Renaissance Atlanta Hotel Downtown: 590 West Peachtree St. Tel. 881 60 00. Uno de los más exclusivos, con 504 habitaciones, algunas de ellas adaptadas para discapacitados y otras, las menos, hasta con piscina, como lo oís. Restaurantes, y de todo.

Atlanta Hilton & Towers: 255 Courtland St. Tel. 659 20 00. Uno de los más grandes, más caros y más exclusivos hoteles de la ciudad, con toda clase de instalaciones y que es el preferido por ejecutivos, estrellas del *showbizz* y demás gentes de posibles. Una auténtica pasada, tanto por dentro como por fuera, y aunque tiene más de 1.200 habitaciones, hay días en los que no se encuentra un hueco.

Restaurantes

Precio barato

La Fonda Latina: 2813 Peachtree Road EN. Tel. (404) 816 83 11. 1150 B. Euclid Avenue. Tel. (404) 557 83 17. Abierto toda la semana. No se aceptan tarjetas de crédito. Algo alejado del centro, de acuerdo, pero estupendo por sus sandwiches, las quesadillas y una paella más que digna.

The OK Cafe: 1284 W. Paces Ferry Road. Tel. (404) 233 28 88. Abierto las 24 h del día. Aceptan tarjetas de crédito, pero no sirven alcohol. Con todo el sabor de los figones de camioneros de la década de los cincuenta, aunque es bastante moderno. Cocina sureña de toda la vida: pollo especiado, pastel de carne, pavo con maíz, hamburguesas... sólo por echar un vistazo al local, ya merece la pena acercarse.

Fellini's Pizza: 2809 Peachtree Road. Tel. (404) 266 00 82. Abierto toda la semana hasta las 2 h. No se aceptan tarjetas de crédito. Con ángeles y gárgolas vigilando a la concurrencia, estupendas y gigantescas pizzas. Hay otra ubicación más céntrica: 933 Ponce de León Avenue.

Vicken's Crescent Ave Bar & Grill: 1106 Crescent Avenue. Tel. (404) 881 11 06. Abierto toda la semana. Aceptan tarjetas de crédito. De todo un poco: platos cubanos a hamburguesas, acabando con postres caseros.

Sundown Cafe: 2165 Chesire Bridge Road. Tel. (404) 321 11 18. Cierra los domingos. Aceptan tarjetas de crédito. Típica comida mejicana: tortillas, burritos, sopas y enchiladas. Los postres, también muy ricos.

Precio medio

Ruth's Chris Steak House: 950 E. Paces Ferry Road. Tel. (404) 365 06 60. Abierto toda la semana. Aceptan tarjetas de crédito. Carne y mariscos como es norma en la casa: de primera calidad, grandes y económicos.

Trader's Vic: Atlanta Hilton & Towers. 255 Courtlnad St. Tel. (404) 659 20 00. Cerrado los fines de semana. Aceptan tarjetas de crédito. El marco es realmente elegante: recrea el ambiente del Pacífico. La carta, exóticos platos polinesios y tailandeses de nombre indescifrable.

City Grill: 50 Hurt Plaza. Tel. 524 24 89. Cierra los domingos. Se aceptan tarjetas de crédito. Se recomienda reservar y vestir con chaqueta y corbata. Acceso para sillas de ruedas. En la rotonda del Hurt Building, una auténtica pasada en cuanto a la decoración, a base de mármoles, murales, candelabros y maderas nobles; el sitio perfecto para jurarse amor eterno, vaya. La carta va de las especialidades más sofisticadas de la cocina sureña, con ingredientes de la zona también.

Precio alto

Nikolai's Roof: hotel Atlanta Hilton & Towers, 255 Courtland St. Tel. 221 63 62. Abierto toda la semana. Acceso para sillas de ruedas. Imprescindible reservar y vestir con chaqueta y corbata. A la altura del hotel que lo alberga, esto es, super-exclusivo y super-caro. La decoración recrea los salones de las grandes familias de la Rusia de los Zares, y la cocina entra totalmente de lleno en la mejor y más exquisita tradición francesa, o lo que es lo mismo, esencias en porciones casi ínfimas. Si podéis pagar la minuta, más que recomendable.

Qué hacer

Ah, las Bellas Artes

La **Atlanta Symphony Orchestra** toca toda la primavera en el *Woodruff Arts Center* (Peachtree & 15th Sts. Tel. 404/733 50 00), y en verano al aire libre en el *Chastain Amphitheater*. Otras orquestas de cierto renombre son la **Atlanta Chamber Players**, que tocan en la *Georgia State University Concert Hall* (tel. 404/651 12 28) y la **Atlanta Virtuosi**, en el *Oglethorpe University Museum* (4484 Peachtree Road. Tel. 404/938 86 11).

Deportes profesionales

Béisbol

Una de las mejores franquicias de las Grandes Ligas, propiedad de Ted Turner: los **Atlanta Braves**, que juegan en el Atlanta-Fulton County Stadium (521 Capitol Avenue. Tel. 404/522 76 30).

Baloncesto

Los **Atlanta Hawks**, otro de los grandes, disputa sus encuentros de la NBA en el Omni Coliseum (100 Techwood Drive. Tel. 404/827 DUNK).

Fútbol americano

Dos equipos se reparten el corazón de la ciudad: los **Atlanta Falcons** (Georgia Dome, 1 Georgia Dome Drive. Tel. 404/223 80 00) juegan en la NFL; pero igual o más público atraen los universitarios **Georgia Tech** (Grant Field, North Ave. & Y-75. Tel. 404/ 894 54 47).

Hockey sobre hielo

Los **Atlanta Knights** juegan en el Omni Coliseum (100 Techwood Drive. Tel. (404) 525 89 00.

ATHENS

La mayor población del norte del estado tiene un centro bastante bonito y muy bien conservado, constituido por mogollón de viviendas de estilo neoclásico de finales del siglo pasado. En City Hall Plaza tenéis una reliquia de la Guerra Civil, un cañón que prestó servicio en la defensa de Athens. La zona más bonita de la ciudad es la que rodea los campus de la Universidad de Georgia. Hay dos sitios ineludibles: The State Botanical Garden of Georgia (2450

Ah, por cierto: los hijos más famosos de la villa son el grupo de rock **REM**, que todos conocéis, los de *Losin' my religion*. Por si os interesa, sus primeras actuaciones tuvieron lugar en el *40 Watt Club* (285 W. Washington St), que además es el mejor bar de la ciudad.

Cómo llegar

En autobús

Greyhound: 220 W. Broad St. Tel. (706) 549 22 55. Abierta los días laborables de 7 h 30 a 22 h, los fines de semana dependiendo de la llegada de los autobuses.

Datos útiles

Oficinas de información turística y Correos

Athens Convention & Visitors Bureau: 200 College Ave. Tel. (706) 546 18 05. Abierto de lunes a viernes de 8 h a 17 h.

Athens Welcome Center: 280 E. Dougherty St. Tel. (706) 353 18 20. Abierto toda la semana de 10 h a 17 h.

Oficina de Correos: 575 Olympic Drive. Tel. (800) 275 87 77. Abierta de lunes a viernes de 8 h 30 a 18 h.

Transporte municipal

El servicio es prestado por la **ATS** (*Athens Transit System*) toda la semana excepto los domingos de 6 h a 19 h; el precio del billete es de 1$.

Ya puestos, un par de sitios ineludibles

The State Botanical Garden of Georgia: 2450 S. Milledge Ave. Tel. (706) 542 12 44. Abierto toda la semana de 11 h 30 a 16 h 30. No se cobra entrada. En un lugar casi paradisíaco sobre el río Oconee, 200 hectáreas en las que hay once colecciones botánicas, con los ecosistemas más representativos del sur, y mogollón de senderos. El café, lo mejor.

Georgia Museum of Art: campus de la University of Georgia, en la Jackson St. Tel. (706) 542 32 55. Abierto toda la semana de 9 h a 17 h, los domingos no abre hasta las 13 h. No se cobra entrada. Buena colección de arte, con un énfasis especial en el arte del país. Total, es gratis...

Cubriendo ésas necesidades básicas

Days Inn Historic Village: 295 E. Dougherty St. Tels. (706) 546 04 10 y (800) 634 38 62. En su época, esto era la santabárbara de las tropas confederadas; parece un pueblo pequeño, con su conjunto separado de viviendas de ladrillo. De largo, el más bonito establecimiento de la ciudad. 115 habitaciones; cuarto de lavadoras, alquiler de coches y aparcamiento; los menores de 18 años acompañados, no pagan suplemento alguno. Muy, muy recomendable. Precio barato.

Ramada Inn: 513 W. Broad St. Tels. (706) 546 04 10 y (800) 448 42 45. En todo el centro. 160 habitaciones; restaurante, bar, alquiler de coches y aparcamiento. Precio barato.

Courtyard by Marriot: 166 Finley St. Tels. (706) 369 70 00 y 8800) 321 22 11. Con 105 habitaciones. Instalaciones: alquiler de coches, servicio de transporte gratuito para huéspedes hasta Atlanta, restaurante (abierto sólo para el desayuno), cuarto de lavadoras y aparcamiento.

Holiday Inn: 197 E. Broad St. Tels. (706) 549 44 33 y (800) TO ATHEN. El más grande de la ciudad: 308 habitaciones. Con guardería, restaurante, bar, cuarto de lavadoras, aparcamiento. Precio barato/medio.

... y un buen restaurante

Harry Bisset's New Orleans Café: 279 E. Broad St. Tel. (706) 548 08 03. Abierto toda la semana. Aceptan tarjetas de crédito. Típica comida cajún, a precios estupendos: jambolaya, pasta y algo de caza. El brunch dominical (de 11 h 30 a 15 h 30), hasta los topes.

SAVANNAH

La ciudad más antigua del estado (fue fundada en 1739 por James Oglethorpe) es una de las que mayor crecimiento está experimentado en el país en los últimos años. Su historia ha sido especialmente azarosa: puerto negrero, sede de las principales empresas de algodón durante el siglo pasado, atacada por franceses, ingleses y nordistas, casi arrasada por el general Sherman el día de Navidad de 1864... uff. El centro de la ciudad se conserva bastante bien, donde estupendas residencias del siglo pasado, adornadas con azaleas, se asoman a las veinte plazas que quedan del callejero original

Cómo llegar

En autobús

Greyhound: 610 W. Oglethorpe Ave. Tel. (912) 232 21 35. Abierta las 24 h; el mostrador de billetes, de 5 h 30 a 21 h. Conexiones con Atlanta, Jacksonville, Washington Dc y Richmond.

En tren

Amtak: 2611 Seaboard Coastline Drive, unos 6 km fuera de la ciudad. Tel. (912) 234 26 11. Abierta de 15 h 30 a 7 h 30. No hay

Savannah

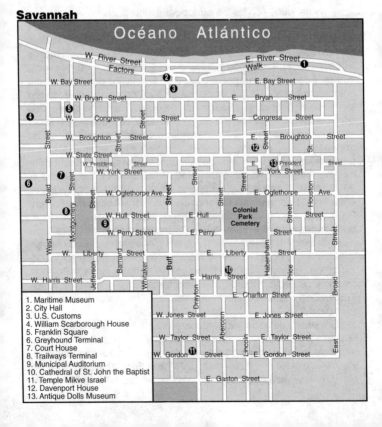

1. Maritime Museum
2. City Hall
3. U.S. Customs
4. William Scarborough House
5. Franklin Square
6. Greyhound Terminal
7. Court House
8. Trailways Terminal
9. Municipal Auditorium
10. Cathedral of St. John the Baptist
11. Temple Mikve Israel
12. Davenport House
13. Antique Dolls Museum

transporte público con el centro de Savannah; la carrera de taxi, os costará cosa de 5$.

Datos útiles

Oficinas de información turística y Correos
Savannah Visitors Center: 301 Matin Luther King Jr Boulevard. Tels. (912) 944 04 55. Abierto toda la semana de 9 h a 17 h.
Oficina de Correos: 2 N. Fahm St. Tel. (912) 235 46 19. Abierta de lunes a viernes de 7 h a 18 h, los sábados de 9 h a 15 h.

Transporte público
De ello se encarga la **CAT** (*Chatam Area Transit*), funciona los siete días de la semana de 6 h hasta la medianoche. Precio del billete: 50ç, el transbordo 5ç adicionales.

La visita
Más de 1.000 son las construcciones protegidas de la ciudad. El plano que diseñó Oglethorpe distribuía las calles alrededor de 24 plazas, de las que hoy se conservan 20, gracias principalmente a unmovimiento cívico que surgió hace unos 40 años (más adelante os lo explicamos). La ciudad rebosa de ese *feeling* sureño que tanto estragos hace en el país por épocas, siendo ésta una de ellas, aunque sólo sea por la novela *Medianoche en el jardín del bien y del Mal*, que tantos peregrinos atrae a Savannah. Antiguos almacenes de algodón por doquier, viviendas carísimas y restauradas casi con pan de oro... lo mejor se concentra en el *downtown*, donde la piqueta no ha abundado; los contados rascacielos no son altos, además de casi totalmente integrados en el paisaje urbano. Algunas de las construcciones más interesantes son el **City Hall** (Bull & Bay Sts. Tel. (912) 233 93 21. Abierto de lunes a viernes de 8 h 30 a 17 h 30. No se cobra entrada), la **Evangelical Lutheran Church of the Ascension** (Wright Sq), con una mezcla muy espectacular de los estilos gótico y normando; la **Independent Presbyteriam Church** (Bull St. & W. Oglethorpe Ave), de mediados del siglo XVIII y que es lo que se dice clavadita a otra iglesia que hay en la londinense Trafalgar Square, la *St. Martin-in-the-Fields*; otra iglesia es la **Christ Episcopal Church** (Johnson Sq), que presume de ser la primera escuela protestante del continente; **King-Tisdell Cottage** (514 E. Huntingdon St), una residencia de verano del siglo pasado.

Un paseo que no podéis perdonaros es a lo largo de la **Bull Street**, la arteria principal de la Savannah histórica. Es el muestrario perfecto del encanto arquitectónico de la ciudad: comienza en el Ayuntamiento y termina, dieciséis manzanas después, en el ***Forsyth Park***, cruzando cinco de las plazas más bonitas. Los comercios más exclusivos se arraciman en torno a la *Madison Square*, por si queréis sacarle humo a las tarjetas de crédito...

Ya con más detalle, os hablamos de:

Green-Meldrim House: 14 W. Macon St. Tel. (912) 233 38 45. Abierto sólo martes y jueves de 10 h a 16 h. Entradas: 2$. Propiedad de una iglesia, aquí estaba el alto mando de las tropas del norte cuando entraron a saco en la ciudad. Se cuenta que el general Sherman telegrafió desde aquí al presidente Lincoln ofreciéndole Savannah como regalo de Navidad; así estaba el tema. La mansión, datada en 1850, es de estilo gótico.

Davenport House: 324 E. State St. Tel. (912) 236 80 97. Abierta toda la semana de 10 h a 16 h. Entradas: 3$50. Construida en 1815 por Isaiah Davenport, a mediados de la década de los cincuenta un grupo de ciudadanos concienzados evitaron que se convirtiera en un aparcamiento; este hecho marcó el comienzo de la política municipal sobre la preservación de la vieja Savannah. Esta mansión de estilo Federal destaca por sus muebles de procedencia inglesa, el forjado de los balcones y la escalera del vestíbulo, de la más pura tradición sureña. Hay un pequeño museo que repasa la historia del movimiento cívico.

Andrew Low House: 329 Abercom St. Tel. (912) 233 68 54. Abierto toda la semana de 10 h a 17 h. Entradas: 3$50. Fue propiedad de uno de los mayores magnates del algodón de la ciudad, toda construida en ladrillo y decorada a todo lujo: candelabros aquí y allá, maderas nobles...

Owen Thomas House and Museum: 124 Abercom St. Tel. (912) 233 97 43. Abierto toda la semana excepto los domingos de 11 h a 17 h. Entradas: 4$. Mansión de estilo Federal construida por William Jay entre 1817 y 1819, amueblada con porcelanas chinas, lo más interesante que contiene la casa.

William Scarbrough House: 41 W. Broad St. Tel. (912) 233 77 03. Abierto de lunes a viernes de 10 h a 16 h. Entradas: 3$50. Fue diseñada en 1838 por William Jay en estilo Federal, por encargo de una de las mayores fortunas del algodón, el tipo que le da nombre. Destaca el uso de la luz natural, lo que ha sido aprovechado para montar un pequeño museo donde se expone a artistas jóvenes de la zona, además de albergar las oficinas de una fundación para la preservación de los edificios históricos.

Telfair Mansion and Art Museum: Telfair Square, 121 Barnard St. Tel. (912) 232 11 77. Abierto toda la semana excepto los lunes de 10 h a 17 h. Entradas: 3$50. Esto que aquí véis fue la residencia del gobernador desde 1760 hasta que acabó la Guerra Civil; el edificio actual se erigió en 1812, William Jay al frente. La llamada Sala Octagonal se considera la mejor expresión del estilo Regency de toda la nación. En el museo, paisajes y bodegones de oscuros artistas americanos de los siglos XVIII y XIX, algo de impresionismo europeo (pero no mucho ni especialmente bueno), y artes decorativas.

Los museos

Savannah History Museum: 303 Martin Luther King Jr. Boulevard. Tel. (912) 238 17 79. Abierto toda la semana de 8 h 30 a 17 h. Entradas: 3$. La antigua estación Central de Georgia totalmente restaurada, para que disfrutéis de las exposiciones de rigor (entre cuyos fondos hay algo español) sobre la historia de la ciudad.

Savannah Science Museum: 4405 Paulsen St. Tel. (912) 355 67 05. Abierto toda la semana excepto los lunes de 10 h a 17 h, los domingos abierto desde las 12 h. Entradas: 5$. Además de los fósiles, un acuario y un planetario, todo muy didáctico...

Ships of the Sea Maritime Museum: 503 E. River St. Tel. (912) 232 15 11. Abierto toda la semana de 10 h a 17 h. Entradas: 3$. En un viejo almacén del siglo pasado situado en la orilla del río, se centra en la historia marítima de la ciudad. Además de todo tipo de artículos relacionados con la mar, hay una colección anonadante de barquitos metidos en botellas, parece cosa de magia; los guías del museo dicen que algunos están más cotizados que sus modelos reales. Y será verdad y todo.

En los alrededores

Fort Jackson: Islands Expwy., unos 5 km al este del centro de la ciudad. Tel. (912) 232 39 45. Entradas: 4$. Uno de los fuertes más antiguos del estado (fue levantado allá por el 1800), en la orilla del río Savannah, desempeñó un papel muy importante durante la guerra de 1812 contra los británicos y posteriormente en la Guerra Civil, pues aquí estaban acantonadas las tropas confederadas encargadas de la defensa de la ciudad, hasta que entró Sherman y les dió para el pelo en 1864. Es la atracción turística que mayor número de visitantes recibe al año.

Fort Pulaski National Monument: US 80 E., 20 km fuera de la ciudad, cerca Tel. (912) 786 57 87. Abierto toda la semana de 8 h 30 a 17 h 30. Entradas: 3$. En forma de pentágono, es uno de los recintos de este tipo mejor conservados que váis a encontrar. Su construcción lleó 18 años, hasta 1847; y fue de ésos considerados teóricamente inexpugnables hasta que la artillería del ejército de la Unión hizo acto de presencia en 1862, para hacer efectivo el bloqueo marítimo al puerto de Savannah decretado por el Congreso federal. Hoy está totalmente restaurado, con los correspondientes guías disfrazados a la usanza y los vídeos de ésos interactivos, para que os metáis en harina.

A la hora de dormir

Precio barato

Savannah Youth Hostel: 304 E. Hall St. Tel. (912) 236 77 44. Abierto de marzo a diciembre. Las habitaciones sencillas muy económicas; lso dormitorios comunales, raro es que haya algún hueco.

Howard Johnson Lodge Historic Downtown: 224 W. Boundary St. Tels. (912) 232 43 71 y (800) 673 63 16. Pegadito al punto de información turística; es algo austero, pero los precios lo compensan. Las suites, muy bien equipadas. 89 habitaciones, restaurante, bar y aparcamiento.

Best Western Savannah: 412 W. Bay St. Tels. (912) 233 10 11 y (800) 528 12 34. Super-recomendable, el precio es casi imbatible por la relación calidad/precio, además de estar pero que muy bien situado. 142 habitaciones: restaurante (sólo abierto a la hora del desayuno, pantagruélico por más señas), alquiler de coches y aparcamiento.

Fairfield Inn: 2 Lee Boulevard. Tels. (912) 353 71 00 y (800) 228 28 00. Algo alejado del centro, pero buena opción, sencilla. 135 habitaciones.

Precio medio

Ballastone Inn & Townhouse: 14 E. Oglethorpe Ave. Tels. (912) 236 14 84 y (800) 822 45 53. Uno de los mejores *inn*, es una mansión de mediados del siglo pasado de cuatro plantas con 22 habitaciones que son una auténtica lección de buen gusto en la cosa de la decoración; algunas de ellas, con bañeras y chimeneas. Además hay biblioteca, y un té que sirven a los huéspedes que puede resultar hasta decadente... el coche, a dejarlo en la calle.

Desoto Hilton: 15 E. Liberty St. Tel. (912) 232 90 00. Ocupa una manzana entera en el corazón del distrito financiero de la ciudad; en consecuencia, está orientado a una clientela en viaje de negocios. 250 habitaciones, restaurane, bar y aparcamiento.

The Mulberry: 601 E. Bay St. Tels. (912) 238 12 00 y (800) HOLIDAY. Uno de los establecimientos que más cuida la cadena, que para algo tiene la sede central en Atlanta. Es una mansión de rigurosísimo estilo victoriano con 122 habitaciones, decoradas como se merece, pero lo bonito está en la parte de atrás, con sus mesas y su fuentecilla. En temporada baja, los precios lo hacen asequibles para los bolsillos de los trotamundos... un par de restaurantes, un bar y aparcamiento cubierto son sus instalaciones para huéspedes.

Y a la de comer, que son todas

Precio barato

The Exchange Tavern: 201 E. River St. Tel. (912) 232 70 88. Abierto toda la semana. Aceptan tarjetas de crédito. Marisco para reventar en un local sacado de un sueño de Dalí: relojes a docenas colgados de las paredes. Si lo vuestro no es destripar caparazones, atacad el *kebab*, que también está para chuparse los dedos.

Kevin Barry's Irish Pub: 117 W. River St. Tel. (912) 233 96 26. Abierto toda la semana. Aceptan tarjetas de crédito. En la carta hay un poco de todo, pero es un bareto de lo más animado. Comida rápida, algo de marisco y carnes rojas. Particularmente frecuentado las noches del fin de semana.

Precio medio

Bistro Savannah: 309 W. Congress St. Tel. (912) 333 62 66. Abierto toda la semana. Aceptan tarjetas de crédito. Las paredes aquí están decoradas con obras de artistas desconocidos y locales; así, que es uno de los lugares donde la intelligentzia de Savannah hace de las suyas. En la carta, marisco, pasta y sandwiches. La parroquia resulta de lo más interesante.

Festivales y eventos multitudinarios

En febrero, durante las dos primeras semanas, tiene lugar el *Georgia Heritage Celebration*, que rememora la fundación de la ciudad; en marzo les toca a los irlandeses y su *Savannah Irish Festival*, con desfile de San Patricio y todo; a finales de ese mes, muchas de las viviendas privadas se abren al público con ocasión del *Savannah Tour of Homes*, lo mismo que sucede con los jardines en mayo en el *Hidden Gardens Tour*. A finales de julio, el Annual *Savannah Maritime Festival*, y en septiembre cita con el mejor jazz en el *Savannah Jazz Festival*.

Y, para acabar, una copita

El asunto del copeo se concentra en la zona del Riverfront, sobre todo en *River Street* y el *City Market*: **Wet Willie's** (101 E. River St) y el ya mencionado **Kevin Barry's** (117 W. River St) son los locales de moda. El **Club One**, otrora templo del trasvestismo y la noche más salvaje, se ha convertido en atracción turística por lo de la novela: lo están explotando al máximo.

TENNESSEE

El estado cuna de la música popular del país, con Memphis y Nashville dominando el panorama, es más que estas ciudades. Están Chatanooga, están las Smoky Mountains, está el Misisipi dominándolo todo, impregnando casi cualquier aspecto de la vida y las tradiciones de un estado que se despega a pasos agigantados de la etiqueta de "Sur profundo".

Let's talk 'bout Tennessee

La presencia europea fue bastante más tardía de lo que había sido en los territorios del Atlántico. Por el Tratado Indio de Lochbare (1770), firmado con los Cherokees, se abrió el terreno a la colonización: tuvieron que pasar diez años hasta que se fundó la primera colonia estable, Fort Nasborho (la actual Nashville); entre los años 1784 y 1788 Tennessee era parte del estado de Franklin, que era totalmente independiente, hasta que Carolina del Norte cedió sus terrenos al gobierno federal, y ya en 1796 se reconoció a Tennessee como Estado dentro de la Unión. Sufrió bastante durante la Guerra Civil: sólo Virginia fue testigo de más batallas, siendo la más sangrienta la de Shiloh, en la que perecieron más de 20.000 soldados de ambos bandos. Tras la guerra vino la prosperidad del algodón, basado en una ingente mano de obra que sólo había dejado de ser esclava sobre el papel, y las tensiones raciales perduraron hasta hace relativamente poco: recordad que fue aquí donde murió asesinado Martin Luther King Jr.

Algunos datos

Capital: Nashville.

Franja horaria: Central.

Impuestos estatales: 7%, algunos condados añaden otra tasa del 2'7%.

MEMPHIS

Memphis la mítica, la ciudad del Rey Elvis y algún acólito destacado como BB King, la que rezuma blues y rock -como se encargan de recordarlo las campañas publicitarias-, es una típica ciudad ribereña y sureña, en las antípodas del más o menos europeo Este. Pero, las cosas como son, tampoco es una ciudad que ofrezca al trotamundos mucho más allá de Graceland, los bares más o menos auténticos de Beale Street y un par de museos; aunque tampoco es poca cosa, qué caray.

Cómo llegar

En avión

El **Memphis International Airport** (2491 Winchester Rd. Tel. 901/922 80 00) bastante moderno, lo tenéis a 10 km del centro de la ciudad. El transporte público cubre el trayecto, aunque puede resultar algo confuso: tomad el autobús nº 32 y pedid un transfer para el nº 20; el billete, 1$10. La carrera de taxi ronda los 20$ y las furgonetas, 10$.

En autobús

La terminal de **Greyhound** es bastante céntrica (203 Union Ave. Tel. 901/523 11 84). Autobuses directos a Detroit, Saint Louis, New Orleans, Nashville, Laredo... y está abierta las 24 h del día.

Memphis

Memphis

A Arkansas

Isla Mud

Río Mississipi

Tom Lee Park

Riverside Drive

Monorrail

Auction
N. Parkway
Overton
Jackson
Winchester
Market
Exchange
Poplar
Washington
Adams
Jefferson
Court
Madison
Monroe
Union
Gavoso
Beale
Linden
Pontotoc
Vance
Rutler

Front St.
Main St.
Second
Third
Danny Thomas
Alabama
Lauderdale
Myrtle Marshall
Manassas
East
Dunlap
Fourth
Hernando

Talbot
Huling
Nettleton
Rutler
Calhoun
Georgia
Carolina
Virginia
Crump

Tennessee
Kentucky
Front
Main
Mulberry
Second
Third
Main St.

1. A Gracelan
2. Sun Studio
3. National Civic Rights Museum
4. Memphis Brook Museum of Art
5. The Pyramid
6. Magevney House
7. W.C. Handy Home
8. Mallory-Neely House
9. Información Turística
10. Estación de Ferrocarril
11. Estación de Autobuses
12. Memphis Belle

En tren

En una de las zonas más chungas de Memphis tenemos la **Amtrak** (545 S. Main St. Tel. 901/526 00 52). Abierta las 24 h del día.

Datos útiles

Alquiler de coches

Alamo: 2600 Rental Road. Tel. (901) 332 84 12.

Avis: 2520 Rental Road. Tels. (901) 345 28 47 y (800) 331 12 12.

Budget: 1678 Union Ave. Tels. (901) 398 88 88 7 (800) 879 12 27.

Enterprise: 1969 Convington Place. Tel. (901) 385 85 88.

National: 2680 Rental Road. Tel. (901) 345 00 70.

Rent-a-Wreck: 581 S. 2nd St. Tels. (901) 525 78 78 y (800) 796 77 50.

Información turística

Memphis Convention and Visitors Bureau: 47 Union Avenue. Tel. (901) 543 53 00.

Memphis Area Chamber of Commerce: 22 N. Front St. Tel. (901) 575 35 00.

Visitor Information Center: 340 Beale St. Tel. (901) 543 53 33. Abierto de lunes a sábados de 9 h a 18 h, domingos desde las 12 h.

Transporte público

La *Memphis Area Transit Authority* (**MATA**) es la encargada de prestar servicio en Memphis y alrededores. El billete cuesta 1$10.

A lo largo de la Main Street veréis pasar constantemente tranvías. El trayecto cuesta nada más que 50ç, pero también venden pases diarios ilimitados por 2$. Este tranvía turístico (llamado **Main Street Trolley**) tiene 20 paradas a lo largo de la calle.

Y en cuanto a los **taxis**, apenas se les ve a las puertas de algunos hoteles, o de las estaciones de tren y autobuses. Así, no es mala idea llamarles: *Yellow Cab* (tel. 901/577 77 00), *Cheker* (tel. 901/577 77 77) o *City Wide* (tel. 901/324 42 02) son dos buenas compañías.

La visita

Lo imprescindible

Graceland: 3734 Elvis Presley Blvd. Tels. (901) 332 33 22 y (800) 238 20 00. Abierto todo el año de 9 h a 17 h. Entradas: 12$. Una de las atracciones más visitadas de los Estados Unidos, especialmente en la fecha que conmemora el nacimiento (8 de enero) y la muerte (15 de agosto) del que ha puesto a Memphis en el mapa. Por un lado, tenéis la imponente mansión, un canto al kitsch más descocado, en donde no puede faltar una habitación con todos los discos de oro que consiguió en vida; la segunda planta, donde está el dormitorio, está cerrada al público. En los terrenos colindantes, se exponen sus aviones privados (que tenía dos), sus motos, sus Cadillacs...

Sun Studio: 706 Union Avenue. Tel. (901) 521 06 64. Abierto de septiembre a mayo, todos los días de 10 h 30 a 17 h 30; resto del año, también toda la semana de 9 h 30 a 18 h 30. Entradas: 8$50, los menores de 13 años no pagan entrada. Los también míticos estudios en los que Elvis -entre otras luminarias como Jerry Lee Lewis, Jonhy Cash o Carl Perkins- grabó su primera canción. Es un pequeño edificio de una sola altura que hoy está a vuestra disposición: por 50 machacantes graban vuestros atentados sonoros durante media hora, y os dan la correspondiente copia en CD. Además de la memorabilia diversa que se vende a precios casi prohibitivos, puerta con puerta los dueños han montado el *Sun Studio Café*, para aprovechar el tirón: decoración en plan *fifties* y comida tradicional norteamericana.

National Civil Rights Museum: 450 Mulberry St. Tel. (901) 521 96 99. Cierra los martes; resto de la semana, abierto de 10 h a 17 h. Entradas: 5$. En este solar que hoy ocupa el museo se erigía el motel en el que fue asesinado de un disparo el reverendo Martin Luther King Jr., el 4 de abril de 1968. El museo es todo un cántico al entendimiento entre las razas, amén de servir como recordatorio de una parte del pasado de los Estados Unidos que no es tan pasado: para ello, buenísimas exposiciones acerca de la segregación racial que se practicaba en los estados sureños hasta hace apenas 20 años; ahora no es que esto sea Utopía, pero algo se ha avanzado, aunque queda mucho por recorrer.

Memphis Brook Museum of Art: 1934 Poplar Ave. Tel. (901) 722 35 00. Abierto toda la semana excepto los lunes de 10 h a 17 h. Entradas: 5$. Uno de los mejores museos de esta parte del país, con una exposición permanente de más de 7.000 piezas, sobre todo arte europeo del siglo XVIII en adelante.

The Pyramid: 1 Auction St. Tel. (901) 521 96 75. Construcción bastante impresionante: es la tercera pirámide más grande del mundo mundial, sólo superada por las del Valle de los Reyes. Se utiliza como pista deportiva y recinto para conciertos, principalmente. Es de largo el edificio más original y espectacular de la ciudad. En verano, se organizan excursiones guiadas por el recinto.

Si tenéis más tiempo

Magevney House: 198 Adams Avenue. Tel. (901) 526 44 64. Abierto toda la semana de 10 h a 16 h, excepto lunes y los meses de enero y febrero. No se cobra entrada. La pequeña construcción donde se ofició la primera misa católica es una de las más antiguas de la ciudad. Fue construida por un inmigrante irlandés, Eugene Nagevney, en 1836, y está amueblada al gusto de la época.

Mud Island: esta isla, una de las atracciones con más tirón de la ciudad, surgió de las aguas en 1900, y no fue hasta trece años más tarde que ya definitivamente se quedó del todo. El parque es bastante interesante: hay un museo sobre la historia del río, el Mississippi River Museum; una reconstrucción de un barco de vapor; el famoso bombardero B-17 Memphis Belle; un anfiteatro donde se dan conciertos en verano casi todos los días; y lo más destacable el llamado River Walk, donde en cinco manzanas se recrea lo que es el río: ciénagas, construcciones y planos de las ciudades ribereñas. La manera más sencilla y cómoda de venir desde el centro de Memphis es tomando el monorraíl que sale de la esquina de la calle Front con la Adams Avenue. Opera todos los días durante la primavera y el verano, y sólo los fines de semana el resto del año.

WC Handy Home: Beale & 4th Sts. Tel. (901) 522 83 00. Abierta toda la semana de 10 h a 18 h. Entradas: 4$. Aunque originalmente se encontraba a unas millas de aquí, hace unos años las autoridades decidieron traérsela hasta Beale St., por aquello de ser donde vivió una de las glorias locales musicales, WC Handy. Para muy curiosos.

Dixon Gallery and Gardens: 4339 Park Avenue. Tel. (901) 761 52 50. Abierto toda la semana excepto los lunes de 10 h a 17 h. Entradas: 5$. Uno de esos pequeños pero coquetos museos que tanto nos gustan, con el número de obras de arte justas, en este caso una estupenda colección de impresionistas europeos. Los jardines que lo rodean tampoco son moco de pavo y en ellos, un par de veces al año, la Sinfónica de Memphis se marca unos conciertos bastante concurridos.

Mallory-Neely House: 652 Adams Ave. Tel. (901) 526 14 69. Abierto toda la semana de 10 h a 18 h. Entradas: 6$. Una de las mansiones del siglo pasado más imponentes que podréis ver no ya en la ciudad, si no en todo el estado. De mediados del siglo pasado, es de estilo toscano, y además decorada a todo lujo. Muy parecida e igual de recomendable es la *Woodruff - Fontaine House Museum*, pegadita, ya de estilo victoriano más original de lo acostumbrado, con influencias galas; su horario y precio de la entrada, los mismos que en la Mallory - Neely.

Memphis Pink Palace Museum: 3050 Central Avenue. Tel. (901) 320 63 20. Abierto toda la semana de 10 h a 16 h. Entradas: 8$. Una de las atracciones más populares de la ciudad, y también una de las más exóticas, por calificarla de alguna manera. El edificio es todo de mármol rosa, y perteneció a uno de los grandes nombres del comercio del país, Clarence Sanders, que se enriqueció con pequeños supermercados a principios de siglo. Lo más destacable es el palacete en sí, pues la colección que expone no es que no tenga interés, lo que pasa es que demasiado localista para que nuestras europeas neuronas sepan apreciarlo bien.

El alojamiento

Salvo que vuestra visita coincida con la de otro par de millones, no tendréis mayor problema para alojaros en Memphis. Esos dos millones vienen en enero (cuando el rey nació) y a mediados de agosto (cuando murió). La tasa de hotel es del 4'5%

Precio barato

Days Inn Downtown: 164 Union Avenue. Tels. (901) 527 41 00 y (800) 329 74 66. Con menos habitaciones de lo que un vistazo al edificio parece indicar (sólo 110), está en un sitio estupendo, justo enfrente de la terminal de la Greyhound. El vestíbulo es grandísimo, y algunas de las habitaciones tienen un acceso cuanto menos algo laberíntico. Entre las instalaciones, restaurante, bar y salón de belleza.

Days Inn at Graceland: 3839 Elvis Presley Blvd., East Memphis. Tels. (901) 346 55 00 y (800) 325 25 25. Excepto en los aniversarios de la muerte de Elvis, a mediados de agosto, que además lleva reservado con ocho años de antelación, todo el año tiene unas tarifas supereconómicas, además de estar situado justo enfrente de Graceland. El vestíbulo está decorado con objetos relacionados con El Rey, las habitaciones son 61, la piscina tiene forma de guitarra y podéis alquilar películas de Elvis para verlas en el vídeo de la habitación.

Ramada Hotel Convention Center: 160 Union Ave. Tels. (901) 525 54 91 y (800) 2 RAMADA. Estupenda relación calidad/precio el de este Ramada, cuyas 187 habitaciones son más que amplias y bien aquipadas; bar, restaurante y aparcamiento. En temporada baja, más estupendas aún las tarifas.

Country Suites by Carlton: 4300 American Way. Tel. (901) 366 93 33. Las habitaciones son tipos suite y estudios, tirados de precio para la cantidad de equipamiento y espacio con el que cuentan; la única pega es que están algo alejados del centro de la ciudad. Instalaciones: aparcamiento y cuarto de lavadoras.

Best Western Riverbluff Inn: 340 W. Illinois Ave. Tels. (901) 948 90 05 y (800) 345 26 04. De lo más económico, con la garantía que ofrece el pertenecer a una cadena nacional. Bastante sencillo, pero más que suficiente. 100 habitaciones más bar, restaurante, cuarto de lavadoras y aparcamiento.

Confort Inn Downtown Memphis: 100 N. Front St. Tel. (901) 526 05 83. Cerca de todo, es otra opción bastante económica en todo el centro de la ciudad. 145 habitaciones, aparcamiento y restaurante.

Precio medio

Holiday Inn Crowne Plaza: 250 N. Main St. Tels. (901) 527 73 00 y (800) 2 CROWNE. Estupendamente situado, bastantes de sus 392 habitaciones tienen buenas vistas del río Misisipi. Con restaurante, bar, sauna, aparcamiento y gimnasio.

Radisson Hotel Memphis: 185 Union Ave. Tel. (901) 528 18 00. Bastante espectacular, como el vestíbulo, de siete alturas con fuente y árboles incluídos. Muchas de las habitaciones cotizan por debajo de los 100$, y en temporada alta puede que os den hasta una suite por ese dinero. Con gimnasio, bar, restaurante y sauna.

Precio alto

The Peabody: 149 Union Avenue. Tels. (901) 529 40 00 y (800) PEABODY. Pues si no fuera por Graceland o Beale Street, éste sería el lugar más popular de Memphis. Y la razón es, cuanto menos, pelín exótica: ni más ni menos que una recua de patos se dedican a desfilar por el lujosísimo vestíbulo hasta llegar a una fuente de mármol donde, los muy cucos, se pegan un chapuzón, todas las mañanas y todas las tardes, a ritmo de vals. Vivir para ver. Naturalmente, el cachondeo que se monta es de órdago, más si hay algún grupo de japoneses cerca. En cuanto al hotel en sí, pues deciros que sus casi 500 habitaciones son de un lujo casi asiático, y por instalaciones tienen bares, cuatro restaurantes, sauna, gimnasio, aparcamiento...

Los restaurantes

Precio barato

BB King's Blues Club: 147 Beale St. Tel. (901) 524 54 64. Abierto toda la semana hasta las 2 h. Aceptan tarjetas de crédito. Más que nada por ser propiedad del BB, que la cocina no es nada del otro mundo: judías pintas con arroz, costillas, hamburguesas y alas de pollo mayormente. Si toca un pelanas cualquiera, los suplementos de las copas no son muy altos. Pero si toca BB... todos esos autocares de turistas pueden irse preparando.

Front Street Deli: 77 S. Front St. Tel. (901) 522 89 43. Abierto toda la semana. No aceptan tarjetas de crédito. Sin pretensiones, pero más que suficiente. Ensaladas, sandwiches y demás cocina informal de calidad más que aceptable.

Jake's Pizza Place: 356 N. Main St. Tel. (901) 527 27 99. Frecuentado tanto por ejecutivos de los bancos circundantes como por gente sin tanta fortuna, la variedad de pizzas es altísima, las raciones enormes y los precios, por los suelos. Una de las instituciones del comer por poco dinero de Memphis.

Marmalade: 153 Calhoun Ave. Tel. (901) 522 88 00. Abierto toda la semana. Aceptan tarjetas de crédito. Otro de los populares, en este caso entre la gente joven sobre todo. Buena selección en la carta: filetes de cerdo, pollo, algún guiso sureño y maíz para acompañar.

Uptown Deli: 94 S. Front St. Tel. (901) 572 70 57. Abierto toda la semana. Aceptan tarjetas de crédito. Algo más sofisticado de lo que es norma en las delis, aquí además de sandwiches y ensaladas hay algún plato cajún.

Precio medio

Cafe Samovar: 83 Union Ave. Tel. (901) 529 96 07. Cierra lunes al mediodía y domingos. Aceptan tarjetas de crédito. Uno de los locales más populares de Memphis, cuay decoración y orientación hacen gala a su nombre. En las paredes, murales y telas con escenas costumbristas de la Madre Rusia; y en la carta, especialidades de lo más típico: salmón ahumado, ternera con champiñones silvestres, repostería tradicional y vodka, mucha vodka. Casi imprescindible reservar.

Elvis Presley's Memphis: 126 Beale St. Tel. (800) 238 20 00. Abierto toda la semana. aecptan tarjetas de crédito. En lo suyo, bastante bueno. Lo suyo es ser un restaurante temético, consagrado al Omnipresente, pero aparte de la decoración, que os entusiasmará si sóis fans reales, poca cosa. La comida no es mala en absoluto, pero la relación cantidad/precio deja mucho que desear. La clientela, casi exclusívamente turistas en visitas organizadas: por algo será.

Precio alto

Chez Phillippe: Peabody Hotel, 149 Union Ave. Tel. (901) 529 41 88. Cierra los domingos. Aceptan tarjetas de crédito. Se exige chaqueta y corbata, y se recomienda reservar. Probablemente sea el más elegante y mejor de toda la ciudad, bastante más económico de lo que una primera impresión puede haceros suponer: claro que esas sillas Luis XIV hacen babear a cualquiera. La carta, cocina moderna francesa con unos toques sureños bastante sugerentes: pierna de cordero a las finas hierbas en salsa de Roquefort y tomate, o medallones de cordero a la parrilla con salsa de tomate y aceitunas negras. Recomendabilísimo.

La marcha

Nada mejor que darse una vuelta por la mítica **Beale Street**, prima hermana de la Bourbon Street de Nueva Orleans, aunque con horarios algo menos permisivos. Esta calle es considerada la más importante en cuanto a locales y figuras del blues: desde BB King a WC Handy, pasando por Al Green, Howling Wolf o -cómo no- Elvis. La antigua comisaría es hoy un punto de información turística bastante olvidable; hay unos Sun Studios, repletos de objetos personales de los artistas más famosos del sello -otra vez Elvis-, una estatua suya a la entrada de la calle...

Los bares tienen cada vez más, según nos cuentan los nativos, más de atracción turística que de lugar de cachondeo; aún así, siempre quedan garitos más que recomendables para el arte de libar y escuchar buena música. Al principio de la calle está el local de BB King, con actuaciones casi todas las noches, y de vez en cuando son el mismo Rey y su Lucille quienes sorprenden a la concurrencia -bueno, en la puerta cobran el suplemento, que ronda los 50 machacantes; algo caro, sí, pero BB lo tenéis a quince metros.

Otros baretos que nos han gustado son *Blues City Cafe*, *The Black Diamond*, el *Rum Boogie Cafe* y el *Beale Street*.

Qué hacer

Bellas Artes

Las funciones de la **Opera Memphis**, la **Memphis Symphony Orchestra** y el **Ballet Memphis** tienen lugar en el *Orpheum Theatre* (203 S. Main Street), una auténtica pasada de principios de siglo. Algo curioso es el **Blues City Cultural Center** (205 N. Main St. Tel. 901/525 30 31), donde hay continuamente conciertos del blues más puro como de sus equivalentes africanos, o el más académico **The Blues Foundation** (49 Union Avenue. Tel. 901/527 25 83)

Compras

Hickory Ridge Mall: Winchester Road & Hickory Hill Road. Tel. (901) 367 80 45. Abierto de lunes a sábados de 10 h a 21 h; domingos de 13 h a 18 h. Más de 100 comercios.

Mall of Memphis: I-240 & Perkin Road. Tel. (901) 362 93 15. Mismo horario que el anterior. El más popular casi del estado.

A. Schwab: 163 Beale St. Tel. (901) 523 97 82. Abierto toda la semana de 10 h a 18 h. Lleva funcionando desde 1876, y está especializado en casi todo: muchas chorraditas para dar sabor a una habitación, chapas de latón con insignias comerciales del siglo pasado y cosas por el estilo... buenos precios.

Festivales

Dejando a un lado ferias estatales y torneos deportivos, sin lugar a dudas lo más resultón es la **Elvis Tribute Week** (mediados de agosto), cuando la ciudad se pone hasta arriba de admiradores del rey, gente que viene a ver a los fanáticos y otros a los que únicamente les va el ver los bares llenos. De verdad que Memphis es un hervidero de gente: raro es el año que bajan de los tres millones de visitantes.

NASHVILLE

Hasta a los que no les gusta o no tienen idea sobre Country, conocen esta ciudad, que es a este estilo de música lo que La Meca a los musulmanes: lugar de peregrinación por lo menos una vez en la vida. Alternándose las imponentes mansiones de las figuras con los garitos donde miles de chavales de las cuatro esquinas del país buscan el productor que les lleve al estrellato (estupendamente retratado en filmes como el de Peter Bodganovich, con Sandra Bullock y River Phoenix), con calles sordidísimas y autobuses repletos de turistas que pagan fortunones por asistir a uno de los programas radiofónicos más

Nashville

N
O E
S

Jefferson St.

Meharry Blvd.

Phillip St.

4

Jackson St.

Ireland St

Herman St.

17th St.

Watkins Park Clinton St.

Jo Johnston Ave.

Pearl St.

Fisk St.

21st St.

19th Ave. N

Charlotte

Ave.

Leslie

Murphy

22nd Ave.

Ave.

Patterson St.

State St.

Mcmillin St.

State St.

21st Ave.

20th Ave. N

19th Ave. N

18th Ave. N

17th Ave.

16th Ave.

Church

15th Ave.

Brandau Pl

Louise Ave.

Elliston Pl

West End Ave.

Broadway

Division St.

1

Vanderbilt St.

19th Ave.

19th Ave.

17th Ave.

Grand St.

16th Ave.

Singler St.

Hawkins St.

15th Ave.

14th Ave.

Overton

Southsi

18th Ave.

Tremont St.

Archer St.

Rose Park

Hy
S

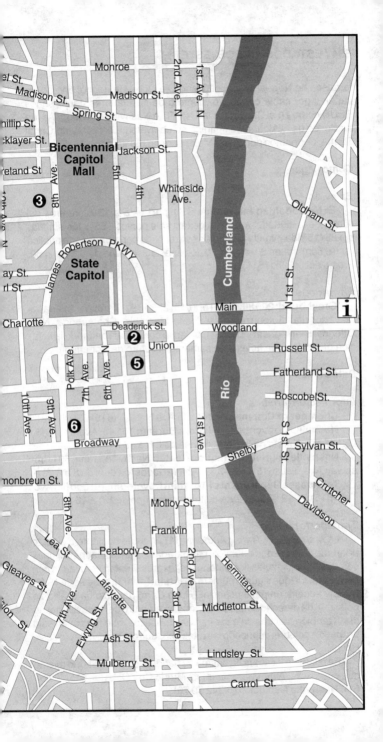

famosos de Norteamérica, el Grand Ole Opry. De hecho, uno de los canales por cable con mayor número de suscriptores, tanto en los EEUU como en el Canadá es la TNN (The Nashville Network). Así de fuerte les da. ¿Alguno se imagina su equivalente español, un Canal Triana, pongamos por caso? Mejor será no dar ideas...

Cómo llegar

En avión

El **Metropolitan International Airport** está a 13 kilómetros del centro de la ciudad. La carrera de taxi sale por los 15$, y los *shuttles* por 8$ (15$ ida y vuelta). También está servido por el transporte público (entre semana de 8 h a 22 h 30, los fines de semana de 6 h a 1 h 30. Precio del billete: 1$15).

En autobús

Greyhound: 200 8th Ave. Tel. (615) 255 16 91. Terminal abierta las 24 h del día. Autobuses de y desde Memphis, Chatanooga, New Orleans, Birmingham y Dallas. Cuidadito con andar rondando la estación de noche, que no es precisamente el centro de Copenaghe.

Datos útiles

Información turística

Chamber of Commerce: 161 4th Ave N. Tel. (615) 259 47 00.

Nashville Convention & Visitors Bureau: 161 4th Ave. Tel. (615) 259 47 30. Abierto de lunes a viernes de 8 h a 18 h.

Nashville Tourist Information Center: Nashville Arena, 501 Broadway Ave. Tel. (615) 259 47 47. Abierto todos los días de 8 h a 20 h.

Tennessee Department of Tourism Development: 360 6th Ave. Tel. (615) 741 21 58. Abierta de lunes a viernes de 8 h a 16 h 30.

Transporte público

La *Metropolitan Transit Authority* (**MTA**) cubre bastante bien este apartado del transporte público. Las paradas están indicadas por unas señales blanquiazules, los autobuses "express" están señalados con una equis, a la que sigue el número de la ruta. La tarifa base es de 1$45. Podéis adquirir un pase especial (*Rush Card*) por sólo un cuarto de dólar que da derecho a viajes ilimitados en el centro de Nashville por un día. También hay tres de esos tranvías turísticos, que funcionan sólo de mayo a octubre, cubriendo las rutas del Centro, Music Valley y Music Row.

En cuanto a los **taxis**, la bajada de bandera cuesta 1$50, lo mismo que cada milla. Algunas compañías: **Music City Cab** (tel. 615/262 04 51), **Nashville Cab** (tel. 615/242 70 70).

La visita

Nashville y el Country

Country Music Hall of Fame and Museum: 4 Music Square East. Tel. (615) 255 53 33. Abierto viernes y sábados de 8 h a 18 h, resto de la semana de 9 h a 17 h. Entradas: 12$. Sólo falta que un vaquero agarre una guitarra para guiar a las masas: hay de todo relacionado con el estilo musical más tradicional de los Estados Unidos. Exposiciones relacionadas con el programa del que os hemos hablado antes, el Grand Ole Opry, placas en honor de las estrellas del country y estilos adyacentes (blue grass o rockabilly), un cadillac de oro que perteneció a Elvis Presley, y cosas por el estilo. Los aficionados a esta música gozarán como chiquillos; los otros, tal vez no tanto.

Opryland USA: 2802 Opryland Drive. Tel. (615) 889 66 11. Abierto de mediados de mayo a mediados de septiembre toda la semana de 10 h a 21 h; resto del año, sólo durante los fines de semana. Entradas: 24$. Uno de los parques temáticos que más dinero dan en este acho país. A tono con la ciudad, no va a ser sobre Asterix: decenas de espectáculos musicales, museos, el estudio de grabación del casi omnipresente Grand Ole Opry. Con la entrada, tenéis acceso a la grabación del programa, a un crucero por el Misisipi, una entrada para un concierto y a una visita guiada por Nashville.

Ryman Auditorium and Museum: 116 5th Ave. N. Tel. (615) 254 14 45. Abierto toda la semana de 8 h 30 a 16 h 30. Entradas: 4$. Uno de los templos del country -literalmente: antes de ser sala de conciertos y estudio de grabación del Grand Ole Opry, era una iglesia.

Los otros lugares interesantes

Van Vechten Gallery: 1000 17 th Avenue (campus de la Fisk University). Tel. (615) 329 85 43. Abierto toda la semana excepto los lunes de 10 h a 17 h, sábados y domingos a partir de las 13 h. No se cobra entrada, pero se agradecen donaciones. Colección modesta pero interesante, que perteneció a uno de los grandes nombres de la fotografía contemporánea estadounidense, Alfred Stieglitz. Además de sus fotografías y las pinturas de su mujer (casi más famosa que él, nadie menos que Gloria O'Keefe), hay algo de impresionistas europeos, un par de grabados de Pablo Picasso y poco más.

Belle Meade Plantation: 5025 Harging Rd. Tel. (615) 356 05 01. Abierto toda la semana de 9 h a 17 h. Entradas: 12$. Si tenéis ganas de ver cómo era y funcionaba una plantación, pocas ocasiones tendréis mejores que ésta. Es la más famosa de todo el estado -de hecho se la conoce como la Reina de las plantaciones de Tennessee-, quince hectáreas sobre las que domina la estampa otra impresionante mansión sureña.

Tennessee State Museum: 5th Ave., entre las calles Deaderick e Union. Tel. (615) 741 26 92. Abierto toda la semana de 10 h a 17 h. No se cobra entrada. Bastante más interesante y curioso de lo que nos tienen acostumbrados este tipo de museo. Se exponen objetos cotidianos de las tribus indias que precedieron a los europeos, salas dedicadas a los grandes cazadores como Daniel Boone, o los presidentes de la Unión nacidos en Tennessee; lo más bonito, las réplicas de edificios tradicionales de los siglos XVIII y XIX, además de una más que completa exposición sobre la Guerra Civil. Recomendabilísimo.

State Capitol: 505 Deaderick. Tel. (615) 741 08 30. Abierto toda la semana excepto los domingos de 9 h a 16 h. No se cobra entrada. De mediados del siglo pasado, se exponen los documentos históricos, retratos de grandes hombres y exposiciones sobre la historia de la institución, como es de rigor.

Downtown Presbyterian Church: 154 5th Ave. Tel. (615) 254 75 84. Abierto los fines de semana de 9 h a 16 h. No se cobra entrada. La iglesia más destacable de Nashville es una mezcla de neoclásico con toques egipcios, de mediados del siglo pasado. Curioso.

The Parthenon: Centennial Park, en West End Ave. Tel. (615) 862 84 31. Abierto toda la semana excepto los lunes de 9 h a 16 h 30. Entradas: 8$. Con motivo de la Exposición del Centenario de Tennessee de 1891, se construyó esta réplica exacta del Partenón ateniense. Las puertas de bronce pesan cada una siete toneladas y media, son las más grandes del mundo, los mármoles tienen el mismo diseño que sus hermanos griegos, y la mayor escultura de interior del país está dentro, claro, representa a la diosa Atenea. En los sótanos, unas cuantas galerías atesoran una de las mejores colecciones que hay de arte estadounidense de los siglos XIX y XX. De no perdérselo.

Fort Nashboro: 170 1st Ave. Tel. (615) 862 84 00. Abierto toda la semana de 10 h hasta el atardecer. No se cobra entrada. Este es el origen de la ciudad, parcialmente reconstruido.

Car Collectors Hall of Fame: 1534 Demonbreum St. Tel. (615) 255 68 04. Abierto todo el año de 9 h a 17 h, en verano de 8 h a 22 h. Entradas: 7$. Aquí tienen unos cincuenta coches más o menos espectaculares: cadillacs de Elvis, un Lincoln de John F. Kennedy, o un Batmobile. Curioso.

The Ermitage: Old Hickory Boulevard. Tel. (615) 889 29 41. Abierto toda la semana de 9 h a 17 h. Entradas: 10$. Una de las mansiones sureñas más espectaculares que sobrevivieron a la Guerra Civil. La construyó el séptimo presidente de la Unión, Andrew Jackson, en 1819, y un incendio obligó a reconstruirla y ampliarla en 1834. Rodeando la mansión hay cabañas, instalaciones de mantenimiento y la tumba de Jackson.

Museum of Tobacco Art and History: 8th Ave. N. & Harrison St. Tel. (615) 271 23 49. Abierto toda la semana excepto los lunes de 9 h a 16 h. No se cobra entrada. Propiedad de una de las mayores multinacionales tabaqueras, aquí tenéis expuestos miles de objetos relacionados con el noble arte del fumar: pipas, escupideras de bronce como las que había en los salones del Lejano Oeste, anuncios de cigarrillos del siglo pasado, y una completísima vitrina repleta con pipas de la paz.

Belmont Mansion: 1900 Belmont Boulevard. Tel. (615) 269 95 37. Abierto en verano toda la semana de 10 h a 16 h; resto del año, de jueves a domingo. Entradas: 6$. Típica mansión sureña de antes de la Guerra Civil, perfectamente restaurada y decorada. El salón es una auténtica pasada.

Alojamiento

Bastante surtida la capital del estado en este aspecto, salvo que vuestra visita coincida con el concierto de algún grande del country, ningún problema para ningún bolsillo.

Precio barato

Best Western Metro Inn: 99 Spring St. Tel. (615) 259 91 60. En The District, bastante céntrico por lo tanto. Sencillo: 140 habitaciones, restaurante, cuarto de lavadoras. De lo más económico.

Days Inn Vanderbilt Music Row: 1800 West End Ave. Tel. (615) 327 01 02. Aquí hay 150 habitaciones, restaurante con buenos desayunos, y aparcamiento cubierto. Muy bien situado.

Shoney's Inn Nashville Music Row: 1521 Demonbreum St. Tels. (615) 255 99 77 y (800) 222 22 22. Aunque el edificio esté algo cascadillo, buena relación calidad/precio; el vestíbulo está decorado con docenas de fotografías autografiadas de músicos country más o menos famosos, que nosotros no tenemos idea. 147 habitaciones, restaurante y aparcamiento.

La Quinta Inn Metro Center: 2001 MetroCenter Blvd. Tels. (615) 259 21 30 y (800) 531 59 00. Motel en plan californiano con 120 habitaciones, aparcamiento y cuarto de lavadoras.

Econo Lodge Opryland Area: 2460 Music Valley Drive. Tel. (615) 889 00 90. Austero. 86 habitaciones más que grandes.

Red Roof Inn Nashville East: 510 Claridge Dirve. Tel. (615) 872 07 35. También bastante sencillo, pero muy económico: en temporada baja, los precios son de risa. 120 habitaciones y aparcamiento.

Carole's Yellow Cottage: 801 Fatherland St. Tel. (615) 226 29 52. Un bed&breakfast en una casa victoriana de los primeros años de este siglo. Sólo dos habitaciones con baño completo y decoradas con antiguedades. No se permite fumar.

Hillsboro House Bed & Breakfast: 1933 20th Ave. S. Tels. (615) 292 55 01 y (800) 228 78 51. Habitaciones con baño privado.

Linden House Bed & Breakfast: 1501 Linden Avenue. Tel. (615) 298 27 01. Tres habitaciones con baño compartido. No se permite fumar.

Precio medio

AmeriSuites: 220 Rudy's Circle (Music Valley). Tels. (615) 872 04 22 y (800) 833 15 16. Estupenda relación calidad/precio: 125 apartamentos por poquito más de cien dólares., con todo lo necesario. En temporada baja (noviembre-abril), tarifas más bajas aún. Aparcamiento cubierto.

The Hermitage: 231 6th Ave. N. Tels. (615) 244 31 21 y (800) 251 19 08. El más clásico de la ciudad, empezó a funcionar nada menos que en 1910, y es de largo el más elegante, con ese ligero sabor a decadencia europea que tanto gusta a los americanos, y si llevan sombrero de vaquero y botas de piel de serpiente, más todavía. Ya el vestíbulo os puede dar una idea de cómo os van a tender, y cómo están decoradas las 112 suites, todas distintas unas de las otras, y con baños de mármol. Con todo, bastante barato para lo que es, de verdad. Restaurante, dos bares y aparcamiento cubierto (que no gratuito).

Union Station: 1001 Broadway Ave. Tels. (615) 726 10 01 y (800) 331 21 23. En lo que era la imponente estación de ferrocarril, con un no menos anonadante vestíbulo con vidrieras de Tiffanys y una fuente que para qué. Pequeño, éso sí: sólo 128 habitaciones. El restaurante, *Arthur's* (abierto toda la semana, aceptan tarjetas de crédito y exigen vestir chaqueta y corbata) está a la altura: una de las mejores cartas de vinos del Sur; los precios son altos, pero no si simplemente váis a tomar un buen café y unas tortitas flambeadas. Otras instalaciones: bar y aparcamiento. En temporada baja, tarifas más económicas.

Precio alto

Opryland: 2800 Opryland Drive (Music Valley). Tel. (615) 889 10 00. Exagerado, grandilocuente, como sólo en este país lo pueden hacer. Cascadas, terrazas babilónicas, enredaderas aquí y allá... más veintipico comercios, un bar en la cima que da vueltas, un programa de televisión diario que se emite aquí y -ojo al dato, que dice el otro- 2.870 habitaciones. No vamos a entrar a enumerar las instalaciones: tiene de todo. Aunque sólo sea para alucinar, dáos una vueltecita, que lo agradeceréis.

Loew's Vanderbilt Plaza: 2100 West End Ave. (The West End). Tels. (615) 320 17 00 y (800) 336 33 35. Bastante moderno y funcional, tiene como aliciente que es uno de los preferidos por las estrellas del country. 338 habitaciones con minibar y chimeneas;

guardería, restaurante, bar, salón de beleza, gimnasio y aparcamiento cubierto.

Restaurantes

Precio barato

Calypso Cafe: The Arcade, 5th & 6th Sts. Tel. (615) 259 96 31. Abierto toda la semana. Aceptan tarjetas de crédito. Buena cocina caribeña, tirada de precio. Pollo y ensaladas, mayormente.

Houston: 3000 West End Ave. Tel. (615) 269 34 81. Abierto toda la semana. Aceptan tarjetas de crédito. Las mejores hamburguesas de la ciudad, o así lo llevan votando tres años los nashvillanos. También hay ensaladas, pollo y entrecotes.

Jamaica: 1901 Broadway Ave. Tel. (615) 321 51 91. Cierra los domingos. Aceptan tarjetas de crédito. Bastante cachondo él, decorado con motivos rasta y frecuentado por una clientela muy joven. Cocina tradicional jamaicana, con muchas especias: pollo y cerdo sobre todo, o bien podéis elegir un pescado tropical del acuario que tienen a la entrada. Las noches de los fines de semana, más que recomendable reservar mesa.

Precio medio

Mario's: 2005 Broadway. Tel. (615) 327 32 32. Cierra los domingos. Se aceptan tarjetas de crédito. Se exige chaqueta y corbata. Muy elegante, ofrece una estupenda relación calidad/precio: cocina del norte italiana en plan trattoria, muy tradicional. Además, una extensísima carta de vinos de todo el mundo (más de 600 etiquetas).

The Gerst Haus: 228 Woodland St. Tel. (615) 255 71 33. Abierto toda la semana. Aceptan tarjetas de crédito. Animadísimo, además de decenas de cervezas alemanas de importación y algunos platos tradicionales (*sauerbraten, bratwurst, schnitzel*), actuaciones de música en directo, también en plan bávaro.

La Paz: 3808 Cleghorn Ave. Tel. (615) 383 52 00. Abierto toda la semana excepto domingos al mediodía. Aceptan tarjetas de crédito. El local está decorado a imagen y semejanza del fuerte de El Álamo: la cocina, estupenda tex mex en estado puro: quesadillas californianas, avocados o margaritas. Diferente.

Precio alto

Broadway Dinner Train: 108 1st Ave. S. Tel. (615) 254 80 00. Abierto de jueves a domingos. Se pide reserva previa, y vestir chaqueta y corbata. Se aceptan tarjetas de crédito. Aquí más que nada el atractivo está en el continente. Nos explicamos: es un tren que recorre durante un par de horas la ciudad, por que en la carta apenas hay cinco platos -muy cuidados, eso también: el más famoso, las costillas de cerdo ahumadas. La carta de vinos, bastante completa.

La marcha

Naturalmente, country aquí y allá, sobre todo en **Printer's Alley**, corazón de la marcha nocturna. Locales buenos: **Station Inn** (402 12th St), **Ace of Clubs** (114 2nd. Ave. S.), **The Connection** (901 Cowen St.).

Qué hacer

Asistir a una grabación de un programa de country

La cadena **The Nashville Network** da invitaciones para decenas de grabaciones. Están en 2806 Opryland Drive (tel. 615/883 70 00). Para el **Grand Ole Opry**, o reserváis con un par de meses de antelación, o no hay nada que hacer.

Bellas Artes

La **Nashville Symphony Orchestra** hace de las suyas de mayo a septiembre eb el *Tennessee Performing Arts Center* (505 Deaderick St. Tel. 615/329 30 33), que también sirve de escenario para las compañías de Broadway que llegan hasta aquí.

CHATTANOOGA

Uno de los principales centros agrícolas del estado, fue fundada como en 1815 en estos meandros del río Tennessee. Hoy, atrae a decenas de miles de visitantes principalmente por sus tiendas, que la verdad es que están tiradas de precio. Éso, y la fama que se ganó con la cancioncilla de Glenn Miller *Chattanooga Choo Choo*, el nombre del tren que venía desde Cincinnatti, Ohio.

Cómo llegar

En autobús

Greyhound: 960 Airport Road. Tel. (423) 892 88 14. Abierta de 6 h 30 a 2 h. Autobuses directos a Nashville, Knoxville y Atlanta, Georgia.

Datos útiles

Alquiler de coches

Dollar: 1624 Shepherd Rd. Tels. (423) 855 22 77/99 97.
Donna's: 1419 S. Moore Rd. Tel. (423) 899 56 21.

Información turística

Chattanooga Area Convention and Visitors Bureau: 1001 Market St. Tel. (423) 756 86 87.

Transporte público

El **Downtown Shuttle** es una buena alternativa para moverse por el centro, con decenas de paradas entre el Aquarium y el Holiday Inn. Funciona toda la semana de 6 h a 21 h 30, desde las 9 h sábados y domingos, y es absolutamente gratis. Los autobuses de la *Chattanooga Area Transportation Authority* (**CARTA**) operan toda la semana de 5 h 30 a 23 h 30. El precio del billete es de1$, y 20ç el transfer.

La visita

No puede decirse que la ciudad tenga muchos puntos de interés más allá del noble deporte de lustrar la tarjeta de crédito. Lo más recomendable es que aprovechéis vuestra visita tomando el *Downtown Shuttle*, y si tenéis tiempo, visitar el **Tennessee Aquarium** (1 Broad St. Tel. (800) 262 06 95. Abierto toda la semana excepto los lunes de 10 h a 16 h 30. Entradas:11$ adultos, 6$ menores de trece años), muy espectacular en cuanto al diseño, este edificio alberga más de 9.000 especies marinas que lo convierten en uno de los mayores acuarios del país, el **Chattanooga Choo Choo Complex** (1400 Market St. Tels. 423/ 266 06 95. No se cobra entrada), un parque que se han montado alrededor de lo que era la preciosa terminal del ferrocarril donde acababa la línea del Chattanooga Choo Choo y que hoy alberga uno de los Holiday Inn con más encanto de todo el país. Como cosas interesantes, una alucinante maqueta estilo Ibertren que tiene a gala ser la más grande del mundo, con más de 100 trenecillos y 300 metros de vías. Los fines de semana del verano sale un trenecillo gratuito que recorre unas millas por la ciudad llamado el *Downtown Arrow*.

El mayor complejo de comercios de la ciudad es el **Warehouse Row Factory Shops** (1110 Market St. Tel. 888/260 76 20. Abierto de lunes a sábados de 10 h a 20 h, domingos de 12 h a 18 h), más de cuarenta tiendas de las primeras marcas con estupendos precios.

Ya fuera de Chattanooga tenéis la **Lookout Mountain**, cuya estampa domina la ciudad y donde hay un teleférico que proporciona estupendas vistas, el *Lookout Mountain Incline Railway* (salida de Lower Station, 3917 Elmo Avenue), sobre todo cuando se inclina ¡a 72º!. Hay también unos jardines muy solicitados los feriados que hace buen tiempo -por la cosa del picnic-, una mansión de antes de la guerra Civil que está en la misma cima, más de 700 metros sobre el nivel del mar, la *Cravens House*; y unas cascadas que están dentro de la montaña, las *Ruby Falls*, por cuya contemplación piden nada menos que 12$.

Un par de alojamientos
    Scottish Inn: 3210 S. Broad St. Tel. (423) 267 04 14. Las habitaciones más económicas de estos pagos. Bar, restaurante y aparcamiento. Precio medio.
    Guesthouse Inn: 100 W. 21st St. Tels. (423) 265 31 51 y (800) 828 46 56. Estupenda relación calidad/precio, en temporada baja casi de risa. 103 habitaciones, restaurante, bar, piscina y aparcamiento. Precio barato.

GREAT SMOKY MOUNTAINS NATIONAL PARK

El mayor espacio protegido del este del país, con más de 5.000 km², es también uno de los parques nacionales más visitados y donde más abducciones por parte de ovnis se denuncian, en serio. La mejor época para visitarlo es entre marzo y mayo, cuando la flora está en su punto álgido: lo malo es que al reclamo acuden miles y miles de turistas. La parte más visitada es **Cades Cove**, en la zona occidental del parque, y que es donde están los mejores campings. Lo más accesible es **Mt. Le Conte** (2.223 metros), accesible sólo a pie o a caballo, poblada de alces, rododendros, laureles y tumbas de pioneros del siglo pasado. El sendero que está abierto es el *Alum Cave Trail*, rodeado de imprenetrables macizos de laureles: lo curioso de verdad es que no hay un sólo árbol, sólo estos arbustos. Ya en la cima, hay un hotelito de montaña (**Le Conte Lodge**. PO Box 350, Gatlinburg. Tel. 615/429 57 04) en el que resulta casi imposible dormir, por la cosa de las reservas: éso sí, es barato y bastante bien mantenido. Otras montañas a las que se puede subir sin resoplar demasiado son la **Gregory Bald** y la **Clingmans Dome**.
    A tres kilómetros al norte por la US-441 está la pequeña población de **Gatlinburg**, donde están las oficinas del parque. Lo curioso es que el número de plazas hoteleras multiplica por diez su población, que vive casi exclusivamente del flujo turístico.

Datos útiles

Información turística
    Great Smoky Mountains National Park: 107 Park Headquarters Rd., Gatlinburg. Tel. (615) 436 12 31.
    Smoky Mountains Accomodations: Route 4, PO Box 538, Gatlinburg. Tel. (800) 231 22 30.

Alojamiento
    HI Great Smoky Mountain: 3248 Manis Rd., Sevierville. Tel. (615) 429 86 53. La opción más económica, que en verano raro es que no esté hasta arriba. Precio barato.

KNOXVILLE

La población más importante del este del estado se fundó en las orillas del río Tenneessee en 1825, y fue su primera capital. Centro comercial e industrial de la región de las Smoky Mountains, es perfecto para radicar el campamento y tiene algunos lugares interesantes; la mejor manera de conocer la ciudad es tomando uno de los tranvías gratuitos que recorren el centro -The Old City, lo más bonito y donde está concentrada la vida- durante todos los días de verano.

Cómo llegar

La **Greyhound** conecta Knoxville con Nashville y Chatannooga varias veces al día. La terminal está en 100 Magnolia Ave. Tel. (423) 522 51 44.

Datos útiles

Información turística: *Knoxville Convention and Visitors Bureau.* 810 Clinch Ave. Tel. (423) 523 23 16.

Oficina de Correos: 1237 E. Wiserbager Rd. Tel. (423) 558 45 02. Abierta de lunes a viernes de 8 h a 16 h 30.

Transporte público: servido por la *Knoxville Authority Transit.* Funciona de 6 h 30 a 18 h 30; los billetes cuestan 1$, los transfer 20ç adicionales.

Ya que hemos llegado hasta aquí, vamos a ver

Knoxville Museum of Art: 1050 World's Fair Park Drive. tel. (423) 525 61 01. Abierto toda la semana excepto los lunes de 10 h a 17 h. No se cobra entrada. En el recinto de la exposición universal que se organizó aquí en 1898, una buena colección de arte norteamericano: Stuart, O'Keefe y gente por el estilo. Interesante.

Blount Museum: 200 W. Hill Ave. Tel. (423) 525 23 75. Abierto de marzo a octubre toda la semana excepto los lunes de 10 h a 17 h, rsto del año de martes a viernes con el mismo horario. Entradas: 5$. Una mansión sureña que perteneció a uno de los primeros gobernadores del estado, William Blount, restaurada y decorada con mobiliario original del siglo pasado.

Si queréis dormir

Super 8: 503 Merchant Dr. Tel. (423) 689 76 66. Lo más económico. 105 habitaciones, sauna y aparcamiento. Precio barato.

LINCHBURG

Como único interés tiene la destilería de Jack Daniel's. Ajá, imaginábamos que pensaríais que sería suficiente. La **Jack Daniel's**

Destillery (tel. 931/759 61 80)organiza visitas guiadas todo el año salvo algunos festivos, totalmente gratis, de 8 h a 16 h. Esta visita empieza en Barrelhouse, el primer despacho de whisky en ser abierto después de que se aboliera la Ley Seca en 1938; las primeras fotos se tiran ante la estatua del fundador de la destilería. Naturalmente que muestran todo el proceso de elaboración. ¿Queréis saber algo realmente curioso? pues que en este condado está prohibida la venta de alcohol. Como lo oís.

ALABAMA

Ni más ni menos que **Hernando de Soto** fue el primer europeo en pasarse por aquí, buscando el hombre como estaba la mítica *Eldorado*, y no puede decirse que su excursión resultara demasiado placentera: la batalla de Tuscaloosa ha pasado a la historia estadounidense como una de las más sangrientas contra los indios. Y así, la primera bandera que ondeó en este estado fue la del león y la torre, cuando se levantó un fuerte en lo que sería Mobile en 1559.

Fueron los franceses los primeros europeos en plantar sus reales en estas sureñas tierras, allá por el siglo XVI, que fueron testigo de enfrentamientos más o menos enconados con los españoles. Ya entrado el XVIII, los colonos anglófonos se desplazaron desde las Carolinas, sentando las bases de las grandes explotaciones algodoneras que se mantenían gracias al tráfico de esclavos, centralizado en el puerto de Mobile.

Incluso hoy sigue habiendo una ley en la Constitución del Estado que castiga y prohíbe los matrimonios interraciales. Se va a abolir a lo largo de 1999, pero las últimas encuestas indicaron que sigue habiendo un muy significativo porcentaje de población (casi el 25%) que se opone a que la ley sea modificada.

Datos generales
   Población: 4.218.792 habitantes.
   Franja horaria: Central.
   Capital: Montgomery.
   Impuestos estatales: 4%, con las consabidas tasas adicionales en algunos condados.

BIRMINGHAM

Conectada gracias a un canal con el Golfo de México, es la ciudad más grande del estado. Durante la década de los sesenta, la ciudad recibía el poco amable calificativo de "La Johannesburgo del Sur"; si había una ciudad estadounidense donde la policía era brutal con la gente negra, ésa era Birmingham. Claro que ha cambiado mucho, al menos la política: porque lo que es la marginación y la pobreza, éso si que no ha cambiado apenas en todos estos años. Y el caso es que Birmingham fue una ciudad rica, cuando a mediados del siglo pasado grandes fortunas del Norte invirtieron en industria pesada por la riqueza del subsuelo que rodeaba la capital. Pero, no ha quedado mucho de entonces. Ya no se dan esas gigantescas manifestaciones pro-derechos humanos, pero podéis ver cómo era el tema casi de primera mano acudiendo al Birmingham Civil Rights Institute.

Cómo llegar

En autobús

Greyhound: 619 N. 19th St. Tel. (205) 251 32 10. Estación abierta las 24 h del día. Buses a Atlanta, Mobile y Montgomery.

En tren

Amtrak: 1819 Morris Ave. Tel. (205) 324 30 33. Estación abierta de 8 h 30 a 16 h 30. Un tren diario a Nueva Orleans y a Atlanta.

Datos útiles

Información turística

Birmingham Visitors Center: 1201 University Boulevard. Tel. (205) 458 80 01. Abierto toda la semana de 8 h 30 a 17 h.
Greater Birmingham Convention and Visitors Bureau: 2200 9th Ave. N. Tel. (205) 458 80 86. Abierto de lunes a viernes de 8 h 30 a 17 h.

Transporte público

Servido por la **MAX** (*Metro Area Express*). El precio del billete es de 80ç, 20ç adicionales el *transfer*. El servicio está operativo de 5 h a 17 h, aunque no puede decirse que sea de los mejores del país. Os podéis tirar tranquilamente una hora esperando por un bus, y de una ruta importante.

La visita

No es que sea Birmingham una ciudad para pasar una semana, pero si habéis decidido echar un par de días, éstos son los lugares más interesantes (algo alejados entre sí).
Birmingham Civil Rights Institute: 520 16th St. N. Tel. (205) 328 96 96. Abierto toda la semana excepto los lunes de 10 h a 18 h. No se cobra entrada. Imprescindible su visita. Las exposiciones se centran principalmente en los avatares que supuso la Segregación, que teóricamente se abolió a mediados de los cincuenta. Para ello, hay incluso un autobús de aquellos años que estaba reservado para la gente de

Alabama

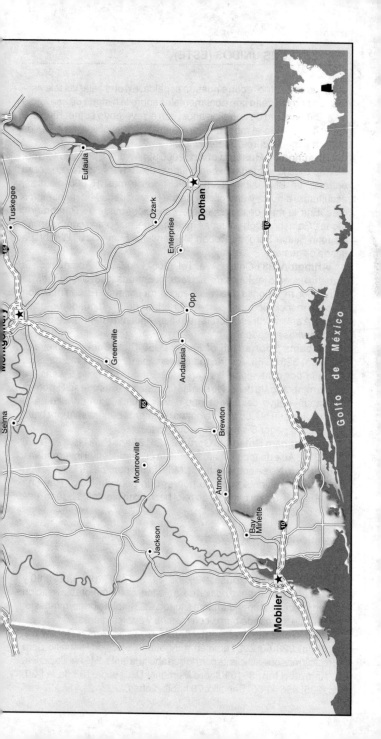

color: un escalofrío recorre nuestra espalda. En otra sala, los televisores nos bombardean con documentales sobre la historia de esa lucha en el Birmingham de aquellos años, con el reverendo Luther King a la cabeza; así, todo el museo es un canto contra el olvido de aquellos años, realmente duros. Imprescindible.

Birmingham Museum of Art: 2000 8th Ave. Tel. (205) 254 25 66. Abierto toda la semana, excepto lunes, de 10 h a 17 h. No se cobra entrada. La BMA alberga una colección de más 15.000 pinturas, esculturas, dibujos y alfombras, desde la antiguedad hasta nuestros días. Entr lo más destacable de la colección, obras de Rembrandt, Monet, Gainsborough y buenas muestras del arte patrio como son las de John Singer Sargent, Robert Motherwell o Frank Lloyd Wright. La tienda os gustará.

Arlington: 331 Cotton Ave. Tel. (205) 780 56 56. Abierto toda la semana excepto los lunes de 10 h a 16 h. Entradas: 3$. Sin dudarlo, la edificación más bonita que váis a encontrar por aquí. Es una mansión de corte neoclásico que perteneció a uno de los fundadores de la ciudad. A estas alturas, sabréis qué váis a encontrar dentro, así que no nos ponemos pesados.

Alabama Sports Hall of Fame: 2150 Civic Center Boulevard. Tel. (205) 323 66 65. Abierto toda la semana de 9 h a 17 h. Entradas: 8$. Sólo por contemplar las zapatillas del mítico Jesse Owens, ya puede mereceros la pena. No son las únicas zapatillas que se exponen: todo aquel nativo del estado que haya destacado un poquito en el deporte tiene su hueco aquí: algunos realmente curiosos. Ahora bien, que queráis pagar 8 pavos ya es otra cosa...

Birmingham Botanical Gardens: 2612 Lane Park Rd. Tel. (205) 879 12 27. Abierto toda la semana hasta el atardecer; el invernadero, de 8 h a 17 h. No se cobra entrada. Muy bonito para pasar la tarde con los niños, se asienta sobre lo que era un poblado indio. Hay una rosaleda y tal, que si pájaros, un reloj hecho con plantas... bueno, ése tipo de cosas.

Alojamiento

Precio barato

The Parliament House: 420 20th St. S. Tels. (205) 322 70 00 y (800) 579 KING. La mejor opción de la ciudad, casi inmejorable relación calidad/precio. Estupendamente situado. 223 habitaciones, gimnasio, restaurante, un par de bares con marcha y aparcamiento.

Best Western Civic Center Inn: 2230 Civic Center Boulevard. Tel. (205) 328 63 20. También muy buena elección, sencillo pero correcto y más que suficiente para lo que abulta la tarifa. 240 habtiaciones.

Hampton Inn: 3910 Kilgore Memorial Dr., salida 133 de la I-20. Tel. (205) 956 41 00. Sencillo. 70 habitaciones.

Precio medio

The Pickwick: 1023 20th St. S. Tels. (205) 933 95 55 y (800) 255 73 04. De corte europeo hasta en la arquitectura, de estilo art-decò, supercéntrico. 63 habitaciones, aparcamiento, salón de belleza y una tienda donde hay casi de todo (una *drugstore*).

Holiday Inn Redmont: 2101 5th Ave. Tel. (205) 324 21 01 y (800) HOLIDAY. Uno de los establecimientos más antiguos de la ciudad, le ha venido bastante bien pasar a formar parte de la cadena hotelera. 112 habitaciones, restaurante, bar y aparcamiento.

Precio alto

The Tutwiler Grand Heritage Hotel: Park Place, 21st St. N. Tels. (205) 322 21 00 y (800) 845 17 87. Se construyó como edificio de apartamentos de lujo allá por los primeros años de este siglo, no fue hasta que la década de los treinta que empezó a funcionar como hotel. Y desde entonces, está considerado el mejor de la ciudad. Destila aroma *old-world* por los cuatros costados, desde el buen gusto con el que está decorado el vestíbulo hasta los candelabros que adornan algunas de las habitaciones, que son 147. Además, restaurante, bar y, conveniente para un desayuno romántico, floristería. Aunque sus tarifas rozan esta categoría, en temporada baja descienden hasta la mitad (unos 60$). Recomendabilísimo.

Wynfrey: 1000 Riverchase Galleria. Tels. (205) 987 16 00 y (800) 476 70 06. También elegantísimo (mármoles en el vestíbulo, alfombras persas, habitaciones decoradas al modo de los hoteles parisinos del siglo pasado), está en un centro comercial bastante cuco y exclusivo. 330 habitaciones, bar, restaurante, cuarto de lavadoras y aparcamiento.

Restaurantes

Irondale Cafe: 1906 1st Ave. N. Tel. (205) 956 52 58. Abierto toda la semana. No aceptan tarjetas de crédito. Este local es, gracias dan los dueños todos los días, el que inspiró su honónimo de la película Tomates Verdes Fritos. Es por eso que está frecuentadísimo por autobuses de turistas: salvando las distancias, el Irondale es a Birmingham lo que el Bull&Finch a Boston. Para comer, lo más recomendable es pasarse para desayunar, bastante económico. Podéis probar ensaladas, alguna carne y tomates, muchos tomates. Precio barato.

Klinger's European Bakery & Deli: 621 Montgomery Hwy. Tel. (205) 823 45 60. Abierto toda la semana. Aceptan tarjetas de crédito. No se permite fumar. Estupenda repostería, además de sandwiches, ensaladas, pollo frío y lo más destacable: platos rápidos típicos de Centroeuropa. Muy recomendable. Precio barato.

Magic City: 420 21st St. Tel. (205) 328 BREW. Abierto toda la semana. Aceptan tarjetas de crédito. El primer bareto que se abrió tras la abolición de la Ley Seca, se ha convertido hoy en día en uno de los locales más populares de la ciudad. Además del correspondiente licor, hay buenas pizzas, pollo y un plato nunca antes visto por nosotros, sopa de queso y cerveza. Y está rica, sí señor. Por las noches, actuaciones de blues y jazz. Precio barato/medio.

John's: 112 21st St. Tel. (205) 322 60 14. Cierra los domingos. Aceptan tarjetas de crédito. La marisquería más antigua y con más renombre -totalmente merecido- de la ciudad. El jefe de cocina es una suerte de Arguiñano sureño, sale hasta en la sopa. Como se dejan caer bastantes ejecutivos y políticos, podéis encontraros conque no hay mesa, así que a llamar por teléfono, sobre todo para las noches de los fines de semana. Precio medio/alto.

La marcha

El copeo -tampoco mucho, no os vayáis a creer- se concentra en la zona de la ciudad conocida como **Five Points South**, que sea dicho de paso puede resultar algo peliaguda de noche. Buenos garitos son *The Nick* (2514 10th Ave. S) o el *Points Music Hall* (1016 20th St. S).

MOBILE

La que fue capital de la Louisiana francesa entre 1710 y 1719 alberga el Mardi Grass más antiguo del país, y es una de las ciudades más bellas del Sur. Lo mejor es dedicar una mañana soleada a recorrer la Government Street, donde se asoman decenas de mansiones de típico estilo sureño, algunas de ellas abiertas al público, que conviven con algún resto de edificios españoles, de cuando la rojigualda ondeaba a finales del XVII.

Cómo llegar

En autobús

Greyhound: 2545 Goverment Blvd. Tel. (334) 478 97 93. Increíblemente pequeña, está abierta las 24 h del día. Buses a Miami vía Jacksonville, Atlanta, New Orleans, Mongomery y Birmingham.

En tren

Amtrak: 11 Government St. Tel. (334) 432 40 52. Abierta de 6 h a 1 h. Trenes a Anew York, New Orleans y Atlanta.

Datos útiles

Información turística: *Fort Condé Information Centre*. 150 Royal St. Tel. (334) 434 73 04. En un fuerte de cuando los franceses restaurado. Abierto toda la semana de 8 h a 17 h. *Mobile Convention and Visitors Bureau Corp*. 1 S. Water St. Tel. (334) 415 20 00. Abierto de lunes a viernes de 8 h a 17 h.

Oficina de Correos: 250 Saint Joseph St. Tel. (334) 694 59 17. Abierta de lunes a viernes de 8 h a 17 h, los sábados hasta las 13 h.

Transporte público: servido por la **MTA**. Operativo de lunes a sábados de 6 h a 18 h.

La corta visita

Fort Condé: 150 S. Royal St. Tel. (334) 434 75 54. Abierto toda la semana de 8 h a 17 h. No se cobra entrada. El antiguo fuerte Luis de la Luisiana, donde se han izado unas cuantas banderas: la española, la francesa, la inglesa... los tipos que hay vestidos a la usanza de la época son los guías, no habéis dado un viaje en el tiempo. En el muséillo, objetos que se han conservado del fuerte, que hoy está totalmente restaurado a su apariencia original. La oficina de información turística es muy completa, y la gente que la atiende especialmente maja.

USS Alabama Battleship Memorial Park: 2703 Battleships Pkwy. Tels. (334) 433 27 03 y (800) 426 49 29. El buque de guerra Alabama, al que por aquí se tiene mucha fe, se pasó la II Guerra Mundial sin sufrir un sólo rasguño, una sóla baja, y éso que se hartó de entrar en combate. En esta que es la mayor atracción de Mobile en cuanto a número de visitantes, la Marina ha montado unas zonas de picnic y un par de tiendas de recuerdos, además de tener el buque abierto al público. Lo tienen como nuevo, sólo falta Gregory Peck.

Museum of the City of Mobile: 355 Government St. Tel. (334) 434 75 69. Abierto toda la semana excepto los lunes de 10 h a 17 h. No se cobra entrada. Con muchos fondos referidos a la celebración del Mardi Grass y a la batalla de la bahía de Mobile, una de las más incruentas de la Guerra Civil.

El alojamiento

Precio barato

Malaga Inn: 359 Church St. Tels. (334) 438 47 01 y (800) 253 15 86. En el barrio de Clairborne, son dos casas de mediados del siglo pasado, que pasa por ser el mejor sitio para alojarse en Mobile. En otro sitio la tarifa estaría unos cuantos dólares por encima, resulta hasta barato viendo lo que hay por ahí. Ya sólo por los jardines que rodean el Malaga merece la pena pasar y echarle un vistazo; si os alojáis, os encontraréis con 40 habitaciones muy bien decoradas y todas ellas distintas entre sí, de agradecer en el país de las grandes cadenas hoteleras. El restaurante con el que cuenta, a la altura: en el *Mayme's* (cerrado los domingos, aceptan tarjetas de crédito), estupenda cocina cajún de la auténtica, y mariscos de la tierra, principalmente gambas y camarones; además, las noches de los fines de semana, actuaciones en directo de jazz; *precio medio*. Por todo ello, muy a tener en cuenta, aunque no os resulte extraño el que no haya habitación porque suele estar hasta arriba.

Best Western Suites: 150 Beltline Hwy. Tel. (334) 343 49 49. Casi inmejorable relación calidad/precio: las suites son realmente amplias y perfectamente equipadas. Además, gimnasio, tarifas especiales para estancias algo más largas, y desayuno y cócteles por la cara. Recomendabilísimo.

Hampton Inn: 930 S. Beltline Hwy. Tel. (334) 344 49 42. En la salida 3B de la I-65. 118 habitaciones y aparcamiento.

Holiday Inn Downtown: 301 Government St. Tel. (334) 694 01 00. Centriquísimo. 213 habitaciones típicas de la cadena, además de un par de restaurantes, bar, aparcamiento cubierto y un par de tiendas ahí mismo.

Precio medio

Adam's Mark Riverview Plaza: 64 S. Water St. Tel. (334) 438 40 00. Sobre el puerto de Mobile tenéis este hotel, bastante moderno y muy bien equipado. 375 habitaciones, restaurante, bar, aparcamiento y una piscina que dicen es la mejor de Mobile.

Precio alto

Radisson Admiral Semmes: 251 Government St. Tels. (334) 432 80 00 y (800) 333 33 33. El más caro y lujoso de la ciudad, y también el más bonito. 170 habitaciones con minibar, caja de seguridad y frigorífico además de lo indispensable. Restaurante, bar, aparcamiento y gimnasio.

Restaurantes

Port City Brewery: 225 Dauphin St. Tel. (334) 438-BREW. El más cachondo e informal, llevan dando de beber y comer desde 1890. La cerveza la elaboran ellos mismos, y tiene el cuerpo suficiente. En cuanto a la comida, pizzas bastante ricas y hamburguesas gigantes, de las de toda la vida. Precio barato.

Trattoria at Broad: 908 Government St. Tel. (334) 433 69 22. Cierra sábados al mediodía y domingos. Aceptan tarjetas de crédito. El mejor sitio para comer, como atestiguan las mesas siempre llenas. Cocina tradicional italiana utilizando unos cuantos ingredientes más que las omnipresentes pastas, y con buen aceite de oliva en los aliños. Especialmente inspirados con los patos de granja, acompañados de salsas también típicas. Precio medio.

Pillars: 1757 Government St. Tel. (334) 478 63 41. Cierra los domingos. Aceptan tarjetas de crédito. Este en cambio es el más elegante, centrado en el marisco y algunos platos regionales. Precio alto.

MONTGOMERY

La capital del estado es hoy una tranquila ciudad, con bastantes menos tensiones raciales a nivel de calle de lo que fue en la década de los sesenta, cuando Luther King se rebelaba pacíficamente contra la segregación; curiosamente, la mayor fuente de ingresos turísticos están relacionados con la figura del reverendo -pero así, en sentido literal- y las de otros luchadores por la igualdad. Y decimos curiosamente porque fue Montgomery la capital de la Confederación durante la Guerra Civil, y se sigue rindiendo culto a la figura de su presidente, Jefferson Davies. Todo un poco contradictorio, ¿no os parece?

Cómo llegar

En autobús

Greyhound: 950 W. South Boulevard. Tel. (334) 286 06 58. Abierta las 24 h del día. Buses directos a Atlanta y Mobile. Las carreteras con acceso a la ciudad son las Interestatales 65 y 85.

Datos útiles

Oficinas de información turística y Correos

Montgomery Area Convention and Visitors Bureau. 401 Madison Ave. Tel. (334) 240 94 55. Abierta de lunes a viernes de 8 h a 17 h.

Chamber of Commerce: 41 Commerce St. Tel. (334) 834 52 00. Abierto toda la semana de 8 h 30 a 17 h.

Travel Council. 702 Oliver Rd. Tel. (334) 271 00 50. Abierto de lunes a viernes de 8 h 30 a 16 h 30.

Oficina de Correos: 135 Catoma St. Tel. (334) 244 75 76). Abierta de lunes a viernes de 7 h 30 a 17 h 30, los sábados de 8 h a 13 h 30.

Transporte público

Servido por la **Montgomery Area Transit System**, de lo más penoso que nos hemos encontrado por esos mundos de Dios. Los autobuses sólo operan en las horas punta los días laborables, y piden por el billete 1$50. Así, igual os interesa más tomar un **taxi**: la bajada de bandera es de 1$50, y cada milla 1$10.

La visita

La llamada **Old Alabama Town** es la zona más bonita y mejor cuidada, con las correspondientes viviendas restauradas del siglo pasado. Las estrellas del firmamento local son:

Alabama State Capitol: Bainbridge St. & Dexter Ave. Tel. (334) 242 31 84. Abierto toda la semana de 9 h a 16 h. No se cobra entrada. El palacio legislativo de Mississippi es de mediados del XIX, y como curiosidad comentaros que durante los primeros años de la Guerra Civil fue el Capitolio de la Confederación. Lo más espectacular, la cúpula, mide unos 32 m.

Montgomery Museum of Fine Arts: 1 Museum Drive. Tel. (334) 244 57 00. Abierto toda la semana excepto los lunes de 10 h a 17 h. No se cobra entrada. La colección de fondos europeos es más bien escasita, más que nada se han centrado en arte del Sur, con especial énfasis en las obras de una artista local, Zelda S. Fitzgerald, la esposa del célebre escritor. Y no es para tanto.

Dexter Avenue King Memorial Baptist Church: 454 Dester Ave. Tel. (334) 263 39 70. Visitas guiadas toda la semana a las 11 h y a las 14 h. No se cobra entrada. En este modesto templo baptista fue donde oficiaba Marthin Luther King, concretamente entre 1954 y 1960. En los sótanos hay una exposición permanente sobre su ministerio.

Scott and Zelda Fitzgerald Museum: 919 Felder Ave. Tel. (334) 264 42 22. Abierto de miércoles a viernes de 10 h a 14 h, fines de semana de 13 h a 17 h. No se cobra entrada. Se exponen vídeos sobre la pareja y obras de Zelda, aunque sólo vivieron aquí durante un par de años en la década de los 30. Éso sí, la han conservado tal cual la tenían entonces.

First White House of the Confederacy: 644 Washington Ave. Tel. (334) 242 18 61. Abierta de lunes a viernes de 8 h a 16 h 30. No se cobra entrada. Sede del gobierno de la Confederación durante unos meses de 1861, aquí vivía también su primer presidente, Jefferson Davis. En la exposición, pertrechos de la Guerra Civil, una colección de retratos de Jefferson y antiguedades.

Dónde dormir

Precio barato

Riverfront Inn: 200 Coosa St. Tel. (334) 834 43 00. El más conocido e histórico, fue una estación de ferrocarril en el siglo pasado, y le queda el encanto. 130 habitaciones decoradas con muy buen gusto, restaurante.

Holiday Inn Downtown: 120 Madison Ave. Tel. (334) 264 22 31. Con 189 habitaciones, restaurante, bar y aparcamiento cubierto.

Days Inn Montgomery: 2625 Zelda Rd., salida 3 de la I-85. En una zona de descanos muy próxima al centro de la ciudad. 120 habitaciones, restaurante y cuarto de lavadoras.

Dónde comer

Farmer's Market Cafeteria: 315 N. McDonough St. Tel. (334) 262 91 63. Abierto de lunes a viernes hasta las 14 h. No aceptan tarjetas de crédito ni reservas. Con diferencia, lo mejor de la ciudad. Decorado con fotos de deportistas famosos del estado, aquí se reúnen desde el padre de familia al gobernador del estado. Cocina sencilla, anunciada a voz en grito por el camarero, con un hueco para recetas tradicionales del Sur. Precio barato.

Sassafras Tearoom: 532 Clay St. Tel. (334) 265 72 77. Abierto toda la semana. Aceptan tarjetas de crédito. Los dueños aprovechan el estupendo marco para vender las antiguedades del siglo pasado que decoran el comedor. En la carta, carnes a la parrilla y algo de marisco. Precio barato.

MISSISSIPPI

El estado de William Faulkner, donde el concepto de Sur toma su acepción más exacerbada, con restos de plantaciones, meandros del Misisipi infectados de alimañas, desvencijados parques de trailers y pueblos que no son más que una calle asomada a una triste carretera estatal... pero también la cuna de músicos de la talla de Elvis Presley o el otro rey, BB King, de escritores de la talla del ya mencionado Faulkner o Tennessee Williams, todos ellos educados a las orillas del Padre de las Aguas, el río de los nativos natchex, Ckickasaw o Choctaw, y donde ya allá por el 1500 se dejaron caer paisanos nuestros.

Algunos datos
Población: 2.669.111 habitantes.
Capital: Jackson.
Franja horaria: Central.
Impuestos estatales: del 7%. Las ciudades y los condados pueden añadir una tasa adicional. La tasa hotelera oscila entre el 1 y el 3%.
Información turística: *Mississippi Division of Tourism Development.* PO Box 1705, Ocean Springs, MS 39566-1705. Tel. (800) WARMEST. En la Red: http://mississippi.org.

JACKSON

El "Cruce de caminos del Sur" es una más que apacible ciudad, donde más allá de las seis de la tarde, os parecerá que ha caído uno de esos misiles con cabeza nuclear: vamos, es que en el centro no se ven ni pájaros. De largo el centro urbano más importante del estado, tiene su origen a mediados del siglo XVIII, cuando se fundó el fuerte francés del Le Fleur's Bluff. Hoy, tras unos años bastante conflictivos por las tensiones raciales, está conociendo un segundo nacimiento, gracias sobre todo al turismo y a la universidad más antigua del estado.

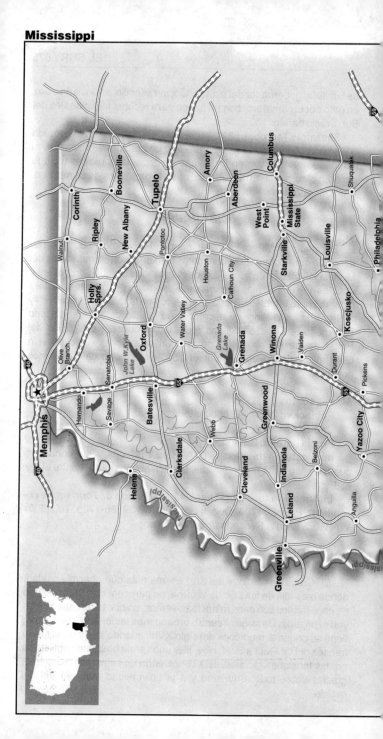

Cómo llegar

En autobús

Greyhound: 201 S. Jefferson St. Tel. (601) 353 63 42. No está precisamente en la mejor zona de la ciudad, así que estad precavidos de noche. Abierta las 24 h del día. Autobuses directos a Atlanta, Dallas, Memphis, Montgomery y Nueva Orleans.

En tren

AMTRAK: 300 W. Capitol St. Tel. (601) 355 63 50. La estación está abierta toda la semana de 8 h a 20 h. Trenes a Memphis y Nueva Orleans.

Datos útiles

Oficinas de información turística y Correos

Metro Jackson Convention and Visitors Bureau: 921 N. President St. Tel. (800) 354 76 95. Abierto de lunes a viernes de 9 h a 17 h.

Visitors Information Center: 1150 Lakeland Dr. Tel. (601) 354 61 13. Dentro del Agricultural Museum. Abierto toda la semana excepto los domingos de 9 h a 17 h.

Oficina de Correos: 401 E. South St. Tel. (601) 351 70 30. Abierta de lunes a viernes de 7 h a 18 h, los sábados de 8 h a 13 h 30.

Transporte público

Corre a cargo de la **JATRAN** (*Jackson Transit System*). Tel. (601) 948 38 40. Funciona de lunes a sábado de 5 h a 19 h. El precio del billete es de 1$, los pases de transbordo son gratuitos.

Los **taxis** pueden ser parados en la calle. La bajada de bandera cuesta 1$50, y cada milla adicional 1$10.

La visita

Mississippi Museum of Art: 201 E. Pascagoula St. Tel. (601) 960 15 15. Abierto toda la semana excepto los lunes de 10 h a 17 h. Entradas: 4$. Principalmente, fondos de artistas del estado, con mucho bodegón y escenas bucólicas sureñas. Si acaso, lo que se dice interesante es la colección de arte japonés y artesanía india precolombina.

Governor's Mansion: 300 E. Capitol St. Tel. (601) 359 31 75. Abierto de lunes a viernes de 9 h 30 a 11 h. No se cobra entrada. La residencia de los gobernadores del estado desde 1842, esta mansión de estilo neoclásico alberga en su interior una correcta colección de arte estadounidense del siglo pasado.

Old Capitol Museum: 100 S. State St. Tel. (601) 359 69 20. Abierto de lunes a viernes de 8 h a 17 h, fines de semana de 12 h 30 a 16 h 30.

No se cobra entrada. Aquí tienen montada una exposición curiosa con la que repasan la historia del estado, desde la presencia europea en los siglos XVIII y XVII a la formación geológica.

Alojamiento

Precio barato
Wilson Inn: 310 Greymont Ave. Tels. (601) 948 44 66 y (800) WILSONS. Con la autopista casi en la puerta, es una de las mejores opciones. Muy bien mantenido y con un servicio bastante atento, tiene 110 habitaciones y suites, todas con lo de rigor más secador de pelo y frigorífico. En temporada baja, las tarifas aún más económicas.
Edison Walthall: 225 E. Capitol St. Tel. (601) 948 61 61. Elegantasímo, sorprenden sus precios. 200 habitaciones decoradas con muy buen gusto, en tonos pasteles y con alguna que otra antiguedad (meticulosamente registrada). Aparcamiento subterráneo, restaurante, bar, salón de belleza y alquiler de coches.

Precio medio
Millpass - Buie House: 628 N. State St. Tels. 8601) 352 02 21 y (800) 784 02 21. En todo el meollo del barrio histórico de la ciudad, es uno de los establecimientos más populares entre los viajeros con cierto gusto, pues es muy elegante y con el sabor preciso, más ameno que los establecimientos de las grandes cadenas. Sólo 11 habtiaciones, decoradas con antiguedades y en las que no faltan cada mañana fruta fresca y flores recén cortadas; algunas habitaciones tienen incluso frigorífico y una pequeña terraza en la que echar un cigarrito contemplando una buena vista de Jackson.
Marriot Residence Inn: 881 E. River Place. Tels. (601) 355 35 99 y (800) 331 31 31. Perfecto si váis unos cuantos o vuestra estancia va a ser un poco larga. Las 120 suites son bastante amplias, y totalmente equipadas, todas tienen hasta chimenea, más decorativas que otra cosa porque los inviernos no son particularmente duros; además, hay cuarto de lavadoras, y pistas deportivas. Precios casi imbatibles en temporada baja.

Y para comer
The Iron horse Bar & Grill: 320 W. Pearl St. Tel. (601) 355 84 19. Abierto toda la semana. Aceptan tarjetas de crédito. El mejor sitio para meterse entre pecho y espalda un buen chuletón, en el comedor que hay montado en la tercera planta tenéis buenas vistas. Es un edificio de principios de siglo, en el que su joven clientela acude al reclamo de una carta ecléctica, en la que lo mismo hay que carnes rojas de primera como pastas e incluso algunas especialidades mejicanas. Precio barato/medio.

NATCHEZ

La cabecera del Natchez-Trace Parkway (que le está proporcionando bastantes ingresos a la población) es el asentamiento europeo más antiguo de todo el curso del Misisipi: LaSalle estuvo aquí a mediados del siglo XVI, una tacada de tiempo cuando se habla de este país. Su excepcional ubicación hizo de Natchez desde un principio una población próspera, y se dice que la mitad de las grandes fortunas del país, de antes de la Guerra Civil, vivían aquí. Antes que ellos estaban los indios que le dan nombre, y que eran una de las principales culturas nativas del sur de los Estados Unidos.

Datos útiles

Estación de autobuses: _Natchez Bus Station._ 103 Lower Woodwille Rd. tel. (601) 445 52 91. Abierta de lunes a sábados de 8 h a 17 h, los domingos abre a las 14 h. Autobuses a Jackson, Nueva Orleans y puntos interiores del estado.

Mississippi Welcome Center: 370 Sergeant Prentiss Dr. Tel. 8601) 442 58 49. Abierto toda la semana de 8 h a 19 h.

Natchez - Adams County Conventions & Visitors Bureau: 422 Main St. Tel. (601) 446 63 45. Abierto de lunes a viernes de 8 h a 17 h.

Oficina de Correos: 214 N. Canal St. Tel. (601) 442 43 61. Abierta de lunes a viernes de 8 h 30 a 17 h, los sábados de 10 h a 13 h 30.

La visita

La arteria principal de la ciudad es la **Pearl Street**, donde se asoman los principales restaurantes y comercios. Si queréis dejaros unos dólares, al final de la Silver Street está atracado el mayor barco-casino de todo el Misisipi, el **Lady Luck**.

Ésa riqueza que hubo en el siglo pasado, de la que os hemos hablado un poco antes, ha quedado reflejada en un conjunto de bellas mansiones de antes de la guerra Civil, del periodo llamado _Antebellum._ Durante el mes de marzo tiene lugar un festival, el **Spring Pilgrimage**, que recorre treinta de estas edificaciones: el desfile lo abren una docena de señoritas ataviadas de forma tradicional sureña, con sus pamelas y parasoles: detrás, todos como ovejas. De estas casas, las más interesantes son **Longwood** (Lower Woodwille Road & John R. Junkin Dr.), con árboles japoneses enmarcando una fachada de reminiscencias egipcias y orientales; o **Rosalie** (100 Orleans St.) Otro festival de las mismas características tiene lugar en el mes de octubre, el **Fall Pilgrimage**. Y éstos son los dos lugares más interesantes de Natchez:

Natchez National Historical Park: Tels. (601) 442 70 47 y 446 57 90. Abierto todos los días de 8 h 30 a 17 h. No se cobra entrada. El complejo lo forman la mansión de Melrose State, de antes de la guerra, neoclásica, y los terrenos que la rodean, donde hay una cabaña en la que vivían algunos de los esclavos de la plantación, y los jardines.

The Grand Village of the Natchez Indians: 400 Jefferson Davis Blvd. Tel. (601) 445 99 24. Abierto de lunes a sábados de 9 h a 17 h, los domingos abre a las 13 h 30. No se cobra entrada. En lo que era el antiguo poblado Natchez han montado una vivienda comunal, un granero y un pequeño templo ceremonial, tal como era en el apogeo de la cultura Natchez.

Alojamiento

Precio barato

The Burn: 712 N. Union St. Tels. (601) 442 13 44 y (800) 654 88 59. Funcionando desde 1834, es un establecimiento con mucho encanto de tres plantas, rodeado de jardines y con un aire de mansión sureña bastante agradable. Sólo siete habitaciones con las comodidades de rigor, algunas con chimeneas. En las instalaciones, un salón de reuniones que es una auténtica pasada y una piscina abierta todo el año. Éso sí, no dejan fumar dentro del edificio.

Howard Johnson Lodge: 45 Sergeant Prentiss Dr. Tels. (601) 442 16 91 y (800) 446 46 56. Motelito que en este caso está situado muy céntrico. 120 habitaciones y suites, en temporada baja precios muy competitivos.

Natchez Eola: 110 N. Pearl St. Tels. (601) 446 63 11 y (800) 256 63 11. Con un servicio estupendo, 162 habitaciones (algunas con chineneas y terrazas), dos bares, dos restaurantes y alquiler de coches.

Un par de buenos restaurantes

Pearl Street Pasta: 105 S. Pearl St. Tel. (601) 442 92 84. Cierra sábados al mediodía y domingos. Aceptan tarjetas de crédito. Cocina italiana de toda la vida, de alta calidad y en raciones generosas. Como inconveniente, que no sirven alcohol, siquiera una mísera Bud. Precio barato/medio.

The Fare Cafe: 109 N. Pearl St. Tel. (601) 442 52 99. Cierra los domingos. Aceptan tarjetas de crédito. Establecimiento de corte familiar, con cocina rápida de toda la vida, muy por encima de lo que os sirven en los clónicos de las grandes cadenas. Las hamburguesas son realmente enormes. Precio barato.

La Natchez Trace Parkway

Probablemente, sea éste el camino más conocido de todo el país, sólo superado por la mítica Route 66.. con más de cuatrocientas millas, empezando en Nashville, su historia tiene más de 8.000 años, que es cuando las tribus nativas empezaron a usarlo para seguir las manadas de búfalos. Alrededor de 1540 fue nuestro paisano Hernando de Soto quién exploró la zona, y ya en el siglo XVIII se convirtió en senda de uso común tanto para españoles como para franceses. A finales de ese siglo los tramperos y granjeros del valle del río Ohio comenzaron a surcar el curso del río hasta Natchez, y pronto fue la ruta de comunicación más importante del sur: para que os hagáis una ida, había posadas cada veinte millas en un territorio difícil de transitar cuanto menos: indios belicosos, animales salvajes, un clima húmedo e infectado de mosquitos... el punto de inflexión se marcó en 1812, cuando el primer barco de vapor arribó a la ciudad de Natchez, que es su punto final.

Las autoridades del estado han montado toda una infraestructura alrededor, a modo de nuestras infradesarrolladas cañadas; aquí hay excursiones a casinos, a escenarios de batallas de la Guerra Civil, poblaciones recónditas donde la mayor industria es la artesanía....

TUPELO

El pueblo dónde nació Elvis presenta las típicas estampas sureñas, poca gente, muchos tractores y bastantes turistas despistados. Para que no os pase lo mismo, seguidnos:

Desde luego que lo más interesante es el **Elvis Presley Birthplace and Museum** (306 Elvis Presley Drive. Tel. (601) 841 12 45. Abierto toda la semana de 9 h a 17 h. Entradas: 7$), el primero de los muchos hogares que tuvo el Rey, y dónde vio la luz por primera vez el 8 de enero de 1935. La vivienda, modesta, está tal como aquel día, y el museo adyacente alberga bastantes objetos personales de Elvis; en los terrenos circundantes, una capilla, mesas para comer algo y una tienda que sorprendentemente no es muy cara.

También está en Tupelo el **Natchez Trace Parkway Visitors Center**, no en vano estamos a la mitad del recorrido. En el punto kilométrico 266 funciona todo el año de 8 h a 17 h, y aquí os proveeran de cualquier información.

Si queréis hacer noche
Holiday Inn Express: 923 N. Gloster St. Tel. (601) 842 88 11. Establecimiento típico de la cadena con 125 habitaciones, aparcamiento y cuarto de lavadoras. Precio barato.

LOUISIANA

NUEVA ORLEANS

Estaréis hartos de leer y escuchar topicazos acerca de Nueva Orleans. Seguro. Pero no por ello, muchos dejan de ser auténticos. Es una de las contadas con una mano ciudades de este país que tiene alma, un alma que se deja sentir en cuanto se entra en ella. Será la magia que, ciertamente, impregna muchas de sus calles, el recuerdo del mercado de los esclavos, las historias tenebrosas de los pantanos y los cementerios; tal vez la imaginería que el cine nos ha metido en casa, ésos balcones de hierro forjado en los que los detectives corren por su alma; las canciones que evocan la calle Bourbon, donde los bares no cierran nunca, nunca, nunca; esos entierros tradicionales, en los que el dolor de las familias más modestas de la ciudad se ve manchado por la avidez morbosa y folclórica del visitante; por su sabor más que español hispano, porque su arquitectura vieja nos retrae a los recuerdos que tenemos de las ciudades coloniales del Caribe... son miles las cosas que nos empujan a Nueva Orleans, como miles son los que llegaron para pasar unos días y se quedaron aquí: vamos, que Nueva Orleans es uno de los pocos lugares del mundo que realmente merece la pena ser visitado por lo menos una vez en vida; que de muertos, ya os traerá alguna medium brasileña con consulta en el French Quarter.

Bautizada en honor del duque de Orleans a principios del siglo XVIII, comenzó siendo un destacamento militar francés para convertirse, en 1723, en la capital de las posesiones galas en lo que sería Estados Unidos. En 1763, por un pacto secreto que los habitantes tardaron años en descubrir, la ciudad pasó a manos españolas hasta 1800, en que volvió a ser jurisdicción francesa; ya en 1803, **Napoleón** autorizó la venta de la Louisiana (que llegaba hasta la frontera con la actual Canadá) a los Estados Unidos por quince millones de dólares de la época. En 1815 se produjo la batalla de Nueva Orleans, en la que el general **Andrew Jackson**, al mando de una compañía repleta de piratas y esclavos, derrotó en las aguas del golfo a los británicos. Una vez asentada la autoridad norteamericana, comenzó el apogeo. Miles de esclavos fueron traídos para abastecer las inmensas plantaciones de algodón que rodeaban la ciudad: la gente de color que había sido más o menos libre bajo las administraciones francesa y española, comenzaron a sufrir las primeras trabas. Esta mezcla de razas en una ciudad tan constreñida y marcada por el Misisipí (de hecho, está bajo el nivel del mar, lo que de siempre ha hecho bastante complicado el asunto de enterrar a la gente, porque los cadáveres flotan en las tumbas) es lo que ha conformado su carácter, una mezcolanza africana, francesa, española e inglesa.

Cómo llegar

En avión

New Orleans-Moinsant International Airport: tel. (504) 464 08 31. 28 km al oeste de la ciudad. La tarifa de los taxis está fijada por ley: 21$ por dos pasajeros, 8$ por persona si son tres o más. La línea de

Louisiana

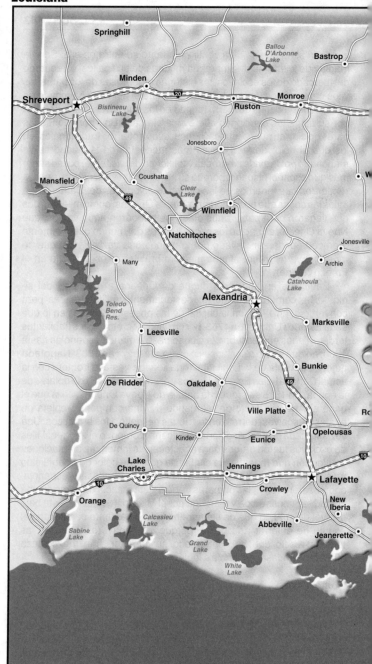

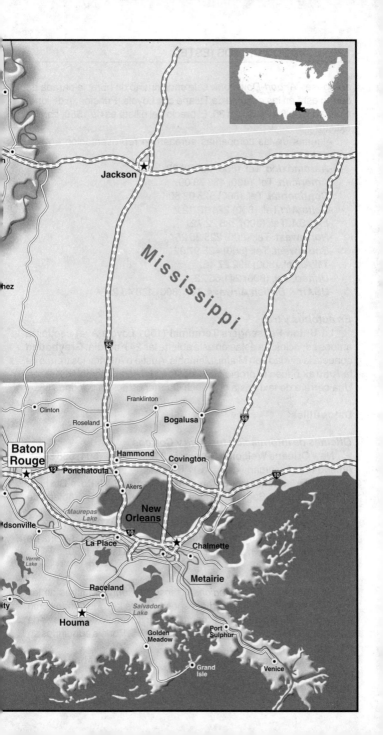

autobuses *Airport-Downtonw* sale cada cuarto de hora; la parada del centro está en las esquina de Tulane con Loyola. Funcionan de lunes a sábado, de 6 h 30 a 18 h 30. El precio del billete es de 1$50, cambio exacto.

Algunas de las compañías aéreas con representación en este aeropuerto:

-*Aeroméxico*. Tel. (800) 237 66 39.
-*American*. Tel. (800) 433 73 00.
-*Continental*. Tel. (800) 525 02 80.
-*Delta Air:* Tel. (800) 221 12 12.
-*LACSA*. Tel. (800) 225 22 72.
-*Northwest*. Tel. (800) 225 25 25.
-*Southwest*. Tel. (800) 435 97 92.
-*TWA*. Tel. (800) 892 27 46.
-*United*. Tel. (800) 241 65 22.
-*USAir & British Airways*. Tel. (800) 428 43 22.

En autobús y tren

La **Union Passengers Termimal** (1001 Loyola Ave) centraliza ambos servicios. La estación está abierta las 24 h del día. **Greyhound** conecta la ciudad con Miami, Memphis, Austin o Atlanta; los trenes de la **Amtrak** hacen lo propio con Houston, Jackson y también Atlanta. Una carrera de taxi hasta el French Quarter os saldrá por unos 5$.

Datos útiles

Oficinas de información turística y Correos

New Orleans Welcome Center: 529 Ann St. Tel. (504) 568 56 61. Abierto toda la semana de 9 h a 17 h.

New Orleans Metropolitan Convention and Visitors Bureau: Superdome,1520 Sugar Bowl Drive. Tel. (504) 566 50 31. Abierto de lunes a viernes de 8 h 30 a 17 h 30.

Oficina de Correos: 701 Loyola Ave. Tel. (504) 589 11 11. En el edificio que hay al lado de la Union Passengers Terminal. Abierta de lunes a viernes de 8 h a 18 h, los sábados hasta las 13 h 30.

Transporte público

Servido por la **RTA** (*Regional Transit Authority*). Muchas de las líneas funcionan las 24 h del día, especialmente las que tienen como salida o llegada las calles del French Quarter. El precio del billete es de 1$, el pase diario de 4$, y el pase de tres días 8$. Podéis adquirirlos en casi cualquier hotel.

Los **taxis** podéis pararlos en la calle, y si es la Bourbon, a todas horas los váis a encontrar. Si no, aquí tenéis algunas compañías: *Liberty Bell* (tel. 504/822 59 74), *United* (tel. 504/522 97 71) y *Yellow* (tel. 504/525 33 11). La bajada de bandera ronda los 2$, y cada milla 1$50.

Al otro lado del río está la bella población de **Algiers**. Si queréis acercaros a pasear un rato, sabed que hay unos ferries gratuitos que salen enfrente del Aquarium. El servicio, todos los días de 6 h a 23 h 45.

En la Jackson Square veréis varias **calesas de alquiler**. Es una forma divertida de conocer lo más interesante de la ciudad, aunque puede resultar algo caro (unos 20$ la media hora), además de sufrir en bastantes casos las constantes paraditas enfrente de comercios y restaurantes con el que el chófer tenga *bisnness*. Pero no pasa nada.

Seguridad personal

Nueva Orleans es una de las ciudades más peligrosas del país. No sabemos de ningún trotamundos al que le haya pasado algo, pero conviene extremar muchísimo las precauciones. Aunque las calles más importantes del French Quarter tienen gente a todas horas, tomad siempre un taxi que os lleve al hotel; no se os ocurra callejear yendo sólos de noche, ni mucho menos meteros a un cementerio. De día, no habrá mayor problema, pero en cuanto se meta el sol, andad con mil ojos, consejo que os dará cualquier persona a la que preguntéis. Las zonas más peligrosas se encuentran al norte del French Quarter, especialmente las calles que salen a la Tulane Avenue, una vez habéis pasado los hospitales que allí hay; como ya sabéis, el número de emergencias es el **911**. Pero que no cunda el pánico, por favor (nada más lejos de nuestra intención) y a disfrutar hasta la última gota de los barriles de la Bourbon Street.

La visita

El French Quarter

Sólo por contemplar las calles de este barrio, con su innegable sabor español, y perderse -con mucho ojo, éso sí- en los bares de la más que mítica Bourbon Street (probablemente la calle con más marcha de toda América del Norte, y lo más parecido que váis a encontrar a una zona de marcha como nosotros lo entendemos) merece la pena viajar hasta este país. Calles con edificios de tres alturas y hierro forjado que recuerdan los de alguna villa extremeña o, en su defecto, las ciudades coloniales del Caribe como La Guaira o Cartagena de Indias, con casas que parecen que van a venirse abajo; hasta hay una plaza Mayor, la Jackson Square, donde sólo falta la plaza de toros portátil en las fiestas, tiene soportales y todo; en las esquinas, placas de cerámica con nombres heredados del callejero español, y banderas con el león y la torre en las balconadas de casi todos sus hoteles... y una calle, la Bourbon (aunque no lo creáis, el nombre no tiene nada que ver con la bebida, si no con los Borbones) cuyos bares

New Orleans-Barrio Francés

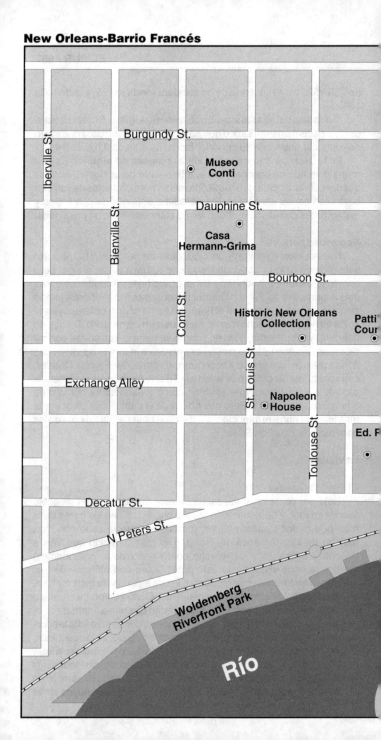

Iberville St.

Burgundy St.

Bienville St.

Museo Conti

Dauphine St.

Casa Hermann-Grima

Bourbon St.

Conti St.

Historic New Orleans Collection

Patti' Cour

St. Louis St.

Exchange Alley

Napoleon House

Toulouse St.

Ed. F

Decatur St.

N Peters St.

Woldemberg Riverfront Park

Río

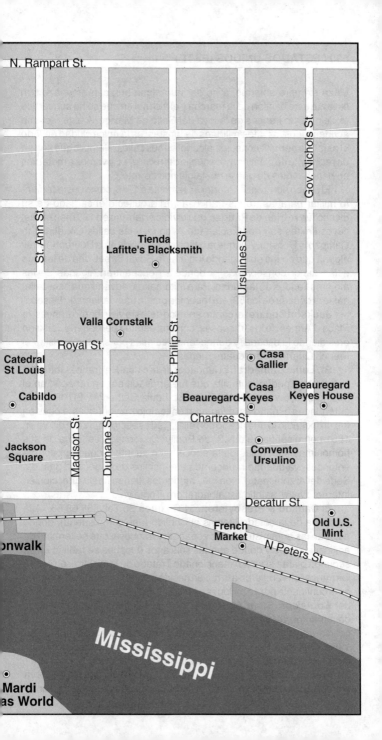

están siempre abiertos, a no ser que algún huracán amenaze con llevarse este bastión de la marcha y el alcohol en que se ha convertido el viejo barrio francés de la joya del Golfo de México. A este reclamo acuden todos los años millones de turistas: es la única ciudad en todo el país que permite consumir alcohol en sus calles, siempre que sea en un recipiente de plástico, por aquello del reciclaje... y vamos a meternos en harina, antes de que la nostalgia nos derrote.

El origen del French Quarter se remonta a 1718, como destacamento militar para las tropas francesas. El arquitecto encargado de su diseño fue **Adrien de Pauger**, que dividió el terreno en 120 manzanas, cuyos límites son hoy Esplanade Avenue, y las calles Canal, North Rampant y Decatur. Aunque la calle más conocida es la Bourbon, si hay alguna que ocupa un segundo lugar es la Royal Street, una de las que están mejor conservadas, y donde se encuentran algunas de las mejores tiendas de la ciudad. Para mitómanos, advertir que esta calle, hasta la década de los 50, era recorrida por un tranvía llamado Deseo...

Jackson Square: el centro anímico del este viejo barrio francés, la Place d'Armes de los franceses, con una estatua del general Jackson presidiendo la escena, y donde tenéis calesas por si queréis visitar el French Quarter sobre cuatro ruedas.

St. Louis Cathedral: el fundador de la ciudad, el francés Iberville, levantó una pequeña capilla que fue arrasada por un huracán en el mismo sitio donde hoy tenéis la St. Louis Cathedral. En 1798 las autoridades españolas levantaron un templo mayor (en esta ocasión fue un incendio lo que acabó con ella), y su aspecto final se le dió ya en 1851 con diseños de J.N.B. de Poully. Su fachada es típica de sus homónimas españolas de la época, y en su interior queda poco de entonces, ya que fue redecorada a principios de la década pasada. Sede del Arzobispado, son muy modernos, tienen hasta dirección en Internet.: www. saintlouiscathedral.org. Toma ya...

El Cabildo & Presbytère: 751 Chartres St. Tel. 568 69 68. A la izquierda de la catedral tenéis el Cabildo (así, como suena), donde estaban las administraciones española y francesa, que se terminó de edificar en 1795 y donde apenas seis años después se ratífico en su segunda planta el ya tan mencionado Tratado de Louisiana, en el que los franceses vendieron a la recién nacida nación todas sus posesiones en el continente por 15 millones de dólares. Hoy alberga las colecciones del *Louisiana State Museum*, entre sus fondos se exponen los documentos de la época colonial, además de los ropajes y los objetos cotidianos de rigor en aquellos años. Aunque se desató un fuego en 1988, se abrió en 1994 aprovechando para dar una capa de remode-lación, que parece ser lo necesitaba más que el comer.

French Market: Decatur St. Abierto las 24 h del día. No se cobra entrada. Lo que empezó siendo un lugar de intercambio comercial entre tribus indias en los siglos XV y XVI se convirtió en el mercado de la colonia francesa. De aquello, hoy sólo nos queda el solar, porque los edificios que lo conforman hoy fueron edificados a lo largo del siglo pasado. Hay variedad de artículos a la venta en este mercado que sólo cierra el día de Navidad: desde verduras y camisetas, a menaje, discos o raíces de ginseng. Las terrazas que hay cobran un poquillo cara la consumición, así que mejor os sentáis en un banco, que vais a escuchar a los combos igual.

Beauregard-Keyes House: 1113 Chartres St. Tel. (504) 523 72 57. Una de las edificaciones mejor conservadas del barrio, perteneció a una de las familias más influyentes de la ciudad durante el siglo pasado. Además de las habitaciones y los jardines, se expone la colección de muñecas de una de las dueñas de la casa.

Edificio de apartamentos Pontalba: Jackson Square & St. Peter St. El primer edificio de apartamentos del país es del siglo XVIII, y no es sino un encargo que realizó a Henry Howard una baronesa española, Micaela de Pontalba. Es uno de los lugares más fotografiados.

Ursuline Convent: 1100 Chartres St. Tel. (504) 529 30 40. Abierto toda la semana de 13 h a 16 h excepto los lunes. Edificado en 1734 el más genuino estilo francés, es de las construcciones más antiguas que se conservan en la ciudad. Empezó siendo un convento, claro, para luego irse conviertiendo en escuela, sede de gobierno y residencia del Arzobispo: hoy, contiene los archivos de la Iglesia, muy consultados por historiadores y demás curiosos.

St. Louis Cemetery Number One: 400 Basin St. Abierto todo el día. No se cobra entrada. Es el cementerio más célebre de Nueva Orleans y también el más antiguo, ya en una esquina del French Quarter. Sus tumbas más antiguas datan del principio del siglo pasado. No os extrañe ver siempre tanto turista: es cierto que algunos mausoleos son espectaculares, pero no menos de los de cualquiera de nuestros cementerios. De noche, ni se os ocurra entrar: los aparecidos que se presentan no son espíritus buenos.

Old Us Mint: 400 Esplanade Avenue. Tel. (504) 568 69 68. Abierto toda la semana de 10 h a 17 h. La reserva federal de Nueva Orleans es la más antigua del país. Este edificio de corte federalista, obra de William Strickland, de mediados del siglo pasado, sigue emitiendo moneda, por más que algunas de sus salas estén cedidas a un par de museos de la ciudad. Concretamente, hay exposiciones permanentes sobre el carnaval y el desarrollo del jazz en la ciudad.

Patti's Court: 631 Royal St. Debe su nombre a una de las sopranos que más reconocimiento alcanzaron durante el siglo pasado, Adelina Patti. El edificio, que responde al típico modelo francés de construcción, se cree fue edificado en 1770; el jardín está abierto al público, así que serviros vosotros mismos.

Napoleon House: 500 Chartres St. Una de las construcciones más famosas del barrio, por tejado y su cúpula octogonal, fue construida a principios del siglo pasado por el alcalde de la ciudad para, nos dice la tradición, servir de refugio a Napoléon tras ser liberado de su prisión en Santa Elena, cosa que nunca pasó...

En el Riverfront

La calle más importante es la **Canal Street**, el límite occidental del French Quarter. Con su bulevar y sus árboles, es la calle comercial por excelencia de Nueva Orleans. Mucho se ha discutido acerca del origen del nombre, pues nunca hubo un canal aquí; pero lo que se sabe sin género de dudas es que era el límite entre la parte francesa y la de los ingleses. Hoy, además de las típicas tiendas de recuerdos y artículos foográficos, hay restaurantes de comida rápida, lujosos hoteles y un centro comercial bastante cuco, especialmente sus aseos.

Custom House: 423 Canal St. Tel. (504) 589 45 32. Abierto de lunes a viernes de 8 h a 17 h. No se cobra entrada. Ocupando una manzana entera, la Aduana es uno de los edificios más característicos de Nueva Orleans. Data de los años de la Guerra Civil, y es de un respetuosísimo estilo Federalista. Lo más destacable se encuentra en la segunda planta, una maravilla de mármol, cristal y hierro forjado que responde al nombre de *Marble Hall*.

Plaza de España: bastante descuidada, entre la salida del ferry de Algiers y el centro comercial Riverwalk, es un regalo que le hizo nuestro país a la ciudad para conmemorar su bicentenario. Están los escudos en cerámica de todas las provincias, pero da pena verlo de lo dejado que está.

Aquarium of the Americas: Canal Street. Tel. (800) 774 73 94. Abierto toda la semana de 9 h 30 a 19 h. Entradas: 11$25 adultos, 5$ niños menores de 12 años. Así esté cayendo el sol a cuchillo, no deja de haber gente haciendo cola para conseguir una entrada. Cierto es que es uno de los mejores acuarios del país: se recrean los ecosistemas de los pantanos y del Delta, hay más de 6.000 especies, y un gigantesco tanque de agua en el que está lo mejorcito de la fauna acuática del estado. Ah, y el correspondiente cine Imax...

Contemporary Arts Center: 900 Camps St. Tel. (504) 523 12 16. Abierto toda la semana de 10 h a 17. Entradas: 5$. El cogollo de la vanguardia artística de Nueva Orleans: montajes de vídeo, cuadros de ésos con arpilleras, compañías de teatro independientes, ya sabéis... lo más bonito, el edificio en sí, un antiguo complejo de oficinas de principios de siglo.

Julia Row: 600 Julia St. Esta manzana de trece viviendas es uno de los conjuntos arquitectónicos más vistosos, de mediados del siglo pasado, y donde hoy están algunas de las mejores tiendas de la ciudad, y los apartamentos, de lo más bonito.

Los otros sitios de interés

New Orleans Museum of Art: 1 Collins Diboll Circle, City Park. Tel. (504) 488 26 31. Abierto toda la semana excepto los lunes de 10 h a 17 h. Entradas: 6$. Aunque su construcción se remonta a 1923, obra del arquitecto local Isaac Delgado, hubo una imponente ampliación a mediados de esta década, que tuvo como fruto dos nuevas plantas en las que exponer arte africano, asiatico y un par de salas de conferencias. En la colección de toda la vida, los fondos más preciados del NONA son la Samuel H. Kress Collection, impresionismo francés y pintura europea de este siglo, y unos cuantos huevos Fabergè.

Algiers: enfrente del French Quarter sólo que al otro lado del Misisipi está esta población, que es una de las favoritas para vivir. Además de sus cuidadas calles, repletas de tiendas y restaurantes, lo más destacable es el **Mardi Grass World** (233 Newton St. Tel. 504/361 78 21), un viejo almacén propiedad de una de las firmas que elabora mácaras y disfraces para el Mardi Grass, con miles de artículos expuestos relacionados con el festival.

Alojamiento

Ni se os ocurra venir sin hotel en el Mardi Grass y Navidades. El resto del año, no habrá mayor problema, aunque Nueva Orleans no abunda en sitios económicos en los que planchar la oreja. A no ser en verano, cuando la gente va andando por la calle cayéndole el sudor por la cara, y las tormentas dan hasta miedo.

En el French Quarter abundan los hotelitos de corte familiar, algunos mejor preparados que otros, así como establecimientos de las grandes cadenas, muy por encima de la media en todos los aspectos, sobre todo a la hora de pagar.

Además de los paneles de la estación y las oficinas de turismo, hay algunas agencias dedicadas a ayudaros con la cosa de la habitación: **Bed & Breakfast Inc** (1021 Moss St. Tel. 800/729 46 40), **French Quarter Reservation Service** (940 Royal St, apto. 263. Tel. 504/523 12 46. Hablan español. Correo electrónico: *fqrs#accescom.net*.

Precio barato

YMCA: 920 St. Charles Ave. Tel. (504) 568 96 22. Hasta arriba casi siempre. Baños compartidos, gimnasio y piscina.

French Quarter Guest House: 623 Ursulines St. Tels. (504) 529 54 89 y (800) 529 54 89. Muy barato entre semana, está bien situado. Es un edificio de dos plantas de mediados del siglo pasado; la relación calidad/precio, realmente buena. Las habitaciones están decoradas con gusto, y tienen las comodidades básicas.

Rue Royal Inn: 1006 Rue Royal. Tels. (504) 524 39 00 y (800) 776 39 01. Desde habitaciones con baño compartido a suites estupendas, para todos los bolsillos.

LaSalle: 1113 Canal St. Tels. (504) 523 58 31 y (800) 521 94 50. Una de las mejores opciones, es muy austero pero siempre tienen un hueco.

Rathbone Inn: 1227 Esplanade Ave. Tels. (504) 947 21 00 y (800) 947 21 01. A un par de manzanas del barrio francés, pero es buena zona. Sencillo, pero acogedor; todas las habitaciones tienen una pequeña cocina, con lo imprescindible.

New Orleans Guest House: 1118 Ursulines St. Tels. (504) 566 11 77 y (800) 562 11 77. A tres manzanas de la Bourbon Street. Catorce habitaciones decoradas con antiguedades, con el baño grande, y un servicio muy atento.

Hampton Inn Downtown New Orleans: 226 Carondelet St. Tels. (504) 529 99 90 y (800) HAMPTON. Establecimiento muy por encima de la media de la cadena, además tiene apenas un par de años, todavía huele a nuevo. 160 habitaciones, restaurante y aparcamiento.

Otros sitios económicos algo más alejados del centro

St. Charles Guest House: 1748 Prytannia St. Tel. (504) 523 65 56. Tres edificios con 38 habitaciones, algunas de ellas con baño compartido que son realmente baratas, aunque pequeñas y sin aire acondicionado (algo imprescindible en verano).

Prytania Inn: 1415 Prytania St. Tel. (504) 566 15 15. Tres viviendas del siglo pasado, habitaciones sencillas donde se junta gente de todo el planeta. Servicio muy enrollado.

Marquette House New Orleans I-H: 2253 Carondelet St. Tel. (504) 523 30 14. Muy barato, además no hay toque de queda.

Old World Inn: 1330 Prytania St. Tel. (504) 566 13 30. Habitaciones con y sin baño, pero los precios son muy económicos.

Longpre House: 1726 Prytania St. Tel. (504) 581 45 40. Dormitorios comunales y habitaciones con y sin baño.

Precio medio

Place d'Armes: 625 St. Anne St. Tels. (504) 524 45 31 y 8800) 366 27 43. De los más bonitos, es conveniente reservar con antelación. 80 suites totalmente equipadas, en un conjunto de cinco viviendas del siglo pasado; el patio es realmente bonito, con su fuente y todo. Aparcamiento cubierto y piscina.

Holiday Inn French Quarter: 124 Royal St. Tels. (504) 529 72 11 y (800) 447 28 30. Uno de los mejores, suele estar hasta arriba. 130 habitaciones, bar y restaurante.

Precio alto

Royal Sonesta: 300 Bourbon St. Tels. (504) 586 03 00 y (800) 343 71 70. De los más clásicos, 500 habitaciones: las que dan a la calle sirven para cualquier cosa menos para dormir, del barullo que hay por la noche (algo que a estas alturas ya sabréis). El restaurante (*Begue's*) es de los más prestigiosos de la ciudad; con aparcamiento cubierto y piscina.

Bourbon Orleans: 717 Orleans St. Tels. (504) 523 22 22 y (800) 521 71 11. Tranquilo, las habitaciones son una cucada: candelabros, baños de mármol... restaurante y piscina.

Restaurantes

Precio barato

Deja Vu: 400 Dauphine St. Tel. 523 19 30. Una de las mejores opciones: las hamburguesas son casi infinitas, y no cierra en todo el día. Además, la barra siempre tiene gente, intentando batir el récord mundial de *hand-grenades*, el cóctel de la casa (ver el apartado de La Marcha). Imprescindible.

Acme Oyster House: 724 Iberville St. Tel. (504) 522 59 73. Abierto toda la semana. Aceptan tarjetas de crédito. Funcionan desde 1910, y la verdad es que no extraña: la docena de ostras, sólo seis machacantes. Es lo que más come la gente, aunque hay también buenos platos regionales y sandwiches gigantescos.

Cafe du Monde: 800 Decatur St. Tel. (504) 581 29 14. Abierto las 24 h del día. No aceptan tarjetas de crédito. Otro que lleva funcionando lo suyo, concretamente desde 1860. La repostería, algo que tiene que ser pecaminoso en cualquier religión: los *beigents* (una especie de donuts) imprescindibles. Aquí vienen a dar docenas de turistas, por aquello de acolchar el estómago...

Red Bike Bakery & Café: 746 Tchoupitoulas St. tel. (504) 529 BIKE. Abierto toda la semana. Aceptan tarjetas de crédito. Cómida rápida de calidad, además de la repostería y el pan que dan nombre al local. Lo mejor, acudir al muy económico *brunch* del fin de semana: sábados y domingos, de 10 h a 15 h, reventaréis por sólo 9$.

Taquería Corona: 857 Fulton St. Tel. (504) 897 39 74. Abierto toda la semana. No aceptan tarjetas de crédito. De lo mejorcito en cuanto a comida mejicana: los tacos son enormes y baratísimos. Hay otro local en 5932 Magazine St.

Precio medio

Carmelo: 541 Decatur St. Tel. 8504) 586 14 14. Abierto toda la semana. Aceptan tarjetas de crédito. Una de las mejores cartas de vino del estado, sazonado con unas pastas realmente buenas: fettuccine della casa, ravioli con carne di grangi. Además, el local es realmente bonito, hasta romántico.

Antoine's: 713 St.Louis St. Tel. (504) 581 44 22. Cerrado los domingos. Aceptan tarjetas de crédito. De noche, hay que llevar americana y corbata, muchachos. Uno de los figones más clásicos de la ciudad: la misma familia lleva al frente desde 1840, y por algo será. No resulta especialmente caro, pero lo mejor es tomar el menú del día, compuesto de una sopa, un plato y una ensalada por apenas 13$. Las especialidades más celebradas: *pompano en papillote*, soufflé de patatas o ostras a lo Rockefeller.

La Marcha

La ciudad con más marcha del país, y casi del mundo, es Nueva Orleans. Bastantes de los bares del French Quarter no cierran nunca, y las leyes locales permiten beber alcohol en la calle -siempre que no sea en un recipiente de vidrio o metal-; además, la ciudad es todo un foco para la creación musical, concretamente el jazz o lo que se ha dado en llamar música del Delta. En las calles, docenas de chavalillos intentar ganarse unos dólares atronando el piso con sus pasos de claqué, los locales abundan en las *happy hours*, las actuaciones son a puertas abiertas -para que os ahorréis los machacantes de la entrada: sentaos en la puerta con vuestra copa, y lo escucharéis igual de bien que si estuvierais dentro. Consecuencia de todos estos factores: las calles hasta arriba, de noche no se puede andar, y el frenesí casi absoluto durante el *Mardi Grass*.

Algunos de estos bares tienen doscientos años de servir a la gente. Hay dos bebidas autóctonas, por llamarlas de alguna manera: el **Hurricane** y el **Hand Grenade**. Ambos tienen una fórmula secreta: el primero recuerda a nuestro Sol y Sombra, el segundo tiene un sabor a melón que disfraza su elevadísimo grado etílico: sólo se sirve en cuatro locales (Funky Pirate, Tropical Isle y el Deja Vu). Es difícil elaborar una selección de bares, pero aquí van nuestros favoritos:

Tropical Isle Toulouse (738 Toulouse St, hay otro en 721 Bourbon St), como a nosotros nos gusta, pequeño, animado y servicio superenrrollado; **The Old Absinthe House** (400 Bourbon St), las paredes repletas de tarjetas de visita, tiene a gala ser el bar más antiguo del país; **Pat O'Briens's** (718 Saint Peter St), **Bourbon Pub** (801 Bourbon St), **House of Blues** (225 Decatur St), **Funky Pirate** (727 Bourbon St), **Can Can Cafe** (300 Bourbon St), **Fritzel's** (733 Bourbon St), **Palm Court Jazz Cafe** (1204 Decatur St) **Tipitina's** (233 N. Peters St), **Market Cafe** (1000 Decatur St) son algunos de ellos.

Algunas compras

Centros comerciales

Jackson Brewery: 600 Decatur St. Tel. (504) 566 72 45. Abierto de lunes a sábado de 10 h a 21 h, los domingos hasta las 19 h.

Riverwalk Marketplace: 1 Poydrass St. Tel. (504) 522 15 55. Mismo horario que el anterior.

New Orleans Centre: 1400 Poyndras St. Tel. (504) 568 00 00. Abierto toda la semana de 10 h a 20 h.

The Shops at Canal Place: 333 Canal St. Tel. (522 92 00. Abierto de lunes a miércoles de 10 h a 18 h, de jueves a sábados hasta las 19 h, domingos de 12 h a 18 h.

Libros y discos

All That Jazz: 820 Ducatur St. Tel. (504) 522 78 60. Abierto toda la semana de 8 h a 19 h. Estupenda para los amantes del jazz; además, discos y recuerdos.

Faulkner House Books: 624 Pirate's Alley. Tel. (504) 524 29 40. Abierto toda la semana de 10 h a 18 h. En esta construcción del French Quarter, el premio nobel escribió una de sus obras: de ahí el nombre.

Louisiana Music Factory: 210 Decatur St. Tel. (504) 586 10 94. Abierto toda la semana de 10 h a 22 h.

Virgin Megastore: 620 Decatur St. Tel. (504) 671 81 00. Abierto toda la semana de 9 h a 23 h.

Record Ron's: 239 Chartres St. Tel. (504) 522 22 39. Abierto todos los días de 11 h a 19 h.

Beckham's Bookshop: 228 Decatur St. Tel. (504) 522 98 75. Abierta toda la semana de 10 h a 18 h. De segunda mano.

Librairie Book Shop: 823 Chartres St. Tel. (504) 525 48 37. Abierta todos los días de 10 h a 20 h. De los mismos dueños y el mismo estilo que la anterior.

Lenny's News: 702 Decatur St. Tel. (504) 569 87 00. Abierta las 24 h del día. Prensa internacional, entre ella periódicos españoles y sudamericanos. Otras ubicaciones: 5420 Magazine St (tel. 504/897 11 83, abierta de 7 h a 23 h) y 622 S. Carrolton Ave (tel. 504/866 23 64, también abierta de 7 h a 23 h).

Qué hacer

Deportes profesionales

Tenéis los **New Orleans Saints**, de la NFL, que juegan en el Superdome (tel. 504/731 17 00); en béisbol, un filial de los *Braves* de Atlanta, los **New Orleans Zephyrs** (Zephyr Stadium, 6000 Airline Hwy. Tel. 504/522 55 55).

Paseos por el río Misisipi, los pantanos, los cementerios...

Esta es una de las actividades que más dinero deja en la ciudad. Abundan las compañías dedicadas a ello, algunas de ellas:

- *Gator Swamp Tours:* tels. (504) 484 61 00 y (800) 875 42 87. Os recogen en la ciudad para llevaros al Honey Island Swamp.

- *John James Audubon Riverboat:* Aquarium of the Americas. Tels. (504) 569 14 80 y (800) 233 BOAT.

- *Vampire Tours:* Excursiones todas las noches a las 20 h 30, saliendo de la catedral de S. Luis. Tel. (504) 861 27 27.

- *Haunted History / Ghost Tour:* 723 St. Peter St. Tel. (504) 861 27 27.

- *Absolutely Fabulous Tours:* Planet Hollywood, 620 Decatur St. Tel. (504) 482 22 59.

- *Gray Line Sight-Seeing:* taquilla en Toulouse St & Canal St. Tel. (504) 587 08 61.

El Mardi Grass

Una de las mayores señas de identidad de la ciudad tiene su remoto origen el rito pagano de la *Lupercalia*, tres días en los cuales los romanos se daban a todo; cuando se impuso el cristianismo, se convirtió en lo que hoy entendemos por carnaval. Este *Martes Gordo* es heredero del carnaval que se festejaba en la colonia francesa, y propiamente nació en 1857, con el primer desfile. En 1872, en honor del Gran Duque Alexis, que estaba de visita en la ciudad, se celebró el Desfile del Rey (Rex Parade) que se convirtió en el más concurrido: los desfiles son como las cofradías sevillanas de la Semana Santa. Como dos semanas antes de que empiece formalmente, los primeros desfiles toman las calles: los más vistosos suelen ser *Zulu*, *Rex the King of Carnival*, *Endymion* y el de *Baco*.

BATON ROUGE

La capital del estado tiene cierto aire provinciano muy curioso y agradable, especialmente si uno viene desde la viciosa Nueva Orleans. Más allá de las cinco de la tarde parece que haya caído alguna plaga bíblica, porque apenas se ve gente y tráfico en la calle; pero es la capital, y quién sabe qué puede traeros hasta aquí, y no es conveniente que no sepáis dónde estáis...

Cómo llegar

En autobús

Greyhound: 1253 Florida Blvd. Tel. (504) 333 38 11. Abierta las 24 h del día, no está en la mejor zona de la ciudad, así que de noche será mejor que no callejéis mucho por los alrededores. Autobuses directos a Lafayette y Nueva Orleans.

Datos útiles

Oficinas de información turística y Correos

Baton Rouge Convention and Visitors Center: 730 North Blvd. Tels. (504) 18 25 y (800) LAROUGE. Abierta de lunes a viernes de 8 h a 17 h.

Baton Rouge Visitors Center: State Capitol. Tel. (504) 342 73 17. Abierto toda la semana de 8 h 30 a 16 h 30.
Oficina de Correos: 750 Florida Blvd. Tel. (504) 381 07 13. Abierta de lunes a viernes de 8 h 30 a 17 h, los sábados de 9 h a 12 h 30.

La pequeña visita

La mayor seña arquitectónica de la ciudad es el modernista **Louisiana State Capitol** (State Capitol Drive. Tel. 504/342 73 17. Abierto los fines de semana de 8 h 30 a 16 h 30. No se cobra entrada), un rascacielos levantado en la década de los treinta, y que es el capitolio más alto de todo el país. Como no podía ser menos, las vistas que hay desde su observatorio son las mejores que podéis tener de la geografía urbana de Baton Rouge. Su antecesor es el **Louisiana Old State Capitol** (100 North Blvd. tel. 800/488 29 68. Abierto toda la semana de 10 h a 17 h. No se cobra entrada), y la colección de arte local, que tiene su interés, está colgada en el **LSU Museum of Art** (Memorial Tower. Tel. 504/388 40 03. Abierto toda la semana de 10 h a 18 h), propiedad de la Universidad, donde destaca la colección de arte precolombino. La atracción que arrastra más público es la **Magnolia Mound Plantation** (2161 Nicholson Dr. Tel. 504/343 49 55. Abierto toda la semana excepto los lunes de 10 h a 16 h. Entradas: 7$), una típica plantación de Louisiana del siglo pasado en la que han montado la típica tienda de recuerdos, un restaurante de comida cajún y se exponen aperos y cosas por el estilo.

Necesidades básicas

Howard Johnson Suite Hotel: 2045 N. Third St. Tels. (504) 344 60 00 y (800) 487 81 57. Apartamentos muy amplios y totalmente equipados, tienen hasta lavadora y secadora. Restaurante, bar y aparcamiento. Precio barato.
St. Charles House: 201 St. Charles St. Tel. (504) 383 77 61. Una vivienda noeclásica de principios de siglo, con cinco habitaciones decoradas a todo lujo, y con baño completo. Precio medio.

Para gastar unos machacantes

Pues sabed que hay casinos, sí, en esta ciudad. Tienen poco que ver con sus paisanos de Las Vegas o Atlantic City: son más cutres, pelín más sórdidos, pero más auténticos. Los dos más destacables son el **Casino Rouge** (1717 River Rd. Tel. 800/447 68 43) y el **The Belle of Baton Rouge** (103 France St. Tel. 800/676 4VIP).

LAFAYETTE

A mediados del siglo XVIII, Francia perdió sus posesiones en lo que hoy es Canadá, les dieron la puntilla en la quebequesa batalla de las

Llanuras de Abraham. El caso es que muchos de los súbditos franceses que allí vivían, al verse bajo la corona británica, decidieron buscarse las castañas en esta zona del sur del estado, al calor de la presencia francesa. Y mantuvieron muy fuertemente su identidad, apartada de la sajona, hasta no hace mucho: en la década de los 20 el gobierno estatal obligó a las escuelas de la región a impartir las clases también en inglés, hasta ese punto llegó el tema. Es, además, una de las zonas del país más ricas en floclore, la cuna de la cultura cajún, ésa mezcla de criollismo y las tradiciones de los esclavos, con expresiones en todos los campos de la cultura, que ha ido empapando la vida cotidiana de todos, tanto descendientes de franceses como del resto de sus habitantes: incluso la lengua francesa ha ido calando, por lo que no os extrañe encontraros expresiones galas en una conversación.

Con una población de 100.000 habitantes, Lafayette es la capital del condado Cajun y la ciudad más importante de lo que se conoce como **Acadiana**, su centro económico y cultural, con una vida nocturna de lo más animado, y dónde más pura se encuentra la herencia de los pioneros franceses.

Cómo llegar

En autobús

Greyhound: 315 Lee Ave. Tel. (318) 235 15 41. Abierta las 24 h del día. Autobuses directos a Baton Rouge y Nueva Orleans.

En tren

Amtrak: 133 E. Grant St. Casi inútil: sólo pasan tres trenes a la semana, la línea que llega de Nueva Orleans a Atlanta. Los billetes sólo los venden en las agencias de viaje de la ciudad.

Datos útiles

Oficinas de información turística y Correos

Lafayette Parish Tourist Information Bureau: 1400 Evangeline Thruway. Tels. (318) 232 38 08 y (800) 346 19 58. Abierta toda la semana de 9 h a 17 h.

Oficina de Correos: 1105 Moss St. Tel. (318) 269 48 00. Abierta de lunes a viernes de 8 h a 17 h 30, los sábados está abierta hasta las 12 h 30.

Transporte público

Servido por la **LBS** (*Lafayette Bus System*). El servicio *supuestamente funciona* de lunes a sábados de 6 h 30 a 19 h, porque podéis hartaros de esperar a que pase un autobús: lo mejor acudir a la estación (Lee & Garfield Sts). Claro, por éso piden sólo 45ç por el billete.

Y lo de los **taxis**, pues que funcionan por zonas, así que...

La visita

La capital de la Acadiana tiene su mayor punto de interés en el **Acadian Village** (200 Green Leaf Drive. Tel. 318/981 23 64), una escrupulosa reconstrucción de una población típica cajún, con comercios abiertos y todo. El tema se sigue exponiendo en **Vermilionville** (1600 Surrey St. Tel. 800/99 BAYOU. Abierto todos los días de 10 h a 17 h) que no es si no un museo al aire libre donde se repasa el estilo de vida cajún y criolla en la Louisiana de los siglos XVIII y XIX, naturalmente que hay restaurantes. El museo municipal de rigor es el **Lafayette Museum-The Alexandre Mouton House** (1122 Lafayette St. Tel. 318/234 22 08. Abierto toda la semana de 10 h a 17 h. No se cobra entrada), en lo que fue la vivienda de uno de los primeros gobernadores del estado.

Para dormir

Confort Inn Lafayette: 1421 SE. Evangeline Thruway. Tel. (318) 232 90 00. Todas las habitaciones tienen frigorífico, horno microondas y una cafetera; además, restaurante, gimnasio, y aparcamiento. La ubicación, estupenda. Precio barato.

Days Inn Lafayette: 1620 N. University. Tels. (318) 237 88 80 y (800) 329 74 66. Cerca de la universidad. Con restaurante, cuarto de lavadoras y aparcamiento. Precio barato.

Acadian Bed & Breakfast: 128 Vincent Rd. Tel. (318) 856 52 60. Cuatro habitaciones con baño en una vivienda típica. Precio barato/medio.

Para comer

Judice Inn: 3134 Johnston St. Tel. (318) 984 56 14. Abierto toda la semana excepto los domingos. No aceptan tarjetas de crédito. De los más tradicionales de la ciudad, se jacta de servir las mejores hamburguesas de toda la Acadiana. La verdad es que ricas, lo están un rato, y queda uno más que servido. Precio barato.

Cafe Verlimionville: 1304 W. Pinhook Rd. Tel. (318) 237 01 00. Cierra domingos por la noche. Aceptan tarjetas de crédito. Uno de los mejores sitios en Lafayette para degustar la cocina cajún: mucho jamobolaya y mucho marisco.

Para pasar la tarde

La ciudad es también escenario del segundo **Mardi Grass** mayor del país. Al acabar comienza la **Azalea Trail**, donde se abren las viviendas antiguas al público en general. Y lo mejor de la cultura cajún, un buen repaso a la música, la artesanía o la cocina, se da en la tercera semana del mes de septiembre, en el **Festivals Acadiens**.

Así, lo más destacable de la ciudad es su **vida nocturna**. Lo malo es que los locales están muy separados unos de otros, así que un coche se nos antoja casi indispensable. Los fines de semana, Lafayette vibra a los sones del *zydeco* en garitos como **Downtown Alive!**, **Four Seasons Lodge** (hotel Four Seasons, 4855 W. Congress Ave) o **Randol's** (2320 Kaliste Saloom Rd).

La mejor tienda de recuerdos típicos Cajún, por si os interesa, es la **Cajun Country Store Inc.** (401 E. Cypress), muy surtida y con precios bastante razonables. Está en el *downtown*.

FLORIDA

Las cosas de Florida

Desde hace muchos años Florida ha tenido gran influencia española, ya que fue Ponce de León quien la descubrió y le dio el nombre de Pascua Florida en el año 1513. La llamo así por ser Domingo de Pascua cuando la pisó por primera vez. Ponce de León, un tío muy cachondo que andaba en busca de oro y de la fuente de la juventud, pasó por estas tierras y decidió bajarse a explorarlas. En esto estaba, cuando se encontró con los indios que habitaban la zona y que imponian sus costumbres a los más osados. Los susodichos indígenas, que no creían en nada ni en nadie, y que tenían bastante mala uva, le dieron una paliza de muerte, y el afamado conquistador tuvo que largarse a Puerto Rico, donde falleció.

También pasó por aquí Pánfilo de Narváez, que descubrió Tampa el Viernes Santo de 1528.

Otros que también estuvieron de pasada, sin conseguir mucho, fueron Hernando de Soto en 1539, que ocupó Tallahasse, actual capital del estado; Tristán de Luna, que llegó a Pensacola en 1559, para luego perderla con los franceses, los cuales la perdieron con los ingleses, estos a su vez, la perdieron con los confederados, para finalmente pasar a manos de la Unión al terminar la Guerra de Secesión.

De todos estos señores, el único que pudo establecerse por más tiempo fue Pedro Menéndez de Avilés. Menéndez llegó el 28 de agosto de 1565, día de San Agustín, y creó la ciudad del mismo nombre al noreste del estado, después de meses de travesía luchando contra los franceses y las tormentas del Atlántico.

Pedro Menéndez fue el más listo de todos. Supo integrarse con los indios, y se casó con la hermana del jefe indio Carlos, con la condición de que ésta se hiciera católica, y la llamó doña Antonia. Ella fue la primera india convertida al catolicismo.

Pero no todo le salió como quiso; perdió a su hijo, y en busca de él, conoció un español que llevaba 17 años perdido, llamado Escalante de Fontanedas, el cual se había dedicado a viajar por todos los campamentos indios y a aprender las diferentes lenguas. Cuando Menéndez lo conoció, le hizo su intérprete, y así les fue mas fácil comunicarse con estos.

No le duró mucho la dicha de todas formas, pues en 1586, San Agustín fue quemado y saqueado por un inglés, de profesión pirata, ("pirata cojo con cara de malo, con parche en el ojo, con pata de palo") Llamado Mr. Drake. Posteriormente, en 1672, con la ciudad otra vez en manos españolas, se empezó la construcción del Castillo de San Marcos, el cual tardó treinta años en terminarse. Este fuerte, gemelo del fabricado en Cumaná, Venezuela, se encuentra en perfecto estado de conservación.

El estado de Florida siguió creciendo con los años, llegando hasta el río Missisipi. En esta época, los ingleses, que ya estaban colonizando la parte norte del país, fueron tomando gran interés en el estado, llegando en 1702, a lanzar un ataque por mar sobre San Agustín, el cual fue resistido por los españoles.

Viendo que esto no les dio resultado, durante la Guerra de los Siete Años (1756-1763), los ingleses capturaron Cuba. Para poder recuperar Cuba, los españoles tuvieron que ceder Florida. Esto les duró a los ingleses 20 años, pues en 1783, los españoles capturaron las Bahamas, y las cambiaron por Florida otra vez.

Estos cambios no contribuyeron en nada a mejorar el estado de ánimo de los indios y los colonos, y la guerra entre unos y otros, empezó en 1817. Como resultado, los españoles, cansados de guerras y del descontento de todos los habitantes de la colonia, accedieron a la venta de Florida a los Estados Unidos por el módico precio de cinco millones de dólares, cantidad que nunca fue pagada por los americanos.

El primer gobernador de Florida fue Andrew Jackson, el cual estuvo muy poco tiempo, y su estadía tampoco fue muy agradable desde que decidió cambiar la capital a Talasi Indians, pequeño pueblo que quedaba en medio de las dos ciudades mas importantes del momento, Pensacola y St. Agustín. Esta ciudad es la capital de Florida desde 1823, llamándose en la actualidad Tallahassee.

Todo esto trajo mucha tensión entre blancos e indios, al querer los primeros quitar a los segundos las tierras en las cuales ya ellos estaban arraigados. Treinta jefe indios accedieron a firmar un tratado para dejar las tierras del este, las más fértiles, a los blancos y sus esclavos negros, a cambio de ayuda para cosechar las nuevas tierras. Pero ninguna de las partes obedeció el tratado, y los indios, al ver que sus nuevas tierras no eran nada fértiles, regresaron poco a poco a sus antiguos territorios.

En 1830 el Congreso pasó una ley en la cual los indios tenían que ser trasladados hacia el oeste. Este tratado sólo lo firmaron siete jefes indios, y por lo tanto, el descontento fue general. El presidente Jackson fue persistente e insistió en que los indios tenían que moverse. Trataron de persuadir a varios pero no consiguieron nada más que una firma, y aquí fue cuando el héroe Osceola se dio a conocer, y según dice la historia, con lágrimas en sus ojos, clavo un puñal en el tratado, y dijo:

Florida

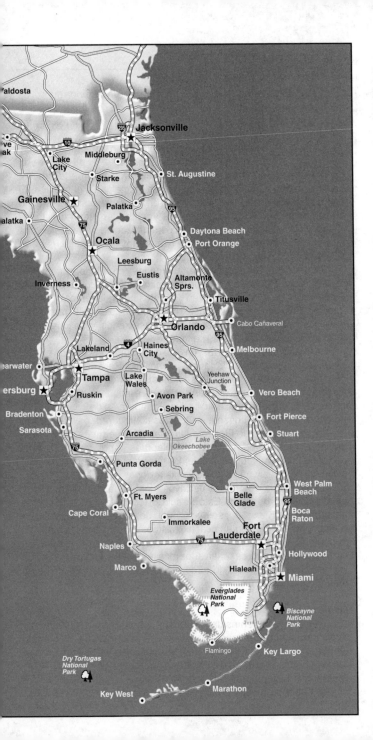

"Este es el único tratado que haré". Aquí empezó la segunda guerra de los Seminoles, que duró siete años. Esta guerra costó a los Estado Unidos, cuarenta millones de dólares de lo de aquellos tiempos, y mil quinientos muertos.

En 1837, Osceola, con una bandera blanca en la mano, llego a St. Agustín para parlamentar. El general Thomas Jessup, violando la bandera blanca, arrestó a Osceola. Lo encerraron en el fuerte Moultrie en Charleston, y murió un año más tarde de malaria y desilusión. El doctor que lo atendía le cortó la cabeza en venganza por haber hecho lo mismo a su cuñado durante la guerra, y exhibió la misma en distintos circos. Todo esto causó una gran desmoralización entre las demás tribus, y muchos jefes indios fueron capturados de la misma manera, al intentar negociar con los militares.

En 1842, 3.000 indios fueron embarcados y mandados al oeste del río Misisippi. Muchos escaparon y se escondieron en los Everglades. Estos indios se reagruparon y en 1855 desataron la tercera y última guerra de los seminolas, al arrasar un campo de colonos. Durante tres años los indios fueron perseguidos, masacrados y se ofrecieron grandes recompensas por su captura.

En medio de estas guerras, un 3 de marzo de 1845, Florida pasó a pertenecer a la Unión de Estados Americanos. Pero esta relación no duró mas que dieciséis años. Los colonos de Florida al igual que los de los otros estados del sur, medían su riqueza e influencia por el número de esclavos que poseían. Esto los llevó a separarse de la Unión un 10 de enero de 1861, y unirse a las fuerzas confederadas en la guerra.

La participación de Florida en la guerra fue pequeña, sobre todo debido a su reducido número de pobladores y por consiguiente al pequeño presupuesto disponible. La guerra supuso para el Estado cinco mil muertos y un gasto de veinte millones de dólares.

Al terminar la guerra, los esclavos fueron puestos en libertad, y reconocidos sus derechos. Esto fue sólo en teoría, ya que los miembros del famoso Ku Klux Klan, se encargaron de mantener a la población negra oprimida. No podían usar los mismos lavabos que los blancos, ni podían ir en la parte delantera de los autobuses por ejemplo. En realidad no fue hasta casi cien años más tarde, en 1964, con la Ley de los Derechos Civiles, cuando los derechos de la población negra fueron realmente reconocidos.

Geografía

Florida es una península. Su clima y vegetación son típicamente tropicales, aunque realmente no está en el Trópico por 161 Kilómetros. Florida se encuentra en la misma latitud que los desiertos Arábigo y del Sahara, pero con la gran diferencia que aquí caen 136 centímetros de lluvia al año. La temperatura media del año es de 22 grados Celsius (77 grados Fahrenheit). Siendo la media del verano de 28 grados Celsius

(82 grados Fahrenheit) y la del invierno de 20 grados Celsius (63 grados Fahrenheit). Realmente las temperaturas en Florida son muy agradables durante todo el año, exceptuando los meses de verano, que aunque la temperatura no es demasiado elevada, la humedad, al ser la época de lluvias, es muy alta.

La época de los huracanes es durante los meses de Agosto, Septiembre y Octubre. Normalmente no hay problemas con ellos, y suele pasar bastante tiempo entre los que llegan a Florida, pero siempre hay posibilidades de algún susto, y sino que se lo pregunten a los que estaban aquí durante el Huracán Andrew, el 24 de Agosto de 1992.

Florida fue la ultima parte del continente en emerger del mar. Existen en el estado un total de 7.800 lagos y 34 ríos. El segundo lago mas grande de los EE.UU. se encuentra en Florida, el lago Okeechobee, con 179200 hectáreas de extensión.

Tiene una población de 13 millones de personas, situándose como el cuarto estado más poblado de los EE.UU. Eso sin contar los inmigrantes ilegales.

Nueve de las zonas con mayor crecimiento de los EE.UU. se encuentran en Florida. Para hacernos una idea diremos que entre el año 1980 y 1990, la población hispana en el área de Miami-Ft. Lauderdale, aumento en un 70,9%, a un total de 1.100.000 hispanos. El estado ha crecido desde ser el vigésimo estado en población en 1950, con menos habitantes que Kentucky, a ser el cuarto en 1990. Se calcula que 892 nuevas personas se instalan a vivir en Florida cada día.

MIAMI

Tal vez lo que conocéis sobre Miami os viene dado por las revistas del corazón, donde todo es lujo, riqueza y frivolidad. Cuando lleguéis a Miami por primera vez, vais a encontrar una ciudad algo diferente del concepto que de ella teníais. Esto no significa que no exista esa parte que cuentan las revistas, pero indudablemente hay otro Miami muy diferente que merece ser conocido.

La exótica Miami, punto de encuentro de todo tipo de culturas y costumbres, se ha ido desarrollando no precisamente por el lujo y el desenfado de los protagonistas de la vida pública, sino por el esfuerzo y el trabajo de miles de personas que llegaron a esa ciudad con lo puesto y sin un duro, huyendo de todo tipo de problemas en sus lugares de origen.

Esta excitante ciudad se ha convertido en el lugar favorito de muchos turistas que vienen a gozar de las playas, el sol, del buen ambiente que da la mezcla de culturas que han hecho posible la existencia de Miami tal y como hoy lo conocemos. La unión de la eficiencia y el orden de la sociedad y el sistema americano se han

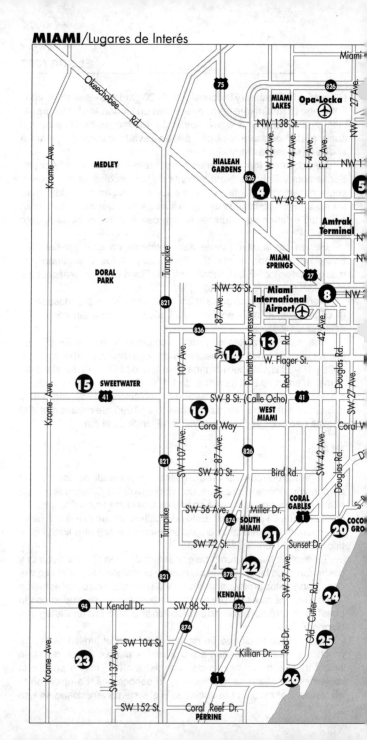

MIAMI/Lugares de Interés

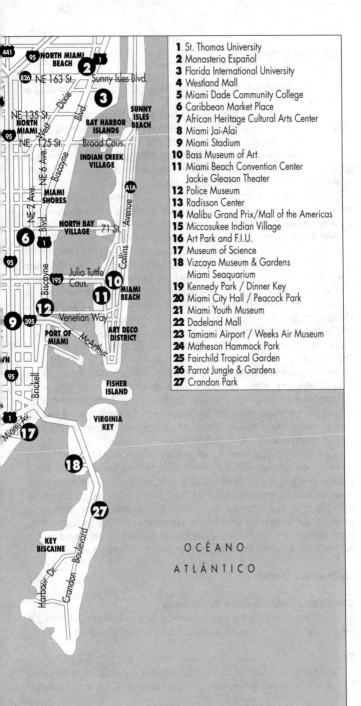

1 St. Thomas University
2 Monasterio Español
3 Florida International University
4 Westland Mall
5 Miami Dade Community College
6 Caribbean Market Place
7 African Heritage Cultural Arts Center
8 Miami Jai-Alai
9 Miami Stadium
10 Bass Museum of Art
11 Miami Beach Convention Center
   Jackie Gleason Theater
12 Police Museum
13 Radisson Center
14 Malibu Grand Prix/Mall of the Americas
15 Miccosukee Indian Village
16 Art Park and F.I.U.
17 Museum of Science
18 Vizcaya Museum & Gardens
   Miami Seaquarium
19 Kennedy Park / Dinner Key
20 Miami City Hall / Peacock Park
21 Miami Youth Museum
22 Dadeland Mall
23 Tamiami Airport / Weeks Air Museum
24 Matheson Hammock Park
25 Fairchild Tropical Garden
26 Parrot Jungle & Gardens
27 Crandon Park

OCÉANO
ATLÁNTICO

mezclado, de una forma a veces traumática, con el calor, el sabor y el humor latino.

Miami, hasta convertirse en lo que es actualmente, ha pasado por muchos problemas y fricciones. En 1926 la ciudad fue azotada por un huracán que destruyó la ciudad y mató 113 personas, hiriendo a 800. A esto se unió la depresión económica del 29, dando un gran parón al gran desarrollo turístico de la época. Todo se paralizó en Miami, hasta que en 1959 *Fidel Castro* tomara el poder en Cuba.

A partir de esta fecha la emigración de cubanos desde la isla al continente ha sido y es constante. Los primeros exiliados cubanos llegaron a Miami prácticamente sin nada mas que lo puesto. Con la avalancha de gente que fue llegando, el gobierno federal de EE.UU fue creando programas de ayuda de diversa índole para los refugiados. Todo esto fomentó un gran roce cultural y económico con los habitantes negros de Miami, lo cual ha sido y es causa de muchos problemas y disturbios raciales a lo largo de la corta historia de esta ciudad. Los disturbios de 1980, llegaron a costar a la ciudad más de 200 millones de dólares. Ese mismo año de 1980 fue traumático para Miami. En esta fecha, Fidel Castro dejó salir a 125.000 personas desde el "puerto de Mariel" en Cuba hacia EEUU. A estos emigrantes se les llamo los "marielitos" y crearon problemas de toda índole en la ciudad. Los cubanos que ya estaban allí no los recibieron precisamente con los brazos abiertos, y acusaron a Castro de vaciar las cárceles y los hospitales psiquiatricos, y mandar a los internos a Miami. La verdad es que esa enorme cantidad de gente que llegó de golpe originó mucho descontento, inseguridad ciudadana y problemas de toda índole, que solo se fueron superando con el tiempo.

Toda esta mezcla de culturas, razas y gentes, han hecho de Miami una ciudad especial, con una personalidad propia y diferente. El ser la puerta americana a América latina, ha supuesto el establecimiento de gran cantidad empresas de todo tipo, sobre todo las de comercio internacional. También las inversiones extranjeras, sobre todo europeas, han crecido de una forma importante en los últimos años, provocado por la caída del dolar a finales de los 80 y principios de los 90 y el auge económico vivido en Europa en esta misma época.

La llegada a Miami

Desplazamientos desde el aeropuerto

El aeropuerto está situado a 11 km del centro de la ciudad. Podréis ir a vuestro hotel en taxi, en minibús o en coche alquilado.

Taxi

Los taxis del aeropuerto se encuentran a la salida de la aduana. Pertenecen normalmente a compañías especiales. Si vais a un hotel del centro o a la playa os cobrarán entre 12 y 20 dólares. Si vais al puerto de Miami la tarifa fija es de 14 dólales por persona más un dólar de peaje.

En la ciudad os aconsejamos que uséis los taxis lo menos posible. Recordad que Miami es una ciudad muy grande y os podéis llevar muchas sorpresas. Si los desplazamientos van a ser muchos, os saldrá más económico alquilar un coche.

Usualmente cobran 1.40 dólares la milla más 1.10 dólares de bajada de bandera. Para llamar a un taxi recordad que podéis hacerlo a cualquiera de estos dos numeros: el 4 y el 8. Con estos numeros podréis llamar a dos compañías de taxis diferentes: *Yellow Cab* al teléfono 444 44 44 y *Metro Taxi* al 888 88 88.

Minibús

Este es un servicio gratuito que ofrecen algunas compañías de alquiler de coches y ciertos hoteles del área del aeropuerto o del centro. Cada compañía de coches de alquiler y los hoteles tienen sus propios autobuses. Debéis fijaros en los colores y el nombre que llevan escrito para, cuando encontréis el vuestro, pararlo inmediatamente. Tienen la parada en la salida del edificio del aereopuerto. Están pasando constantemente, de tal manera que si perdéis alguno, no os preocupéis y esperad al siguiente. Dado que son tan pocas las cosas que salen gratis en este país, merece la pena utilizar este medio.

Supper shuttle

Una especie de minibuses públicos bastante cómodos y prácticos que conducen a la gente en grupos a los diferentes barrios de Miami o de las afueras como "Fort Lauderdale". A la salida del edificio del aeropuerto, después de recoger las maletas, veréis a un representante de dicho servicio las 24 h del día. Tendréis que preguntar los diferentes servicios y precios (rates). Si sabéis el día y la hora exacta que vais a salir de Miami, podréis hacer la reserva para que os recojan 2 h antes de la salida del vuelo. El teléfono al que tenéis que llamar es el (305) 871 20 00. Las tarifas del aeropuerto al centro varían entre 5 y 9 dólares por persona. Los menores de 4 años viajan gratis.

Alquiler de coches

Aquí tenéis algunos números de compañías de alquiler de coches:

Alamo: Aereopuerto: 3355 N.W. 22 Street-Road. Tel. 1 (800) 327 96 33.

Budget: Aereopuerto: 3901 N.W. 28 Street. Tel. 871 30 53.

Thrifty: recogida de clientes, tel. 1 (800) 367 22 77.

Hertz: recogida de clientes, tel. 1 (800) 654 31 31.

Avis: llamada gratuita 1 (800) 331 12 12. Miami, tel. 637 49 00.

Day rent a car: tel.460 72 02.

Dollar: aereopuerto: 1770 NW Le Jeune Road. Tel. 887 60 00 ó 1 (800) 822 11 81.

Calles importantes

Flagler St., es la calle que divide la zona norte de la zona sur de la ciudad. Va desde el centro (down town) hasta los Everglades, al oeste del condado.

U.S. 1, es una carretera que va paralela a la "I-95" por todo el país. Bordea la costa este desde Canadá hasta Key West, la última isla del continente a la que se puede llegar en coche. La U.S. 1 va cambiando de nombre según cambia el pueblo por el que pasa. En el caso de Miami, se llama *Biscayne Blvd.* al norte de la ciudad. En la zona del centro se llama *Brickell avenue,* para pasar a llamarse *U.S. 1 o South Dixie Highway* en el sur. La *Jeune Road* o la *42 Ave.* va de norte a sur, pasando por el aereopuerto Internacional de Miami, Coral Gables y Coconut Grove.

Kendall Drive o la *88 St. del S.W.* empieza en el mar, cruza la U.S. 1 y el resto de las avenidas hasta la parte más oeste del condado. En su cruce con la U.S. 1, está el *Dadeland Mall* que es uno de los centros comerciales más importantes de Miami.

8 Street (calle ocho), empieza en Brickell Avenue al lado del mar, cruza toda la pequeña Habana, el resto de la ciudad y sigue en línea recta hasta Naples, atravesando los Everglades. Es sin lugar a dudas la calle cubana por excelencia hallándose en ella la mayoría de los restaurantes cubanos, latinos y españoles que se mezclan con tiendas que ostentan nombres tan pintorescos como *Casa Manolo glass and mirrors.*

Bird road o 40 street, otra de las calles con más tráfico. Pasa por Coconut Grove, Coral Gables y la zona de Sweetwater.

Calles y zonas a evitar

Si miráis un mapa de Miami, veréis que la mayoría de los sitios importantes están situados al sur o al oeste del centro de la ciudad, siendo la casi unica excepción *Miami Beach,* separada de tierra firme por la bahía.

La parte norte de la ciudad es la que se conoce como *Up town.* Es donde se concentran los "ghettos" o barrios pobres, tanto de latinos como de americanos negros. No es recomendable conducir por esas zonas, y mucho menos caminar. La autopista "I-95", que cruza de norte a sur el condado por la zona cercana a la costa, cruza todas estas áreas. Conduciendo por la autopista no hay ningun tipo de riesgo, fuera del derivado de la conducción propiamente dicha, pero a la hora de bajarse de dicha autopista, es cuando conviene extremar las precauciones. Tened en cuenta que los turistas son, en general, presa fácil para los que están buscando apoderarse de lo que no es suyo, y las salidas de las autopistas son lugares perfectos para este tipo de fechorías. Normalmente hay un semáforo que obliga a parar o a reducir la velocidad a la salida de la autopista, y estas personas están esperando a los coches que parecen perdidos, tienen las puertas sin los seguros puestos, o son de alquiler.

Si vais por la I-95, debéis evitar bajaros en cualquiera de las salidas entre la calle 62 del N.W. hasta la calle 125, ambas inclusive. Si la autopista por la que circuláis es la 112, que va desde Miami Beach hasta el aeropuerto, evitad bajaros en las salidas de las avenidas 12 y 17.

Igualmente debéis pasar de andar por el centro de la ciudad durante la noche, excepto en *Bayside,* y durante el día en la zona que está más al norte de la segunda calle del N.W. Observaréis que la gente no va caminando por la calle más que por tres sitios, el "centro" (down town), "Coconut Grove" y "Miami Beach". Debéis evitar ir andando por el resto de los lugares, no tanto debido a las enormes distancias cuanto a que no hay prácticamente nada que ver y, por el contrario, llamaríais la atención de los amigos de lo ajeno.

Transportes por la ciudad

Metro

El *Metrorail,* al estar Miami al nivel del mar, no se ha podido construir bajo tierra, razón por la cual se ha edificado por encima de las calles. Muy nuevo. En realidad las líneas de metro son solo dos, una que va desde el sur hasta el centro (down town) y otra que viene del norte hasta el mismo punto. La idea es descongestionar las carreteras sobrecargadas con la gente que va a trabajar al centro.

En el centro de la ciudad se conecta con un metro mas pequeño, llamado el *Metromover,* que te lleva a casi todas partes. Son trenecitos sin conductor que van por un rail en el aire haciendo un recorrido siempre igual. Es muy útil si teneis que ir a diferentes partes del centro.

El metrorail y metromover funcionan desde las 5 h 30 hasta medianoche. El precio del metro es de 1,25 dólares por viaje. Si vais a conectar con el metromover la conexión es gratuita. De lo contrario tendréis que pagar 0.25 dólares (un quater) cada vez que lo uséis. Merece la pena subirse en él, y dar una vuelta aérea por el centro. Os dará una idea del lugar y mejorará vuestro sentido de la orientación.

Para una mayor información, podéis llamar al tel. 638 67 00 entre las 6 h y las 23 h. También podréis recoger información sobre el transporte público en la estacion de "Goverment Center" de Down town.

Si tenéis coche, pero queréis usar el metro para ir al centro, sabed que hay aparcamientos en casi todas las estaciones al módico precio de 1 dólar diario.

Estaciones del Metro (MetroRail)
Okeechobee: 205 W Okeechobee Road.
Hialeah: 115 East 21st Street.
Northside: 3150 NW 79 Street.
Martin Luther King Jr.: 6205 NW 27 Ave.
Brownsville: 5200 NW 27 Ave.
Earlington Heights: 2100 NW 41 St.
Allapattah: 3501 NW 12 Ave.
Santa Clara: 2050 NW 12 Ave.
Civic Center: 1501 NW 12 Ave.
Culmer: 701 NW 11 St.
Government Center: 101 NW 1 Street.
Brickell: 101 SW 1 Ave.
Viscaya: 3201 SW 1 Ave.
Coconut Grove: 2780 SW 27 Ave.
Douglas Road: 3100 SW 37 Ave.
University: 5500 Ponce de Leon Boulevard.
South Miami: 5949 Sunset Drive.
Dadeland North: 8300 South Dixie Highway.
Dadeland South: 9150 Dadeland Boulevard.

Estaciones de Metromover
Metro Dade Cultural Center: 101 Flagler Street.
Goverment Center: 1 Street y Ave.
Fort Dallas Park: 3 calle del NE y Miami Ave.
World Trade Center: 3 Street del NE.
Bay Front Park, al lado de Bay Side: 1 Street del NE.
Edcom: 1 Avenue del NE y 5 St.

Autobús (MetroBus)
Los autobuses son el complemento del metro, ya que estos os recogen en las paradas para llevaros al resto de la ciudad. Para preguntar cualquier conexión o informaros sobre la ruta a coger, podéis llamar al tel. 638 67 00. Tienen gente que habla español. Si vais a tomar más de una ruta para llegar a vuestro destino, podéis pedir un billete de conexión (Transfer). Se lo podéis comprar al conductor, aunque cuesta un poco más. El precio del billete normal es de $1.25 cada viaje. Os indicaremos ciertas rutas importantes que podríais usar.

Tren (Tri-Rail)
Un tren moderno, de color verde, y con dos pisos. Os lleva de Miami a Palm Beach, pasando por 15 estaciones. Los adultos pagan 2 dólares por trayecto y los niños uno. Funciona de lunes a sábados.

Si necesitáis mas información, la podréis conseguir llamando al tel. 1 (800) 874 72 45.

Estaciones del Tren

Hialeah (79 street del NW); Golden Glades; Hollywood; Fort Lauderdale airport; Fort Lauderdale; Cipress Creek; Pompano; Deerfield; Boca Raton; Delray Beach; Boynton Beach; Lake Worth; Palm Beach Airport; West Palm Beach.

Para ir desde el centro de Miami a Fort Lauderdale o West Palm Beach, hay que coger el metro en el centro, y apearse en la calle 79 en Hialeah. Desde allí se conecta con el Trirail sin ningún suplemento en el precio.

Direcciones prácticas

Consulado de España: 151 Sevilla Ave, Coral Gables. Tel. 446 55 11.

Inmigración: 7880 Biscayne Bulevard. Tel. 536 57 41. Os contestará una computadora y tendréis que marcar el 2 si queréis información en español.

Bancos: los bancos más importantes en Florida son *Barnett Bank* y el *First Union.* Tienen sucursales por todo el estado. El horario de los bancos es casi el mismo para todos; están abiertos de lunes a jueves 9 h a 16 h y viernes de 9 h a 19 h. Los sábados solo abren algunos de 9 h a 13 h y únicamente para depositar dinero o cambiar cheques.

Respecto a los bancos españoles, la mayoría de los grandes están representados. Su horario es de lunes a viernes de 9 h a 15 h. Allí tenéis algunas direcciones:

Banco Central-Hispano: 701 Brickell Ave, piso 20, Miami. Tel. 373 20 20.

* *Banesto:* 701 Brickell Ave, Suite 3200, Miami. Tel. 374 14 42
* *Banco Bilbao:* One Biscayne Tower, Miami. Tel. 371 75 44.
* *Banco Santander:* 1000 Brickell ave, Miami Tel. 539 59 00.
* *Banco Central de España:* 800 Brickell ave, tel. 373 07 39.
* *Banco Exterior de España:* 777 Brickell ave. Tel. 371 50 08.

La visita

Police Hall Of Fame & Museum: 3801 Biscayne Blvd. Tel. 573 00 70. El único museo dedicado a este tema. Para quienes estén interesados, decir que tienen todo el equipo que usa la policía además de otras muchas cosas. Horario: de 10 h a 17 h 30. Precios: adultos 3 dólares y niños 1,50.

Palacio Vizcaya: 3251 South Miami Ave. Tel. 579 28 13. Villa italiana con arquitectura de estilo renacimiento. Contruida en 1916 por el magnate *James Deering,* natural de Chicago. El tal James contrató a más de mil artesanos especialistas en todas las ramas del arte para que le construyeran su casa de invierno. De sus innumerables viajes a Europa se trajo pinturas, muebles y piezas espléndidas como una de las fuentes que pueden observarse en el jardín que fue traída de un pueblecito italiano. El diseño de este palacio es totalmente original, está rodeado por 10 acres de jardines, con distintas esculturas, fuentes y lagos. Enfrente de la terraza principal con vistas al mar, hay un rompeolas, diseñado por *Stirling Calder*. Edificado en piedra, tiene forma de galeón. Rodeado por un tupido bosque, en el patio principal del primer piso hay una reproducción en hierro forjado de la carabela española *Vizcaya*. Este inmenso palacio (construido frente a la bahía Biscayne) es una de las residencias mas lujosas y mejor conservadas de los Estados Unidos. Solamente están abiertas al público 30 de las 70 habitaciones con que cuenta el palacio. Su decoración es magnífica a base de obras de arte. A la muerte del señor Deering, sus herederos donaron la casa al Condado de Dade en 1952. Abierto todos los dias de 9 h 30 a 17 h 30. Entradas: Adultos y niños 4. No está permitido usar cámaras de fotos o vídeo dentro del palacio. Cuenta con un servicio de guías voluntarias que os explicarán la historia del palacio.

El palacio se ha venido utilizando para recepciones oficiales, como la que convocó al Papa *Juan Pablo II* con el Presidente *Ronald Reagan,* durante la visita que el primero realizó a Miami. Igualmente, en 1991 la reina *Isabel II de Inglaterra* y su marido el *Príncipe Felipe de Edimburgo,* ofrecieron una recepción en este palacio.

Museo de Ciencias y Planetario: 3280 South Miami Ave. Tel. 854 42 47 ó 854 22 22. Enfrente de Vizcaya. Se trata de un observatorio que organiza un increíble "show" de rayos láser los fines de semana. Muy divertido para los niños ya que pueden experimentar sobre el terreno los conceptos que aprenden en el "cole". En el mismo recinto podréis ver y tocar más de 150 animales en el *Wildlife Center.* Hay una tienda de juguetes que hace las delicias de los "enanos". Horario: todos los días de 10 h a 18 h. Entradas: 6 dólares los adultos y 4 los niños.

Miami Seaquarium: 4400 Rickenbacker Causeway. Key Biscayne. Tel. 361 57 05. Una gran variedad de animales acuáticos. Esta es la casa del famoso delfín artista de la tele *Fliper.* También conoceréis a la temible ballena *Lolita,* y a los fieros tiburones. Abierto 9 h 30 a las 18 h. Entradas: unos 17 dólares los adultos y 12 los niños. Los menores de 3 años entran gratis.

Monasterio Español de San Bernardo: 16711 West Dixie Hwy. Tel. 945 14 62. Situado en north Miami, en la intersección, carretera 1. Es un monasterio medieval de estilo románico-gótico construido por el rey *Alfonso VII.* Estuvo habitado por los monjes cistercienses hasta 1834 fecha en que el gobierno español se lo confiscó. Años más tarde el millonario americano *Randolph Hearst* lo compró por 500.000 dólares para trasladarlo a una de sus propiedades. Fueron numeradas las 36.000 piedras que lo componen en el mismo orden que deberían ser colocadas en su nuevo emplazamiento. En su primera escala en Nueva York, el departamento de agricultura americano lo puso en cuarentena, ya que la paja que protegía las piedras, provenía de una de las zonas contaminadas por la triquinosis (enfermedad propia de los cerdos que hizo que desde entonces en EE.UU se prohibiese la entrada de los productos derivados de este animal).

En 1951, a la muerte de Hearst, un millonario de Florida se lo compró al Gobierno. Cuando dio comienzo su reconstrucción, la numeración de las piedras había desaparecido creando serios problemas a los constructores. Después de un año en que trabajaron "como chinos", el monasterio quedó totalmente terminado presentando el mismo aspecto que tenía en su construcción original.

Parot Jungle: 11000 SW 57 Ave. Tel. 666 78 34. Una jungla tropical que acoge 1.200 pájaros de las más exóticas especies del mundo. Ofrece espectáculos diarios en los cuales los pájaros montan en bicicleta, patinan y, alucinad, juegan al pocker. Es igualmente allí donde está el lago de los maravillosos flamingos. Abierto de 9 h 30 a 18 h. La entrada cuesta en torno a los 11 dólares para adultos y unos 6 dólares los niños.

La ermita de la Caridad: 3609 S. Miami Ave, Coconut Grove. Tel. 854 24 04. Abre todos los días de 9 h a 21 h. Está situada muy cerca del *hospital Mercy.* Se encuentra a la orilla del mar; la imagen que preside el altar es la de la "Virgen de la Caridad del Cobre", patrona de Cuba. Fue traída desde la isla por los exiliados cubanos. El mural que tiene como fondo la iglesia, cuenta la historia de la isla y está pintado por el pintor cubano *Teok.*

Crandon Park Marina: 4000 Crandon Blvd. Key Biscayne. Tel. 361 11 61. Abre de lunes a viernes de 7 h a 17 h. Los sábados y domingos de 7 h a 18 h. Es un inmenso parque de 1.211 acres, con una magnífica playa y mesas tipo merendero. El parking vale 3 dólares.

Cape Florida Lighthouse: 1200 S. Crandon Boulevard. Key Biscayne. Tel. 361 58 11. Abre todos los días de 8 h a 17 h 30. Los coches pagan una entrada mínima (un dólar). El faro más antiguo construido al sur de la Florida. Además de un inmenso parque, tiene una playa conocida con el nombre de *farito.* Está rodeada de pinos y ardillas juguetonas que están deseosas de que autóctonos o *guiris* saquen el bocata o la tartera para que las "inviten" a la fiesta.

Casa de Nixon: 485 W. Matheson Drive. Pertenece actualmente al cantante *Raphael.* Hace años pasó largas temporadas en esta casa el Presidente de los Estados Unidos, *Nixon.* La casa ha sido restaurada y se le ha añadido un piso, en su puerta principal todavía conserva la inicial labrada en madera.

Monkey Jungle: 14805 Hainlin Mill Drive, a la altura de la S.W. 216 Street. Tel. 235 16 11. Abre todos los días de 9 h 30 a 17 h. En esta jungla tropical de monos, lo que más llama la atención es que están sueltos pudiendo ser vistos por los visitantes a través de pasillos con rejas. Hay más de 400 monos pertenecientes a una gran variedad de especies. Durante el día se organizan varios espectáculos.

Coral Castle: 28655 South Dixie Hightway. Homestead. Tel. 248 63 44. Abre todos los días de 9 h a 21 h. El precio de la entrada es de 9 dólares los adultos y 5 los niños. Esta casa construida en roca de coral, fue construida por un emigrante en 1920. Este personaje dedicó 30 años de su vida a terminar la casa ya que tanto los muebles del jardín como todo lo que la rodea son de coral.

Orchid Jungle: 26715 S.W. 157th Ave. Homestead. Tel. 247 48 24. Abre todos los días de 8 h 30 a 17 h 30. El precio de la entrada es de 5 dólares los mayores y 4 los niños. El parque, inmenso, puede ser recorrido en tren. Una gran variedad de orquídeas típicas del clima tropical y distintas variedades traídas de otras partes del mundo.

Venetian Pool: Toledo Street y Almeria Ave. Coral Gables. Abre de lunes a viernes de 10 h a 21 h y los fines de semana de 10 h a 17 h. Está considerada como una de las piscinas más grandes del mundo. Tiene capacidad para un millón de galones de agua. Su diseño es de estilo veneciano, con cascadas. Zonas para niños.

Fairchild Tropical Garden: 10901 Old Cutler Road. Coral Gables. Tel. (305) 667 16 51. Abre todos los días de 9 h 30 a 16 h 30. El precio de la entrada es de 5 dólares los adultos. Los niños menores de 13 años entran gratis. Es uno de los bosques tropicales más grandes de EE.UU. Además de la flora tropical de Florida, se han añadido árboles de todas partes del mundo. Se puede visitar este enorme parque en un tren que lo recorre todo. Durante los meses de verano, os recomiendo que llevéis provisiones de repelente contra mosquitos.

Hobie Island: P.O. Box 16, Key Biscayne 33149. Tel. (305) 361 72 45. Abre todos los días de 9 h 30 h hasta el atardecer. En esta isla podéis alquilar catamaranes, tablas de windsurfing y tomar clases que cuestan 15 dólares la hora. Se encuentra a la derecha cruzando el puente que une Key Biscayne y Miami, llamado *Rickenbacker Causeway.* Además de practicar estos deportes podéis pasar el día en la playa rodeados de pinos y palmeras. Y lo que, seguramente nunca habéis visto, patos salados.

Matheson Hammock Park: 9610 Old Cutler Road. Coral Gables. Tel. (305) 666 69 79. Horario: todos los días desde las 6 h hasta el atardecer. El parking de la playa es gratuito. Este parque de 100 acres, está rodeado de *mangroves* (árboles de raíces largas que crecen en tierra y agua salada y evitan que el mar erosione la tierra). Son comunes en la zona del Caribe, y en la costa sur de la Florida). Tiene lagos, zona para picnic, playa y marina.

Museos

Bernacle State Historic Site: 3485 Main Hwy. Tel. 448 94 45. La casa de *Commodore Ralph Munroe,* pionero de Coconut Grove. Reconstruida y super bien decorada. Abre de jueves a lunes de 9 h a 16 h. Entradas: adultos un dólar y la mitad los niños menores de 12 años.

Museo de arte Lowe: 1301 Stanford Drive. Tel. 284 35 35. Es el museo de la famosa Universidad de Miami, en Coral Gables. Acoge expocisiones permanentes de arte. Allí está instalada la "colección de Kress" perteneciente a los estilos renacimiento y barroco. Abierto de martes a domingos. La entrada cuesta 2 dólares a los adultos; los menores de 16 entran gratis.

Bass Museo: 2121 Park Ave. Art Deco district. Tel. 673 75 33. Colección permanente de arte antiguo. También exhibe colecciones de obras antiguas y modernas tanto americanas como europeas. esculturas, y más. Abierto de martes a sábados de 10 h a 17 h. Domingos de 13 h a 17 h. Precios: los menores de 6 años no pagan, entre 6 y 11 años 2 dólares y los adúltos 5.

Museo de Arte Cubano: 1300 SW 12 Ave, en la pequeña Habana. Tel. 858 80 06. Este museo fue creado en 1976 para promover artistas cubanos. Acoge una colección de arte permanente con más de 200 pinturas y dibujos.

Center For The Fine Arts: 101 W. Flagler Street y la 1st Ave. Tel. (305) 375 17 00. Abre de martes a sábados de 10 h a 17 h. Los jueves de 10 h a 21 h y los domingos de 12 h a 17 h. El precio de la entrada es de 5 dólares los adultos y 2 los niños. En este centro de arte podéis ver exposiciones itinerantes de los mejores pintores del mundo. Últimamente se mostraba una colección compuesta por obras de pintores impresionistas americanos (1880 al 1920).

Historical Museum of South Florida: 101 W. Flagler Street y la 1st Ave. Miami. Tel. (305) 375 14 92. Abre los lunes, miércoles y sába-dos de 10 h a 17 h. Los jueves de 10 h a 21 h y los domingos de 12 h a 17 h. El precio de la entrada es de 12 dólares los adultos y 10 los niños. Dedicada a ilustrar la vida de los distintos emigrantes que han conformado los pueblos de Florida. Hay objetos de la historia de los judíos, cubanos y españoles.

Weeks Air Museum: 14710 S.W. 128th Street. Kendall. Tamiami Airport. Tel. (305) 233 51 97. Abre todos los dias de 10 h a 17 h. Este museo esta dedicado a las Fuerzas Aéreas que estubieron en la Segunda Guerra Mundial. Se pueden visitar sus hangares y una coleccion de maquetas de aviones.

Alojamiento

Miami dispone de una amplia infraestructura hotelera que abarca toda la gama de estilos y precios. Estos últimos varían dependiendo de donde estén situados y la época del año. Si vais justos de pelas, olvidaos de las vistas ya que por ellas os podrán aumentar hasta un 50%. Igualmente hay que recordar que la temporada alta empieza en noviembre y termina en abril. También tened en cuenta que a los precios del hotel habrá que añadirle un 11.5% de IVA.

Los hoteles los dividiremos por zona y precios. Considerararemos cinco zonas: *Miami Beach, Centro de la ciudad (Down Town), Alredeores del aeropuerto, Coconut Grove y Key Biscayne.*

Cámpings

En el sureste de Florida, no encontraréis muchos lugares donde hacer cámping, salvo los que han quedado después del huracán. La mayoría de los cámpings de los EE.UU están muy bien pues cuentan con muchos servicios. Tened en cuenta que durante los meses del verano tendréis, además del calor, otro problema añadido: los mosquitos que parecen pirañas. No dejéis de llevar un repelente.

Larry and Penny Thompson Park: 12451 SW 184 Street. Tel. 232 10 49. En este cámping no admiten tiendas de campaña, pero sí se os permitirá hospedaros en un *trailer home* que se alquila "in situ" y resulta muy económico. Se admiten hasta 4 personas en un trailer y 2 coches.

Milton E. Thompson Park: 157 ave. y la 170 calle al oeste de Hialeah. Tel. 821 51 22. Ofrecen información acerca de las tiendas de campaña, aunque no hacen reservas. Tres fenomenales lagos ideales para la práctica de la pesca.

NatiEverglade onal Park: 21940 Griffin Road, Fort Lauderdale. Para llegar hay que coger la I-95 norte hasta "Griffin Road" y salir hacia el oeste (13.30 km). Tel. 247 62 11. Tiene espacio para 100 tiendas o caravanas. Este cámping es bastante austero; por no tener no tiene ni electricidad. Durante los meses de diciembre a abril podréis quedaros en tiendas de campaña sin ningún problema, pero en verano os freirán los mosquitos.

Biscayne National Underwater Park: 328 Street (North Canal Drive) a 14.5 km al este de Homestead. Hay que tomar la "US1" hasta la 137 Ave que se denomina *Tallahassee Road.* Girad después hacia el este paralelo de Canal Drive. Tel. 247 72 75. Se le ha dado el nombre de parque acuático porque alrededor de un 95% esta debajo de agua. Parte de este cámping llega hasta *Elliot Key,* que es el primer cayo.

Hoteles

En South Miami Beach, la zona Art Decó

Es la zona turística por excelencia de Miami. Su desarrollo data de la década de los cincuenta, en la época que se puso de moda el "Art Decó", por eso la mayoría de los hoteles son viejos y decadentes y durante muchos años han sido refugio de retirados. Efectivamente, esto ha sido así hasta que en los últimos tres años, se desató una furia remodeladora y vanguardista que ha convertido lo que se conoce ahora como *South Beach* en una de las zonas más divertidas y con mejor ambiente de Miami. En la gran mayoría de los hoteles, aceptan tarjetas de crédito.

La histórica zona Art Decó, tiene verdadero arte. Sus diseños arquitectónicos os gustarán cantidad ya que son muy creativos, con colores vivos, algo muy diferente de lo que posiblemente hayáis visto hasta entonces. A continuación facilitamos la inmensa mayoría de los hoteles de esta zona ya que tienen unos fenomenales precios y muchos de ellos han sido restaurados recientemente. Todos ellos cuentan con servicios mínimos, tales como teléfono, aire acondicionado y televisión. Inmejorables para los que tengan pensado estar día y noche de marcha.

Barato

International Inn: 2301 Normandy Drive. Tel. 1 (800) 848 09 24. Está en la bahía. Cuenta con TV y piscina. El desayuno está incluido en el precio. Admiten hasta cuatro personas por habitacion.

Waikiki Resort: 188 Street Collins Ave. Tel. (305) 931 86 00. Llamada gratuita 1 (800) 432 36 64. Fax. (305) 935 50 09. Este hotel queda entre Fort Lauderdale y Miami Beach. Aire acondicionado, TV, tres piscinas, con voleibol en la playa, y cabaña-bar en la piscina.

The Clay Hotel & Int'l Hotel: 1438 Washington Ave. Tel. (305) 534 29 88. Cuenta con 45 habitaciones. Se aconseja reservar con bastante tiempo de antelación, ya que no es muy grande y es un establecimiento muy solicitado. Por la reserva se paga una pequeña cantidad a la que también hay que sumar el 11% de IVA. Situado frente a la playa. Fenomenales precios.

Traymore Hotel: 2445 Collins Ave, Miami Beach, Fl. 33140. Tel. (305) 534 71 11. Llamada gratuita 1 (800) 444 15 12. Fax. (305) 538 26 32. 96 habitaciones, piscina climatizada, bar-café alrededor de la piscina, deportes acuáticos. Aceptan tarjetas de crédito. Las habitaciones cuentan con teléfono, caja de seguridad, mini-bar, aire acondicionado y TV. Todas las suites tienen jacuzzi.

Avalon Hotel: 700 Ocean Drive. Miami Beach, Fl.33139. Tel. (305) 538 01 33. Llamada gratuita 1 (800) 933 33 06. Fax. (305) 534 02 58. Acoge un total de 60 habitaciones. Situado en la playa. Servicio de intérprete, bar, restaurante. En temporada alta está catalogado como hotel medio pero en verano los precios bajan.

Adrian Hotels: 1052-1060 Ocean Drive. Miami Beach, Fl.33139. Tel. (305) 538 00 07. Llamada gratuita 1 (800) 332 68 35. 200 habitaciones con aire acondicionado, TV, teléfono, dos restaurantes y terraza.

The Collins Park Hotel: 2000 Park Ave. Tel. (305) 595 65 38. Ha sido remodelado recientemente; lo más original son sus ventanas de todas las formas y tamaños, acentuadas con cornisas que dan una impresión de viseras para el sol.

Clevelander Hotel: 1020 Ocean Drive. Miami Beach, Fl. 33139. Tel. (305) 531 34 85. Informal y con mucha animación ya que tiene un bar alrededor de la piscina. El hotel está bien para quienes gustan de la marcha, de lo contrario mejor no alojarse allí. Piscina, frente a la playa.

Edison Hotel: 960 Ocean Drive. Miami Beach, Fl. 33139. Tel. (305) 531 27 44. Llamada gratuita 1 (800) 237 35 22. Bar al aire libre con música en vivo. Piscina.

Medio

Bay Harbour Inn: 9660 East Bay Harbour Drive. Bay Harbour Island. Florida 33154. Tel. (305) 868 41 41. Un total de 37 habitaciones y 15 suites. Decorado a base de antigüedades. En los precios se incluye el desayuno, tipo continental.

Essex House: 1001 Collins Ave, Miami Beach. Florida 33139. Tel. (305) 534 27 00. Llamada gratuita 1 (800) 553 77 39. Con 50 habitaciones y 13 suites. Este hotel está decorado con toques modernistas, cristales con figuras representativas de la flora y la fauna tropical y un mural pintado por *Earl LePan,* es un clásico en Miami Beach.

Palms On The Ocean: 9449 Collins Ave. Surfside, Fl 33154. Tel. (305) 865 35 51. Llamada gratuita 1 (800) 327 66 44. Con 150 habitaciones y 5 suites. Está localizado en la playa. Ofrece piscina, gimnasios, y un restaurante de lo más informal.

Castle Beach Club: 5445 Collins Ave. Miami Beach, Fl. 33140. Tel. (305) 865 15 00. Llamada gratuita 1 (800) 327 05 55. Fax. (305) 865 15 00. Se encuentra a 15 millas del aereopuerto internacional de Miami y cuenta con 335 habitaciones. Dispone igualmente de un restaurante llamado *Stacy.*

Beach Paradise Hotel: 600 Ocean Drive. Miami Beach, Fl. 33139. Tel. (305) 531 00 21. Dos restaurantes, *Paradaise Café y Beach Villa Chinese Restaurate.* Frente a la playa.

Betsy Ross Hotel: 1440 Ocean Drive. Miami Beach, Fl 33139. Tel. (305) 531 39 34. Un restaurante, *A Mano Restaurant,* y un café *Stars and Stripes.* Piscina, enfrente de la playa. Aunque el hotel es antiguo, está en una de las zonas más de moda y con más marcha de Miami Beach.

Century Hotel: 140 Ocean Drive. Miami Beach, Fl. 33139 Tel. (305) 674 88 55. Fax. (305) 538 57 33. Aunque está situado al lado, no tiene vistas al mar.

Ocean Roc Resort Motel: 19505 Collins Ave. Miami Beach, Fl. 33160. Tel. (305) 931 76 00. Llamada gratuita 1 (800) 327 05 53. Fax. (305) 866 58 81. Con 100 habitaciones que disponen de 2 camas dobles, TV, mini-bar, piscina, playa privada y cafetería.

Caro

Hotel Fontainbleau Hilton: 4441 Collins Ave. Miami Beach. Florida 33140. Tel. (305) 538 20 00. Este es el hotel más famoso de su época; fama que ha podido mantener a través del tiempo. Perdura su buen servicio y su imponente arquitectura. Muy recomendables resultan asimismo los famosos "bruch" (desayuno/comida) en los cuales os pondréis morados de comer. Llamada gratuíta 1 (800) 445 86 67. Fax. (305) 673 53 51. Situado en el centro de Miami Beach, enfrente de la playa. Cuenta con casa de cambio, gimnasio con masajes, una piscina con cascadas y magníficos jardines, barra de bar en la playa (sillas playeras), pistas de tenis, posibilidad de practicar deportes acuáticos (vela, sky, motos de agua, etc.), parque infantil y servicio de intérprete. Sus más de 1.200 habitaciones, tienen TV, aire acondicionado y mini-bar. Tiendas, restaurantes y la mejor piña colada de Miami. En este hotel se rodó una de las películas de *James Bond*.

The Alexander: 5225 Collins Ave. Miami Beach, Fl. 33140. Tel. (305) 865 65 00. Llamada gratuita 1 (800) 327 61 21. Fax. (305) 864 85 25. Cuenta con 125 suites. Uno de los hoteles más bonitos y elegantes de esta zona, situándose enfrente de la playa. Ofrece casa de cambio y un parque infantil. Uno de los mejores restaurantes de Miami se encuentra en este hotel, se trata del *Dominique* que sirve unas buenas especialidades: las *salchichas de búfalo y cola de lagarto* son de lo más exquisito. Podéis también echarle valor y "meterle mano" a una culebra, dicen que está deliciosa. Servicio de comidas las 24 horas. Dispone, además, de intérprete, embarcadero, piscina, cocina y envío de supermercado. Más de 100 suites con minibar. Gran variedad de deportes acuáticos. Los niños pueden dormir gratis, eso sí, en la habitación de los padres.

Seacoast Towers Suite Hotels: 5151 Collins Ave. Miami Beach. Florida 33140. Tel. (305) 865 51 52. Llamada gratuita: 1 (800) 624 87 69. Fax. (305) 868 40 90. Situado en la playa. Entre sus servicios: parque infantil, intérprete, piscina, caja fuerte en las habitaciones, minibar, tenis, y deportes acuáticos. Alquilan el material.

Doral Ocean Beach Resort: 4833 Collins Ave. Miami Beach, Fl 33140. Tel. (305) 532 36 00. Llamada gratuita 1 (800) 223 67 25. Fax. (305) 534 74 09. Tiene 420 habitaciones y 17 suites. Situado en la playa. Parque infantil y servicio de guardería., piscina, gimnasio con masajes, tenis, deportes acuáticos: motos de agua, vela, sky, windsurfing, submarinismo, etc. Restaurante italiano.

Sheraton Bal Harbour: 9701 Collins Ave. Bal Harbour. Florida 33154. Tel. (305) 865 75 11. Llamada gratuita: 1 (800) 325 35 35. Tiene 650 habitaciones y 60 suites. Situado en la playa, cuenta con parque infantil y guardería, piscinas, pistas de tenis, deportes acuáticos, voleibol, gimnasio, restaurante y tienda de ultramarinos, anticuarios, joyería, etc. El hotel ha sido renovado recientemente. Queda enfrente del centro comercial más exclusivo de Miami.

En el centro

Los hoteles del centro son generalmente más caros, como en todas las grandes ciudades. Además, en Miami, el centro no es precisamente de lo más recomendable.

Precios medios

Biscayne Bay Marriott Hotel and Marina: 1633 N. Bayshore Dr. Miami, Fl.33132. Tel. (305) 374 39 00. Llamada gratüita 1 (800) 228 92 20. Fax. (305) 375 05 97. Un monstruo que supera las 600 habitaciones. Está situado a 16 calles del centro con lo que tiene todo a mano. En contrapartida, el enclave no es el más adecuado para andar de noche. Servicio de traductor, facilidades para minusvalidos, embarcadero, piscina, y minibar en las habitaciones.

Everglades Hotel: 244 Biscayne Blvd. Miami, Fl. 33132. Tel. (305) 379 54 61. Llamada gratuita: 1 (800) 327 57 00. Cuenta con 376 habitaciones. Piscina en el último piso del hotel. Enfrente de Bayside. Se ubica en una de las zonas más importantes, comercialmente hablando. Tienda libre de impuestos, cafetería y un restaurante francés que sirve, a unos precios excelentes, una muy buena cocina.

Caro

Hotel Intercontinental: 100 Chopin Plaza, Miami, Fl. 33131. Tel. (305) 577 10 00. Llamada gratuita: 1 (800) 327 30 05. Tiene 645 habitaciones y 25 suites. Este enorme rascacielos de 34 pisos, se encuentra enfrente de la bahía, tiene un amplio y agradable recibidor, varios restaurantes y cafeterria. El *Pavillon Grille,* está considerado uno de los más caros pero también mejores restaurantes de Miami. Servicio de comidas las 24 horas, guardería, gimnasio con masajes, pistas de tenis y piscina. Ofrece también cambio de moneda, lavandería, comida las 24 horas, intérpretes, caja fuerte en las habitaciones y tienda libre de impuestos.

OMNI International Hotel: 1601 Biscayne Blvd. Miami, Fl. 33132. Tel. (305) 374 00 00. Llamada gratuita: 1 (800) 228 21 21. Tiene 535 habitaciones y 70 suites. Este establecimiento cuenta con su propio centro comercial con tres plantas. De las mejores tiendas de Miami. Restaurantes y cines. Está situado a 16 calles al norte del centro de la ciudad. En una zona no muy recomendable para dar paseos. El hotel ofrece servicio de autobuses gratuitos al centro y una línea nueva de metro mover. Servicios de intérprete, mini bar en las habitaciones, etc. Cuenta también con un centro comercial en el edificio. Adaptado para minusválidos.

En Coconut Grove

Una pequeña ciudad dentro de la gran ciudad que es Miami. Un sitio muy especial y con mucha marcha que, sin duda, os gustará mucho. A cualquier hora hay "cachondeo". Allí podréis comprar, comer, bailar, patinar, cantar, jugar al billar y... ligar. Coconut Grove es el equivalente de *Greenich Village* en Nueva York, una ciudad muy relajada y con gente muy divertida y animada. En cuanto al medio, Coconut grove, es una pequeña jungla con un vegetación maravillosa, exótica y salvaje.

Coconut ha sufrido muchos cambios, uno de ellos ha sido el más reciente huracán que arrasó un 50% de los árboles de la zona, siendo precisamente esos árboles la característica esencial de esta pequeña ciudad. Otro de los aspectos que ha modificado su fisonomía ha sido el comercio y los efectos que ha traído consigo.

En esta zona, los establecimientos son fenomenales aunque caros, ya que carecen de competencia. Tal vez sea mejor que os quedéis en Miami Beach donde hay más variedad de precios y estaréis a 20 minutos en coche del "Grove".

Precios módicos

Doubletree Hotel: 2649 S. Bayshore Dr, Coconut Grove, Fl.33133. Tel. (305) 858 25 00. Llamada gratuita 1 (800) 528 04 44. Cuenta con 190 habitaciones. Muy bien localizado enfrente de uno de los lugares mas bonitos de Miami. Muy cerca de la marcha del "Grove". Servicios: piscina, pistas de tenis, deportes acuáticos enfrente del hotel, cafetería.

Caro

Hotel Mayfair House: 3000 Florida Ave. Miami, Fla. 33133. Llamada gratuita: 1 (800) 341 08 09. Tel. (305) 441 00 00. Fax. (305) 447 91 73. Tiene 182 suites con jacuzzi en el baño. El establecimiento se sitúa al lado de la marcha y del famoso centro comercial *Coco Walk.*

Grand Bay Hotel: 2669 S. Bayshore Drive. Miami, Fla. 33133. Tel. (305) 858 96 00. Llamada gratuita: 1 (800) 327 27 88. Fax. (305) 858 15 32. Tiene 181 habitaciones. De corte moderno ya que se construyó en 1983. Es famoso por el trato tan especial que dispensa a sus clientes y por su espectacular arquitectura. Alberga dos de los mejores retaurantes de Miami, *Grand Café y Regines;* en este último podréis bailar de lo lindo y poneros morados a comer. Servicios: piscina, masaje, peluquería, cambio, servicio de comida, intérprete y bar.

Restaurantes

Haremos la misma selección y división de zonas que en los hoteles.

En Miami Beach

Barato

Harpoon Mickey: especialidad en cocina americana. Ofrecen un menú muy variado y a unos precios bastante razonables. Os gustará. Tiene una gran variedad de tapas americanas y marisco fresco.

Larios on the Beach: la especialidad de este local es la comida cubana. Disfruta de un bonito decorado, todo nuevo ya que se acaba de inaugurar. La dueña es la famosa *Gloria Stefan* del grupo "Sound Machine". Podréis contemplar el primer equipo de música que perteneció al célebre grupo. Entre su variada carta, se puede hallar algún plato de la cocina española, como *gambas al ajillo y paella valenciana*. Merece la pena que probéis alguno de estos platos para que los podáis comparar con los de aquí. Entre los platos más exóticos está la *carne de vaca frita* que se sirve con arroz y judias negras, o un *bistec de palomilla con arroz*.

News Cafe: tal vez el local más de moda de los alrededores. Resulta bastante complicado encontrar una mesa. Comida de todas las nacionalidades: italiana, árabe, americana, francesa, etc. Probad el gazpacho. Dispone de una agradable terraza desde la que resulta bastante pintoresco ver pasar a los transeúntes. Sirven desayunos las 24 horas. Os recomendamos las especialidades de la casa.

Precios medios

Cafe Milano: como adivinaréis por el nombre, se trata de un local especializado en platos italianos. La comida es realmente deliciosa, el servicio estupendo y el ambiente increíble; no se puede pedir más. Tiene una terraza de lo más divertida. Situado en un lugar magnífico, justo enfrente de la playa. Probad los *carpaccio*. Tiene una amplia carta de vinos. Para postre no os perdáis el *tiramisu*.

Bistro: buenísima comida continental. Ofrecen un bufé los domingos en el que, por unas pocas pelas os pondréis ciegos de comida. El precio incluye *mimosas* y *Bloody Marys* sin límite. De los más recomendables de su categoría.

Wet Willies: Ocean Drive. Este lugar es ideal para la comida del mediodía ya que tiene una terraza en el segundo piso y sirven 26 tipos de bebidas congeladas excelentes para apaciguar el calor de la playa. Durante la noche no está tan concurrido pero siempre es posible comprarse una bebida que se llama *Sex on the Beach* o piña colada. Consiste en una especie de granizado para mayores (puesto que lleva alcohol) cuyo sabor es excelente. En cuanto a la comida, los platos se caracterizan por su creatividad. Mucha variedad.

Mad Max: platos italianos que se sirven en una coqueta terraza donde podréis mirar y ser mirado. Tanto la comida como el servicio son espléndidos. Muy recomendable para los aficionados a la pasta (la de comer, no la otra...)

Strand: 671 Washington Ave. Tel. 532 23 40. Cocina estilo americano muy creativa y variada. Este restaurante ha sido el pionero de la marcha de Miami Beach con su estilo "Art Decó" y su ambiente absolutamente neoyorquino. Os encantará. Un lugar relajado y de gente super divertida, "cool" y con mucho estilo. Si vais a ir durante los fines de semana, es necesario reservar.

Caro

Mezzanotte: 1200 Washington Ave. Tel. 673 43 43. Un bar restaurante que sirve especialidaes italianas. El lugar con más marcha de todo Miami, especialmente durante los fines de semana donde se produce un "desmadre" total. Tiene buena música aunque la ponen a un volúmen excesivamente alto. Por tanto, a este establecimiento se va a "comer y a callar". Se aconseja reservar.

Paparazzi: 940 Ocean Dr. Tel. 531 35 00. Cocina muy elaborada perteneciente al norte de Italia. El decorado en estilo "Art Decó" es realmente excepcional. Las cenas son amenizadas por música de piano en vivo. Estupendo tanto por la comida como por el servicio. Dispone de una terraza muy maja, aunque en el interior se está igualmente bien. La reserva es obligada. Asimismo, y aunque no lo exigen, se recomienda llevar chaqueta.

En Coconut Grove

Barato

Coco Bistro: se encuentra en "Cocowalk" en el primer piso. Tel. 443 17 70. Este lugar es ideal para la merienda. Sentaos tranquilamente a tomar un café, o un zumo natural de frutas (probad el de zanahoria con naranja), o un expreso acompañado de un delicioso postre. También sirven vinos y cervezas.

Hooters: tel. 442 60 04. En el tercer piso de "Cocowalk", justo encima del *Cafe Tu Tu Tango*. Típicamente americano, en este establecimiento podréis tomar unas cañitas, platos picantes o una clásica hamburguesa con patatas fritas. Se pueden pedir ostras, sandwiches etc. Además del picante tendréis un grupo de camareras guapas y famosas con sus uniformes muy deportivamente provocativos. Recordad que para el picante debéis especificar: "sin", "con", o "mucho".

Cozzoli's in the Grove: 3421 Main Highway. Tel. 567 00 80. Un típico local de pizzas donde se toman por raciones o enteras. El menú es muy reducido pero lo que hay está bueno y, lo mejor, no hace daño al bolsillo. También tiene una terraza para comer fuera. Durante los fines de semana (viernes y sábados) sirven hasta las 3 h.

Fuddruckers: 3444 Main Highway. Tel 442 42 84. Debéis acercaros hasta allí para degustar la mejor hamburguesa de Florida y, para muchos, del mundo. No solo es la mejor sino la más grande. Con carne muy fresca que la cortan y la muelen ante los propios ojos del cliente, es servida con un exquisito pan que se derrite en la boca. A la hamburguesa se le puede añadir cualquier cosa "a gusto del consumidor". El resultado es algo inolvidable. Ofrece buena carne de pollo y unos riquísimos perritos calientes. Para los beodos, hay un bar con toda clase de licores. Podéis tomar todas las sodas que queráis después de pagar la primera. "Free refills."

Señor Frog's Mexican Grill: 3008 Grand Ave. Tel. 448 09 90. Este restaurante típico de Coconut Grove tiene un especial encanto que gusta a todo el mundo. Disfruta de un ambiente increíble especialmente de jueves a sábados. Evidentemente predomina la comida mexicana. Ofrecen *tortillas mexicanas* con salsas, todas muy buenas así como las margaritas Las *enchiladas de pollo con las fajitas de pollo*. Precios que para nada producen indigestión.

Sharkey's: 3105 Commodore Plaza. Tel. 448 27 68. La "esquina" de más acción. Allí, la gente se pelea por las sillas mejor situadas para no perderse de nada y observar toda la variopinta gama de "ejemplares", humanos o no, que por allí circula. La gente va vestida de manera muy informal, tal y como si estuvieran todo el día de playa. Eso sí, por las noches se visten un poco más, aunque el gusto no cambia mucho. El menú no es muy extenso y os recomiendo la *ensalada césar con pollo o gambas*. Sirven vino y cervezas. Precios módicos.

Zanzibar: 3468 Main Highway. Tel. 444 02 44. Este lugar está en la esquina opuesta a la mejor zona del Grove. Si no habéis encontrado mesa en *Shakeys*, no dudéis en cruzar la calle a la "segunda esquina mejor del mundo". Y como premio de consolación por no haber pillado mesa en Sharkys podréis tomar en este otro sitio cualquier clase de licor ya que tiene un bar muy surtido. La especialidad es el pescado a la plancha, muy bien preparado. También disfrutaréis de la posibilidad de elegir cualquier clase de ensalada entre sus muchas variedades. Sirven sopas y sandwiches.

Green Street Café: 3110 Commodores Plaza. Tel. 567 06 62. Deliciosos desayunos tipo americano, tales como tortitas o tortillas variadas al estilo francés. Permanece abierto únicamente para el desayuno y el almuerzo, hasta las 15 h. Los fines de semana probablemente tendréis que llegar super temprano de lo contrario os veréis obligados a esperar bastante tiempo para conseguir una mesa.

Pita & Eats: 3138 Commodore Plaza en Grove Harbor. Tel. 448 82 26. Comida económica, saludable, rápida y buena. La especialidad de este café, son los sandwiches hechos con el pan árabe al que llaman *Pita Bread* o *Pocket bread*. Estos sandwiches se rellenan de cualquier ingrediente que el cliente elija. Igualmente ofrecen especialidades árabes como, *humus, tabuli,* y los famosos *gyros.*

Precios módicos

Big City Fish: tel. 554 24 89. Se encuentra en el segundo piso de Cocowalk. Está especializado en mariscos cocinados al estilo sureño. También podréis probar, no os arrepentiréis, algún plato hecho "a la barbacoa". Abierto de domingos a jueves de 11 h 30 hasta la medianoche. Los fines de semana sirven comida hasta las 2 h.

Café Tu Tu Tango: tel. 529 22 22. Un bar-restaurante con un estilo muy mediterráneo. Lo más original del establecimiento es ver pintando "in situ" a los artistas locales mientras os tomáis una copa. Este lugar queda en el segundo piso de Cocowalk. En cuanto a la comida propiamente dicha, deja algo que desear. Los platos están inspirados según las normas internacionales de comida sana y natural. Las raciones no son grandes, debe ser también para "cuidar la línea".

Café Med: tel. 443 17 70. Situado en el primer piso de "Cocowalk". Como su nombre indica, es éste un lugar ideal para paladear una auténtica comida italiana preparada en los famosos hornos de leña que le dan un gusto tan especial a la pizza y al resto de los platos. Desde hace un tiempo se está poniendo de moda este estilo de cocina en todo el país. Además de las pizzas tienen un menú con unos precios estupendos. Abierto de domingos a jueves desde el mediodía a las 23 h. Los fines de semana sirven hasta la 1 h 30.

Mandarin Garden: 3268 Grand Ave. Tel. 442 12 34. Si estáis cansados de comer lo mismo y os apetece probar algo bueno y diferente, recomendamos encarecidamente este restaurante con comida oriental que es de lo mejorcito. *El pato Pekin* está para chuparse los dedos. Los precios son también deliciosos. Sirven vinos y cervezas.

Taurus: 3540 Main Highway. Tel. 448 06 33. Uno de los lugares más típicos del Grove. El restaurante resulta ideal bien para comer carnes y ensaladas. Resulta quizás un poco oscuro pero disfruta de la misma original decoración de la época de su inauguración que se remonta a 1973. Su "Happy Hour" del viernes por la tarde, tiene un gran éxito entre los autóctonos que viven en Coconut Grove. El Happy Hour se celebra en algunos restaurantes a media tarde, sobre todo los viernes; durante esa hora, se incluyen en el precio de la copa todos los aperitivos sin límite alguno.

Monty's Buns Monty's Marketplace: 2550 S. Bayshore Dr. Tel. 858 14 31. Enfrente de la marina de Biscayne Bay. Un lugar encantador. Tiene una gran barra dedicada a las ensaladas. Existe "bufé libre", es decir, se puede comer lo que se quiera "a voluntad" previo pago de una cantidad establecida. La especialidad de este local son los mariscos.

Monty's"(Raw Bar): un bar restaurante con música en vivo durante toda la semana. Un local muy tropical y de los pocos lugares de Miami al que se puede acceder en barco. Tiene unas cabañas con techos de paja le dan un exótico y encantador ambiente. Comida americana, principalmente mariscos. Durante las noches de toda la semana y, especialmente, los fines de semana ofrecen a sus clientes música en vivo. Un lugar muy relajado y, a la vez, con cierta marcha. De los más recomendables.

Paulo Luigi's: 3324 Virginia Street. Tel. 445 90 00. El mejor establecimiento de toda la zona para desgustar deliciosas pizzas. Entre las mejores está la *pizza blanca*, para los amantes del queso y pesto. Igualmente encontraréis otros platos de la cocina italiana, todos ellos de reconocida calidad.

Reinaldo's Latin American Cafeteria: 2740 SW 27 Ave. Tel. 445 60 40. Cocina cubana para aquellos que aún no la hayan probado. Es una buena solución para paladear una buena y auténtica "comida casera" fuera del "terruño". No queda exactamente en Coconut Grove pero, en cualquier caso, tampoco está lejos. Si os gusta la carne pedir *palomilla steak con arroz y judias negras,* delicioso.

Café Amore: 3138 Commodore Plaza. Tel. 445 92 00. En el segundo piso de "Grove Harbour". Se trata de un restaurante en el que se respira un ambiente familiar y que sirve unas descomunales raciones de comida. Os podéis sentar en el balcón para asistir, como espectador de excepción, el frenético ritmo y la marcha que lleva esta gente.

Peacock Cafe: 2977 Mc Farlane Road. Tel. 442 88 77. Es éste un moderno local tanto en lo que se refiere a su decoración como a su creativa cocina. Sirve, para aquellos que así lo deseen, un menú especial vegetariano y macrobiótico a base de comidas hechas sin carne y sin productos lácteos. Ofrece, asimismo, otro menú a base de comidas alemanas e italianas. Bar.

Janjo's: 3131 Commodore Plaza. Tel. 448 21 91. Cocina muy creativa, con una mezcla de la llamada "Nouvelle Cuisine" y comida americana muy bien preparada. De los de más éxito. Se puede comer tanto dentro como en la terraza instalada en su exterior.

Caro

Café Europa: 3159 Commodore Plaza. Tel. 448 57 23. Os sentiréis en algún lugar de Europa gracias a sus especialidades internacionales, entre las que sobresalen las italianas y las francesas. Los comensales se ven amenizados por música de todas partes del mundo. Vamos que, durante un rato, os parecerá haber salido de América. Tiene una barra pequeña pero muy agradable. Podreis comer en una terraza al aire libre.

Cafe Sci Sci: 3043 Grand Ave. Tel. 446 51 04. Cocina italiana al lado de "Cocowalk". Fenomenal terraza con magníficas vistas para ver a todo el mundo que pase por el Grove. El interior es un poco oscuro, ideal para los que buscan intimidad. Si os apetece, en cambio, marcha y bullicio, lo mejor es sentarse fuera para no perderos el desfile de transeúntes que resulta, por otra parte, de lo más divertido. La especialidad es la pasta.

Carlos in the Grove: 2890 SW 27 Ave. Tel. 447 14 62. Si sentís un poco "Home sick" (morriña) y, sobre todo, si extrañáis la comida de casa, podréis consolaros un poco en este restaurante. Está muy bien, tiene ambiente, buena comida y una gran variedad de tapas.

Rocca: 3413 Main Haiway. Tel. 444 85 89. Os lo recomendamos, ya que es algo no muy común. Los platos salen servidos en una piedra muy caliente terminándose de cocinar en vuetra mesa. La especialidad son las carnes y el pollo. También se puede pedir pescado pero este se cocina demasiando y se pega un poco. La verdad es que todo está muy bueno.

En Coral Gables

Barato

Los Gallegos: 6549 SW 40 St. Tel. 661 30 40. Evidentemente, no podía ser de otro modo por el nombre, estáis ante un restaurante español. Si sentís añoranza de la comida de casa, resulta obligada una visita a *Los Gallegos*. Su dueño *Daniel Sánchez* nada tiene de gallego puesto que nació la provincia de Huesca. Es el típico maño simpaticón, que además de sus buenas artes culinarias, canta las jotas de maravilla. Está especializado en tapas y, durante dos años consecutivos (concretamente 1991 y 1992), ha recibido el primer premio y mención especial al mejor restaurante de tapas otorgado por el "Miami New Times". Sus mejores platos son la *tortilla de patatas, el salpicón de mariscos,* las *gambas al ajillo, los calamares rebozados, longanizas y chorizos caseros.* La decoracion es informal, como una tasca española, el servicio es inmejorable. Os lo recomendamos.

Tony Romas: la decoración es un poco oscura y deprimente pero, sin duda, es también un sitio excelente para ponerse morado a comer. Entre los más deliciosos platos están las *costillitas de cerdo a la brasa con salsa de barbacoa y aros de cebolla.* Tiene un menú para todos los gustos. Posee varios locales: 6601 South Dixie Hwy o la US 1. Tel. 667 48 08. 2665 SW 37 Ave. Coral Gables. Tel. 443 66 26. 18050 Collins Ave. Miami Beach, tel. 932 79 07.

La Carreta: especialistas en cocina cubana. Fabulosa comida casera. Ponen cantidades industriales y a unos precios sin competencia por lo que el restaurante resulta de lo más recomendable. Otra de las ventajas es su horario ya que permanece abierto hasta las 5 h. Sus 3 restaurantes están en 3632 SW 8 Street. Tel. 444 75 01; 8650 Bird Road Tel. 553 83 39 y 11740 North Kendall Drive. Tel. 596 59 73.

Precios módicos

East Coast Fisheries: un restaurante americano situado en 360 West Flagler Tel. 373 55 16. Abierto toda la semana de 10 h a 22 h. La especialidad es el marisco fresco.

Caro

Café Abbracci: 318-320 Aragon Ave. Tel. 441 07 00. Cocina italiana. Se come muy bien y goza de un buen ambiente. Frecuentado por autóctonos. Un buen lugar para celebrar vuestro cumpleaños o de algún amigo ya que, en estas ocasiones, colocan a los homenajeados en una mesa que se ilumina. El festejo se acompaña de canciones. Bastante horterilla, la verdad. Sirve tanto comidas como cenas.

Charade: un restaurante francés. 2900 Ponce de Leon Blvd. Tel. 448 60 77. Sirven, en medio de un bonito decorado con obras de arte, un menú continental. Los domingos tienen un buen "brunch bufé". Abre de lunes a viernes para las comidas y para las cenas todos los días de la semana.

Ramiros: un restaurante español. 2700 Ponce de León. Tel. 443 76 05. Especialistas en todo lo referente a la nueva cocina. Elegantemente decorado. Tanto la comida como el servicio son excelentes. Os recomendamos, de aperitivo, los *pimietos del piquillo rellenos de camarones* y, como plato principal unas *chuletas de jabalí* que están para chuparse los dedos. Podéis terminar el banquete con un *reina Sofía.* Resulta muy aconsejable reservar con antelación, especialmente los fines de semana.

Cristys: 3101 Ponce de León. Tel. 446 14 00. Un restaurante americano cuya especialidad es la carne, acompañada de *ensalada césar* y el *pastel de manzana.* Para no esperar mucho tiempo antes de conseguir una mesa, lo mejor es reservar antes.

Casa Rolandi: 1930 Ponce de León. Tel. 444 21 87. Un italiano catalogado por muchos como uno de los mejores restaurantes de Miami. Allí os deleitaréis con su sabrosísimo *pescado a la sal.* Pedidlo aunque veais que no se encuentra entre los platos del menú. Otra de sus especialidades la constituyen los *carpaccios de salmón y de carne.* También sus pastas y sus postres resultan toda una delicia.

Casa Juancho: 2436 SW 8 St. Tel. 642 24 52. El restaurante español de más renombre en toda Florida. Su decoración imita el aspecto de una tasca española. En cuanto a la gastronomía, mezcla platos tanto de la cocina cubana como de la española. Magnífico. Reservad.

De marcha nocturna

En la mayoría de los restaurantes del cap. anterior se puede tomar una copa. De cualquier forma, a continuación señalamos otros entre los más representativos.

Baja Beach Club: en el tercer piso de "Cocowalk". Tel. 445 02 78. Abierto hasta las 5 h. Un animado local que cuenta con tres barras y en el que tendréis la posibilidad de lucir vuestras habilidades con los juegos de mesa. Otra de las monadas que se pueden hacer consiste en cantar en público. No temáis, hagáis lo que hagáis, los espectadores quedará encantados y os aplaudirán. En el cuarto piso tienen hasta una pista de baile. Las cañas son a buen precio. Para *papear* hay igualmente un servicio de comida rápida en el que os pueden preparar una pizza, hamburguesas y, la especialidad de la casa, los famosos *submarinos.* La entrada es gratuita.

Bedrock Bar: 3336 Virginia Street. Tel. 446 30 27. Los fines de semana cierra a las 5 h. Este bar está instalado en el edificio de la vieja oficina de correos, al lado de "Cocowalk" enfrente del *Mayfair Hotel*. Un lugar con música en vivo a cargo de bandas de *Reggae* y *rock*. Cuenta con una pista de baile y toda clases de juegos para amenizar al personal. Una gran selección de cervezas de barril. Tiene un buen ambiente.

Black Jack's Tavern: 3480 Main Highway. Tel. 445 00 22. Uno de los bares que ha abierto más recientemente. Allí se puede escuchar música en vivo y pasarlo *chachi pilongui*.

Fat Tuesday: en el segundo piso de "Cocowalk". Tiene una terraza muy agradable en la que sirven una amplia gama de bebidas tipo granizado con licor que están *de rechupete*. Como es probable que no sepáis, de entrada, decidiros por ninguna, siempre podéis pedir que os dejen probar los diferentes sabores que tienen hasta dar con el que os complazca. Este lugar es ideal para después de la playa o los fines de semana por la noche. Si los granizados no son santo de vuestra devoción, pedid una cerveza.

Hungry Sailor: 3064 Grand Ave, Coconut Grove. Está un poco escondido pero vale la pena dar con él. Actúan grupos en vivo con estilos tan variados como *reggae, blues y calypso*. Es en este lugar donde los nativos del Grove se reúnen a tomar cerveza y escuchar buena música.

Pronto Pub: 3488 Main Highway. Tel. 443 39 46. Abierto toda la semana es, no obstante, los fines de semana cuando se pone a tope de gente, hasta el punto de que resulta casi imposible entrar. La mayor parte de toda esa gente está formada por gente de la zona. Música en vivo con grupos de *jazz y blues*. No es el mejor lugar para comer pero siempre encontraréis algún bocata que echaros a la boca. Resumiendo uno de los lugares más típicos y a la vez auténticos.

Suzannes's in the Grove: 2843 South Bayshore Drive. Tel. 441 15 00. Disco Pub, con ambiente de gente un poco más elegante y seria. Tendréis que vestiros un poco más. Música de los 40. Gratis antes de las 12 h, después hay que pagar 10 dólares por entrar durante el fin de semana.

Taverns in the Grove: 3416 Main Highway. Tel. 447 38 84. Taberna frecuentada por estudiantes y gente del lugar. Muy buenas cervezas importadas y música de un *Jukebox*.

Tigertail Lounge: 3205 SW. 27 Ave. Tel. 854 91 72. Un lugar muy relajado e informal en el que, mientras tomáis una copa, o varias, podéis echar una partidita de billar. Un lugar diferente.

Upstairs: 2895 McFarlane Road. Tel. 441 87 87. Cerveza, vino y música. Es un lugar para un personal de 18 en adelante. Chachi para bailar y, si surge, ligar. Situado en el segundo piso de la sala de billar llamada "Billar Sociaty".

Clevelanders: 1020 Ocean Drive. Tel. 531 34 85. Otro lugar que vive de día y revive de noche. Durante el día la gente que va a la playa viene a comer, beber y escuchar música. Por las noches, la gente acude a "lucir el palmito", a ver y ser visto junto a toda la marcha de Miami Beach. Os recuerdo que de noche aunque la piscina os parezca muy atractiva no os tiréis porque os ponen de inmediato "de patitas en la calle".

Discotecas

Club One: el nuevo *club One* en Miami Beach. 1045 5th street. Tel. 534 49 99. Una discoteca con luces de neón. Los viernes, hasta la medianoche, las chicas pueden tomar copas gratis sin límite alguno. Música salsa y disco.

Facade: 3509 NE 163 Street North Miami Beach. Tel. 948 68 68. "Dos pisos de diversión", sería la frase que mejor describiría esta descomunal discoteca, con el mejor sonido y los más sofisticados juegos de luces de Florida. Tiene un total de seis bares y dos salones para tomar champagne. Abierto de martes a domingos desde las 21 h a las 6 h (para los que vayan sobrados de marcha). La entrada no es cara (entre 10 y 15 $), pero las copas hay que pagarlas aparte.

Club Nu: 245 22n Street, Miami Beach. Tel. 672 00 68. Si tenéis ganas de "be crazy" habéis llegado al lugar más acertado. Un auténtico sitio de locura. En general, la gente que lo frecuenta es bastante "wild", pero cachonda. Los sábados suelen hacer "concursos de culos" entre los asistentes varones. De modo que ya sabéis, si estáis cortos de pelas y tienes uno aceptable, podreis ganar $100 y... muchas admiradoras. Abierto de martes a sábados. Entrada $10. Las copas no están incluidas.

Penrod's on the beach: 1 street en Ocean Drive. Tel. 538 11 11. En este lugar la fiesta empieza a las 12 del mediodía y termina a las mil y gallo de la madrugada. En el *día Penrod,* organizan una fista en la playa y por la noche a la fiesta se une más gente y se escucha música en vivo. La entrada cuesta 5 dólares a los mayores de 21 años. También pueden ir los menores de 18 aunque les está prohibido el consumo de bebidas alcohólicas.

New Chevy's on the Beach: 8701 Collins Ave. Surfside en el Desserd land on the Ocean Hotel. Tel. 868 19 50. Un lugar cuyo decorado está inspirado en la época de los 50: música de la época y mogollón de luces de neón. Relajado pero divertido. Aunque generalmente se entra gratis, el precio sube a $5 cuando organizan alguna fiesta especial. Abierto entre semana desde las 21 h a las 2 de la mañana; los fines de semana hasta las 3 h.

EN MIAMI BEACH

El distrito "Art Deco" en *Ocean drive,* está lleno de bares y restaurantes desde los que se puede ver a la gente caminando por la calle enfrente de la playa. En la calle paralela a Ocean Drive llamada *Washington Street* hay también muchos bares y locales similares.

The Wiskey: 1250 Ocean Drive. Pese a resultar algo lóbrego, resulta acogedor gracias a la buena música. Tiene asimismo mesas de billar. Los fines de semana, mogollón de gente en la puerta para poder entrar.

The Loft: 1439 Washington Ave. Miami Beach. Tel. 672 71 11. Abierto de miércoles a sábados de 22 h a 5 h. Copas gratis para las chicas los jueves hasta la medianoche. Tres ambientes diferentes cada uno con su propio estilo de música.

Van Dome: 1532 Washinton Ave., Miami Beach. Tel. 534 42 88. Una de las discotecas más recientes de Miami Beach. Os la recomendamos. La entrada cuesta 10 dólares "por barba".

Paragon: 1235 Washington Ave, Miami Beach. Tel. 534 12 35. Abren de jueves a sábados, entrada 10 dólares por persona. "For the Gay people". Se trata de un club frecuentado por homosexuales.

Alcazaba: Hyatt Regency 50 Alhambra Plaza Coral Gables. Tel. 441 12 34. Un bar discoteca ideal para los aficionados a la salsa. En el *Alcazaba* podréis "mover el esqueleto" hasta el agotamiento. También otros estilos musicales. El local "practica" la famosa "Happy hour" de miércoles a viernes de 17 h a las 19 h. Los viernes hay que pagar para entrar, si no estáis registrados en el hotel.

Luke's Miami Beach: 1045 5 St. South. Miami Beach. Tel. 538 11 11. Música de los 40, jazz y reggae. "Happy hour" los viernes de 17 h a 20 h; ofrecen tapas gratis. Entrada 10 dólares. No se permite la entrada al local con vaqueros, zapatillas o camiseta. Horario: hasta las 5 h de martes a domingos.

Les Bains: 753 Washington Ave. Miami Beach. Tel. 573 06 58. Abierto de lunes a sábados de 22 h a 5 h. La entrada cuesta $5 entre semana y $10 los viernes y sábados. Es este el último local que se ha abierto en la playa; de ahí que disfrute del ambiente mas "in". El club original de esta empresa abrió sus puertas en París en 1985 y está instalado en un antiguo edificio perteneciente a una casa de baños, motivo por el cual ha conservado el nombre. La discoteca en South Beach, sigue el mismo estilo decorativo que en Francia. La pista de baile es grande y está rodeada por columnas alicatadas con azulejos de baño. Posee dos barras de madera y un pequeño salón "especial VIP"

Compras

Dadeland Mall: 7535 North Kendall Drive. El mejor centro de compras que podréis encontrar y con más movimiento de ventas en Florida. Allí se hallan alrededor de 175 tiendas y 6 grandes almacenes. *Saks Fifth Avenue, JC Penney, Lord & Taylor, Burdines, The Limited* y *The Gap*. Todos estos centros están abiertos de lunes a sábados de 10 h a 21 h, los domingos de 12 h a 17 h 30 h.

The Falls: 8888 Howard Blvd. Es uno de los centros comerciales más atractivos que existen. Madera y cascadas de agua por doquier. Alberga magníficas tiendas y tampoco faltan los restaurantes tales como el conocido *Los Ranchos, El Torito* y muchos más. También tiene varias salas de cine. La famosa tienda de la cadena *Bloomingdales* se encuentra en este centro precisamente.

Cocowalk: 3015 Grand Ave, Coconut Grove. Ideal para ir de tienda en tienda tranquilamente. El centro está cuajado de cafés, bares, restaurantes y discotecas en medio de una gran animación. Está abierto todos los días hasta 22 h.

Miracle Center: 3301 coral Way. Localizado justo en el centro de Coral Gables. Allí tendréis todo tipo de tiendas, librerías, cines, discotecas y restaurantes como *Chilles y Friday's.*

Miracle Mile: entre Le Jeune Road y Douglas Road. Encontraremos la "Milla del Milagro" en el centro de Coral Gables. Es una de las calles mas céntricas de Coral Gables, donde se encuentran las mejores y más variopintas tiendas de la ciudad: anticuarios, vestidos de novias, etc. Abierto todos los días excepto los domingos.

Bayside Marketplace: 400 Biscayne Boulevard. En el centro de Miami, enfrente de la bahía. Podréis comer, comprar y divertiros con conciertos de música en vivo durante los fines de semana. Restaurantes brasileños, nigaraguenses y españoles. También una gran variedad de comidas rápidas en el segundo piso. En el embarcadero de este centro comercial tenéis barcos y catamaranes, para dar paseos y visitar los alrededores. Salen cada hora. Por las noches, hay barcos con cena, baile y música en alta mar.

OMNI: 1601 Biscayne Boulevard. Localizado de bajo del famoso *Hotel Omni.* Se ubican allí dos grandes almacenes, *Burdines y JC Penney.* 125 tiendas, cines y restaurantes.

Bal Harbour shops: 9700 Collins Ave, Miami Beach. Para quienes estén deseosos de dejarse las pelas en tiendas de marca como *Gucci, Cartier, Christian Dior* etc. Entre compra y compra podréis papear en alguno de sus muchos cafés. Acoge también uno de los mejores restaurantes de Miami, *Tiberio,* magnífico aunque muy caro.

Lincoln Road Mall: 16 calle y Lincoln Road. Miami Beach. Varias calles dedicadas a zona peatonal en la cuales hay 175 tiendas especializadas y el *Miami City Ballet.*

Aventura Mall: 19501 Biscayne Blvd, North Miami Beach. A veinte minutos del centro de Miami. Otro centro comercial con 200 tiendas especializadas y 4 grandes almacenes. Horario: de 10 h a 19 h 30.

Sawgrass Mills: 12801 West Sunrise Blvd. Queda a media hora en coche de Miami. Especialmente recomendado para los "locos de las rebajas" (hasta un 60%) con un total de 200 tiendas de saldos.

Deportes profesionales

Béisbol

Muchos años se pasó Florida soñando con un equipo profesional de béisbol. Todo ese empeño se ha visto recompensado al conseguir los *Marlins,* así se llama el equipo, la liga en la última temporada. Igualmente se puede ver a los grandiosos *Hurricanes,* estos juegan de febrero a mayo en su estadio en "Mark Light Stadium" situado en 1 Hurricanes Drive, Universidad de Miami. Tel. 284 26 55.

Baloncesto

El *Miami Heat* es el equipo de Miami. Entrena en "Miami Arena" y es allí donde se le puede ver durante los meses de noviembre y abril. Para conseguir entradas llamar al tel. 577-Heat o a Ticket Masters, tel. 358 58 85. Las entradas varían, dependiendo del asiento, entre 12 y 25 dólares. Se puede asistir de la misma manera a algún partido no profesional. Estos entrenan y juegan en el mismo sitio, es decir, "Miami Arena". Tel. 284 26 55.

Fútbol

No podéis marcharos de Florida sin asistir a uno de los fabulosos paridos de fútbol americano. El equipo de más solera es el de los *Miami Dolphin.* Se los puede ver en el monumental "Joe Robbie Stadium". Tiene capacidad para 73.000 personas y está a 25 km de Miami. Los transportes públicos incrementan sus servicios hasta el estadio. Para solicitar información, llamad al tel. 638 67 00. Tambien resulta interesante ver en Miami al equipo número uno de "college football" los *Miami Hurricanes,* que juegan en el "Orange Ball", 1501 NW 3ra Ave en Miami. Tel. 284 48 08. En el tel. 1 (800) 462 26 37 proporcionan toda clase de detalles sobre los horarios de los partidos.

KEY BYSCAINE Y LOS CAYOS

Recordad que para ir a *Key Biscayne* trendréis que pagar un peaje de un dólar. Si no lo tenéis, no os dejarán pasar. Son muy estrictos al respecto; no intentéis cruzar sin pagar ya que cuesta bastante más cara la multa que os pondra la poli que el peaje en sí. Key Biscayne fue una de las zonas más sacudidas por el "huracán Andrés" no tanto las edificaciones, cuanto la vegetación. Puede decirse que ha quedado todo hecho un erial.

La isla más larga es *Cayo Largo,* donde se encuentran hoteles, restaurantes, y tiendas. Bordeando el mar hay infinidad de marinas para atracar los barcos.

Veinte millas al sur está *Isla Morada* en *Upper Matacumbe Key.* Es conocida por este nombre ya que a los primeros exploradores les

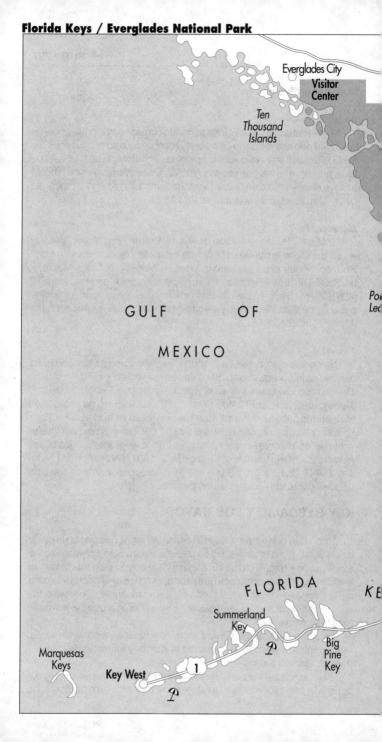

Florida Keys / Everglades National Park

Everglades City

Visitor Center

Ten Thousand Islands

Po...
Le...

GULF   OF

MEXICO

FLORIDA

KE...

Summerland Key

Big Pine Key

Marquesas Keys

Key West

1

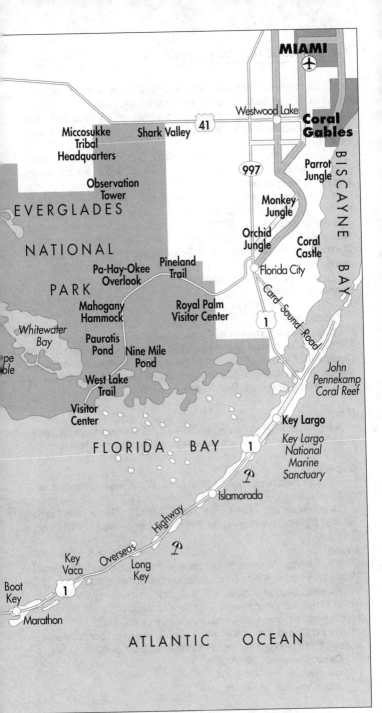

gustaron mucho los caracoles morados que abundan por esta zona. Esta isla es muy visitada por los aficionados a la pesca.

Un poco más al sur se encuentra *Marathon* en *Vaca Key*. Sus hoteles y *resort* (complejo turístico) son muy visitados en invierno para pescar.

Cruzando el puente de las siete millas, llegaréis a *Lower Key* con su centro en *Big Pine Key*. En estas islas se encuentran las playas con arena más fina y blanca. El agua es transparente y de color esmeralda.

En la última isla está *Cayo Hueso (Key West)*. Es el enclave más poblado. Uno de los personajes que más fama dio a esta ciudad fue *Ernest Hemingway*. En 1931 se instaló en la ciudad, vivió en ella diez años y escribió en este enclave algunas de sus más famosas novelas. *Carson McCullers y Tennessee Williams* son otros de los grandes autores que se inspiraron en Cayo Hueso para escribir sus libros.

Desplazamiento

Volando voy...
Key West International Airport: S. Roosevelt Blvd. Key West. Tel. 296 54 39. Desde Miami podéis volar con las siguientes líneas: *Continental Express, American Eagle, y USAir*. Desde Orlando llegaréis con las compañía *Delta ComAir*. Si estáis en Fort Lauderdale os sacaréis un billete en la Delta ComAir.

Bus
La compañía *Greyhound* (tel. 374 72 22) cubre el trayecto entre Miami-Cayo Hueso con paradas en los distintos puntos de la ruta.

Con el coche
Por carretera tienes que coger el *Florida Turnpike* en dirección sur. Está perfectamente señalizado.
Alquiler de coches: *Alamo*. Tel. 327 96 33. *Thrifty*. Key Largo Tel. 451 37 76. *Cayo Hueso*. Tel. 296 65 14. *Marathon, tel.* 743 92 89.

Barco
Para atracar en Cayo Hueso hay que ir a lo largo del Intracoastal Water Way hasta Florida Bay, siguiendo la costa atlántica.
Florida Marine Patrol. 2835 Overseas Highway, Marathon. Tel. 743 65 42. Os darán la información que necesitéis sobre las condiciones del mar, o cualquier ayuda que os haga falta.
Coast Guard Group Key West. Con información continua sobre el tiempo (desde las siete de la mañana hasta las cinco de la tarde).
Cayo Hueso: tel. 292 87 27.
Islamorada: tel. 664 44 04.
Marathon: tel. 743 67 78.

La visita a los sitios imprescindibles

The Wrecker's Museum: 322 Duval St. Key West. Tel. 294 95 02. Construido en 1892. En él podréis ver documentos, fotos, y maquetas de viejos barcos que se hundieron en las costas de Cayo Hueso. Abierto todos los dias de 10 h a 16 h.

Hemingway Home and Museum: 907 Whitehead Street, Key West. Tel. 294 15 75. De estilo colonial español, la casa donde vivió Ernest Hemingway fue construida en 1850. En ella escribió alguna de sus más famosas novelas. La morada conserva sus muebles originales. Está abierta todos los días a 9 h a 17 h.

Mel Fisher Maritime Heritage: 200 Greene Street, Key West. Tel. 294 26 33. Veréis tesoros de oro, plata, joyas, piedras preciosas encontradas en distintos buques que naufragaron por la zona. Recientemente se ha añadido a esta colección parte de los tesoros del galeón español Atocha. Proyectan una película "En busca del oro" que se exhibe dos veces cada hora. Abren todos los días de 9 h 30 a 17 h.

Audubon House Museum: 205 Whiteheas Street, Key West. Tel. 294 21 16. Esta antigua casa restaurada muestra una colección de muebles del siglo XVIII y XIX junto a una parte de las obras originales de *John J. Audubon*. Abre todos los días de 9 h 30 a 17 h.

Kimbell's Caribbean Shipwreck: U.S. 1 en M.M. 102,5, Key Largo. Tel. 451 64 41. En un edificio con apariencia de castillo. En este museo veréis los tesoros de los barcos naufragados, recogidos en distintos lugares del mundo. Abierto todos los días de 10 h a 17 h.

East Martello Tower Museum: 3501 S. Roosevelt Blvd. Key West. Tel. 296 39 13. Edificado en un antiguo fuerte de la guerra civil. Objetos históricos de la zona y obras de los artistas locales. Abierto todos los días de 9 h 30 a 17 h.

The Curry Mansion: 500 Carolina St. Key West. Tel. 294 53 49. Casa construida el siglo pasado por un millonario. De estilo neoclásico y con veintitrés habitaciones. Ha sido considerada como una de las más lujosas de la zona. Tiene increíbles vistas de la isla y conserva los muebles del siglo XIX. Horario: desde las 10 h hasta las 17 h.

Key West Welcome Center: 3840 North Roosevelt Blvd. Key West. Tel. 296 44 44. Podéis encontrar toda la información que necesitéis de cualquier lugar que queráis visitar en los cayos.

Conch Tour Train: 3850 North Roosevelt Blvd. Key West. Tel. 294 51 61. Fenomenal para realizar un recorrido por la isla. Os van explicando la historia y las costumbres de la ciudad.

Southernmost Point: en días despejados desde este lugar se puede ver nuestra querida Cuba. Éste es el lugar más al sur de los Estados Unidos.

Key West Cigar Factory: 3 Pirates Alley of Front St. Key West. Tel. 294 34 70. En este local podéis ver cómo se enrollaban los puros a mano.

Key West Aquarium: 1 Whitehead St. Key West. Tel. 296 20 51. Construido en 1934, fue la primera atracción que se hizo en Cayo Hueso. Veréis tiburones, tortugas, arrecifes de coral, y toda clase de peces tropicales.

Key West Lighthouse Museum: 938 White head St. Key West. Tel. 294 00 12. Conserva las habitaciones restauradas del antiguo faro. Tened lista la cámara de fotos porque las vistas de los alrededores son las mejores de la isla.

Hoteles

Económicos

Inn at the Wharf: 2400 N. Roosvelt Blvd. Key Wesr. Tel. 296 57 00. Está situado muy cerca del centro comercial. Tiene cien habitaciones muy agradables con mobiliario contemporáneo. Este hotel tiene piscina con bar.

Southermost Motel: 1319 Duval St. Key West. Tel. 269 65 97. De ambiente puramente tropical. Las habitaciones están pintadas en tonos pasteles. Está situado en la zona antigua de la ciudad, muy cerca de las atracciones.

Santa María: 1401 Siminton St. Key West. Tel. 296 56 78. Las habitaciones se encuentran alrededor de la terraza y la mayoría tienen el balcón sobre la piscina.

Medio

Duval House: 815 Duval St. Key West. Tel. 294 16 66. Bonito hotel de la zona y uno de los más populares. Se encuentra en Duval Street, la calle más famosa de Cayo Hueso. Rodeado de históricas casas, galerías, y boutiques. Las habitaciones son muy confortables y tienen unas pequeñas librerías. Sólo cuenta con 25 habitaciones. Tiene piscina y en este establecimiento no se admiten a niños menores de 16 años.

Best Western Key Ambassador: 3755 S. Roosvelt Blvd. Key West. Tel. 296 35 00. Con una piscina rodeada de árboles y maravillosas vistas al océano, es todo lo que se necesita para pasar unos días visitando Cayo Hueso. El servicio es muy bueno, y las habitaciones son muy amplias y espaciosas.

Eden House: 1015 Flemming St. Key West. Tel. 296 68 68. Con 30 habitaciones decoradas cada una de forma individual. La entrada está decorada con muebles de bambú y plantas, todo muy tropical. Fuera en la piscina tiene el *Rich's Restaurant* en el que se puede comer o cenar íntimamente en el jardín que tiene en los alrededores. De ambiente muy tranquilo y relajado, no podéis encontrar mejor sitio que este para pasar desapercibidos. Os avisamos, todas las habitaciones no tienen baño privado, es lo que allí se llama de *estilo francés*.

Key Lodge: Truman Ave. y Duval St. Key West. Tel. 296 97 50. Es un pequeño hotel con 22 habitaciones. Limpio y cuidado.

Eaton Lodge: 511 Eaton St. Key West. Tel. 294 38 00. Antigua casa de estilo inglés levantada hacia 1886. Tiene una "piscina de masajes" rodeada por un jardín de palmeras, limas, tamarindos, y buganvillas. Se pueden tomar para el desayuno los panes recién *cocidos* y toda clase de frutas y jugos tropicales. Los muebles de las habitaciones son antigüedades de estilo victoriano. El hotel es pequeño pero muy coqueto. Tiene cinco habitaciones, tres estudios y dos suites.

Para comer

English Pub: un bar-restaurante con cocina continental. 320 Crandon Blvd. Tel. 361 88 77. Muy bien decorado y unas viandas que, sin ser nada del otro jueves, no están mal. Es el lugar favorito de los españoles que viven en la isla.

Stefanos's: 24 Crandon Blvd. Tel. 361 70 07. Os gustará mucho este bar-restaurante-discoteca sobre todo los fines de semana. Durante esos días se transforma en el club social de la isla. Como restaurante es excelente y como discoteca ofrece música en vivo para bailar y escuchar cualquiera que sea vuestra preferencia.

La Choza: un restaurante especializado en cocina nicaraguense. 973 Crandon Blvd. Tel. 361 01 13. Alberga en su interior el centro comercial *La Esplanada*. La mejor carne del mundo el *"Churrasco"*. No os arrepentiréis. De postre os podéis tomar un *"tres leches"*.

Antonies Pasta & Missing Link: 6700 Crandon Blvd key Biscayne Tel. 361 04 96. Restaurante-bar con unas bonitas vistas del campo de golf de Key Biscayne y de la bahía. Se pueden degustar platos italianos junto a aperitivos americanos, todo ello en un ambiente de lo más relajado, con música en vivo de martes a domingos. Tiene buenos precios. La mayoría de la gente que lo frecuenta es gente local del cayo.

PENSACOLA

Se encuentra situada en la costa oeste de Florida. Esta ciudad tiene un encanto muy especial debido a la mezcla de la cultura sureña con la herencia del pueblo español. Pensacola fue colonizada en 1559 por don *Tristán de Luna* pero unos años más tarde, sus tropas, cansadas de los indios y de los huracanes, la abandonaron. No fue hasta 1752 cuando se hizo un asentamiento permanente.

Desplazarse en...

Avión

Pensacola Regional Airport: tel. 433 11 43. Recibe vuelos de las compañías *Continental, Delta, Piedmont, Airlink,* y *Northwest*.

Una vueltecita...

Pensacola Museum of Art: 407 S. Jefferson Street, Pensacola. Tel. 432 62 43. Se encuentra en un edificio antiguo muy bien conservado donde se puede admirar una exhibición de arte y escultura. Abre de martes a viernes de 10 h a 17 h y los sábados de 10 h a 16 h. La entrada es gratis.

Pensacola Civic Center: 201 E. Gregory St. Pensacola. Tel. 433 63 11. Prepara y exhibe una serie de espectáculos de gran variedad.

Pensacola Little Theatre: 186 N. Palafox Street, Pensacola. Tel. 432 86 21. Este recinto lleva más de 50 años organizando espectáculos.

Sevilla preservation district: con este nombre se conoce una de las zonas históricas más famosas de la ciudad. Actualmente es una zona con grandes árboles y paseos, repleta de tiendas.

Historic Pensacola Village: 205 E. Zaragoza Street, Pensacola. Tel. 444 89 05. Es el lugar donde se establecieron los primeros españoles que llegaron a estos lares. Por todos los lados se pueden encontrar muestras de la historia de la ciudad.

Pensacola Naval Aviation Museum: tel. 452 36 04. Si os interesa conocer la historia de la aviación, que está muy unida a esta ciudad, no sólo por tradición sino tambien por razones económicas, podéis daros una garbeo por allí.

Guía de alojamientos

Carillos

Seville Inn Downtown: 223 E. Garden St. Pensacola. Tel. 433 83 31. Se encuentra en el centro de la ciudad. Con habitaciones espaciosas y confortables. Tiene piscina exterior e interior. El *Lafitte Room* es un restaurante en el que, por no muchas pelas, podréis disfrutar de una gran variedad de comida.

Pensacola Beach's Holiday Inn: 165 Fort Pickes Road, Pensacola Beach. Tel. 932 53 61. Con el esmerado servicio y buen precio de los *Holiday Inn,* en este hotel podéis disfrutar de piscina climatizada, tenis, alquiler de botes, pesca, surfing y toda clase de deportes acuáticos. Guardería.

Dunes: 333 Fort Pickens Road, Pensacola Beach. Tel. 932 35 36. Este hotel, situado enfrente del océano, se constituye en el lugar ideal para pasar unos días disfrutando de la playa y de todos los deportes náuticos.

Más acogedores y asequibles...

Cherokee Campground: 5255 Gulf Breeze Parkway, Gulf Breeze. Tel. 932 99 05. En este cámping podéis encontrar todos las prestaciones que un trotamundos puede necesitar, y hasta televisión por cable.

Comer y tapear

Dolphin on the Bay Restaurant: 100 Pfeiffer Street, Pensacola. Tel. 932 66 78. Se encuentra rodeado de árboles en- frente de la bahía. Su especialidad son los pescados cocinados de las formas más "extrañas" y deliciosas que os podáis imaginar. Langostas, ostras, y toda clase de mariscos servidos de una forma exquisita. Para los que no tengan reparos en gastar.

Cap'n Jim's: 905 E. Gregory Street, Pensacola. Tel. 433 35 62. Desde sus ventanas se puede contemplar toda la belleza de la bahía de Pensacola. Además podéis disfrutar de ostras frescas, camarones, etc. La relación precio-calidad merece la pena. De los más recomendables.

E.J.'s Food Company: 232 E. Main Street, Pensacola. Tel. 432 58 86. Su especialidad son los sandwiches de carne asada en barbacoa y unas deliciosas ensaladas. Podéis comer pasablemente por un precio realmente módico.

PANAMA CITY

Panama City se ha convertido en un lugar lleno de turistas durante todo el año, básicamente procedentes del resto de Estados Unidos y Canadá. Esto conlleva, lógicamente, ventajas e inconvenientes que se traducen en muy buenos servicios y una gran aglomeración de gente. Lugar paradisíaco, tiene una media de 320 días de sol al año y unas playas de las de postal, con una temperatura media de 70 a 74 grados farenheit. La temporada alta empieza en febrero y en los últimos días de octubre todavía quedan algunos turistas despistadillos que se han quedado rezagados por estas playas. Las temperaturas templadas han dado lugar a una gran variedad de vegetación subtropical creando un paisaje repleto de maravillas naturales.

Alojamiento

Barato

Nauticus Beach Motel: 22217 W. US 98, Panama City Beach. Tel. 234 28 71. Este motel cuenta con piscina, terraza, y vistas panorámicas de la playa. Las habitaciones, amplias y luminosas, disfrutan de una decoración de lo más tropical. Por la noche, cena en la barbacoa, en la misma orilla de la playa.

Blue Dolphin: 19823 W. US 98, Panama City Beach. Tel. 234 58 95. Con salida directa a la playa y ambiente muy confortable. Tiene una piscina en la misma orilla del mar.

Medio

Flamingo Dome by the Sea: 5524 W. US 98, Panama City Beach. Tel. 345 66 77. Con un jardín extremadamente cuidado, y tan lleno de flores que parece una jungla. Una piscina rodeada de palmeras y exóticos árboles tropicales hacen de este hotel un lugar distinto donde pasar unos días como en un paraíso...

Tourway Inn: 14701 W. US 98, Panama City Beach. Tel. 234 21 47. Enfrente del océano, con todas las habitaciones frente al mar (panorñamica espléndida). Algunas habitaciones se pueden solicitar con dos dormitorios.

Caro

Edgewater Beach Resort: 11212 US. 98A, Panama City Beach. Tel. 234 40 44. Rodeado de extensos jardines, tiene un lago con bonitas cascadas donde se puede nadar. Dispone de 12 canchas de tenis, piscinas, y playa con todos los servicios. Además de habitaciones, se puede alquilar un apartamento completo con cocina, lavadora, secadora...

Marriott's Bay Point Resort: 10 Dellwood Beach Rd. Bay Point. Tel. 234 33 07. Es uno de los hoteles más elegantes de la zona. Podéis alquilar habitaciones o apartamentos. Por fuera está rodeado de pinos, a lo largo de toda la bahía.

Cámpings

Long Beach Camp Inn: 10496 W. US. 98A, Panama City Beach. Tel. 234 35 84. Este cámping, localizado en el mismo golfo, cuenta con 300 plazas, piscina olímpica y barbacoa.

Beach Campgrounds: 11826 W. US 98, Panama City Beach. Tel. 234 38 33. Con todos las comodidades que podéis encontrar en un cámping y zona para comer.

Pride Resort: 1219 Thomas Drive, Panama City. Tel. 234 50 32. Cámping con piscina, duchas, lavandería, y zona para picnic.

Cuando el hambre aprieta...

Barato

Golden Griddle: 11802 Front Beach Rd. Panama City. Tel. 234 65 67. Es un restaurante sencillo, pero con buena comida a unos precios que no dañarán vuestra maltrecha economía.

Hamilton Seafood Restaurant: 5711 N. Lagoon Dr. Panama City. Tel. (904) 234 12 55. Además de unas vistas muy bonitas al mar, sirven un pescado delicioso.

Outback Willies: 9900 S. Thomas Dr. Panama City. Tel. (904) 235 12 25. Típico restaurante de comida rápida; lo mejor su emplazamiento junto al mar.

Medio

All American Diner: 10590 Front Beach Rd. Panama City. Tel. (904) 235 24 43. El domingo tiene muy buen bufé.

Crab Shanty: 15405 Front Beach Road. Panama City Beach. Tel. (904) 234 17 71. Prepara el marisco de manera excelente. Su precio es asequible para la calidad que ofrece. Os lo recomendamos.

The Lamb and the Lion: 13620 Front Beach Dr. Panama City Beach. Tel. (904) 235 07 08. Local agradable, podéis ir si os gusta mucho la carne.

Caro

Schooner's Restaurante & Beachbar: 5121 Gukf Dr. Tel. (904) 234 70 92. Con buena decoración e espléndidas vistas al mar. Su menú es variado y está muy bien elaborado. Los domingos tiene bufé.

Captain Dusty's Seafood: 16450 Front Beach Road. Tel. (904). 234 77 01. Se encuentra en la zona de la playa. Prepara los mejores pescados y mariscos de la zona. Buena opción para los bolsillos bien provistos.

Y por la noche... unas copas

Captain Anderson's Pier: 5550 N. Lagoon Drive, Panama City. Tel. 234 34 35. Para los que les gusta cenar, bailar, y navegar en el mismo sitio, este es el lugar indicado. En verano es uno de los sitios típicos de moda.

La Vela Beach Club: 8813 Thomas Drive, Panama City. Tel. 234 38 66. Música en directo, cerveza gratis, distintos concursos y diversiones hacen de este lugar, uno de los locales más frecuentados por la gente más joven.

Música en vivo

Opry House: 8400 W. US 98, Panama City. Tel. 234 54 64. Normalmente en esta discoteca suele haber actuaciones en vivo todas las noches.

Excursiones

Water Park: es un parque de agua. Tiene jardines, zona para picnics, toboganes de agua y piscinas. Con cascadas que miden más de 370 piés, los niños y los no tan niños disfrutan como enanos.

Amusement Park: 12001 W. "U.S. 98A". Panama City. Tel. 243 58 10. Es uno de los parques más conocidos de Panama City. Con atracciones de reminisciencia vikinga, como dragones, toboganes, y toda clase de juegos. Lugar con ambiente "dominguero", donde los niños y las familias disfrutan de un día con toda clase de diversiones.

Museum of Man in the Sea: "US. 98" y "Fla. 79", 17314 Hutchinson Road. Tel. 235 41 01. Museo curioso donde podréis ver desde los primeros equipos que se usaba para hacer submarinismo un equipo alemán de 1800, hasta un equipo submarino del año 1913. El museo tiene distintas cámaras de vídeo que os van explicando toda la historia de las expediciones submarinas. Abre todos los días de 9 h a 17 h.

Snake-A-Torium: 9008 W. US. 98, Panama City. Tel. 234 33 11. Este lugar es muy interesante para los que se encuentren "vivamente" interesados en el mundo de los reptiles, ya que allí os cuentan todo lo que se sabe acerca de ellos, por ejemplo el proceso que se sigue para extraer el veneno de las serpientes para convertirlo en antídoto contra sus picaduras.

TALLAHASSEE

Aunque parezca increíble, Tallahassee es la capital del estado de Florida, a pesar de sus 150.000 habitantes y de ser un lugar que casi nadie conoce. Su nombre, de origen indio, significa "campos abandonados", en el idioma de los seminolas. El primer explorador conocido, *Hernández de Soto,* llegó a esta zona en 1530 buscando, como no, materiales preciosos, en especial, oro. Posteriormente, fue reconstruida sobre los restos de una antigua misión española.

Hoy en día, Tallahassee es un centro universitario y financiero, que pasa ampliamente del turismo.

Está rodeada de de grandes bosques y antiguas casas coloniales. En el centro de la ciudad se encuentra el Capitolio, donde se toman todas las decisiones políticas del estado, y que es un lugar a visitar. De todos los empleados de la ciudad, la mitad trabajan para el gobierno.

En los alrededores, aún se conservan las grandes plantaciones del siglo pasado, que han sido restauradas y pueden ser asimismo visitadas.

La universidad estatal de Florida, rodeada de edificios históricos, es la segunda más grande de todo el estado.

Buena oferta hotelera

Barato

Leisure inn: 2020 Apalachee Parkway, Tallahassee. Tel. 877 44 37. Este es uno de esos hoteles en el que la relación precio-calidad es muy razonable. Las habitaciones son amplias y espaciosas.

Prince Murat Motel: 745 N. Monroe Street, Tallahassee. Tel. 224 31 08. Se encuentra en la zona histórica de la ciudad. Este nombre se debe al sobrino de Napoleón que estuvo viviendo en una hacienda y se casó con la nieta de George Washington.

Medio

Killearn Country Club & Inn: 100 Tyron Circle, Tallahassee. Tel. 893 21 86. Además de disfrutar de un campo de golf de 18 hoyos, tiene gimnasio, tenis, y piscina. Las habitaciones son grandes.

Courtyard by Marriott: 1018 Apalachee Parkway, Tallahassee. Tel. 222 88 22. Este hotel está pensado para gente de negocios o políticos, ya que se encuentra muy cerca del Capitolio. Tiene habitaciones amplias y todas las prestaciones de un buen hotel.

Caros

Hilton Hotel: 101 S. Adams Street, Tallahassee. Tel. 224 50 00. Es el hotel más elegante de Tallahassee. Durante las sesiones del Congreso, sus salones, bares y restaurantes se encuentran llenos de políticos y legisladores. Las habitaciones están decoradas con muebles modernos. Tiene el tipo de servicio propio de la cadena Hilton.

La Quinta Motor Inn North: 2905 N. Monroe Street, Tallahassee. Tel. 385 71 72. De estilo puramente español. Decorado con cuadros de temas españoles. Este hotel es como una islita de la "Madre Patria" en Florida, como le llaman ellos.

Guía de estómagos

Silver Slipper: 531 Scotty Lane, Tallahassee. Tel. 386 93 66. Es uno de los lugares favoritos de los legisladores de la ciudad. Su especialidad son las carnes y toda una gran variedad de pescados. Como todo restaurante pensado para políticos tiene una serie de comedores privados para que "sus señorías" arreglen el mundo.

Andrew's 2nd Act: 228 S. Adams Street, Tallahassee. Tel. 222 27 59. Es uno de los restaurantes más elegantes de la ciudad. No tiene un menú muy amplio pero todos sus platos están muy bien sazonados y presentan una calidad extraordinaria. Merece la pena conocerlo, si vuestro bolsillo os lo "consiente".

Mom's and Dad's: 4175 Apalachee Parkway, Tallahassee. Tel. 877 45 18. Es pequeño, pero muy divertido y agradable. Su comida es básicamente italiana. Buena elección para los trotamundos más modestos.

Julie's Place: 2905 N. Monroe Street, Tallahassee. Tel. 386 71 81. Con cocina americana, donde sirven un delicioso *chuletón con sopa de cebolla*. Está decorado en estilo clásico. Fenomenal y muy recomendable.

Actividades culturales

Museum of Florida History: R. A. Gray Building, 500 S. Bronough. Tel. 488 14 84. Para obtener una amplia visión de toda la historia y formación de Florida: la llegada de los exploradores, la historia de los indios, etc. Abre de lunes a viernes de 9 h a 16 h 30, los sábados de 10 h a 16 h 30 y los domingos de 12 h a 16 h 30. La entrada es gratis. Lugar muy apropiado para visitar, si os gusta la historia.

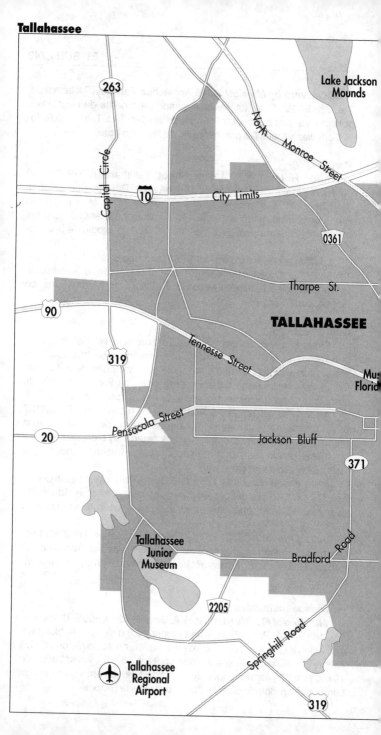

Tallahassee

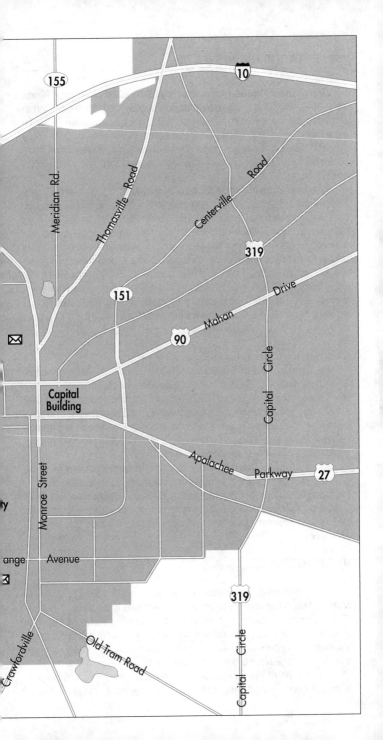

San Luis de Talimali Archeological Site: 2020 W. Mission Road. Tel. (904) 487 37 11. Los trotamundos que estén interesados en la arqueología, se sentirán allí en su salsa ya que, actualmente, se excavan ruinas de una misión franciscana y una villa de los indios apalachee. La entrada es gratis. Tiene un tour de una hora todos los días a las 12 h. Únicamente abre los sábados de 11 h a 15 h y los domingos hasta las 14 h.

Lake Jackson Mounds Archeological Site: 1313 Crowder Road, Tallahassee. Tel. 562 00 42. Igual que en el lugar anterior, se encuentran las excavaciones sobre el lugar donde Hernández de Soto y su ejército pasaron el invierno de 1539. Como dato curioso, os diremos que este lugar ya estaba habitado hace 3.500 años. La entrada es gratis. Abre todos los días desde las 8 h hasta el atardecer.

El Capitolio: Monroe St. y Pensacola St. Tel. (904) 488 16 73. Construido en la época de la Guerra Civil, ha sido restaurado recientemente. Conserva la decoración y el estilo clásico de la época. La entrada es gratis. Abre de lunes a viernes de 9 h a 14 h 30, los sábados de 10 h a 14 h 30 y los domingos de 12 h a 14 h 30.

Excursiones por los alrededores

St. George Island State Park: P.O. Box 222 St. George Island, Eastpoint. Tel. 670 29 03. Es una isla donde se instalaron los indios y años más tarde los colonos. En la actualidad es un parque de 2.000 acres con casitas que se pueden alquilar. Es una isla de ensueño para pasar las vacaciones. La playa tiene una gran cantidad de dunas y refugio de pájaros tropicales típicos de la zona. Abre todos los días desde las 8 h hasta el atardecer.

Apalachicola National Forest: se trata de un parque lleno de pinos y dunas. En esta zona se encuentran antiguas casas que fueron construidas en el siglo pasado. Podéis pescar las famosas *ostras de Apalachicola* que se encuentran en casi todos los menús de los restaurantes de la zona. Abre todos los días de 8 h hasta el atardecer.

JACKSONVILLE

La ciudad de Jacksonville está situada a 400 millas al norte de Miami y 160 millas al noreste de Orlando. A veces llamada la corona de Florida, es conocida por varias razones, entre ellas porque allí vivió la autora del libro "La cabaña del tío Tom", *Harriet Beecher Stowe.* También han contribuido a su fama sus alucinantes playas y el fuerte y molesto olor a azufre que impregna el aire.

En esta metrópolis comercial se ha establecido un gran número de bancos y compañías de seguros. Siendo una de las ciudades más ricas de este estado, Jacksonville es una de esas ciudades donde uno puede mezclar el negocio con la vida tranquila y apacible.

Dos palabras sobre la historia

Jacksonville fue fundada por un grupo de protestantes franceses que huyeron de Francia en 1562 para escapar de la persecución religiosa que imperaba en la época. Durante años, Jacksonville pasó a estar bajo el poder de los españoles, ingleses, y finalmente pasó a manos de los estadounidenses.

El puerto de Jacksonville era uno de los lugares donde con mayor frecuencia recalaban los barcos piratas. Bucaneros como *Barbanegra* y el malvado pirata inglés *Francis Drake* tenían en este lugar su "reposo del guerrero", donde gastaban el oro que robaban en los galeones españoles.

La ciudad de Jacksonville tiene un mal recuerdo de su pasado. Entre los siglos XIV y XV, Jacksonville fue el puerto donde se recibían las cargas de mujeres y hombres de raza negra que estaban destinados a ser esclavos.

Jacksonville

Llegar a Jacksonville

Avión

Las aerolíneas *American, Continental, Delta, Midway, United y US Air* vuelan desde el aeropuerto internacional de Jacksonville casi diariamente. En el aeropuerto podéis alquilar coches o podéis ir en autobús para llegar a vuestro hotel.

American Airlines: tel. 1 (800) 433 73 00
Continental Airlines: tel. 345 34 52.
Trans World Airlines: tel. 1 (800) 221 20 00.
Delta Airlines: tel. 398 30 11.
USAir: tel. 1 (800) 428 43 22.
United Airlines: tel. 1 (800) 241 65 22.

Tren

La compañia *Amtrak* tiene una parada localizada en la 3570 Clifford Lane. Para información sobre horarios de partida y precios llamad al tel. 1 (800) 872 72 45.

Autobús

Hay una parada de autobús localizada en 10 North Pearl Street. Para más información llamad a la compañía:

Greyhound Trailways Bus Line: tel. 356 55 21
Jacksonville Transportation Authority: tel. 630 31 00.

Datos útiles

Oficinas de turismo

Jacksonville Chamber of Commerce: tel. 353 03 00 ó 249 38 68. Tiene dos oficinas: una localizada en 3 Independent Drive y la otra situada en 413 Pablo Ave. La cámara de comercio os ayudará con cualquier información que necesitéis.

Jacksonville Convention and Visitors Bureau: 6 East Bay Street. Jacksonville. Tel. 353 97 36.

Amelia Island - Fernandina Beach Chamber of Commerce: 102 Centre Street Fernandina Beach. Tel. 261 32 48. Si pensáis visitar el área de Fernandina Beach, este centro os proporcionará información.

La visita

Bodega de Anheiser-Busch: 111 Busch Drive, Tel. 751 07 00. Merece la pena conocer la fábrica de cerveza más grande de los Estados Unidos. La entrada y la cerveza-degustación son gratis.

Galeria de Arte Cummer: 829 Riverside Ave. Tel. 356 68 57. En este museo encontraréis arte americano y europeo. Tiene una colección permanente de más de 2.000 artículos. Buen sitio para pasar el rato, pero nada más. La entrada es gratis. Abre de martes a viernes de 10 h a 14 h. Los sábados de 12 h a 17 h y los domingos de 14 h a 17 h. Los lunes está cerrado.

Fuerte Carolina National Memorial: 12713 Fort Caroline Road. Tel. 641 71 55. En este fuerte se dieron de palos los españoles católicos y los franceses protestantes. Es un recuerdo de la epoca colonial. Se puede visitar todos los días de 9 h a 17 h, excepto el día de Navidad y Año Nuevo. La entrada es gratis.

Fuerte Clinch: Fort Clinch State Park, 2601 Atlantic Ave, Fernandina Beach. Tel. 261 42 12. Es un fuerte que estuvo en las manos de los rebeldes sureños durante la guerra civil de los EE. UU. Abre todos los días desde las 8 h hasta el atardecer.

Museo de Arte de Jacksonville: 4160 Boulevard Center, Tel. 398 83 36. Tiene una exhibición de arte precolombino y porcelana oriental. Hay exposiciones que cambian constantemente. La entrada es gratis. Abre los martes, miércoles, y viernes de 10 h a 16 h. Los jueves desde las 10 h hasta el anochecer y los sábados y domingos de 13 h a 17 h. No abre los lunes.

Museo de Ciencia y Historia de Jacksonville: 1025 Gulf Life Drive. Tel. 396 70 61. Con exhibiciones zoológicas y varias demostraciones científicas. Es interesante si viajáis con los críos o tenéis un desmedido afán científico. Abre de lunes a jueves de 10 h a 17 h, de viernes a sábados de 14 h a 17 h, y los domingos de 12 h a 17.

Zoologico de Jacksonville: 8605 Zoo Road. Tel. 757 44 62. Repetimos lo del museo anterior, este parque es un buen sitio para traer a los "enanos", pero si no viajáis con niños no creemos que tenga demasiado interés.

Old House Museum: 425 Beach Boulevard (Pablo Park), Jacksonville Beach. Tel. 246 00 93. Un museo que se especializa en los primeros años de siglo XX. No es muy interesante.

Zephanian Kingsley Plantation: Fort George Is land, Couty Road 105. Tel. 251 31 22. Esta era la mansión de un hombre que se llamaba *Zephanian Kingsley,* el cual hizo su fortuna vendiendo esclavos. Fue un "negrero" muy poderoso en el área de Jacksonville. Un sitio muy bien conservado. Merece la pena que lo visitéis. Abre todos los días de las 8 h hasta las 17 h.

Guía de alojamientos

Atlantis Motel: 731 N. 1st Street, North Jacksonville Beach. Tel. 249 50 06. Está cerca de la playa y el servicio es cantidad de amable.

Holiday Inn - Commonwealth: 6802 Commonwealth Ave. Tel. 781 60 00. Tiene piscina, bares, un restaurante, una sala de juegos y está localizado cerca de la zona comercial de la ciudad.

Holiday Inn East Conference Center: 5865 Arlington Expressway. Tel. 274 34 10. Tiene todas las comodidades de un buen hotel y está decorado en el ambiente de los años sesenta.

Jacksonville Hotel on the Riverwalk: 565 S. Main Street. Tel. 398 88 00. La decoración está muy conseguida. Su precio es algo caro.

Days Inn Oceanfront: 1031 S. 1st Street Jacksonville Beach. Tel. 249 72 31. Tiene canchas de tenis y piscina además de unos precios estupendos.

EastWinds Motel: 1505 S. 1st Street Jacksonville Beach. Tel. 249 38 58. Cerca del océano y no muy caro.

Holiday Inn Oceanfront: 1617 S. 1st Street Jacksonville Beach. Tel. 249 90 71. Tiene piscina, canchas de tenis y una discoteca. Está bien.

Sea Turtle Inn: 1 Ocean Boulevard Jacksonville Beach. Tel. 249 74 02. Tiene piscina y el restaurante del hotel es famoso por su pescado y marisco.

Restaurantes

Precio barato

Bono's Barbecue: Beach Boulevard. Tel. 398 42 48. Si os gusta la barbacoa os recomendamos una visita a este local.

Morrison's cafeteria: tel. 363-3070. 10300 Southside Boulevard. Tel. 363 30 70. Nada del otro mundo, podréis tomar comida rápida por menos de 10 dólares.

Patti's: 7300 Beach Boulevard. Tel. 725 16 62. Tienen una gran selección de pasta fresca y comida italiana. Es muy barato.

Piccadilly cafeteria: tel. 725-5777. 200 Monument Road. Tel. 725 57 77. El sitio más barato que podréis encontrar para comer y, además, de una calidad bastante aceptable.

Medio

Crab Trap: 31 N. 2nd Street, Fernandina Beach. Tel. 261 47 49. Este restaurante es famoso por su especialidad estelar: los mariscos; recomendamos no irse de la ciudad sin echarle un vistazo.

Leyasu of Tokyo: 25 W. Duval, Jacksonville. Tel. 353 01 63. Cocina japonesa, que no solo está deliciosa sino también bastante barata. Recomendamos cenar aquí si os lo podéis permitir.

Ragtime Tavern & Seafood Grill: 207 Atlantic Boulevard, Atlantic Beach. Tel. 241 78 77. Una taberna que tiene muy buen ambiente y comida típica de Nueva Orleans. Conciertos de jazz en vivo todos los domingos.

Slightly Off Centre: S. 2nd Street, Amelia Island. Tel. 277 21 00. Tiene un menú muy variado y unos apetitosos precios.

Snug Harbor: 201 Alcachua Street, Amelia Island. Tel. 261 80 31. El marisco está de escándalo y los precios también.

Surf Motel and Restaurant: 3199 Fletcher Ave Fernandina Beach. Tel. 261 57 11. Un menú que tiene de todo y una gran selección de vinos del país.

Caro

Brett's Waterway Cafe: 1 S. Front Street, Fernandina Beach. Tel. 261 26 60. De los lugares más conocidos y sofisticados del área de Jacksonville. No es excesivamente "caro".

1878 Steak House and Seafood Restaurant: 12 N. 2nd Street, Fernandina Beach. Tel. 261 40 49. Un buen restaurante que sirve una comida exquisita.

Tree Steak House: 924 Arlington Road, Tel. 725 00 66. Los carnívoros empedernidos, y si el bolsillo acompaña, no se deben perder este sitio.

Excursiones en los alrededores

Little Talbot Island: esta isla tiene 5 millas de playas, llenas de dunas y maravillosas vistas. Se puede pescar, nadar, hacer surfing y toda clase de deportes náuticos. Este es un lugar muy apropiado para ir de acampada. Para los que prefieran visitas organizadas, podéis preguntar por un programa que incluye viajes en canoa y tours para grupos.

Big Talbot Island: lo mismo que en la anterior pero con 11 millas de maravillosas playas. En esta isla se pueden ver dos antiguas haciendas en ruinas. Ademas de zonas para picnic tiene rampa para barcos.

Fort George Island: se trata de una isla en la que se encuentra uno de los lugares históricos más antiguos de Jacksonville. En el interior de la isla hay una pequeña jungla donde se puede entrar por medio de senderos que hay señalados. Es uno de los mejores lugares para pescar.

Beaks: un parque en el que anidan 2.000 pájaros todos los años por los alrededores.

Huguenot Memorial Park: ideal para los verdaderos "forofos" de la naturaleza. Podéis acampar, tendréis toda la playa para vosotros solos.

Tradiciones y ferias

Greater Jacksonville Agriculture Fair: se celebra a finales de octubre con desfiles, carreras y conciertos de música country. La fiesta termina con fuegos artificiales. Tel. 353 05 35.

Riverwalk Art & Crafts Festival: esta exhibición de arte se celebra en el mes de mayo. Tel. 396 49 00.

4th of July Celebration: se conmemora el día de la independencia americana. En el *Metropolitan Park* se preparan puestos con artesanía, comidas, juegos y para terminar la fiesta, fuegos artificiales. Tel. 630 35 20.

Jacksonville Jazz Festival: es el festival de jazz más grande que se realiza al aire libre en Estados Unidos. A él acuden los mejores artistas del mundo. Se celebra a mediados del mes de octubre. Super-recomendable. Tel 353 77 70.

Riverwalk Seafest: para los amantes del buen "yantar", en este caso el comer se llama *marisco y pescado*. Se realiza en Jacksonville Riverwalk, zona donde se encuentran bastantes restaurantes que ofrecen especialidades de estos manjares. Tel. 396 49 00.

Concerts at Metropolitan Park: conciertos celebrados en prima-vera y patrocinados por el ayuntamiento. La entrada es gratis. Tel. 630 35 20.

SAN AGUSTIN

La ciudad de San Agustín está situada en la costa noreste del estado de la Florida. Esta se encuentra a 125 millas al noreste de Orlando, 350 millas al norte de Miami y 50 millas al sur de Jacksonville. La ciudad de San Agustín ha sido punto de atracción turística durante muchos años. Expertos en arquitectura y arte colonial vienen por millares para observar la riqueza arqueológica que tiene esta ciudad encantadora. Se dice que los indios construyeron monumentos funera-rios a sus jefes, que eran enterrados con estatuillas de madera en forma de pájaros y formas humanas. Pensaban que así llegaban antes a su "paraíso". Estos restos han sido encontrados cerca de esta ciudad.

La antigua arquitectura, contrasta con la moderna que se encuentra en el resto de Florida.

Historia

El héroe de San Agustín es *Ponce de León,* nacido en Sevilla. Fernando V prometió a Ponce, después de un problemilla que tuvo con el hijo de Cristóbal Colón por una nadería sobre el Nuevo Mundo, el control administrativo, propiedad de tierras, oro y metales preciosos que pudiese encontrar en sus descubrimientos. Embarcó en la "Santa María de la Consolación" y el "Santiago" y se hizo a la mar. Como tenía 53 años andaba buscando una fuente mágica donde poderse quitar algunos años de encima. No encontró la esperada fuente de la juventud, pero sí otras fuentes. Por ser la época de Pascua Florida, al llegar a estas tierras les dio el nombre de Florida.

En 1516, *Menéndez de Avilés* fue hecho gobernador de Florida y fundó esta ciudad costera. Es el poblado más antiguo de Estados Unidos y varias construcciones que se hallan en su interior, así lo acreditan. Menéndez construyó un gran fuerte para proteger a los galeones españoles de los piratas ingleses. En 1763 los ingleses se apoderaron de la ciudad y del resto de Florida. Los ingleses controlaron la colonia por 20 años hasta que los EE.UU ganaron la guerra de independencia. Los españoles tomaron posesión de Florida hasta el año 1819, cuando España la cedió mediante pacto a los EE.UU.

A finales del siglo XIX el millonario industrial *Henry Flagler* extendió su línea de ferrocarril hacia el sur y San Agustín se convirtió en el sitio más popular donde pasar el invierno.

Desplazarse hasta San Agustín

Avión
El aeropuerto más cercano está situado a unas 50 millas en la ciudad de Jacksonville. Las aereolíneas American, Continental, Delta, Midway, United, y USAir vuelan diariamente a Jacksonville. Llamad para hacer reservas y para confirmar cuando sale vuestro vuelo.

Tren
Para salir de San Agustín en tren tenéis que ir a la pequeña ciudad de *Palatka*. LLamad a la compañia Amtrak al tel. 1(800) 872 72 45 (llamada gratuita).

Autobús
Hay una estación de autobuses situada en 100 Malaga Street. Contactad con la compañía Greyhound para obtener información.

Datos útiles
Emergencias: llamad al tel. 911 para contactar con la policía o llamad una ambulancia. La sala de urgencias del hospital Flagler está localizada en 400 Health Park Boulevard.

Doctor o dentista: comunicaos con la cámara de comercio y os podrán ayudar. Tel. 829 44 66.

Farmacia: hay un farmacéutico trabajando hasta las 21 h en *Eckerd's Drugstore* en el centro comercial "K-mart". Tel. 829 61 67.

Información turística: St. Agustine Visitor Information Center: Localizado en 10 Castillo Drive. Tel. 824 33 34. Os ayudarán a encontrar cualquier cosa que necesitéis.

St. Agustine Camara de Comerce: esta oficina está localizada en 52 Castillo Drive. Tel. 829 56 81.

Ayuntamiento: 75 King Street. Tel. 825 01 00.

Parques y recreos: 27 Castillo Drive. Tel. 829 88 07.

Correos: 99 King Street. Tel. 829 87 16.

Desplazarse en San Agustín
No hay sistema público de autobuses en San Agustín. Las mejores maneras de transporte son el taxi y el "tram". Los trams os llevarán al

área de "downtown" por 3 dólares y a la playa por 5. Para obtener un taxi llamad a *Ancient City Cab Co.* al tel. 824 81 61. Los taxis tambien os llevarán al aeropuerto de Jacksonville por 49 dólares.

Alojamiento

Los precios más económicos

Monterey Inn: situado en 16 Ave Menéndez. Tel. 824 44 82. Barato, tiene televisión, muy limpio y con piscina. Recomendable.

Anchorage Motor Inn: Anastasia Blvd. St. Agustín. Fl. 32084. Tel. (904) 829 90 41. Se encuentra cerca de la playa, tiene aire acondicionado, piscina, zona para pesca y embarcadero.

Beacher's Lodge: 6970 A1A South, St. Agustín. Fl. 32086. Tel. (904) 471 88 49. Enfrente del mar. Con cocina en todas las suites.

Holiday Resort Motel: 2450 A1A South, St. Agustín Beach. Fl. 32084. Tel. (904) 471 35 05. Con piscina, tenis, zona de juegos para niños. Es barato y está limpio.

Bolsillos medianos

Carriage Bay: 70 Cuna Street, St. Agustín. Tel. 829 24 67. Un buen hotel que parece un anticuario. Desayuno gratis.

Casa de la Paz: 22 Avenida Menéndez. St. Agustin, Fl. 32084. Tel. (904) 829 29 15. Con arquitectura de estilo mediterráneo, se encuentra en el distrito histórico. Gran vista del océano y muy acoge- dor. Os lo recomendamos.

Howard Johson'/Anastasia Inn: situado en 2050 Fla. A1A South. Tel. 471 25 75. Entre el océano Atlántico y un bosque, este hotel es precioso y está bien de precio. Uno de nuestros favoritos.

Kenwood Inn: 38 Marine Street. Tel. 824 21 16. Este hotel tiene cada habitación decorada de forma diferente y siguiendo distintos estilos. Os recomendamos quedaros allí, sin que se resientan vuestros bolsillos.

La fiesta Motor Loudge: 3050 Fla. A1A South. Tel. 471 22 20. Un increíble hotel por su precio. Tiene playa, piscina y algunas habitacio- nes tienen nevera.

Marion Motor Lodge: 120 Ave Menéndez. Tel. 829 22 61. Muy cerca de todas las atracciones turísticas.

St. Francis Inn: 279 St. George Street. Tel. 824 60 68. No tiene teléfono, pero por su gran belleza vale la pena. La relacion precio- calidad es muy acertada.

Red carpet Inn: 6 Castillo Drive. St. Agustín. Tel. 824 44 57. Buen hotel al norte de la ciudad.

Victorian House: 11 Cádiz Street. Tel. (904) 824 52 14. Clásico de estilo victoriano, está situado en el corazón del distrito histórico. Es coqueto y vale la pena visitar.

Whetstone's Bayfront: 138 Ave Menéndez. St. Agustín. Tel. 824 16 81. En el medio del sector antiguo de la ciudad. Piscina.

Para pudientes

Casa Solana: 21 Aviles Street. St. Agustín, Fl. 32084. Tel. (904) 824 35 55. Es una antigua casa colonial restaurada. Se encuentra en el distrito histórico. Algunas habitaciones con chimenea y balcón a los magníficos jardines de la bahía de Matanzas. Los precios incluyen el desayuno. Es caro, pero os lo recomendamos.

Holiday Inn St. Agustin Beach: 3250 Fla. A1A South. St. Agustín. Tel. (904) 471 25 55. La decoración es contemporánea. Está situado en una playa preciosa.

Monson Motor Lodge: 32 Ave Menendez. St. Agustín. Tel. (904) 829 22 77. Bien situado, buen restaurante y precio decente.

Ponce de Leon Resort: 4000 N. U.S. 1. St. Agustín. Tel. (904) 824 28 21. Gran lujo. Este hotel tiene de todo: campo de golf, piscina, 6 canchas de tenis, una pista para correr, bar y restaurante, pero, loógicamente todo esto hace que los precios se encarezcan.

Wescott House: 146 Ave Menéndez. Tel. (904) 824 43 01. Este elegante hotel fue construido en el 1887. Está decorado con muebles antiguos europeos y americanos. Las habitaciones son amplias y con magníficas vistas a la bahía de Matanzas. Es caro, pero se paga pagarlo.

Cámpings

Bryn Mawr Ocean Resort: 4580 Fla. A1A South. St. Agustín. Tel. (904) 471 33 53. Tiene de todo. Espléndido.

North Beach Camp Resort: 4125 Coastal Highway North Beach. Tel. (904) 824 18 06. Tiene restaurante, bosque, y playa. Muy bien de precios.

Anastasia State Recreation Area: 5 Anastasia Park Drive. Tel. (904) 461 20 33. Un establecimiento decente, sin más.

Buen provecho...

Barato

Chismes: 12 Avenida Menéndez. St. Agustín. Tel. (903) 829 81 41. Pescado y carne exquisita a precios increíblemente bajos. Típicos desayunos americanos. Localizado cerca de las atracciones turísticas.

Denoel French Pastry Shop: 212 Charlotte Street y Artillery Lane. St. Agustín. Tel. (904) 829 39 74. Pasteles recién cocinados perfectos para desayunar.

La parisienne Restaurant: 60 Hypolita Street. St. Agustín. Tel. (904) 829 00 55. Buen pescado y comida francesa por poco dinero.

Panama Hatties: 2125 Fla. A1A South. St. Agustín. Tel. (904) 471 22 55. Gran selección de comida. Esperamos que mantenga sus buenos precios a pesar de haberse puesto de moda.

Medio

Antonio's: 1915B S.R. 3. St. Agustín. Tel. (904) 471 38 35. Comida italiana en cantidades industriales. Todo está delicioso y no es caro.

Cap's Seafood Restaurant: 4325 Myrtle Street. St. Agustín. Tel. (904) 824 87 94. Gran selección de pescados y mariscos frescos. Vistas al mar y es muy económico por lo que ofrece.

Capt. Jack's: 40 Anastasia Boulevard. St. Agustín. Tel. (904) 829 68 46. Muy bien decorado. El menú consiste en pescado y marisco fresco, pero también tienen carne.

Conch House Restaurant: 57 Comares Ave. St. Agustín. Tel. (904) 829 86 46. Cerca de la playa y está bien de precios. Recomendable.

Churchill's Attic: 21 Ave Menéndez. St. Agustín. Tel. (904) 824 35 23. Tiene billares, sala de baile y una gran vista de la ciudad. La comida no es nada del otro jueves.

Clam Shell: 201 Yacht Club Road, Camachee Island. Tel. (904) 829 95 20. Situado en el medio de la marina. Los mariscos están divinos y el precio no está mal.

Monk's Vineyard: St. George Street. St. Agustín. Tel. (904) 824 58 88. Monjes capuchinos cantan mientras vosotros disfrutáis la gran selección del menú. Estos monjes también tienen una de las mejores selecciones de vino en la ciudad.

O'steen'n: 205 Anastasia Boulevard. St. Agustín. Tel. (904) 829 69 74. Típica comida americana y los calamares son exquisitos. Está muy bien de precio.

Salt Water Cowboys: 299 Dondaville Road. St. Agustín. Tel. (904) 471 23 32. Tienen carne, pescado y marisco preparado a la barbacoa. Os recomendamos el plato de ostras. Este sitio es increíblemente barato para los platos tan exquisitos que ofrece.

Caro

Chart House: 46 Ave Menéndez. St. Agustín. Tel. (904) 824 16 87. Este establecimiento tiene el mejor pescado y marisco fresco de la ciudad.

Columbia: 98 Saint George Street. St. Agustín. Tel. (904) 824 33 41. Este restaurante es el mismo que se encuentra en Tampa y St. Petersburg. Allí sirven comida española deliciosa y el precio es todavía asequible.

Fiddler's Green: 2750 Anahamna Drive, Vilano Beach. Tel. (904) 824 88 97. Está situado en la playa y el pescado lo preparan deliciosamente.

Le Pavillon: 45 San Marco Ave. St. Agustín. Tel. (904) 824 62 02. Comida alemana en un ambiente casero.

Raintree: 102 San Marco Ave. St. Agustín. Tel. (904) 824 72 11. Este restaurante se especializa en langostas. Es caro, pero de verdad merece la pena.

Itinerarios y excursiones

Castillo de San Marco: 1 Castillo Drive, San Agustín. Tel. (904) 829 65 06. Este inmenso fuerte fue construido por los españoles entre 1672 y 1695. El castillo está hecho de *coquina*, que es una roca que se forma por una mezcla de coral y conchas rotas. Está rodeado de un foso. Tienen armas antiguas. Muy bonito y muy interesante. Abre todos los días de 9 h a 17 h 15. La entrada cuesta 1 dólar.

La Fuente de la Juventud: 155 Magnolia Ave. St. Agustín. Tel. (904) 829 31 68. Ponce de León estuvo buscando estas aguas mágicas. Aunque no os quitarán ni las canas ni las arrugas, merece la pena visitar este parque por su manantial natural. Tiene un museo pequeño y un planetario. Abre todos los días de 9 h a 16 h. El precio de la entrada es de 3.50 dólares.

El Ayuntamiento: en este edificio os muestran artículos antiguos y artefactos que se descubrieron en las excavaciones que hay alrededor de la ciudad. Las exhibiciones cambian de vez en cuando.

Museo Lightner: 75 King St. San Agustín. Tel. (904) 824 28 74. Tiene una gran sección de arte del siglo XIX. Tiendas decoradas al estilo victoriano. Precioso, está entre las calles Cordova y King. Abre todos los días de 9 h a 17 h.

La casa más antigua: 14 St. Francis St, San Agustín. Tel. (904) 824 28 72. Esta casa fue construida en 1702 y está hecha de la misma piedra con la que se construyó el Castillo de San Marco. Cualquier pregunta que queráis hacer os la contestarán unas guapísimas señoritas vestidas con trajes típicos. La casa está decorada con muebles de la epoca colonial, gruesos muros de coquina y tiene un patio español. La primera casa se quemó y su tejado estaba hecho de hojas de palmera y madera. Hoy día se encuentra todo restaurado. Abre todos los días de 9 h a 17 h. La entrada cuesta $3.

El museo más viejo: 4 Artillery Lane. St. Agustín. Tel. (904) 829 97 29. Lleno de inventos antiguos. La mayoría de los artefactos son muy interesantes. Abre todos los días excepto el día de Navidad de 9 h a 17 h, los domingos de 12 h a 17 h.

Museo de Cera: 17 King Street, St. Agustín. Tel. (904) 829 90 56. Este museo contiene mas de 200 figuras de gente mundialmente conocidas. El museo también enseña una película que explica como se hacen y se reparan las estatuas. El horario de verano es de 9 h a 21 h y el de invierno y primavera de 9 h a 17 h.

El Museo Increíble de Ripley: 19 San Marco Ave. St. Agustín. Tel. (904) 824 16 06. Este famosísimo museo está repleto de objetos extraños. Cuando uno sale de este museo no se puede creer lo que ha visto: una foto de una vaca con seis pezuñas, una maqueta de la Torre Eiffel construida con más de 110.000 palillos, etc. Esta atracción turística resulta interesante por sus curiosidades. Abre todos los días de 9 h a 20 h 30.

Sector español restaurado de San Agustín: una visita a este sitio os dará una idea de como era la vida cotidiana de los españoles en el siglo XVIII. Tiene un hospital y una farmacia del siglo XVIII y las casas están decoradas con muebles auténticos de la epoca colonial. También hay demostraciones de ferretería y carpintería. Es la gran atracción que tiene San Agustín y recomendamos ir a verla más de una vez.

Castillo Zorayda: 83 King Street. St. Agustín. Tel. (904) 824 30 97. El castillo Zorayda fue construido en 1883. La arquitectura refleja muchas influencias árabes porque se tomó la Alhambra como modelo. Hay algunas cosas que curiosear, pero no tienen nada que ver con el castillo. Abre todos los días excepto el día de Navidad de 9 h a 17 h 30.

El criadero de caimanes: se encuentra a 2 millas al sur del Puente de los Leones. Tel. (904) 824 33 37. A los que os gusten estos "pacíficos" animalitos, en este criadero podéis disfrutar de un espectáculo de más de media hora de lucha entre caimanes. Se accede por la autovía "A1A". Horario: todos los días de 9 h a 17 h.

El Barrio Español: se encuentra en la calle St. George Street. Es un típico barrio colonial del siglo XVIII. Son calles estrechas de ladrillo, donde podéis disfrutar paseando sin ruido de coches, mirando las típicas tiendas de entonces y sus antiguas casas. Abre todos los días excepto el día de Navidad de 9 h a 17 h.

Santuario de Nuestra Señora de la Leche: este es el lugar donde los cristianos pisaron por primera vez este país. Este hecho lo señala una cruz de acero inoxidable de 63 m.

"Souvenirs" y artesanía

La gran mayoría de los recuerdos que se pueden comprar en las tiendas de los museos os harán recordar vuestra visita a San Agustín y su cultura ancestral española. Pero si lo que queréis es llevaros algo especial, haced una visita al número 4 de la Artillery Lane, está en el Oldest Store. Podéis encontrar muchísimas cosas interesantes de finales de siglo.

También os recomendamos una visita al *Lightner Antiques Mall.* Situado en un hotel, este centro comercial es casi una atracción. Otro lugar donde podéis encontrar tiendas interesantes es en St. George Street y en el sector antiguo de la ciudad.

DAYTONA BEACH

Las playas de Daytona Beach se pusieron de moda a finales de 1800, cuando se construyó el primer hotel, *Clarendon,* al norte de Ormond Beach. A principios del siglo XX, Henry Flager lo compró para completar la cadena de hoteles que tenía a lo largo de la costa este de Florida. Desde entonces esta costa ha tenido siempre un turismo muy en plan familiar. Uno de los acontecimientos que más nombre dan a esta ciudad son las carreras de coches que se celebran todos los años en el otoño, en la semana *Thankgiving.*

Es constumbre en Estados Unidos que los universitarios pasen las vacaciones de primavera en el Estado de Florida. Es el famoso "Spring Break" que tiene lugar todos los años entre los meses de febrero a abril. Si pensáis ir durante esos meses a esta ciudad es mejor que antes os informéis, y reservéis hotel. Durante esta semana los hoteles, playas, McDonalds y discotecas están de bote en bote. El desparrame en esta época está asegurado. El resto del año estas playas son bastante tranquilas y familiares.

La llegada

Avión

El *Daytona Beach Regional Airport* está muy bien comunicado por la ciudad atraves de la "I-4" o la "I-95", que en pocos minutos lo comunican con la playa. Este aeropuerto tiene vuelos nacionales e internacionales, las compañías que llegan son: America Airlines, Delta, USAir, Continental, ComAir, Atlantic Southeast.

Coche

En Daytona Beach se juntan las dos carreteras interestatales, la "I-95" que va de norte a sur, y la interestatal "4" que cruza la Florida de oeste a este. Otras grandes carreteras que la cruzan son la "U.S.1" y la "U.S.92".

Tren

La compañia Amtrak tiene parada en Daytona Beach, en Deland, siendo punto de enlace en su camino hacia el norte de Estados Unidos.

Desplazarse por Daytona

Alquiler de coches

Las principales empresas de alquiler de coches las puedes encontrar en el aeropuerto y en los mejores hoteles.

Autobuses

Además de los taxis y las limusinas hay un servicio de autobuses públicos que comunican la zona de los hoteles con la zona de la ciudad y el aeropuerto. Además cuenta con un servicio de trolebuses que recorren las carreteras a lo largo de la playa. *Orlando Jetport Shuttle:* tel. (904) 257 54 11 o llamada gratuita al tel. (800) 231 19 65. Tiene servicio para individuales o en grupo desde el aeropuerto de Daytona, Orlando, la estación de tren de Amtrak y las distintas atracciones de Florida.

Cama para todos los bolsillos

Cámpings

The Ocean Seaside RV Park: 1047 Ocean Shore Boulevar. Ormond Beach. Florida 32176. Tel. (904) 441 09 00. Hay que coger la "I-95" hasta Ormon Beach y salirse en la 98. Y en la "A 1A" continuar el camino 2 millas hacia el norte. Este cámping se encuentra en una de las playas más bonitas. Tiene zona de juegos para niños.

Ocean Village Realty Ormond Beach: 229 Cardinal Drive. Ormond Beach. Florida 32176. Tel. (904) 677 06 63. Cuenta con piscinas y canchas de tenis. Está en la misma orilla del mar.

Apartamentos

Ocean Properties: 4168 South Atlantic Ave. New Smyrna Beach. Florida 32169. Tel. (904) 428 05 13. Tiene apartamentos de 1, 2 ó 3 habitaciones completamente equipados, canchas de tenis y piscina. En el mismo paseo marítimo.

Southpoint Condominium: 4453 South Atlantic Ave. Ponce Inlet. Florida 32127. Tel. (904) 788 35 50. Tiene apartamentos de 2 ó 3 habitaciones, con cocina completamente equipada: lavadora, secadora y microondas. Tienen piscina climatizada y están situados enfrente de la playa.

Bed & Breakfast

Live Oak Inn: 444 - 448 South Beach Street. Daytona Beach. Florida 32114. Tel. (904) 255 18 71. Tiene 16 habitaciones, en uno de los edificios antiguos de Daytona. Los cuartos están decorados con muebles antiguos, con vistas al jardín o a la marina. Todas con baño privado, algunas con jacuzzi, y otras con antiguos baños de estilo victoriano. Acoge un restaurante y un bar.

Coquina Inn: 544 South Palmetto. Daytona Beach. Florida. 32114. Tel. (904) 254 49 69. Con 3 habitaciones que disponen de baño privado. Se encuentra muy cerca de la playa y tiene servicio de autobús al centro de la ciudad.

Barato

Lincoln Beach Motel: 1503 South Atlantic Ave. Daytona Beach. Florida 32118. Tel. (904) 255 36 17. Es un pequeño motel con 30 habitaciones todas con cocina y sencilla decoración, con muebles modernos. Está situado enfrente del mar. Piscina.

Texan Motel: 701 South Atlantic Ave. Daytona Beach. Florida 32118. Tel. (904) 253 84 31. Con 149 habitaciones, todas con terraza y vistas al océano. Cuenta con bar y restaurante.

Tropical Manor Motel: 2237 South Atlantic Ave. Daytona Beach Shores. Florida 32118. Tel. (904) 252 49 20. Dispone de 37 habitaciones modestas y decoradas con muebles modernos. Lo mejor de este hotel es la piscina y la playa, situada justo enfrente.

Precios módicos

Daytona Beach Marriott: 100 North Atlantic Ave. Daytona Beach. Florida 32118. Tel. (904) 254 82 00, o llamada gratis al tel. (800) 228 92 90. Algo más de 400 habitaciones, todas con vistas al mar. El hotel cuenta con gimnasio, piscina, dos restaurantes, 2 bares y un salón para convenciones.

Howard Johnson Oceanfront: 2560 North Atlantic Ave. Daytona Beach. Florida 32118. Tel. (904) 672 14 40. Llamada gratuita al (800) 874 69 96. Acoge 143 habitaciones amplias y confortables decoradas con muebles modernos. Todas con minibar, microondas y terrazas con vistas al mar. Piscina para niños, jacuzzi, piscina con bar y restaurante.

Aladdin Inn: 2323 South Atlantic Ave. Daytona Beach Shores. Florida 32118. Tel. (904) 255 04 76, o llamada gratis al tel. (800) 874 75 17. La arquitectura de este hotel imita un alminar árabe y la piscina vista desde las habitaciones tiene forma de una puerta árabe. 120 habitaciones en primera línea de playa. Están decoradas con muebles modernos y las terrazas con vistas a la piscina y al mar. Cuenta con piscina de agua caliente, sala de juegos y otra piscina para niños, tiendas, salón para convenciones, lavandería, restaurante y bar.

Para pudientes

Daytona Beach Hilton: 2637 South Atlantic Ave. Daytona Beach Sores. Florida. 32118. Tel. (904) 767 73 50. Llamada gratuita Tel. 1 (800) 525 73 50. Es un edificio moderno con 215 habitaciones, decoradas elegantemente y con muebles modernos; todas con frigorífico y secador de pelo. Construido en la misma orilla de la playa. Considerado como uno de los mejores hoteles de la zona.

Best Western la Playa Resort: 2500 North Atlantic Ave. Daytona Beach. Florida 32118. Tel. (904) 672 09 90. Llamada gratis al tel. (800) 874 69 96. Edificio moderno con 239 habitaciones en la misma línea de la playa. Las habitaciones tienen terraza con vistas al mar, frigorífico y microondas. El hotel cuenta con piscina, jacuzzi, piscina climatizada, bar dentro de la piscina, restaurante y night club.

Casa del Mar Beach Resort: 621 South Atlantic Ave. Ormond Beach. Florida 32176. Tel. (904) 672 45 50. O llamada gratis al tel. (800) 874 74 20. Con 151 habitaciones, estudios y suites. Pone a disposición de sus clientes las mismas prestaciones que los anteriores.

Restaurantes

Place in the Sun: The Alladin Inn. 2323 South Atlantic Ave. Daytona Beach Shores. Florida 32118. Tel. (904) 255 04 76. Cocina americana. El ambiente en este restaurante es informal. La decoración es muy agradable en tonos marrones y beiges, con muebles de bambú y muchas plantas.

Oscar Reef Restaurant: 3209 South Atlantic Ave. Daytona Beach Shores. FL 32018. Tel. (904) 761 20 50. Cocina continental.

Ocean Terrace Restaurant: Pirate's Cove Hotel. 3501 South Atlantic Ave. Daytona Beach Shores. FL. 32117. Tel. (904) 767 87 40. Tiene una magníficas vistas al océano. Está decorado con muebles de bambú; es cómodo y espacioso. Cocina americana, sus mejores platos son las carnes.

Vista del Mar: 621 South Atlantic Ave. Ormond Beach. FL. 32176. Tel. (904) 672 45 50. Está situado enfrente del océano. Tiene una terraza muy agradable, cerca de la playa. Su cocina es americana.

Pier Side Inn: 3703 South Atlantic Ave. Daytona Beach. FL. 32127. Tel. (904) 767 46 50. Cocina americana. Prepara muy bien los pescados.

Tomar unas copas...

En la mayoría de los hoteles podréis tomar una copa por las noches, la mayoría tienen, para tal efecto, una terraza que da al mar. Super agradable resulta también "tumbarse a la bartola" en la piscina del hotel escuchando buena música. Estos son algunos de los más frecuentados:

Treasure Island Inn: 2025 South Atlantic Ave. Daytona Beach Shores. FL. 32118. Tel. (904) 255 83 71.

Americano Beach Lodge: 1260 North Atlantic Ave, Daytona Beach. FL. 32118. Tel. (904) 255 74 31.

Granada Inn: 51 South Atlantic Ave. Ormond Beach. FL. 32176. Tel. (904) 672 75 50.

Compras

Una de las zonas comerciales situada cerca de la playa es Bellair Plaza Shopping Center. En la "A1 A", una de las calles más populares en el área de la playa, podéis encontrar recuerdos, camisetas, artículos de playa, etc.

En la playa de Ormond las mejores zonas para comprar están en Granada Boulevar y Fountain Square.

Volusia Mall: "U.S. 92", enfrente del aeropuerto. Entre Bill France y Clyde Morris. Este centro comercial tiene 6 grandes almacenes: *Burdines, Sear, Maison Blanche, J. C. Penney, Belk, Lindsey, Dillard's* y 120 tiendas. El horario de las tiendas y almacenes es de lunes a sábados de 10 h a 21 h. Los domingos de 12 h a 17 h 30.

En *Daytona Beach Outlet Mall*, situado en la U.S. Highway 1, en la Ridgewood Avenue, podéis encontrar los mejores precios de Daytona.

Para los amantes de las rebajas y buscadores de tesoros, resulta ideal el *Daytona Flea Market* que se encuentra en la "I-95" y la "U.S.92". Abre sólo los viernes, sábados y domingos de 8 h a 17 h.

Visita turística

Museum of Arts and Sciencie-Planetarium: 1040 Museum Boulevar. Daytona Beach. Tel. (904) 255 02 85. Abre de martes a viernes de 9 h a 16 h. Los sábados y domingos de 12 h a 17 h. Este museo se encuentra en Tuscawilla Nature Preserve. Tiene objetos de la historia de Florida y un gran esqueleto de un dinosaurio. Al lado podéis ver un museo de la cultura cubana con muestras de arte y fotografía.

Peablody Auditorium: 600 Auditorium Boulevar. Daytona Beach. Tel. (904) 255 13 14. Este es el auditorium de *Daytona Beach Civic Ballet*, y del *Daytona Beach Symphony Society*. Organizan conciertos y ballet en la temporada. En este local ensaya en la época de verano la compañía "The London Symphony Orchestra".

Sugar Mil Garden: Herbert Street. Port Orange. Abre todos los días de 8 h 30 a 17 h. La entrada es gratis. Este jardín botánico de 12 acres se encuentra en las ruinas de lo que fue una antigua mansión. No tiene nada de particular.

Marineland of Florida: A 35 millas de Daytona Beach. En Highway "A1A". Tel. (904) 471 11 11. Abre todos los días de 9 h a 17 h 30. Podéis ver un espectáculo de delfines. Además tienen restaurante y parque con cámping.

Birthplace of Speed Museum: 160 Easth Granada Boulevar. Ormond Beach. Tel. (904) 672 56 57. Abre de martes a sábados de 13 h a 17 h. Conoceréis la historia de las carreras de coches en Daytona Beach: desde sus comienzos en 1902 hasta nuestros días. Tienen coches y réplicas de modelos de principios de 1900. Interesante para los aficionados al automovilismo.

Daytona Flea Market and Antique Showplace: U.S. 92, Volusia Ave y la I-95. Tel. (904) 252 19 99. Abre los viernes, sábados y domingos de 8 h a 17 h. Este "pulguero" (mercadillo) es uno de los más grandes de Florida. Encontraréis una gran variedad de puestos: desde comidas hasta antigüedades.

Halifax Historical Museum: Merchant Bank 252 S. Beach Street. Tel. (904) 255 69 76. Abre de martes a sábados de 10 h a 16 h. Objetos encontrados en las excavaciones de los alrededores, pertenecientes a los indios y a la primera colonia de españoles que se instalaron allí.

Ormond Memorial Art Museum and Gardens: 78 East Granada Boulevar. Ormond Beach. Tel. (904) 677 18 57. Abre de martes a viernes de 11 h a 16 h. Los sábados y domingos de 12 h a 16 h. Este jardín tropical está rodeado de flores y fuentes, tiene un pequeño museo, donde se cuenta la historia de la ciudad.

Oceanfront Bandshell Park: está situado en Daytona Beach Boardwalk. En los meses de verano se realizan conciertos gratis, además de campeonatos de voleibol.

Bulow Plantation Ruins: está al norte de Ormond Beach. Además de las ruinas de esta antigua plantación, hay un pequeño museo donde se exhiben pequeños objetos pertenecientes a los indios seminolas.

The Casements: 25 Riverside Drive. Ormond Beach. Tel. (904) 673 47 01. Abre de 9 h a 17 h. Tiene tours cada media hora. Esta es la antigua mansión de invierno de la familia Rockefeller. Actualmente se encuentra en ella un museo con objetos de arte.

Faro Ponce de León: South Peninsula Drive. Ponce Inlet. Tel. (904) 761 18 21. Abre todos los días de 10 h a 17 h. Este faro es uno de los edificios más antiguos de Daytona. Recientemente ha sido restaurado e inaugurado un museo con pequeños objetos relacionados con el mar. En sus alrededores hay un parque con juegos y mesas de picnic.

Dixie Queen River Cruises: Tel. (904) 255 19 97. Este barco de madera al estilo de Nueva Orleans, organiza cruceros por la costa de Daytona Beach hasta San Agustín. Los domingos organizan un bufé en alta mar e incluso, los fines de semana cena con baile.

Atlantic Center For the Arts: 1414 Art Center Ave. New Smyrna Beach. Tel. (904) 427 69 65. Abre de lunes a viernes de 9 h a 17. Los domingos de 14 h a 17 h. La entrada es gratis. Exhiben sus obras los mejores artistas del momento.

Actividades deportivas

Daytona Beach Jai-Alai: Highway U.S. 92. Daytona Beach. Tel. (904) 255 02 22. La temporada de pelota vasca, va de febrero hasta agosto.

Daytona International Speedway: P.O. Box 2801. Tel. (904) 254 27 00. En este circuito se organizan las carreras de coches internacionales de Daytona. Las competiciones tienen lugar de enero a marzo.

Greyhound Racing: U.S. Highway 92. Daytona Beach. Tel. (904) 252 64 84. Las carreras de perros empiezan todas las noches a las 19 h 45. Excepto los domingos.

Golf

Deltona Hils Golf And Country Club: 1120 Elkcam Boulevar. Deltona. Tel. (904) 789 39 11. Abre todos los días de 7 h a 18 h. Es un campo de golf con 18 hoyos. Alquila los coches y todo el material.

Sheraton Palm Coast Resort: 300 Clubhouse Drive. Palm Coast. Tel. (904) 445 30 00. Abre todos los días de 7 h a 17 h. Este campo de golf tiene 72 hoyos. Alquila el equipo y los coches.

Daytona Beach Golf And Country Club: 600 Wilder Boulevard. Daytona Beach. Tel. (904) 258 31 19. Abre todos los días de 6 h 30 a 18 h. Tiene 18 hoyos y alquila el carrito.

Riviera Country Club: 500 calle Grande. Ormond Beach. Tel. (904) 677 24 64. Abre todos los días de 6 h 30 hasta la puesta de sol. Con 18 hoyos.

Tenis

Sheraton Palm Coast Resort: 300 Clubhouse Drive. Palm Coast. Tel. (904) 446 63 60. Abre todos los días de 8 h a 21 h. Tiene 18 canchas de tenis de las cuales 10 están iluminadas.

Trails Racquet Club: 300 Main Trails Ormond Beach. Tel. (904) 677 80 81. Abre de 8 h 30 a 17 h. Con 8 canchas de tenis iluminadas.

Ormond Beach Racquet Club: 38 East Granada Boulevard. Tel. (904) 676 32 85. Abre todos los días de 8 h a 17 h. Tiene 8 canchas iluminadas.

Excursiones por las cercanías

Tomoka State Park: situado 4 millas al norte de State Road, al oeste de la "I-95". Este parque tiene buenos lugares para ir a pescar. Además de poder acampar, alquilan canoas para navegar por el río. Tiene zonas de juegos y mesas de picnic.

The Canaveral National Seashore: al sur de Daytona Beach en la "A1 A". Tel. (904) 428 33 84. Este parque natural está situado entre *Kenedy Space Center* y *New Smyrna Beach*. Tiene ríos para pasear en canoa, zonas de pesca y magníficas playas.

Blue Spring State Park: situado cerca de Deland. Se llega por la "Highway 92", al oeste de Deland. Este parque natural es un refugio de manatís (ballenas marinas), que en los meses de invierno se quedan en estas aguas, para luego seguir camino hacia aguas más calidas. Cuenta con alquiler de canoas, zona de pesca, natación y picnic.

Spruce Creek: a 10 millas al oeste de New Smyrna Beach. Es una de las mejores zonas para navegar en canoa. Tiene una vegetación exuberante.

ORLANDO

Breve introducción y algunas sugerencias...

Orlando era una urbe tranquila que vivía de los cítricos y tenía la módica cifra de cinco mil plazas hoteleras hasta que se inauguraron

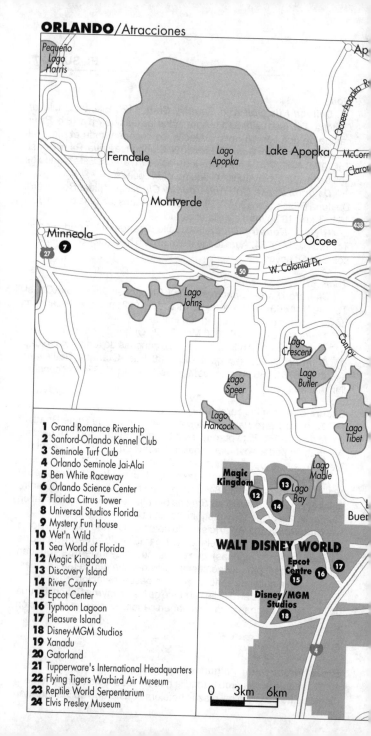

ORLANDO/Atracciones

Pequeño Lago Harris

Ferndale

Lago Apopka

Lake Apopka

Montverde

Minneola

27

7

Ocoee

50 W. Colonial Dr.

438

Lago Johns

Lago Crescent

Lago Butler

Lago Speer

Lago Hancock

Lago Tibet

Ap

Ocoee-Apopka R.

McCorr

Claror

Conroy

Magic Kingdom

Lago Mable

12

13 *Lago Bay*

14

WALT DISNEY WORLD

Epcot Centre

15 **16** **17**

Buer

Disney/MGM Studios

18

4

1 Grand Romance Rivership
2 Sanford-Orlando Kennel Club
3 Seminole Turf Club
4 Orlando Seminole Jai-Alai
5 Ben White Raceway
6 Orlando Science Center
7 Florida Citrus Tower
8 Universal Studios Florida
9 Mystery Fun House
10 Wet'n Wild
11 Sea World of Florida
12 Magic Kingdom
13 Discovery Island
14 River Country
15 Epcot Center
16 Typhoon Lagoon
17 Pleasure Island
18 Disney-MGM Studios
19 Xanadu
20 Gatorland
21 Tupperware's International Headquarters
22 Flying Tigers Warbird Air Museum
23 Reptile World Serpentarium
24 Elvis Presley Museum

0   3km   6km

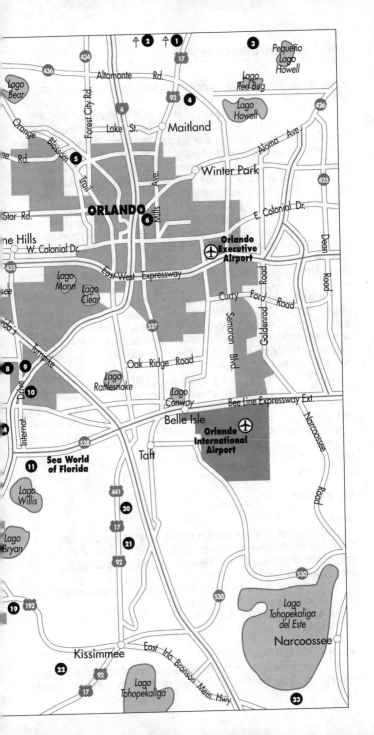

los parques para turistas: ahora la ciudad cuenta con unas 76.000 plazas.

A la gente de los alrededores les gustaba pasear por los bellos parques naturales de esta bonita ciudad. En el centro se encuentra el *lago Eola* y todavía se mantiene la tranquilidad que caracteriza a las pequeñas ciudades norteamericanas.

Si queréis ir de compras despues de visitar la ciudad os recomendamos que os acerquéis a dos nuevos centros comerciales: *Church Street Exchange* o *Church Street Market* (situados uno al lado del otro y con tiendas muy originales).

También es interesante visitar la zona de *Winter Park* donde se encuentra el "Rollins College" que data de 1885. Bordeando el edificio llegaréis al *Paseo de la Fama* donde están tallados en piedra los nombres de personajes famosos; allí mismo podréis ver el *Beal'Maltbie Museum* donde hay una de las colecciones más variadas de conchas de mar.

En la actualidad, las atracciones de Disney cuentan no solo con el original *Magic Kingdom* sino que también están compuestas por el *Epcot Center, Disney Y MGM Studios,* todo en el mismo parque. El último espectáculo de Disney es el "Universal Studios" que se inauguró en el año 1990. Actualmente los estudios se utilizan para la grabación de películas de TV y de cine.

En 1973 abrió sus puertas *Sea World.* Es un espectáculo fascinante, divertido y educativo con veinte atracciones distintas y donde trabaja su famosa ballena *Shamu.* Alrededor de cincuenta millones de personas han visto este maravilloso entretenimiento. Más tarde se creó *Church Street Station* en el centro de Orlando. Allí podréis pasar un fenomenal día de compras y espectáculos, además de pasar un buen rato escuchando música en vivo de jazz, country, western, rock and roll y mucho más.

La forma de llegar

Tren

La línea Amtrak tiene paradas regulares en Orlando y Kissimmee. Para más información llamar al tel. (800) 872 72 45. Las estaciones de tren están situadas en 1400 Sligh Boulevard (para Orlando) y 416 Pleasant Street (para Kissimmee).

Otros teléfonos de información sobre las estaciones en Orlando son:
* **Orlando:** tel. (407) 843 76 11.
* **Sanford:** tel (407) 322 36 00.
* **Winter Park:** tel. (407) 645 50 55.

Autobús

Un viaje divertido lo podéis hacer cogiendo el autobús. Las compañías *Greyhound* y *Trailways* os transportarán desde cualquier parte de

Florida o de los EE UU. La estación de autocares está en el 555 del North Magnolia Boulevard. Más información: tel. 292 34 22.

Información turística. Direcciones

Información turística: *Orange County Convention and Visitors Bureau,* 8445 International Drive, Orlando, FL 32819. Tel. (407) 363 58 71. Os darán todo tipo de información, mapas, y catálogos. Horario: todos los días desde las 8 h hasta las 20.00 h.

Kissimmee Chamber of Commerce: 320 East Monument Ave, Kissimmee, FL 32741. Tel. (407) 847 31 74.

Kissimmee-St. Cloud Convention and visitors Bureau: 1925 U.S.92 East, P.O. Box 422007, Kissimee, FL 34744 tel. (407) 847 00 00.

Más información sobre *Walt Disney World* llamando al tel. (407) 824 43 21.

Autobuses para los turistas

La compañía *Rabbit Bus* (tel. 291 24 24) transporta a la mayoría de los turistas desde los hoteles a Disney World, Sea World y al Universal Studio. El precio (orientativo) es de unos 8 dólares a Disney y de unos 5$ a Sea World y Universal. Tambien organizan viajes hasta el Centro Espacial Kennedy los martes, jueves y sábados.

Alquiler de coches

Hay cantidad de agencias que alquilan coches. La compañía *National* es la agencia oficial de alquiler de coches de Disney World. La agencia *Alamo* es la más barata de Orlando y tiene delegaciones en todos los alrededores de Florida (pudiendo devolver el coche en cualquier ciudad sin cargo alguno).

Alamo Rent a Car: 8200 McCoy Road, Orlando FL 32822. Tel. (407) 857 82 00 o para llamar gratis (800) 327 96 33.

National Car Rental: 8333 Bear Rd. Orlando Fl. 32827. Tel. (407) 855 41 70.

American International Rent a Car: 5309 Mc Coy Rd. Orlando Fl. 32812. Tel. (407) 851 69 10 y (800) 527 02 02. Alquilan vehículos con capacidad para quince personas y toda clase de coches de lujo y descapotables. Horario: las 24 h.

Avis Rent a Car: 8445 Bear Rd. Orlando Fl. 32827. Tel. (407) 851 76 00.

International Car Rental: 3535 Mc Coy Rd. Orlando Fl. 32812. Tel. (407) 859 04 14 y el (800) 327 12 78. Abre de 7 h a 10 h.

Budget Rent a Car: 8855 Rent a Car Rd. Orlando Fl. 32827. Tel. (407) 850 67 00. Tiene 25 oficinas localizadas en Florida.

Dollar Rent-a-Car of Florida: 8735 Rent a Car Rd. Orlando Fl. 32827. Tel. (407) 825 32 32. (800) 822 11 81.

Herzt Corporation: Orlando International Airport, Orlando Fl 32827. Tel. (407) 859 84 00.

Value Rent a Car: 2510 Jetport Drive, Orlando Florida 32909. Tel. (407) 851 47 90.

Holiday RV Rental: 5001 Sand Lake Road, State Road 482, Orlando Fl. 32819. Tel. (407) 351 30 96, (800) 351 66 66.

General Rent a Car: 7011 McCoy Road, Orlando Fl. 32822. Tel. (407) 859 1340.

*Vancar Rentals:*1600 McCoy Road, Orlando Fl. 32809. Tel. (407) 856 95 91.

Thrifty Car Rental: 5757 S. Semoran Blvd., Orlando Fl. 32822. Tel. (407) 381 23 93.

Wheelchair Getaways: P.O. Box 677460, Orlando Fl. 32867. Tel. (407) 365 14 14.

Alojamiento

Advertencias

Muchos hoteles, moteles y *resorts* tienen diferentes precios durante el año. Dependiendo de las temporadas, los precios oscilan entre los 10 y los 20 dólares. La temporada baja es de enero a febrero y de septiembre hasta mediados de diciembre.

Los mejores precios y descuentos los obtendréis entre septiembre y diciembre. Los precios medios de los hoteles oscilan entre los 20 a 40 dólares los más baratos, 50 ó 100 los de tipo medio y los más caros entre los 100 y 200 dólares e incluso más.

Moteles

Son una solución más económica que la de los hoteles de Disneyworld.

Days Inn Motel: 4125 W. Irlo Bronson Memorial Hwy. (US 192), Kissimmee, FL 32741. Tel. (407) 933 57 32. Tiene piscina, sala de juegos, televisión con cable, aire acondicionado y jacuzzi en algunas habitaciones. Se encuentra a ocho millas de Disney World.

Enterprise Motel: 4121 W. Irlo Bronson Memorial Hwy. (US 192), Kissimmee, FL 32741. Tel. (407) 933 13 83. Con televisión, piscina, aire acondicionado. Algunas habitaciones tienen colchón de agua.

Palm Motel: 4519 W. Irlo Bronson Memorial Hwy. (US 192), Kissimmee, FL 32741. Tel. (407) 396 07 44. Piscina climatizada y aire acondicionado.

Hoteles

Barato

Star Quality Resort: 5905 International Drive. Orlando, Fl 32809. Tel. (407) 351 21 00. Con sauna, piscina de agua caliente, sala de juegos, barbería, peluquería, aire acondicionado y un restaurante llamado *Starlite Café*.

Comfort Inn: 5825 International Dr. Orlando, FL32819. Tel. (407) 354 10 00. La arquitectura es de estilo mediterráneo. Piscina, aire acondicionado. Dispone de un restaurante denominado *Denny's* que está abierto las 24 h.

Quality Inn Plaza: 9000 International Dr. Orlando, FL 32819. Tel. (407) 345 85 85. Con piscina, aire acondicionado y mini bar.

Precios medios

Caribbean Beach Resort: 900 Cayman Way, Lake Buena Vista, FL32830. Tel. (407) 934 34 00. Tiene aire acondicionado, television, mini bar y restaurante que ofrece distintas variedades de comida caribeña. Su construcción es de estilo tropical. Con transporte directo a Disney World. Está construido alrededor de un lago de cuarenta acres, tiene playa y la posibilidad de practicar todos los deportes acuáticos imaginables...

Sheraton Lakeside Inn: 7769 W. Irlo Bronson Memorial Hwy, Kissimmee, FL 34746 Tel. (407) 239 79 19. Tiene dos piscinas climatizadas, mini golf, baloncesto, voleibol, cuatro pistas de tenis, restaurante, aire acondicionado y televisión.

Delta Court of Flags Hotel: 5715 Major Blvd, Orlando, FL 32809. Tel. (407) 351 33 40. Tres piscinas climatizadas, mini golf, voleibol, dos saunas, dos pistas de tenis, aire acondicionado y televisión. El hotel alberga un restaurante llamado *Mango's* con cocina continental (la cena sale por unos 15$ o 20$).

Sonesta Village Hotel on Sand Lake: 10000 Turkey Lake Rd. Orlando, FL 32819. Tel. (407) 352 80 51. Descripción: cocina pequeña, comedor y terraza. Aire acondicionado, televisión, sauna, sala de ejercicios, once piscinas, dos pistas de tenis, voleibol, waterski, jetski y pesca.

Lugares para comer

Barato

Holiday House: 2037 Lee Road. Orlando. Tel. 293 49 30. Comida americana. El ambiente es agradable.

Numero Uno: 2499 S. Orange Ave. Orlando. Tel. 841 38 40. Comida española y cubana. En su estilo es el mejor de la zona. Especialidades: picadillo, paella, ropa vieja, fríjoles, etc...

Chi-Chi's: 655 Maguire Blvd. Orlando. Tel. 894 06 55. Comida mejicana. Recomendable para quien disfrute con los picantes...

Steak and Shake: 2820 E. Colonial Dr. Orlando. Tel. 896 08 27. Comida rápida. Tomad nota los rezagados: este restaurante está abierto las 24 horas.

Forbidden City: 948 N. Mills Ave. Tel. 894 50 05. Comida china. Muy original. Hace la "nouvelle chinoise" sorprendiendo a todos por sus platos y su precio.

Precios medios

B.T. Bones: 11370 S. Orange Blossom Trail. Tel. 859 72 25. Especializado en carnes.

Olive Garden: 7653 International Dr. Orlando. Tel. 351 10 82. Comida italiana. Ambiente agradable. Buen servicio. Pastas deliciosas.

TGI Friday's: 6426 Carrier Dr. Orlando. Tel. 345 88 22. Diferentes estilos de comidas. Ambiente agradable. Los más beodos disfrutarán de lo lindo, pues cuentan con una selección de 400 tragos distintos.

Ponderosa Restaurant: 6362 International Dr. Orlando. Tel. 352 93 43. Comidas diferentes. Tiene buffet y "salad bar". Buena relacion precio-calidad. Muy limpio y agradable.

Epicurean Restaurant: 7900 E. Colonial Dr. Orlando Tel. 277 28 81. Cocina griega. Junto con la sabrosa comida helénica *moussaka, kalamarakia, pastitsio y cordero,* sirven raciones de tiburón y de aligátor, muy típicas de Florida por otra parte. Os recomendamos vivamente este establecimiento.

Shells: 852 Lee Road. Winter Park. Tel. 628 39 68. Especializado en pescado. Podéis saborear una docena de ostras por menos de $4 (precio orientativo). El postre típico es aquí el *Key Lime.* Sin duda otro sitio al que deberéis acudir durante vuestra estancia...

Qué visitar en los alrededores de Orlando

International Drive

Elvis Presley Museum: 7200 International Dr. Orlando Fl. 32819, Tel. (407) 345 94 27. Museo dedicado al rey. Veréis cantidad de objetos personales como ropa, fotografía y una moto del susodicho...

Mistery Fun House: 5767 Major Blvd. Orlando 32819. Tel. (407) 351 33 55. Casa de terror en la que veréis juegos de rayos láser, mini golf, sala de juegos mecánicos y toda clase de diversiones. Abren todos los días entre las 10 h y las 22 h.

Pirate's Cove Adventure Golf: 8601 International Dr. I-4 at Lake Buena Vista (exit 27). Tel. (407) 827 12 42. Es un mini golf donde pasaréis una tarde divertida haciendo un poco de deporte. Abierto los siete días de la semana desde las 9 h hasta las 23 h 30.

Loch Haven Area

Orlando Science Center: 810 Rollins St. Orlando 32803. Tel. (407) 896 71 51. Es un museo de ciencias con un planetario donde los niños podrán jugar con todos los adelantos técnicos al mismo tiempo que aprenden.

Orlando Museum of Art: tel. (407) 896 42 31. En este centro admiraréis obras de arte y pinturas pre-colombinas del siglo XIX.

Orange County Historical Museum: tel. (407) 896 42 31. Como ya sabéis la naranja no sólo es típica en Valencia sino que en Florida es también todo un símbolo. En este museo podréis aprender los últimos sistemas de plantación de los naranjales y os explicarán en qué consisten las nuevas tecnologías.

Leu Gardens: 1730 N. Forest Ave. Orlando 32800.Tel. (407) 849 26 20. En esta maravillosa mansión del siglo XIX, además de su construcción clásica y romántica, lo que más llama la atención son sus cuidados jardines con muchísimas flores y sobre todo su gran variedad de camelias.

Lake County

Lakeridge Winery: tel. (904) 394 86 27. Es una bodega donde hacen una demostración del proceso de fermentación del vino además de ofrecer un vinito gratis. Pero como los riojas nuestros, ninguno...

Florida Citrus Tower: si subís a esta torre situada en el centro de Florida, y si el día está claro, veréis los quince millones de naranjos que cubren Florida. Igualmente os enseñarán la forma que tienen de empaquetar los cítricos, los caramelos y las mermeladas de naranja.

Park Avenue

Charles Hosmer Morse Museum of American Art: 133 E. Welbourne Ave. Tel. (407) 645 53 11. Se puede admirar también una colección de cristal de *Luis Tiffany.*

Scenic Boat Tour: 312 Morse Blvd. Winter Park 32789. Tel. (407) 644 40 56. Este lugar de las afueras se encuentra en *Winter Park* y debe su fama al socavón que la naturaleza hizo en 1981 cuando se hundieron varias casas, coches y comercios. Para sacar dinero destinado a los damnificados por la desgracia, el pueblo hizo propaganda de lo sucedido y en poco tiempo se llenó de gente que quería curiosear y decidieron no arreglar el socavón y hacer un lago en él.

Resulta curioso pero en Florida la mayoría de lagos tienen su origen en socavones. Si os gusta pescar podréis hacer un crucero por el *lago Maitland.*

Cornell Fine Arts Center: tel. (407) 646 25 26. Es un museo de pintura del siglo XIX. *U.S. 441 And U.S. 192.*

Flying Tigers Warbird Air Museum: 231 Hoaland Blvd. Kissimmee 32741. Tel. (407) 933 19 42. Los aficionados a la aeronáutica estarán aquí en su salsa: os enseñarán aviones de la Segunda Guerra Mundial y os contestarán (bien o mal) a todas las preguntas que hagáis. Tiene planos, armamentos, estructuras, *displays*, y más de 400 modelos de distintos tamaños. Abre los 7 días de la semana, de lunes a viernes de 9 h a 18 h, los sábados de 9 h a 18 h 30 y los domingos de 9 h a 17 h. Hay que pagar para entrar.

WALT DISNEY WORLD

Algunos datos

El *Mundo Disney* engloba los siguientes lugares: *The Magic Kingdom, Epcot Center, MGM Studios, Discovery Island, River Country y Typhoon Lagoon*. Todos estos espectáculos se encuentran situados en el centro de Florida y ocupan una extensión de 27.000 acres. Magic Kingdom fue construido hace 20 años.

Más allá de la fantasía: la Disney subterránea

¿Os habéis preguntado alguna vez por qué lugar meten la comida en los distintos restaurantes que se encuentran en los recintos de Disney o dónde están las basuras que cada día se recogen por toneladas? Es impresionante saber que debajo de esa ciudad maravillosa, llena de diversión y fantasía hay otra ciudad donde comen, trabajan y se reparten los distintos artículos que necesitan los bares, restaurantes y tiendas. Para que os hagáis una idea, hay una extensión de 1,1/2 Km de pasillos, oficinas, máquinas de mantenimiento para que todo esté a punto, y nada falle. Es increíble, ¿no os parece?

EPCOT

En 1982 se inauguró Epcot, una especie de comunidad futurista. Es el parque más limpio del mundo. Además cuenta con un ejército de barrenderos que discretamente recogen todo lo que se tira; detrás de cada caballo del espectáculo va alegremente un joven muy bien plantado, con una *badileta* (recogedor) en una mano y una escoba en la otra recogiendo toda la *caquita* que se le cae al caballo.

Epcot center tiene dos partes separadas por un lago. En un lado se encuentra el mundo del futuro y en el otro una muestra de los diversos países con sus culturas, gastronomía, diversiones, artesanía, etc...

La llegada

Unos datos prácticos

Entradas

Los precios son aproximativos, los ponemos para que os orientéis un poco.

Los tickets por día cuestan unos 33 dólares para los adultos y 26 los *enanos*. Si queréis ir dos o tres días hay que comprar los pases cada día. Si pensáis ir más de tres días, compraréis los pases llamados *Three Parks Passport,* con los que se puede entrar en Disney World, Epcot y MGM Studios y montar en sus atracciones

cuantas veces se quiera. Las entradas se pueden comprar en metálico o "con plástico".

La entrada por un día: $33 por adulto, $26 por niño.

La entrada para cuatro días: 111 dólares los adultos y 88 los niños.

La entrada para cinco días: 145 dólares los adultos y 116 los niños.

La entrada para seis días: cuesta 150 dólares los adultos y 120 los
niños.

La entrada para un año: 180 dólares los adultos y 155 los niños.

Entrando en Disney World

En el mismo parking os recoge un tren oruga que deja justamente
en la entrada. Pasada la misma tenéis varias opciones para llegar hasta
las atracciones.

Mono-rail

Funciona todos los días desde las 7 h 30 hasta el cierre de Disney.
Tiene aire acondicionado, es un sistema bastante rápido que comunica
directamente Disney con Epcot. Super divertido.

Ferry

Otra forma de transporte son los ferrys, que hacen el viaje cada
doce minutos. Es mucho más lento que el monoraíl, pero merece la
pena por las vistas del lago y de sus alrededores.

Breve historia del mundo de Walt Disney

En 1967, las autoridades de Florida crearon en el centro de la región
una extensión de terreno de 109 km aproximadamente. La misma tomó
el nombre de *Reedy Creek Improvement District*. Dentro del distrito
había dos ciudades: *Bay Lake* y *Lake Buena Vista*. Hoy todo el mundo
lo conoce con el nombre de *Walt Disney World Vacation Kingdom*.

Walt Disney pensó en hacer un parque y escogió la región central
de Florida hace muchos años, pero guardó la elección en secreto hasta
que pudo comprar la propiedad, cuando Walt Disney anunció pública-
mente en el año 1965 que iba a comprar los terrenos, algunas tierras
locales que se habían estado vendiendo a 200 dólares el acre, por la
especulación, aumentaron mucho sus precios. Walt Disney murió en
1971 pero sus sucesores continuaron con sus proyectos creando este
mundo de fantasía.

En esta ciudad encontraréis todo tipo de regalos para poder
comprar, desde los productos típicos de Walt Disney, como son relojes
divertidos, gorras de muchísimas formas, teléfonos de muñecos populares y muchísimas otras cosas que esta firma ha comercializado. Pero
también hallaréis artesanía de casi todas las partes del mundo. Los
precios variarán dependiendo de la calidad de la compra y, lógicamente, del dinero que queráis gastaros.

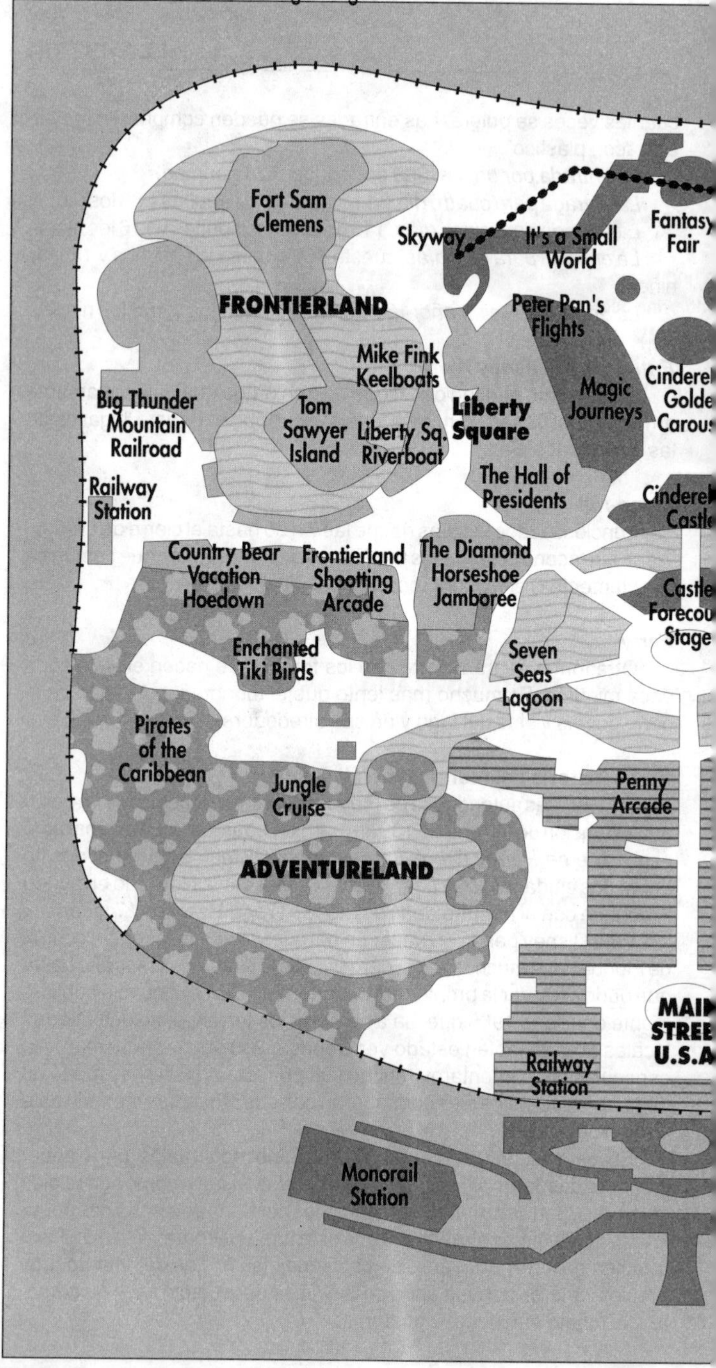

Fort Sam Clemens

Skyway

It's a Small World

Fantasy Fair

FRONTIERLAND

Peter Pan's Flights

Mike Fink Keelboats

Magic Journeys

Liberty Square

Cinderella Golden Carousel

Big Thunder Mountain Railroad

Tom Sawyer Island

Liberty Sq. Riverboat

The Hall of Presidents

Cinderella Castle

Railway Station

Country Bear Vacation Hoedown

Frontierland Shooting Arcade

The Diamond Horseshoe Jamboree

Castle Forecourt Stage

Enchanted Tiki Birds

Seven Seas Lagoon

Pirates of the Caribbean

Jungle Cruise

Penny Arcade

ADVENTURELAND

MAIN STREET U.S.A.

Railway Station

Monorail Station

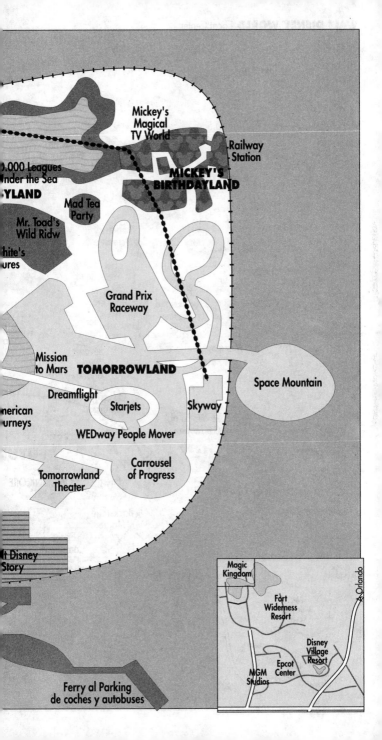

Mickey's
Magical
TV World

Railway
Station

0.000 Leagues
Under the Sea

YLAND

**MICKEY'S
BIRTHDAYLAND**

Mad Tea
Party

Mr. Toad's
Wild Ridw

hite's
ures

Grand Prix
Raceway

Mission
to Mars

TOMORROWLAND

Space Mountain

Dreamflight

Starjets

Skyway

merican
urneys

WEDway People Mover

Carrousel
of Progress

Tomorrowland
Theater

lt Disney
Story

Ferry al Parking
de coches y autobuses

Magic
Kingdom

Fort
Widerness
Resort

Disney
Village
Resort

Epcot
Center

MGM
Studios

a Orlando

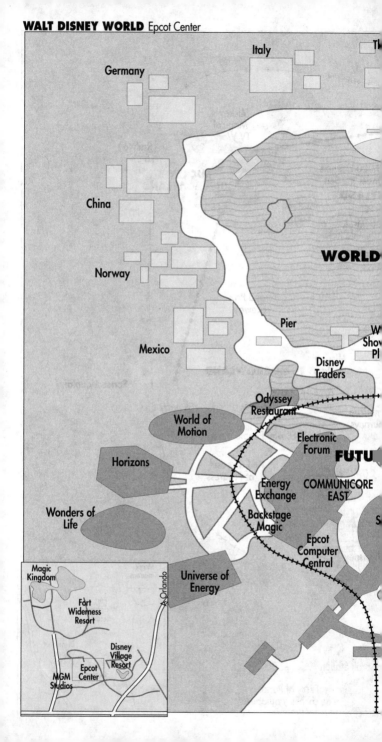

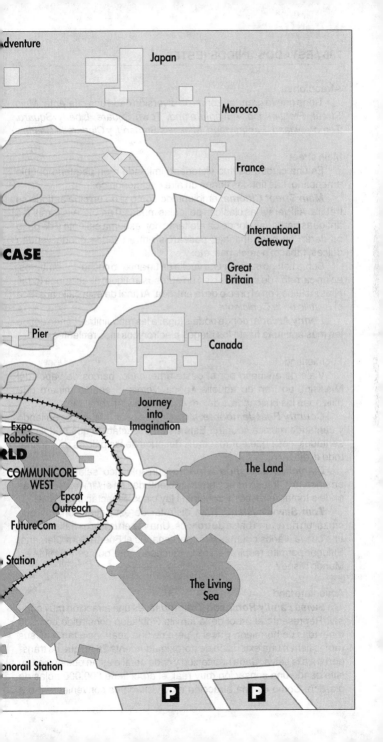

Adventure

Japan

Morocco

France

International
Gateway

CASE

Great
Britain

Pier

Canada

Journey
into
Imagination

Expo
Robotics

RLD

COMMUNICORE
WEST

The Land

Epcot
Outreach

FutureCom

Station

The Living
Sea

onorail Station

P   P

Atracciones

Tiene nueve grandes zonas de diversión cada una diferente: *Main Street, Frontierland, Adventureland, Town Square, Liberty Square, Tomorrowland, Fantasyland, Mickey's Starland, y Cinderella Castle.*

Main street

Es una ciudad de tipo victoriano imitando a un pequeño pueblo americano. Las tiendas tienen un aire decimonónico...

Main Street Cinema: ambientado como si de un cine antiguo se tratara. Allí veréis las clásicas películas mudas. También visitaréis las antiguas barberías donde os afeitarán con espuma caliente y de paso os darán un buen masaje, pasearéis entre tiendas donde venden dulces, tabaco, porcelanas, etc.

Sobra tiempo para dar una vuelta en un antiguo coche de bomberos, en un carretón de caballos o en un autobús antiguo: atracciones todas ellas incluidas en el precio de la entrada. Al final de esta calle aparece el *castillo de la Cenicienta.*

Penny Arcade: donde podéis jugar a las maquinitas, tienen desde las más antiguas hasta los juegos electrónicos más recientes.

Foontierland

Viaje de ensueño por el oeste americano: barcos de vapor del Missisipi, un tren de aquella época, veréis el equipo minero que utilizaban los buscadores de oro en Nevada y Arizona, etc.

Country Bear Jamboree: atracción de osos mecánicos bailando y cantando música country. Este es un espectáculo que podéis ver sentados, cosa que agradeceréis después de las palizas de caminar todo el día.

Diamond Horseshoe Jamboree: un auténtico "saloon" del oeste americano. Ofrecen atracciones ambientadas en el *far west* y ademas podéis tomar refrescos y bocatas. Hay cinco espectáculos al día.

Tom Sawyer Island: para disfrutar de esta atracción hay que cruzar un río en una balsa de troncos. Una vez en la isla os hallaréis con una cueva, varios puentes y al final llegaréis al Fuerte Sam Clemens. El lugar permite respirar entre la muchedumbre que se acumula en Mundo Disney.

Adventure land

Swiss Family Robinson Treehouse: es una atracción muy original. Representa el árbol de la familia Robinson construido con 200 toneladas de hormigón y acero, pero de una apariencia tan real, sus ramas tienen una extensión de aproximadamente 26 m, que os transportará a la selva. Cada habitación y cada detalle están puestos en su sitio dando una sensación muy real, el árbol tiene 800.000 hojas de plástico. Como es una atracción muy visitada es conveniente ir o a primera hora del día o cuando la gente está comiendo.

Tropical Serenade Tikki Birds: ahora le toca el turno a los pájaros exóticos que cantan y hablan. Todo está tan bien hecho que tardaréis en descubrir que es un monataje. Prácticamente os transportarán a Hawai. Las figuras son tridimensionales y están movidas por computadoras.

Jungle Cruise: un safari en barco. Atravesaréis la selva entre hipopótamos, leones, caníbales y hasta toparéis con una manada de elefantes que echan agua con la trompa. El guía os irá explicando todas las peripecias del viaje y hasta os salvará la vida cuando un elefante enfurecido os quiere atacar. El viaje dura alrededor de diez minutos y es una atracción que siempre está a tope.

Pirates of the Caribbean: es una de las mejores atracciones del Magic Kingdom. Se trata de un viaje en barco alrededor del mundo de los piratas. Se ven escenas de fiestas, cárceles y saqueos. Está todo tan bién hecho, que cuando disparan los piratas huele a pólvora. Es una de las más famosas diversiones. Siempre está a tope.

Town square

El tren: un recorrido alrededor de Magic Kingdom dura quince minutos y rodea todo el parque. Cada una de las estaciones donde se sube al tren está ambientada al estilo de la atracción. Cuando estéis muy cansados, podéis montar para llegar a la próxima atracción. El tren es una pieza auténtica de principios de siglo y fue usado en Méjico para transportar caña de azúcar.

City Hall: se encuentra nada más entrar a mano izquierda. Más que una atracción es un centro de información, donde podéis averiguar a que hora empiezan todas las atracciones, etcétera.

Es igualmente a este lugar al que van a parar todos los objetos perdidos o encontrados.

Liberty square

Haunted Mansion: el espectáculo comienza cuando los visitantes son introducidos en un cuarto y empiezan a notar como aumenta de tamaño. Cuentan la historia de la mansión y de la familia. A continuación suben a la gente en un coche de dos plazas y la pasean por las habitaciones de la casa. Los efectos especiales, junto al juego de luces, hace que se consiga el "efecto auténtico" de que hay fantasmas volando.

Hall of Presidents: una atracción muy lograda, pero un poco aburrida para los que no conozcan la historia de Estados Unidos al pie de la letra.

En primer lugar narran en *cinemascope* la historia de la Constitución americana, en pantalla panorámica, con una duración de 15 minutos (¡qué sopor!...).

Luego la "tortura" continúa: podéis ver a todos los presidentes con trajes de época que saludan cuando se les nombra. Escucharéis un discurso de *Abraham Lincoln* mientras los demás mandatarios bostezan y hacen distintos gestos. Fijaos bien en el movimiento de estos personajes, parecen reales, pero todo está movido por computadoras, es un auténtico avance de la ciencia, pero os recomendamos que *gastéis vuestro tiempo* yendo a la atracción de los piratas...

Liberty Square Riverboats: viaje de placer (para relajarse un poco) en un barco de vapor y entre balas de algodón al estilo del río Missisipi.

Fantasyland

La gente menuda querrá repetir, aquí los sueños se mezclan con la fantasía. En la calle, los pequeños podrán montar en los caballitos, uno -con tazas de té gigantes- se llama *Mad tea party* y otro para los ecológicos *Dumbo the flying elephant*. Por las calles podréis ver a Blancanieves y los siete enanitos, Cenicienta, Dumbo o Peter Pan entre otros... y el viaje de Julio Verne.

20.000 Leagues Under the Sea: viajaréis en el "Nautilus" conducido por un seudo-Nemo y daréis un garbeo por el fondo del lago. Se pueden ver pulpos gigantes, tortugas, distintos peces y plantas que crecen en las grutas marinas.

La atracción es de lo mejorcito, de modo que conviene ir a primera hora de la mañana o al final de la tarde.

Magic Journeys: espectáculo pensado para todas las edades. Veréis una película de dibujos animados de los años treinta.

En una sala más grande con gafas tridimensionales, película sobre el circo rodada en Epcot Center con todos los adelantos inimaginables.

Mr. Toad"s Wild Ride, Snow White's Adventures, Peter Pan's Flight: nos imaginamos que de pequeños habéis montado en el tren de la bruja, pues esto es parecido, pero a lo grande, con luces de colores, pinturas fluorescentes y cantidad de fantasía.

It's a Small World: la idea para esta "historia" se sacó de la feria mundial que hubo en Nueva York en los años sesenta. Son muñecos en movimiento vestidos con los trajes de todos los países; la música es pegadiza y muy bonita, lo que se intenta es crear armonía, paz y amor entre todos los países. No os la perdáis.

Tomorrowland

Atracciones inauguradas en 1970 y la idea era que fuesen futuristas, pero el mundo ha cambiado tanto y tan deprisa que las mismas se han quedado un poquito anticuadas. Están pagadas por distintas compañías y os bombardearán con publicidad, pero los quinceañeros *se lo pasan guai del paraguay*.

Space Mountain: se viaja por el espacio en una nave del futuro entre meteoritos y satélites, aunque la velocidad en que se viaja no es muy grande os parecerá que vais en un cohete con bruscas subidas y bajadas, producto ambas de los efectos especiales. Realmente impresionante.

En este montaje no dejan viajar a los menores de tres años y a los menores de siete sin compañía. No es recomendable ni para las embarazadas ni para los cardiacos...

American Journeys, Carousel of Progress, Mission to Mars: son tres atracciones de unos veinte minutos aproximadamente.

La primera: *American Journeys,* es una película que se puede ver en nueve pantallas y actualmente trata sobre la civilización del oeste.

La segunda: *Carousel of Progress,* es un teatro donde el escenario va girando y mostrando los adelantos electrónicos de las familias americanas, desde principios de siglo hasta nuestros días.

La tercera: *Mission to Mars,* explican todos los avances espaciales y luego los visitantes montan en una nave consiguiendo una sensación de despegue...

Dream flight: viajaréis por la historia de la aviación americana. Disfrutaréis de distintas situaciones cómicas relacionadas con la aviación. No os la perdáis, merece la pena.

Starjets: son aviones que giran alrededor de un cohete.

Grand Prix Raceway: coches que van entre carriles. Los niños pueden demostrar sus dotes de conducción. Los menores de 8 años tienen que ir acompañados de un adulto.

Mickey´s starland

Fue inagurado en el año 1988 cuando se celebró el sesenta cumpleaños de Mickey. Se puede llegar a estas atracciones en tren si lo pilláis en Main Street o en Fontierland. En la casa de Mickey podréis haceros fotos y celebrar su cumpleaños. Para los más pequeños hay un zoo y distintos juegos destinados a ellos.

Mickey's House: para conocer la casa de Mickey y ayudar a Minney a preparar la fiesta de cumpleaños. Esta atracción es una de las preferidas de los pequeños, pueden incluso hacerse fotos para fardar delante de sus amigos, primos, y abuelos.

Mickey's Hollywood theatre: los más canijos tendrán la oportunidad de poder hablar con Mickey y divertirse con diversos juegos.

Drandman Duck's Farm: nunca habréis visto una granja de cría de animales tan limpia y cuidada. Os sorprenderá.

Comer dentro de "Disney World"

Tony's Town Square Café: para desayunar podréis tomar café con unas tostadas en forma de Mickey. A mediodía, el menú consta de una hamburguesa, pollo, carnes y pescado.

King Stefan's Banquet Hall: una advertencia, reservad la mesa lo antes posible, la comida está servida al estilo medieval. La especialidad es la gastronomía típica americana.

Plaza Restaurant: restaurante Art Decó. Está enfrente de una fuente donde podréis descansar. Se encuentra al final de la calle Main Street.

The Cristal Palace: la comida es buena y el ambiente es de estilo victoriano. Tiene una terraza muy agradable para comer cuando hace buen tiempo. Os lo recomendamos.

Aunt Polly's Landing: esta cafetería está enfrente de la Isla de Tom Sawyer. Tiene mesas en su terraza para tomar sandwiches y bocatas.

Tomorrowland Terrace: sopas, ensalada y bocatas. Es barato.

EPCOT CENTER

Dispone de 40 acres y está dividido en dos partes, una de ellas presidida por un gran lago llamado "World Showcasem Lagoon". Este parque se inauguró en octubre de 1982, Walt Disney concibió Epcot hace más de 30 años, pero fueron sus sucesores los que hicieron posible este gran complejo.

El parque consta de dos partes: *Future World* donde se muestra el estudio tecnológico del futuro (la agricultura, la energía, el mundo marino, el transporte y la comunicación) y *World Showcase* (once países del mundo con sus costumbres, comidas, artes y folclore).

Para que os déis una idea del tamaño de EPTCO, basta con imaginarse que tiene 20 m de carreteras y 15 km de mono-raíl, 4.000 obreros trabajaron en su construcción.

Lo mismo que en Disney World, podréis encontrar por sus calles y paseos los famosos personajes infantiles para haceros fotos con ellos.

ÍNDICE

ANTES DEL VIAJE

INTRODUCCIÓN

EL ATLÁNTICO

LOS GRANDES LAGOS

LAS GRANDES LLANURAS

EL SUR

CARTOGRAFÍA

ÍNDICE DE LUGARES DE INTERÉS

NOTAS